Lechner/Zuck

Gesetz über das Bundesverfassungsgericht
(Bundesverfassungsgerichtsgesetz – BVerfGG)

Bundesverfassungsgerichtsgesetz

Kommentar

von

Dr. Hans Lechner †
Ministerialdirektor a. D.

fortgeführt von

Prof. Dr. Rüdiger Zuck
Rechtsanwalt in Stuttgart

5. Auflage

Verlag C. H. Beck München 2006

Verlag C. H. Beck im Internet:
beck.de

ISBN 3 406 53649 2

© 2006 Verlag C. H. Beck oHG
Wilhelmstraße 9, 80801 München
Druck: fgb · freiburger graphische betriebe
Bebelstraße 11, 79108 Freiburg

Satz: Druckerei C. H. Beck Nördlingen
(Adresse wie Verlag)

Gedruckt auf säurefreiem, alterungsbeständigem Papier
(hergestellt aus chlorfrei gebleichtem Zellstoff)

Vorwort zur 5. Auflage

Die 4. Auflage ist im Jahr 1996 erschienen, mit einem Nachtrag aus dem Jahre 1998. Es liegt auf der Hand, dass die Neuauflage, abgesehen von der Beseitigung technischer Mängel, in erster Linie das Ziel verfolgt, den Kommentar auf den neuesten Stand zu bringen (Stichtag: 15. 9. 2005). Die Amtliche Sammlung der Rechtsprechung des Bundesverfassungsgerichts ist infolgedessen bis zu Band 111 berücksichtigt. Nach Abschluss des Manuskripts hat mir der Beck-Verlag dankenswerter Weise die Druckfahnen der umfangreichen Neukommentierung zu § 90 BVerfGG von Bethge für den Großkommentar „Maunz/Schmidt-Bleibtreu/Klein/Bethge" zur Verfügung gestellt. Außerdem ist inzwischen die zweite Auflage des Mitarbeiterkommentars zum BVerfGG (Umbach/Clemens/Dollinger) erschienen. Beide Publikationen habe ich, so gut das nachträglich noch möglich war, berücksichtigt. Die 5. Auflage fühlt sich weiterhin der Tradition verpflichtet. Obwohl ich den von Lechner hergestellten Bezug zur Weimarer Reichsverfassung und dem Staatsgerichtshofs des Deutschen Reichs, zur Entstehungsgeschichte des BVerfGG und des einschlägigen Schrifttums aus den frühen 50er Jahren stark reduziert habe, bleiben diese Wurzeln doch kenntlich. So wird mancher Leser überrascht sein, in der Einleitung immer noch von der Entstehung der „neuen" deutschen Verfassungsgerichtsbarkeit zu lesen, obwohl – z.B. – die Festschrift 50 Jahre Bundesverfassungsgericht aus dem Jahr 2001 zeigt, dass „neu" nicht als „aktuell" missverstanden werden darf. „Neu" kennzeichnet aber auch einen Abschnitt, wie der Begriff der Neuzeit belegt, und insoweit sollte man nicht übersehen, dass wir es immer noch mit einem Fundament zu tun haben, das nach 1945 neu geschaffen worden ist. Unverändert ist deshalb auch der Name dieses Kommentars, nicht nur, weil es (wenn auch gegenüber der 4. Auflage deutlich verringert) von Lechner stammende Passagen gibt, sondern auch, weil ich Lechners damals notwendigen Rückgriff auf das Prozessrecht anderer Prozessordnungen (um die von BVerfG reichlich gelassenen Lücken zu schließen) immer noch für einen richtigen Ansatz halte, auch wenn die meisten Lücken inzwischen durch die Rechtsprechung des Bundesverfassungsgerichts geschlossen worden sind.

Die Neuauflage hat zu umfangreichen Änderungen geführt. Die Einleitung ist um einen Abschnitt zum kompetenziellen Standort des

Vorwort

Bundesverfassungsgerichts ergänzt (Rn. 28 ff.) und die Grundzüge vor § 17 sind weitgehend neu geschrieben worden. Das Recht der Auslagenerstattung (§ 34a) ist an die durch das RVG geänderte Rechtslage angepasst worden. Wegen der langen Verfahrensdauer werden aber auch noch BRAGO-Fälle eine Rolle spielen. Die Altkommentierung ist deshalb – parallel – aufrechterhalten worden. Die § 13 ausfüllenden besonderen Verfahrensvorschriften der §§ 36 ff. sind überwiegend neu strukturiert, und in großen Teilen auch neu gefasst worden. Es hatte sich nämlich herausgestellt, dass mit den umfangreichen Vorbemerkungen der 4. Auflage zur jeweiligen Verfahrensart nicht nur ein erheblicher Bezugsverlust zu den einzelnen Bestimmungen verbunden war, sondern dass dies auch zu unerwünschten Wiederholungen geführt hatte.

Die bei längeren Kommentierungen notwendigen Übersichten sind erheblich ausgebaut worden. Das gilt besonders für den in der 5. Auflage anders gegliederten und umfangreich überarbeiteten Abschnitt über das Recht der Verfassungsbeschwerde (§ 90). Von Nutzern ist darüber geklagt worden, es sei schwer, sich in der Kommentierung des § 90 zurechtzufinden. Als besonderen Service habe ich deshalb zusätzlich eine sehr detaillierte Übersicht den §§ 90 bis 95 vorangestellt, um, wenn möglich, den Nutzer unmittelbar auf eine Sachfrage auch eine Antwort finden lassen zu können.

Zu einzelnen Paragraphen des BVerfGG gibt es umfangreiches Schrifttum. Für diese Sonderfälle sind ausgewählte Literaturangaben vorangestellt, mit Schwerpunkt auf Monographien und Festschriftenbeiträge, und häufig eher auf Veröffentlichungen jüngeren Datums bezogen, weil über diese Rückbezüge immer möglich sind. Die Standardwerke tauchen in den Übersichten, da selbstverständliche Kronzeugen, nicht auf. Jede Auswahl hat im Übrigen ein Willkürmoment. Hier ist das unbeabsichtigt. Hinter dem Fehlen eines Autors steckt der Zufall, nicht Zensur. Das Schrifttumsverzeichnis deckt sich im Übrigen nicht mit den in den Fußnoten enthaltenen Nachweisen. Mit der Herausnahme der Nachweise aus dem Text in Fußnoten ist ein weiterer Versuch verbunden, die Lesbarkeit des Kommentars zu erhöhen.

Jeder Kommentar zum BVerfGG steht vor einer schwer lösbaren Aufgabe. Der Inhalt des maßgeblichen Prozessrechts ist angesichts des rudimentären Charakters des Gesetzes im Wesentlichen der Rechtsprechung zu entnehmen. So hat denn auch die Darstellung der Rechtsprechung Vorrang vor dem Schrifttum, weil der Rechtsanwender eine Antwort auf die Frage erhalten muss, wie das Gericht das jeweilige Verfahren handhaben wird. Es ist klar, dass diese Antworten nicht immer eindeutig ausfallen können, weil das Bundesverfassungsgericht angesichts der von ihm angenommenen dienenden Funktion

Vorwort

des Prozessrechts zur Durchsetzung des materiellen Verfassungsrechts das BVerfGG wenig wertschätzt und deshalb sehr zweckhaft behandelt oder auch ganz übergeht. Hinzu kommt, dass das Bundesverfassungsgericht inzwischen in großem Umfang zu einem Ordinariengericht geworden ist. Universitätslehrer sind aber, wenn das nicht gerade ihr Fach ist, keine Prozessualisten; sie wollen es auch nicht sein. Es gibt infolgedessen sehr wenige verfassungsprozessuale Senats-Grundentscheidungen. Eine weitere Schwierigkeit folgt aus der praktisch bedeutsamen Kammerkompetenz für das Annahmeverfahren. Die derzeit sechs Kammern harmonieren in den prozessualen Details sehr wenig, und sie müssen es auch gar nicht, weil sie – so jedenfalls das Gesetz nach der offiziellen Lesart – keine Entscheidungen zur Zulässigkeit (und Begründetheit der Verfassungsbeschwerde) treffen. Von daher gesehen gibt es doch noch eine Kommentatoren-Aufgabe, nämlich den Versuch zu unternehmen, auf solcher Art schwankendem (oder nicht vorhandenem) Boden eine Konstante zu finden. Wie gefährdet auch dieser Versuch bleibt, zeigt ein Vergleich mit den dogmatisch fundierten Arbeiten des Verfassungsprozessrechts. Es gibt, angefangen bei der Terminologie, sicher mehr Verschiedenheiten als Gemeinsamkeiten. Die Konstituanten des Verfassungsprozessrechts zu finden, gehört auch zu den Aufgaben eines Kommentars. Sie erzwingt deshalb von Fall zu Fall Kritik an der Rechtsprechung des Bundesverfassungsgerichts. Wie bei jedem Kurzkommentar steht aber die Befriedigung der Nutzerbedürfnisse im Vordergrund. Die Rechtsanwender müssen beurteilen, ob das gelungen ist.

Stuttgart, im September 2005 Rüdiger Zuck

Inhaltsverzeichnis

	Seite
Abkürzungsverzeichnis	XI

Kommentierung

Einleitung	1
I. Teil. Verfassung und Zuständigkeit des Bundesverfassungsgerichts	31
II. Teil. Verfassungsgerichtliches Verfahren	81
Erster Abschnitt. Allgemeine Verfahrensvorschriften	81
Zweiter Abschnitt. Akteneinsicht außerhalb des Verfahrens	250
III. Teil. Einzelne Verfahrensarten	259
Erster Abschnitt. Verfahren in den Fällen des § 13 Nr. 1	259
Zweiter Abschnitt. Verfahren in den Fällen des § 13 Nr. 2	272
Dritter Abschnitt. Verfahren in den Fällen des § 13 Nr. 3	287
Vierter Abschnitt. Verfahren in den Fällen des § 13 Nr. 4	296
Fünfter Abschnitt. Verfahren in den Fällen des § 13 Nr. 9	307
Sechster Abschnitt. Verfahren in den Fällen des § 13 Nr. 5	321
Siebenter Abschnitt. Verfahren in den Fällen des § 13 Nr. 7	350
Achter Abschnitt. Verfahren in den Fällen des § 13 Nr. 8	359
Neunter Abschnitt. Verfahren in den Fällen des § 13 Nr. 10	373
Zehnter Abschnitt. Verfahren in den Fällen des § 13 Nr. 6, 6a	379
Elfter Abschnitt. Verfahren in den Fällen des § 13 Nr. 11, 11a	418
Zwölfter Abschnitt. Verfahren in den Fällen des § 13 Nr. 12	458
Dreizehnter Abschnitt. Verfahren in den Fällen des § 13 Nr. 13	472
Vierzehnter Abschnitt. Verfahren in den Fällen des § 13 Nr. 14	478
Fünfzehnter Abschnitt. Verfahren in den Fällen des § 13 Nr. 8a	484
Sechzehnter Abschnitt. (weggefallen)	698
IV. Teil. Schlußvorschriften	699
Anhang: Geschäftsordnung des Bundesverfassungsgerichts	713
Sachverzeichnis	731

Abkürzungsverzeichnis

AbgG	Abgeordnetengesetz
AG	Aktiengesellschaft
AK-GG	Alternativkommentar zum Grundgesetz, 3. Aufl. 2001
Anschütz	Die Verfassung des Deutschen Reichs, 14. Aufl. 1933
AnwBl.	Anwaltsblatt (Zeitschrift)
AO	Abgabenordnung
AöR	Archiv des öffentlichen Rechts (Zeitschrift)
AP	Arbeitsrechtliche Praxis, Nachschlagwerk des BAG
ArbG	Arbeitsgericht
ArbGG	Arbeitsgerichtsgesetz
Art.	Artikel
BAG	Bundesarbeitsgericht
BAnz	Bundesanzeiger
BayVBl.	Bayerische Verwaltungsblätter (Zeitschrift)
BB	Betriebs-Berater (Zeitschrift)
BBG	Bundesbeamtengesetz
BDG	Bundesdisziplinargesetz
BDSG	Bundesdatenschutzgesetz
BEG	Bundesentschädigungsgesetz
Benda/Klein	Benda/Klein, Verfassungsprozessrecht, 2. Aufl. 2001
BerhG	Beratungshilfegesetz
BeurkG	Beurkundungsgesetz
BFH	Bundesfinanzhof
BGB	Bürgerliches Gesetzbuch
BGBl	Bundesgesetzblatt
BGH	Bundesgerichtshof
BGHSt.	Entscheidungen des BGH in Strafsachen
BGHZ	Entscheidungen des BGH in Zivilsachen
BHO	Bundeshaushaltsordnung
BImSchV	Bundesimmissionsschutzverordnung
BK	Bonner Kommentar zum Grundgesetz, hrsg. von Dolzer/Vogel/Graßhof, Loseblatt Stand 2004
BMI	Bundesminister(ium) des Innern
BMinG	Gesetz über die Rechtsverhältnisse der Mitglieder der Bundesregierung
BMJ	Bundesminister(ium) der Justiz
BNotO	Bundesnotarordnung
BPatG	Bundespatentgericht

Abkürzungsverzeichnis

BR	Bundesrat
BRAGO	Bundesgebührenordnung für Rechtsanwälte
BRAK-Mitt	Mitteilungen der Bundesrechtsanwaltskammer (Zeitschrift)
BRAO	Bundesrechtsanwaltsordnung
BR-Drs.	Bundesratsdrucksache
BRKG	Bundesreisekostengesetz
BRRG	Beamtenrechtsrahmengesetz
BSG	Bundessozialgericht
BSGE	Entscheidungen des Bundessozialgerichts
BSSichG	Beitragssatzsicherungsgesetz
BT	Bundestag
BT-Drs.	Bundestagsdrucksache
BVerfG	Bundesverfassungsgericht
BVerfG(K)	Kammerentscheidung des Bundesverfassungsgerichts
BVerfGE	Entscheidungen des Bundesverfassungsgerichts
BVerfGG	Bundesverfassungsgerichtsgesetz
BVerfGK	Auswahl der Kammerentscheidungen des BVerfGG
BVerwG	Bundesverwaltungsgericht
BVerwGE	Entscheidungen des Bundesverwaltungsgerichts
BVG	Bundesversorgungsgesetz
BWG	Bundeswahlgesetz
BWO	Bundeswahlordnung
DB	Deutsche Bahn, Der Betrieb (Zeitschrift)
DÖV	Die öffentliche Verwaltung (Zeitschrift)
DRiG	Deutsches Richtergesetz
DRiZ	Deutsche Richterzeitung
DV	Die Verwaltung (Zeitschrift)
DVBl.	Deutsches Verwaltungsblatt (Zeitschrift)
DWiR	Deutsche Zeitschrift für Wirtschaftsrecht
EGMR	Europäischer Gerichtshof für Menschenrechte
EGV	Vertrag über die Europäische Gemeinschaft
EMRK	Europäische Menschenrechtskonvention
EStG	Einkommensteuergesetz
EuGH	Gerichtshof der Europäischen Gemeinschaften
EuGRZ	Europäische Grundrechte Zeitung
EUV	Vertrag über die Europäische Union
EuWG	Europawahlgesetz
EuZW	Europäische Zeitschrift für Wirtschaftsrecht
EV	Einigungsvertrag
FamRZ	Familienrechtszeitung
FGG	Freiwillige Gerichtsbarkeit
FGO	Finanzgerichtsordnung
FinG	Finanzgericht
FluglG	Fluglärmgesetz

Abkürzungsverzeichnis

FS	Festschrift
FS 50 Jahre BVerfG	Festschrift 50 Jahre Bundesverfassungsgericht
GA	Goltdammer's Archiv für Strafrecht (Zeitschrift)
GBO	Grundbuchordnung
GewArch	Gewerbearchiv (Zeitschrift)
GG	Grundgesetz
GKG	Gerichtskostengesetz
GKV	Gesetzliche Krankenversicherung
GMBl.	Gemeinsames Ministerialblatt
GMS-OGB	Gemeinsamer Senat der obersten Gerichtshöfe des Bundes
GO	Geschäftsordnung des BVerfG
GO-BR	Geschäftsordnung Bundesrat
GO-BT	Geschäftsordnung des Bundestags
GOZ	Gebührenordnung für Zahnärzte
Grundz	Grundzüge
GRUR	Gewerblicher Rechtsschutz und Urheberrecht (Zeitschrift)
GVBl.	Gesetz- und Verordnungsblatt
GVG	Gerichtsverfassungsgesetz
HChE	Herrenchiemseer-Entwurf zum GG
HGB	Handelsgesetzbuch
HGR	Handbuch der Grundrechte, Bd. I, 2004
HStR	Handbuch des Staatsrechts
InsO	Insolvenzordnung
IRG	Gesetz über die internationale Rechtshilfe in Strafsachen
JGG	Jugendgerichtsgesetz
JöR	Jahrbuch des öffentlichen Rechts
JR	Juristische Rundschau (Zeitschrift)
JuS	Juristische Schulung (Zeitschrift)
JVEG	Justizvergütungs- und Entschädigungsgesetz
JZ	Juristenzeitung
K	Kammer des Bundesverfassungsgerichts
KG	Kommanditgesellschaft
KG	Kritische Justiz (Zeitschrift)
KostO	Kostenordnung
KP	Kommunistische Partei
KV	Kostenverzeichnis
LAG	Landesarbeitsgericht
LKV	Landes- und Kommunalverwaltung (Zeitschrift)
LPartG	Lebenspartnerschaftsgesetz

Abkürzungsverzeichnis

LS	Lammers/Simon, Die Rechtsprechung des Staatsgerichtshofs für das Deutsche Reich und des Reichsgerichts aufgrund des Art. 13 Abs. 2 der Reichsverfassung, 1920 ff.
LSG	Landessozialgericht
MDH	Maunz/Dürig/Herzog, Kommentar zum GG, Loseblatt, Stand 2005
MDR	Monatsschrift für deutsches Recht
Meyer-Ladewig, Hk-EMRK	Meyer-Ladewig, EMRK Handkommentar, 2003
Meyer-Ladewig/ Keller/Leitherer	Meyer-Ladewig, SGG, 8. Aufl. 2005
MKS	v. Mangoldt/Klein/Starck, GG, 5. Aufl., Bd. I 2005, Bd. II 2000, Bd. III 2001
MSKB	Maunz/Schmidt-Bleibtreu/Klein/Bethge, Bundesverfassungsgerichtsgesetz, Loseblatt Stand 2005
NJ	Neue Justiz (Zeitschrift)
NJW	Neue Juristische Wochenschrift
NJW-RR	Rechtsprechungsreport Zivilrecht (Zeitschrift)
NStZ	Neue Zeitschrift für Strafrecht
NVwZ	Neue Zeitschrift für Verwaltungsrecht
NVwZ-RR	Rechtsprechungsreport Verwaltungsrecht (Zeitschrift)
NZS	Neue Zeitschrift für Sozialrecht
OEG	Opferentschädigungsgesetz
OVG	Oberverwaltungsgericht
OWiG	Gesetz über Ordnungswidrigkeiten
PartDisBG	Gesetz zur Beendigung der Diskriminierung gleichgeschlechtlicher Lebenspartnerschaften
PartG	Partnerschaftsgesellschaft, Parteiengesetz
Pestalozza	Pestalozza, Verfassungsprozessrecht, 3. Aufl. 1991
PKH	Prozesskostenhilfe
RA	Rechtsausschuss
RG	Reichsgericht
RGBl.	Reichsgesetzblatt
RGZ	Entscheidungen des Reichsgerichts in Zivilsachen
RPflG	Rechtspflegergesetz
RVG	Rechtsanwaltsvergütungsgesetz
RVO	Reichsversicherungsordnung

Abkürzungsverzeichnis

SAE	Sammlung arbeitsrechtlicher Entscheidungen (Zeitschrift)
Schlaich/Korioth	Schlaich/Korioth, Das Bundesverfassungsgericht, 6. Aufl. 2004
SGb	Die Sozialgerichtsbarkeit (Zeitschrift)
SGG	Sozialgerichtsgesetz
Stern I, II	Stern, Das Staatsrecht der Bundesrepublik Deutschland, Bd. I, 2. Aufl. 1984, Bd. II, 1980
StGB	Strafgesetzbuch
StGH	Staatsgerichtshof
StPO	Strafprozessordnung
UA	Unterabschnitt
UAG	Untersuchungsausschussgesetz
UC	Umbach/Clemens (Hrsg.) Mitarbeiterkommentar zum BVerfGG, 1. Aufl. 1992
UCD	Umbach/Clemens/Dollinger (Hrsg.), Bundesverfassungsgerichtsgesetz, 2. Aufl. 2005
UC-GG	Umbach/Clemens (Hrsg.), Grundgesetz, Mitarbeiterkommentar, Bd. I, II, 2002
UrhG	Urhebergesetz
VBlBW	Verwaltungsblätter Baden-Württemberg (Zeitschrift)
VerwArch	Verwaltungs-Archiv (Zeitschrift)
VG	Verwaltungsgericht
VGH	Verwaltungsgerichtshof
VpA	Vorprüfungsausschuss
VV	Verwaltungsvorschrift, Vergütungsverzeichnis
VVDStRL	Veröffentlichungen der Vereinigung der Deutschen Staatsrechtslehrer
VwGO	Verwaltungsgerichtsordnung
VwV	Verwaltungsvorschrift
VwZG	Verwaltungszustellungsgesetz
WEG	Wohnungseigentumsgesetz
WPG	Wahlprüfungsgesetz
WRV	Weimarer Verfassung
ZBR	Zeitschrift für Beamtenrecht
ZParl	Zeitschrift für Parlamentsfragen
ZPO	Zivilprozessordnung
ZRP	Zeitschrift für Rechtspolitik
ZSEG	Gesetz über die Entschädigung von Zeugen und Sachverständigen
Zuck, Vb	Zuck, Das Recht der Verfassungsbeschwerde, 2. Aufl. 1988
ZVG	Zwangsvollstreckungsgesetz

Kommentar

Gesetz über das Bundesverfassungsgericht (Bundesverfassungsgerichtsgesetz – BVerfGG)

In der Fassung der Bekanntmachung vom 11. August 1993

(BGBl. I S. 1473), zuletzt geändert durch Art. 2 Abs. 2 Gesetz zur Überarbeitung des Lebenspartnerschaftsrechts vom 15. 12. 2004 (BGBl. I S. 3396)

Einleitung

Übersicht

	Rn.
I. Der Begriff der Verfassungsgerichtsbarkeit	1
1. Formeller Begriff	1
2. Materieller Begriff	2
3. Gegenständliche Begrenzung	3
II. Zur Geschichte der deutschen Verfassungsgerichtsbarkeit	6
1. Ständische Organisationsformen	6
2. Weimarer Zeit	7
III. Die Verfassungsgerichtsbarkeit außerhalb Deutschlands	8
1. USA, Schweiz/Österreich	
2. Weitere Länder	10
IV. Die Entstehung der neuen deutschen Verfassungsgerichtsbarkeit	11
1. Unmittelbare Nachkriegszeit	11
2. HChE/Parlamentarischer Rat	12
3. Gesetzesentwicklung	13
4. Inkrafttreten	14
5. Weitere Entwicklung	15
6. Neubekanntmachung	16
7. Änderungen nach der Neubekanntmachung von 1993	17
V. Die Zuständigkeiten des BVerfG	18
1. Art. 93, 94 II GG	18
2. Anknüpfung an Weimar	19
3. Einteilung	20
4. Veränderung der Zuständigkeiten?	21

	Rn.
VI. Stellung und Organisation des BVerfG	22
1. BVerfG als Verfassungsorgan	22
2. BVerfG als Gericht	23
3. Richterauswahl	24
VII. Der kompetenzielle Standort des BVerfG	29
1. Funktion der Gerichts	29
a) Kein Sondergericht	29
b) political question doctrine	30
c) judicial self restraint	31
d) Herr des Verfahrens	32
2. BVerfG und parlamentarischer Gesetzgeber	33
a) Funktionale Zuordnung	33
b) Gestaltungsfreiraum des Gesetzgebers	35
aa) Handeln des Gesetzgebers	35
bb) Unterlassen des Gesetzgebers	39
3. BVerfG und Gerichtsbarkeit	41
a) Instanzgerichte	41
aa) Subsidiarität und Eigenständigkeit	42
bb) Kontrollmaßstäbe	43
cc) Entscheidung	44
b) Landesverfassungsgerichte	45
aa) Grundsätzliche Trennung der Verfassungsräume	45
bb) Landes- und Bundesverfassungsbeschwerde	47
c) Europäische Gerichte	48
aa) EGMR	48
bb) EuGH	50

I. Der Begriff der Verfassungsgerichtsbarkeit

1. **1.** In einem **formellen** Sinne kann alle Gerichtsbarkeit, die einem Verfassungs- oder Staatsgerichtshof übertragen ist, als „Verfassungsgerichtsbarkeit" bezeichnet werden. Ihr sachlicher Bereich ergibt sich dann aus der jeweiligen positiven Rechtsordnung, für die Bundesrepublik vor allem aus dem Gesetz über das Bundesverfassungsgericht vom 12. 3. 1951 (BGBl. I S. 243) mit späteren Änderungen. Jede positivrechtliche Regelung der Zuständigkeit eines Verfassungsgerichts (und damit des formellen Begriffs der Staatsgerichtsbarkeit im vorstehenden Sinne) wird indes notwendigerweise auch ausgehen von einem inhaltlichen – **materiellen** – Begriff der Verfassungsgerichtsbarkeit.[1] Der formelle und der materielle Begriff der Verfassungsgerichtsbarkeit

---

[1] Gegen diese Unterscheidung ausf. *Bethge*, in: MSKB, Stand 1998 Vorb. Rn. 27 ff.).

brauchen sich nicht zu decken. Es können zur Zuständigkeit eines Verfassungsgerichtshofs auch Streitigkeiten gehören, die materiell nicht oder nur in einem abgeschwächten Sinne Verfassungsgerichtsbarkeit sind; vor allem ist denkbar, dass nicht alle Verfassungsstreitigkeiten (in materiellem Sinne) der Zuständigkeit des Verfassungsgerichts unterworfen werden, sei es, weil hierfür überhaupt keine gerichtliche Zuständigkeit eröffnet ist oder andere Gerichte (inzidenter) hierüber entscheiden. Ja, es kann (wie das amerikanische Beispiel zeigt) sich alle Verfassungsgerichtsbarkeit (im materiellen Sinne) in Inzidententscheidungen der ordentlichen Gerichtsbarkeit (allerdings wie in den USA, eines höchsten Gerichtshofs) vollziehen.

2. Der Versuch einer Bestimmung des materiellen Begriffs der Verfassungsgerichtsbarkeit kann an sich von zwei Merkmalen ausgehen: vom Gegenstand des Streits und von den möglichen Parteien.[2] Ergiebig ist nur die Unterscheidung nach dem Verfahrensgegenstand. Eine Begriffsbestimmung allein nach den möglichen Parteien (z.B. Organe des Staates, Gliedstaaten eines Bundesstaats) könnte nicht zum Ziel führen, da zwischen diesen möglichen Parteien eines Verfassungsrechtsstreits auch Streitigkeiten anderen Rechtscharakters (z.B. des Zivil- und Verwaltungsrechts) entstehen können.

Wo die Parteien als wesentliche Begriffsmerkmale erscheinen, ergeben sie sich zwingend aus dem Verfahrensgegenstand. Das ist, abgesehen von quasistrafrechtlichen Verfahren der Präsidenten- und Richteranklage sowie der Grundrechtsverwirkungen und des Parteiverbots überall dort der Fall, wo Verfahrensgegenstand ein verfassungsrechtliches Rechtsverhältnis ist.

3. Auch die gegenständliche Begrenzung der „Verfassungsgerichtsbarkeit" (in ihrem materiellen Sinne) wurde auf verschiedene Weise mit entsprechend verschiedenen Ergebnissen versucht. *Kelsen*[3] schränkt, ausgehend von der von ihm entwickelten Stufenlehre des Rechts, den Begriff ein auf die Nachprüfung von Gesetzen am Maßstab der Verfassung und wird damit offensichtlich weder der geschichtlichen Entwicklung der Verfassungsgerichtsbarkeit in Deutschland (vgl. hierzu unten Rn. 6 f.) noch der weit über die Normenkontrolle hinausreichenden positiven Regelung der Verfassungsgerichtsbarkeit gerecht. Auch die Begriffsbestimmung *Jerusalems*[4] umfasst den heutigen Kompetenzbereich der Verfassungsgerichtsbarkeit noch nicht. Nach ihr ist

---

[2] So *Friesenhahn*, Handbuch des Deutschen Staatsrechts, Bd. II, 1932, 523 ff. [534] m.w. Nw.
[3] VVDStRL 5 (1929), 30 ff.
[4] Die Staatsgerichtsbarkeit, 1930, 51.

Gegenstand der Staatsgerichtsbarkeit der „staatliche Willensbildungsprozess", ein Begriff, der etwa für quasi-strafrechtliche Verfahren oder Vertragsstreitigkeiten zwischen Gliedstaaten eines Bundesstaats kaum Raum lässt, andererseits jedoch die Staatsgerichtsbarkeit nicht deutlich von der Verwaltungsgerichtsbarkeit scheidet, die ebenfalls den staatlichen Willensbildungsprozess, wenn auch bei der letzten Konkretisierung der Norm, kontrolliert. Um so umfassender ist die Begriffsbestimmung *Triepels*,[5] welche die Verfassungsgerichtsbarkeit begreifen will als „Gerichtsbarkeit in Sachen der materiellen Verfassung" (aaO S. 5), oder als Gerichtsbarkeit „im Bereich des Politischen".[6] Erstere Begriffsbestimmung verweist auf den verwandten allgemeinen Rechtsbegriff, der erst selbst einer Deutung bedarf. Er ist hier in ähnlichem Sinne wie der Begriff des „Politischen" zu verstehen, worunter *Triepel* alles einbezieht, „was mit den höchsten, obersten, entscheidendsten Staatszwecken mit der staatlichen Integration in Verbindung steht". Damit ist allerdings weniger ein juristischer als ein soziologischer Begriff eingeführt; der Zuständigkeitsbereich der heutigen deutschen Verfassungsgerichtsbarkeit ist auch damit noch nicht ausgeschöpft.

4   Die Möglichkeit, einen einheitlichen materiellen Begriff der Verfassungsgerichtsbarkeit zu finden, wurde überhaupt in Abrede gestellt von *Friesenhahn*,[7] wonach die Staatsgerichtsbarkeit „eine Sammelbezeichnung von verschiedenen Arten von Rechtsprechung" ist, die allerdings diese Zusammenfassung dadurch rechtfertigt, dass sie die „höchsten" Stufen der Gerichtsbarkeit innerhalb des Staates darstellen. Als Verfassungsgerichtsbarkeit im materiellen Sinn sollten danach offenbar nur gelten Organstreitigkeiten (d. h. Streitigkeiten zwischen den Faktoren des inneren Staatslebens, wozu außer den höchsten Staatsorganen und Organteilen auch andere soziale Gebilde, namentlich politische Parteien rechnen), ferner (als „Bundesverfassungsgerichtsbarkeit") Streitigkeiten zwischen Gliedstaaten eines Bundesstaats und zwischen Gliedstaat und Gesamtstaat aus Rechtsverhältnissen der Bundesverfassung. Es scheiden vom materiellen Begriff der Verfassungs- und Bundesverfassungsgerichtsbarkeit aus: Streitigkeiten der Gliedstaaten eines Bundesstaats aus Rechtsverhältnissen die nicht auf der Bundesverfassung beruhen (sog. „Bundesgerichtsbarkeit"), die Ministeranklage, die Prüfung von Wahlen, die abstrakte Normenkontrolle, die abstrakte Entscheidung von Zweifeln und Meinungsverschiedenheiten über die Auslegung eines Verfassungsgesetzes, die Erstattung von Gutachten

---

[5] VVDStRL 5 (1929), 1 ff.
[6] Zum Begriff des Politischen s. *van Ooyen*, Der Begriff des Politischen des Bundesverfassungsgerichts, 2005.
[7] Handbuch des Deutschen Staatsrechts Bd. II, 1932, 532 ff. [526].

Einleitung **Einl**

über verfassungsrechtliche Fragen, die Verfassungsbeschwerde (diese sei eigentlich Verwaltungsrechtsprechung),[8] also wesentliche Teile der heutigen formellen Verfassungsgerichtsbarkeit.[9]

Diesem **eingeschränkten Begriff** der „materiellen Verfassungsge- 5 richtsbarkeit" entspricht ungefähr der vom *BVerfG*[10] entwickelte Begriff der „eigentlichen Verfassungsstreitigkeiten", worin als Grundformen der Verfassungsgerichtsbarkeit Streitigkeiten nach Art. 93 I Nr. 1 und 2 GG, also Organstreitigkeiten in Bund und Ländern und – weitergehend – auch die abstrakte Normenkontrolle bezeichnet werden.

Die moderne Rechtslehre ist jedoch bestrebt geblieben, einen umfassenden materiellen Begriff der Verfassungsgerichtsbarkeit zu entwickeln.[11] *Scheuner* begreift darin die Verfassungsgerichtsbarkeit als „Rechtsprechung im Bereich des Verfassungslebens".[12] Er nähert sich mit dieser, wohl alle Erscheinungsformen der geltenden deutschen Verfassungsgerichtsbarkeit einschließenden Begriffsbestimmung der Definition *Triepels,* indem er wie jener Merkmale von gemischtjuristisch-soziologischem Charakter entscheidend sein lässt.

II. Zur Geschichte der deutschen Verfassungsgerichtsbarkeit

1. Die Keimzelle der heutigen Staatsgerichtsbarkeit liegt schon in 6 **ständischen Organisationsformen** des Mittelalters. Dem ständischen Wesen und der dualistischen Struktur des Ständestaates entsprach die Auffassung, dass sich Regierung und Stände wie zwei Vertragsparteien gegenüberstanden, deren Zwistigkeiten durch Schieds- oder Richterspruch geschlichtet werden können.[13] Streitigkeiten zwischen den Landesbehörden und den Ständen konnten vor die Reichsgerichte (Reichstag, Reichskammergericht, Reichshofrat in Wien) gezogen werden und auch die Landesverwaltung selbst genoss gegenüber der kaiserlichen Gewalt einen gewissen Rechtsschutz. Diese Entwicklung setzte sich in abgeschwächter Form fort im Deutschen Bund, vor allem in dem auf Grund von Art. 60 und 61 der Wiener Schlussakte für den Deutschen Bund und durch den Bundesbeschluss vom 30. 10. 1834 eingerichteten Bundesschiedsgericht. Sie erscheint unterbrochen

---

[8] Siehe auch *Friesenhahn,* in: FS f. Thoma, 1950, 21 ff., 49.

[9] Zur Entwicklung der Abgrenzungsversuche vor allem in der Weimarer Zeit vgl. *Scholtissek,* in: FS f. G. Müller, 1970, 462 ff.

[10] BVerfGE 1, 202 (208) = NJW 1952, 657.

[11] Vgl. *Scheuner* DVBl. 1952, 293.

[12] S. a. *ders.,* Die Überlieferung der deutschen Staatsgerichtsbarkeit im 19. und 20. Jahrhundert, in: Bundesverfassungsgericht und Grundgesetz, Bd. I, 1976, 1 [5]; grundsätzlich zustimmend *Schlaich/Korioth* Rn. 9.

[13] Vgl. *Triepel* VVDStRL 5 [1929], 10.

während des Bismarckschen Reiches, in dem gemäß Art. 76 II der Reichsverfassung von 1871 der Bundesrat, also ein politisches Organ, die Aufgabe der Streitschlichtung zwischen den Gliedstaaten übernahm.

7 **2.** Erst die **Weimarer Zeit** brachte wieder ein echtes Gericht für staatsgerichtliche Streitigkeiten in Gestalt des Staatsgerichtshofs für das Deutsche Reich (nach Einrichtung eines vorläufigen Staatsgerichtshofs) Seine Zuständigkeit nach Art. 19 WRV zeigt mit Streitigkeiten nicht privatrechtlicher Art. zwischen verschiedenen Ländern oder – worin gegenüber vorher schon ein Fortschritt liegt – zwischen dem Reich und einem Lande, deutlich die Herkunft aus der ständisch-bundesstaatlichen Entwicklung.[14] Mit der Zuständigkeit für „Verfassungsstreitigkeiten" innerhalb eines Landes reichte die Kompetenz jedoch schon wesentlich über diesen Bereich hinaus und spiegelt erstmalig die inzwischen stattgefundene staatsrechtliche Entwicklung zum gewaltenteilenden demokratischen Rechtsstaat wieder. Der Rechtsentwicklung des konstitutionellen Staates entsprang die praktisch weniger bedeutsame Zuständigkeit nach Art. 59 WRV für Präsidenten- und Ministeranklagen. Zwar blieben Streitigkeiten zwischen Verfassungsorganen wegen der befürchteten politischen Gefahren[15] bewusst ausgeschlossen, in Art. 13 eröffnete jedoch die WRV die Möglichkeit einer abstrakten Normenkontrolle im Verhältnis von Landes- zum Reichsrecht, die allerdings nicht dem Staatsgerichtshof, sondern dem Reichsgericht übertragen wurde. Ihr entsprach der immer weitere Ausbau des richterlichen Prüfungsrechts in der Rechtsprechung und sein Niederschlag im Schrifttum.[16] Auch der Staatsgerichtshof selbst weitete seine Kompetenz in der Deutung der seine Zuständigkeit bestimmenden Begriffe aus.[17] Schon der vorläufige Staatsgerichtshof[18] billigte die Ansicht, dass Verfassungsstreitigkeiten alle Streitigkeiten seien, die die Auslegung oder Anwendung der Landesverfassung betreffen. Die spätere Rechtsprechung des Staatsgerichtshofs[19] ging in dieser Richtung weiter, indem sie den wichtigen Grundsatz aufstellte und festhielt, dass Verfassungsstreitigkeiten innerhalb eines Landes im Sinne des Art. 19 auch Streitigkeiten über Auslegung und Anwendung solcher Vorschriften seien, die auf die Landesverfassung einwirken und sie insoweit ergän-

---

[14] Vgl. *Geiger* DÖV 1952, 481.
[15] Siehe *Joel* AöR 39 (1952/53), 129 [165].
[16] Hierzu vgl. *v. Hippel,* Das richterliche Prüfungsrecht, in: Handbuch des Deutschen Staatsrechts, Bd. II, 1932, 546.
[17] *Joel* AöR 39 (1952/53), 129 ff.
[18] Vgl. *LS* I, 357.
[19] Ausgehend von der Entscheidung vom 15. 10. 1927, *LS* I, 292 ff.

zen.[20] Damit eröffnete sich der Staatsgerichtshof die Möglichkeit, in weitem Umfang auch das Reichsverfassungsrecht auszulegen.

Diese fortschreitende Entwicklung wurde mit dem Ende des Weimarer Staates unterbrochen.

III. Die Verfassungsgerichtsbarkeit außerhalb Deutschlands

1. Es entsprach der Gemeinsamkeit der europäisch-abendländischen Kulturentwicklung, dass sich manche Entwicklungstendenzen der deutschen Rechtsentwicklung im ausländischen Recht wiederfanden oder dort vorgebildet sind. Immerhin führten die Verschiedenartigkeit des nationalen Charakters und das ihn mitbedingende nationale Schicksal zu vielfach abweichenden Ergebnissen. Hinzuweisen ist besonders auf die Entwicklung der Verfassungsgerichtsbarkeit in den USA, der Schweiz und in Österreich.[21]

Die Entwicklung in den **USA**[22] hat der deutschen Entwicklung in dem hohen moralischen Ansehen und der Autorität des Supreme Court, nicht in der Ausgestaltung der Verfassungsgerichtsbarkeit und der Zuständigkeit des Gerichtshofs als Vorbild gedient.[23] Die Verfassungsgerichtsbarkeit des Supreme Court kennt nur eine 1803 erstmals angewandte indirekte Kontrolle der Verfassungsmäßigkeit der Gesetze. Im Rahmen seiner Zuständigkeit als oberste Rechtsmittelinstanz erfüllt er dabei allerdings letztlich, wenn auch in anderer Form, die gleiche Funktion wie das BVerfG: Rechtskontrolle der anderen Staatsgewalten. Die **Schweiz**[24] kennt keinen eigenen Verfassungsgerichtshof, sondern nur eine besondere staats- und verwaltungsgerichtliche Abteilung des Bundesgerichts, der bei kantonalen Streitigkeiten eine unmittelbare staatsgerichtliche Zuständigkeit zukommt. Das Schwergewicht liegt jedoch auf der Beschwerde des Bürgers gegen Verletzung verfassungsmäßiger Rechte an den Gerichtshof, der Verwaltungsakte von Behörden des Bundes und der Kantone mit Inzidentkontrolle der kantonalen Gesetze prüft. Maßgebend für die Kompetenzen ist Art. 189 BV idF v. 18. 4. 1999.[25] Am stärksten ausgebildet wurde die

---

[20] *Friesenhahn*, in: Handbuch des Deutschen Staatsrechts, Bd. II, 1932, 541.

[21] S. dazu die Nachweise bei *Robbers*, Geschichtliche Entwicklung der Verfassungsgerichtsbarkeit, in: UCD, Rn. 18 ff.; *Schlaich/Korioth* Rn. 3 mit Fn. 8; *v. Brünneck*, Verfassungsgerichtsbarkeit in den westlichen Demokratien, 1992.

[22] *Brugger*, Grundrechte und Verfassungsgerichtsbarkeit in den Vereinigten Staaten, 1987.

[23] *Wilms* NJW 1999, 1527.

[24] *Schmidt-Bleibtreu*, in: MSKB, Stand 2003 Rn. 13 zu § 90 BVerfGG.

[25] S. dazu *Wittibschlager*, Einführung in das schweizerische Recht, 2000, 9 ff.

Verfassungsgerichtsbarkeit seit der Zeit nach dem Ersten Weltkrieg in **Österreich**.[26] Der als selbstständiger Gerichtshof organisierte Verfassungsgerichtshof entscheidet über vermögensrechtliche Ansprüche der Länder, Bezirke, Gemeinden und Gemeindeverbände an den Bund, die weder im ordentlichen Rechtsweg auszutragen noch durch Bescheid einer Verwaltungsbehörde zu erledigen sind (Art. 137 Bundesverfassungsgesetz), über Kompetenzkonflikte namentlich zwischen den Ländern untereinander und zwischen den Lindern und dem Bund (Art. 138), über die Gesetz- und Verfassungsmäßigkeit von Verordnungen und Gesetzen des Bundes und der Länder auf gerichtliche Anordnung innerhalb eines Rechtsstreits oder auf Anrufung durch die Bundes- und Landesregierung (Art. 139, 140), also in konkreter und abstrakter Normenkontrolle, über Wahlanfechtungen (Art. 141), Präsidenten- und Ministeranklage (Art. 142) und über Verfassungsbeschwerden gegen Entscheidungen und Verfügungen von Verwaltungsbehörden (Art. 144 a. F.). Akte der Gerichtsbarkeit oder Gesetze und Verordnungen konnten ursprünglich, auch wenn sie nach Ansicht eines Beschwerdeführers verfassungsgesetzlich gewährleistete Rechte verletzen sollten, nicht mit der Verfassungsbeschwerde angefochten werden. Seit dem Bundesverfassungsgesetz v. 15. 5. 1975 (BGBl. Nr. 303) iVm dem Verfassungsgerichtshofgesetz 1976 (BGBl. Nr. 311) in die Zuständigkeit auf Beschwerden gegen Rechtsnormen erweitert worden. Bedeutsam ist, dass die Organstreitigkeiten zwischen Verfassungsorganen des Bundes fehlen. Diesen weiteren Schritt in den Bereich des Politischen ist erst das neue deutsche Verfassungsprozessrecht gegangen.

10 2. In **Frankreich** hat der Conseil Constitutionnel nur eine präventive, allerdings zunehmend aktiv genutzte Normenkontrolle ausgeübt.[27] Spezielle Verfassungsgerichtshöfe existieren in **Italien**,[28] in **Portugal**[29] und in **Spanien**.[30] Besonders rasch hat sich die Verfas-

---

[26] S. dazu ausf. *Schmidt-Bleibtreu*, in: MSKB, Stand 2003 Rn. 12, 12a zu § 90 BVerfGG.

[27] *Fromont* DÖV 1999, 493; *Mels*, Bundesverfassungsgericht und Conseil Constitutionnel, 2003; *Fromont* DÖV 2003, 542. Zur Entscheidungspraxis des Conseil Constitutionnel siehe Frowein/Philip (Hrsg.) Les grands décisions du Conseil Constitutionnel, 10 Aufl. 1999.

[28] N. Occiocup (Hrsg.), La Corte Costituzionale tra norma giuridica e realità sociale, 1978; Ciarlo (Hrsg.) Giudici e giurisdizione nella giurisprudenza della Corte costituzionale, 1997; Stoy-Schnell, Das Bundesverfassungsgericht und die Corte costituzionale, 1998. Siehe auch *Luther*, Die italienische Verfassungsgerichtsbarkeit, 1990.

[29] Art. 280 port. Verf.; siehe dazu *Faller* EuGRZ 1986, 54. *J. J. Gomes Canotilho*, Direito Constitucional, 1998, 801 ff.

sungsgerichtsbarkeit in **Osteuropa,** häufig in Anlehnung an das deutsche Recht, entwickelt.[31] **Großbritannien** hat dagegen keine Verfassungsgerichtsbarkeit.[32]

IV. Die Entstehung der neuen deutschen Verfassungsgerichtsbarkeit

1. Nach dem Ende der nationalsozialistischen Zeit und mit der Konsolidierung einer deutschen Staatsgewalt wurde auch in Deutschland die frühere Entwicklung der Staatsgerichtsbarkeit in Anknüpfung an die zuletzt erreichten Ergebnisse der Staatsrechtslehre wieder aufgenommen. Die Reaktion auf die vorausgegangene Zeit der Diktatur musste sie notwendigerweise verstärken, wenn auch die nunmehr gegebenen Einwirkungen fremder und damit der Kompetenz der deutschen Staatsgerichtsbarkeit entzogener, anderen politischen Zielen verpflichteter Staatsgewalt in den nicht souveränen deutschen Staaten die deutsche Staatsgewalt wiederum vor große Probleme besonderer Art. stellen mussten.[33] Diese Entwicklung fand ihren ersten Niederschlag in den **Landesverfassungen,** die zum Teil schon eine reich entwickelte Verfassungsgerichtsbarkeit enthielten.[34] Diese landesrechtlichen Vorschriften brachten in ihrer Gesamtheit, allerdings unterschiedlich in den einzelnen Ländern und abgesehen von den der Natur der Sache nach fehlenden bundesstaatlichen Streitigkeiten schon alle Formen der nunmehr im Bund entwickelten Verfassungsgerichtsbar-

11

---

[30] Siehe dazu *Pelayo,* in: Pina (Hrsg.), Spanisches Verfassungsrecht, 1993, 475 ff.; *F. Balaguer* Callejón (Hrsg.), Derecho Costitucional, Bd. I, 1999, 211 ff.

[31] Siehe dazu *Brunner,* in: FS f. Stein, 1997, 1041; *Schmidt-Bleibtreu,* in: MSKB, Stand 2003, Rn. 13 c, 13 d zu § 90.

[32] Siehe zu alledem die Übersichten bei *Zierlein* EuGRZ 1991, 301 ff.; *Tomuschat,* in: FS 50 Jahre BVerfG, Bd. 1, 2001, 245 ff.; *Häberle,* in: FS 50 Jahre BVerfG, Bd. 1, 2001, 311 ff. Zur **Türkei** vgl. *Rumpf* EuGRZ 1990, 129 ff.

[33] Vgl. hierzu *Kern* DRiZ 1948, 47; s. auch *Dreher* NJW 1951, 377 ff.

[34] Vgl. von den älteren Verfassungen: bad. Verfassung vom 22. 5. 1947, Art. 112, 114 mit Gesetz über die Staatsgerichtsbarkeit vom 7. 9. 1948 (GVBl. S. 104), besonders bedeutsam die Art. 15, 33, 48, 69, 75, 92, 98, 120 der Bay. Verfassung mit dem Gesetz über den Verfassungsgerichtshof vom 22. 7. 1947, GVBl. S. 147. Siehe ferner Württ-Bad. Verfassung vom 28. 11. 1946, Art. 55, 80, 85, 91, 92 mit Gesetz über den Staatsgerichtshof vom 18. 8. 1948, Hess. Verfassung vom 11. 12. 1946, Art. 15, 115, 127, 130 133, 146, 147 mit Gesetz vom 12. 12. 1947 (GVBl. 1948 S. 3); Rheinl.-Pfälz. Verfassung vom 18. 5. 1947, Art. 129–136 mit Gesetz vom 23. 7. 1949 (GVBl. S. 285); Brem. Verfassung vom 21. 10. 1947, Art. 111, 136, 138–142 mit Gesetz vom 21. 7. 1949 (GVBl. S. 141).

keit, vor allem Organstreitigkeiten, abstrakte und konkrete Normenkontrollsachen, Verfassungsbeschwerde, Minister- und Richteranklage.

12 2. Es lag daher im Zuge der Zeit, wenn auch schon die Anfänge der Entstehung einer Bundesverfassung eine über die Staatsgerichtsbarkeit der Weimarer Zeit hinausreichende Verfassungsgerichtsbarkeit vorsahen. Bereits der **HChE** enthielt in Art. 98 mit Anl. 44 einen umfassenden Kompetenzkatalog der Verfassungsgerichtsbarkeit.[35] Die Verhandlungen im Parlamentarischen Rat, in denen die Schaffung eines besonderen BVerfG neben dem „obersten Bundesgerichtshof" noch nicht von Anfang an feststand, führten zu zahlreichen redaktionellen und inhaltlichen Änderungen[36] dieser Kompetenzkataloge. Bemerkenswert aus den Verhandlungen ist insbesondere, dass wiederholt Anträge des Abg. *Dr. Strauß* (CDU),[37] die Normenkontrolle dem obersten Bundesgericht zu übertragen, abgelehnt wurden. Die Endredaktion (durch den allgemeinen Redaktionsausschuss) führte im Beschluss des Hauptausschusses vom 10. 2. 1949[38] zur Vereinigung der nicht in Sonderbestimmungen des GG aufgenommenen Rechtsgehalts aus Art. 98 und 44 HChE mit nachfolgenden Änderungen im nunmehrigen Art. 93 GG.

13 3. Die Verhandlungen über das in Art. 94 II GG vorgesehene BVerfGG gehen in ihrem ersten Anfang außer auf die Verhandlungen über den HChE und das GG selbst auf den vom Juristischen Ausschuss der Ministerpräsidenten der westlichen Besatzungsgebiete am 27. 7. 1949 vorgelegten Entwurf eines Gesetzes über das vorläufige BVerfG zurück. Mit diesem Entwurf deckte sich im wesentlichen ein Entwurf des Rechtsamts der Verwaltung des Vereinigten Wirtschaftsgebietes. Schon im Oktober 1949 begannen im Bundesjustizministerium die Vorarbeiten für den Entwurf eines Gesetzes über das Bundesverfassungsgericht, die zu Referentenentwürfen führten. Am 14. 12. 1949 leitete die SPD dem Bundestag einen Initiativgesetzentwurf zu, der dem Rechtsausschuss überwiesen wurde und zur beschleunigten Vorlage auch des Regierungsentwurfs (am 28. 2. 1950) führte. Der Bundesrat schlug hierzu in seiner Sitzung vom 17. 3. 1950[39] zahlreiche grundlegende Änderungen vor, worauf die Bundesregierung am 28. 3. 1950 gegenüber dem Bundestag Stellung nahm. Der Bundestag über-

---

[35] JöR Bd. 1 [1951] 670.
[36] JöR Bd. 1 (1951) 669 ff.
[37] JöR Bd. 1 [1951] 675 f.
[38] JöR Bd. 1 [1951] 682.
[39] Amtl. Niederschrift S. 269 ff.

wies den Entwurf an den Ausschuss für Rechtswesen und Verfassungsrecht. Die Ausschussberatungen, die zunächst mit dem Entwurf der SPD am 15. 3. 1950 begannen, hatten sich sonach mit den zwei Entwürfen der SPD und der Bundesregierung, zu letzterem auch mit den zahlreichen Änderungswünschen des Bundesrates zu befassen. Ein erheblicher Teil der umfangreichen Arbeiten wurde in einem Unterausschuss geleistet. Am 15. 12. 1950 konnte der Rechts- und Verfassungsausschuss seinen Bericht für die 2. Lesung erstatten, die nach ausführlichen einleitenden Berichten der Abg. v. Merkatz, Dr. Wahl und Neumaier[40] in der 112. Sitzung vom 25. 1. 1951[41] stattfand und noch zu einzelnen Änderungen und Ergänzungen des Gesetzes führte. Die 3. Lesung des Gesetzes fand am 1. 2. 1951 in der 116. Sitzung des Bundestages statt.[42] Auch sie führte nochmals zu Änderungen des Entwurfs. Die Schlussabstimmung ergab, abgesehen von den Stimmen der Kommunisten, einstimmige Annahme des Gesetzes. Der Bundesrat lehnte im 2. Durchgang den Antrag auf Anrufung des Vermittlungsausschusses, der ursprünglich auf Bedenken des Rechtsausschusses namentlich gegen § 80 und die Gestaltung der Verfassungsbeschwerde zurückging, ab.

4. Das Gesetz wurde sodann am 12. 3. 1951 vom Bundespräsidenten unterzeichnet und am 16. 4. 1951 im BGBl. I S. 243 verkündet. Es trat am 17. 4. 1951 **in Kraft.** Am 4. 5. 1951 (BGBl. I S. 288) erging das Gesetz über den Sitz des BVerfG. Nach Durchführung der organisatorischen Vorbereitungen und der Wahl der Richter nahm das Gericht im September 1951 seine Tätigkeit auf.

5. Zur **weiteren Entwicklung.**[43] Die Novellen vom 21. 7. 1956 (BGBl. I S. 662), vom 26. 6. 1959 (BGBl. I S. 297) und vom 3. 8. 1963 (BGBl. I S. 589) zum BVerfGG brachten vor allem Änderungen in der Organisation des Gerichts, namentlich hinsichtlich der Geschäftsverteilung zwischen den beiden Senaten und Vorschriften zum Verfahren der konkreten Normenkontrolle und zur Vereinfachung der Verfassungsbeschwerde. Da sich auch die Neuverteilung der Zuständigkeiten zwischen den beiden Senaten des Gerichts durch die Novelle vom 21. 7. 1956 (BGBl. I S. 662) als unzureichend erwies, machte das Gericht in einem Beschluss vom 13. 10. 1959 (BGBl. I S. 673) von der ihm in § 14 IV des Gesetzes (in der Fassung der Novelle von 1959)

---

[40] Vgl. Amtl. Niederschrift S. 4218 ff.
[41] Amtl. Niederschrift S. 4287 ff.
[42] Amtl. Niederschrift S. 4412 ff.
[43] S. *Wöhrmann,* Änderungsnovellen zum Bundesverfassungsgerichtsgesetz und weitere Reformüberlegungen, in: UC, S. 131 ff.

übertragenen Befugnis Gebrauch. An seine Stelle trat mit Wirkung vom 1. 1. 1971 der Beschluss des BVerfG vom 17. 12. 1970, der die Zuständigkeit des Zweiten Senats zur Entlastung des Ersten Senats nochmals erweiterte. Ein 4. ÄndG vom 21. 12. 1970 (BGBl. I S. 1765) bestimmte unter Aufhebung des Gesetzes über den Sitz des BVerfG Karlsruhe endgültig zum Sitz des Gerichts und brachte zum Teil seit langem in der Öffentlichkeit erörterte Vorschriften über Vereinheitlichung der Rechtsstellung und des Versorgungsrechts der Bundesverfassungsrichter, über die Einführung des „Sondervotums" nach angelsächsischem Vorbild, über Wirkung und Veröffentlichung von Normprüfungsentscheidungen, über das Annahmeverfahren in Verfassungsbeschwerdesachen und weitere verfahrensrechtliche Änderungen oder Ergänzungen.

Das Gesetz vom 12. 12. 1985 (BGBl. I S. 2226) brachte eine ganze Reihe von **Entlastungsmaßnahmen,** so die Nichtannahmegebühr des § 34, die Umwandlung der Vorprüfungsausschüsse in Kammern (§ 15a) und das Losverfahren des § 15 Abs. 2.[44] Die GO vom 15. 12. 1986 (BGBl. I S. 2529) gab dem „Nebenrecht" des BVerfG eine verlässlichere Grundlage. Das 5. ÄndG vom 2. 8. 1993 (BGBl. I S. 1442) schaffte die Nichtannahmegebühr wieder ab, erweiterte die Befugnisse der Kammern (§ 81a), regelte das Annahmeverfahren neu (§§ 93a–d) und gab endlich die Wiedereinsetzung in den vorigen Stand.[45]

16 6. Aufgrund Art. 7 des 5. ÄndG ist das BVerfG unter der Überschrift „Gesetz über das Bundesverfassungsgericht (Bundesverfassungsgerichtsgesetz – BVerfGG)" in der vom 11. 8. 1993 ab geltenden Fassung bekannt gemacht worden (BGBl. I S. 1473).

17 7. Auf die Fassung der Bekanntmachung beziehen sich die Folgeänderungen.

Am 23. 7. 1998 ist das Gesetz zur Änderung des Bundesverfassungsgerichtsgesetzes und des Gesetzes über das Amtsgehalt der Mitglieder des Bundesverfassungsgerichts vom 16. Juli 1998 (BGBl. I S. 1823) in Kraft getreten. Man kann es als Anpassungsgesetz kennzeichnen. Es schafft für die Bewältigung der in der Praxis aufgetretenen Probleme die Rechtsgrundlage und reagiert auf die Änderung von Art. 93 I GG (in dem ein Abschnitt 2a durch Art. 1 Nr. 12 ÄndG-GG vom 27. 10. 1994 – BGBl. I 3146 – eingefügt worden war) durch Ergänzung des § 13 Nr. 6a. Die wichtigsten Regelungsgegenstände des ÄndG betreffen im Übrigen die Medienöffentlichkeit der mündlichen

---

[44] S. dazu *Ulsamer* EuGRZ 1986, 110f.; *Zuck* NJW 1986, 958f.
[45] S. dazu *Pestalozza* DWiR 1992, 426; *Klein* NJW 1993, 2073; *Zuck* NJW 1993, 2641.

Einleitung **Einl**

Verhandlung und der Urteilsverkündung (§ 17 a) sowie die Akteneinsicht und Auskunft aus den Akten außerhalb des Verfahrens (§ 35 a, § 35 b, § 35 c).[46]

Weitere Änderungsgesetze vollziehen lediglich Änderungen der Rechtslage aufgrund anderer Gesetze nach, sind also marginaler Natur, vgl. das Gesetz zur Beendigung der Diskriminierung gleichgeschlechtlicher Gemeinschaften: Lebenspartnerschaften vom 16. 2. 2001 (BGBl. I S. 266, 271) (§ 61), das Gesetz zur Umstellung des Kostenrechts und der Steuerberatergebührenordnung auf EURO vom 27. 4. 2001 (BGBl. I S. 751, 761) (§ 34) und das Sozialgesetzbuch – Neuntes Buch – (SGB IX) Rehabilitation und Teilhabe behinderter Menschen vom 19. 6. 2001 (BGBl. I 1046, 1109) (§ 98). Das Sechste Gesetz zur Änderung des Bundesverfassungsgerichtsgesetzes vom 22. 8. 2002 (BGBl. I 3386) enthält Verfahrensregeln im Zusammenhang mit Vorschriften des Untersuchungsausschussgesetzes (§§ 86 a, 82 a). Das Siebte Gesetz zur Änderung des Bundesverfassungsgerichtsgesetz vom 13. 12. 2003 (BGBl. I S. 2546) gibt zwei Klarstellungen zu den Zuständigkeiten der beiden Senate (§§ 14, 31 II 1).[47]

V. Die Zuständigkeit des BVerfG

1. Die Zuständigkeit des BVerfG leitet sich aus dem GG ab. Sie ist unmittelbar vornehmlich im Abschnitt IX über die Rechtsprechung (Art. 93, 98, 99, 100 GG) geregelt, doch finden sich Zuständigkeitsnormen auch in anderen Vorschriften des GG (Art. 18, 21, 41, 61, 126). Von der in Art. 93 II GG enthaltenen Ermächtigung, die Zuständigkeit durch einfaches Bundesgesetz zu erweitern, ist in erster Linie in §§ 90 ff. hinsichtlich der Verfassungsbeschwerde Gebrauch gemacht (s. dazu auch Rn. 22 zu § 13). Das 19. Gesetz zur Änderung des Grundgesetzes vom 29. 1. 1969 (BGBl. I S. 97) gab der Verfassungsbeschwerde eine unmittelbare verfassungsrechtliche Grundlage. Art. 94 II GG ermächtigte außerdem den Gesetzgeber „für Verfassungsbeschwerden die vorherige Erschöpfung des Rechtsweges zur Voraussetzung (zu) machen und ein besonderes Ausnahmeverfahren vor(zu)sehen" (§ 90 II, §§ 93 a ff.).

2. Das GG knüpft mit der Aufnahme der Bund-Länderstreitigkeiten (Art. 93 I Nr. 3 und 4) an die Rechtstradition der Weimarer Zeit an (vgl. im Einzelnen hierzu Anm. zu §§ 68 ff. und 71 ff.); Art. 61 I GG

---

[46] *Zuck* NJW 1998, 3028; *Pestalozza* JZ 1998, 1039; *Winkler* NVwZ 1998, 1266. Zu den Materialien für das ÄndG vergl. die Nachweise bei *Pestalozza* JZ 1998, 1039 (1040 mit Fn. 6).
[47] Siehe dazu BR-Drs. 621/03.

hat in der Gestaltung der Präsidentenanklage ein Vorbild in Art. 59 WRV, der auch eine Ministerklage vorsah. Alle übrigen Kompetenzen greifen entweder über frühere Zuständigkeiten wesentlich hinaus oder sind völlig neues Rechtsgut.

20   3. Die im GG enumerativ und abschließend[48] bestimmten Zuständigkeiten des BVerfG, ergänzt durch einfachrechtliche Zuweisungen[49] lassen sich in 5 Gruppen teilen:[50]

a) Quasi-strafrechtliche Verfahren. Verwirkung von Grundrechten (Art. 18 GG, § 13 Nr. 1), Feststellung der Verfassungswidrigkeit von Parteien (Art. 21 GG, § 13 Nr. 2), Präsidentenanklage (Art. 61 GG, § 13 Nr. 4), Richteranklage (Art. 98 II GG, § 13 Nr. 9). Verwirkung, Parteiverbot und Richteranklage sind neues Rechtsgut, bisher im deutschen Rechtsleben nicht bekannte Fälle der Verfassungsgerichtsbarkeit.

b) Wahlprüfungssachen (Art. 41 II GG, § 13 Nr. 3). Die verfassungsgerichtliche Zuständigkeit ist eine Erweiterung der Verfassungsgerichtsbarkeit.

c) Eigentliche Verfassungsstreitigkeiten. Organstreitigkeiten (Art. 93 I Nr. 1 GG, § 13 Nr. 5) und die abstrakte Normenkontrolle (Art. 93 I Nr. 2 GG, § 13 Nr. 6, 6 a; sie gehört zugleich zur nachstehenden Gruppe d), Bund-Länderstreitigkeiten (Art. 93 I Nr. 3 und 4, § 13 Nr. 7 und 8), Verfassungsstreitigkeiten innerhalb der Länder (Art. 99 GG). Eine Erweiterung der Verfassungsgerichtsbarkeit bringen hierbei namentlich die Organstreitigkeiten innerhalb des Bundes und die abstrakte Normenkontrolle auf Feststellung der Verfassungsmäßigkeit von Bundesrecht.

d) Normenkontrollsachen. Außer der auch zur Gruppe c gehörigen abstrakten Normenkontrolle die Fälle der konkreten Normenkontrolle nach Art. 100 GG, § 13 Nr. 11, 11a, 12, 13 und 14. Sie stellen die Zusammenfassung eines bedeutsamen Teils des damit ausdrücklich anerkannten richterlichen Prüfungsrechts beim BVerfG und eine wesentliche Erweiterung der Verfassungsgerichtsbarkeit gegenüber dem Stand nach der WRV dar.

e) Verfassungsbeschwerden (§§ 90, 91).

21   4. Der große Umfang der Zuständigkeiten des BVerfG ist lange Zeit nicht unangefochten geblieben. Teils fürchtete man eine bedenkliche Konzentration politischer Macht beim Gericht mit entsprechen-

---

[48] BVerfGE 63, 73 [76].
[49] Zu deren Inhalt und Grenzen vgl. *Benda/Klein* Rn. 346 ff.
[50] Zur Aufteilung s. *Benda/Klein* Rn. 351 ff.; *Bethge*, in: MSKB, Stand 1998 Vorb. Rn. 120 ff.

der Entwicklung zu einem, der Idee des demokratischen Staats wie dem Wesen der Gerichtsbarkeit gleichermaßen zuwiderlaufenden „Justizstaat". Anderen schien eine, mit verfahrensrechtlichen Mitteln nicht mehr zu lösende Überlastung des Gerichts zu drohen, die die staatliche Rechtspflege hemmen würde. Noch bei den Verhandlungen zur ersten Novelle vom 21. 7. 1956 (BGBl. I S. 662) erschien die umfassende Zuständigkeit des Gerichts als ein Haupthindernis auf dem Wege zu dem, von der Regierungskoalition dringend erstrebten Ziel eines einheitlichen (nicht mehr in zwei Senate geteilten) Gerichts. Wenn seitdem diese Kritik nachgelassen hat, so mag der Grund hierfür ebenso in der Festigung einer einmal begonnenen Rechtstradition, im wachsenden (inzwischen weitgehend unangefochtenen) Ansehen des Gerichts und der zunehmenden Erkenntnis der Wichtigkeit seiner Funktion, wie in der Beschränkung liegen, die sich das Gericht in wichtigen Entscheidungen gegenüber dem gesetzgeberischen Ermessen auferlegt hat. Sicherlich haben auch die verfahrensrechtlichen Neuerungen der Novellen zum BVerfGG, das Gericht gefestigt. Auch das Sondervotum hat sich bewährt. Die kompetenzielle Machtfülle des BVerfG ist deshalb kein zentrales Thema mehr.

VI. Stellung und Organisation des BVerfG

Aus dem Schrifttum: *Piazolo,* Das Bundesverfassungsgericht, 1995; *Faller,* Das Ringen um Entlastung des Bundesverfassungsgerichts, in: FS f. Benda, 1995, 43; *Grimm,* Recht und Politik, in: FS f. Benda, 1995, 91; *Fricke,* Zur Kritik an der Staats- und Verfassungsgerichtsbarkeit im verfassungsstaatlichen Deutschland, 1995; *Großfeld,* Götterdämmerung? NJW 1995, 1719; *Benda,* Wirklich Götterdämmerung in Karlsruhe? NJW 1995, 2470; *Bethge,* in: MSKB, Stand 1998, Rn. 153 ff. Vorb.; *Starck,* in:, FS 50 Jahre BVerfG, Bd. 1, 2001, 1 ff.; *Benda/Klein,* Rn. 93 ff.; *Schlaich/Korioth,* Rn. 25 ff.; *Rinken,* in: FS f. Stein, 2001, 410; *W. Meyer,* in: von Münch/Kunig (Hrsg.), GG, Bd. 3, 5. Aufl. 2003, Rn. 2 ff. zu Art. 93 GG; *Pieroth,* in: Jarass/Pieroth, GG, 7. Aufl. 2004, Rn. 2 ff. zu Art. 93 GG; *Voßkuhle,* in: MSK, Bd. 3, 4. Aufl. 2001, Rn. 17 ff. zu Art. 93 GG.

1. Die Besonderheit der Verfassungsgerichtsbarkeit innerhalb der Gesamtheit der rechtsprechenden Gewalt hebt nicht auf, dass das BVerfG nach Wesen und Funktion ein „Gerichtshof", d. h. ein Organ der Rechtsprechung mit dessen wesentlichen Merkmalen ist (vgl. Rn. 1 ff. zu § 1). Wenn auch nicht oberste „Instanz" im Rechtssinne gegenüber anderen Gerichten, ist es doch nach Aufgabe und Rang die Spitze der rechtsprechenden Gewalt in der Bundesrepublik. § 1 bezeichnet das Gericht in Würdigung des besonderen Charakters der Verfassungsgerichtsbarkeit, zumal in der umfassenden Gestaltung des 22

Einl   Einleitung

GG, ferner als „**Verfassungsorgan**".[51] Der diesem Begriff innewohnende Rechtsgehalt war zeitweise sehr umstritten. Schon bald nach seiner Konstituierung hat das BVerfG selbst in einer, auf einem eingehenden „Statusbericht" beruhenden Denkschrift vom 27. 1. 1952 zu dieser Frage Stellung genommen.[52] Den damals aufgestellten, nicht unwidersprochen gebliebenen Postulaten auf Schaffung einer eigenständigen Selbstverwaltung und haushaltsmäßigen Verselbstständigung des Gerichts ist inzwischen durch Gesetzgebung und Staatspraxis im Wesentlichen Rechnung getragen (vgl. hierzu im Einzelnen Rn. 1 zu § 1 und Rn. 1 zu § 3). Damit ist nicht ohne Anlehnung an Vorbilder im angelsächsischen Rechtsraum ein Weg beschritten, der über deutsche Rechtstradition hinausführt, aber in den institutionellen Vorschriften des GG zur Verfassungsgerichtsbarkeit seine Begründung findet.

23   2. Anders als der Staatsgerichtshof für das Deutsche Reich (vgl. §§ 1, 31 des Gesetzes über den Staatsgerichtshof vom 9. 7. 1921, RGBl. S. 905) ist das BVerfG, der Intention des GG folgend, durch § 1 als **selbstständiges,** an kein anderes Gericht angelehntes Gericht konstituiert.

Besonderes Kennzeichen seiner Organisation ist die Teilung in zwei aus bestimmten Richtern bestehende Senate mit – grundsätzlich – gesetzlich bestimmten Zuständigkeiten. Jeder Senat ist darin als **Spruchkörper** „das BVerfG".[53] Dem, wegen der Zuständigkeit der Senate nicht ganz zutreffend so genannten „Plenum" kommt im Wesentlichen nur eine ausgleichende Funktion zur Sicherung einer einheitlichen Rechtsprechung zu. Diese nach langen Verhandlungen im Rechtsausschuss des Bundestages schließlich auf Anregung der SPD beschlossene Organisationsform sollte es ermöglichen, die Aufgaben des Gerichts auf zwei Spruchkörper zu verteilen und das Gericht entsprechend stärker zu besetzen, ohne die Garantien zu schmälern, die ein einheitliches Gericht gegen Beeinflussung mit organisatorischen Mitteln bieten würde. Die vom Gesetz ursprünglich getroffene Aufteilung der Zuständigkeiten hatte sich jedoch in keiner Weise bewährt und zu mehrmaliger Änderung – zunächst durch die Novelle vom 21. 7. 1956 (BGBl. I S. 662) , sodann durch die auf Grund § 14 III des Gesetzes ergangenen Beschlüsse des Gerichts (s. dazu Fn. 1 zu

---

[51] S. dazu *Benda/Klein* Rn. 99 ff.; *Schlaich/Korioth* Rn. 25 ff.; *Bethge,* in: MSKB, Stand 1998, Rn. 16 ff. zu § 1; *Starck,* in: FS 50 Jahre BVerfG, Bd. 1, 2001, 1 (4 ff.).

[52] Vgl. JöR Bd. 6 (1957), 110–221, „Der Status des BVerfG, Material, Gutachten, Denkschriften und Stellungnahme" mit einer Einleitung von *G. Leibholz).*

[53] S. schon BVerfGE 1, 14 = NJW 1951, 877.

Einleitung

§ 14) geführt. Der Wunsch, zu einem einheitlichen Spruchkörper zu gelangen[54] wurde besonders bei den Verhandlungen des Rechtsausschusses des Bundestages zur Novelle vom 21. 7. 1956 (BGBl. I S. 662) deutlich und lag dem Verlangen auf Herabsetzung der Richterzahl der beiden Senate zugrunde, die den späteren Übergang zu einem einheitlichen Spruchkörper vorbereiten sollte. Jedoch wurde es 1959 notwendig, im Zweiten Gesetz zur Änderung des Gesetzes über das BVerfG vom 26. 6. 1959 (BGBl. I S. 297) die Verminderung der Richterzahl und damit auch den Übergang zu einem einheitlichen Gericht hinauszuschieben, wenngleich das Ziel eines einheitlichen Gerichts auch in jenen Verhandlungen festgehalten wurde.[55] Die Verankerung der Verfassungsbeschwerde im GG durch das 19. Gesetz zur Änderung des Grundgesetzes vom 29. 1. 1969 (BGBl. I S. 97) hat das Ziel eines einheitlichen Spruchkörpers weiter in die Ferne gerückt.

Dies wird schon durch das Kammersystem (§§ 93a ff.) verhindert: Jeder Senat beruft für jeweils ein Jahr mehrere Kammern (§ 15a).[56] Auch die Kammern sind jeweils das BVerfG. Derzeit arbeiten sechs Kammern.

3. Angesichts der Aufgabe und Stellung des BVerfG kommt der Auswahl der **Richter,** der Art ihrer Bestellung und der Gestaltung ihrer persönlichen Rechtsstellung erhebliche Bedeutung zu. 24

a) Der Schwierigkeit der zu entscheidenden Rechtsfragen trägt das Gesetz Rechnung, wenn es die **Bildung** eines reinen Juristengerichts (§ 3 II) anordnet.[57] Entsprechend Art. 94 I 1 GG schreibt das BVerfGG, um sowohl die besondere Erfahrung und Befähigung aus höchstrichterlicher Tätigkeit, wie aus anderen Bereichen des öffentlichen Lebens – Lehramt, Anwaltschaft, öffentliche Verwaltung, parlamentarische Tätigkeit – dem Gericht in einer möglichst ausgewogenen Synthese nutzbar zu machen, vor, dass drei Richter jedes Senats aus der Zahl der Richter den obersten Gerichtshöfen des Bundes zu entnehmen sind. 25

b) Die Entscheidung über die Art der **Bestellung** der Richter ist, jedenfalls dem Grundsatz nach, in Art. 94 I 2 GG getroffen, wonach die Mitglieder des BVerfG je zur Hälfte vom Bundestag und vom Bundesrat gewählt werden. Es kann nicht Wunder nehmen, dass das GG, das schon für die Berufung der Richter an den obersten Gerichtshöfen des Bundes (Art. 90 II mit 95 III GG) die Mitwirkung eines pa- 26

---

[54] S. Rechtsgutachten *Thoma* in JöR Bd. 6 (1957), 161 ff. [181 ff.].
[55] S. Bericht des RA vom 11. 5. 1959, BT-Drs. 1090 und Beschluss des BT vom 3. 6. 1959, Amtl. Niederschrift der 70. Sitzung S. 3684.
[56] Ausf. *Hermes,* in: FS 50 Jahre BVerfG, Bd. 1, 2001, 725 ff.
[57] Zur Bedeutung des Laienelements s. *Schlaich/Korioth* Rn. 32.

ritätisch aus Mitgliedern des Bundestages und den zuständigen Landesministern gebildeten Richterwahlausschusses vorschreibt, die Wahl der mit recht- und staatspolitisch noch bedeutsameren Funktionen betrauten Bundesverfassungsrichter durch die gesetzgebenden Körperschaften – Bundestag und Bundesrat, je zur Hälfte – fordert. Auf diese Weise soll nicht nur den Bundesverfassungsrichtern die anlässlich ihrer Aufgabe wohl unerlässliche demokratische Legitimation gesichert, sondern auch, entsprechend der förderativen Struktur der Bundesrepublik ein Gleichgewicht zwischen Bund und Ländern erzielt werden. Das BVerfGG überträgt hinsichtlich des Bundestages die Wahl einem nach dem Verhältniswahlsystem ausgewählten besonderen Wahlausschuss des Bundestages. Da der Bundesrat aus Vertretern der Landesregierungen besteht, der Bundesregierung hingegen, außer einem konkurrierenden Vorschlagsrecht keinerlei Mitwirkungsrecht an der Wahl der Bundesverfassungsrichter im Wahlausschuss des Bundestages zusteht, stehen sich bei der Wahl der Bundesverfassungsrichter zwar Bund und Länder, nicht aber Bundesregierung und Landesregierungen, gleichwertig gegenüber. Um eine Majorisierung durch eine, namentlich politisch bestimmte einfache Mehrheit möglichst auszuschließen, verlangt das Gesetz $^2/_3$-Mehrheit für die Wahl eines Richters. Da sich in den ersten Jahren nach Errichtung des Gerichts bei Richternachwahlen mehrmals diese qualifizierte Mehrheit nur schwer und erst nach längerer Vakanz von Richterstellen erreichen ließ, zeigten sich bei der Novellierung des Gesetzes von 1956 Bestrebungen zur Aufhebung des qualifizierten Mehrheitserfordernisses im Rechtsausschuss des BT, die jedoch nicht ganz durchdringen konnten. Der schließlich angenommene § 7a sieht statt dessen ein subsidiäres besonderes Vorschlagsrecht des BVerfG vor (vgl. Rn. 2 zu § 7a). Der ordnungsgemäß Gewählte ist vom Bundespräsidenten zu „ernennen" (vgl. Rn. 1 ff. zu § 10).

27   **c)** Die Rechtsstellung der Richter am BVerfG ist im BVerfGG durch eine Reihe von Vorschriften (wie zB §§ 4, 11, 12, 18 ff.) besonders geregelt und dadurch aus der Stellung der „Richter", Art. 97 GG, erst recht aus derjenigen der „Beamten" herausgehoben. Die weitergehende Frage, ob den Bundesverfassungsrichtern nach Art ihrer Funktion als Mitglieder eines „Verfassungsorgans" mit ihrer Berufung durch Wahl der gesetzgebenden Körperschaften nicht ein von der Rechtsstellung der Richter und der Beamten im Sinne des GG völlig verschiedener Status eigen ist, war damit noch nicht eindeutig beantwortet. Sie wurde in der Denkschrift des BVerfG vom 27. 1. 1952 eingehend erörtert und im Hinblick auf die Stellung des Gerichts als Verfassungsorgan in dem Sinne bejaht, dass ein der Stellung des Ministers oder Abgeordneten vergleichbares, außer der besonderen Disziplinargewalt des Plenums keiner Dienstaufsicht unterstehendes „Amts-

Einleitung **Einl**

verhältnis" begründet wird. Die spätere Gesetzgebung hat sich insoweit der Auffassung der Denkschrift offensichtlich angeschlossen (vgl. Novelle vom 21. 7. 1956 (BGBl. I S. 662), die in § 101 I nicht mehr von einem „Dienstverhältnis" als Bundesverfassungsrichter, sondern vom „Amt als Richter am BVerfG" spricht (s. auch § 69 DRiG).

Die 4. Novelle zum BVerfGG vom 21. 12. 1970 (BGBl. I 1765) hat in Änderung des bis dahin geltenden Rechtszustands die Rechtsstellung aller Richter am Bundesverfassungsgericht – Berufsrichter und Richter aus anderen Berufen – einheitlich geregelt. 28

VII. Der kompetenzielle Standort des BVerfG

1. Funktion des Gerichts

a) Das BVerfG ist selbständig und unabhängig gegenüber allen übrigen Verfassungsorganen. Es ist Gericht (§ 1 I), d.h. es übt rechtsprechende Gewalt aus (Art. 92 GG). In welchen Fällen die letztverbindliche Klärung der Rechtslage in einem Streitfall im Rahmen eines besonders geregelten Verfahrens[58] stattfindet, ergibt sich aus Art. 93, 94 GG. Auch wenn das BVerfG in vielen Fällen schlichtend tätig ist oder sich seine Entscheidungen so auswirken, hat es dennoch nicht die Rolle eines Schiedsgerichts, das auf einen Vergleich unter den Parteien abzielt oder nach Billigkeit entscheidet. 29

b) Der strikte Gerichtsstatus des BVerfG verbietet auch die Annahme, das Gericht könne sich (hoch)politischen Fragen entziehen, die herkömmlich der Regierung in Eigenverantwortung überlassen sind, wie z.B. außenpolitische Entscheidungen. Die in der Rechtsprechung des US-Supreme Court entwickelte **political-question-doctrine**, die einen solchen Rechtsprechungsverzicht sanktioniert, kennt das deutsche Recht nicht.[59] Das BVerfG respektiert jedoch in gefestigter Rechtsprechung, dass Entscheidungen und Wertungen außen- und verteidigungspolitischer Art bis zur Grenze des Willkürverbots der Bundesregierung obliegen.[60] Wenn das Gericht insoweit feststellt, die außenpolitische Handlungsfähigkeit der Bundesrepublik müsse gewährleistet bleiben,[61] so wird damit deutlich, dass das deutsche Verfassungs- 30

---

[58] BVerfGE 103, 111 (138).
[59] *Benda/Klein* Rn. 23; siehe dazu auch *Böckenförde/Kruis*, abwM, BVerfGE 90, 390 (391).
[60] BVerfGE 68, 1 (2) – Raketenstationierung.
[61] BVerfGE 68, 1 (107); 77, 170 (231, 233 f.), eine Entscheidung, in der die Einschätzung der Bundesregierung als nicht mehr pflichtgemäß zum Maßstab gemacht wird, siehe auch BVerfGE 84, 90 (127); 94, 12 (35).

prozessrecht einer eigenständigen political-question-doctrine folgt. Sie ist vom Ziel her durch die Aufrechterhaltung der außenpolitischen Handlungsfähigkeit der Bundesrepublik gekennzeichnet, von den Mitteln durch die zunehmende Parlamentsbindung der Willensbildung in außenpolitischen Angelegenheiten[62] und bei der gerichtlichen Kontrolle durch die Reduktion auf das Merkmal der Pflichtwidrigkeit.

31   c) Gibt es eine allgemeine Beschränkung des gerichtlichen Entscheidungsbefugnis des BVerfG, wie sie im Topos des aus dem US-Verfassungsrecht stammenden **judicial self restraint** bekannt ist? Die hinter diesem Begriff steckende Absicht hat sich angesichts der Rechtsbindung des BVerfG im deutschen Recht nicht durchsetzen können, soweit damit ein Verzicht auf eine eigentlich gegebene Rechtskontrollbefugnis verbunden werden soll. Diese Frage wird inzwischen nicht mehr ernsthaft diskutiert.[63] Das Schrifttum begnügt sich inzwischen mit der Feststellung, der Begriff des judicial self restraint sei konturenlos und schon deshalb unanwendbar.[64] Es ist sicherlich richtig, dass es keinen Verzicht auf Rechtsbindung geben kann, und dass „Zurückhaltung", als richterliche Tugend formuliert, keinen verlässlichen Maßstab bildet. Wenn BVerfGE 36, 1 aber formuliert, der Grundsatz des judicial restraint ziele darauf, „den von der Verfassung für die anderen Verfassungsorgane garantierten Raum freier politischer Gestaltung offen zu halten", so wird damit ein verfassungsrechtlich richtiger und auch handhabbarer Gesichtspunkt eingebracht, weil es sinnvoll ist, den weiten Gestaltungsraum der Bundesregierung (Bundesrepublik) durch Rückgriff auf kardinale Grundelemente des Gewaltenteilungsprinzips justitiabel zu machen.

32   d) Kritisch zu bewerten sind aber nicht nur Versuche, die Rechtsprechungsfunktion des BVerfG zu reduzieren, sondern auch die gegenläufigen, aus der Rechtsprechung des Gerichts selbst zu entnehmende Entwicklung, die Entscheidungskompetenzen über die vorgegebene Rechtsbindung des Gerichts hinaus auszudehnen. So ist keine zusätzliche Kompetenz mit der Feststellung des BVerfG zu verbinden, es sei **„Herr des Verfahrens"**.[65] Die Freiheit, die sich das BVerfG

---

[62] BVerfGE 68, 1 (85); 90, 286 (357, 386 ff.) – AWACS.
[63] Siehe früher *Zuck* JZ 1974, 361; *v. d. Heydte,* in: FS f. Geiger 1974, 909 ff.; *Achterberg* DÖV 1977, 649; *Gerontas* EuGRZ 1982, 145.
[64] Vgl. etwa *Benda/Klein* Rn. 22; *Schlaich/Korioth* Rn. 505. *Voßkuhle,* in: MKS, Bd. 3, 4. Aufl. 2001, Rn. 36 will den judicial self restraint denjenigen auferlegen, die das BVerfG anrufen wollen. Zur Thematik siehe ausf. *Yang,* Die Appellentscheidungen des Bundesverfassungsgerichts, 2003, 301 ff.
[65] BVerfGE 13, 54 (94); 36, 342 (357); 60, 175 (213) und dazu kritisch *Rinken,* in: FS f. Stein, 2002, 411.

in diesem Zusammenhang nimmt,[66] gefährdet die Prognostizierbarkeit der Regeln des Verfahrensrechts, und damit eine verbürgte Funktion allen Prozessrechts. Eine vergleichbare Entwicklung findet sich dort, wo das BVerfG dem Gesetzgeber inhaltliche Aufträge erteilt, wie etwa bei der an den parlamentarischen Gesetzgeber gerichteten Forderung, ein Maßstäbegesetz zur Regelung des Finanzausgleichs zwischen Bund und Ländern zu erlassen.[67] Ein ähnlicher Themenkomplex betrifft die Inanspruchnahme von Vollstreckungskompetenzen nach § 35.[68]

2. BVerfG und Parlamentarischer Gesetzgeber

a) Die staatliche Einheit bewirkt, dass sich das BVerfG und Gesetzgeber nicht antagonistisch gegenüberstehen. Sie sind vielmehr einander funktional zugeordnet. Rechtsprechung und Gesetzgebung sind gleichermaßen an die Verfassung gebunden. Der parlamentarische Gesetzgeber bringt im Gesetz den politisch legitimen Willen des Volkes in seine rechtlich verfestigte Fassung.[69] Das BVerfG spricht Recht im Einzelfall. Sowohl der Gesetzgeber als auch das BVerfG konkretisieren damit das GG. Dass die Legitimation von Rechtsprechung und Gesetzgebung auf unterschiedlichen Grundlagen ruht (Demokratieprinzip/Rechtsstaatsprinzip) weist auf Reibungsflächen, nicht aber auf grundsätzliche Defizite. 33

Das Verhältnis von BVerfG und Gesetzgeber kann man in einer ersten Annäherung als Kooperationsverhältnis bezeichnen,[70] darf dabei aber nicht übersehen, dass ein grundsätzlicher Vorrang des Gesetzgebers vor der verfassungsgerichtlichen Kontrolle besteht. Die Kontrollfunktionen des BVerfG führen zudem zu einem Spannungsverhältnis,[71] das mit der Kennzeichnung als „labiles Gleichgewicht"[72] zu vereinfachend dargestellt wird. 34

b) **Gestaltungsfreiraum des Gesetzgebers. aa)** Wenn der Gesetzgeber gehandelt hat, findet die Verfassungsgerichtsbarkeit ihren Gegenstand schon vor. Zu respektieren hat sie, dass damit der politische Mehrheitswille zum Ausdruck gekommen ist. Versteht man die Bin- 35

---

[66] Z. B. BVerfGE 70, 35 (51) – Bebauungsplan; 94, 166 (213 ff.) – Flughafenasyl.
[67] BVerfGE 101, 158.
[68] BVerfGE 88, 203 (209 ff., 336 ff.) und dazu *H. P. Schneider* NJW 1994, 2591.
[69] Siehe dazu auch *Böckenförde,* HStR II, 3. Aufl. 2004, § 24 Rn. 21.
[70] *Kirchhof,* in: Symposium 70. Geb. Lerche, 1998, 9, 15.
[71] *Ossenbühl,* in: FS 50 Jahre BVerfG, Bd. 1, 2001, 33 (39 ff.).
[72] *Badura,* HStR VII, 1992, § 163 Rn. 35.

dung an Gesetz und Recht in Art. 20 III GG streng, hier als Bindung an die Verfassung, so ist eine generelle (also von der konkreten Kontrollnorm unabhängige) Einschränkung der Rechtskontrolle von Gesetzen nicht selbstverständlich. Sie lässt sich aber mit der Feststellung begründen, dass der Gesetzgeber rechtlich „nur" an die Verfassung gebunden ist,[73] Verfassungsrechtsnormen aber wegen ihrer Allgemeinheit inhaltliche Konkretisierungen durch die Verfassungsrechtsprechung zulassen. Ein noch gewichtigeres Argument ergibt sich, wenn man auf das Erfordernis besonders strenger Anforderungen bei Anträgen auf Erlass einstweiliger Anordnungen bei Regelungen mit völkerrechtlichen und außenpolitischen Auswirkungen[74] zurückgreift.[75] In der Rechtsprechung des BVerfG wird der dem Gesetzgeber zugedachte Freiraum inhaltlich formuliert. So wird immer noch – ein wenig missverständlich – vom grundsätzlichen „Ermessen des Gesetzgebers" gesprochen, „die nach seiner Überzeugung gebotenen und dem Gemeinwohl dienenden Maßnahmen zu bestimmen.[76] Bei der Konkretisierung des Sozialstaatsprinzips oder bei der Verfolgung wirtschaftspolitischer Ziele hat der Gesetzgeber einen „weiten Gestaltungsspielraum".[77] Im Zusammenhang mit Berufsausübungsregelungen erweitert sich diese Gestaltungsfreiheit zu einer „besonders großen", wenn die fragliche Regelung keinen unmittelbaren berufsregelnden Charakter hat.[78] Im Rahmen der Prüfung des Prinzips der Verhältnismäßigkeit wird der (einfache) Beurteilungsspielraum von der Eigenart des in Rede stehenden Sachbereichs, den Möglichkeiten, sich ein hinreichend sicheres Urteil zu bilden und dem auf dem Spiel stehenden Rechtsgut abhängig gemacht.[79] Dann ist wieder von einer „Entscheidungsprärogative" die Rede, die „sachbezogen im Wege einer Gesamtbetrachtung zu ermitteln ist" und auf ihre methodischen Grundlagen und ihre Schlüssigkeit hin überprüft werden kann.[80] Bei der Bindung des Gesetzgebers an den Gleichheitssatz gibt es eine „weitgehende Gestaltungsfreiheit". Die Grenzen sind unterschiedlich zu ziehen. Sie sind umso enger, je stärker sich die Ungleichbehandlung von Personen

---

[73] *Di Fabio,* in: HStR II, 3. Aufl. 2004, § 27 Rn. 18, 51.
[74] Siehe dazu Rn. 17 zu § 32.
[75] Vgl. etwa BVerfGE 81, 38 (43). Das Gericht will mit dieser Vorgabe Eingriffe in Parlamentsfunktionen vermeiden, rekurriert also auf den Gewaltenteilungsgrundsatz.
[76] BVerfGE 103, 293 (307); 109, 64 (86).
[77] BVerfGE 109, 64 (87 ff.), NJW 2004, 2363 (2367) – Ladenschluss.
[78] BVerfGE 46, 120 (145); 77, 308 (332); 109, 64 (85).
[79] BVerfGE 90, 145 (173); 109, 133 (157).
[80] BVerfG NJW 2004, 2803 (2805 f.) – Art. 72 II GG.

oder Sachverhalten auf die Ausübung grundrechtlich geschützter Freiheiten nachteilig auswirken kann.[81] Genau genommen werden damit verschiedene Sachverhalte weniger an die Darstellung des gesetzgeberischen Freiraums als an ausdifferenzierte Kontrollmaßstäbe gebunden. Das BVerfG betrachtet also nicht den demokratischen Willenbildungsprozess der Gesetzgebung, sondern die formalen Grenzen richterlichen Handelns.

Die Beschränkung der Kontrollmaßstäbe hat besondere Bedeutung bei Prognosen, Erprobungsgesetzen und Pauschalregelungen. Bei der Beurteilung von **Prognoseentscheidungen** des Gesetzgebers werden je nach Zusammenhang differenzierte Maßstäbe zugrundegelegt, die von einer Evidenz- über eine Wahrscheinlichkeitskontrolle bis hin zu einer intensiven inhaltlichen Kontrolle reichen.[82] Das gilt auch bei Prognoseentscheidungen des Verordnungsgebers, wenn diese durch den ermächtigenden parlamentarischen Gesetzgeber auf den Verordnungsgeber übertragen worden sind.[83] Sind Prognosen falsch, muss der Gesetzgeber ggf. nachbessern[84] (siehe dazu Rn. 35 zu § 95). 36

Bei **Erprobungsgesetzen** (ihr Charakter kann sich aus ausdrücklicher Funktionsbestimmung, aber auch aus der Natur der Sache ergeben) wird dem Gesetzgeber für eine Übergangszeit das Recht auf Irrtum eingeräumt. 37

So darf der Gesetzgeber bei Neuregelungen abwarten, ob diese zu einer im Wesentlichen gleichmäßigen Rechtsanwendung im fraglichen Rechtsanwendungsbereich führen werden oder ob weitere gesetzliche Änderungen oder Konkretisierungen erforderlich sind.[85] Das beruht auf der dem Gesetzgeber zugestandenen Befugnis, Erfahrungen sammeln zu dürfen.[86] Das BVerfG hat dem Gesetzgeber bei komplexen, in der Entwicklung befindlichen Sachverhalten einen zeitlichen Anpassungsraum zuerkannt[87] (siehe dazu Rn. 29 zu § 95).

Die damit verbundene Überlegungszeit endet, wenn der Gesetzgeber trotz ausreichender Erfahrungen und Erkenntnisse eine sachgerechte Lösung unterlässt.[88]

---

[81] BVerfGE 60, 123 (134); 82, 126 (146); 88, 87 (96).
[82] BVerfGE 50, 290 (332 f.); 83, 130 (141); 106, 1 (16).
[83] BVerfGE 106, 1 (17).
[84] BVerfGE 77, 84 (106); 82, 126 (151); 92, 365 (396); *Schlaich/Korioth* Rn. 435 ff.
[85] BVerfGE 90, 145 (191) − BtMG; (K), NJW 2004, 1729 (1730) − Revisionsrecht.
[86] BVerfGE 57, 295 (324) − Rundfunkrecht.
[87] BVerfGE 54, 173 (202).
[88] BVerfGE 33, 171 (189 f.); 37, 104 (118); 43, 291 (321); 54, 173 (202). Siehe auch BVerfGE 74, 182 (200); 93, 165 (178); 97, 186 (196).

38 Der Gesetzgeber darf **pauschalieren** und typisieren. Das gilt insbesondere bei Massenerscheinungen.[89] Bei bevorzugender Typisierung ist die Gestaltungsfreiheit des Gesetzgebers enger gespannt als bei benachteiligender.[90] Die damit verbundenen Härten verstoßen nicht gegen Art. 3 I GG. Unter Berücksichtigung des Prinzips der Verhältnismäßigkeit wird jedoch vorausgesetzt, dass die mit der Typisierung verbundenen Härten nur unter Schwierigkeiten vermeidbar waren, dass sie eine verhältnismäßig kleine Zahl von Personen betreffen und dass der Verstoß gegen den Gleichheitssatz nicht sehr intensiv ist.[91]

39   **bb)** Nicht anders ist der Sachverhalt zu beurteilen, wenn der Gesetzgeber Schutzpflichten oder Nachbesserungspflichten versäumt, weil er unzureichend gehandelt hat (siehe dazu ausf. unten Rn. 110, 111); auch hier geht es um die Beurteilung aktiven, und nicht unterlassenen gesetzgeberischen Handelns.

Ist der Gesetzgeber untätig geblieben, geht es um die **Unterlassensproblematik** (siehe dazu Rn. 104 ffs zu § 90). Echtes Unterlassen liegt nur vor, wenn ein ausdrücklicher Auftrag des GG besteht, der Inhalt und Umfang der Gesetzgebungspflicht bestimmt.[92] Die aus Art. 6 V, 33 V, 104 II 4, 131 S. 1, 134 IV GG folgenden Aufträge sind jedoch erfüllt.[93] Eine weitere Fallgruppe echten Unterlassens ergibt sich aus denjenigen Grundrechtsbestimmungen, die dem Gesetzgeber Kompetenzen für Grundrechtsgewährleistungen einräumen oder auferlegen, wie z.B. in Art. 4 III, 12 I 2, 14 I 2, 101 II, 103 II GG. Diese Sachverhalte sind dadurch gekennzeichnet, dass der Gesetzgeber gänzlich untätig geblieben ist. Hat der Gesetzgeber gehandelt, aber nicht in ausreichendem Umfang, etwa, wenn er eine Personengruppe zu Unrecht in einer Regelung unberücksichtigt lässt oder wenn die gesetzliche Regelung aus anderen Gründen für unvollständig gehalten wird,[94] so könnte man zwar von teilweisem Unterlassen sprechen.[95] Anknüpfungspunkt ist hier aber, wie bei einer fehlerhaften Regelung, die man als Unterlassen der richtigen Regelung klassifizieren könnte, das Handeln des Gesetzgebers.

---

[89] BVerfGE 17, 1 (23); 100, 138 (174); 101, 297 (309); 103, 310 (319); 103, 392 (397).
[90] BVerfGE 103, 310 (319).
[91] BVerfGE 103, 310 (319).
[92] BVerfGE 55, 37 (53); 56, 54 (70); 59, 360 (375); 77, 170 (214); siehe dazu Rn. 107 zu § 90.
[93] So *Benda/Klein* Rn. 496.
[94] Vgl. BVerfGE 92, 80 (87); 103, 164 (169); 107, 286 (293).
[95] BVerfGE 6, 257 (264); in der jetzigen Terminologie von „unechtem Unterlassen", vgl. Rn. 106 zu § 90.

Insgesamt ist die Zuordnung einer Maßnahme zum Unterlassens- 40
begriff ohne Erkenntniswert (siehe unten Rn. 112 zu § 90). Die einzig
praktisch bedeutsame Fallgruppe der Verletzung von Schutzpflichten
gewinnt ihren Rang nicht aus dem Unterlassensbegriff, sondern aus der
Klärung der Frage, ob dem Grundgesetz eine Schutzpflicht im Zusammenhang mit dem konkreten Sachverhalt zu entnehmen ist oder
nicht.

3. BVerfG und Gerichtsbarkeit

a) Instanzgerichte.[96] Eine von allgemeiner Überzeugung getrage- 41
ne Abgrenzung des Verhältnisses vom BVerfG zu den Instanzgerichten
gibt es nicht.[97] Der Hinweis Papiers, auf theoretische Großformeln
musse man verzichten, nötig seien vielmehr pragmatische Lösungen[98]
gibt den erreichten Stand deshalb zutreffend wieder. Drei Aspekte
kann man als gesichert festhalten.

aa) Subsidiarität und Eigenständigkeit. Nach der grundgesetz- 42
lichen Zuständigkeitsverteilung und Aufgabenzuweisung zwischen In-
stanz- und Verfassungsgerichtsbarkeit obliegt es in erster Linie den
Instanzgerichten, die Grundrechte zu wahren und durchzusetzen.[99] Da
die Wahrung und Durchsetzung von Grundrechten und grundrechtsgleichen Rechten auch Aufgabe des BVerfG ist, könnte man zwar von
Aufgabenparallelität zwischen Instanzgerichten und BVerfG (mit einem
Nachrang des BVerfG) sprechen. Es ist aber zu beachten, dass Verfahren
vor dem BVerfG (insbesondere die Verfassungsbeschwerde) nicht etwa
instanzgerichtliche Verfahren als zusätzliche Verfahrensart fortführen.
Verfahren vor dem BVerfG haben vielmehr gegenüber der Instanzgerichtsbarkeit formal und inhaltlich einen eigenständigen Charakter.[100]

bb) Kontrollmaßstäbe. Insbesondere bei der Urteilsverfassungs- 43
beschwerde[101] wird in der sogenannten Heck'schen Formel[102] die
Wahrung der Eigenständigkeit der Instanzgerichte durch das BVerfG

---

[96] Ich verwende durchweg den Begriff „Instanzgericht". Auch das BVerfG ist
ein „Fachgericht".
[97] Zum Stand der Diskussion vgl. *Korioth,* in: FS 50 Jahre BVerfG, Bd. 1,
2001, 56 ff.; *Alexy/Kunig/Heun/Hermes* VVDStRL 61 (2002), 7 ff.; *Bethge,* in:
MSKB, Stand 2005, Rn. 279 ff. zu § 90; ausf. Rn. 90 ff. zu § 90.
[98] VVDStRL 61 (2002), 156.
[99] BVerfGE 47, 182 (191); 49, 252 (258); 63, 77 (79); 73, 322 (327); 77, 381
(401); 96, 27 (40), 104, 220 (236); 107, 395 (413) – Plenum.
[100] BVerfGE 107, 395 (413 f.) – Plenum.
[101] Siehe Rn. 99 ff. zu § 90.
[102] Vgl. *Herzog,* in: FS f. Dürig, 1990, 431 ff.; siehe ausf. unten Rn. 92 ff. zu
§ 90.

deutlich, wenn die verfassungsgerichtliche Kontrolle auf die Prüfung beschränkt wird, ob die angegriffene Entscheidung bei Auslegung und Anwendung des einfachen Rechts auf einer grundsätzlich unrichtigen Auffassung von Bedeutung und Tragweite des in Anspruch genommenen Grundrechts beruht, im Ergebnis zu einer unverhältnismäßigen Beschränkung der grundrechtlichen Freiheit führt oder willkürlich ist.[103] Nur wenn das Instanzgericht Grundrechtsbestimmungen unmittelbar auslegt und anwendet, obliegt es dem BVerfG, Reichweite und Grenzen der Grundrechte zu bestimmen und festzustellen, ob Grundrechte nach ihrem Umfang und Gewicht in verfassungsrechtlich zutreffender Weise vom Instanzgericht berücksichtigt worden sind.[104] Neben der Vollkontrolle „nach oben" gibt es auch eine weitergehende Kontrolle „nach unten". Bei Eingriffen in die durch Art. 5 I GG geschützte Meinungsfreiheit kommt es auf die Beurteilung einer Äußerung als Werturteil oder als Tatsachenbehauptung an. Das BVerfG geht in gefestigter Rechtsprechung davon aus, dass unzureichende Sachverhaltsfeststellungen und Rechtsanwendungen den Zugang zum grundrechtlich geschützten Bereich von vornherein verstellen können und deshalb vom BVerfG in vollem Umfang überprüfbar sein müssen.[105] Diese Kontrollbefugnis reicht allerdings nicht weiter als die Anforderungen, die Art. 5 I GG an die Deutung von Äußerungen stellt. Eine weitere Herabzonung des Prüfungsmaßstabes erfolgt bei der Kontrolle des Art. 103 I GG. Bei der Auslegung und Anwendung der das rechtliche Gehör beschränkenden Frist- und Formvorschriften durch die Instanzgerichte ist die verfassungsgerichtliche Kontrolle strenger. Sie erfasst auch Fälle offenkundig unrichtiger Rechtsanwendung (geht also über eine bloße Willkürkontrolle hinaus).[106]

44   cc) **Entscheidung.** Gesichert ist schließlich das Verhältnis der Entscheidungen der Instanzgerichte zu denen des BVerfG, denselben Gegenstand unterstellt. Für das BVerfG sind die Entscheidungen der Instanzgerichte eine beseitigbare Tatsachengrundlage. Wird der Verfassungsbeschwerde gegen eine gerichtliche Entscheidung stattgegeben, hebt sie das BVerfG auf.[107] Das Instanzgericht seinerseits ist gemäß § 31 I an die Entscheidung des BVerfG gebunden.[108]

---

[103] St. Rspr. seit BVerfGE 18, 85 (93), vgl. etwa BVerfGE 108, 282 (294); BVerfG(K), NJW 2004, 3765.
[104] BVerfGE 108, 282 (294).
[105] BVerfGE 43, 130 (136 f.); 54, 208 (215); 82, 272 (281); 94, 1 (8 f.); BVerfG(K) NJW-RR 2004, 1710 (1711).
[106] BVerfG(K) NJW 2004, 3551.
[107] Rn. 13 ff. zu § 95.
[108] Rn. 33 ff. zu § 31.

Einleitung **Einl**

b) Landesverfassungsgerichte.[109] **aa)** Die Verfassungsbereiche des 45 Bundes und der Länder stehen grundsätzlich selbstständig nebeneinander:[110] Das gilt auch für die Verfassungsgerichtsbarkeit des Bundes und der Länder,[111] auch wenn das BVerfG in einigen Fällen als subsidiäres Landesverfassungsgericht tätig wird[112] und im Falle des Landes Schleswig-Holstein im Rahmen des Art. 99 GG in Verbindung mit Art. 44 VerfSchlH als alleiniges Verfassungsgericht tätig ist.[113]

Aus der Selbstständigkeit der beiden Gerichtsbereiche folgt, dass der 46 Sektor der Verfassungsgerichtsbarkeit der Länder möglichst unangetastet bleiben soll und die Landesverfassungsgerichtsbarkeit nicht in größere Abhängigkeit gebracht werden darf, als dies mit Bundesverfassungsrecht vereinbar ist.[114] Prüfungsmaßstab ist für die Landesverfassungsgerichte nur das Landesverfassungsrecht, nicht aber das GG oder sonstiges Bundesrecht.[115] Die damit ausformulierte Trennung der beiden Verfassungsräume wird aber nicht strikt durchgehalten.[116] So ist die Prüfung der Vereinbarkeit der Landesverfassung mit dem GG oder sonstigem Bundesrecht vorzunehmen. Das Hineinwirken des GG in die Landesverfassung ist zu beachten. In Betracht kommt weiter eine Prüfung über das bundesverfassungsrechtliche Rechtsstaatsprinzip. Schließlich ist zu untersuchen, ob die Entscheidung des BVerfG gemäß Art. 100 III GG einzuholen ist (siehe dazu Rn. 1 ff. zu § 85).

bb) Für das Verhältnis von Landes- zur Bundesverfassungsbeschwerde 47 gilt (siehe dazu Rn. 186 ff. zu § 90):

Sieht das Landesrecht den Ausschluss der Landesverfassungsbeschwerde bei Erhebung der Bundesverfassungsbeschwerde vor, *muss* der Betroffene wählen.[117] Ist das nicht der Fall *kann* der Beschwerdeführer wählen; beide Verfahren sind nebeneinander zuläs-

---

[109] *Lange,* in: FS 50 Jahre BVerfG, Bd. 1, 2001, 289; *Bethge,* in: MSKB, Rn. 230 ff. Vorb.; *Schlaich/Korioth* Rn. 347 ff., *Benda/Klein* Rn. 41 ff.
[110] BVerfGE 4, 178 (189); 6, 376 (381 f.); 22, 267 (270); 41, 88 (118); 60, 175 (209); 96, 231 (242); 103, 332 (350); 107, 1 (10).
[111] BVerfGE 36, 342 (357); 60, 157 (209); 96, 231 (242); 103, 332 (350); 107, 1 (10).
[112] BVerfGE 99, 1 (17); 102, 245 (250); 109, 275 (278).
[113] Siehe dazu etwa BVerfGE 38, 258 (267); 103, 332 (344 ff.); 106, 51 (55 f.).
[114] BVerfGE 36, 342 (357); 41, 88 (119); 60, 175 (209); 96, 231 (242); 107, 1 (10).
[115] BVerfGE 36, 342 (368); 103, 332 (351). Zur Prüfung von Bundesrecht durch Landesverfassungsgerichte siehe die Nachweise bei *Lange,* in: FS 50 Jahre BVerfG, Bd. 1, 2001, 289 (294 ff.). Dort auch zum Problem inhaltsgleicher Landes- und Bundesgrundrechte, S. 297 ff.
[116] Ausführliche BVerfGE 103, 332 (352 ff.).
[117] *Zuck,* Vb, Rn. 222.

sig.[118] Der Subsidiaritätsgrundsatz gilt insoweit nicht. Entscheidungen der Landesverfassungsgerichte können im Wege der Verfassungsbeschwerde durch das BVerfG überprüft werden.[119]

48 **c) Europäische Gerichte.**[120] **aa) EGMR.**[121] Der EGMR prüft Menschenrechtsverletzungen anhand des Maßstabs der EMRK, das BVerfG dagegen Grundrechtsverstöße und andere GG-Verletzungen am Maßstab des GG.

49 Auf den ersten Blick gibt es danach keine Konkurrenzproblematik, weil das BVerfG es ablehnt, EMRK-Rügen im Rahmen einer Verfassungsbeschwerde zu prüfen.[122] Das hat das BVerfG allerdings nicht daran gehindert, die EMRK und die Rechtsprechung des EGMR als Auslegungshilfe zu verwenden. Es ist umgekehrt nicht zu verkennen, dass von der Auslegung und Anwendung der Grundrechte des GG durch das BVerfG schon wegen des häufig gegebenen Menschenrechtsbezugs der Grundrechte wichtige Anstöße für die Rechtsprechung des EGMR ausgehen. Der Umstand, dass unter dem Gebot der Erschöpfung des innerstaatlichen Rechtswegs die Anrufung des BVerfG im Regelfall die Voraussetzung einer zulässigen Menschenrechtsbeschwerde ist,[123] führt zwangsläufig dazu, dass sich der EGMR mit der Rechtsprechung des BVerfG befassen muss. Entscheidungen des EGMR, die eine Konventionsverletzung feststellen, enthalten deshalb in diesen Fällen auch immer eine (indirekte) Aussage zur Rechtsprechung des BVerfG. Insoweit gibt es also doch eine Konkurrenzproblematik. Sie ist aus Anlass der Fälle Caroline[124] und Görgülü[125] in die Diskussion geraten. Die Rechtslage ist bezüglich der *Grundlagen* eindeutig: Die EMRK hat den Rang eines einfachen Bundesgesetzes. Sie muss infolgedessen von den Instanzgerichten uneingeschränkt *angewendet* (und nicht nur berücksichtigt)[126] werden.

---

[118] BVerfG(K) NJW 1996, 1464.

[119] BVerfGE 96, 231 (242); 97, 298. Zu Einzelheiten vgl. *Benda/Klein* Rn. 57 ff.

[120] Siehe dazu ausf. *Bergmann,* Das Bundesverfassungsgericht in Europa, in: UCD, S. 129 ff.

[121] *Benda/Klein* Rn. 62 ff., insbesondere Rn. 64 ff.; *Schlaich/Korioth* Rn. 367 ff.

[122] BVerfGE 10, 271 (274); 31, 384 (395); 74, 102 (128); 74, 358 (370). Eine Verfassungsbeschwerde kann nicht auf die Verletzung der EMRK gestützt werden, BVerfG(K) NVwZ 2004, 852; BVerfG NJW 2004, 3407.

[123] *Meyer-Ladewig* Hk-EMRK 2003, Rn. 12 zu Art. 35 EMRK.

[124] BVerfG(K), NJW 2000, 1021; EGMR NJW 2004, 2647 und dazu *Heldrich* NJW 2004, 2634; *Mann* NJW 2004, 3220.

[125] EGMR NJW 2004, 3397; BVerfG NJW 2004, 3407 und dazu *E. Klein* JZ 2004, 1176; *Meyer-Ladewig/Petzold* NJW 2005, 15.

[126] BVerfG NJW 2004, 3407 gibt für den Anwendungsvorgang deutliche Hinweise.

Eine § 31 vergleichbare Verbindlichkeitsregel gibt es hinsichtlich der Befolgung von EGMR-Entscheidungen nicht. Die Rechtsprechung des EGMR bleibt Auslegungshilfe. Ebenso zweifelsfrei ist, dass es, soweit das BVerfG auf Grundrechtsauslegung und -anwendung beschränkt ist,[127] keine Rechtsbindung für das BVerfG gibt. Menschenrechtsentscheidungen sind keine Grundrechtsentscheidungen. Für das BVerfG gilt infolgedessen die strikte Anwendungsregel nicht. EMRK und EGMR-Rechtsprechung sind aber vom BVerfG im Sinne der völkerrechtlichen Bindungen der Bundesrepublik (siehe auch Art. 1 EMRK) bei der Auslegung und Anwendung von Grundrechten zu *berücksichtigen*, d. h. in die Erwägungen einzustellen. Der Umfang der Berücksichtigung wird von der Verallgemeinerungsfähigkeit der Aussagen des EGMR und dem unterschiedlichen Gehalt des jeweils anzuwendenden Grundrechts abhängen. Das wird ggf. eine ausdrückliche Erörterung der EGMR-Rechtsprechung in den Entscheidungsgründen gebieten.[128] Bezüglich der *Folgen* einer EGMR-Entscheidung für die Instanzgerichte bestehen jedoch nach wie vor erhebliche Zweifel. Das gilt vor allem für den Fall einer innerstaatlich rechtskräftigen Entscheidung. Am einfachsten wäre die Wiederaufnahme des Verfahrens. Dieser Weg ist aber bislang nur in § 359 Nr. 6 StPO eröffnet. Hier könnte der Gesetzgeber helfen.

bb) EuGH.[129] Der EuGH hat das Recht bei der Auslegung und Anwendung der Gemeinschaftsverträge zu wahren (Art. 220 I EGV). Das BVerfG entscheidet über die Auslegung und Anwendung des GG. Insoweit sind die Kompetenzen eindeutig abgegrenzt. Die Probleme ergeben sich aus dem Anwendungsvorrang des europäischen Gemeinschaftsrechts, auch vor nationalem Verfassungsrecht.[130] Solange II[131] hatte sich auf den Standpunkt gestellt, es komme darauf an, ob der EuGH im Bereich des Gemeinschaftsrechts einen den grundgesetzlichen Grundrechtsverbürgungen vergleichbaren Rechtsschutz gewähr-

50

---

[127] Siehe oben Rn. 47.

[128] Vgl. BVerfG(K) NVwZ 2004, 1346 – für die Erörterung der Entscheidungen der Gerichte anderer Mitgliedsstaaten, wenn es um die Gültigkeit von Gemeinschaftsrecht geht.

[129] *Zuck* NJW 1994, 978; *Arnold,* in: Piazolo, Das Bundesverfassungsgericht, 1995, 243; *Streinz,* in: FS für Heymanns-Verlag, 1995, 663; *Zuck,* in: Guggenberger/Würtenberger (Hrsg.), Das Bundesverfassungsgericht im Widerstreit, 1998, 121 (128 f.); *Bethge,* in: MSKB, Rn. 291 ff., 358 ff. Vorb.; *Schwarze,* in: FS 50 Jahre BVerfG, Band 1, 2001, 223 ff.; *Benda/Klein* Rn. 77 ff.; *Schlaich/Korioth* Rn. 358 ff., alle mit ausf. Nw.

[130] Vgl. die Nachweise bei *Streinz/Schroeder,* EUV/EGV, 2003, Rn. 40 ff. zu Art. 249 EGV.

[131] BVerfGE 73, 339 (aus dem Jahr 1986).

leiste. In einem solchen Fall werde das BVerfG das Gemeinschaftsrecht nicht am Maßstab des GG überprüfen. Die Maastricht-Entscheidung[132] hat dagegen die Kompetenz für sich in Anspruch genommen, zu prüfen, ob Rechtsakte der europäischen Einrichtungen und Organe sich in den Grenzen der ihnen eingeräumten Hoheitsrechte halten oder aus ihnen ausbrechen. Das Gericht hat jedoch hinzugefügt: „Allerdings übt das Bundesverfassungsgericht seine Rechtsprechung über die Anwendung von abgeleitetem Gemeinschaftsrecht in Deutschland in einem „Kooperationsverhältnis" zum Europäischen Gerichtshof aus".[133] Die Bananenmarkt-Entscheidung[134] kehrt zu Solange II zurück. Sie gibt Antragstellern und Beschwerdeführern auf, im Wege einer Gegenüberstellung des Grundrechtsschutzes auf nationaler und auf Gemeinschaftsebene darzulegen, dass die europäische Rechtsentwicklung einschließlich der Rechtsprechung des EuGH unter den erforderlichen Grundrechtsstandard abgesunken ist. Die danach vorzunehmende Prüfung zweier eigenständiger Rechtsordnungen ist sicher ein handhabbarer Ansatz zur Zuständigkeitsabgrenzung.[135] Vom Begriff des Kooperationsverhältnisses kann man sich in diesem Zusammenhang verabschieden.[136] Mit der Zuordnung zu unterschiedlichen Rechtsordnungen beantwortet sich auch die Frage, ob deutsche Hoheitsakte am Maßstab des EG-Rechts überprüft werden können. Das kommt nur über die mit Art. 234 EGV verbundene Verschränkung der beiden Rechtsordnungen und im Zusammenhang mit der Wahrung der damit verbundenen richterlichen Pflichten über Art. 101 I 2 GG in Betracht.[137]

---

[132] BVerfGE 89. 155 (aus dem Jahr 1993); siehe dazu *Meesen* NJW 1994, 549; *Frenz* DÖV 1995, 415; *Zuck,* in: Guggenberger/Würtenberger (Hrsg.), Das Bundesverfassungsgericht im Widerstreit, 1998, 121 (128 ff.).

[133] Was mit dem Begriff des Kooperationsverhältnisses dogmatisch gemeint ist, ist bis heute umstritten, vgl. *Schlaich/Korioth* Rn. 364 mit ausf. Nw. Symptomatisch etwa *Schwarze,* in: FS 50 Jahre BVerfG, Bd. 1, 2001, 224, der durchgehend den Begriff der „loyalen Kooperation" verwendet.

[134] BVerfGE 102, 147 (aus dem Jahr 2000). Siehe dazu kritisch *Nicolaysen/ Nowak* NJW 2001, 1236.

[135] Siehe dazu *Schlaich/Korioth* Rn. 365.

[136] AA *Streinz/Huber,* EUV/EGV 2003, Rn. 40 f. zu Art. 220 EGV.

[137] Siehe dazu *Schlaich/Korioth* Rn. 366. Vgl. auch *Bethge,* in: MSKB, Stand 1998 Rn. 360 Vorb.

I. Teil. Verfassung und Zuständigkeit des Bundesverfassungsgerichts

§ 1 [Stellung – Sitz – Geschäftsordnung]

(1) **Das Bundesverfassungsgericht ist ein allen übrigen Verfassungsorganen gegenüber selbständiger und unabhängiger Gerichtshof des Bundes.**

(2) **Der Sitz des Bundesverfassungsgerichts ist Karlsruhe.**

(3) **Das Bundesverfassungsgericht gibt sich eine Geschäftsordnung, die das Plenum beschließt.**

I. Zu Abs. 1 (Stellung des Bundesverfassungsgerichts)

1. Das BVerfG als Gericht[1]

Es obliegt ihm **Rechtsprechung** mit deren Begriffsmerkmalen: Anwendung gegebenen Rechts auf gegebene Tatbestände in einem förmlichen Verfahren bei sachlicher Unabhängigkeit des Gerichts und sachlicher und persönlicher Unabhängigkeit der Richter mit der Wirkung der Rechtskraft und der Vollstreckbarkeit. Es hat stets nach Rechtsgründen, nicht nach Ermessensgründen, vor allem nicht nach Gründen politischer Zielsetzung zu entscheiden. Seine Rechtsprechung hebt sich gleichwohl nach Gegenstand (vgl. § 13), Art und Wirkung (§ 31) deutlich von der Rechtsprechung anderer Gerichte ab. 1

a) Dem Gegenstand nach bezieht sich die Rechtsprechung des BVerfG auf den Bereich der Verfassung. 2

b) Der Art nach ist die Rechtsprechung des BVerfG bei der Beweglichkeit und Unvollständigkeit des Verfassungsrechts und bei der hier besonders häufigen Verwendung allgemeiner Rechtsbegriffe mehr als die andere Rechtsprechung gehalten, zu werten und allgemeine Rechtsbegriffe aus dem Sinngehalt der Verfassung auszufüllen. Sie schafft damit ebenso wenig wie die Rechtsprechung anderer Gerichte – originär – neues Recht, sondern stellt nur geltendes Verfassungsrecht fest und verschafft ihm praktische Geltung. 3

---

[1] S. dazu auch BVerfGE 40, 356 [360 f.]; 65, 152 [154]; *Bethge,* in: MSKB, Stand 1998 Rn. 4 ff. zu § 1; *Schlaich/Korioth* Rn. 35 f.

2. Das BVerfG als Verfassungsorgan[2]

4   Der **Begriff** des „Verfassungsorgans" ist im GG nicht definiert. Man versteht darunter Organe des Staates, die nach der Verfassung geschaffen worden sind um dem Staat durch Existenz und Funktion seine spezifische Gestalt zu verleihen, indem sie durch ihre Tätigkeit an der obersten Staatsleitung teilhaben.[3] Verfassungsorgane in diesem Sinne sind Bundestag, Bundesrat, Bundespräsident, Bundesregierung; ihnen steht das BVerfG gleich. Dies ist heute allgemein anerkannt.[4] Aus der vom Gesetz anerkannten Eigenschaft des BVerfG als „Verfassungsorgan" werden folgende, nunmehr verwirklichte Rechtsfolgen abgeleitet (vgl. Denkschrift des BVerfG vom 27. 6. 1952):[5]

5   a) **Organisatorische Selbstständigkeit** wie Bundestag und Bundesrat, also keine Unterstellung des Gerichts als Verwaltungskörper (als rechtsprechendes Organ ergibt sich dies schon aus dem Wesen der Rechtsprechung) unter irgendein Ministerium. Unmittelbarer Verkehr mit anderen obersten Organen ohne Zwischenschaltung eines Ministeriums. Ernennung und Abberufung des Verwaltungspersonals durch den Präsidenten des BVerfG (vgl. § 176 BBG). Der Präsident ist oberste Dienstbehörde. Die von den gesetzgebenden Körperschaften gewählten Richter sind in die einzelnen Planstellen beim BVerfG durch den Präsidenten des Gerichts einzuweisen.

6   b) Der **Etat** des BVerfG muss einen selbstständigen Einzelplan im Gesamtetat darstellen. Er ist vom BVerfG selbst aufzustellen und vom Bundesminister der Finanzen gegenüber der gesetzgebenden Körperschaft zu vertreten. Die genehmigten Haushaltsmittel sind durch das BVerfG selbst zu verwalten.[6]

7   c) Der **Status** des BVerfG als Verfassungsorgan verleiht ihm in seiner Rechtsprechungstätigkeit keine besonderen Befugnisse. Besonderheiten ergeben sich allein aus der Tatsache, dass das BVerfG Verfassungsrecht auslegt und anwendet.[7] Diese Kompetenzbegrenzung lässt jedoch die zwischen den einzelnen Verfassungsorganen bestehende Kompetenzzuordnung unberührt. So bleibt es beim Prinzip der Organ-

---

[2] *Stern* II, § 32 S. 341 ff.; *Schlaich/Korioth* Rn. 26 ff.; *Umbach,* in: UCD Rn. 32 ff. zu § 1.
[3] *Stern* II, § 32 S. 344; *Benda/Klein* Rn. 99; *Bethge,* in: MSKB Rn. 18 ff. zu § 1.
[4] *Stern* II, § 32 S. 345. Meine abweichende Auffassung DVBl. 1979, 384 f. gebe ich auf.
[5] JöR 6 (1957), 144 ff.
[6] *Benda/Klein* Rn. 104.
[7] So zutreffend *Schlaich/Korioth* Rn. 33.

treue.[8] Sie kann dem BVerfG z. B. die Pflicht zur Verfahrensbeschleunigung auferlegen,[9] anderen Verfassungsorganen dagegen gebieten, alles zu unterlassen, was dem BVerfG eine rechtzeitige und wirksame Ausübung seiner Kompetenz erschweren oder unmöglich machen könnte.[10]

3. „Selbstständigkeit" des BVerfG

Die „Selbstständigkeit" des BVerfG ist nach dem Wortlaut des Gesetzes verbürgt gegenüber „allen übrigen Verfassungsorganen", also gegenüber Bundestag, Bundesrat, Bundespräsident, vor allem gegenüber der Bundesregierung. Die Selbstständigkeit besteht jedoch nicht nur gegenüber anderen Verfassungsorganen, sondern auch im Verhältnis zu anderen Gerichten. Sie schließt die Anlehnung oder gar Angliederung an einen obersten Gerichtshof des Bundes, etwa nach dem Vorbild des Verhältnisses zwischen dem Staatsgerichtshof des Deutschen Reiches und dem Reichsgericht aus.

4. Unabhängigkeit des BVerfG

Die „Unabhängigkeit" eines Gerichts als rechtsprechendes Organ liegt schon im Begriff des Gerichts. § 1 I hat insoweit nur deklaratorische Bedeutung. Die wesentlichste Garantie der Unabhängigkeit des Gerichts als rechtsprechendes Organ liegt in der Unabhängigkeit seiner Richter (Art. 97 GG).

II. Zu Abs. 2

Abs. 2 in der bis zur Novelle vom 21. 12. 1970 (BGBl. I S. 1765) geltenden Fassung behielt die Bestimmung des Gerichtssitzes einem besonderen Gesetz vor, das am 4. 5. 1951 (BGBl. I S. 288) erging und **Karlsruhe** zum vorläufigen Sitz des Gerichts bestimmte. Die Übernahme der Sitzbestimmung in das BVerfGG durch die Novelle 1970 hat einem seit fast 20 Jahren bestehenden und im Rechtsleben eingebürgerten Zustand Rechnung getragen. Ich halte daran fest, dass der einfache Gesetzgeber die Lozüerungsfrage allein entscheiden kann.[11]

---

[8] *Schenke*, Die Verfassungsorgantreue, 1977. Das BVerfG spricht von einem zwischen den Verfassungsorganen bestehenden „verfassungsrechtlichen Grundverhältnis", BVerfGE 36, 1 (15).
[9] *Benda/Klein* Rn. 113.
[10] BVerfGE 36, 1 (15).
[11] Ausf. dazu und zur Kompetenzregelung in Art. 94 II GG *Umbach*, in: UCD Rn. 23 ff. zu § 1. Umbach geht davon aus, das BVerfG könne an der parlamentarischen Entscheidung über seinen Sitz mitwirken (UCD Rn. 38 ff. zu § 1). Dem ist angesichts des Verfassungsorganstatus des BVerfG zuzustimmen.

III. Zu Abs. 3

11 Die durch das ÄndG vom 12. 12. 1985 (BGBl. I S. 2226) bewirkte Klarstellung bestätigt die **Satzungsautonomie** (Geschäftsordnungsautonomie) eines obersten Verfassungsorgans.[12]

§ 2 [Senate]

(1) **Das Bundesverfassungsgericht besteht aus zwei Senaten.**

(2) **In jeden Senat werden acht Richter gewählt.**

(3) **Drei Richter jedes Senats werden aus der Zahl der Richter an den obersten Gerichtshöfen des Bundes gewählt. Gewählt werden sollen nur Richter, die wenigstens drei Jahre an einem obersten Gerichtshof des Bundes tätig gewesen sind.**

I. Allgemeines

1 Die **Zusammensetzung des Gerichts** war in den gesetzgeberischen Verhandlungen lange umstritten. Der Regierungsentwurf sah ein rollierendes System mit einem Senat von 9 Mitgliedern bei einer Gesamtzahl von 24 Richtern, der SPD-Entwurf ein durchgängiges Plenarprinzip bei geringerer Richterzahl (10 Richter), der Bundesratsvorschlag ein grundsätzliches Plenarprinzip mit einer durch ein rollierendes System geregelten geringeren Besetzung mit minder wichtigen Sachen vor. Angenommen wurde schließlich die Teilung des Gerichts in „zwei Senate" eigener Art.

II. Zu Abs. 1 (Teilung in zwei Senate)

2 1. Die „Senate" des BVerfG unterscheiden sich ihrer **Rechtsnatur** nach wesentlich von den Senaten anderer Gerichte, deren Mitglieder alljährlich (§§ 116, 21e GVG) durch das Präsidium auf die Senate verteilt werden. Dort gibt es auch Vertretungsregeln, vgl. § 117 GVG. Die Senate des BVerfG bestehen dagegen aus bestimmten Richtern, die in diesen Senat unmittelbar gewählt und hierfür vom Bundespräsidenten ernannt sind. Sie können nicht durch andere Richter vertreten

---

[12] *Wand*, in: FS f. G. Müller, 1970, 563; *Ritterspach* EuGRZ 1976, 57 ff.; *Benda/Klein* Rn. 33; kritisch *Schlaich/Korioth* Rn. 27. Ausführlich zur Geschäftsordnung, insbes. zu ihrem normhierarchischen Rang *Bethge*, in: MSKB Rn. 65 ff. zu § 1; *Th. J. Schmidt* AöR 128 (2003), 608.

werden (s. aber § 15 II 2). Zur Sicherung eines ordentlichen Geschäftsgangs des Gerichts dient das „Quorum".[1] Da den Senaten auch gesetzlich bestimmte Zuständigkeiten zugewiesen sind, stellen sie rechtlich **zwei selbstständige Gerichte** dar.[2] Aus § 2 II und seiner Entstehungsgeschichte ergibt sich, dass ein Zwillingsgericht geschaffen worden ist; jeder Senat ist „das Bundesverfassungsgericht".[3] Die Entscheidung eines jeden Senats ist für den anderen Senat unüberprüfbar, auch bei Rügen von Verfassungsverstößen.[4] Der Begriff „Bundesverfassungsgericht" besagt dementsprechend ein Doppeltes: das Gesamtgericht als organisatorische verwaltungsmäßige Einheit und das erkennende Gericht, in der Regel einer der beiden Senate, in bestimmten Fällen – siehe vor allem § 16 – das Plenum. Diese Regelung sollte vor allem verhindern, dass die Senate nach jeweils angestrebten politischen Gesichtspunkten besetzt werden. Dem Präsidenten des Gerichts soll eine Dispositionsmöglichkeit dieser Art entzogen, die Besetzung der Senate auf Dauer festgelegt werden. Die dadurch herbeigeführte Starrheit hat die Arbeitsfähigkeit des Gerichts lange Zeit außerordentlich behindert.[5] Es fehlte daher nicht an Bestrebungen, unter Aufgabe der Zweiteilung des Gerichts zu einem einheitlichen, entsprechend besetzten Senat zu gelangen.[6] Doch ließen sich alle diesbezüglichen Bestrebungen angesichts der Geschäftslast des Gerichts nicht verwirklichen. Den bestehenden Schwierigkeiten ist durch die mehrmalige Änderung der Geschäftsverteilung zwischen den beiden Senaten durch Gesetz vom 21. 7. 1956 (BGBl. I S. 662) und entsprechende Plenarbeschlüsse[7] gem. § 14 IV auf andere Weise begegnet worden.[8]

2. Eine Verbindung der beiden Senate als rechtsprechendes Organ ist durch die in § 16 vorgesehene Notwendigkeit einer **Plenarentscheidung** hergestellt, wenn ein Senat von der in einer Entscheidung des anderen Senats enthaltenen Rechtsauffassung abweichen will und durch die Entscheidung des Ausschusses nach § 14 V, wenn die Zu-

---

[1] S. hierzu Rn. 4 ff. zu § 5 III und Rn. 11 ff. § 15 II.
[2] BVerfGE 1, 14; 2, 79 (95).
[3] BVerfGE 2, 79 (95); 19, 88 (89).
[4] BVerfGE 7, 17; 18, 88 (90).
[5] S. *Schneider* NJW 1953, 802.
[6] Vgl. hierzu den schriftl. Bericht des Abg. Dr. Wahl zum Entwurf eines Änderungsgesetzes zum BVerfGG v. 11. 5. 1959 – BT-Drs. S. 1090, 3, Beschluss des BT v. 3. 6. 1959, Amtl. Niederschrift S. 3684. S. dazu auch *Bethge*, in: MSKB Stand 1992 Rn. 2 zu § 2.
[7] S. dazu *Eschelbach*, in: UCD Rn. 24 ff. zu § 14; ausf. *Benda/Klein* Rn. 139 ff.
[8] Vgl. auch Rn. 6 ff. zu § 14.

ständigkeit zweifelhaft ist. Das Plenum des Gerichts ist ferner zuständig in personal- und disziplinarrechtlichen Angelegenheiten der Richter (§ 105). Eine weitere Zuständigkeit ergibt sich aus § 7 a II.

III. Zu Abs. 2 (Zusammensetzung der Senate)

4   Ursprünglich schrieb das Gesetz entsprechend einem Vorschlag des Rechtsausschusses des Bundestages 12 Richter je Senat vor. Die SPD hatte insgesamt 10, der Bundesrat 12 Richter des BVerfG vorgeschlagen. Die in der Novelle vom 21. 7. 1956 (BGBl. I S. 662) festgesetzte Zahl von 8 Richtern je Senat sollte nach Art. 2 I der Novelle ab 1. 9. 1959 in Kraft treten und bis dahin jeder Senat mit 10 Richtern besetzt sein. Mit Gesetz vom 26. 6. 1959 (BGBl. I S. 297) wurde dieser Zeitpunkt auf den 1. 9. 1963 hinausgeschoben und gilt seither.

5   Die Richter werden in ihren Senat **fest** gewählt und ernannt. Sie dürfen grundsätzlich (s. § 15 II 2) nur in diesem Senat tätig sein. Eine weitere Ausnahme gilt hinsichtlich der Tätigkeit als Untersuchungsrichter in Fällen der Präsidentenanklage und der Richteranklage (§ 54 II; § 58 I). Ergänzungsrichter (§ 192 II GVG) sind vom Gesetz nicht vorgesehen. Nach § 15 a beruft jeder Senat mehrere Kammern für das Verfahren der Verfassungsbeschwerde.

IV. Zu Abs. 3 (Anteil der Berufsrichter)

6   **1.** Abs. 3 ist eingefügt durch die Novelle v. 21. 12. 1970 (BGBl. I S. 1765). Er entspricht dem früheren § 4 I und trägt wie dieser der Vorschrift des Art. 94 I GG Rechnung, wonach „das Bundesverfassungsgericht aus Bundesrichtern und anderen Mitgliedern" besteht. Das GG wollte damit dem BVerfG Ausgleich durch Mitglieder verschiedener beruflicher Herkunft sichern. In der zahlenmäßigen Verteilung der beiden Gruppen war das BVerfGG frei.[9]

7   **2.** Das BVerfGG in der bis zur Novelle von 1970 geltenden Fassung hatte, was nach dem GG nicht nötig gewesen wäre und der Einheit des Gerichts hinderlich war, die Verschiedenheit der beruflichen Herkunft der Richter zur Ausbildung zweier statusrechtlich verschiedener Gruppen von Richtern verfestigt (Berufsrichter und Richter auf Zeit). Diese statusrechtliche Zweiteilung abzuschaffen, war eines der wesentlichen Ziele der Novelle von 1970; es ist in § 5 erreicht. Der Rechtsgehalt des § 2 III beschränkt sich nunmehr, im Einklang mit Art. 94 I 1 GG darauf, einen **Mindestanteil an Berufsrichtern** innerhalb der

---

[9] S. dazu *Raden,* in: UC-GG Rn. 7 zu Art. 94 GG.

statusrechtlich gleichgestellten Richterschaft des BVerfG vorzuschreiben. Der zahlenmäßige Anteil (3 Richter) ist dabei gleich geblieben.

3. Die obligatorische Wahl von Berufsrichtern ($3/8$ der Mitglieder jedes Senats) und zwar von Richtern an den obersten Gerichtshöfen des Bundes,[10] soll dem Gericht vor allem die prozessuale Erfahrung und die besondere richterliche Denkungsweise der Berufsrichter sichern und mit ihr zugleich ein kontinuierliches Element gewährleisten.[11] Nach § 70 I DRiG ruhen die Rechte und Pflichten eines Richters an den obersten Gerichtshöfen des Bundes, solange er Mitglied des BVerfG ist. Die ursprünglich vorgesehene Zahl von 4 Berufsrichtern je Senat wurde durch die Novelle v. 21. 7. 1956 (BGBl. I S. 662) entsprechend der Verminderung der Zahl der Richter auf 3 gesenkt. Hierbei ergeben sich Schwierigkeiten bei der Verteilung auf Bundesrat und Bundestag, da die Zahl 3 nicht durch 2 teilbar ist, Art. 94 I 2 GG aber vorschreibt, dass die Mitglieder des BVerfG je zur Hälfte vom Bundestag und Bundesrat gewählt werden und da beim Charakter des Gerichts als Zwillingsgericht manches dafür spricht, die Parität für jeden Senat zu verlangen. Das Gesetz setzt sich – wohl mit Recht – über diese Bedenken hinweg (vgl. § 5 I).

4. Die Soll-Vorschrift des Satz 2 soll sicherstellen, dass nur Bundesrichter mit langdauernder höchstrichterlicher Erfahrung als Bundesverfassungsrichter auf Lebenszeit gewählt werden. Sie soll namentlich verhindern, dass Kandidaten ad hoc zu Bundesrichtern gewählt werden, um sogleich zu Bundesverfassungsrichtern nach § 4 I gewählt werden zu können. Nichtbeachtung der Soll-Vorschrift, wofür u. U. besondere Gründe vorliegen können, hätte nicht die Ungültigkeit einer Wahl zur Folge.

§ 3 [Status der Richter]

(1) **Die Richter müssen das 40. Lebensjahr vollendet haben, zum Bundestag wählbar sein und sich schriftlich bereit erklärt haben, Mitglied des Bundesverfassungsgerichts zu werden.**

(2) **Sie müssen die Befähigung zum Richteramt nach dem Deutschen Richtergesetz besitzen.**[1]

---

[10] Auch deren Präsidenten sind wählbar, BVerfGE 40, 356 [370 f.] = NJW 1976, 283.
[11] S. dazu auch BVerfGE 65, 152 (157); *Heinrichsmeier,* in: UCD Rn. 22 zu § 2.
[1] § 3 II ist im Gebiet der ehem. DDR nach EV. v. 31. 8. 1990 mit folgender Maßgabe (BGBl. II S. 889, 963) anwendbar: „§ 3 Abs. 2 gilt für Personen, die

(3) **Sie können weder dem Bundestag, dem Bundesrat, der Bundesregierung noch den entsprechenden Organen eines Landes angehören. Mit ihrer Ernennung scheiden sie aus solchen Organen aus.**

(4) **Mit der richterlichen Tätigkeit ist eine andere berufliche Tätigkeit als die eines Lehrers des Rechts an einer deutschen Hochschule unvereinbar. Die Tätigkeit als Richter des Bundesverfassungsgerichts geht der Tätigkeit als Hochschullehrer vor.**

I. Allgemeines

1   Aus der rechtlichen Stellung des BVerfG als „Verfassungsorgan" ergibt sich[2] ein besonderer, der Rechtsstellung der Abgeordneten und Minister ähnlicher **Status der Richter** als Träger eines öffentlichen Amts. Nach § 69 DRiG gelten die Vorschriften dieses Gesetzes (und subsidiär die Vorschriften des allgemeinen Beamtenrechts) für die Bundesverfassungsrichter nur, soweit sie mit der Rechtsstellung dieser Richter nach dem GG und dem BVerfGG vereinbar sind. Die Novelle vom 21. 7. 1956 (BGBl. I S. 662) hat deshalb (z. B. in der Neufassung der §§ 100, 101) den bisher verwandten Begriff eines „Dienstverhältnisses" durch die Begriffe „Amt" und „Amtsverhältnis" ersetzt (s. dazu Einl Rn. 27). Das Gesetz hatte schon in seiner ursprünglichen Fassung die Rechtsstellung der Bundesverfassungsrichter durch zahlreiche Vorschriften (§§ 3 ff., 97 ff., über Wahl und Ernennung, Amtseid, Amtsdauer, Nebentätigkeit, Rücktritt, Entlassung und Versorgungsansprüche) geregelt. Die Vorschriften des DRiG und des BBG können, namentlich in Fragen technischer Art, auch im Übrigen nur insoweit in entsprechender Anwendung zur Ausfüllung von Lücken herangezogen werden, als sie mit der besonderen Rechtsstellung des Gerichts als „Verfassungsorgan" vereinbar sind. Diese Voraussetzung wird vom Statusbericht[3] z. B. hinsichtlich der Weisungsgebundenheit außerhalb der eigentlichen rechtsprechenden Tätigkeit und hinsichtlich der Residenzpflicht (§ 74 BBG) verneint. Das Besoldungsrecht der Bundesverfassungsrichter ist, soweit nicht §§ 98 ff. unmittelbar besoldungsrechtliche Vorschriften enthalten, durch das Gesetz über das Amtsgehalt der Mitglieder des BVerfG vom 28. 2. 1964 (BGBl. I

---

bis zu ihrer Wahl zum Richter des Bundesverfassungsgerichts in dem in Artikel 3 des Vertrages genannten Gebiet tätig sind, mit der Abweichung, dass sie die Befähigung als Diplomjurist besitzen müssen."

[2] Vgl. Statusbericht und Denkschrift des BVerfG, JöR Bd. 6 (1957), 109 ff., abweichend *Thoma*, Rechtsgutachten aaO S. 161 ff.; s. dazu Einl Rn 22.

[3] JöR Bd. 6 (1957), 132 ff.

S. 133), zuletzt geändert durch das Besoldungsstrukturgesetz v. 21. 6. 2002 (BGBl. I S. 2138, 2142) geregelt, das seinerseits bezüglich der Voraussetzungen für das Richteramt auf die „allgemeinen besoldungsrechtlichen Vorschriften" verweist. Art. 98 II GG gilt nicht für Bundesverfassungsrichter; die zulässigen Maßnahmen und ihre Voraussetzungen werden vielmehr ausschließlich durch § 105 geregelt.

II. Zu Abs. 1 und 2 (Voraussetzungen der Ernennung)

Abs. 1 und 2 regeln die Voraussetzungen für die Ernennung zum Bundesverfassungsrichter, und zwar **abschließend**. Weitere Voraussetzungen können von den Wahlkörperschaften nicht verlangt werden, doch wird nicht verhindert werden können, dass sie im Rahmen der Ermessensfreiheit tatsächlich für die Auswahl der Richter bedeutsam werden.

1. Lebensalter

Das 40. Lebensjahr muss im Zeitpunkt der Ernennung (§ 10) erreicht sein. § 8 I, II fordern jedoch die Erreichung dieses Lebensalters schon bei Eintragung in die Vorschlagsliste. Über die rechtliche Bedeutung dieser Eintragung vgl. Rn. 1 zu § 8.

2. Wählbarkeit zum Bundestag

Siehe Art. 38 II GG mit § 15 BWG. Danach ist wählbar, wer seit mindestens einem Jahr Deutscher i. S. d. Art. 116 I GG ist und das Alter erreicht hat, mit dem die Volljährigkeit eintritt. Nicht wählbar ist (§ 15 II BWG):
1. wer nach § 13 BWG vom Wahlrecht ausgeschlossen ist,
2. wer infolge Richterspruchs die Wählbarkeit oder die Fähigkeit zur Bekleidung öffentlicher Ämter nicht besitzt oder
3. wer, ohne die deutsche Staatsangehörigkeit zu besitzen, Deutscher i. S. d. Art. 116 I GG ist und diese Rechtsstellung durch Ausschlagung der deutschen Staatsangehörigkeit nach dem Gesetz zur Regelung der deutschen Staatsangehörigkeit vom 22. 2. 1955 (BGBl. I S. 65)[4] erlangt hat.

3. Bereitschaftserklärung

Sie ist vom BMJ einzufordern und darf (abgesehen von der etwa gegebenen Auswahl zwischen den zwei verschiedenen Arten von Rich-

---

[4] Jetzt Staatsangehörigkeitsgesetz (StAG) idF v. 21. 8. 2002 (BGBl. I S. 3322).

terstellen) nicht bedingt oder befristet sein. Sie ist jederzeit zurücknehmbar (argumentum a maiore aus § 12).

4. Befähigung zum Richteramt

6   **a)** Der Gesetzgeber hat sich mit Abs. 2 für das reine Juristengericht entschieden, allerdings entsprechend der Rechtsnatur eines Großteils der Entscheidungen nicht lediglich der Justizjuristen und nicht lediglich der Berufsrichter. Die im Entwurf der SPD vorgesehen Beteiligung des Laienelements wurde im Laufe der Gesetzgebungsverhandlungen aufgeben s. dazu auch Einl Rn. 25.

7   **b)** Der Erwerb der Befähigung zum Richteramt richtet sich nach §§ 5–7 DRiG.[5] Nach der früheren Fassung genügte auch der Erwerb der Befähigung zum höheren Verwaltungsdienst. Gestrichen wurde auch die frühere Vorschrift, dass „sich die Richter durch besondere Kenntnisse im öffentlichen Recht auszeichnen und im öffentlichen Leben erfahren sein müssen".[6]

III. Zu Abs. 3 (Inkompatibilität)

8   Die Zugehörigkeit zu den politischen Gremien der Legislative und Exekutive des Bundes und der Länder wäre mit der unabhängigen und unparteiischen Stellung der Richter unvereinbar. Die Inkompatibilität dieser Ämter ist daher schon im GG vorgeschrieben (Art. 94 I 3), die Ernennung zum Bundesverfassungsrichter, die gemäß Abs. 1 die vorhergehende Einverständniserklärung des zu Wählenden voraussetzt, bewirkt kraft Gesetzes das Erlöschen der in Abs. 3 S. 1 erwähnten politischen Funktion. Umgekehrt könnte ein Bundesverfassungsrichter, solange er dieses Amt bekleidet, nicht zum Abgeordneten usw. gewählt werden.[7]

IV. Zu Abs. 4 (Nebentätigkeit)

9   Untersagt ist **jede andere berufliche Tätigkeit,** gleich welcher Art. Dadurch führt Abs. 4 nicht etwa zum Verlust der sonstigen beruflichen Stellung kraft Gesetzes, sondern begründet nur eine disziplinarrechtlich gesicherte Verpflichtung, die andere berufliche Tätigkeit

---

[5] S. dazu auch Art. 3 des Gesetzes zur Reform der Juristenausbildung v. 11. 7. 2002 (BGBl. I S. 2592).

[6] Vgl. hierzu *Rupp/v. Brünneck,* in: FS f. G. Müller, 1970, 355 ff. [377]; *Benda/Klein* Rn. 124.

[7] S. dazu *Benda/Klein* Rn. 125 ff.

während der Amtszeit als Bundesverfassungsrichter nicht auszuüben. Abgelehnt ist damit grundsätzlich auch das bei Landesverfassungsgerichten geltende System nebenamtlicher Tätigkeit am BVerfG. Besonderheiten gelten für Lehrer des Rechts an einer deutschen Hochschule (nicht notwendig Universität). Für Hochschullehrer hat der durch die Novelle vom 21. 7. 1956 (BGBl. I S. 662) eingefügte Satz 2 die grundsätzliche Weiterführung dieser Tätigkeit neben dem Amt als Bundesverfassungsrichter dahin eingeschränkt, dass der Tätigkeit als Richter des BVerfG der Vorrang vor der Lehrtätigkeit gebührt. Der Bundesverfassungsrichter kann also seine Lehrtätigkeit nur insoweit ausüben, als dadurch seine richterliche Tätigkeit nicht beeinträchtigt wird. Um die dafür notwendigen rechtlichen Voraussetzungen zu schaffen, bestimmt § 101 III 2, dass in solchen Fällen für die Dauer des Amts als Richter des BVerfG grundsätzlich die Pflichten aus dem Dienstverhältnis als Hochschullehrer ruhen. Die Zuständigkeiten des Bundes zu einer solchen Vorschrift ist nicht ganz zweifelsfrei, sie ist jedoch ähnlich zu beurteilen, wie die entsprechende Vorschrift des § 2 des Gesetzes über die Rechtsstellung der in den Bundestag gewählten Angehörigen des öffentlichen Dienstes, die als Akzessorium zum Abgeordnetenrecht nicht bestritten wird. Wegen der besoldungsrechtlichen Regelung vgl. § 10 III 3, 4.

Eine schriftstellerische, künstlerische, wissenschaftliche oder ehrenamtliche Betätigung ist durch Abs. 4 nicht ausgeschlossen, doch bedingt die Stellung eines Bundesverfassungsrichters besondere Zurückhaltung.

§ 4 [Amtszeit der Richter]

(1) **Die Amtszeit der Richter dauert zwölf Jahre, längstens bis zur Altersgrenze.**

(2) **Eine anschließende oder spätere Wiederwahl der Richter ist ausgeschlossen.**

(3) **Altersgrenze ist das Ende des Monats, in dem der Richter das 68. Lebensjahr vollendet.**

(4) **Nach Ablauf der Amtszeit führen die Richter ihre Amtsgeschäfte bis zur Ernennung des Nachfolgers fort.**

Schrifttum: *Geck,* Wahl und Amtsrecht der Bundesverfassungsrichter, 1986; *Schefold,* Zur Problematik der beschränkten Amtszeit von Verfassungsrichtern, JZ 1988, 291; *Geck,* Wahl und Status der Bundesverfassungsrichter, in: HStR, Bd. II, 1987, § 55 Rn. 21; *Lenz,* ZParl 1991, 420 f.; *Höfling/Roth* DÖV 1997, 1996.

I. Allgemeines

1   Nach Art. 94 I GG besteht das BVerfG „aus Bundesrichtern und anderen Mitgliedern". Das GG wollte damit dem BVerfG einen inneren Ausgleich durch Mitglieder verschiedener beruflicher Herkunft sichern. Auf der Grundlage dieser Vorschrift des GG sah das BVerfGG in seiner bis zur Novelle vom 21. 12. 1970 (BGBl. I S. 1765) geltenden Fassung zwei, zwar hinsichtlich ihrer richterlichen Funktionen gleichgestellte, statusrechtliche aber verschieden geregelte Arten von Richtern vor: Berufsrichter an den obersten Gerichtshöfen des Bundes und auf Zeit gewählte Richter. Es war eines der wichtigsten Ziele der Novelle von 1970 (BGBl. I S. 1765), die statusrechtliche Differenzierung der Richter aufzuheben und durch eine einheitliche Regelung für alle Richter zu ersetzen. Diese Neuregelung bezog sich vor allem auf die Dauer des Richteramtes und die damit zusammenhängende Frage der Wiederwahl.

II. Zu Abs. 1

2   Seit Inkrafttreten der Novelle von 1970 (BGBl. I S. 1765) gibt es nur noch auf Zeit gewählte Verfassungsrichter. Dies gilt also auch für die gewählten Richter an obersten Gerichtshöfen des Bundes. Die Dauer von **12 Jahren** liegt zwar um die Hälfte höher als die frühere Amtsperiode der auf Zeit gewählten Richter (8 Jahre), hebt aber den bedeutsamen Unterschied zu einem auf Lebenszeit gewählten Richter nicht auf. Zur allgemeinen Einführung des Richters auf Lebenszeit hat sich der Gesetzgeber nicht entschlossen, um die Entwicklung des Gerichts und seiner Rechtsprechung im Gleichklang zur Entwicklung der gesellschaftlichen Verhältnisse und des Rechtsbewusstseins zu halten.[1] Dabei vertraute man darauf, dass auch eine Zeit von 12 Jahren genüge, um dem Gericht die notwendige Kontinuität seiner Rechtsprechung zu sichern. Mit Ablauf der Amtszeit treten die Bundesverfassungsrichter – auch die aus einem obersten Gerichtshof des Bundes gewählten Berufsrichter – in den Ruhestand (§ 98 I).

III. Zu Abs. 2

3   Der **Ausschluss der Wiederwahl** sollte – als Korrelat zur Verlängerung der Amtsperiode von 8 auf 12 Jahre für die Zeitrichter – die Unabhängigkeit und Unbeeinflussbarkeit der Richter festigen. Er be-

---

[1] S. dazu *Klein,* in: MSKB Stand 1992 Rn. 2 zu § 4; *Benda/Klein* Rn. 121 ff.

endet die frühere, allerdings nicht ausnahmslose Praxis der in der Regel gewährten Wiederwahl. Die Möglichkeit, dass in jüngeren Jahren gewählte Richter auf diese Weise schon in noch sehr leistungsfähigem Alter zum Ausscheiden gezwungen sein können, wurde bewusst in Kauf genommen.

IV. Zu Abs. 3

Die Festsetzung der **Altersgrenze** auf 68 Jahre weicht von der in § 48 I DRiG getroffenen Regelung für auf Lebenszeit ernannte Richter (an den obersten Gerichtshöfen des Bundes) ab (65 Jahre).

4

V. Zu Abs. 4[2]

Die Verpflichtung zur **Fortführung der Amtsgeschäfte** bis zur Ernennung des Nachfolgers gilt nach seinem Wortlaut – für alle Fälle der Beendigung des Richteramts (Ablauf der Amtsperiode, Erreichen der Altersgrenze, Entlassung auf Antrag).[3] Für die Sachverhalte der § 98 II, § 105 I Nr. 1 (Ruhestand wegen dauernder Dienstunfähigkeit), der Nr. 2 (Entlassung aus dem Amt) und der Entlassung im Rahmen einer Richteranklage (Art. 98 II GG i. V. m. § 59 II) passt Absatz 4 ohnehin nicht. Aber auch für die Entlassung auf Antrag (§ 12) ist Absatz 4 nicht gedacht. Müsste der Richter sein Amt fortführen, relativierte sich die ihm in § 12 eingeräumte Freiheit in unangemessener Weise. Wenn der Richter seine Entlassung beantragt, weil er ein neues Amt antritt (z. B. beim EGMR, beim EuGH oder einem internationalen Gerichtshof) drohen überdies Pflichtenkollisionen, wenn die deutschen Wahlorgane die Neuwahlen des nachfolgenden Richters nicht rechtzeitig vornehmen. Absatz 4 bleibt deshalb ausschließlich auf die Sachverhalte des Absatz 1 bezogen. Infolgedessen liegt keine Verletzung der Dienstpflichten des Richters vor, wenn er nach Entlassung aus dem Amt und vor Nennung eines neuen Richters seine bis zu diesem Zeitpunkt bestehenden Amtsgeschäfte nicht fortführt. Einer Beurlaubung bedarf es nicht.[4]

5

---

[2] Es hat dazu problematische Sachverhalte gegeben, vgl. *Rüthers* NJW 1996, 1867; *Sangmeister* NJW 1996, 2561.
[3] So noch die Vorauflage.
[4] So jetzt auch *Heinrichsmeier*, in: UCD, Rn. 13 zu § 4; aA *Klein*, in: MSKB, Stand 1987, Rn. 2 zu § 12.

§ 5 [Wahlorgane]

(1) **Die Richter jedes Senats werden je zur Hälfte vom Bundestag und vom Bundesrat gewählt. Von den aus der Zahl der Richter an den obersten Gerichtshöfen des Bundes zu berufenden Richtern werden einer von dem einen, zwei von dem anderen Wahlorgan, von den übrigen Richtern drei von dem einen, zwei von dem anderen Wahlorgan in die Senate gewählt.**

(2) **Die Richter werden frühestens drei Monate vor Ablauf der Amtszeit ihrer Vorgänger oder, wenn der Bundestag in dieser Zeit aufgelöst ist, innerhalb eines Monats nach dem ersten Zusammentritt des Bundestages gewählt.**

(3) **Scheidet ein Richter vorzeitig aus, so wird der Nachfolger innerhalb eines Monats von demselben Bundesorgan gewählt, das den ausgeschiedenen Richter gewählt hat.**

I. Zu Abs. 1 (Gleichheitliche Wahl durch Bundestag und Bundesrat)

1   Die gleichheitliche Wahl der Bundesverfassungsrichter durch Bundestag und Bundesrat ist in **Art. 94 I GG** vorgeschrieben. Sie sollte dem förderativen Charakter der Bundesrepublik und insbesondere der Tatsache Rechnung tragen, dass Bund/Länderstreitigkeiten einen wesentlichen Teil der Zuständigkeiten des BVerfG ausmachen. Ein wirksames Gleichgewicht zwischen Bund und Ländern wird so allerdings angesichts der sehr verschiedenartigen Struktur von Bundestag und Bundesrat nicht erreicht. Jedenfalls steht der unmittelbaren Mitwirkung der Landesregierungen nur eine weit schwächere mittelbare Einflussmöglichkeit der Bundesregierung auf die Wahl im Bundestag gegenüber. Die zahlenmäßige Verteilung der Bundestags- und Bundesratsrichter auf jeden Senat bot bei der ursprünglichen Zahl von 12 Richtern keine Schwierigkeit, da sowohl die Zahl der Berufsrichter (4) als auch die Zahl der auf Zeit gewählten Richter durch 2 teilbar war. Die Minderung der Zahl der Berufsrichter auf 3 je Senat durch die Novelle vom 21. 7. 1956 musste zu Schwierigkeiten führen. Weder diese Zahl, noch die ihr korrespondierende der 5 Zeitrichter war noch durch 2 teilbar und damit auf Bundestag und Bundesrat gleichmäßig aufzuteilen. S. dazu auch Einl Rn. 26.

2   Die Lösung wurde in der Weise gesucht, dass von den beiden gesetzgebenden Körperschaften die eine mehr Berufsrichter, die andere mehr Zeitrichter in einen Senat wählt. Welche der Körperschaften mehr Berufsrichter, welche mehr Zeitrichter wählt, ist im Gesetz nicht bestimmt.

Die Meinungen darüber waren im Rechtsausschuss des Bundestages geteilt. Die Entscheidung wurde somit der tatsächlichen Entwicklung überlassen, d. h. dem Umstand, ob Bundestags- oder Bundesrats (Berufs)-richter bis zur Verminderung der Zahl auf 3 ausschieden und durch Zeitrichter zu ersetzen waren, die nach Art. 3 der Novelle vom 21. 7. 1956 (BGBl. I S. 662) von demselben Bundesorgan zu wählen war, das den ausgeschiedenen Richter gewählt hat.[1] Die Novelle vom 21. 12. 1970 (BGBl. I S. 1765) hat Abs. 1 ohne sachliche Änderung an die Neuregelung der §§ 3 und 4 angeglichen. Inzwischen muss der Bundesrat nur noch **einen** Berufsrichter in den Ersten Senat wählen.[2]

II. Zu Abs. 2 (Periodische Wahl der Richter)

1. Die Einhaltung des gesetzlich vorgesehenen Fristbeginns von 3 **3 Monaten** vor Ablauf der Amtszeit des Amtsvorgängers ist Bedingung für die Gültigkeit der Wahl. Ein Fristende hat das Gesetz im allgemeinen nicht vorgeschrieben; es geht offensichtlich von der – durch die tatsächliche Entwicklung nicht bestätigten – Annahme aus, dass der neue Richter während der restlichen Amtszeit des Vorgängers gewählt wird. Ein festes Fristende schreibt das Gesetz dagegen für den besonderen Fall vor, dass der Bundestag während der 3-Monatsfrist aufgelöst ist. In diesem Fall muss der neue Richter innerhalb der sehr kurz bemessenen Frist von 1 Monat nach dem ersten Zusammentritt des neuen Bundestags gewählt werden. Eine Überschreitung der Frist macht aber auch in diesem Fall die Wahl nicht ungültig. Wie lange im Zeitpunkt der Wahl die Legislaturperiode des Bundestages noch dauert, ist rechtlich gleichgültig. Die Wahl durch einen nur noch kurze Zeit amtierenden Bundestag sollte unterbleiben; sie erscheint auch wegen der erforderlichen qualifizierten Mehrheit (vgl. § 6 IV) nicht wahrscheinlich.

2. Die Regelung des Abs. 2 ist unbefriedigend, weil die Wahlen, z. T. unter Mitwirkung des Gerichts selbst, häufig sehr verzögert werden. Art. 101 I 2 GG gilt auch für das BVerfG. § 7 a hat die Problematik nur teilweise entschärft.

III. Zu Abs. 3 (Wahl bei vorzeitigem Ausscheiden)

1. Der Nachfolger wird für eine **volle Amtszeit** von 12 Jahren 4 gewählt. Die bisherige Vorschrift, dass der Nachfolger (eines Richters

---

[1] *Schneider* NJW 1953, 802.
[2] BVerfGE 65, 152 (155).

auf Zeit) für den Rest der Amtszeit eines ausscheiden Richters zu wählen sei, wurde im Zuge der Vereinheitlichung des Richterrechts durch die Novelle vom 21. 12. 1970 (BGBl. I S. 1765) gestrichen. Die Erneuerung des Richterkollegiums ist insoweit mehr von den persönlichen Verhältnissen der einzelnen Richter bestimmt. Die ursprünglich gewollte regelmäßige Periodizität geht dabei verloren.

5 2. Das für die Nachwahl zuständige Gremium ist gesetzlich zur Nachwahl innerhalb der Monatsfrist **verpflichtet,** eine gesetzliche Sanktion dafür besteht jedoch nicht. Verzögert sich die Wahl, so wird dadurch die Funktionsfähigkeit des Gerichts nicht aufgehoben, solange noch die Beschlussfähigkeit nach § 15 II gegeben ist.[3]

§ 6 [Wahlverfahren im Bundestag]

(1) **Die vom Bundestag zu berufenden Richter werden in indirekter Wahl gewählt.**

(2) **Der Bundestag wählt nach den Regeln der Verhältniswahl einen Wahlausschuß für die Richter des Bundesverfassungsgerichts, der aus zwölf Mitgliedern des Bundestages besteht. Jede Fraktion kann einen Vorschlag einbringen. Aus den Summen der für jeden Vorschlag abgegebenen Stimmen wird nach dem Höchstzahlverfahren (d'Hondt) die Zahl der auf jeden Vorschlag gewählten Mitglieder errechnet. Gewählt sind die Mitglieder in der Reihenfolge, in der ihr Name auf dem Vorschlag erscheint. Scheidet ein Mitglied des Wahlausschusses aus oder ist es verhindert, so wird es durch das nächste auf der gleichen Liste vorgeschlagene Mitglied ersetzt.**

(3) **Das älteste Mitglied des Wahlausschusses beruft die Mitglieder des Wahlausschusses unverzüglich unter Einhaltung einer Ladungsfrist von einer Woche zur Durchführung der Wahl und leitet die Sitzung, die fortgesetzt wird, bis alle Richter gewählt sind.**

(4) **Die Mitglieder des Wahlausschusses sind zur Verschwiegenheit über die ihnen durch ihre Tätigkeit im Wahlausschuß bekanntgewordenen persönlichen Verhältnisse der Bewerber sowie über die hierzu im Wahlausschuß gepflogenen Erörterungen und über die Abstimmung verpflichtet.**

(5) **Zum Richter ist gewählt, wer mindestens acht Stimmen auf sich vereinigt.**

---

[3] BVerfGE 2, 1 ff. = NJW 1952, 1407.

Schrifttum: *von Eichhorn,* Die Bestimmungen über die Wahl der Bundesverfassungsrichter als Verfassungsproblem, 1969; *Kröger,* Richterwahl, in: Bundesverfassungsgericht und Grundgesetz, Bd. I, 1976, 76; *Geiger,* Über den Umgang mit dem Recht bei der Besetzung des BVerfG, EuGRZ 1983, 397; *Frank,* Die Mitwirkung des BVerfG an den Richterwahlen, in: FS f. Faller, 1984, 37; *Geck,* Wahl und Amtsrecht der Bundesverfassungsrichter, 1986; *ders.,* Wahl und Status der Bundesverfassungsrichter, in: HStR, Bd. II, 1987, § 55; *Preuß,* Die Wahl der Mitglieder des Bundesverfassungsgerichts als verfassungsrechtliches und politisches Problem, ZRP 1988, 389; *Lenz* ZParl, 1991, 420; *Lamprecht* NJW 1995, 243; *Koch* ZRP 1996, 41; *Rüthers* NJW 1996, 1867; *Sangmeister* NJW 1996, 2561; *Höfling/Roth* DÖV 1997, 67; *Pieper,* Verfassungsrichterwahlen, 1998.

I. Allgemeines

1. § 6 gilt nunmehr in der Fassung des 5. ÄndG vom 2. 8. 1993 (BGBl. I S. 1442). Im Wesentlichen handelt es sich um die rechtliche Gleichstellung von Männern und Frauen (§ 6 a. F. hatte noch von „Wahlmännern" gesprochen). Die Abstimmung für die Wahlen findet in personellen Absprachen und den damit verbundenen Vorentscheidungen statt.[1]

II. Zu Abs. 1 (Grundsatz indirekter Wahl der Richter)

1. Die Vorschrift indirekter Wahl durch den Bundestag bezweckt eine Zurückdämmung der Parteieinflüsse zugunsten einer Wahl nach sachlichen Gesichtspunkten. Bedenken verfassungsrechtlicher Art (das GG verlangt in Art 94 I Wahl „durch den Bundestag") sind inzwischen durch die normative Kraft des Faktischen überwunden.[2] Die Mehrheit leitet die Zulässigkeit der getroffenen Regelung aus dem Begriff der **„mittelbaren Wahl"** ab. Hierzu kommt der Vorteil einer leichteren Handhabung der Wahl in einem kleineren Gremium und die leichtere Wahrung der notwendigen Vertraulichkeit.

Die Wahlentscheidung ist endgültig. Verfassungsfehler können bei der Ernennung (§ 10) nachgeprüft werden (siehe Rn. 1 zu § 10).

---

[1] *Zuck* NJW 1994, 497; *ders.* NJW 1995, 2903 (2904); *Wieland,* in: Dreier, GG Bd. III 2000 Rn. 13 zu Art. 94 GG.

[2] Vgl. dazu *Klein,* in: MSKB, § 6 Rn. 4; *Benda/Klein* Rn. 130 f.; *Kröger,* Richterwahl, in: Bundesverfassungsgericht und Grundgesetz Bd. I 1976, 90 ff.; *Ruppert,* in: UCD, Rn. 7 ff. 10 zu § 6; *Schlaich/Korioth* Rn. 42, *Pestalozza* § 2 Rn. 24 ff.; *Wieland,* in: Dreier, GG Bd. III 2000 Rn. 14 zu Art. 94 GG hält die indirekte Wahl unverändert für verfassungswidrig; aA *Klein,* in: MSKB, Stand 1993 Rn. 9 zu § 6.

III. Zu Abs. 3 (Durchführung der Wahl der Mitglieder des Wahlausschusses)

3 **1.** Das **älteste Mitglied** des Wahlausschusses ist das nach dem Lebensalter älteste Mitglied ungeachtet der Dauer der Tätigkeit im Wahlausschuss. Ein nachrückendes Ersatzmitglied kann also „ältestes Mitglied" werden. „Unverzüglich" ist der Ausschuss einzuberufen, sobald sich die Notwendigkeit einer Neuwahl durch Ausscheiden von Richtern nach § 5 II, III ergibt. Das älteste Mitglied ist zur unverzüglichen Einberufung verpflichtet; eine Verzögerung berührt die Gültigkeit der später vorgenommenen Wahl jedoch nicht.

4 **2.** Die Einhaltung der **Ladungsfrist** ist wesentliche Voraussetzung der Gültigkeit der Wahl, die Mitglieder des Wahlausschusses können jedoch darauf verzichten. Die Wiederholung von Wahlterminen ist zulässig. Die Frist wird nach §§ 186 ff. BGB berechnet. Über die Art der Ladung enthält das Gesetz keine Vorschriften. Entsprechend § 71 GO-BT genügt die einfache schriftliche Mitteilung. Bei Vertagung eines Termins sind die nicht anwesenden Mitglieder vom neuen Termin schriftlich zu verständigen.

5 **3.** Die Befugnis, die Sitzung zu leiten, gibt dem ältesten Mitglied das Recht, die **Tagesordnung** zu bestimmen und das **Verfahren** im Rahmen allgemeiner Vorschriften zu regeln. Als solche mindestens entsprechend anwendbare Vorschrift kommt die GO-BT in Betracht. Die Beratungen sind danach nicht öffentlich (§ 69 I GO-BT). Die Beschlussfähigkeit ergibt sich abweichend von § 49 GO-BT aus § 6 V (mindestens 8 Abgeordnete = $^2/_3$ der gesetzlichen Mitgliederzahl). Sie ermäßigt sich auch dann nicht, wenn – auch mehrmals – der Ausschuss nicht beschlussfähig ist.

6 **4.** Eine Wahlanfechtung ist **nicht** vorgesehen; Mängel des Verfahrens können aber vom Bundespräsidenten bei der Ernennung (§ 10) nachgeprüft werden.

IV. Zu Abs. 4 (Verschwiegenheitspflicht)

7 Die durch die Novelle vom 21. 12. 1956 (BGBl. I S. 662) neu eingefügte (und durch das 5. ÄndG ebenfalls nur redaktionell geänderte) Vorschrift über die Verschwiegenheitspflicht ist ähnlichen Vorschriften in anderen Gesetzen (z. B. § 6 II Satz 1 des RichterwahlG) nachgebildet, jedoch ist die Beschränkung auf die „persönlichen Verhältnisse" enger gefasst. Die Ausdehnung der Verschwiegenheitspflicht auf die Erörterungen und auf die Abstimmung im Wahlausschuss dürfte aber praktisch die Einschränkung wieder aufheben. Was „persönliche Verhältnisse" sind, ist in den einschlägigen Ausschussverhandlungen des Rechtsausschusses des Bundestages vom 26. 3. 1956 (Prot. Nr. 124) nicht zweifelsfrei geklärt worden. Die „politische Einstellung" eines Bewerbers, die von seinen „privaten" Verhältnissen nicht erfasst wird, gehört dazu. Nicht unter die Verschwiegenheitspflicht fällt, was sich das Ausschussmitglied aus anderweitigen Quellen an Informationen beschafft, soweit es nicht zugleich Gegenstand von Erörterungen im Ausschuss wurde. Eine rechtliche Sanktion zur Wahrung der Geheimhaltungspflicht ist nicht vorgesehen.[3]

VI. Zu Abs. 5 (Erforderliche Stimmenzahl)

Das Erfordernis einer **qualifizierten Mehrheit** soll verhindern, dass nur die jeweilige Regierungsmehrheit bei einer Wahl zum Zuge kommt; sie kann jedoch auch dazu führen, dass die Nachwahl von Richtern auf große Schwierigkeiten stößt (s. auch Anm. zu § 7a). Solche Schwierigkeiten zu vermeiden, war ein Hauptanliegen der Regierungsparteien bei den Beratungen zur Novelle vom 21. 7. 1956 (BGBl. I S 662). Die dabei beschlossene Herabsetzung der erforderlichen Stimmenzahl von ursprünglich 9 auf 8, also von einer $3/4$- auf eine $2/3$-Mehrheit ging auf einen Kompromissvorschlag des Vermittlungsausschusses zurück, durch den die von der Opposition heftig bekämpfte Wahl im zweiten Wahlgang mit einfacher Mehrheit abgewendet werden sollte (vgl. auch Anm. zu § 7a).[4]

8

§ 7 [Wahlverfahren im Bundesrat]

Die vom Bundesrat zu berufenden Richter werden mit zwei Dritteln der Stimmen des Bundesrates gewählt.

Der Bundesrat wählt anders als der Bundestag **unmittelbar**. Die erforderliche Mehrheit von $2/3$ der Stimmen des Bundesrates (also der gesetzlichen Mitgliederzahl, nicht der Abstimmenden) soll auch im Bundesrat eine Wahl nach sachlichen Gesichtspunkten sichern. Die Stimmenzahl errechnet sich nach Art. 51 II GG. Im Übrigen wird auf das Verfahren die GO-BR angewandt. Vorbereitet wird die Wahl durch eine Kommission.[1]

---

[3] So auch *Ruppert,* in: UCD Rn. 20 zu § 6.
[4] S. dazu *Klein,* in: MSKB, Stand 1993 Rn. 16 zu § 6; *Schlaich/Korioth* Rn. 44.
[1] *Klein,* in: MSKB, Stand 1993 Rn. 3 zu § 6.

§ 7 a [Wahlverfahren in besonderen Fällen]

(1) **Kommt innerhalb von zwei Monaten nach dem Ablauf der Amtszeit oder dem vorzeitigen Ausscheiden eines Richters die Wahl eines Nachfolgers auf Grund der Vorschriften des § 6 nicht zustande, so hat das älteste Mitglied des Wahlausschusses unverzüglich das Bundesverfassungsgericht aufzufordern, Vorschläge für die Wahl zu machen.**

(2) **Das Plenum des Bundesverfassungsgerichts beschließt mit einfacher Mehrheit, wer zur Wahl als Richter vorgeschlagen wird. Ist nur ein Richter zu wählen, so hat das Bundesverfassungsgericht drei Personen vorzuschlagen; sind gleichzeitig mehrere Richter zu wählen, so hat das Bundesverfassungsgericht doppelt so viele Personen vorzuschlagen, als Richter zu wählen sind. § 16 Abs. 2 gilt entsprechend.**

(3) **Ist der Richter vom Bundesrat zu wählen, so gelten die Absätze 1 und 2 mit der Maßgabe, daß an die Stelle des ältesten Mitglieds des Wahlausschusses der Präsident des Bundesrates oder sein Stellvertreter tritt.**

(4) **Das Recht des Wahlorgans, einen nicht vom Bundesverfassungsgericht Vorgeschlagenen zu wählen, bleibt unberührt.**

I. Allgemeines

1   § 7 a gilt i. d. F. der durch das 5. ÄndG vom 2. 8. 1993 (BGBl. I S. 1442), das aus den „Wahlmännern" Mitglieder des Wahlausschusses gemacht hat.

II. Entstehungsgeschichte und Bedeutung der Vorschrift

2   § 7 a geht auf einen Kompromissvorschlag des Vermittlungsausschusses zurück.[1] Die Vorlage des Rechtsausschusses hatte gegen die Stimmen der Opposition die Bildung eines Beirats aus Vertretern der Landesverfassungsgerichte, der oberen Bundesgerichte und der juristischen Fakultäten der Universitäten vorgesehen, der bei ergebnisloser Wahl mit qualifizierter Mehrheit Kandidaten zur Wahl mit einfacher Mehrheit hätte vorschlagen können. Die Opposition hielt dem Beschluss des Rechtsausschusses entgegen, dass auch der Beirat keine überparteiliche Entscheidung garantiere. Die Gesetz gewordene Regelung setzt nicht nur an die Stelle des Beirats das Plenum des BVerfG

---

[1] Siehe dazu auch *Klein,* in: MSKB Stand 1993 Rn. 3 zu § 7 a; umfassend *Zierlein,* in: UCD Rn. 1 ff., 3 ff. zu § 7 a.

selbst, sie hebt auch die Notwendigkeit der qualifizierten Mehrheit nicht auf und sichert damit die Einflussmöglichkeiten der politischen Minderheit. Man darf annehmen, dass die Einschaltung des Gerichts, sollte sie einmal notwendig werden, wesentlich dazu beitragen kann, die Wahl sachlich qualifizierter Richter zu sichern. Sie wird jedoch den Bedenken begegnen, die allgemein gegen das **Selbstergänzungsrecht** von Gerichten erhoben werden.

III. Bedeutung der Regelung

Ist das bei Bundestag/Bundesrat durchzuführende Wahlverfahren innerhalb von zwei Monaten nach Ende des Ausscheidens eines Bundesverfassungsrichters nicht zu einem Ergebnis gekommen, so soll das BVerfG durch den mit einem eigenen Vorschlag verbundenen Impuls[2] das Verfahren wieder in Gang bringen können, in der Regel wohl verursacht durch eine Patt-Situation bei den zuständigen Wahlgremien. Dass mit diesem (verfassungsgemäßen) Zwischenverfahren kein rechtliches Koopatationsverfahren verbunden ist, zeigt allein schon sein Charakter als Einbringung eines Vorschlags und der damit verbundenen fehlenden Bindung der Wahlgremien an diesen Vorschlag. Die Bedeutung des § 7a liegt deshalb in erster Linie in seiner bloßen Existenz.[3] Ohnehin ist es üblich, dass sich die zuständigen Wahlgremien bei ihrer eigenen Kandidaten-Auslese mit dem BVerfG austauschen. Auf der anderen Seite ist die Neigung bei den Wahlgremien gering, ihr eigenes Scheitern durch ein Aufforderungsschreiben an das BVerfG zu dokumentieren. Wenn das BVerfG allerdings gehalten ist, einen Vorschlag zu machen, hat er nicht nur das Gewicht, das einer offiziell erhobenen Stellungnahme des BVerfG nun einmal zukommt; es ist auch politisch nicht ganz einfach, die bei den Wahlgremien dokumentierte Einigungsschwäche mit der Ablehnung eines Vorschlags des BVerfG noch zu verstärken.[4]

3

IV. Zum Verfahren im Plenum

Vgl. hierzu §§ 57–59 GO.[5]

4

---

[2] *Zierlein*, in: UCD, Rn. 8 zu § 7a.
[3] Seit 1993 ist § 7a nicht mehr angewendet worden, *Zierlein*, in: UCD, Rn. 21 zu § 7a.
[4] Zu den damit häufig verbundenen „Netz-Absprachen" siehe *Zuck* NJW 1994, 497. Die Wahlgremien sind den Vorschlägen des Bundesverfassungsgerichts häufig nicht gefolgt, vgl. *Zierlein*, UCD, Rn. 21 zu § 7a. Das betrifft allerdings lange zurückliegende Zeiten.
[5] *Zierlein*, in: UCD Rn. 25 ff. zu § 7a.

§ 8 [Vorschlagslisten]

(1) **Das Bundesministerium der Justiz stellt eine Liste aller Bundesrichter auf, die die Voraussetzungen des § 3 Abs. 1 und 2 erfüllen.**

(2) **Das Bundesministerium der Justiz führt eine weitere Liste, in die alle Personen aufzunehmen sind, die von einer Fraktion des Bundestages, der Bundesregierung oder einer Landesregierung für das Amt eines Richters am Bundesverfassungsgericht vorgeschlagen werden und die Voraussetzungen des § 3 Abs. 1 und 2 erfüllen.**

(3) **Die Listen sind laufend zu ergänzen und spätestens eine Woche vor einer Wahl den Präsidenten des Bundestages und des Bundesrates zuzuleiten.**

I. Entstehungsgeschichte

1   § 8 ist durch das 5. ÄndG vom 2. 8. 1993 (BGBl. I S. 1442) geändert worden: der Bundesminister der Justiz ist durch das Bundesministerium für Justiz ersetzt worden.

II. Allgemeines

2   Die Richterwahl im Wahlausschuss des Bundestages und im Bundesrat wird durch zwei **Vorschlagslisten** vorbereitet, eine Liste für Bundesrichter und eine Liste für andere Personen, die die Voraussetzungen des § 3 I, II erfüllen. Eine Beschränkung der Wahl auf die in den Listen Aufgeführten ist gesetzlich allerdings nicht ausdrücklich vorgeschrieben. Die Eintragung in eine Liste ist ein Akt, auf den kein Anspruch besteht und aus dem sich keine subjektiven Rechte ergeben. Daher gibt es keine Anfechtungsmöglichkeit wegen unterlassener Eintragung oder wegen Streichung aus der Liste.[1] Es besteht auch keine Pflicht zur Mitteilung der Eintragung.

III. Zu Abs. 1 (Liste für Bundesrichter)

3   Bundesrichter im Sinne des § 8 I sind alle Richter an einem obersten Gerichtshof des Bundes (§ 2 III), also auch an den sonst nicht zum Zuständigkeitsbereich des BMJ gehörenden obersten Gerichtshöfe des Bundes. Bei der Eintragung ist vom BMJ eine Entscheidung über deren Voraussetzungen zu treffen. Dies betrifft die in § 3 I genannten

---

[1] So auch *Zierlein*, in: UCD Rn. 4 zu § 8.

Voraussetzungen objektiver Art (Alter, Wählbarkeit, Bereitschaftserklärung des Richters und Befähigung zum Richteramt). Sie sind leicht zu klären.

VI. Zu Abs. 2 (Liste für andere Personen)

Die 2. Liste unterscheidet sich dadurch von der 1. Liste, dass das BMJ auf Vorschläge anderer, im Gesetz abschließend bestimmter Organe angewiesen ist (Fraktionen des Bundestags, Bundesregierung, Länderregierungen). Auch hier ist nur zu prüfen, ob die Voraussetzungen der §§ 3 I, II erfüllt sind.

V. Zu Abs. 3 (Gemeinsame Vorschriften für beide Listen)

Die Listen sind nach Zugängen und Abgängen ständig auf dem laufenden zu halten, nicht nur vor fälligen Neuwahlen zu ergänzen; sie werden nicht bloß mit Geltung für eine bestimmte Wahl aufgestellt. Die Pflicht zur Übersendung der Liste eine Woche vor einer Wahl soll eine ausreichende Vorbereitung der Wahl gewährleisten.[2]

§ 9 [Wahl des Präsidenten und des Vizepräsidenten]

(1) Bundestag und Bundesrat wählen im Wechsel den Präsidenten des Bundesverfassungsgerichts und den Vizepräsidenten. Der Vizepräsident ist aus dem Senat zu wählen, dem der Präsident nicht angehört.

(2) Bei der ersten Wahl wählt der Bundestag den Präsidenten, der Bundesrat den Vizepräsidenten.

(3) **Die Vorschriften der §§ 6 und 7 gelten entsprechend.**

I. Allgemeines

§ 9 ist durch die Novelle vom 2. 8. 1993 (BGBl. I S. 1442) geändert worden: statt Stellvertreter heißt es jetzt Vizepräsident. Der Gesetzgeber wird sich im Übrigen, wenn er sich schon mit terminologischen Fragen befasst, entscheiden müssen. Wenn er sich in § 11 I entschlossen hat, auf das Geschlecht des Richters/der Richterin Rücksicht zu

---

[2] Zu nicht in die Liste aufgenommene Kandidaten vgl. *Klein,* in: MSKB Stand 1993 Rn. 4 zu § 8. Die praktische Bedeutung der Listen tendiert gegen Null, vgl. *Zierlein,* in: UCD Rn. 22 ff. zu § 8.

nehmen, hätte er das beim Präsidenten/Vizepräsidenten mit gleichem Grund tun müssen. Das war besonders auffällig, solange eine Frau „Präsident" (in der Gesetzessprache nicht: „Präsidentin") des Gerichts war *(Jutta Limbach)*.[1]

II. Zu Abs. 1 (Wahlrecht)

2   Die **Art der Wahl** des Präsidenten und des Vizepräsidenten war Gegenstand langer gesetzgeberischer Verhandlungen. Präsident und Vizepräsident zählen zu den 8 Richtern der beiden Senate. Sie werden unbeschadet ihrer das ganze Gericht umfassenden Verwaltungsaufgaben für bestimmte Senate gewählt, deren Vorsitz sie führen (§ 15). Nicht notwendig ist, dass der Präsident den Ersten Senat führt. Sie müssen daher auch die persönlichen Voraussetzungen für die Wahl zum Richter am BVerfG erfüllen.

3   Nichts bestimmt das Gesetz über die Wahldauer des Präsidenten. Es ist daher anzunehmen, dass der Präsident und der Vizepräsident für die Dauer ihrer Richtertätigkeit am BVerfG gewählt werden.

Das Gesetz enthält, abgesehen von der Vorschrift, dass Präsident und Vizepräsident je einen der beiden Senate leiten (§ 15 I) keine näheren Vorschriften über deren Aufgaben und Befugnisse und über die Abgrenzung der Befugnisse untereinander. Beide Präsidenten bilden auch nicht etwa eine besondere Instanz als Kollegium (Präsidium), wie in der Organisation der ordentlichen Gerichte (§§ 59, 115, 124 GVG), der Verwaltungsgerichte (§§ 5, 9, 10 VwGO) und der Sozialgerichte. Da das Gesetz über die Bildung und die Besetzung der Senate Regelungen trifft, die sonst dem Präsidium überlassen sind, erscheinen solche Vorschriften auch entbehrlich. Es fehlt ferner auch eine ausdrückliche Vorschrift über die Dienstaufsicht (vergleichbar etwa § 38 VwGO).[2] Dem Präsidenten kommt namentlich die **Vertretung des Gerichts** (in bürgerlichen und Verwaltungsangelegenheiten sowie gegenüber den übrigen Verfassungsorganen) und die Repräsentation des Gerichts zu. Er wird hierin vom Vizepräsidenten vertreten. Wegen der **Befugnisse** des Präsidenten und des Vizepräsidenten als Vorsitzende der Senate vgl. Anm. zu § 17.[3]

---

[1] Siehe dazu *Zuck* NJW 1994, 2808.
[2] S. a. § 22 GVG, §§ 9, 30, 38 SGG, § 31 FGO, § 26 DRiG.
[3] Die Abgrenzung untereinander und zu den Befugnissen des Plenums ergibt sich aus der GO; s. dazu *Benda/Klein* Rn. 158 ff.; *Ruppert*, in: UCD Rn. 12 ff. zu § 9.

Ernennung § 10

III. Zu Abs. 2 (Wahl des Präsidenten und des Vizepräsidenten)[4]

Welchem Senat der Präsident und der Vizepräsident angehören wurde praktisch für alle nachfolgenden Wahlen festgelegt, sofern nicht beide Richter zu gleicher Zeit ausscheiden oder der Vizepräsident beim Ausscheiden des Präsidenten in seinem Senat selbst zum Präsidenten gewählt wird. Die Änderung von „Stellvertreter" in „Vizepräsident" auch in Abs. 2 zeigt die leerlaufende Geschäftigkeit solcher Nomenklaturen. Die ersten beiden Senatsvorsitzenden sind nun einmal zu einer Zeit gewählt worden, als sie noch mit „Präsident" und „Stellvertreter" gesetzesgemäß bezeichnet werden durften. Die Vergangenheit lässt sich nicht ändern. 4

VI. Zu Abs. 3 (Verfahren)

Der Bundestag wählt demnach den Präsidenten im indirekten Wahlverfahren durch den Wahlausschuss. Gewählt ist (§ 6 V), wer mindestens 8 Stimmen auf sich vereinigt. Der Bundesrat wählt direkt mit $^2/_3$-Mehrheit (§ 7). 5

§ 10 [Ernennung]

Der Bundespräsident ernennt die Gewählten.

I. Das **Ernennungsrecht** des Bundespräsidenten folgt Art. 60 GG. Vom Gesetz ist absichtlich offengelassen, ob und welches **Prüfungsrecht** dem Bundespräsidenten zusteht. Nachprüfbar sind nicht nur die Formalien der Wahl, so zB Einhaltung der Ladungsfrist des Wahlausschusses (s. Rn. 6 zu § 6). Der Bundespräsident darf die Ernennung auch aus anderen Rechtsgründen verweigern.[1] Eine Eignungsprüfung bezüglich des Gewählten ist jedoch ausgeschlossen.[2] 1

II. Die Ernennung wird in entsprechender Anwendung der Grundsätze des Beamtenrechts wirksam mit der Aushändigung einer Urkunde (vgl. § 6 II BBG), die der Gegenzeichnung nach Art. 58 GG bedarf.[3] Die Ernennungsurkunden enthielten anfänglich für alle jene 2

---

[4] S. dazu ausf. *Klein*, in: MSKB Stand 1993 Rn. 2 ff. zu § 9.
[1] *Finck*, in: MSK Rn. 1 zu Art. 60 GG will Art. 60 GG nicht anwenden. Dem ist nicht zu folgen, vgl. *Umbach*, in: UC Rn. 15 zu Art. 60 GG.
[2] *Pieroth*, in: Jarass/Pieroth, GG 7. Aufl. 2004 Rn. 1 zu Art. 60 GG.
[3] Wie hier *Klein*, in: MSKB Stand 1975 Rn. 4 zu § 10.

Gewählten, die nicht Bundesbeamte waren, die für Beamte vorgeschriebene Formel „unter Berufung in das Beamtenverhältnis", später die Formel „unter Berufung in das Richterverhältnis". Mit der Ernennung beginnt die Amtszeit des Bundesverfassungsrichters mit ihren Rechten und Pflichten.

§ 11 [Vereidigung]

(1) **Die Richter des Bundesverfassungsgerichts leisten bei Antritt ihres Amtes vor dem Bundespräsidenten folgenden Eid:**
„**Ich schwöre, daß ich als gerechter Richter allezeit das Grundgesetz der Bundesrepublik Deutschland getreulich wahren und meine richterlichen Pflichten gegenüber jedermann gewissenhaft erfüllen werde. So wahr mir Gott helfe.**"
Wird der Eid durch eine Richterin geleistet, so treten an die Stelle der Worte „als gerechter Richter" die Worte „als gerechte Richterin".

(2) **Bekennt sich der Richter zu einer Religionsgemeinschaft, deren Angehörigen das Gesetz die Verwendung einer anderen Beteuerungsformel gestattet, so kann er diese gebrauchen.**

(3) **Der Eid kann auch ohne religiöse Beteuerungsformel geleistet werden.**

I. Entstehungsgeschichte

1 § 11 ist in Abs. 1 um einen Satz ergänzt worden, vgl. 5. ÄndG vom 2. 8. 1993 (BGBl. I S. 1442) und dazu Rn. 1 zu § 9.

II. Allgemeines

2 Die Verpflichtung zur **Eidesleistung** gilt für alle Richter, auch für bisherige Richter und Verwaltungsbeamte. Sie ist damit ein Hinweis auf die selbstständige Funktion, die das Gesetz dem Richteramt am BVerfG auch gegenüber Tätigkeit und Funktionen sonstiger Richter (und der Beamten) beimisst. Der Formel und der rechtlichen Bedeutung nach entspricht der Eid allerdings weitgehend dem allgemeinen Beamteneid nach § 58 BBG, weniger § 38 DRiG.

III. Zu Abs. 1 (Eidespflicht, Eidesformel)

3 **1.** Die Richter sind zur Eidesleistung verpflichtet. Der Eid ist nicht rechtliche Voraussetzung für den Beginn des Richteramtes und der

Gültigkeit richterlicher Akte; eine Verweigerung ist aber eine „grobe Pflichtverletzung" im Sinne des § 105 I Nr. 2 und folglich zur disziplinären Dienstentlassung berechtigend. Ein besonderes Verfahren für die Abnahme des Eides durch den Bundespräsidenten ist nicht vorgeschrieben. Namentlich ist nicht Öffentlichkeit verlangt.

2. Die Eidesformel verweist ausdrücklich nur auf das GG, dem für die Rechtsprechung des BVerfG zentrale Bedeutung zukommt. Diese Verpflichtung schließt auch die Achtung der übrigen Rechtsordnung ein. Die Richter verpflichten sich, „gerechte" Richter zu sein, dh das objektive Recht nach bestem Wissen und Gewissen anzuwenden und auch ihre sonstigen rechtlichen Pflichten (zB Verschwiegenheit) zu erfüllen. Der Eid kann mit oder ohne religiöse Beteuerungsformel geleistet werden. Die beiden Möglichkeiten stehen nicht im Verhältnis von Regel und Ausnahme. 4

3. Das Gesetz kennt zwar keine Präsidentin (s. Rn. 1 zu § 9) aber immerhin die „gerechte Richterin". Die damit verbundene Unterscheidung zwischen Genus und Sexus entspricht der political correctnes. Weiter reicht ihr Sinn nicht.[1] 5

IV. Zu Abs. 2 (Andere Beteuerungsformel)

Entsprechend den Grundsätzen des Art. 4 GG ist, wie üblich, den Angehörigen von Religionsgesellschaften der Gebrauch der von diesen Gesellschaften geforderten anderweitigen Beteuerungsformeln gestattet. 6

§ 12 [Recht auf jederzeitige Entlassung]

Die Richter des Bundesverfassungsgerichts können jederzeit ihre Entlassung aus dem Amt beantragen. Der Bundespräsident hat die Entlassung auszusprechen.

I. Voraussetzungen und Form des Entlassungsantrags

Die Vorschrift verneint eine Verpflichtung des Richters, im Amt zu bleiben und sichert damit die volle **Freiwilligkeit** der richterlichen Tätigkeit. Die Regelung entspricht § 30 I 1 BBG. Die dort getroffene nähere Regelung gilt für § 12 nicht. § 4 IV gilt für die Entlassung auf Antrag nicht (siehe Rn. 5 zu § 4). 1

---

[1] *Zuck* NJW 1994, 2808. Schönes Beispiel bei *Scheffler* JZ 2004, 1162.

II. Form und Wirkung der Entlassung

2   Die Entlassung **auf (schriftlichen) Antrag** nach § 12 (ohne Angabe von Gründen oder aus einem anderen Grunde als dauernder Dienstunfähigkeit) erfordert nicht die Mitwirkung des Plenums des BVerfG nach § 105 Nr. 1. Die Entlassung führt zum Verlust aller Rechte aus dem Amt. § 100 gewährt lediglich Übergangsgeld.

§ 13 [Zuständigkeit des Gerichts]

Das Bundesverfassungsgericht entscheidet
1. über die Verwirkung von Grundrechten (Artikel 18 des Grundgesetzes),
2. über die Verfassungswidrigkeit von Parteien (Artikel 21 Abs. 2 des Grundgesetzes),
3. über Beschwerden gegen Entscheidungen des Bundestages, die die Gültigkeit einer Wahl oder den Erwerb oder Verlust der Mitgliedschaft eines Abgeordneten beim Bundestag betreffen (Artikel 41 Abs. 2 des Grundgesetzes),
4. über Anklagen des Bundestages oder des Bundesrates gegen den Bundespräsidenten (Artikel 61 des Grundgesetzes),
5. über die Auslegung des Grundgesetzes aus Anlaß von Streitigkeiten über den Umfang der Rechte und Pflichten eines obersten Bundesorgans oder anderer Beteiligter, die durch das Grundgesetz oder in der Geschäftsordnung eines obersten Bundesorgans mit eigenen Rechten ausgestattet sind (Artikel 93 Abs. 1 Nr. 1 des Grundgesetzes),
6. bei Meinungsverschiedenheiten oder Zweifeln über die förmliche oder sachliche Vereinbarkeit von Bundesrecht oder Landesrecht mit dem Grundgesetz oder die Vereinbarkeit von Landesrecht mit sonstigem Bundesrecht auf Antrag der Bundesregierung, einer Landesregierung oder eines Drittels der Mitglieder des Bundestages (Artikel 93 Abs. 1 Nr. 2 des Grundgesetzes),
6a. bei Meinungsverschiedenheiten, ob ein Gesetz den Voraussetzungen des Artikels 72 Abs. 2 des Grundgesetzes entspricht, auf Antrag des Bundesrates, einer Landesregierung oder der Volksvertretung eines Landes (Artikel 93 Abs. 1 Nr. 2a des Grundgesetzes),
7. bei Meinungsverschiedenheiten über Rechte und Pflichten des Bundes und der Länder, insbesondere bei der Ausführung von Bundesrecht durch die Länder und bei der Ausübung der

Zuständigkeit des Gerichts § 13

Bundesaufsicht (Artikel 93 Abs. 1 Nr. 3 und Artikel 84 Abs. 4 Satz 2 des Grundgesetzes),
8. in anderen öffentlich-rechtlichen Streitigkeiten zwischen dem Bund und den Ländern, zwischen verschiedenen Ländern oder innerhalb eines Landes, soweit nicht ein anderer Rechtsweg gegeben ist (Artikel 93 Abs. 1 Nr. 4 des Grundgesetzes),
8 a. über Verfassungsbeschwerden (Artikel 93 Abs. 1 Nr. 4 a und 4 b des Grundgesetzes),
9. über Richteranklagen gegen Bundesrichter und Landesrichter (Artikel 98 Abs. 2 und 5 des Grundgesetzes),
10. über Verfassungsstreitigkeiten innerhalb eines Landes, wenn diese Entscheidung durch Landesgesetz dem Bundesverfassungsgericht zugewiesen ist (Artikel 99 des Grundgesetzes),
11. über die Vereinbarkeit eines Bundesgesetzes oder eines Landesgesetzes mit dem Grundgesetz oder die Vereinbarkeit eines Landesgesetzes oder sonstigen Landesrechts mit einem Bundesgesetz auf Antrag eines Gerichts (Artikel 100 Abs. 1 des Grundgesetzes),
11 a. über die Vereinbarkeit eines Beschlusses des Deutschen Bundestages zur Einsetzung eines Untersuchungsausschusses mit dem Grundgesetz auf Vorlage nach § 36 Abs. 2 des Untersuchungsausschußgesetzes,
12. bei Zweifeln darüber, ob eine Regel des Völkerrechts Bestandteil des Bundesrechts ist und ob sie unmittelbar Rechte und Pflichten für den einzelnen erzeugt, auf Antrag des Gerichts (Artikel 100 Abs. 2 des Grundgesetzes),
13. wenn das Verfassungsgericht eines Landes bei der Auslegung des Grundgesetzes von einer Entscheidung des Bundesverfassungsgerichts oder des Verfassungsgerichts eines anderen Landes abweichen will, auf Antrag dieses Verfassungsgerichts (Artikel 100 Abs. 3 des Grundgesetzes),
14. bei Meinungsverschiedenheiten über das Fortgelten von Recht als Bundesrecht (Artikel 126 des Grundgesetzes),
15. in den ihm sonst durch Bundesgesetz zugewiesenen Fällen (Artikel 93 Abs. 2 des Grundgesetzes).

I. Vorbemerkung

Die Kommentierung der einzelnen Nummern des § 13 erfolgt jeweils bei den einschlägigen, im III. Teil des BVerfGG geregelten „Besonderen Verfahrensvorschriften" der §§ 36 ff. 1

II. Allgemeines

2 **1.** Das BVerfGG zählt in § 13 die vom GG vorgesehenen Fälle der Verfassungsgerichtsbarkeit (einschließlich der Ermächtigung nach Art. 93 II GG) auf und umschreibt so die formelle Verfassungsgerichtsbarkeit im Sinne des GG (vgl. Einl Rn. 1). Die Aufzählung ist **nicht rechtsbegründend,** sondern nur feststellend. Die in den einzelnen Zuständigkeitsbestimmungen enthaltenen Begriffe sind zum Teil sehr allgemeiner Art und geben insgesamt für die deutsche Verfassungsgerichtsbarkeit eine sehr umfassende, in keinem anderen Staat erreichte Kompetenzfülle. Eine Ausdehnung der im Katalog (einschließlich der Gesetze nach Nr. 15) vorgesehenen Zuständigkeiten unter dem Gesichtspunkt der Analogie ist unzulässig.[1] Auch ein noch so dringendes rechtspolitisches Bedürfnis führt zu keiner Erweiterung des Zuständigkeitskatalogs.[2] Nicht jede verfassungsrechtliche Frage ist eben justitiabel.[3] Es ist auch nicht Aufgabe des Gerichts abstrakte Rechtsfragen zu beantworten.[4]

3 **2. a)** Die „**formelle Verfassungsgerichtsbarkeit**" nach § 13 umfasst sehr verschiedene Arten von Verfahren, die nicht alle unter dem engeren Begriff der eigentlichen Verfassungsstreitigkeiten (Verfassungsgerichtsbarkeit im materiellen Sinne)[5] eingereiht werden können (vgl. hierzu Einl Rn. 2 ff.). Die Aufzählung erfolgt nach der Reihenfolge des Art. 93 GG. Sachlich lassen sich 5 Untergruppen unterscheiden:
– quasi-strafrechtliche Verfahren (§ 13 Nr. 1, 2, 4, 9),
– Wahlprüfungssachen (§ 13 Nr. 3),
– eigentliche Verfassungsstreitigkeiten (§ 13 Nr. 5, 7, 8, 10),
– Normenkontrollsachen (§ 13 Nr. 6, 6a, 11, 11a, 12, 13, 14),
– Verfassungsbeschwerden (§§ 90, 91).

Überschneidungen ergeben sich besonders zwischen § 13 Nr. 6 (abstrakte Normenkontrolle) einerseits und Nr. 5 (Organstreitigkeiten) und Nr. 7 (Bund-Länderstreitigkeiten) andererseits.

4 **b)** Die Einteilung der besonderen Verfahrensvorschriften (III. Teil, §§ 36 ff.) folgt nicht der Reihenfolge des GG und des § 13, sondern im Wesentlichen der oben wiedergegebenen sachlichen Einteilung. Jedoch ist das Wahlprüfungsverfahren zwischen die quasistrafrechtlichen Verfahren (im obigen Sinne) geschoben.

---

[1] S. BVerfGE 2, 341 [346]; 21, 52 [55] = NJW 1967, 244.
[2] BVerfGE 22, 293 (298); 63, 73 (76) = NJW 1983, 383.
[3] BVerfGE 13, 54 (96) = NJW 1961, 1453.
[4] BVerfGE 96, 133 (138 f.).
[5] Kritisch zur Unterscheidung von formeller und materieller Verfassungsgerichtsbarkeit *Bethge,* in: MSKB Stand 2000 Rn. 24 c zu § 13.

c) Die Wahl unter den einzelnen Verfahrensarten obliegt dem Antragsteller bis zur Grenze des offenkundigen Missbrauchs.[6]

III. Die Zuständigkeiten im Einzelnen

1. Zu § 13 Nr. 1 vgl. Vorbem. §§ 36 ff. Zu Nr. 1 können landesrechtliche Vorschriften in Konkurrenz treten.

2. Zu § 13 Nr. 2 vgl. Vorbem. §§ 43 ff. Die Vorschrift schließt einschlägige landesrechtliche Vorschriften aus.

3. Zu § 13 Nr. 3 vgl. Vorbem. § 48.

4. Zu § 13 Nr. 4 vgl. Vorbem. §§ 49 ff.

5. Zu § 13 Nr. 5 vgl. Vorbem. §§ 63 ff. und Anm. zu § 66 a.[7]

6. Zu § 13 Nr. 6 vgl. Vorbem. §§ 76 ff. Zum Verhältnis zu Nr. 5 vgl. Rn. 10.[8]

7. Zu § 13 Nr. 6a vgl. Rn. 37 ff. zu § 76. Die Vorschrift ist durch das 6. ÄndG (BGBl. I S. 1823) in Kraft getreten am 23. 7. 1998 in § 13 eingefügt worden. Sie hat bislang keine Bedeutung erlangt.[9]

8. Zu § 13 Nr. 7 vgl. Vorbem. §§ 68 ff. Zum Verhältnis zu Nr. 6 vgl. Rn. 11.

9. Zu § 13 Nr. 8 vgl. Vorbem. §§ 71 ff.

10. Zu § 13 Nr. 8a vgl. §§ 90 ff. Nr. 8a wurde durch die Novelle vom 21. 12. 1970 (BGBl. I S. 1765) im Hinblick auf die Ergänzung des Art. 93 GG durch das 19. Gesetz zur Änderung des GG vom 29. 1. 1969 (BGBl. I S. 97) eingefügt.

10. Zu § 13 Nr. 9 vgl. Vorbem. §§ 58 ff.

12. Zu § 13 Nr. 10 vgl. Vorbem. §§ 73 ff.

13. Zu § 13 Nr. 11 vgl. Vorbem. §§ 80 ff.

14. Zu § 13 Nr. 11a, eingefügt durch Gesetz v. 22. 8. 2002 (BGBl. I S. 3386). S. Anm. zu § 82a.

15. Zu § 13 Nr. 12 vgl. Vorbem. §§ 83 ff.

---

[6] BVerfGE 2, 79 (94 f.); 7, 305 (310 f.); 8, 122 (129) = NJW 1958, 1341.
[7] Zum Verhältnis zu Nr. 6 vgl. BVerfGE 1, 208 (220); 2, 143 (158 f.); 13, 54 (94) = NJW 1961, 1453.
[8] Zum Verhältnis zu Nr. 7 vgl. BVerfGE 1, 14 (30); 1, 117 (125 f.); 20, 56 (95) = NJW 1966, 1499.
[9] *Pestalozza* JZ 1998, 1039 (1041 mit Fn. 32); *Winkler* NVwZ 1998, 1266 (1267 mit Fn. 9).

16. Zu § 13 Nr. 13 vgl. Vorbem. § 85.

17. Zu § 13 Nr. 14 vgl. Vorbem. §§ 86 ff.

18. Zu § 13 Nr. 15:

a) Der Ermächtigung des Art. 93 II GG an den Gesetzgeber liegt wohl die Vorstellung zugrunde, dass es sich bei der **Übertragung weiterer Zuständigkeiten** an das BVerfG um Streitigkeiten handeln müsse, die sich auf die Verfassung beziehen, also in den schwer abzugrenzenden (vgl. Einl Rn. 1) Bereich der materiellen Verfassungsstreitigkeiten gehören.[10] Eine formelle Einschränkung in diesem Sinne enthalten jedoch GG und § 13 Nr. 15 nicht.

b) Die wichtigsten bisherigen Anwendungsfälle, die allgemeine Verfassungsbeschwerde und die Verfassungsbeschwerde der Gemeinden, sind nunmehr mit Art. 93 Nr. 4 a u b GG entfallen (s. o. Rn. 15). In sonstigen Bundesgesetzen ist, angesichts des schon sehr umfassenden Kompetenzkatalogs des GG von der Möglichkeit des Art. 93 II GG nur wenig Gebrauch gemacht (vgl. z. B. § 16 III WPG, §§ 14, 24 II des Gesetzes über das Verfahren bei Volksentscheid, Volksbegehren und Volksbefragung nach Art. 29 VI des Grundgesetzes v. 30. 7. 1979 (BGBl. I S. 1317).[11]

§ 14 [Zuständigkeit der Senate]

(1) Der Erste Senat des Bundesverfassungsgerichts ist zuständig für Normenkontrollverfahren (§ 13 Nr. 6 und 11), in denen überwiegend die Unvereinbarkeit einer Vorschrift mit Grundrechten oder Rechten aus den Artikeln 33, 101, 103 und 104 des Grundgesetzes geltend gemacht wird, sowie für Verfassungsbeschwerden mit Ausnahme der Verfassungsbeschwerden nach § 91 und der Verfassungsbeschwerden aus dem Bereich des Wahlrechts. Das Gleiche gilt, wenn eine Landesregierung zusammen mit einem Normenkontrollantrag (§ 13 Nr. 6) nach Satz 1 einen Antrag nach § 13 Nr. 6 a stellt.

(2) Der Zweite Senat des Bundesverfassungsgerichts ist zuständig in den Fällen des § 13 Nr. 1 bis 5, 6 a bis 9, 11 a, 12 und 14, ferner für Normenkontrollverfahren und Verfassungsbeschwerden, die nicht dem Ersten Senat zugewiesen sind.

(3) In den Fällen des § 13 Nr. 10 und 13 bestimmt sich die Zuständigkeit der Senate nach der Regel der Absätze 1 und 2.

---

[10] Vgl. hierzu *Kutscher,* in: FS f. G. Müller, 1970, 161 ff. [162].

[11] Weitere Fälle bei *Schmidt-Bleibtreu,* in: MSKB, Stand 1997 Rn. 152 zu § 13.

Zuständigkeit der Senate § 14

(4) **Das Plenum des Bundesverfassungsgerichts kann mit Wirkung vom Beginn des nächsten Geschäftsjahres die Zuständigkeit der Senate abweichend von den Absätzen 1 bis 3 regeln, wenn dies infolge einer nicht nur vorübergehenden Überlastung eines Senats unabweislich geworden ist. Die Regelung gilt auch für anhängige Verfahren, bei denen noch keine mündliche Verhandlung oder Beratung der Entscheidung stattgefunden hat. Der Beschluß wird im Bundesgesetzblatt bekanntgemacht.**[1]

---

[1] Beschluss des Plenums des BVerfG gem. § 14 Abs. 4 v. 15. 11. 1993 (BGBl. I S. 2492).

A. Mit Wirkung vom 1. Januar 1994 ist abweichend von § 14 Abs. 1 bis 3 des Gesetzes über das Bundesverfassungsgericht der Zweite Senat des Bundesverfassungsgerichts auch zuständig:

I. für Normenkontrollverfahren (§ 13 Nr. 6 und Nr. 11 BVerfGG) und Verfassungsbeschwerden aus den Rechtsbereichen

1. des Asylrechts;
2. des Ausländergesetzes und der internationalen Rechtshilfe in Strafsachen;
3. des Staatsangehörigkeitsrechts;
4. des öffentlichen Dienstes und der Dienstverhältnisse zu Religionsgesellschaften, deren Recht dem Recht des öffentlichen Dienstes nachgebildet ist, einschließlich des jeweiligen Disziplinarrechts;
5. des Wehr- und Ersatzdienstes, einschließlich des diesen Bereichs betreffenden Disziplinarrechts;
6. des Strafrechts und des Strafverfahrensrechts mit Ausnahme von Verfahren, in denen Fragen der Auslegung und Anwendung des Art. 5 oder des Art. 8 GG überwiegen;
7. des Vollzugs von Untersuchungs- und Strafhaft und von freiheitsentziehenden Maßregeln der Sicherung und Besserung sowie der Anordnung und des Vollzugs anderer Freiheitsentziehungen;
8. des Bußgeldverfahrens;
9. des Einkommensteuerrechts einschließlich des Kirchensteuerrechts;

II. 1. im übrigen für Normenkontrollverfahren und Verfassungsbeschwerden,
 a) bei denen die Auslegung und Anwendung von Völkerrecht oder primärem Europarecht von erheblicher Bedeutung sind;
 b) bei denen andere Fragen als solche der Auslegung und Anwendung der Art. 1 bis 17, 19, 101 und 103 Abs. 1 GG (auch i. V. m. dem Rechtsstaatsprinzip) überwiegen;

2. darüber hinaus für Verfassungsbeschwerden aus dem Bereich der Zivilgerichtsbarkeit (mit Ausnahme des Familienrechts und des Erbrechts) von Beschwerdeführern mit den Anfangsbuchstaben L–Z, in denen Fragen einer Verletzung der Rechte aus Art. 101 Abs. 1 oder Art. 103 Abs. 1 GG überwiegen.

B. Für bis zum 31. Dezember 1993 anhängig werdende Verfahren bleibt es bei der bisherigen Senatszuständigkeit.

C. Der Beschluss des Bundesverfassungsgerichts vom 6. Oktober 1982 (BGBl. I S. 1735) i. d. F. des Beschlusses des Bundesverfassungsgerichts vom

(5) **Wenn zweifelhaft ist, welcher Senat für ein Verfahren zuständig ist, so entscheidet darüber ein Ausschuß, der aus dem Präsidenten, dem Vizepräsidenten und vier Richtern besteht, von denen je zwei von jedem Senat für die Dauer des Geschäftsjahres berufen werden. Bei Stimmengleichheit gibt die Stimme des Vorsitzenden den Ausschlag.**

I. Vorbemerkung

1 § 14 ist durch die Novelle vom 21. 7. 1956 (BGBl. I S. 662) neu gefasst worden. Abs. 4 S. 2 wurde durch das 2. ÄndG zum BVerfGG vom 26. 6. 1959 (BGBl. I S. 297) eingefügt. Die Änderung von 1956 sollte die ursprüngliche Geschäftsverteilung zwischen den beiden Senaten, die zu einer auffallenden und untragbaren Mehrbelastung des ersten Senats geführt hatte, revidieren und einen Ausgleich zwischen beiden Senaten herbeiführen. Entgegen dem Regierungsentwurf hielt das Änderungsgesetz entsprechend den Beschlüssen des Rechtsausschusses des Bundestages immerhin noch primär an der Einrichtung der gesetzlichen Zuständigkeitsverteilung auf beide Senate fest. Da sich auch die neue Verteilung der Zuständigkeit auf die beiden Senate nicht als ausreichend erwiesen hatte, hat das Gericht mehrfach von der ihm in Abs. 4 eröffneten Möglichkeit Gebrauch gemacht hat (s. Einl Rn. 15). In Abs. 5 S. 1 ist durch das 5. ÄndG vom 2. 8. 1993 (BGBl. I S. 1442) das Wort „Stellvertreter" durch das Wort „Vizepräsident" ersetzt worden.

II. Allgemeines

2 1. Wegen der gerichtsverfassungsrechtlichen Bedeutung der Senate des BVerfG vgl. Anm. zu § 2 I.

2. Eine **Überweisung von Verfahren** von einem Senat an den andern ist nur im Rahmen des § 14 zulässig, eines formellen Überweisungsbeschlusses des abgebenden Senats bedarf es dazu nach der ständigen Praxis des BVerfG nicht.[2]

---

15. Dezember 1989 (BGBl. I S. 2259) tritt mit Ablauf des 31. Dezember 1993 außer Kraft.

Zur Entstehungsgeschichte dieses Beschlusses s. *Benda/Klein* Rn. 139 ff.; *Ulsamer*, in: MSKB, Stand 1998 Rn. 1 ff. zu § 14; *Eschelbach*, in: UCD Rn. 11 ff. zu § 14.

[2] Vgl. BVerfGE 23, 85 [90]; hiergegen *Böckenförde* DÖV 1968, 566, der unter dem Gesichtspunkt des Anrechts auf den „gesetzlichen Richter" jedenfalls dann einen förmlichen Überweisungsbeschluss verlangt, wenn ein Verfahren schon

III. Zu Abs. 1 und 2 (Zuständigkeit des Ersten und Zweiten Senats)

1. Nach der ursprünglichen Fassung des Gesetzes war der **Erste Senat** zuständig für Grundrechtsverwirkungen, Parteiverbot, Wahlrechtssachen, abstrakte Normenkontrolle, konkrete Normenkontrolle auf Vereinbarkeit mit dem GG oder Bundesrecht und Fortgelten von Recht als Bundesrecht, Verfassungsbeschwerden. Damit ergab sich für den Ersten Senat ein Arbeitsanfall, der den des Zweiten Senats um ein Vielfaches übertraf, wenn auch beim Zweiten Senat vornehmlich große und politisch bedeutsame Prozesse anhängig wurden.[3] Die Novelle vom 21. 7. 1956 (BGBl. I S. 662) beschränkte den Ersten Senat auf Verfassungsbeschwerden und abstrakte und konkrete Normenkontrollverfahren, in denen die Gültigkeit einer Norm überwiegend aus Rechtsgründen angefochten wird, die auch zur Erhebung einer Verfassungsbeschwerde berechtigen würden, nämlich wegen angeblicher Unvereinbarkeit der Vorschrift mit Grundrechten oder Rechten aus Art. 33, 101, 103 und 104 des GG, mit ausdrücklicher Ausnahme der Verfassungsbeschwerden nach § 91 und der Verfassungsbeschwerden aus dem Bereich des Wahlrechts. Hierzu kommt die Zuständigkeit aus Abs. 3 (s. unten Rn. 5). Dem Ersten Senat war damit in erster Linie die besondere Aufgabe einer Rechtsschutzinstanz zur Wahrung der Grundrechte und gleichgestellter verfassungsmäßiger Rechte und – im Verhältnis zur objektiven Rechtsordnung – der Klärung und Fortentwicklung des Rechts der Grundrechte gestellt.

2. Über Plenarbeschlüsse, die dem **Zweiten Senat** das Asyl- und Ausländerrecht, Staatsangehörigkeitsrecht, materielles Strafrecht (mit Ausnahme der überwiegend Art. 5, 8 GG berührenden Probleme), Strafverfahrensrecht, Steuerrecht, sowie die Zuständigkeit für Normenkontrollen und Verfassungsbeschwerden sowie die Zuständigkeit für Normenkontrollen und Verfassungsbeschwerden bei den grundrechtsgleichen Rechten (insbesondere Art. 101 I 2, 103 I GG) zugewiesen haben, ist seitdem auch der Zweite Senat im klassischen Grundrechtsbereich tätig.

3. Art. 1 Nr. 2 6. ÄndG (BGBl. I 1823) hat die ursprüngliche Angabe „§ 13 Nr. 1 bis 5, 7 bis 9, 12 und 14" durch die Angabe „§ 13 Nr. 1 bis 5, 6a bis 9, 12 und 14" ersetzt. Durch die damit verbundene Einfügung des § 13 Nr. 6a (Rn. 2) wurde für dieses Verfahren die Zuständigkeit des Zweiten Senats begründet.

---

bei einem Senat förmlich anhängig ist, eine Verfassungsbeschwerde also schon über das Kammerverfahren hinausgelangt ist.

[3] Vgl. hierzu die Kritik *Schneiders* NJW 1953, 802 [803].

§ 14 Teil I. Verfassung und Zuständigkeit

Da es sich der Sache nach um eine Bund-Länder-Streitigkeit handelt, für die die Zuständigkeit des Zweiten Senats auch sonst gegeben ist,[4] ist das sachgerecht.[5]

III. Zu Abs. 3 (Abgrenzung der Zuständigkeit innerhalb der Verfahren nach § 13 Nr. 10 und 13)

5   Abs. 3 in der geltenden Fassung entspricht dem früheren Abs 2; der Sache nach wirkt sich natürlich auch hier die Änderung der Geschäftsverteilung zwischen den beiden Senaten durch die Novelle vom 21. 7. 1956 (BGBl. I S. 662) und den Plenarbeschluss vom 15. 11. 1993[6] aus:

Bei Streitigkeiten nach **Nr. 10** gehen nicht nur alle Verfassungsstreitigkeiten im eigentlichen Sinne, sondern auch die nicht auf Grundrechtsfragen bezüglichen Normenkontrollsachen an den Zweiten Senat.

Bei Streitigkeiten nach **Nr. 13** erleichtert das inhaltliche Unterscheidungsmerkmal die Zuständigkeitsbestimmung: alle Verfahren, die sich hauptsächlich auf die Anwendung der – klassischen – Grundrechtsnormen beziehen, gehen vor den Ersten, alle übrigen vor den Zweiten Senat.

IV. Zu Abs. 4

6   **1.** Der durch die Novelle vom 21. 7. 1956 (BGBl. I S. 662) eingefügte Absatz gibt dem Plenum des Gerichts die Befugnis, ohne formale Änderung des BVerfGG **selbst die Zuständigkeitsverteilung der Senate abweichend vom Gesetz zu regeln.** Die Regelung kann zwar stets nur mit Wirkung zum nächsten Geschäftsjahr getroffen werden, jedoch dann ohne gesetzlich vorgesehene Befristung und auch mehrmals. Diese Ermächtigung sollte die Möglichkeit eröffnen, ohne Inanspruchnahme des Gesetzgebers, durch das Gericht selbst eine etwa erforderlich werdende weitere Korrektur der Geschäftsverteilung vorzunehmen und späteren Veränderungen in der Geschäftsbelastung der Senate elastischer zu folgen. Das BVerfG hat von dieser Befugnis mehrfach Gebrauch gemacht, zuletzt mit Beschluss vom 15. 11. 1993.[7] Es hat sich damit zugleich über verfassungsrechtliche Bedenken hinweggesetzt, die gegen die Vorschrift erhoben worden sind. Sie bestanden darin, dass

---

[4] BR-Drs. 165/97, S. 17.
[5] Str. vgl. *Zuck* NJW 1998, 3028; aA *Pestalozza* JZ 1998, 1039 [1042].
[6] S. o. Fn. 1 zu § 14.
[7] S. o. Fn. 1 zu § 14.

Abs. 4 dem Plenum eine Ermächtigung zur Änderung einer gesetzlich vorgeschriebenen Zuständigkeitsverteilung, also der Sache nach zum Erlass einer gesetzesändernden Rechtsverordnung erteilt, wofür Art. 80 GG keine Grundlage bietet. Der Hinweis auf die deutsche Rechtsgewohnheit, gerichtlichen Organen die gerichtsinterne Geschäftsverteilung zwischen den Senaten oder Kammern zu überlassen, ist angesichts der besonderen Art der Geschäftsverteilung auf die Senate des BVerfG – unmittelbar durch Gesetz – nicht stichhaltig. Die Frage ist inzwischen durch die langjährige, seit 1959 andauernde Praxis, erledigt.

2. Die Übergangsvorschrift des Satz 2 ist durch das 2. ÄndG zum BVerfGG vom 26. 6. 1959 (BGBl 1959 S. 197) eingefügt. Die Notwendigkeit, rasch zu einer Bereinigung der ungleichen Geschäftsbelastung der beiden Senate zu gelangen, nötigte, von dem sonst geltenden Grundsatz der perpetutatio fori ausdrücklich abzuweichen.

3. Zum Verfahren des Plenums s. §§ 1–3 GO.

V. Zu Abs. 5

1. Da Abs. 1 auf den „überwiegenden" Antragsgrund abstellt, können sich leicht **Zweifel** und Meinungsverschiedenheiten über die Zuständigkeit eines der beiden Senate in konkreten Sachen ergeben. Die Novelle vom 21. 7. 1956 (BGBl. I S. 662) hat die Entscheidung hierüber vereinfacht und sie, unter Streichung des § 16 III einem Ausschuss des Gerichts übertragen. Die Vorschrift über die Konstituierung des Ausschusses ist insofern nicht ganz vollständig, als über die Art der Berufung der von den beiden Senaten zu delegierenden Richter nichts Näheres gesagt ist. Die Einzelheiten ergeben sich jetzt aber aus §§ 43–47 GO.

2. Die **Entscheidung des Ausschusses**[8] hat als reine Rechtsentscheidung zu ergehen, gleichwohl werden Zweckmäßigkeitserwägungen nicht ganz ausgeschlossen werden können. Maßgeblich für die Entscheidung sind die gestellten Anträge,[9] solange der Antragsteller nicht offensichtlich mit der gewählten Verfahrensform manipuliert, sei es, um einen an sich nicht in die Zuständigkeit des BVerfG fallenden Rechtsstreit vor das BVerfG zu bringen, sei es, um die Zuständigkeit eines bestimmten Senats des Gerichts zu begründen.[10] Der Ausschuss

---

[8] Zum Verfahren im Einzelnen vgl. *Ulsamer,* in: MSKB, Stand 1999 Rn. 35 ff. zu § 14.

[9] S. dazu *Bethge,* in: MSKB, Stand 1997 Rn. 195 ff. zu § 13.

[10] Vgl. BVerfGE 2, 79 [94]; 7, 305 [310] = NJW 1958, 585; s. dazu auch § 13 Rn. 5.

ist nicht gehindert, Sinn und Bedeutung der Anträge unabhängig von der Auffassung des Antragstellers zu ermitteln.[11] Die Rechtswirkungen der Entscheidungen des Ausschusses entsprechen denen der Plenarentscheidungen nach § 16 III 2. Alternative früherer Fassung. Es gilt daher BVerfGE 1, 14 = NJW 1951, 857 weiter, soweit dort erkannt worden ist, dass die Entscheidung über die Zuständigkeit des einen oder anderen Senats endgültig ist und der bestimmte Senat die Sache nicht mehr an den anderen Senat verweisen kann. Es kann namentlich auch nicht das Plenum gegen die Entscheidung des Ausschusses angerufen werden. Dies schließt nach der Gerichtspraxis nicht aus, dass ein Senat ein Verfahren, das ohne vorausgegangenen Beschluss nach § 14 V irrtümlicherweise bei ihm anhängig geworden ist, ohne förmlichen Überweisungsbeschluss an den zuständigen Senat „abgibt".[12]

§ 15 [Vorsitz und Beschlussfähigkeit]

(1) **Der Präsident des Bundesverfassungsgerichts und der Vizepräsident führen den Vorsitz in ihrem Senat. Sie werden von dem dienstältesten, bei gleichem Dienstalter von dem lebensältesten anwesenden Richter des Senats vertreten.**

(2) **Jeder Senat ist beschlußfähig, wenn mindestens sechs Richter anwesend sind. Ist ein Senat in einem Verfahren von besonderer Dringlichkeit nicht beschlußfähig, ordnet der Vorsitzende ein Losverfahren an, durch das so lange Richter des anderen Senats als Vertreter bestimmt werden, bis die Mindestzahl erreicht ist. Die Vorsitzenden der Senate können nicht als Vertreter bestimmt werden. Das Nähere regelt die Geschäftsordnung.**

(3) **Nach Beginn der Beratung einer Sache können weitere Rechte nicht hinzutreten. Wird der Senat beschlußunfähig, muß die Beratung nach seiner Ergänzung neu begonnen werden.**

(4) **Im Verfahren gem. § 13 Nr. 1, 2, 4 und 9 bedarf es zu einer dem Antragsgegner nachteiligen Entscheidung in jedem Fall einer Mehrheit von zwei Dritteln der Mitglieder des Senats. Im übrigen entscheidet die Mehrheit der an der Entscheidung mitwirkenden Mitglieder des Senats, soweit nicht das Gesetz etwas anderes bestimmt. Bei Stimmengleichheit kann ein Verstoß gegen das Grundgesetz oder sonstiges Bundesrecht nicht festgestellt werden.**

---

[11] BVerfGE 1, 14 = NJW 1951, 857.
[12] So BVerfGE 23, 85 [90]; s. dazu *Eschelbach*, in: UCD Rn. 41 zu § 14.

I. Allgemein

§ 15 gilt in der Fassung des 5. ÄndG vom 2. 8. 1993 (BGBl. I S. 1442): das Wort „Stellvertreter" ist durch das Wort „Vizepräsident" ersetzt worden. Absatz 3 ist durch das ÄndG v. 16. 7. 1998 (BGBl. I S. 1823) eingefügt worden. Mit dieser Regelung ist § 26 GO in das Gesetz übernommen worden.[1]

II. Zu Abs. 1 (Vorsitz im Senat)

1. Über die Wahl des Präsidenten und des Vizepräsidenten sowie über ihre Befugnisse bei der Leitung und Vertretung des Gerichts als organisatorische Einheit, ferner über ihre dienstaufsichtlichen Rechte s. § 9 I § 15 betrifft ihre Stellung im Senat als rechtsprechendem Organ. Die **Befugnisse** des Senatsvorsitzenden entsprechen denen bei anderen Kollegialgerichten, soweit das BVerfGG nichts Abweichendes bestimmt. Der Vorsitzende setzt insbesondere die Termine fest und verteilt die Verfahren auf die Richter zur Bearbeitung und Berichterstattung. Er leitet die mündliche Verhandlung und handhabt die Sitzungspolizeit (§ 17 mit § 176 GVG), s. dazu §§ 20 ff. GO.[2]

2. Die **Vertretung** des Präsidenten (des Vizepräsidenten) im Senat (in Fällen der Verhinderung wie Urlaub, Dienstbefreiung, Krankheit, Ausschluss nach § 18, erfolgreiche Ablehnung nach § 19 I, Befangenheitserklärung nach § 19 III und den Todesfall) durch den dienstältesten (bei gleichem Dienstalter durch den lebensältesten) anwesenden Richter ist zwingendes Recht. Ihr entspricht eine gleiche Vertretungspflicht dieses Richters. Gründe der Zweckmäßigkeit einer anderen Vertretung sind unbeachtlich. Abs. 2 S. 1 ist entsprechend auch auf das Plenum anwendbar.

III. Zu Abs. 2 (Regeln für die Beschlussfähigkeit)

1. Der dem Parlamentsrecht entnommene Begriff der „Beschlussfähigkeit" ist dem sonstigen deutschen Prozessrecht fremd, das stets volle, d. h. allgemein für Verfahren der betreffenden Art vorgeschriebene Besetzung der Kollegialgerichte verlangt. Da die Richter des BVerfG abweichend von der sonstigen Gerichtsbarkeit nicht auswechselbar sind, und auch keine selbstständigen Vertreter bestellt wer-

---

[1] Zur sonstigen Normengeschichte vgl. *Zierlein*, in: UC, § 15 Rn. 2 ff.; *Mellinghoff*, in: MSKB, Stand 2002 Rn. 1 f. zu § 15.
[2] Zu den Einzelheiten vgl. *Eschelbach*, in: UCD, Rn. 34 ff. zu § 15.

§ 15 Teil I. Verfassung und Zuständigkeit

den können, ist es hier notwendig, die Beschlussfähigkeit des Gerichts auch bei nicht vollständiger Besetzung zuzulassen. Das **Quorum** betrug ursprünglich bei einer Richterzahl von 12 Richtern je Senat 9 Richter. Die Neufassung der Vorschrift durch die Novelle vom 21. 7. 1956 (BGBl. I S. 662) zog die notwendige Folgerung aus der Verminderung der Richterzahl auf 8 Richter in der Verminderung des Quorums auf 6 Richter. Wie jedes andere Gericht hat das BVerfG seine ordnungsgemäße Besetzung in jeder Lage des Verfahrens von Amts wegen zu prüfen. Die nicht vorschriftsmäßige Besetzung ist ein wesentlicher Mangel des Verfahrens.[3]

5   2. Eine Senatsentscheidung im Umlaufverfahren ist nicht statthaft.[4]

6   3. Zur Durchbrechung des Quorums im Fall des § 32 VI s. Rn. 29 zu § 32.

7   4. Für Verfahren **besonderer Dringlichkeit** hat die Novelle vom 12. 12. 1985 (BGBl. I S. 2226) (mit Wirkung ab 1. 1. 1986) bei Absinken des Quorums in Abs. 2 die Sätze 2–4 i. V. m. § 38 GO das Losverfahren eingeführt. Der Begriff der „besonderen Dringlichkeit" ist nicht definiert. Er bemisst sich nach der jeweiligen Verfahrensart und dem aus Art. 19 IV GG folgenden Gebot, insbesondere Antragstellern und Beschwerdeführern effektiven Rechtsschutz zu gewähren.[5]

8   5. Das komplizierte Losverfahren des Abs. 2 Satz 2 dient der Wiederherstellung der Beschlussfähigkeit des Senats. Der Senatsvorsitzende muss die Voraussetzungen unter Zugrundelegung eines strengen Maßstabs prüfen.[6]

IV. Zu Absatz 3 (Hinzutretende Richter)[7]

9   1. Absatz 3 will die ordnungsgemäße Besetzung des Senats sicherstellen, wenn sich die Richterbank im Laufe der Beratung ändert.

10   2. Der Begriff der Beratung ist nicht definiert. Auch auf den ebenfalls nicht definierten, aber durch Rechtsprechung erläuterten Beratungsbegriff des § 193 GVG kann man nicht zurückgreifen,[8] weil er von der Typik der mündlichen Verhandlung ausgeht, die Mehrzahl aller Entscheidungen im verfassungsgerichtlichen Verfahren aber ohne

---

[3] BVerfGE 2, 1, 9 = NJW 1952, 1407.
[4] Großzügiger *Mellinghoff,* in: MSKB Stand 2002 Rn. 26 zu § 15.
[5] S. auch *Mellinghoff,* in: MSKB, Stand 2002, § 15 Rn. 31.
[6] Ausf. *Mellinghoff,* in: MSKB, Stand 2002, Rn. 32 ff. zu § 15; *Eschelbach,* in: UCD, Rn. 66 ff. zu § 15.
[7] Rn. 1 zu § 15.
[8] *Kissel/Mayer,* GVG, 5. Aufl. 2005, Rn. 1 zu § 193 GVG.

mündliche Verhandlung stattfindet. Beratung im Sinne des Abs. 3 ist danach eine Erörterung der konkret zu treffenden Entscheidung in einem formellen Verfahren (siehe § 21 GO). Dazu gehören die Vorbereitung zur mündlichen Verhandlung, die Entscheidungsberatung nach der mündlichen Verhandlung und die sonstigen Entscheidungsberatungen. Die Beratungsform ist nicht vorgeschrieben. Die Beratung kann – ggf. – auch im Umlageverfahren stattfinden.[9]

Absatz 3 übernimmt § 26 I GO in das Gesetz. Es spielt keine Rolle, ob die Zahl der Richter von Anfang an nur sieben oder sechs war oder sich im Laufe der Beratung auf diese Zahl verringert hat. Die Amtliche Begründung, BR-Drs. 165/97 S. 17, spricht ein wenig unglücklich von „Unvollständigkeit"; solange der Senat beschlussfähig ist, ist er nicht „unvollständig". Die fehlenden (Variante 1) oder ausgeschiedenen (Variante 2) Richter können weder hinzutreten noch ersetzt werden.

Gesetzestechnisch nicht ganz präzise ist das unveränderte Verbleiben von Abs. 2 S. 4 („Das Nähere regelt die Geschäftsordnung"). Das „Nähere", das bisher in Abs. 2 in § 26 GO geregelt war, ist jetzt teilweise in Abs. 3 geregelt.

3. Die Beratung in „einer Sache" meint nicht das gesamte Verfahren aus einer Sache, sondern bezieht sich auf die jeweils zu treffende (selbständige) Teilentscheidung innerhalb eines Verfahrens,[10] z. B. die Anrufung des Plenums, Beschlüsse über die Ausschließung oder Ablehnung eines Richters, Entscheidungen über den Erlass einer einstweiligen Anordnung oder Entscheidungen über die Gewährung von Prozesskostenhilfe.[11]

11

V. Zu Abs. 4 (Mehrheit)

1. Der Begriff der **Mehrheit**, meint die Abstimmungsmehrheit.[12]

12

a) In der Regel, d. h. wenn das Gesetz, sei es im § 15, sei es in sonstigen Vorschriften, nichts Abweichendes vorschreibt, entscheidet die einfache, d. h. **relative Mehrheit** der an der Entscheidung tatsächlich mitwirkenden Richter. Im Regelfall einer mündlichen Verhandlung kann nur ein Richter an der Entscheidung mitwirken, der an der mündlichen Verhandlung teilgenommen hat. Tritt nach der mündli-

---

[9] Wie hier *Eschelbach,* in: UCD, Rn. 64, zu § 15. S. aber oben Rn. 5.
[10] Siehe dazu ausf. *Mellinghoff,* in: MSKB, Stand 2002, Rn. 47 zu § 15.
[11] Weitere Beispiele bei *Mellinghoff,* in: MSKB, Stand 2002, Rn. 49 ff. zu § 15.
[12] *Zierlein,* in: UC, § 15 Rn. 43 ff.; *Mellinghoff,* in: MSKB, Stand 2002 Rn. 57 zu § 15.

chen Verhandlung, aber vor Beschlussfassung über die Entscheidung ein Richter neu in den Senat ein oder kehrt ein bei der mündlichen Verhandlung abwesender Richter zurück, so kann er an der Abstimmung nicht teilnehmen. Auch seine Anwesenheit während der Beratung scheidet aus.[13] Wird ohne mündliche Verhandlung entschieden (§ 25), so kann jeder Richter des Senats abstimmen, der den der Abstimmung vorausgehenden Beratungen beigewohnt hat.

13 **b) Qualifizierte Mehrheit** (nämlich $2/3$ der gesetzlichen Mitgliederzahl) ist für die strafrechtsähnlichen Verfahren vorgeschrieben. Hierher gehören Verwirkung (§ 13 Nr. 1), Parteiverbot (§ 13 Nr. 2), Präsidentenanklage (§ 13 Nr. 4), Richteranklage (§ 13 Nr. 9). Das BVerfGG folgt darin dem Rechtsgedanken des § 263 StPO. Wer Antragsgegner ist, ist in den genannten Verfahren unmittelbar ersichtlich, da sie sich durchweg gegen bestimmte Personen oder Personengruppen richten. „Nachteilig" ist jede Entscheidung, die dem Begehren des Antragstellers ganz oder teilweise stattgibt, durch welche also die rechtliche Lage des Antragsgegners verschlechtert wird.[14] Die Benachteiligung kann auch lediglich im Prozessualen liegen (etwa durch Beschlüsse nach §§ 37, 38 I, 45, 61 II). Die Worte „in jedem Falle" schließen vor allem eine entsprechende Anwendung des § 263 StPO aus, der die $2/3$-Mehrheit als wichtige nachteilige Entscheidungen (Schuldfrage, Bemessung der Strafe, Anordnung einer Nebenstrafe oder Sicherungsmaßregel) vorschreibt.

14 **c)** Sonstige Sondervorschriften des Gesetzes über qualifizierte Mehrheiten finden sich in § 24 (Einstimmigkeit), § 26 II ($2/3$-Mehrheit), § 28 II ($2/3$-Mehrheit), § 32 Abs. 6 ($2/3$-Mehrheit), § 81a (Einstimmigkeit) § 93d Abs. 3 Satz 1 (Einstimmigkeit), § 105 IV ($2/3$ der Mitglieder des Gerichts).

15 2. Die Abstimmungsmehrheit wird im Wege der Stufenabstimmung ermittelt, d.h. nicht bezogen auf das Gesamtergebnis der Entscheidung, sondern nach Maßgabe der zu beantwortenden einzelnen Sach- und Rechtsfragen (Elemente der Entscheidung).[15]

16 3. In den Fällen, in denen **einfache Mehrheit** entscheidet, bedarf es einer besonderen Regelung für die **Fälle der Stimmengleichheit.** Sie kann sich bei normaler Besetzung mit 8 Richtern, also einer geraden Zahl, leicht ergeben. Einen Stichentscheid des Vorsitzenden lässt das Gericht nur für Entscheidungen des Ausschusses nach § 14 V (Bestimmung des zuständigen Senats) und in der verfahrensrechtlichen

---

[13] Anders die Vorauflage.
[14] S. dazu BVerfGE 107, 339 (356 ff.), hier: zur Einstellung des Verfahrens.
[15] Ausf. dazu *Mellinghoff*, in: MSKB, Stand 2002, Rn. 60 ff. zu § 15.

Frage der Ablehnung eines Richters (§ 19 I) zu und lehnt ihn daher für alle sonstigen prozessualen und materiellen Entscheidungen ab. Nach Satz 3 kann bei Stimmengleichheit ein Verstoß gegen das GG oder sonstiges Bundesrecht nicht festgestellt werden. In solchen Fällen ist also ein Antrag bei Stimmengleichheit abgelehnt. Satz 4 regelt die Folgen der Stimmengleichheit für alle Verfahrensarten.[16]

§ 15 a [Berufung von Kammern; Geschäftsverteilung]

(1) **Die Senate berufen für die Dauer eines Geschäftsjahres mehrere Kammern. Jede Kammer besteht aus drei Richtern. Die Zusammensetzung einer Kammer soll nicht länger als drei Jahre unverändert bleiben.**

(2) **Der Senat beschließt vor Beginn eines Geschäftsjahres für dessen Dauer die Verteilung der Anträge nach § 80 und der Verfassungsbeschwerden nach den §§ 90 und 91 auf die Berichterstatter, die Zahl und Zusammensetzung der Kammern sowie die Vertretung ihrer Mitglieder.**

I. Wesen und Zweck des Annahmeverfahrens

Zu Wesen und Zweck des Annahmeverfahrens nach §§ 93 a ff. s. Grundz §§ 93 a ff. und zum Verfahren nach § 81 a s. dort Rn. 1 ff. 1

II. Änderungen

1. § 15 a ist durch das ÄndG vom 12. 12. 1985 (BGBl. I 2226) in 2 das BVerfGG aufgenommen worden. Die Vorschrift gilt jetzt in der Fassung des 5. ÄndG vom 2. 8. 1993 (BGBl. I 1442).

2. § 15 a wird durch §§ 20, 39, 40 ff. GO ergänzt.

III. Kammern als Spruchkörper

§ 15 a regelt die gerichtsverfassungsrechtliche Einrichtung von Kammern als **besondere Spruchkörper.** Da die Kammern vom Senat berufen werden, und das auch nur für die Dauer des Geschäftsjahres, und im Übrigen nur feststeht, dass es „mehrere" Kammern sein müssen, ist ihre „Eigenständigkeit" mit der der Senate nicht vergleichbar: die 3

---

[16] Anders die Vorauflage; zutreffend *Mellinghoff,* in: MSKB Stand 2002 Rn. 79 ff zu § 15. Ausnahme: Plenarbeschlüsse über die Geschäftsverteilung (§ 14 IV).

Kammerkompetenz ist abgeleitete Kompetenz, und das ist auch der Grund, warum in § 93 c I 2 ausdrücklich gesagt werden musste, dass die § 93 c-Entscheidung einer Senatsentscheidung gleichsteht.[1] Die „gestufte Kompetenz", die es auch beim EuGH gibt (Art. 221 S. 2 EGV, Art. 9 ff. EuGH-VerfO)[2] begegnet unter dem Aspekt des gesetzlichen Richters (Art. 101 I 2 GG) keinen verfassungsrechtlichen Bedenken. Sie ändert auch nichts daran, dass die Kammern im Rahmen ihrer jeweiligen Kompetenz „das BVerfG" sind.[3] Gegen Kammerbeschlüsse gibt es infolgedessen keine Gegenvorstellungen an den Senat, keine Verfassungsbeschwerde, und keine „Besetzungsrüge", vgl. Grundz §§ 93 a ff. Rn. 29.

IV. Berufung der Kammern

4   **1.** Die Kammern sind vor Beginn des Geschäftsjahres (= Kalenderjahr, § 65 GO) zu berufen. Die Zahl der Richter ist nach Abs. 1 Satz 2 mit „drei" festgeschrieben. Die Zusammensetzung ist vorgabefrei.[4]

5   **2.** Die Arbeitslast in den Kammern ruht im Wesentlichen auf den Schultern der **wissenschaftlichen Mitarbeiter.**[5] In der Regel hat jeder Bundesverfassungsrichter vier Mitarbeiter. Sieht man von Bundeshaushaltsrecht und § 13 GO ab, gibt es keine Rechtsgrundlage für die Tätigkeit der wissenschaftlichen Mitarbeiter. **Rechtlich** ist die unterstützende Tätigkeit des wissenschaftlichen Mitarbeiters keine richterliche Tätigkeit. Betrachtet man das **tatsächliche** Ausmaß ihrer Tätigkeit, die Aufteilung ihrer Tätigkeit im Bereich „ihres" Richters in Referate, sieht man im persönlichen Kontakt mit ihnen, wie sehr im Einzelfall die Befassung mit der Verfassungsbeschwerde und überhaupt die Richtung der Entscheidung von ihnen abhängt, bedenkt man schließlich, dass man wissenschaftlicher Mitarbeiter nur für begrenzte Zeit und auf Wunsch seines Richters wird, so muss man im Ergebnis zu einem erheblichen rechtsstaatlichen Defizit kommen. Die wissenschaftlichen Mitarbeiter sind zwar unverzichtbar. Ihr Einsatz sollte aber nicht weiterhin von einer Kette von Zufällen abhängen, zumal schon vom Ausmaß ihrer Tätigkeit her der Rechtsuchende nicht davon

---

[1] S. dazu *Schlaich/Korioth* Rn. 266 und umfassend *Hermes*, in: FS 50 Jahre BVerfG, Bd. 1, 2001, 725 ff. (726 f.).

[2] Zum EGMR s. Art. 26, 27 EMRK und *Dollinger*, in: UCD Rn. 5 zu § 15 a.

[3] BVerfGE 19, 88 (90) = NJW 1965, 1707, einh. M.; ausf. hierzu *Dollinger*, in: UCD, § 15 a Rn. 6 ff.

[4] BVerfG(K), NJW 1990, 39; aA *Heüveldop* NJW 1990, 28 f.; *Ulsamer*, in: MSKB, Stand 1993 Rn. 6 zu § 15 a.

[5] Siehe dazu *Gehle*, in: UCD, Rn. 19 ff. vor §§ 93 a ff.; Rn. 16 vor § 93 a.

überzeugt werden kann, der wissenschaftliche Mitarbeiter habe keinen Einfluss auf die richterliche Entscheidung. Die Tätigkeit der wissenschaftlichen Mitarbeiter bedarf deshalb einer gesetzlichen Grundlage. Was die wissenschaftlichen Mitarbeiter jetzt überwiegend schon tun, würde so legalisiert und zugleich transparent werden.[6]

V. Geschäftsverteilung

1. Geschäftsverteilungspläne dienen der Ergänzung bei der Bestimmung des gesetzlichen Richters.[7] Abs. 2 ergänzt insoweit, als dort die Zahl und Zusammensetzung für Kammern sowie die Vertretungsregelung zum Gegenstand von Senatsbeschlüssen gemacht wird Abs. 1.   6

a) Derzeit amtieren je Senat drei Kammern. Dies führt zur Mitgliedschaft von Richtern in mehreren Kammern. Dagegen ist nichts einzuwenden.[8]   7

b) Die Zusammensetzung der Kammern (s. o. Rn. 5) soll nicht länger als drei Jahre unverändert bleiben (Abs. 1 S. 3). Verfahrensrechtliche Sollvorschriften haben gelegentlich zwingenden Charakter. Mit der Sollvorschrift wird lediglich zum Ausdruck gebracht, dass sich Verfahrensbeteiligte nicht auf einen Verstoß berufen können.[9] § 15a I 3 ist aber schon als inhaltliche Sollvorschrift zu verstehen: beabsichtigt war mit dieser Regelung, eine Versteinerung der Meinungsbildung in den Kammern zu verhindern.[10] Die Senate sind deshalb im Regelfall gehalten, die Zusammensetzung der Kammern nach drei Jahren zu verändern. Geschieht das ohne zwingenden Grund nicht, liegt darin allein kein Verstoß gegen Art. 101 I 2 GG. Die Verfahrensbeteiligten können sich deshalb auf einen Verstoß gegen § 15a I 3 nicht berufen.   8

2. Maßgebend für die Verteilung der Anträge nach § 80 und der Verfassungsbeschwerden nach §§ 90, 91 ist der **Berichterstatter.**   9

a) Der Begriff des Berichterstatters ist im Gesetz nicht definiert. Berichterstatter ist, wer die rechtliche Verantwortung für die Vorbereitung der gerichtlichen Entscheidung trägt (siehe §§ 40, 41 GO). § 21g I GVG sieht die Verteilung der Geschäfte durch alle dem Spruchkörper angehörenden Richter vor. Das erlaubt dem Vorsitzen-

---

[6] *Zuck* NJW 1996, 1656.
[7] BVerfGE 17, 294 (299, 301) = NJW 1964, 1020; 31, 47 (54).
[8] BVerfGE 17, 294 (300).
[9] *Kopp/Ramsauer,* VwVfG, 9. Aufl. 2005, § 40 Rn. 44; BFH NVwZ-RR 1990, 334.
[10] BT-Drs. 10/2951 S. 9.

den die Auswahl des Berichterstatters,[11] es sei denn, der Spruchkörper sei überbesetzt. Dann muss der Berichterstatter abstrakt-generell im-Voraus bestimmt sein.[12] § 82 II 1 VwGO bezeichnet als Berichterstatter den Richter, der vom Vorsitzenden dazu bestimmt worden ist, umschreibt dessen Aufgaben aber nur in dem beschränkten Rahmen einer nicht verfahrensgemäßen Klage.

Für das Kammerverfahren des § 15a gilt § 20 I GO. Danach bestimmt der Senat die Grundsätze für die Verteilung der verfahrenseinleitenden Anträge, nach denen die Geschäfte auf die Richter verteilt werden. Derzeit ist das so geschehen, dass die Richter primär für bestimmte Sachgebiete zuständig sind. Lassen sich Verfahren danach nicht verlässlich zuordnen, werden sie über ein Umlaufverfahren verteilt; dieses dient zugleich auch als Ausgleichsinstrument für unterschiedliche Zuweisungen. Da eine generelle Regelung vorliegt, stellt der Vorsitzende den Berichterstatter lediglich fest (§ 20 II GO).

b) Die **senatsinterne** Geschäftsverteilung wird seit 1991 im BAnz veröffentlicht.

§ 16 [Plenumsentscheidungen]

(1) **Will ein Senat in einer Rechtsfrage von der in einer Entscheidung des anderen Senats enthaltenen Rechtsauffassung abweichen, so entscheidet darüber das Plenum des Bundesverfassungsgerichts.**

(2) **Es ist beschlußfähig, wenn von jedem Senat zwei Drittel seiner Richter anwesend sind.**

I. Allgemeines

1 1. § 16 regelt in Anlehnung an das sonstige Gerichtsverfassungsrecht das **Recht der Plenumsentscheidungen.** Das Plenum wird außerdem noch tätig im Falle eines Vorschlags nach § 7a, zum Erlass einer Geschäftsordnung für das Gericht (§ 1 III) und als Disziplinarinstanz gegen Bundesverfassungsrichter (§ 105). Abs. 3 der ursprünglichen Fassung des Gesetzes (Bestimmung des zuständigen Senats) ist durch die Novelle vom 21. 7. 1956 (BGBl. I S. 662) im Hinblick auf die damals neu aufgenommene Vorschrift des § 14 V gestrichen worden.

---

[11] BGHZ 126, 63 = NJW 1994, 1735 und dazu *Kissel/Mayer,* GVG, 4. Aufl. 2005, Rn. 41 zu § 21g GVG.
[12] BVerfGE 95, 322 = NJW 1997, 1497.

§ 16

2. Die Zuständigkeit des § 16 I macht das Plenum nicht zu einer weiteren Instanz gegenüber den beiden Senaten; jeder Senat ist für sich das BVerfG.[1]

3. S. im Übrigen §§ 48, 49 GO.

II. Zu Abs. 1 (Plenarentscheidung zur Wahrung der Einheitlichkeit der Rechtsprechung)

1. Gegenstand der Plenarentscheidung

a) Abs. 1 schreibt die Entscheidung des Plenums vor, um die **Einheitlichkeit** der Rechtsprechung beider Senate zu sichern. Dass das über § 16 ein ebenso schwer erreichbares Ziel ist, wie bei der Anwendung des § 132 GVG und entsprechende Regelungen in den einzelnen Prozessordnungen wird durch die geringe Neigung der Senate belegt, das Plenum überhaupt anzurufen[2] und durch einige Plenumsentscheidungen selbst bestätigt.[3]

b) Für den Begriff der Abweichung ist maßgeblich, ob eine Aussage des BVerfG gerade zu der nunmehr aufgeworfenen Verfassungsrechtsprechung vorliegt[4] und ob diese Rechtsauffassung entscheidungserhebliche Bedeutung hat.[5] Inhaltlich ist für die Anrufung des Plenums zu klären, welche Voraussetzungen im Übrigen an den Begriff der **Abweichung** von der in einer Entscheidung des anderen Senats enthaltenen Rechtsauffassung geknüpft sind. Sicher ist zunächst, dass Maßstab der Entscheidung die Auffassung des anderen, nicht des eigenen Senats ist. Die Abweichung von der eigenen Senatsrechtsprechung unterliegt nicht der Plenumskontrolle, wenn sie nicht zugleich

---

[1] Vgl. BVerfG E 1, 14; 1, 89 (91), 2, 79 (95); s. dazu Einl Rn. 23.

[2] Unrühmliches Beispiel aus der Rechtsprechung des Ersten Senats BVerfGE 96, 375 (393 ff.). Siehe dazu *Ulsamer,* der von „offener Brüskierung des Zweiten Senats" spricht, in: MSKB, Stand 1998, Rn. 6 zu § 16; *Benda/Klein* Rn. 151. *Schlaich/Korioth* Rn. 39 nennt das Vorgehen „kurios", bezieht diese Kritik aber auf das Verhalten des Zweiten Senats.

[3] Zur Plenumsrechtsprechung siehe *Sattler,* in: Bundesverfassungsgericht und Grundgesetz, Band I, 1976, 104 ff.; *Niebler,* in: FS f. Lerche, 1993, 801 ff. Zur Rechtsprechung siehe BVerfGE 4, 27; 54, 277; 95, 322; 107, 395 = NJW 2003, 1924.

[4] *Detterbeck,* Streitgegenstand und Entscheidungswirkungen im öffentlichen Recht, 1995, 354 f.; BVerfGE 40, 88 (93 f.); 79, 256 (264); BVerfG DVBl. 2005, 175 (177).

[5] BVerfGE 77, 84 (104); BVerfG DVBl. 2005, 175 (177).

eine **Abweichung** von der Rechtsauffassung des anderen Senats darstellt.[6]

Geht man von der klassischen Beurteilungsprämisse aus, wonach eine Abweichung nur vorliegt, wenn die Rechtsauffassung des jeweils anderen Senats nicht hinweggedacht werden kann, ohne dass damit zugleich der tragende Grund der Entscheidung entfiele, gibt das dem abweichungswilligen Senat weiten Entscheidungsspielraum, um eine Vorlage zu vermeiden. Er beurteilt dann selbst, worauf die Entscheidung des anderen Senats beruht. Das wird jedoch der Bedeutung verfassungsgerichtlicher Verfahren nicht gerecht. Kumulative Entscheidungsgründe, Hilfsbegründungen und obiter dicta wirken sich angesichts der Autorität des BVerfG mit gleicher Kraft als Präjudizien aus, wie die ratio decidendi. Auch diese Ausführungen sind „Rechtsauffassung" und sie stehen angesichts der sorgfältigen Aufbereitung von Sachentscheidungen nicht zufällig in den Entscheidungsgründen, sondern in der Regel, um entsprechenden Einfluss auf den Gesetzgeber oder sonstige Entscheidungsbetroffene zu nehmen. Die Einheitlichkeit der Rechtsprechung des BVerfG wird infolgedessen nicht nur durch eine Abweichung von dem eine Entscheidung (allein) tragenden Grund gefährdet, sondern schon durch eine Abweichung von den in den Gründen vertretenen Rechtsauffassungen überhaupt.

Immer muss es sich aber um eine Abweichung handeln. Anders als in § 132 IV GVG kommt eine Anrufung des Plenums, weil es sich um eine Frage von grundsätzlicher Bedeutung handelt, nicht in Betracht.

5   **c)** Die so gekennzeichnete Abweichung kann auch eine Plenumsentscheidung betreffen.[7] Die Form der Senatsentscheidung spielt keine Rolle. Es kann sich um ein Urteil oder um einen Beschluss handeln. Auch ist gleichgültig, ob die Entscheidung veröffentlicht worden ist oder nicht und ob sich die Abweichung im Tenor und/oder in den Gründen niedergeschlagen hat. Will der Senat von einer Kammerentscheidung abweichen, kann er das ohne Anrufung des Plenums tun.[8] Das gilt auch für Kammerentscheidungen nach § 93c.[9] A limine-Entscheidungen nach § 24 bleiben Senatsentscheidungen. Sie sind infolgedessen plenumsfähig.[10]

---

[6] Unerheblich deshalb der Hinweis des Ersten Senats in BVerfGE 107, 395 (398) = NJW 2003, 1924, er werde auch seine eigene Rechtsauffassung aufgeben. Zu den Abweichungsmöglichkeiten hinsichtlich der eigenen Senatsrechtsprechung siehe Rn. 20 ff. zu § 31.
[7] BVerfGE 2, 79 (90) = NJW 1953, 17.
[8] BVerfGE 23, 191 (206).
[9] Siehe dazu im Einzelnen *Ulsamer*, in: MSKB, Stand 1998, Rn. 6 zu § 16.
[10] Anders die Vorauflage, Rn. 4 zu § 16.

d) Die Anrufung des Plenums unterbleibt, wenn der Senat von 6
dessen Rechtsauffassung abgewichen werden soll, auf Anfrage erklärt,
dass er an seiner Rechtsauffassung nicht festhalte (§ 48 II GO). Das
muss entsprechend für die beabsichtigte Abweichung von einer Plenumsentscheidung (§ 48 I GO) gelten.

Immer ist eine ausdrückliche Anrufung des Plenums erforderlich
(§ 48 I GO).[11] Dabei ist die Frage, welcher Senat das Plenum anrufen
kann, bisher noch nicht abschließend geklärt.[12] Die Praxis gibt das
Anrufungsrecht dem abweichungswilligen Senat. § 16 erzwingt diese
Auffassung nicht. Auch der abweichungsbetroffene Senat kann das
Plenum anrufen, solange noch keine endgültige Entscheidung vorliegt.

2. Verfahren

Die Entscheidung des Plenums stellt nur ein **Zwischenverfahren** 7
dar, in dem über die „streitige Rechtsfrage" nicht aber über den Verfahrensgegenstand entschieden wird.[13] Dabei kann es allerdings sein,
dass die Rechtsfrage schon den Hauptgegenstand der Entscheidung
darstellt (zB Vereinbarkeit einer Norm mit dem GG). Die Entscheidung ergeht ohne mündliche Verhandlung durch Beschluss (vgl.
§ 25 II). Bedenklich erscheint es gerade bei einer Plenumsentscheidung, wenn diese über ihre Zuständigkeit, einen Abweichungswillen
zu bescheiden, hinausgeht. Dass BVerfGE 107, 395 (411 ff.) – Anspruch auf rechtliches Gehör – zu umfangreichen und fristgebundenen
Vorgaben an den Gesetzgeber ausgeholt hat,[14] hat mit der allein gebotenen Feststellung, ob von einer Rechtsauffassung abgewichen wird,
überhaupt nichts mehr zu tun. Dass anstelle des Parlaments 16 Richter
den Rechtsrahmen für ein Gesetz setzen, führt auch zu keiner Verbesserung der Ergebnisqualität. Die Praxis hatte sich auf die Instrumente der außerordentlichen Beschwerde/Gegenvorstellung eingerichtet. An deren Stelle ist nun – weisungsgemäß – die per se
aussichtslose Anhörungsrüge getreten, aussichtslos deshalb, weil ein so
elementarer Verstoß, wie er die Nichtbeachtung von Art. 103 I GG
nun einmal darstellt, nicht anerkannt werden wird. Kritische Betrachtung ist umso mehr angebracht, als der Plenumsentscheidung im
Rahmen des § 31 keine Außenwirkung zukommt.[15]

---

[11] Beispiel: BVerfGE 104, 357.
[12] Ausführlich dazu *Ulsamer*, in: MSKB, Stand 1998, Rn. 6 zu § 16.
[13] Vgl. BVerfGE 2, 79 = NJW 1953, 17.
[14] Der Gesetzgeber hat mit dem Anhörungsrügengesetz vom 9. 12. 2004
(BGBl. I 3220) pflichtgemäß gehandelt. Zur Problematik bezüglich der Verfassungsbeschwerde vgl. *Zuck* NJW 2005, 1226; *ders.* NVwZ 2005, 739 (741 f.).
[15] BVerfGE 2, 79 (91) = NJW 1953, 17.

3. Wirkung der Entscheidung

8   Der **anrufende Senat** ist an die Entscheidung des Plenums gebunden.[16] Die Bindung bezieht sich nur auf das anhängige Verfahren. In einem künftigen Verfahren darf erneut eine abweichende Rechtsauffassung, verbunden mit der Notwendigkeit, das Plenum anzurufen, vertreten werden. Das Plenum selbst ist nicht gehindert, seine Meinung zu ändern.[17] Auch der „andere Senat" ist nur für das anhängige Verfahren gebunden.

4. Folgen der Nichtbeachtung

9   Ergeht die Entscheidung des Senats ohne die nach Abs. 1 notwendige Anrufung des Plenums im Widerspruch zu einer bisherigen Entscheidung des anderen Senats oder einer Plenarentscheidung, so wird sie dadurch nicht nichtig.

III. Zu Abs. 2. (Beschlussfähigkeit des Plenums)

10   **a)** Die Novelle von 1956 (BGBl. I S. 662) hat die ursprünglich vorgesehene zahlenmäßige Fixierung des Quorums durch ein Zahlenverhältnis ersetzt (zwei Drittel), das praktisch (im Hinblick auf die Unteilbarkeit der Zahl 8 durch 3) der bisherigen Relation entspricht (6 Richter je Senat). Nach dem allgemein für das BVerfG geltenden Grundsatz können sich auch im Plenum die Richter der beiden Senate nicht gegenseitig zur Erreichung der Beschlussfähigkeit vertreten.

11   **b)** Bei der Abstimmung entscheidet die einfache Mehrheit (§ 15 IV 2). Da es sich um eine Beschlussfassung auf dem Gebiet der Rechtsprechung handelt,[18] ist Stimmenthaltung ausgeschlossen. Bei Stimmengleichheit gilt § 15 IV 3 entsprechend. Infolgedessen setzt sich die Auffassung durch, die einen Verstoß gegen das GG oder sonstiges Bundesrecht verneint.[19]

---

[16] BVerfGE 2, 79 [90]. Die Bindung bezieht sich aber auch auf das der Plenumsentscheidung voraufliegende Senatsverfahren, BVerfGE 51, 384.

[17] BVerfGE 2, 79 (92) = NJW 1953, 17.

[18] Zur Beschlussfassung in Verwaltungsangelegenheiten siehe § 14 IV.

[19] *Ulsamer,* in: MSKB, Stand 1998, Rn. 12 zu § 16 m. w. Nw.; *Benda/Klein* Rn. 153.

II. Teil. Verfassungsgerichtliches Verfahren

Erster Abschnitt. Allgemeine Verfahrensvorschriften

Grundzüge vor § 17

Übersicht

	Rn.
I. Rechtsgrundlagen	1
II. Allgemeine Verfassungsgrundsätze	1
1. Verfahrensmaximen	4
a) Verfahrensgrundsätze	4
b) Untersuchungsgrundsatz	7
c) Dispositionsmaxime	8
aa) Antragsabhängigkeit	9
bb) Klagrücknahme	10
cc) Klagänderung und Hilfsanträge	16
dd) Vergleich	19
ee) Antragsbindung	20
ff) Erledigung	22
2. Rechtsschutzinteresse	23
a) Voraussetzungen	23
b) Erledigung	25
aa) Allgemeines	26
bb) Erledigungserklärung	27
c) Erledigung im Normenkontrollverfahren	28
3. Verfahrensgestaltende Maßnahmen	29
a) Verbindung von Verfahren	29
b) Ruhen des Verfahrens	31
c) Aussetzung des Verfahrens	32
d) Unterbrechung des Verfahrens	33
aa) Tod des Beschwerdeführers	34
bb) Insolvenzverfahren	35
e) Einstellung des Verfahrens	36
4. Verfahrensbeteiligte	37
a) Allgemeines	37
b) Beteiligte	39
aa) Antragsteller	40
bb) Antragsgegner	41
cc) Verfahrensbeitritt	42
c) Prozessstandschaft	43

Vor § 17 — Teil II. Verfassungsgerichtliches Verfahren

	Rn.
5. Fristen und Termine	44
a) Fristen	44
aa) Allgemeines	44
bb) Eigentliche Fristen	46
cc) Fristbeginn	47
dd) Fristberechnung	48
ee) Fristende	49
ff) Handlungsfristen	50
gg) Säumnis	51
hh) Heilung	52
b) Termine	53
aa) Begriff	53
bb) Anberaumung	54
6. Zustellungen	55
a) Begriff	55
b) Notwendigkeit	56
c) Adressat	58
d) Ausführung	59
e) Art und Weise	60
f) Wirksamkeit	61
7. Prozesskostenhilfe	62

I. Rechtsgrundlagen

1   **1.** Das BVerfGG ist die für alle Verfahren vor dem BVerfG maßgebliche rechtliche Grundlage (Art. 94 II GG). Das Gesetz enthält aber keine erschöpfende Verfahrensregelung.[1] Vom Beginn seiner Rechtsprechung an hat das BVerfG das für eine bewusste Entscheidung des Gesetzgebers gehalten, mit der Folge, dass dem Gericht damit Raum für die notwendige Ausgestaltung des Verfahrens gegeben werden solle[2] und das im Wege der „Analogie zum sonstigen deutschen Verfahrensrecht".[3] Darauf ist es zurückzuführen, dass das BVerfG sich verschiedentlich als „Herr des Verfahrens" bezeichnet hat (s. dazu Einl Rn. 32).[4]

---

[1] BVerfGE 50, 381 (384).
[2] BVerfGE 2, 79 (84).
[3] BVerfGE 1, 108 (110 f.), siehe dazu *Kunze*, in: UCD, Rn. 7 vor §§ 17 ff.
[4] BVerfGE 13, 54 (94); 36, 342 (357); 60, 175 (213). Kritisch dazu *Wieland*, in: FS f. Mahrenholz, 1994, 885 ff.; *Rinken*, in: AK-GG, Stand 2001, Rn. 98 ff. vor Art. 93 GG; *ders.*, 2002, 411 ff. Es gibt das BVerfG auch als „Herrn der Vollstreckung", BVerfGE 6, 300 (303 f.). Zutreffend *Schlaich/Korioth* Rn. 56 („Gründlich missglückt").

Hinter der plakativen Formel verbirgt sich die Frage, ob dem 2
BVerfG Verfahrensautonomie zukommt.[5] Die Antwort lässt sich allerdings auch über diesen missverständlichen Begriff nicht geben. Zu beachten ist nämlich, dass das Gericht an das GG und das BVerfGG gebunden ist, ihm also, soweit sich aus diesen beiden Normbereichen zwingende Vorgaben ergeben, kein „autonomer" Freiraum zur Verfügung steht. Zwar entscheidet außerhalb dieser beiden Vorgaben ausschließlich das BVerfG, weil es seine Aufgabe ist, Verfassungsrecht und Verfassungsprozessrecht letztverbindlich auszulegen.[6] Die Frage, ob eine Lücke im Verfassungsprozessrecht überhaupt gegeben ist, und ob sie gewollt ist oder nicht, ist nach allgemeinen Auslegungsregeln zu beantworten, also ebenfalls nicht Gegenstand von Verfahrensautonomie. Ob es sinnvoll ist, für die Schließung einer lege artis festgestellten Lücke die Verfahrensautonomie des BVerfG zu bemühen, hängt dann nur noch davon ab, wie weit man den Begriff fasst. Meint man mit Autonomie nur die Zuständigkeit, so wird damit lediglich ausgesagt, dass es ausschließlich das BVerfG ist, das die Lücke schließt. Das ist keine selbstverständliche Erkenntnis, weil damit das Gericht an die Stelle des Gesetzgebers gesetzt wird. Eine solche Gerichtskompetenz rechtfertigt sich aber aus der auf dieses Ergebnis zielenden Entstehungsgeschichte und dem weiteren Verhalten des Gesetzgebers, der den von ihren Rechten Gebrauch machenden Verfassungsrechtsinhabern anstelle eines Gesetzestextes die Kenntnis von 110 Bänden der Entscheidungssammlung des Gerichts auferlegt hat. Wollte man den Begriff der Verfahrensautonomie aber auch auf dessen Inhalte beziehen, ergeben sich durchgreifende Zweifel, weil die Lücken ebenfalls nach Regeln und deshalb nicht autonom zu schließen sind.[7]

2. Die lege artis vom BVerfG festgestellten Lücken in den Verfah- 3
rensvorschriften (sie verweisen nur punktuell auf das GVG oder andere Prozessordnungen) werden nach gefestigter Rechtsprechung im Wege der Analogie zum sonstigen deutschen Verfahrensrecht[8] geschlossen.[9]

---

[5] Zur Problematik der Verfahrensautonomie siehe *Zembsch,* Verfahrensautonomie des Bundesverfassungsgerichts, 1971; *Fröhlinger,* Die Erledigung der Verfassungsbeschwerde 1982, 109 ff.; *Ax,* Prozessstandschaft im Verfassungsbeschwerdeverfahren, 1994, 52 ff.; *Benda/Klein* Rn. 109 ff.
[6] BVerfGE 67, 26 (34); *Schlaich/Korioth* Rn. 54.
[7] So auch *Benda/Klein* Rn. 170.
[8] Die Begrenzung auf das deutsche Verfahrensrecht wird sich nicht aufrechterhalten lassen, vgl. Art. 6 EMRK; zutreffend *Bethge,* in: MSKB, Stand 2004, Rn. 13 Vorb. § 17.
[9] BVerfGE 1, 109 (110 f.); 33, 199 (204); 46, 321 (323); 103, 195 (196).

Dabei sind jedoch die Besonderheiten des verfassungsgerichtlichen Verfahrens und die Eigenart der Entscheidungen des BVerfG zu berücksichtigen.[10] Das schließt es aus, Regelungen anderer Verfahrensgesetze ohne weiteres und allgemein zu übernehmen.[11] Dafür ist die besondere Funktion des Verfassungsprozessrechts maßgebend.[12] Sie liegt in der Aufgabe, das materielle Verfassungsrecht zu gewährleisten und durchzusetzen.[13] Die damit vorgegebene Zweckbindung auf das materielle Verfassungsrecht gibt Inhalt und Grenzen jeder lückenschließenden Verfahrensgestaltung durch das BVerfG vor. Damit wird die Eigenständigkeit des Verfassungsprozessrechts gewährleistet, freilich nicht im Sinne derjenigen, die den Begriff eingeführt haben, um damit das besondere Verständnis einer „offenen Verfassung" zu komplettieren.[14] Selbst eine Verfassung, die man als das jeweilige (Tages)Produkt der „offenen Gesellschaft der Verfassungsinterpreten" verstehen wollte,[15] wäre auf eine Prozessordnung angewiesen, die, weil nicht in gleicher Weise offen, die andere Seite einer jeden Verfahrensregelung sicherstellte, dem Verfahrensbeteiligten verlässliche Sicherheit für den Gebrauch seiner Rechte zu bieten. Je „offener" eine Verfassung gedacht wird, um so „geschlossener" muss die korrespondierende Prozessordnung sein.[16] Je näher eine Verfahrensordnung den allgemeinen Prozessgrundrechten steht, um so mehr verwirklicht sie dieses Ziel. Insoweit wird mit Recht betont, dass auch das Verfassungsprozessrecht nicht losgelöst vom allgemeinen Prozessrecht gesehen werden darf.[17] Das ändert aber nichts daran, dass Verfassungsrecht vom einfachen Recht gesondert und ihm gegenüber eigenständig ist. Eigenarten haben alle einfach-rechtlichen Regelwerke. Eigenständig ist nur das Verfassungsrecht. Während mit dem Begriff der Eigenart nur die Andersartigkeit gekennzeichnet wird, verweist der Begriff der Eigenständigkeit auf die sich aus dem funktionalen Bezug zum Verfassungsrecht folgende Besonderheit. Das führt dazu, dass es für unterschiedliche

---

[10] BVerfGE 103, 195 (196).

[11] BVerfGE 1, 87 (88 f.); 19, 93 (100); 28, 243 (254); 33, 247 (261); 50, 381 (384); 64, 301 (317); 72, 122 (132 f.).

[12] BVerfGE 70, 35 (51).

[13] Siehe dazu *Rinken*, in: FS f. Stein, 2002, 411 (414 f.); *Bethge*, in: MSKB, Stand 2004, Rn. 14 Vorb. § 17.

[14] *Häberle* JZ 1973, 451; ihm folgend *Engelmann*, Prozessgrundsätze im Verfassungsprozessrecht, 1977.

[15] *Häberle* JöR 45 (1997), 89 ff. (103).

[16] Zutreffend *Schlaich/Korith* Rn. 57; kritisch gegenüber dem Begriff eines im Sinne Häberles eigenständigen Verfassungsprozessrechts auch *Benda/Klein* Rn. 175; *Bethge*, in: MSKB, Stand 2004, Rn. 15 ff. Vorb. 17.

[17] *Bethge*, in: MSKB, Stand 2004, Rn. 14 Vorb. § 17.

Verfahrensarten innerhalb des Verfassungsprozessrechts unterschiedliche Rahmenbedingungen für eine Lückenschließung geben kann.[18]

II. Allgemeine Verfahrensgrundsätze

1. Verfahrensmaximen

a) Verfahrensgrundrechte. Auch für den Verfassungsprozess gelten die allgemeinen Verfahrensgrundrechte. So unterliegt das Verfahren beim BVerfG den Vorgaben des Art. 19 IV GG. Das Grundrecht auf wirksamen und möglichst lückenlosen richterlichen Rechtsschutz gegen Akte der öffentlichen Gewalt[19] wird in erster Linie von den Prozessordnungen gewährleistet. Sie treffen die erforderlichen Vorkehrungen dafür, dass der Einzelne seine Rechte auch durchsetzen kann.[20] Das gilt auch für die Handhabung durch das BVerfG.[21]

Außerdem gilt das Grundrecht des rechtlichen Gehörs des Art. 103 I GG, worauf hinzuweisen Veranlassung besteht, weil das Verfassungsbeschwerdeverfahren ein Massenverfahren ist. Und schließlich bleibt Art. 101 I 2 GG zu beachten. Weder die Präsidialräte des Allgemeinen Registers noch die Wissenschaftlichen Mitarbeiter sind der gesetzliche Richter und nicht immer lassen sich das Überlaufverfahren und die Entscheidungen des Ausschusses nach § 14 V nachvollziehen.

b) Untersuchungsgrundsatz. Der Untersuchungs- oder Amtsermittlungsgrundsatz beschreibt die Pflicht des Richters, den entscheidungserheblichen Sachverhalt von amtswegen zu ermitteln. Der Grundsatz bezieht sich also auf die Ermittlung und Bewertung von Tatsachen, grundsätzlich[22] nicht dagegen auf die Auslegung und Anwendung des für die Entscheidung in Betracht kommenden Rechts.

Der Untersuchungsgrundsatz gilt auch für das verfassungsgerichtliche Verfahren (§ 26 I), ist aber aufgrund des besonderen Verhältnisses des BVerfG zu den Instanzgerichten[23] und zum Gesetzgeber[24] modifiziert[25] sowie durch die Mitwirkungspflichten der Verfahrensbeteiligten eingeschränkt.[26]

---

[18] *Bethge,* in: MSKB, Stand 2004, Rn. 18 Vorb. § 17.
[19] BVerfGE 67, 43 (58); 96, 27 (39); 107, 395 (401 f.); 110, 77 (85).
[20] BVerfGE 110, 77 (85). *Ortloff* bezeichnet das als das Arbeitsziel des Rechts, in: Schoch/Schmidt-Aßmann/Pietzner, VwGO, Stand 2000, Rn. 30, Vorb. § 81.
[21] Siehe dazu auch *Rupp,* in: FS f. Schiedermair, 2001, 431.
[22] Ausnahmen: Gewohnheitsrecht/ausländisches Recht.
[23] Einl. Rn. 49 ff.
[24] Einl. Rn. 33 ff.
[25] Rn. 2 zu § 26.
[26] Rn. 3 zu § 26.

8 **c) Dispositionsgrundsatz.** Dieser Grundsatz hat mit dem Untersuchungsgrundsatz nichts zu tun. Nach der Dispositionsmaxime bestimmt sich die Verfügungsbefugnis der Verfahrensbeteiligten über den Streitgegenstand.[27] Verfahrensart und Verfahrensstand sind für die Geltung der Dispositionsmaxime ausschlaggebend.[28]

9 **aa) Antragsabhängigkeit.** Die Einleitung eines verfassungsgerichtlichen Verfahrens ist stets an einen **Antrag** gebunden.[29] Dies gilt auch für das abstrakte Normenkontrollverfahren. Die Antragsberechtigung ist meist wenigen Personen oder Stellen zuerkannt. Von der disziplinären Zuständigkeit nach § 105 II abgesehen, kann das BVerfG in keinem Fall, auch wenn offensichtliche Verfassungswidrigkeiten zutage treten, ein Verfahren ohne Antrag dritter Personen oder Stellen eröffnen.[30] Nach Eingang des das Verfahren einleitenden Antrags ist das Verfahren vor dem BVerfG ohne Rücksicht darauf, „ob der Antragsgegner und sonst zum Beitritt Berechtigte im Verfahren auftreten, Erklärungen abgeben oder Anträge stellen", von Amts wegen durchzuführen.[31] Das BVerfG ist befugt, den durch Auslegung zu erschließenden Sinn des Antrags und seine Bedeutung unabhängig von der Auffassung des Antragstellers zu ermitteln.[32] Hierbei darf freilich ein entgegenstehender klarer Wille des Antragstellers nicht missachtet werden.[33] Die in § 67 S. 3, § 78 S. 2, § 95 III 2 geregelten Ausnahmen bestätigen die allgemeine Bindung des Gerichts an den gestellten Antrag.[34]

Ist das Verfahren eingeleitet, so wird die **Dispositionsmöglichkeit** des Antragstellers über die Streitsache **eingeschränkt.**

10 **bb) Klagrücknahme.** Die Klagerücknahme ist im Gesetz für die Fälle der Präsidentenanklage (§ 52) und der Richteranklage (§ 58 I) ausdrücklich vorgesehen, jedoch an bestimmte Voraussetzungen formeller Art gebunden. Im Übrigen finden sich ausdrückliche Regelungen nicht. Die Lösung ist, wie früher schon im Gesetz über den Staatsgerichtshof für das Deutsche Reich, bewusst dem Gerichtsgebrauch überlassen worden. Sie kann nicht für alle verschiedenartigen Verfah-

---

[27] Zu diesem siehe grundlegend *Detterbeck*, Streitgegenstand und Entscheidungswirkungen im öffentlichen Recht, 1995.

[28] Zutreffend *Kunze*, in: UCD, Rn. 13 vor §§ 17 ff.

[29] *Bethge*, in: MSKB Stand 2004 Rn. 21 Vorb § 17.

[30] Wegen des Erlassens einer einstweiligen Anordnung innerhalb eines anhängigen Verfahrens von Amts wegen s. Rn. 17 aE zu § 32.

[31] BVerfGE 1, 14 (31) = NJW 1951, 877.

[32] BVerfGE 1, 14 (39), vgl. auch BVerfGE 8, 28 (35); 23, 146 (150); 68, 1 (68); 103, 242 (257).

[33] BVerfGE 2, 341 (346); 2, 347 (367); 23, 146 (151 f.); 54, 1 (8).

[34] *Bethge*, in: MSKB, Stand 2004, Rn. 21 Vorb. § 17.

Grundzüge vor § 17 Vor § 17

rensarten einheitlich erfolgen; die Frage muss vielmehr für die verschiedenen Verfahrenstypen gesondert beantwortet werden.³⁵

(1) Die Klagrücknahme bei **Präsidentenanklage** und **Richteranklage** ist bei ersterer an die Voraussetzungen einer qualifizierten Mehrheit geknüpft und einem Widerspruchsrecht des Betroffenen unterworfen, im Übrigen jedoch bis zum Urteil (bis zur Verkündung) zugelassen (abweichend von § 156 StPO, wonach eine öffentliche Strafklage nach Eröffnung der Voruntersuchung oder des Hauptverfahrens nicht zurückgenommen werden kann). 11

(2) Hinsichtlich der beiden **anderen quasi-strafrechtlichen Verfahren** (Verwirkung – § 13 Nr. 1 und Parteiverbot – § 13 Nr. 2) fehlen ausdrückliche gesetzliche Vorschriften. Da in §§ 52 und 58 offensichtlich der Nachdruck nicht auf ihren formellen Einschränkungen liegt, wird man annehmen können, dass auch hier die Klagerücknahme zulässig sein soll. Ebenso sehr wird sich aber der gemeinsame Rechtsgedanke aufdrängen, dass die Interessen des Betroffenen die Durchführung eines einmal eingeleiteten Verfahrens erfordern können und daher berücksichtigt werden müssen. 12

(3) Hinsichtlich der **eigentlichen Verfassungsstreitigkeiten** (§ 13 Nr. 5, 7, 8, 10) kann der Praxis des Staatsgerichtshofs für das Deutsche Reich gefolgt werden, da es sich dem Charakter nach insoweit um Streitsachen handelt, die den früher der Zuständigkeit des Staatsgerichtshofs unterliegenden Streitsachen entsprechen. Zurücknahme ist daher für zulässig zu erachten, jedoch (in entsprechender Anwendung des § 271 ZPO und § 92 VwGO) ab Beginn der mündlichen Verhandlung nur noch mit Einwilligung des Antragsgegners und der sonstigen beigetretenen Beteiligten. Sie kann auch in solchen Fällen vom Gericht abgelehnt werden, wenn ihr berechtigte Interessen der anderen Beteiligten oder öffentliche Interessen entgegenstehen. Umgekehrt hindert ein Widerspruch des Gegners oder anderer Beteiligter nicht schlechthin die Rücknahme eines Antrags, wenn das Gericht seine Verbescheidung im öffentlichen Interesse nicht für geboten hält.³⁶ 13

(4) Für **Normenkontrollsachen** hat das BVerfG das freie Dispositionsrecht des Antragstellers auf abstrakte Normenkontrolle verneint.³⁷ 14

Die Praxis des Gerichts geht dahin, das Verfahren einzustellen, wenn Gründe des öffentlichen Interesses für eine Fortführung des Verfahrens nicht gegeben sind.³⁸ Dieser Offizialcharakter des Normenkontroll-

---

[35] S. dazu im Einzelnen *Bethge*, in: MSKB Stand 2004 Rn. 42 ff. Vorb § 17.
[36] Vgl. BVerfGE 24, 299 (300); offen gelassen BVerfGE 83, 175 (181); aA Rn. 14 f. zu § 65; *Voßkuhle*, in: MKS Rn. 21, 99 zu Art. 93 GG.
[37] Vgl. BVerfGE 1, 396; 8, 183 (184); 25, 308.
[38] BVerfGE 8, 183 (184); 25, 308 (309); 87, 152 (153); 106, 210 (213).

verfahrens kann aber, wie das BVerfG weiter ausführt, nicht dazu führen, dass ein noch nicht zulässiger Antrag bis zum Eintritt seiner Zulässigkeit anhängig gehalten wird. Für die konkrete Normenkontrolle, „bei der die Aufgabe des Gerichts, Hüter der Verfassung zu sein", „hinter der Aufgabe, den Gesetzgeber gegenüber dem richterlichen Prüfungsrecht zu schützen", zurücktritt,[39] können die gleichen Grundsätze nicht gelten. Da das bundesverfassungsgerichtliche Verfahren in diesem Falle sich als Zwischenverfahren in einen Ausgangsprozess einfügen muss, wäre eine Entscheidung des BVerfG nach Wegfall der Vorlage ihrer unmittelbaren Funktion beraubt. Die Rücknahme des Vorlagebeschlusses kann daher nicht aus Erwägungen des Verfassungsprozessrechts, sondern nur aus dem für den Ausgangsprozess geltenden Prozessrecht ausgeschlossen sein.[40] Sie muss jedenfalls dann möglich sein, wenn Veränderungen der Prozesslage (Änderung der Anträge, neue Tatsachen)[41] oder Änderungen der Gesetzgebung (Aufhebung des in seiner Gültigkeit bestrittenen Gesetzes) dem Vorlagebeschluss die Grundlage entzogen haben.

15 **(5)** In Verfahren über die **Verfassungsbeschwerde** ist Antragsrücknahme (bis zur Entscheidung) unbeschränkt zulässig. Die Erklärung der Rücknahme des Antrags ist in allen Fällen reine Prozesshandlung, die an keine Bedingungen geknüpft werden kann. Sie muss schriftlich oder in der mündlichen Verhandlung dem Gericht gegenüber abgegeben werden, braucht jedoch nicht notwendig ausdrücklich zu sein, sondern kann auch in schlüssigen Handlungen liegen. Widerruf der Rücknahme ist nicht möglich. Entsprechendes wird, soweit sie erforderlich ist, für die Einwilligung des Antragsgegners zu gelten haben.

Die rechtswirksame Rücknahme beseitigt rückwirkend die Rechtshängigkeit vor dem BVerfG. Das Gericht hat sie von Amts wegen zu berücksichtigen. Das Beschwerdebegehren steht damit nicht mehr zur Entscheidung.[42] Die Rücknahme ist auch noch nach einer mündlichen Verhandlung möglich.[43] Da keine Entscheidung des Gerichts ergeht, steht auch keine Rechtskraft einer Wiederholung des Antrags entgegen (falls dieser nicht etwa wegen Fristüberschreitung ausgeschlossen ist). Nach Auffassung des BVerfG soll das aber nicht ausnahmslos gelten, etwa dann, wenn die Funktion der Verfassungsbeschwerde, das objek-

---

[39] BVerfGE 1, 184.
[40] Vgl. hierzu *Fischer* NJW 1952, 200, *Grußendorf* NJW 1952, 88; s. dazu Rn. 51 zu § 80.
[41] Vgl. BVerfGE 14, 140 (142).
[42] BVerfGE 85, 109 (113); 98, 218 (242).
[43] BVerfGE 106, 210 (213).

tive Recht zu wahren,[44] das Interesse des Beschwerdeführers an verfassungsgerichtlichem Individualrechtsschutz überwiegt.[45] Das entspricht der von Pestalozza[46] und mir[47] vertretenen Auffassung.[48]

cc) Klagänderung und Hilfsanträge. 16

(1) Eine Klagänderung ist **Änderung des Verfahrensgegenstandes nach Eintritt der Rechtshängigkeit** und zwar hinsichtlich des Klagegrundes oder der Anträge, nach herrschender Praxis der Zivilgerichte auch hinsichtlich der Prozessparteien.[49] Die ZPO, die in § 264 die Klagänderung von der Klageergänzung abgrenzt (danach ist es nicht als Klageänderung anzusehen, wenn ohne Änderung des Klagegrundes die tatsächlichen oder rechtlichen Ausführungen ergänzt oder berichtigt werden, der Klagantrag in der Hauptsache oder in Bezug auf Nebenwirkungen erweitert oder beschränkt wird oder statt des ursprünglich geforderten Gegenstandes wegen einer später eingetretenen Veränderung ein anderer Gegenstand gefordert wird) lässt sie gem. § 263 zu, wenn „der Beklagte einwilligt oder das Gericht sie für sachdienlich erachtet". Der Verwaltungsprozess § 91 I VwGO und das SGG (§ 99 I) folgen diesem Grundsatz. Für den Verfassungsprozess hat der Staatsgerichtshof für das Deutsche Reiche Klagänderungen als mit dem Aufbau des vor ihm geltenden von der Untersuchungsmaxime beherrschten Verfahrens unvereinbar abgelehnt.[50]

Es entspricht der Entwicklung des deutschen Prozessrechts, wenn 17
das BVerfG diese strengen Grundsätze nicht mehr anwendet,[51] wobei allerdings zum Teil die **Abgrenzung** zwischen Klagänderung und Klageergänzung im Sinne des § 268 ZPO strittig sein kann. Eine entsprechende Anwendung der im Zivil- und Verwaltungsprozessrecht nunmehr geltenden Grundsätze erscheint unbedenklich, allenfalls mit der Einschränkung, dass Einwilligung der übrigen Beteiligten für sich allein die Klagänderung noch nicht zulässig machen kann. Angesichts der Tatsache, dass das Verfassungsrechtsleben im ganzen wesentlich weniger beweglich und vielgestaltig ist, als der zivile Rechtsverkehr oder die Verwaltung, andererseits die verschiedenartigen Verfahren der Verfassungsgerichtsbarkeit meist von der Sache her den Übergang von

---

[44] Siehe dazu Rn. 10f zu § 90.
[45] BVerfGE 98, 218 (243).
[46] § 2 Rn. 43.
[47] *Zuck*, Vb, Rn. 871.
[48] Im Ergebnis zustimmend *Cornils* NJW 1998, 3642; aA *Wagner* NJW 1998, 2638.
[49] Vgl. *Zöller/Greger*, ZPO, 25. Aufl. 2005, § 263 ZPO, Rn. 3, 19 ff.
[50] *Joel* AöR 78 (1952), 129 ff.
[51] Vgl. z. B. BVerfGE 1, 14; 6, 309; 13, 54 (94) = NJW 1961, 1453.

Vor § 17   Teil II. Verfassungsgerichtliches Verfahren

einem Verfahren zu einer anderen Verfahrensart ausschließen, kommt der Klagänderung im Verfassungsprozess von vornherein geringe Bedeutung zu. In Frage kommt außer Klagänderungen innerhalb derselben Art von Verfassungsstreitsachen (etwa innerhalb des Organstreits, eines Bund/Länderstreits) vor allem der Übergang von der abstrakten Normenkontrolle zur Organklage oder Bund-/Länderklage und umgekehrt. Da der geänderte Antrag in entsprechender Anwendung des § 261 ZPO erst mit dem Zeitpunkt der Klagänderung rechtshängig wird, müssen die besonderen Voraussetzungen der neuen Klageart (z. B. Frist des § 64 III) noch in diesem Zeitpunkt erfüllt sein. Ihre Grenze findet die Klagänderung im Verfahren vor dem BVerfG in der Zuständigkeit der beiden Senate, da eine nachträgliche Verweisung eines Rechtsstreits von einem Senat zum anderen weder im Gesetz vorgesehen, noch bisher durch Gerichtsgebrauch anerkannt ist (s. dazu Rn. 2 zu § 14).[52]

18   (2) Zur **Zulässigkeit von Hilfsanträgen** – die sich als vorweggenommene und bedingte Klagänderung darstellen – gilt, dass „gegen die Zulässigkeit eines Hilfsantrags im Verfahren vor dem BVerfG jedenfalls dann keine rechtlichen Bedenken zu erheben sind, wenn über ihn in demselben Verfahren, d. h. namentlich auch von demselben Senat entschieden werden kann, in dem auch über den Hauptantrag zu entscheiden ist und wenn durch die Entscheidung über den Hilfsantrag die (prozessualen und materiellen) Rechte Dritter nicht in anderer Weise betroffen werden, als sie betroffen werden können, wenn der Hilfsantrag als Hauptantrag gestellt und verbeschieden worden wäre".[53]

19   dd) **Vergleich.** Nach § 106 VwGO können die Beteiligten eines Verwaltungsstreitverfahrens zur Voll- oder Teilerledigung des geltend gemachten Anspruchs vor dem Verwaltungsgericht einen Vergleich schließen, **soweit sie über den Gegenstand der Klage verfügen können**. Eine entsprechende Anwendung dieses dem Zivilprozessrecht entnommenen Instituts (vgl. § 794 I Nr. 1 ZPO) ist nicht ausgeschlossen, aber nach Gegenstand und Natur des Verfassungsprozesses eng begrenzt. Es scheiden begrifflich schon alle jene Verfahren aus, deren Gegenstand nicht ein Anspruch (und eine ihm korrespondierende Rechtspflicht) ist, nämlich bei den quasi-strafrechtlichen Verfahren des § 13 Nr. 1, 2, 4, 9 bei den Wahlstreitigkeiten des § 13 Nr. 3, in allen Normenkontrollverfahren § 13 Nr. 6, 6a, 11, 11a, 12, 13, 14). Die Verfassungsbeschwerden gegen Gesetze und gerichtliche Entscheidungen sind schon nach ihrem Gegenstand Vergleichen unzugänglich,

---

[52] Die Verweisung an ein Landsverfassungsgericht ist ausgeschlossen, BVerfGE 6, 376 (383).
[53] BVerfGE 1, 299; s. a. BVerfGE 27, 240 (243); 27, 294 (296).

stets fehlt es bei ihnen an einem dem Beschwerdeführer gegenübertretenden „beklagten" Prozessbeteiligten.[54] Eher kommen für Vergleiche die eigentlichen Verfassungsstreitsachen in Frage, in denen sich zwei Parteien gegenüberstehen, aber auch nur sie, sofern sie gegenseitige Rechte und Pflichten zum Gegenstand haben. Es zählen daher die Organstreitigkeiten (§ 13 Nr. 5) auf jeden Fall dann nicht hierher, wenn nach dem Wortlaut des GG über die „Auslegung" des GG aus Anlass von Streitigkeiten entschieden und somit das Verfahren einer Normenkontrolle angenähert wird (vgl. allerdings Rn. 3 zu § 67). Auch nach der Regelung der Organstreitigkeiten durch das BVerfGG (§ 67) stehen sich nicht Rechtspersonen gegenüber, die um gegenseitige Rechte und Pflichten streiten, sondern staatliche Organe, die Meinungsverschiedenheiten über Rechte und Pflichten nach dem GG austragen. Hierbei wird es sich nur ausnahmsweise um dispositive Rechte handeln (dispositiv ist hier die Ausübung organschaftlicher Kompetenzen, aber auch insofern ist es zweifelhaft, ob eine Verpflichtung zur Unterlassung oder Ausübung eingegangen werden könnte). Für die Möglichkeit des Vergleichs verbleiben daher im Wesentlichen wohl nur Bund-Länderstreitigkeiten nach § 13 Nr. 7 und 8, aber auch insoweit wird es sich meist um unverzichtbare Rechte handeln. Normenkontrollsachen nach Nr. 8 scheiden ohnehin ihrem Wesen nach aus.

Sucht man nach allgemeinen Grundlagen für die Zulässigkeit des – seltenen – Vergleichs:[55] so lässt sich sagen: Die Rechtspositionen des jeweiligen Verfahrens müssen verfügbar sein **(objektive Vergleichsfähigkeit)**. Der Vergleich darf nur von den jeweiligen Verfahrensbeteiligten[56] geschlossen werden **(subjektive Vergleichsfähigkeit)**. Auch für den Verfassungsprozess gilt, dass ein Vergleich wechselseitiges Nachgeben voraussetzt. Der Vergleich kann, wie allgemein im Prozessrecht (vgl. z.B. § 106 VwGO) zur Niederschrift des Gerichts oder durch Annahme eines gerichtlichen Vergleichsvorschlags geschlossen werden.

ee) Antragsänderung. (1) Das Gericht ist befugt, die gesetzlichen Voraussetzungen des erhobenen Anspruchs (das Anspruchsbegehren) **nach jeder Richtung zu prüfen,** auch soweit die rechtliche Begründung des Antrags nicht darauf eingeht. Das bei Verfassungsstreitigkeiten in der Regel vorhandene öffentliche Interesse macht diese Befugnis im Zweifel zur Pflicht. Eine Besonderheit liegt bei der Verfassungsbe- 20

---

[54] *Bethge*, in: MSKB Stand 2004 Rn. 49 Vorb § 17.
[55] BVerfGE 104, 305 und dazu BVerfGE 106, 210. Vgl. *Renk* ZRP 2002, 316; *Schmid* NVwZ 2002, 925; *Kotzur* JZ 2003, 75.
[56] Rn. 37 ff. Vorb. § 17.

schwerde vor, die von Gesetzes wegen auf konkrete Grundrechtsrügen (s. § 90 Rn. 110 ff.) beschränkt ist. Das BVerfG hat für sich jedoch die Befugnis in Anspruch genommen, als Prüfungsmaßstab auch solche Grundrechte heranzuziehen, die der Beschwerdeführer nicht ausdrücklich gerügt hat.[57]

21 (2) Das Gericht ist bei der Entscheidung zwar in der Regel an die **Parteianträge** gebunden, so dass es in konkreten Streitsachen nur über den Verfahrensgegenstand entscheiden kann. Dieser im verwaltungsgerichtlichen Verfahren durchwegs geltende Grundsatz ist jedoch im Verfahren vor dem BVerfG mehrfach für Streitigkeiten durchbrochen, denen ihrem Wesen nach über die unmittelbaren Streitteile hinausreichende Wirkung zukommt, so dass das **öffentliche Interesse** das Verfahren völlig beherrscht.

22 Das gilt vor allem für das Verfahren der abstrakten und konkreten Normenkontrolle (§ 13 Nr. 6 und 11, §§ 78 und 82). Danach kann das BVerfG auch nicht unmittelbar angefochtene Bestimmungen desselben Gesetzes für nichtig erklären, wenn es sie aus denselben Rechtsgründen für unvereinbar mit dem GG oder sonstigem Bundesrecht hält (vgl. Rn. 6 zu § 78).[58]

Eine § 78 S. 2 entsprechende Vorschrift fehlt für das Verfahren der Verfassungsbeschwerde gegen Gesetze. Da es sich jedoch auch insoweit um eine Art dem Rechtsgrund nach beschränkte Normenkontrolle handelt, ist der Grundsatz des § 78 S. 2 in entsprechend eingeschränktem Maße anwendbar.[59] *BVerfGE* 6, 273 [282] hat keine Bedenken erhoben, „die Verfassungswidrigkeit auch einer nicht angegriffenen Norm im Verfahren der Verfassungsbeschwerde festzustellen, wenn diese der angegriffenen Norm zugrunde liegt und die Verfassungswidrigkeit evident ist".[60]

Ein Rechtsinstitut ähnlicher Art sieht das Gesetz in § 67 S. 3 für Organstreitigkeiten und im § 69 (mit 67) für Bund/Länderstreitigkeiten vor. Danach kann das BVerfG in der Entscheidungsformel zugleich eine für die Auslegung der Bestimmung des GG erhebliche Rechtsfrage entscheiden, von der die eigentliche begehrte Feststellung abhängt; d. h. die **präjudiziellen Rechtsfragen** werden im Tenor mit den Rechtswirkungen nach § 31 I entschieden. Auch darin liegt die Möglichkeit, über die Parteianträge im öffentlichen Interesse hinauszugehen.

---

[57] BVerfGE 47, 182 (187); 70, 132 (162); 85, 214 (217); 91, 176 (180 f.); 99, 100 (119). Siehe dazu Rn. 11 bei § 92.
[58] BVerfGE 12, 151 (163); 27, 1 (5); 44, 322 (337 f.); 91, 1 (40).
[59] BVerfGE 18, 288 (300); s. auch Rn. 38 zu § 95; 61, 319 (356); 91, 1 (26).
[60] Kritisch zu diesem „unpräzisen" Maßstab BVerfGE 91, 1 (40) abwM *Graßhof*.

2. Rechtsschutzinteresse[61]

a) Voraussetzungen. Für alle Verfahrensarten wird das Vorliegen eines Rechtsschutzinteresses, als einer ungeschriebenen Verfahrensvoraussetzung, gefordert. Rechtsschutzinteresse meint das Interesse des Antragstellers/Beschwerdeführers an der Einleitung/Durchführung/ abschließenden Entscheidung des Verfahrens. Das Rechtsschutzinteresse muss also auch noch im Zeitpunkt der Entscheidung des BVerfGG gegeben sein.[62] Ein Rechtsschutzinteresse ist grundsätzlich zu bejahen, solange der Rechtsschutzsuchende gegenwärtig betroffen ist und mit seinem Rechtsmittel/Rechtsbehelf ein konkretes praktisches Ziel erreichen kann.[63]

23

Der Begriff des Rechtsschutzinteresses ist in den einzelnen Verfahrensarten unterschiedlich zu bestimmen. Soweit er anstelle detaillierter Zulässigkeitsvoraussetzungen verwendet wird,[64] ist er nicht hilfreich. Die Forderung nach dem Vorhandensein des Rechtsschutzinteresses macht nur dort insoweit Sinn, als damit ein zu den sonstigen Zulässigkeitsvoraussetzungen hinzutretendes Erfordernis beschrieben werden soll.[65] Die Funktion des Rechtsschutzinteresses wird in manchen Verfahren von weiteren Entscheidungsvoraussetzungen übernommen, so für das abstrakte Normenkontrollverfahren vom objektiven Klarstellungsinteresse[66] oder bei der konkreten Normenkontrolle von der Entscheidungserheblichkeit der Richtervorlage.[67] In der neueren

24

---

[61] Es wird auch von Rechtsschutzbedürfnis gesprochen, was den Eindruck erweckt, der Antragsteller/Beschwerdeführer entscheide selbst über das Vorhandensein eines Rechtsschutzinteresses. Am eindeutigsten wäre es, den Begriff der Beschwer zu verwenden. Das ist aber deshalb unzweckmäßig, weil in den Prozessordnungen dieser Begriff zur Bestimmung der Zulässigkeit eines Rechtsbehelfs/Rechtsmittels verwendet wird (wenn der Kläger/Beschwerdeführer/ Anragsteller weniger bekommen hat, als von ihm beantragt) und weil es außerdem den Begriff der materiellen Beschwer gibt, um den es in diesem Zusammenhang im Verfassungsprozessrecht nicht gehen kann, weil das die Begründetheit der geltend gemachten Ansprüche betrifft.

[62] BVerfGE 50, 244 (247); 56, 99 (106); 61, 126 (135); 72, 1 (5); 104, 220 (232).

[63] BVerfGE 104, 220 (232); 110, 304 (320) – abgeschlossenes Notarauswahlverfahren. Zum Fortbestehen des Rechtsschutzinteresses unter dem Aspekt des Art. 19 IV 66 vgl. BVerfG(K) NJW 2005, 1855.

[64] Zurecht kritisch *Benda/Klein* Rn. 587.

[65] *Benda/Klein* Rn. 588.

[66] Eine besondere Ausprägung des Rechtsschutzinteresses ergibt sich auch bei den Voraussetzungen einer Verfassungsbeschwerde gegen Rechtsnormen, siehe Rn. 123 zu § 90; zum Rechtsschutzinteresse im Verfassungsbeschwerdeverfahren allgemeine siehe Rn. 145 zu § 90.

[67] Siehe dazu Rn. 36 ff. zu § 80.

Rechtsprechung des BVerfG wird die Tendenz ersichtlich, Modalitäten des Rechtsschutzinteresses – z. B. bei Erledigung der Hauptsache – dem Gebot des effektiven Rechtsschutzes (Art. 19 IV GG) zuzuordnen.[68]

25 **b) Erledigung.** Die Problematik des Rechtsschutzinteresses spielt vor allem bei der Erledigung der Hauptsache im Verfassungsbeschwerdeverfahren eine Rolle.

26 **aa) Allgemeines.** Die Erledigung tritt ein, wenn die die Rechtsposition des Betroffenen beeinträchtigende Maßnahme gegenstandslos geworden ist. Das Rechtsschutzinteresse besteht jedoch nach gefestigter Rechtsprechung fort, wenn andernfalls die Klärung einer verfassungsrechtlichen Frage von grundsätzlicher Bedeutung unterbliebe und der gerügte Grundrechtsverstoß besonders schwer wiegt;[69] weiter dann, wenn die gegenstandslos gewordene Maßnahme den Beschwerdeführer weiterhin beeinträchtigt[70] und schließlich dann, wenn die Wiederholung der angegriffenen Maßnahme zu befürchten ist.[71] In der Kammerrechtsprechung ist auch der Sachverhalt einbezogen worden, dass der Beschwerdeführer im Vertrauen auf eine baldige Entscheidung Investitionen getätigt hat.[72]

27 **bb) Erledigungserklärung.** Ein ganz anderer Sachverhalt liegt der Erledigungserklärung des Rechtsschutzsuchenden zugrunde, wenn also nicht die Fortführung des Verfahrens, sondern seine Beendigung gewollt ist, in der Regel verbunden mit dem Antrag, Auslagenerstattung (§ 34a) zugunsten des Rechtsschutzsuchenden anzuordnen.[73] Der Funktion nach entspricht ein solches Vorgehen der „Erledigung des

---

[68] Siehe dazu BVerfGE 96, 27 (40); 100, 313 (364); 104, 220 (232); 107, 299 (337); 110, 77 (85). Im Übrigen greift das BVerfG auf Treu und Glauben und das Missbrauchsverbot zurück, BVerfGE 104, 220 (323).

[69] Insbesondere Fälle der sogenannten **„prozessualen Überholung"** bei zeitlich begrenzten Maßnahmen oder bei Durchsuchungsmaßnahmen, vgl. etwa BVerfGE 96, 27 (38 ff.). Siehe im Übrigen BVerfGE 81, 138 (140 f.); 91, 125 (133); 104, 220 (233) – Abschiebungshaft; 107, 299 (337) – Fernmeldegeheimnis; 110, 77 (85) – Versammlungsfreiheit; BVerfGK 1, 201 (203) – Disziplinarmaßnahmen; 2, 14 (15) – Zellenüberbelegung.

[70] BVerfGE 49, 24 (52); 81, 138 (140); 91, 125 (133); 99, 129 (138); 108, 251 (268).

[71] BVerfGE 91, 125 (133); 96, 27 (40); 104, 232 (233) – Abschiebungshaft. S. dazu auch BVerfG(K) NJW 2005, 2685 (2686).

[72] BVerfG (K), BB 1988, 1716; BVerfG(K) (2004) 2, 33 (35).

[73] Zur Problematik siehe *Zuck* ZZP 78 (1965), 323 ff.; *Fröhlinger,* Die Erledigung der Verfassungsbeschwerde (1982). Der Sache nach gehört die Problematik zum Bereich der Geltung der Dispositionsmaxime, so zutreffend *Bethge,* in: MSKB, Stand 2004, Rn. 48 Vorb. § 17.

Rechtsstreits in der Hauptsache" im Instanzverfahren (vgl. etwa § 91 a ZPO, § 161 VwGO). Die Erledigungserklärung hat zur Folge, dass das Beschwerdebegehren nicht mehr zur Entscheidung steht.[74] Der Umstand, dass der Beschwerdeführer noch durch die Nebenentscheidung über die Kosten belastet wird, reicht für ein fortbestehendes Rechtsschutzinteresse nicht aus,[75] es sei denn, die Kostenentscheidung enthalte eine selbständige verfassungsrechtliche Beschwer.[76]

c) Eine Erledigungserklärung im konkreten Normenkontrollverfahren sieht das BVerfG als Antragsrücknahme an.[77]   28

3. Verfahrensgestaltende Maßnahmen durch das Gericht

a) **Verbindung von Verfahren.** Zur Frage der Zulässigkeit der Verbindung von Verfahren nimmt das Gesetz ausdrücklich nur in §§ 66 und 69 für Verfahren nach § 13 Nr. 5 und 7 Stellung. Diese Vorschriften gelten nur mit Beschränkung auf Verfahren dieser Art. Ein Bedürfnis nach Verbindung von Verfahren kann aber auch außerhalb dieser Art von Verfahren bestehen, wenn in Streitigkeiten gegen verschiedene Antragsgegner oder Anträge verschiedener Antragsteller über die selbe Rechtsfrage zu entscheiden ist oder die selbe Maßnahme (z.B. ein Gesetz) Anlass zu gleichgerichteten Anträgen gibt. Voraussetzung für eine Verbindung von Verfahren ist stets, dass den Verfahrensvorschriften für jede Verfahrensart Genüge getan wird[78] und die prozessuale Position der Verfahrensbeteiligten nicht beeinträchtigt wird.[79] Namentlich können verschiedene Verfassungsbeschwerden miteinander verbunden werden.[80]   29

Zulässig und uU geboten ist nach der Rechtsprechung des BVerfG aber auch die Verbindung artverschiedener Verfahren wenn im Wesentlichen von einander abhängige Fragen streitig sind und den Verfahrensvorschriften für jede Verfahrensart Genüge getan wird.[81] Auch darf die „prozessuale Position der Verfahrensbeteiligten" dabei nicht beeinträchtigt werden.[82] Streitigkeiten, die vor verschiedenen Senaten   30

---

[74] BVerfGE 7, 75 (76); 85, 109 (113).
[75] BVerfGE 33, 247 (256 ff.); 39, 276 (292); 74, 78 (89); 85, 109 (114).
[76] BVerfGE 74, 78 (90); 85, 109 (114).
[77] BVerfGE 106, 210 (213).
[78] BVerfGE 12, 205 (223); 51, 384 (385).
[79] BVerfGE 22, 387 (407).
[80] BVerfGE 102, 1 (2); 102, 41 (42); 104, 220 (221); 105, 1 (2); 106, 210 (215).
[81] BVerfGE 12, 205 (223).
[82] BVerfGE 22, 387 (407). Vgl. hierzu auch BVerfGE 10, 185 (186) (Verbindung von Verfahren der konkreten Normenkontrolle mit Verfassungsbeschwerdeverfahren), BVerfGE 22, 180 (199) (Verbindung von Verfahren der

anhängig sind, können nicht verbunden werden, da eine Verweisung eines Rechtsstreits nach Anhängigkeit bei einem Senat nicht zulässig ist.

31 **b) Ruhen des Verfahrens.** Das BVerfGG enthält keine Regelung über das Ruhen des Verfahrens. Greift man auf das allgemeine Verfahrensrecht zurück, ist der Rechtsgedanke des § 251 ZPO maßgeblich.[83] Ruhen ist ein Unterfall der Aussetzung und setzt einen Antrag beider Parteien voraus. Der Ruhensantrag beschreibt deshalb einverständliches Nichtbetreiben des Verfahrens. Für das Verfassungsbeschwerdeverfahren scheidet eine solche Vorgehensweise aus, weil es keinen Verfahrensgegner gibt.[84] Im kontradiktorischen Verfahren wie z. B. nach § 13 Nr. 5[85] kommt dagegen ein Ruhen des Verfahrens in Betracht, wenn sich das aus wichtigem Grund als sachgerecht erweist. Praktische Bedeutung hat diese Möglichkeit bisher nicht erlangt.

Eine Ruhensanordnung von amtswegen, die schon das allgemeine Verfahrensrecht nicht kennt, scheidet aus, weil das Gericht nicht einseitig den Verfahrensstillstand herbeiführen kann.

32 **c) Aussetzung des Verfahrens.** § 33 I gibt dem BVerfG die Befugnis, das Verfahren bis zur Entscheidung eines anderen Gerichts auszusetzen (siehe auch § 60). Das bezieht sich auf die Entscheidung von Instanzgerichten (einschließlich des Landesverfassungsgerichts), nicht aber auf Entscheidungen einer anderen Kammer des anderen Senats oder des Plenums, weil deren Entscheidungen nicht von einem „anderen" Gericht getroffen werden. Aufgrund der Beschränkung entsteht eine verfahrensrechtliche Lücke, die im Verhältnis der beiden Senate zueinander durchaus eine Rolle spielen kann, wenn man bedenkt, dass beide Senate für die Entscheidung über Grundrechtsrügen zuständig sind. Auch kann es sein, dass der Zweite Senat in einem Normenkontrollverfahren über Rechtsfragen entscheidet, die in einem beim Ersten Senat anhängigen Verfassungsbeschwerdeverfahren Entscheidungsgrundlage sind. Die dem zugrunde liegende Fallkonstellation hat zu den Regelungen der §§ 148 ZPO, § 114 SGG, § 94

---

abstrakten Normenkontrolle mit Verfassungsbeschwerdeverfahren), BVerfGE 12, 205 [222] (Verbindung eines Verfahrens der abstrakten Normenkontrolle mit einem Bund/Länder-Streit).

[83] § 202 SGG (siehe dazu *Meyer-Ladewig*, SGG, 8. Aufl. 2005, Rn. 4 vor § 114 SGG) und § 173 VwGO (siehe dazu *Kopp/Schenke*, VwGO, 14. Aufl. 2005, Rn. 1 zu § 94 VwGO) verweisen auf § 251 ZPO.

[84] Für das Kammerverfahren gibt es deshalb keine Möglichkeit, das Ruhen des Verfahrens anzuordnen, selbst dann nicht, wenn man einen einseitigen Ruhensantrag für zulässig hielte, weil die Kammer nach § 93a über die Annahme der Verfassungsbeschwerde zur Entscheidung befinden muss.

[85] Siehe dazu Rn. 8 vor § 63.

VwGO, § 74 FGO wegen Vorgreiflichkeit geführt. Während die Parallelzuständigkeit der Senate in identischen Grundrechtsfragen nur den möglichen zeitlichen Vorrang der Entscheidung eines Senats vor der des anderen betrifft, also keine echte Vorgreiflichkeitsfrage betrifft, ist die mögliche Kollision von Normenkontroll- und Verfassungsbeschwerdeentscheidungen bedeutsamer. Zwar liegt auch hier keine Vorgreiflichkeit i. e. S. vor, weil die Entscheidung des Ersten Senats nicht von der Entscheidung des Zweiten Senats „abhängt". Der Erste Senat kann immer, wenn er dem Zweiten Senat nicht folgen will, das Plenum anrufen.[86] Er kann auch schneller entscheiden als der Zweite Senat und dem Problem dadurch für sich ausweichen. Es liegt jedoch auf der Hand, dass die damit verbundene Windhundrennen und die mögliche Doppelbearbeitung derselben Rechtsfragen nicht prozessökonomisch sind. Das BVerfG hat solche Konstellationen bislang pragmatisch gelöst, indem ein Senat sein Verfahren so lange liegen lässt, bis der andere entschieden hat. Gelegentlich ist dazu auch die Zustimmung der durch die Verzögerung betroffenen Verfahrensbeteiligten eingeholt worden. Rechtsgrundlagen gibt es für ein solches Vorgehen nicht. Bedenken gegen eine ausdrückliche Anwendung des Aussetzungsrechts im Hinblick auf die präjudiziellen Wirkungen der Entscheidungen des jeweils anderen Senats bestehen jedoch nicht.

d) Unterbrechung des Verfahrens. Das BVerfGG enthält dazu 33 keine Regeln.

aa) Für das Verfassungsbeschwerdeverfahren hat die Rechtspre- 34 chung besondere, von § 239 ZPO abweichende Regeln für den Tod des Beschwerdeführers entwickelt.[87]

bb) Unklar ist, was geschieht, wenn über das Vermögen des Be- 35 schwerdeführers das Insolvenzverfahren eröffnet wird. Gemäß § 117 I InsO erlischt die Vollmacht, wenn das Verfassungsbeschwerdeverfahren von einem Rechtsanwalt für den Schuldner geführt wird, weil die Vollmacht sich auf das zur Insolvenzmasse gehörende Vermögen bezieht. Für Verfassungsbeschwerden, die sich auf höchstpersönliche Rechte beziehen, gilt das infolgedessen dann nicht, wenn diese nicht in die Insolvenzmasse gefallen sind. Urheberrechte gehören z. B. zur Insolvenzmasse. Soweit die Vollmacht nicht erlischt, tritt auch keine Unterbrechung ein. In allen anderen Fällen, sind die Rechtsgrundsätze des § 240 ZPO entsprechend anzuwenden. Auch hier ist es nicht ausgeschlossen, dass das BVerfG das Verfahren fortführt, wenn das wegen der objektiven Bedeutung der Verfassungsbeschwerde geboten ist.[88]

---

[86] Siehe Rn. 3 zu § 16.
[87] Siehe dazu Rn. 48 ff. zu § 90.
[88] Siehe dazu Rn. 10 f. zu § 90.

Vor § 17　　　　　　　　　　Teil II. Verfassungsgerichtliches Verfahren

36　　e) **Einstellung des Verfahrens.** Die Einstellung des Verfahrens erfolgt bei Verfahrenshindernissen,[89] z. b. bei einer Erledigungserklärung im Verfassungsbeschwerdeverfahren[90] oder bei der Antragsrücknahme im konkreten Normenkontrollverfahren.[91] Eine Sachentscheidung ist grundsätzlich nicht mehr möglich.[92]

4. Verfahrensbeteiligte

37　　a) Das BVerfGG enthält wegen der Verschiedenartigkeit der möglichen Verfahren keine, etwa dem § 50 ZPO oder § 61 VwGO entsprechende allgemeine Vorschrift über die Fähigkeit, an einem Verfassungsstreit beteiligt zu sein **(Parteifähigkeit)**, ebenso fehlt eine dem § 63 VwGO entsprechende allgemeine Vorschrift über den **Kreis der „Beteiligten"** eines Verfassungsstreits.

38　　Wohl aber gibt es, bezogen auf einzelne Verfahrensarten, Beteiligungsvorschriften, z. B. § 32 II, V, § 73 I, § 88. Das sind an der Hauptsache Beteiligte. Auf sie beziehen sich die konkreten Beteiligungsregeln der §§ 90, 30 III. Daneben gibt es den besonders Beteiligten als nicht an der Hauptsache beteiligten Äußerungsberechtigten (§ 32 II 1, § 77, § 82 III, IV, § 82a I, II, § 83 II 1, § 85 II, § 94 I–IV). Seine Beteiligung am Verfahren erschöpft sich in der ihm eingeräumten Gelegenheit zur Äußerung.

39　　b) **„Beteiligt" im verfassungsgerichtlichen Verfahren** sind:
40　　aa) in der Regel der **„Antragsteller".** Das das BVerfG nicht von sich aus tätig werden kann, ist immer eine außenstehende Person oder Stelle nötig, um ein verfassungsgerichtliches Verfahren in Gang zu bringen. Von einem „Kläger" kann nur in den Fällen gesprochen werden, in denen ein kontradiktorisches, dem zivil- oder verwaltungsgerichtlichen Verfahren ähnliches Verfahren entsteht (Organ- oder Bund/Länderstreit) oder sich die Analogie des Strafprozesses anbietet (Verwirkung, Parteiverbot, Präsidenten- und Richteranklage). Bei Beschwerden nach § 13 Nr. 3 und bei Verfassungsbeschwerden werden die Antragsteller als „Beschwerdeführer" bezeichnet. In den Fällen der konkreten Normenkontrolle holt das Ausgangsgericht die Entscheidung des BVerfG – durch Vorlagebeschluss – ein. In diesem Verfahren wird die Stelle, die das Verfahren auslöst, nicht selbst Beteiligter des in Gang gesetzten Verfahrens, es entwickelt sich vielmehr, falls

---

[89] BVerfGE 107, 339 (356).
[90] Siehe dazu oben Rn. 27.
[91] Siehe dazu Rn. 28.
[92] BVerfGE 106, 210 (212); 107, 339 (360). Zu möglichen Ausnahmen siehe *Bethge,* in: MSKB, Stand 2004, Rn. 48 Vorb. § 17.

nicht eines der in §§ 82, 77 genannten Verfassungsorgane beitritt, ein Verfahren ohne prozessual förmlich Beteiligte.[93]

bb) meist auch ein **Antragsgegner**. Hinsichtlich der Bezeichnung des Antragsgegners als eines „Beklagten" gilt entsprechendes wie hinsichtlich der Bezeichnung des Antragstellers als Kläger.[94] In den Fällen der Normenkontrolle und zwar sowohl der konkreten, wie der abstrakten, die sich als objektive Verfahren zur Feststellung der Gültigkeit oder Rechtsqualität einer Norm darstellen, fehlt es bei rechtsförmlicher Betrachtung an einem „Antragsgegner". Als solcher tritt, de jure, auch nicht das Verfassungsorgan auf, das die Norm erlassen hat. Tatsächlich nimmt jedoch dieses Verfassungsorgan oder ein anderes Verfassungsorgan das dessen Rechtsauffassung vertritt, z.B. die Bundesregierung in Verfahren über die Gültigkeit eines Bundesgesetzes, im Verfassungsprozess die Rolle des Antragsgegners wahr. Ähnliches gilt für die Verfassungsbeschwerde. Sie richtet sich nicht, wie die Anfechtungsklage des Verwaltungsprozesses, gegen die Behörde, die den angefochtenen Hoheitsakt erlassen hat, namentlich nicht gegen das Gericht, dessen Urteil angefochten wird. Einen Beschwerdegegner gibt es im Verfassungsbeschwerdeverfahren nicht.[95] 41

cc) In verschiedenen Verfahren (vgl. §§ 65, 69, 82, 83, 94 V) lässt das Gesetz den **Beitritt von Verfassungsorganen oder anderer Länder** zu. 42

Durch die Erklärung des Beitritts, die insoweit ähnliche Rechtswirkungen zeigt, wie die – in das Verfassungsprozessrecht nicht übernommene[96] – „Beiladung" des Verwaltungsprozesses (vgl. § 65 VwGO) erhalten die Beigetretenen die vollen Rechte einer Prozesspartei.[97] Der Beitritt eines kollegialen Verfassungsorgans zu einem Verfahren vor dem BVerfG setzt stets einen Beschluss des Kollegialorgans voraus. Gleiches gilt nicht von denjenigen Verfassungsorganen oder Stellen, die das BVerfG in einem Verfassungsstreit „anhört", wenn auch in der mündlichen Verhandlung ein Verfassungsorgan, das „angehört" wird, de facto die Rolle der Gegenpartei übernehmen kann. Das gilt sowohl für Normenkontrollen wie für Verfassungsbeschwerden. Die „Beteiligung" am Verfahren als Antragsteller, Antragsgegner oder Beigetretener verleiht namentlich das Recht auf rechtliches Gehör und zu förmlichen sachlichen und prozessualen Anträgen, über die förmlich Beschluss zu fassen ist.

---

[93] Vgl. BVerfGE 2, 307 = NJW 1953, 1177.
[94] S. o. Rn. 39.
[95] S. Rn. 14 zu § 90.
[96] BVerfGE 20, 18 (26) = NJW 1965, 875.
[97] BVerfGE 7, 282 = NJW 1958, 540.

43 **c) Prozessstandschaft.** Die Prozessstandschaft, d. h. die prozessuale Geltendmachung fremder Rechte in eigenem Namen bedarf ausdrücklicher Zulassung.[98] Im Verfassungsbeschwerdeverfahren ist sie grundsätzlich unzulässig,[99] ebenso im landesverfassungsrechtlichen Organstreit.[100] Zugelassen ist sie dagegen für die Fraktionen im bundesverfassungsrechtlichen Organstreit.[101]

5. Fristen und Termine

44 **aa) Fristen.** Das BVerfGG schreibt Fristen an **zahlreichen** Stellen vor (s. §§ 19 Abs. 2, 23 Abs. 3, 48, 50, 58, 61, 64, 69, 70, 71, 93). § 77 sieht Fristberechnung durch das Gericht vor. Hinsichtlich dieser Fristen sind nach herrschender und unbestrittener Auffassung die Vorschriften der ZPO (§§ 21 ff.)[102] und die hierzu entwickelten Grundsätze in Rechtsprechung und Schrifttum zu beachten, soweit sie auf das öffentlich-rechtliche Prozessverfahren überhaupt anwendbar sind. Fristvorschriften sind formale Ordnungsvorschriften, die als ius strictum allein der Rechtssicherheit dienen.[103]

45 Sie müssen aus dem Gesetzestext sofort eindeutig und klar erkennbar sein und können daher nicht erst aus Sinn und Zusammenhang der Gesetze durch ausdehnende Auslegung gefunden werden.

46 **bb)** Die genannten Fristen sind **eigentliche,** d. h. den Beteiligten zum Handeln oder zur Vorbereitung gewährte Zeitspannen im Gegensatz zu uneigentlichen Fristen, die das Gesetz dem Gericht oder Gerichtspersonen für Amtshandlungen setzt oder während deren das Verfahren ausgesetzt oder gehemmt ist.[104] Sie sind, abgesehen von der Frist nach § 77, gesetzliche, die letztere ist eine richterliche Frist.

47 **cc)** Zum **Fristbeginn** vgl. § 221 ZPO. Die gesetzlichen Fristen beginnen mit dem gesetzlich bestimmten Ereignis, die richterliche mit der Zustellung oder Verkündung der sie anordnenden Entscheidung, falls diese nichts anderes bestimmt. Bedarf es der Zustellung der Verfügung, so für jede Person besonders.

---

[98] *Bethge,* in: MSKB, Stand 2004, Rn. 23 Vorb. § 17 unter Hinweis auf BVerfGE 60, 319 (325); 90, 286 (343).

[99] *Ax,* Prozessstandschaft im Verfassungsbeschwerdeverfahren, 1994; *Benda/Klein* Rn. 582 f.; *Bethge,* in: MSKB, Stand 2004, Rn. 23 Vorb. § 17; BVerfGE 72, 122 (131).

[100] BVerfGE 92, 130 (134).

[101] BVerfGE 106, 252 (262) und § 64. Das gilt nicht für die Abgeordneten, BVerfGE 90, 286 (343 f.).

[102] BVerfGE 17, 67 (75); 102, 254 (295).

[103] BVerfGE 4, 31 (37) = NJW 1954, 160.

[104] Vgl. hierzu *Zöller/Stöber,* ZPO, 25. Aufl. 2005, Rn. 3 vor § 214 ZPO.

dd) Für die **Berechnung** der Fristen gelten die Vorschriften des BGB (§§ 187 ff.). 48

ee) Die Fristen **enden** nicht mit einem Sonntag oder allgemeinen Feiertag oder einem Sonnabend, sondern mit dem darauf folgenden Werktag (§ 222 II ZPO). 49

ff) Handlungsfristen sind nur gewahrt, wenn vor ihrem Ablauf die Handlung, zu deren Vornahme die Frist bestimmt ist, formgerecht vollzogen, namentlich der sie enthaltene Schriftsatz bei Gericht eingegangen ist. Die Fristen dürfen bis zu ihrem Ende voll ausgenutzt werden. Daher sind Ergänzungen, Berichtigungen oder Änderungen der Handlungen bis zum Ende der Frist ohne weiteres zulässig. Der Nachweis der Vertretungsbefugnis kann auch erst nach Ablauf der Frist erbracht werden.[105] Die Begründung einer Verfassungsbeschwerde kann nachträglich in tatsächlicher und rechtlicher Hinsicht ergänzt werden, doch kann nicht nach Fristablauf ein neuer Sachverhalt zum Gegenstand der Verfassungsbeschwerde gemacht werden.[106] 50

gg) Die **Versäumung** einer Prozesshandlung, ob schuldhaft oder nicht, hat zur Folge, dass die Partei mit der vorzunehmenden Prozesshandlung ausgeschlossen ist (§ 230 ZPO). Einer Androhung der gesetzlichen Folgen der Versäumung bedarf es nicht (§ 231 I ZPO). 51

hh) Die Möglichkeit der nachträglichen **Heilung** der Fristversäumnis ist jedenfalls für Teilbereiche des Verfassungsbeschwerdeverfahrens durch das Institut der Wiedereinsetzung in den vorigen Stand eröffnet.[107] Über diese Sonderregelung hinaus kennt das BVerfGG die Wiedereinsetzung in den vorigen Stand nicht. 52

b) Termine. aa) Termine sind **Zeiträume** zu gemeinsamen Handeln des Gerichts oder eines Gerichtsorgans mit den Parteien oder Dritten, z.B. Zeugen oder Sachverständigen.[108] Im verfassungsgerichtlichen Verfahren kommen in Frage: Termine zur mündlichen Verhandlung (§ 25), zur Beweisaufnahme (§ 29), zur Verkündung einer Entscheidung (§ 30 I). Sie finden vor dem erkennenden Gericht oder einem beauftragten oder ersuchten Richter (§ 26 I) statt. 53

bb) Die **Anberaumung** eines Termins erfolgt im verfassungsgerichtlichen Verfahren entsprechend dem Amtsbetrieb stets von Amts wegen. Sie bekundet die Bereitschaft des Gerichts oder Gerichtsorgans zur Vornahme einer Handlung oder Entgegennahme von Parteierklärungen. Bezüglich der Ladung zum Termin vgl. § 29. Für die Festsetzung des Termins zur Verkündung einer Entscheidung ist das Gericht 54

---

[105] BVerfGE 1, 433 (436) = NJW 1953, 178; vgl. auch Rn. 10 zu § 22.
[106] BVerfGE 18, 85 (89); s. auch Rn. 8 ff. zu § 93.
[107] Vgl. § 93 II und Rn. 62 ff. zu § 93.
[108] Zöller/Stöber, ZPO, 25. Aufl. 2005, Rn. 1 vor § 214 ZPO.

nach § 30 I an eine Frist gebunden, die allerdings durch ausdrücklichen Gerichtsbeschluss verlängert werden kann.

6. Zustellungen

55 **a) Begriff.** Zustellung ist der in gesetzlicher Form zu bewirkende und zu beurkundende Akt, durch den dem Adressaten Gelegenheit zur Kenntnisnahme eines Schriftstückes verschafft wird. Zweck der Zustellung ist Sicherheit des Nachweises von Ort und Zeit der Übergabe des Schriftstücks, an welche sich wichtige prozessuale Wirkungen knüpfen können.[109] Sie erfolgt im verfassungsgerichtlichen Verfahren durchweg von Amts wegen.

56 **b) Notwendigkeit.** Das BVerfGG schreibt Zustellung in § 23 II für den Antrag auf Einleitung eines Verfahrens vor dem BVerfG und im § 30 II für alle Entscheidungen des Gerichts vor. Die Pflicht zur Zustellung wird jedoch (entsprechend § 56 VwGO) außerdem für alle Anordnungen des Gerichts gelten, durch die eine Frist in Lauf gesetzt wird, sowie für Terminbestimmungen und Ladungen.

57 Die Zustellung ist gesetzlich nicht vorgeschrieben für sonstige Schriftsätze der Parteien. § 29 verlangt für Beweistermine „Benachrichtigung". Hierunter ist „Zustellung" zu verstehen. In einzelnen Vorschriften wird ausdrücklich formlose Mitteilung vorgeschrieben oder zugelassen (s. z. B. § 56 II). Eine § 56 II VwGO entsprechende Vorschrift über Anwendung des Verwaltungszustellungsgesetzes ist in das Gesetz nicht aufgenommen worden. Sondervorschriften für das Zustellungserfordernis ergeben sich aus § 22 GO.

58 **c) Adressat.** Adressat der Zustellung ist diejenige Person, der zugestellt werden soll, nämlich entweder der Partei selbst oder ein Dritter an den das zuzustellende Schriftstück gerichtet ist, bei deren Prozessunfähigkeit der gesetzliche Vertreter, bei Behörden, juristischen Personen und anderen parteifähigen Gebilden die zu ihrer Vertretung berufenen Organe, und zwar, wenn sie aus mehreren Mitgliedern bestehen, eines von ihnen (§ 171 ZPO). Adressat kann auch ein gewillkürter Vertreter sein; ist ein Prozessbevollmächtigter bestellt (nur Sondervollmacht, vgl. § 22 II), so ist ihm zuzustellen (§ 172 I ZPO). Kann bei der Zustellung durch Übergabe die Partei oder ihr Vertreter oder ihr Organ nicht Zustellungsempfänger sein, weil sie nicht angetroffen werden, so findet die Ersatzzustellung entsprechend §§ 178 ff. ZPO statt.

59 **d) Ausführung.** Gegenstand der Zustellung ist nicht Gegenstand der Übergabe. Das zuzustellende Schriftstück bleibt bei den Gerichtsakten,

---

[109] Vgl. *Zöller/Stöber*, ZPO, 25. Aufl. 2005, Rn. 1 vor § 166 ZPO.

weil Zustellung nur „Bekanntgabe eines Schriftstücks an eine Person bedeutet; § 166 I ZPO. Übergeben wird eine Ausfertigung oder beglaubigte Abschrift (§ 169 II ZPO). Die Beglaubigung geschieht durch die Geschäftsstelle (§ 169 II 1 ZPO). Sie bescheinigt auf Antrag den Zeitpunkt der Zustellung.

e) Art und Weise. Organ ist ein Justizbediensteter oder die Post (§ 168 I ZPO, § 33 I PostG). Die Zustellung besteht aus der Übergabe des Schriftstücks an den Adressaten oder die Ersatzperson unter Beurkundung der Zustellung durch den Justizbediensteten oder den Postboten. Die Zustellungsurkunde ist der Geschäftsstelle unverzüglich zuzuleiten (§ 182).

f) Wirksamkeit. Die Zustellung ist vollendet erst mit der Erfüllung aller ihrer Voraussetzungen, die Zustellung durch Übergabe z. B. erst mit der Übergabe, Niederlegung und schriftliche Mitteilung oder Zurücklassung des Schriftstücks unter Beurkundung. Alle Vorschriften sind gleich wesentlich, jeder Verstoß hat daher grundsätzlich die Unwirksamkeit der Zustellung zur Folge. Der Mangel ist heilbar.

7. Prozesskostenhilfe[110]

Eine ausdrückliche Regelung im BVerfGG fehlt. Das BVerfG räumt die Möglichkeit der Prozesskostenhilfe ein und wendet §§ 114 ff. ZPO entsprechend an.[111] Im schriftlichen (Verfassungsbeschwerde-) Verfahren wird Prozesskostenhilfe nur unter strengen Voraussetzungen gewährt, weil das Verfahren kostenfrei ist und kein Anwaltszwang besteht.[112] Die Gewährung von Prozesskostenhilfe für die mündliche Verhandlung setzt eine Förderung der Sachentscheidung voraus.[113] Auch für Äußerungsberechtigte nach § 94 III kommt unter den „besonderen Voraussetzungen" Prozesskostenhilfe in Betracht,[114] dass die Stellungnahme zu den mit der Verfassungsbeschwerde erhobenen Rügen aus der Sicht eines vernünftigen Äußerungsberechtigten angezeigt ist.

Im konkreten Normenkontrollverfahren kann ebenfalls Prozesskostenhilfe bewilligt werden.[112]

---

[110] Siehe dazu *Kleine-Cosack,* Verfassungsbeschwerden und Menschenrechtsbeschwerde, 2001, § 11 Rn. 97 ff.; *Zuck,* Vb Rn. 1030 ff.; Rn. 3 ff. zu § 34 a.
[111] BVerfGE 1, 109 (110 ff.); 81, 347 (356 ff.), 92, 12 (123). Sie dazu im Einzelnen Rn. 3 ff. zu § 34 a.
[112] BVerfGE 27, 57; 78, 7 (19).
[113] BVerfGE 10, 262 (263); 93, 179 (180).
[114] BVerfGE 92, 122 (124 f.).

§ 17 [Anwendung von Vorschriften des Gerichtsverfassungsgesetzes]

Soweit in diesem Gesetz nichts anderes bestimmt ist, sind hinsichtlich der Öffentlichkeit, der Sitzungspolizei, der Gerichtssprache, der Beratung und Abstimmung die Vorschriften der Titel 14 bis 16 des Gerichtsverfassungsgesetzes entsprechend anzuwenden.

I. Allgemeines

1 § 17 enthält eine verfassungsrechtlich unbedenkliche dynamische Verweisung.[1] Soweit das BVerfGG nichts anderes bestimmt, ist das GVG deshalb in der jeweils geltenden Fassung anzuwenden. Die Anordnung der „entsprechenden" Anwendung führt zu einer strikten Bindung an das GVG, sondern nur zu einer Verweisungsanalogie. Sie soll dem BVerfG Raum lassen, den Besonderheiten des Verfassungsprozessrechts Rechnung zu tragen.[2]

II. Öffentlichkeit (vgl. §§ 169–175 GVG)

2 1. Öffentlich ist nur die **mündliche Verhandlung** (§ 25) einschließlich der **Urteilsverkündung** (§ 30 I 3). Nur auf sie finden die Vorschriften des GVG über die Öffentlichkeit Anwendung. Nicht öffentlich sind daher Rechtshilfehandlungen (§ 27) und die Beweisaufnahme durch den beauftragten Richter (§ 26 I). Der Entscheidung des Plenums nach § 16 geht keine mündliche Verhandlung voraus; Öffentlichkeit kommt daher hier nicht in Frage.

3 2. „Öffentlichkeit" bedeutet, dass grundsätzlich jedermann Zutritt zum Gerichtssaal haben muss. **Beschränkungen** aus Gründen der Ordnung sind zulässig und geboten (z.B. Schließen des Gerichtssaals wegen Überfüllung. Eintrittskarten oder Ausweiszwang;[3] sie verfügt der Vorsitzende im Rahmen der Sitzungspolizei (§ 176 GVG) nach pflichtgemäßem Ermessen. Das Gericht – also das Kollegium – kann die Öffentlichkeit für die ganze mündliche Verhandlung oder einen Teil derselben ausschließen, wenn sie eine Gefährdung der öffentli-

---

[112] BVerfGE 25, 295 (296); 79, 252 (254); 92, 122 (123); Rn. 9 zu § 34a.
[1] Vgl. *Kunze,* in: UCD, § 17 Rn. 9.
[2] AA *Klein,* in: MSKB, Stand 1998 Rn. 1 zu § 17.
[3] S. *Klein,* in: MSKB, Stand 1998, § 17 Rn. 5. Zu Einzelproblemen vgl. *Kissel/Mayer,* GVG, 4. Aufl. 2005, § 169 Rn. 24 ff.

Anwendung von Vorschriften des Gerichtsverfassungsgesetzes § 17

chen Ordnung, insbesondere der Staatssicherheit besorgen lässt (§ 175 GVG). Das Gericht handelt hierbei nach freiem, nicht nachprüfbarem **Ermessen.** Der Ausschluss der Öffentlichkeit endet mit dem Abschluss der Verhandlung oder der Wiederherstellung der Öffentlichkeit. Über die Ausschließung der Öffentlichkeit ist in öffentlicher Sitzung zu verhandeln dh die Parteien müssen Gelegenheit zur Äußerung erhalten wenn ein Beteiligter es beantragt oder das Gericht es für angemessen erachtet. Der Beschluss, der die Öffentlichkeit ausschließt, muss seinerseits öffentlich verkündet werden. Bei der Verkündung ist anzugeben, aus welchem Grunde die Öffentlichkeit ausgeschlossen worden ist. Ist die Öffentlichkeit wegen Gefährdung der Staatssicherheit oder eines Geschäfts- oder Betriebsgeheimnisses ausgeschlossen, so kann das Gericht den anwesenden Personen die Geheimhaltung von Tatsachen, die durch die Verhandlung, durch die Anklageschrift oder durch amtliche Schriftstücke des Prozesses zur Kenntnis gelangen, zur Pflicht machen (§ 174 GVG). Die Verkündung des Urteils erfolgt in jedem Falle öffentlich (§ 173 GVG vgl. auch § 30); durch besonderen Gerichtsbeschluss kann aber die Öffentlichkeit bei der Verkündung der Urteilsgründe ausgeschlossen werden.[4]

3. Besondere Probleme hatten sich in der Vergangenheit aus der **4 Gerichtsberichterstattung** ergeben.[5] Sie werden jetzt von § 17 a erfasst.

4. § 171 S. 1 GVG bestimmt, dass die Verhandlung in **Familiensa- 5 chen** grundsätzlich (vgl. S. 2) nicht öffentlich ist. Ob es sich um eine Familiensache handelt, ergibt sich abschließend[6] aus § 23 b GVG. Nicht öffentlich sind deshalb auch mündliche Verhandlungen vor dem BVerfG, wenn ihr einfach-rechtlicher Gegenstand eine Familiensache ist.[7]

5. Auch vor dem BVerfG kann die Öffentlichkeit in Unterbrin- **6** gungssachen (§ 171a GVG) und zum Schutz der **Privatsphäre** eines Verfahrensbeteiligten nach Maßgabe des § 171 b GVG ausgeschlossen

---

[4] AA *Klein,* in: MSKB Stand 1998 Rn. 12 zu § 17.
[5] S. dazu *Gerhardt* ZRP 1993, 377; *ders.* NJW 1994, 681; *Eberle* NJW 1994, 1637; *Wolf* ZRP 1994, 187; *Schwarz* AfP 1995, 353; *Hamm* NJW 1995, 760; *Zuck* NJW 1995, 2082; *Töpper* DRiZ 1995, 242; *Huff* NJW 1996, 541; *Knothe/Wankel* ZRP 1996, 106 und die Vorauflage Rn. 4 ff. zu § 17.
[6] *Kissel/Mayer,* GVG, 4. Aufl. 2005, Rn. 36 zu § 23 b GVG; *Gummer/Zöller,* ZPO, 25. Aufl. 2005, Rn. 13 zu § 23 b GVG.
[7] Ebenso *Klein,* in: MSKB, Stand 1998, Rn. 8 zu § 17. Das ist z. B. nicht der Fall, wenn es sich um die Geltendmachung übergeleiteter Unterhaltsansprüche im Sozialhilferecht handelt, vgl. die mündliche Verhandlung vor dem BVerfG vom 15. 3. 2005 im Verfahren 1 BvR 1508/96.

werden. § 171 b GVG ist Teil der modernen rechtspolitischen Bemühungen um den lange vernachlässigten Opferschutz.[8] Sie soll Anliegen des Art. 1 II GG verwirklichen.[9] Der Ausschluss der Öffentlichkeit ist aber auch aus sonstigen Gründen möglich, etwa bei der Gefährdung der Staatssicherheit oder bei der Erörterung wichtiger Geschäfts-, Betriebs-, Erfindungs- oder Steuergeheimnisse, wenn durch deren öffentliche Erörterung überwiegend schutzwürdige Interessen verletzt würden (§ 172 GVG). Über die Ausschließung der Öffentlichkeit ist – ggf. – in nicht öffentlicher Sitzung zu verhandeln. Zu weiteren damit verbundenen Einzelheiten vgl. § 174 GVG.

7   6. § 173 I GVG schreibt die öffentliche Verhandlung vor, erlaubt aber unter den Vorgaben der §§ 171 b, 172 GVG den Ausschluss der Öffentlichkeit bei der Verkündung der Urteilsgründe. § 30, als lex specialis, enthält diese Ermächtigung nicht, sondern schreibt im Gegenteil vor, dass bei Verkündung der Entscheidung die wesentlichen Entscheidungsgründe ebenfalls öffentlich zu verkünden sind.[10] Da § 171 b GVG Art. 1 I verwirklicht, muss § 30 verfassungskonform so ausgelegt werden, dass – ggf. – die Mitteilung der Entscheidungsgründe den Erfordernissen des § 171 b GVG angepasst wird.

III. Sitzungspolizei

8   **1.** Sitzung ist jede Gerichtsverhandlung des BVerfG iSd § 169 GVG.[11]

9   **2.** Die Sitzungspolizei (§§ 176–183 GVG) regelt die **äußere Ordnung** des Verfahrens. Dazu gehören der störungsfreie äußere Ablauf der Sitzung, ferner die ungehinderte Entscheidungsfindung sowie alle dazu erforderlichen Beiträge und Interaktionen der Prozessbeteiligten, schließlich der Schutz des allgemeinen Persönlichkeitsrechts der Beteiligten. Maßnahmen, die zur Erreichung dieses Zwecks getroffen werden, müssen jedoch geeignet und erforderlich sein, dem Zweck zu dienen und dürfen das betreffende Grundrecht nicht unangemessen beschränken.[12]

10 **3.** Die Sitzungspolizei wird grundsätzlich vom **Vorsitzenden** ausgeübt, soweit nicht bestimmte Befugnisse dem Gericht zukommen (§ 176 GVG). Die Polizeigewalt erstreckt sich räumlich auf den Ge-

---

[8] *Kissel/Mayer*, GVG, 4. Aufl. 2005, Rn. 2 zu § 171 b GVG.
[9] *Klein*, in: MSKB, Stand 1998, Rn. 9 zu § 17.
[10] Siehe dazu Rn. 10 zu § 30.
[11] *Kissel/Mayer*, GVG 4. Aufl. 2005 Rn. 8 zu § 176 GVG.
[12] BVerfGE 91, 125 (137).

richtssaal, auf die Beratungszimmer, auch auf die Straße, wenn von dorther Störungen kommen; in persönlicher Hinsicht auf alle im Saal anwesenden Personen, Parteien, Zeugen, Sachverständige, Rechtsanwälte, Richter, Protokollführer und Zuhörer. Welche **Mittel** der Vorsitzende anwendet, steht in seinem pflichtgemäßen Ermessen. Zulässig sind auch notwendige vorbeugende Maßnahmen. Gegen die vom Vorsitzenden getroffenen Maßnahmen kann nicht das Gericht angerufen werden.[13] Ob der Ausschluss des Rechtswegs mit Art. 19 Abs. 4 GG vereinbar ist, hat das BVerfG bislang offengelassen.

4. Nach §§ 177, 178 GVG können Zwangsmaßnahmen und Ordnungsstrafen vom Gericht durch **Beschluss** gegen Parteien, Zeugen, Sachverständige oder bei der Verhandlung nicht beteiligte Personen, die sich des Ungehorsams gegen sitzungspolizeiliche Befehle oder der Ungebühr schuldig machen, festgesetzt werden.[14] Der Beschluss kann nur in der Sitzung ergehen; er ist den Betroffenen zu verkünden und zuzustellen. Die Vollstreckung der Ordnungsstrafe hat der Vorsitzende unmittelbar zu veranlassen (§ 179 GVG). Für die Fälle der Begehung einer strafbaren Handlung in der Sitzung s. § 183 GVG.

IV. Gerichtssprache

Die Gerichtssprache ist **deutsch** (§ 184 GVG). Das gilt auch für das BVerfG. Schriftsätze, Eingaben oder Ausführungen in fremder Sprache sind unbeachtlich und wahren keine Frist.[15] Wegen der Zuziehung eines Dolmetschers bei fremdsprachigen Beteiligten siehe § 185 GVG; Verhandlung mit taubstummen Personen (§ 186 GVG), Eidesleistungen fremdsprachiger Personen (§ 188 GVG), Vorschriften über die Dolmetscher siehe §§ 189–191 GVG.

V. Beratung und Abstimmung

§§ 192–198 GVG gelten nur subsidiär. Ausdrückliche und deshalb vorrangige Regelungen enthalten § 15 III, § 30 I, II. Abgestimmt wird nach Gründen und zwar abschnittsweise nach Gründen (Stufenabstimmung), im ganzen jedoch (Totalabstimmung) bei den quasistrafrechtlichen Verfahren (Verwirkung von Grundrechten, Parteiverbot, Anklage gegen den Bundespräsidenten und Richteranklage), in denen

---

[13] BVerfGE 87, 334 (338); 91, 125 (130).
[14] Zur Ausübung der Sitzungspolizei im Einzelnen s. *Klein,* in: MSKB Stand 1998 Rn. 18 ff. zu § 17.
[15] S. dazu auch BVerfG NVwZ 1987, 785.

§ 17a Teil II. Verfassungsgerichtliches Verfahren

die Grundsätze des Strafprozesses angemessen sind.[16] Für die Reihenfolge bei der Abstimmung kann, da die Richter aus sehr verschiedenen juristischen Berufen kommen, nur das Lebensalter maßgebend sein.[17]

Beratung und Abstimmung von Kollegialgerichten sind nach deutscher Rechtstradition ein **Vorgang des inneren Dienstes,** der nach außen nicht sichtbar wird. Dieser Grundsatz wurde zunächst und lange Zeit unangefochten auch vom BVerfG befolgt. Er wurde durchbrochen, als der Zweite Senat (seit dem sog. Spiegelurteil) dazu überging, das Abstimmungsergebnis bekanntzugeben. Der Gesetzgeber hat in der Novelle vom 21. 12. 1970 (BGBl. I 1765) diese bedeutsame Änderung der Gerichtspraxis anerkannt und mit der Einführung des Sondervotums nach angelsächsischem Vorbild erweitert und gefestigt (vgl. Rn. 11 ff. zu § 30 II). Die Einführung des Sondervotums entbindet im Übrigen nicht von der Schweigepflicht nach § 198 GVG.

§ 17a [Ton- und Fernseh-Rundfunkaufnahmen]

(1) Abweichend von § 169 Satz 2 des Gerichtsverfassungsgesetzes sind Ton- und Fernseh-Rundfunkaufnahmen sowie Ton- und Filmaufnahmen zum Zwecke der öffentlichen Vorführung oder der Veröffentlichung ihres Inhalts zulässig
1. in der mündlichen Verhandlung, bis das Gericht die Anwesenheit der Beteiligten festgestellt hat,
2. bei der öffentlichen Verkündung von Entscheidungen.

(2) Zur Wahrung schutzwürdiger Interessen der Beteiligten oder Dritter sowie eines ordnungsgemäßen Ablaufs des Verfahrens kann das Bundesverfassungsgericht die Aufnahme nach Absatz 1 oder deren Übertragung ganz oder teilweise ausschließen oder von der Einhaltung von Auflagen abhängig machen."

1 1. § 17a, eingefügt durch das 6. ÄndG (BGBl. I. 1823), in Kraft getreten am 23. 7. 1998, eine Vorschrift, die unter gewissen Kautelen unmittelbare Gerichtsberichterstattung durch Film, Funk und Fernsehen, insbesondere von der Urteilsverkündung (nicht aber von der mündlichen Verhandlung) zulässt, geht auf zwei Anlässe zurück. Der Nachrichtensender n-tv hatte im Awacs-Verfahren[1] heimlich die Urteilsverkündung mitgeschnitten und live übertragen. Dieses Vorgehen verstieß gegen die vom BVerfG entwickelten Rahmenbedingungen

---

[16] Vgl. hierzu *Brox,* FS f. G. Müller, 1970, 1 ff. (3), aber auch § 27 GO.
[17] *Brox,* FS f. G. Müller, 1970, 1 (7).
[1] BVerfGE 90, 286.

für die Gerichtsberichterstattung.[2] Deren informeller Charakter sollte zunächst durch die Aufnahme der Regelung in die GO einen verlässlicheren rechtlichen Grund erhalten. Diese Lösung scheiterte aber an datenschutzrechtlichen Bedenken des BMJ, zumal diese Bedenken im Gericht geteilt wurden. Unabhängig davon erhob sich jedoch grundsätzlichere Kritik. Alle solche Lösungen, so wurde angenommen, verstießen gegen das eindeutige Verbot des § 169 S. 2 GVG.[3] Gegenüber dieser Kritik wurde allerdings im Schrifttum verbreitet eine „Rettung" über eine verfassungskonforme Auslegung des § 169 S. 2 GVG für möglich gehalten.[4]

2. Die Funktion des § 17 a ist es deshalb, die gesetzliche Grundlage für die vom Gericht für die Berichterstattung angewandten Regeln zu schaffen.[5] Auf dieser Grundlage sind auch Spezifizierungen und Ergänzungen in der GO möglich.[6]

Die Amtliche Begründung[7] führt dazu aus: „Im Hinblick auf die Besonderheiten des Verfahrens vor dem Bundesverfassungsgericht ist es sachgerecht, auf der Grundlage dieser Praxis ausdrückliche Ausnahmen von dem im Übrigen uneingeschränkt weiter geltenden Verbot des § 169 Satz 2 GVG zuzulassen.

§ 169 Satz 2 GVG ist durch das Gesetz zur Änderung der Strafprozessordnung und des Gerichtsverfassungsgesetzes (StPÄG) vom 19. Dezember 1964 (BGBl. I S. 1067) eingefügt worden. Er gilt über das Strafverfahren hinaus für alle Verhandlungen, auf die das Gerichtsverfassungsgesetz anwendbar ist (MünchKommGVG-*Wolf*, § 169, Rn. 44; vgl. BT-Drs. IV/1020, S. 34). Kernanliegen des § 169 S. 2 GVG sind der Schutz des allgemeinen Persönlichkeitsrechts aller Prozessbeteiligten und die Sicherung der Wahrheitsfindung im Prozess. Den Prozessparteien, den Zeugen und Sachverständigen sollen über die – bereits durch den Grundsatz der Öffentlichkeit bestimmte – Prozesssituation hinausgehende Belastungen erspart werden. Die in der Begründung des Regierungsentwurfs (BT-Drs. IV/178) enthaltene Aussage, insbesondere der noch nicht verurteilte Angeklagte solle nicht „in einer oft unerträglichen Weise in das Scheinwerferlicht einer weiten Öffentlichkeit" gezerrt werden, gilt in gleicher Weise für die übrigen Prozessbeteiligten und in anderen Verfahrensarten. Die Prozessparteien, Zeugen und Sachverständigen sollen während ihrer Aussagen nicht abgelenkt werden oder sich in Verhalten und Aussagen auf die Anwesenheit von Hörfunk und Fernsehen einstellen müssen. Zeugen sollen nicht – entgegen dem Gedanken der § 243 Abs. 2 StPO, § 394 Abs. 1 ZPO – über die

---

[2] Siehe dazu Vorauflage Rn. 4 ff. zu § 17.
[3] *Wolff* NJW 1994, 661.
[4] Vgl. *Eberle* NJW 1994, 1637; *Stürner* JZ 1995, 297 (299); *Zuck* NJW 1995, 2082; siehe auch *Knothe/Wankel* ZRP 1996, 106; *Zuck* DRiZ 1997, 23.
[5] Siehe dazu auch *Gündisch/Dany* NJW 1999, 256; *Beck,* FS f. Graßhof, 1998, 129.
[6] So zutreffend Amtliche Begründung, BR-Drs. 165/97 Seite 10.
[7] BR-Drs. 165/97 S. 10 ff.

§ 17a   Teil II. Verfassungsgerichtliches Verfahren

Aussagen bereits vernommener Zeugen unterrichtet werden. § 169 S. 2 GVG dient so dem grundrechtlich geschützten Recht am eigenen Bild und am gesprochenen Wort (Art. 1 Abs. 1, Art. 2 Abs. 1 GG), aber auch dem Recht auf ein faires Verfahren (vgl. BVerfG, Beschluss der 3. Kammer des Ersten Senats vom 11. 1. 1996 – 1 BvR 2623/95) und im Schutz einer geordneten Rechtspflege. Insbesondere dem Schutz des allgemeinen Persönlichkeitsrechts dient die Erstreckung des Verbots aus § 169 S. 2 GVG auf Urteilsverkündungen.

Auf die Verfahren vor dem Bundesverfassungsgericht können diese Gesichtspunkte nicht uneingeschränkt übertragen werden.

Der durch die Aufnahme und öffentliche Übertragung der Verfahrensbeteiligten in Wort und Bild mögliche Eingriff in ihr allgemeines Persönlichkeitsrecht hat in aller Regel nicht dieselbe Tiefe wie in den Verfahren vor dem Fachgerichten. Die Prozessbeteiligten sind regelmäßig nicht in ihrer Privatsphäre betroffen, sondern als Organwalter, Prozessvertreter oder sonstige Personen des öffentlichen Lebens. Dies gilt sowohl für die klassischen Verfassungsstreitigkeiten (abstrakte Normenkontrolle, Organstreit, Bund-Länder-Streit), die – regelmäßig ohne Bezug auf den einzelnen – verfassungsrechtliche Rechtsfragen zum Gegenstand haben, als auch für die dem Rechtsschutz des einzelnen Bürgers dienenden Verfassungsbeschwerdeverfahren. Sofern in Verfassungsbeschwerdeverfahren überhaupt mündlich verhandelt wird – dies geschieht nur in Ausnahmefällen (vgl. § 94 Abs. 5 BVerfGG) – stehen auch hier allgemeine verfassungsrechtliche Fragestellungen im Vordergrund. Das Bundesverfassungsgericht ist Verfassungsorgan. Verfahren, in denen mündlich verhandelt wird, betreffen gewöhnlich Verfassungsfragen von erheblicher politischer Bedeutung, die nicht selten zuvor in der Öffentlichkeit breit und mit großem Engagement diskutiert worden sind; die darin ergangenen Entscheidungen haben weitreichende, für die politische Wirklichkeit der Bundesrepublik Deutschland häufig richtungsweisende Folgen. Dem entspricht ein erhebliches Interesse der Öffentlichkeit an diesen Verfahren und den darin ergangen Entscheidungen. Die vorstehenden Gesichtspunkte rechtfertigen die Öffnung des Beginns der mündlichen Verhandlung und der Urteilsverkündung des Bundesverfassungsgerichts für die mittelbare Öffentlichkeit. Eine Beeinflussung des Gangs der Verhandlung wird dadurch ausgeschlossen, dass Rundfunk, Film und Fernsehen nur bis zur Feststellung der Anwesenheit der Beteiligten zugelassen sind. Sofern im Einzelfall gleichwohl Beeinträchtigungen des Persönlichkeitsrechts der Verfahrensbeteiligten, der in der Verhandlung auftretenden Personen oder Dritter oder des Verfahrensablaufs zu befürchten sind, kann das Bundesverfassungsgericht dem dadurch entgegenwirken, dass es die Rundfunk-, Fernseh- und Filmberichterstattung gar nicht, nur zum Teil oder nur unter Auflagen zulässt."

Das Verbot der Medienberichterstattung über Gerichtsverhandlungen ist verfassungsgemäß.[8]

---

[8] BVerfGE 103, 44 – entschieden für § 169 S. 2 GVG. Der Rechtsgedanke des § 17 a, der eine Öffnung für die Berichterstattung enthält, ist in die allgemeine Gerichtsberichterstattung nicht übertragbar, BVerfGE 103, 44 (70); aA abwM *Kühling/Hohmann-Dennhardt/Hoffmann-Riem*, BVerfGE 103, 44 (78 ff.); siehe dazu *Zuck* NJW 2001, 1623.

Ton- und Fernseh-Rundfunkaufnahmen § 17a

3. Das BVerfG hat für die Medienberichterstattung eine Reihe von 3
Grundsätzen entwickelt.

a) Die ergänzenden Regelungen des Ersten und Zweiten Senats für 4
Vertreter der Presse sowie der Hörfunk- und Fernsehanstalten lauten:

„**Allgemeines** (gültig für mündliche Verhandlungen und Urteilsverkündungen)
1. Bei Foto- und Filmaufnahmen im Sitzungssaal im Rahmen mündlicher Verhandlungen und bei Urteilsverkündungen der Senate des Bundesverfassungsgerichts darf durch Fotografen, Kameraleute und sonstige Medienvertreter das freie Blickfeld des Senats nach allen Seiten nicht verstellt werden. Der Aufenthalt hinter der Richterbank ist nicht gestattet. Entsprechenden Anweisungen der Sitzungsamtsmeister ist Folge zu leisten.
2. a) Für die Foto- und Filmaufnahmen werden **zwei Fernsehteams** (ein öffentlichrechtlicher und ein privatrechtlicher Sender mit jeweils maximal drei Kameras) sowie **sechs Fotografen** (vier Agenturfotografen und zwei freie Fotografen) zugelassen
   b) Standorte für die Fernsehkameras (je zwei) sind der Mittelgang und (von der Richterbank aus gesehen) die rechte Seite im Sitzungssaal sowie die Pressetribüne.
   c) Die Bestimmung der „Pool-Mitglieder" bleibt den vorgenannten Fernsehsendern bzw. den Agenturen und Fotografen überlassen.
   d) Die „Pool-Mitglieder" verpflichten sich, auf entsprechende Anforderung die Aufnahmen anderen Rundfunkanstalten und Fotografen-Konkurrenzunternehmen zur Verfügung zu stellen.

Mündliche Verhandlungen
1. Nach Beendigung der Feststellung der Anwesenheit der Verfahrensbeteiligten durch den Vorsitzenden des Senats haben Fotografen und Kamerateams die Ebene des Sitzungssaals (2. OG) zu verlassen.
2. Zum Aufenthalt (einschließlich zur Lagerung der Ausrüstungsgegenstände) steht den Vertretern der Hörfunk- und Fernsehanstalten und den Fotografen der Empfangsraum im 1. OG zur Verfügung.
3. Als Sitzungssaal gelten auch der äußere Flurraum und die Pressetribüne (2. OG).

Urteilsverkündungen
1. Bei Fotoaufnahmen während Urteilsverkündungen dürfen nur geräuschlose Apparate Verwendung finden.
2. Blitzlicht ist nicht gestattet."

b) Dazu gibt es folgende organisatorische Hinweise: 5

„**1. Akkreditierungen**
Für Medienvertreter stehen auf der **Presseempore** insgesamt **44** Sitzplätze zur Verfügung. Davon sind 11 Plätze für die Mitglieder der hiesigen Justizpressekonferenz reserviert.
Alle Medienvertreter – einschließlich der Mitglieder der Justizpressekonferenz – werden gebeten, sich **schriftlich** bis zum ... zu akkreditieren. Die Akkreditierungen werden in der Reihenfolge des Eingangs vorgenommen. Akkreditierungsgesuche, die nach Ablauf der Frist eingehen, können nicht mehr

§ 17a Teil II. Verfassungsgerichtliches Verfahren

berücksichtigt werden. Sofern mehr Akkreditierungsgesuche eingehen als Plätze auf der Empore zur Verfügung stehen, müssen sich die betroffenen Medienvertreter nach Feststellung der Anwesenheit der Beteiligten in den ersten Stock (Presseraum) begeben. Der weitere Aufenthalt vor dem Verhandlungssaal ist nicht gestattet.

2. Foto- und Fernsehaufnahmen

Entsprechend den ergänzenden Regelungen des BVerfG zu § 17 a BVerfGG sind bei mündlichen Verhandlungen Foto-, Film- und Tonaufnahmen im Verhandlungssaal nur bis zum Abschluss der Feststellung der Anwesenheit der Verfahrensbeteiligten zulässig.

Für diese Aufnahmen im Sitzungssaal werden zwei Fernsehteams (ein öffentlichrechtlicher und ein privatrechtlicher Sender) mit jeweils drei Kameras sowie sechs Fotografen (vier Agentur-Fotografen, zwei freie Fernsehsendern bzw. den Agenturen/Fotografen überlassen.

Die „Pool-Mitglieder" verpflichten sich, die Aufnahmen Konkurrenzunternehmen unverzüglich zur Verfügung zu stellen. Ein Sender, der die entsprechenden technischen Voraussetzungen nicht erfüllt, kann **nicht** Pool-Mitglied werden.

Nach Feststellung der Anwesenheit der Beteiligten sind Fernseh- und Tonaufnahmen nicht mehr zulässig. Das gilt auch für Aufnahmen vor dem Verhandlungssaal durch die Verglasung. Die jeweiligen Kamerateams und Fotografen haben den Saal unaufgefordert zu verlassen, die auf Stativen stehenden Kameras sind unaufgefordert abzuschalten.

Der hiesigen Pressestelle sind die Pool-Mitglieder für die Fernsehanstalten und für die Fotoaufnahmen bis zum ... schriftlich mitzuteilen. Auch insoweit werden nur fristgemäße Anmeldungen in der Reihenfolge ihres Eingangs berücksichtigt.

3. Allgemeines

„Handys" sind, sofern sie mit in den Verhandlungssaal genommen werden, wegen der störenden Geräusche auszuschalten. Laptops dürfen im Verhandlungssaal aus demselben Grund ebenfalls nicht benutzt werden.

In der Mittagspause bzw. nach Schluss der mündlichen Verhandlung sind Interviews, Fernseh- und Fotoaufnahmen mit Verfahrensbeteiligten oder sonstigen Personen im Verhandlungssaal lediglich für einen Zeitraum von 15 Minuten zugelassen. Für etwaige weitere Aufnahmen steht hierfür der Empfangsraum (1. OG) oder das Foyer (Erdgeschoß) zur Verfügung.

6   **c)** Das Interesse an unmittelbarer Öffentlichkeit ist gering.[9] Das hängt mit der schwierigen Vermittelbarkeit von Verfassungsrecht zusammen; wenn schon mündlich verhandelt wird, spielt zudem oft die Komplexität des Verfahrensgegenstandes eine Rolle. Was das allgemeine Publikum versteht, hat seine Ursache deshalb weniger in Live-Schaltungen, als in der „Übertragungsfähigkeit" erfahrener Fachjournalisten.[10]

---

[9] Siehe dazu die Zahlen bei *Schraft-Huber,* in: UCD, Rn. 17 zu § 17 a.
[10] In diesem Sinne auch *Schraft-Huber,* in: UCD, Rn. 19 zu § 17 a.

§ 18 [Ausschließung eines Richters]

(1) Ein Richter des Bundesverfassungsgericht ist von der Ausübung seines Richteramtes ausgeschlossen, wenn er
1. an der Sache beteiligt oder mit einem Beteiligten verheiratet ist oder war, eine Lebenspartnerschaft führt oder führte, in gerader Linie verwandt oder verschwägert oder in der Seitenlinie bis zum dritten Grade verwandt oder bis zum zweiten Grade verschwägert ist oder
2. in derselben Sache bereits von Amts oder Berufs wegen tätig gewesen ist.

(2) Beteiligt ist nicht, wer auf Grund seines Familienstandes, seines Berufs, seiner Abstammung, seiner Zugehörigkeit zu einer politischen Partei oder aus einem ähnlich allgemeinen Gesichtspunkt am Ausgang des Verfahrens interessiert ist.

(3) Als Tätigkeit im Sinne des Absatzes 1 Nr. 2 gilt nicht
1. die Mitwirkung im Gesetzgebungsverfahren,
2. die Äußerung einer wissenschaftlichen Meinung zu einer Rechtsfrage, die für das Verfahren bedeutsam sein kann.

I. Grundlegung

1. Auch für den gesamten Verfassungsprozess gilt der durch Art. 101 I GG gesicherte Grundsatz, dass niemand seinem **gesetzlichen Richter** entzogen werden darf. Das lässt sich so umschreiben, dass jedes Gericht und jeder Spruchkörper durch Rechtssatz gebildet, dass jede gerichtliche Zuständigkeit rechtssatzmäßig fundiert sein muss,[1] dass die normierten Zuständigkeiten im Einzelfall nicht durchbrochen werden dürfen.[2] Dazu gehört auch die Gewährleistung, dass im Einzelfall ein unparteiischer und unbeteiligter Richter das Richteramt ausübt.[3]

2. Das Konzept der Ausschließung stellt sich **im Vergleich zur Richterablehnung** des § 19 wie folgt dar: Das Institut der Richterablehnung und das Institut des Ausgeschlossenseins eines Richters dienen demselben Ziel: die Richterbank freizuhalten von Richtern, die dem rechtlich zu würdigenden Sachverhalt und den daran Beteiligten nicht mit der erforderlichen Distanz des unbeteiligten und deshalb am Ausgangsverfahren uninteressierten „Dritten" gegenüberstehen;[4]

---

[1] S. dazu im Einzelnen BVerfGE 95, 322 (327 f.).
[2] *Bettermann,* Die Grundrechte, Bd. III 2. Halbb., 1959, 523 ff. (543 f., 549 f.); *Knöpfle,* in: Bundesverfassungsgericht und Grundgesetz, Bd. I, 1976, 142 (143).
[3] BVerfGE 23, 85 (91); s. a. BVerfGE 82, 30 (33).
[4] BVerfGE 21, 139 (145 f.) = NJW 1967, 1123 m. w. Nw.

§ 18 Teil II. Verfassungsgerichtliches Verfahren

gleichwohl unterscheiden sie sich deutlich voneinander: Der Unterschied liegt zunächst darin, dass im einen Fall der Ausschluss eines Richters von der Mitwirkung bei einer Entscheidung kraft Gesetzes eintritt; im Streitfall stellt das Gericht nur deklaratorisch fest, dass der Richter ausgeschlossen ist. Im Falle der Befangenheit ist die Entscheidung des Gerichts konstitutiv; erst die Entscheidung führt zum Ausschluss des Richters von der Mitwirkung bei Entscheidung. Auch die Tatbestände, die einerseits zum Ausschluss, andererseits zur Besorgnis der Befangenheit führen, sind deutlich verschieden. Dem Fall des Ausgeschlossenseins liegen objektivierbare Tatsachen und Vorgänge, die jederzeit zuverlässig und eindeutig nachprüfbar sind, zugrunde; ob eine Besorgnis der Befangenheit zu bejahen ist, hängt von vielfältigen Wertungen und damit von subjektiven Elementen ab. Damit hängt zusammen, dass der Ausschluss von Amts wegen festgestellt werden kann (und dann auch von Amts wegen berücksichtigt werden muss), während die Entscheidung über die Befangenheit eines Richters eines Anstoßes bedarf (der Geltendmachung) durch diejenigen, die sich durch die eine Besorgnis begründenden Vorgänge unmittelbar betroffen fühlen.[5]

II. Rechtsgrundlagen für einen Ausschluss

3   Maßgebend ist allein § 18. Ein „lückenschließender" Rückgriff auf andere Ausschlussregelungen anderer Verfahrensordnungen (z.B. der ZPO) ist nicht möglich. Der Rückgriff auf Rechtsprechung und Schrifttum zu gleichen Regelungen des Ausschließungsrechts in anderen Verfahrensordnungen ist zwar möglich, aber angesichts einer mehr als 40jährigen Rechtsprechung des BVerfG zu § 18 kaum nötig.[6]

III. Auslegungsmaßstab

4   § 18 ist nach verbreiteter Meinung eine abschließende Regelung und als Ausnahme **strikt** auszulegen.[7] Das BVerfG hat das aus Abs. 2 und Abs. 3 geschlossen, sowie aus der mit einer erfolgreichenden Ausschließung verbundenen Verkleinerung der Richterbank bis hin zur Beschlussunfähigkeit. Es hat außerdem insoweit auf Art. 101 I 2 GG

---

[5] S. BVerfGE 46, 34 (37) = NJW 1978, 37.
[6] Vgl. BVerfGE 78, 331 (336 f.) = NJW 1989, 25, wo der Rückgriff nur der Bestätigung dient; s. a. BVerfGE 79, 127 (141). Ausf. *Klein*, in: MSBK, Stand 1998 Rn. 1 zu § 18.
[7] S dazu *Heusch*, in: UCD, § 18 Rn. 12; BVerfGE 32, 288 (291).

verwiesen.[8] Zur Rechtfertigung einer solchen Auslegung sollte man aber auch auf den ausschließlich oder vorwiegend objektiven Charakter der verfassungsgerichtlichen Verfahren, den solitären Charakter des BVerfG und das besondere Rekrutierungsverfahren für das Amt des Bundesverfassungsrichters zurückgreifen.[9] Vergewissert man sich der Hintergründe für § 18, erweist sich freilich das Wort „strikt" als wenig aussagekräftig. Wie insbesondere die Rechtsprechung zum Begriff „derselben Sache" in Abs. 1 Nr. 1 und zum Begriff der „Gesetzgebung" in Abs. 3 Nr. 1 zeigt,[10] ist die Auslegung selbst außerordentlich weit; auch wird z.B. Abs. 3 gar nicht als Ausnahme verstanden. Das Ziel, dem diese Auslegung dient, ist eng, nämlich Ausschlüsse möglichst zu vermeiden. Sachgerecht wäre es deshalb von einer sinnbezogenen Auslegung zu sprechen. Da das aber jede Auslegung leisten muss, handelt es sich nicht um besondere Auslegungsmaßstäbe, sondern um eine vom Ausschlussrecht der anderen Verfahrensordnungen abweichende, besondere Vorschrift.

IV. Ausschließungsgründe

1. Zu Nr. 1

§ 18 behandelt nur die sogenannten „fallweisen" Ausschließungsgründe, die sich aus der Beziehung des Richters zu einem bestimmten Rechtsstreit ergeben, nicht dagegen die sog. unbedingten (absoluten) Ausschließungsgründe, wie etwa Geisteskrankheit des Richters. **„Beteiligt"** sind also jedenfalls Antragsteller und Antragsgegner, sowie solche Personen, die dem Rechtsstreit „beigetreten" sind. Dem sind die Fälle gleichzustellen, in denen der Richter zu einer Partei im Verhältnis eines Vertreters[11] oder unmittelbar Mitberechtigten, Mitverpflichteten oder Regresspflichtigen steht. Das Gesetz stellt ferner die Fälle naher Verwandtschaft, die Ehe oder die Lebenspartnerschaft gleich. Ein Richter ist auch dann „beteiligt", wenn er zwar nicht Partei des Ausgangsverfahrens war, wenn aber der Gegenstand des Ausgangsverfahrens von einem Verwaltungsakt gebildet wird, für den der Richter seinerzeit als Behördenleiter Verantwortung zu tragen hatte.[12]

---

[8] BVerfGE 33, 149 (155).
[9] AA *Wand,* in: Rüthers/Stern, FS 10 Jahre Gesellschaft für Rechtspolitik, 1984, 515; *Wassermann,* in: FS f. Simon, 1987, 81 (86 ff.).
[10] S. etwa BVerfGE 47, 105; 72, 51; 72, 278 (288); 82, 30 (35 f.).
[11] BVerfGE 79, 311 (326); 83, 363 (374) = NVwZ 1992, 365.
[12] BVerfGE 72, 278 (288) = NJW 1987, 487; s. a. BVerfGE 72, 296.

Nicht beteiligt ist dagegen, wer an einer Äußerung nach § 22 V GO mitwirkt.[13] Nicht beteiligt im Sinne der Nr. 1 sind dagegen Personen, die am Ausgang des Verfahrens nur allgemein interessiert sind (s. Abs. 2). Der Richterausschluss nach Nr. 1 kann vor dem BVerfG nur in den Fällen praktisch werden, in denen einzelne Personen beteiligt sein können, nämlich in den Fällen der § 13 Nr. 1, 3, 4, 5, 9, § 90.

6 2. Zu Nr. 2

a) Der Begriff **„dieselbe Sache"** ist in einem konkreten, strikt verfahrensbezogenen Sinn zu verstehen.[14] Er meint nicht nur das verfassungsgerichtliche Verfahren selbst, sondern auch das dem Verfahren vorausgegangene, ihm sachlich zugeordnete Verfahren (Ausgangsverfahren).[15] Das gilt, wegen Abs. 3 Nr. 1 bei Verfassungsbeschwerden gegen Gesetze (§§ 90, 91) nicht für eine Mitwirkung des Richters im entscheidungserheblichen Gesetzgebungsverfahren.[16]

7 b) „Von Amts wegen" deckt sich weitgehend mit „von Berufs wegen".[17] Abs. 1 Nr. 2 umfasst dabei drei Fallgruppen:[18]
– die Tätigkeit als Beteiligtenvertreter in sämtlichen Stadien des Verfahrens;
– die Tätigkeit als – entscheidender – Richter in früheren Rechtszügen, nicht dagegen auch im anhängigen Rechtszug;
– die Tätigkeit in der Behörde im strafrechtlichen Ermittlungs- und/oder in dem dem gerichtlichen Verfahren vorausgegangenen Verwaltungsverfahren (s.o. Rn. 6).

Die richterliche Vorbefassung führt aber **nur dann** zum Ausschluss, „wenn sie in einem früheren Rechtszug erfolgt ist, und eine Mitwirkung an der angefochtenen Entscheidung zum Inhalt hat. Nicht ausgeschlossen ist ein Richter, der sich bereits früher in anderen Verfahren – zu einer entscheidungserheblichen Rechtsfrage – in bestimmter Weise geäußert hat. Selbst wenn er eine bestimmte Rechtsprechung ständig vertritt, ist er in einem Verfahren nicht ausgeschlossen, dass gerade auf die Änderung dieser Rechtsprechung abzielt".[19]

8 c) Zur Mitwirkung des Richters an einer vom BVerfG nach § 82 IV eingeholten Stellungnahme vgl. *BVerfGE* 53, 313 (323); 78, 306

---

[13] BVerfGE 94, 241 (256).
[14] BVerfGE 47, 105 (107 ff.) = NJW 1978, 631; 82, 30 (35 f.); 109, 130 (131); BVerfG(K), NVwZ 2004, 855.
[15] BVerfGE 82, 30 (36) = NJW 1990, 2457.
[16] BVerfGE 82, 30 (36).
[17] Vgl. *Klein,* in: MSKB Stand 1998, § 18 Rn. 6.
[18] BVerfGE 78, 331 (337) = NJW 1989, 25.
[19] BVerfGE 78, 331 (337).

(315); 78, 331 (336 ff.); 78, 344 (347). Im Einzelfall kann aber insoweit die Besorgnis der Befangenheit begründet sein.[20]

3. Zu Abs. 2 (Nicht-Beteiligte)

Abs. 2 soll den Begriff des „Beteiligten" i. S. d. Abs. 1 Nr. 1 durch **negative Begrenzung** klarstellen. Da die Entscheidung des BVerfG in der Regel rechtliche Bedeutung für die Allgemeinheit oder für größere oder kleinere Gemeinschaften oder Bevölkerungskreise hat, ist die (klärende) Vorschrift von besonderer Bedeutung, dass die Zugehörigkeit zu einer solchen Gemeinschaft, namentlich auch zu einer politischen Partei oder zu einem solchen Bevölkerungskreis (z. B. ein Verein, der bestimmte rechtspolitische Ziele verfolgt,[21] keine Beteiligteneigenschaft begründet.

4. Zu Abs. 3

a) Mit Abs. 3 Nr. 1 hat das BVerfGG Folgerungen aus dem **besonderen Charakter** des Gesetzgebungsverfahrens gezogen:

„Das Gesetzgebungsverfahren ist in der Demokratie von vornherein auf breite Beteiligung der Öffentlichkeit angelegt, lässt auch dem öffentlichen Austragen von Meinungsverschiedenheiten und Interessengegensätzen bewusst Raum; es will durch einen öffentlichen demokratischen Prozess der Meinungs- und Willensbildung für eine mit Allgemeinverbindlichkeit ausgestattete normative Regelung, wie das Gesetz sie darstellt, das Erreichen einer am Gemeinwohl orientierten Entscheidung ermöglichen und fördern (vgl. auch *Arndt* DVBl. 1952, 1). Diese Eigenart des Gesetzgebungsverfahrens steht seiner Gleichstellung mit einem Gerichts- oder Verwaltungsverfahren entgegen; sie schließt es auch aus, den den verfahrensrechtlichen Streit um die Gültigkeit eines Gesetzes, in dem es primär um eine Rechtsfindung für und gegen jedermann geht, wie ein Parteiverfahren anzusehen, in dem der Bürger mit dem Gesetzgeber als gegnerischer „Partei" streitet".[22]

Das Gericht hat bislang nicht abschließend geklärt, wie der Begriff des Gesetzgebungsverfahrens in Abs. 3 Nr. 1 näher zu bestimmen und einzugrenzen ist.[23]

Offengelassen für ein verfassungsrechtliches Gutachten zu einem Gesetzesentwurf.[24] Bejaht – schon nach dem Wortlaut – für die klassi-

---

[20] BVerfGE 78, 331 (336).
[21] BVerfGE 88, 17 (23) = NJW 1993, 2230.
[22] BVerfGE 82, 30 (36 f.).
[23] BVerfGE 82, 30 (37).
[24] BVerfGE 82, 30 (37), aA *Böckenförde/Klein*, abwM BVerfGE 82, 30 (40) – Mitwirkung am Gesetzgebungsverfahren. S. dazu *Heusch,* in: UCD Rn. 29 ff. zu § 18.

§ 18 Teil II. Verfassungsgerichtliches Verfahren

schen Mitwirkungsfälle des Abgeordneten im Gesetzgebungsverfahren.[25] Mitwirkung ist auch die Tätigkeit eines Sachbearbeiters bei einem Bundesminister, der dem Bundespräsidenten Gutachten aus Anlass der Verkündung eines Gesetzes erstattet.[26]

12 **b)** Abs. 3 Nr. 2 wurde in das Gesetz durch die Novelle vom 21. 12. 1970 (BGBl. I S. 1765) eingefügt, aus Anlass der Entscheidungen BVerfGE 20, 1 und 20, 9 = NJW 1966, 923, in denen die Ablehnung eines Richters wegen Besorgnis der Befangenheit im Hinblick auf Äußerungen für begründet erklärt worden war, die er auf einer Staatsrechtlehrertagung vor einem wissenschaftlichen Fachkollegium abgegeben hatte.[27] Auch hier handelt es sich um keine Ausnahmeregelung von einem an sich gegebenen Ausschluss wegen Tätigkeit in derselben Sache.[28] Entscheidend für die Anwendung der Vorschrift ist, dass die **wissenschaftliche Äußerung**[29] Rechtsfragen betrifft. Dazu genügt nicht, dass das Thema Rechtsfragen impliziert oder dass solche Fragen aufgeworfen oder gestreift werden. In der Fallgestaltung und der Behandlung des Themas muss es sich vielmehr um eine ausschließlich oder überwiegend rechtliche Argumentation handeln.

V. Verfahren

13 Der Ausschluss ist in jedem Verfahren und in jedem Verfahrensstadium nach § 18 von Amts wegen zu prüfen.[30] Je nach Zuständigkeit entscheidet darüber die Kammer (aus gegebenem Anlass) oder der Senat. Die Beteiligten sind nicht zu hören. Der betroffene Richter wirkt nicht mit. Die Entscheidung ist **deklaratorisch.** Fehlt ein Ausschlussgrund kann der zuständige Spruchkörper eine Zwischenentscheidung treffen oder mit der abschließenden Entscheidung verbinden. Der ausgeschlossene Richter muss sich vom Zeitpunkt des Ausschlusses an jeder Amtshandlung enthalten. Der ausgeschlossene Richter wird nicht über § 19 IV ersetzt, weil die Vorschrift nicht entsprechend anwendbar ist.[31] Würde der Senat (für Kammern gibt es eine Verfahrensregelung)

---

[25] BVerfGE 2, 289 (296, 299); 58, 177 (188) = NJW 1982, 161.
[26] BVerfGE 1, 66 (78); s. a. BVerfGE 2, 299 (300): Mitwirkung ist auch die Tätigkeit des Sekretärs des Rechtsausschusses des Bundesrats und des Referenten im Bundespräsidialamt.
[27] Krit. *Friesenhahn* JZ 1966, 704 ff.
[28] So zutreffend *Heusch,* in: UCD Rn. 28 zu § 18 unter Hinweis auf BVerfGE 82, 30 (36).
[29] S. dazu BVerfGE 82, 30 (38 f.).
[30] BVerfGE 40, 356 (360); 65, 152 (154); 89, 359 (362).
[31] BVerfGE 78, 306 (315); 79, 312 (326, 357); 83, 363 (374); 102, 347 (369).

im Sinne von § 15 II durch Ausschlüsse beschlussunfähig, könnte eine Ergänzung „in einem Verfahren von besonderer Dringlichkeit" durch Zu-Losung erfolgen (§ 15 II). Da die Nichtbeschlussfähigkeit in einem konkreten Verfahren dann auf Dauer der Wahlperiode der ausgeschlossenen Richter bestünde, müsste man für diesen Fall, der sich noch nie ereignet hat, die Dringlichkeit aus dem (uU) überlangen Zeitablauf herleiten.

VI. Verhältnis zu § 19

1. Zur Abgrenzung s. o. Rn. 2.

2. Eine Besorgnis der Befangenheit i. S. d. § 19 kann nicht aus den allgemeinen Gründen hergeleitet werden, die nach § 18 II, III einen Ausschluss gerade nicht rechtfertigen. Es muss vielmehr „etwas Zusätzliches" gegeben sein, dass über die in § 18 II, III genannten Ausschließungsgründe hinausgeht, damit eine Besorgnis der Befangenheit als begründet erscheinen kann.[32]

§ 19 [Ablehnung eines Richters; Bestimmung eines Vertreters]

(1) **Wird ein Richter des Bundesverfassungsgerichts wegen Besorgnis der Befangenheit abgelehnt, so entscheidet das Gericht unter Ausschluß des Abgelehnten; bei Stimmengleichheit gibt die Stimme des Vorsitzenden den Ausschlag.**

(2) **Die Ablehnung ist zu begründen. Der Abgelehnte hat sich dazu zu äußern. Die Ablehnung ist unbeachtlich, wenn sie nicht spätestens zu Beginn der mündlichen Verhandlung erklärt wird.**

(3) **Erklärt sich ein Richter, der nicht abgelehnt ist, selbst für befangen, so gilt Absatz 1 entsprechend.**

(4) **Hat das Bundesverfassungsgericht die Ablehnung oder Selbstablehnung eines Richters für begründet erklärt, wird durch Los ein Richter des anderen Senats als Vertreter bestimmt. Die Vorsitzenden der Senate können nicht als Vertreter bestimmt werden. Das Nähere regelt die Geschäftsordnung.**

---

[32] BVerfGE 82, 30 (37 f.); 88, 17 (23) = NJW 1993, 2230; 101, 46 (51); 102, 192 (195); 108, 122 (126).

Übersicht

	Rn.
I. Allgemeines	1
II. Ablehnungsgrund	4
III. Ablehnungsberechtigte	6
IV. Form der Ablehnung	9
V. Verfahren des Gerichts	11a
VI. Wirkung der Ablehnung	14
VII. Ablehnung des Urkundsbeamten	15

I. Allgemeines[1]

1 1. Zur rechtlichen Grundlegung von Ausschließung und Ablehnung s. § 18 Rn. 1.

2. Zum Verhältnis von Ausschließung und Ablehnung s. § 18 Rn. 2.

2 3. Auch das Rechtsinstitut der Richterablehnung ist aus dem geltenden Prozessrecht übernommen. Das BVerfGG enthält jedoch eine eigenständige Regelung, die dem übrigen Prozessrecht vorgeht.[2] Zwar kann ein abgelehnter Bundesverfassungsrichter im Rahmen des Abs. 4 durch einen anderen Richter ersetzt werden. Dennoch ändert sich dadurch die durch die politische Struktur der Wahlen austarierte Zusammensetzung des Gerichts.[3] Infolgedessen kommt dem Rechtsinstitut der Ablehnung im Verfassungsprozess eine viel weiter greifende Wirkung zu, die zu einer diese Besonderheiten berücksichtigenden Gerichtspraxis nötigt. Das ist der eigentliche Sinn des insoweit fehlbezeichneten „strengen Beurteilungsmaßstabs".[4]

3 „Abgelehnt werden" kann nur der **einzelne Richter,** nicht das Gericht als solches, d.h. hier der zuständige Senat, auch nicht, wenn sämtliche Richter benannt werden. Unzulässig ist auch die Ablehnung

---

[1] *Wassermann,* in: FS f. Hirsch, 1981, 465; *Broeker,* Ausschluß und Ablehnung von Richtern des Bundesverfassungsgerichts, 1996; *Schaffert/Schmitz/Steiner* VerwArch 91 (2000), 543 ff.

[2] *Benda/Klein* Rn. 214 ff.; *Klein,* in: MSKB, Stand 1998 Rn. 1 zu § 19; *Schlaich/Korioth* Rn. 74.

[3] S. zu diesem Zusammenhang § 18 Rn. 4 und *Geck,* HStR Bd. II, 1987, 697 ff., 715 ff.

[4] Vgl. etwa BVerfGE 73, 330 (335) = NJW 1987, 430, siehe auch Rn. 4 zu § 18 und früher schon *Zuck* MDR 1986, 894 (895 f.). Ausführlicher Überblick über die Rechtsprechung bei *Heusch,* in: UCD Rn. 8 ff., 20 ff. zu § 19; *Müller* NVwZ 1993, 1167; *Schaffert/Schmitz/Steiner* VerwArch 91 (2000); 543 ff.

Ablehnung eines Richters; Bestimmung eines Vertreters § 19

nicht namentlich genannter Richter.[5] Die abgelehnten Richter brauchen jedoch nicht ausdrücklich benannt zu werden, wenn aus dem Gesuch hinreichend deutlich hervorgeht, welche Richter gemeint sind.[6] Die Ablehnung darf nicht zur Verschleppung missbraucht werden. Steht fest, dass die Ablehnung nur verschleppen soll oder sonst missbräuchlich ist, so kann das Gericht sie in alter Besetzung zurückweisen.[7] In solchen Fällen braucht nicht förmlich entschieden zu werden.[8] Gleichgültig ist, ob es sich um ein Verfahren mit mündlicher Verhandlung handelt oder nicht. Auch der an einem Verfahren ohne mündliche Verhandlung beteiligte Richter kann abgelehnt werden. Das gilt insbesondere für das Kammerverfahren.[9]

II. Ablehnungsgrund

1. Die Besorgnis der Befangenheit setzt voraus, dass ein Grund vorliegt, der geeignet ist, Zweifel an der Unparteilichkeit des Richters zu rechtfertigen. Es kommt nicht darauf an, ob der Richter tatsächlich parteilich oder befangen ist oder ob er sich selbst für befangen hält. Entscheidend ist ausschließlich, ob ein am Verfahren Beteiligter (s. u. Rn. 6) bei vernünftiger Würdigung aller Umstände Anlass hat, an der Unvoreingenommenheit des Richters zu zweifeln.[10] 4

2. Ob ein solcher Ablehnungsgrund gegeben ist – das BVerfG hat ihn nur in Ausnahmefällen bejaht – hängt von den konkreten Umständen, insbesondere vom Gesamtzusammenhang ab, dem das beanstandete Verhalten des Richter zuzuordnen ist. Unter diesem Vorbehalt steht die nachfolgende Übersicht. Sie sagt deshalb weniger etwas über das mögliche Schicksal eines Ablehnungsgesuchs aus, als vielmehr etwas über die wichtigsten Ablehnungsanlässe. Die meisten Ablehnungsvorgänge sind inzwischen ohnehin nicht mehr durch die Verfahrensbeteiligten, sondern durch die Richter selbst veranlasst (Selbstablehnung, s. u. Rn. 7 f.): 5

– Anwaltliche Tätigkeit (v. Schlabrendorff): nein, *BVerfGE* 32, 288;
– Ausschlussgründe (Kirchhof): nein, *BVerfGE* 82, 30 (38);
– Berichterstatter; früherer (Gerhardt): nein, *BVerfGE (K)*, NVwZ 2004, 855;

---

[5] BVerfGE 11, 1, 46.
[6] BVerfGE 2, 296.
[7] BVerfGE 11, 1 (5), 11, 343 (348).
[8] BVerfGE 74, 96 (100) = NJW 1987, 769.
[9] S. dazu *Fromme*, in: FS f. Geiger, 1989, S. 747 ff.
[10] BVerfGE 73, 330 (335); 82, 30 (38); 88, 17 (23) = NJW 1993, 2230; 98, 134 (137); 101, 46 (51); 102, 192 (195); 108, 122 (125); 109, 130 (132).

§ 19 Teil II. Verfassungsgerichtliches Verfahren

- Berichterstatterhinweise (Niebler): nein, *BVerfGE* 42, 88 (90);
- Dienstliche Tätigkeit, (frühere) (Niebler): nein, *BVerfGE* 42, 88 (90); (Benda), *BVerfGE* 43, 126 (128 f.);
- Gutachten, unterstützendes (Söllner): ja, *BVerfGE* 88, 1 (4); Kirchhof: ja, *BVerfGE* 82, 30 (39);
- Gutachten, wissenschaftliches (Kirchhof): nein, *BVerfGE* 82, 30 (38); (Papier): ja *BVerfGE* 100, 59; NJW 2004, 209;
- Gutachtensvorschlag (Böckenförde): nein, *BVerfGE* 88, 17 (24);
- Kabinettsbeschluss, Mitwirkung (Herzog): ja, *BVerfGE* 72, 296 (298);
- Kandidatur zur Wahl des Bundespräsidenten (Herzog): nein, *BVerfG* NJW 1994, 648; zust. *Zuck* NJW 1994, 497 (498). Zur Kandidatur für parteipolitische Ämter vgl. *Epping* DVBl. 1994, 449 (457);
- Kirchenmitgliedschaft (Böckenförde): nein, *BVerfGE* 88, 17 (23) und dazu *Lamprecht* NJW 1993, 2222; *de Wall* NJW 1994, 843;
- Normenkontrollverfahren, konkretes: nein, *BVerfGE* 72, 51 (59);
- Meinungsäußerungs- und Zurückhaltungsgebot, (Hirsch): nein, *BVerfGE* 46, 14 (16) und dazu *Heusch*, in: UCD Rn. 23 zu § 19;
- Mitgliedschaft in einem Verein (Böckenförde): nein, *BVerfGE* 88, 17 (23); siehe dazu *Lamprecht* NJW 1993, 2222; *de Wall* NJW 1994, 843; (Zeidler): nein, *BVerfG (K)* NJW 1987, 429;
- Öffentliche Äußerungen (Simon): nein, *BVerfGE* 73, 330; (Rottmann I): nein, *BVerfGE* 35, 171; (Rottmann II): ja, *BVerfGE* 35, 246;
- Parteimitgliedschaft (Herzog): nein, *BVerfG* NJW 1994, 648 (649);
- Persönliche Einstellung gegenüber Beteiligten (Simon): *BVerfGE* 73, 330 (339);
  - – Antipathie: nein;
  - – enge persönliche Freundschaft: ja;
  - – Gleichgültigkeit: nein;
  - – heftige Feindschaft: ja;
  - – Sympathie: nein;
- Politische Kontakte (Zeidler/Steinberger): nein, *BVerfG (K)* NJW 1987, 429;
- Prozessbevollmächtigter, früher (Stein) ja, *BVerfGE* 95, 189 (192); (Kirchhof) nein, *BVerfGE* 101, 46 (51 f.); (Di Fabio) ja, *BVerfGE* 109, 130 (132);
- Rechtspolitische Aussagen (Zeidler): nein, *BVerfG (K)* NJW 1987, 429;
- Sozietät mit mittelbar Verfahrensbeteiligten (Jentsch) ja, *BVerfGE* 108, 122 (129).
- Wahlkampfbeteiligung (Herzog): nein, *BVerfG* NJW 1994, 649.

III. Ablehnungsberechtigte

6 **1. Ablehnen kann jeder Beteiligte.** Der Begriff der „Beteiligung" ist im prozessualen Sinn auszulegen, umfasst also Antragsteller, Antragsgegner und dem Verfahren „Beigetretene", nicht aber „materiell" und „potentiell" Beteiligte, auch nicht Verfassungsorgane oder Stellen, an denen lediglich „Gelegenheit zur Äußerung gegeben ist" (z. B. nach § 77), ferner nicht Beteiligte des Ausgangsverfahrens eines konkreten

Ablehnung eines Richters; Bestimmung eines Vertreters § 19

Normenkontrollverfahrens, weil dieses Verfahren nicht dazu bestimmt ist, individuelle Rechte durchzusetzen.[11]

2. a) Ablehnen kann ein Richter, wenn er sich für befangen erklärt. Nach BVerfGE 20, 26 (30) ist der Begriff der „Befangenheit" (**Selbstablehnung,**[12]) in Abs. 3 derselbe, wie nach Abs. 1. Es genügt, wenn der Richter zum Ausdruck bringt, es lägen Umstände vor, die eine Besorgnis der Befangenheit begründen könnten.[13] In der Erklärung eines Richters, er sei bereit auf seine Teilnahme am Verfahren zu verzichten, liegt nach der genannten Entscheidung eine Erklärung gem. § 19 III. Eine Selbstablehnung hat das BVerfG auch im Normenkontrollverfahren zugelassen, das ein objektives Verfahren ohne förmliche Beteiligung ist.[14]   7

b) Selbstablehnungsfälle betreffen etwa Leibholz (1966), *BVerfGE* 20, 26; Benda (1976), *BVerfGE* 43, 126; Herzog (1986), *BVerfGE* 72, 296 ff.; Söllner (1992), *BVerfGE* 88, 1; Böckenförde (1992), *BVerfGE* 88, 17; Herzog (1994), *BVerfG* NJW 1994, 648; Limbach (1994), *BVerfG* EuGRZ 1994, 470; Limbach (1995), BVerfGE 92, 138; Steiner (1997), *BVerfGE* 95, 189; Kirchhof (1999), *BVerfGE* 101, 46; Jentsch (2003), *BVerfGE* 108, 122; Di Fabio (2004), *BVerfGE* 109, 130. Es ist die Frage aufgeworfen worden, ob es sich insoweit überhaupt um Selbstablehnungsfälle i. S. v. § 19 II gehandelt hat, weil die betroffenen Richter meist nur einen bestimmten, aus ihrer Sicht befangenheitsrelevanten Sachverhalt „mitgeteilt" und sich selbst nicht für befangen gehalten haben.[15] In der Tat lässt sich die Handhabung des Abs. 3 durch das Gericht weder mit der Einheit des Befangenheitsbegriffs (Abs. 1 und Abs. 3 unterscheiden gerade zwischen Besorgnis der Befangenheit und Befangenheit) noch mit der Verpflichtung zur Kontrolle der Richterbank (wird die Befangenheit nicht gerügt oder erklärt, ist die Richterbank ordnungsgemäß besetzt) rechtfertigen, und, angesichts der Entstehungsgeschichte für die besondere Verfahrensordnung des BVerfGG auch nicht über allgemeinen verfahrensrechtlichen Regeln der §§ 30 StPO, 48 I ZPO de lege lata legalisieren. Soweit es sich um bloße Mitteilungsfälle bei gleichzeitiger Eigen-Wertung des Richters „nicht befangen" handelt, ist die Rechtsprechung des Gerichts contra legem.   8

---

[11] BVerfGE 72, 51 (59) = NJW 1986, 1802.
[12] Vgl. dazu ausführlich *Epping* DVBl. 1994, 449.
[13] BVerfGE 88, 1 (3); 95, 189 (191); 98, 134 (137); 101, 46 (50); 102, 192 (194); 108, 122 (126); 109, 130 (131), s. dazu auch u. Rn. 10.
[14] BVerfGE 20, 26.
[15] *Lamprecht* NJW 1993, 2222 (2223), *Epping* DVBl. 1994, 449 (451).

IV. Form der Ablehnung

9 1. Für die Beteiligten bedarf es eines **Ablehnungsgesuchs,** das mündlich, schriftlich oder zu Protokoll der Geschäftsstelle des BVerfG anzubringen ist. Außerhalb der mündlichen Verhandlung besteht hierbei kein Anwaltszwang (§ 22 I 1). Die Ablehnung kann vom Beginn des Verfahrens an bis zum Beginn der mündlichen Verhandlung jederzeit erklärt werden, ohne dass es darauf ankommt, wann der Ablehnende von dem Ablehnungsgrund Kenntnis erhalten hat.[16]

10 2. Die Selbstablehnung durch einen Richter ist an keine Form gebunden und bis zu der das Verfahren abschließenden Endentscheidung zulässig.

11 3. Die Ablehnung (durch Beteiligte und Richter) ist bis zur Entscheidung des Gerichts widerruflich.

V. Verfahren des Gerichts

11a 1. Das Gericht (unter Ausschluss des abgelehnten Richters) hat diesen zur Äußerung aufzufordern (§ 19 II 1).

12 2. Die Selbstablehnung ist kein gerichtliches Internum. Art. 103 I GG gebietet, dass die Anzeige den Verfahrensbeteiligten mitgeteilt wird und diese Gelegenheit zur Stellungnahme erhalten.[17] Die Entscheidung ergeht (auch in Fällen der Selbstablehnung eines Richters) unter Ausschluss des Abgelehnten durch Beschluss. Sie kann ohne mündliche Verhandlung ergehen (§ 19 I). Der Beschluss ist nach mündlicher Verhandlung zu verkünden, andernfalls beiden Parteien bei Stattgeben formlos mitzuteilen, bei Ablehnung zuzustellen. Bei missbräuchlicher Ablehnung entscheidet das Gericht in alter Besetzung (s. o. Rn. 3). Bei Stimmengleichheit entscheidet die Stimme des Vorsitzenden.

13 3. Das Gesetz vom 12. 12. 1985 (BGBl. I S. 2226) hat § 19 um den Absatz 4 ergänzt. Mit Ausnahme der Senatsvorsitzenden wird bei begründeter Ablehnung/Selbstablehnung ein Richter des anderen Senats als Vertreter bestimmt. Nach § 19 IV 3 wird das Nähere in der GO regelt.[18]

---

[16] BVerfGE 2, 296.
[17] BVerfGE 89, 28 = NJW 1993, 2229; siehe auch BVerfG NJW 1994, 648; *Epping* DVBl. 1994, 449 (455 f.).
[18] Siehe dazu § 38 GO und die Anm. zu § 15.

Akteneinsicht § 20

VI. Wirkung der Ablehnung

Vom Erlass des der Ablehnung stattgebenden Beschlusses an steht der Richter einem ausgeschlossenen Richter gleich. Der Beschluss hat jedoch keine Rückwirkung. Vor der Entscheidung des Gerichts darf der Abgelehnte noch unaufschiebbare Amtsgeschäfte vornehmen. 14

VII. Ablehnung des Urkundsbeamten

§ 19 ist auf die Ablehnung von Urkundsbeamten sinngemäß anzuwenden. 15

§ 20 [Akteneinsicht]

Die Beteiligten haben das Recht der Akteneinsicht.

I. Allgemeines

Das Recht der Akteneinsicht ist vom BVerfGG als bestehende Rechtseinrichtung übernommen. Maßgebend sind aber die besonderen Modalitäten des Verfassungsprozesses (s. dazu §§ 35a, 35b) und die einschlägigen Regelungen der GO (§§ 24, 34, 35).[1] 1

II. Inhalt des Rechts

1. a) Das Recht der „Akteneinsicht" umfasst das Recht, die **Verfahrensakten** einzusehen und sich aus ihnen durch die Geschäftsstelle Ausfertigungen, Auszüge und Abschriften erteilen zu lassen. Es besteht während des ganzen Verfahrens bis zur Entscheidung, bei berechtigten Interessen uU darüber hinaus. Verfahrensakten sind sämtliche bei dem Gericht in dem anhängigen Verfahren angefallenen Schriftstücke. Hierzu gehören auch Zustellungsurkunden und Beiakten, auch Akten, die von einer Behörde mit „Geheimvermerk" versehen sind, solange sie nicht durch Beschluss nach § 26 II aus den Akten ausgeschieden und daher nicht mehr Entscheidungsgrundlage sind. Das Recht auf Akteneinsicht erstreckt sich ferner nicht auf Entwürfe zu Urteilen, Beschlüssen und Verfügungen, die zu ihrer Vorbereitung gelieferte Akten, sowie auf die Schriftstücke, welche Abstimmungen oder Strafverfügungen betreffen (s. a. Rn. 3 zu § 35a). 2

---

[1] Wie hier *Umbach/Dollinger*, in: UCD, § 20 Rn. 6 ff.

§ 20 Teil II. Verfassungsgerichtliches Verfahren

3   **b)** Die Akteneinsicht erstreckt sich ferner nicht auf Parallelverfahren, auf Vorgängerverfahren oder sonstige Verfahren, denen ein Beteiligter präjudizielle Wirkung für sein Verfahren beimisst. Auf ein etwa bestehendes berechtigtes Interesse der Beteiligten kommt es insoweit nicht an. In der Praxis verweist das Gericht die Beteiligten in einem solchen Fall an die Verfahrensbeteiligten solcher Verfahren.[2]

4   **c)** Der Zugang zu protokollierten Aussagen (s. dazu § 25 a) aus einer mündlichen Verhandlung wird durch § 24 GO näher geregelt.

5   **aa)** Es gibt zum Teil umfangreiche Aussagen von Zeugen oder Sachverständigen. Wird keine Abschrift für den Gebrauch des Gerichts angefertigt (§ 24 IV 1 GO) ist der Verfahrensbeteiligte nach § 24 III GO nur zum Abhören im Gericht befugt. Das beschränkt uU die Rechte eines Verfahrensbeteiligten in unzumutbarer Weise.

6   **bb)** § 24 IV GO, der die Überlassung von Ausfertigungen fremder Aussagen von der Zustimmung des Äußernden abhängig gemacht hatte, ist geändert worden. Wird eine Abschrift für den Gebrauch des Gerichts gefertigt, können nunmehr die Verfahrensberechtigten davon Abdrucke erhalten, unabhängig davon, ob es sich um eigene oder fremde Aussagen gehandelt hat. Für Anträge Dritter gelten die Regelungen der §§ 35 a ff.; s. a. § 24 V GO, § 35 b gilt auch für das Akteneinsichtsrecht eines Beteiligten nach Abschluss des Verfahrens.

cc) Auf § 24 IV–VI GO und auf § 25 a ist zu Beginn der mündlichen Verhandlung hinzuweisen, § 24 VII GO.

7   **2.** Die Akten sind **in der Geschäftsstelle** unter Aufsicht der Urkundsbeamten einzusehen, in der mündlichen Verhandlung des Vorsitzenden. Aktenversendung kann nicht verlangt werden. Die Fertigung von Kopien ist zulässig. Die Einsicht kann auch durch einen bevollmächtigten Vertreter (§ 22) geschehen.

III. Beteiligte

8   **1.** Das Recht steht den **„Beteiligten"** (s. dazu allgemein Rn. 37 ff. vor § 17) zu. Wie weit dieser Begriff in diesem Zusammenhang auszulegen ist, ist dem Gesetz nicht mit Sicherheit zu entnehmen. Einsichtsberechtigt sind jedenfalls der Antragsteller und Antragsgegner und diejenigen Verfassungsorgane, die einem Verfahren „beigetreten" sind (§§ 82 II und 77), aber auch Äußerungsberechtigte im konkreten Normenkontrollverfahren (§ 82 III), im Verfassungsbeschwerdever-

---

[2] Zu weiteren Einzelheiten s. *Ulsamer*, in: MSKB, Stand 1999 Rn. 5 ff. zu § 20.

fahren nach Zustellung.[3] Für Behörden kann sich uU ein Recht auf Akteneinsicht aus dem Grundsatz der Rechts- und Amtshilfe ergeben (Art. 35 GG).

2. Über die Akteneinsicht entscheidet der Vorsitzende im Benehmen mit dem Berichterstatter (§ 35 I GO). Die Entscheidung wird – in Zweifelsfällen – Art. 103 I GG, aber auch Art. 12 I GG, soweit es um die Ausübung anwaltlicher Tätigkeit geht, Rechnung tragen müssen.

§ 21 [Wahrung von Terminen durch Beauftragte von Personengruppen]

Wenn das Verfahren von einer Personengruppe oder gegen eine Personengruppe beantragt wird, kann das Bundesverfassungsgericht anordnen, daß sie ihre Rechte, insbesondere das Recht auf Anwesenheit im Termin, durch einen oder mehrere Beauftragte wahrnehmen läßt.

I. Voraussetzungen

Es muss sich um ein Verfahren handeln, das **von einer Personengruppe oder gegen eine Personengruppe beantragt wird**. In Frage kommen hauptsächlich Wahlprüfungssachen (§ 13 Nr. 3), wenn das BVerfG von einer Minderheit des Bundestages um Entscheidung angerufen wird (vgl. § 48; anders in dem Fall, dass ein Wahlberechtigter unter „Beitritt" von 100 Wahlberechtigten Antrag stellt), Organstreitigkeiten nach § 13 Nr. 5, 8, 10, ebenso Verfahren der abstrakten Normenkontrolle (§ 13 Nr. 6), wohl auch Verfassungsbeschwerden, in denen die Beschwerde von einer nicht rechtsfähigen Personengruppe erhoben wird. Nicht hierher gehört der Fall, dass gleichartige Verfahren verschiedener Antragsteller (etwa bei Verfassungsbeschwerden) vom Gericht zu einem Verfahren verbunden werden. Das Recht der einzelnen Antragsteller darf in solchen Fällen nicht beschnitten werden.

II. Verfahren der Anordnung

Die Anordnung ergeht nach pflichtgemäßem **Ermessen** von Amts wegen durch Beschluss des Senats mit einfacher Mehrheit. Sie kann

---

[3] S. dazu *Ulsamer*, in: MSKB Stand 1999 Rn. 12 zu § 20.

§ 22 Teil II. Verfassungsgerichtliches Verfahren

jederzeit erlassen werden zu Beginn oder im weiteren Verlauf des Verfahrens, wenn etwa ein Bedürfnis hierfür erst später hervortritt. Sie ist zu verkünden oder zuzustellen.

III. Inhalt und Rechtswirkungen

3 Durch die Anordnung geht das **Prozessführungsrecht** der einzelnen Mitglieder der Personengruppe auf den „Beauftragten" über; die einzelnen Mitglieder verlieren also dieses Recht. Es handelt sich daher nicht um einen Sonderfall einer „Vertretung" i. S. d. § 22. Es gelten daher auch nicht die persönlichen Anforderungen des § 22, d. h. der Beauftragte braucht nicht Rechtsanwalt oder Hochschullehrer des Rechts oder Mitglied einer gesetzgebenden Körperschaft zu sein. In der mündlichen Verhandlung ist demnach ein Prozessbevollmächtigter nach § 22 neben dem Beauftragten zu bestellen. Ob der „Beauftragte" aus dem Kreise der Mitglieder der Gruppe stammen muss, lässt der Wortlaut des Gesetzes offen.

§ 22 [Prozessvertretung]

(1) **Die Beteiligten können sich in jeder Lage des Verfahrens durch einen bei einem deutschen Gericht zugelassenen Rechtsanwalt oder durch einen Lehrer des Rechts an einer deutschen Hochschule vertreten lassen; in der mündlichen Verhandlung vor dem Bundesverfassungsgericht müssen sie sich in dieser Weise vertreten lassen. Gesetzgebende Körperschaften und Teile von ihnen, die in der Verfassung oder in der Geschäftsordnung mit eigenen Rechten ausgestattet sind, können sich auch durch ihre Mitglieder vertreten lassen. Der Bund, die Länder und ihre Verfassungsorgane können sich außerdem durch ihre Beamten vertreten lassen, soweit sie die Befähigung zum Richteramt besitzen oder auf Grund der vorgeschriebenen Staatsprüfung die Befähigung zum höheren Verwaltungsdienst erworben haben. Das Bundesverfassungsgericht kann auch eine andere Person als Beistand eines Beteiligten zulassen.**

(2) **Die Vollmacht ist schriftlich zu erteilen. Sie muß sich ausdrücklich auf das Verfahren beziehen.**

(3) **Ist ein Bevollmächtigter bestellt, so sind alle Mitteilungen des Gerichts an ihn zu richten.**

I. Zu Abs. 1 (Vertretung im Prozess)

1. Beschränkter Anwaltszwang (Satz 1)

Grundsätzlich gilt voller Anwaltszwang in der mündlichen Verhandlung. Im schriftlichen Verfahren können die Parteien selbst verhandeln. Lassen sie sich jedoch vertreten, so kann dies, wie in der mündlichen Verhandlung, **nur** durch einen bei einem deutschen Gericht zugelassenen Rechtsanwalt oder durch einen Lehrer des Rechts an einer deutschen Hochschule (nicht: Fachhochschule) geschehen.[1] Die ursprüngliche Fassung des Gesetzes erkannte neben den Anwälten die Vertretungsbefugnis nur Lehrern des Rechts an einer deutschen Universität zu. Die 3. Novelle vom 3. 8. 1963 ersetzte (in Angleichung an die Fassung des § 3 Abs. 4) das Wort „Universität" durch „Hochschule" und räumte damit die Vertretungsbefugnis auch Rechtslehrern an der Hochschule für Verwaltungswissenschaften in Speyer, an den technischen und wissenschaftlichen Hochschulen, an den Hochschulen für politische Wissenschaften und an den psychologisch-theologischen Hochschulen ein.[2] Zu den Lehrern des Rechts gehören außer den ordentlichen Professoren auch außerordentliche, außerplanmäßige Professoren, Honorarprofessoren, Privatdozenten und Lehrbeauftragte.[3]

1

Das Recht der Prozessvertretung vor dem BVerfG bestimmt sich nach den **Vorschriften der ZPO** (§§ 78–89). Dies gilt namentlich hinsichtlich des Umfangs der Prozessvollmacht, der Möglichkeit einer Beschränkung, für die Vertretung durch mehrere Bevollmächtigte, für die Rechtswirkung der Bevollmächtigung (unmittelbare Stellvertretung) und für das Erlöschen der Vollmacht. Wie im Zivilprozess ist zu unterscheiden, zwischen der zivilrechtlichen Vollmacht, die das innere Verhältnis zwischen Prozessbevollmächtigten und Partei beherrscht, und der prozessrechtlichen, die nach außen wirkt. Der Prozessbevollmächtigte muss stets selbst prozessfähig sein (§ 79 ZPO).

2

Im Rahmen der **Prozesskostenhilfe**[4] kann – in Anwendung des Rechtsgedankens des § 105 I ZPO – im Allgemeinen ein Rechtsanwalt nur beigeordnet werden, soweit eine Vertretung durch Rechts-

3

---

[1] So auch BVerfGE 1, 91 = NJW 1952, 337. Das gilt auch für Professoren an Gesamthochschulen, BVerfGE 88, 129 (134 ff.).

[2] Vgl. hierzu *Klein* DVBl. 1964, 89.

[3] S. dazu auch BVerfGE 88, 129 (143 f.) = NVwZ 1993, 663; hinsichtlich der Lehrbeauftragten aA *Speckmaier*, in: UCD Rn. 10 zu § 22.

[4] S. Rn. 64 vor § 17; Rn. 3 ff. zu § 34 a.

anwälte geboten ist,[5] in diesen Fällen auch außerhalb der mündlichen Verhandlung.[6] Die Beiordnung eines Pflichtverteidigers ist in einem konkreten Normenkontrollverfahren auf Vorlage eines Strafgerichts nicht zulässig.[7]

2. Ausnahmen (Satz 2)

4   a) **Für gesetzgebende Körperschaften.**[8] Satz 2 gewährt für **gesetzgebende Körperschaften und Teile von ihnen,** die in der Verfassung oder in der Geschäftsordnung eines obersten Bundesorgans **mit eigenen Rechten** ausgestattet sind, eine Besonderheit (der Begriff: Teile von gesetzgebenden Körperschaften, die mit eigenen Rechten ausgestattet sind, ist enger und klarer, als im § 13 Nr. 5, da der weite Sammelbegriff der „anderen Beteiligten" nicht zur Anwendung kommt). Die gesetzgebenden Körperschaften sind der Bundestag, der Bundesrat, die Landtage. Teile von ihnen, die in der Verfassung oder der Geschäftsordnung mit eigenen Rechten ausgestattet sind, sind namentlich die Fraktionen oder Verbindungen mehrerer Fraktionen, aber auch andere mit besonderen Rechten ausgestattete Minderheiten. Die gesetzgebenden Körperschaften können sich durch ihre in der Geschäftsordnung allgemein festgelegten Vertreter oder durch besonders gewählte Mitglieder (bei Teilen von Verfassungsorganen Mitgliedern dieser Teile) vertreten lassen. Die Worte „können sich vertreten lassen" bedeuten nicht, dass es eines besonderen Beschlusses bedürfte. Sie besagen nur, dass die gesetzgebenden Körperschaften auch durch ihre Mitglieder vertreten werden können. Die Befugnis des Bundestagspräsidenten zur Vertretung vor dem BVerfG ergibt sich aus § 7 GO-BT. Sie muss auch für die Vertretung in Verfassungsstreitigkeiten gelten, da die Geschäftsordnung keine besondere Regelung für solche Verfahren nicht trifft.[9] Zweifel gegen die Vertretungsmacht des Bundespräsidenten nach außen leiten sich auch nicht etwa aus § 127 GO-BT ab. Die gesetzgebenden Körperschaften (in ihrer Eigenschaft als Verfassungsorgane) können sich „außerdem" gemäß Satz 3 noch durch ihre Beamten vertreten lassen (vgl. Rn. 5). Verfolgen einzelne Abgeordnete Rechte aus ihrer Organstellung als Mitglieder des Bundestages, so nehmen auch sie an dem Organprivileg des § 22 I 2 teil; sie können in

---

[5] BVerfGE 1, 433 (439) = NJW 1953, 178.
[6] BVerfGE 1, 108 (109).
[7] BVerfGE 1, 108 (109) = NJW 1952, 457.
[8] S. dazu ausf. *Klein,* in: MSKB, Stand 1987 Rn. 7 zu § 22.
[9] S. BVerfGE 1, 115 – unter Berufung auf die Entscheidungen des Staatsgerichtshofs für das Deutsche Reich vom 12. 1. 1992 – StGH 2/21 – und vom 18. 6. 1927 – StGH 1/27 –, *LS* Bd. 1 S. 313 ff. und S. 370 ff.

Prozessvertretung § 22

der mündlichen Verhandlung vor dem BVerfG entweder selbst auftreten oder sich durch einen anderen Abgeordneten des Bundestages vertreten lassen.[10]

b) Für Bund und Länder und ihre Verfassungsorgane (Satz 3), nicht auch für Teile von Verfassungsorganen. Das Wort „außerdem" beinhaltet für die gesetzgebenden Körperschaften zusätzlich zu Satz 2 eine ergänzende, im Übrigen aber eine weitere selbstständige Ausnahme von dem unbeschränkten Anwaltszwang des Satz 1. Der „Bund" und die „Länder" als solche sind Streitparteien in Verfassungsstreitigkeiten nach § 13 Nr. 7 und 8. Hier werden sie durch die Regierungen als ihre Organe in Prozessstandschaft vertreten (§§ 68, 71). Bevollmächtigt werden können in diesen Fällen Beamte des Bundes oder Landes schlechthin, falls sie persönlich qualifiziert sind, nicht nur Ministerialbeamte („ihre" Beamten). „Verfassungsorgane" sind abgesehen von den gesetzgebenden Körperschaften der Bundespräsident, die Bundesregierung und die Landesregierungen. In Streitigkeiten der Verfassungsorgane im eigenen Namen (§ 13 Nr. 5, auch Nr. 6) kommen nur „Beamte" dieser Verfassungsorgane selbst in Frage, jedoch nicht nur Beamte im Sinne des Beamtenrechts. Auch Mitglieder einer Regierung sind **„Beamte" im Sinne des § 22 I 3**, obwohl sie nicht Beamte im Sinne des Beamtenrechts sind. Sie können daher die Regierung vertreten, wenn sie die Befähigung zum Richteramt, oder – seit der Novelle vom 3. 8. 1963 – BGBl. I S. 589 – zum höheren Verwaltungsdienst haben; im Übrigen können sie nur zum Wort „verstattet" werden.[11] Teile von Verfassungsorganen können sich nur nach Buchstabe a vertreten lassen.

Die **Vertretung der Bundesregierung** in Verfahren vor dem BVerfG ist geregelt in der Gemeinsamen Geschäftsordnung der Bundesministerien v. 26. 6 2000 (GMBl. 2000 S. 526).[12] Danach vertritt (in Anwendung des Art. 65 GG) das federführende Ministerium die Bundesregierung im Verfahren und bestellt die Vertreter für die mündliche Verhandlung. Die Vertreter der Bundesregierung in der mündlichen Verhandlung sind jedoch durch Kabinettsbeschluss zu bestellen, wenn die Bedeutung des Verfahrens es erfordert oder wenn bei Beteiligung von mehr als einem Ministerium keine Einigung über die Vertretung erzielt werden konnte. Die schriftliche Vollmacht erteilt der federführende Minister, wenn ein Minister die Bundesregierung vertritt, der Bundeskanzler bezüglich der Abgabe von Äußerungen der Bundesregierung gegenüber dem BVerfG.

---

[10] BVerfGE 10, 4 [11] mit BVerfGE 4, 144 (152) = NJW 1955, 625.
[11] BVerfGE 1, 14.
[12] S. dazu *Schenke*, in: BK Stand 2003 Rn. 141 zu Art. 65 GG.

3. Beistand (Satz 4)

7 Beistände nach Satz 4 müssen prozessfähig sein (§ 90 I ZPO). Sie bedürfen (abweichend von § 90 I ZPO) einer besonderen Zulassung durch **Beschluss** des Gerichts. Eine solche Beiordnung muss subjektiv notwendig und objektiv sachdienlich sein.[13] Der Antrag auf Zulassung als Beistand muss im Verfassungsbeschwerdeverfahren innerhalb der Fristen des § 93 ausdrücklich oder konkludent[14] gestellt werden.[15] Zur selbstständigen Vertretung in der mündlichen Verhandlung ist der Beistand nicht befugt. Das von ihm in der mündlichen Verhandlung Vorgetragene (nicht nur tatsächliche, sondern auch rechtliche Erklärungen) gilt jedoch als von der Partei vorgebracht, soweit es nicht von dieser sofort widerrufen oder berichtigt wird. Der Partei steht hierbei der gesetzliche Vertreter gleich, nicht jedoch der Prozessbevollmächtigte. Satz 4 beschränkt aber, jedenfalls für Verfahren über Verfassungsbeschwerden, die Zulassung eines Beistandes nicht auf die mündliche Verhandlung.[16] Nach dieser Entscheidung ist unter Beistand i. S. d. § 22 I 4 jedenfalls für das schriftliche Verfahren auch ein Bevollmächtigter zu verstehen, da die Zulassung eines nicht vertretungsberechtigten Beistandes im schriftlichen Verfahren praktisch bedeutungslos bleiben müsste.

II. Zu Abs. 2 (Form der Vollmacht)

1. Obligatorische Schriftform

8 Das Erfordernis der schriftlichen Erteilung der Vollmacht ist **wesentliche Formvorschrift,** deren Verletzung zur Nichtigkeit der Vollmacht als Prozessvollmacht führt, wobei jedoch die zugrunde liegende zivilrechtliche Vollmacht gültig sein kann. Die Bevollmächtigung ist einseitige Erklärung des Vollmachtgebers gegenüber dem zu Bevollmächtigten, dem Gegner oder dem Gericht. Sie ist mit dem Zugang der Erklärung selbst ohne Kenntnisnahme erteilt und damit auch anderen gegenüber wirksam. Sie ist eine Prozesshandlung, auch wenn sie schon vor Beginn des Rechtsstreits erteilt wurde. Willensmängel bleiben daher unberücksichtigt, der Vollmachtgeber muss bei Erteilung prozessfähig sein. Eine durch einen Vertreter erhobene Verfassungsbeschwerde wird nicht dadurch unzulässig, dass die nach § 22 II erfor-

---

[13] BVerfG(K) NJW 1994, 1271; s. a. BVerfGE 68, 360 (361).
[14] Die Voraussetzungen dafür sind streng, BVerfGE 37, 361 (362 f.).
[15] BVerfGE 37, 361 (362 f.).
[16] BVerfGE 1, 91; 8, 92 (94).

derliche Vollmacht nicht innerhalb der Fristen des § 93 eingeht oder erteilt worden ist.[17]

2. Obligatorische Sondervollmacht

Während für den Zivilrechtsstreit manche umfassenden zivilrechtlichen Vollmachten als gesetzliche Folge eine Ermächtigung zur Prozessführung einschließen (z.B. Prokura, § 49 HGB), bedarf es gem. Abs. 2 S. 2 für das Verfahren vor dem BVerfG einer **ausdrücklichen** und auf dieses Verfahren bezüglichen Prozessvollmacht. Eine „für alle Rechtsgeschäfte" ausgestellte Vollmacht reicht deshalb nicht aus.[18]

9

3. Nachreichung der Vollmacht

Abs. 2 enthält keine ausdrückliche Regelung darüber, ob die Vollmacht auch nachgereicht werden kann. Das Gericht ist jedoch, in entsprechender Anwendung des § 98 ZPO, § 67 III VwGO, befugt, auch vollmachtslose Vertreter, evtl. stillschweigend und unter Setzung einer Frist zur Nachbringung der Vollmacht, einstweilen zuzulassen.[19] Dies ist im Verfassungsbeschwerdeverfahren die Regel. Eine durch einen nicht zugelassenen Prozessbevollmächtigten vorgenommene Handlung kann durch den zugelassenen Prozessbevollmächtigten nur **mit Wirkung für die Zukunft** wiederholt werden.[20]

10

Im Übrigen kann das Gericht für die Vorlage der Vollmacht eine Frist setzen.[21]

4. Prüfung von Amts wegen

Die Vollmacht ist vom Gericht von Amts wegen zu prüfen. Das BVerfG prüft hierbei nur die Vertretungsbefugnis nach außen.[22] Prozesshandlungen eines ohne wirksame Vollmacht handelnden Vertreters sind unwirksam.[23]

11

5. Ende der Vollmacht

12

Die Vollmacht endet durch den Tod des Bevollmächtigten, den Verlust der Postulationsfähigkeit und dem Ende des Verfahrens, für das

---

[17] BVerfGE 50, 381 (383) = NJW 1979, 1543.
[18] BVerfG(K) NJW 2002, 428.
[19] BVerfGE 1, 433 (436) = NJW 1953, 178.
[20] BVerfGE 8, 92 (94).
[21] BVerfGE 62, 194 (200) = NVwZ 1983, 343.
[22] BVerfGE 1, 115; 1, 433 (436).
[23] BVerfG(K) NJW 2002, 428.

sie erteilt war, durch Widerruf und bei Eintritt der Insolvenz über das Vermögen des Schuldners.[24]

III. Zu Abs. 3 (Mitteilungen des Gerichts)

13   Ein Beteiligter, der einen Prozessbevollmächtigten bestellt hat, soll den Prozessbetrieb diesem überlassen. Der Bevollmächtigte muss „bestellt" sein. Die zu diesem Begriff im Anwaltsprozess entwickelten Grundsätze können hier, wegen der amtlichen Prüfung der Vollmacht nicht Anwendung finden. „Bestellung" ist also gleich Vollmachtserteilung. Abs. 3 ist **zwingendes** Recht. Dem Vertretenen kann selbst also nicht rechtswirksam zugestellt werden, einem Beistand wohl dann, wenn er (vgl. oben Rn. 7) im schriftlichen Verfahren als Bevollmächtigter anzusehen ist. Ein Verstoß gegen Abs. 3 macht die Mitteilung des BVerfG grundsätzlich wirkungslos. Wenn der Prozessbevollmächtigte das Schriftstück tatsächlich erhalten hat, wird der Mangel entsprechend § 189 ZPO geheilt.

§ 23 [Einleitung des Verfahrens]

(1) **Anträge, die das Verfahren einleiten, sind schriftlich beim Bundesverfassungsgericht einzureichen. Sie sind zu begründen; die erforderlichen Beweismittel sind anzugeben.**

(2) **Der Vorsitzende oder, wenn eine Entscheidung nach § 93c in Betracht kommt, der Berichterstatter stellt den Antrag dem Antragsgegner, den übrigen Beteiligten sowie den Dritten, denen nach § 27a Gelegenheit zur Stellungnahme gegeben wird, unverzüglich mit der Aufforderung zu, sich binnen einer zu bestimmenden Frist dazu zu äußern.**

(3) **Der Vorsitzende oder der Berichterstatter kann jedem Beteiligten aufgeben, binnen einer zu bestimmenden Frist die erforderliche Zahl von Abschriften seiner Schriftsätze und der angegriffenen Entscheidungen für das Gericht und für die übrigen Beteiligten nachzureichen.**

---

[24] S. dazu Rn. 35 vor § 17.

Einleitung des Verfahrens § 23

I. Zu Abs. 1 (Form, Inhalt und Wirkung der Anträge)

1. Begriff der prozesseinleitenden Anträge

a) Die Vorschrift gilt für **alle Verfahren** vor dem Gericht.[1] Der Antrag begrenzt zugleich den Verfahrensgegenstand.[2] Abs. 1 bezieht sich ausdrücklich nur auf „prozesseinleitende Anträge", gleichgültig unter welcher Bezeichnung. Dazu zählen nicht Anträge, die sich nur auf den Verfahrensablauf beziehen, wie Beweisanträge, Anträge auf Aussetzung des Verfahrens, Anträge des Gegners auf Klagabweisung, usw.; sie können auch in der mündlichen Verhandlung gestellt werden.

b) Der Antrag auf Erlass einer einstweiligen Anordnung (§ 32) ist ein „verfahrenseinleitender Antrag" i. S. d. § 23 I, auch wenn er während eines schwebenden Verfahrens gestellt wird.

1

2

2. Form der Anträge

a) Das Gesetz fordert **Schriftlichkeit.** Dahinter steht die Überlegung, dem Gericht eine zuverlässige Grundlage für die weitere Behandlung des Antrags zu verschaffen.[3] Nach *BVerfGE* 15, 288 (291) ist mit dem Wort „Schriftlichkeit" nur verlangt, dass aus dem Schriftstück der Inhalt der Erklärung, die abgegeben werden soll und die Person, von der sie ausgeht, hinreichend zuverlässig entnommen werden können. Nicht notwendig ist danach die handschriftliche Unterzeichnung, der Urheber der Erklärung kann auch auf andere Weise angegeben werden. Zu einem Fall der Unterzeichnung durch einen Dritten vgl. *BVerfG (K)* NJW 1994, 1272. Verfahrenseinleitende Anträge können durch Telefax eingereicht werden.[4] Das gilt auch gegenüber dem BVerfG.[5] Störungen im Übermittlungsvorgang oder beim Eingangsgerät des Gerichts (z. B. Defekt/fehlendes Papier) liegen in der Sphäre des Gerichts und dürfen des-

3

---

[1] BVerfGE 24, 252 (258).
[2] BVerfGE 57, 9 (90); 68, 1 (68) = NJW 1985, 603, und dazu *Pestalozza* § 2 Rn. 36 ff.
[3] BVerfGE 15, 288 (292) = NJW 1963, 755.
[4] GmS-OGB, BGHZ 144, 160 = NJW 2000, 2340; siehe auch das Formvorschriften-AnpassungsG vom 13. 7. 2001 (BGBl. I 1542) mit der Ergänzung des § 132 ZPO und der Einfügung des § 130a ZPO sowie weiterer Vorschriften; siehe dazu auch *Heusch/Sennekamp*, in: UCD, Rn. 57 ff. zu § 93.
[5] BVerfGE(K) NJW-RR 1995, 441 (442); NJW 1996, 2587. Der BGH NJW 2005, 2086 hat eine Berufungsbegründung ohne eingescannte Unterschrift bei einem Computerfax beanstandet. Für Verfahren ohne Vertretungszwang wird man das nicht verlangen dürfen, s. a. BVerfGE 110, 339 (342).

§ 23 Teil II. Verfassungsgerichtliches Verfahren

halb dem Übermittler nicht angelastet werden.[6] Für seine eigene Sphäre bleibt dagegen der Übermittler verantwortlich. So muss die Faxnummer stimmen;[7] der gewählte Anschluss muss rechtzeitig zugänglich sein.[8] Der Übermittler muss mit der Übermittlung so rechtzeitig beginnen, dass unter normalen Umständen mit dem Anschluss bis 24.00 Uhr zu rechnen ist.[9] Eine Zeitreserve ist auf jeden Fall einzukalkulieren.[10] Im Schrifttum wird angenommen, das Telefax müsse eine Wiedergabe der Originalunterschrift enthalten.[11] Für die Verfahren vor dem BVerfG bleibt es beim allgemeinen Grundsatz der Zurechenbarkeit.[12] Die Beantwortung des Übermittlers endet erst, wenn feststeht, dass sein Schriftsatz wirklich übermittelt worden ist (Kontrolle des Sendeberichts).[13] Anträge per E-mail sind ausgeschlossen. Das BVerfG verfügt zwar über einen E-mail-Anschluss, führt ihn aber bewusst auf dem im allgemeinen Geschäftsverkehr verwendeten Briefpapier nicht auf.

4   **b)** Schriftlichkeit gilt vor allem für die **Verfassungsbeschwerde,** für die im schriftlichen Verfahren kein Anwaltszwang besteht (s. dazu Rn. 4 ff zu § 92). Mündliche Antragstellung zu Protokoll der Geschäftsstelle des BVerfG ist, auch für Verfassungsbeschwerden, nicht vorgesehen.

5   **c)** Im **konkreten Normenkontrollverfahren** hat es das Gericht als ausreichend angesehen, dass der Vorlagebeschluss nur von den Berufsrichtern unterschrieben worden war.[14] Das erscheint bedenklich.

d) Wegen § 17 i. V. m. § 184 GVG muss der Antrag in **deutscher Sprache** abgefasst sein (s. dazu Rn. 12 zu § 17).

3. Adressat

6   **a)** Die Anträge sind ausschließlich, wenn auch möglicherweise mittelbar, über eine andere Behörde, beim BVerfG einzureichen. Einlegung bei einer anderen Behörde, etwa bei einem Gericht, dessen Entscheidung mit der Verfassungsbeschwerde angefochten wird (§ 90),

---

[6] BVerfG(K) NJW 1996, 2857.
[7] BGH NJW 2004, 3491; NJW 2004, 2830 (2831).
[8] BGH NJW 2004, 516.
[9] BVerfG(K) NJW 1996, 2857.
[10] BVerfG(K) NJW 2000, 574. Zum Fall des „Computer-Absturzes" siehe BGH, NJW 2004, 2525.
[11] Siehe etwa *Dästner* NJW 2001, 3470; *Riesenkampff* NJW 2004, 3296.
[12] BVerfGE 15, 288 (292). Zum Computerfax siehe *Puttler,* in: UCD, Rn. 7 zu § 23. Das Computerfax ist zulässig.
[13] BGH NJW 2004, 3490 (3491). Einzelheiten sind streitig, vgl. *Riesenkampff* NJW 2004, 3296 (3298).
[14] BVerfGE 2, 266 (270).

kann nach dem Wortlaut des Gesetzes für sich allein nicht genügen. So hat *BVerfGE* 1, 430 eine innerhalb der Frist des § 48 beim Bundestagspräsidenten eingereichte, aber erst nach Ablauf der Frist an das BVerfG gelangte Wahlprüfungsbeschwerde als unzulässig verworfen. Nicht notwendig (und nicht verbindlich) ist die Angabe eines bestimmten Senats.

b) Der Antrag ist eingegangen, sobald er in den Machtbereich des BVerfG gelangt. Es genügt Eingang beim zuständigen Postamt, wenn die Eingänge nach Vereinbarung mit der Post durch das Gericht abgeholt werden. In der Regel entscheidet der Einlaufsvermerk der Geschäftsstelle (Präsentation), oder bei Zustellung durch Boten, der Eingangsvermerk durch den Pförtner. Damit, nicht erst mit Zustellung wie am Parteiprozess, wird der Antrag rechtshängig. Bei Übermittlung durch Telefax ist der Antrag eingegangen, sobald er gespeichert ist. Auf den Ausdruck kommt es nicht an. 7

4. Notwendiger Inhalt

a) Der Antrag muss ein **bestimmtes Begehren** erkennen lassen, d.h. die genaue Angabe des Antragsziels. Das BVerfG legt den Antrag aus.[15] Bei Verfassungsbeschwerden werden weniger strenge Anforderungen gestellt. Hier genügt es, wenn das Begehren aus dem Gesamtinhalt des Schriftsatzes mit hinreichender Sicherheit erkennbar ist (s. dazu Anm. zu § 92). 8

b) Er muss ferner „**begründet**", d.h. hier mit Gründen versehen sein. Die Begründung ist zwingend vorgeschrieben. Sie ist wesentliches Erfordernis des Antrags und muss daher innerhalb der gesetzlich vorgeschriebenen Frist vorliegen.[16] Fehlt sie, so ist der Antrag als unzulässig abzuweisen; sie wird jedoch bis zur Entscheidung des Gerichts, vorbehaltlich des Ablaufs einer Antragsfrist, wie z.B. im Verfassungsbeschwerdeverfahren,[17] nachgereicht werden können. 9

c) Die Begründung muss enthalten: 10

aa) Ausführungen tatsächlicher Art, wo es auf solche ankommt; erforderlich ist eine hinreichend klare Darstellung des Tatbestandes, aus dem Rechtsfolgen abgeleitet werden sollen, sowie der Tatsachen, die ein notwendiges Rechtsschutzbedürfnis begründen. Tatsachen, die sich auf die Geltung anzuwendenden Rechts beziehen, gehören nicht dazu.

---

[15] BVerfGE 54, 53 (64); 60, 123 (131); 68, 1 (64) = NJW 1985, 603, und dazu *Pestalozza* § 2 Rn. 41.

[16] BVerfGE 21, 359 (361), 24, 252 (259).

[17] Eine Begründung in der mündlichen Verhandlung scheidet deshalb aus, BVerfGE 109, 256 (265).

Für die Tatsachen sind zugleich die „erforderlichen" Beweismittel anzugeben. Hierbei muss es für die Zulässigkeit des Antrags genügen, dass die angebotenen Beweismittel wenigstens einen gewissen Schein der Richtigkeit der behaupteten Tatsachen begründen. Auch alle erforderlichen Unterlagen sind vorzulegen.

11   **bb)** Der Satz „iura novit curia", ist erheblich eingeschränkt, er befreit im Verfassungsprozess nicht schlechthin von Rechtsausführungen. Ein wesentlicher Gegenstand der Zuständigkeit des BVerfG sind Streitfragen abstrakter Art (Vereinbarkeit von Gesetzen, Auslegung von Normen). Hier kommt es nur auf Rechtsausführungen an. Das Maß der erforderlichen Rechtsausführungen kann jedoch nicht allgemein, sondern nur je nach Art des Verfahrens und von Fall zu Fall bestimmt werden.

12   Sowohl bei den sachlichen wie bei den rechtlichen Ausführungen ist somit die Grenze zur sachlich ungenügenden Begründung fließend. Für alle Verfahrensarten (vgl. hierzu etwa § 75,[18] § 76,[19] § 80 II für konkrete Normenkontrollsachen, § 92 für Verfassungsbeschwerden)[20] gibt es besondere Vorschriften für den notwendigen Inhalt der Begründung. § 23 I 2 1. Hs. ist deshalb für sich allein wenig aussagekräftig.

5. Folgen von Formmängeln

13   Mängel nach Rn. 3–12 führen zur **Prozessabweisung** (Abweisung des Antrags), die in Verfahren nach §§ 24 oder 93a erfolgen kann. Das Gericht wird, soweit prozessual zulässig, die Möglichkeit zur Ergänzung innerhalb der gesetzlich vorgesehenen Frist geben.

6. Zulässigkeit von Hilfsanträgen

14   Gegen die Zulässigkeit eines Hilfsantrags im Verfahren vor dem BVerfG sind jedenfalls dann keine rechtlichen Bedenken zu erheben, wenn über ihn in demselben Verfahren entschieden werden kann, in dem über den Hauptantrag zu entscheiden ist, und wenn durch die Entscheidung über den Hilfsantrag die (prozessualen und materiellen) Rechte Dritter nicht in anderer Weise betroffen werden, als sie betroffen wären, wenn der Hilfsantrag als Hauptantrag gestellt und verbeschieden worden wäre.[21] Für verfahrenseinleitende Hilfsanträge gelten die gleichen Formvorschriften wie für den Hauptantrag.

---

[18] Z. B. BVerfGE 107, 286 (295).
[19] Z. B. BVerfGE 101, 1 (30).
[20] Z. B. BVerfGE 107, 275 (279 f.); 108, 370 (386 f.); 109, 256 (265).
[21] BVerfGE 1, 299 (310); s. a. BVerfGE 27, 240 (243); Rn. 16 ff. vor § 17.

Einleitung des Verfahrens § 23

II. Zu Abs. 2 (Zustellung der Anträge)

Über die Art der **Zustellung** vgl. Rn. 57 ff. vor § 17. Zuzustellen ist 15 dem Antragsgegner und den übrigen Beteiligten. Von „Antragsgegnern" kann nur in kontradiktorischen Verfahren gesprochen werden (§ 13 Nr. 1, 2, 4, 5, 7, 8, 9, 10), nicht im objektiven Verfahren der Normenkontrolle (§ 13 Nr. 6, 6a, 11, 11a, 12, 13, 14). Unter „Beteiligte" sind hier allgemein Personen und Organe gemeint, die beitreten können, da ja der Streit erst eingeleitet wird. Stellen, denen lediglich Gelegenheit zur Äußerung zu geben ist (z.B. §§ 77, 94), braucht nicht zugestellt zu werden. Nach der durch das 6. ÄndG vom 16. 7. 1998 (BGBl. I S. 1823) eingefügten Ergänzung erfolgt die Antragszustellung auch gegenüber den Dritten, denen gemäß § 27a Gelegenheit zur Stellungnahme gegeben wird (siehe dazu Rn. 22 ff. zu § 27a).

Die vom Gericht nach Abs. 2 zu bestimmende **Erklärungsfrist,** die 16 der Beschleunigung des Verfahrens dient, ist nicht Ausschlussfrist. Es können daher auch verspätete Erklärungen noch berücksichtigt werden. Aus gleichem Grunde sind auch die Entgegnungen auf die prozesseinleitenden Anträge (i.S.d. Rn. 2) den Beteiligten zur Kenntnis zu bringen.

III. Zu Abs. 3 (Abschriften)

Die Anordnung ist in das Ermessen des Vorsitzenden gestellt. Ein 17 Verstoß gegen die Anordnung führt zur prozessualen Abweisung des Antrags oder zur Nichtberücksichtigung eines Schriftsatzes.

IV. Antragsrücknahme

Grundsätzlich ist die Rücknahme des Antrags zulässig. Sie hängt 18 aber uU von der Zustimmung des BVerfG ab.[22] Auch kann ggf. das Verfahren trotz Antragsrücknahme aus Gründen des öffentlichen Interesses weitergeführt werden.[23]

---

[22] BVerfGE 24, 299, Rn. 10 vor § 17.
[23] BVerfGE 79, 255 und dazu *Pestalozza* § 2 Rn. 43; Rn. 9 ff., 14 vor § 17.

V. Antragsänderung

19 Es ist zwischen inhaltlicher Änderung und dem Übergang in eine andere Verfahrensart zu unterscheiden.[24] Wenn die Änderung nicht schon am Fristablauf scheitert, hängt sie von der Zustimmung des Gericht ab.[25]

§ 24 [A-limine-Abweisung]

Unzulässige oder offensichtlich unbegründete Anträge können durch einstimmigen Beschluß des Gerichts verworfen werden. Der Beschluß bedarf keiner weiteren Begründung, wenn der Antragsteller vorher auf die Bedenken gegen die Zulässigkeit oder Begründetheit seines Antrags hingewiesen worden ist.

I. Allgemeines

1 § 24 gibt dem Gericht die Möglichkeit, in einem **vereinfachten (schriftlichen) Verfahren** abzuweisen, wenn der Antrag vornehmlich aus prozessualen, uU auch aus materiellen Gründen von vornherein keine Aussicht auf Erfolg hat. Das ist auch noch nach mündlicher Verhandlung möglich.[1] Zweck der Vorschrift ist die Entlastung der Senate.[2] Ob das BVerfG von der Möglichkeit des § 24 Gebrauch macht, steht in seinem Ermessen. Es kann auch aus besonderen Gründen, trotz Vorliegens der Voraussetzungen nach § 24 einen Antrag im ordentlichen Verfahren abweisen. § 24 gilt[3] nach Wortlaut, Sinn und Zweck für alle Verfahren vor dem BVerfG (ausgenommen im Vorverfahren nach § 37, s. dazu dort Rn. 2). Er kann daher auch in Normenkontrollverfahren angewendet werden, in denen sich die Anrufung des BVerfG als offensichtlich unbegründet erweist. Entsprechend dem Charakter dieser Verfahrensart und im Hinblick auf § 31 ist in solchen Fällen nicht zu verwerfen, vielmehr muss ausgesprochen werden, dass die Vorschrift, die das vorlegende Gericht für verfassungswidrig hält,

---

[24] *Zembsch*, Verfahrensautonomie des BVerfG 1971, 138.
[25] BVerfGE 13, 54 (94) = NJW 1961, 1453; *Pestalozza* § 2 Rn. 44; Rn. 16 vor § 17.
[1] BVerfGE 106, 210 (213).
[2] *Benda* NJW 1980, 2097 (2098); *Benda/Klein* Rn. 319.
[3] BVerfGE 9, 334 (336); 18, 302 (304); 80, 354 (358) = NVwZ 1989, 952; s. dazu *Benda/Klein* Rn. 319 und Fn. 49.

A-limine-Abweisung § 24

mit dem GG vereinbar ist.[4] § 24 erscheint gegenüber § 93a als die subsidiäre Rechtsnorm.[5]

II. Voraussetzungen des vereinfachten Verfahrens

1. a) Unzulässig sind Anträge, die gegen Formvorschriften verstoßen oder Fristen nicht beachten, ferner Anträge über die das BVerfG wegen Fehlens einer Prozessvoraussetzung nicht sachlich entscheiden kann. Die Voraussetzungen können allgemeine sein die jedes Verfahren vor dem BVerfG verlangt, und besondere, die nur bestimmte Verfahrensarten betreffen.[6] „Offensichtlichkeit" ist für die Fälle der Unzulässigkeit nicht verlangt.[7] Schutz gewährt dem Antragsteller jedoch auch hier das Erfordernis der Einstimmigkeit. Nach *BVerfGE* 6, 7 kann das Gericht im Hinblick auf den summarischen Charakter des Verfahrens hingegen unter Hinweis auf allgemeine Prozessgrundsätze die Frage der Zulässigkeit dahingestellt sein lassen, wenn ein Antrag offensichtlich unbegründet ist.[8]

b) Formvorschriften enthalten §§ 17, 19 II, 22 II, 23 I, 32 III, 41, 49, 58, 61, 71 I Nr. 3, 74, 87, 90, 92. Aus den Ausführungen zu § 23 (siehe Rn. 13) ergibt sich, dass auch Mängel im Inhalt eines Antrags und zwar nach der tatbestandsmäßigen, wie rechtlichen Seite, Formmängel sein können, die zur Prozessabweisung führen können.

c) Fristen enthält das Gesetz in §§ 19 II, 23 III, 48, 49, 50, 58 II und 3, 64, 69, 70, 71, 93.

d) Zu den **allgemeinen Sachentscheidungsvoraussetzungen** im Verfassungsstreitverfahren nach dem BVerfGG gehören:[9]

aa) Die deutsche Gerichtsbarkeit. Ihr unterliegen als Verfahrensgegenstand nur Normen des deutschen Rechts und darauf beruhende Rechtsverhältnisse. Inzident-Würdigung fremden Rechts durch das BVerfG ist stets zulässig.[10]

bb) Die Zuständigkeit des BVerfG. Sie ist enumerativ geregelt. Es gehört daher keine Streitsache vor das BVerfG, die nicht unter eine

---

[4] S. dazu BVerfGE 78, 232 (244) und krit. *Sachs* BayVBl. 1980, 641 f.
[5] Vgl. auch *Grundmann* DÖV 1958, 170 (172). S. dazu *Benda/Klein*, Rn. 319.
[6] S. dazu im Einzelnen *Dollinger*, in: UCD Rn. 11 ff. zu § 24. Zur unzulässigen Organklage s. BVerfG NJW 2005, 2682.
[7] Vgl. *Wessel* DVBl. 1952, 161.
[8] Hiergegen unter Hinweis auf allgemeine Prozessgrundsätze *Grundmann* JZ 1957, 613; vgl. auch BVerfGE 13, 132 (150); 18, 441 (447); 19, 323 (326); 27, 36 (40); 27, 231 (235); 60, 243 (246); 64, 179 (179); 79, 223 (231) = NVwZ 1989, 547; 94, 297 (309); 97, 350 (368); 97, 408 (413 f.).
[9] Vgl. hierzu *Benda/Klein* Rn. 227 ff.
[10] BVerfGE 6, 309 [326] = NJW 1957, 705.

der in GG, BVerfGG und etwaigen ergänzenden Gesetzen (Art. 93 II GG) vorgesehenen Arten von Verfassungsstreitigkeiten fällt. Entscheidend für die Beurteilung der Zulässigkeit ist die wahre Natur des im Antrag enthaltenen Begehrens, nicht seine behauptete Natur. Die Zuständigkeit des BVerfG kann u. U. dahingestellt bleiben.[11] Unschädlich ist es, wenn der Antrag an einen bestimmten Senat gerichtet und nicht dieser, sondern der andere Senat zuständig ist. In solchen Fällen entscheidet im Zweifel der Ausschuss des Plenums nach § 14 V.

8 **cc) Die Entscheidungsfreiheit des Gerichts.** In der gegebenen Sache muss das Gericht in seiner Entscheidung frei sein, d. h. es darf nicht durch ein rechtskräftiges Urteil an der Entscheidung des konkreten Rechtsstreits gehindert sein.

9 **dd) Die Prozessfähigkeit des Antragstellers.**[12] Als Teil der Handlungsfähigkeit ist sie notwendigerweise eine Eigenschaft natürlicher Personen. Dies gilt auch für den Verfassungsrechtsstreit. Ist der Antragsteller nicht selbst prozessfähig (weil er z. B. minderjährig oder entmündigt ist, oder weil es sich nicht um eine natürliche Person handelt), so muss der für ihn handelnde gesetzliche Vertreter (z. B. der Betreuer oder das Organ einer Körperschaft) prozessfähig sein. Gleiches gilt für einen Beauftragten nach § 21. Im BVerfGG ist die Prozessfähigkeit nicht näher geregelt. Das Problem hat nur dort praktische Bedeutung, wo sich einzelne **natürliche Personen** an das BVerfG wenden können (Wahlanfechtung, namentlich Verfassungsbeschwerden).[13] Danach „können wegen der besonderen Eigenschaft der verschieden verfassungsrechtlichen Verfahren nicht die entsprechenden Bestimmungen anderer Verfahrensgesetze, etwa die §§ 51 ff. ZPO ohne weiteres entsprechend angewendet werden oder die ihnen zugrunde liegenden Rechtsgedanken ohne weiteres allgemein auf das Verfahren vor dem BVerfG übertragen werden. So wird sich beispielsweise die Fähigkeit des einzelnen Wahlberechtigten, Beschwerde gem. § 48 einzulegen, nach der Regelung der Wahlfähigkeit richten, die durchaus nicht regelmäßig mit der bürgerlich-rechtlichen Geschäftsfähigkeit überein zustimmen braucht. Andererseits wird die Fähigkeit zur Einlegung einer Verfassungsbeschwerde von der Ausgestaltung der einzelnen Grundrechte mit beeinflusst. Beispielsweise wird bei Verletzung des Rechts der Freiheit des Religionsbekenntnisses gem. Art. 4 GG zu berücksichtigen sein, dass das Gesetz über die religiöse Kindererziehung vom 15. 7. 1921 (RGBl. S. 939) idF v. 12. 9. 1990 (BGBl. I S. 2002) besondere Altersstufen für die freie Wahl eines

---

[11] BVerfGE 10, 229 (232 f.); 19, 323 (326) = NJW 1966, 339.
[12] Siehe dazu *Benda/Klein* Rn. 459 ff.; *Pestalozza* § 12 Rn. 21.
[13] Vgl. hierzu BVerfGE 1, 87 (88 f.) = NJW 1952, 177.

A-limine-Abweisung **§ 24**

bestimmten Religionsbekenntnisses vorsieht".[14] Ein wegen querulatorischer Veranlagung Entmündigter ist im Verfahren der Verfassungsbeschwerde nicht prozessfähig.[15] Einer besonderen Beurteilung bedarf der Fall, dass sich der Beschwerdeführer mit seiner Beschwerde gegen die Aberkennung der Geschäftsfähigkeit selbst richtet.

ee) Die gesetzliche Vertretung. Sie ist (außer der Vertretung ge- 10 schäftsunfähiger Personen bei der Verfassungsbeschwerde) namentlich wichtig, wenn Verfassungsorgane beteiligt sind, die durch bestimmte Personen gesetzlich vertreten werden. Welche Personen dies sind, ergibt sich außer aus dem GG aus den Geschäftsordnungen (vgl. z. B. hinsichtlich des Bundestagspräsidenten § 7 I 1 GO-BT). Bei Streitigkeiten zwischen Bund und Ländern und zwischen den Ländern untereinander (§ 13 Nr. 7 und 8) bestimmt das BVerfG selbst mit Wirkung für das bundesverfassungsgerichtliche Verfahren die gesetzlichen Vertreter (siehe §§ 68, 71; die dort verwandte Bezeichnung „Antragsteller und Antragsgegner" für Bundesregierung und Landesregierung ist missverständlich, s. dazu auch Rn. 4 zu § 22). In § 22 I 2 ist andererseits das Verhältnis von gesetzlicher Vertretung und Prozessvertretung nicht klar geschieden; beide gehen in diesen Fällen ineinander über. Fehlt die gesetzliche Vertretung dort, wo sie notwendig ist, etwa bei einer Verfassungsbeschwerde für einen Minderjährigen, so ist, wenn der Mangel nicht behoben wird, der Antrag nach § 24 abweisbar.

ff) Verhandlungsfähigkeit und Vollmacht des bestellten Vertre- 11 **ters.** Vgl. hierzu Rn. 8 ff. zu § 22.

gg) Die Beachtung der für alle Arten von Verfassungsstreitigkeiten 12 geltenden **zwingenden Formvorschriften.** Vgl. hierzu Rn. 3.

hh) Die Parteifähigkeit (Beteiligtenfähigkeit/Beschwerdefähigkeit). 13 Das BVerfG kennt den Begriff nicht. Er meint die abstrakte Fähigkeit, in einem Verfahren der vorliegenden Art Antragsteller oder Antragsgegner zu sein. Im bürgerlichen Rechtsstreit ist parteifähig wer rechtsfähig ist (§ 50 I ZPO). Für den Verfassungsprozess gilt dies nicht. Hier reicht die Parteifähigkeit einerseits über die Rechtsfähigkeit hinaus (z. B. Parteifähigkeit von Parlamentsminderheiten), andererseits bleibt sie weit dahinter zurück (nur bestimmte Personen, Organe oder Stellen sind parteifähig. In der Rechtsprechung des Staatsgerichtshofs für das Deutsche Reich war die Parteifähigkeit im verfassungsgerichtlichen Verfahren sehr umstritten, da eine ausreichende gesetzliche Klärung der Frage fehlte.[16] Der Staatsgerichtshof billigte die Parteifähigkeit in (echten) Verfassungsstreitigkeiten jedem zum Träger organschaftlicher

---

[14] S. a. BVerfGE 72, 122 (132 f.) = NJW 1986, 3129.
[15] BVerfGE 1, 87.
[16] Vgl. hierzu *Joel* AöR 78 (1952) 142.

§ 24 Teil II. Verfassungsgerichtliches Verfahren

Rechte bei der staatlichen Willensbildung Berufenen zu. Er kam so zur Bejahung der Parteifähigkeit der Landtage, Landesregierungen,[17] ferner vor allem auch der politischen Parteien. Das BVerfGG hat, ausgehend von der damals erreichten Rechtsprechung, die Parteifähigkeit für alle zugelassenen Arten von Verfassungsstreitigkeiten (im weiteren Sinne) gesondert geregelt. Anträge Nichtparteifähiger, wie Anträge, die gegen Nichtparteifähige gerichtet sind, sind nach § 24 als unzulässig abzuweisen.

14   ii) **Das Rechtsschutzbedürfnis.** Das Rechtsschutzinteresse muss in allen Verfahrensarten gegeben sein, die Anforderungen können jedoch unterschiedlich ausgeprägt sein (siehe dazu Rn. 23 ff. vor § 17).

15   **Besondere Prozessvoraussetzungen** sind insbesondere: die prozessualen Voraussetzungen eines Wiederaufnahmeantrags nach § 61 oder der Richteranklage nach § 58 II sowie die Erschöpfung des Rechtswegs vor Verfassungsbeschwerden gegen Verwaltungsakte und gerichtliche Urteile (§ 90 II), sowie die Erfordernisse des Subsidiaritätsgrundsatzes (s. Rn. 157 ff. zu § 90).

16   **2. a)** Aus **materiell-rechtlichen Gründen** kann nach § 24 verworfen werden, wenn der Antrag „offensichtlich unbegründet" oder von einem offensichtlich nicht Berechtigten eingereicht wurde. Letzterer Mangel (fehlende Aktivlegitimation) ist für die Regel ein Unterfall des ersteren (s. a. Rn. 2).

17   **b) Offensichtlich unbegründet** ist der Antrag, wenn das Gericht, ohne dass es einer weiteren Klärung des Sachverhalts bedürfte, vernünftigerweise keinen Zweifel an der mangelnden Begründetheit hegen kann. Das BVerfG hat jedoch den Begriff der „Offensichtlichkeit" nicht so eng ausgelegt, dass dieser sich schon aus der Antragsschrift selbst ergeben müsse. Es hat vielmehr in zahlreichen Fällen die Offensichtlichkeit auch noch nach rechtlichen und tatsächlichen Vorprüfungen bejaht.[18]

18   **c) Aktivlegitimation (Sachlegitimation)** ist die Eigenschaft, **richtiger Antragsteller** zu sein. Sie setzt das behauptete Bestehen eines materiellen Rechts voraus und kann daher nur in Frage stehen, wo es sich um die Verfolgung oder Feststellung von Rechten handelt, so vor allem bei der Verfassungsbeschwerde, aber auch bei Organstreitigkeiten (obwohl hier nicht Rechte im Sinne subjektiver Rechte anderer Rechtsgebiete in Frage stehen,[19] oder bei Streitigkeiten zwischen Bund

---

[17] StGH, in: *LS I* S. 267, 273, 286, 313, 334, 363, 402, uU einzelner Abgeordneten (*LS I* S. 257, 266).
[18] BVerfGE 82, 316 (319 f.); 89, 243 (250); 89, 291 (300); 89, 344 (345); 95, 1 (15). S. das Beispiel BVerfGE 103, 332 (358 ff.).
[19] Vgl. BVerfGE 2, 143.

und Ländern nach § 13 Nr. 5 und 7, nicht bei Normenkontrollsachen nach § 13 Nr. 11. Notwendig ist, dass eine unmittelbare Beziehung zwischen dem Antragsteller und dem Verfahrensgegenstand behauptet ist. Entscheidend für die Aktivlegitimation ist die Behauptung von Tatsachen, die an sich geeignet sind, den erhobenen Anspruch als in der Person des Klägers entstanden und zugleich durch den Prozessgegner verletzt erscheinen zu lassen, ohne dass es darauf anzukommen hat, ob das objektive oder ein subjektives Recht verletzt ist. Die Aktivlegitimation ist daher ein Teil der materiellen Klagebegründung. (Anders das verwandte Prozessführungsrecht von Organteilen für das Gesamtorgan nach § 64 I; es ist prozessrechtlicher Natur). Es handelt sich also um die Prüfung der Frage, ob die behauptete Beziehung zwischen Antragssteller und Verfahrensgegenstand tatsächlich besteht. Ist diese Frage offensichtlich (Rn. 17) zu verneinen, so kann nach § 24 verworfen werden.

III. Verfahren

Das Verfahren ist **schriftlich.** Der Ablauf der nach § 23 II gesetzten Frist ist abzuwarten. Eingegangene Schriftsätze sind zu berücksichtigen, sie können die Notwendigkeit einer mündlichen Verhandlung ergeben. Leidet ein Antrag an einem behebbaren Mangel (z.B. der Form), so kann das Gericht, evtl. unter Setzung einer Frist, aufgeben, den Mangel zu beseitigen. Das Gericht wird jedoch davon nur Gebrauch machen, wenn im Übrigen der Antrag aussichtsreich erscheint oder ein allgemeines Interesse an der Durchführung des Verfahrens besteht. Eine Verpflichtung des Gerichts besteht nicht. Nach der ursprünglichen Fassung des § 24 bedurfte die Entscheidung des Gerichts nach § 24 „keiner weiteren Begründung". Bei der Beratung über die Novelle vom 21.7.1956 (BGBl. I S. 589) war die Begründungspflicht umstritten. Nach dem Bericht des Rechtsausschusses sollte der erwähnte Halbsatz gestrichen werden; dadurch wäre das Verfahren nach § 24 dem normalen, ohne mündliche Verhandlung ablaufenden Verfahren angenähert, und so das Ziel der Vereinfachung des Verfahrens in Frage gestellt worden. Die in der 2. und 3. Lesung auf interfraktionellen Antrag beschlossene Fassung gestattet es dem Gericht, der Begründungspflicht auszuweichen, wenn die Antragsteller durch formlose Mitteilung (des Berichterstatters) – die keine präjudizielle Wirkung erhalten kann, aber doch den Antragsteller über die Auffassung des Gerichts aufklärt – auf die Bedenken gegen die Begründetheit oder Unzulässigkeit hingewiesen worden sind.

19

IV. Wirkung der Entscheidung

20 Entscheidungen auf Grund des vereinfachten schriftlichen Verfahrens ergehen stets in **Beschlussform** (§ 25 II). Im Übrigen aber stellen sie vollwirksame, endgültige Entscheidungen mit der Wirkung des § 31 dar (kein „Vorbescheid").[20] Bei Normenkontrollentscheidungen nach § 24 ist im Hinblick auf die Gesetzeskraft des Beschlusses die Vorlage nicht zu verwerfen, sondern auszusprechen, dass die für verfassungswidrig gehaltene Vorschrift mit dem GG vereinbar ist (s.o. Rn. 1).

§ 25 [Mündliche Verhandlung, Urteil und Beschluss]

(1) **Das Bundesverfassungsgericht entscheidet, soweit nichts anderes bestimmt ist, auf Grund mündlicher Verhandlung, es sei denn, daß alle Beteiligten ausdrücklich auf sie verzichten.**

(2) **Die Entscheidung auf Grund mündlicher Verhandlung ergeht als Urteil, die Entscheidung ohne mündliche Verhandlung als Beschluß.**

(3) **Teil- und Zwischenentscheidungen sind zulässig.**

(4) **Die Entscheidungen des Bundesverfassungsgerichts ergehen „im Namen des Volkes".**

I. Zu Abs. 1 (Grundsatz der Mündlichkeit des Verfahrens)

1. Allgemeine rechtliche Bedeutung des Grundsatzes

1 Abs. 1 enthält den Grundsatz der Mündlichkeit des Verfahrens, lässt jedoch in erheblichem Umfang Ausnahmen zu. Auf das Ganze der Verfahren gesehen ist die mündliche Verhandlung **seltene Ausnahme.** Auch soweit mündliche Verhandlung notwendig ist, gilt wie im verwaltungsgerichtlichen Verfahren (§ 108 VwGO) nicht der Grundsatz, dass nur das in der mündlichen Verhandlung Vorgetragene Grundlage der Entscheidung sein darf. Gemäß § 30 entscheidet das BVerfG „aus dem Inhalt der Verhandlung", wozu auch die bei Gericht eingereichten Schriftsätze gehören, vorausgesetzt, dass den Verfahrensbeteiligten Gelegenheit zur Äußerung gegeben war. Daraus ergibt sich, dass der Akteninhalt auch maßgebend ist, wenn er von den Parteien nicht mündlich erörtert wurde.

---

[20] *Dollinger*, in: UCD Rn. 33 zu § 24.

2. Mündliche Verhandlung ist nicht notwendig

a) „soweit **im Gesetz** etwas anderes bestimmt ist". Solche Ausnahmen sieht das Gesetz vor für das Verfahren nach § 24, für die Verhandlung vor dem beauftragten Richter (§ 26 I), für das Vorverfahren nach §§ 37 oder 45, für die Entscheidung über einen Antrag auf Wiederaufnahme des Verfahrens (§ 61 II) und für das Verfahren nach § 93 a. Entsprechendes gilt für andere prozessuale Anträge, die außerhalb der mündlichen Verhandlung gestellt werden (z. B. Beweisanträge, Anträge auf Terminverlängerungen usw). Fakultativ ist der Ausschluss der mündlichen Verhandlung für den Erlass einer einstweiligen Anordnung (§ 32 II) vorgesehen.

b) bei ausdrücklichem **Verzicht** aller Beteiligten.[1] „Beteiligt" im Sinne dieser Vorschrift sind Antragsteller und Antragsgegner sowie diejenigen Stellen, die dem Verfahren „beigetreten" sind, nicht schon jene Stellen, die dem Verfahren beitreten können oder denen „Gelegenheit zur Äußerung gegeben ist" (§ 77). Wer als Beteiligter im Sinne des § 25 anzusehen ist, ist demnach je nach der Verfahrensart verschieden.[2] Nach dieser Entscheidung ist an einem Normenkontrollverfahren nach § 13 Nr. 11 begrifflich notwendig niemand „beteiligt", so dass als „Beteiligte" nur die Verfassungsorgane gelten können, die durch Ausübung des ihnen in § 82 II gewährten Beitrittsrechts eine besondere Rechtsstellung im Verfahren gewonnen haben. Sind solche Verfassungsorgane nicht beigetreten und gibt es also in diesem Verfahren keine „Beteiligten", die auf mündliche Verhandlung verzichten könnten, so steht es im Ermessen des BVerfG, ob es auf Grund mündlicher Verhandlung entscheiden will.[3] Die Verzichterklärung ist eine einseitige, dem Gericht gegenüber vorzunehmende Prozesshandlung. Sie duldet keine Bedingung (wohl aber eine Befristung für die Entscheidung etwa indem noch Schriftsätze der Partei vorbehalten werden). Der Verzicht ist entweder in der mündlichen Verhandlung oder schriftlich zu erklären. Die Verzichterklärung ist grundsätzlich unwiderruflich, sobald alle Beteiligten zugestimmt haben.[4] Irrtum über die Voraussetzungen des Einverständnisses begründet keine Anfechtung. Verzicht ist nicht in allen Streitsachen zulässig (die mündliche Verhandlung ist ausnahmslos obligatorisch in den Fällen der Präsidenten-

---

[1] BVerfGE 83, 89 (97); 93, 37 (65). Zum Begriff des Verfahrensbeteiligten s. allgemein s. Rn. 37 ff. vor § 17.
[2] BVerfGE 2, 213 = NJW 1953, 777.
[3] S. auch BVerfGE 2, 307 (311); 4, 46 (48); 4, 178; 4, 214 (216); 4, 352 (355); 4, 387 (396); 5, 71 (74); 7, 29 (36); 7, 45 (49); 7, 89 (92); 8, 155 (163); 8, 260 (267) = NJW 1959, 331.
[4] BVerfGE 9, 73 (76).

§ 25 Teil II. Verfassungsgerichtliches Verfahren

anklage (§ 55) und der Richteranklage (§ 58 I), ferner bei Widerspruch gegen den Erlass oder die Ablehnung einer einstweiligen Anordnung (§ 32 III 3). Auch wenn alle Beteiligten auf mündliche Verhandlung verzichtet haben, kann das BVerfG eine mündliche Verhandlung von Amts wegen anordnen.[5]

4   c) Soweit die mündliche Verhandlung im Ermessen des Gerichts steht, beschließt der Senat, ob eine solche Verhandlung stattfindet, § 24 I GO.

3. Gang der mündlichen Verhandlung

5   Das BVerfGG enthält keine allgemeinen Vorschriften über den Gang der mündlichen Verhandlung. Insoweit ist bewusst der Bildung von **Gewohnheitsrecht** durch den Gerichtsgebrauch Raum gegeben. Notwendig sind:

6   **a) Bekanntgabe des Termins** zur mündlichen Verhandlung. Die Festsetzung des Termins erfolgt durch den Vorsitzenden des Senats (Präsident oder Vizepräsident, § 15 I). Sie ist den Beteiligten mitzuteilen, und zwar durch Zustellung (siehe Rn. 57 ff. vor § 17). Zustellung ist nicht erforderlich, wenn der Termin schon mündlich verkündet ist. Bei Ausbleiben eines Beteiligten kann nach dem Stand der Verhandlung entschieden (kein Versäumnisurteil) oder ohne den nichterschienenen Beteiligten verhandelt werden. Aufhebung und Vertagung des Termins ist Sache des Gerichts.

7   **b) Prozessleitung** durch den Vorsitzenden. Sie umfasst:
aa) die förmliche, das ist die Sorge für ein geordnetes Verfahren (Sitzungspolizei, s. dazu § 17 Rn. 6; Sorge für den äußerlich geordneten Prozessbetrieb),

8   **bb)** die sachliche, das ist die Sorge für ein zweckmäßiges Verfahren. Dem Vorsitzenden obliegt vor allem die Aufklärungspflicht, dh er hat die Streitsache mit den Beteiligten allseitig zu erörtern und darauf hinzuwirken, dass sie unklare Anträge erläutern, sachdienliche Anträge stellen, ungenügende Angaben tatsächlicher Art ergänzen sowie alle für die Feststellung des Sachverhalts erheblichen Erklärungen abgeben.

9   Der mündlichen Verhandlung liegt deshalb in der Regel eine vom Senat gebilligte, vom Berichterstatter/der Berichterstatterin vorbereitete Gliederung des Verhandlungsablaufs zu Grunde. Sie geht den Verfahrensbeteiligten rechtzeitig vor der mündlichen Verhandlung zu, § 24 II GO. Vor den meisten mündlichen Verhandlungen findet eine Vorbesprechung des Senatsvorsitzenden/Berichterstatters mit den Verfahrensbeteiligten (-bevollmächtigten) statt.

---

[5] BVerfGE 9, 73 (76).

Der Vortrag der Beteiligten ist in aller Regel in das enge Korsett der Verhandlungsgliederung gezwängt. Deswegen wird viel abgelesen. Besonders „mündlich" sind die Verhandlungen, wenn man vom Fragerecht der Richter absieht, nicht.

c) Erhebung des noch erforderlichen **Beweises** (siehe § 26 Abs. 1).

d) Fertigung einer **Niederschrift** durch einen beeidigten Schriftführer. In ihr sind die wesentlichen Vorgänge der Verhandlung aufzunehmen. Zu den wesentlichen Vorgängen gehören die äußeren Angaben nach § 159 ZPO und nach § 160 ZPO, soweit sie für das verfassungsgerichtliche Verfahren in Frage kommen; s. im Übrigen § 25a und § 24 III, IV GO.

4. Wiederholung der mündlichen Verhandlung

Das Gesetz geht offensichtlich davon aus, dass nur eine einmalige Verhandlung stattfindet, die sich allerdings über mehrere Tage oder (wie im KP-Prozess) mehrere Wochen erstrecken, uU für längere Zeit unterbrochen werden kann. Die Wiedereröffnung einer bereits vom Vorsitzenden des entscheidenden Senats geschlossenen mündlichen Verhandlung durch Gerichtsbeschluss hat das BVerfG in *BVerfGE* 8, 47 abgelehnt, ohne diese Möglichkeit im Grundsatz auszuschließen. Im Verfahren über die Zulässigkeit der staatlichen Parteifinanzierung wurde auch eine schon geschlossene mündliche Verhandlung wiedereröffnet.

5. Ablauf einer mündlichen Verhandlung

Zum Ablauf einer mündlichen Verhandlung realitätsnah *Rud. Gerhardt*, in: FS f. Simon, 1987, 63 ff.

II. Zu Abs. 2 (Form der Entscheidung)

Abs 2 gilt nicht für Zwischenentscheidungen über Verfahrensfragen (über sie ist durch Beschluss zu entscheiden, auch wenn sie sich in mündlicher Verhandlung ergeben).[6] Auch beschlussweise Entscheidungen des BVerfG haben die Rechtswirkungen des § 31. Da es ein Rechtsmittel gegen Entscheidungen des BVerfG nicht gibt, kommt dem Unterschied zwischen „Urteil" und „Beschluss" im Übrigen keine rechtliche Bedeutung zu.

---

[6] BVerfGE 1, 1 (5).

III. Zu Abs. 3 (Teil- und Zwischenentscheidungen)

15 **Teilentscheidungen** sind Entscheidungen, die den Rechtsstreit nur für einen von mehreren Verfahrensgegenständen oder nur für den Teil eines Verfahrensgegenstandes beenden. Nach *BVerfGE* 16, 332 (337) ergeht ferner eine „Teilentscheidung" im Sinne des § 25 III, wenn das Gericht über einen Teil der zu einem einheitlichen Verfahren verbundenen Verfassungsbeschwerden vorab entscheidet. Teilentscheidungen sind also Endurteile für einen quantitativen Teil des Verfahrensgegenstandes. Voraussetzung ist die rechtliche Teilbarkeit des Verfahrensgegenstandes. Wenngleich zulässig, werden Teilentscheidungen möglichst zu vermeiden sein.

16 **Zwischenentscheidungen** sind Entscheidungen, die nur über einzelne Streitpunkte (nicht über den Verfahrensgegenstand) ergehen, und zwar zwischen den Parteien oder zwischen diesen und Dritten. Sie binden das BVerfG für die Endentscheidung.

17 Im Übrigen kennt das Verfahren vor dem BVerfG im Wesentlichen die gleichen allgemeinen **Urteilstypen** wie das Zivil- und Verwaltungsprozessrecht, nämlich: Sachurteile, die in der Sache selbst entscheiden und daher Rechtskraft schaffen für den sachlichrechtlichen Anspruch und Prozessurteile, die nur über Prozessvoraussetzungen entscheiden und daher nur für diese, nicht für die Sache selbst Rechtskraft schaffen können. Bei den Sachurteilen wird weiter unterschieden zwischen Leistungsurteilen (sie sind im verfassungsrechtlichen Rechtsstreit selten, zB Streitigkeiten zwischen Bund und Ländern nach § 13 Nr. 8), Feststellungsurteilen (sie überwiegen im verfassungsrechtlichen Verfahren; namentlich gehören hierher die verschiedenen Möglichkeiten der abstrakten und konkreten Normenkontrolle) und Gestaltungsurteilen (im Verfassungsprozess selten; siehe § 13 Nr. 1 – Verwirkung). Eine besondere Gattung bilden ferner die quasi strafrechtlichen Urteile der § 13 Nr. 4 und 9. Verzichts- und Anerkenntnisurteile (§§ 306, 307 ZPO) erscheinen an sich auch im Verfassungsrechtsstreit nicht als unzulässig, soweit es sich um Parteistreitigkeiten über verzichtbare Ansprüche handelt. Solche Streitigkeiten scheiden jedoch nach den Zuständigkeitsvorschriften aus. Dass Versäumnisurteile nicht zulässig sind, ergibt sich aus dem Offizialprinzip (s. dazu Rn. 7 vor § 17). Der nicht erschienene Antragsteller oder Antragsgegner braucht nicht zu besorgen, dass sein Antrag schon wegen seines Nichterscheinens abgewiesen wird. Das Gericht hat vielmehr den Sachverhalt von Amts wegen zu prüfen und an Hand des objektiven Rechts zu entscheiden.

§ 25 a [Protokoll und Tonbandaufnahme]

Über die mündliche Verhandlung wird ein Protokoll geführt. Darüber hinaus wird sie in einer Tonbandaufnahme festgehalten; das Nähere regelt die Geschäftsordnung.

1. Die Vorschrift ist durch Art. 1 Nr. 11 des 5. ÄndG vom 2. 8. 1993 (BGBl. I S. 1442) in das BVerfGG gekommen. Mit der damit gegebenen Allgemeinverbindlichkeit der Regelung wird erreicht, dass nicht jeweils vor Beginn der mündlichen Verhandlung das Einverständnis der Verfahrensbeteiligten zur Tonbandaufnahme eingeholt werden muss.

2. Näheres regelt § 24 III, IV GO; s. dazu Rn. 5 ff. zu § 21.

§ 26 [Beweiserhebung]

(1) **Das Bundesverfassungsgericht erhebt den zur Erforschung der Wahrheit erforderlichen Beweis. Es kann damit außerhalb der mündlichen Verhandlung ein Mitglied des Gerichts beauftragen oder mit Begrenzung auf bestimmte Tatsachen und Personen ein anderes Gericht darum ersuchen.**

(2) **Auf Grund eines Beschlusses mit einer Mehrheit von zwei Dritteln der Stimmen des Gerichts kann die Beiziehung einzelner Urkunden unterbleiben, wenn ihre Verwendung mit der Staatssicherheit unvereinbar ist.**

I. Zu Abs. 1 (Erforschung des Sachverhalts)

1. Untersuchungsgrundsatz (Satz 1)

a) Satz 1 statuiert den Untersuchungsgrundsatz (s. dazu Rn. 7 vor § 17). Dem BVerfG ist damit die Erforderung und Klärung des Sachverhalts **von Amts wegen** aufgegeben. Das BVerfG hat sich danach, ohne an das Vorbringen und die Beweisanträge der Beteiligten gebunden zu sein, entweder selbst oder unter Inanspruchnahme der Rechtshilfe der Gerichte und Verwaltungsbehörden von allen nach seiner Ansicht für die rechtliche Beurteilung der Streitsache erheblichen Tatsachen Kenntnis zu verschaffen. Allerdings ist die Hauptaufgabe des Gerichts die Klärung verfassungsrechtlicher Fragen, nicht die Ermittlung von Tatsachen. Dies ist namentlich für Verfahren der konkreten Normenkontrolle bedeutsam.[1]

---

[1] BVerfGE 17, 135 (155); 18, 186 (192) = NJW 1965, 99. S. dazu instruktiv *Dollinger*, in: UCD Rn. 8 f. zu § 27 a.

§ 26 Teil II. Verfassungsgerichtliches Verfahren

2   **b) Umfang und Inhalt** der Ermittlungspflicht werden im Rahmen der in der jeweiligen Verfahrensart gegebenen Entscheidungsmöglichkeit des BVerfG durch die gestellten Anträge (§ 23), den Verfahrensgegenstand und das maßgebliche Verfahrensrecht bestimmt.

3   **c)** Der Antragsteller ist verpflichtet, die für die Entscheidung des Sachverhalts maßgeblichen Tatsachen umfassend vorzutragen **(Mitwirkungspflicht)**. Diese Verpflichtung gilt verstärkt, wenn dem verfassungsgerichtlichen Verfahren kein gerichtliches Ausgangsverfahren zugrunde liegt.

4   **d)** Das BVerfG steht bei verfassungsgerichtlichen Verfahren, denen **gerichtliche Ausgangsverfahren** zugrunde liegen (wie etwa bei der Verfassungsbeschwerde gegen gerichtliche Entscheidungen) zwar auf dem Standpunkt, die Feststellung und Würdigung des Tatbestandes sei „allein Sache der dafür allgemein zuständigen Gerichte und der Nachprüfung durch das Bundesverfassungsgericht entzogen".[2] Das soll jedoch schon grundsätzlich nicht gelten, wenn den Feststellungen des Instanzgerichts, die in ihrer materiellen Bedeutung für den konkreten Rechtsfall von einigem Gewicht sind, eine grundsätzlich unrichtige Anschauung von der Bedeutung eines Grundrechts zugrunde liegt.[3] Das kann der Fall sein, wenn die Feststellungen des Instanzgerichts willkürlich i. S. v. Art. 3 I GG erfolgt sind oder unter Verstoß gegen Art. 103 I GG. Bei fachgerichtlichen Urteilen, die die Meinungsfreiheit berühren, verengt sich das Primat der Instanzgerichte zur Feststellung und Würdigung des Sachverhalts besonders stark: das BVerfG prüft hier in ständiger Rechtsprechung, ob das Instanzgericht bei Würdigung einer Meinungsäußerung eine Aussage zugrunde legt „die so nicht gefallen ist, wenn es der Äußerung einen Sinn gibt, den sie nach dem festgestellten Wortlaut objektiv nicht hat, oder wenn es sich unter mehreren objektiv nicht möglichen Deutungen für die zur Verurteilung führende entscheidet, ohne die anderen unter Angabe überzeugender Gründe auszuscheiden" (s. dazu allgemein Einl Rn. 43).[4] Wie weit sich deshalb das BVerfG durch fachgerichtlich festgestellte Tatsachen binden lässt, ist damit nicht nur ein Problem des § 26, sondern vor allem ein Problem der Anwendung der Heck'schen Formel.[5] Im konkreten Normenkontrollverfahren muss § 26 I „sinnvoll und ökonomisch" gehandhabt werden.

---

[2] BVerfGE 18, 85 (92) = NJW 1964, 1715.
[3] BVerfGE 18, 85 (92) st. Rsp. vgl. BVerfGE 108, 282 (294).
[4] BVerfGE 82, 272 (280 f.); 86, 122 (129) = NJW 1992, 2409.
[5] Vgl. *Herzog*, in: FS f. Dürig 1990, 431 ff.; *Rennert* NJW 1991, 12 ff.; s. dazu *Jestaed* DVBl. 2001, 1309. Grundlegend *Bryde*, in: FS 50 Jahre BVerfG, Bd. 1, 2001, 533 ff. s. dazu Rn. 16, 92 ff. zu § 90.

Es ist Sache des vorlegenden Gerichts, die erforderlichen Tatsachen zu klären.[6]

e) Auf keinen Fall ist das Gericht bei verfassungsgerichtlichen Verfahren mit rückverweisungsfähigem Ausgangsverfahren verpflichtet, die Sache selbst entscheidungsreif zu machen. Es kann statt dessen zurückverweisen, s. Rn. 16 zu § 95. Fehlt es an dieser Möglichkeit, muss das Gericht den Sachverhalt selbst ermitteln. Insoweit gibt es bei Unaufklärbarkeit eine objektive **Beweislast**.

f) Beweisanträge der Verfahrensbeteiligten sind möglich und in vielen Verfahren auch erforderlich. In quasi-strafrechtlichen Verfahren wird das Gericht Beweisanträge aus keinem anderen Grund ablehnen dürfen, als im Strafverfahren entwickelt wurde.[7] Insbesondere sind auch Anerkenntnisse und Zugeständnisse der Beteiligten für das BVerfG nicht bindend und in der Regel auch nicht ausreichend. Das Gericht darf sie nur da gelten lassen, wo sie sich auf verzichtbare Ansprüche, Angriffs- und Verteidigungsmittel beziehen, nicht aber da, wo – wie es im verfassungsgerichtlichen Verfahren überwiegend der Fall sein wird – das öffentliche Interesse mit in Frage steht. Aus dem Untersuchungsgrundsatz folgt weiter, dass es im verfassungsrechtlichen Verfahren grundsätzlich keine subjektive Beweislast gibt.[8]

g) Die **Auswahl der Beweismittel** steht im Ermessen des Gerichts. Das Gesetz erwähnt ausdrücklich nur Urkunden (§ 26 II) Zeugen und Sachverständige (§ 28). Insoweit ist das Gericht in der Art und Weise der Heranziehung der Beweismittel rechtlich gebunden. Zulässig sind aber auch die anderen üblichen prozessualen Beweismittel, wie Parteivernehmung und Augenscheineinnahme. Das Gericht setzt dazu in großem Umfang auf behördliche Auskünfte und die Anhörung von Auskunftspersonen (s. dazu auch § 27 und § 22 IV GO).[9] Insoweit unterliegt die Art und Weise der Heranziehung der Beweismittel dem Gerichtsgebrauch. Die Vorschriften der ZPO, in quasi-strafrechtlichen Verfahren diejenigen der StPO, sind entsprechend anwendbar.

aa) Augenscheineinnahme. Auch Augenscheinnahme ist unmittelbare Sinneswahrnehmung des Gerichts zur Beweisaufnahme, Kenntnisnahme von der äußeren Beschaffenheit einer Sache, eines Menschen oder eines Vorgangs. Eine Verpflichtung, den Augenschein zu dulden, ist für Dritte nicht, für Beteiligte insoweit anzunehmen, als ihnen die

---

[6] BVerfGE 17, 135 (138 f.); 18, 186 (192).
[7] So *Arndt* in der 116. Sitzung des Bundestages, Niederschrift S. 4415; vgl § 244 StPO.
[8] *Zöbeley/Dollinger*, in: UCD § 26 Rn. 5.
[9] Krit. dazu *Vogel*, Das BVerfG und die übrigen Verfassungsorgane, 1988, 133 ff.

§ 26 Teil II. Verfassungsgerichtliches Verfahren

Duldung des Augenscheins zumutbar ist. Erzwingbar ist die Duldung nicht, jedoch kann das Gericht aus der Weigerung entsprechende Schlüsse ziehen. Der Augenschein kann, falls erforderlich, auch außerhalb der Gerichtsstelle eingenommen werden. § 372 ZPO über die Beiziehung von Sachverständigen ist entsprechend anwendbar.

9 **bb) Parteivernehmung.** § 95 VwGO über die Anordnung des persönlichen Erscheinens des Anfechtungsklägers oder eines Beigeladenen ist hinsichtlich aller Beteiligten entsprechend anwendbar.

10 h) Keines Beweises bedürfen **offenkundige Tatsachen** (§ 291 ZPO) nämlich

aa) allgemeinkundige Tatsachen, die in der Öffentlichkeit als feststehend angesehen werden, wie allgemeine wissenschaftliche Wahrheiten oder geschichtliche Vorgänge unter Ausschluss wissenschaftlicher Streitfragen. Hierher zu zählen sind auch zeitgenössische politische Vorgänge, soweit sie in der Öffentlichkeit (Presse, Rundfunk) unbestritten feststehen;

11 **bb) gerichtskundige Tatsachen,** d. h. solche Tatsachen, die dem Gericht als solchem aus der amtlichen Tätigkeit (nicht nur dem einzelnen Richter aus seiner privaten Tätigkeit) bekannt sind. Lediglich aktenkundige Tatsachen genügen nicht.

12 i) Eine wesentliche Einschränkung der Pflicht zur Beweiserhebung enthält für das verfassungsgerichtliche Verfahren die in § 33 II eröffnete Möglichkeit, die **tatsächliche Feststellung** eines rechtskräftigen, auf Offizialverfahren beruhenden Urteils **zugrunde** zu legen (vgl. hierzu Rn. 5 zu § 33 II).

2. Beauftragter oder ersuchter Richter (Satz 2)

13 Aus Satz 2 ergibt sich zunächst, dass grundsätzlich Beweise in der mündlichen Verhandlung erhoben werden (Grundsatz der Unmittelbarkeit und Mündlichkeit); aus praktischen Gründen lässt es jedoch das Gesetz zu, dass außerhalb der mündlichen Verhandlung die Beweiserhebung (durch Gerichtsbeschluss) einem Mitglied des Gerichts als beauftragten Richter oder einem anderen Gericht (gleich welcher Art und welchen Ranges), nicht einem einzelnen Richter eines anderen Gerichts übertragen wird, im letzteren Falle allerdings unter genauer Bestimmung des Beweisthemas.

II. Zu Abs. 2 (Urkundenbeweis)

1. Begriff der Urkunde und Vorlegungspflicht

14 Abs. 2 enthält (nur) eine Sonderbestimmung für den Urkundenbeweis, der damit grundsätzlich anerkannt wird.

Beweiserhebung § 26

a) Zum Begriff der „**Urkunde**", insbesondere der öffentlichen und privaten Urkunde siehe §§ 415 ff. ZPO. Die Beweiskraft der Urkunde ist entweder eine äußere (formelle) – sie beweist, dass der Aussteller die in der Urkunde niedergelegte Erklärung wirklich abgegeben hat – oder eine innere (materielle), die sich auf den Inhalt der Erklärung bezieht (vor allem, ob die Erklärung wahr oder falsch ist). In beider Hinsicht ist das BVerfG in der Beweiswürdigung frei, die Beweisregeln der §§ 415 ff. ZPO binden nicht, können jedoch bis zum Beweis des Gegenteils vom Gericht herangezogen werden.

b) Eine allgemeine staatsbürgerliche Pflicht zur Vorlegung von Urkunden, vergleichbar der Zeugnispflicht, gibt es von § 142 ZPO abgesehen nicht. Im Zivilprozessrecht besteht eine prozessuale Vorlegungspflicht nur bei bürgerlich-rechtlicher, nicht auch bei öffentlich-rechtlicher Vorlegungspflicht (§ 422 ZPO), bei Bezugnahme im Prozess (§ 423) und zur Schriftvergleichung (§ 441 III). § 98 VwGO erklärt die Vorschriften der ZPO für entsprechend anwendbar. Nach § 95 StPO ist jedoch jedermann, der Gegenstände in seinem Gewahrsam hat, die als Beweismittel von Bedeutung sein können (darunter fallen vor allem Urkunden) verpflichtet, sie auf Verlangen vorzulegen und abzuliefern. Im Verfassungsrechtsstreit können die Grundsätze des verwaltungsgerichtlichen Verfahrens allgemein als anwendbar gelten, in quasi-strafrechtlichen Verfahren (§ 13 Nr. 1, 2, 4, 9) darüber hinaus die Grundsätze des Strafprozessrechts (§§ 94 ff. StPO). Gegenüber Gerichten und Behörden kann die Vorlage von Urkunden unter dem Gesichtspunkt der **Amtshilfe** (§ 27) verlangt werden.

2. Schutz der Staatssicherheit

Eine Sonderbestimmung gilt für Urkunden, deren Verwendung mit der Staatssicherheit unvereinbar ist. Das Gericht hat nach Satz 2 mit qualifizierter Mehrheit eine Entscheidung darüber zu treffen, ob die Verwendung einer Urkunde mit der Staatssicherheit unvereinbar ist. An Erklärungen oder Feststellungen anderer Behörden ist das BVerfG hierbei nicht gebunden. Im Falle der Bejahung dieser Frage hat die Beiziehung im Verfahren zu unterbleiben. Geheime Urkunden im Sinne des Satz 2, die zum Prozess nicht beigezogen werden können, können auch bei der Entscheidung nicht verwendet werden. Hinsichtlich ihrer besteht auch kein Recht auf Akteneinsicht. Kommt die nach Abs. 2 erforderliche Zweidrittelmehrheit nicht zustande, so muss die Urkunde auf Verlangen vorgelegt werden.

§ 27 [Rechts- und Amtshilfe]

Alle Gerichte und Verwaltungsbehörden leisten dem Bundesverfassungsgericht Rechts- und Amtshilfe. Fordert das Bundesverfassungsgericht Akten eines Ausgangsverfahrens an, werden ihm diese unmittelbar vorgelegt.

I. Allgemeines

1   Satz 1 normiert einen Sonderfall der schon in Art. 35 GG ausgesprochenen allgemeinen Pflicht der Behörden des Bundes und der Länder zu gegenseitiger Rechts- und Amtshilfe.[1] Verpflichtet sind auch Verwaltungen bei Verfassungsorganen (zB bei Parlamenten).

II. Begriff der Rechts- und Amtshilfe

2   **1. Rechtshilfe** liegt danach vor, wenn die ersuchende Behörde die Amtshandlung ihrer sachlichen Zuständigkeit nach selbst vornehmen könnte, die Zweckmäßigkeit jedoch für die Vornahme durch das ersuchte Gericht spricht; **Amtshilfe** steht in Frage, wenn die ersuchte Stelle die praktische Durchführung einer Amtshandlung unterstützen soll, zB durch Bereitstellung von Räumen, Geräten usw. Bei Amtshilfe wird also die Amtshandlung durch die ersuchende Behörde selbst, bei Rechtshilfe wird sie durch die ersuchte Behörde vollzogen.[2] Das BVerfGG trennt beide Begriffe jedoch entsprechend einem häufigen Sprachgebrauch nicht streng, da es die eigentlich nur von Gerichten zu leistende Rechtshilfe auch den Verwaltungsbehörden auferlegt.

3   **2. Rechtshilfe** bezieht sich auf die Tätigkeiten von Gerichten für Gerichte. Sie ist der Rechtsprechungstätigkeit der Gerichte zuzuordnen. Zur Auslegung des § 27 ist auf §§ 156 ff. GVG zurückzugreifen,[3] soweit nicht § 27 wie in S. 2 eine Sonderregelung trifft.

4   **3.** Der Geltungsbereich der Rechts- und Amtshilfe ist auf den Bereich der deutschen Staatsgewalt beschränkt.[4] Es darf aber nicht über-

---

[1] Siehe dazu *Gubelt,* in: v. Münch/Kunig, GG, Bd. 2, 5. Aufl. 2001, Rn. 1 zu Art. 35 GG; *Magen,* in: UC-GG, Bd. I, 2002, Rn. 5 ff. zu Art. 35 GG; *Pieroth,* in: Jarass/Pieroth, GG, 7. Aufl. 2004, Rn. 1 zu Art. 35 GG. Art. 35 GG konkretisiert das Rechtsstaatsprinzip, BVerfGE 31, 43 (46); 42, 91 (95).

[2] *Albers,* in: Baumbach/Lauterbach/Albers/Hartmann, ZPO, 63. Aufl. 2005, Üb. vor §§ 156 ff. GVG Rn. 2).

[3] *Kissel/Mayer,* GVG, 4. Aufl. 2005, Rn. 17 zu § 156 GVG.

[4] Siehe dazu im Einzelnen *Klein,* in: MSKB, Stand 1993, Rn. 4 ff. zu § 27.

sehen werden, dass der Grundsatz des gemeinschaftsfreundlichen Verhaltens (§ 10 EGV) und die Rechtsprechung des EuGH die Organe der EG grundsätzlich zur Rechts- und Amtshilfe verpflichtet.[5]

III. Prüfungs- und Ablehnungsrecht der ersuchten Stelle

Für das Prüfungs- und Ablehnungsrecht der ersuchten Behörde ist § 158 GVG entsprechend anwendbar. Das Ersuchen darf danach grundsätzlich nicht abgelehnt werden. Es ist jedoch – das BVerfG ist kein den anderen Gerichten im Rechtszug vorgesetztes Gericht – abzulehnen, falls die Handlung nach dem Recht des ersuchten Gerichts nicht zulässig ist oder dem Gericht die sachliche oder örtliche Zuständigkeit mangelt. Das ersuchte Gericht hat nur zu prüfen, ob die Handlung allgemein zulässig, nicht ob sie im Einzelfall zulässig oder zweckmäßig ist. Auch das BVerfG bleibt deshalb den Grenzen der Rechts- und Amtshilfe verpflichtet, die sich aus den allgemein anerkannten Rechtsgrundsätzen und Verfahrensvorschriften ergeben.[6] Das gilt insbesondere für unabdingbare Geheimhaltungsvorschriften.[7]

Lehnt die ersuchte Behörde die Vorname der Handlung ab, so kann sich das BVerfG an die Aufsichtsbehörde der ersuchten Behörde wenden; ist die ersuchte Behörde ein Gericht, so ist auch § 159 GVG anwendbar.

IV. Vorlage von Akten und Urkunden

Sie erfolgt über die oberste Dienstbehörde (des Landes oder Bundes; auch bei Gerichten im Verwaltungsweg). Die obersten Behörden des Bundes und der Länder legen unmittelbar vor.

---

[5] EuGH NJW 1991, 2409. Siehe dazu *Kopp/Schenke*, VwGO, 14. Aufl. 2005, Rn. 7 zu § 14 VwGO. Zu weiteren Möglichkeiten der Zusammenarbeit auf europäischer Ebene siehe *Gubelt*, in: v. Münch/Kunig, GG, Bd. 2, 5. Aufl. 2001, Rn. 4 zu Art. 35 GG. Der EGMR wird, weil die EMRK schweigt, nur über den (vagen) Begriff des Kooperationsverhältnisses eingebunden werden können.
[6] *Klein*, in: MSKB, Stand 1993, Rn. 11 zu § 27; *Gubelt*, in: v. Münch/Kunig, GG, Bd. 2, 5. Aufl. 2001 Rn. 13 ff. zu Art. 35 GG m. w. Nw.
[7] *Schnapp* NJW 1980, 2165.

V. Kosten der Rechts- und Amtshilfe

7   Ob das BVerfG Kosten zu erstatten hat, wenn es Rechts- oder Amtshilfe in Anspruch nimmt, ergibt sich aus den jeweiligen Haushaltsbestimmungen der Stellen, die Amtshilfe leisten.[7] Im Rechtshilfeverkehr gilt auf jeden Fall Gebührenfreiheit (§ 8 IV KostO).

§ 27 a [Stellungnahme sachkundiger Personen]

Das Bundesverfassungsgericht kann sachkundigen Dritten Gelegenheit zur Stellungnahme geben.

1   1. Schon bisher hatte § 22 V GO den Senatsvorsitzenden ermächtigt, die gutachtliche Äußerung von Personen, die auf einem Gebiet über besondere Sachkunde verfügen, einzuholen. Für das Kammerverfahren regelte § 41 GO ganz allgemein, dass die Stellungnahme von Äußerungsberechtigten oder von Dritten eingeholt werden durfte. Das hatte die Frage aufgeworfen, auf welcher Rechtsgrundlage (wenn man den rechtlich schwachen Rang der Geschäftsordnung bedenkt; s. dazu Rn. 11 zu § 1) Prozessstoff an nicht äußerungsberechtigte Dritte weitergeleitet werden konnte und welchen verfahrensrechtlichen Status diese Dritten durch die Einbeziehung in das Verfahren erlangten. § 27 a ermächtigt nunmehr zur Einholung von Stellungnahmen sachkundiger Dritter durch das BVerfG; dies entspricht der Gerichtspraxis vor allem im Verfassungsbeschwerdeverfahren. In der Regel wird es sich dabei um im gesellschaftlichen Raum relevante Gruppierungen (z. B. Gewerkschaften, Arbeitgeberverbände, Berufsverbände, soziale Einrichtungen, Umweltschutzorganisationen) handeln. Geht es um sachverständige Einzelpersonen, so kommt eher eine Beweisaufnahme (Anhörung oder schriftliche Stellungnahme als sachverständiger Zeuge oder als Sachverständiger) in Betracht. Die Grenzen sind auch in der Praxis fließend.

2   2. Der Begriff des Dritten bleibt dabei weiter unklar. Den amicus curiae kennt das deutsche Recht nicht. Der amicus curiae brief nach US-Recht gibt dem „Dritten" ein eigenständiges Beteiligungsrecht.[1] Es ist deshalb nicht überzeugend, die gekorene Anhörungsbeteiligung als amicus curiae-Lösung zu kennzeichnen.[2]

---

[7] So im Ergebnis auch *Klein,* in: MSKB, Stand 1993, Rn. 8 zu § 27.
[1] *Zuck,* Vb Rn. 566.
[2] *Benda/Klein* Rn. 739. Zum Beteiligungsbegriff s. allgemein Rn. 37 ff. vor § 17.

Die Negativformel, Dritter sei nicht, wer Beteiligter des Verfahrens[3] ist, ist ein tauglicher Notbehelf. Beschwerdeführer und Beteiligte jeder Art können danach keine Dritten im Sinne des § 27a sein; ebenso wenig Zeug oder Sachverständige außerhalb des § 26.[4]

3. Der Dritte[5] ist stellungnahmeberechtigt, aber nicht stellungnahmeverpflichtet. Das BVerfG kann infolgedessen seine Stellungnahme auch nicht erzwingen. Da das Gesetz als Kannvorschrift ausgestaltet ist, hat der Dritte auch kein Stellungnahmerecht. Die – häufigen – Eingaben Dritter gehen nicht in die Verfahrensakte ein, sondern in das Allgemeine Register[6] (siehe dazu Rn. 7 zu § 93a).

§ 28 [Zeugen und Sachverständige]

(1) **Für die Vernehmung von Zeugen und Sachverständigen gelten in den Fällen des § 13 Nr. 1, 2, 4 und 9 die Vorschriften der Strafprozeßordnung, in den übrigen Fällen die Vorschriften der Zivilprozeßordnung entsprechend.**

(2) **Soweit ein Zeuge oder Sachverständiger nur mit Genehmigung einer vorgesetzten Stelle vernommen werden darf, kann diese Genehmigung nur verweigert werden, wenn es das Wohl des Bundes oder eines Landes erfordert. Der Zeuge oder Sachverständige kann sich nicht auf seine Schweigepflicht berufen, wenn das Bundesverfassungsgericht mit einer Mehrheit von zwei Dritteln der Stimmen die Verweigerung der Aussagegenehmigung für unbegründet erklärt.**

I. Zu Abs. 1 (Anwendung der straf- und zivilprozessualen Vorschriften)

1. Allgemeines

Abs. 1 **unterscheidet** hinsichtlich der Vernehmung von Zeugen und Sachverständigen zwischen den quasistrafrechtlichen Verfahren der Verwirkung von Grundrechten, des Parteiverbots, der Präsidentenanklage und der Richteranklage und den übrigen Verfahren. In den ersteren Fällen finden die strafprozessualen Vorschriften der §§ 48–80,

---

[3] *Dollinger,* in: UCD, Rn. 15 zu § 27a.
[4] Zurecht kritisch deshalb *Dollinger,* in: UCD, Rn. 18 zu § 27a bezüglich der unklaren Verwendung des Begriffs „Auskunftsperson" durch BVerfGE 89, 155 (170); 108, 282.
[5] Zur Kasuistik siehe *Dollinger,* in: UCD, Rn. 16 zu § 27a.
[6] *Dollinger,* in: UCD, Rn. 22 zu § 27a.

82–85, 251–253 StPO, in den letzteren die zivilprozessualen der §§ 375–414 ZPO entsprechende Anwendung. Da nur entsprechende Anwendung vorgeschrieben ist und die Vorschriften des Straf- und Zivilprozessrechts nicht durchweg passen, ist die Herausbildung fester Grundsätze weitgehend dem Gerichtsgebrauch überlassen.

2. Strafprozessuale Vorschriften

2 **a) Zeugen. aa)** Zeuge i.S.d. StPO ist eine Beweisperson, die in einem nicht gegen sie selbst gerichteten Strafverfahren Auskunft über die Wahrnehmung von Tatsachen gibt.[1]

3 **bb)** Es kommen in Frage: § 48 StPO (Ladung der Zeugen), §§ 49–50 StPO (Vernehmung des Bundespräsidenten, von Abgeordneten und Regierungsmitgliedern), § 51 StPO (Verpflichtung, der Ladung Folge zu leisten), §§ 52–56 StPO (Zeugnisverweigerungsrecht), §§ 57–58a StPO (Verfahren der Zeugenvernehmung), §§ 59 ff. StPO (Vereidigung), § 71 StPO (Zeugenentschädigung).

4 **b) Sachverständige. aa)** Sachverständiger ist, wer auf Grund Prüfung oder Erfahrung Spezialist eines eng definierten Sachgebiets (in der Regel eines Teilbereichs eines Berufs,[2] ist.

5 **bb)** Grundsätzliche Geltung der Vorschriften der StPO für Zeugen § 72 StPO, Auswahl der Sachverständigen § 73 StPO, Ablehnung von Sachverständigen § 74 StPO, Verpflichtung, der Ladung Folge zu leisten §§ 75, 77 StPO, Verweigerung des Gutachtens §§ 76, 77 StPO, Vereidigung § 79 StPO, Aufklärungs- und Fragerecht des Sachverständigen § 80 StPO, besondere Untersuchungsmethoden §§ 81 a ff. StPO, § 244 IV StPO Ablehnung eines Sachverständigen wegen eigener Sachkunde des Gerichts, §§ 250–256 StPO Verlesungen.

3. Zivilprozessuale Vorschriften

6 **a) Zeugen. aa)** Zeugen sind Personen, die (nicht als Partei oder deren gesetzlicher Vertreter) über ihre Wahrnehmung „vergangener Tatsachen und Zustände", d.h. im Prozess über ihre außerhalb des Prozesses erworbenen Kenntnisse zu (ihnen selbst noch gegenwärtigen) Tatsachen aussagen sollen.[3]

7 **bb)** Entsprechend anwendbar sind vor allem: § 375 ZPO (Beweisaufnahme durch beauftragten oder ersuchten Richter), § 376 ZPO

---

[1] *Kleinknecht/Meyer-Goßner*, StPO 46. Aufl. 2005 Rn. 1 vor § 48 StPO.
[2] BVerwG GA 1973, 263.
[3] *Rosenberg/Schwab/Gottwald*, Zivilprozessrecht, 15. Aufl. 1993, S. 204; s.a. *Hartmann*, in: Baumbach/Lauterbach/Albers/Hartmann, ZPO, 63. Aufl. 2005, Rn. 4 Übers. § 373 ZPO.

(Vernehmung bei Amtsverschwiegenheit), § 377 ZPO (Ladung), § 379 ZPO (Auslagenvorschuss), § 380 ZPO (Folgen des Ausbleibens), § 382 ZPO (Vernehmung an bestimmtem Ort), §§ 383–389 ZPO (Zeugnisverweigerung), § 390 ZPO (Zeugniszwang), § 391 (Beeidigung), § 392 (Nacheid), § 393 (uneidliche Vernehmung), § 394 ZPO (Einzelvernehmung, Gegenüberstellung von Zeugen), § 395 ZPO (Vernehmung zur Person) § 396 ZPO (Vernehmung zur Sache), § 397 ZPO (Parteibefragung des Zeugen,[4] § 398 ZPO (wiederholte und nachträgliche Vernehmung), § 399 ZPO (Verzicht auf Zeugen), § 400 ZPO (Befugnisse des mit der Beweisaufnahme betrauten Richters), § 401 ZPO (Zeugenentschädigung).

b) Sachverständige. aa) Zum Begriff s. o. Rn. 4.

bb) Anwendbar sind insbesondere § 402 ZPO (Vorschriften für Zeugen), § 404 ZPO (Auswahl), § 404a (Anhörung des Sachverständigen), § 405 ZPO (Auswahl durch den mit der Beweisaufnahme betrauten Richter), § 406 ZPO (Ablehnung), § 407 (Begutachtungspflicht), § 407a ZPO (Pflichten des Sachverständigen), § 408 ZPO (Gutachten-Verweigerungsrecht), § 409 ZPO (Folgen des Ausbleibens oder der Weigerung), § 410 ZPO (Beeidigung), § 411 ZPO (schriftliches Gutachten), § 411a ZPO (Verwertung von gerichtlichen Sachverständigengutachten), § 412 ZPO (neues Gutachten), § 413 ZPO (Sachverständigenvergütung), § 414 ZPO (Sachverständige Zeugen).

4. Beweistermin

Ergänzt wird § 28 durch die Vorschriften über den Beweistermin (§ 29).

II. Zu Abs. 2

Die Pflicht zur **Genehmigung** von Zeugenaussagen ergibt sich vor allem aus dem Beamtenrecht (vgl. § 61 II BBG, § 39 II BRRG, s. auch § 46 DRiG, § 7 BMinG). Abs. 2 S. 2 geht den Vorschriften des Beamtenrechts vor. Die nach Abs. 2 S. 1 zuständige Stelle entscheidet nach pflichtgemäßem Ermessen. Ihre Genehmigung kann durch Entscheidung des BVerfG nach Abs. 2 S. 2 ersetzt werden § 28 II schränkt damit das Zeugnisverweigerungsrecht von Richtern und Beamten über das im sonstigen Prozessrecht übliche Maß hinaus ein. Die Entscheidung des BVerfG hat nur Wirkung für den betreffenden Verfassungsrechtsstreit.

---

[4] S. dazu § 29 S. 2.

§ 29 [Beweistermin]

Die Beteiligten werden von allen Beweisterminen benachrichtigt und können der Beweisaufnahme beiwohnen. Sie können an Zeugen und Sachverständige Fragen richten. Wird eine Frage beanstandet, so entscheidet das Gericht.

1 1. Die Vorschrift dient der Verwirklichung des rechtlichen Gehörs, Art. 103 I GG.

2 2. § 29 dehnt in Übereinstimmung mit § 97 VwGO den **Grundsatz der Parteiöffentlichkeit** auch auf die Beweistermine aus. Die Beteiligten (Antragsteller, Antragsgegner, die dem Verfahren Beigetretenen) haben ein Recht

3 **a)** auf **Benachrichtigung** von allen Beweisterminen. Beweistermin ist jeder Termin, in dem Beweis erhoben wird, sei es vor dem Gericht selbst, sei es vor einem beauftragten oder einem ersuchten Richter (§ 26 I). Über die Form der Benachrichtigung bestimmt das BVerfGG nichts Näheres. Förmliche Zustellung ist wohl nicht erforderlich. Verzicht auf Benachrichtigung ist möglich;

4 **b)** auf **Information** über die zu berücksichtigenden Beweismittel, wenn deren Vorliegen nicht bekannt ist, ggf. verbunden mit der Gelegenheit zur Stellungnahme sowohl hinsichtlich der Verwertbarkeit als auch des Inhalts;[1]

5 **c)** auf **Teilnahme** an der Beweisaufnahme. Das Recht, Fragen zu stellen, setzt voraus, dass es sich um sachdienliche, der Förderung des Rechtsstreits dienliche Fragen handelt. Sachdienlich sind alle Fragen, die sich im Rahmen des Beweisthemas halten und geeignet sind, das Ergebnis des Verfahrens zu fördern. Bei Beanstandung einer Frage, gleichgültig durch wen und aus welchem Grunde, entscheidet das Gericht. Wird der Beweistermin von einem beauftragten oder ersuchten Richter durchgeführt, so entscheidet dieser vorläufig, vorbehaltlich der endgültigen Entscheidung des Gerichts.

6 3. Die Beteiligten können auf ihre Rechte verzichten, auch stillschweigend. Das hat den Verlust des entsprechenden Rügerechts zur Folge, vgl. § 295 I ZPO.[2]

---

[1] BGH NJW 1991, 1824 (1825).
[2] BVerwG NJW 1980, 900.

§ 30 [Entscheidung und Verkündung]

(1) Das Bundesverfassungsgericht entscheidet in geheimer Beratung nach seiner freien, aus dem Inhalt der Verhandlung und dem Ergebnis der Beweisaufnahme geschöpften Überzeugung. Die Entscheidung ist schriftlich abzufassen, zu begründen und von den Richtern, die bei ihr mitgewirkt haben, zu unterzeichnen. Sie ist sodann, wenn eine mündliche Verhandlung stattgefunden hat, unter Mitteilung der wesentlichen Entscheidungsgründe öffentlich zu verkünden. Der Termin zur Verkündung einer Entscheidung kann in der mündlichen Verhandlung bekanntgegeben oder nach Abschluß der Beratung festgelegt werden, in diesem Fall ist er den Beteiligten unverzüglich mitzuteilen. Zwischen dem Abschluß der mündlichen Verhandlung und der Verkündung der Entscheidung sollen nicht mehr als drei Monate liegen. Der Termin kann durch Beschluß des Bundesverfassungsgerichts verlegt werden.

(2) Ein Richter kann seine in der Beratung vertretene abweichende Meinung zu der Entscheidung oder zu deren Begründung in einem Sondervotum niederlegen, das Sondervotum ist der Entscheidung anzuschließen. Die Senate können in ihren Entscheidungen das Stimmenverhältnis mitteilen. Das Nähere regelt die Geschäftsordnung.

(3) Alle Entscheidungen sind den Beteiligten bekanntzugeben.

I. Zu Abs. 1 (Entscheidungen)

1. Entscheidungszwang

Das Gericht ist **verpflichtet,** auf jeden Antrag hin eine Entscheidung zu treffen, die in der Feststellung des Sachverhalts und der Anwendung des objektiven Rechts auf ihn besteht. Wegen Antragsrücknahme, Antragsänderung und Vergleich siehe Rn. 9 ff. vor § 17. Erledigung der Hauptsache führt nicht immer zu einer Einstellung des Verfahrens, s. Rn. 22, 36 vor § 17. Vgl. §§ 51 und 58 für Präsidenten- und Richteranklage. Im Übrigen wird eine Entscheidung des Gerichts nicht schon dadurch ohne weiteres entbehrlich, dass der Antragsgegner die den Gegenstand der Entscheidung bildende Maßnahme zurücknimmt oder der Antrag sonst gegenstandslos wird. Das Gericht hat zu prüfen, ob nicht der Antragsteller oder andere Beteiligte ein berechtigtes Interesse haben, oder ein öffentliches Interesse besteht, die Rechtsfrage gleichwohl für die Zukunft zu klären, vgl. Rn. 9 ff., 24

1

vor § 17. Hinsichtlich der Verfassungsbeschwerden siehe Rn. 149 f. zu § 90.

2. Entscheidungsfindung

2   Abs. 1 S. 1 stellt hierfür die Forderung geheimer Beratung auf; er normiert die Grundlage der Entscheidung und gewährt freie richterliche Beweiswürdigung. Zunächst ist dabei offensichtlich an die sachliche Endentscheidung gedacht. Doch gilt Satz 1 für Entscheidungen aller Art, auch prozessualen Inhalts, soweit sich nicht aus der Sondervorschrift des § 24 Abweichungen ergeben. § 30 gilt auch für das Kammerverfahren.

3   **a) Geheime Beratung.** Vgl. Rn. 2 ff. zu § 17. Anwendbar sind danach die Vorschriften der §§ 192, 193 GVG. Die geheime Beratung ist auch im schriftlichen Verfahren erforderlich. Entscheidungen sollen auch im Umlageverfahren getroffen werden können. Dessen Zulässigkeit hat sich eingebürgert.[1] Weiter reicht die Rechtfertigung nicht, denn wirklich geheim ist das Umlageverfahren schon aus technischen Gründen nicht. Zwar ist zu akzeptieren, dass Sachberichte und Voten der allgemeinen dienstrechtlichen Verschwiegenheitspflicht nicht unterliegen, weil sie noch nicht die endgültige Aussage des Gerichts darstellen.[2] Aber das gilt auch für die Beratung selbst. Endgültig ist erst das Beratungsergebnis.

Telefonische Beratung gilt als unzulässig, weil die Beratung immer nur bilateral stattfindet. Das gilt aber für die technischen Möglichkeiten der Telefonkonferenz nicht. Eine Beratung auf diesem Weg ist zulässig.

An der Beratung dürfen nur Richter teilnehmen, die mitgewirkt haben (§ 25 GO). Das wird allgemein so verstanden, dass die Teilnahmebefugnis von einer Mitwirkung im gesamten Verfahren abhängt.[3] Ein neu eintretender Richter oder ein wegen Krankheit für bestimmte Verfahrensabschnitte abwesender Richter könnte danach an der Beratung nicht teilnehmen. Die Mitwirkung in der Sache beginnt aber erst, wenn außer dem Berichterstatter und ggf. dem Vorsitzenden die anderen Senatsmitglieder mit der Sache befasst werden. Auch darauf wird es jedoch nicht ankommen, weil sonst ein neu in den Senat gewählter Richter überhaupt nur an Beratungen teilnehmen dürfte, bei denen

---

[1] Vgl. *Kissel/Mayer,* GVG, 4. Aufl. 2005, Rn. 3 zu § 103 GVG unter Hinweis auf BVerwG NJW 1992, 257.
[2] BVerwG NVwZ 1987, 127.
[3] *Klein/Bethge,* in: MSKB, Stand 1987, Rn. 2 zu § 30; so auch die Vorauflage Rn. 3 zu § 30.

die Vorbereitungen im Senat nach seinem Eintritt begonnen haben. Damit wäre die Richterwahl erheblich relativiert. Auch der Umstand, dass ein Richter an der Sachvorbereitung nicht ständig mitgewirkt hat (weil er z.B. erkrankt oder in Urlaub war), schließt seine Mitwirkung an der Beratung nicht aus.

Eine ganz andere Frage ist es, ob § 25 GO zu einer Anwesenheitssperre für Nicht-Richter führt. § 193 I GVG gestattet die Anwesenheit von Referendaren, die im Rahmen ihrer Ausbildung bei Gericht tätig sind, ebenso die Anwesenheit von Studenten nach Maßgabe von § 5a III DRiG. § 193 I GVG setzt jedoch voraus, dass der Vorsitzende die Anwesenheit gestattet. Aus § 25 GO ist eine generelle Nicht-Gestattung zu entnehmen. Das gilt auch für die in § 193 I GVG ausdrücklich erwähnten wissenschaftlichen Hilfskräfte.[4]

Die geheime Beratung umfasst die sachliche und – namentlich – rechtliche Würdigung des Streitgegenstandes. Wegen der Abstimmung vgl. § 194 GVG und im Übrigen § 27 GO. Die Novelle vom 21.12. 1970 (BGBl. I S. 1765) hat in Abs. 2 (außer Sondervoten) auch die Bekanntgabe des Abstimmungsergebnisses durch die Senate gestattet (vgl. auch Rn. 13 zu § 17).

b) Die Grundlage der Entscheidung. Grundlage der Entscheidung ist der gesamte Inhalt der Verhandlung. Alles, aber auch nur, was Gegenstand der Verhandlung war, ist zu berücksichtigen. Gegenstand der Verhandlung ist nicht nur das mündliche Vorbringen, sondern sind auch die bei Gericht eingereichten Schriftsätze, vorausgesetzt, dass dem Gegner Gelegenheit zur Äußerung gegeben war. Dies gilt nicht für die rechtliche Würdigung. Das Gericht wird zwar möglichst auch die Rechtsfrage in jeder Hinsicht mit den Beteiligten erörtern, es ist aber nicht auf die Würdigung der dazu zutage getretenen Gesichtspunkte beschränkt. Die Grundsätze von *BVerfGE* 86, 133 = *NVwZ* 1992, 401 gelten dabei auch für das Gericht selbst. 4

c) Grundsatz der freien Beweiswürdigung. Das Gericht ist an Beweisregeln nicht gebunden (s. auch Rn. 7 zu § 26), jedoch sind bestimmte, in der ZPO normierte Beweisregeln, wie §§ 314, 415, 437ff. ZPO (gesetzliche Vermutungen) auch für das Verfassungsstreitverfahren bedeutsam. Die Überzeugung des Gerichts braucht keine absolute Gewissheit zu sein, jedoch ist ein so hoher Grad von Wahrscheinlichkeit erforderlich, dass er nach der Lebenserfahrung praktisch der Gewissheit gleichkommt. 5

---

[4] Ebenso im Ergebnis *Hennecke*, in: UCD, Rn. 3 zu § 30.

§ 30 Teil II. Verfassungsgerichtliches Verfahren

3. Abfassung und Form der Entscheidungen (Abs. 1 Satz 2)

6 **a) Abfassung der Entscheidungen.** Die Entscheidung ist schriftlich abzufassen und von den Richtern, die an der Urteilsfindung (s. Rn. 3) teilgenommen haben, zu unterzeichnen. Ist ein Richter nicht anwesend, der mitgewirkt hat, so ist dies nach Maßgabe des § 28 GO vom Vorsitzenden zu beurkunden. Entscheidungen prozessualer Art bedürfen der schriftlichen Form nur, soweit sie außerhalb der mündlichen Verhandlung ergehen.

7 **b) Form der Entscheidungen.** Vgl. § 313 ZPO. Sie haben zu enthalten die Einleitungsformel (§ 25 IV „Im Namen des Volkes", unabhängig davon, ob es sich um Urteile oder Beschlüsse handelt), das Rubrum (Bezeichnung der Parteien und Vertreter des Gerichts mit Angabe der Richter, des Streitgegenstandes, Ort und Zeit der Beschlussfassung und einer vorausgegangenen mündlichen Verhandlung), den Tenor (Rn. 8), die Begründung (Rn. 9), die Unterschriften (Rn. 10).[5]

8 **aa) Der Tenor.** Zum Tenor (dem eigentlichen Entscheidungssatz) gehören auch eine etwaige Entscheidung über die Auslagenerstattung und – ggf. – Vollstreckungsanordnungen nach § 35. Zur Auslegung des Tenors können die Gründe mitherangezogen werden, bei Widerspruch zwischen Tenor und Gründen geht der Erstere voraus (siehe dazu im Einzelnen aber Rn. 30 zu § 31). Der Inhalt des Tenors der verfassungsgerichtlichen Entscheidungen ist wegen der großen Verschiedenartigkeit der zu entscheidenden Streitsachen zum Teil in den besonderen Verfahrensvorschriften vorgeschrieben (siehe z.B. §§ 46, 56, 78, 95). Im Übrigen ist das Gericht bei der Formulierung des Tenors entsprechend der Eigenart der zur Entscheidung stehenden Streitsache frei. In Anlehnung an die Praxis des Staatsgerichtshofs für das Deutsche Reich hat das BVerfG wiederholt in der Formel klagabweisender Urteile einen erläuternden Satz zur Verdeutlichung des materiellen Inhalt der Entscheidung aufgenommen.[6] Rechtsgehalt und Rechtswirkung von Tenor und Entscheidungsgründen sind sehr verschieden (vgl. Rn. 30 ff. zu § 31).

9 **bb) Die Entscheidungsgründe.** Die Begründung der Entscheidungen umfasst sowohl die Darstellung des Sachverhalts (Tatbestand) nach § 313 Nr. 3 ZPO, d.h. des Sach- und Streitstandes auf der Grundlage des Gesamtergebnisses des Verfahrens unter Hervorhebung der gestellten Anträge und die eigentlichen Entscheidungsgründe, d.h.

---

[5] Dies gilt auch, weil es sich um Sachentscheidungen handelt, für Kammerbeschlüsse nach § 93 c.

[6] Siehe BVerfGE 1, 351; 1, 372.

die für das Gericht maßgeblichen rechtlichen Erwägungen. Wegen Bezugnahme auf Feststellungen eines rechtskräftigen Urteils siehe Rn. 5 zu § 33. Prozessuale Entscheidungen bedürfen der Begründung nur nach ausdrücklicher Vorschrift des Gesetzes oder nach richterlichem Ermessen. Entscheidungen nach § 93a (der Kammer oder des Senats über die Annahme einer Verfassungsbeschwerde) bedürfen gem. § 93d I 2 keiner Begründung.

cc) Die Unterzeichnung. Vgl. § 28 GO.

4. Verkündung der Entscheidung

Die Entscheidungen sind „sodann" also erst nach vollständiger Abfassung zu verkünden, falls eine mündliche Verhandlung stattgefunden hat. Das Gericht hat schon in der mündlichen Verhandlung einen Termin zur Verkündung der Entscheidung bekanntzugeben. Gleichzeitig wird durch die Fristsetzung von 3 Monaten das Gericht angehalten, die Abfassung und Verkündung der Entscheidung nicht über Gebühr zu verzögern. Die Möglichkeit, den Termin durch Beschluss des Senats zu verlängern und dabei die Frist von 3 Monaten zu überschreiten, schafft gleichwohl für außergewöhnliche Fälle den erforderlichen Spielraum. Der Verkündungstermin ist stets öffentlich (vgl. auch § 173 GVG mit § 17). Der Tenor ist immer zu verkünden, von den Entscheidungsgründen sind nur die „wesentlichen" bekanntzugeben. Hierbei kann unter den Voraussetzungen des § 172 GVG (Ausschluss der Öffentlichkeit im Verfahren) die Öffentlichkeit ausgeschlossen werden.

10

II. Zu Abs. 2 (Sondervotum, Bekanntgabe des Abstimmungsergebnisses)

Abs. 2 wurde eingefügt durch die Novelle vom 12. 12. 1970 (BGBl. I S. 1765) und war deren Kernstück. Das damit eingeführte Sondervotum nach angelsächsischem Vorbild war vor und während der Gesetzgebungsverhandlungen Gegenstand eingehender Erörterungen im Schrifttum.[7] Das Sondervotum ist bei jeder Art von Entscheidung, die

11

---

[7] Siehe dazu *Heyde* JöR 19 (1970), 201 ff.; *Dietlein* DVBl. 1971, 125. Nach Inkrafttreten der Neuregelung siehe *Fromme,* in: FS f. Geiger, 1974, 867; *Zierlein* DÖV 1981, 83; *Millgramm,* Separate Opinion und Sondervotum in der Rechtsprechung des Supreme Court of the United States und das Bundesverfassungsgericht 1985; *Benda/Klein* Rn. 314 ff.; *Roellecke,* in: FS 50 Jahre BVerfG, Bd. 1, 2001, 363; *Schlaich/Korioth* Rn. 51 ff.; *Hennecke,* in: UCD, Rn. 20 f. zu § 30.

veröffentlicht wird, zulässig. Gegenstand können **nur Rechtsfragen,** auch solche prozessualer Art, nach dem Sinn der Einrichtung allerdings nur Fragen grundsätzlicher Art, sein.[8] Das Sondervotum hat, ungeachtet möglicher politischer Wirkungen, keine Rechtswirkung; es erwächst nicht in Rechtskraft und kann an der bindenden Wirkung der Entscheidung nicht teilnehmen. Man sollte es auch hinsichtlich seiner Wirkungen für die Zukunft nicht überschätzen.[9] Seine Bedeutung liegt außerhalb der Gründe, mit denen seine Zulassung gerechtfertigt worden ist. So wird die im Sondervotum vertretene Rechtsansicht einen Rückschluss auf die Grundauffassungen der die abweichenden Meinung äußernden Richter zulassen. Das Sondervotum erweist sich insoweit als „offizielle" Ergänzung der zunehmenden Neigung der Bundesverfassungsrichter, sich außerhalb von Fachveröffentlichungen zu Wort zu melden. Wer sich selbst darstellt, erlaubt den Verfahrensbeteiligten eine bessere Prognose für deren Verhalten in künftigen Verfahren; das ist der positive Effekt des Sondervotums. Selbstdarstellung baut aber nicht nur schleichend Autorität ab, das Sondervotum bringt darüber hinaus Offenheit in die Betrachtung künftiger Verfahren. Wer sich einmal so deutlich festgelegt hat, hat es schwer, davon wieder abzuweichen.[10] Satz 2 sanktioniert eine vom Zweiten Senat des Gerichts schon gehandhabte Rechtspraxis. Die in Satz 3 vorgesehene Regelung findet sich in § 56 GO.

III. Zu Abs. 3 (Zustellung)

12   1. „Alle" Entscheidungen – also die verkündeten Urteile und die im schriftlichen Verfahren ergangenen Beschlüsse – sind den Beteiligten nach dem 5. ÄndG vom 2. 8. 1993 (BGBl. I S. 1442) lediglich **bekanntzugeben.** Das schließt die Zustellung im Einzelfall nicht aus.

13   2. Es sollte ein nobile officium des Gerichts sein, die Medien nicht vor den Beteiligten zu informieren. Das ist bei Entscheidungen über Verfassungsbeschwerden von öffentlichem Interesse im Regelfall bislang nicht sichergestellt. Die Voraussetzungen für Presseverlautbarungen finden sich in § 32 GO. Entscheidungen des BVerfG sind im Internet unter „bundesverfassungsgericht.de" zugänglich.

---

[8] Schönes Beispiel, auch wenn der Anlass „Reiten im Walde" nichtig war, *Grimm*, in: BVerfGE 80, 137 = NJW 1989, 2525.
[9] Zutreffend *Schlaich/Korioth* Rn. 52.
[10] Siehe dazu überzeugend *Roellecke,* in: FS 50 Jahre BVerfG, Bd. 1, 2001, 363 (384).

3. Mängel in der Form der Entscheidung sind nach allgemeinen verfahrensrechtlichen Grundsätzen zu behandeln und in dem insoweit gegebenen Umfang zu beheben.[11]

4. a) Bestimmte Entscheidungen sind im Bundesgesetzblatt zu veröffentlichen (§ 31 II 3). Das BVerfG überwacht das, § 29 S. 2 GO.

b) Plenums- und Senatsentscheidungen werden grundsätzlich in der Amtlichen Sammlung veröffentlicht, § 31 GO. Kammerentscheidungen können ebenfalls in die Amtliche Sammlung aufgenommen werden (§ 31 III GO). Seit 2004 gibt es mit BVerfGK eine Amtliche Sammlung für (ausgewählte) Kammerentscheidungen. Die Praxis der Zufallsveröffentlichung von Kammerentscheidungen, häufig in schwer zugänglichen Informationsquellen, erhält damit eine übersichtlichere Variante.

c) Außerdem ist beim BVerfG eine Dokumentationsstelle und eine allgemein zugängliche Datenbank eingerichtet, § 33 GO.

§ 31 [Verbindlichkeit der Entscheidungen]

(1) Die Entscheidungen des Bundesverfassungsgerichts binden die Verfassungsorgane des Bundes und der Länder sowie alle Gerichte und Behörden.

(2) In den Fällen des § 13 Nr. 6, 6a, 11, 12 und 14 hat die Entscheidung des Bundesverfassungsgerichts Gesetzeskraft. Das gilt auch in den Fällen des § 13 Nr. 8a, wenn das Bundesverfassungsgericht ein Gesetz als mit dem Grundgesetz vereinbar oder unvereinbar oder für nichtig erklärt. Soweit ein Gesetz als mit dem Grundgesetz oder sonstigem Bundesrecht vereinbar oder unvereinbar oder für nichtig erklärt wird, ist die Entscheidungsformel durch das Bundesministerium der Justiz im Bundesgesetzblatt zu veröffentlichen. Entsprechendes gilt für die Entscheidungsformel in den Fällen des § 13 Nr. 12 und 14.

Übersicht

	Rn.
I. Allgemeines	1
1. Gegenstand der Regelung	1
2. Teilweise Regelung	2
a) Innerprozessuale Bindung	3
b) Formelle Rechtskraft	8

---

[11] Siehe dazu auch *Klein/Bethge,* in: MSKB, Stand 1993, § 30 Rn. 25 f.

	Rn.
c) Materielle Rechtskraft	11
d) Bindungswirkung	18
e) Gestaltungswirkung	25
f) Tatbestandswirkung	26
g) Erweiterte Feststellungswirkung	27
II. Zu Abs. 1 (Bindung)	28
1. Bedeutung	28
2. Selbstbindung	29
3. Bindungsgegenstand	30
4. Bindungsfolgen	33
a) Normenkontrollverfahren	33
b) Parallelnormen	34
c) Normwiederholungsverbot	35
III. Zu Abs. 2 (Gesetzeskraft)	36
1. Eintritt	36
2. Erstreckung	37
3. Wirkung	38
4. Veröffentlichung	39

Schrifttum: *Brox*, Die Zulässigkeit der erneuten Überprüfung einer Norm durch das Bundesverfassungsgericht, in: FS f. Geiger, 1974, 809; *Zuck,* Die Selbstbindung des Bundesverfassungsgerichts, NJW 1975, 907; *Maassen,* Probleme der Selbstbindung des Bundesverfassungsgerichts, NJW 1975, 1343; *Vogel,* Rechtskraft und Gesetzeskraft, in: Bundesverfassungsgericht und Grundgesetz, Bd. I, 1976, 568; *Sachs,* Die Bindung des Bundesverfassungsgerichts an seine Entscheidungen, 1977; *Lange,* Rechtskraft-, Bindungswirkung und Gesetzeskraft der Entscheidungen des Bundesverfassungsgerichts, JuS 1978, 1; *Detterbeck,* Normwiederholungsverbote aufgrund normverwerfender Entscheidungen des Bundesverfassungsgerichts? AöR 116 (1991), 391; *Korioth,* Die Bindungswirkung normverwerfender Entscheidungen des Bundesverfassungsgericht für den Gesetzgeber, Der Staat 30 (1991), 549; *Schnapp/Henkenötter,* Zur Bindungswirkung der Entscheidungen des Bundesverfassungsgerichts, JuS 1994, 121; *Detterbeck,* Streitgegenstand und Entscheidungswirkungen im öffentlichen Recht, 1995; *Stricker,* Subjektive und objektive Grenzen der Bindungswirkung verfassungsgerichtlicher Entscheidungen gemäß § 31 Abs. 1 BVerfGG, DÖV 1995, 978; *Ziekow,* NVwZ 1995, 247; *Detterbeck,* Gelten die Entscheidungen des Bundesverfassungsgerichts auch in Bayern?, NJW 1996, 426; *Sachs,* Zur Verbindlichkeit verfassungsgerichtlicher Entscheidungen, in: FS f. Kriele, 1997, 437 f.; *S.-Y. Oh,* Bindungswirkung und Rechtskraft verfassungsgerichtlicher Entscheidungen, 1999; *Rixen,* Zur Bindungswirkung stattgebender Kammerentscheidungen des Bundesverfassungsgerichts (§ 93 I 2 i. V. m. § 31 I BVerfGG), NVwZ, 2000, 1364 ff.; *Schulze-Fielitz,* Wirkung und Befolgung verfassungsgerichtlicher Entscheidungen, in: FS 50 Jahre BVerfG, Band 1, 2001, 385 ff.

I. Allgemeines

1. Gegenstand der Regelung

§ 31 regelt die **Wirkung der Entscheidungen** des BVerfG im Rechtsleben in Anlehnung an vorgängiges Landesrecht (vgl. § 21 des bayer. Gesetzes über den Verfassungsgerichtshof vom 22. 7. 1947, GVBl. S. 147 ff., § 19 Abs. 2 des Rhld-Pfälz. Gesetzes über den Verfassungsgerichtshof vom 29. 7. 1949, GVBl. S. 285) und früheres Reichsrecht (s. § 3 Abs. 3 des Gesetzes zur Ausführung des Art. 13 Abs. 2 der Verfassung des Deutschen Reiches vom 8. 4. 1920, RGBl. S. 510).[1] Das Wesen der „bindenden Wirkung", insbesondere in ihrem Verhältnis zur „Rechtskraft" und ihrer gegenständlichen Begrenzung war lange Zeit umstritten und ist auch heute noch nicht abschließend geklärt.

2. Teilweise Regelung

§ 31 regelt nur einen Ausschnitt der Wirkung einer Entscheidung des BVerfG, indem die Vorschrift von bestimmten Stellen sagt, sie seien an die Entscheidungen des Gerichts gebunden. Damit ist aber nur **eine** mögliche Wirkung angesprochen.[2]

a) Innerprozessuale Bindung. aa) § 318 ZPO formuliert den Grundsatz der innerprozessualen Bindung wie folgt: „Das Gericht ist an die Entscheidung, die in dem von ihm erlassenen End- oder Zwischenurteilen enthalten ist, gebunden".[3] Eine entsprechende Vorschrift fehlt im BVerfGG. Der Grundsatz gilt auch hier. Er bedeutet ein grundsätzliches Änderungsverbot bezüglich der getroffenen Entscheidung selbst. Die Selbstbindung des Gerichts betrifft dagegen die Bindung des Gerichts an eine einmal getroffene Entscheidung in einem neuen Verfahren (s. u. Rn. 20, 29). Deshalb unterscheidet sich die innerprozessuale Bindung auch von der materiellen Rechtskraft. Während die innerprozessuale Bindung unmittelbar mit dem Wirksamwerden der Entscheidung eintritt, zeigen sich die Wirkungen der materiellen Rechtskraft erst in einem weiteren Verfahren.

bb) Das Änderungsverbot besteht grundsätzlich. Berichtigungen und Ergänzungen sind entsprechend §§ 319–321 ZPO, §§ 118–120 VwGO dadurch nicht ausgeschlossen; s. a. §§ 40, 61.

---

[1] Ausf. zur historischen Entwicklung *Reunert*, Der Staat, 1993, 527; zur Entstehungsgeschichte des § 31 umfassend *Heusch*, in: UCD Rn. 4 ff. zu § 31.
[2] S. dazu umfassend *Pestalozza* § 20 Rn. 49 ff.
[3] S. dazu etwa *Musielak*, in: Münchner Kommentar zu ZPO, Bd. 1, 2. Aufl. 2000, Rn. 3 ff. zu § 318 ZPO; *Bethge*, in: MSKB, Stand 2001, Rn. 31 ff. zu § 31.

§ 31 Teil II. Verfassungsgerichtliches Verfahren

5   **cc)** Gegenstand der innerprozessualen Bindung sind die ein Verfahren ganz oder zum Teil abschließenden Entscheidungen, nicht dagegen Zwischenentscheidungen, wie z.B. verfahrensleitende Verfügungen.

6   **dd)** Im Umfang entspricht die innerprozessuale Bindung der materiellen Rechtskraft, s. Rn. 11 ff.; sie ist aber selbst kein Produkt der materiellen Rechtskraft s. u. Rn. 18.

7   **ee)** Die zeitliche Dauer reicht vom Wirksamwerden der Entscheidung bis zu ihrer Aufhebung. Die Europäischen Gerichte (EGMR/ EuGH) haben diese Befugnis nicht.

8   **b) Formelle Rechtskraft. aa)** § 705 ZPO etwa erwähnt die formelle Rechtskraft und § 19 EGZPO sagt dazu: „Rechtskräftig im Sinne dieses Gesetzes sind Endurteile, welche mit einem ordentlichen Rechtsmittel **nicht mehr angefochten** werden können".
Das BVerfGG schweigt.[4] Der Grundsatz gilt aber auch hier. Entscheidungen eines Senats können nicht vor dem anderen Senat angefochten werden; s. dazu Rn. 2 zu § 2. Auch das Plenum (§ 16) ist keine weitere Instanz für den Rechtsuchenden über jedem der beiden Senate.[5] Auch Kammerbeschlüsse können nicht vor dem Senat angefochten werden.[6] Für einstweilige Anordnungen gilt in § 32 III eine Ausnahme: Für bestimmte Sachverhalte ist dem Antragsteller ein Widerspruchsrecht eingeräumt.

9   Da es gegenüber dem BVerfG, von § 32 III abgesehen, keinen weiteren Instanzenzug mehr gibt, erwachsen auch seine Entscheidungen in formeller Rechtskraft.[7] Die gegen Entscheidungen des BVerfG mögliche Menschrechtsbeschwerde nach Art. 34, 35 EMRK ist ein Rechtsbehelf außerhalb eines gegebenen Instanzenzugs,[8] hindert also den Eintritt der formellen Rechtskraft nicht. Es hat sich eingebürgert, insoweit von ordentlichen Rechtsmitteln/Rechtsbehelfen (die den Eintritt der formellen Rechtskraft hindern) und außerordentlichen Rechtsbehelfen zu sprechen. Die ZPO-Terminologie passt jedoch nicht. Entscheidend ist allein, ob das Rechtsmittel/der Rechtsbehelf von dem für die Entscheidung maßgeblichen Verfahrensgesetz gewährt wird oder nicht. Auch auf den Devolutiv- oder Suspensiveffekt kommt es nicht an, wie § 32 III zeigt.

---

[4] S. dazu *Detterbeck,* Streitgegenstand und Entscheidungswirkungen im öffentlichen Recht, 1995, 327 ff. m. w. N.; *Bethge,* in: MSKB, Stand 2001 Rn. 40 zu § 31; *Schlaich/Karioth* Rn. 478.
[5] BVerfGE 1, 89 (91) = NJW 1952, 59; s. dazu Rn. 2 zu § 16.
[6] BVerfG(K), NJW 1990, 39; s. a. BVerfGE 18, 440; s. dazu Rn. 3 zu § 15 a.
[7] S. dazu *Benda/Klein* Rn. 1292.
[8] S. dazu *Meyer-Ladewig* HK-EMRK, 2003 Rn. 5 ff. zu Art. 35 EMRK.

bb) Der Eintritt der formellen Rechtskraft hindert die antragsabhängige **Wiederaufnahme des Verfahrens** nicht, vgl. § 61. Ein ungeschriebenes allgemeines Wiederaufnahmeverfahren gibt es für verfassungsgerichtliche Entscheidungen nicht.[9]

c) Materielle Rechtskraft. aa) Die materielle Rechtskraft ist die Folge der formellen. Zweck der materiellen Rechtskraft ist es, den **inhaltlichen Bestand** einer formal endgültigen Entscheidung in einem weiteren Verfahren zu sichern. Sie besagt, dass der Inhalt der Entscheidung für das Gericht und die Verfahrensbeteiligten maßgeblich ist, falls es in einem späteren Verfahren um denselben Verfahrensgegenstand geht. Sinn der materiellen Rechtskraft ist es, in den sachlichen und zeitlichen Grenzen des Entscheidungsgegenstandes Rechtsfrieden zwischen den Beteiligten zu stiften.[10] Die materielle Rechtskraft enthält danach ein doppeltes Verbot: Sie versagt es dem angerufenen Gericht, sich mit einer Angelegenheit zu befassen, die schon einmal (formell) rechtskräftig entschieden worden ist und sie lässt es nicht zu, dass ein unmittelbarer Verfahrensbeteiligter eine (formell) rechtskräftige entschiedene Angelegenheit erneut vor das BVerfG bringt.[11] Kurz gefasst kann man von der Maßgeblichkeit und Rechtsbeständigkeit der Entscheidung sprechen.[12] Das Wesen der materiellen Rechtskraft liegt in ihrer Bindungswirkung (s. u. Rn. 18).

(1) Man kann sich auf den Standpunkt stellen, §§ 41, 47, 61, 69 enthielten schon Regelungen der materiellen Rechtskraft. Darüber hinaus scheide die Annahme materieller Rechtskraft im verfassungsgerichtlichen Verfahren aus. § 31 stellte sich dann als Sonderregelung dar.[13] Angesichts der Lückenhaftigkeit des BVerfGG, der Tatsache, dass der Inhalt materieller Rechtskraft in allen Verfahrensordnungen vorausgesetzt wird, sowie des Umstandes, dass sich die Behauptung, die Rechtskraftlehre sei primär auf den Zivilprozess zugeschnitten,[14] angesichts der unangefochtenen Akzeptanz im Verwaltungsprozess[15]

---

[9] *Pestalozza* § 20 Rn. 53; aA *Sachs* BayVBl. 1979, 385; s. dazu *Benda/Klein* Rn. 1305 f.

[10] BVerfGE 47, 146 (165) = NJW 1978, 1151, s. dazu auch *Detterbeck*, Streitgegenstand und Entscheidungswirkungen im öffentlichen Recht, 1995, 326 m. w. Nw.; *Bethge*, in: MSKB, Stand 2001, Rn. 42 ff. zu § 31; *Benda/Klein* Rn. 1296 ff.; *Schlaich/Korioth* Rn. 479.

[11] S. dazu auch *Schuler* JöR 19 (1970), 129 ff. (192).

[12] *BVerfGE* 47, 146 (161); s. dazu *Heusch*, in: UCD Rn. 35 zu § 31.

[13] *Kriele*, Theorie der Rechtsgewinnung 2. Aufl. 1976, 296; im Ergebnis ebenso *Schnapp/Henkenötter* JuS 1994, 121 (122, 125).

[14] So *Schnapp/Henkenötter* JuS 1994, 121 (122).

[15] Vgl § 121 VwGO und dazu *Kopp/Schenke*, VwGO, 14. Aufl. 2005 Rn. 1 f. zu § 121 VwGO.

§ 31   Teil II. Verfassungsgerichtliches Verfahren

und – etwa – im Arbeitsgerichtsprozess nicht halten lässt, überzeugt die strenge Position nicht; für sie spricht auch keine Besonderheit des verfassungsgerichtlichen Verfahrens. Es wäre kaum verständlich, wenn angesichts der Sonderstellung des BVerfG Anträge außerhalb der Sonderregelungen beliebig wiederholbar wären. Das entspräche auch nicht der allgemeinen Zuordnung des Verfahrensrechts auf die beschränkte Arbeitskapazität des Gerichts.

13   (2) Es ist deshalb dem Gericht selbst zu folgen, dass den Entscheidungen des BVerfG wie denen anderer Gerichte materielle Rechtskraftwirkung zuerkennt.[16] Das gilt nicht für Nichtannahmeentscheidungen im Verfassungsbeschwerdeverfahren nach §§ 93a ff. und für Entscheidungen im Verfahren nach § 32.[17]

14   (3) Für das konkrete Normenkontrollverfahren ist, weil es an einem subsumtionsfähigen konkreten Lebenssachverhalt fehle, die Rechtskraftsfähigkeit verschiedentlich verneint worden.[18] Sinn und Zweck der materiellen Rechtskraft (s. o. Rn. 11) erfassen aber auch dieses Verfahren. Mit dem BVerfG[19] ist deshalb daran festzuhalten, dass auch Entscheidungen im Verfahren der konkreten Normenkontrolle der materiellen Rechtskraft fähig sind.[20]

15   **bb)** Die materielle Rechtskraft wirkt **inter partes,** betrifft also Antragsteller/Antragsgegner/Beschwerdeführer (ggf. auch Rechtsnachfolger), Angeklagte, Beteiligte nach § 73 I und beigetretene Verfassungsorgane, nicht aber die Äußerungsberechtigten.[21]

16   **cc)** Die materielle Rechtskraft (zur Bindungswirkung s. u. Rn. 18 ff.) erfasst den **Tenor,** und nur diesen. Zu seiner Auslegung können, wenn seine Tragweite anhand der Entscheidungsformel nicht ermittelt werden kann, die Gründe der Entscheidung (= Tatbestand und Entscheidungsgründe) herangezogen werden.[22]

17   **dd)** Die Rechtskraft einer gerichtlichen Entscheidung bezieht sich stets auf den Zeitpunkt, in dem sie ergeht. Erfasst werden damit nicht solche Veränderungen, die erst später eintreten, denn jede gerichtliche

---

[16] BVerfGE 78, 320 (328) = NJW 1988, 2289, st. Rspr.

[17] Str. zu weiteren Ausnahmen vgl. *Pestalozza* § 20 Rn. 67; *Heusch,* in: UCD Rn. 40 zu § 31.

[18] S. dazu die Nachweise bei *Schnapp/Henkenötter* JuS 1994, 121 (122).

[19] Vgl. etwa BVerfGE 70, 242 (249) = NJW 1986, 422; 78, 320 (328); 104, 151 (196).

[20] Ebenso ausf. *Detterbeck,* Streitgegenstand und Entscheidungswirkungen im öffentlichen Recht, 1995, 329 f. m. w. Nw.; s. a. BVerfGE 92, 91 (107), 104, 151 (196). Ausf. *Bethge,* in: MSKB, Stand 2001 Rn. 50 zu § 31.

[21] BVerfGE 78, 320 (328); zur Prozessstandschaft im Organstreit s. BVerfGE 104, 151 (197).

[22] BVerfGE 33, 199 (203).

Erkenntnis geht von den seinerzeit bestehenden Verhältnissen aus. Deshalb hindert die Rechtskraft nicht die Berufung auf neue Tatsachen, die erst nach der früheren Entscheidung entstanden sind.[23] **Neue Tatsachen** sind auch Gesetzesänderungen,[24] sowie Änderungen in der überwiegenden Auslegung einschlägiger Gesetze infolge geänderter Lebensumstände und – anschauungen.[25] In Betracht kommt aber auch ein grundlegender Wandel der allgemeinen Lebensverhältnisse selbst.[26] Neue Tatsachen sind schließlich auch solche, die dem Gericht zum Zeitpunkt seiner Entscheidung nicht bekannt waren, weil sie zu diesem Zeitpunkt keinem der Verfahrensbeteiligten bekannt waren.

Eine erneute Vorlage im Rahmen eines konkreten Normenkontrollverfahrens erfordert eine gründliche Auseinandersetzung mit der früheren Entscheidung des BVerfG, insbesondere im Hinblick darauf, welche inzwischen eingetretenen Veränderungen die erneute Prüfung der schon entschiedenen Vorfrage veranlassen.[27] Das Gericht muss ggf. auch darlegen, auf welche Weise es die veränderten (neuen) Umstände festgestellt hat.[28]

d) Bindungswirkung. Hinter diesem allgemeinen Begriff verbergen sich unterschiedliche Sachverhalte.[29]   **18**

aa) Zur **innerprozessualen** Bindungswirkung s. o. Rn. 3 ff. Sie resultiert aus dem Wesen einer Entscheidung, den Tatsachen- und Rechtsfindungsvorgang nach Maßgabe des jeweiligen Verfahrensrechts abzuschließen. Mit Rechtskraftfragen hat das nichts zu tun (s. o. Rn. 6).

bb) Bindung der Verfahrensbeteiligten und des Gerichts an die über   **19**
den Verfahrensgegenstand **getroffene Entscheidung** beschreibt das Wesen der materiellen Rechtskraft.

cc) Von **Selbstbindung** des des BVerfG **kann** man sprechen,   **20**
wenn man damit die sich aus der materiellen Rechtskraft resultierte Bindung beschreiben und sie von der Bindung der übrigen Verfahrensbeteiligten abgrenzen will. Insoweit hat der Begriff keine eigen-

---

[23] BVerfGE 70, 242 (249); 78, 38 (48); 82, 198 (205).
[24] BVerfGE 33, 199 (204) = NJW 1972, 1701.
[25] BVerfGE 39, 169 (181 ff.); 65, 179 = NJW 1984, 970.
[26] *Zuck* NJW 1975, 907 (909).
[27] BVerfGE 26, 44 (56); 33, 199 (203 f.); 39, 169 (181 f.); 41, 360 (369); 56, 179 (181); 70, 242 (249 f.); 78, 38 (48); 84, 348 (358); 94, 315 (323); 105, 61 (70).
[28] BVerfGE 87, 341 (346); 105, 61 (70 f.).
[29] S. dazu *Stricker* DÖV 1995 S. 978; *Detterbeck* NJW 1996 S. 426 (428 ff.); *Bethge*, in: MSKB Stand 2001 Rn. 75 ff. zu § 31; *Benda/Klein* Rn. 1318 ff.; *Schulze-Fielitz*, in: FS 50 Jahre BVerfG, Bd. 1 2001, 385 (388 ff.); *Schlaich/Korioth* Rn. 482 ff.

ständige Bedeutung. Diese gewinnt er erst, wenn das Gericht in einem Verfahren (das unterscheidet die Selbstbindung von der innerprozessualen Bindung), das nicht denselben Verfahrengegenstand hat (und deshalb handelt es sich nicht um die Wirkung der materiellen Rechtskraft), mit seiner voraufgehenden Entscheidung konfrontiert wird. Der Fall ist denkbar, wenn der gleiche Sachverhalt mit den gleichen Rechtsfragen aber anderen Verfahrensbeteiligten vor das Gericht kommt **(Parallelverfahren).** Er ist auch denkbar, wenn das Gericht die gleiche Rechtsfrage zu entscheiden hat.

21 Sind Sachverhalt und Rechtsfragen bei anderen Verfahrensbeteiligten gleich, weil z. B. ein anderes Gericht mit anderen Beteiligten des Ausgangsverfahrens in einer vom BVerfG schon einmal entschiedenen Sache im Rahmen des Art. 100 I GG ein konkretes Normenkontrollverfahren in Gang bringt, so ist das ein Fall des § 31 I (s. u. Rn. 29). Das Gericht ist an seine Ausgangsentscheidung gebunden, mit denselben Durchbrechungen wie bei der materiellen Rechtskraft.[30]

22 Die präjudiziellen Wirkungen einer Entscheidung führen zu keiner Selbstbindung, sondern nur zu einem faktisch-praktischen Kontinuitätsverhalten, dem keine Rechtspflicht entspricht.[31]

23 **dd)** Zur Bindungswirkung des § 31 I s. u. Rn. 28 ff.

ee) Zur Bindungswirkung des § 31 II s. u. Rn. 36 ff.

ff) Eine weitere Fallgruppe bildet die Vorlage- und Verweisungsbindung. Das vorliegende Gericht und das Gericht, an das nach § 95 II zurückverwiesen worden ist, sind gebunden. Das ergibt sich weder aus der materiellen Rechtskraft noch aus § 31, sondern aus dem Wesen von Vorlage/Zurückverweisung.

24 **gg)** Schließlich gibt es auch noch eine faktische Bindungswirkung der Entscheidungen des BVerfG. Sie hat mit § 31 nichts zu tun.[32]

hh) Auch die praktisch bedeutsame Frage nach den innerstaatlichen Rechtswirkungen von Urteilen des EGMR hat nichts mit § 31 zu tun.[33]

---

[30] S. o. Rn. 17; a. A. BVerfGE 4, 31 (38); 20, 56 (87) = NJW 1966, 1499; *Friesenhahn* DÖV 1971, 793 (796); s. a. *Bryde,* Verfassungsentwicklung 1982, 426.

[31] Zur prägenden Wirkung verfassungsrechtlicher Schlüsselentscheidungen s. umfassend *Schulze-Fielitz,* in: FS 50 Jahre BVerfG Bd. 1, 2001, 385 (395 ff.); zur echten Selbstbindung s. u. Rn. 29.

[32] Vgl. *Luetjohann,* Nicht-normative Wirkungen des Bundesverfassungsgerichts, 1991, 38 ff.

[33] Vgl. dazu *Polakiewicz,* Die Verpflichtungen der Staaten aus den Urteilen des Europäischen Gerichtshofs für Menschenrechte, 1992; *Bleckmann,* Bundesverfassungsgericht versus Europäischer Gerichtshof für Menschenrechte, EuGRZ 1995, 387; s. dazu EGMR NJW 2004, 2647; BVerfG NJW 2004, 3407; *E. Klein* JZ 2004, 1176; *Meyer-Ladewig/Petzold* NJW 2005, 15.

e) **Gestaltungswirkung.** Zur von der materiellen Rechtskraft abweichenden Gestaltungswirkung von Entscheidungen vgl. ausführlich *Sachs,* Die Bindung des Bundesverfassungsgerichts an seine Entscheidung, 1977, 56 ff.; *Pestalozza* § 20 Rn. 14 ff.; *Detterbeck,* Streitgegenstand und Entscheidungswirkungen im öffentlichen Recht, 1995, 148 f.; *Bethge,* in: MSKB, Stand 2001, Rn. 24 zu § 31.

f) **Tatbestandswirkung.** Von der materiellen Rechtskraft-Wirkung zu unterscheiden ist außerdem die Tatbestandswirkung. Man versteht darunter die in der Regel materiell-rechtliche Wirkung der Entscheidung, die sie dadurch auslöst, dass Tatbestandsmerkmal eine in der Regel materiell-rechtlichen Norm ist.[34] Wichtigster Anwendungsfall für die Tatbestandswirkung einer Entscheidung des BVerfG ist § 79.[35]

g) **Erweiterte Feststellungswirkung.** Auch die (erweiterte) Feststellungswirkung ist von der materiellen Rechtskraft zu scheiden. Unter Feststellungswirkung versteht man die rechtlich vorgesehene Bindung insbesondere von Behörden und Gerichten an Entscheidungselemente, insbesondere auch an tatsächliche Feststellungen oder an die Beurteilung vorgreiflicher Inzidentfragen.[36] Zu beachten ist, dass für verfassungsgerichtliche Verfahren eine Feststellungswirkung im Sinne der Bindung nach Abs. 1 für tatsächliche Feststellungen (und deren rechtlicher Würdigung) als isolierte Elemente einer Entscheidung nicht besteht.[37]

II. Zu Abs. 1

1. Bedeutung

Wenn Abs. 1 von einer Bindungswirkung spricht, kann nicht die das Wesen der materiellen Rechtskraft ausmachende Bindung (s. o. Rn. 11) gemeint sein, weil die Adressaten der Bindungswirkung über die am Verfahrensgegenstand Beteiligten hinausgehen. Einerseits verbietet das den Rückgriff auf die materielle Rechtskraft. Andererseits kann Abs. 1 diese Beteiligten nicht erfassen, weil das eine gegenüber der Wirkung der materiellen Rechtskraft überflüssige Doppelbindung wäre. Die Bindungswirkung des § 31 I ist deshalb gegenüber der Bin-

---

[34] Vgl. *Pestalozza* § 20 Rn. 72; s. dazu auch *Knöpfle* BayVBl. 1982, 228.

[35] S. a. *Detterbeck,* Streitgegenstand und Entscheidungswirkungen im öffentlichen Recht, 1995, 150 f.

[36] Vgl. *Kopp/Schenke,* VwGO, 14. Aufl. 2005, § 121 Rn. 6. S. dazu Rn. 36.

[37] Vgl. *Heusch,* in: UCD Rn. 22 zu § 31. S. dazu auch *Detterbeck,* Streitgegenstand und Entscheidungswirkungen im öffentlichen Recht, 1995, 151.

dung aus der materiellen Rechtskraft ein **aliud**. Mit der Vorauflage sollte insoweit von einer Feststellungswirkung (s. o. Rn. 34) der Entscheidung gesprochen werden. Diese Feststellung ist in unserem Rechtssystem noch nicht allgemein geregelt, es kann hier dahingestellt bleiben, ob und wieweit sie allgemein geregelt werden kann. Sie ist verschieden je nach dem Inhalt der Entscheidungen und bietet besondere Schwierigkeiten im Verhältnis der Gerichtszweige zueinander (etwa der ordentlichen Gerichtsbarkeit zu Verwaltungsgerichtsbarkeit und zum Strafprozess). Sie ist jedoch neben der als allgemeines Institut des deutschen Prozessrechts vom BVerfGG übernommenen Rechtskraft in Abs. 1 für verfassungsgerichtliche Entscheidungen ausdrücklich geregelt. Abs. 1 verleiht danach den verfassungsgerichtlichen Entscheidungen eine alle Gerichte und Behörden bindende Feststellungswirkung. Erfasst werden von der Bindungswirkung nur Sach-, nicht Prozessentscheidungen.[38] Unbestritten ist dabei, dass sich die Feststellungswirkung der Entscheidungen des BVerfG nach § 31 auf den Geltungsbereich des GG beschränkt.[39]

2. Selbstbindung

29   Im Gegensatz zu hM[40] wird hier der Standpunkt vertreten, dass Abs. 1 auch zur **Selbstbindung** des BVerfG führt (s. o. Rn. 20). Das ergibt sich zwar nicht aus dem Wortlaut, weil das BVerfG insoweit nicht als Verfassungsorgan handelt, sondern als Gericht. Es folgt aber aus dem Sinn der Feststellungswirkung. Das BVerfG hat zwar gegenüber der Fachgerichtsbarkeit – zum Teil – andere Funktionen; es ist ihr aber nicht übergeordnet. Für Bindung muss deshalb auf beiden Seiten gesorgt sein.

Der ausschlaggebende Grund für diese Auffassung liegt in der funktionalen Betrachtungsweise, die auch die Einbeziehung der tragenden Gründe einer Entscheidung in die Bindungswirkung rechtfertigt, näm-

---

[38] BVerfGE 78. 320 (328); 92, 91 (107). Auch Sachentscheidungen nach § 24, vgl. BVerfGE 18, 302 (334) und Kammerentscheidungen nach § 93 c (siehe dazu *Bethge*, in: MSKB, Stand 2001, Rn. 84 zu § 31), nicht dagegen Kammerentscheidungen nach § 93 a.
[39] Wegen der sich hieraus für den Bereich des Völkerrechts ergebenden Folgen vgl. *Kimminich* AöR 93 (1968), 485 (486).
[40] S. dazu ausf. *Bethge*, in: MSKB, Stand 2001 Rn. 118 ff. zu § 31 m. w. Nw.; *Schulze-Fielitz*, in: FS 50 Jahre BVerfG, Bd. 1, 2004, 385 (393) unter Hinweis auf BVerfGE 4, 31 (38); 20, 56 (87); 78, 320 (328); 82, 198 (205); 85, 117 (121). Zurecht weisen *Schlaich/Korioth* Rn. 483 mit Fn. 103 auf die falsche Selbstbindung hin, die sich das BVerfG in seiner Rechtsprechung auferlegt hat.

lich eine klare Grundlage auch für künftige, vergleichbare Anlässe zu schaffen.

3. Bindungsgegenstand

Es binden der **Tenor** und die **tragenden Gründe** der Entscheidung.[41] Diese Rechtsprechung wird heftig kritisiert.[42] Die praktische Bedeutung dieser Auseinandersetzung ist gering. Wenn das Gericht solcher Art die Bindungswirkung an seiner Auslegung der Verfassung selbst bestimmt, ist es nur folgerichtig, das auch für die Bestimmung eines Grundes als tragend anzunehmen. Es kommt dann nicht darauf an, ob der Grund nicht hinweggedacht werden kann, ohne dass der Tenor entfiele, sondern allein darauf, womit das Gericht seine Entscheidung stützen wollte (auch wenn es sie in Wahrheit objektiv nicht stützt). Das ist selbstverständlich eine Wertungsfrage, die nicht immer eindeutig geklärt werden kann. Argumente gegen den Rückgriff auf die tragenden Gründe ergeben sich daraus ebenso wenig, wie aus der vom Gericht seit jeher beanspruchten Sonderstellung. Die bindende Kraft der – tragenden – Gründe der Entscheidungen des BVerfG, dh seiner mehr oder minder konstanten Rechtsprechung ist zunächst tatsächlicher, nicht rechtlicher Natur und erhält rechtliche Bedeutung im Rahmen anderer Rechtsverhältnisse etwa im gleichen Sinne, wie die konstante Rechtsprechung anderer hoher Gerichte. 30

Die besondere Rechtsstellung des BVerfG innerhalb der deutschen Gerichtsbarkeit und der entsprechend hohe Rang des Gerichts sichern auch seiner Rechtsprechung tatsächlich eine umfassende, fast ausnahmslose Anerkennung in allen Bereichen deutscher Hoheitsgewalt. Zwar hat das Gericht im Allgemeinen nicht die Stellung eines Revisionsgerichts, an dessen Rechtsprechung sich praktisch die Rechtspre- 31

---

[41] St. Rspr., vgl *BVerfGE* 40, 88 (93) = NJW 1975, 1355. .

[42] Vgl. *Wischermann,* Rechtskraft und Bindungswirkung verfassungsgerichtliche Entscheidungen, 1979, 41 ff.; insbesondere *Schlaich/Korioth* Rn. 485 ff. mit Fn. 117, der sich auf die Unklarheit dessen, was als tragende Gründe dienen soll, bezieht (Rn. 488) und darüber hinaus eine Kanonisierung der Entscheidungsgründe konstatiert (Rn. 491). *Benda/Klein* Rn. 1323 ff. akzeptieren die vorstehend skizzierten Bedenken, meinen aber, das Ziel, eine Verfassungsbestimmung solle nun für alle gleichliegenden Anlässe verbindlich sein, könne anders nicht erreicht werden (Rn. 1329). *Bethge* hält die Konzeption des BVerfG ebenfalls aus funktionalen Erwägungen heraus für schlüssig, vgl. MSKB, Stand 2001, Rn. 97 ff. zu § 31. Diese funktionale Betrachtungsweise erweist sich als ausschlaggebend. Zwar wird damit das BVerfG in der Tat zum authentischen Interpreten des GG. Was anders sollte es aber sein? Darauf bezieht sich auch *Heusch,* in: UCD, Rn. 59 zu § 31.

§ 31   Teil II. Verfassungsgerichtliches Verfahren

chung eines ganzen Gerichtszweiges, wie etwa der ordentlichen oder der Verwaltungsgerichtsbarkeit auszurichten hat, aber in seiner Zuständigkeit für Verfassungsbeschwerden ist es doch in der Lage, für einen sehr weit gespannten, jedenfalls grundlegenden Rechtsbereich, die Rechtsprechung der Gerichte und zwar aller Gerichte und die Entscheidungen aller Verwaltungsbehörden ähnlich wie ein Revisionsgericht, zu kontrollieren und zu lenken. Ähnliches gilt für seine Zuständigkeit in Normenkontrollsachen während bei eigentlichen Verfassungsstreitsachen allein schon die ausschließliche und alleinige Zuständigkeit des BVerfG die Beachtung seiner Rechtsprechung durch die Verfassungsorgane des Bundes und der Länder sichert.

32   Wird die bindende Wirkung mit der Rechtsprechung des BVerfG auch auf die tragenden Gründe der Entscheidungen erstreckt, so ist strittig, ob sich die Bindungswirkung nur auf die Auslegung des GG oder auch auf die entscheidungserhebliche Auslegung einfacher Gesetze erstreckt.[43] Folgt man *Rupp*[44] erstreckt sich die Bindungswirkung jedoch dann auch auf Aussagen in den Entscheidungsgründen über die Auslegung einfacher Gesetze, wenn das BVerfG das zu prüfende Gesetz „verfassungskonform" ausgelegt hat oder wenn das BVerfG auf Verfassungsbeschwerde gegen eine Gerichtsentscheidung feststellt, dass die gerügte, fehlerhafte Anwendung des einfachen Gesetzes durch das Gericht auf einer Grundrechtsverletzung beruht.[45]

4. Bindungsfolgen

33   Die Folgen der Bindungswirkung sind nicht immer klar abzuschätzen.

a) Insbesondere im Normenkontrollverfahren stellt sich die Frage, unter welchen Voraussetzungen eine erneute Normenkontrolle zulässig ist.[46] Das BVerfG geht grundsätzlich davon aus, ein erneuter Prüfantrag sei unzulässig. Dies scheitert aber nicht an der Bindungswirkung, sondern an der eingetretenen Rechtskraft.[47]

Der Gegenstand der Bindungswirkung erstreckt sich nur auf die Feststellung, dass eine Norm gültig oder nichtig ist.

---

[43] In diesem Sinne *Leibholz/Rupprecht*, BVerfGG, 1968, § 1 Rn. 2; restriktiv im Sinne der Beschränkung auf verfassungsrechtlich unmittelbar relevante Ausführungen *Geiger* NJW 1954, 1057, *Endemann,* in: FS f. G. Müller, 1970, 27 [37], *Rupp,* in: FS f. Kern, 1970, 405 ff.

[44] FS für Kern, 1970, 405.

[45] Vgl. zu dieser Frage auch BVerfGE 1, 14 (37); 19, 377 (392); 20, 56 (87); 22, 387 (405).

[46] Siehe dazu *Benda/Klein* Rn. 1332 ff.; Rn. 8 ff. zu § 81.

[47] Siehe Rn. 17; Rn. 8 ff. zu § 81; aA *Benda/Klein* Rn. 1334.

Verbindlichkeit der Entscheidungen § 31

b) Es gibt keine Bindungswirkung für **Parallelnormen.** Die präju- 34
dizielle Wirkung der Entscheidung des BVerfG wird aber ihre faktische Wirkung entfalten.[48]

c) Am meisten diskutiert wird die Frage, ob aus Abs. 1 ein **Norm-** 35
wiederholungsverbot zu entnehmen ist.[49] Ein Normanwendungs-
verbot könnte sich aus dem GG ergeben.[47a] Dort ist es aber nicht enthalten. Erstinterpret ist ohnehin der Gesetzgeber[47b] Zu beachten ist
aber der Grundsatz der Verfassungsorgantreue.[47c] Der Gesetzgeber darf
deshalb die vom BVerfG in der Erstentscheidung festgestellten Gründe
der Verfassungswidrigkeit nicht übergehen. Es müssen deshalb besondere Gründe dargetan werden. Sie können sich aus veränderten tatsächlichen oder rechtlichen Verhältnissen, aber auch aus den gegenüber der früheren Gesetzgebung veränderten Grundlagen ergeben.[47d]

III. Zu Abs. 2 (Gesetzeskräftige Entscheidungen)

1. Eintritt

„Gesetzeskraft" tritt ein in den verschiedenen Fällen der **Normen-** 36
kontrolle (§ 13 Nr. 6, 6a, 11, 12 und 14), also stets bei Entscheidungen, die sich ihrer Natur nach auf generelle Normen, nicht auf konkrete Sachverhalte beziehen. Entsprechend der vorausgegangenen
Rechtsprechung des BVerfG[50] hat die Novelle vom 3. 8. 1963
(BGBl. I S. 589) in logischer Ergänzung auch Entscheidungen nach
§ 95 III hinzugefügt, die Novelle vom 21. 12. 1970 (BGBl. I S. 1765)
erweitert das auf alle Entscheidungen nach § 13 Nr. 8a (Verfassungs-

---

[48] S. o. Rn. 23; differenziert auch *Detterbeck,* Streitgegenstand und Entscheidungswirkungen im öffentlichen Recht, 1995, 361; s. dazu *Bethge,* in: MSKB,
Stand 2001 Rn. 165 zu § 21.

[49] S. dazu das Normwiederholungsverbot verneinend BVerfGE 77, 84 (103);
96, 260 (263); 98, 265 (320 f.), (1. S.); bejahend BVerfGE 69, 112 (115) = NJW
1985, 1149 (2. S.) und dazu *Detterbeck* AöR 116 (1991), 391 ff.; *Korioth* Der
Staat 30 (1991), 549 ff.; *Heusch,* in: UCD, Rn. 52, 64 zu § 31; *Benda/Klein*
Rn. 1336 ff.; *Pestalozza* § 20 Rn. 85; *Schlaich/Korioth* Rn. 483 f.; s. dazu auch
Stricker, DÖV 1995, 978 (980 ff.); *Detterbeck* NJW 1996, 426 (428 ff.); *Schulze-
Fielitz,* in: FS 50 Jahre BVerfG, Bd. 1 2001, 385 (391 ff.); *Kube* DÖV 2002,
737; Rn. 10 zu § 81.

[47a] *Schlaich/Korioth* Rn. 484.

[47b] Einl. Rn. 34 f.

[47c] *Schulze-Fielitz,* in: FS 50 Jahre BVerfG, Band 1, 2001, 385 (392); siehe
auch *Bethge,* in: MSKB, Stand 2001, Rn. 73 f. zu § 31.

[47d] BVerfGE 96, 260 (262).

[50] BVerfGE 3, 19 (24) = NJW 1953, 1341.

beschwerden), wenn das BVerfG ein Gesetz als mit dem GG vereinbar oder unvereinbar oder für nichtig erklärt. Auch in diesen Fällen wird die Rechtsprechung des Gerichts nicht selbst zur Gesetzgebung, da sie nicht eine neue Form schafft, sondern nur über bestehendes oder scheinbar bestehendes Recht allgemein verbindliche Feststellungen trifft.[51] Gesetzeskräftig werden alle Normenkontrollentscheidungen des BVerfG, also sowohl die positiven, wie die negativen (§ 31 II 2).

2. Erstreckung

37   Die Gesetzeskraft erstreckt sich nur auf den **Tenor**.[52] Sie bewirkt, dass jedermann durch die Entscheidung in ihrem räumlichen und persönliche Geltungsbereich in seinen Rechten und Pflichten nach Maßgabe der betreffenden Norm unmittelbar berechtigt und verpflichtet ist.[53] Das gilt auch für Entscheidungen „nach näherer Maßgabe der Entscheidungsgründe".[54] Praktisch reicht auch die „bindende Wirkung" nach Abs. 1 schon so weit, da ihr die gesamten rechtsanwendenden Instanzen unterworfen sind.[55]

3. Wirkung

38   Wegen der Wirkung gesetzeskräftiger Normenkontrollentscheidungen über die Nichtigkeit eines Gesetzes vgl. § 79.

4. Veröffentlichung

39   Die **Veröffentlichung der Entscheidungsformel** ist nicht die Voraussetzung der Wirksamkeit der Entscheidung, es handelt sich vielmehr um eine Sollvorschrift, die der Ordnung halber das übliche Publikationsorgan für Gesetze auch für solche Nachrichten zugänglich macht.[56] Die Neuformulierung der Vorschrift über die Verkündung im Bundesgesetzblatt (Abs. 2 Satz 3 und 4) durch die Novelle vom 21. 12. 1970 (BGBl. I S. 1765) stellt klar, dass die Verkündungspflicht für alle im Normenkontroll- oder Verfassungsbeschwerdeverfahren ergehenden Normprüfungsentscheidungen sowie für Entscheidungen in Ver-

---

[51] Zum Sinn dieser Regelung s. *Schlaich/Korioth* Rn. 496 ff.; *Wiederin,* Die Gesetzeskraft der Entscheidungen des Bundesverfassungsgerichts, in: FS f. Badura, 2004, 605 (606).

[52] *Schulze-Fielitz,* in: FS 50 Jahre BVerfG, Bd. 1, 2001, 385 (395).

[53] S. auch *BVerfGE* 69, 112 (117).

[54] *Kramer/Tittel* JZ 1980, 395; *Heusch,* in: UCD Rn. 58 ff. zu § 31 (str.).

[55] *Schlaich/Korioth* Rn. 496.

[56] S. Bericht des Abg. *Wahl* im Bundestag, Amtl. Niederschrift der 102. Sitzung S 426, vgl. jedoch *Sellschopp* DÖV 1954, 324 (326).

fahren nach Art. 100 II oder Art. 126 GG nicht an die Gesetzeskraft geknüpft ist.[57]

§ 32 [Einstweilige Anordnung]

(1) Das Bundesverfassungsgericht kann im Streitfall einen Zustand durch einstweilige Anordnung vorläufig regeln, wenn dies zur Abwehr schwerer Nachteile, zur Verhinderung drohender Gewalt oder aus einem anderen wichtigen Grund zum gemeinen Wohl dringend geboten ist.

(2) Die einstweilige Anordnung kann ohne mündliche Verhandlung ergehen. Bei besonderer Dringlichkeit kann das Bundesverfassungsgericht davon absehen, den am Verfahren zur Hauptsache Beteiligten, zum Beitritt Berechtigten oder Äußerungsberechtigten Gelegenheit zur Stellungnahme zu geben.

(3) Wird die einstweilige Anordnung durch Beschluß erlassen oder abgelehnt, so kann Widerspruch erhoben werden. Das gilt nicht für den Beschwerdeführer im Verfahren der Verfassungsbeschwerde. Über den Widerspruch entscheidet das Bundesverfassungsgericht nach mündlicher Verhandlung. Diese muß binnen zwei Wochen nach dem Eingang der Begründung des Widerspruchs stattfinden.

(4) Der Widerspruch gegen die einstweilige Anordnung hat keine aufschiebende Wirkung. Das Bundesverfassungsgericht kann die Vollziehung der einstweiligen Anordnung aussetzen.

(5) Das Bundesverfassungsgericht kann die Entscheidung über die einstweilige Anordnung oder über den Widerspruch ohne Begründung bekanntgeben. In diesem Fall ist die Begründung den Beteiligten gesondert zu übermitteln.

(6) Die einstweilige Anordnung tritt nach sechs Monaten außer Kraft. Sie kann mit einer Mehrheit von zwei Dritteln der Stimmen wiederholt werden.

(7) Ist ein Senat nicht beschlußfähig, so kann die einstweilige Anordnung bei besonderer Dringlichkeit erlassen werden, wenn mindestens drei Richter anwesend sind und der Beschluß einstimmig gefaßt wird. Sie tritt nach einem Monat außer Kraft. Wird sie durch den Senat bestätigt, so tritt sie sechs Monate nach ihrem Erlaß außer Kraft.

---

[57] *Dietlein* DVBl. 1971, 125 (130).

§ 32

Teil II. Verfassungsgerichtliches Verfahren

Schrifttum: *Leipold,* Grundlagen des einstweiligen Rechtsschutzes im zivil-, verfassungs- und verwaltungsgerichtlichen Verfahren, 1971; *Erichsen,* Die einstweilige Anordnung, in: Bundesverfassungsgericht und Grundgesetz, Bd. I, 1976, 170; *Ule,* Einstweilige Anordnung im Verfassungsbeschwerdeverfahren, in: FS f. Maunz, 1981, 395; *Granderath,* Die einstweilige Anordnung im Verfahren vor dem BVerfG, NJW 1971, 542; *Bahls,* Wer trägt den Schaden aus einstweiligen Anordnungen des BVerfG?, ZRP 1973, 57; *Karpen,* Der einstweilige Rechtsschutz im Verfassungsprozeß, JuS 1984, 455; *Zuck,* Die einstweilige Anordnung bei der Verfassungsbeschwerde gegen strafrechtliche Entscheidungen, NStZ 1985, 41; *Löwer,* Zuständigkeiten und Verfahren des Bundesverfassungsgerichts in: HStR II (1987) § 50 Rn. 169 ff.; *Zuck,* Vb S. 353 ff.; *Masing,* Das Argument der fundamentalen Verfassungsnorm bei Erlaß einer einstweiligen Anordnung, NJW 1990, 183 a; *Berkemann,* Das „verdeckte" summarische Verfahren der einstweiligen Anordnung des Bundesverfassungsgerichts, JZ 1993, 161 ff.; *Simon,* Verfassungsgerichtsbarkeit, in: Benda/Maihofer/Vogel, Handbuch des Verfassungsrechts 2. Aufl. 1994, § 34; *Schoch/Wahl,* Die einstweilige Anordnung des Bundesverfassungsgerichts in außenpolitischen Angelegenheiten, in: FS f. Benda, 1995, 265 ff.; *Kim,* Vorläufiger Rechtsschutz durch die einstweilige Anordnung des Bundesverfassungsgerichts, 1995; *N. Huber,* Die einstweilige Anordnung nach § 32 BVerfGG am Beispiel der Verfassungsbeschwerde, 1999; *Schoch,* Einstweilige Anordnung, in: FS 50 Jahre BVerfG, Bd. 1, 2001 S. 695 ff.

Übersicht

	Rn.
I. Vorbemerkung	1
1. Grundmodelle des einstweiligen Rechtsschutzes	1
a) Summarisches Verfahren	1
b) Regelungsanordnung	2
c) Modelle des § 32	3
2. Funktionen des einstweiligen Rechtsschutzes	4
a) Sicherungsfunktion	5
b) Interimistische Befriedungsfunktion	6
3. Struktur des einstweiligen Rechtsschutzes	7
4. Akzessorietät des einstweiligen Rechtsschutzes	8
a) Allgemeine Verwirklichung der Grundmodelle	8
b) Verwirklichung in § 32	10
aa) Bezugspunkt Verfassungsbeschwerde	11
bb) Andere Verfahrensarten	12
cc) Art. 19 IV GG	13
dd) Summarisches Verfahren	14
II. Zu Abs. 1	15
1. Rechtsentwicklung	15
2. Begriff der einstweiligen Anordnung	16
3. Voraussetzungen	17
a) Streitfall	17
b) Anhängigkeit der Hauptsache	18
c) Maßstäbe	19

Einstweilige Anordnung § 32

	Rn.
d) Ausschlusstatbestände	20
e) Unzulässige oder offensichtliche Unbegründetheit der Hauptsache	21
f) Folgeprognose bei offener Rechtslage	22
g) Gemeinwohlvoraussetzung	23
4. Verfahrensfragen	24
a) Antragsabhängigkeit	24
b) Rechtsschutzinteresse	26
5. Inhalt der einstweiligen Anordnung	27
a) Vorläufige Regelung	27
b) Maßnahmenauswahl	28
c) Ablehnung des Antrags	29
6. Rechtsverletzung	30
7. Vollzug der einstweiligen Anordnung	31
III. Zu Abs. 2	32
1. Mündliche Verhandlung	32
2. Rechtliches Gehör	33
IV. Zu Abs. 3	34
1. Widerspruchsvoraussetzungen	34
2. Widerspruchsverfahren	35
V. Zu Abs. 4	36
VI. Zu Abs. 5	37
VII. Zu Abs. 6	38
1. Dauer der einstweiligen Anordnung	38
2. Wiederholung	39
VIII. Zu Abs. 7	40
IX. Rechtsanwendungspraxis	41
1. Formelhaftigkeit der Rechtsprechung	41
2. Antragsrisiken	42
3. Praktische Folgerungen bezüglich der Folgenprognose	43
4. Antragstellung	44
5. Einfach-rechtliches Umfeld	45
6. Erfolgsaussichten	46
a) Irreparable Folgen	46
b) Rechtsprechungsübersicht	48
aa) Zivilrecht	49
bb) Strafrecht	50
cc) öffentliches Recht	53
X. Kammerzuständigkeit/Auslagenerstattung	56
1. Kammerzuständigkeit	56
2. Auslagenerstattung	56

I. Vorbemerkung

1. Grundmodelle des einstweiligen Rechtsschutzes

1   Es ist zunächst sinnvoll, zu fragen, welchem Grundmodell des einstweiligen Rechtsschutzes § 32 folgt.

   a) In Betracht kommt das **summarische Verfahren,** also ein Verständnis, bei dem Prozess und materielles Recht weitgehend aufeinander bezogen bleiben, wobei vorausgesetzt wird, dass weder Tatbestand noch Rechtslage mehr als summarisch festgestellt und geprüft werden können. Da das Gericht aber die Rechtslage kennt („iura novit curia") ist nach dieser Auffassung eine für die Gewährung vorläufigen Rechtsschutzes ausreichende plausible Begründung der Entscheidung möglich.[1]

2   **b)** Dem gegenüber steht das Verständnis des einstweiligen Rechtsschutzes als **Regelungsanordnung,** d.h. eines Verfahrens, bei dem Prozessrecht und materielles Recht weitgehend voneinander abgekoppelt werden. Einstweiliger Rechtsschutz folgt dann grundsätzlich nicht mehr einer prognostischen Beurteilung der Hauptsache sondern orientiert sich an den Notwendigkeiten, die sich aus dem Zeitablauf zwischen dem Antrag auf vorläufigen Rechtsschutz und der möglichen Entscheidung in der Hauptsache ergeben.

3   **c)** Welchem Modell § 32 folgt, lässt sich dem Wortlaut nicht entnehmen. Der Sinn erschließt sich aus den Funktionen und der Struktur des einstweiligen Rechtsschutzes.

2. Funktionen des einstweiligen Rechtsschutzes

4   Welche Funktionen verfolgt einstweiliger Rechtsschutz?[2]

5   **a)** Im Vordergrund steht die **Sicherungsfunktion:** Der vorläufige Rechtsschutz muss die Sach- und Rechtslage für die Entscheidung der Hauptsache so offen halten, dass das Hauptsacheverfahren noch effektiven Rechtsschutz gewähren kann.[3]

---

[1] S. dazu *Leipold,* Grundlagen des einstweiligen Rechtsschutzes im zivil-, verfassungs- und verwaltungsrechtlichen Verfahren, 1971; *Berkemann* JZ 1993, 161 (162).

[2] S. dazu *Leipold,* Grundlagen des einstweiligen Rechtsschutzes im zivil-, verfassungs- und verwaltungsgerichtlichen Verfahren, 1971; *Schoch,* Vorläufige Rechtsschutz- und Risikoverteilung im Verwaltungsrecht, 1988; *ders.* VerwArch. 82 (1991), 145 ff.

[3] S. dazu *Schoch,* in: FS 50 Jahre BVerfG, Bd. 1, 2001, 695 (699 f.); BVerfGE 105, 235 (238).

Einstweilige Anordnung § 32

b) Dazu tritt die **interimistische Befriedungsfunktion:**[4] Hinsichtlich des Verfahrensgegenstandes stellt sich die Entscheidung im vorläufigen Rechtsschutzverfahren dann im Ergebnis als eine endgültige Entscheidung über die Hauptsache bis zu deren Entscheidung dar.[5] Das Gericht spricht insoweit von **Legitimationswirkung**). Insoweit ist schon hier darauf aufmerksam zu machen, dass für den Zeitraum von Antragsstellung im Verfahren des vorläufigen Rechtsschutzes bis zur Entscheidung in der Hauptsache diese immer vorweggenommen wird.

3. Struktur des einstweiligen Rechtsschutzes

Da die Entscheidung im vorläufigen Rechtsschutzverfahren für die Zeit bis zur Hauptsacheentscheidung eine endgültige ist, können die **insoweit** geschaffenen „vollendeten Tatsachen" im Verhältnis zur endgültigen Entscheidung in der Hauptsache, sich für die Verfahrensbeteiligten als, bezogen auf die Hauptsache, nachteilig oder vorteilhaft auswirken. Ganz gleich, ob man die Entscheidung im Verfahren über den vorläufigen Rechtsschutz dem Verständnis als summarisches Verfahren (s. oben Rn. 1) oder als Regelungsanordnung (s. oben Rn. 2) zugrunde legt: Immer wird man aus Gründen des Geltungsanspruchs des materiellen Rechts bemüht sein müssen, über das Gesetz und seine Anwendung das Risiko der Fallentscheidung möglichst gering zu halten. Von seiner Struktur her erweist sich vorläufiger Rechtsschutz deshalb als ein Mechanismus zur **Verteilung des Fehlentscheidungsrisikos.**[6]

4. Akzessorietät des einstweiligen Rechtsschutzes

a) Die Grundmodelle einstweiligen Rechtsschutzes sind in den Prozessordnungen nicht rein verwirklicht, denn summarisch ist das Verfahren zur Gewährleistung vorläufigen Rechtsschutzes immer, in der Regel als Folge von dessen Eilbedürftigkeit, aber auch als Konsequenz der Vorläufigkeit. In diesen beiden Aspekten realisiert sich ein Spannungsverhältnis. Während vorläufiger Rechtsschutz ein unverzichtbarer Bestandteil des Gebots effektiven Rechtsschutzes ist,[7] ergibt sich aus

---

[4] S. dazu *Schoch*, in: FS 50 Jahre BVerfG, Bd. 1, 2001, 695 (700); *Benda/Klein* Rn. 1192.
[5] S. auch *BVerfGE* 82, 353 (370) = NJW 1990, 3005; *Graßhof*, in: MSKB, Stand 2002, Rn. 9 zu § 31 m. w. Nw.
[6] *Grunsky* JuS 1977, 217 (219 f.); *Schoch*, Rechtsschutz und Risikoverteilung im Verwaltungsrecht, 1988, 1406 ff.
[7] BVerfGE 35, 263 (274); 46, 166 (179); 51, 268 (284); 79, 69 (74); BVerfG(K), NVwZ 2004, 1346 (1347). Siehe dazu *Schoch*, in: FS 50 Jahre

der Notwendigkeit eine rasche Entscheidung treffen zu müssen, eine Einschränkung der Effektivität, bezogen auf die Richtigkeitsgewähr dieser Entscheidung. Entscheiden zu müssen, heißt in der Regel, summarisch zu entscheiden, beinhaltet also den Verzicht auf eine umfassende und vertiefte Prüfung und Klärung der materiellen Sach- und Rechtslage.[8]

9   Zeigt sich aber auf der anderen Seite, dass die – wenn auch nur ausnahmsweise zulässige – Leistungsanordnung, mit der die Hauptsache vorweggenommen wird, im Bereich des einstweiligen Rechtsschutzes, der, insgesamt als Recht der Regelungsanordnung verstanden, ebenso notwendig ist, wie ein, wenn auch eingeschränkter Rückgriff auf die Erfolgsaussichten in der Hauptsache, wird man eine genauere Zuordnung nur dann vornehmen können, wenn man nach dem Grad der Akzessorietät von Hauptsache und vorläufigem Rechtsschutz fragt. Während im Zivilprozess einstweiliger Rechtsschutz davon abhängt, dass neben dem Arrest(Verfügungs)Grund der Arrest (Verfügungs)Anspruch glaubhaft gemacht wird,[9] es also insoweit um die Hauptsacheforderung selbst geht,[10] ist das im Rahmen vorläufigen Rechtsschutzes nach § 80 V VwGO anders: Zwar muss auch hier, soweit es um die Vollziehbarkeit eines Verwaltungsakts geht, dieser, und damit die Hauptsache, in den Blick genommen werden. Da dies innerhalb eines Interessenabwägungsmodells geschieht, hat sich ein schwer auf einen Nenner zu bringendes Relations-System entwickelt, bei dem die Eindeutigkeit der materiellen Rechtslage entweder glaubhaft gemacht oder bei besonders schweren Rechtsverletzungen ermittelt worden ist, sonst aber, d. h. bei allen anderen Sachverhalten offen gelassen werden kann.[11] Etwas vereinfacht wird man deshalb sagen können, dass die

---

BVerfG, Bd. 1, 2001, 695 (702); *Benda/Klein* Rn. 1192 unter Hinweis auf BVerfGE 91, 70 (76); aA *Graßhof,* in: MSKB, Stand 2002, Rn. 2 ff. zu § 31 auf der Grundlage einer zu formalen Betrachtungsweise. *Wenn* die einfach-rechtliche Ordnung einen Rechtsbehelf zur Verfügung stellt, dann muss dieser Rechtsbehelf auch effektiv sein. Dafür den Umweg über das Rechtsstaatsgebot zu wählen (*Graßhof,* in: MSKB, Stand 2002, Rn. 6 zu § 31) überzeugt nicht.

[8] Siehe dazu etwa *Schoch,* in: Schoch/Schmitt-Aßmann/Pietzner, VwGO, Stand 2000, Rn. 274 zu § 80 VwGO.

[9] § 916 ZPO.

[10] Vgl. nur *Vollkommer,* in: Zöller, ZPO, 25. Aufl. 2005, Rn. 1 zu § 816 ZPO. Zu der vergleichbaren Situation bei § 123 VwGO siehe *Schoch,* in: Schoch/Schmitt-Aßmann/Pietzner, VwGO, Stand 2000, Rn. 69 ff. zu § 123 VwGO.

[11] Vgl. *Kopp/Schenke,* VwGO, 14. Aufl. 2005, Rn. 152 ff. zu § 80 VwGO; siehe auch *Tipke/Kruse,* AO/FGO, Stand 1997, Rn. 121 zu § 69 FGO. Zu den Besonderheiten verwaltungsgerichtlichen Eilrechtsschutzes im Hinblick auf Art. 19 IV GG siehe BVerfGE 110, 77 (86 ff.).

verschiedenen Formen einfach-rechtlichen vorläufigen Rechtsschutzes einen gesetzlich oder richterrechtlich unterschiedlich ausgestalteten Grad der Akzessorietät von vorläufigem Rechtsschutz zur Hauptsacheentscheidung aufweisen. Die Intensität des Rückgriffs auf die materielle Rechtslage wird jedoch immer durch den Umstand geprägt, dass alle Verfahren vorläufigen Rechtsschutzes summarisch sind.

b) Die Frage ist, ob und wie sich vorläufiger Rechtsschutz nach § 32 nach diesen Grundsätzen bestimmt. Ist auch hier davon auszugehen, dass Akzessorietät zur Hauptsache[12] gegeben ist, und dass die Prüfung der Voraussetzungen des § 32 in einem summarischen Verfahren erfolgt? Es wird zu zeigen sein, dass beide Fragen zu bejahen sind, wenn das BVerfG einstweiligen Rechtsschutz gewährt, allerdings in richterrechtlich entwickelter, von den Grundsätzen des einstweiligen Rechtsschutzes im Instanzverfahren abweichender Form,[13] dass aber die Antwort, ob überhaupt einstweiliger Rechtsschutz zu gewähren ist, zu einer kardinalen Unterscheidung von verfassungsrechtlichen zu instanzgerichtlichen vorläufigen Rechtsschutzmöglichkeiten führt.[14] So hat sich der Zweite Senat auf den Standpunkt gestellt,[15] entscheidend sei, dass eine einstweilige Anordnung nur erlassen werden dürfe, wenn das „zum Gemeinwohl dringend geboten" sei (§ 32 I). Diese Vorgabe verpflichte das BVerfG gerade nicht zu einer Entscheidung „in jedem Fall". Wäre das anders zu sehen, würde auf diesem Umweg die aufschiebende Wirkung der Verfassungsbeschwerde, die hier gerade fehle, hergestellt werden. Anders als das durch Art. 19 IV GG geprägte instanzgerichtliche Verfahren des einstweiligen Rechtsschutzes, gewährleiste § 32 gerade keinen lückenlosen Rechtsschutz. Überdies sei das BVerfG gar nicht in der Lage, in gleichem Maße zeit- und sachnahen vorläufigen Individualrechtsschutz zu gewähren wie die Instanzgerichte. Es komme allenfalls eine Ergänzung nach dem Prinzip der Subsidiarität in Betracht. In ihrer abweichenden Meinung haben die Richter Limbach, Böckenförde und Sommer die Auffassung der Senatsmehrheit nachdrücklich kritisiert. Da die Verfassungsbeschwerde

---

[12] Siehe dazu *Finkelnburg/Jank*, Vorläufiger Rechtsschutz im Verwaltungsverfahren, 4. Aufl. 1998, Rn. 48. Es wird hier von der Akzessorietät zur Hauptsache, nicht der Akzessorietät zum Hauptsacheverfahren gesprochen, siehe dazu *Benda/Klein* Rn. 1196.
[13] Siehe unten Rn. 22 ff.
[14] Das verfassungsprozessuale Schrifttum hatte bislang in der Gewährleistung einstweiligen Rechtsschutzes durch § 32 nur eine Modalität des Systems des einstweiligen Rechtsschutzes gesehen, siehe dazu etwa *Pestalozza* § 18 Rn. 2; *Berkemann,* in: UCD Rn. 7 zu § 32.
[15] BVerfGE 94, 116 (215 ff.).

auch dem Individualrechtsschutz diene, in dem sich dann auch das gemeine Wohl konkretisiere, trage der Hinweis auf den Gesetzestext nicht. Die Erreichung eines Suspensiveffekts auch über ein Antragsverfahren sei zulässig. Arbeitsüberlastung sei kein Argument.[16] Mit der Rechtssprechung des Ersten Senats zu § 32 sei die Auffassung der Senatsmehrheit nicht vereinbar.

11 **aa)** Der ausschlaggebende Gesichtspunkt für die Beurteilung dieser beiden Auffassungen vom Wesen des verfassungsgerichtlichen vorläufigen Rechtsschutzes liegt – bezogen auf den Ausgangspunkt **„Verfassungsbeschwerde"** – in deren richtigen Verständnis. Vorläufiger Rechtsschutz ist, wie gezeigt, der Hauptsache untrennbar zugeordnet. Seine Funktion liegt darin, die Zeit bis zur Hauptsacheentscheidung zu überbrücken, und das aus verfassungsrechtlichen Gründen (Art. 19 IV GG). Effektiv kann diese Überbrückung nur sein, wenn sie hilft, die Gewährleistungen der Hauptsache, d.h. des materiellen Rechts zu sichern. Dann kommt es aber auf den Inhalt dieser materiellen Gewährleistung an. Da die Verfassungsbeschwerde vorrangig oder zumindest auch Individualrechtsschutz vermittelt, d.h. subjektive Rechte gewährleistet (siehe Rn. 8, 11 zu § 90), wird effektiver Rechtsschutz nur gewährt, wenn diese Gewährleistung nicht leerläuft. Auch im Verfassungsbeschwerdeverfahren bleibt der vorläufige Rechtsschutz deshalb auf die materiell-rechtliche Gewährleistung bezogen. Insoweit hat der Beschwerdeführer einen uneingeschränkten Anspruch[17] auf Gewährleistung vorläufigen Rechtsschutzes. Das folgt aus Art. 93 I Nr. 4a GG, Art. 19 IV GG. Aus dieser Verknüpfung ergibt sich weiter, dass auch die einstweilige Anordnung ein individuelles Rechtsschutzmittel ist.

12 **bb)** Auch für die **anderen Verfahrensarten** bestimmt die Akzessorietät zur Hauptsache den Inhalt von Sicherungsfunktion und interimistischer Befriedungsfunktion des § 32. Die Effektivität des einfachrechtlich durch das BVerfGG gewährleisteten Rechtsschutzes gebietet nicht nur die subjektiven Rechtspositionen (wie im Verfassungsbeschwerdeverfahren) zu gewährleisten, sondern auch die objektive Rechtslage zu sichern. Darin kann man, bezogen auf diese Verfahrensarten, die objektive Funktion des Eilrechtsschutzes sehen.[18]

---

[16] BVerfGE 94, 223 (227 ff.).

[17] Mit der Bezeichnung „uneingeschränkt" ist die allgemeine Gewährleistung des vorläufigen Rechtsschutzes gemeint, nicht dessen konkrete Ausgestaltung in § 32. Diese führt begrifflich zu rechtlichen Beschränkungen. Erst recht ist von dieser Betrachtung die Anwendung des § 32 auf den einzelnen Streitfall zu trennen, die dann, unter Umständen schon aus faktischen Gründen, die Gewährung vorläufigen Rechtsschutzes ausschließt.

[18] Ablehnend *Graßhof*, in: MSKB, Stand 2002, Rn. 12 zu § 31.

cc) Die Zuordnung des einstweiligen Rechtsschutzes zu den unterschiedlichen Gewährleistungen des GG verbietet deshalb einen Rückzug des BVerfGG unter der Prämisse, Art. 19 IV GG stelle unterschiedliche Anforderungen an verfassungsgerichtlichen und einfachrechtlichen Eilrechtsschutz.[19] Die beiden dafür ins Feld geführten Argumente – das BVerfG sei nach Funktion und Organisation weder berufen noch in der Lage, gleichen zeit- und sachnahen Eilrechtsschutz zu gewährleisten/diese Leistung werde von den primär dem Grundrechtsschutz dienenden Instanzgerichten erbracht, –[20] greifen nicht. Das BVerfG hat die ihm in Art. 93 GG zugewiesene Aufgabe, die Verfassung zu schützen.[21] Damit ist seine Funktion abschließend gekennzeichnet. Dem dient seine Organisation. Wenn die Instanzgerichte ihre eigene Grundrechts-Gewährleistungspflicht nicht zeit- und sachgemäß wahrnehmen, kann diese Aufgabe nur vom BVerfG erfüllt werden.

13

dd) Bezieht man vorläufigen Rechtsschutz auf die Hauptsache, d.h. auf die materielle Rechtslage, so ist damit angesichts der beschränkten Aufklärungsmöglichkeiten innerhalb eines engen Zeitrahmens notwendigerweise die Begrenzung auf ein summarisches Verfahren verbunden (siehe oben Rn. 1).

14

II. Zu Abs. 1 (Begriff und Voraussetzungen der einstweiligen Anordnung)

1. Rechtsentwicklung

Obwohl weder das Gesetz über den Staatsgerichtshof vom 9. 7. 1921 noch die GO des Gerichtshofs vom 20. 9. 1921 Bestimmungen über den Erlass einstweiliger Verfügungen enthalten, hat der **Staatsgerichtshof** doch in ständiger, bis in seine letzte Zeit reichender Rechtsprechung sein Recht zum Erlass einstweiliger Verfügung bejaht und es ausgeübt.[22] Er leitete aus dem Umstand, dass ein durch seine Entscheidung angeordneter Zustand für die Dauer zwangsweise herbeigeführt werden könnte, argumento a maiore ad minus auch sein Recht zur Herbeiführung eines vorläufigen Zustandes ab.

15

---

[19] BVerfG(K), NJW 1999, 2145 (2146).
[20] BVerfGE 94, 166 (215 f.); BVerfG(K) NJW 1999, 2174 (2175).
[21] *Wieland*, in: Dreier, GG, Band III, 2000, Rn. 30 zu Art. 93 GG.
[22] Siehe LS I, S. 212, 215, LS I, S. 72, 76, 77, *Joel* AöR 78 (1952), 138.

§ 32 Teil II. Verfassungsgerichtliches Verfahren

2. Begriff

16 Das **BVerfGG** hat hieran und an die Entwicklung der Institution im Zivilprozessrecht angeknüpft, wobei die beiden Fälle der einstweiligen Verfügung zur Sicherung der Individualleistung (§ 935 ZPO) und zur Sicherung des Rechtsfriedens (§ 940 ZPO) mit Schwergewicht auf der Letzteren unter Anpassung an die besonderen Bedürfnisse der Verfassungsrechtsprechung vereinigt erscheinen.[23] Einstweilige Anordnungen im Sinne des § 32 sind hiernach **vorläufige** Verfügungen des Gerichts, die zur Vermeidung von Rechtsnachteilen in einem beschleunigten Verfahren ohne obligatorische mündliche Verhandlung ergehen. Sie sind – obwohl in der ZPO im 8. Buch geregelt – keine Maßnahmen für die Vollstreckung. Das Gesetz bringt zwar keine Einschränkungen des möglichen Inhalts einstweiliger Anordnungen außer der sich aus dem Wesen der vorläufigen Regelung eines Zustandes begrifflich notwendig ergebenden (s. oben Rn. 4) –, wohl aber enge materielle Voraussetzungen für den Erlass einer einstweiligen Anordnung sowie ein Nachprüfungsverfahren, die gegen eine missbräuchliche Anordnung der einstweiligen Anordnung sichern sollen.

Besondere Fälle einstweiliger Anordnungen enthalten §§ 53, 58 I, 93 d II, 105 V. Auf sie finden die allgemeinen Vorschriften keine Anwendung. Eine Besonderheit gilt ferner für § 16 III WPG vom 12. 3. 1951 (BGBl. S. 166) i. d. F. vom 28. 4. 1995 (BGBl. I S. 582).

3. Voraussetzungen der einstweiligen Anordnung

17 a) Einstweilige Anordnungen können nach § 32 nur **„im Streitfall"** ergehen. Unter „Streitfall" sind nach der Rechtsprechung des BVerfG nicht nur Parteistreitigkeiten zu verstehen. Das BVerfG legt diesen Begriff vielmehr im weitesten Sinne aus. Danach gilt § 32 als allgemeine Verfahrensnorm grundsätzlich für alle im GG und im BVerfGG vorgesehenen Verfahren d. h. z. B. außer für Organ-[24] und Bund-Länder-Streitigkeiten[25] namentlich auch für abstrakte Normenkontrollverfahren nach § 13 Nr. 6,[26] für Parteiverbotsverfahren[27] und für Verfassungsbeschwerden.[28] Auch in den Fällen der konkreten Nor-

---

[23] Zur Sicherungsfunktion allgemein s. Rn. 5.
[24] BVerfGE 82, 353 (363) = NJW 1990, 3005; 106, 51 (58), 108, 34 (40).
[25] BVerfGE 80, 74 (79) = NJW 1990, 994; BVerfG EuGRZ 1995, 357 (358); 89, 33 (44); 92, 130 (133); 96, 223 (229), 98, 139 (144).
[26] BVerfGE 1, 85; 1, 281; 46, 337 (338) = NJW 1978, 209; 104, 51 (56).
[27] BVerfGE 103, 41.
[28] BVerfGE 1, 74; 3, 36; 3; 41 (43); 4, 110 (113); 11, 102 (103); 11, 306 (308); 16, 220 (226); 24, 68 (72); 66, 337 (356); 108, 238 (245).

menkontrolle, in denen das BVerfG nur in einem Zwischenverfahren zur Entscheidung über die Rechtsfrage tätig wird, ist eine einstweilige Anordnung nach dem Gegenstand des Rechtsstreits nicht ausgeschlossen.[29] Immer wird vorausgesetzt, dass der Antrag auf Erlass einer einstweiligen Anordnung sich auf eine Hauptsache bezieht, die überhaupt nach Art. 93 GG, § 13 vor das BVerfG gebracht werden kann, nicht also z.B. ein Antrag nach § 32, der ein Verfahren vor dem EGMR, das sich gegen eine Entscheidung des BVerfG richtet, sichern soll.[30]

b) Es ist **nicht** vorausgesetzt, dass schon ein Verfahren vor dem BVerfG **anhängig** ist.[31] Doch muss es sich um einen Streitfall handeln, der überhaupt zur Zuständigkeit des BVerfG gehört.[32] Die Hauptsache muss aber in zulässiger Weise noch vor das Gericht gebracht werden können.[33] Der Gegenstand des künftigen Hauptsacheverfahrens muss also im Zeitpunkt des Antrags nach § 32 vorhanden sein. Das ist im Rechtsnorm-Verfassungsbeschwerdeverfahren bei einem endgültig beschlossenen, aber noch nicht in Kraft getretenen Gesetz der Fall,[34] ebenso bei einem verkündeten, aber noch nicht in Kraft getretenen Gesetz. Es schadet also nicht, dass in diesem Zeitpunkt eine Verfassungsbeschwerde gegen das Gesetz, weil noch nicht in Kraft getreten, unzulässig wäre. Ein Organstreit setzt auf jeden Fall eine rechtserhebliche Maßnahme voraus. Die Ablehnung eines Änderungsantrags in der zweiten Lesung über den Entwurf eines Haushaltsplans reicht dafür nicht aus.[35] Sie ist auch bei einer Urteils-Verfassungsbeschwerde gegeben, wenn die Entscheidung verkündet, aber (mit ihren Gründen)

18

---

[29] BVerfGE 41, 243 (245); zustimmend *Berkemann,* in: UCD Rn. 56 zu § 32. Dort auch zur Zulässigkeit der einstweiligen Anordnung im Verfahren nach § 91 (vgl. z.B. BVerfGE 82, 310 (312)).

[30] *Graßhof,* in: MSKB, Stand 2002, Rn. 16 zu § 13.

[31] Vgl. BVerfGE 11, 339 (342); 27, 152 (156); 71, 305 (352); 105, 235 (238); NJW 2005, 2537 (2538) – VISA-Unteruchungsausschuss. Dazu insgesamt zustimmend *Lenz* NJW 2005, 2495.

[32] BVerfGE 3, 267; 7, 367 (371); 11, 329; 16, 214 (226).

[33] BVerfGE 105, 235 (238); NJW 2005, 2537 (2538).

[34] So der Sachverhalt in BVerfGE 106, 359. Das BSSichG vom 23. 12. 2002 war am 30. 12. 2000 verkündet worden (BGBl. I S. 4637), trat aber erst am 1. 1. 2003 in Kraft. Der Antrag auf Erlass einer einstweiligen Anordnung war am 23. 12. 2002 gestellt worden. Für das abstrakte Normenkontrollverfahren vgl. BVerfGE 104, 51. Das PartDisBG vom 16. 2. 2001 (BGBl. I S. 266) sollte zum 1. 8. 2001 in Kraft treten. Im abstrakten Normenkontrollverfahren war beantragt worden, das Gesetz nicht in Kraft treten zu lassen. Das BVerfG lehnte die Anträge mit Urteil vom 18. 7. 2001 ab.

[35] BVerfGE 80, 188 (212).

noch nicht zugestellt worden ist.[36] Auch innerhalb des Instanzverfahrens kommt ein Antrag nach § 32 in Betracht.[37] Im Parteiverbotsverfahren scheitert ein im Wege des § 32 geltend gemachter Anspruch auf Akteneinsicht, wenn er vor Eröffnung des Verfahrens gestellt worden ist.[38]

19 c) Das BVerfG legt für die Prüfung, ob eine einstweilige Anordnung erlassen werden kann, einen **strengen** Maßstab an.[39] Als Grund für diese Voraussetzung bezieht sich das BVerfG auf die meist weitreichenden Folgen seiner Entscheidung.[40] **Besonders streng** soll der Maßstab sein, wenn es um die Verhinderung des Inkrafttretens eines Gesetzes oder die Aussetzung des Gesetzesvollzugs geht,[41] weil mit dem Erlass einer einstweiligen Anordnung in die Gestaltungsfreiheit des Gesetzgebers eingegriffen werde.[42] Insoweit verlangt das BVerfG „größte Zurückhaltung".[43]

Noch weiter verschärfte Anforderungen gelten, wenn eine Regelung mit **völkerrechtlichen und außenpolitischen Auswirkungen** betroffen ist.[44] Der Erlass einer einstweiligen Anordnung im Verfassungsrechtsstreit bedeute danach den Eingriff des Gerichts in Regierungsfunktionen (Legislative oder Exekutive), bevor die mit dem

---

[36] Es genügt immer der innere Sachbezug zum Hauptsacheverfahren, *Berkemann,* in: UCD, Rn. 76 zu § 32.

[37] BVerfG(K), NJW 1999, 2174 (2175); kritisch dazu *Graßhof,* in: MSKB, Stand 2002, Rn. 23 zu § 32.

[38] BVerfGE 103, 41 (42) hat den Antrag scheitern lassen, weil das in der Hauptsache zu verfolgende Begehren unzulässig sei. Bezogen auf die später anhängige Hauptsache trifft das nicht zu. Insoweit hat es im Zeitpunkt der Antragstellung an einem „Gegenstand" gefehlt.

[39] BVerfGE 82, 310 (312); 94, 166 (216 f.); 99, 57 (66); 104, 23 (27); 106, 51 (58); 99, 57 (66); 104, 23 (28 f.); 105, 365 (371); 108, 34 (42); 108, 238 (246), BVerfGK 1 (2004), 245 (247); 320 (325); 2 (2004), 298 (302); kritisch dazu *Berkemann* JZ 1993, 161; *ders.,* in: UCD, Rn. 159 ff. zu § 32; *Schoch/Wahl,* in: FS f. Benda 1995, 265 ff.; *Schlaich/Korioth* Rn. 465. Umfassend *Schoch,* in: FS 50 Jahre BVerfG, Bd. 1, 2001, 695 (701 ff.).

[40] BVerfGE 81, 53 (54); 82, 310 (312); 82, 353 (363); 87, 107 (111); 91, 70 (74 f.); 99, 57 (66). So auch die Kammerrechtsprechung, vgl. BVerfG(K), NJW 1999, 1951; NJW 2000, 3051 (3052); 103, 41 (42); 104, 23 (28); 105, 365 (371); 106, 51 (58).

[41] BVerfGE 82, 310 (313); 83, 162 (171); 108, 45 (48).

[42] BVerfGE 104, 23 (27); 104, 51 (55); st. Rspr.; vgl. auch BVerfGE 104, 23 (27); BVerfG(K), NJW 2003, 1516 (1517).

[43] BVerfGE 82, 310 (313); 96, 120 (128 f.); 104, 21 (27) = NJW 2001, 3253; NJW 2005, 800 (801) – Bologna; NVwZ 2005, 679 – Gewerbesteuer.

[44] BVerfGE 83, 162 (171 f.); 88, 173 (175); 89, 38 (43) = NJW 1993, 2038; 108, 34 (41); *Schoch/Wahl,* in: FS f. Benda, 1995, 265.

Antrag zur Hauptsache anhängig gemachte Sache entschieden sei. Aus diesem Grunde dürfe das Gericht von seiner Befugnis nach § 32 nur mit größter Zurückhaltung Gebrauch machen. Die einstweilige Anordnung sei vor allem kein Mittel, um die Verantwortung für politische Entscheidungen, die der Bundesregierung im Verhältnis zu den Ländern und den Landesregierungen im Verhältnis zu den Landtagen obliegen, dem BVerfG zuzuschieben.

Die Unterscheidung zwischen strengen, besonders strengen und verschärften besonders strengen Anforderungen ist nicht handhabbar. Sie ist auch ohne Rechtsgrundlage. § 32 bringt keine Strenge zum Ausdruck, sondern enthält Sachvoraussetzungen für den Erlass einer einstweiligen Anordnung, die erfüllt sein müssen. Sowenig wie sonst (siehe Einl. Rn. 31) ist dem BVerfG Zurückhaltung auferlegt. Diese mag die Folge der Rechtsanwendung sein; sie ist aber nicht ihre Voraussetzung.

d) Der **Erlass** einer einstweiligen Anordnung kommt **nicht** in Betracht, wenn
– die Entscheidung in der Hauptsache offensichtlich nicht in die Zuständigkeit des BVerfG fällt;
– das BVerfG in der Hauptsache rechtzeitig entscheiden könnte[45] oder entschieden hat;[46]
– die einstweilige Anordnung die Hauptsache vorwegnehmen würde.[47]

e) Erhebliche Bedeutung hat das allgemeine Erfordernis, der in der Hauptsache gestellte Antrag dürfe sich nicht **von vornherein** als **unzulässig oder offensichtlich unbegründet** erweisen.[48] Das BVerfG verwendet auf die Prüfung der damit verbundenen Fragen in seinen letzten Entscheidungen viel Raum, und tritt zumindest auf diesem

---

[45] BVerfGE 7, 367 (371); 12, 36 (41); 16, 220 (226); siehe auch BVerfGE 83, 162 (174); 84, 90 (117) = NJW 1991, 1597; 104, 23 (28).

[46] Der Antrag auf Erlass einer einstweiligen Anordnung erledigt sich dann mit der Hauptsacheentscheidung, vgl. etwa BVerfGE 64, 46 (47) und die Kammerrechtsprechung zu § 93a, wenn die Verfassungsbeschwerde nicht zur Entscheidung angenommen wird.

[47] Siehe dazu ausf. *Graßhof,* in: MSKB, Stand 2002, Rn. 48 ff. zu § 32; *N. Huber,* Die einstweilige Anordnung nach § 32 BVerfGG am Beispiel der Verfassungsbeschwerde, 1999, 211 ff.; differenzierend *Berkemann,* in: UCD, Rn. 208 ff.; krit. *Benda/Klein* Rn. 1206 ff; *Schlaich/Korioth* Rn. 464. Wenn die Hauptsache vorweggenommen werden darf, findet eine Prüfung der Erfolgsaussichten statt, vgl. dazu etwa BVerfGE 46, 160 (164); 67, 149 (151). Siehe dazu *Graßhof,* in: MSKB, Stand 2002, Rn. 94 zu § 32.

[48] BVerfGE 3, 34 (36); 3, 207; 7, 99 (105); 7, 367 (371); 16, 220 (226); 89, 91 (94) = NJW 1993, 3253; 92, 126 (129 f.); 93, 181 (186 f.); 103, 41 (42); 104, 23 (28); 105, 365 (371); 106, 51 (58).

§ 32 Teil II. Verfassungsgerichtliches Verfahren

Weg in eine summarische Prüfung ein.[49] Das wird besonders augenfällig dort, wo der Antrag auf Erlass einer einstweiligen Anordnung vor Anhängigmachung der Hauptsache erfolgt, es also völlig offen ist, was in der Hauptsache vorgetragen werden wird.

Zu beachten ist, dass – wenn auch nur ganz vereinzelt – in der Rechtsprechung inzwischen die Formulierung auftaucht, es sei auch zu prüfen, ob die Hauptsache offensichtlich begründet sei.[50]

22 **f)** Bleibt die Rechtslage insoweit offen,[51] so tritt das BVerfG nach Maßgabe der sogenannten **Doppelhypothese**[52] in eine **Folgenabwägung**. Es wägt die Folgen ab, die eintreten würden, wenn eine einstweilige Anordnung nicht ergeht, die angegriffene Maßnahme aber später für verfassungswidrig erklärt wird, gegen die Folgen, die entstünden, wenn die angegriffene Maßnahme vorläufig unterbliebe (Folgenprognose).[53] Die Folgenprognose unterliegt festen Regeln. So muss die Berechtigung der für die Verfassungswidrigkeit einer Maßnahme folgenden Begründung grundsätzlich außer Betracht bleiben.[54] Zu beachten sind insbesondere die (zu erwartenden) tatsächlichen Folgen,[55] die mögliche Irreparabelität einer Grundrechtsverletzung[56] sowie der

---

[49] Siehe z. B. BVerfGE 108, 34 (42 f.); 108, 238 (246 f.) und die Nachweise bei BVfG(K) NVwZ 2005, 1055 (1056).

[50] BVerfGE 104, 23 (28); siehe dazu *Graßhof*, in: MSKB, Stand 2002, Rn. 99 zu § 32. Der Erste Senat berücksichtigt erkennbare Erfolgsaussichten, BVerfGE 111, 147 (153).

[51] Genau genommen ist sie das nur bei voller summarischer Prüfung im Sinne von BVerfGE 104, 23 (28).

[52] Siehe dazu *Schoch*, in: FS 50 Jahre BVerfG, Bd. 1, 2001, 695 (703 f.). Bei der Folgenbewertung im Rahmen der Hypothese muss unterstellt werden, dass die jeweils in Anspruch genommenen Verfassungspositionen bestehen, so zutreffend *Graßhof*, in: MSKB, Stand 2002, Rn. 108, 117 zu § 32.

[53] BVerfGE 12, 276 (279) = NJW 1961, 867, st. Rspr., vgl. etwa BVerfGE 99, 57 (66); 104, 23 (28 f); 108, 34 (42), 108, 238 (246). So auch die Kammerrechtsprechung, siehe dazu *Schoch*, in: FS 50 Jahre BVerfG, Bd. 1, 2001, 695 (703 mit Fn. 59) und BVerfG (K) (2004), 245 (247); 320 (325); 2 (2004), 298 (302).

[54] BVerfGE 88, 173 (179); 94, 334 (347); 91, 320 (326); 98, 139 (144); 106, 369 (373).

[55] BVerfGE 77, 130 (135 f.); 80, 360 (366 f.); 83, 162 (172); 95, 94 (96); 94, 166 (217). Eine reine Tatsachen-Folgenabwägung findet sich z. B. in BVerfGE 106, 369 – Auswirkungen des BSSichG auf den pharmazeutischen Großhandel. Die Tatsachen richten freilich gegen den Gemeinwohlbelang der finanziellen Stabilität der GKV nichts aus, BVerfGE 106, 369 (377). Das entspricht der Behandlung vergleichbarer Hauptsachen, vgl. *Zuck*, in: Quaas/Zuck, Medizinrecht, 2005, § 2 Rn. 91 ff. Siehe dazu auch *Graßhof*, in: MSKB, Stand 2002, Rn. 121 ff. zu § 32.

[56] *Graßhof*, in: MSKB, Stand 2002, Rn. 120 zu § 32.

Einstweilige Anordnung § 32

Umstand, dass die Folgenprognose für alle von einer Regelung Betroffenen vorzunehmen ist.[57]

Das **Abwägungsmodell** ist im Schrifttum auf erheblichen Widerspruch gestoßen,[58] am ausführlichsten und intensivsten bei *Schoch*.[59] *Graßhof* hat die Notwendigkeit der Folgenprognose verteidigt. Das bei einem auf die Hauptsache bezogenen summarischen Verfahren entstehende Fehlentscheidungsrisiko sei nicht hinnehmbar, weil es keine Legitimation für Fehlentscheidungen zu Lasten der Verfassung gebe.[60] Diese Argumentationslinie leidet aber an ihrem reinen Rechtfertigungscharakter. Eine ausreichende Diskussionsgrundlage ergibt sich erst durch den Vergleich mit der summarischen Erfolgsprognose. Deren Mängel muss man die Mängel der Folgenprognose gegenüberstellen. Dann ist nicht leicht zu erkennen, worin die Vorteile einer Prognose der Folgen gegenüber einer Prognose der Rechtslage liegen sollen, vor allem wenn man bedenkt, dass eine umfangreiche Kammerrechtsprechung davon ausgeht, die Verfassung, und insbesondere die Grundrechte, seien im Wesentlichen „ausprozessiert", ihr Inhalt also bekannt, während man das von den künftigen Wirkungen einer Maßnahme selten verlässlich sagen kann, und schon gar nicht auf der dünnen Basis eines Eilantrags. Man wird auch nicht übersehen dürfen, dass es in der Regel deshalb an einer Grundlage für eine klassische Abwägung (Zusammenstellung des Abwägungsmaterials/Gewichtung/Interessenbewertung) fehlen wird. Der Unsicherheitskoeffizient für eine Folgenabwägung ist sicher größer als der einer Rechtsabwägung. Wenn schließlich ausschlaggebend sein soll, dass über die Verfassung nicht „auf Vorbehalt" judiziert werden dürfe, so wird dabei verkannt, dass genau dasselbe geschieht, wenn eine Folgenprognose stattfindet, mit dem einzigen formalen Unterschied, dass bei der Erfolgsprognose das Ergebnis unmittelbar, bei der Folgenprognose mittelbar erzielt wird.

Das alles sind natürlich pragmatische Überlegungen. Entscheidend ist die Ausgangssituation: Das BVerfG kann nicht wirklich sagen, wa-

---

[57] Siehe z.B. BVerfGE 91, 320 (326 f.); 104, 42 (50); siehe dazu auch *Graßhof*, in: MSKB, Stand 2002, Rn. 168 ff. zu § 32 m.w. Nw. Zu beachten ist auch, ob die zur Anwendung einer angegriffenen Norm befugten Stellen, in der Zeit bis zur Entscheidung über die Verfassungsbeschwerde im Rahmen des Gesetzes Vorkehrungen treffen, die zur Abmilderung oder Beseitigung der vom Antragsteller geltend gemachten Nachteile führen, BVerfG NJW 2005, 1179.
[58] *N. Huber*, Die einstweilige Anordnung nach § 32 BVerfGG am Beispiel der Verfassungsbeschwerde, 1999, 96; *Benda/Klein* Rn. 1223; *Schlaich/Korioth* Rn. 465; siehe dazu ausf. *Berkemann*, in: UCD, Rn. 237 ff. zu § 32.
[59] *Schoch*, in: FS 50 Jahre BVerfG, Bd. 1, 2001, 695 (708 ff.).
[60] *Graßhof*, in: MSKB, Stand 2002, Rn. 83 ff. zu § 32.

rum bei der Gewährung einstweiligen Rechtsschutzes das Gebot des effektiven Rechtsschutzes ausgerechnet im verfassungsgerichtlichen Verfahren vermindert wird, obwohl doch verfassungsrechtliche Positionen den größten Schutz verdienen. Dass einstweiliger Rechtsschutz für eine Übergangszeit der Verfassung bei summarischer Prüfung möglicherweise nicht gerecht wird, ist dabei der schwächste Einwand, gerade weil es sich begrifflich um eine Interimslösung in einem Einzelfall handelt. Die Verfassung überlebt eine Vielzahl von Verstößen (bis das BVerfG überhaupt angerufen wird und bis es entscheidet), ohne Schaden zu nehmen. Es spricht deshalb alles dafür, das mit der Folgeprognose verbundene Funktionsdefizit[61] auszugleichen und an seine Stelle ein dem einfach-rechtlichen vorläufigen Rechtsschutzsystem vergleichbares summarisches, d.h. auf die Hauptsache bezogenes Verfahren zu setzen.[62]

23 **g)** Voraussetzung für den Erlass einer einstweiligen Anordnung ist ferner, dass die vorläufige Regelung „zur **Abwehr schwerer Nachteile,** zur Verhinderung drohender Gewalt oder aus einem anderen wichtigen Grunde zum **gemeinen Wohl** dringend geboten ist". Die Fassung des Gesetzes lässt offen, ob sich die Worte „zum gemeinen Wohl" nur auf die anderen Gründe beziehen oder in jedem Falle gelten.[63] Diese Auffassung wird jedoch der Tatsache nicht gerecht, dass das BVerfG auch zum Schutz verfassungsrechtlicher Rechte des einzelnen angerufen werden kann; sie würde die einstweilige Anordnung bei Verfassungsbeschwerden gegen Verwaltungsakte und gerichtliche Urteile weitgehend ausschließen, soweit das Interesse des Gemeinwohls nicht im Einzelfall in einer weiterreichenden präjudizielen Wirkung für das allgemeine Rechtsleben gefunden werden kann. Das BVerfG hat auch bei Verfassungsbeschwerden persönliche schwere Nachteile eines Beschwerdeführers als ausreichenden Grund für eine einstweilige Anordnung anerkannt.[64] Inzwischen neigt sich die Waage mehr zum „Gemeinwohl" als kumulativer Voraussetzung.[65] Wirtschaftliche Nachteile, die Einzelnen durch den Vollzug eines Gesetzes

---

[61] *Schoch,* in: FS 50 Jahre BVerfG, Bd 1, 2001, 695 (709 f.).

[62] Das erlaubte es, mit den bekannten Elementen des Anordnungsanspruchs und des Anordnungsgrundes zu arbeiten, siehe dazu *Schoch,* in: FS 50 Jahre BVerfG, Bd. 1, 2001, 695 (714 f.).

[63] So *Fuß* DÖV 1959, 201 (205); *Granderath* NJW 1971, 544.

[64] Vgl. BVerfGE 1, 74 in einer Auslieferungssache, s. ferner BVerfGE 7, 86; 8, 102; 17, 154; 25, 178 (180); in dieser Entscheidung setzt das BVerfG die Vermeidung eines schweren Nachteils für den Beschwerdeführer (Strafaussetzung) ohne nähere Begründung dem „dringend gebotenen allgemeinen Wohl" gleich.

[65] BVerfGE 76, 253 (256); BVerfG (K), NJW 1994, 1948 (1949); s. zur Rechtsprechung *Benda/Klein* Rn. 1213.

entstehen, können freilich im Allgemeinen die Aussetzung des Vollzugs nicht begründen.[66] Prozessual und im Hinblick auf Art 5 GG problematisch *BVerfGE* 1, 349, in der eine einstweilige Anordnung gegen eine politische, in ein Verbotsverfahren verwickelte Partei unter dem Gesichtspunkt der Abwehr eines „contempt of court" erlassen wurde.[67] Häufig ergibt sich der Bezug auf Interessen der Allgemeinheit aus der Sache selbst. Die gilt außer für Organ- oder Bund/Länderstreitigkeiten namentlich für Verfahren über die Gültigkeit von Gesetzen.

Geringfügige,[68] zumutbare vorübergehende,[69] beseitigungsfähige[70] und ausgleichsfähige[71] Nachteile sind keine schweren Nachteile im Sinne des § 32.

4. Verfahrensfragen

a) Antragsabhängigkeit. § 23 I gilt auch im Rahmen des § 32. Im Regelfall setzt der Erlass einer einstweiligen Anordnung einen Antrag voraus. Antragsberechtigter ist jeder (potentielle) Verfahrensbeteiligte,[72] nicht aber der bloße Äußerungsberechtigte (siehe Rn. 34).[73]

Das BVerfG geht allerdings davon aus, eine einstweilige Anordnung könne auch von amtswegen erlassen werden.[74] Das Schrifttum äußert zwar durchweg Bedenken, hat aber den Erlass einer einstweiligen Anordnung von amtswegen jedenfalls dann für zulässig gehalten, wenn das Hauptsacheverfahren schon anhängig ist.[75]

---

[66] BVerfGE 3, 34 (38): 7, 179 (182); 56, 396 (407); zustimmend *Berkemann,* in: UCD Rn. 269 zu § 32.

[67] S. hierzu auch *Fuß* DÖV 1959, 201 (207).

[68] BVerfG(K) NJW 2002, 2021; NJW 2003, 2523; NVwZ 2005, 683.

[69] BVerfGE 87, 107 (111) – Verlagerung des Sitzes der Bundesregierung; 106, 351 (358) – Abrechnung von Preisen für zahntechnische Leistungen; 106, 359 – Abrechnung von Preisen für Arzneimittel; 108, 45 (50f.) – Abschläge auf Herstellerabgabepreise für Arzneimittel. Die drei letztgenannten Entscheidungen beruhen freilich auf der Beurteilung des Nachteils im Vergleich zu den Erfordernissen der finanziellen Stabilität der GKV. Eine tatsächliche Untersuchung des Gewichts des Nachteils hat nicht stattgefunden, und konnte auch außerhalb des (immer noch anhängigen) Hauptsacheverfahrens nicht stattfinden.

[70] BVerfGE 64, 67 (70); 71, 350 (352f.); 76, 253 (256); 91, 70 (76f.).

[71] BVerfGE 3, 52 (56) – Weihnachtsgeld; 91, 320 (327) – Beitragszahlung zur Pflegeversicherung.

[72] Also ggf. auch ein Antragsgegner, BVerfGE 104, 42 (50).

[73] BVerfGE 11, 339 (342); 41, 243 (245). Siehe dazu auch *Graßhof,* in: MSKB, Stand 2002, Rn. 26f. zu § 32.

[74] BVerfGE 46, 337 (338); BVerfG (K), NJW 1999, 634.

[75] *Berkemann,* in: UCD, Rn. 63ff., 66ff. zu § 32; *Benda/Klein* Rn. 1195; *Kim,* Vorläufiger Rechtsschutz durch die einstweilige Anordnung des Bundesver-

§ 32 Teil II. Verfassungsgerichtliches Verfahren

26 **b) Rechtsschutzinteresse.** Die allgemeinen Vorgaben für das Rechtsschutzinteresse (siehe Rn. 23 ff. vor § 17) gelten auch für § 32. Im Allgemeinen ist das Erfordernis unselbständiger Bestandteil der Begründetheitsprüfung.[76] Wenn sich nicht neue Gründe ergeben, ist der wiederholte Antrag auf Erlass einer einstweiligen Anordnung unzulässig,[77] ebenso, wenn die beantragte einstweilige Anordnung nicht mehr vollzogen werden könnte.[78]

5. Inhalt der einstweiligen Anordnung

27 **a)** Das Gesetz grenzt die zulässigen Mittel nur dadurch ab, dass es sich um eine **„vorläufige Regelung"** (des Sachverhalts, der die verfassungsrechtliche Meinungsverschiedenheit ausgelöst hat)[79] handeln muss. Es scheiden daher Maßnahmen aus, die die endgültige Entscheidung vorwegnehmen würden[80] oder grundsätzliche Rechtsprobleme beinhalten.[81] Die Gültigkeit einer Rechtsnorm kann daher nicht Gegenstand der Prüfung in einem Verfahren auf Erlass einer einstweiligen Anordnung sein.[82]

28 **b)** Die **Auswahl der Maßnahmen** liegt im Übrigen im pflichtgemäßen Ermessen des Gerichts, wobei der Grundsatz der Angemessenheit (Verhältnismäßigkeit) zu beachten sein wird. Unzulässige Eingriffe

---

fassungsgerichts 1997, 64 ff.; *Graßhof,* in: MSKB, Stand 2002, Rn. 28 ff. zu § 32; *Schlaich/Korioth,* Rn. 463. Die Auffassung *Pestalozzas,* § 18 Rn. 4, es könne dem Beschwerdeführer überlassen bleiben, seine Rechte wahrzunehmen, vermag nicht zu überzeugen. Zum einen muss die objektive Funktion der Verfassungsbeschwerde (siehe Rn. 10 f. zu § 90) berücksichtigt werden. Zum anderen gibt es in anhängigen Verfassungsbeschwerdeverfahren zuweilen für den Beschwerdeführer unerkennbaren vorläufigen Rechtsschutzbedarf. So hatte im Baden-Badener Spielbanken-Fall (BVerfGE 102, 197) das BVerfG eine Hauptsacheentscheidung bis 31. 12. 2000 (zum Stichtag, zu dem die Wirkungen des mit der Verfassungsbeschwerde angegriffenen Gesetzes hätten eintreten sollen) öffentlich angekündigt. Darauf hatten sich die Beschwerdeführer eingerichtet. Wegen Überlastung des Senats hatte es der Berichterstatter für möglich gehalten, dass die Hauptsacheentscheidung nicht mehr rechtzeitig werde ergehen können. Er erwog deshalb den Erlass einer einstweiligen Anordnung von amtswegen.

[76] *Graßhof,* in: MSKB, Stand 2002, Rn. 52, 70 ff (zu den einzelnen Fallgruppen) zu § 32; *Schoch,* in: FS 50 Jahre BVerfG, Bd. 1, 2001, 695.
[77] BVerfGE 4, 110 (113); 35, 257 (260 f.); 91, 83 (91).
[78] BVerfGE 23, 42 (48).
[79] BVerfGE 23, 33 (40).
[80] BVerfGE 3, 41 (43); 8, 42 (46); 14, 192 (193); 31, 381 (385) = NJW 1971, 1793.
[81] BVerfGE 15, 77 (80).
[82] BVerfGE 3, 41.

in die Regierungsfunktionen hat das BVerfG im Erlass einer einstweiligen Anordnung gegen die Unterzeichnung eines völkerrechtlichen Vertrages gesehen, bevor die gesetzgebenden Körperschaften und der Bundespräsident mit dem Vertrag befasst worden sind.[83] Dagegen hat es in derselben Entscheidung für zulässig (und ausreichend) erklärt, durch eine einstweilige Anordnung den die völkerrechtliche Verbindlichkeit eines Vertrages begründenden Akt, nämlich die Ratifikation durch den Bundespräsidenten bis zur endgültigen verfassungsgerichtlichen Entscheidung hinauszuschieben.[84]

c) Bleibt der Antrag erfolglos, wird er „abgelehnt". Das BVerfG weicht damit der Zuordnung der Gründe zur fehlenden Zulässigkeit oder Begründetheit des Antrags, die in Teilen ungeklärt ist,[85] aus.[86]

6. Rechtswirkung

Die einstweilige Anordnung als vorläufige Sicherungsmaßnahme erwächst nicht in materieller Rechtskraft[87] (s. § 31 Rn. 13); sie erzeugt ferner keine Bindung nach § 31 I und kann bei veränderten Sach- oder Rechtslagen von Amts wegen oder auf Antrag geändert oder aufgehoben werden.[88]

7. Vollzug der einstweiligen Anordnung

Maßnahmen von Bundes- oder Landesbehörden zum Vollzug einer einstweiligen Anordnung des BVerfG ergehen ausschließlich auf der Rechtsgrundlage der §§ 32, 35. Soweit ein Landesminister durch einstweilige Anordnung des BVerfG angewiesen wird, gegen eine Gemeinde einzuschreiten, handelt er nicht in Erfüllung einer Pflicht, die sich aus dem Verfassungs- und Gemeinderecht des Landes ergibt, sondern allein, weil er vom BVerfG gemäß § 35 zur Vollstreckung der einstweiligen Anordnung bestellt ist, also auf Grund einer besonderen bundesrechtlichen Legitimation.[89]

---

[83] BVerfGE 1, 281.
[84] S. dazu auch *Schoch/Wahl*, in: FS f. Benda, 1995, 265.
[85] *Graßhof*, in: MSKB, Stand 2002, Rn. 37 ff. zu § 32.
[86] *Benda/Klein* Rn. 1226.
[87] S. § 31 Rn. 13; teilweise aA *Graßhof*, in: MSKB, Stand 2002 Rn. 182 ff.; zur Bindungswirkung Rn. 186 ff.
[88] Vgl. BVerfGE 4, 110 (113).
[89] BVerfGE 8, 42.

III. Zu Abs. 2 (Fakultative mündliche Verhandlung, rechtliches Gehör)

32 1. Ob eine **mündliche Verhandlung** anberaumt wird, liegt im pflichtgemäßen Ermessen des Gerichts. Sie wird anzuberaumen sein, wenn einerseits die Schriftsätze die Rechtslage hinsichtlich der Voraussetzungen einer einstweiligen Anordnung noch nicht ausreichend klären oder in Fällen von großer politischer Bedeutung, andererseits nach Lage der Sache die Ansetzung einer mündlichen Verhandlung die Rechte des Antragstellers nicht unzumutbar gefährdet.

33 2. Auch ohne mündliche Verhandlung hat das BVerfG dem Gegner rechtliches Gehör zu gewähren. Diese schon aus Art. 103 I GG folgende Verpflichtung ist in Satz 2 dem Sinne nach unmittelbar ausgesprochen und zwar gegenüber allen an der Hauptsache Beteiligten, und zum Beitritt Berechtigter oder Äußerungsberechtigten. Eine Ausnahme lässt das Gesetz nur für Fälle „besonderer Dringlichkeit" zu: es muss sich dabei um eine Dringlichkeit handeln, die über die allgemein zum Erlass einer einstweiligen Anordnung erforderliche Dringlichkeit hinausgeht.[90]

IV. Zu Abs. 3 (Widerspruch)

34 1. Das Gesetz gibt ein **Widerspruchsrecht** nicht nur (wie § 924 ZPO) im Falle des Erlasses einer einstweiligen Anordnung, sondern auch im Falle der völligen oder teilweisen Ablehnung. Ausgeschlossen ist jedoch der Widerspruch des Beschwerdeführers einer Verfassungsbeschwerde.[91] Widerspruchsberechtigt ist im ersteren Falle der Antragsgegner, im letzteren der Antragsteller, sonstige am Verfahren formell Beteiligte (bei noch nicht anhängigen Verfahren Personen, die sich im Hauptverfahren beteiligen können) in beiden Fällen dann, wenn sie ein Rechtsschutzinteresse geltend machen können. Die im Verfahren der Verfassungsbeschwerde nach § 94 III Äußerungsberechtigten haben, so lange sie dem Verfahren nicht gemäß § 94 IV formell beigetreten sind, kein Widerspruchsrecht im Verfahren über eine einstweilige Anordnung.[92] Unter dem Aspekt des fairen Verfahrens ist das eine bedenkliche Praxis. In der Hauptsacheinstanz Begünstigte werden so zu bloßen Verfahrensobjekten, insbesondere, wenn man berücksichtigt, dass die

---

[90] *Klein* DVBl. 1964, 89 (90). Beispiel: BVerfG NJW 2005, 2060.
[91] BVerfGE 31, 87 (90 f.); 89, 119 (120); krit. dazu *Berkemann*, in: UCD Rn. 381 f. zu § 32.
[92] BVerfGE 31, 87 (90); s. a. BVerfGE 89, 119 (120) = NJW 1994, 39.

einstweilige Anordnung sich summarisch auf die Hauptsache im verfassungsgerichtlichen Verfahren beziehen soll.

2. Eine **Frist** für den Widerspruch ist nicht gesetzt. Der Widerspruch gegen die Anordnung ist daher zulässig, solange diese besteht, auch nach Erledigung der Hauptsache. Verzicht auf den Widerspruch und Zurücknahme sind als zulässig zu erachten. Über den Widerspruch entscheidet der Senat, der für die Hauptsache zuständig ist (oder voraussichtlich sein wird) in mündlicher Verhandlung; erforderlich ist einfache Mehrheit (§ 15 II 3). Termin für die mündliche Verhandlung ist erst nach Eingang der Begründung (die selbst unbefristet ist) anzusetzen, und zwar innerhalb der nächsten 2 Wochen. Die Entscheidung über den Widerspruch (Aufhebung, Abänderung der einstweiligen Anordnung oder Ablehnung des Widerspruchs) ist zuzustellen (30 III). Über einen unzulässigen Widerspruch kann ohne mündliche Verhandlung entschieden werden.[93] In Fällen, in denen der Widerspruchsführer eindeutig nicht widerspruchsberechtigt ist, kann auch die Kammer den Widerspruch verwerfen.[94]

V. Zu Abs. 4 (Keine aufschiebende Wirkung)

Der Widerspruch hemmt die Vollziehung nicht. Er gewährt keinen Anspruch auf Aussetzung der Vollziehung, doch kann das BVerfG sie anordnen.

VI. Zu Abs. 5

Abs. 5 ist durch das 5. ÄndG vom 2. 8. 1993 (BGBl. I 1442) eingefügt worden. Es wird sich insoweit um Fälle besonderer Dringlichkeit handeln.

VII. Zu Abs. 6 (Befristete Dauer; Wiederholung)

1. Die **befristete Dauer** der einstweiligen Anordnung und die Notwendigkeit einer qualifizierten Mehrheit für die Wiederholung ist eine Besonderheit des verfassungsgerichtlichen Verfahrens. Sinn der Vorschrift ist, dass der eigentliche Verfassungsstreit, die sogenannte Hauptsache, durch den Erlass der einstweiligen Anordnung nicht überflüssig werden soll.

---

[93] BVerfGE 32, 345 (346), 89, 119 (120).
[94] BVerfGE 99, 49 (50 f.)

39 2. Die **Wiederholung** ist nur zulässig, wenn die gesetzlichen Voraussetzungen für den erstmaligen Erlass einer solchen Anordnung noch gegeben sind.[95] Das ist nicht mehr der Fall, wenn, etwa durch Änderung der Rechtslage, inzwischen ein anderer Weg gegeben ist, auf dem durch Antragstellung vor den ordentlichen Gerichten das erstrebte Ziel erreicht werden kann.[96] Unklar ist nach dem Gesetz, ob mehrmalige Wiederholung möglich ist. Die Frage ist zu bejahen, da das Gegenteil ausdrücklich vorgeschrieben werden müsste; so auch die Praxis.[97] Bei Wiederholung der einstweiligen Anordnung müssen die Voraussetzungen für deren Erlass noch gegeben sein.[98] Gegen die Wiederholung der einstweiligen Anordnung ist gleichfalls Widerspruch zulässig.

VIII. Zu Abs. 7 (Eilentscheidungen bei Beschlussunfähigkeit des Senats)

40 Der durch die Novelle vom 21. 12. 1970 (BGBl. I S. 1765) eingefügte Abs. 6 sichert die **Funktionsfähigkeit** des Gerichts für den im politischen Leben u. U. notwendig werdenden sofortigen Erlass einstweiliger Anordnungen auch im Falle der Beschlussunfähigkeit des Gerichts (etwa infolge Krankheit). Die nach Abs. 6 S. 1 erlassene einstweilige Anordnung ist kürzer befristet, im Übrigen in der Rechtswirkung nicht eingeschränkt. Bestätigung durch den beschlussfähigen Senat innerhalb der Monatsfrist erweitert auch die Geltung auf die übliche Dauer. Zur beschlussweisen Ablehnung eines Antrags auf Erlass einer einstweiligen Anordnung ist das 3-Richter-Kollegium nach Abs. 6 nicht befugt.

IX. Rechtsanwendungspraxis im Bereich der Verfassungsbeschwerde

41 1. Die Rechtsprechung des BVerfG zu § 32 arbeitet mit starren, ritualisierten **Formeln.** In den Verfahren von meist allgemeiner politischer Bedeutung, wie etwa bei der abstrakten Normenkontrolle oder den Organstreitverfahren sind die dort in der Regel eingeschalteten Fachleute in der Lage, zu klären, welche Konsequenzen sich aus dieser Rechtssprechung für den konkreten Einzelfall ergeben; meist wird auch der Gemeinwohlbezug leichter dazustellen sein. Dies alles gilt

---

[95] Beispiel: BVerfGE 109, 128.
[96] BVerfGE 21, 50 (51); 89, 113 (115) = NJW 1993, 2523.
[97] BVerfGE 93, 181 und dazu *Graßhof,* in: MSKB, Stand 2002 Rn. 254.
[98] BVerfGE 21, 50.

Einstweilige Anordnung § 32

nicht im gleichen Maße für das Recht der Verfassungsbeschwerde. Sie ist nach wie vor eine Domäne des Bürgers und des nicht spezialisierten Anwalts. Es ist deshalb hilfreich, bei der sonst in einer Kommentierung üblichen Begrenzung auf die Auslegung einer Vorschrift nicht stehen zu bleiben, sondern, beschränkt auf die Verfassungsbeschwerde, einige praktische Anwenderprobleme mitzubehandeln.

2. Wer vor der Frage steht, ob er neben der (beabsichtigten) Verfassungsbeschwerde auch einen Antrag nach § 32 stellen soll, und das wird der Beschwerdeführer angesichts der fehlenden aufschiebenden Wirkung der Verfassungsbeschwerde meist für geboten halten, vor allem, wenn ihm die mehrjährige Verfahrensdauer bekannt ist, der muss zunächst das **Risiko** eines solchen Antrags abzuschätzen wissen. Der Antrag nach § 32 zwingt das Gericht immer zu raschem Handeln und im Ergebnis auch zu einer Entscheidung. Dem weicht das Gericht dadurch aus, dass es, im Rahmen des § 93 d ohne Begründung, die Verfassungsbeschwerde nicht zur Entscheidung annimmt und lediglich den Satz hinzufügt: „Damit erledigt sich der Antrag auf Erlass einer einstweiligen Anordnung". Wegen der mit diesem Vorgehen verbundenen Eile verhindert der Beschwerdeführer mit seinem Antrag auf Erlass einer einstweiligen Anordnung die gründliche Befassung mit seinem Anliegen in der Hauptsache. Er verliert sogar die Chance hilfreicher Erwägungen im Nichtannahmebeschluss, sowie den fallweise vorhandenen Nutzen der bloßen Anhängigkeit der Verfassungsbeschwerde. Schon aus diesen Gründen ist der Antrag auf Erlass einer einstweiligen Anordnung mit großer Umsicht zu handhaben. 42

3. Das BVerfG versteht seine Tätigkeit bei der Prüfung eines Antrags nach § 32 im Regelfall als Durchführung einer **Folgenprognose**.[99] *Berkemann*[100] hat nachgewiesen, dass das BVerfG unter dem Mantel der Folgenprognose im wesentlichen eine summarische Erfolgsprognose vornimmt. Das wäre auch das richtige Verständnis für ein Grundmodell einstweiligen Rechtsschutzes (s. Rn. 14). Ein Risikoverteilungsmodell (s. Rn. 7), das sich dabei auf die endgültige Regelung eines bloßen Zeitabschnitts beschränkt, gewichtet im Vergleich zu den Dauerfolgen der endgültigen Entscheidung falsch und gibt im Übrigen zu Unrecht die dienende Funktion des Verfahrensrechts in Bezug auf das materielle Recht auf. 43

Bei allen **Erkenntnismängeln** die dem summarischen Verfahren anhaften: Es liegt nahe, dass diese Mängel geringer zu veranschlagen sind, als diejenigen, die sich aus der vollständigen Abkopplung vom

---

[99] S. Rn. 22.
[100] JZ 1993, 161 (165 ff.); *ders.*, in: UCD Rn. 238 zu § 32.

§ 32   Teil II. Verfassungsgerichtliches Verfahren

materiellen Recht ergeben.[101] Der Beschwerdeführer muss die Konsequenz aus der verdeckten summarischen Prüfung ziehen. Es ist praktisch geboten (zur Rechtslage s. oben Rn. 18) die Verfassungsbeschwerde spätestens mit dem Antrag auf Erlass einer einstweiligen Anordnung, äußerstenfalls wenige Tage später, vorzulegen, wenn er Einfluss auf die summarische Prüfung nehmen und diese nicht vollständig dem Gericht überlassen will. In dem Antrag nach § 32 haben diese Ausführungen nichts zu suchen: Dort regieren allein die Anforderungen der Folgenprognose.

44   4. Die Antragstellung ist nicht so schwierig wie bei der einstweiligen Verfügung des Zivilprozesses oder der einstweiligen Anordnung des Verwaltungsprozesses, weil einmal die möglichen Ziele bei der üblicherweise begehrten Abwehr der Folgen eines Eingriffs begrenzt sind, und weil – zum andern – das Gericht mit den gestellten Anträgen frei umgeht. Mehr als eine **Anregung** stellen sie nicht dar. Zu beachten ist lediglich, dass die Hauptsache nicht vorweggenommen werden darf. Die Anträge zielen deshalb in der einen oder anderen Formulierung immer auf die Aussetzung des Vollzugs einer staatlichen Maßnahme/Entscheidung/Norm, manchmal auch auf ihren Nichteintritt (z. B. Inkrafttreten einer Norm) und immer nur bis zur Entscheidung über das Schicksal der Verfassungsbeschwerde.

Ist vorstehend der Erlass einer einstweiligen Anordnung ohne Antrag als möglich erörtert worden (Rn. 25), so gibt es das faktisch in der Verfassungsbeschwerdepraxis nicht. Eher wird das Gericht einen Antrag anregen.

45   5. Der Antrag auf Erlass einer einstweiligen Anordnung ist vom Antragsteller nicht nur auf die Hauptsache zu beziehen, sondern auch auf das **einfach-rechtliche Umfeld.** In einer Reihe von Fällen bewirken plausible Anträge nach § 32 schon qua Antrag das Gleiche wie die einstweilige Anordnung selbst. Das ist insbesondere dann der Fall, wenn das Gericht die handelnde Instanz zum Zuwarten bewegt (diese Bitte wird auf Grund der Autorität des Gerichts fast immer befolgt), weitere Aufklärung fordert oder anregt oder Überprüfungen getroffener Maßnahmen nahelegt. Eine gut begründete Verfassungsbeschwerde oder ein gut begründeter Antrag nach § 32 führen gelegentlich dazu, dass die handelnde Instanz ihr Verhalten ändert, weil es sich um neue Argumente handelt und sie diese für stichhaltig hält.

46   6. a) Es liegt auf der Hand, dass es bei einer Erfolgsquote von 2,5% im Hauptsacheverfahren nur sehr wenig erfolgreiche Anträge nach § 32 gibt. (Dass das den Handlungsbedarf nicht deckt, s. dazu Rn. 45).

---

[101] S. dazu ausf. Rn. 22.

Einstweilige Anordnung § 32

Schon das zwingt zur Zurückhaltung bei der Stellung solcher Anträge. Erzwungen ist ein Antrag nach § 32 nur, wenn der Vollzug staatlichen Handelns zu irreparablen Folgen beim Beschwerdeführer führt. (Zu den ganz anders gearteten rechtlichen Kriterien s. Rn. 23).

Das kann – beispielsweise – bei Abschiebung und Auslieferung der 47 Fall sein, bei drohenden Veröffentlichung geheimer oder vertraulicher Unterlagen, dem endgültigen Vollzug von Grundstücksverfügungen, drohenden Gesundheitsschäden (Verhandlungs-/Haftunfähigkeit) und bei einmaligen Ereignissen/Versammlungen/Demonstrationen). Drohende Vermögensschäden als solche sind im Allgemeinen kein ausreichender Anlass für eine einstweilige Anordnung nach § 32.[102]

b) Es würde hilfreich sein, könnte man einen Blick auf die Ent- 48 scheidungen werfen, die eine einstweilige Anordnung erlassen haben.[103] Da auch die Kammern im Rahmen ihrer Zuständigkeiten einstweilige Anordnungen erlassen können, ist allerdings ein umfassender Überblick nicht möglich.[104] Zahlenmäßig lässt sich sagen, dass bis 2004 der Summe der Verfassungsbeschwerden von 146457 die Summe von 1596 Anträgen auf Erlass einer einstweiligen Anordnung gegenüber stand, und dass bei einem Mittel von rund 5000 Verfahrenseingängen im Jahr insgesamt darin 110 Anträge nach § 32 enthalten sind. Auch die Zahlen signalisieren deshalb die begrenzten Chancen. Bei 20 folgenden Verfassungsbeschwerden im Senat und 97 in den Kammern im Jahr 2004 muss bei Erfolgsquote von Anträger nach § 32 bagatellarisch sein.[105]

aa) (1) Das **Zivilrecht** lebt von *BVerfGE* 34, 341 = NJW 1973, 49 747, dem einstweiligen Verbot der Sendung eines Fernsehspiels wegen drohender Verletzung des allgemeinen Persönlichkeitsrechts des Betroffenen. Hinzu kommen *BVerfGE* 84, 286 (Sicherung der Rückübertragung enteigneter Grundstücke in der ehemaligen DDR), *BVerfGE* 84, 345 = NJW 1991, 3207 (Kündigungsschutz bei altersbedingter geistiger Gebrechlichkeit) und *BVerfGE* 86, 46 = NJW-RR 1992, 898 (Versagung der Grundstückszuweisung gemäß §§ 13 ff. GrdstVG; s. auch *BVerfGE* 43, 47), die Außerkraftsetzung des § 78 ZPO wegen der Vertretungsbefugnisse von Rechtsanwälten (*BVerfGE* 91, 328), die Entfernung von Parabolantennen (Räumungsprozess), vgl. *BVerfGE* 92, 126 sowie Zahlungsverfahren (Punitive Damage-

---

[102] S. auch BVerfGE 14, 153 = NJW 1962, 1435 – drohende Existenzvernichtung.

[103] Vollständigere Übersicht im Nachschlagewerk der Rechtsprechung des BVerfG Nr. 150 ff. zu § 32.

[104] Zur Kammerrechtsprechung s. ausf. *Schoch*, in: FS 50 Jahre BVerfG, Bd. 1, 2001, 695 (696 ff.); *Graßhof*, in: MSKB, Stand 2001 Rn. 25 ff. zu § 93 d.

[105] Zu den Zahlen s. *Lücke-Wolff* Anwbl. 2005, 509 (511).

§ 32 Teil II. Verfassungsgerichtliches Verfahren

Klage, *BVerfGE* 91, 140; class action-Verfahren über 17 Mrd. US-Dollar, *BVerfGE* 108, 238). Im Zivilrecht beschränkt sich deshalb die Möglichkeit einer einstweiligen Anordnung auf (seltene) Ausnahmefälle (entlang der in Rn. 45 skizzierten Linie).

(2) Abgelehnt wurden: Grundstücksveräußerungen nach dem VermG, *BVerfGE* 85, 130; 89, 113, s. a. *BVerfGE* 88, 76; Anweisung an das Grundbuchamt einen Widerspruch einzulegen, *BVerfGE* 17, 120.

50 **bb)** (1) Im **Strafrecht** i. w. S. taucht der Bedarf einer einstweiligen Anordnung unverändert vor allem bei Durchsuchungen und Beschlagnahmen auf, bei U-Haft und Strafvollstreckung sowie bei der Frage der Verhandlungs- und Haftfähigkeit des Betroffenen, s. dazu etwa die Hauptsacheentscheidung *BVerfGE (K)* EuGRZ 1995, 138 – Mielke. Die erfahrenen Strafverteidiger stellen einen wirksamen Vor-Filter dar. Sie wissen in wie großem Umfang die Materie vom Prinzip der Verhältnismäßigkeit beherrscht wird (mit den allgemein geringen Aussichten für eine Verfassungsbeschwerde).

51 (2) Dennoch hat es hier größeren Handlungsbedarf des Gerichts gegeben. Schon *BVerfGE* 1, 74 hat einen Auslieferungsbeschluss ausgesetzt,[106] *BVerfGE* 8, 102 die Vollstreckung einer Freiheitsstrafe,[107] *BVerfG* EuGRZ 1995, 353 eine Rasterfahndung. Eine Reihe einstweiliger Anordnungen betrifft das Politikum der Regelungen der Schwangerschaftsunterbrechung.[108] Schließlich ging es noch um eine einstweilige Anordnung zu Fernsehaufnahmen in Strafverhandlungen (*BVerfGE* 87, 334 = NJW 1992, 3288; s. dazu § 17 Rdnr. 4 ff.), um die Aussetzung eines Fahrverbots, *BVerfG (K)* NJW 1994, 573 und um die Durchsuchung einer Anwaltskanzlei, *BVerfGE* 105, 365, wiederholt von *BVerfGE* 109, 128.

52 (3) Wenn man die Erlass-Liste (Rn. 51) mit der Bedarfsliste (Rn. 50) vergleicht, sieht man, dass auch im Strafrecht die einstweilige Anordnung praktisch keine Rolle spielt. Allerdings ist hier die indirekte Wirkung eines solchen Antrags (Rn. 45) am größten.

Abgelehnt wurden: Strafvollstreckung nach § 175 a StGB a. F., *BVerfGE* 4, 110;[109] Durchsuchung und Vorzensur des SPIEGEL, *BVerfGE* 15, 77; Gemeinschaftliche Verteidigung in Bußgeldverfahren (§ 146 StPO i. V. m. § 46 ff. OWiG), *BVerfGE* 39, 205; Kontaktsperre, *BVerfGE* 46, 1; Antiterrormaßnahmen (Fall Schleyer), *BVerfGE* 46, 160 = NJW 1977, 2255; Aussetzung von Privatklageverfahren, *BVerf*-

---

[106] S. auch BVerfGE 6, 443; 7, 86; 59, 280, BVerfG(K) NJW 1994, 2143.
[107] S. auch BVerfGE 14, 11; 18, 146; 22, 178; 36, 137.
[108] BVerfGE 37, 324; 86, 390 = NJW 1992, 243; s. a. BVerfGE 96, 120 (SchwangerschaftskonfliktG), wiederholt von BVerfGE 97, 102.
[109] S. auch BVerfGE 16, 236.

Einstweilige Anordnung § 32

GE 56, 185; Verurteilung eines Abgeordneten, *BVerfGE* 56, 396; Zulassung von Presse und Funk zu Strafverhandlungen, *BVerfGE* 87, 331 = NJW 1993, 315 und *BVerfG* EuGRZ 1996, 73 – Krenz, und dazu *Huff* NJW 1996, 971; Aussetzung von Hausstrafen, *BVerfGE* 37, 150.

cc) (1) Das **allgemeine öffentliche Recht** bietet das größte Anschauungsmaterial für einstweilige Anordnungen. Hier geht es um die Aussetzung von Gesetzen (*BVerfGE* 7, 367; 14, 153; 43, 47; 46, 337; 67, 67; 81, 53 = NJW 1989, 3147; 91, 252), Gemeinderatsbeschlüsse (*BVerfGE* 8, 42), Staatsverträge (*BVerfGE* 12, 36), Rundfunksendungen (*BVerfGE* 34, 116 [Sendezeit], *BVerfGE* 34, 341 [Fernsehspiel], *BVerfGE* 82, 54 [Fernsehdiskussion], BVerfGE 71, 350 [Lokale Rundfunksendung], *BVerfGE* 87, 334 [Fernsehgericht-Berichterstattung], *BVerfG* (K) NJW 1994, 40 [Wahlwerbespot]) und schließlich um Wahlen (*BVerfGE* 11, 306; 82, 353). 53

(2) Eine Sonderrolle nimmt Art. 16a GG/Asylrecht ein, vgl. zur **Einreise** *BVerfGE* 89, 98 (Indien); 89, 101 (Ghana); 89, 106 (Togo); 93, 248 (Sudan). Zur **Abschiebung** s. *BVerfGE* 85, 127; 88, 185 = NVwZ 1993, 767.[110] Zur **Zurückschiebung** s. *BVerfG* EuGRZ 1995, 645 (Sudan) mit abwM von *Sommer* S. 648. Zur **Auslieferung** (Art. 1666) s. BVerfG NJW 2005, 2060 (Spanien). 54

(3) Abgelehnt wurden: Alle das Schulwesen (Universitätswesen) betreffenden Anträge (*BVerfGE* 2, 103 – Hamburger Lehrerbesoldungsgesetz; 3, 267 – NRW-Schulordnungsgesetz; 18, 157 – Schulzweckverband; 29, 120 – Befreiung vom Schulbesuch; 29, 318 – Hessisches Universitätsgesetz; 36, 37 – Vergabe von Studienplätzen (s. auch *BVerfGE* 42, 103; 49, 378); (erfolgreich dagegen zum Studienplatzgesetz im verwaltungsgerichtlichen Eilverfahren, BVerfG (K) NVwZ 2005, 681); S39, 205 – Sexualkundeunterricht; *BVerfGE* 43, 198 – Wechsel im Schulsystem; 85, 94 = NVwZ 1992, 52 – Kreuz im Klassenzimmer. Abgelehnt wurden alle Steuerrechtsfälle (*BVerfGE* 7, 175 – § 11 BefStG 1955; *BVerfGE* 29, 179 – Konjunkturzuschlag; *BVerfGE* 35, 363 – Umsatzsteuerprivileg; *BVerfGE* 35, 379 – Lohnsummensteuer). 55

Der Ablehnung verfielen weiter: Wahlkampf- und Parteienfinanzierungsregelungen (*BVerfGE* 18, 34 – Parteienfinanzierung Niedersachsen; *BVerfGE* 23, 42 – Wahlkampfkostenerstattung; *BVerfGE* 27, 142 – Abschlagszahlungen nach § 20 Abs. 1 Parteiengesetz); Demonstrationsverbote (*BVerfGE* 56, 244 = NJW 1981, 863 [Brokdorf]; 72, 299 = NJW 1986, 1979 [Wackersdorf]); die Gegendarstellung auf der

---

[110] S. auch *Hänlein* AnwBl. 1995, 116 (119f.); NVwZ 1995, 1082; *Roesner* EuGRZ 1994, 85; 1995, 101

Titelseite *(BVerfG (K)* NJW 1994, 1948), sowie Versuche, das Außerkraftsetzen von Regelungen des PflegeVersG *(BVerfGE* 91, 320) und des BSSichG *(BVerfGE* 106, 351; 359; 369; 108, 45) zu verhindern.

X. Kammerzuständigkeit/Auslagenerstattung

56 1. Ist eine Verfassungsbeschwerde noch bei der Kammer anhängig, so ist diese nach Maßgabe des § 93 d auch zuständig, über einen Antrag nach § 32 zu entscheiden.[111]

57 2. Auch dann, wenn eine einstweilige Anordnung erlassen wird, setzt die Auslagenerstattung nach § 34 eine ausdrückliche Auslagenerstattungsentscheidung des Gerichts voraus. Das bloße Obsiegen oder eine dort getroffene Auslagenerstattungsentscheidung reicht nicht aus.[112]

§ 33 [Aussetzung des Verfahrens]

(1) **Das Bundesverfassungsgericht kann sein Verfahren bis zur Erledigung eines bei einem anderen Gericht anhängigen Verfahrens aussetzen, wenn für seine Entscheidung die Feststellungen oder die Entscheidung dieses anderen Gerichts von Bedeutung sein können.**

(2) **Das Bundesverfassungsgericht kann seiner Entscheidung die tatsächlichen Feststellungen eines rechtskräftigen Urteils zugrunde legen, das in einem Verfahren ergangen ist, in dem die Wahrheit von Amts wegen zu erforschen ist.**

I. Zu Abs. 1 (Aussetzung des Verfahrens vor dem BVerfG)

1 Die Zuständigkeit des BVerfG ist eine ausschließliche. Einem verfassungsgerichtlichen Verfahren kann daher nicht die Rechtshängigkeit eines Verfahrens vor einem anderen Gericht entgegenstehen. Jedoch können andere gerichtliche Urteile (z. B. Urteile der Zivil-, Straf- und Verwaltungsgerichte) für das Urteil des BVerfG bedeutsam sein. Während § 31 die Wirkung verfassungsgerichtlicher Urteile auf andere gerichtliche Verfahren ausdrücklich dahin regelt, dass verfassungsgerichtliche Urteile für alle anderen Gerichte bindend sind (wegen des sachlichen Umfangs der Bindung, vgl. Rn. 18 ff. zu § 31), bleiben umgekehrt Art und Ausmaß der Einwirkung anderer gerichtlicher Urteile auf verfassungsgerichtliche Verfahren offen. Immerhin wird in § 33 I

---

[111] Beispiel: BVerfG(K) NVwZ 1994, 261.
[112] BVerfGE 89, 91 (95 ff.) = NJW 1993, 3253.

Aussetzung des Verfahrens § 33

die Möglichkeit rechtlicher Relevanz solcher Urteile im verfassungsgerichtlichen Verfahren unterstellt. Für das BVerfG stellt sich daher in dieser Richtung das Problem der **Wechselwirkung** der verschiedenen Gerichtsarten grundsätzlich in gleicher Weise, wie für die sonstige Gerichtsbarkeit. Während sich aus der Idee des unabhängigen Willens des auf Grund seiner Rechtsüberzeugung entscheidenden Richters eine Tendenz zur eigenverantwortlichen Prüfung und Beurteilung aller Tatbestandselemente durch den jeweils entscheidenden Richter ergeben muss, ist es im Interesse der Rechtssicherheit und Prozessökonomie notwendig, weitgehende Wechselwirkungen der Entscheidungen der verschiedenen Zweige der Justiz anzuerkennen, z.B. im Verhältnis der Strafgerichtsbarkeit zur ordentlichen Gerichtsbarkeit (und umgekehrt), der ordentlichen Gerichtsbarkeit zu der Verwaltungsgerichtsbarkeit (und umgekehrt). Die Wirkung eines Urteils auf ein Verfahren eines anderen Gerichtszweiges kann hierbei sein:

1. die sog. **Tatbestandswirkung** (s. Rn. 26 zu § 31), wenn die bloße Existenz eines Urteils bestimmten Inhalts Tatbestandsmerkmale innerhalb eines von einem Gericht eines anderen Gerichtszweigs zu beurteilenden Sachverhalts ist oder 2

2. die sog. **Feststellungswirkung** (s. Rn. 27 zu § 31), wenn der Inhalt einer Entscheidung, also der in ihr ausgesprochenen Feststellung des Bestehens oder Nichtbestehens der von einer Partei beanspruchten Rechtsfolge für ein anderes Verfahren maßgeblich ist. Während die Tatbestandswirkung im Verfassungsprozess kaum in Erscheinung tritt, kommt der Feststellungswirkung, etwa zivil- oder verwaltungsgerichtlicher Erkenntnisse, im Verfassungsprozess nicht geringere Bedeutung als in der sonstigen Gerichtsbarkeit zu. Dies gilt jedenfalls für das Verfahren der Verfassungsbeschwerde, in dem in der Regel Tatbestände des allgemeinen Rechtslebens der – allerdings in sachlicher Hinsicht eingeschränkten – Jurisdiktion des Gerichts unterliegen. 3

3. Von der rechtlichen Wirkung (Tatbestands- und Feststellungswirkung) ist die **Beweiswirkung** tatsächlicher Feststellungen eines gerichtlichen Urteils, wie die gegenseitige Beeinflussung der Rechtsprechung verschiedener Rechtszweige zu bestimmten Rechtsproblemen zu unterscheiden. § 33 I gewährt dem BVerfG ein förmliches Aussetzungsrecht, um gegenüber anhängigen Verfahren anderer Gerichte der möglichen Rechts- oder Beweiswirkung Rechnung zu tragen. Die Grenzen des förmlichen Rechts wären überschritten, wenn das Gericht aussetzen wollte, um die Entwicklung der Rechtsprechung eines anderen Gerichtszweigs abzuwarten. Ob das BVerfG von dem Recht Gebrauch macht, ist nach dem Wortlaut des Gesetzes in dessen Ermessen gestellt. Maßgebend wird für die Entscheidung des BVerfG 4

II. Zu Abs. 2 (Verwertung tatsächlichen Feststellungen anderer Gerichte)

5   Die tatsächlichen Feststellungen eines Urteils erwachsen nie in Rechtskraft, auch wenn sie dem Urteil zugrunde liegen. Sie bedürfen in einem anderen Verfahren, sofern sie nicht offenkundig (vor allem „gerichtskundig") geworden sind, (siehe hierüber Rn. 10 ff. zu § 26) erneuten Beweises. Abs. 2 bietet dem BVerfG eine **Erleichterung der Beweisaufnahme,**[1] indem das Gericht die tatsächlichen Feststellungen eines rechtskräftigen Urteils, auch wenn dieses selbst Gegenstand des verfassungsgerichtlichen Verfahrens, etwa auf Grund einer Verfassungsbeschwerde ist,[2] ohne eigene weitere Beweisaufnahme und Würdigung zugrunde legen kann, sofern es in einem Verfahren mit Untersuchungsgrund ergangen ist (Strafprozess, Verwaltungsstreitverfahren, auch Zivilprozess, soweit dieser dem Grundsatz des Amtsbetriebes unterliegt.[3] Gleiches muss gelten für verfassungsgerichtliche Verfahren auch vor dem BVerfG selbst; es dürften ferner auch Beschlüsse im Verfahren nach dem FGG hierher zu zählen sein). Will das BVerfG nur einen Teil der tatsächlichen Feststellungen übernehmen, oder die tatsächlichen Feststellungen anders werten, so ist es genötigt, selbst Beweis zu erheben.

§ 34 [Kosten, Auferlegung einer Gebühr]

(1) **Das Verfahren des Bundesverfassungsgerichts ist kostenfrei.**

(2) **Das Bundesverfassungsgericht kann eine Gebühr bis zu 2600 Euro auferlegen, wenn die Einlegung der Verfassungsbeschwerde oder der Beschwerde nach Artikel 41 Abs. 2 des Grundgesetzes einen Mißbrauch darstellt oder wenn ein Antrag auf Erlaß einer einstweiligen Anordnung (§ 32) mißbräuchlich gestellt ist.**

(3) **Für die Einziehung der Gebühr gilt § 59 Abs. 1 der Bundeshaushaltsordnung entsprechend.**

---

[1] Abs. 2 liegt der Gedanke zugrunde, dass Beweiserhebungen grundsätzlich nicht Sache des BVerfG sind, BVerfGE 8, 22 (227).

[2] Vgl. BVerfGE 15, 245 (247); 18, 85 (92); 20, 144 (150) = NJW 1966, 1703.

[3] Auf entsprechende Feststellungen kann das BVerfG ggf. warten, BVerfGE 22, 277 (279).

I. Zu Abs. 1 (Grundsatz der Kostenfreiheit)

1. Abs 1 will besagen, dass grundsätzlich in allen Verfahren vor dem BVerfG, auch der Verfassungsbeschwerde, Gerichtsgebühren und sonstige Gerichtskosten von den Parteien nicht erhoben werden. Diese Vorschrift trägt der Tatsache Rechnung, dass die Tätigkeit des Gerichts **überwiegend im öffentlichen Interesse** liegt und – abgesehen von den gewichtigen Fällen der Verfassungsbeschwerde und der quasi-strafrechtlichen Verfahren – nur Beteiligte in Frage kommen, deren Kosten aus öffentlichen Mitteln bestritten werden. Abs. 1 bezieht sich allerdings nur auf die Kosten eines ordnungsmäßigen Verfahrens. Zusätzliche, von den Parteien durch Versäumnisse usw. verursachte Kosten des Gerichts hat der Bund nicht zu tragen.[1] Auslagen, die den Beteiligten selbst bei ihrer Rechtsverfolgung entstehen, sind in der Regel von demjenigen zu tragen, bei dem sie anfallen. Damit ist der Grundsatz des Selbstbehalts der eigenen Auslagen angesprochen.[2]

2. Zu den Ausnahmen von diesem Grundsatz vgl. § 34 a.

II. Zu Abs. 2 (Missbrauchsgebühr)

1. Der Grundsatz der Gerichtskostenfreiheit ist durch Abs. 2 eingeschränkt. Die dort vorgesehene **Missbrauchsgebühr** dient dem Zweck, das BVerfG vor überflüssigen Verfassungsbeschwerden, Wahlprüfungsbeschwerden und Anträgen auf Erlass einstweiliger Anordnungen zu bewahren. Das Gericht hat von diesem Instrument in der Vergangenheit häufiger Gebrauch gemacht. Der Regelungszweck ist allerdings nicht erreicht worden. Die meisten Verfassungsbeschwerdeführer, auch ihre Anwälte, sind ohnehin „Einzeltäter". Querulanten und Rechtsunkundige werden durch finanzielle Nachteile nicht abgeschreckt. Im Übrigen bleibt das BVerfG in den Augen der Bürger und ihrer Berater die letzte nationale Gerechtigkeitsinstanz. Sie wird deshalb vielfach angerufen, „koste es, was es wolle"; auch der erfolglose Rechtsbehelf bestätigt, dass der Beschwerdeführer/Antragsteller bei der Verfolgung seiner Rechte nichts versäumt und sich deshalb nichts vorzuwerfen hat.

a) Gegenüber den Verfahrensbevollmächtigten der Beschwerdeführer/Antragsteller wirkt sich die Missbrauchsgebühr zudem als **Zensur**

---

[1] S. dazu *Graßhof,* in: MSKB Stand 2004 Rn. 15 zu § 34. Das gilt für Zeugen und Sachverständige aufgrund der entsprechend anwendbaren Vorschriften des einfachen Rechts (z. B. §§ 57, 70, 77 StPO; §§ 380, 390, 404 ZPO).
[2] BVerfGE 49, 70 (89); 66, 152 (154) = NJW 1984, 2083.

aus. Dieser Effekt wird dadurch verstärkt, dass Kammern des BVerfG den Beschwerdeführer in ihrer Entscheidung ausdrücklich darauf hinweisen, es bleibe ihm unbenommen, bei seinem Verfahrensbevollmächtigten wegen der Missbrauchsgebühr Regress zu nehmen. Es besteht kein Zweifel, dass Vortrag und Vorgehen von Beschwerdeführern, z. B. die ständige Wiederholung von Verfassungsbeschwerden aufgrund eines Sachverhalts, den das Gericht schon entschieden hat, in vergleichbaren Sachverhalten bei unveränderter Rechtslage, sich als Missbrauch darstellen (und deshalb vom Gericht zu Recht § 34 II unterworfen werden.[3] Aber schlechte Arbeit gibt es nicht nur im Verhältnis zum BVerfG, sondern im Rechtsleben überhaupt; das zeigen die vielen unzulässigen Normenkontrollanträge von Richtern nach Art. 100 I GG ebenso wie die Aufhebung von Gerichtsentscheidungen z. B. wegen Verstoß gegen das Willkürverbot. Das Verständnis des Rechtsfindungsvorgangs als eines Verfahrens an dem alle Beteiligten ihren Part gleichmäßig wahrzunehmen haben (deshalb ist eben auch der Rechtsanwalt ein Organ der Rechtspflege, § 1 BRAO) ist unabhängig von der Qualität der Leistungserbringung im Einzelnen und verträgt es auch nicht, dass ein Beteiligter zur Bewertung der Leistungen eines anderen Beteiligten aufgerufen ist. Auch dem Bürger gegenüber ist Zensur nicht angebracht: Verfassungsrecht und Verfassungsprozessrecht sind so komplexe Materien, dass für ihre Unkenntnis (bei gleichzeitigem Verzicht auf das Mittel des Anwaltszwangs/Zulassung eines besonderen Fachanwalts für Verfassungsrecht/ausreichende Begründungszeit) nicht auch noch Sanktionen verhängt werden dürfen.

5 b) Inzwischen hat sich die Praxis des Gerichts aber stark verändert. In den Jahren 2003 bis 2004 sind insgesamt nur noch 33 Missbrauchsgebühren auferlegt worden, was einem Anteil bezogen auf die erhobenen Verfassungsbeschwerden von rund 0,3% entspricht.

6 2. Missbrauch meint **objektiven** Missbrauch. Verschulden ist nicht erforderlich, kann aber im Rahmen der vom Gericht zu treffenden Ermessensentscheidung die Höhe der Gebühr beeinflussen. Anwaltsverschulden ist dem Antragsteller/Beschwerdeführer zuzurechnen (s. a. Rn. 11). Verlässliche Maßstäbe dafür, wann die Auferlegung einer Missbrauchsgebühr angebracht ist, sind der Rechtsprechung nicht zu entnehmen. Häufig findet sich die Formel, die Einlegung einer Verfassungsbeschwerde, die von jedem Einsichtigen als völlig aussichtslos angesehen werden müsse, behindere das BVerfG an der Wahrneh-

---

[3] Zutreffend im Ergebnis deshalb BVerfG(K), B. v. 12. 9. 05 – 2 BvR 1435/05, bundesverfassungsgericht.de. S. dazu früher schon 2. Kammer des Zweiten Senats, NJW 1992, 1952; NJW 1995, 1419; NJW 1996, 1273; NJW 1996, 2785; NJW 1998, 2205; NJW-RR 1999, 1149 f.

mung seiner eigentlichen Aufgaben, nämlich grundsätzliche Verfassungsfragen zu entscheiden.[4] Es gibt aber keine eigentlichen und uneigentlichen Aufgaben. Das BVerfG ist nun einmal für die Entscheidung über Verfassungsbeschwerden zuständig, und solange die Wahrnehmung dieses Rechts jedem Bürger und jedem Rechtsanwalt eingeräumt ist, muss es das Gericht auch hinnehmen, dass die Qualität der eingereichten Anträge unterschiedlich ist.[5] Ein Instrument zur Qualitätskontrolle darf die Missbrauchsgebühr deshalb nicht sein. Abgesehen von der Fortschreibung irreführender Begründungen kann dem BVerfG insoweit aber ein Missbrauch der Missbrauchsgebühr nicht vorgeworfen werden. Die nur noch geringe Zahl der auferlegten Missbrauchsgebühren erlaubt es auch kaum, einen nachprüfbaren Katalog von Voraussetzungen für die Missbrauchsgebührenerhebung zu entwickeln. Begriffe wie „untunlich", „frivol"[6] oder „substanzlos"[7] bezeichnen ihrerseits nicht mehr als das Wort „Missbrauch". Es ist deshalb eher an bestimmte Fallgruppen zu denken, die eine Missbrauchsgebühr auslösen, etwa eine Verfassungsbeschwerde, die nur einen beleidigenden Inhalt hat, oder die Verfassungsbeschwerden der „Wiederholungstäter", also solche, die schon einmal negativ beschiedene Verfassungsbeschwerden beharrlich erneut vor das BVerfG bringen.[8]

3. Die **Höhe** der üblichen Missbrauchsgebühr pendelt zwischen 100 € und 500 €.[9] Höhere Gebühren sind rar, niedrigere nicht häufig.

4. Weiter ungeklärt ist die Frage, ob die Missbrauchsgebühr nicht nur dem Beschwerdeführer, sondern seinem **Verfahrensbevollmächtigten,** insbesondere seinem Rechtsanwalt auferlegt werden kann.[10] Das BVerfG hat erwogen, ob nicht in Ausnahmefällen, bei denen der Missbrauch offensichtlich auf ein Verschulden des Verfahrensbevollmächtigten zurückzuführen ist, so verfahren werden kann.[11]

---

[4] Siehe etwa BVerfG(K) NJW 1995, 1418; NJW 1995, 1419; NJW 1996, 1273 (1274).

[5] Kritisch zur Begründungsformel auch *Graßhof,* in: MSKB, Stand 2004, Rn. 26 f. zu § 34.

[6] Siehe dazu kritisch *Graßhof,* in: MSKB, Stand 2004, Rn. 30 ff. zu § 34.

[7] BVerfG(K) NJW 1995, 1418 (1419); DVBl. 2004, 221.

[8] Vgl. etwa BVerfG(K) DVBl. 2004, 221.

[9] Im Jahr 2004 sind zweimal Missbrauchsgebühren à 1000 € und einmal mit 1500 € auferlegt worden, also deutlich unter der Obergrenze von 2600 €.

[10] Ablehnend *Graßhof,* in: MSKB Stand 2004 Rn. 64 zu § 34; s. a. *Zuck,* NJW 1999, 187.

[11] Beispiel: BVerfG(K) DVBl. 2004, 221. Aktuelles Beispiel BVerfG(K), B. v. 12. 9. 05 – 2 BvR 1435/05, bundesverfassungsgericht.de. (500 € zu Lasten des Anwalts).

§ 34 Teil II. Verfassungsgerichtliches Verfahren

9 **a)** Nach dem bis zum 31. 12. 1985 geltenden Recht durfte das BVerfG eine Missbrauchsgebühr stets nur dem Beschwerdeführer auferlegen.

10 **b)** Der Umstand, dass jetzt § 34 II nicht mehr ausdrücklich den Beschwerdeführer als „Kostenschuldner" der Missbrauchsgebühr nennt, ist kein hinreichender Grund, den Verfahrensbevollmächtigten des Beschwerdeführers als möglichen Adressanten der Missbrauchsgebühr anzusehen. Der unmittelbare Durchgriff gegen den Anwalt des Prozessbevollmächtigten zur Auferlegung von Gerichtskosten oder sonstiger, gerichtlich verhängter Gebühren ist dem Prozessrecht fremd, ja systemwidrig.[12]

11 **c)** Auch die Entstehungsgeschichte des § 34 II spricht gegen die Annahme, den Rechtsanwalt des Beschwerdeführers mit einer Missbrauchsgebühr zu belegen: Das seit der Erfassung des BVerfGG geltende Institut der Missbrauchsgebühr diente von Anfang an dem Ziel, der Erhebung völlig unbegründeter oder aussichtsloser Verfassungsbeschwerden und Wahlprüfungsbeschwerden entgegenzuwirken (s. o. Rn. 3). Dass in der Mehrzahl der Fälle Anwälte den Beschwerdeführer vor dem Bundesverfassungsgericht vertreten, war dem Gesetzgeber bekannt. Er hat gleichwohl bei der Novellierung des § 34 II jeden Hinweis vermieden, dass neben oder anstelle des Beschwerdeführers auch der Verfahrensbevollmächtigte Schuldner der Missbrauchsgebühr sein könnte. Der Wortlaut des § 34 II knüpft ausschließlich an die Einlegung der Verfassungsbeschwerde an und fragt, ob sie einen, die Sanktion rechtfertigenden „Missbrauch" darstellt. „Eingelegt" aber hat die Verfassungsbeschwerde stets der Beschwerdeführer, nie der Anwalt, der in Vollmacht für diesen den Beschwerdeschriftsatz einreicht. Selbst wenn es daher die Funktion der Regelung des § 34 II ist, demjenigen die Missbrauchsgebühr aufzuerlegen, dem die missbrauchende Handlung zuzurechnen ist,[13] so ist dies immer nur der Beschwerdeführer selbst. Dem entspricht die ständige Rechtsprechung des BVerfG, wonach sich der Beschwerdeführer eine Sorgfaltspflichtverletzung des Verfahrensbevollmächtigten zuzurechnen lassen muss.[14]

12 **d)** Schließlich gilt auch hier: es kann nicht Aufgabe des BVerfG sein, den Rechtsanwalt in seiner Berufsausübung zu disziplinieren.

---

[12] Auch § 192 SGG erlaubt es nicht, dem Verfahrensbevollmächtigten die Verschuldenskosten aufzuerlegen, vgl. *Meyer-Ladewig*, SGG 8. Aufl. 2005 Rn. 2 zu § 192 SGG.

[13] AA *Aderhold*, in: UCD Rn. 24 zu § 34.

[14] U. a. BVerfG NVwZ 1986, 822; EuGRZ 1985, 27; *Graßhof*, in: MSKB, Stand 2004, § 34 Rn. 32; *Krämer/Kirchberg* AnwBl. 1986, 166, (182).

III. Zu Abs. 3

1. Für die Einziehung gilt § 59 I BHO. Die Vorschrift lautet: 13

„**§ 59 Veränderung von Ansprüchen**

(1) Der zuständige Bundesminister darf Ansprüche nur
1. stunden, wenn die sofortige Einziehung mit erheblichen härten für den Anspruchsgegner verbunden wäre und der Anspruch durch die Stundung nicht gefährdet wird. Die Stundung soll gegen angemessene Verzinsung und in der Regel nur gegen Sicherheitsleistung gewährt werden;
2. niederschlagen, wenn feststeht, daß die Einziehung keinen Erfolg haben wird, oder wenn gegen die Kosten der Einziehung außer Verhältnis zur Höhe des Anspruchs stehen,
3. erlassen, wenn die Einziehung nach Lage des einzelnen Falles für den Anspruchsgegner eine besondere Härte bedeuten würde. Das gleiche gilt für die Erstattung oder Anrechnung von geleisteten Beträgen und für die Freigabe von Sicherheiten.

Der zuständige Bundesminister kann seine Befugnisse übertragen".

2. Die Entscheidung trifft der Präsident des BVerfG (§ 1 III GO). 14
Entsprechend § 59 I 2 BHO hat der Präsident die Entscheidung über Anträge auf Stundung oder Niederschlagung auf die Justizbeitreibungsstelle des BGH übertragen, sich aber ausschließlich die Entscheidung über den Gebührenerlass vorbehalten.[15]

§ 34a [Erstattung der Auslagen]

(1) **Erweist sich der Antrag auf Verwirkung der Grundrechte (§ 13 Nr. 1), die Anklage gegen den Bundespräsidenten (§ 13 Nr. 4) oder einen Richter (§ 13 Nr. 9) als unbegründet, so sind dem Antragsgegner oder dem Angeklagten die notwendigen Auslagen einschließlich der Kosten der Verteidigung zu ersetzen.**

(2) **Erweist sich eine Verfassungsbeschwerde als begründet, so sind dem Beschwerdeführer die notwendigen Auslagen ganz oder teilweise zu erstatten.**

(3) **In den übrigen Fällen kann das Bundesverfassungsgericht volle oder teilweise Erstattung der Auslagen anordnen.**

---

[15] Vgl. Anordnung des Präsidenten des BVerfG vom 10. 3. 1987, BAnz. Nr. 73 vom 15. 4. 1987, S. 4278; s. dazu *Aderhold,* in: UCD Rn. 31 ff. zu § 34.

§ 34a

Teil II. Verfassungsgerichtliches Verfahren

Übersicht

	Rn.
I. Entstehungsgeschichte	1
II. Auslagenerstattung	2
III. Prozesskostenhilfe/Beratungshilfe	3
1. Auslagenerstattung und Prozesskostenhilfe	3
2. Prozesskostenhilfe als allgemeiner Grundsatz	4
3. Prozesskostenhilfe im Verfassungsbeschwerdeverfahren	5
4. Prozesskostenhilfe im Verfahren der konkreten Normenkontrolle	9
5. Prozesskostenhilfe – Voraussetzungen	10
6. Beratungshilfe	13
IV. Zu Abs. 1	14
1. Quasi-strafrechtliche Verfahren	14
2. Verfahrensgestaltung	18
V. Zu Abs. 2	19
1. Erstattungsgrundlagen	19
2. Gegenstand der Auslagenerstattung	22
a) Aufwendungen des Beschwerdeführers selbst	22
aa) Abschriften und Abbildungen	23
bb) Post- und Telekommunikationsdienstleistungen	24
cc) Reisekosten	25
dd) Verdienstausfall	31
ee) Gutachtenskosten	32
ff) Dolmetscher- und Übersetzungskosten	33
gg) Bestellung von Verfahrensbevollmächtigten	35
(1) Beistand	36
(2) Hochschullehrer	37
(3) Deutsche Rechtsanwälte – BRAGO/RVG	38
(4) EG-Anwälte	39
(5) Fallkonstellationen	39
b) Aufwendungen für den Prozessbevollmächtigten	40
aa) Abschriften und Ablichtungen	40
(1) § 27 BRAGO	40
(2) VV 7000	44
bb) Post- und Telekommunikationsdienstleistungen (§ 26 BRAGO/VV 7001)	45
cc) Reisekosten (§ 28 BRAGO/VV 7003–7006)	46
c) Aufwendungen für mehrere Verfahrensbevollmächtigte	47
d) Aufwendungen des Rechtsanwalts für sich	48

Erstattung der Auslagen § 34a

	Rn.
3. Gebührenhöhe	49
a) Gegenstandswert	49
aa) Billiges Ermessen (§ 113 II BRAGO)	49
bb) Subjektive Seite	50
cc) Objektive Bedeutung	51
dd) Erfolgsaussichten	55
ee) Umfang und Schwierigkeit	56
ff) Billiges Ermessen (§ 37 II RVG)	57
gg) Verfahren	58
hh) Praxis des BVerfG	61
b) Prozessgebühr/Verfahrensgebühr	62
c) Verkehrsanwaltsgebühr	63
d) Verhandlungsgebühr/Terminsgebühr	64
e) Erörterungsgebühr	66
f) Beweisgebühr	67
g) Vereinbarte Gebühren	71
h) Mehrwertsteuer	72
i) Nachliquidation	72 a
j) Kosten des Ausgangsverfahrens	73
k) Verfahren	73 a
VI. Zu Abs. 3	74
1. Grundsatz des Selbstbehalts	74
2. Geltung des Abs. 3 für alle Verfahrensarten	75
3. Ermessensentscheidung	76
4. Verfassungsbeschwerdeverfahren	77
a) Allgemeines	77
b) Erledigung der Hauptsache	78
5. Kostenerstattungsverfahren	79

I. Entstehungsgeschichte

§ 34 a gilt auf Grund des ÄndG vom 12. 12. 1985 (BGBl. I S. 2226) 1
seit 1. 1. 1986. Die Vorschrift enthält genau umschriebene Ausnahmen
vom Grundsatz des Selbstbehalts der eigenen Auslagen (s. § 34 Rn. 1).
Über diese Ausnahmen hinaus gibt es keine Pflicht zur Auslagenerstattung.

II. Auslagenerstattung

Auslagen sind die **außergerichtlichen** Auslagen des Beschwerde- 2
führers, soweit sie zur zweckentsprechenden Rechtsverfolgung vor
dem BVerfG notwendig waren.[1] Grundsätzlich ist deshalb vom Maß-

---

[1] So auch BVerfGE 88, 382 (383) = NJW 1993, 2793, st. Rspr.

stab des § 91 ZPO auszugehen.[2] Der Rückgriff auf einfach-rechtliche Grundsätze darf aber nicht schematisch erfolgen; er muss vielmehr durch die Besonderheiten des verfassungsgerichtlichen Verfahrens begrenzt werden.[3] Dabei ist der Erstattungsberechtigte verpflichtet, die Entstehung nicht unbedingt notwendiger Kosten jedenfalls dann zu vermeiden, wenn die Erstattung beabsichtigt wird. Ob die Kosten zur zweckentsprechenden Rechtsverfolgung erforderlich waren, ist nach einem objektiven Maßstab zu beurteilen, und nicht danach, ob der Erstattung verlangende Berechtigte sie von seinem Standpunkt aus glaubte aufwenden zu können. Dieser objektive Maßstab ist aber nicht ex post anzulegen, sondern für den Zeitpunkt, in dem die Auslagen entstanden sind. Die Erforderlichkeit **kann** trotz Begründetheit fehlen, wenn es sich um eine sog. Trittbrettfahrer- Verfassungsbeschwerde handelt.[4] Das wird man auch für die Häufung von Wahlprüfungsbeschwerden annehmen müssen.[5]

III. Prozesskostenhilfe/Beratungshilfe

3   1. Die Frage der Auslagenerstattung stellt sich nicht, wenn **Prozesskostenhilfe (PKH)** gewährt wird. Umgekehrt erledigt sich ein Antrag auf PKH ohne weiteres, wenn das BVerfG die Erstattung der notwendigen Auslagen anordnet.[6]

4   2. PKH gibt es grundsätzlich auch in **Verfahren vor dem BVerfG**.[7] Das BVerfGG schweigt zwar dazu. Das folgt aber aus dem Stand der Verwirklichung des Sozialstaatsprinzips in den anderen Verfahrensordnungen und aus Art. 19 IV GG.[8] Die §§ 114 ff. ZPO sind entsprechend anzuwenden.[9]

5   3. Für das **Verfassungsbeschwerdeverfahren** hat das BVerfG (noch zum Armenrecht, aber uneingeschränkt auf das PKH-Recht übertragbar) folgende Grundsätze entwickelt:

---

[2] *Ulsamer*, in: MSKB, Stand 1993, § 34a Rn. 15; BVerfGE 50, 254 (255); 89, 313 (314).
[3] BVerfGE 46, 321 (323); 81, 387 (389) = NJW 1994, 1525; 87, 270 (272); 88, 382 (383); 89, 313 (314); 98, 163 (166); 99, 46 (48).
[4] BVerfGE 86, 81 (89) = LKV 1992, 269.
[5] Zur vergleichbaren Problematik bei einer Erstattung nach § 34a III vgl. ausf. BVerfGE 85, 117 (122 f.) = NJW 1992, 816 und Rn. 47 ff.
[6] BVerfGE 62, 392 (397); 71, 122 (136 f.) 1987, 1619.
[7] *Ulsamer*, in: MSKB, Stand 1993, § 34a Rn. 3; s. a. Rn. 62 vor § 17.
[8] S. dazu BVerfGE 81, 347 (356 f.).
[9] Zur verfassungskonformen Auslegung und Anwendung der §§ 114 ff. ZPO vgl. BVerfGE 81, 347 (356 ff.); s. a. BVerfGE 103, 21 (41).

Erstattung der Auslagen § 34a

a) Im Verfahren über Verfassungsbeschwerden ist die Bewilligung der PKH an den Beschwerdeführer zulässig.[10] Das Gericht hatte offengelassen, ob das auch für einen am Verfahren nicht Beteiligten gilt,[11] dies jetzt aber für Äußerungsberechtigte nach § 94 III bejaht.[12] Da das BVerfGG den amicus curiae nicht kennt, ist die Frage zu verneinen.

b) Die Beiordnung eines Rechtsanwalts ist nicht nur für die unter Anwaltszwang fallende mündliche Verhandlung, sondern auch für das schriftliche Verfahren zulässig. 6

c) Die Auswahl des beigeordneten Anwalts erfolgt aus der Zahl der bei deutschen Gerichten zugelassenen Rechtsanwälte. Wenn es sich als sachgerecht erweist, kann aber auch ein „EU-Anwalt" ausgewählt werden. Die Frage wird sich in dem Umfang vermehrt stellen, in dem europäisches Gemeinschaftsrecht prüf- und vorlagefähig wird. 7

d) Der beigeordnete Anwalt hat im Verfahren der Verfassungsbeschwerde Ansprüche nach §§ 121 ff. BRAGO, seit 1. 4. 2004 nach §§ 45 ff. RVG. 8

4. Auch ein Beteiligter des Ausgangsverfahrens einer **konkreten Normenkontrolle** kann PKH erhalten.[13] Es müssen aber besondere Gründe vorliegen, die eine Vertretung durch einen Rechtsanwalt geboten erscheinen lassen.[14] 9

5. a) Nach ständiger Praxis des BVerfG wird PKH nur unter sehr **strengen Voraussetzungen** in dem einer mündlichen Verhandlung vorausgehenden Verfahrensstadium bewilligt, ein Rechtsanwalt wird danach für die Einlegung einer Verfassungsbeschwerde nur beigeordnet, wenn dies unbedingt erforderlich ist.[15] Soll für die mündliche Verhandlung PKH erteilt werden, muss eine Förderung der Sachentscheidung zu erwarten sein.[16] 10

b) Über die Gewährung der PKH ist durch **besonderen Beschluss** zu entscheiden. In Verfahren nach §§ 24, 93a hat das BVerfG in der Regel jedoch nicht durch besonderen Beschluss über das PKH-Gesuch entschieden, sondern in der Beschlussformel zum Ausdruck gebracht, dass sich mit der Verwerfung der Verfassungsbeschwerde/Nichtannahme zur Entscheidung der Antrag auf Bewilligung auf PKH erledige.[17] 11

---

[10] BVerfGE 1, 109 (110 f.) = NJW 1952, 457.
[11] BVerfGE 1, 433 (438 f.) = NJW 1953, 178.
[12] BVerfGE 92, 122 (123 ff.), wenn besondere Voraussetzungen gegeben sind.
[13] BVerfGE 79, 252; 93, 179 (180).
[14] Für Strafverfahren als Ausgangsverfahren vgl. BVerfGE 1, 108 (109); 25, 295 (296).
[15] BVerfGE 27, 57; 78, 7 (19); 92, 122 (123).
[16] BVerfGE 10, 262 (263); 93, 179 (180).
[17] BVerfGE 13, 127; *Engler* NJW 1965, 996 (1002).

§ 34a Teil II. Verfassungsgerichtliches Verfahren

12   c) **PKH** spielt im Verfahren vor dem BVerfG keine große Rolle, weil die Verfahren grundsätzlich **gerichtskostenfrei** sind (s. o. Rn. 1ff. zu § 34) und kein Anwaltszwang besteht. Der Antrag auf PKH kann im Verfassungsbeschwerdeverfahren ähnliche Wirkungen haben wie der Antrag auf Erlass einer einstweiligen Anordnung: das Gericht nimmt die Verfassungsbeschwerde gem. § 93a nicht zur Entscheidung an, und enthebt sich damit einer Entscheidung über den Antrag auf PKH.

13   **6. Beratungshilfe** ist denkbar, vgl. § 2 II Nr. 3 BerHG. Das ist aber keine Sache des BVerfG.

IV. Zu Abs. 1

1. Grundsätze

14   In den quasi-strafrechtlichen Verfahren etwa der Grundrechtsverwirkung, der Präsidentenanklage und der Richteranklage, in denen Einzelpersonen Antragsgegner oder Beklagte sind, sind auch (also obligatorisch) dem Antragsgegner (nur ihm) die **notwendigen Auslagen** einschließlich der Kosten der Verteidigung zu ersetzen.[18]

15   **a) Voraussetzungen des Auslagenersatzes.** Die Auslagen müssen nur dann ersetzt werden, wenn die den Gegenstand des Verfahrens bildenden Anträge sachlich abgewiesen wurden. Die Vorschrift ist nur dann anwendbar, wenn die Durchführung der Verhandlung beschlossen ist und sich erst in der mündlichen Verhandlung erweist, dass der Antrag unbegründet ist oder geworden ist, § 37.[19]

16   **b) Grundsätze und Träger des Auslagenersatzes.** Nach Altrecht bemisst sich die Erstattung nach §§ 83ff. BRAGO, für das ab 1. 7. 2004 anwendbare neue Recht sind die Vorschriften für die Revision im VV Teil 4 Abschnitt 1 UA 3 anzuwenden. Danach erhält der Rechtsanwalt nach VV 4130 eine Verfahrensgebühr von 100,00 € bis 930,00 € (Mittelgebühr 515,00 €), eine Terminsgebühr je Verhandlungstag (VV 4132) von 100,00 € bis 470,00 € (Mittelgebühr 285,00 €). Zu weiteren Gebühren vgl. UA 3. Ersatzpflichtig ist in den Fällen des § 13 Nr. 4 stets der Bund, in den Fällen des § 13 Nr. 1 und 9 der Bund, wenn das Verfahren durch Organe des Bundes, das Land, wenn das Verfahren durch Organe des Landes eingeleitet wird.

17   **c)** Die Kosten der Zuziehung eines Verteidigers sind in allen Fällen erstattungsfähige Kosten, jedoch nur im Rahmen der Sätze der BRAGO, seit 1. 1. 2004 nach Maßgabe der sich über die Verweisung

---

[18] Zum Begriff der notwendigen Auslagen s. Rn. 2.
[19] *Engler* NJW 1965, 996.

in § 37 I RVG ergebenden Sätze.[20] Die Zuziehung mehrerer Verteidiger und die Vereinbarung von Sonderhonoraren wird nur in Ausnahmefällen – bei besonderer Schwierigkeit des Verfahrens – erstattungsfähig sein.

2. Verfahren

Die Erstattung der Auslagen ist in der Entscheidung anzuordnen; sie setzt keinen Antrag voraus. Die Festsetzung der Höhe der erstattungsfähigen Auslagen erfolgt auf Antrag durch den Rechtspfleger (§ 21 RPflG). Gegen den Kostenfestsetzungsbeschluss ist die sofortige Beschwerde gemäß § 104 III 1 ZPO gegeben, wenn der Beschwerdewert aus § 567 II 2 ZPO (über 200,00 €) gegeben ist (§ 11 I RPflG). In den übrigen Fällen ist die Erinnerung (binnen zwei Wochen) möglich (§ 11 II 1 RPflG).[21] Ein weiterer Rechtsbehelf ist nicht gegeben. Über die Erinnerung entscheidet der Spruchkörper des BVerfG, der die Auslagenerstattung angeordnet hat. Das Verfahren ist gerichtskostenfrei. 18

V. Zu Abs. 2 (obligatorische Auslagenerstattung bei erfolgreichen Verfassungsbeschwerden)

1. Erstattungsgrundlagen

a) Die **obligatorische** Auslagenerstattung ist durch das Gesetz vom 21. 12. 1970 (BGBl. I S. 1765) mit Wirkung vom 1. 1. 1971 eingeführt worden. 19

b) Nach dem Wortlaut des Abs. 2 scheint es so, als ob das Gericht auch bei vollem Obsiegen die Wahl habe, die Auslagenerstattung „ganz oder teilweise" anzuordnen. Der Sinn der obligatorischen Auslagenerstattung ist es aber, den Grad des Obsiegens in die richtige (= angemessene) **Relation** zur Auslagenerstattung zu setzen. Volles Obsiegen hat deshalb volle Auslagenerstattung zur Folge, teilweises Obsiegen teilweise Auslagenerstattung.[22] Wenn insoweit unter Bezugnahme auf die Entstehungsgeschichte davon gesprochen wird, Abs. 2 räume dem Gericht ein (pflichtgemäßes) Ermessen ein, so kann das nur für die Beurteilung der Bedeutung des teilweisen Obsiegens gelten. 20

---

[20] *Madert,* in: Gerold/Schmidt/v. Eicken/Madert/Müller-Rabe, RVG 16. Aufl. 2004 Rn. 4 ff. zu § 37 RVG; *Wahlen,* in: Gebauer/Schneider, RVG, 2. Aufl. 2004 Rn. 5 ff. zu § 37 RVG.

[21] Rechtsanwälte können in eigenem Namen wegen der Kostenfestsetzung keinen Rechtsbehelf einlegen, BVerfGE 96, 251 (253).

[22] Vgl. etwa BVerfGE 86, 1 (14); s. dazu auch *Ulsamer,* in: MSKB, Stand 1993, § 34a Rn. 14; *Kunze,* in: UCD, § 34a Rn. 15.

Zwar wird das Gericht bei bezifferten Leistungen entsprechend quoteln müssen; auch das gilt aber nur dann, wenn sich die Beurteilung der Verfassungsbeschwerde in der subjektiven Beschwer erschöpft, s. Rn. 50 f. In allen Fällen, in denen es nicht um eine bezifferte Leistung geht oder bei denen die objektive Bedeutung der Verfassungsbeschwerde eine Rolle spielt, ist die Quote dagegen nach pflichtgemäßen Ermessen zu bestimmen. Ist der Unterliegensteil von untergeordneter Bedeutung, oder hat der Beschwerdeführer trotz teilweisen oder vollständigen Unterliegens sein wesentliches Verfahrensziel erreicht, kann es, übrigens im Einklang mit den Kostenerstattungsregelungen des einfachen Recht, geboten sein, volle (meist allerdings hälftige) Auslagenerstattung anzuordnen.[23]

21 **c)** Immer muss die Auslagenerstattung vom Gericht **angeordnet** sein. Es bedarf also einer ausdrücklichen Auslagenerstattungs-Entscheidung. Die Erstattung der Auslagen für den Antrag auf Erlass einer einstweiligen Anordnung bedarf regelmäßig einer gesonderten Erstattungsentscheidung.[24] Von einem Antrag des Beschwerdeführers ist die Anordnung der Auslagenerstattung nicht abhängig.

2. Gegenstand der Auslagenerstattung

22 **a)** Aufwendungen des **Beschwerdeführers selbst** für die Vorbereitung und Durchführung des Verfassungsbeschwerdeverfahrens:
Dazu gehören insbesondere:

23 **aa) Abschriften und Ablichtungen.** Die in diesem Zusammenhang immer wieder diskutierte Frage, ob es sich um nicht-erstattungsfähige Geschäftsunkosten handelt,[25] stellt sich so nicht mehr. Die Abschriften/Ablichtungen sind entweder zur zweckentsprechenden Rechtsverfolgung notwendig oder nicht. Tertium non datur. Die Obergrenze für die Erstattungsfähigkeit der Höhe nach liegt sicher im jeweiligen Satz nach KV 9000.[26] Der Beschwerdeführer selbst wird eher billiger verfahren können.[27]

24 **bb) Post- und Telekommunikationsdienstleistungen.** Es handelt sich im Wesentlichen um Porto-, Telefon- und Telefaxkosten. Auch die Kosten für Kurierdienste sind diesem Sektor zuzurechnen.

---

[23] BVerfGE 32, 1 (39); 47, 253 (284); 53, 366 (407); 79, 372 (378); 88, 14 (63); 88, 366 (380) = NJW 1993, 2599); 95, 193 (219); 97, 1 (11); 110, 226 (274).

[24] BVerfGE 89, 91; s. dazu Rn. 57 zu § 32.

[25] Vgl. etwa *Zöller/Herget*, ZPO, 25. Aufl. 2005 § 91 ZPO Rn. 13 („Ablichtungen. Abschriften").

[26] *Hartmann*, Kostengesetze, 35. Aufl. 2005, Anm. zu Teil 9 KV „Auslagen".

[27] Vgl. dazu die Nachweise bei *Zöller/Herget*, ZPO 25. Aufl. 2005 § 91 ZPO Rn. 13.

Erstattung der Auslagen § 34a

Die Auslagen sind erstattungsfähig, soweit sie notwendig und soweit sie nachgewiesen sind. Es bedarf infolgedessen entsprechender Belege.

cc) **Reisekosten.** Auch hier gilt der allgemeine Grundsatz: es muss sich um notwendige Auslagen handeln; ihre Entstehung und ihr Umfang müssen vom Beschwerdeführer nachgewiesen sein.

(1) Zur Frage der **Notwendigkeit** haben sich einige Fallgruppen herauskristallisiert:

(a) **Informationsreise:** Bei Verfahren vor den Instanzgerichten ist im Regelfall eine Informationsreise der Partei zu ihrem Verfahrensbevollmächtigten erstattungsfähig.[28] Ist ein Korrespondenzanwalt eingeschaltet, kann es nur um die Reisekosten zu diesem gehen. Im Verfassungsbeschwerdeverfahren hängt es von den Umständen des Einzelfalls ab, ob der maßgebliche Sachverhalt noch weiterer Darstellung und Klärung bedarf. Bei Urteilsverfassungsbeschwerden wird das im Allgemeinen nicht der Fall sein, es sei denn, der vom Gericht zugrunde gelegte Tatbestand werde im Rahmen des Art. 103 I GG angezweifelt oder es bedürfe, z. B. im Rahmen des § 93a einer besonderen Darstellung der persönlichen Verhältnisse des Beschwerdeführers.[29]

(b) **Reisen zum Verhandlungstermin:** Unabhängig davon, ob der Beschwerdeführer zur mündlichen Verhandlung geladen worden ist, ergibt sich aus der aus dem Ausnahmecharakter der mündlichen Verhandlung folgenden Bedeutung dieses Verfahrensabschnitts, dass die Teilnahme des Beschwerdeführers am Termin zu notwendigen Auslagen führt. Die Erstattung folgt bei Altrechtsfällen den Grundsätzen des ZSEG/ab 1. 7. 2004 dem JVEG. Danach ist das preisgünstigste öffentliche Verkehrsmittel zu benutzen, bei einer Gesamtstrecke bis zu 200 km werden PKW-Kosten (0,21 €/km zzgl. Parkgebühren) erstattet, vgl. § 9 ZSEG. Ist das JVEG anzuwenden, so gibt es Fahrtkostenersatz für öffentliche, regelmäßig verkehrende Beförderungsmittel in Höhe der tatsächlich entstandenen Aufwendungen bis zur Höhe der entsprechenden Kosten der Benutzung der ersten Klasse, einschließlich Platzkarte. Pkw-Kosten werden ohne Einschränkung mit 0,25 €/km zuzüglich insbesondere des Parkgeldes erstattet (§ 19 I Nr. 1, § 5 JVEG).[30]

Übernachtungen müssen wirklich unvermeidlich sein. Mündliche Verhandlungen beginnen meist um 10.00 Uhr. Die morgendliche

---

[28] *Hartmann,* in: Baumbach/Lauterbach/Albers/Hartmann, ZPO, 63. Aufl. 2005, Rn. 216 zu § 91 ZPO.

[29] Das BVerfG ist großzügiger: grundsätzlich sollen die Kosten mindestens einer Informationsreise erstattungsfähig sein, BVerfGE 96, 217 (221).

[30] Ob Altrecht oder Neurecht gilt, richtet sich nach dem Zeitpunkt der Heranziehung, vgl. § 24 S. 1 JVEG. Die Vorschrift gilt auch für Zeugen, vgl. *Hartmann,* Kostengesetze, 35. Aufl. 2005, Rn. 3 zu § 24 JVEG.

Anreise wird in großem Umfang für zumutbar gehalten, ebenso die Rückreise spät am Abend. Mit diesen Einschränkungen sind angemessene Übernachtungskosten erstattungsfähig, § 10 ZSEG/§ 6 II JVEG iVm § 10 BRKG. Dagegen sind Reisekosten für die persönliche Überbringung der Verfassungsbeschwerde nicht erstattungsfähig.[31] Das Tagegeld bemisst sich nach § 6 I JVEG iVm § 4 V 1 Nr. 5 9.2 EStG für einen vollen Tag mit 24 €.[32]

29   (c) Reisen zum Verkündungstermin: Auch die Teilnahme an diesem Termin führt zu notwendigen Auslagen.[33] Die Ausführungen zu „Reisen zum Verhandlungstermin" gelten auch hier.

30   (2) Die Reisekosten (Fahrtkosten/Übernachtungskosten) müssen durch Belege **nachgewiesen** werden. Die Dauer der Abwesenheit vom Aufenthaltsort muss sich aus den Umständen ergeben.

31   **dd) Verdienstausfall.** Soweit die Abwesenheit des Beschwerdeführers vom Aufenthaltsort im Rahmen notwendiger Reisen erfolgt ist, ist auch der damit verbundene Verdienstausfall eine notwendige Auslage, s. dazu § 19 I Nr. 6, § 22 JVEG.

32   **ee) (Privat)Gutachterkosten.** Es gilt die allgemeine Regel, dass die Kosten für Gutachten (häufig wird es sich um verfassungsrechtliche Gutachten früherer Bundesverfassungsrichter oder von Universitätsprofessoren handeln), die ein Verfahrensbeteiligter eingeholt hat, nicht erstattungsfähig sind. Eine Ausnahme[34] soll nur dann gerechtfertigt sein, wenn es sich um die Klärung außergewöhnlich schwieriger Fragen handelt. Den hier vertretenen Standpunkt, dass diese Ausnahme zu eng gefasst sei und dass Gutachterkosten dann im Einzelfall erstattungsfähig sein müssten, wenn das Gutachten erforderlich war, um Waffengleichheit des Beschwerdeführers,[35] gegenüber einem einflussreichen Verfahrensbeteiligten, z. B. der Bundesregierung, die ihrerseits durch Rechtsgutachten namhafter Rechtslehrer gestützt wird, herzustellen. Folgt man *BVerfGE* 88, 382 (383 f.) so wird der Grundsatz der Nichterstattungsfähigkeit von Privatgutachten fast ausnahmslos gelten, weil das BVerfG – zu Recht – die Abwälzung der rechtlichen Verantwortung vom Rechtsanwalt auf den Gutachter nicht honorieren will. „Von einem Rechtsanwalt, der das Mandant zur Führung eines Prozesses vor dem BVerfG übernimmt, ist nämlich zu verlangen, dass er sich mit der Materie vertraut macht und

---

[31] BVerfG(K), NJW 1995, 441 (442).
[32] Zur Abstaffelung der geringeren Abwesenheitszeiten siehe § 4 EStG und dazu *Hartmann,* Kostengesetze, 35. Aufl. 2005, Rn. 4 zu § 6 JVEG. Zum Altrecht vgl. § 10 ZSEG.
[33] BVerfGE 36, 308 (309) = NJW 1974, 492.
[34] BVerfGE 88, 382 (383) = NJW 1993, 2793.
[35] S. BVerfGE 46, 321 (324) = NJW 1978, 259.

Erstattung der Auslagen § 34a

auch verfassungsrechtliche Fachliteratur benutzt".[36] In der Verfahrenswirklichkeit wird der Beschwerdeführer in vielen Fällen auf den renommierten Gutachter nicht verzichten wollen; er muss nur wissen, dass er die Gutachterkosten zusätzlich trägt.

ff) Dolmetscher- und Übersetzerkosten. Die Freizügigkeit innerhalb der EU, aber auch die zunehmende Zahl von Ausländern in Deutschland, machen diese Fragestellung bedeutsam. Grundsätzlich ist es Sache des Beschwerdeführers „mit den Schwierigkeiten der Bewältigung der Sach- und Rechtslage fertig zu werden, und für seine angemessene Beratung und Vertretung Sorge zu tragen". Es ist infolgedessen nicht Sache des Gerichts, dem Beschwerdeführer Hilfen bei Verständigungsproblemen zu gewähren, die außerhalb der mündlichen Verhandlung bei der Führung des Verfahrens auftreten.[37] Da die Gerichtssprache deutsch ist (§ 184 GVG) ist es Sache des Beschwerdeführers, wie er diesem Umstand außerhalb der mündlichen Verhandlung Rechnung trägt. Die Erstattung von **Übersetzerkosten** scheidet deshalb aus.

33

---

[36] S. dazu *BVerfGE* 69, 365 (369); so ausdrücklich BVerfGE 96, 251 (258). BVerfGE 96, 52 (258) ist zwar richtig entschieden. Der damit verbundene allgemeine Grundsatz verlässt aber das Gebot der Waffengleichheit. Der Rechtsanwalt kann in der Regel die ihm auferlegte Qualität nicht leisten. Die rund 5000 Verfassungsbeschwerden im Jahr (im Verhältnis zu 1 000 000 Zivilprozessen) verteilen sich auf mehr als 132 000 Rechtsanwälte, ganz abgesehen davon, dass viele Verfahren ohne anwaltliche Hilfe durchgeführt werden. Auch für Rechtsanwälte, die häufiger Verfassungsbeschwerdeverfahren durchführen, ist deshalb dieses Gebiet kein Arbeitsschwerpunkt. Eine echte verfassungsrechtliche Spezialisierung ist gar nicht möglich. Es ist auch richtig, wenn das BVerfG ausführt, dass der Rechtsanwalt die mit der Spezialisierung verbundene Verantwortung nicht will. Der Gesetzgeber geht für den Regelfall (Gegenstandswert 4000,00 €) von einer Gebühr von 392,00 € aus. Das ist unter Kosten-/Nutzen-Gesichtspunkten nicht vertretbar. Da bewirkt auch die vom BVerfG empfohlene Lektüre verfassungsrechtlichen Schrifttums nichts. Der Allgemeinanwalt weiß schon nicht, wonach er suchen soll. In Wahrheit braucht er nur die 110 Bände der Amtlichen Sammlung. Die wird er sich aber für eine Verfassungsbeschwerde im Jahr nicht anschaffen können. Gewichtige Verfassungsbeschwerden sind deshalb ohne Gutachtenshilfe nicht zu leisten, wenn ein Ausgleich gegenüber den Ordinarien mit ihren Instituten und dem Sachverstand der zuständigen Ministeriumsabteilungen geschaffen werden soll. Das aus der BGH-Rechtsprechung zum Haftpflichtrecht stammende Idealbild des Rechtsanwalts, der ein Mandat nur annehmen darf, wenn er die entsprechende Gegenleistung auch erbringen kann, passt für den Regelfall der Verfassungsbeschwerde nicht, weil es diesen Rechtsanwalt nicht gibt. Bleibt das BVerfG bei seiner restriktiven Gutachtensrechtsprechung, wird es weiter die Verfassungsbeschwerden bekommen, die es eben bekommt.

[37] BVerfG(K) NJW 1990, 3072 (3073) für den Zivilprozess.

§ 34a   Teil II. Verfassungsgerichtliches Verfahren

34   Soweit das Gericht den Beschwerdeführer in der mündlichen Verhandlung hören will, wird es selbst auch den Dolmetscher stellen. Da dem Beschwerdeführer dadurch keine Kosten entstehen, stellt sich die Frage der Auslagenerstattung nicht. Wird der des Deutschen nicht mächtige Beschwerdeführer zur Verhandlung geladen, und stellt das Gericht den Dolmetscher nicht selbst, müsste der Beschwerdeführer selbst für einen Dolmetscher sorgen. Dessen Kosten sind in angemessenem Umfang notwendige Auslagen. Anzuwenden ist § 8 JVEG. Wenn aber die Teilnahme Deutscher an der mündlichen Verhandlung und am Verkündungstermin zu notwendigen Auslagen führt (s. o. Rn. 28 f.), muss das auch für **Dolmetscherkosten** des Deutschen nicht mächtiger Beschwerdeführer gelten (s. auch hier § 8 JVEG).

35   **gg) Bestellung von Verfahrensbevollmächtigten.** Der Beschwerdeführer kann sich durch einen Beistand, einen Lehrer des Rechts an einer deutschen Hochschule, durch einen bei einem deutschen Gericht zugelassenen Rechtsanwalt (§ 22 I) oder durch einen EU-Anwalt vertreten lassen.

36   (1) Die Zulassung des **Beistands** hängt vom BVerfG ab, vgl. § 22. Wenn der Beistand zugelassen ist, wird damit zugleich anerkannt, dass der für ihn erforderliche Aufwand nach den Regeln erstattungsfähig ist, die für den Beistand maßgeblich sind – natürlich immer nur bis zur Obergrenze der Notwendigkeit. Es gelten also etwa die Regeln, wie sie für den Eigenaufwand des Beschwerdeführers gelten oder – beispielsweise – Wirtschaftsprüfer- oder Steuerberaterkostenrecht.

37   (2) Die Vertretung durch einen **Lehrer des Rechts** an einer deutschen Hochschule bedarf lediglich einer Vereinbarung des Beschwerdeführers. Eine für Hochschullehrer verbindliche Vergütungsordnung gibt es nicht. In der Praxis des Gerichts hat es sich eingebürgert, die dem Hochschullehrer geschuldete Vergütung in der gleichen Höhe als notwendige Auslagen anzuerkennen, wie sie entstanden wäre, wenn es sich um die gesetzlichen Gebühren des Rechtsanwalts nach der BRAGO gehandelt hätte.[38] Der Hochschullehrer kann also, soweit das die mit dem Auftraggeber getroffene Vereinbarung zulässt, seiner Rechnung die BRAGO/das RVG zugrunde legen. Geschieht das nicht, muss der Rechtspfleger eine fiktive BRAGO/RVG-Vergleichsrechnung vornehmen.[39]

38   (3) Für **deutsche Rechtsanwälte** gilt bezüglich der Höhe der Auslagenerstattung grundsätzlich folgendes: Die BRAGO ist anzuwenden, wenn der unbedingte Auftrag zur Erledigung derselben Angelegenheit im Sinne des § 15 RVG vor dem 1. 7. 2004 erteilt oder der

---

[38] S. dazu Rn. 49 ff.; seit 1. 7. 2004 gilt das RVG.
[39] S. dazu auch *Ulsamer,* in: MSKB, Stand 1993, § 34a Rn. 15.

Erstattung der Auslagen § 34a

Rechtsanwalt vor diesem Zeitpunkt gerichtlich bestellt oder beigeordnet worden ist (§ 61 I RVG). Auch für Rechtsmittel kommt es auf diesen Stichtag an. Die Verfassungsbeschwerde versteht sich aber als außerordentlicher Rechtsbehelf (siehe Rn. 19 zu § 90) und ist deshalb kein Rechtsmittel. § 61 RVG erfasst infolgedessen diesen Sachverhalt nicht.[40] Allgemeinen Regeln folgend kommt man aber zu einem identischen Ergebnis. Ob BRAGO oder RVG anzuwenden sind, bemisst sich danach, ob Verfassungsbeschwerde/Antrag auf Erlass einer einstweiligen Anordnung vor dem 1. 7. 2004 eingereicht worden sind oder nicht. Erfolgreiche Verfassungsbeschwerden nehmen (außerhalb des § 93a) ihre Zeit in Anspruch. Es wird deshalb auch in Zukunft immer noch BRAGO-Anwendungsfälle geben. Nachstehend wird deshalb sowohl die BRAGO als auch die RVG-Rechtslage dargestellt.

(4) **EU-Anwälte** folgen im Rahmen des § 34a ihrem eigenen Gebührenrecht. **39**

(5) Zu den verschiedenen Fallkonstellationen bei der Bestellung eines Verfahrensbevollmächtigten vgl. *Zuck,* Vb, Rn. 1043 ff.

b) Aufwendungen des Beschwerdeführers **für einen Prozessbevollmächtigten:** **40**

aa) Abschriften und Ablichtungen. (1) § 27 BRAGO: Es ist zunächst zu beachten, dass der Beschwerdeführer innerhalb der Fristen des § 93a vollständig vortragen muss. Außerhalb der Fristen kann er keine für die Begründung der Verfassungsbeschwerde erforderlichen Unterlagen mehr vorlegen. Er muss auch davon ausgehen, dass das BVerfG im Regelfall keine Akten beizieht. *BVerfGE* 61, 208 (209) mag einen Sonderfall behandeln. Der Beschwerdeführer wird aber im Regelfall, um hinreichend deutlich vorzutragen (vgl. Rn. 10 zu § 92) sich nicht mit bloßem Eigenvortrag begnügen dürfen. Er muss seine Angaben belegen.

Damit gibt es drei Gruppen von Schriftstücken: **41**
– den Verfassungsbeschwerdeschriftsatz selbst, auf Grund ungeschriebener Regeln zunächst dreifach vorzulegen,
– die angegriffenen Entscheidungen,
– die sonstigen Anlagen zum Schriftsatz.

Während man davon ausgehen muss, dass die Kosten für Schriftsätze/ **42**
Entscheidungen mit der Prozessgebühr abgegolten sind[41] ist das für die

---

[40] Zur vergleichbaren Problematik des § 134 I 1 BRAGO hat sich das BVerfG über den Zusatz „in derselben Angelegenheit" hinweggesetzt, und die Vorschrift unmittelbar angewendet, BVerfGE 96, 217 (222).

[41] Vgl. § 25 BRAGO, s. dazu ausf. BVerfG(K) NJW 1996, 382 (383); BVerfGE 96, 217 (222).

sonstigen Anlagen (soweit sie notwendig sind);[42] entgegen *BVerfGE* 61, 208 (209); 65, 72 (74) zweifelhaft, weil der Beschwerdeführer insoweit das Geschäft des Gerichts betreibt. Das kann aber auf sich beruhen, weil sich die Frage der Auslagenerstattung nur stellt, wenn die Verfassungsbeschwerde zur Entscheidung angenommen worden ist. Das setzt im Regelfall die (vorherige) Zustellung voraus. Die damit verbundene Überlassung von Mehrdrucken der Verfassungsbeschwerde und deren Anlagen ist deshalb notwendig. Als zusätzliche Abschriften sind sie nach Maßgabe des § 27 BRAGO erstattungsfähig.[43]

43 Nach § 27 II BRAGO bemisst sich die Höhe der Auslagenerstattung nach KV 9000. Sie beträgt also je angefangene Seite 0,50 € für die ersten 50 Seiten und 0,15 € für jede weitere Seite. Je nach Art der Zustellung kann die Zahl der Mehrdrucke erheblich sein (bis zu 45). Multipliziert man das mit der Seitenzahl der Verfassungsbeschwerde nebst Anlagen, so kann das zu erheblichem Aufwand führen. Im Rahmen der wirtschaftlichen Aufklärung und wegen § 27 I Nr. 3 BRAGO muss der Rechtsanwalt seinen Mandanten deshalb informieren. Es ist sinnvoll, einen vollständig reproduktionsfähigen Schriftsatz mit Anlagen zum Zweck der Abschriftenerstellung in der Handakte zurückzubehalten.

Die Zahl der gefertigten Abschriften muss der Antragsteller anhand der Seitenzahlen/Zahl der Abschriften detailliert belegen; pauschale Angaben akzeptiert der Rechtspfleger nicht.[44]

44 (2) VV 7000: VV 7000 folgt inhaltlich § 27 BRAGO.[45] Was zu Rn. 40 ff. ausgeführt worden ist, gilt deshalb auch für das neue Recht.

45 **bb) Post und Telekommunikationsdienstleistungen (§ 26 BRAGO).** Es gelten die allgemeinen Grundsätze zu § 26 BRAGO ohne jede Besonderheit für das Verfassungsbeschwerdeverfahren.

VV 7701 sieht als erstattungsfähig die Entgelte für Post- und Telekommunikationsdienstleistungen in voller Höhe an. Nach § 10 II 2 RVG genügt in der Vergütungsberechnung die Angabe des Gesamtbetrags.[46] Der Rechtsanwalt kann aber auch die Pauschale wählen,

---

[42] Zu den Anlagen s. ausdrücklich BVerfG(K) NJW 1996, 328 (383).
[43] BVerfGE 65, 72 (74), offengelassen in BVerfG(K) NJW 1996, 382 (383).
[44] BVerfGE 65, 72 (74).
[45] *Hartmann*, Kostengesetze, 35. Aufl. 2005, Vorbm. zu VV 7000.
[46] *N. Schneider*, in: Gebauer/Schneider (Hrsg.), RVG, 2. Aufl., Rn. 31 zu § 10 RVG; *Madert*, in: Gerold/Schmid/v. Eicken/Madert/Müller-Rabe, RVG, 16. Aufl. 2004, Rn. 17 f. zu § 10 RVG. Nicht nur der Auftraggeber, auch der Rechtspfleger kann sich den Gesamtbetrag aufschlüsseln lassen, aber nur, wenn es dafür einen Anhaltspunkt gibt. Andernfalls liefe die Zulässigkeit der Angabe des Gesamtbetrags leer.

Erstattung der Auslagen § 34a

nämlich 20% der Gebühren, höchstens 20,00 € (VV 7002). Diese Regelung gilt für „jede Angelegenheit" (VV 7002). Verfassungsbeschwerde und einstweilige Anordnung sind, unabhängig davon, ob die einstweilige Anordnung ein eigenes Q-Aktenzeichen erhält, eigene Angelegenheiten.

cc) Reisekosten (§ 28 BRAGO). Es gelten die allgemeinen Grundsätze zu § 28 BRAGO. Wie beim Beschwerdeführer selbst (Rn. 29) gehört auch der Aufwand für die Teilnahme des Rechtsanwalts am Verkündungstermin zu den notwendigen Auslagen. Ob im Zusammenhang mit einem Verhandlungs- oder Verkündungstermins eine Übernachtung in Karlsruhe notwendig war, wird vom Rechtspfleger sehr restriktiv geprüft.

VV 7003–7006 entsprechen in der Sache § 28 BRAGO: Pkw 0,30 €, andere Verkehrsmittel in voller Höhe, wenn das angemessen ist. Die Benutzung der ersten Klasse in der Bahn ist angemessen,[47] die Business-Class im Flugzeug nicht. Der Anwalt muss Economy fliegen. Auf den deutschen Kurzstrecken ist das auch zumutbar.[48] Zu den allgemeinen Reisekosten gehören auch die tatsächlichen Kosten für Zu- und Abgang (z. B. Taxi) (VV 7004). Das Tagegeld liegt zwischen 20,00 und 60,00 € (VV 7005), Übernachtungskosten werden in angemessener Höhe erstattet (VV 7006). Dass die Übernachtung zweckmäßig ist, reicht aus. Ob die Höhe der Übernachtungskosten angemessen ist, bemisst sich nach den für die Übernachtung von Geschäftsreisenden üblichen Durchschnittskosten, nicht nach dem Rang des Hotels. So kann es in einem Luxus-Hotel Sonderpreise geben, in Messezeiten (für jedermann) überhöhte Preise, auch bei bloß durchschnittlicher Unterbringung. Bei der Übernachtung in Karlsruhe stellen sich diese Fragen allerdings kaum.

c) Aufwendungen für mehrere Verfahrensbevollmächtigte: Grundsätzlich muss der bevollmächtigte Rechtsanwalt das Verfassungsbeschwerdeverfahren allein führen. Wenn es zur zweckentsprechenden Rechtsverfolgung erforderlich ist, können aber auch die Kosten mehrerer Rechtsanwälte erstattungsfähig sein.[49] So können es besondere Umstände, insbesondere im Verfahren von großer Bedeutung für die

---

[47] Die Kosten für die Bahn-Card gehören nicht zu den notwendigen Auslagen.
[48] Die Beweisaufnahme im Ausland mit der Notwendigkeit eines Langstreckenflugs ist im Verfassungsbeschwerdeverfahren schwer vorstellbar.
[49] BVerfGE 87, 270 (272) = NJW 1993, 1460 (Ablehnung der Auslagenerstattung für den zusätzlich hinzugezogenen „Hausanwalt" des Beschwerdeführers); 96, 251 (258); BVerfGE 98, 163 (167) hat zurecht die Zuziehung von drei Anwälten für nicht erforderlich gehalten.

Allgemeinheit, in denen andere Verfahrensbeteiligte für spezielle Rechtsgebiete besondere Kenner aufbieten, unter dem Aspekt der Waffengleichheit[50] gebieten, auch auf Seiten des Beschwerdeführers mehrere Verfahrensbevollmächtigte unter dem Aspekt der „notwendigen Auslagen" zuzulassen.[51] Das ist ständige Praxis der Rechtspfleger.[52]

48   d) Aufwendungen des **Rechtsanwalts für sich** selbst: Der Rechtsanwalt, der sich im Verfassungsbeschwerdeverfahren selbst vertritt, kann, entsprechend § 91 II 4 ZPO Auslagen in Höhe der gesetzlichen Gebühren als bevollmächtigter Rechtsanwalt geltend machen.[53] Einen vergleichbaren Anspruch haben in eigener Sache auftretende Lehrer des Rechts an einer deutschen Hochschule (§ 22 I) nicht.[54]

3. Die Gebührenhöhe[55]

49   Von besonderer Bedeutung sind bei der Erstattung der notwendigen Auslagen die Gebühren **anwaltlicher** Tätigkeit.

a) Ausgangspunkt für die Bemessung ist der Gegenstandswert.[56]

aa) Nach § 113 II 3 BRAGO (zu § 37 II s. Rn. 57a) ist der Gegenstandswert unter Berücksichtigung aller Umstände, insbesondere der Bedeutung der Angelegenheit, des Umfangs und der Schwierigkeit der anwaltlichen Tätigkeit sowie der Vermögens- und Einkommensverhältnisse des Auftraggebers nach billigem Ermessen zu bestimmen, jedoch nicht unter 4000 €.

50   **bb)** Der Gegenstandswert richtet sich vorrangig nach der Bedeutung, welcher der Beschwerdeführer der Sache beimisst **(subjektive Seite)**. Maßgeblich sind insoweit nicht nur die unmittelbar vom Beschwerdeführer verfolgten Ziele, sondern auch die weiteren Auswirkungen auf seine wirtschaftlichen Verhältnisse, auf seine Stellung und

---

[50] Zum Begriff der Waffengleichheit s. BVerfGE 35, 263 (276f.); 38, 105 (111) und *Huber,* in: MKS Rn. 358 zu § 19 IV GG.

[51] BVerfGE 46, 321 (324); 81, 387 (390) = NJW 1990, 2124; 96, 251 (259); 98, 163 (167).

[52] Zu weiteren Einzelproblemen vgl. *Zuck,* Vb, Rn. 1047 ff.

[53] BVerfGE 50, 254 (255); 53, 207 (212 f.); 71, 23 (24); 81, 387 (389); aA BVerfG(K) NJW 1994, 1525.

[54] BVerfGE 71, 23 (24 f.) = NJW 1986, 422.

[55] Auch hier gilt, dass zwischen BRAGO- und RVG-Regelungen zu unterscheiden ist, siehe Rn. 38.

[56] S. dazu *Kakeldey* AnwBl. 1996, 226; *Kunze,* in: Anders/Gehle/Kunze, Streitwertlexikon, 4. Aufl. 2002; *Kunze,* in: UCD, Rn. 71 ff. zu § 34a; dort Übersicht zur Kammerpraxis im Jahr 2002 Rn. 90 und weiter die Übersicht für die Zeit von 1995–2003 bei *Stark,* in: Mutschler, Kostenrecht in öffentlich-rechtlichen Streitigkeiten, 2003, Anh. zu § 5.

Erstattung der Auslagen § 34a

sein Ansehen. Dabei muss auch berücksichtigt werden, ob die angestrebte Entscheidung zu einer rechtlichen oder tatsächlichen Klärung weiterer vom Beschwerdeführer betriebener Angelegenheiten führen kann.[57]

cc) Neben der subjektiven Seite muss auch die **objektive Bedeutung** der Sache in die Bewertung Eingang finden. 51

(1) „Hat die objektive Bedeutung neben dem subjektiven Interesse des Beschwerdeführers keinen eigenen oder nur einen sehr untergeordneten Stellenwert kann sie die Wertfestsetzung allenfalls insoweit beeinflussen, als sie zu einer Verringerung des Einsatzwertes für die subjektive Bedeutung führen kann. Das kommt etwa dann in Betracht, wenn die verfassungsgerichtliche Entscheidung in der Sache nicht abschließender Natur ist, also den Ausgangsstreit nicht endgültig erledigt. Führt sie demgegenüber zur Beilegung des Ausgangsstreits, kann sich auch eine nur geringe objektive Bedeutung der Sache nicht wertmindernd auswirken, weil der subjektiven Beschwer dann in vollem Umfange Rechnung getragen wird. Weist die objektive Seite des Falles im Verhältnis zum subjektiven Interesse eigenständiges Gewicht auf, führt das regelmäßig zu einer Erhöhung des Ausgangswerts, und zwar – je nach Wichtigkeit – bis zu einer Vervielfachung. Dabei kommt einer über den Fall hinausreichenden, allgemeinen Bedeutung (z. B. für die Auslegung von Normen) größeres Gewicht zu als einer sich nur auf Parallelsachverhalte erstreckenden (Musterverfahren). Je stärker die Flächenwirkung der angestrebten Entscheidung ist und je größer die Zahl der denkbaren Fälle ist, für die sie relevant sein kann, desto höher wird ihr Wert zu veranschlagen sein".[58]

(2) Zur objektiven Bedeutung gehören auch die Auswirkungen der 52 Angelegenheit auf Parallelsachverhalte.

„Sind neben dem Beschwerdeführer weitere Beteiligte des Verfassungsbeschwerde-Verfahrens anwaltlich vertreten gewesen, muss bei der Wertberechnung darüber hinaus beachtet und im Beschlussausspruch deutlich gemacht werden, für welche dieser Verfahrensbevollmächtigten die Gegenstandswertfestsetzung erfolgt. Zwar bleibt die Bedeutung der Angelegenheit dieselbe, auch für ihre subjektive Seite ist grundsätzlich – gleichgültig für wen die Wertfestsetzung vorgenommen wird – das Interesse des jeweiligen Rechtsbehelfsführers maßgeblich; denn nur dieser bestimmt Inhalt und Zielsetzung des Antrags. Die Einschätzung von Umfang und Schwierigkeit der anwaltlichen Tätigkeit ist jedoch von der Art der Beteiligung der jeweiligen Mandanten am Verfahren sowie insbesondere vom Engagement ihrer Verfahrensbevollmächtigten abhängig. Sie kann daher eine differenzierte Wertbestimmung erfordern".[59]

BVerfGE 79, 357 (362 f.) bietet für die Vorgehensweise ein prakti- 53 sches Beispiel. Am Ausgangsverfahren waren 77 weitere Personen be-

---

[57] BVerfGE 79, 365 (376 f.) = NJW 1989, 2047.
[58] BVerfGE 79, 365 (368 f.); st. Rspr.
[59] BVerfGE 79, 357 (361 f.) = NJW 1989, 2048; st. Rspr.

§ 34a   Teil II. Verfassungsgerichtliches Verfahren

teiligt gewesen. Für die mittelbare Wahrnehmung ihrer Interessen hat das BVerfG auf den Rechtsgedanken des § 6 BRAGO zurückgegriffen. Je „Parallelinteressent" kommt danach eine Steigerung von $3/10$ bis höchstens zum Dreifachen in Betracht. Neun Verfassungsbeschwerdeführer hatten zu einem subjektiven „Einsatzwert" von insgesamt DM 90 000,– geführt. Jedem der neun Beschwerdeführer hat das BVerfG sodann, ausgehend von den 77 Ausgangsbeteiligten 8 bis 9 Parallelinteressenten zugeschlagen, und damit eine Verdreifachung des Einsatzwertes auf DM 270 000,– erreicht. Das Gericht spricht zwar an dieser Stelle von einer Verdreifachung des subjektiven Interesses (S. 363). Das passt aber nicht zum Ausgangspunkt der Entscheidung, die die Parallelsachverhalte der objektiven Bedeutung zugeordnet hatte (S. 363). Richtig gesehen führen auch allein objektive Gesichtspunkte zur Verdreifachung des Einsatzwertes, denn die Parallelinteressen sind, bezogen auf den Beschwerdeführer, Fremdinteressen.

54   Wegen der allgemeinen Bedeutung des Verfahrens hat das BVerfG dann diesen Wert noch vervielfacht, und hat die Bedeutung der Sache (es ging um die geplante DB-Teststrecke in Boxberg) auf DM 1 Mio. veranschlagt.

55   **dd)** In die Beurteilung mit einzubeziehen ist schließlich noch das **Schicksal der Verfassungsbeschwerde.** Wird sie nicht zur Entscheidung angenommen, ist es nach Auffassung des BVerfG nicht gerechtfertigt, über den Mindestwert von 4000 € hinauszugehen (Rn. 49).[60]

Das BVerfG hat dieses Ergebnis mit der Bemerkung gerechtfertigt, es bestehe kein Rechtsschutzinteresse für die Festsetzung eines höheren Gegenstandswerts. Nun kann es ein Rechtsschutzinteresse für die Festsetzung eines Gegenstandswerts in einem Verfahren, das nach § 93a gescheitert ist, überhaupt nur innerhalb eines Gebührenstreits zwischen Auftraggeber und Rechtsanwalt geben (§ 19 BRAGO/§ 11 RVG). Hier kann es aber nicht um den Ausgang des Verfahrens gehen, weil der Gegenstandswert sich am Gegenstand des Verfahrens orientiert und nicht an seinem Ergebnis. Wäre die Auffassung des BVerfG richtig, dann gäbe es immer zwei Gegenstandswerte: einen, wenn über die Verfassungsbeschwerde in der Sache entschieden wird, und einen, wenn die Verfassungsbeschwerde nicht zur Entscheidung angenommen wird. Die objektive Bedeutung der Sache und der Aufwand des Rechtsanwalts sind davon aber völlig unabhängig.[61] Wie soll der Anwalt bei einer solchen Ausgangslage seiner Pflicht zur Gebührenbe-

---

[60] BVerfGE 79, 365 (369).
[61] Zurecht kritisch deshalb *Hartmann*, Kostengesetze, 35. Aufl. 2005, Rn. 8 zu § 37 RVG.

Erstattung der Auslagen § 34a

rechnung nachkommen und wie soll er eine wirksame Gebührenvereinbarung treffen, wenn – z.B. – der Streitwert im Instanzverfahren 10 Mio. € betragen hat, der Gegenstandswert bei Nichtannahme der Verfassungsbeschwerde zur Entscheidung aber auf 4000 € festgesetzt wird? Die Festlegung eines Höchstwerts von 4000 € widerspricht nicht nur § 37 RVG, der keine Ausnahme für Verfahren nach § 93a macht, eine solche Regelung erweist sich auch als verdeckte Missbrauchsgebühr, so, als ob alle nicht zur Entscheidung angenommenen Verfassungsbeschwerden das Schicksal aufgrund „Frivolität" (siehe Rn. 6 zu § 34) erlitten. So ist es z. b. nahezu unmöglich, zu prognostizieren, wann dem Beschwerdeführer einer Gesetzesverfassungsbeschwerde zugemutet wird, zuvor den Rechtsweg zu beschreiten (was die Verfassungsbeschwerde unzulässig macht), und wann das nicht der Fall ist.

Entscheidet die Kammer nach § 93c kommt einer solchen Sache im Regelfall kein über die subjektive Bedeutung hinausgehendes objektives Gewicht zu.[62] Ein kleiner Zuschlag ist aber gerechtfertigt. BVerfGE 79, 365 (369) hatte, ausgehend vom damals geringeren Mindestwert von DM 6000,– noch „etwa DM 10 000,–" zugrunde gelegt. Ausgehend von jetzt 4000 € sind dann für diesen Sachverhalt 6000 € anzunehmen.[63]

ee) Umfang und Schwierigkeit 56

„An nächster Stelle sind Umfang und Schwierigkeit der anwaltlichen Tätigkeit zu berücksichtigen. Beide Komponenten müssen in Relation zu der bereits bewerteten Bedeutung der Sache gesehen werden. Weil mit dem wachsenden Gewicht einer Sache regelmäßig auch die Belastung des Verfahrensbevollmächtigten steigt, führte eine von der Bedeutung der Sache losgelöste Einschätzung der anwaltlichen Tätigkeit gleichsam zu einer zweifachen Berücksichtigung ein und desselben Gesichtspunkts. Ist der anwaltliche Arbeitsaufwand von Zeit und Intensität her der Bedeutung der Sache angemessen, muss es daher bei der bisherigen Bewertung bleiben. Geht der Aufwand darüber hinaus, bedingt entweder durch die Eigenart der Angelegenheit oder durch besonders sorgfältige oder gehaltvolle Arbeit, rechtfertigt das eine Werterhöhung, wie auf der anderen Seite nachlässige Arbeit oder eine im Verhältnis zu ihrem Gewicht wenig Aufwand erfordernde Sache eine Wertreduzierung gebietet. Das darf aber nicht dazu führen, dass bei der Bemessung des Gegenstandswerts die Bedeutung der Angelegenheit gegenüber der Bewertung der anwaltlichen Tätigkeit in den Hintergrund tritt. Der „Wert", den die Sache für den Rechtsbehelfsführer und die Allgemeinheit hat, muss ausschlaggebendes Moment für die Wertfestsetzung bleiben".[64]

---

[62] BVerfGE 79, 365 (369).
[63] So grundsätzlich auch BVerfG(K) NJW 1995, 1737 („angemessen zu erhöhen").
[64] BVerfGE 79, 365 (369f.) = NJW 1989, 2047.

§ 34a   Teil II. Verfassungsgerichtliches Verfahren

Im Rn. 51 erwähnten Beispielsfall hat das Gericht wegen des besonderen Engagements der Verfahrensbevollmächtigten der Beschwerdeführer im Rahmen des ihm nach § 113 II 3 BRAGO eingeräumten billigen Ermessen den Gegenstandswert von DM 1 Mio. auf DM 1,4 Mio. aufgestockt.

„Das gilt auch hinsichtlich der in die Bewertung einfließenden Vermögens- und Einkommensverhältnisse des Beschwerdeführers. Auch dieser Gesichtspunkt dient nur der Korrektur des bereits gefundenen Wertes unter sozialen Aspekten, allerdings mit Ausnahme der Fälle, in denen wegen der Art des verfolgten Interesses die wirtschaftlichen Verhältnisse des Beschwerdeführers unmittelbaren Einfluss auf den Verfahrensgegenstand haben; dort finden sie bereits Eingang in die Bewertung der subjektiven Bedeutung der Angelegenheit. Durchschnittliche Vermögens- und Einkommensverhältnisse führen somit zu keiner Wertänderung, sondern nur solche, die deutlich aus dem Rahmen fallen. Das Bundesverfassungsgericht ermittelt allerdings nicht von sich aus die wirtschaftlichen Verhältnisse des jeweiligen Beschwerdeführers, sondern verwertet nur die Informationen, die ihm anlässlich des Verfahrens oder mit dem Antrag auf Gegenstandswertfestsetzung zuteil geworden sind".[65]

57   **ff)** Das schon erwähnte „billige Ermessen" (Rn. 49) wird in § 37 II 2 RVG, also nach dem ab 1. 7. 2004 anwendbaren Recht (wenn der Antrag auf Erhebung einer Verfassungsbeschwerde/Stellung eines Antrags auf Erlass einer einstweiligen Anordnung vor diesem Datum erteilt worden ist) von der Berücksichtigung der in § 14 I RVG genannten Umstände abhängig macht. Das entspricht § 113 II 3 BRAGO für Altrechtsfälle.

58   **gg)** (1) Der Gegenstandswert ist gem. § 10 BRAGO, § 33 RVG (s. o. Rn. 38) auf **schriftlichen Antrag** oder zu Protokoll der Geschäftsstelle des Verfahrensbevollmächtigten/des Beschwerdeführers vom BVerfG, d. h. je nach Zuständigkeit von der in der Hauptsache erkennenden Kammer oder dem Senat festzusetzen. Kommt nur der Mindestwert in Betracht, fehlt für einen Feststellungsantrag das Rechtsschutzinteresse. Den Besonderheiten der Wertfestsetzung wird der Antragsteller nur gerecht, wenn er das subjektive Interesse des Beschwerdeführers und die objektive Bedeutung des Verfahrens sorgfältig begründet (§ 23). Der Antrag wird dem Kostenschuldner zur Stellungnahme übersandt. Nach Fristablauf setzt das Gericht den Gegenstandswert fest. Einer Begründung bedarf die Entscheidung nicht. Das Verfahren dauert gelegentlich ungewöhnlich lange.

59   (2) Das Verfahren ist **gerichtsgebührenfrei** (§ 33 IX RVG). Dem Anwalt stehen für das Wertfestsetzungsverfahren keine Gebühren

---

[65] BVerfGE 79, 365 (370).

zu, § 10 II BRAGO. Das gilt auch für das Verfahren nach § 33 RVG, obwohl eine § 10 II BRAGO entsprechende Vorschrift fehlt.[66]

(3) Eine **Beschwerde** gegen die Festsetzung des Gegenstandswerts 60 scheiterte nach Altrecht nicht an § 10 III 2 BRAGO, denn das BVerfG ist nicht im Sinne des Art. 95 GG ein oberster Gerichtshof des Bundes, sondern ein Gerichtshof nach Art. 92 GG und § 1. Die Beschwerde wird vielmehr durch den hier fehlenden, der Beschwerde aber eigenen Devolutiveffekt ausgeschlossen. Ist der Antragsteller also mit einer Wertfestsetzung nicht einverstanden, bleibt ihm nur das Mittel der Gegenvorstellung. Berücksichtigt man das die Entscheidung nach § 113 II 3 BRAGO/§ 37 II 2 RVG beherrschende „billige Ermessen", und bedenkt man den Rang des Entscheidungsgremiums, so wird eine Gegenvorstellung nur bei einem offenkundigen Versehen sinnvoll sein. Das alles gilt auch im Rahmen des § 33 RVG.

hh) Die Praxis des BVerfG bei der Festsetzung von Gegenstands- 61 werten ist unverändert restriktiv. Das Alltagsgeschäft erfolgreicher Verfassungsbeschwerden nach § 93 c wird von vergleichsweise niedrigen Gegenstandswerten beherrscht (s. Rn. 55). Auf Grund von *BVerfGE* 79, 357; 79, 365 werden aber in bedeutenden Verfahren gelegentlich auch angemessene Gegenstandswerte zugrunde gelegt. Die praktische Schwierigkeit liegt allein darin, dass die künftige Festsetzung nicht prognosefähig und meist auch im Nachhinein nicht nachvollziehbar ist.

Eine kaum berechenbare Korrektur des Gegenstandswerts findet sich zudem in der Ersetzung des § 6 BRAGO/VV 1008. In gefestigter Rechtsprechung geht das BVerfG davon aus, die Verfassungsbeschwerden mehrerer Auftraggeber, die sich – z.B. – gegen dasselbe Gesetz richten, hätten nicht denselben Gegenstand, weil ausschlaggebend die subjektive Beschwer sei. Deshalb trete eine Erhöhung der Prozessgebühr nach § 6 I 2 BRAGO nicht ein. Der über die subjektiven Interessen des Beschwerdeführers hinausgehenden objektiven Bedeutung werde durch eine Erhöhung des Gegenstandswerts Rechnung getragen.[67] Geschähe das sachgerecht, so wäre dagegen nichts einzuwenden. So müsste bei 100 Beschwerdeführern, die ein Gesetz angreifen, und deren subjektive Beschwer im Rahmen des § 37 RVG mit 4000 € je Person bestimmt werden kann, der Gegenstandswert 400 000 € betragen (wenn sich nicht aus den mit dem Gesetz allgemein verbundenen wirtschaftlichen Auswirkungen noch ein ganz anderer objektiver Wert

---

[66] *Madert*, in: Gerold/Schmidt/v. Eicken/Madert/Müller-Rabe, RVG, 16. Aufl. 2004 Rn. 31 zu § 33 RVG.

[67] BVerfGE 79, 365 (368); 96, 254 (258); BVerfG(K) NJW 2000, 3126.

ergibt). Mit einer solchen „Mindestfestsetzung" kann man jedoch nicht rechnen, obwohl sich das aus § 7 II BRAGO/§ 22 I RVG zwingend ergibt.

Eigene Wege geht das BVerfG auch bei der Festsetzung des Gegenstandswerts im Verfahren über den Antrag auf Erlass einer einstweiligen Anordnung (§ 32). Das BVerfG hat mehrfach betont, dass die Festsetzung des Gegenstandswerts für das einstweilige Anordnungsverfahren eigenen Regeln folgt, schon deshalb, weil nicht in einem summarischen Verfahren, sondern im Rahmen einer Folgenprognose entschieden werde (siehe Rn. 22 zu § 32).[68] So hat das Gericht bei einem Gegenstandswert in der Hauptsache von 3 Mio. DM für die einstweilige Anordnung 100 000 DM angesetzt.[69] Allgemein wird angenommen, es sei von $^{1}/_{10}$ bis $^{5}/_{20}$ des Hauptsachewerts auszugehen.[70] Gerechtfertigt ist diese restriktive Praxis nicht. Auch der Antrag auf Erlass einer einstweiligen Anordnung muss sich mit der Hauptsache befassen (siehe Rn. 21 zu § 32). Die Folgenabwägung ist ein eigenständiges, über die Hauptsache hinausführendes Metier. Wenn auch § 32 in § 53 III GKG zurecht nicht erwähnt wird, weil der Hinweis auf § 52 I GKG nicht passt,[71] so ändert das doch nichts daran, dass es für alle Verfahrensarten (einschließlich des § 32) eine Gemeinsamkeit gibt, nämlich die Einbeziehung der Interessen des Antragstellers in die Entscheidung nach billigem Ermessen (§§ 14, 37 II RVG) („alle Umstände"). Das rechtfertigt eher die Anwendung der sich aus dem einfachen Recht ergebenden Gegenstandswerte in vorläufigen Rechtsschutzverfahren mit $^{1}/_{2}$ der Hauptsache[72] und gelegentlich, wenn die einstweilige Anordnung der Hauptsache gleichkommt, z.B. bei einer Entscheidung zu einem Versammlungsverbot, den Ansatz des vollen Wertes.[73]

Eine weitere Begrenzung des Gegenstandswert könnte sich aus § 22 II RVG ergeben, wonach in derselben Angelegenheit der Wert höchstens 30 Mio. € betragen darf, bei mehreren Auftraggebern maximal 100 Mio. €. Die Anwendung dieser Begrenzungsregelung

---

[68] BVerfGE 89, 91 (95).
[69] BVerfGE 89, 91 (95).
[70] BVerfG(K) NVwZ 2001, 281 (282) unter Hinweis auf *Berkemann*, in: UC, Rn. 238 zu § 32 (jetzt in: UCD, Rn. 352 zu § 32); *Zuck*, Vb, Rn. 1011. Etwas großzügiger ($^{1}/_{10}$ bis $^{5}/_{10}$) *Kleine-Cosack*, Verfassungsbeschwerden und Menschenrechtsbeschwerde, 2001, Rn. 91 zu § 11.
[71] Das wird durch die Verdrängung des § 52 II GKG durch § 37 II RVG bestätigt.
[72] Siehe die Übersicht bei *Hartmann*, Kostengesetze, 35. Aufl. 2005, Rn. 22 ff. zu § 53 GKG.
[73] In diesem Sinn auch *Berkemann*, in: UCD, Rn. 352 zu § 32.

Erstattung der Auslagen § 34a

scheidet aber aus, weil durch § 37 II in Verbindung mit § 14 RVG etwas anderes bestimmt worden ist. Das ist auch – bezogen auf die Rechtsprechung des BVerfG, die subjektive und objektive Elemente des Gegenstandswerts kombiniert – sachgerecht, weil der Wertbestimmung des § 22 II RVG nur die subjektive Bedeutung für den Verfahrensbeteiligten zugrunde liegt. Großen Rang hat diese Fragestellung allerdings nicht, weil es bislang einen Gegenstandswert von 30 Mio. € in einem Verfahren vor dem BVerfG noch nicht gegeben hat.

b) Prozessgebühr/Verfahrensgebühr. Nach § 113 II 2 BRAGO richtet sich die Gebühr nach § 11 I 4 BRAGO. Die Prozessgebühr gem. § 31 I Nr. 1 BRAGO ist also eine $^{13}/_{10}$ Gebühr. Beim Mindestwert von 4000 € (s. o. Rn. 58) führt das zu einem Betrag von 318,50 €. Im Regelfall fällt nur die Prozessgebühr an.[74] 62

Das RVG verweist in § 37 II 1 auf die Vorschriften in Teil 3 Abschnitt 2 Unterabschnitt 2 des VV. Unterabschnitt 2 betrifft das Revisionsverfahren. Die dafür geltenden Vorschriften sind entsprechend anzuwenden. Die Verfahrensgebühr (vgl. VV 3100) berechnet sich gemäß 3206 VV nach dem Faktor 1,6. Sie beträgt bei einem Gegenstandswert von 4000 € 392,00 €.

c) Verkehrsanwaltsgebühr. § 52 BRAGO, der die Gebühren des Verkehrsanwalts regelt, steht im dritten Abschnitt der BRAGO. Also ist die Regelung gem. § 113 II 1 BRAGO „sinngemäß" anzuwenden. Wenn, mit dem Gesetz, Verkehrsanwalt der Rechtsanwalt ist, „der den Verkehr der Partei mit dem Prozessbevollmächtigten vermittelt",[75] so ist damit anerkannt, dass es auch in „sonstigen Verfahren vor dem Bundesverfassungsgericht" (§ 113 II 1 BRAGO) einen Verkehrsanwalt geben kann. Auch insoweit handelt es sich um $^{13}/_{10}$ Gebühren, s. o. Rn. 62. Erstattungsfähig ist die Gebühr, wenn die Hinzuziehung des Verkehrsanwalts notwendig war. 63

Mit Ausnahme der Gebührenhöhe entspricht die ab 1. 7. 2004 in Kraft getretene Regelung in VV 3400 dem § 52 BRAGO.

d) Verhandlungsgebühr/Terminsgebühr. Die im Verfassungsbeschwerdeverfahren seltene mündliche Verhandlung hat zur Folge, dass auch die Verhandlungsgebühr nach § 31 I Nr. 2 BRAGO, die ebenfalls eine $^{13}/_{10}$ Gebühr ist (s. o. Rn. 70) nur selten anfällt. In bürgerlichen Rechtsstreitigkeiten ist es für die Entstehung der Verhandlungsgebühr wichtig, dass Anträge gestellt worden sind, und dass, wenn die die volle Verhandlungsgebühr anfallen soll, auch der Gegen- 64

---

[74] S. *Zuck*, Vb Rn. 1116 ff.
[75] *v. Eicken*, in: Gerold/Schmidt/v. Eicken/Madert, BRAGO, 15. Aufl. 2002, Rn. 1 zu § 52 BRAGO.

anwalt einen Antrag gestellt haben muss oder ein solcher Antrag zu fingieren ist.[76]

65 Im Verfassungsbeschwerdeverfahren gibt es zwar ein Verfahrensziel, aber keine Antragspflicht, außerdem gibt es keinen Gegner. Die Verhandlungsgebühr fällt infolgedessen an, wenn der Rechtsanwalt an dem vom BVerfG anberaumten Termin zur mündlichen Verhandlung als Verfahrensbevollmächtigter des Beschwerdeführers teilnimmt. Es wäre im Übrigen beim BVerfG denkbar, dass die Verhandlung auch in der Sache „nicht streitig" i. S. v. § 33 BRAGO ist, weil nämlich alle Verfahrensbevollmächtigten – z. B. – den Standpunkt vertreten, es liege ein Verstoß gegen Art. 101 I 2 GG vor. Dennoch ist § 33 BRAGO unanwendbar, weil die Vorschrift auf dem Antrags-/und Gegnersystem basiert, also für das Verfassungsbeschwerdeverfahren nicht passt.

§ 37 RVG in Verbindung mit VV 3210 ersetzt die Verhandlungsgebühr durch die Terminsgebühr mit dem Faktor 1,5. Sie entsteht für die Vertretung in einem Verhandlungs-, Erörterungs- oder Beweisaufnahmetermin (Vorb. 3 III zu Teil 3 VV).

Nach VV 3210 gilt die Anmerkung zu VV 3104 entsprechend. Danach entsteht die Terminsgebühr auch, wenn in einem Verfahren, für das mündliche Verhandlung vorgesehen ist „im Einverständnis mit den Parteien oder gemäß § 307 Abs. 2 oder § 495a ZPO ohne mündliche Verhandlung entschieden ... wird". § 25 I enthält zwei Alternativen: Den ausdrücklichen Verzicht aller Beteiligten auf mündliche Verhandlung/die anderweite Bestimmung. Eine solche anderweite Bestimmung ist § 94 V. Ohne mündliche Verhandlung fällt deshalb die Terminsgebühr nicht an.[77] In anderen Verfahren kann die Terminsgebühr aber auch ohne mündliche Verhandlung anfallen.[78]

66 **e) Erörterungsgebühr.** Die Erörterungsgebühr des § 31 I Nr. 4 BRAGO fällt an für die Erörterung der Sache, auch im Rahmen eines Versuchs zur gütlichen Beilegung. Sie ist ebenfalls eine $^{13}/_{10}$ Gebühr (s. Rn. 70). Der gesetzgeberische Zweck der Erörterungsgebühr zielt auf eine gebührenrechtliche Lückenschließung für bestimmte anwaltliche Tätigkeiten vor Antragstellung.[79] Die Vorschrift passt deshalb für den Regelfall nicht (s. Rn. 64). Es fehlt insoweit auch an einer Lücke. Die Erörterungsgebühr kann deshalb nur anfallen, wenn es zu einem Er-

---

[76] *v. Eicken,* in: Gerold/Schmidt/v. Eicken/Madert, BRAGO, 15. Aufl. 2002, Rn. 55 zu § 31 BRAGO.

[77] Zu Altrecht vgl. ebenso BVerfGE 35, 41; 41, 228.

[78] *Wahlen,* in: Gebauer/Schneider (Hrsg.), RVG, 2. Aufl. 2004, Rn. 18 zu § 37 RVG.

[79] *v. Eicken,* in: Gerold/Schmidt/v. Eicken/Madert, BRAGO, 15. Aufl. 2002, Rn. 147 zu § 31 BRAGO.

Erstattung der Auslagen § 34a

örterungstermin, etwa mit dem Berichterstatter oder dem Senatsvorsitzenden gekommen ist.

f) Beweisgebühr. Auch die Beweisgebühr nach § 31 I Nr. 3 BRAGO ist eine $^{13}/_{10}$ Gebühr (s. Rn. 62). Die Erörterungsgebühr ist nach RVG in der Terminsgebühr aufgegangen (Rn. 65). 67

aa) Eine **Beweisaufnahme** liegt vor, wenn sich das Gericht zur Ermittlung rechtserheblicher Tatsachen auf Antrag oder von amtswegen eines Beweismittels bedient. Darauf, ob das Vorbringen streitig ist oder ob die nach Ansicht des Gerichts klärungsbedürftigen Umstände von den Parteien selbst in das Verfahren eingeführt worden sind, kommt es nicht an. Es genügt, dass die Beweiserhebung durch das Gericht angeordnet (objektive Voraussetzung) und dass der Rechtsanwalt im Beweisaufnahmeverfahren tätig geworden ist (subjektive Voraussetzung). 68

bb) Für das Vorliegen einer Beweisaufnahme ist es ohne Bedeutung, dass das BVerfG einen Beschluss über eine **Anhörung** nicht ausdrücklich als Beweisbeschluss bezeichnet hat. Die objektiven Voraussetzungen einer Beweisaufnahme sind mit einer tatsachenbezogenen Anhörung gegeben.[80] Dieser letztgenannte Gesichtspunkt ist danach das entscheidende Kriterium, um eine bloße Anhörung von einer Beweisaufnahme zu unterscheiden. Es kommt danach also darauf an, ob Grundlage der Anhörung die Beteiligung des Angehörten am Verfahren, die Wahrnehmung seines Äußerungsrechts oder das allgemeine Informationsbedürfnis gewesen ist (= bloße Anhörung) oder ob das Gericht entscheidungserhebliche Tatsachen mit zulässigen Beweismitteln klären wollte (= Beweisaufnahme).[81] Werden also im Verfassungsbeschwerdeverfahren vom Senatsvorsitzenden und vom Berichterstatter Organe des Bundes oder der Länder und sonstige Stellen befragt oder um Auskünfte ersucht, handelt es sich lediglich um vorbereitende Maßnahmen zur Stoffsammlung (§ 23 II, § 22 II GO). Anders ist es, wenn – etwa – Minister oder leitende Beamte über ihr persönliches Wissen zu tatsächlichen Vorgängen angehört werden.[82] Dann liegt eine Beweisaufnahme vor. 69

Das BVerfG prüft schließlich noch, ob Äußerungen zu „Beweiszwecken verwertet" worden sind.[83] Nachdem die Terminsgebühr die Beweisgebühr umfasst (siehe oben Rn. 65), sind diese Fragen für das neue, ab 1. 7. 2004 anwendbare Recht bedeutungslos, weil die Ter-

---

[80] BVerfGE 77, 360 (361 f.) = NJW 1988, 1902; 96, 217 (220 f.); 96, 251 (254).
[81] BVerfGE 81, 387 (391); 96, 217 (220 f.); 96, 251 (254).
[82] S. dazu BVerfGE 96, 251 (254 f.).
[83] BVerfGE 81, 387 (391) = NJW 1990, 2124.

§ 34a Teil II. Verfassungsgerichtliches Verfahren

minsgebühr im Rahmen der Terminswahrnehmung anfällt, gleichgültig, ob in diesem Termin eine Beweisaufnahme stattfindet oder nicht.

70 **cc)** Für die **Beiziehung von Akten oder Urkunden** bleibt es bei den allgemeinen Regeln des § 34 Abs. 2 BRAGO, s. dazu *BVerfGE* 63, 148.

71 **g) Vereinbarte Gebühren.** Das Recht, Gebühren zu vereinbaren, hat der Rechtsanwalt auch im verfassungsgerichtlichen Verfahren unter den Vorgaben des § 4 RVG. Erstattungsfähig sind diese Gebühren aber nur in Höhe der gesetzlichen Gebühren.

72 **h)** Der Rechtsanwalt hat nach § 25 II BRAGO Anspruch auf Erstattung der **Mehrwertsteuer**. Nach § 104 II 3 ZPO i. d. F. des KostRÄndG 1994 (BGBl. I S. 1325, 1362) genügt seit 1. 7. 1994 die bloße Erklärung des Antragstellers, dass er die Beträge nicht als Vorsteuer abziehen könne.[84] An die Stelle des § 25 II BRAGO ist seit 1. 7. 2004 VV 7008 getreten. Die Mehrwertsteuer gehört nunmehr zu den Auslagen.

72 a **i)** Der Rechtsanwalt darf, wenn er Auslagen vergessen hat, **nachliquidieren**.[85]

73 **j)** Die **Kosten des Ausgangsverfahrens** haben mit dem Verfassungsbeschwerdeverfahren nichts zu tun. Sie betreffen deshalb keine notwendigen Auslagen.

73 a **k)** Zum Verfahren s. o. Rn. 17 f. Erstattungsberechtigt ist der Beschwerdeführer. Sonstige Beteiligte haben keinen Anspruch auf Auslagenerstattung.[86] Das gilt insbesondere für den Äußerungsberechtigten.[87] Erstattungspflichtig ist der Hoheitsträger, dem die Grundrechtsverletzung zuzurechnen ist.

VI. Fakultative Auslagenerstattung

74 **1.** Von den Fällen des Abs. 1 und Abs. 2 abgesehen, gilt der **Grundsatz des Selbstbehalts** der eigenen Auslagen.[88] In diesem Bereich kann das BVerfGE nach seinem Ermessen[89] volle oder teilweise Erstattung der Auslagen anordnen.

---

[84] Vgl. ausf. BVerfG(K) NJW 1996, 382 (383).
[85] BVerfG(K) NJW 1995, 1886.
[86] BVerfGE 36, 101; 41, 228 (230).
[87] BVerfGE 55, 132 (133); 99, 46 (48).
[88] BVerfGE 49, 70 (89); 66, 142 (154); s. Rn. 1.
[89] BVerfGE 66, 142 (154).

Erstattung der Auslagen § 34a

2. Abs. 3 ist in **allen** in § 13 genannten Verfahrensarten anwendbar, also etwa im Verfahren nach § 13 Nr. 2,[90] Nr. 5,[91] § 13 Nr. 8,[92] § 13 Nr. 10,[93] aber auch im Erinnerungsverfahren gegen einen Kostenfestsetzungsbeschluss.[94] 75

3. Die vom Gericht zu treffende Ermessensentscheidung (s. Rn. 74) setzt voraus, dass besondere **Billigkeitsgründe** vorliegen.[95] Solche Gründe müssen vorgetragen oder ersichtlich sein.[96] Zu solchen Gründen können auch die wirtschaftliche Situation und der tatsächliche Auslagen-Aufwand des möglichen Erstattungsberechtigten gehören.[97] 76

4. a) Im **Verfassungsbeschwerdeverfahren** spielt Abs. 3 eine besondere Rolle. Wichtige Anwendungsfälle betreffen den Fall, dass der Beschwerdeführer trotz Erfolglosigkeit seiner Verfassungsbeschwerde zur Klärung einer verfassungsrechtlichen Frage beigetragen hat[98] oder dass aus Anlass der Verfassungsbeschwerde dem Gesetzgeber eine gesetzliche Neuregelung aufgegeben worden ist.[99] In einem solchen Fall hat etwa *BVerfGE* 87, 1 (48) = NJW 1992, 2213 angeordnet, die Hälfte der notwendigen Auslagen zu erstatten. Manchmal hebt das Gericht auch darauf ab, welche Auswirkungen die Entscheidung auf den Rechtsstatus des Beschwerdeführers hat. So ist, trotz Erfolglosigkeit der Verfassungsbeschwerde, die Erstattung von $1/4$ der notwendigen Auslagen der Beschwerdeführer von *BVerfGE* 84, 90 (91) = NJW 1991, 1597 angeordnet worden, weil die Auswirkungen der Entscheidung einem Teilerfolg der Beschwerdeführer gleichgekommen seien.[100] 77

b) Besondere Bedeutung hat § 34a III bei Verfassungsbeschwerden, die für erledigt erklärt worden sind. *BVerfGE* 87, 394 (397) = NVwZ 1993, 974 fasst den jetzt erreichten Stand der Rechtsprechung wie folgt zusammen: 78

---

[90] BVerfG, NVwZ 2005, 800. Die Auslagenerstattung nach § 34a I scheidet aus.
[91] BVerfGE 44, 125 (167); 82, 322 (351) = NJW 1990, 3001.
[92] BVerfGE 43, 345.
[93] BVerfGE 49, 70 (89) = NJW 1979, 261.
[94] BVerfGE 77, 360 (363). Zu möglichen Einschränkungen vgl. *Kunze,* in: UCD Rn. 54 zu § 34a.
[95] Seit BVerfGE 7, 75 (76f.) = NJW 1957, 1185 – damals noch zum vergleichbaren § 34 III – st. Rspr.
[96] BVerfGE 20, 119 (133f.).
[97] *Zuck* EuGRZ 1984, 269 (270). S. dazu jetzt BVerfG NVwZ 2005, 800 („materielle Prozesskläge/besondere Situation eines Beteiligten")
[98] BVerfGE 36, 146 (173f.) = NJW 1974, 311.
[99] BVerfGE 66, 337 (368) = NJW 1984, 2341.
[100] BVerfGE 84, 133 (160).

§ 35 Teil II. Verfassungsgerichtliches Verfahren

„Über die Erstattung der Auslagen ist, nachdem der Beschwerdeführer seine Verfassungsbeschwerde für erledigt erklärt hat, nach Billigkeitsgesichtspunkten zu entscheiden (§ 34a Abs. 3 BVerfGG). Dabei kann insbesondere dem Grund, der zur Erledigung geführt hat, wesentliche Bedeutung zukommen. Beseitigt die öffentliche Gewalt von sich aus den mit der Verfassungsbeschwerde angegriffenen Akt oder hilft sie der Beschwer auf andere Weise ab, so kann, falls keine anderweitigen Gründe ersichtlich sind, davon ausgegangen werden, dass sie das Begehren des Beschwerdeführers selbst für berechtigt erachtet hat. In diesem Fall ist es billig, die öffentliche Hand ohne weitere Prüfung an ihrer Auffassung festzuhalten und dem Beschwerdeführer die Erstattung seiner Auslagen in gleicher Weise zuzubilligen, wie wenn seiner Verfassungsbeschwerde stattgegeben worden wäre (*BVerfGE* 85, 109 [115]). In gleicher Weise erscheint es billig, einem Beschwerdeführer, erklärt er seine Verfassungsbeschwerde für erledigt, die Erstattung seiner notwendigen Auslagen zuzubilligen, wenn es zwar noch nicht zu einer Beseitigung der mit der Verfassungsbeschwerde angegriffenen Beschwer durch die öffentliche Gewalt gekommen, diese jedoch durch die verfassungsgerichtliche Entscheidung in einem anderen Verfahren hierzu gehalten ist. Auch hier greifen Bedenken im Hinblick auf die Funktion und die Tragweite der Entscheidungen des Bundesverfassungsgerichts, im Falle einer Erledigung der Verfassungsbeschwerde über die Auslagenerstattung – analog den Regelungen in den Verfahrensordnungen für die Fachgerichte (§ 91a ZPO, § 161 Abs. 2 VwGO, § 138 Abs. 1 FGO) – auf Grund einer überschlägigen Beurteilung der Erfolgsaussicht der Verfassungsbeschwerde entscheiden und dabei zu verfassungsrechtlichen Zweifelsfragen auf Grund einer lediglich kursorischen Prüfung Stellung nehmen zu müssen (vgl. *BVerfGE* 33, 247), nicht Platz; die verfassungsrechtliche Lage ist durch die Entscheidung in einem anderen Verfahren bereits geklärt (vgl. *BVerfGE* 85, 109 [115f.]).“[101]

79 **5.** Zum Kostenfestsetzungsverfahren s.o. Rn. 72. Zum Erstattungsberechtigten, -verpflichteten s.o. Rn. 73.

§ 35 [Regelung der Vollstreckung]

Das Bundesverfassungsgericht kann in seiner Entscheidung bestimmen, wer sie vollstreckt; es kann auch im Einzelfall die Art und Weise der Vollstreckung regeln.

I. Sinn und Bedeutung des § 35

1 **1. a)** Das Gericht selbst hat seine **Befugnisse** auf Grund dieser Vorschrift so umschrieben:

„Nach § 35 BVerfGG kann das Bundesverfassungsgericht in seiner Entscheidung bestimmen, wer sie vollstreckt; es kann auch im Einzelfall die Art und Weise der Vollstreckung regeln.

---

[101] S. jetzt auch BVerfGE 91, 146 (147); BVerfGG(K), NJW 2005, 2382 m.w.N.w.

Regelung der Vollstreckung § 35

Danach trifft das Gericht alle Anordnungen, die erforderlich sind, um seinen verfahrensabschließenden Sachentscheidungen Geltung zu verschaffen. Dabei hängt die Art, das Maß und der Inhalt der Vollstreckungsanordnungen einmal vom Inhalt der Sachentscheidung ab, die vollstreckt werden soll, zum anderen von den konkreten Verhältnissen, die in Einklang mit der Entscheidung zu bringen sind, insbesondere von dem Verhalten der Personen, Organisationen, Behörden, Verfassungsorgane, an die oder gegen die sich die Entscheidung richtet. Vollstreckung ist hier „der Inbegriff aller Maßnahmen, die erforderlich sind, um solche Tatsachen zu schaffen, wie sie zur Verwirklichung des vom Bundesverfassungsgericht gefundenen Rechts notwendig sind (Arndt, DVBl. 1952. S. 3). § 35 BVerfGG geht davon aus, dass die zur Durchsetzung der Entscheidung zu treffenden Anordnungen in dieser Entscheidung selbst getroffen werden. Wenn sich ihre Notwendigkeit erst nachträglich herausstellt, kann dies aber auch in einem selbstständigen Beschluss des Gerichts geschehen. Dieser kann die Sachentscheidung, deren Vollstreckung er dient, ebenfalls nicht ändern, modifizieren, ergänzen oder erweitern; er bleibt ebenso wie die Vollstreckungsanordnungen in der Hauptentscheidung selbst seiner Natur nach eine reine Entscheidung im Rahmen der Durchsetzung des Vollzugs der Sachentscheidung (*BVerfGE* 6, 300 [303 f.])".[1]

Das Gericht hat sich dabei in der von ihm erwähnten Ausgangsentscheidung[2] als „Herrn der Vollstreckung" bezeichnet, dem deshalb in § 35 ein besonderes Verfahren bewusst nicht vorgeschrieben worden sei, „um dem Gericht volle Freiheit zu belassen, das Gebotene in der jeweils sachgerechtesten, raschesten, zweckmäßigsten, einfachsten und wirksamsten Weise zu erreichen" (s. dazu auch Rn. 2 vor § 17). 2

b) Mögen die weit- und wortreichen Textpassagen aus der Frühzeit des Gerichts (1957), in der es noch nicht die Autorität hatte, die ihm heute zukommt, auch mit dem Anlass (Verbot der KPD) als historisch bedingt erklärt werden, so werden sie noch bis heute zum Anlass genommen, das Gericht wegen eines angeblich usurpierten Freiraums zu kritisieren. Das betrifft[3] die Weite der vom Gericht beanspruchten Kompetenz überhaupt.[4] Es betrifft auch und gerade die Vollstreckungsanordnungen im Normenkontrollverfahren,[5] §§ 31 II, 78, 79 3

---

[1] BVerfGE 68, 132 (140) = NJW 1985, 846. Schöne Übersicht zu der darauf berechnenden Gerichtspraxis bei *Roellecke,* in: UCD Rn. 10 zu § 35; s. a. *Laumen,* Die Vollstreckungskompetenz nach § 35 BVerfGG, 1997.

[2] BVerfGE 6, 300 (304).

[3] Etwa aus Anlass der außerordentlich umfangreichen, definitionsfreudigen und den Gesetzgeber stark beschränkenden Vollstreckungsanordnung in *BVerfGE* 88, 203 (209 ff., 336 f.) = NJW 1993, 2733.

[4] *H.-P. Schneider* NJW 1994, 2591: Inanspruchnahme eines Notverordnungsrechts nach Art von Art. 48 Abs. 2 WRV; *Schlaich/Korioth* Rn. 474: Unzulässiger Ersatzgesetzgeber (zu BVerfGE 39, 1).

[5] *J. Ipsen,* Rechtsfolgen der Verfassungswidrigkeit von Norm und Einzelakt, 1988, 235 f.

§ 35   Teil II. Verfassungsgerichtliches Verfahren

enthielten eine abschließende Regelung,[6] bis hin zur Kritik an angeblichen Grenzüberschreitungen in Einzelfällen.[7]

4   c) Es besteht wenig Zweifel, dass mit der Enthaltsamkeit des § 35 **kein** absoluter **Freiraum** des Gerichts verbunden ist. Bei den weitreichenden Formulierungen in *BVerfGE* 6, 300 = NJW 1957, 785 sollte man sich nicht darüber hinwegtäuschen, dass das Gericht seit *BVerfGE* 4, 7 = NJW 1954, 1235 die volle Freiheit als gebundene Freiheit verstanden hat. Es ist auch außer Frage, dass die Bestimmung dieser Bindung von einem Vorverständnis von Stellung und Aufgaben des Gerichts abhängt, und damit auch von seiner Rolle als Verfassungsorgan.[8] Konsens über die Befugnisse des Gerichts im Rahmen des § 35 lässt sich deshalb nicht im Wege der bloßen Deduktion erzwingen. Die zum Teil harte Kritik an der Rechtsprechung des Gerichts ist, soweit sie sich nicht nur auf den jeweiligen Einzelfall bezieht, unberechtigt.

5   aa) Es wird leicht übersehen, dass das Gericht selbst die „volle Freiheit" beschränkt hat, indem es, *A. Arndt*[9] zitierend, von „erforderlichen Maßnahmen" spricht, die zur Verwirklichung der Entscheidung „notwendig" sind.[10] Der Gesichtspunkt der **Erforderlichkeit** ist von *BVerfGE* 68, 132 (140) = NJW 1985, 846 als zentraler Gesichtspunkt wiederholt worden.[11]

6   bb) Mit dem Element der Erforderlichkeit wird ein Ausschnitt der Voraussetzungen des **Prinzips der Verhältnismäßigkeit** herausgehoben. Angesichts der allgemeinen Geltung dieses Grundsatzes bleibt das BVerfG bei Vollstreckungsanordnungen auch an die Elemente der Eignung und die Zumutbarkeit gebunden.

7   cc) Schließlich muss man die theoretisch gefestigte, im Einzelfall aber immer wieder schwierige Position des Gerichts zwischen Instanzgerichtsbarkeit einerseits und Parlament andererseits in die Bindungsproblematik einbeziehen. Damit werden einerseits Funktionen des Gerichts angesprochen, die Legalität der Politik zu sichern,[12] anderer-

---

[6] Differenzierend m. E. zu Recht *Benda/Klein* Rn. 1349 ff., 1366; *Bethge,* in: MSKB, Stand 2000 Rn. 11 ff. zu § 35.

[7] *Pestalozza* § 19 Rn. 14 ff.

[8] BVerfGE 6, 300 (303) (s. dazu Einl Rn. 22, Rn. 7 zu § 2).

[9] DVBl. 1952, 3.

[10] BVerfGE 6, 300 (304).

[11] Zustimmend („zentraler Gesichtspunkt") *Bethge,* in: MSKB, Stand 2000 Rn. 42 zu § 35.

[12] Vgl. *Roellecke,* Aufgaben und Stellung des Bundesverfassungsgerichts im Verfassungsgefüge, in: HStR, Bd. II, 1987, 665 (674 f.); *ders.,* in: UCD Rn. 12 zu § 35; s. dazu ausf. *Bethge,* in: MSKB, Stand 2000 Rn. 11 ff., 33 f. (Gesetzgebung), 62 ff. (Instanzgerichte).

Regelung der Vollstreckung § 35

seits die sich aus dem Grundsatz des judicial restraint vom BVerfG statuierten Rechtspflichten.[13]

dd) Zu Recht weist schließlich *Pestalozza*,[14] darauf hin, dass das Gericht auch an die Sache „Vollstreckung" gebunden sei.

d) *BVerfGE* 88, 203 (209 ff., 336 ff.) lässt dagegen die **erforderliche Zurückhaltung** gegenüber dem Gesetzgeber vermissen; die Entscheidung läuft im Ergebnis auf das hinaus, was *BVerfGE* 68, 132 (141) ausdrücklich für unzulässig gehalten hat: die Einflussnahme auf ein neues Gesetz. Die Entscheidung sollte deshalb nicht Schule machen. Wesentlich vorsichtiger *BVerfGE* 93, 37 (85): „größtmögliche Schonung des aktuellen gesetzgeberischen Willens".[15]

2. Es erscheint hilfreich, die Rechtsprechung des BVerfG zu § 35 einzelnen **Fallgruppen** zuzuordnen.[16]

a) Gewährung von Rechtsschutz bis zur verfassungskonformen Entscheidung des Gerichts, an das im Verfassungsbeschwerdeverfahren zurückverwiesen worden ist.[17]

b) Bedeutung der Rechtsfolgen bei Parteiverboten.[18]

c) Schaffung von Übergangsregelungen bei normverwerfenden Normenkontrollenscheidungen,[19] die sicherlich wichtigste und kritischste Fallgruppe.

d) Ermöglichung befristeter Weitergeltung für verfassungswidrig erklärte Rechtsnormen,[20] und die unter Umständen damit verbundene Fristsetzung an den Gesetzgeber,[21] ggf. auch der Folgen, wenn der Gesetzgeber die Frist nicht einhält.[22]

---

[13] Vgl. BVerfGE 36, 1 (14 f.) = NJW 1973, 1539; *Zuck* JZ 1974, 361; *H.-P. Schneider* NJW 1994, 2591 (253), Einl. Rn. 32. Kritisch zur rechtlichen Bedeutung dieses Grundsatzes *Luetjohann*, Nicht-normative Wirkungen des Bundesverfassungsgerichts, 1991, 172 in Fn. 867, überhaupt ablehnend („unbrauchbar") *Bethge*, in: MSKB, Stand 2000 Rn. 41 zu § 35; s. a. Einl. Rn. 31.
[14] § 19 Rn. 12.
[15] BVerfGE 93, 37 (85); 103, 111 (141).
[16] Vgl. *Benda/Klein* Rn. 1355 ff.
[17] BVerfGE 19, 394; 29, 312 (317 f.); 35, 382 (408); 38, 52 (60); BVerfG (K), EuGRZ 1994, 402; NJW 1995, 3048.
[18] BVerfGE 2, 1; 5, 85; siehe dazu *Benda/Klein* Rn. 1356.
[19] BVerfGE 1, 14 (65); 39, 1 (2 f.); 48, 127 (184); 93, 37 (85); 93, 362 (372); 106, 62 (64); siehe dazu *Steiner*, in: FS f. Leisner, 1999, 569.
[20] BVerfGE 33, 303 (305); 72, 330 (333); 91, 86 (207); 98, 169 (215). Dies gibt auch die Befugnis, bis zu einer gesetzlichen Neuregelung von einer Erlaubnis Gebrauch machen zu dürfen, BVerfGE 102, 197 (223 f.). Zur Weitergeltung eines Wahlprüfungsgesetzes nach Nichtigerklärung einer Norm siehe BVerfGE 103, 111 (142 f.).
[21] BVerfGE 97, 228 (270); 99, 300 (331).
[22] BVerfGE 99, 300 (331 f.).

§ 35   Teil II. Verfassungsgerichtliches Verfahren

Der eigentliche Anwendungsbereich des § 35 liegt deshalb nicht in der Vollstreckung im klassischen Sinn, sondern in der **Folgenbewältigung**.[23]

II. Träger des Vollstreckungsrechts

15   Der Regierungsentwurf sah (in Anlehnung an Art. 19 II WRV) vor, dass der Bundespräsident die Urteile des BVerfG vollstreckt. Da hiergegen verfassungsrechtliche Bedenken geltend gemacht wurden (Verstärkung der Stellung des Bundespräsidenten über das im Gesetz vorgesehene Maß hinaus), übertrug das Gesetz in seiner endgültigen Fassung die oberste **Vollstreckungsgewalt** dem **BVerfG** selbst mit dem Recht, die Vollstreckung anderen Behörden zu übertragen und Art und Weise der Vollstreckung zu regeln.[24] Das BVerfG kann hierzu nicht nur abstrakte Anordnungen für die Vollstreckung seiner Entscheidung erlassen, sondern auch konkrete Vollstreckungsaufträge für den einzelnen Fall erteilen.[25] Welche Behörden mit Vollstreckungsmaßnahmen beauftragt werden können, bestimmt das Gesetz nicht näher. Es braucht sich also nicht nur um Behörden zu handeln, zu deren normalem Aufgabenbereich es gehört, Hoheitsakte zu vollstrecken, auch nicht notwendig um „Bundesbehörden". Auch Landes- und Gemeindebehörden sowie Behörden anderer juristischer Personen des öffentlichen Rechts können beauftragt werden, jedoch stets nur Träger öffentlicher Hoheitsgewalt. Das BVerfG ist allerdings gehalten, eine nach Lage der Sache **geeignete Behörde** zu beauftragen. Es ist ferner verpflichtet, die normalen Zuständigkeiten der beauftragten Behörden in dem nach Lage der Sache weitestmöglichen Umfang zu berücksichtigen.

III. Art und Weise der Vollstreckung

16   Auch hinsichtlich der Bestimmung der Art und Weise der Vollstreckung ist dem BVerfG vom Gesetz eine inhaltlich nicht eingeschränkte, umfassende Befugnis erteilt worden. Sie bezieht sich auf alle Maß-

---

[23] So *Bethge*, in: MSKB, Stand 2000, Rn. 5 zu § 35; *Lerche*, in: FS f. Gitter, 1995, 509 (510); *Roellecke*, in: UCD, Rn. 12 zu § 35.
[24] Zu den hierdurch aufgeworfenen Problem s. *Dreher* NJW 1951, 377 (380), *Jerusalem* NJW 1952, 35 (48), letzterer mit Bedenken unter dem Gesichtspunkt der Gewaltenteilung; skeptisch auch *Schneider* NJW 1953, 802 (804); s. dazu *Bethge*, in: MSKB, Stand 2000 Rn. 2 zu § 35.
[25] BVerfGE 2, 139.

nahmen, die erforderlich sind, um solche Tatsachen zu schaffen, wie sie **zur Verwirklichung** des vom BVerfG gefundenen Rechts notwendig ist. Hierzu gehören auch die üblichen Maßnahmen des Vollstreckungsrechts (Ersatzvornahme, unmittelbarer Zwang), wenn es sich um Vollstreckung i. e. S. handelt.

IV. Verfahren

Über die Vollstreckung ist im **Entscheidungstenor** über die Hauptsache Entscheidung zu treffen; nachträgliche Ergänzung des Hauptbescheides durch besonderen Beschluss auf Antrag oder von Amts wegen ist jedoch zulässig.[26] Auch der selbstständige Beschluss nach § 35 kann die Sachentscheidung, deren Vollstreckung er dient, nicht ändern, modifizieren, ergänzen oder erweitern; er bleibt ebenso wie die die Vollstreckung betreffenden Anordnungen in der Hauptentscheidung selbst seiner Natur nach eine reine Entscheidung im Rahmen der Vollstreckung oder des Vollzugs der Hauptentscheidung.[27] Ein besonderes Verfahren ist hierfür in § 35 nicht vorgesehen, um dem Gericht die volle Freiheit zu belassen, das Gebotene in der jeweils sachgerechtesten, raschesten, zweckmäßigsten, einfachsten und wirksamsten Weise zu erreichen.[28] Ein Recht auf Gehör zur Sache, das in dem Verfahren zur Hauptsache zu gewähren ist, besteht im – selbstständigen – Verfahren bei Erlass einer Vollstreckungsanordnung nicht, unbeschadet der Befugnis des Gerichts, seinerseits die Beteiligten zu befragen und ihnen Gelegenheit zur Äußerung zu geben. 17

Gegen die Entscheidung des BVerfG selbst gibt es kein Rechtsmittel. Zur Frage, welche Rechtsmittel gegen Vollstreckungshandlungen ergriffen werden können, die von anderen Behörden im Auftrag des BVerfG durchgeführt werden, führt *BVerfGE* 2, 139 aus: 18

„Wenn das BVerfG ein Organ allgemein mit der Vollziehung seiner Entscheidung beauftragt, so kann zwar dadurch die Zuständigkeit dieses Organs erweitert werden, sofern die Vollziehungsakte nicht schon in seinem ursprünglichen Zuständigkeitsbereich liegen. Die Ausführung des Vollziehungsaktes erfolgt aber immer noch im Rahmen des eigenen Ermessens des Organs. Solche Maßnahmen können deshalb nur mit den allgemein gegen solche Akte zulässigen Rechtsbehelfen angefochten werden. Regelt das BVerfG dagegen die Vollziehung seiner Entscheidung derart, dass es einen konkreten Vollstreckungs-

---

[26] BVerfGE 2, 139; 6, 300; 68, 132 (140) = NJW 1985, 846; 100, 263 (265).
[27] BVerfGE 100, 263 (265).
[28] BVerfGE 6, 300 (305) = NJW 1957, 785.

Vor § 35 Teil II. Verfassungsgerichtliches Verfahren

auftrag erteilt, dann wird die vollziehende Behörde zum ausführenden Organ des BVerfG. Es handelt nicht mehr im Rahmen des eigenen Ermessens. In diesem Falle wäre eine unmittelbare Beschwerde gegen die Maßnahme des ausführenden Organs an das BVerfG zulässig und ein anderer Rechtsbehelf ausgeschlossen".

Zweiter Abschnitt. Akteneinsicht außerhalb des Verfahrens

Vorbemerkung vor §§ 35 a ff

1   Der durch das 6. ÄndG (BGBl. I 1823) eingefügte „Zweite Abschnitt" passt nicht in die Überschrift des II. Teils: Mit den verfassungsgerichtlichen Verfahren hat die „Akteneinsicht außerhalb des Verfahrens" nichts zu tun. Der in dem Abschnitt enthaltene § 35 c wird dem II. Teil zwar gerecht, nicht aber der Abschnittsüberschrift: § 35 c geht es um die Verwendung von Daten innerhalb des Verfahrens. Die sorgfältige Trennung von Akteneinsicht außerhalb und innerhalb des Verfahrens erscheint geboten, auch in der GO.

2   Die neuen Regelungen der §§ 35 a bis c betreffen in einem eigenen Abschnitt die Akteneinsicht **außerhalb** des Verfahrens, während Einsichtsrechte **innerhalb** des Verfahrens schon bisher in § 20, ergänzt vor allem in § 24 GO, geregelt waren. Soweit § 24 GO die Akteneinsicht außerhalb des Verfahrens zugelassen hatte, war diese Regelung höchst rudimentär und in ihrer Verzahnung zum BDSG schwer handhabbar. Das alles hätte das übliche Schattendasein führen können, wenn es nicht im Jahr 1993 einen konkreten Anwendungsfall von größerer Bedeutung gegeben hätte. Im ersten Bodenreformverfahren[1] hatte für die Rechtsfindung zu Lasten der Beschwerdeführer eine Aussage des damaligen Staatssekretärs im Auswärtigen Amt, *Kastrup,* eine wichtige Rolle gespielt. In der Folge entstand über die Bedeutung und vor allem über die Richtigkeit dieser Aussage lebhafter, auch die Öffentlichkeit beschäftigender Streit. Dieser Streit wurde in das zweite Bodenreformverfahren[2] hineingetragen. Zu diesem Zweck begehrten die Beschwerdeführer des zweiten Verfahrens die Überlassung der Tonbandprotokolle der Zeugenaussage Kastrup aus dem ersten Verfahren. Ob die Beschwerdeführer einen Rechtsanspruch auf Überlassung

---

[1] BVerfGE 84, 90.
[2] BVerfGE 94, 12.

des Tonbandprotokolls hatten und ggfs. unter welchen Bedingungen, diese Frage führte zu einer intensiven Diskussion mit dem Gericht. In dieser Diskussion wurde schließlich anerkannt, dass § 24 GO a. F. der Rechtslage nicht gerecht wurde. Die Beschwerdeführer erhielten das Protokoll; § 24 GO wurde geändert. Damit war aber der Blick auf den – nach wie vor – bruchstückhaften Charakter der Regelung von Akteneinsicht außerhalb des Verfahrens gefallen; man sah außerdem, dass es geboten war, die datenschutzrechtliche Seite der Akteneinsicht präziser zu fassen. Das hat zur Einfügung der §§ 35 a–c geführt. Sie fixieren zunächst den Vorrang des BDSG, soweit das BVerfGG keine Sonderregelung trifft (§ 35 a) und regeln dann, wer außerhalb des Verfahrens Auskunfts- oder Akteneinsichtsrechte hat, nämlich öffentliche Stellen (§ 35 b I Nr. 1) sowie Privatpersonen und nicht-öffentliche Stellen (§ 35 b I Nr. 2).

§ 35 a [Personenbezogene Daten]

Betreffen außerhalb des Verfahrens gestellte Anträge auf Auskunft aus oder Einsicht in Akten des Bundesverfassungsgerichts personenbezogene Daten, so gelten die Vorschriften des Bundesdatenschutzgesetzes, soweit die nachfolgenden Bestimmungen keine abweichende Regelung treffen.

1. Die durch das 6. ÄndG (BGBl. I 1823), in Kraft getreten am 23. 7. 1998, neu aufgenommene Vorschrift stellt klar, dass hinsichtlich der Erhebung, Verarbeitung und Nutzung personenbezogener Daten durch das BVerfG die Vorschriften des BDSG gelten, soweit nicht spezielle Regelungen, insbesondere diejenigen des BVerfGG anzuwenden sind.[1]

2. § 35 a ergänzt insoweit das BVerfGG um bereichsspezifische Regelungen für den Zugang zu in den Verfahrensakten des Gerichts enthaltenen Daten für verfahrensübergreifende (verfahrensfremde) Zwecke. Werden nämlich Informationen aus Akten für außerhalb des Verfahrens liegende Zwecke nicht am Verfahren beteiligten Dritten zugänglich gemacht, ist – soweit davon personenbezogene Daten erfasst werden – das informationelle Selbstbestimmungsrecht desjenigen, um dessen in den Akten befindliche Daten es sich handelt, betroffen. Das Gesetz kannte bislang (in § 20) nur das Akteneinsichtsrecht der Beteiligten des jeweiligen verfassungsgerichtlichen Verfah-

---

[1] S. dazu *Zuck* NJW 1998, 3028 (3030).

rens, das sich unmittelbar aus dem verfassungsrechtlichen Anspruch auf Verwirklichung des rechtlichen Gehörs (Art. 103 I GG) ableitet, den Beteiligten eine effektive Mitwirkung bei der gerichtlichen Wahrheitsfindung ermöglichen und sie vor „Überraschungsentscheidungen" schützen soll.[2] Anträge nicht am Verfahren beteiligter Dritter auf Zugang zu in den Akten des BVerfG enthaltenen Informationen waren bis dahin auf der Grundlage der entsprechenden Vorschriften in der GO (§ 24 IV 2, V, § 35 I, II, § 35a) und – soweit dabei die Übermittlung personenbezogener Daten infrage steht – des BDSG geregelt. Dies gilt, soweit spezielle Regelungen für das verfassungsgerichtliche Verfahren nicht bestehen, auch für die Verarbeitung personenbezogener Daten durch das BVerfG, vgl. § 1 IV 1 BDSG, unabhängig davon, ob es sich im Einzelnen um Rechtsprechung oder (Gerichts-)Verwaltung handelt (vgl. § 1 II, § 2 I BDSG). Für die Übermittlung von personenbezogenen Daten aus den beim BVerfG geführten Akten außerhalb des konkreten Verfahrens an Dritte sind nach geltendem Recht die §§ 15, 16, jeweils in Verbindung mit § 14 BDSG anzuwenden. Die Bestimmungen des BDSG haben sich jedoch für die beim BVerfG anfallenden Vorgänge zum einen als nicht ausreichend, zum anderen als schwer handhabbar erwiesen, da sie auf die Übermittlung von Daten aus Gerichtsakten nicht zugeschnitten waren. In dem in § 15 I, § 14 II BDSG enthaltenen Katalog der Zwecke, zu denen Daten an öffentliche Stellen übermittelt werden dürfen, fehlte es an einer ausdrücklichen Regelung für den in der Praxis des BVerfG häufigsten Fall der Übermittlung an Gerichte und Justizbehörden für Zwecke der Rechtspflege; ferner fehlte es an Regelungen zu der Frage, in welcher Weise die Übermittlung der Daten erfolgen sollte (Auskunft, Akteneinsicht, Aktenübersendung). In der Amtlichen Begründung heißt es dazu:[3]

„Zur Ergänzung des Bundesdatenschutzgesetzes für Vorgänge des Bundesverfassungsgerichts kann nicht auf Regelungen in der Geschäftsordnung des Bundesverfassungsgerichts zurückgegriffen werden. Die Erhebung und Verwendung personenbezogener Daten setzt voraus, dass der Gesetzgeber den Verwendungszweck bereichsspezifisch und präzise bestimmt; die Verwendung der Daten ist auf den gesetzlich bestimmten Zweck begrenzt. Angesichts der Gefahren der automatisierten Datenverarbeitung ist ein – amtshilfefester – Schutz gegen Zweckentfremdung durch Weitergabe- und Verwertungsverbote erforderlich (BVerfGE 65, 1, 46); dabei schützt das Recht auf informationelle Selbstbestimmung nicht nur vor den Gefahren der automatischen Datenverarbeitung, sondern generell vor staatlicher Erhebung und Verarbeitung personenbezogener

---

[2] *Umbach/Dollinger,* in: UCD, Rn. 6 zu § 20.
[3] BR-Drs. 165/97, S. 14.

Akteneinsicht **§ 35b**

Daten (BVerfGE 78, 77, 84). Auch der einfach-rechtliche Gesetzesvorbehalt des § 4 Abs. 1 BDSG lässt eine Ergänzung des BDSG durch Geschäftsordnungsbestimmungen nicht zu. Die Weitergabe von Informationen aus den Akten ist, soweit sich darin personenbezogene Daten befinden, Datenverarbeitung (§ 3 Abs. 5 S. 1 und Abs. 5 S. 3 Nr. 3 BDSG), die nach § 4 Abs. 1 BDSG grundsätzlich nur zulässig ist, wenn das BDSG selbst oder eine andere Rechtsvorschrift sie erlaubt oder anordnet. Die „andere Rechtsvorschrift" muss eine Rechtsnorm im materiellen Sinne mit unmittelbarer Außenwirkung, also Gesetz, Rechtsverordnung oder autonome Satzung sein (Walz, in: Simitis u. a. BDSG, 4. Aufl. 1994, § 4 Rn. 9 und 10); eine autonome Regelungsbefugnis des Bundesverfassungsgerichts zur normativen Verfahrensgestaltung wird jedoch abgelehnt (Hund, in: Umbach/Clemens, BVerfGG Rn. 2 und 10 vor §§ 17 ff., vgl. auch Wand, Fragen zu einer Geschäftsordnung des Bundesverfassungsgerichts, Festschrift für Gebhard Müller, 1970, S. 569) ... Um den Regelungsaufwand innerhalb des Bundesverfassungsgerichtsgesetzes möglichst gering zu halten, wird es nur um die Regelungen ergänzt, in denen vom BDSG abgewichen werden muss; im Übrigen verbleibt es beim BDSG."

3. § 35 verschafft Akteneinsichtsrechte (siehe auch Rn. 2f zu § 20). § 3 III BDSG definiert den Aktenbegriff so: „Eine Akte ist jede sonstige amtliche oder dienstliche Zwecken dienende Unterlage, dazu zählen auch Bild- und Tonträger. Nicht hierunter fallen Vorentwürfe und Notizen, die nicht Bestandteil des Vorgangs werden sollen".[4] Über die Akteneinsicht entscheidet gemäß § 35 II 3 GO der Vorsitzende des Senats im Benehmen mit dem Berichterstatter. Wird die Akteneinsicht verweigert, kommt nur die Gegenvorstellung in Betracht.[5]

3

§ 35 b [Akteneinsicht]

(1) **Auskunft aus oder Einsicht in Akten des Bundesverfassungsgerichts kann gewährt werden**
1. **öffentlichen Stellen, soweit dies für Zwecke der Rechtspflege erforderlich ist oder die in § 14 Abs. 2 Nr. 4, 6 bis 9 des Bundesdatenschutzgesetzes genannten Voraussetzungen vorliegen,**
2. **Privatpersonen und anderen nicht-öffentlichen Stellen, soweit sie hierfür ein berechtigtes Interesse darlegen; Auskunft und**

---

[4] Dazu gehören auch CD's, aA *Ulsamer,* in: MSKB, Stand 1999, Rn. 6 zu § 35 a.

[5] *Ulsamer,* in: MSKB, Stand 1999, Rn. 19 zu § 35 a. Wollte man den Sachverhalt überhaupt Art. 103 I GG zuordnen, schiede die Anhörungsrüge nach dem AnhörungsrügenG vom 9. 12. 2004 (BGBl. I 3220) aus. Dieser Rechtsbehelf gilt nicht für verfassungsgerichtliche Verfahren.

Akteneinsicht sind zu versagen, wenn der Betroffene ein schutzwürdiges Interesse an der Versagung hat. § 16 Abs. 3 des Bundesdatenschutzgesetzes findet keine Anwendung; die Erteilung der Auskunft und die Gewährung der Akteneinsicht sind in der Akte zu vermerken.
Auskunft oder Akteneinsicht kann auch gewährt werden, soweit der Betroffene eingewilligt hat.

(2) Akteneinsicht kann nur gewährt werden, wenn unter Angabe von Gründen dargelegt wird, dass die Erteilung einer Auskunft zur Erfüllung der Aufgaben der die Akteneinsicht begehrenden öffentlichen Stelle (Absatz 1 Nr. 1) oder zur Wahrnehmung des berechtigten Interesses der die Akteneinsicht begehrenden Privatperson oder anderen nicht-öffentlichen Stelle (Absatz 1 Nr. 2) nicht ausreichen würde oder die Erteilung einer Auskunft einen unverhältnismäßigen Aufwand erfordern würde.

(3) Aus beigezogenen Akten, die nicht Aktenbestandteil sind, dürfen Auskünfte nur erteilt werden, wenn der Antragsteller die Zustimmung der Stelle nachweist, um deren Akten es sich handelt; gleiches gilt für die Akteneinsicht.

(4) Die Akten des Bundesverfassungsgerichts werden nicht übersandt. An öffentliche Stellen können sie übersandt werden, wenn diesen gemäß Absatz 2 Akteneinsicht gewährt werden kann oder wenn einer Privatperson auf Grund besonderer Umstände dort Akteneinsicht gewährt werden soll.

Die Amtliche Begründung,[1] der ein umfangreiches Guthaben aus dem Referat von Bundesverfassungsrichter Grimm zugrunde gelegen hatte, führt dazu aus:

1 **„1. Allgemeines**
Die Vorschrift regelt den Zugang zu in den Akten des BVerfG befindlichen Informationen für öffentliche Stellen sowie Privatpersonen und andere nicht-öffentliche Stellen (vgl. § 2 BDSG).
Da Verfahrensbeteiligte nach § 20 ein Recht auf Akteneinsicht haben, kann § 35b nur die Gewährung von Auskünften oder Akteneinsicht an nicht am Verfahren beteiligte – öffentliche und private – Stellen betreffen. Das BVerfG definiert den Begriff des Beteiligten nicht allgemein; Beteiligter ist aber jedenfalls, wer nach dem Recht der maßgeblichen Verfahrensart als Antragsteller, Antragsgegner oder dem Verfahren rechtswirksam Beigetretener in dem betreffenden Verfahren Anträge stellen kann, sowie der Verfassungsbeschwerdeführer (vgl. *Maunz/Schmidt-Bleibtreu/Klein/Ulsamer*, BVerfGG, § 20 Rn. 11; *Umbach/Dollinger,* in: Umbach/Clemens, BVerfGG, § 20 Rn. 7). § 35b gilt

---

[1] BR-Drs. 165/97.

Akteneinsicht **§ 35b**

auch für die Erteilung von Informationen aus Akten an die früheren Beteiligten nach Abschluß des Verfahrens, da mit Beendigung des verfassungsgerichtlichen Verfahrens das Recht auf Akteneinsicht nach § 20 erlischt (*Maunz/Schmidt-Bleibtreu/Klein/Ulsamer*, BVerfGG, § 20 Rn. 13; *Umbach/Dollinger*, in: Umbach/Clemens, BVerfGG, § 20 Rn. 11).

Ziel der Gewährung von Auskünften oder Akteneinsicht nach § 35b ist die Übermittlung der in den Akten befindlichen Informationen für verfahrensfremde Zwecke. Die Vorschriften erfassen daher nicht die Übersendung von Schriftsätzen an die nach dem BVerfGG Äußerungsberechtigten (vgl. §§ 77, 82 Abs. 1 und 2, §§ 83 Abs. 2, §§ 84, 85 Abs. 2, §§ 88 und 94 Abs. 1) oder sachkundige Stellen, denen das BVerfG zur Verbreiterung seiner Entscheidungsgrundlage Gelegenheit zur Stellungnahme gibt (vgl. § 27a neu, § 22 Abs. 4, § 41 Abs. 1 der Geschäftsordnung). In diesen Fällen werden die von den Beteiligten eingereichten Schriftsätze zur Vorbereitung einer Äußerung oder Stellungnahme übersandt, die dem Fortgang des Verfahrens dienen soll. Der Anspruch des Betroffenen auf Information über die zu seiner eigenen Person gespeicherten Daten richtet sich nicht nach § 35b, sondern nach § 19 BDSG.

2. Nach Absatz 1 werden Informationen aus Akten durch Auskunft oder durch Akteneinsicht zugänglich gemacht, wobei die Auskunft der Akteneinsicht grundsätzlich vorgeht (vgl. dazu Absatz 2). Absatz 1 regelt zunächst die Voraussetzungen, die sowohl für die Erteilung einer Auskunft als auch für die Gewährung von Akteneinsicht vorliegen müssen. Er unterscheidet danach, ob die Informationen an öffentliche (§ 2 Abs. 1 bis 3 BDSG) oder an nicht-öffentliche Stellen (§ 2 Abs. 4 BDSG), insbesondere Privatpersonen zu übermitteln sind. Soweit öffentliche Stellen (in der Praxis Gerichte und Behörden) Auskunft oder Akteneinsicht beantragen, werden entsprechend den Anforderungen des Volkszählungsurteils (BVerfGE 65, 1, 46) die Zwecke der Datenübermittlung im einzelnen geregelt. Der praktisch bedeutsamste Fall der Übermittlung für Zwecke der Rechtspflege wird – anders als dies in § 14 Abs. 2 BDSG der Fall ist – ausdrücklich erwähnt. Dies betrifft in erster Linie die Übermittlung von Informationen an Gerichte, aber auch an Behörden, soweit sie funktionell im Rahmen der Rechtspflege tätig werden; dazu gehören auch die zur Strafverfolgung tätige Polizei und die Finanzbehörden, soweit sie bei Steuerstraftaten als Ermittlungsbehörden tätig sind (§ 386 Abs. 2, § 399 Abs. 1 AO) sowie die Ordnungswidrigkeiten (vgl. § 46 Abs. 2 OWiG) verfolgenden Behörden. Daneben können öffentliche Stellen Auskünfte aus den Akten unter den Voraussetzungen des § 14 Abs. 2 Nr. 4 und Nr. 6 bis 9 BDSG erhalten; die Aufnahme von § 14 Abs. 3 BDSG in den Gesetzestext stellt klar, daß eine Datenübermittlung insbesondere auch für die Zwecke der Rechnungsprüfung (§§ 95, 100 BHO) zulässig ist. Mangels entsprechender Anwendungsfälle werden § 14 Abs. 2 Nr. 1, Nr. 3 und 5 BDSG nicht in das BVerfGG übernommen; sie finden wegen des abschließenden Charakters der bereichsspezifischen Regelung in § 35b Abs. 1 Nr. 1 daneben auch keine Anwendung. Nr. 2 (Einwilligung des Betroffenen) ist in § 35 Abs. 1 S. 2 ausdrücklich erwähnt.

Entsprechend dem allgemeinen Verhältnismäßigkeitsprinzip werden Informationen aus den Akten nur zugänglich gemacht, soweit dies für den jeweiligen Zweck erforderlich ist; dies ergibt sich für den Zweck „Rechtspflege" aus-

§ 35b   Teil II. Verfassungsgerichtliches Verfahren

drücklich aus dem Text des § 35b Abs. 1 Nr. 1, im Übrigen aus der Verweisung auf die in § 14 Abs. 2 Nr. 4, Nr. 6 bis 9 BDSG genannten Voraussetzungen, die jeweils den Grundsatz der Erforderlichkeit mit enthalten. Die Regelung geht davon aus, dass diese Voraussetzung ohne nähere Darlegung vorliegt, wenn die Aktenauskunft oder -einsicht von den genannten Stellen mit der entsprechenden Zweckbestimmung begehrt wird. Die Erforderlichkeit ist von der die Auskunft oder Akteneinsicht begehrenden Stelle zu prüfen (vgl. §§ 15 Abs. 2 Satz 2 und 3 BDSG).

Die Regelung für die Übermittlung von Informationen an sonstige Stellen (§ 2 Abs. 4 BDSG), insbesondere Privatpersonen, lehnt sich an § 16 Abs. 1 Nr. 2 BDSG an. Berechtigtes Interesse im Sinne des § 35b Abs. 1 Nr. 2 kann auch die Durchführung wissenschaftlicher Forschung sein. Sofern die für den Zweck der wissenschaftlichen Forschung begehrten Informationen personenbezogene Daten enthalten, gilt § 40 BDSG. Zur Entlastung des BVerfG wird die Anwendung des § 16 Abs. 3 BDSG, wonach der Betroffene – d. h. jeder Betroffene – grundsätzlich von der Übermittlung seiner Daten an nicht-öffentliche Stellen zu unterrichten ist, ausgeschlossen; die Bewältigung der mit dieser Benachrichtigungspflicht verbundenen zusätzlichen Arbeitsbelastung ist dem ohnehin bis an die Grenzen belasteten BVerfG nicht möglich. Jedoch sind die Erteilung der Auskunft und die Gewährung der Akteneinsicht (hinsichtlich der Person und des Umfangs) in der Akte zu protokollieren, um dem Betroffenen ggfs. eine Überprüfung zu ermöglichen.

Nach § 35b Abs. 1 **Satz 2** kann Auskunft oder Akteneinsicht unabhängig von den Voraussetzungen des § 35b Abs. 1 Satz 1 Nr. 1 und 2 auch gewährt werden, soweit der von der Auskunft oder Akteneinsicht Betroffene eingewilligt hat; die Vorschrift gilt für beide in § 35b Abs. 1 Satz 1 genannten Gruppen von Auskunftssuchenden (öffentliche und nicht-öffentliche Stellen einschließlich Privatpersonen).

Auch bei Vorliegen der Voraussetzungen des Absatzes 1 liegt die Gewährung von Auskünften oder Akteneinsicht im Ermessen des Gerichts, das dabei mögliche andere – nicht im Zusammenhang mit Datenschutz stehende – Interessen der Verfahrensbeteiligten oder auch des Gerichts daran, dass Informationen aus den Akten nicht zugänglich gemacht werden, berücksichtigen kann.

3   **3. Absatz 2** regelt – orientiert am Verhältnismäßigkeitsgrundsatz – den grundsätzlichen Vorrang der Auskunft vor der Akteneinsicht. Öffentlichen Stellen kann Akteneinsicht nur gewährt werden, wenn sie unter Angabe von Gründen darlegen, dass die Erteilung einer Auskunft zur Erfüllung ihrer Aufgaben nicht ausreichen würde. Diese Voraussetzung gilt für alle öffentlichen Stellen gleichermaßen, also auch für Gerichte. Akteneinsicht begehrende Privatpersonen müssen unter Angabe von Gründen darlegen, dass die Erteilung einer Auskunft zur Wahrnehmung des geltend gemachten berechtigten Interesses nicht ausreichen würde. Das BVerfG kann sich auf die Darlegung der öffentlichen oder nicht-öffentlichen Stelle stützen, es sei denn, dass begründeter Anlass zur Prüfung der angegebenen Gründe besteht (vgl. den Gedanken aus § 15 Abs. 2 Satz 2 und 3 BDSG). Akteneinsicht kann ferner gewährt werden, wenn die Erteilung einer Auskunft einen unverhältnismäßigen Aufwand erfordern würde; diese Regelung dient der erforderlichen Entlastung des BVerfG.

Nutzung personenbezogener Daten § 35c

4. Absatz 3 betrifft die Gewährung von Auskunft oder Akteneinsicht aus 4
oder in vom BVerfG beigezogene Akten (vgl. § 27). Die Vorschrift berücksichtigt, dass das BVerfG möglicherweise nicht hinreichend beurteilen kann, ob und welche Bedenken gegen eine Auskunftserteilung oder Einsichtsgewährung bezüglich dieser Akten bestehen. Sind allerdings Teile der beigezogenen Akten Bestandteil der verfassungsgerichtlichen Akten (indem etwa ein Verfassungsbeschwerdeführer Fotokopien aus anderen Akten einreicht), ist eine Zustimmung nach Absatz 3 nicht erforderlich; die – dann vom BVerfG zu prüfende – Zulässigkeit von Aktenauskunft und -einsicht richtet sich in diesem Fall nach den für diese Akten geltenden spezialgesetzlichen Verwendungsregelungen (z. B. AO oder SGB). Die nach Absatz 3 erforderliche Zustimmung muss derjenige, der Auskunft oder Einsicht begehrt, selbst besorgen und vorlegen; dadurch wird verhindert, dass das Gericht durch Nachfragen bei anderen Stellen mit weiterem Verwaltungsaufwand belastet wird.

5. Absatz 4 schließt die Versendung der Verfahrensakten des BVerfG zur 5
Einsichtnahme grundsätzlich aus. Für öffentliche Stellen ist jedoch eine Ausnahme für den Fall vorgesehen, dass sie – ausnahmsweise – nach Absatz 2 Akteneinsicht erhalten können; es ist nicht praktikabel, dass Behörden oder Gerichte Vertreter zur Akteneinsicht an Ort und Stelle entsenden. An öffentliche Stellen können Akten ferner übersandt werden, wenn in besonderen Einzelfällen dort Privatpersonen Akteneinsicht gewährt werden soll (z. B. Übersendung an das Amtsgericht am Wohnort eines schwer behinderten Beschwerdeführers); dies setzt natürlich voraus, dass die Voraussetzungen für eine Akteneinsicht überhaupt vorliegen".

§ 35 c [Nutzung personenbezogener Daten]

Das Bundesverfassungsgericht darf in einem verfassungsgerichtlichen Verfahren zu den Akten gelangter personenbezogener Daten für ein anderes verfassungsgerichtliches Verfahren nutzen.

Die Amtliche Begründung[1] führt dazu aus:

„Die Vorschrift regelt die datenschutzrechtliche Zulässigkeit der Verwendung personenbezogener Daten, die in einem Verfahren zu den Akten gelangt sind, für andere Verfahren des BVerfG. Dabei handelt es sich um eine Zweckänderung, die einer gesetzlichen Grundlage bedarf. Von dieser Vorschrift nicht erfasst wird die Frage, inwieweit die Verwendung von Angaben aus einem Verfahren für ein anderes Verfahren aus prozessrechtlicher Sicht zulässig sind; dies richtet sich nach den entsprechenden prozessrechtlichen Bestimmungen (z. B. Beachtung des Grundsatzes des rechtlichen Gehörs). Von § 35 c erfasst wird etwa die Praxis des Gerichts, den in Verfassungsbeschwerdeverfahren geführten Akten eine Aufstellung aller von diesem Beschwerdeführer beim BVerfG anhängigen oder anhängig gewesenen Verfahren vorzuheften. Die Vorschrift ermöglicht z. B. auch, früher entschiedene Verfahren zur genauen Nachvollzie-

---

[1] BR-Drs. 165/97.

hung der damals gefallenen Entscheidung heranzuziehen. Die Verwendung der in einem bestimmten Verfahren zu den Akten gelangten personenbezogenen Daten „für ein anderes verfassungsgerichtliches Verfahren" impliziert, dass das Gericht die Beiziehung der Akten für erforderlich hält."

III. Teil. Einzelne Verfahrensarten

Erster Abschnitt. Verfahren in den Fällen des § 13 Nr. 1

Vorbemerkung vor §§ 36 ff.

Schrifttum: *Dürig,* Die Verwirkung von Grundrechten und Art. 18 des Grundgesetzes, JZ 1952, 513; *Reißmüller,* Das Monpol des Bundesverfassungsgerichts aus Art. 18 des Grundgesetzes, JZ 1960, 529; *Stettner,* Verfassungsdogmatische Erwägungen der Grundrechtsverwirkung, DVBl. 1975, 801; *Stern,* Verfassungsrechtliche Probleme der Grundrechtsverwirkung und des Parteiverbots, in: Bundesverfassungsgericht und Grundgesetz, Bd. I, 1976, 194; *ders.,* Das Staatsrecht der Bundesrepublik Deutschland, Bd. III/2, 1994, 929; *Maunz,* Verwirkung von Grundrechten, in: FS f. Leiche, 1993, 281; *Butzer/Clever,* Grundrechtsverwirkung nach Art. 18 GG, DÖV 1994, 637; *Michael,* Grundrechtsschranken und Verwirkung von Grundrechten, DÖV 1995, 60; *Brenner,* Grundrechtsschranken und Verwirkung von Grundrechten, DÖV 1995, 60; *Isensee,* Verfassungsnorm in Anwendbarkeitsnöten: Artikel 18 des Grundgesetzes, in: FS f. Graßhof, 1998, 289.

I. Der Begriff der Verwirkung

Der Begriff der Verwirkung ist dem Zivilrecht entnommen, wo er im Wege ausdehnender Auslegung aus dem im § 242 BGB verwendeten Begriff „Treu und Glauben" entwickelt worden ist.[1] Er gehörte also ursprünglich dem materiellen Recht an, die Rechtswirkungen reichen insoweit nicht über den Tatbestand hinaus. In diesem Sinne erscheint der Begriff auch noch im HChE verwendet (Art. 20). Im Laufe der Verhandlungen des Parlamentarischen Rates trat jedoch ein bedeutsamer Wandel des Rechtsgehalts ein: die Verwirkung wurde zu einem prozessualen, der Zuständigkeit des BVerfG unterliegenden Akt mit Erstreckung der Rechtswirkung über den Missbrauchstatbestand hinaus, zu einer „Aberkennung" von Grundrechten, also einer strafrechtsähnlichen Reaktion des Staates auf den Missbrauch der Grundrechtsordnung (d. h. der Scheinposition eines tatsächlich in diesem Augenblick nicht mehr vorhandenen subjektiven Rechts) in Gestalt einer Verminderung des öffentlich-rechtlichen Status des Betroffenen in besimmter Richtung. Sie erhält damit **konstitutiven** Charakter.[2]

1

---

[1] Siehe *Wernicke,* BK Anm. 1 g zu Art. 18 GG; *Dürig* JZ 1952, 513 ff.
[2] S. auch *Wernicke,* BK Anm. 2 d zu Art. 18 GG; *Dürig* JZ 1952, 513; *Reißmüller* JZ 1960, 529 (532).

2 Die Voraussetzung der Verzahnung, nämlich der Grundrechtsmissbrauch, ist bislang unklar umschrieben. Zwar ist das Kampfobjekt, die freiheitliche demokratische Grundordnung wohl in Art. 21 II GG durch die Grundsätze des Art. 1 und 20 GG bestimmt.[3] Für den Begriff des **Missbrauchs** bestehen aber Zweifel. Vorausgesetzt wird auf jeden Fall ein aktives, vorsätzliches Handeln.[4] Dieses Handeln muss aber, bezogen auf eine Prognose für die Zukunft,[5] dazu dienen (nicht bloß dazu geeignet sein), die freie demokratische Grundordnung zu gefährden.[6] Ob der einzelne „kraft seiner Fähigkeiten und der ihm zur Verfügung stehenden Mittel die um der Erhaltung der Verfassung Willen zu bekämpfende Gefahr schafft",[7] wird sich nicht leicht dartun lassen. Es ist offenkundig, dass das Urteil darüber, was eine Gesellschaft an abweichenden Meinungen der Freiheit zuliebe hinzunehmen bereit ist, ebenso schwankt, wie die Auffassung darüber, was politisch korrekt ist. Political correctness und Missbrauch dürfen aber nicht verwechselt werden. Der geringe Anwendungsbereich der Vorschrift – er teilt dies, aus unterschiedlichen Gründen, mit Art. 15, 21 III und den Vorschriften über die Notstandsverfassung – zeigt, dass die auf Dauer angelegte Verfassung und die Gesellschaft die nötige Konkordanz aufweisen. Sicher kann man dessen angesichts totalitären, terroristischen, antisemitischen oder auch revolutionären Potentials (man denke nur an die Migrationbewegungen und an die Arm-Reich-Schere) nicht sein.

II. Der Gegenstand der Verwirkung

3 Der Verwirkung unterliegen nur die in **Art. 18 GG** aufgeführten Grundrechte, nämlich Freiheit der Meinungsäußerung, insbesondere die Pressefreiheit (Art. 5 I), die Lehrfreiheit (Art. 5 III), die Versammlungsfreiheit (Art. 8), die Vereinigungsfreiheit (Art. 9), das Post- und Fernmeldegeheiminis (Art. 10), das Eigentum (Art. 14), das Asylrecht (Art. 16 II). Andere als diese aufgezählten Rechte können nicht ver-

---

[3] *Gusy* AöR, 105 (1980), 279; BVerfGE 2, 1 (2) = NJW 1952, 1407.
[4] *Jarass,* in: Jarass/Pieroth, GG, 7. Aufl. 2004, Rn. 5 zu Art. 18 GG. Zum Begriff des Kampfes siehe *Seiters,* in: UC-GG, 2. Aufl. 2004, Rn. 26 f. zu Art. 18 GG; *Brenner,* in: MKS Rn. 10 zu Art. 18 GG.
[5] BVerfGE 11, 282 (283); 38, 23 (24). Auf Vorgänge in der Vergangenheit kann dabei inhaltlich zurückgegriffen werden.
[6] BVerfGE 10, 118 (123).
[7] BVerfGE 25, 44 (60); 25, 88 (100); 38, 23 (24). Entscheidend ist danach die Beurteilung der subjektiven Gefährlichkeit, *Gusy,* in: AK-GG, Stand 2001, Rn. 1 zu Art. 18 GG, *Gröschner,* in: Dreier, GG, 2. Aufl. 2004, Rn. 2 zu Art. 18 GG; *Seiters,* in: UC-GG, 2. Aufl. 2004, Rn. 28 ff. zu Art. 18 ff. GG.

wirkt werden.[8] Je nach Lage des Tatbestands kann auch nur ein Teil dieser Rechte missbraucht (vgl. Rn. 5) und damit verwirkt werden, möglicherweise auch nur ein aussonderbarer Teilbereich des Grundrechts.[9]

Art. 18 GG schließt es aus, dass neben der verfassungsgerichtlichen 4 Regelung für den selben Tatbestand des Missbrauchs noch weitere gleichartige Sanktionen gesetzlich angedroht werden.[10] Die vom BVerfG dem Landesgesetzgeber entgegengehaltene Sperre gilt aus gleichem Grunde auch für den Bundesgesetzgeber.[11]

III. Verfahren (§§ 36–42)

Das Verfahren hat **strafprozessualen Charakter.** Daher Vorschal- 5 tung eines Vorverfahrens zum Schutz des Antragsgegners, entsprechend dem Eröffnungsbeschluss im Strafprozessrecht (§ 38). Gleichwohl handelt es sich um ein Verfahren eigener Art. Sein Verhältnis zu Verfahren anderer Art (namentlich strafprozessualer, aber auch zivil- und verwaltungsprozessualer Art) und zu den darin ergangenen Erkenntnissen ist im Gesetz weder allgemein, noch mit Bezug auf das Verwirkungsverfahren näher geregelt, auch einschlägige Rechtsprechung des BVerfG hat sich nicht bilden können. Da das BVerfG in Verfahren nach § 13 Nr. 1 mehr als in anderen verfassungsgerichtlichen Verfahren Tatbestände als Elemente seiner Urteilsfindung beurteilen muss, die der Rechtsprechung anderer Gerichte unterliegen, kommt dem Problem hier besondere Bedeutung zu. (So erhebt sich die Frage, ob das BVerfG ohne Verletzung des Grundsatzes ne bis in idem noch zum Ausspruch der Verwirkung der Grundrechte aus Art. 5 GG gelangen kann, wenn alle dem Antragsgegner zur Last gelegten Tatbestände zu Freisprüchen vor den Strafgerichten geführt haben, weil der Rahmen der „Allgemeinen Gesetze" nicht überschritten sei.) Wie weit die Gerichte ihrerseits in der Beurteilung der einzelnen Tatbestände durch eine Entscheidung des BVerfG nach Art. 18 gebunden sind, ist eine Frage des § 31 I. Mündliche Verhandlung kann auch in Abwesenheit des Betroffenen durchgeführt werden, jedoch empfiehlt sich die entsprechende Anwendung des § 55 II S. 2.

---

[8] BVerfGE 25, 88 (97). Eine Reflexwirkung auf nicht genannte Grundrechte muss vermieden werden. Krit. dazu Brenner, in: MKS, Art. 18 Rn. 48 ff.
[9] Vgl. *Neumaier* in der 112. Sitzung des Bundestages, Amtl. Niederschrift S. 4229.
[10] BVerfGE 10, 118 = NJW 1960, 29.
[11] Vgl. auch *Reißmüller* JZ 1960, 529 (530) mit näheren Ausführungen, namentlich über das Verhältnis zum Strafrecht.

IV. Der Ausspruch der Verwirkung

6   Über Inhalt und Rechtsfolgen vgl. Rn. 1 ff. zu § 39.

V. Verhältnis zum Landesrecht

7   Mit § 13 Nr. 1 können landesrechtliche Vorschriften über die Verwirkung **in Konkurrenz** treten (s. z. B. Art. 17 Hess. Verfassung, 133 Abs. 1, Rhld.-Pfälz. Verfassung). Soweit der Rechtsgehalt der gem. Art. 142 GG forgeltenden landesrechtlichen Grundrechte weitergeht, sind lediglich die Vorschriften der Landesverfassung anzuwenden. Soweit die Grundrechte inhaltsgleich sind, kommen die landesrechtlichen Vorschriften neben Art. 18 GG nicht mehr zum Zuge.[12] Der Ausspruch des BVerfG hat auch hinsichtlich der Grundrechte der Landesverfassung konstitutiven Charakter.[13]

VI. Zuständigkeit

8   Zur Entscheidung zuständig ist der Zweite Senat, vgl. § 14 II.

§ 36 [Antragsberechtigte]

Der Antrag auf Entscheidung gemäß Artikel 18 Satz 2 des Grundgesetzes kann vom Bundestag, von der Bundesregierung oder von einer Landesregierung gestellt werden.

I. Allgemeines

1   § 36 belegt die **Antragsabhängigkeit** verfassungsgerichtlicher Verfahren.[1]

Die Aufzählung der Antragsberechtigten ist **abschließend;** sie beschränkt das Antragsrecht auf die Verfassungsorgane, die den politischen Willen des Volkes besonders zum Ausdruck bringen.

---

[12] BVerfGE 10, 118; *Dietlein* AöR 120 (1995), 1 (16). S. dazu ausf. *Seiters,* in: UC-GG 2. Aufl. 2004 Rn. 43 zu Art. 18 GG.
[13] *Schäfer* JZ 1951, 199; *Reißmüller* JZ 1960, 529.
[1] Vgl. Rn. 9 vor § 17, § 23.

II. Prozessuale Stellung der Antragsteller/Antragsgegner

Die Antragsteller sind voneinander prozessual unabhängig. Das BVerfG kann anhängige Verfahren miteinander verbinden (vgl. Rn. 30 vor § 17).

Antragsgegner kann jeder Grundrechtsträger sein, also auch juristische Personen im Sinne des Art. 19 III GG. Für Vereinigungen im Sinne des Art. 9 GG gilt Art. 9 II GG, für politische Parteien Art. 21 II GG.

III. Antrag des Bundestages

Erforderliche Mehrheit des Bundestags: Art. 42 II GG. Verwirkungsverfahren gegen Abgeordnete können nur mit Genehmigung des Bundestages eingeleitet werden (Art. 46 III GG). Im Antrag des Bundestages liegt auch diese „Genehmigung". Dass der Bundesrat nicht genannt ist, beruht auf einem Redaktionsversehen. Solange das Gesetz nicht geändert wird, bleibt es dabei.[1]

IV. Antrag der Bundesregierung

Der Antrag der Bundesregierung bedarf eines Kabinettbeschlusses (siehe § 15 I GO-BReg. vom 11. 5. 1951, GMBl. S. 137).[2] Erforderliche Mehrheit: § 24 II 2 GO-BReg.

V. Antrag einer Landesregierung

Das Antragsrecht der Landesregierung ist nicht durch die Notwendigkeit einer besonderen Beziehung zum Antragsgegner eingeschränkt.

VI. Stellung und Rücknahme des Antrags

Ob ein Antrag gestellt wird, steht im Ermessen des Antragberechtigten. Der Antrag kann bis zur Entscheidung des BVerfG zurückgenommen werden (s. a. Rn. 10 vor § 17).

---

[1] *Pestalozza* § 3 Rn. 5; aA *Stern*, Staatsrecht III/2, 971 m. Fn. 191. Wie hier *Klein* in: MSKB Stand 1998 Rn. 2 ff. zu § 36.
[2] IdF v. 21. 11. 2002 (GMBl. S. 848).

§ 37 [Vorverfahren]

Das Bundesverfassungsgericht gibt dem Antragsgegner Gelegenheit zur Äußerung binnen einer zu bestimmenden Frist und beschließt dann, ob der Antrag als unzulässig oder als nicht hinreichend begründet zurückzuweisen oder ob die Verhandlung durchzuführen ist.

I. Allgemeiner Rechtscharakter

1   § 37 schreibt zum Schutz des Antragsgegners und zur Entlastung des Gerichts[1] ein obligatorisches **Vorverfahren** entsprechend dem Eröffnungsbeschluss im Strafprozess vor. Das Gericht, dh der Vorsitzende (§ 23 II) stellt in diesem Vorverfahren keine Ermittlungen an, sondern stellt dem Antragsgegner nur den Antrag mit der Aufforderung zu, sich binnen einer Frist zu äußern (§ 23 II). Die Dauer der Frist liegt im Ermessen des Gerichts.

II. Gegenstand der Vorprüfung

2   Die Vorprüfung beschränkt sich auf eine Untersuchung der prozessualen Voraussetzungen und auf Würdigung des Sachverhalts nach dem Inhalt des Antrags und einer fristgerechten Gegenerklärung. Sie erfolgt ohne mündliche Verhandlung. Hinsichtlich der prozessualen Voraussetzungen vgl. Rn. 1 zu § 24. „Nicht hinreichend begründet" im Sinne dieser Vorschrift entspricht nicht ganz dem „offensichtlich unbegründet" des § 24, dh die Voraussetzungen der Abweisung sind zum Schutze des Antragsgegners erleichtert, die Voraussetzungen für die Einleitung des Verfahrens erschwert, da es eines höheren Maßes der Schlüssigkeit des Antrages (Wahrscheinlichkeit seiner sachlichen Begründetheit) bedarf. § 24 selbst ist nicht anwendbar.[2]

III. Entscheidung

3   Die Entscheidung des Gerichts nach § 37 ergeht durch Beschluss (§ 25 II); sie unterscheidet sich von derjenigen des § 24 dadurch, dass

---

[1] Vgl. *Stern,* in: Bundesverfassungsgericht und Grundgesetz, Bd. I, 1976, 194 ff. (211); *Klein,* in: MSKB, Stand 1987 Rn. 1 zu § 37.
[2] So zutreffend *Stern,* in: Bundesverfassungsgericht und Grundgesetz, Bd. I, 1976; BVerfGE 9, 334 (336) = NJW 1959, 1627, 194 ff. (211); *Storost,* in: UCD Rn. 4 zu § 37.

sie durchweg nur prozessualer Natur ist. Dies gilt auch dann, wenn der Antrag abgewiesen wird, weil er nicht hinreichend begründet erscheint (die „hinreichende Begründung" wird in diesem Falle nur als Prozessvoraussetzung geprüft). Die Vorprüfung ist ferner obligatorisch, die Entscheidung bedarf der Mehrheit des § 15 II (zu einer dem Antragsgegner nachteiligen Entscheidung einer Mehrheit von zwei Dritteln der Mitglieder des Senats, bei Zurückweisung einer einfachen Mehrheit), nicht der Einstimmigkeit.

IV. Wirkung der Entscheidung

Der abweisende Beschluss erwächst in Rechtskraft; ein neues Verfahren kann nur nach § 41 eingeleitet werden. 4

§ 38 [Beschlagnahme und Durchsuchung; Voruntersuchung]

(1) **Nach Eingang des Antrags kann das Bundesverfassungsgericht eine Beschlagnahme oder Durchsuchung nach den Vorschriften der Strafprozeßordnung anordnen.**

(2) **Das Bundesverfassungsgericht kann zur Vorbereitung der mündlichen Verhandlung eine Voruntersuchung anordnen. Die Durchführung der Voruntersuchung ist einem Richter des nicht zur Entscheidung in der Hauptsache zuständigen Senats zu übertragen.**

I. Zu Abs. 1 (Beschlagnahme und Durchsuchung)

1. Eine Anordnung nach § 38 setzt voraus, dass der Antrag nach 1 § 36 zulässig und hinreichend begründet ist. Im Zweifel ist das Ergebnis des Vorprüfungsverfahrens nach § 37 abzuwarten.[1] Das folgt aus dem § 37 zugrunde liegenden Schutzgedanken). Die Anordnung ergeht von Amts wegen oder auf Antrag, stets durch Beschluss des Senats (nicht etwa nur auf Anordnung des beauftragten Richters oder des ersuchten Gerichts im Rahmen des diesem Gericht gestellten Beweisthemas). Der Beschluss hat näher zu bestimmen, welche Arten von Gegenständen zu beschlagnahmen oder zu durchsuchen sind. Er ist an die hierfür allgemein zuständigen Behörden (Polizei) oder die ihnen vorgesetzte Stelle zu richten. Diese sind zur Rechts- und Amtshilfe

---

[1] S. auch *Stern*, Bundesverfassungsgericht und Grundgesetz, Bd. I, 1976, 194 ff. (214).

§ 39 Teil III. Einzelne Verfahrensarten

verpflichtet (§ 27); die Kompetenzvorschriften im Verhältnis Bund/ Länder hindern nicht.

2 2. Wegen der Durchführung vgl. §§ 94–111 StPO.[2] Soweit diese Vorschriften vorläufige Maßnahmen durch die Staatsanwaltschaft und ihre Hilfsbeamten vorsehen, sind sie nicht anwendbar, es bedarf vielmehr stets einer vorausgehenden Anordnung des BVerfG.

II. Zu Abs. 2 (Voruntersuchung)

3 Abs. 2 wurde durch die Novelle von 1956 (BGBl. I S. 662) eingefügt. Die bis dahin nur für Präsidentenanklage (§ 54) und Richteranklage (§ 58 mit § 54) fakultativ vorgesehene „Voruntersuchung" wurde auch für Verwirkungsverfahren eingeführt, da auch diese umfangreiche Ermittlungen tatsächlicher Art erfordern können. Wegen des Rechtscharakters dieser Voruntersuchung vgl. Rn. 1 zu § 54. Die Vorschrift des Satz 2, wonach die Durchführung der Voruntersuchung einem Richter des zur Entscheidung in der Hauptsache nicht zuständigen Senats zu übertragen ist, entspricht der Regelung des Strafprozesses und beruht auf dem Gedanken, dass der Untersuchungsrichter leicht in die Rolle eines Anklägers gedrängt und daher in der Fähigkeit zu objektiven Entscheidungen gehemmt sein kann.

§ 39 [Entscheidung]

(1) Erweist sich der Antrag als begründet, so stellt das Bundesverfassungsgericht fest, welche Grundrechte der Antragsgegner verwirkt hat. Es kann die Verwirkung auf einen bestimmten Zeitraum, mindestens auf ein Jahr, befristen. Es kann dem Antragsgegner auch nach Art und Dauer genau bezeichnete Beschränkungen auferlegen, soweit sie nicht andere als die verwirkten Grundrechte beeinträchtigen. Insoweit bedürfen die Verwaltungsbehörden zum Einschreiten gegen den Antragsgegner keiner weiteren gesetzlichen Grundlage.

(2) Das Bundesverfassungsgericht kann dem Antragsgegner auf die Dauer der Verwirkung der Grundrechte das Wahlrecht, die Wählbarkeit und die Fähigkeit zur Bekleidung öffentlicher Ämter aberkennen und bei juristischen Personen ihre Auflösung anordnen.

---

[2] S. dazu *Klein*, in: MSKB, Stand 1987 Rn. 3 ff. zu § 38.

§ 39 Grundrechtsverwirkung

I. Zu Abs. 1 (Inhalt und rechtliche Wirkung der Entscheidung)

1. Inhalt der Entscheidung

a) Bezüglich der Begriffsbestimmung der „Verwirkung" und der rechtlichen Voraussetzungen vgl. Rn. 1 f. vor §§ 36 ff. § 39 I trifft Bestimmungen über den Inhalt der Entscheidung **nur** für den Fall, dass die Verwirkung ausgesprochen wird. Wird sie aus prozessualen oder sachlichen Gründen abgelehnt, so ist der Antrag zurückzuweisen, nicht etwa der Antragsgegner „freizusprechen".

b) Der Ausspruch der Verwirkung bedarf einer Mehrheit von zwei Dritteln der Mitglieder des Senats (§ 15 II 2).

c) Nach **Art. 18 S. 2 GG** werden „die Verwirkung und ihr Ausmaß" vom BVerfG ausgesprochen.[1]

aa) Unter **„Ausmaß"** ist sowohl die sachliche Abgrenzung innerhalb eines umfassenden Grundrechts, wie die Art und Weise der Einschränkung zu verstehen. Das heißt: es wird sowohl das Ob als auch das Wie der Verwirkung als Bestandteil einer notwendigerweise einheitlichen Entscheidung vom BVerfG ausgesprochen. Die Fassung des Art. 18 S. 2 GG weist somit auf einen eindeutig konstitutiven Charakter hin.

bb) (1) § 39 I S. 1 enthält keine obligatorische Vorschrift über die Bestimmung des Ausmaßes der Verwirkung. Sie ist jedoch aus Art. 18 S. 2 GG zu ergänzen. Dies schließt nicht aus, dass die betreffenden Grundrechte im vollen Umfange aberkannt werden können; hierüber ist ausdrücklich Bestimmung zu treffen.

(2) Satz 2 bringt nur eine mögliche Modifizierung innerhalb der Pflicht, das Ausmaß der Verwirkung festzusetzen; die Verwirkung kann befristet werden (kürzeste Frist: 1 Jahr).

(3) Ebenso ist Satz 3 zu bewerten; er ermächtigt das BVerfG, besondere Beschränkungen innerhalb des Rahmens der verwirkten Grundrechte aufzuerlegen. Hierbei kann es sich nur um Verbote, nicht um Auferlegung positiver Pflichten handeln. Diese Beschränkungen können das „Ausmaß" der Verwirkung ausschließlich bestimmen, sie können aber auch sonstige Beschränkungen (z. B. hinsichtlich der Frist, des sachlichen Umfanges) ergänzen. Ihre rechtliche Bedeutung reicht allerdings weiter; während der Verwirkungsausspruch als solcher nur den Rechtsanspruch des Betroffenen gegen den Staat aufhebt, die Möglichkeiten seines tatsächlichen Verhaltens jedoch nicht unmittelbar

---

[1] Zum Entscheidungsmonopol des BVerfG s. *Brenner*, in: MKS, Rn. 59 zu Art. 18 GG.

einschränkt, enthalten die „Beschränkungen" schon ein bestimmtes „Sollen", d. h. ein „Nichtdürfen". Sie sind also nicht nur Modifizierung der Aufhebung und zeitliche Beschränkung der Verwirkung, sondern zugleich Polizeibefehle, die jedoch noch weiterer Konkretisierung bedürfen und in der Form eines Blanketts für die Polizeibehörden ergehen können.[2]

5 a (4) Sinn des Satz 4 ist es, der Exekutive die Grundlage zu vermitteln, die wirksame Eingriffe gegenüber dem Antragsgegner ermöglichen.[3]

2. Rechtswirkungen der Entscheidung

6 Umstritten sind die Rechtsfolgen der Verwirkungserklärung: Auch bei uneingeschränkter Verwirkungserklärung muss das Recht der Exekutive zu Eingriffen jedenfalls durch allgemeine rechtsstaatliche Grundsätze beschränkt sein; es findet seine Grenze äußerstenfalls im allgemeinen rechtsstaatlichen Willkürverbot, wonach nur aus sachlich berechtigten Gründen eingeschritten werden darf.[4]

7 Praktisch durchführbar ist tatsächlich nur ein Ausspruch der Verwirkung mit gleichzeitiger Angabe bestimmter Beschränkungen (Abs. 1 S. 3). Durch sie werden die Rechtsfolgen der Verwirkung im Sinne der Grundsätze der Rechtsstaats begrenzt.

II. Zu Abs. 2 (Aberkennung des Wahlrechts usw./Auflösung juristischer Personen)

8 Abs. 2 verleiht dem BVerfG die **Befugnis** zu Maßnahmen, die über Einschränkungen des Gebrauchs des verwirkten Grundrechts hinausgehen. Die Zulässigkeit dieser Vorschrift kann daher nicht aus Art. 18 GG abgeleitet werden. Dass auch in den Wahlgesetzen im Zusammenhalt mit dem Strafrecht ähnliche Vorschriften über den Verlust des Wahlrechts und der Wählbarkeit enthalten sind, reicht noch nicht aus, die Zulässigkeit der Vorschrift im Rahmen des Verwirkungsrechts zu erweisen, wenn man Art. 18 GG in materieller Hinsicht als eine abschließende Regelung ansieht. Dafür dürfte zwar im allgemeinen die Vermutung sprechen, doch wird es mit dem Willen des Verfassungsgebers vereinbar sein, offensichtliche „Lücken", deren Ausfüllung den Charakter des Instituts im ganzen nicht verändert, auch ohne

---

[2] S. dazu auch *Brenner* DÖV 1995, 60 (64).
[3] *Brenner* DÖV 1995, 60 (65).
[4] *Echterhölter* JZ 1953, 658; zustimmend *Benda/Klein* Rn. 1151 ff.; s. a. *Gröschner*, in: Dreier, GG 2. Aufl. 2004 Rn. 34 ff. zu Art. 18 GG.

Verfassungsänderung durch sachlich berechtigte, wenn nicht zwingende Vorschriften auszufüllen. Ob hinsichtlich der gleichfalls nicht aus Art. 18 GG abzuleitenden Auflösung juristischer Personen noch von der Ausfüllung einer Lücke gesprochen werden kann, ist zweifelhaft. Auch die Ableitung der Vorschrift aus Art. 93 II GG vermag nicht zu überzeugen.[5]

§ 40 [Aufhebung der Verwirkung]

Ist die Verwirkung zeitlich nicht befristet oder für einen längeren Zeitraum als ein Jahr ausgesprochen, so kann das Bundesverfassungsgericht, wenn seit dem Ausspruch der Verwirkung zwei Jahre verflossen sind, auf Antrag des früheren Antragstellers oder Antragsgegners die Verwirkung ganz oder teilweise aufheben oder die Dauer der Verwirkung abkürzen. Der Antrag kann wiederholt werden, wenn seit der letzten Entscheidung des Bundesverfassungsgerichts ein Jahr verstrichen ist.

I. Allgemeines

Der Ausspruch des BVerfG erwächst in formelle und materielle **Rechtskraft** (s. dazu Rn. 8 ff., 11 ff. zu § 31). Das BVerfG kann ihn nicht mehr aufheben oder ändern. – Ex tunc wirkende Wiederaufnahme des Verfahrens ist im Gegensatz zur Richteranklage (§ 61) nicht vorgesehen. Ausdrücklich ist nur die Möglichkeit der Wiederaufhebung der Verwirkung mit Wirkung „ex nunc" eröffnet.

II. Voraussetzungen der Aufhebung der Verwirkung

1. In prozessualer Hinsicht bedarf es eines **Antrages** des früheren Antragstellers oder des Antragsgegners (§ 23 I). Der Antrag ist nur zulässig, wenn die Verwirkung zeitlich nicht befristet war oder auf länger als 1 Jahr ausgesprochen wurde. Über den Antrag kann erst zwei Jahre nach dem ersten Urteil entschieden werden.

2. In sachlicher Hinsicht ist Grundlage des Urteils das Verhalten der betroffenen Person seit dem Ausspruch der Verwirkung; es können in der neuen Entscheidung aber auch Veränderungen der allgemeinen Rechtsanschauung und der politischen Verhältnisse oder der Praxis der Rechtsprechung des BVerfG ihren Niederschlag finden. Abweichend

---

[5] Zu recht außerordentlich kritisch *Pestalozza* § 3 Rn. 16 ff.

§ 41 Teil III. Einzelne Verfahrensarten

von § 41 ist die Nachprüfung und Änderung nach § 40 nicht vom Vorbringen neuer Tatsachen abhängig.

III. Verfahren

4   Aus § 25 folgt, abgesehen von Fällen ausdrücklichen Verzichts, die Notwendigkeit einer mündlichen Verhandlung. Eine ablehnende, also dem Antragsgegner des ersten Verfahrens nachteilige Entscheidung, bedarf gem. § 15 II 2 der qualifizierten Mehrheit. Eine ohne mündliche Verhandlung ergehende Entscheidung erfolgt durch Beschluss, auch wenn im ersten Verfahren durch Urteil entschieden wurde.

IV. Inhalt der Entscheidung

5   Das BVerfG kann den Verwirkungsanspruch sowohl in zeitlicher wie in sachlicher Hinsicht mildern oder ihn ganz aufheben, eine Verschärfung ist im Verfahren nach § 40 nicht zulässig (vgl. jedoch § 41). Ein abgewiesener Antrag kann wiederholt werden, wenn seit der letzten Entscheidung des BVerfG ein Jahr verstrichen ist. Unter dieser Voraussetzung kann auch mehrmalige Wiederholung zulässig sein.

§ 41 [Wiederholung eines Antrags]

Hat das Bundesverfassungsgericht über einen Antrag sachlich entschieden, so kann er gegen denselben Antragsgegner nur wiederholt werden, wenn er auf neue Tatsachen gestützt wird.

I. Allgemeines

1   § 41 übernimmt den strafprozessualen Grundsatz des Verbrauchs der Strafklage (ne bis in idem) auf das quasi-strafrechtliche Verfahren vor dem BVerfG. Hierbei ist es gleichgültig, ob ein neuer Antrag von dem gleichen Antragsteller wie in dem früheren Verfahren oder von einem anderen Antragsteller aus geht.

II. Sachentscheidung

2   Vorausgesetzt ist, dass das BVerfG **sachlich** entschieden hat. Eine Entscheidung nach § 37 ist stets prozessualer Art und genügt auch dann nicht, wenn der Antrag abgewiesen wurde, weil er nicht hinreichend begründet erschien. § 41 gilt im Übrigen sowohl für negative

Grundrechtsverwirkung § 42

Entscheidungen des BVerfG als auch für an sich positive Entscheidungen, wenn sie nach Auffassung des Antragstellers oder eines anderen Antragsberechtigten zu geringe Einschränkungen enthalten haben. Wurde lediglich prozessual abgewiesen, so kann ein Antrag gestellt werden, der den gerügten Mangel vermeidet.

III. Voraussetzung der Antragswiederholung (neue Tatsachen)

Ein sachlich (d.h. als unbegründet) abgewiesener Antrag kann nur auf Grund „**neuer Tatsachen**" wiederholt werden. Unter „neuen Tatsachen" können an sich begrifflich sowohl solche Tatsachen verstanden werden, die im ersten Verfahren nicht vorgebracht wurden, weil sie damals noch nicht vorgelegen haben, als auch solche, die zwar schon vorlagen, aber dem Antragsteller oder dem Gericht noch nicht bekannt waren oder aus sonstigen Gründen nicht vorgebracht wurden. Aus dem Zweck der Vorschrift (Verbrauch der Strafklage) ergibt sich, dass in § 41 nur Tatsachen in ersterem Sinne (also nach der ersten Entscheidung entstandene Tatsachen) gemeint sind. Streitig ist, ob die früher vorgebrachten Tatsachen zur Unterstützung der neuen Tatsachen noch mit herangezogen werden können.

3

IV. Verfahren

Werden neue Tatsachen vorgebracht, so entsteht ein neues vom früheren getrenntes und selbstständiges Verfahren. Es ist daher auch § 37 anzuwenden. Im Vorverfahren wird bereits zu prüfen sein, ob es sich um „neue" Tatsachen im vorstehenden Sinne handelt.

4

V. Neue rechtliche Gesichtspunkte

Aus § 41 lässt sich kein allgemeiner verfahrensrechtlicher Grundsatz herleiten „demzufolge derselbe Antragsteller dieselbe verfassungsrechtliche Frage dem BVerfG erneut nur dann vorlegen kann, wenn neue rechtliche Gesichtspunkte vorgetragen werden oder wenn ein grundlegender Wandel der Lebensverhältnisse oder der allgemeinen Rechtsauffassung eingetreten ist".[1]

5

§ 42 [weggefallen]

---

[1] BVerfGE 20, 56 (88) = NJW 1966, 1499; uU kommt eine Gegenvorstellung in Betracht, BVerfGE 72, 84 (89).

Zweiter Abschnitt. Verfahren in den Fällen des § 13 Nr. 2

Vorbemerkung vor §§ 43 ff.

Schrifttum: *Lorenz,* Verfassungswidrige Parteien und Entscheidungsmonopol des Bundesverfassungsgerichts, AöR 101 (1976), 1; *Stern,* Verfahrensrechtliche Probleme der Grundrechtsverwirkung und des Parteiverbots, in: Bundesverfassungsgericht und Grundgesetz, Bd. I, 1976, S. 194; *Kunig,* Parteien, in: HStR, Bd. II, 1987, 103; *H. Meier,* Parteiverbote und demokratische Republik, 1993; *Morlock,* Parteiverbot als Verfassungsschutz, NJW 2001, 2931; *Kersten,* Parteiverbote in der Weimarer, der Bonner und in der Berliner Republik, NJ 2001, 1; *Morlok,* Parteiverbot als Verfassungsschutz – Ein unauflösbarer Widerspruch?, NJW 2001, 2931; *Sichert,* Das Parteiverbot in der wehrhaften Demokratie, DÖV 2001, 671; *Thiel,* Das Verbot verfassungswidriger Parteien (Art. 21 Abs. 2 GG), in: ders./Hrsg.) Wehrhafte Demokratie, 2003, 173.

I. Begriff der Partei

1   Der Begriff der „Partei" ist im GG (Art. 21 I) worauf § 13 Nr. 2 verweist, nicht abschließend bestimmt, sondern zum Teil als gegeben vorausgesetzt. Art. 21 I 1 GG fordert nur Organisationen, „die bei der politischen Willensbildung des Volkes mitwirken". Damit sind aber ihre Merkmale nicht erschöpfend und auch nicht sehr zutreffend wiedergegeben. Bedeutsam ist vor allem die Begriffsbestimmung in **§ 2 des Parteiengesetzes** i.d.F.d. Bekanntmachung vom 31. 3. 1994 (BGBl. I S. 149).[1] Danach gehört zum Begriff einer politischen Partei im Sinne des Art. 21 GG der Wille der Partei, an Wahlen in Bund und Ländern innerhalb einer vernünftigen Zeitspanne teilzunehmen. Parteien sind außerdem dazu berufen, die Bürger freiwillig zu politischen Handlungseinheiten mit dem Ziel der Beteiligung an der Willensbildung in den Staatsorganen organisatorisch zusammenzuschließen und und ihnen so Einfluss auf das staatliche Geschehen zu ermöglichen.[2] Allein der Wille, Partei zu sein, reicht nicht.[3] § 2 II PartG konkretisiert

---

[1] Jetzt idF v. 28. 6. 2002.
[2] BVerfGE 24, 200 (263f.); 79, 379 (384); 91, 262 (267); 91, 276 (284).
[3] BVerfGE 91, 262 – Nationale Liste. Aus dem Schrifttum vgl. *Roellecke,* in: UC-GG Rn. 35 ff. zu Art. 21 GG; *Klein,* in: MDH Rn. 216 ff. zu Art. 21 GG; *Kunig,* in: v. Münch/Kunig, GG Bd. 2, 2001 Rn. 11 ff. zu Art. 21 GG; *Pieroth,* in: Jarass/Pieroth, GG, 7. Aufl. 2004 Rn. 4 ff. zu Art. 21 GG.

Art. 21 I GG. Er schränkt weder die Freiheit der Parteien in verfassungswidriger Weise ein, noch verstößt er gegen das verfassungsmäßig garantierte Verbot der Rückwirkung von Gesetzen.

II. Der Tatbestand der Verfassungswidrigkeit

Der Tatbestand der Verfassungswidrigkeit einer politischen Partei ergibt sich aus Art. 21 II GG. Aus der in Art. 21 I GG anerkannten Rolle der politischen Parteien in der verfassungsrechtlichen Ordnung des GG als verfassungsrechtliche Institutionen[4] und Mittler zwischen den Bürgern und dem Staatsganzen[5] und der entscheidenden Funktion, die die politischen Parteien deshalb für die demokratische Willensbildung und dies staatliche Entscheidungsfindung haben,[6] folgt für sie eine erhöhte Schutz- und Bestandsgarantie.[7] Abgesehen von den damit verbundenen verfahrensrechtlichen Vorkehrungen (siehe unten Rn. 8 ff.) führt das dazu, dass die Tatbestandsmerkmale des Art. 21 II GG eng auszulegen sind.[8]

a) Es kommt zunächst auf die **Ziele** der politischen Partei an. Diese müssen sich aus dem Programm und den öffentlichen oder nachgewiesenen nichtöffentlichen Verlautbarungen der politischen Partei ergeben.[9]

b) Soweit das **Verhalten ihrer Anhänger** eine Rolle spielt, kommt es auf die Mitglieder an und das Verhalten derjenigen, die sich für die Partei einsetzen oder sich zu ihr bekennen. Das Verhalten der Personen muss der politischen Partei zurechenbar sein.

c) Die **Beeinträchtigung oder Beseitigung** der freiheitlichen demokratischen Grundordnung (zum Begriff siehe Rn. 2 vor §§ 36 ff., Rn. 7 vor §§ 58 ff.) richtet sich auf die Abschaffung der Strukturprinzipien des GG.

d) Die **Gefährdung des Bestandes der Bundesrepublik** geht über die Beeinträchtigung/Beseitigung der freiheitlichen demokratischen Grundordnung hinaus und bezieht sich auf das Verhältnis zu anderen Staaten.

e) Die politischen Parteien müssen **darauf ausgehen,** die verfassungsfeindlichen Ziele zu erreichen. Das setzt entsprechendes Handeln

---

[4] BVerfGE 1, 208 (225); 20, 56 (100); 73, 40 (85); 107, 339 (358).
[5] BVerfGE 20, 56 (101); 52, 63 (82 f.); 107, 339 (358 f.).
[6] BVerfGE 85, 264 (285); 107, 339 (359).
[7] BVerfGE 107, 339 (359, 362); sogenanntes Parteienprivileg.
[8] *Burkhart,* in: UCD, Rn. 10 vor §§ 43 ff.; *Streinz,* in: MKS, Rn. 223 zu Art. 21 GG; *Pieroth,* in: Jarass/Pieroth, GG, 7. Aufl. 2004, Rn. 31 zu Art. 21 GG.
[9] BVerfGE 5, 85 (144).

voraus. Man kann das als ein „Daraufhinarbeiten" umschreiben, getragen von einer aktiv-kämpferischen Haltung. Die bloß innere, gegenüber der freiheitlichen demokratischen Grundordnung feindliche Einstellung genügt infolgedessen nicht. Sie ist vielmehr nur ein Moment der Bewertung des Handelns der politischen Partei. Ein weiteres Indiz kann die Gesetzwidrigkeit des Handelns sein. Anders als beim Tatbestandsmerkmal der Gefährdung des Bestands der Bundesrepublik kommt es nicht darauf an, ob die freiheitliche demokratische Grundordnung durch das Handeln der politischen Partei gefährdet wird. Art. 21 II GG muss man als Ermächtigung zu präventivem Handeln der antragstellenden Organe verstehen.[10] Die Verfolgung verfassungsfeindlicher Ziele ist auch nicht am Prinzip der Verhältnismäßigkeit zu messen.[11]

III. Verfahren

8 1. Nach Art. 21 II 2 „entscheidet über die Frage der Verfassungswidrigkeit einer Partei das **BVerfG**". Damit ist die unserem Rechtssystem sonst eigene nachträgliche Rechtskontrolle hoheitlicher Akte ausgeschlossen und durch eine vorgängige gerichtliche Entscheidung ersetzt. Ob auch eine Verfahrensregelung, die innerhalb eines Verwaltungsverfahrens eine inzidente verfassungsgerichtliche Feststellung über die Verfassungswidrigkeit einer Partei vorgeschrieben hätte, mit Art. 21 II 2 GG vereinbar gewesen wäre, kann angesichts der Tatsache der positiven Regelung im BVerfGG (§§ 43–47) dahingestellt bleiben. Dass diese verfahrensrechtlichen Vorschriften des BVerfGG, die die Entscheidung nicht nur über die Verfassungswidrigkeit der Partei, sondern auch über deren Auflösung und über weiter exekutive Maßnahmen ganz dem BVerfG übertragen und die Regierung neben anderen Verfassungsorganen auf ein bloßes Antragsrecht verweisen, mit Art. 21 II 2 GG vereinbar sind, ist ungeachtet von Bedenken unter dem Gesichtspunkt der Gewaltenteilung nicht bestritten.[12]

9 2. Das damit angesprochene **Entscheidungsmonopol** des BVerfG rechtfertigt sich aus dem Parteienprivileg.[13] Dies ist auch der Grund für das Erfordernis einer qualifizierten Mehrheit, um die Verfassungswidrigkeit aussprechen zu können.

---

[10] Str. wie hier *Burkhart,* in: UCD, Rn. 8 ff. zu § 46.
[11] BVerfGE 107, 339 (394 f.).
[12] BVerfGE 5, 85 (139) = NJW 1956, 1393.
[13] BVerfGE 107, 339 (362) und dazu Rn. 2.

Mit dem Entscheidungsmonopol des BVerfG sind weitere Aspekte verbunden:

a) Bis zur Entscheidung des BVerfG kann niemand die Verfassungswidrigkeit einer politischen Partei rechtlich geltend machen. Die Entscheidung des BVerfG ist also **konstitutiv**.[14]

b) Ein **administratives Vorgehen** gegen den Bestand einer politischen Partei ist aus diesem Grund ausgeschlossen, mag sich die Partei gegenüber der freiheitlichen demokratischen Grundordnung noch so feindlich verhalten.[15]

c) Die verfassungsmäßig verbürgte Toleranz **schützt** infolgedessen die politische Partei bis zur Feststellung ihrer Verfassungswidrigkeit. Das schließt nicht aus, sie mit politischen Mitteln zu bekämpfen.[16]

3. Zum Verfahren im Einzelnen s. §§ 43–47. Vgl. ferner die ergänzenden Vorschriften in § 32 (Vollstreckung verfassungsgerichtlicher Parteiverbote) und § 33 (Verbot von Ersatzorganisationen) PartG. Zuständig zur Entscheidung über die Verfassungswidrigkeit einer Partei ist nach § 14 II 2 der Zweite Senat.

IV. Verhältnis zum Landesrecht

Art. 21 GG (mit § 13 Nr. 2, § 46 I) schließt einschlägige landesrechtliche Vorschriften aus. Sollen Parteien (nicht bloße Wählergruppen „oder sonstige ähnliche Vereinigungen") **in den Ländern** verboten oder von Wahlen und Abstimmungen ausgeschlossen werden, so dürfen sie nicht mehr nach den Vorschriften der Landesverfassung vor die Landesverfassungsgerichte gezogen werden. Die Landesregierungen können vielmehr nur, soweit es sich um Parteien mit überlandesmäßiger Ausdehnung handelt, einen Antrag durch Bundesrat, Bundesregierung oder Bundestag nach § 43 II herbeiführen. Bei reinen Landesparteien hat die Landesregierung selbst Antragsbefugnis.[17]

V. Bedeutung des Parteiverbotsverfahrens

Das Parteiverbotsverfahren hat inzwischen im Zusammenhang mit dem NPD-Verbotsverfahren praktische Bedeutung erlangt.[18] Die Ein-

---

[14] BVerfGE 12, 296 (304 f.); 47, 198 (228); 107, 339 (362).
[15] BVerfGE 40, 287 (291); 47, 198 (228); 107, 339 (362).
[16] Siehe dazu BVerfGE 107, 339 (362).
[17] *Schäfer* JZ 1951, 199 ff.; s. dazu auch *Dietlein* AöR 120 (1995) 1 ff.
[18] BVerfGE 103, 41; 104, 38; 104, 39; 104, 41; 104, 42; 104, 63; 104, 214; 107, 339.

§ 43 Teil III. Einzelne Verfahrensarten

leitung eines Parteiverbotsverfahrens ist eine **politische Ermessensentscheidung**.[19] In der Vergangenheit hat man jedoch selbst dort, wo die Voraussetzungen für ein solches Verfahren gegeben waren auf die Stellung entsprechender Anträge verzichtet.[20]

§ 43 [Antragsberechtigte]

(1) **Der Antrag auf Entscheidung, ob eine Partei verfassungswidrig ist (Artikel 21 Abs. 2 des Grundgesetzes), kann von dem Bundestag, dem Bundesrat oder von der Bundesregierung gestellt werden.**

(2) **Eine Landesregierung kann den Antrag nur gegen eine Partei stellen, deren Organisation sich auf das Gebiet ihres Landes beschränkt.**

I. Zu Abs. 1 (Antragsberechtigte Bundesorgane)

1 1. Zur erforderlichen Mehrheit des Bundestages s. Art. 42 II GG (einfache Mehrheit), des Bundesrates s. Art. 52 III GG (einfache Mehrheit seiner Stimmen). Bundestag, Bundesrat, Bundesregierung können den Antrag **gegen jede Partei** richten, auch wenn sie nur innerhalb eines Landes organisiert ist. Da das BVerfG nach ordnungsmäßiger Antragstellung zur Sachentscheidung unter rein rechtlichen Gesichtspunkten gezwungen ist, fällt die eigentliche politische Entscheidung über ein Parteiverbot schon in der Beschlussfassung der antragsberechtigten Verfassungsorgane – praktisch der Bundesregierung – über die Stellung eines Antrags.

2 Im Zusammenhang mit dem KPD-Prozess ist im Schrifttum eingehend die Frage erörtert worden, ob die Bundesregierung zur Antragstellung verpflichtet ist, wenn sie von der Verfassungswidrigkeit einer Partei überzeugt ist.[1] Für die Bejahung der Frage kann sich Seifert zwar auf den Wortlaut des Art. 21 II GG stützen, der für eine deklaratorische Natur der Feststellung der Verfassungswidrigkeit spricht. Die Rechtsprechung des BVerfG[2] geht jedoch von der konstitutiven Wirkung des Urteils aus und spricht damit auch für einen politischen Er-

---

[19] S. dazu BVerfGE 5, 85 (113, 129) = NJW 1956, 1393 und ausf. § 43 Rn. 1.
[20] *Benda/Klein* Rn. 1133.
[1] Vgl. *Seifert* DÖV 1961, 81 (85) m. w. Nw.
[2] Vgl. BVerfGE 12, 296 = NJW 1961, 723; 47, 198 (228); 107, 339 (362). S. o. Rn. 10 vor § 43.

messensspielraum der Antragsteller, namentlich der Bundesregierung. Im Wortlaut des § 43 findet die Annahme der Antragsverpflichtung der Bundesregierung keine Stütze, sie ist daher jedenfalls nicht aus dem Prozessrecht nachweisbar.[3] Für eine rechtliche Verpflichtung mangelt es namentlich an jeder Möglichkeit, die Antragstellung mit Mitteln des Rechts zu erzwingen. Aus der Pflicht zur Antragstellung folgert *Seifert*[4] auch die Unzulässigkeit der Rücknahme eines Antrags, falls sie aus lediglich politischen Gründen geschehen soll. Verneint man eine Rechtspflicht zur Antragstellung, so ist auch die Rücknahme des Antrags zulässig. Wegen der Formalien eines Antrags s. § 23.

2. Das „ob" in Abs. 1 muss man als „dass" lesen.[5]   3

II. Zu Abs. 2 (Antragsrecht der Landesregierungen)

Die Landesregierung kann den Antrag nur gegen Parteien richten, 4
deren Organisation **nicht über das Land** hinausreicht. Politische Wirkung über das Land hinaus, wie auch Wohnsitz von Anhängern außerhalb des Landes, hindern nicht. Die Organisation braucht, um die Zuständigkeit des Landes zu begründen, nicht das ganze Gebiet des Landes zu umfassen.

III. Antragsgegner

Antragsgegner ist die politische Partei.   5

IV. Frist

Der Antrag ist an keine Frist gebunden.   6

§ 44 [Vertretung der politischen Partei]

Die Vertretung der Partei bestimmt sich nach den gesetzlichen Vorschriften, hilfsweise nach ihrer Satzung. Sind die Vertretungsberechtigten nicht feststellbar oder nicht vorhanden oder haben

---

[3] Vgl. auch *Maurer* AöR 96 (1971), 203 (224); *Klein*, in: MDH, Stand 2001, spricht davon, das Ermessen der möglichen Antragsteller sei, „weit aber nicht unbegrenzt", Rn. 547 zu Art. 21 GG; ebenso *Burkhart*, in: UCD Rn. 8 zu § 43. Das lässt sich mit der Antragsabhängigkeit des Verfahrens nicht vereinbaren.

[4] DÖV 1961, 81.

[5] *Pestalozza* § 4 Rn. 8.

§ 44 Teil III. Einzelne Verfahrensarten

sie nach Eingang des Antrags beim Bundesverfassungsgericht gewechselt, so gelten als vertretungsberechtigt diejenigen Personen, die die Geschäfte der Partei während der Tätigkeit, die den Antrag veranlaßt hat, zuletzt tatsächlich geführt haben.

I. Zweck und Anwendungsbereich

1 § 44 will den Versuch, einer politischen Partei entgegentreten, sich unter **Hinweis auf Mängel der Vertretung** dem Rechtsstreit zu entziehen. Wenn auch durch solche Versuche kraft des das Verfassungsprozeßrecht beherrschenden Untersuchungsgrundsatzes (s. o. Rn. 7 vor § 17) die Durchführung des Verfahrens nicht aufgehalten werden könnte, so lässt es doch der jedes rechtsstaatliche Verfahren beherrschende Grundsatz des rechtlichen Gehörs wünschenswert erscheinen, dem Gericht möglichst eine Vertretung der Partei gegenüberzustellen. § 44 trifft daher Bestimmungen, die ergänzend zu den Vorschriften des Zivil- und des öffentlichen Rechts, vor allem des PartG[1] hilfsweise durch eine gesetzliche Vermutung eine gesetzliche Vertretung der Partei im Prozess herbeiführen. Die Wirksamkeit dieser Vorschrift beschränkt sich ausschließlich auf das verfassungsgerichtliche Verfahren. Innerhalb dieses Verfahrens aber stehen den gesetzlichen Vertretern nach § 44 alle Rechte gesetzlicher Vertreter zu. Sie bedürfen insbesondere keiner Vollmacht, um die Rechte der Partei wahrzunehmen; in der mündlichen Verhandlung haben sie sich durch einen Anwalt (oder Lehrer des Rechts) vertreten zu lassen.

II. Primäre Geltung der gesetzlichen Vorschriften über das Vertretungsrecht

2 Primär sind gemäß § 44 die „gesetzlichen Vorschriften" anzuwenden – dh die für die betreffende Organisationsform geltenden Vorschriften des bürgerlichen oder öffentlichen Rechts (wie des Parteiengesetzes), „hilfsweise" die Satzung. Das BVerfGG ist in dieser Gegenüberstellung von Gesetz und Satzung nicht sehr glücklich gefasst; die Satzung ist stets ein auf gesetzlichen Vorschriften beruhendes und von ihnen abgeleitetes Recht; das Gesetz verweist selbst vielfach auf die Satzung (vgl. hierzu § 40 BGB) und begnügt sich insoweit mit subsidiärer Geltung. Dies trifft auch für die nunmehr maßgebliche Vorschrift des § 11 III PartG zu, die der Satzung der Partei Vorrang zubilligt.

---

[1] IdF der Bekanntmachung v. 31. 1. 1994 BGBl. I S. 148, zuletzt geändert durch das Achte ÄndG v. 28. 6. 2002 (BGBl. I S. 2268), vgl. dort § 11 III.

Parteiverbot § 45

III. Die gesetzliche Fiktion der Vertretung

§ 44 schafft für diese und ähnliche Fälle – wenn eine zentrale Vertretung der Partei nicht feststellbar ist oder nach Eingang des Antrags beim BVerfG gewechselt hat – die gesetzliche Grundlage durch Einführung einer **gesetzlichen Fiktion**. Es wird angenommen, dass die Partei durch diejenigen Personen vertreten wird, die ihre Geschäfte in der dem Antrag zugrunde liegenden Tätigkeit tatsächlich geführt (dh ihre politische Haltung und Betätigung bestimmt) haben. Dies können auch mehrere Personen (gemeinsam) sein. Die Feststellung hierüber ist Sache tatsächlicher Ermittlungen, die vom BVerfG nach dem Untersuchungsgrundsatz (s. dazu o. Rn. 7 vor § 17) durchzuführen sind. Untergeordnete Funktionäre, auch wenn sie mit weitgehenden selbstständigen Befugnissen ausgestattet sind, werden nicht als vertretungsberechtigt gelten können, schließen daher auch die übergeordnete Verantwortung (und Vertretungsfunktion) der letztlich politisch leitenden Personen nicht aus. Es kann sein, dass uU seit der dem Antrag zugrunde liegenden verfassungsfeindlichen Betätigung ein mehrfacher Wechsel dieser Personen stattgefunden hat. Die Gültigkeit der Prozesshandlung wird nicht dadurch ausgeschlossen, dass nach § 44 S. 2 Vertretungsberechtigte die Entgegennahme und Abgabe von Erklärungen verweigern. Erklärungen des nach § 44 S. 2 Vertretungsberechtigten muss andererseits die Partei gegen sich gelten lassen, sie kann den Vertretungsberechtigten auch nicht mit Wirkung gegenüber dem Gericht in seiner Prozessführung binden.

IV. Ausschluss anderer Personen

Andere Personen als die nach § 44 Vertretungsberechtigten können die Partei im Verfahren nicht (gesetzlich) vertreten. Wegen der Zulassung als Beistand vgl. § 22.

§ 45 [Vorverfahren]

Das Bundesverfassungsgericht gibt dem Vertretungsberechtigten (§ 44) Gelegenheit zur Äußerung binnen einer zu bestimmenden Frist und beschließt dann, ob der Antrag als unzulässig oder als nicht hinreichend begründet zurückzuweisen oder ob die Verhandlung durchzuführen ist.

1. § 45 führt, wie § 37, ein Vorverfahren ein, entsprechend dem Eröffnungsbeschluss im Strafprozess. Vgl. die entsprechenden Ausfüh-

§ 46 Teil III. Einzelne Verfahrensarten

rungen zu § 37. Ausdrücklich ist hierbei auf die nach § 44 Vertretungsberechtigten abgestellt. Ein solches Vorverfahren hat stattgefunden über den Antrag der Freien und Hansestadt Hamburg, die „Nationale Liste" zu verbieten. Das BVerfG hat den Standpunkt vertreten, die „Nationale Liste" sei keine Partei, weil ihre Zielsetzung nicht ernsthaft sei.[1] Im Rahmen des Vorverfahrens hat das BVerfG entschieden, dass die Verhandlung über das NPD-Verbotverfahren durchzuführen sei.[2] Damit ist das Vorverfahren abgeschlossen.[3]

2 2. Nach Abschluss der Voruntersuchung ist die mündliche Verhandlung obligatorisch, es sei denn, die Beteiligten verzichteten darauf (§ 25 I).[4] Im Laufe des Verfahrens kann das BVerfG einstweilige Anordnungen erlassen[5] und Beschlagnahmen sowie Durchsuchungen anordnen.[6]

§ 46 [Entscheidung über Verfassungswidrigkeit einer politischen Partei]

(1) **Erweist sich der Antrag als begründet, so stellt das Bundesverfassungsgericht fest, daß die politische Partei verfassungswidrig ist.**

(2) **Die Feststellung kann auf einen rechtlich oder organisatorisch selbständigen Teil einer Partei beschränkt werden.**

(3) **Mit der Feststellung ist die Auflösung der Partei oder des selbständigen Teiles der Partei und das Verbot, eine Ersatzorganisation zu schaffen, zu verbinden. Das Bundesverfassungsgericht kann in diesem Fall außerdem die Einziehung des Vermögens der Partei oder des selbständigen Teiles der Partei zugunsten des Bundes oder des Landes zu gemeinnützigen Zwecken aussprechen.**

---

[1] BVerfGE 91, 262 (273 ff.).
[2] BVerfGE 104, 63 (65).
[3] Zu einer Entscheidung im Rahmen des § 46 ist es nicht gekommen, weil das Verfahren wegen eines Verfahrensmangels eingestellt worden ist, BVerfGE 107, 339.
[4] *Benda/Klein* Rn. 1139; *Klein,* in: MDH, Stand 2004, Rn. 550 zu Art. 21 GG.
[5] BVerfGE 1, 349.
[6] BVerfGE 2, 1 (7); 5, 85 (107); 104, 38; 104, 39; 104, 41; siehe dazu die Entscheidungen über einen Antrag auf Erlass einer einstweiligen Anordnung wegen einer zu weitgehenden Beschlagnahme durch die Staatsanwaltschaft, *BVerfG* 104, 42.

I. Die Entscheidung

1. Zu Abs. 1 (Feststellung der Verfassungswidrigkeit)

Nach Art. 21 II 1 „sind" Parteien verfassungswidrig, die die dort genannten sachlichen Voraussetzungen erfüllen. Daraus kann gefolgert werden, dass die Verfassungswidrigkeit kraft Gesetzes mit Verwirklichung des Tatbestandes des Art. 21 II 1 GG eintritt. Gem. Art. 21 Abs. II 2 GG dürfen jedoch Rechtsfolgen an die Verfassungswidrigkeit erst geknüpft werden, wenn die Verfassungswidrigkeit vom BVerfG festgestellt worden ist. Die Entscheidung des BVerfG nach § 46 I ist also insoweit deklaratorisch, als sie eine seit Tatbestandsverwirklichung gegebene materielle Rechtslage feststellt, hingegen konstitutiv, als sie gestattet, Rechtsfolgen aus der festgestellten materiellen Rechtslage abzuleiten (s. Rn. 10 vor §§ 43 ff.).

Die im Tenor des Urteils ausgesprochene Feststellung der Verfassungswidrigkeit der Partei bindet gem. § 31 die Verfassungsorgane des Bundes und der Länder und alle Gerichte und Behörden. Strittig blieb lange Zeit, ob die Entscheidung des BVerfG es gestattet, Rechtsfolgen aus der festgestellten Verfassungswidrigkeit schon rückwirkend auf den Zeitpunkt der Tatbestandsverwirklichung oder erst vom Zeitpunkt des Urteils abzuleiten. Im ersteren Sinne, der der Wirkung etwa eines Ehe-Nichtigkeitsurteils (§ 632 ZPO) entspricht und wohl allein dem Wortlaut des Art. 21 II 1 GG gerecht wird, entschied sich offenbar der Gesetzgeber des § 90a III StGB, der für die Bestrafung von Gründern und Förderern verfassungswidriger Parteien der Entscheidung des BVerfG nach Art. 21 II GG, § 13 Nr. 2 nur die Bedeutung einer Verfahrensvoraussetzung beimaß. Das BVerfG hat jedoch § 90a StGB mit Berufung auf das Parteienprivileg des Art. 21 GG, im Grunde mehr aus rechtspolitischen, als aus rechtsdogmatischen Gründen für nichtig erklärt und damit der Feststellung des BVerfG nach § 46 I jede Rückwirkung versagt.[1] Nach dieser Entscheidung „legalisiert" das **Parteienprivileg** bis zur Entscheidung des BVerfG die der Sache nach verfassungswidrige Partei und jede mit allgemein erlaubten Mitteln begangene Tätigkeit zugunsten dieser Partei. Der Begründung nach gilt die unmittelbar für eine Strafrechtsnorm erlassene Entscheidung auch für Rechtswirkungen nicht strafrechtlicher Art (zur Frage, welche Folgen sich aus der Entscheidung für die Bestrafung von Staatsgefährdungsdelikten ergeben.[2] In der Auslegung der Entscheidung des

---

[1] BVerfGE 12, 296 = NJW 1961, 723; s. hierzu Anm. von *Reißmüller* JZ 1961, 323 und *Kölble* AöR 87 (1962), 48 ff.
[2] *Bertram* NJW 1961, 1099.

§ 46　　　　　　　　　　　　　　　Teil III. Einzelne Verfahrensarten

BVerfG wird die Feststellung der Verfassungswidrigkeit durch das Gericht[3] praktisch zu einem ex nunc wirkenden Parteiverbot wegen verfassungswidriger Zielsetzung und Tätigkeit der Partei.[4] Die Auslegung des Art. 21 II GG folgt damit einer ähnlichen Entwicklung, wie diejenige der vergleichbaren Vorschrift des Art. 9 II GG,[5] die gleichfalls aus mehr rechtspolitischen als rechtsdogmatischen Überlegungen von der Annahme eines kraft Gesetzes eintretenden Verbots einer gesetzwidrigen Vereinigung zur Notwendigkeit einer konstitutiv wirkenden Feststellung gelangt sind.

2. Zu Abs. 2 (Beschränkung der Feststellung auf einen Teil der Partei)

3　　Von der Entscheidung wird in der Regel die Gesamtpartei als politische und rechtliche Einheit getroffen, **einschließlich** ihrer Teil- und Unterorganisationen. BVerfGE 5, 85 ff. [392] (= NJW 1956, 1393) begreift unter letzteren nur „satzungsmäßige" Organisationen, *Seifert*[6] will alle Organisationen einbeziehen, „die einer Partei derartig eingegliedert sind, dass sie nach dem Gesamtbild der tatsächlichen Verhältnisse (Mitgliederzusammensetzung, Willensbildung, Zielsetzung, Tätigkeit, Finanzierung usw) als deren Bestandteil erscheinen". In Frage kommen vor allem Landes-, Kreis- und Ortsverbände aber auch Fachausschüsse, Arbeitsgemeinschaften, Parteischulen, Parteiinstitute, reine Parteiverlage.[7] Auf der Partei nicht eingegliederte, wenn auch von ihr abhängige Organisationen, vor allem auf sog. Tarnorganisationen, erstreckt sich die Entscheidung des BVerfG nicht. Diese Organisationen nehmen nicht an dem Parteiprivileg der Art. 21 GG teil und fallen, soweit sie die verfassungsmäßige Ordnung verletzen, unter Art. 9 II GG.[8] Abs. 2 kann sich daher nicht auf solche Nebenorganisationen, sondern nur auf der Partei eingegliederte, wenn auch organisatorisch und rechtlich selbstständig gehaltene Teil- und Unterorganisationen beziehen. Die Feststellung nach Abs. 1 muss auf diese Teile der Partei beschränkt werden, wenn nur sie die Voraussetzungen des Art. 21 II GG

---

[3] BVerfGE 12, 296.
[4] In diesem Sinne bereits *Weber* JZ 1953, 293 vgl. auch BVerfGE 17, 155 = NJW 1964, 539.
[5] S. *Füßlein* DVBl. 1954, 663, *Seifert* DÖV 1954, 253.
[6] DÖV 1961, 87.
[7] Entgegen *Bayer* DÖV 1955, 176 bedarf es hinsichtlich dieser Organisationen weder der Einbeziehung in das Verfahren, noch der ausdrücklichen Nominierung im Urteil.
[8] BVerfGE 5, 392, *Seifert* DÖV 1961, 87; *Gusy*, in: AK-GG, Stand 2001 Rn. 117 zu Art. 21 GG.

Parteiverbot § 46

erfüllen. Die unmittelbare Antragstellung gegen einen Teil einer Partei ist durch § 43 I ausgeschlossen.

3. Zu Abs. 3 (weiterer Inhalt der Entscheidung)

a) Auflösung. Die vom Gesetz bindend vorgeschriebene „Auflö- 4
sung" der Partei oder des selbstständigen Teils der Partei ist „keine selbstständige Exekutivmaßnahme, sondern eine gesetzlich angeordnete normale, typische und adaequate Folge der Feststellung der Verfassungswidrigkeit".[9] Die Übertragung der Zuständigkeit für den Auflösungsausspruch auf das BVerfG verletzt daher nicht das Prinzip des Rechtsstaats und der Gewaltenteilung.[10]

b) Das Verbot von Ersatzorganisationen. „Eine Ersatzorganisation 5
(ist), wie schon das Wort sagt, dazu bestimmt, an die Stelle einer nicht mehr vorhandenen oder nicht mehr funktionierenden Organisation zu treten".[11] Partei und Ersatzorganisation sind organisatorisch nicht „dasselbe", wollen aber funktionell „dasselbe". Maßgebend ist jetzt § 33 I PartG: „Es ist verboten, Organisationen zu bilden, die verfassungswidrige Bestrebungen einer nach Artikel 21 Abs. 2 des Grundgesetzes in Verbindung mit § 46 des Gesetzes über das Bundesverfassungsgericht verbotenen Partei an deren Stelle weiterverfolgt (Ersatzorganisation) oder bestehende Organisationen als Ersatzorganisationen fortzuführen". Insoweit wirkt das vom BVerfG im Rahmen des § 46 ausgesprochene Verbot nur deklaratorisch.[12] Handelt es sich dagegen bei der Ersatzorganisation um eine Partei, die schon vor der Verbotsentscheidung des BVerfG bestanden hat, oder um eine solche, die im Bundestag oder im Landtag verboten ist, so stellt das BVerfG fest, dass es sich um eine verbotene Ersatzorganisation handelt (§ 33 II PartG).

Auf die Organisationsform kommt es nicht an, Vereinigungen jeder 6
Art kommen in Frage, die Ersatzorganisation braucht namentlich nicht selbst politische Partei zu sein. Hierher zählen vor allem Wählervereinigungen für die Aufstellung von Bewerbern für Parlaments- und Kommunalwahlen, aber auch Vereinigungen, die ohne Beteiligung an Wahlen die Ziele der verbotenen Partei auf andere Weise fördern. Es können daher auch bestehende Hilfs- und Tarnorganisationen der verbotenen Partei zu „Ersatzorganisationen" werden, wenn sie Aufgaben der verbotenen Partei übernommen haben. Das Verbot der Ersatzor-

---

[9] BVerfGE 5, 85 (391).
[10] BVerfGE 25, 44 (54)) = NJW 1969, 738. Für eine Anwendung als Prinzip der Verhältnismäßigkeit ist kein Raum, *Klein*, in: MDH, Stand 2001 Rn. 558 zu Art. 21 GG.
[11] BVerfGE 6, 307.
[12] *Klein*, in: MDH, Stand 2001, Rn. 561 zu Art. 21 GG.

ganisation ergeht in allgemeiner Form und sagt daher unmittelbar nichts darüber aus, welche konkreten Organisationen unter das Verbot zu subsumieren sind. Durch § 33 I PartG ist nunmehr das Verbot der Bildung von Ersatzorganisationen für verbotene Parteien auch gesetzlich ausgesprochen.

7 **c) Die Einziehung des Parteivermögens.** Während die im Grunde in der Feststellung der Verfassungswidrigkeit schon enthaltene Anordnung der Auflösung der Partei und das Verbot von Ersatzorganisationen dem BVerfG bindend aufgegeben sind, ist die Einziehung des Parteivermögens in das Ermessen des Gerichts gestellt. Es ist eine der Auferlegung von Sicherungsmaßnahmen im Strafprozess vergleichbare, selbstständige und zusätzliche Anordnung, die die Durchführung der Auflösung der Partei erleichtern und dem Verfassungsfeind die materiellen Mittel für eine künftige weitere verfassungsfeindliche Tätigkeit entziehen soll.[13] Der Gesetzgeber ist davon ausgegangen, dass eine Vermögenseinziehung nicht erforderlich ist, wenn entweder offensichtlich keine nennenswerten Vermögenswerte der aufgelösten Partei vorhanden sind oder ihre vermögensrechtlichen Verhältnisse so klar liegen, dass eine Auseinandersetzung in kürzester Frist möglich erscheint.[14] Nach herrschender Ansicht ist sie weder Enteignung im Rechtssinn noch Aufopferungszwang, sondern eine „an die Rechtsverwirkung anschließende, zum Eigentumsverlust führende Sühnemaßnahme".[15] Es hatte sich namentlich beim Vollzug des KPD-Urteils erwiesen, dass insoweit die Vorschrift des § 46 III, die sich mit der Verwendung eines im Schrifttum und Rechtsgewohnheit noch keineswegs zur festen Rechtsinstitution gewordenen Rechtsbegriffs begnügte, viele Fragen offen ließ und dringend der Ergänzung bedurfte. Dies galt namentlich hinsichtlich der Behandlung der Passiva des eingezogenen Vermögens und hier wiederum besonders hinsichtlich der nicht dolosen Forderungen aus Arbeits-, Werk- und Kaufverträgen.[16] § 32 V PartG hat die Fragen geregelt, indem es §§ 10–13 des Vereinsgesetzes vom 5. 8. 1964 (BGBl. I S. 593)[17] für anwendbar erklärt.

Hinsichtlich der Einziehungsvoraussetzungen hat das BVerfG erkannt: „Dabei ist der Gesetzgeber davon ausgegangen, dass eine Vermögenseinziehung nicht erforderlich ist, wenn entweder offensichtlich keine nennenswerten Vermögenswerte der aufgelösten Partei vorhan-

---

[13] *Seifert* DÖV 1961, 87.
[14] BVerfGE 5, 392.
[15] *Klein*, in: MSKB, Stand 1987 Rn. 37 zu § 46 m. w. Nw.
[16] *Fuß* JZ 1959, 741; *BGH* NJW 1959, 1243 mit Besprechung *v. Henrichs*; Vermögen sind nur die Aktiva.
[17] IdF v. 22. 8. 2002 (BGBl. I S. 3390).

den sind oder ihre vermögensrechtlichen Verhältnisse so klar liegen, dass eine Auseinandersetzung in kürzester Zeit möglich erscheint. In anderen Fällen dagegen, insbesondere wenn die Vermögensverhältnisse nicht übersichtlich sind, muss das Vermögen eingezogen werden, um zu verhindern, dass Organe der aufgelösten Partei unter dem Vorwand der Vermögensauseinandersetzung den Zusammenhalt der Partei aufrechterhalten".[18]

d) Verlust der Mandate. Ohne ausdrückliche gesetzliche Grundlage und entgegen der in den gesetzgeberischen Verhandlungen zum BVerfGG vorherrschenden Rechtsauffassung[19] hatte das BVerfG im SRP-Urteil[20] ausgesprochen, dass die Bundestags- und Landtags (Bürgerschafts-)Mandate der Abgeordneten, die auf Grund von Wahlvorschlägen der SRP gewählt waren oder zurzeit der Urteilsverkündung der SRP angehörten, **ersatzlos** fortfielen; es hatte ferner bestimmt, dass sich die gesetzliche Mitgliederzahl der betroffenen Parlamente um die Zahl der fortfallenden Mandate verringerte. Nach der Begründung „ergibt sich der Mandatsverlust derart zwingend aus der Feststellung der Verfassungswidrigkeit der Partei, dass er als deren unmittelbare gesetzliche Folge angesehen werden muss, ohne dass es, wie in § 46 Abs. 3 für die Auflösung einer Partei geschehen, einer ausdrücklichen Ermächtigung des Gesetzgebers zu einem entsprechenden rechtsgestaltenden Ausspruch bedurfte". – Im KPD-Urteil hat das BVerfG die im SRP-Urteil vertretene Rechtsauffassung bestätigt, einen neuen Ausspruch in diesem Sinne mit Hinweis auf entsprechende Gesetzgebung in den in Frage kommenden Ländern unterlassen.[21] Die Auffassung des BVerfG begegnete von Anfang an vielen Einwänden sowohl aus Art. 21 wie aus Art. 38 I 2 GG. In prozessualer Hinsicht kam das Bedenken hinzu, dass sich der Ausspruch über den Mandatsverlust rechtlich gegen dritte, nicht unmittelbar am Verfahren beteiligte Personen richtete. Inzwischen ist das Problem des Mandatsverlusts in den Wahlgesetzen des Bundes (vgl. § 46 I Nr. 5, IV BWG) und der Länder gelöst: Mit der Erklärung der Verfassungswidrigkeit der politischen Partei, der der Abgeordnete angehört, durch das BVerfG verliert er seine Mitgliedschaft im Parlament. Diese Regelung ist verfassungsgemäß.[22]

8

---

[18] BVerfGE 5, 85 (392 f.).
[19] *Roemer* JZ 1951, 193 (195).
[20] BVerfGE 2, 1 (74).
[21] BVerfGE 5, 85 (392).
[22] HM, vgl. *Klein,* in: MDH, Stand 2004, Rn. 568 zu Art. 21 GG m. w. Nw.

II. Vollzug der Entscheidung

9 1. Gegenüber der Feststellung der Verfassungswidrigkeit einer Partei als der rechtlichen Grundlage des Gesamturteils können die weiteren Teile eines Verbotsurteils – Auflösung der Partei, Verbot von Ersatzorganisationen, Vermögenseinziehung, Mandatsverlust – in gewissem Sinne[23] als Vollzugsmaßnahmen gelten, da sie entweder notwendige Folgen aus der Feststellung der Verfassungswidrigkeit ziehen oder ihre Beachtung sicherstellen. Der **eigentliche Vollzug** beginnt jedoch nach dem Urteil und obliegt anderen Behörden des Bundes und der Länder. Das BVerfGG bietet hierfür als Rechtsgrundlage nur die allgemeine Vorschrift des § 35. Das BVerfG hat auf seiner Grundlage in den beiden bisher ergangenen Parteiverbotsurteilen die Minister (Senatoren) des Innern in den Ländern mit der Durchführung der Parteiauflösung und des Verbots von Ersatzorganisationen beauftragt und insoweit unmittelbare Weisungsbefugnisse gegenüber allen Polizeiorganen zuerkannt. Die Vermögenseinziehung wurde in beiden Fällen dem Bundesminister des Innern übertragen mit der Maßgabe, dass er sich die Hilfe der Minister (Senatoren) des Innern der Länder bedienen könne.[24] Es hat also von der Regelung des § 35 in weitest möglichem Maße Gebrauch gemacht.

10 Gleichwohl sind, wie sich schon nach dem SRP-Verbot, noch mehr aber nach dem KPD-Verbot gezeigt hat, schwierige Fragen offen geblieben, die, weil ihrem Wesen nach gesetzgeberischer Art, nicht über § 35 gelöst werden konnten, sondern einer besonderen Regelung in der einschlägigen Gesetzgebung des Bundes und der Länder (Parteiengesetz, Vereinsgesetz, Wahlgesetzgebung, Verwaltungs- und Polizeirecht) bedurften. Dies gilt umso mehr, je weiter sich der Vollzug vom eigentlichen Urteilsgegenstand entfernt und mittelbaren Folgewirkungen zuwendet. Die dabei auftretenden Fragen sind teils materiell-rechtlicher, teils verfahrens- und organisationsrechtlicher Natur. Hinsichtlich der namentlich für Vermögenseinziehung und Mandatsverlust, aber auch für die Begriffsbestimmung der Ersatzorganisation bedeutsamen materiell-rechtlichen Fragen s. oben Rn. 5.

11 2. In verfahrensrechtlicher Hinsicht trifft § 32 I, II PartG eine gesetzliche Regelung in Übernahme der vom BVerfG[25] getroffenen Anordnungen, indem er den Landesregierungen (bei bundesweiten Organisationen dem Bundesminister des Innern) die notwendigen Vollzugsmaßnahmen überträgt und ihnen ein umfassendes **Weisungs-**

---

[23] Trotz BVerfGE 5, 85 (391) = NJW 1956, 1393.
[24] BVerfGE 2, 1 (2); 5, 85 (87).
[25] BVerfGE 1, 2; 5, 85.

Wahlprüfung **Vor § 48**

recht gegenüber allen Landes- und Gemeindebehörden überträgt. Das BVerfG wird jedoch in § 32 III PartG ausdrücklich ermächtigt, abweichende Vollstreckungsanordnungen nach § 35 zu erlassen. Dem BVerfG wird ferner in § 32 IV 2 PartG als neue, zusätzliche Entscheidungskompetenz nach Art. 93 II GG, § 13 Nr. 15 die Befugnis übertragen, im Rahmen eines verwaltungsgerichtlichen Rechtsstreits über Vollstreckungsmaßnahmen auf Anrufen des Verwaltungsgerichts über Fragen zu entscheiden, die für die Vollstreckung des Urteils (des BVerfG) von grundsätzlicher Bedeutung sind. Nach § 32 IV 3 PartG entscheidet das BVerfG auch über Einwendungen gegen die Art und Weise der Durchführung der von ihm angeordneten besonderen Vollstreckungsmaßnahmen.

3. Die Entscheidung des BVerfG, mit der ein Parteiverbot ausgesprochen wird, ergeht ohne zeitliche Begrenzung.[26] 12

4. Die Parteiverbotsentscheidungen des BVerfG werden strafrechtlich durch §§ 84 bis 86a StGB gesichert. 13

5. Zur Auslagerung nach § 34a s. dort Rn. 75. 14

§ 47 [Beschlagnahme und Durchsuchung; Wiederholung eines Antrags]

Die Vorschriften der §§ 38 und 41 gelten entsprechend.

1. § 38: Anordnung von Beschlagnahmen und Durchsuchungen gem. §§ 94–111 StPO; sie können sich nicht nur gegen die Hauptorganisation, sondern auch gegen organisatorisch oder rechtlich selbstandige Teile und deren Organe wenden (vgl. oben Rn. 3 zu § 46). 1

2. § 41: Wiederholung des Verfahrens nur auf Grund neuer Tatsachen; vgl. hierzu Rn. 3 zu § 41. 2

Dritter Abschnitt. Verfahren in den Fällen des § 13 Nr. 3

Vorbemerkung vor § 48

Schrifttum: *Grawert,* Normenkontrolle im Wahlprüfungsverfahren, DÖV 1968, 748; *Wuttke,* Wahlprüfungsentscheidungen als Angriffsgegenstand einer Verfassungsbeschwerde, AöR 96 (1971), 506; *Frowein,* Die Rechtsprechung des Bundesverfassungsgerichts zum Wahlrecht, AöR 99 (1974), 72 (106 ff.); *Schenke,* Der gerichtliche Rechtsschutz im Wahlrecht, NJW 1981, 2440; *Koenig,* Scha-

---

[26] Siehe dazu *Klein,* in: MDH, Stand 2001, Rn. 565 zu Art. 21 GG.

Vor § 48 Teil III. Einzelne Verfahrensarten

densersatzansprüche und verfassungsgerichtliche Ungültigkeitserklärung von Parlamentswahlen? DÖV 1994, 286; *ders.*, Mandatsrelevanz und Sanktionen im verfassungsgerichtlichen Wahlbeschwerdeverfahren, ZParl. 25 (1994), 241; *Hoppe*, Die Wahlprüfung durch den Bundestag (Art. 41 Abs. 1 Satz 1 GG), DVBl. 1996, 344; *Roth*, Zur Durchsetzung der Wahlrechtsgrundsätze vor dem Bundesverfassungsgericht, DVBl. 1998, 215; *ders.*, Subjektiver Wahlrechtsschutz und seine Beschränkungen durch das Wahlprüfungsverfahren, in: FS f. Graßhof, 1998, 53.

I. Begriff und Gegenstand der Wahlprüfung

1 1. § 48 gibt die Verfahrensregelungen zu Art. 41 GG, der die Wahlprüfung zur Sache des Bundestages macht (Abs. 1), die Beschwerde an das BVerfG zulässt (Abs. 2) und das Nähere einem Bundesgesetz überlässt.[1]

2 2. Art. 41 GG definiert den Begriff der Wahlprüfung nicht.

3 **a)** Er ergibt sich vom Gegenstand her aus § 1 I WPG: „Über die Gültigkeit der Wahlen zum Bundestag entscheidet vorbehaltlich der Beschwerde gemäß Artikel 41 Abs. 2 des Grundgesetzes der Bundestag." Der Bundestag hat danach die Befugnis, die Wahlvorgänge vom Beginn des Wahlverfahrens an bis zur Feststellung des Ergebnisses und zur endgültigen Verteilung der Sitze auf das Vorliegen von Wahlfehlern zu überprüfen.[2]

4 Geprüft werden können danach nur Entscheidungen und Maßnahmen, die sich auf das Wahlverfahren beziehen.[3]

5 **b)** Inhaltlich, also bezüglich des materiellen Wahlprüfungsrechts werden als Kontrollmaßstab alle diejenigen Rechtssätze erfasst, auf deren Grundlage sich Fragen nach der Gültigkeit oder Ungültigkeit einer Wahl sowie die nach dem Fortbestehen oder Erlöschen eines Mandats beurteilen lassen.[4]

6 **c)** Das Wahlprüfungsverfahren dient nicht dem Schutz subjektiver Rechte, sondern dem Schutz des **objektiven Wahlrechts,** um die richtige Zusammensetzung des Bundestages zu gewährleisten.[5] Dabei geht es stets um zwei Fragen:

---

[1] BWG i. d. F. der Bek. v. 23. 7. 1993 (BGBl. I 1288), zuletzt geändert durch G v. 30. 7. 2004 (BGBl. I 1950).

[2] HM, vgl. *Klein*, in: MDH, Stand 2004, Rn. 1 zu Art. 41 GG m. w. Nw.

[3] BVerfGE 11, 329. Dazu gehört auch die Anerkennung einer Gruppierung als Partei durch den Bundeswahlausschuss, BVerfGE 74, 96 (101) = NJW 1987, 769; siehe auch BVerfGE 83, 156 (157 f.).

[4] Siehe dazu *Klein*, in: MDH, Stand 2004, Rn. 99 zu Art. 41 GG m. w. Nw.; *Schmidt-Bleibtreu*, in: MSKB, Stand 2001, Rn. 8 ff. zu § 48.

[5] BVerfGE 1, 208 (238); 1, 430 (433); 4, 370 (372); 21, 277; 34, 201 (203); 40, 11 (29) = NJW 1975, 1551.

Wahlprüfung **Vor § 48**

– Sind Wahlfehler vorgekommen?
– Welche Folgen haben sie für die Wahl?

Den Wahlfehler muss der Beschwerdeführer substantiiert darlegen.[6] Das muss schon im Einspruch geschehen, sonst ist die Rüge unzulässig.[7]

d) Nur solche Wahlfehler können daher eine Beschwerde rechtfertigen, die **auf die Mandatsverteilung von Einfluss** sind oder sein können.[8]

7

e) Andererseits können Entscheidungen und Maßnahmen, die sich unmittelbar auf das Wahlverfahren beziehen, nur mit den in den Wahlvorschriften vorgesehenen Rechtsbehelfen und im Wahlprüfungsverfahren angefochten werden.[9] Die Verfassungsbeschwerde ist danach in verfassungskonformer Weise ausgeschlossen.[10] Mit Ablauf der Legislaturperiode des Bundestags erledigt sich auch eine gegen die Gültigkeit der Wahl gerichtete Wahlprüfungsbeschwerde.[11]

8

II. Verfahren vor dem Wahlprüfungsausschuss

Das Wahlprüfungsverfahren für die Wahlen zum Bundestag ist geregelt im Gesetz vom 12. 3. 1951 (BGBl. I S. 166 idF v. 28. 4. 1995, BGBl. I S. 582). Danach erfolgt die Wahlprüfung nur auf **Einspruch** (§ 2 WPG), also nicht von Amts wegen. Bezüglich Einspruchsberechtigung, Form und Frist vgl. § 2 II–IV mit § 14 und § 15 WPG. Der Entscheidung des Plenums (§ 13 WPG) geht ein **vorbereitendes** Verfahren des Wahlprüfungsausschusses (§§ 3–12 WPG) voraus, das gerichtsähnlich ausgestaltet ist und mit einem formulierten Vorschlag an das Plenum endet. Es zerfällt in eine „Vorprüfung" nach der prozessualen Seite (§ 5 WPG) und in die eigentliche Sachprüfung mit obligatorischer, jedoch Parzeiverzicht unterliegender mündlicher Verhandlung (§§ 6–8 WPG). Hierauf finden die Vorschriften der ZPO weitgehend Anwendung (§ 9 WPG). Der Wahlprüfungsausschuss wird dadurch allerdings nicht „Gericht" i. S. d. Art. 100 GG. Wird im Wahlprüfungsverfahren die Verfassungsmäßigkeit des Wahlgesetzes oder von

9

---

[6] BVerfGE 58, 175; 59, 119 (124); 66, 369 (378 f.).
[7] BVerfGE 79, 50; 79, 161 (165) = NJW 1989, 1347.
[8] BVerfGE 4, 370 (373); 29, 154 (165); 66, 369 (378) = NJW 1984, 2201.
[9] BVerfGE 11, 329; 14, 154; 16, 128 (130); 28, 214 (219); 29, 18; 74, 96 (100) = NJW 1987, 769; BVerfG(K). B. v. 13. 9. 05 – 2 BvQ 31/05 – vorläufiges Wahlergebnis, bundesverfassungsgericht.de. Zu einer Annahme s. BVerfGE 82, 322.
[10] BVerfGE 29, 18 (19). Es gibt keine in ein einstweiliges Anordnungsverfahren vorverlegte Wahlprüfungsbeschwerde, BVerfG(K). B. v. 13. 9. 05 – 2 BvQ 31/05 – vorläufiges Wahlergebnis, bundesverfassungsgericht.de.
[11] BVerfGE 22, 277 (280); 34, 201 (203).

Teilen desselben streitig, so hat sie der Wahlprüfungsausschuss inzidenter zu prüfen und das Ergebnis dieser Prüfung in seinem Vorschlag für die Entscheidung des Plenums über die einzelnen Wahlanfechtungen zu berücksichtigen. Hierbei ist auch der Gesichtspunkt zu beachten, ob der festgestellte, auf einer ungültigen Bestimmung des Wahlgesetzes beruhende Fehler für den Wahlausgang erheblich war (s. o. Rn. 1). Der Bundestag hat abweichend von der hier vertretenen Auffassung eine von der Bundesregierung für zulässig gehaltene Inzident-Entscheidung über die Verfassungswidrigkeit des Wahlgesetzes mit folgender Begründung abgelehnt.[12] Art. 41 GG ermächtigt den Bundestag nur, die ordnungsgemäße Durchführung des Wahlakts nach den dafür erlassenen Bestimmungen, nicht aber die Verfassungsmäßigkeit des Wahlgesetzes selbst zu prüfen. Der Bundestag käme andernfalls in die Lage, über von ihm selbst erlassene Gesetze ein quasi richterliches Urteil abzugeben. Das BVerfG hat diese Frage selbst nicht entschieden[13] in prozessualer Hinsicht jedoch den ergangenen Beschluss nur mit Beschwerde nach § 48 für anfechtbar erklärt.[14] Danach schließt das Wahlprüfungsverfahren die Verfassungsbeschwerde gegen letztinstanzliche Wahlprüfungsentscheidungen anderer höchster Wahlprüfungsgerichte nicht aus.

III. Verfahren vor dem BVerfG

10 Da das Verfahren vor dem Wahlprüfungsausschuss und dem Bundestag kein gerichtliches Verfahren ist, ist der Ausdruck „Beschwerde", der üblicherweise nur bei einem Instanzenzug innerhalb desselben Zweiges der Gerichtsbarkeit oder Verwaltung gebraucht wird, in Art. 41 II GG, § 18 WPG, und § 48 nicht ganz zutreffend. Es handelt sich um ein Rechtsinstitut eigener Art. Dass das BVerfG im Verfahren nach § 13 Nr. 3 das Wahlgesetz inzidenter auf seine Übereinstimmung mit der Verfassung zu prüfen hat, ist unstreitig.[15] Die Antwort auf die vom BVerfG noch nicht entschiedene Frage, ob § 78 S. 1 auf Entscheidungen in Wahlprüfungssachen anwendbar ist, in denen das BVerfG zur Annahme der Nichtigkeit des Wahlgesetzes gelangt, ist sehr zweifelhaft.[16]

IV. Zuständigkeit

11 Zuständig ist der Zweite Senat (§ 14 II).

---

[12] BT-Drs. 2814 und 2815.
[13] Sie ist auch in BVerfGE 16, 130 (135) = NJW 1963, 1600 offen gelassen.
[14] BVerfGE 2, 300. Vgl. hierzu o. Rn. 1 und *Grawert* DÖV 1968, 748 (755).
[15] BVerfGE 16, 130 (135); 21, 200 (204); 34, 81 (95) = NJW 1973, 33.
[16] Bejahend *Leibholz/Rupprecht,* BVerfGG, 1968, Anm. zu § 78.

V. Europäisches Parlament

Das BVerfG ist auch für die Prüfung der Wahlen zum Europäischen Parlament zuständig, vgl. § 26 EuWG. Das BVerfGG gilt entsprechend.[17]

§ 48 [Antragsberechtigte; Verfahren]

(1) **Die Beschwerde gegen den Beschluß des Bundestages über die Gültigkeit einer Wahl oder den Verlust der Mitgliedschaft im Bundestag kann der Abgeordnete, dessen Mitgliedschaft bestritten ist, ein Wahlberechtigter, dessen Einspruch vom Bundestag verworfen worden ist, wenn ihm mindestens einhundert Wahlberechtigte beitreten, eine Fraktion oder eine Minderheit des Bundestages, die wenigstens ein Zehntel der gesetzlichen Mitgliederzahl umfaßt, binnen einer Frist von zwei Monaten seit der Beschlußfassung des Bundestages beim Bundesverfassungsgericht erheben; die Beschwerde ist innerhalb dieser Frist zu begründen.**

(2) **Die Wahlberechtigten, die einem Wahlberechtigten als Beschwerdeführer beitreten, müssen diese Erklärung persönlich und handschriftlich unterzeichnen; neben der Unterschrift sind Familienname, Vornamen, Tag der Geburt und Anschrift (Hauptwohnung) des Unterzeichners anzugeben.**

(3) **Das Bundesverfassungsgericht kann von einer mündlichen Verhandlung absehen, wenn von ihr keine weitere Förderung des Verfahrens zu erwarten ist.**

I. Entstehungsgeschichte

§ 48 ist neu gefasst durch Art. 1 Nr. 17 des Fünften Gesetzes zur Änderung des Gesetzes über das Bundesverfassungsgericht v. 2. 8. 1993 (BGBl. I S. 1442).

1. In Abs. 1 ist die Beschwerdefrist von einem auf zwei Monate verlängert worden; außerdem ist die Begründung innerhalb dieser Frist vorgeschrieben worden.

---

[17] S. dazu *Gensior,* Europawahl, 3. Aufl. 1988; *Pestalozza* § 5 Rn. 8 f.; *Schmidt-Bleibtreu,* in: MSKB, Stand 2001, § 48 Rn. 7 a und BVerfGE 51, 222; 54, 223 f.; 70, 271 (276) = NVwZ 1985, 819.

§ 48 Teil III. Einzelne Verfahrensarten

3   2. Abs. 2 ist neu. Er entspricht § 34 IV Nr. 2 BWO.

4   3. Abs. 3 ist neu. Die Vorschrift entspricht § 94 V 2.[1]

II. Antragsberechtigte

5   Antragsberechtigt sind nur die in § 48 genannten Personen und Personengruppen. Es scheiden daher von vornherein aus die Einspruchsberechtigten kraft Amtes (Landeswahlleiter, der Bundeswahlleiter und der Präsidnet des Bundestages), auch wenn sie im Verfahren vor dem Bundestag beteiligt waren. An ihre Stelle treten neue Antragsberechtigte ein (Fraktionen, Bundestagsminderheit). Gruppen von Wahlberechtigten einschließlich der Parteien und Gruppen von Kandidaten sind nicht antragsberechtigt, auch nicht für ihre Mitglieder.[2] Unter „Abgeordneten" sind nur für gewählt erklärte Abgeordnete zu verstehen, denen in einer Wahlprüfungsentscheidung des Bundestages die Mitgliedschaft im Bundestag aberkannt worden ist, die aber nach § 16 WPG ihre Rechte und Pflichten grundsätzlich bis zur Rechtskraft der Entscheidung behalten, nicht Kandidaten, die nicht für gewählt erklärt worden sind, die aber behaupten, sie hätten für gewählt erklärt werden müssen.[3] Die möglichen Antragsteller sind in sehr verschiedener Weise am Verfahren beteiligt:

6   **1.** Der **Abgeordnete,** dessen Mitgliedschaft bestritten ist (§ 16 I WPG). Er ist durch die Entscheidung des Bundestages materiell beschwert. Die Anrufung des BVerfG erscheint eindeutig als „Anfechtungsklage".

7   **2.** Der **Wahlberechtigte,** dessen **Einspruch** im Bundestag verworfen worden ist, wenn ihm mindestens 100 Wahlberechtigte beitreten.

a) Der Beitritt muss dem BVerfG innerhalb der **Beschwerdefrist** erklärt sein. Die gesetzlichen Erfordernisse, an die die Zulässigkeit einer rechtlich erheblichen und innerhalb bestimmter Frist abzugebenden Erklärung gebunden ist, müssen im Zweifel innerhalb dieser Frist erfüllt werden. Für die Beschwerde im Wahlprüfungsverfahren ergibt dies auch der Zweck der Vorschrift. Sie soll Beschwerden beschränken auf solche Fälle, die nach der Ansicht wenigstens einer gewissen Zahl Wahlberechtigter Grund zur Beschwerde geben. Der Beitritt darf deshalb kein formaler sein, er könnte es aber werden, wenn Zustim-

---

[1] S. dazu BT-Drs. 12/3628 S. 12.
[2] BVerfGE 2, 300; 14, 196 (197); 21, 356; 29, 193.
[3] BVerfGE 2, 300 (304).

Wahlprüfung § 48

mungserklärungen noch nachträglich gesammelt und nachgereicht werden dürften.[4]

Der Wahlberechtigte, der selbst an der **Wahl nicht teilgenommen** 8 zu haben braucht (vgl. § 2 II WPG) kann materiell beschwert sein, braucht es aber nicht; diese Frage wird auch im Wahlprüfungsverfahren nicht untersucht. Seine Beschwerde ist daher im Prozess nur formeller Art. Sein Antrag kann somit nicht mehr mit gleich gutem Recht als „Anfechtungsklage" bezeichnet werden. Dies ergibt sich noch deutlicher aus dem Erfordernis der Unterstützung durch 100 weitere Wahlberechtigte. Auch sie brauchen an der Wahl nicht teilgenommen zu haben, sie brauchen nicht (und haben es in der Regel nicht) Einspruch eingelegt zu haben, wohl aber der Wahlberechtigte selbst, und auch erst, nachdem sein Einspruch vom Bundestag verworfen worden ist,[5] so dass sie uU weder materiell noch formell beschwert sind. Ihre Unterstützung ist bloße Prozeßvoraussetzung, sie werden nicht Beteiligte am Verfahren. Erforderlich und genügend ist eine entsprechende **schriftliche Erklärung der 100 Wahlberechtigten,** die vor Ablauf der Beschwerdefrist beim BVerfG eingegangen sein muss. Ihre Beiziehung soll einen Schutz gegen leichtfertige Anrufung des BVerfG geben, ist jedoch dem Institut einer Anfechtungsklage wesensfremd. Aus dem Umstand, dass das Wahlprüfungsverfahren auf Berufung Wahlberechtigter nur dem Schutz des objektiven Wahlrechts dient, nämlich der Erzielung der gesetzmäßigen Zusammensetzung des Bundestags, leitet BVerfGE 1, 430 auch die Zurückweisung von Einwendungen gegen die Gültigkeit der Vorschrift aus Art. 19 IV GG ab. Selbst Verletzungen subjektiver Rechte bei der Wahl führen danach nicht zu einem Eingriff der Wahlprüfungsinstanzen, wenn sie die gesetzliche Zusammensetzung des Bundestags nicht berühren.[6]

b) Eine einschränkende Auslegung des § 48 dahin, dass der Beitritt 9 von 100 Wahlberechtigten entbehrlich sei, wenn ein Beschwerdeführer lediglich die Verfahrensweise des Wahlprüfungsausschusses und des Bundestages beanstandet, widerspräche Wortlaut und Zweck der Vorschrift.[7] Legen mehrere Bf. zusammen oder getrennt Wahlprüfungsbeschwerden ein, braucht jeder von ihnen den 100er-Beitritt.

c) aa) Eine **Fraktion oder Minderheit des Bundestages,** die we- 10 nigstens 1/10 der gesetzlichen Mitgliederzahl umfasst (Fraktionen sind Vereinigungen von Mitgliedern des Bundestags, die der gleichen Partei

---

[4] So BVerfGE 1, 430; s. a. BVerfGE 14, 196 (197); 46, 200; 46, 201 (202); 58, 170 (171); 58, 174; 66, 232 (233); 66, 311 (312) = NJW 1984, 1746.
[5] BVerfGE 58, 169; 79, 113.
[6] So auch BVerfGE 2, 277 (181); 66, 232 (233); 66, 311 (312); 79, 47 (48).
[7] BVerfGE 66, 232 (233).

oder mit Genehmigung des Bundestages verschiedenen Parteien angehören; vgl. § 10 GO-BT). Hinsichtlich ihrer fordert das Gesetz nicht Zugehörigkeit zur selben Partei. Die Mitglieder der Fraktion wie der Minderheit werden unmittelbar am Verfahren beteiligt.

11 Bezüglich dieser Gruppen fordert das Gesetz keine Beschwer durch die Entscheidung des Bundestages. Insbesondere wird nicht vorausgesetzt, dass es sich etwa um eine Entscheidung über einen Abgeordneten handelt, der der Fraktion angehört. Die Ausübung ihres Rechts erscheint daher formal mehr dem Minderheitenrecht des § 13 Nr. 6 (abstrakte Normenkontrolle) verwandt, als der Anfechtungsklage des Verwaltungsprozessrechts.

12 **bb) Gruppen von Wahlberechtigten** einschließlich Parteien und Gruppen von Kandidaten sind nicht aktivlegitimiert.[8] Diese Auffassung ist auch im Hinblick auf Art. 41 II, III GG unbedenklich, weil jedes einzelne Mitglied dieser Gruppen Einspruch/Beschwerde einlegen kann.[9]

III. Verfahren

13 Die Beschwerde ist an eine **Frist** gebunden. Sie muss, gleichgültig, von wem sie eingelegt wird, innerhalb zwei Monaten seit der Beschlussfassung des Bundestages beim BVerfG eingegangen sein. Entscheidend ist der Tag dieser Beschlussfassung. Die Beschwerde muss innerhalb der Frist begründet werden (s. o. Rn. 2). Die Frist ist eine Ausschlussfrist.[10] Es gibt auch kein Wiederaufnahmeverfahren, und, abweichend von der Sonderregelung des § 93 II keine Wiedereinsetzung in den vorigen Stand. Im Übrigen gelten die allgemeinen verfahrensrechtlichen Vorschriften (II. Teil). Bloße Verweisung auf die Ausführungen vor dem Bundestag genügt dabei nicht. Eine Nachfrist kann nicht gesetzt werden.[11] Auch die in § 48 geforderten Beitrittserklärungen müssen innerhalb der Beschwerdefrist beim BVerfG eingegangen sein.[12]

14 Neben der Wahlprüfungsbeschwerde nach § 48 oder an ihrer Stelle kann nicht auch Verfassungsbeschwerde gegen die Wahlprüfungsentscheidung des Bundestages eingelegt werden; dies gilt auch dann, wenn sich der Bundestag im Wahlprüfungsverfahren für nicht befugt

---

[8] BVerfGE 66, 311 = NJW 1984, 1746.
[9] BVerfGE 79, 47 (48).
[10] BVerfGE 58, 172.
[11] BVerfGE 2, 359 (361); 58, 172.
[12] BVerfGE 1, 430; 66, 311 (312).

Wahlprüfung § 48

erklärt hat, über die Wahlanfechtung materiell zu entscheiden.[13] Die Wahlprüfungsbeschwerde zum BVerfG wird mit Ablauf der Wahlperiode des Bundestags, dessen Wahl angefochten worden ist, gegenstandslos.[14] Das ist, da es sich um ein Verfahren zum Schutz des objektiven Wahlrechts handelt, folgerichtig.[15]

IV. Einstweilige Anordnung

Eine verfahrensrechtliche Besonderheit stellt die einstweilige Anordnung nach § 16 WPG dar. Danach kann das BVerfG auf Antrag des Beschwerdeführers die Teilnahme eines Abgeordneten (dessen Wahl für ungültig erklärt wurde) bis zur endgültigen Entscheidung zulassen oder auf Antrag von $1/10$ des Bundestags den vorläufigen Ausschluss anordnen. Ob im Übrigen die Vorschriften des § 32 hinsichtlich der Voraussetzungen einer einstweiligen Anordnung auf das Verfahren Anwendung finden, ist im Gesetz nicht bestimmt. Als selbstständige Norm weist § 16 WPG sowohl in sachlicher, wie in verfahrensrechtlicher Hinsicht Lücken auf, die nur mit Hilfe aus einer sinngemäßen Anwendung des § 32 ausgefüllt werden können.   15

V. Formvorschriften (Abs. 2)

Die Formvorschriften des Abs. 2 entsprechen den Voraussetzungen, die in § 34 IV Nr. 2 BWO für einen Wahlvorschlag aufgestellt worden sind. Damit soll die Legitimation der Beschwerdeführer und der Beitretenden gesichert werden (s. o. Rn. 3).   16

VI. Abs. 3

Die Vorschrift entspricht § 94 V 2. Sie beruht auf der Annahme, dass die mündliche Verhandlung das Verfahren nur ausnahmsweise fördert (s. o. Rn. 4).   17

---

[13] S. BVerfGE 1, 300 (303); 3, 39 ff., 11, 329; 14, 154; 16, 128 (130); 28, 214 (219); 29, 8; s. auch *Wuttke* AöR Bd 96 (1971), 506 ff. und Rn. 8 Vorb. vor §§ 48 ff.).
[14] BVerfGE 22, 277 (280 f.); 34, 201 (203).
[15] AA *Klein,* in: MDH, Stand 2004, Rn. 90 zu Art. 41 GG; ebenso diejenigen, die dem Wahlprüfungsverfahren auch den Schutz subjektiver Rechte zuordnen, vgl. etwa *Roth,* in: FS f. Graßhof, 1998, 53 (67 f.).

Vierter Abschnitt. Verfahren in den Fällen des § 13 Nr. 4

Vorbemerkung vor §§ 49 ff.

I. Wesen der Präsidentenanklage

1   Die Präsidentenanklage gehört mit der in das GG nicht mehr übernommenen Ministeranklage zu den überlieferten Bestandteilen der Verfassungsgerichtsbarkeit.[1] Sie ist, so wenig unter der WRV,[2] keine Strafklage. Falls die dem Bundespräsidenten zur Last gelegte Rechtsverletzung zugleich eine zum Schadensersatz verpflichtende oder eine strafbare Handlung ist, steht sie der Verfolgung vor den Zivil- oder Strafgerichten nicht im Wege, ist aber immerhin eine auf Ahndung einer Tat und gegen die Person des Bundespräsidenten gerichtete Klage. Anders als die auch gegen den Bundespräsidenten als Verfassungsorgan mögliche Organklage (§ 63), soll sie nicht nur der Lösung von Verfassungskonflikten ohne rechtlichen Bezug auf die Person des jeweiligen Bundespräsidenten dienen.[3] Es handelt sich um ein völlig eigenständiges verfassungsrechtliches Verfahren (einhM.), von der Struktur her aber zurecht als quasi-strafrechtliches Verfahren eingestuft.[4]

II. Gegenstand der Anklage

2   Gegenstand der Anklage ist die **vorsätzliche** (nach Art. 59 WRV genügte schuldhafte, also auch fahrlässige) Verletzung des GG oder eines anderen Bundesgesetzes;[5] der Vorsatz muss auch das Bewusstsein der Verletzung des GG oder von sonstigen Bundesgesetzen mitumfassen. Er erscheint daher bei der Ausfertigung von Gesetzen nur möglich bei Anerkennung des materiellen Prüfungsrechts des Bundespräsidenten entsprechend der herrschenden Rechtsauffassung und nur innerhalb der diesem Recht entsprechenden Prüfungspflicht auf Verfassungsmäßigkeit. Die Verletzung des GG oder eines Bundesgesetzes muss der Bundespräsident, entsprechend dem verfassungsrechtlichen

---

[1] Vgl. Art. 59 WRV, § 2 des Gesetzes über den Staatsgerichtshof vom 9. 7. 1921, RGBl. S. 905.
[2] Siehe *Anschütz,* Die Verfassung des Deutschen Reichs, 14. Aufl. 1933 Nr. 3 S. 333.
[3] Vgl. auch *Herzog,* in: MDH, GG, Stand 1987, Art. 61 Rn. 2.
[4] *Umbach,* in: UC-GG Rn. 11 zu Art. 61 GG.
[5] Im formellen Sinne, s. *Herzog,* in: MDH, GG, Stand 1987 Art. 61 Rn. 15.

Charakter der Präsidentenanklage, in Ausübung seiner amtlichen Funktion begangen haben, Gesetzesverletzungen privater Art können nicht Gegenstand der Präsidentenanklage sein.

III. Verfahren (§§ 49–57)

Anklageberechtigt sind Bundestag und (abweichend von der WRV) der Bundesrat, wie auch die Landesregierungen. Notwendig ist in beiden gesetzgebenden Körperschaften eine qualifizierte Minderheit zur Antragstellung ($^1/_4$ der Mitglieder des Bundestages, oder $^1/_4$ der Stimmen des Bundesrates, s. Art. 61 GG) und eine qualifizierte Mehrheit zum entsprechenden Beschluss ($^2/_3$ der Mitglieder des Bundestages, $^2/_3$ der Stimmen des Bundesrates). 3

IV. Ziel des Verfahrens

Ziel der Anklage ist die **Absetzung** des Staatsoberhaupts, nicht aus politischen Gründen, sondern wegen verfassungs- oder sonstiger Gesetzesverletzung.[6] 4

§ 49 [Anklageschrift]

(1) **Die Anklage gegen den Bundespräsidenten wegen vorsätzlicher Verletzung des Grundgesetzes oder eines anderen Bundesgesetzes wird durch Einreichung einer Anklageschrift beim Bundesverfassungsgericht erhoben.**

(2) **Auf Grund des Beschlusses einer der beiden gesetzgebenden Körperschaften (Artikel 61 Abs. 1 des Grundgesetzes) fertigt deren Präsident die Anklageschrift und übersendet sie binnen eines Monats dem Bundesverfassungsgericht.**

(3) **Die Anklageschrift muß die Handlung oder Unterlassung, wegen der die Anklage erhoben wird, die Beweismittel und die Bestimmung der Verfassung oder des Gesetzes, die verletzt sein soll, bezeichnen. Sie muß die Feststellung enthalten, daß der Beschluß auf Erhebung der Anklage mit der Mehrheit von zwei Dritteln der gesetzlichen Mitgliederzahl des Bundestages oder von zwei Dritteln der Stimmen des Bundesrates gefaßt worden ist.**

---

[6] Vgl. *Herzog*, in: MDH, GG, Art. 61 Rn. 1; s. dazu *Krehl*, in: UCD Rn. 2 ff. zu § 49.

§ 50

I. Zu Abs. 1 (Erhebung der Anklage)

1   Siehe Art. 61 GG. Das Verfahren wird mit Eingang der Anklageschrift beim BVerfG rechtshängig.

II. Zu Abs. 2 (Formulierung der Anklageschrift)

2   Der Präsident ist bei der Formulierung der Anklageschrift inhaltlich an den Beschluss gebunden. Beschließen beide gesetzgebenden Körperschaften die Erhebung der Anklage, so kann jede eine besondere Anklageschrift einreichen. Sache des Gerichts ist es, die schwebenden Verfahren nach Möglichkeit zu verbinden. Die Verfahren müssen verbunden werden, wenn ihnen die gleichen Tatsachen zu Grund liegen, da über denselben Sachverhalt nur einheitlich prozediert und nicht verschieden entschieden werden kann. – Die Einmonatsfrist ist eine Ordnungsfrist, sie kann überschritten werden,[1] jedoch nur innerhalb der 3-Monatsfrist des § 50.

III. Zu Abs. 3 (Inhalt der Anklageschrift)

3   Der Inhalt der Anklageschrift entspricht überwiegend dem § 200 StPO (Angabe des Tatbestands, der Beweismittel, der verletzten Rechtsnorm – es kann auch ein allgemeiner Rechtsgrundsatz der Verfassung sein –, hier auch Feststellung der erforderlichen Mehrheit). Mangelt eine (oder mehrere) der geforderten Angaben, so kann an sich der Antrag (auch im Verfahren nach § 24) als unzulässig abgewiesen werden. Das Gericht kann jedoch die Anklageschrift zur Ergänzung zurückgeben und wird in derartigen Fällen wohl stets von solcher Möglichkeit Gebrauch machen. Gegenstand des Verfahrens ist nur ein bestimmter Sachverhalt; an die rechtliche Beurteilung der Anklageschrift ist das BVerfG nicht gebunden (vgl. Rn. 1 zu § 56).

§ 50 [Frist für Anklageerhebung]

Die Anklage kann nur binnen drei Monaten, nachdem der ihr zugrunde liegende Sachverhalt der antragsberechtigten Körperschaft bekannt geworden ist, erhoben werden.

Die 3-Monatsfrist ist **Ausschlussfrist**. Zur Berechnung der Frist siehe Rn. 49 vor § 17. Die Klage muss innerhalb der 3-Monatsfrist beim

---

[1] AA *Herzog*, in: MDH, GG, Stand 1987 Art. 61 Rn. 45.

BVerfG eingegangen sein. Verspätete Klagen können nach § 24 abgewiesen werden. Kenntnis erhalten von dem der Anklage zugrunde liegenden Sachverhalt kann nicht die Körperschaft als solche, sondern nur ihre Mitglieder oder vertretungsberechtigten Organe. Wessen Kenntnis maßgebend ist, ist vom Gesetz nicht ausdrücklich bestimmt und der Klärung durch das Gericht überlassen. Doch kann es sich wohl nur um Tatsachen handeln, die alsbald nach ihrer Verwirklichung allgemein bekannt werden.

§ 51 [Durchführung des Verfahrens]

Die Einleitung und Durchführung des Verfahrens wird durch den Rücktritt des Bundespräsidenten, durch sein Ausscheiden aus dem Amt oder durch Auflösung des Bundestages oder den Ablauf seiner Wahlperiode nicht berührt.

I. Allgemeines

§ 51 macht Einleitung und Durchführung eines Verfahrens der Präsidentenanklage sowohl von der Beendigung des Amts des Bundespräsidenten – des Beklagten – wie vom Wechsel in der Zusammensetzung des Bundestags – des Klägers – **unabhängig**. In dieser, rechtlich Verschiedenartiges vermengenden Vorschrift zeigt sich, dass nach Ansicht des Gesetzgebers das Verfahren der Präsidentenanklage vornehmlich der Klärung verfassungsrechtlicher Streitfragen über die Stellung des Bundespräsidenten im Interesse des Staates dienen soll. Die Persönlichkeit des Bundespräsidenten tritt hiergegen, trotz des quasi-strafrechtlichen Charakters des Verfahrens (s. o. Rn. 1 vor §§ 49 ff.), in den Hintergrund. 1

II. Verfahrensbegriff

Was unter „Verfahren" im Sinne der Vorschrift zu verstehen ist, geht aus dem Gesetz nicht klar hervor. Der Begriff lässt es zu, auch die Beschlussfassung des Bundestages und Bundesrates und die Fertigung der Anklageschrift durch ihre Präsidenten darunter zu begreifen. Aber auch wenn man den Begriff des Verfahrens auf die Tätigkeit des Gerichts beschränkt, beginnend mit der Entgegennahme der Anklageschrift, kann zweifelhaft sein, ob Beschlussfassung der gesetzgebenden Körperschaften und Tätigkeit ihrer Präsidenten vom Gesetz nicht unter den Begriff der „Einleitung" des Verfahrens mitumfasst wird. Be- 2

§ 51 Teil III. Einzelne Verfahrensarten

jaht man dies, so könnte Anklage auch noch gegen einen nicht mehr im Amt befindlichen Bundespräsidenten erhoben werden. So gedeutet, dürfte aber § 51 kaum mehr mit Art 61 GG vereinbar sein. Richtiger erscheint die engere Auslegung des Begriffs „Verfahren" im Sinne des verfassungsgerichtlichen Verfahrens; dafür spricht auch, dass der Begriff des „Verfahrens" sowohl für den Fall der Beendigung des Amts des Bundespräsidenten, wie für den Fall der Auflösung des Bundestags einheitlich ausgelegt werden muss, im letzteren Falle aber eine Beschlussfassung des Bundestags nicht mehr in Betracht kommen kann. Unter „Durchführung" des Verfahrens ist dann die Weiterführung eines eingeleiteten verfassungsgerichtlichen Verfahrens (im engeren Sinne) zu verstehen. Auch die Weiterführung des eingeleiteten Verfahrens gegen einen inzwischen ausgeschiedenen Bundespräsidenten weicht von den Grundsätzen des Disziplinarprozessrechts ab und erklärt sich aus dem vornehmlich auf Klärung des Verfassungsrechts gerichteten Zweck des Verfahrens (s. o. Rn. 1).

III. Rücktritt/Ausscheiden des Bundespräsidenten

3   Der **Rücktritt** des Bundespräsidenten ist im GG nicht näher geregelt, aber nach allgemeinen Grundsätzen mangels entgegenstehender Vorschriften rechtlich jederzeit zulässig. **Ausscheiden** aus dem Amt kann, abgesehen vom besonderen Fall des Rücktritts nur die Beendigung der Amtsperiode durch Zeitablauf bedeuten. Ein Urteil nach § 56 II scheidet in diesem Zusammenhang aus. Auch der Tod eines amtierenden Bundespräsidenten kann nach dem üblichen Wortsinn und angesichts des immerhin quasi-strafrechtlichen Charakter des Verfahrens (s. o. Rn. 1 vor §§ 49 ff.) nicht darunter fallen. Der auf Klärung des Verfassungsrechts gerichteten Zielsetzung ist insoweit eine Grenze gesetzt.

IV. Auflösung des Bundestages

4   Vgl. Art. 68 GG. Angesichts der sehr eingeschränkten Möglichkeit der Parlamentsauflösung gegenüber dem Recht der WRV kommt dieser Möglichkeit nur geringe Bedeutung zu. Zu denken wäre insbesondere an den – nur schwer möglichen – Zusammenhang zwischen einer Präsidentenkrise und einer Auflösung des Bundestages. Für solche Fälle hätte § 51 die Funktion eines Schutzrechts des Bundestages. Bedeutsamer ist die andere Alternative, nämlich des Ablaufs der Wahlperiode. Insofern handelt es sich um eine Frage aus dem Problemkreis der Diskontinuität der Legislaturperioden. Andernfalls mögliche Zwei-

fel über die Anwendbarkeit dieses Grundsatzes auf eine schwebende Präsidentenanklage sind durch das Gesetz durch ausdrückliche negative Vorschrift behoben.

§ 52 [Zurücknahme der Anklage]

(1) **Die Anklage kann bis zur Verkündung des Urteils auf Grund eines Beschlusses der antragstellenden Körperschaft zurückgenommen werden. Der Beschluß bedarf der Zustimmung der Mehrheit der gesetzlichen Mitgliederzahl des Bundestages oder der Mehrheit der Stimmen des Bundesrates.**

(2) **Die Anklage wird vom Präsidenten der antragstellenden Körperschaft durch Übersendung einer Ausfertigung des Beschlusses an das Bundesverfassungsgericht zurückgenommen.**

(3) **Die Zurücknahme der Anklage wird unwirksam, wenn ihr der Bundespräsident binnen eines Monats widerspricht.**

I. Zu Abs. 1 (Voraussetzungen der Klagerücknahme)

Satz 1 regelt für die Präsidentenanklage ausdrücklich die Frage der Klagerücknahme (vgl. hierzu Rn. 10 vor § 17). Er fordert hierfür einen förmlichen Beschluss der antragstellenden Körperschaft. Das Mehrheitserfordernis wurde in Satz 2 jedoch gegenüber dem Regierungsentwurf (^{2}/$_3$-Mehrheit, wie bei der Erhebung der Anklage; siehe Art. 61 I GG) auf die absolute Mehrheit gesenkt. Gesetzliche Mitgliederzahl des Bundestages: § 1 BWG vorbehaltlich der sich aus dem BWG ergebenden Abweichungen 598 Stimmen. Für den Bundesrat siehe Art. 51 GG. 1

II. Zu Abs. 2 (Form der Rücknahme)

Die Rücknahme wird wirksam mit dem Eingang der Ausfertigung beim BVerfG. 2

III. Zu Abs. 3 (Widerspruchsrecht des Bundespräsidenten)

Abs. 3 gesteht dem angeklagten Präsidenten insbesondere für die Fälle, in denen die Anklage ohne Begründung zurückgenommen wird, ein Recht auf Durchführung der Verhandlung zu. Die Erklärung kann in der mündlichen Verhandlung mündlich, sonst schriftlich abgegeben 3 werden. Die Frist von einem Monat (es müsste eigentlich heißen „innerhalb eines Monats") rechnet vom Eingang der Zurücknahme der Anklage.

§ 53 [Einstweilige Anordnung]

Das Bundesverfassungsgericht kann nach Erhebung der Anklage durch einstweilige Anordnung bestimmen, daß der Bundespräsident an der Ausübung seines Amtes verhindert ist.

1 Die Vorschrift wiederholt die Norm des Art. 61 II 2 GG. Abweichungen hiervon, insbesondere einengende Voraussetzungen sind daher nicht möglich. Die einstweilige Anordnung nach § 53 ist ein Sonderinstitut, das **nicht** den einengenden Voraussetzungen und Verfahrensvorschriften des § 32 untersteht, soweit sie sich nicht aus dem Begriff der „Einstweiligen Anordnung" notwendigerweise ergeben. (Vorläufige Geltung bis zur Entscheidung in der Hauptsache, wichtiger Grund für den Erlass.) Das Sonderinstitut ist insbesondere nicht befristet. Verlängerung bedarf nicht der qualifizierten Mehrheit des § 32 V, Zulässigkeit erst von der Erhebung der Anklage an (Eingang beim BVerfG), von Amts wegen oder auf Antrag.

2 Der Beschluss kann ohne mündliche Verhandlung ergehen (insoweit gelten die erleichternden Vorschriften des § 32 auch hier). Wirksamkeit mit Verkündung in der mündlichen Verhandlung, sonst mit Zustellung. Kein Widerspruchsverfahren. Im Hinblick auf die allgemeine Bedeutung ist der Beschluss zu veröffentlichen.

§ 54 [Voruntersuchung]

(1) Das Bundesverfassungsgericht kann zur Vorbereitung der mündlichen Verhandlung eine Voruntersuchung anordnen; es muß sie anordnen, wenn der Vertreter der Anklage oder der Bundespräsident sie beantragt.

(2) Die Durchführung der Voruntersuchung ist einem Richter des nicht zur Entscheidung in der Hauptsache zuständigen Senats zu übertragen.

Präsidentenanklage § 55

I. Zu Abs. 1 (Rechtscharakter und Voraussetzungen der Voruntersuchung)

1. Rechtscharakter

Die Voruntersuchung des § 54 unterscheidet sich in verschiedener Hinsicht von derjenigen der Strafprozessordnung. Sie geht nicht der Erhebung einer Anklageschrift voraus, sondern folgt ihr. Sie dient daher auch nicht zur näheren Instruktion des Anklägers oder für eine Entscheidung des Gerichts, ob das Verfahren eröffnet werden soll, vielmehr nur der Vorbereitung der mündlichen Verhandlung in einem schon bisher anhängigen Verfahren.

2. Voraussetzungen

Anordnung von Amts wegen (nach pflichtgemäßem Ermessen des Gerichts) oder auf Antrag (in diesem Falle zwingend). Antragsberechtigt sind der Vertreter der Anklage (gemäß Art. 61 I 4 GG ein Beauftragter der anklagenden Körperschaft) oder der Bundespräsident. Der Antrag kann bis zur mündlichen Verhandlung gestellt werden.

II. Zu Abs. 2 (Verfahren)

Die Gestaltung des Verfahrens ist im Allgemeinen der Prozessautonomie des BVerfG überlassen. Die §§ 184, 187, 192–196 StPO sind z.T. entsprechend anwendbar. Die Voruntersuchung wird, um die völlige Unabhängigkeit des erkennenden Senats (zuständig ist der Zweite) sicherzustellen und den erkennenden Senat zahlenmäßig nicht zu schwächen, von einem Richter des anderen Senats (also des Ersten) durchgeführt.

§ 55 [Mündliche Verhandlung]

(1) **Das Bundesverfassungsgericht entscheidet auf Grund mündlicher Verhandlung.**

(2) **Zur Verhandlung ist der Bundespräsident zu laden. Dabei ist er darauf hinzuweisen, daß ohne ihn verhandelt wird, wenn er unentschuldigt ausbleibt oder ohne ausreichenden Grund sich vorzeitig entfernt.**

(3) **In der Verhandlung trägt der Beauftragte der antragstellenden Körperschaft zunächst die Anklage vor.**

§ 55   Teil III. Einzelne Verfahrensarten

(4) **Sodann erhält der Bundespräsident Gelegenheit, sich zur Anklage zu erklären.**

(5) **Hierauf findet die Beweiserhebung statt.**

(6) **Zum Schluß wird der Vertreter der Anklage mit seinem Antrag und der Bundespräsident mit seiner Verteidigung gehört. Er hat das letzte Wort.**

I. Zu Abs. 1 (Obligatorische mündliche Verhandlung)

1   Die mündliche Verhandlung ist **obligatorisch.** Sie kann abweichend von § 25 auch nicht durch Verzicht aller Beteiligten ausgeschlossen werden.

II. Zu Abs. 2 (Ladung des Bundespräsidenten)

2   Der Bundespräsident ist **persönlich** zu laden. Mitteilung der Beweismittel zugleich mit der Ladung ist nicht gefordert. Bezüglich Zustellung der Ladung vgl. Rn. 57 ff. vor § 17, siehe ferner § 22 III. Der Bundespräsident ist nicht verpflichtet, zu erscheinen oder sich vertreten zu lassen oder irgendwelche Erklärungen abzugeben. Es kann daher auch ohne ihn verhandelt werden, sofern er nicht sein Fernbleiben oder vorzeitiges Entfernen durch Angabe „ausreichender Gründe" entschuldigt hat. Ob solche Gründe vorgebracht wurden, entscheidet das BVerfG durch Beschluss.

III. Zu Abs. 3 (Gang der Verhandlung)

1. Allgemein

3   Abs. 3–6 enthalten Vorschriften über den Gang der Verhandlung. Sie sind zu ergänzen aus den allgemeinen Vorschriften (§§ 25 ff.) und auszufüllen durch Gerichtsgebrauch.

2. Zu Abs. 3 (Vortrag der Anklage)

4   Nach Klärung der prozessualen Vorfragen leitet der Vortrag der Anklage durch den Beauftragten der antragstellenden Körperschaft die Verhandlung zur Sache ein. Dieser Beauftragte ist gem. Art. 61 I 4 GG von der Körperschaft durch **besonderen Beschluss** zu bestimmen.[1]

---

[1] § 7 GO-BT ist durch die Sondervorschrift des Art. 61 I 4 GG ausgeschlossen; auch BVerfGE 11, 15 ist nicht einschlägig.

Präsidentenanklage § 56

Beauftragt werden kann jedoch auch der Bundestagspräsident. Im Beschluss der gesetzgebenden Körperschaft werden auch die Befugnisse des Beauftragten in der mündlichen Verhandlung näher zu bestimmen sein. Insbesondere ist darüber zu entscheiden, ob er berechtigt ist, auf Grund des Ergebnisses der mündlichen Verhandlung zu beantragen, dass der Bundespräsident nicht für schuldig erklärt wird. Zur Erweiterung der Anklage auf Grund der Ergebnisse der mündlichen Verhandlung oder der Voruntersuchung kann er nicht ermächtigt werden. Hält der Beauftragte sie für veranlasst, so bleibt nur der Weg der Aussetzung des gerichtlichen Verfahrens und der Ergänzung der Beschlussfassung nach Art. 61 I GG, § 49. Zu berichten ist ferner durch den Vorsitzenden oder Berichterstatter des Gerichts über Ergebnis einer Voruntersuchung oder sonstigen Erhebung.

3. Zu Abs. 4 (Erklärung des Bundespräsidenten)

Siehe § 243 IV StPO. Der Bundespräsident ist nicht verpflichtet, Erklärungen abzugeben. 5

4. Zu Abs. 5 (Beweiserhebung)

Siehe §§ 26, 28. 6

5. Zu Abs. 6 (Schlusswort)

Vgl. § 326 StPO. Der Anklagevertreter wird das Ergebnis der Hauptverhandlung zu würdigen haben. Er kann im Zweifel (vgl. Rn. 5) als berechtigt gelten, die Begründung der Anklage entsprechend zu modifizieren. Zu einem Antrag, den Bundespräsidenten nicht für schuldig zu erklären, entgegen dem Beschluss der ihn entsendenden Körperschaft über Erhebung der Anklage, dürfte er mangels ausdrücklicher Ermächtigung nicht befugt sein. In solchen Fällen wird das Gericht am besten aussetzen, um der entsendenden Körperschaft Gelegenheit zur Beschlussfassung nach § 52 zu geben. 7

§ 56 [Urteil]

(1) **Das Bundesverfassungsgericht stellt im Urteil fest, ob der Bundespräsident einer vorsätzlichen Verletzung des Grundgesetzes oder eines genau zu bezeichnenden Bundesgesetzes schuldig ist.**

(2) **Im Falle der Verurteilung kann das Bundesverfassungsgericht den Bundespräsidenten seines Amtes für verlustig erklären. Mit der Verkündung des Urteils tritt der Amtsverlust ein.**

I. Zu Abs. 1 (Feststellung über die Rechtsverletzung)

1 1. Das Urteil hat in allen Fällen eine **Feststellung** darüber zu treffen, ob der Bundespräsident das GG oder ein genau zu bezeichnendes Bundesgesetz vorsätzlich verletzt hat. Es kann sich auf diese Feststellung beschränken (Art. 61 II 1 erster Hs. GG) und es dem Bundespräsidenten überlassen, die notwendigen Folgerungen rechtlicher und politischer Art. zu ziehen. Gegenstand des Urteils ist der den Gegenstand der Anklage bildende Sachverhalt. Das Gericht kann nicht Tatbestände dem Urteil zugrunde legen, auf die sich die Anklageschrift nicht bezog. An die rechtliche Beurteilung des Sachverhalts in der Anklageschrift ist das Gericht nicht gebunden.

2 2. Zu einer Verurteilung bedarf es einer Mehrheit von zwei Dritteln der Mitglieder des Senats (§ 15 II). Ein „Freispruch" ist zur Unterscheidung von strafrechtlichen Verfahren nicht vorgesehen. Hält das Gericht die Anklage für unbegründet, so ist sie zu verwerfen.[1] Für den Fall, dass das Verhalten des Bundespräsidenten zwar objektiv eine Verletzung des GG oder eines anderen Bundesgesetzes darstellt, dem Bundespräsidenten aber ein Vorsatz nicht nachgewiesen werden kann, hat[2] der Urteilstenor dahin zu lauten, dass der Bundespräsident weder das GG noch ein Bundesgesetz vorsätzlich verletzt hat. In den Gründen ist auszuführen, dass zwar eine objektive, nicht aber eine subjektive Verletzung des Grundgesetzes oder eines Bundesgesetzes nachgewiesen ist.

II. Zu Abs. 2 (Ausspruch des Amtsverlusts)

3 1. Ob das BVerfG den Amtsverlust ausspricht, unterliegt seinem pflichtgemäßen Ermessen. Die Aberkennung setzt keinen ausdrücklichen Antrag hierauf voraus. Der Verlust des Amtes des Bundespräsidenten tritt **mit dem Urteilsspruch,** nicht erst mit der Zustellung des Urteils ein. Bezüglich Wahrnehmung seiner Befugnisse bis zur Neuwahl durch den Bundespräsidenten vgl. Art. 57 GG. Das BVerfG hat nicht auch die Möglichkeit disziplinäre Maßnahmen leichterer Art, (die politisch untragbar wären) gegenüber dem Bundespräsidenten auszusprechen. Die sonstigen persönlichen Rechtsfolgen der Aberkennung des Amts sind im Gesetz über den Bundespräsidenten zu regeln. Nach § 5 des Gesetzes über die Ruhebezüge des Bundespräsidenten vom 17. 6. 1953 (BGBl. I S. 406 idF des Gesetzes vom 24. 7. 1959

---

[1] S. dazu *Herzog,* in: MDH, GG, Stand 1987 Art. 61 Rn. 57.
[2] Nach Auffassung des Rechtsausschusses des Bundestags, siehe Bericht des Abg. *Dr. Neumaier* in der 112. Sitzung, Amtl. Niederschrift, S. 4321.

BGBl. I S. 525) hat das BVerfG darüber zu entscheiden, ob und in welcher Höhe in solchem Fall die im Gesetz vorgesehenen Bezüge zu gewähren sind.[3]

2. Eine **Wiederaufnahme** des Verfahrens ist ausdrücklich nicht vorgesehen. Der Rechtsausschuss des Bundestages war der Auffassung, dass in derartigen hochpolitischen Fällen ein solches Verfahren nicht denkbar sei, da man den Bundespräsidenten nicht später wieder in sein Amt einsetzen könne. Auch für den Fall, dass der Bundespräsident zwar für schuldig erklärt wird, der Amtsverlust aber nicht eintritt, könne ein Wiederaufnahmeverfahren nicht in Betracht gezogen werden.

§ 57 [Ausfertigung des Urteils]

Eine Ausfertigung des Urteils samt Gründen ist dem Bundestag, dem Bundesrat und der Bundesregierung zu übersenden.

Vgl. die Ausführungen von *Neumaier* in der 112. Sitzung des Bundestags:[1]

„Nach § 57 ist eine Ausfertigung des Urteils samt Gründen dem Bundestag, dem Bundesrat und der Bundesregierung zu übersenden. Man war sich darüber einig, dass die allgemeinen Verfahrensvorschriften des § 30 Abs. 2, wonach alle Entscheidungen den Beteiligten zuzustellen sind, auch hier anzuwenden sind. Die Zustellung als solche hat selbstverständlich eine andere Rechtswirkung als die Übersendung. Trotzdem hielt man die Übersendung an Bundesrat und Bundestag für notwendig, da diese Körperschaften möglicherweise staatsrechtliche Maßnahmen zu treffen haben. Eine besondere Erwähnung des Bundespräsidenten in § 57 erschien nicht notwendig, da dem Bundespräsidenten als Beteiligten ohne weiteres nach § 30 Abs. 2 die Entscheidung zugestellt werden muss."

Fünfter Abschnitt. Verfahren in den Fällen des § 13 Nr. 9

Vorbemerkung vor §§ 58 ff.

I. Entstehungsgeschichte

Die „Richteranklage" ist ein der deutschen Rechtstradition fremdes Rechtsinstitut. Die WRV kannte es nicht, auch noch im HChE war es

---

[3] Vgl. hierzu auch *Roemer* JZ 1951, 193 (195); *Herzog,* in: MDH, GG, Stand 1987 Art. 61 Rn. 64.
[1] Amtl. Niederschrift S. 4321.

Vor § 58   Teil III. Einzelne Verfahrensarten

nicht enthalten. Es tauchte zuerst auf in verschiedenenLandesverfassungen.[1] Seine Übernahme in das GG geht auf einen Antrag der SPD[2] zurück. Die Verhandlungen im Parlamentarischen Rat befassten sich, abgesehen von dem allgemeinen Problem der richterlichen Unabhängigkeit vornehmlich mit Fragen des erforderlichen inneren Tatbestand (Vorsatz erforderlich?), der Zuständigkeit des BVerfG oder des Bundesdienststrafgerichts und mit dem Verhältnis zu entsprechenden Einrichtungen der Länder.[3] Die Vorschrift hängt mit der besonderen Legitimation zusammen, die dem Richter im Rahmen des GG zukommt.[4] Hintergrund ist deshalb die (äußere und innere) richterliche Unabhängigkeit (Art. 97 I GG).[5] Richterliche Amtsausübung muss das Vertrauen in Unabhängigkeit, Neutralität und Distanz des Richters rechtfertigen.[6] Zu beachten ist allerdings, dass die richterliche Unabhängigkeit im privaten, politischen, pekuniären und im Presse-Bereich vielfachen Gefahren ausgesetzt ist. Die herkömmlichen Kontrollmittel sind im Straf- und im Disziplinarrecht verankert.[7] Die eigentliche Funktion der §§ 58 ff. muss man im Konzept der streitbaren Demokratie sehen.[8] Bisher sind die §§ 58 ff. noch nicht angewendet worden.[9]

II. Wesen der Richteranklage

2   Nach der schließlich angenommenen Fassung (s. Art. 98 II, V GG) ist die Richteranklage weder eine strafrechtliche, noch eine disziplinarrechtliche Maßnahme, sondern ein **Mittel eigener Art,** um den Richter zur Verantwortung zu ziehen. Sie soll sicherstellen, dass die Richter sich zu der im GG zum Ausdruck gekommenen Staats- und

---

[1] Z. B. Art. 88 der Württ.Bad. Verfassung, Art. 127 IV Hess. Verfassung, Art. 132 Rhl.Pfälz. Verfassung.
[2] Namentlich des Abg. *Zinn; Umbach,* in: VC-GG, Bd. 2, 2002 Rn. 35 zu Art. 98 GG.
[3] S. dazu ausf. DRiZ 1995, 70; *Umbach,* in: UCD Rn. 4 ff. vor §§ 58 ff.
[4] *Wassermann,* in: AK-GG, Stand 2001, Rn. 35 zu Art. 98 GG.
[5] *Umbach,* in: UCD, Rn. 16 vor §§ 58 ff.
[6] BVerfG(K), NJW 1989, 93.
[7] Die straf- und disziplinarrechtliche Verantwortlichkeit des Richters wird durch §§ 58 ff. nicht berührt (siehe dazu auch § 58 II, § 60).
[8] *Wassermann,* in: AK-GG, Stand 2001, Rn. 50 zu Art. 98 GG.
[9] *Umbach,* in: UCD, Rn. 14 f. vor §§ 58 ff. Im so genannten Decker/Orlet-Fall hatten die Gutacher (Benda/Umbach) die Erhebung eines Richteranklageverfahrens empfohlen. Das Verfahren erledigte sich aber durch die auf eigenen Antrag des Richters erfolgte Versetzung in den Ruhestand aus gesundheitlichen Gründen, siehe dazu *Benda/Klein* Rn. 1157 f.; *Umbach,* in: UCD, Rn. 15 vor §§ 58 ff.

Rechtsidee bekennen.[10] Eine Gesinnungskontrolle darf damit jedoch nicht verbunden sein.[11]

III. Betroffene Personen

Angeklagt werden können nach Art. 98 II GG nur „Bundesrichter", 3 das sind Richter an den obersten Gerichtshöfen des Bundes und Richter der Disziplinargerichte. Richter am BVerfG sind als solche nicht „Bundesrichter" im Sinne des DRiG.[12] Art. 98 II GG gilt daher nach hM nicht auch für sie. Die gegen ein Mitglied des BVerfG zulässigen Maßnahmen und ihre Voraussetzungen werden vielmehr ausschließlich durch § 105 geregelt. Landesrichter können gemäß Art. 98 V GG nur der Richteranklage unterworfen werden, wenn das betreffende Land eine der bundesrichterlichen Regelung „entsprechende" Regelung erlassen hat oder die Landesverfassung ein Institut der Richteranklage, wenn auch im Einzelnen mit abweichenden Vorschriften, kennt. Zuständig ist für die Anklage von Landesrichtern allein das BVerfG. Laienrichter unterliegen der Richteranklage nicht.

IV. Prozessuale Voraussetzungen der Richteranklage

Vgl. hierzu Art. 98 II GG und § 58. Erforderlich ist ein Antrag des 4 Bundestages mit einfacher Mehrheit (Art. 42 II GG).

V. Materielle Voraussetzungen

Die „Verstöße" gehören dem **materiellen Verfassungsrecht** an und 5 sind in dessen Zusammenhang näher darzustellen. Gefordert ist Verstoß im Amt oder außerhalb des Amtes gegen die Grundsätze des GG oder gegen die verfassungsmäßige Ordnung eines Landes.

1. Der Begriff „Verstoß" weist auf die Notwendigkeit bestimmter 6 nach außen zu Tage tretender Einzeltätigkeitsakte, bestimmter nach außen wirkender Verhaltensweisen hin. Änderung einer bloßen inneren Gesinnung des Richters lässt Art. 98 I 2 GG nicht als Begründung zu. Der Verstoß kann in einem inner- oder außerdienstlichen Verhält-

---

[10] Vgl. hierzu *Werner Weber,* in: FS f. Niedermeyer, 1953, 266; *Umbach,* in: UC-GG Rn. 49 zu Art. 98 GG.

[11] *Wassermann,* in: AK-GG, Stand 2001, Rn. 39 zu Art. 98 GG.

[12] Vgl. § 69 DRiG und dazu *Schmidt-Räntsch,* DRiG, 6. Aufl. 2004, Rn. 3 f. zu § 69 DRiG.

nis liegen. Hinsichtlich des inneren Tatbestandes ist nach der schließlich angenommenen Fassung Vorsatz nur für die Entlassung des Richters gefordert.

7 2. Der Begriff der **„Grundsätze des Grundgesetzes"** tritt als weiterer Begriff neben die ähnlichen der „freiheitlichen demokratischen Grundordnung" und der „Grundsätze des republikanischen, demokratischen und sozialen Rechtsstaats" sowie der „verfassungsmäßigen Ordnung". Er ist weiter als die beiden ersten, enger als die letzteren Begriffe. Zu seiner Deutung können die „Verfassungsgrundsätze" des § 92 StGB herangezogen werden.[13] Danach besagt dieser Begriff „eine Ordnung, die unter Ausschluss jeglicher Gewalt und Wilkürherrschaft eine rechtsstaatliche Herrschaftsordnung auf der Grundlage der Selbstbestimmung des Volkes nach dem Willen der jeweiligen Mehrheit und der Freiheit und Gleichheit darstellt. Zu den grundlegenden Prinzipien dieser Ordnung ist zu rechnen: die Achtung vor den im Grundgesetz konkretisierten Menschenrechten, vor allem vor dem Recht der Persönlichkeit auf Leben und freie Entfaltung, die Prinzipien der Volkssouveränität, der Gewaltenteilung, der Verantwortlichkeit der Regierung, der Gesetzmäßigkeit der Verwaltung, der Unabhängigkeit der Gerichte, des Mehrparteiensystems und der Chancengleichheit für alle politischen Parteien mit dem Recht auf verfassungsmäßige Bildung und Ausübung einer Opposition". Der Begriff der „verfassungsmäßigen Ordnung eines Landes" darf nicht weiter ausgelegt werden, als derjenige der „Grundsätze", da eine Differenzierung zugunsten eines erweiterten Schutzes der Länderverfassungen weder möglich noch vom Gesetzgeber gewollt ist.

VI. Verfahren

8 Wegen des Verfahren im Einzelnen vgl. §§ 58–62. Zuständig ist der Zweite Senat (§ 14 II).

VII. Richteranklage gegen Landesrichter

9 1. Art. 98 V I gestattet eine „entsprechende Regelung für Landesrichter", d. h. eine nach dem GG ergehende **landesrechtliche Regelung** darf das Institut der Richteranklage nach Voraussetzung, Gegenstand und Rechtsfolgen nicht wesentlich verändern, namentlich nicht erweitern. Eine „entsprechende Regelung" ist in den meisten Landes-

---

[13] Vgl. auch die Begriffsbestimmung der „freiheitlichen demokratischen Grundordnung" in BVerfGE 2, 1 = NJW 1957, 1407.

verfassungen getroffen worden. Die dort vorgesehenen materiellen Voraussetzungen stimmen im wesentlichen mit denen des GG überein. Dass in Niedersachsen und Nordrhein-Westfalen für die Regelung der Anklage Mehrheit der gesetzlichen Mitgliederzahl verlangt wird, ist zulässig.[14]

2. Nach Art. 98 V 2 GG bleibt geltendes Landesverfassungsrecht **unberührt.** Insoweit sind also auch weitergehende Abweichungen von der Regelung des GG und des BVerfGG gestattet, es behält somit auch über die Regelung des Art. 98 II GG hinausgehendes Landesverfassungsrecht seine Gültigkeit, ebenso Vorschriften, die die Erhebung der Richteranklage einer anderen Stelle übertragen, vgl. Art. 132 Rheinl.-Pfälz. Verfassung (die materiellen Voraussetzungen entsprechen hier denen des GG, die Vorschrift, dass die Anklage nur durch den Ministerpräsidenten in Gang zu bringen ist, ist gem. Art. 98 V 2 GG aufrechterhalten). Art. 127 Hess. Verfassung (hier sind die materiellen Voraussetzungen weiter gefasst; verlangt ist, dass die Richter „nach ihrer Persönlichkeit und ihrer richterlichen Tätigkeit die Gewähr dafür bieten, dass sie ihr Amt im Geiste der Demokratie und des sozialen Verständnisses ausüben werden", d. h. es werden nicht bestimmte, nach außen wirkende Verhaltensweisen gefordert, vielmehr wird die Gesinnung des Richters in die Prüfung einbezogen und eine allgemeine Persönlichkeitswertung vorgenommen. Die Vorschrift greift also über Art. 98 II GG wesentlich hinaus, ist jedoch (s. o.) nach wie vor gültig). Vgl. ferner Art. 136 Bremische Verfassung und Art. 70 mit 69 der Berliner Verfassung, für sie gilt Entsprechendes wie hinsichtlich der hessischen Vorschrift.

3. Gemäß Art. 98 V 3 GG liegt die Entscheidung über die Richteranklage gegen Landesrichter beim BVerfG. Entgegenstehendes Landesrecht ist außer Kraft getreten.

§ 58 [Antrag; Verfahren]

(1) **Stellt der Bundestag gegen einen Bundesrichter den Antrag nach Artikel 98 Abs. 2 des Grundgesetzes, so sind die Vorschriften der §§ 49 bis 55 mit Ausnahme des § 49 Abs. 3 Satz 2, der §§ 50 und 52 Abs. 1 Satz 2 entsprechend anzuwenden.**

(2) **Wird dem Bundesrichter ein Verstoß im Amt vorgeworfen, so beschließt der Bundestag nicht vor rechtskräftiger Beendigung des gerichtlichen Verfahrens oder, wenn vorher wegen desselben Verstoßes ein förmliches Disziplinarverfahren eingeleitet worden**

---

[14] Vgl. *Schäfer* JZ 1951, 199 ff. (201).

§ 58

Teil III. Einzelne Verfahrensarten

ist, nicht vor der Eröffnung dieses Verfahrens. **Nach Ablauf von sechs Monaten seit der rechtskräftigen Beendigung des gerichtlichen Verfahrens, in dem der Bundesrichter sich des Verstoßes schuldig gemacht haben soll, ist der Antrag nicht mehr zulässig.**

(3) **Abgesehen von den Fällen des Absatzes 2 ist ein Antrag gemäß Absatz 1 nicht mehr zulässig, wenn seit dem Verstoß zwei Jahre verflossen sind.**

(4) **Der Antrag wird vor dem Bundesverfassungsgericht von einem Beauftragten des Bundestages vertreten.**

I. Zu Abs. 1

1. Antragsberechtigung

1   Antragsberechtigt ist nur der Bundestag (siehe auch Art. 98 II); erforderlich ist die Mehrheit der abgegebenen Stimmen (Art. 42 II GG).

2. Verfahren

2   Das Verfahren ist weitgehend demjenigen der Präsidentenanklage angeglichen, jedoch nur, soweit die entsprechende Anwendbarkeit von Vorschriften ausdrücklich vorgesehen ist. Im Übrigen gilt das besondere Recht. **Entsprechend sind anzuwenden:** § 49 Fertigung einer Anklageschrift (hier Antragsschrift) durch den Präsidenten des Bundestages auf Grund des Beschlusses des Bundestages binnen einem Monat nach dem Beschluss. Die Antragsschrift muss die Handlung oder Unterlassung, wegen deren die Anklage erhoben wird, die Beweismittel und die Vorschrift des GG oder der Landesverfassung bezeichnen, die verletzt sein soll. Der ausdrücklichen Feststellung, dass die erforderliche Mehrheit des Bundestages zugestimmt hat, bedarf es wohl nicht, da nur einfache Mehrheit erforderlich ist. Die Ausschlussfrist von 3 Monaten nach § 50 seit Bekanntwerden des der Anklageschrift zugrunde liegenden Sachverhalts entfällt. An ihre Stelle treten die zeitlichen Begrenzungen nach Abs. 2 S. 2 und Abs. 3. § 51 ist vom Gesetz von der entsprechenden Anwendung nicht ausdrücklich ausgeschlossen. Die Vorschrift kann wohl angewendet werden, soweit sie vorschreibt, dass das Verfahren vom Wechsel in der Zusammensetzung des Bundestags nicht berührt wird. Da das Verfahren dazu dient, die verfassungsrechtliche Verantwortlichkeit eines Richters geltend zu machen und das Urteil nur auf Versetzung in ein anderes Amt oder auf Ruhestandsversetzung bei Vorsatz auch auf Entlassung, lauten kann, ist die Einleitung eines Verfahrens gegen einen Richter, der aus seinem Amtsbereich ausgeschieden ist, nicht mehr möglich.

Ist das Verfahren schon eingeleitet, so ist es beim **Ausscheiden des** 3
Richters aus seinem Amt einzustellen oder die Hauptsache für erledigt
zu erklären. Gemäß § 52 kann die Anklage bis zur Verkündung des
Urteils auf Grund eines Beschlusses des Bundestages zurückgenommen
werden. Abs. 1 S. 2 des § 52 ist nicht anwendbar; es ist nur einfache
Mehrheit erforderlich. Form der Zurücknahme: Übersendung einer
Ausfertigung des Beschlusses an das BVerfG durch den Präsidenten des
Bundestages Der Richter kann der Zurücknahme binnen einem Monat widersprechen.

Gemäß § 53 kann dem angeklagten Richter durch **einstweilige An-** 4
ordnung die weitere Ausübung des Amts vorläufig untersagt werden.
Auch für diese vorläufige Anordnung der Richteranklage dürften kraft
der Verweisung die besonderen Gesichtspunkte zu § 53 gelten, obwohl Art. 98 II GG nicht eine dem Art. 61 II 2 GG entsprechende
Vorschrift enthält. § 32 ist daher nur mit den zu § 53 angeführten Einschränkungen anwendbar.

Die Anordnung einer **Voruntersuchung** ist gemäß § 54 auf Antrag 5
des Beauftragten des Bundestages (vgl. § 58 IV) oder des angeklagten
Richters (obligatorisch) oder von Amts wegen (fakultativ) zulässig. Wegen des Rechtscharakters der Voruntersuchung vgl. Rn. 1 zu § 54.
Durchführung der Voruntersuchung durch einen Richter des Ersten
Senats. – Die Vorschriften des § 55 über die mündliche Verhandlung
der Präsidentenanklage (die dem Strafprozess nachgebildet sind) finden
uneingeschränkt entsprechende Anwendung (vgl. Rn. 1 ff. zu § 55).

II. Zu Abs. 2 (Antragstellung bei Verstößen im Amt)

Bei Verstoß innerhalb des Amtes (gemeint ist ein Verstoß bei 6
Durchführung eines richterlichen Verfahrens, dh eines rechtsförmlichen Verfahrens jeder Art. mit richterlichen Garantien im Sinne des
Art. 92 GG), der den Gegenstand eines gerichtlichen Verfahrens bildet,
ist zu unterscheiden, ob der Verstoß auch zu einem **Disziplinarverfahren** geführt hat oder nicht. Im letzteren Falle ist im Interesse der
Unabhängigkeit der Rechtsprechung die Rechtskraft des gerichtlichen
Urteils in dem Verfahren, in welchem der Verstoß des Richters sich
ereignet haben soll, abzuwarten, im ersteren Falle – meist schwerwiegenden Fällen – kann die Richteranklage schon nach Eröffnung des
Disziplinarverfahrens und vor Rechtskraft des gerichtlichen Urteils erhoben werden.[1] Bei Verstoß außerhalb des Amtes (oder zwar innerhalb des Amtes, aber nicht bei Durchführung eines richterlichen Ver-

---

[1] Siehe auch die Ausführungen des Abg *Neumaier* als Berichterstatter in der
112. Sitzung des Bundestages; *Roemer* JZ 1951, 193 (195).

§ 59 Teil III. Einzelne Verfahrensarten

fahrens) braucht die Eröffnung oder der Abschluss eines gerichtlichen Verfahrens nicht abgewartet zu werden. Beide Verfahren schließen sich gegenseitig nicht aus und haben aufeinander unbeschadet des § 33 II keine bindende Rechtswirkung. Bezüglich der Einleitung des Disziplinarverfahrens s. § 63 DRiG iVm dem Bundesdisziplinargesetz v. 9. Juli 2001 (BGBl. I S. 1510), inkraftgetreten zum 1. 1. 2002.[2] Die Frist des Satzes 2 von 6 Monaten ist Ausschlussfrist. Wegen Fristberechnung siehe Rn. 49 vor §§ 17 ff. Da bei Bundesrichtern nur die Tätigkeit an obersten Gerichtshöfen des Bundes in Frage kommt, dürfte die Frist nach Abs. 2 in der Regel kürzer sein als die nach Abs. 3. Eine Verfassungsbeschwerde nach § 90 schiebt den Beginn der Frist nicht hinaus.

III. Zu Abs. 3 (Ausschlussfrist)

7   Zur Fristberechnung siehe Rn. 49 vor § 17. Ausgenommen von der Befristung nach Abs. 3 sind die Fälle, in denen ein gerichtliches Verfahren oder ein Disziplinarverfahren anhängig wurde. In diesem Falle ist nur die Frist nach Abs. 2 S. 2 maßgebend. Die Frist beginnt mit dem Augenblick der Tat, nicht mit dem Bekanntwerden. Bei ihrem Ende muss die Antragsschrift beim BVerfG eingegangen sein.

Die Fristsetzung soll die rechtzeitige Austragung derartiger Konflikte im Interesse möglichst baldiger Beseitigung bestehender Spannungen zwischen Parlament und Justiz und im Interesse der Unabhängigkeit der Richter sicherstellen.[3]

IV. Zu Abs. 4 (Vertreter der Richteranklage)

8   Beauftragter des Bundestages: vgl. Rn. 4 zu § 55.

§ 59 [Urteil]

(1) **Das Bundesverfassungsgericht erkennt auf eine der im Artikel 98 Abs. 2 des Grundgesetzes vorgesehenen Maßnahmen oder auf Freispruch.**

(2) **Erkennt das Bundesverfassungsgericht auf Entlassung, so tritt der Amtsverlust mit der Verkündigung des Urteils ein.**

---

[2] Jetzt idF v. 20. 12. 2001 (BGBl. I S. 3926, 3948).
[3] So *Roemer* JZ 1951, 193 (195).

Richteranklage **§ 59**

(3) **Wird auf Versetzung in ein anderes Amt oder in den Ruhestand erkannt, so obliegt der Vollzug der für die Entlassung des Bundesrichters zuständigen Stelle.**

(4) **Eine Ausfertigung des Urteils mit Gründen ist dem Bundespräsidenten, dem Bundestag und der Bundesregierung zu übersenden.**

I. Zu Abs. 1 (Inhalt der Entscheidung)

Das BVerfG kann **nur** entweder auf Versetzung in ein anderes – richterliches oder nichtrichterliches – Amt oder in den Ruhestand, auf Entlassung (lediglich bei vorsätzlichem Verstoß) oder – bei Fehlen eines objektiven oder subjektiven Tatbestandsmerkmals – auf Freispruch erkennen. Eine nachteilige Entscheidung bedarf einer Mehrheit von zwei Dritteln der Mitglieder des Senats (§ 15 II, vgl. Art. 98 II 1 GG). Die Möglichkeit eines Freispruchs unterscheidet die Richteranklage von der Präsidentenanklage (vgl. Rn. 2 zu § 56), ebenso kann sich das Gericht nicht etwa nach 56 I darauf beschränken, auszusprechen, dass der Richter sich eines Verstoßes im Amt schuld gemacht hat. Diese Feststellung gehört hier in die Gründe. Wegen des in der Fassung des Tenors zum Ausdruck kommenden Unterschieds von der Präsidentenanklage vgl. Rn. 8 Vorb. zu §§ 58 ff. Fehlen prozessuale Voraussetzungen des Verfahrens, so ist es einzustellen. 1

II. Zu Abs. 2 (Eintritt des Amtsverlusts)

Wird auf **Entlassung** erkannt (nur bei Vorsatz möglich, Art. 98 II 2 GG), so tritt der Amtsverlust mit der Urteilsverkündung automatisch ein. Aushändigung einer Entlassungsurkunde hat nur noch deklaratorische Bedeutung. Rechtsfolgen: Verlust aller Rechtsansprüche aus dem Amt (vgl. § 34 BBG mit § 46 DRiG). Der Betroffene hat lediglich den Weg der Begnadigung durch den Bundespräsidenten. Der Vollzug der Entlassung obliegt dem zuständigen Ressortminister. 2

III. Zu Abs. 3 (Versetzung in ein anderes Amt oder in den Ruhestand)

Das BVerfG kann auch aussprechen, ob der Richter in ein anderes richterliches oder nichtrichterliches Amt oder in den Ruhestand zu **versetzen** ist. Maßnahmen des Disziplinarrechts, wie Pensionskürzungen usw. können nicht vom BVerfG verhängt werden. Zuständig für 3

§ 60 Teil III. Einzelne Verfahrensarten

den Vollzug ist der Bundespräsident oder die von ihm beauftragte Stelle, soweit gesetzlich nichts anderes bestimmt ist (vgl. Art. 60 I GG). Die allgemeinen beamtenrechtlichen Vorschriften finden hierbei Anwendung.

IV. Zu Abs. 4 (Unterrichtung der obersten Bundesorgane)

4 Abs. 4 ist lediglich eine zusätzliche Vorschrift, um auch die obersten Bundesorgane zu unterrichten.

§ 60 [Aussetzung eines Disziplinarverfahrens]

Solange ein Verfahren vor dem Bundesverfassungsgericht anhängig ist, wird das wegen desselben Sachverhalts bei einem Disziplinargericht anhängige Verfahren ausgesetzt. Erkennt das Bundesverfassungsgericht auf Entlassung aus dem Amt oder auf Anordnung der Versetzung in ein anderes Amt oder in den Ruhestand, so wird das Disziplinarverfahren eingestellt; im anderen Falle wird es fortgesetzt.

I. Allgemeines

1 **Strafrechtliche** Verfahren werden durch das Verfahren der Richteranklage in keiner Weise behindert. Der Strafrichter ist an das Urteil des BVerfG nicht gebunden (und umgekehrt). Es handelt sich nicht um dieselbe Sache. Grundsätzlich stehen auch Richteranklage und **Disziplinarverfahren** unabhängig nebeneinander. Das Gesetz sieht jedoch zwei Möglichkeiten einer Einwirkung des verfassungsgerichtlichen Verfahrens auf das Disziplinarstrafverfahren vor.[1]

II. Aussetzung des Disziplinarverfahrens

2 Disziplinarverfahren und Richteranklage in derselben Sache können **nicht gleichzeitig** durchgeführt werden; gleichgültig, ob das Disziplinarverfahren oder das Verfahren der Richteranklage früher anhängig wird, stets muss bei Konkurrenz das Disziplinarverfahren ausgesetzt

---

[1] Vgl. hierzu den mündlichen Bericht des Ausschusses für Rechtswesen und Verfassungsrecht in der 112. Sitzung des BT vom 18. 1. 1951 und Ausführungen des Berichterstatters *Neumaier*, S. 4231 ff., DRiZ 1951, 40, nämlich Einstellung aller Fortsetzung des Disziplinarverfahrens.

werden. Hieraus ergibt sich ein gewisser Vorrang des verfassungsgerichtlichen Verfahrens. „Derselbe Sachverhalt" ist gegeben, wenn im Wesentlichen dieselben Tatsachen Gegenstand der beiden Verfahren bilden. „Anhängig" wird das Richteranklageverfahren mit dem Eingang der Antragsschrift beim BVerfG (vgl. § 58), das Disziplinarverfahren, sobald der Antrag der obersten Dienstbehörde beim Dienstgericht eingeht (§ 63 II DRiG). Vorgängige Ermittlungen (§ 21 I BDG iVm § 63 I DRiG) werden durch das Richteranklageverfahren nicht behindert. Wird das Disziplinarverfahren gegen einen Richter eingeleitet, während ein Richteranklageverfahren vor dem BVerfG anhängig ist, so ist es sofort wieder auszusetzen. Die Aussetzung dauert, bis das Verfahren vor dem BVerfG beendet ist.

III. Wirkung einer verfassungsgerichtlichen Verurteilung

Ferner wirkt eine verurteilende Entscheidung des BVerfG auf den Fortgang des Disziplinarverfahrens; hat das BVerfG auf Entlassung aus dem Amt oder auf Anordnung der Versetzung in ein anderes Amt oder in den Ruhestand erkannt, so ist das Disziplinarverfahren einzustellen. Das Dienstgericht darf in solchen Fällen nicht etwa statt Versetzung in ein anderes Amt, auf Versetzung in den Ruhestand oder Entlassung oder statt auf Ruhestandsversetzung auf Entlassung erkennen, auch wenn sich bei der besonderen disziplinarrechtlichen Würdigung eine solche strenger Beurteilung ergeben könnte. 3

Bei Freispruch ist das Disziplinarverfahren fortzusetzen; das Dienstgericht (§ 63 II DRiG) ist durch das Ergebnis des verfassungsgerichtlichen Verfahrens rechtlich nicht gebunden.

§ 61 [Wiederaufnahme des Verfahrens]

(1) **Die Wiederaufnahme des Verfahrens findet nur zugunsten des Verurteilten und nur auf seinen Antrag oder nach seinem Tode auf Antrag seines Ehegatten, Lebenspartners oder eines seiner Abkömmlinge unter den Voraussetzungen der §§ 359 und 364 der Strafprozeßordnung statt. In dem Antrag müssen der gesetzliche Grund der Wiederaufnahme sowie die Beweismittel angegeben werden. Durch den Antrag auf Wiederaufnahme wird die Wirksamkeit des Urteils nicht gehemmt.**

(2) **Über die Zulassung des Antrages entscheidet das Bundesverfassungsgericht ohne mündliche Verhandlung. Die Vorschriften der §§ 368, 369 Abs. 1, 2 und 4 und der §§ 370 und 371 Abs. 1 bis 3 der Strafprozeßordnung gelten entsprechend.**

§ 61 Teil III. Einzelne Verfahrensarten

(3) **In der erneuten Hauptverhandlung ist entweder das frühere Urteil aufrechtzuerhalten oder auf eine mildere Maßnahme oder auf Freispruch zu erkennen.**

I. Allgemeines

1 § 61 ist der einzige Fall, in welchem das Gesetz ausdrücklich die Wiederaufnahme des Verfahrens zulässt. § 61 geht auf eine gemeinsame Anregung des BR-Rechtsausschusses und der Landesjustizverwaltungen zurück, die übereinstimmend der Meinung waren, dass hier ein Wiederaufnahmeverfahren vorzusehen sei.[1] Eine allgemeine Wiederaufnahmemöglichkeit kennt das Gesetz nicht, vgl. § 31 Rn. 10; für das Verfassungsbeschwerdeverfahren vgl. § 93 II.

Dass § 61 die Antragsbefugnis auch dem Lebenspartner gewährt, geht auf das Gesetz zur Beendigung der Diskriminierung gleichgeschlechtlicher Gemeinschaften: Lebenspartnerschaft vom 16. 2. 2001 (BGBl. I S. 266, 271) zurück.

II. Zu Abs. 1 (Antrag auf Wiederaufnahme)

2 **1. Voraussetzungen der Wiederaufnahme**

Eine Wiederaufnahme darf nur erfolgen
a) zugunsten des verurteilten Richters,
b) auf seinen Antrag oder nach seinem Tode auf Antrag seines Ehegatten, Lebenspartners[2] oder eines seiner Abkömmlinge (nicht von Amts wegen),
c) aus den in §§ 359, 364 StPO vorgesehenen Gründen.

Entsprechend anwendbar dürfte auch § 363 StPO (Ausschluss des Wiederaufnahmeverfahrens lediglich zum Zwecke der Herbeiführung einer milderen Strafe auf Grund desselben Sachverhalts) sein.

2. Form des Wiederaufnahmeantrags

3 Angabe des Wiederaufnahmegrundes und der Beweismittel (siehe § 366 StPO).

---

[1] Bericht des Abg. *Neumaier,* BT-Prot vom 18. 1. 1951, S. 4231 ff., DRiZ 195, 141.

[2] Lebenspartner sind zwei Personen gleichen Geschlechts, die gegenseitig persönlich und bei gleichzeitiger Anwesenheit (unter den weiteren Voraussetzungen des § 1 LPartG) erklärt haben, eine Partnerschaft auf Lebenszeit führen zu wollen, § 1 I 1 LPartG).

Richteranklage § 61

3. Wirkung des Antrags

Keine Hemmung der Wirksamkeit des angefochtenen Urteils (siehe 4
auch § 360 I StPO).

III. Zu Abs. 2 (Verfahren)

Das Verfahren gliedert sich, wie nach der Strafprozessordnung in 3 5
Stufen:

1. Schriftliches Verfahren über die Zulassung des Antrags

Die Prüfung erstreckt sich lediglich auf die **Förmlichkeiten** des 6
Antrags. Entscheidung durch Beschluss (§ 25 II). Der Antrag ist als unzulässig zu verweisen, wenn er nicht in der vorgeschriebenen Form eingebracht ist oder darin kein gesetzlicher Grund der Wiederaufnahme geltend gemacht oder kein geeignetes Beweismittel angeführt ist (§ 368 StPO).

2. Prüfung der rechtlichen Voraussetzungen der Wiederaufnahme

Ist der Antrag formell zulässig, so ist erforderlichenfalls ein Richter 7
mit der **Aufnahme der angetretenen Beweise** zu beauftragen. Beeidigung der Zeugen und Sachverständigen steht im Ermessen des Gerichts, nach Schluss der Beweisaufnahme sind der Bundestag und der Verurteilte unter Bestimmungen einer Frist zur weiteren Erklärung aufzufordern (§ 369 I, II, IV StPO). Der Antrag ist ohne mündliche Verhandlung, also durch Beschluss als unbegründet zu verwerfen, wenn die darin aufgestellten Behauptungen keine genügende Bestätigung gefunden haben oder wenn die behauptete Urkundenfälschung oder falsche Zeugen- oder Sachverständigenaussage nach Lage der Sache das Urteil nicht beeinflussen konnte. Andernfalls ordnet das Gericht die Wiederaufnahme des Verfahrens und die Erneuerung der mündlichen Verhandlung an (§ 370 StPO). Gegenüber Verstorbenen findet keine Hauptverhandlung statt. Das Gericht hat nach etwa erforderlicher Beweisaufnahme entweder sofort auf Freispruch zu erkennen oder den Antrag auf Wiederaufnahme abzulehnen (§ 371 I StPO). In anderen Fällen kann das Gericht mit Zustimmung des Beauftragten des Bundestages den Verurteilten sofort freisprechen, wenn dazu genügende Beweise vorliegen (§ 371 II StPO). Mit der Freisprechung ist die Aufhebung des früheren Urteils zu verbinden (§ 371 III StPO).

§ 62 Teil III. Einzelne Verfahrensarten

3. Mündliche Verhandlung

8 Vgl. § 25.

IV. Zu Abs. 3 (Inhalt der Entscheidung)

9 Für die erneute mündliche Verhandlung, falls es zu einer solchen kommt, gelten die Vorschriften des § 58 I mit § 55 entsprechend. Im Urteil ist entweder das frühere Urteil aufrechtzuerhalten oder auf eine mildere Maßnahme (dh auf Versetzung in ein anderes Amt oder in den Ruhestand statt auf Entlassung, auf Versetzung in ein anderes Amt statt Ruhestandsversetzung oder auf Freispruch) zu erkennen.

§ 62 [Verfahren gegen Landesrichter]

Soweit gemäß Artikel 98 Abs. 5 Satz 2 des Grundgesetzes fortgeltendes Landesverfassungsrecht nichts Abweichendes bestimmt, gelten die Vorschriften dieses Abschnitts auch, wenn das Gesetz eines Landes für Landesrichter eine dem Artikel 98 Abs. 2 des Grundgesetzes entsprechende Regelung trifft.

I. Geltung für Landesrichter

1 § 62 bringt entsprechend einem Vorschlag des Bundesrats die **Vereinheitlichung** der Richteranklage. Von diesem Grundsatz darf nicht durch einfaches Landesgesetz abgewichen werden. Nur kraft Art. 98 V GG aufrechterhaltenes Landesverfassungsrecht kann Abweichendes bestimmen.

II. Verfahren nach Landesrecht

2 Es steht den Ländern frei, eine Richteranklage einzuführen. Tun sie es, so steht die Entscheidung über die Richteranklage dem BVerfG zu, und zwar (vorbehaltlich Landesverfassungsrechts) in dem Verfahren, welches das BVerfGG vorschreibt.

III. Disziplinarrechtliche Regelungen

3 An die Stelle der Bundesdisziplinarordnung treten für etwaige Disziplinarverfahren die entsprechenden landesrechtlichen Vorschriften. § 59 III gilt für die entsprechenden Stellen des Landes, auch § 59 IV ist

Organstreitigkeiten **Vor § 63**

entsprechend anwendbar (Übersendung der Ausfertigungen an die zuständige Landesregierung und an das nach den landesrechtlichen Vorschriften antragsberechtigte Organ).

Sechster Abschnitt. Verfahren in den Fällen des § 13 Nr. 5

Vorbemerkung vor §§ 63 ff.

Schrifttum: *Goessl,* Organstreitigkeiten innerhalb des Bundes, 1961; *Lorenz,* Der Organstreit vor dem Bundesverfassungsgericht, in: Bundesverfassungsgericht und Grundgesetz, Bd. I, 1976, 225; *Stern,* II, 978; *Lücke,* Die stattgebende Entscheidung im verfassungsgerichtlichen Organstreitverfahren und ihre Konsequenzen, JZ 1983, 380; *Jekewitz,* Die stattgebende Entscheidung im verfassungsgerichtlichen Organstreitverfahren und ihre Konsequenzen, Recht und Politik 1983, 153 f.; *Schlaich,* Verfassungsprozessuale Auswirkungen des materiellen Verfassungsrechts, in: FS f. Bachof, 1984, 321; *Jekewitz,* Bundesverfassungsgericht und Staatsorganisationsrecht des Grundgesetzes, in: FS f. Wassermann, 1985, 381; *C. Arndt,* Zum Begriff der Partei im Organstreitverfahren vor dem BVerfG, in: HStR, Bd. II, 1987, 740; *Umbach,* Der „eigentliche" Verfassungsstreit vor dem Bundesverfassungsgericht: Abgeordnete und Fraktionen als Mitglieder im Organstreit, in: FS f. Zeidler, Bd. 2, 1987, 1238; *Loewer,* Zuständigkeiten und Verfahren des Bundesverfassungsgerichts, in: HStR, Bd. II, 1987, 740; *Clemens,* Politische Parteien und andere Institutionen im Organstreitverfahren, in: FS f. Zeidler, Bd. 2, 1987, 1261; *Zierlein,* Die Ersatzzuständigkeit des BVerfG im landesverfassungsrechtlichen Organstreitverfahren, AöR 118 (1993), 66; *Kirchhof,* Zur Einschränkung der Beitrittsberechtigung im föderalen Streit und Organstreit, in: FS f. Helmrich, 1994, 229; *Pietzker,* Organstreit, in: FS 50 Jahre BVerfG, Bd. 1, 2001, 587; *K. Stein,* Die Parteifähigkeit der Untergliederungen politischer Parteien im verfassungsgerichtlichen Bundesorganstreitverfahren, DÖV 2002, 713; *Renck,* Art. 93 Abs. 1 Nr. 1 GG: Prinzipale Norminterpretation oder Organstreit?, DÖV 2004, 1035.

Übersicht

	Rn.
I. Allgemeines	1
II. Verfahrensgegenstand und Rechtscharakter des Streits	2
1. Entwurf HChE	3
2. Verhandlung im Parlamentarischen Rat	4
3. BVerfGG	5
4. Bedeutung des Organstreitverfahrens	7
a) Mittel des Minderheitenschutzes	7
b) Schutz der Rechte der Verfassungsorgane	9
c) Kontradiktorisches Verfahren	10

Vor § 63 Teil III. Einzelne Verfahrensarten

	Rn.
5. Übersicht über die rechtlichen Voraussetzungen	11
a) Rechtswegeröffnung	12
b) Parteifähigkeit	13
c) Antragsbefugnis	14
d) Antragsgegenstand	15
e) Rechtsschutzinteresse	16
f) Frist- und Formerfordernisse	17
g) Verfahrensbeitritt	18
h) Entscheidung	19
6. Vorläufiger Rechtsschutz	20

I. Allgemeines

1 § 13 Nr. 5 betrifft sog. **Organstreitigkeiten innerhalb des Bundes.** Mit der Aufnahme dieser Streitigkeiten gingen der Parlamentarische Rat und die gesetzgebenden Körperschaften bei der Beratung des BVerfGG über die Bedenken hinweg, die früher wegen des hohen politischen Gehalts solcher Streitigkeiten geltend gemacht worden waren.[1] Die Neuartigkeit der Aufgabe und ihre besonderen Schwierigkeiten haben denn auch sowohl im Verhältnis von GG und BVerfGG, wie innerhalb des BVerfGG zu keiner klaren und widerspruchsfreien Regelung geführt. Mehr als bei allen sonstigen Verfahrensarten hat es hier noch der Klärung durch die Rechtsprechung des BVerfG und die Rechtslehre bedurft. Abgesehen von Ansätzen im italienischen und im spanischen Verfassungsrecht[2] finden sich auch im Recht des Auslandes keine vergleichbaren Institutionen.

II. Verfahrensgegenstand und Rechtscharakter des Streits

2 Besonders unklar und schwankend ist vor allem die Entstehungsgeschichte hinsichtlich der Regelung des Verfahrensgegenstandes.

1. Entwurf HChE

3 Art. 98 HChE sah in § 2 vor: „Das Bundesverfassungsgericht entscheidet über Verfassungsstreitigkeiten zwischen obersten Bundesorganen oder Teilen von solche, die in diesem Grundgesetz mit eigenen Rechten ausgestattet sind". In dieser Fassung erschienen die Organ-

---

[1] Vgl. *Joel* AöR 77 (1971), 129 ff. (165); s. dazu *Pietzker,* in: FS 50 Jahre BVerfG, Bd. 1, 2001, 587; *Benda/Klein* Rn. 980; *Schlaich/Korioth* Rn. 80.
[2] S. die Nachweise bei *Pietzker,* in: FS 50 Jahre BVerfG, Bd. 1, 2001, 587.

streitigkeiten als kontradiktorische Streitsachen. Die Vorschrift als Ausfüllung der hinsichtlich der Reichsverfassungsstreitsachen vorhandenen Lücke der WRV war über die herrschenden Bedenken gegen den zu großen politischen Gehalt derartiger Streitigkeiten voll hinweggegangen.

2. Verhandlungen im Parlamentarischen Rat

In den Verhandlungen des Parlamentarischen Rates kamen jedoch jene Bedenken in abgeschwächter Form erneut zum Durchbruch.[3] Schon in der Sitzung des Rechtspflegeausschusses vom 6. 12. 1948 erhielt die nunmehrige Nr. 1 des Art. 93 I die Fassung: „über die Auslegung dieses Grundgesetzes aus Anlass von Streitigkeiten über den Umfang der Rechte und Pflichten ...", die sich in allen späteren Lesungen erhielt.[4] Durch die veränderte Fassung schieden die konkreten Verfassungsstreitigkeiten als eigentlicher Streitgegenstand aus; an ihre Stelle trat die abstrakte, wenn auch auf einen konkreten Anlass bezogene Auslegung des GG. Der Streit zwischen den Organen wurde darin als Element des Rechtsschutzbedürfnisses zur bloßen Prozessvoraussetzung. Er verlor den eigentlichen kontradiktorischen Charakter und wurde zur authentischen Auslegung des GG auf Antrag eines antragsberechtigten Verfassungsorgans. Damit erhielt er den Rechtscharakter eines abstrakten Normenstreits.[5]

4

3. BVerfGG

Das BVerfGG hat in den §§ 63–67[6] diesen durch das GG umgewandelten Charakter der Organstreitigkeiten nicht festgehalten, sondern das Verfahren wieder als **echte Parteistreitigkeit** ausgestaltet. Es spricht in § 63 von „Antragsteller" und „Antragsgegner" und schreibt in § 67 S. 1 die Tenorierung eines kontradiktorischen Feststellungsprozesses vor, in dem der konkrete Streitfall – „Maßnahme oder Unterlassung des Antragsgegners" – den Gegenstand der Entscheidung bildet. Diese Abweichung des BVerfGG von Art. 93 I Nr. 1 GG hat dazu geführt, dass die Verfassungsmäßigkeit der genannten Vorschriften des

5

---

[3] Vgl. vor allem die Ausführungen des Abg. *Dr. Strauß* in der Sitzung des Rechtspflegeausschusses vom 6. 12. 1948 und des Hauptausschusses v. 8. 12. 1948, JöR nF. Bd. 1, (1951) 676 zur Entstehungsgeschichte s. *Umbach,* in: UCD Rn. 15 ff. vor §§ 68 ff.
[4] *Geiger* DÖV 1952, 481 (482).
[5] Vgl. *Friesenhahn,* in: FS f. Thoma, 1950, 21 ff. (57).
[6] Entgegen dem Entwurf der SPD – siehe BR-Drs. Nr. 321, §§ 36–39.

Vor § 63 Teil III. Einzelne Verfahrensarten

BVerfGG bestritten wurde.[7] Die Praxis des BVerfG[8] ging stets von der Rechtsgültigkeit der §§ 63 und 67 S. 1 aus. In *BVerfGE* 1, 208 (231) hat das BVerfG die Regelung des § 67 S. 1 ausdrücklich für gültig erklärt. Art. 93 I Nr. 1 ist danach „nicht klar", die Vorschrift stelle auch keine abschließende Regelung dar. Das nach Art. 93 II GG zur Regelung des Verfahrens erlassene BVerfGG habe daher den Inhalt der Entscheidung näher bestimmen können. § 67 S. 1 sei auch aus Art. 93 II GG zu rechtfertigen. Diese Rechtsauffassung hat das BVerfG erneut bekräftigt in *BVerfGE* 2, 143 (157) = NJW 1953, 537, in der die Rechtsfragen zu Art. 93 I Nr. 1 GG, §§ 13 Nr. 5, 63–67 eingehend untersucht werden.

6 Die spätere Rechtsprechung des Gerichts hat die dort entwickelten Grundsätze festgehalten und weiterentwickelt[9] nach dieser letzteren Entscheidung bringt § 69 mit § 64 kein zusätzliches und damit verfassungswidriges Erfordernis, sondern nur die „Umsetzung der allgemeinen Verfassungsnorm in das besondere Verfahrensrecht". Es ist daher in der Rechtspraxis von der Rechtsgültigkeit der §§ 63 ff. und von der Deutung auszugehen, die die Rechtsprechung des BVerfG,[10] den dort verwendeten Begriffen gegeben hat[11] Letzten Endes werden die §§ 63 ff. durch verfassungskonkretisierendes Richterrecht gehalten.

4. Bedeutung des Organstreitverfahrens[12]

7 **a) Notwendigkeit** und **Bedeutung** des Organstreitverfahrens sind umstritten.[13] Es hat sich inzwischen aber die Erkenntnis durchgesetzt, dass der Organstreit nicht zu einer unerwünschten Juridifizierung der Politik führt, sondern seinen Grund in der Notwendigkeit von Ent-

---

[7] S. dazu die Nachweise bei *Stern*, BK, Zweitbearbeitung, 1982 Rn. 77 ff. zu Art. 93 GG.

[8] S. BVerfGE 1, 144; 1, 351; 1, 372; 2, 347 (365).

[9] Vgl. BVerfGE 3, 12 (17); 4, 144; 10, 4 ff.; 13, 54 ff. = NJW 1961, 1453.

[10] Namentlich in BVerfGE 1, 208 und 2, 143 ff.

[11] Zur besonderen Problematik des Verhältnisses von Art. 93 I Nr. 1 GG, § 13 Nr. 5, §§ 63 ff. siehe *Goessl*, Organstreitigkeiten innerhalb des Bundes, 1961, 78 ff.; *Pestalozza* § 7 Rn. 5; *Stern*, BK, Zweitbearbeitung, 1982 Art. 93, Rn. 77 ff.; *Benda/Klein* Rn. 978; *Umbach*, in: UCD, vor §§ 63 ff. Rn. 19 ff.; *Schlaich/Korioth* Rn. 82; *Bethge*, in: MSKB, Stand 2002 Rn. 20 zu § 63, Rn. 77.

[12] Die faktische Bedeutung ist gering. Das ändert aber nichts daran, dass im Organstreitverfahren viele grundsätzliche Verfassungsfragen geklärt worden sind, vgl. *Umbach*, in: UCD, Rn. 1 vor § 68 ff.

[13] *Pietzker*, in: FS 50 Jahre BVerfG, Bd. 1, 2001, 587 (588 ff.); *Benda/Klein* Rn. 983; *Bethge*, in: MSKB, Stand 2002, Rn. 3 ff. zu § 63; *Voßkuhle*, in: MKS, Bd. 3, 4. Aufl. 2001, Rn. 95 ff. zu Art. 93 GG; *Schlaich/Korioth* Rn. 82.

Organstreitigkeiten **Vor § 63**

scheidungen zu offenen Verfassungsfragen findet.[14] Diese bleiben insbesondere dann offen, wenn eine Klärung mit politischen Mitteln ausscheidet. Der Organstreit ist deshalb ein unverzichtbares Mittel des Minderheitenschutzes.[15] Auch die Opposition ist Minderheit.[16]

Das Recht muss in Streitigkeiten mit Verfassungsorganen das leisten, 8 was es im Individualbereich leistet: Den Betroffenen ohne Ansehen der Machtverhältnisse die ihm zustehenden Rechtspositionen zu gewährleisten. Auch im Organstreit geschieht das, gestützt auf Art. 19 IV GG,[17] lückenlos.[18]

b) Der Organstreit dient also dem **Schutz der Rechte** der Verfas- 9 sungsorgane zueinander, indem die Rechtslage vom BVerfG festgestellt wird. Der Organstreit ist dagegen kein Mittel einer allgemeinen Verfassungs- und Rechtsaufsicht.[19] Das BVerfG hat insoweit nur zu klären, ob das Begehren des Antragstellers als Beeinträchtigung der Rechte des Parlaments verstanden werden kann. Dafür ist der angegriffene Vollzugsakt maßgeblich, nicht die Erörterung der Frage, ob es der Antragsteller versäumt hat, seine zuvor bestehenden politischen Möglichkeiten auszuschöpfen.[20] Das Organstreitverfahren ist auch kein gegenüber anderen Verfahrensarten subsidiäres Verfahren. Das BVerfG hat deshalb nicht darüber zu befinden, ob dem Antragsteller zur Verfolgung seines Prozessziels außerhalb der gewählten Verfahrensart andere verfahrensrechtliche Wege zur Verfügung gestanden hätten.[21] Eine Organstreitigkeit i.S.d. §§ 63 ff. setzt deshalb voraus, dass sich die Parteien des Organstreits in einem verfassungsrechtlichen Rechtsverhältnis befinden und es derzeit unter ihnen über bestimmte Folgerungen aus diesem Rechtsverhältnis Streit gibt.[22]

---

[14] *Pietzker*, in: FS 50 Jahre BVerfG, Band 1, 2001, 587 (588).
[15] *Pietzker*, in: FS 50 Jahre BVerfG, Band 1, 2001, 587 (589); siehe auch abwM *Böckenförde/Kruis*, BVerfGE 90, 390.
[16] BVerfGE 45, 1 (29); 68, 1 (77).
[17] BVerfGE 60, 319 (326); 93, 195 (202).
[18] *Pietzker*, in: FS 50 Jahre BVerfG, Bd. 1, 2001, 587 (589f.). Das kann man angesichts von BVerfG NJW 2005, 2669 – 15. Deutscher Bundestag bezweifeln. Das BVerfG hat sich in diese Entscheidung hinter Mutmaßungen zur Politik versteckt. Zurecht spricht *Pestalozza* von einer „missglückten Nachoperation", NJW 2005, 2817 (2819) und fragt nach dem Sinn von Organstreitigkeiten, wenn sie zu keiner Rechtskontrolle führen, NJW 2005, 2817 (2820).
[19] BVerfGE 90, 286 (338); aA die abwM von *Böckenförde/Kruis*, BVerfGE 90, 390.
[20] BVerfGE 100, 266 (268); 103, 81 (88); 104, 151 (194).
[21] BVerfGE 45, 1 (30) = NJW 1977, 138.
[22] BVerfGE 2, 143 (152 (156); 20, 18 (23f.) = NJW 1966, 875; 92, 203 (226); 97, 408 (414); 103, 81 (86). S. dazu *Benda/Klein* Rn. 1025; *Schlaich/Korioth* Rn. 93.

10 **c) Kontradiktorisches Verfahren.** Ausdrücklich stellt *BVerfGE* 2, 143 den kontradiktorischen Charakter des Verfahrens nach § 13 Nr. 5 fest. Danach kann gemäß Art. 93 I Nr. 1 GG nicht einfach eine objektive Frage des Verfassungsrechts zur Entscheidung des BVerfG gestellt werden, vielmehr muss sich ein **prozeßrechtliches Verhältnis** mit zwei Beteiligten vor dem Gericht entfalten. Ein solches formelles, prozeßrechtliches Verhältnis setze ein dahinter stehendes materielles Rechtsverhältnis voraus, falls nicht ausnahmsweise durch Gesetz rein formal zwei Prozessbeteiligte geschaffen würden, um zu einem kontradiktorischen Verfahren zu gelangen (aaO S. 156). Es genügt danach nicht, wenn die Antragsteller geltend machen, die von ihnen als Antragsgegner in Anspruch genommenen Staatsorgane oder Organteile legten das Verfassungsrecht unrichtig aus. Da es sich um einen Rechtsstreit handeln müsse, wird eine bestimmte Rechtsbeziehung zwischen den Parteien vorausgesetzt. Die Parteien des Organstreits müssen sich in einem **verfassungsrechtlichen Rechtsverhältnis** befinden und es muss Streit zwischen ihnen über bestimmte Folgerungen aus diesem Rechtsverhältnis bestehen (aaO S. 159). Wie das Gericht weiter ausführt, kann es nicht genügen, dass zwei beliebige Träger verfassungsrechtlicher Zuständigkeiten verschiedener Meinung über die Verfassungsmäßigkeit eines Gesetzes oder Gesetzesentwurfs sind, da sonst, entgegen der Systematik des Gesetzes aus jedem Normenkontrollverfahren nach Art. 93 I Nr. 2 GG dadurch ein Verfassungsstreit nach Art. 93 I Nr. 1 GG werden könne, dass vom Antragsteller und von den nach § 77 anzuhörenden Stellen verschiedene Rechtsauffassungen vorgetragen werden.[23] *Renck* hat dieser Auffassung dezidiert widersprochen.[24] Art. 93 I Nr. 1 GG spreche nur von Auslegung des GG. Wenn § 63 ff. ein rechtliches Verhalten zur Voraussetzung mache, und sich insoweit auf Rechte und Pflichten der Betroffenen beziehe, so verfehle es damit die Möglichkeit der bloßen Feststellung des Norminhalts, also der prinzipalen Norminterpretation. Dass diese Norminterpretation aus „Anlass von Streitigkeiten" erfolgen soll (Art. 93 I Nr. 1 GG), verweist *Renck* in die Zulässigkeitsvoraussetzungen. Sieht man einmal davon ab, dass es wegen der Möglichkeiten der abstrakten Normenkontrolle keinen Bedarf für ein weiteres prinzipales Normenkontrollverfahren gibt (und deshalb das Interesse an der von *Renck* aufgeworfenen Frage gering ist) und akzeptiert man, dass §§ 63 ff. und Art. 93 I Nr. 1 GG differieren (siehe Rn. 5 f.), so erscheint dennoch der von *Renck* gezogene Schluss, §§ 63 ff. stellten eine unzulässige

---

[23] S. im Übrigen BVerfGE 20, 18 (23 f.); 64, 301 (315); 83, 156 (157); 97, 408 (414); 103, 81 (86).
[24] DÖV 2004, 1035.

Verfassungsänderung dar, nicht zwingend. Gerade angesichts des abstrakten Normenkontrollverfahrens ist es sinnvoll, Art 93 I Nr. 1 GG einen eigenständigen Inhalt zu geben. Art. 93 I Nr. 1 GG muss nicht so gelesen werden, also ob Auslegung der Gegenstand des Verfahrens sei und der Streit seine Verfahrensvoraussetzung. Es liegt vielmehr näher, die „Auslegung aus Anlass von Streit" zum Verfahrensgegenstand zu machen. Das schließt ein Verständnis von Art. 93 I Nr. 1 GG als bloßes Norminterpretationsverfahren aus.[25]

5. Die rechtlichen Voraussetzungen für das Organstreitverfahren sind von der Rechtsprechung des BVerfG entwickelt worden. Sie lassen sich – vor die Klammer der §§ 63 ff. gezogen – wie folgt darstellen: 11

a) Rechtswegeröffnung. Es muss sich um ein Organstreitverfahren im Sinne des Art. 93 I GG/§ 13 Nr. 5 handeln.[26] 12

b) Parteifähigkeit (siehe § 63/Art. 93 I GG) Mit ihr wird die Fähigkeit bezeichnet, Antragsteller oder Antragsgegner eines Organstreitverfahrens sein zu können. Diese Fähigkeit ist abstrakt, d. h. unter Außerachtlassung des konkreten Streitfalls zu bestimmen.[27] Die Parteifähigkeit setzt danach voraus:[28] 13

– Antragsteller und Antragsgegner müssen Staatsorgane des Bundes, relativ verselbständigte Teile eines Staatsorgans oder mit der Wahrnehmung von Aufgaben des Staates oder für den Staat Betraute sein. Oberste Bundesorgane sind solche, denen kein anderes Organ übergeordnet ist und die an der obersten Staatsleitung Anteil haben. Andere Beteiligte müssen den obersten Bundesorganen nach Maßgabe von GG/GO in Rang und Funktionen gleichen.[29] Das können Teile oberster Bundesorgane sein oder sonstige andere Beteiligte.[30]
– Zuweisung der Aufgabenwahrnehmung durch GG/Satzung eines obersten Bundesorgans;
– Wahrnehmung der Aufgaben nach Maßgabe von GG/GO-BT/ -BR
– Bestehen eines verfassungsrechtlichen Rechtsverhältnisses (siehe o. Rn. 9);
– Der Streit muss sich im Rahmen dieses Rechtsverhältnisses ergeben haben (siehe o. Rn. 9).

---

[25] *Umbach,* in: UCD, Rn. 30 ff. vor §§ 63 ff. teilt diese Auffassung.
[26] BVerfGE 2, 143 (156 f.).
[27] *Benda/Klein* Rn. 989 ff.; *Bethge,* in: MSKB, Stand 2002, Rn. 37 zu § 63; BVerfGE 84, 304 (318).
[28] Siehe dazu *W. Meyer,* in: v. Münch/Kunig, GG, Bd. 3, 5. Aufl. 2003, Rn. 27 zu Art. 93 GG.
[29] BVerfGE 13, 54 (96).
[30] *Benda/Klein* Rn. 1010.

Vor § 63 Teil III. Einzelne Verfahrensarten

14 c) **Antragsbefugnis** (siehe § 64). Sie setzt voraus, dass der Antragsteller die Verletzung eigener, ihm durch das GG in seiner Funktion als Organ(teil) übertragener Rechte geltend macht (siehe auch Rn. 9). Der Antragsteller (nicht dagegen der Antragsgegner)[31] kann außerdem Rechte des Organs, dem er angehört, in eigenem Namen geltend machen (Prozessstandschaft).

15 d) **Antragsgegenstand** (§ 64). Der Organstreit bezieht sich auf eine Maßnahme oder eine Unterlassung des Antragsgegners.[32] Maßnahme kann nur ein rechtserhebliches Verhalten des Antragsgegners sein.[33] Rechtserhebliches Unterlassen setzt eine Verpflichtung zum Handeln voraus. Die Maßnahme oder Unterlassung muss eine Verletzung oder unmittelbare Gefährdung der dem Antragsteller durch das GG übertragenen Rechte und Pflichten als möglich erscheinen lassen.[34] Ob die Verletzung oder unmittelbare Gefährdung tatsächlich vorliegt, ist eine Frage der Begründetheit.

16 e) **Rechtsschutzinteresse** (siehe **Rn. 23 ff.** vor § 17). Das Rechtsschutzinteresse muss auch im Organstreitverfahren gegeben sein.[35] Klärungsbedürftig ist das Rechtsschutzinteresse im Allgemeinen nur, wenn es fehlt oder wenn es entfallen ist, weil sich dann die Frage stellt, ob das Verfahren fortzuführen ist und daran ein öffentliches Interesse besteht.[36] Das Rechtsschutzinteresse entfällt nicht mit dem Ende der Legislaturperiode[37] oder wenn die angegriffene Maßnahme inzwischen keine Wirkung mehr entfaltet, sich der Streit aber jederzeit wiederholen könnte.[38] Es entfällt dagegen, wenn der Antragsteller das gerügte Verhalten selbst hätte verhindern können[39] oder wenn er aus dem Bundestag ausgeschieden ist.[40]

17 f) **Form- und Fristerfordernisse** (siehe §§ 23, 64). Der Antrag muss schriftlich eingereicht und begründet werden (§ 23 I). Die Einzelheiten ergeben sich aus § 64. Das gilt auch für die Fristvoraussetzungen (§ 64 III). Der Antrag ist binnen sechs Monaten, nachdem die

---

[31] *Bethge*, MSKB, Stand 2002, Rn. 93 zu § 64.
[32] BVerfGE 2, 149 (168).
[33] BVerfGE 3, 12 (17); 13, 123 (125); 57, 1 (5); 60, 374 (381) = NJW 1982, 2253.
[34] BVerfGE 2, 347 (366); 70, 324 (350); 81, 310 (329); 92, 74 (79).
[35] *Benda/Klein* Rn. 1033; BVerfGE 62, 1 (33); 67, 100 (127); 68, 1 (77); 87, 207 (209); 99, 332 (336); 102, 224 (232); 104, 310 (331); 108, 251 (272); NJW 2005, 2669 (2670) – 15. Deutscher Bundestag.
[36] BVerfGE 2, 347 (365); 24, 299 (300); 83, 175 (181); 87, 207 (209).
[37] *Pestalozza* § 7 Rn. 39 f.
[38] BVerfGE 10, 4 (11); 41, 92 (303); 49, 70 (77); 104, 310 (331).
[39] 68, 1 (77); siehe dazu aber auch BVerfGE 90, 286 (339 f.) und o. Rn. 8.
[40] BVerfGE 87, 207 (209).

Organstreitigkeiten **Vor § 63**

angegriffene Maßnahme dem Antragsteller bekannt geworden ist, zu stellen. Dem liegt die Erwägung zugrunde, im Interesse der Rechtssicherheit und dem Streit über behauptete Rechtsverletzungen nach einer bestimmten Zeit ein Ende zu machen.[41]

g) Verfahrensbeitritt (§ 65). Die Entscheidung des BVerfG ist auch für nicht beteiligte Organe bindend (§ 31 I). Deshalb können betroffene Äußerungsberechtigte dem Verfahren beitreten (§ 65). Damit können insbesondere neue, im Verfahren bislang nicht vorgetragene Argumente, eingebracht werden.[42]

18

h) Entscheidung (§ 67). Ist der Antrag begründet, stellt das BVerfG die Verfassungswidrigkeit der angegriffenen Maßnahme oder Unterlassung fest. Unbegründete Anträge werden ohne Feststellung, die Maßnahme oder Unterlassung sei verfassungsgemäß, zurückgewiesen.

19

6. Vorläufiger Rechtsschutz

20

Auch im Organstreitverfahren ist der Antrag auf Erlass einer einstweiligen Anordnung zulässig.[43] Ob der Antrag Erfolg hat, hängt, wie im Verfassungsbeschwerdeverfahren auch, von der Folgenprognose (vgl. Rn. 22 zu § 32) ab.[44] Da mit der einstweiligen Anordnung in die Rechte eines anderen Verfassungsorgans eingegriffen wird, legt das BVerfG einen strengen Maßstab im Rahmen der Folgenprognose zugrunde (siehe Rn. 19 zu § 32).[45] Der Erlass einer einstweiligen Anordnung kann allein der vorläufigen Sicherung des streitigen organschaftlichen Rechts des Antragstellers dienen, damit es nicht im Zeitraum bis zur Entscheidung der Hauptsache durch Schaffung vollendeter Tatsachen überspielt wird.[46] Bei Anträgen auf Erlass einer einstweiligen Anordnung im Rahmen eines Organstreitverfahrens prüft das BVerfG besonders sorgfältig, ob die Hauptsacheanträge unzulässig oder offensichtlich unbegründet sind (siehe Rn. 21 zu § 32). Anträge auf Erlass einer einstweiligen Anordnung im Organstreitverfahren sind selten.[47] Wie im Verfassungsbeschwerdeverfahren erledigt sich der Antrag auf

---

[41] BVerfGE 80, 188 (210), 103, 164 (171); 110, 403 (405).
[42] *Benda/Klein* Rn. 1041.
[43] BVerfGE 23, 42 (48); 82, 353 (363); 82, 310 (312); 99, 57 (66); 106, 253 (260); 108, 34 (41); NJW 2005, 2537 aus dem Schrifttum vgl. *Umbach,* in: UCD, Rn. 182 zu §§ 63, 64.
[44] BVerfGE 108, 34 (41).
[45] BVerfGE 82, 310 (312); 99, 57 (66); 104, 23 (27); 106, 51 (58); 106, 253 (261); 108, 34 (41); NJW 2005, 2537 (2539) – Visa-Untersuchungsausschuss.
[46] BVerfGE 89, 38 (44); 96, 223 (229); 98, 139 (144); 106, 253 (262).
[47] Beispiel: BVerfGE 106, 51.

Erlass einer einstweiligen Anordnung, wenn der Antragsteller im Organstreit erfolglos bleibt.[48]

§ 63 [Antragsteller und Antragsgegner]

Antragsteller und Antragsgegner können nur sein: der Bundespräsident, der Bundestag, der Bundesrat, die Bundesregierung und die im Grundgesetz oder in den Geschäftsordnungen des Bundestages und des Bundesrates mit eigenen Rechten ausgestatteten Teile dieser Organe.

I. Überblick

1   Vgl. zunächst Rn. 13 vor §§ 63 ff.

II. Antragsteller und Antragsgegner

1. Allgemeines

2   § 63 regelt die Frage der abstrakten Klageberechtigung (Parteifähigkeit), somit ein rein prozessuales Element im Gegensatz zu Art. 93 I Nr. 1 GG, § 13 Nr. 5, wo sich der Begriff der „Beteiligten" auf das zu Grunde liegende materielle verfassungsrechtliche Verhältnis bezieht. Trotz etwas abweichender Formulierung deckt sich jedoch der Kreis der „Beteiligten" im materiellen und formellen Sinn weitgehend. Die Aufzählung der parteifähigen obersten Bundesorgane in § 63 bringt gegenüber dem materiellen Begriff der Beteiligung in § 13 Nr. 5 keine Einengung, sondern nur eine Konkretisierung des gesetzgeberischen Wollens. Nur „formierte" Verfassungsorgane können danach Verfahrensbeteiligte eines Organstreits sein. Verfahrensbeteiligter kann nur sein, wer vor dem Verfahren Streitbeteiligter war. Streitbeteiligter kann nur sein, wer (abstrakt) Recht- und Pflichtenträger i. S. d. Art. 93 I Nr. 1 GG ist und um dessen Rechte und Pflichten gestritten wird (s. Rn. 13 vor §§ 63 ff.).

2. Parteifähigkeit vom Antragsteller und Antragsgegner

3   **a)** Das Gesetz geht davon aus, dass Antragsteller und Antragsgegner **gleiche Parteirollen** einnehmen können. Zu beachten ist aber, dass damit nur die Parteifähigkeit angesprochen wird (s. Rn. 13 vor

---

[48] BVerfGE 109, 275.

Organstreitigkeiten § 63

§§ 63 ff.). Das hat nichts mit der weiteren Frage nach der Antragsbefugnis zu tun, also damit, wer im konkreten Verfahren die richtige Partei ist, Rn. 14 vor §§ 63 ff.

b) § 63 kann als einfaches Recht den Kreis der möglichen Antragsteller und Antragsgegner gegenüber den verfassungsrechtlichen Vorgaben des Art. 93 I Nr. 1 GG nicht einschränken. Zum Verhältnis von Art. 93 I Nr. 1 GG zu §§ 63 ff. vgl. vor §§ 63 ff. Rn. 5 f.). Es ist deshalb zu beachten, dass § 63 **keine abschließende Regelung** ist. 4

c) aa) In § 63 ausdrücklich genannte **oberste** Bundesorgane (s. dazu Rn. 13 vor §§ 63 ff.) i. S. d. Art. 93 I Nr. 1 GG sind der Bundespräsident (Art. 44 GG), der Bundestag (Art. 38 ff. GG; der Bundesrat (Art. 50 ff. GG) und die Bundesregierung (Art. 62 ff. GG). 5

bb) Es ist deshalb zu klären, welche Verfassungsorgane sonst **noch** als „oberstes Bundesorgan" i. S. d. § 63 angesehen werden können. In Betracht für diese Zuordnung kommen nur solche Organe „denen Kompetenzen als eigene zur Wahrnehmung in der Regel auch im Interesse des Organs übertragen sind, dem sie angehören".[1] Dazu gilt im Einzelnen: 6

(1) Gemeinsamer Ausschuss gem. § 53 a GG (ja). 7
(2) Bundesversammlung gem. Art. 54 GG (ja).
(3) BVerfG (nein). Das Gericht ist zwar auch Verfassungsorgan, vgl. Rn. 8 zu § 1. Das Organstreitverfahren ist aber kein Selbstkontrollverfahren.[2]
(4) Bundeskanzler (Art 63 GG) (ja), auf jeden Fall „anderer Beteiligter".
(5) Bundesminister mit besonderen Befugnissen kraft GG, z. B. Art. 65 GG (ja), **alle** Bundesminister sind „andere Beteiligte".
(6) Bundesrechnungshof, Art. 114 GG (nein; str.);[3] Landesrechnungshof.[4]
(7) Wehrbeauftragter gem. Art. 45 b GG (nein), aber „anderer Beteiligter".[5]
(8) Bundesbank, Art. 88 GG (nein).
(9) Staatsvolk (nein);[6] Bürger (nein).[7]
(10) Bundesland (nein).

---

[1] *Stern*, BK, Zweitbearbeitung, 1982 Rn. 91 zu Art. 93 GG.
[2] S. dazu auch *Pestalozza* § 7 Rn. 2; *Benda/Klein* Rn. 995.
[3] Wie hier *Umbach*, in: UCD Rn. 126 zu §§ 63, 64 n. w. Nw.
[4] Offen gelassen von BVerfGE 92, 130 (133).
[5] S. dazu *Benda/Klein* Rn. 996.
[6] BVerfGE 13, 94 (85, 95); 60, 175 (200 f.).
[7] Str.; siehe dazu *Pestalozza* § 7 Rn. 12; *Umbach*, in: UCD, Rn. 128 ff.; zu §§ 63, 64).

§ 63 Teil III. Einzelne Verfahrensarten

(11) Bundestagspräsident (ja), auf jeden Fall „anderer Beteiligter".[8]
(12) Bundesratspräsident (ja), auf jeden Fall „anderer Beteiligter".

8 **d)** § 63 spricht von mit eigenen Rechten ausgestatteten **Teilen** oberster Bundesorgane als einer besonderen Gruppe anderer Beteiligter i. S. d. Art. 93 I Nr. 1 GG.

9 **aa)** Mit der Anerkennung der Parteifähigkeit von Organteilen wird besonders deutlich, dass zumindest insoweit[9] das Verfahren dem Minderheitenschutz dienen soll (s. o. Rn. 8 zu §§ 63 ff.).

10 **bb)** Für Organteile (s. auch Rn. 13 vor §§ 63 ff.) gilt:

11 (1) Der **einzelne Bundestagsabgeordnete,** ist kein Organteil, weil er keine Gliederung des Bundestags darstellt.[10]

12 (2) Die **Fraktion,** ist Organteil. Sie kann im eigenen Namen Rechte geltend machen, die dem Bundestag gegenüber anderen Verfassungsorganen, z. B. der Bundesregierung zustehen können.[11]

13 (3) Organteil sind auch die **Bundestagsausschüsse** (Art. 43 I GG, §§ 60 II, 62 II GO-BT), insbesondere solche, die mit besonderen Rechten ausgestattet sind, wie der Untersuchungsausschuss (Art. 44 GG). Parteifähigkeit kommt auch den sogenannten Fraktionen im Untersuchungsausschuss zu, soweit sie den einsetzungsberechtigten Teil des Bundestags im Ausschuss repräsentieren.[12] Das BVerfG hat dem einzelnen Abgeordneten im Ausschuss verweigert, in Prozessstandschaft um Rechte des Bundestags gegen den Ausschuss zu streiten.[13] Das betrifft zwar die Antragsbefugnis, wenn der einzelne Abgeordnete aber nicht antragsbefugt sein kann, wird ihm auch die Parteifähigkeit fehlen. Eine qualifizierte Ausschussminderheit kann Antragsgegner im Organstreit sein.[14]

14 (4) Nicht immer eindeutig ist die Behandlung anderer Teile des Bundestags. Nicht parteifähig sind solche **Minderheiten,** die erst mit der Ausübung ihrer Kontrollrechte einen eigenen Status erhalten, wie z. B. ein Drittel der Mitglieder nach Art. 39 II GG[15] oder Parlamentsteile im Sinne des Art. 79 II GG.[16] Parteifähig sind aber die vom Bun-

---

[8] Siehe dazu *Schlaich/Korioth* Rn. 87.
[9] Weitergehend BVerfGE 60, 319 (325 f.) = NVwZ 1982, 430.
[10] BVerfGE 90, 286 (349 f.).
[11] BVerfGE 1, 351 (359); 2, 143 (165); 100, 266 (268); 103, 81 (86); 104, 151 (193) 106, 253 (262); 108, 34 (42); NJW 2005, 2537 (2538). Das gilt auch für „kleine Fraktionen", die – z. B. – die Einsetzung eines Untersuchungsausschusses weder selbst beantragt noch die Größe erweckt haben, um nach Art. 44 I 66 eigenständig einsetzungsbefugt zu sein. S. dazu ausf. *Lenz* NJW 2005, 2495 (2496 f.).
[12] BVerfGE 67, 100 (126); 105, 197 (220); NJW 2005, 2537 (2538).
[13] BVerfGE 105, 197 (221)= NJW 2002, 1936.
[14] BVerfGE 49, 70 (77); 106, 51.
[15] Wie hier *Benda/Klein* Rn. 1004.
[16] BVerfGE 90, 286 (341). Das BVerfG hat die Frage offen gelassen, ob das

Organstreitigkeiten § 63

destag anerkannten Gruppen von Abgeordneten, die die Fraktionsmindeststärke nicht erreichen (§ 10 IV GO-BT).[17]

cc) Andere Beteiligte sind solche Verfahrensbeteiligte, die weder Bundesorgane noch Teile dieser sind, die einen besonderen ihnen kraft eigenen Rechts zustehenden Status innehaben. Dazu gehören:

(1) **Der einzelne Bundestagsabgeordnete.**[18] Die mit seinem verfassungsrechtlichen Status verbundenen Rechte muss der Abgeordnete grundsätzlich im Organstreitverfahren geltend machen.[19] Das gilt jedoch nur, wenn der Abgeordnete mit obersten Staats- oder Verfassungsorganen, mit denen er in einem dem Organstreitverfahren zugänglichen Verfassungsrechtsverhältnis um seine Statusrechte streitet. Das betrifft etwa die Aufhebung der Immunität, die Genehmigung von Durchsuchungs- und Beschlagnahmebeschlüssen[20] oder die Veröffentlichung von Prüfprotokollen nach § 44b AbgG.[21] Geht es nicht um eigene verfassungsrechtliche Statusrechte des Abgeordneten, also nicht um die Austragung von Meinungsverschiedenheiten zwischen Staatsorganen, wird der Abgeordnete auf die Verfassungsbeschwerde verwiesen (siehe Rn. 48 zu § 90),[22] z.B., wenn er die Beschlagnahme von Schriftstücken bei einem seiner Mitarbeiter in den Räumen des Bundestags rügt.[23]

(2) Besondere Bedeutung hat die Rechtsprechung des BVerfG erlangt, die in Fortsetzung der Rechtsprechung des Staatsgerichtshofs für das Deutsche Reich **politische Parteien** hinsichtlich ihres verfassungsrechtlichen Status als „andere Beteiligte" im Sinne des § 13 Nr. 5 anerkennt.[24] Danach können politische Parteien die Verletzung ihres ver-

---

auch bei einem Streit über den verfassungsändernden Charakter einer Gesetzesvorlage im Parlament gilt, BVerfGE 90, 286 (342); s.a. BVerfGE 2, 143 (164).

[17] BVerfGE 84, 304 (318); 96, 264 (276).

[18] Er ist kein Organteil, siehe Rn. 11. Maßgebend für die Bewertung der Parteifähigkeit ist der Status des Abgeordneten zu dem Zeitpunkt, an dem der Verfassungsstreit anhängig gemacht worden ist, BVerfGE 4, 144 (152); 102, 224 (231); 108, 251 (271). Der nach Beginn des Organstreitverfahrens eingetretene Verlust des Abgeordnetenmandats ist infolgedessen unerheblich.

[19] BVerfGE 6, 445 (448); 43, 142 (148); 64, 301 (313); 108, 251 (267) = NJW 2003, 3401; NJW 2005, 2059 – Ältestenrat; NJW 2005, 2669 – 15. Deutscher Bundestag.

[20] BVerfGE 104, 310 (320).

[21] BVerfGE 99, 19.

[22] BVerfGE 108, 251.

[23] BVerfGE 108, 251.

[24] St.Rspr., vgl. BVerfGE 4, 27 (31); 73, 40 (65) 79, 329 (383f.); 82, 322 (335) = NJW 1990, 3001; s.a. BVerfGE 84, 290 (298); 85, 264 (284); 103, 164 (168); 109, 275 (278); 110, 403 (405); s. dazu ausf. *Pietzker,* in: FS 50 Jahre

fassungsrechtlichen Status – insbesondere ihres Rechts auf Gleichbehandlung – durch die Gestaltung des Wahlverfahrens vor dem BVerfG nur im Wege des Organstreits geltend machen. Parteien gehören danach, wie die eigentlichen „formierten Verfassungsorgane" zu den im inneren Bereich des Verfassungslebens Stehenden; wenn sie ihr Recht auf wahlrechtliche Gleichbehandlung geltend machen, behaupten sie ein Recht auf Teilnahme am Verfassungsleben. Damit sei den Parteien die Verfassungsbeschwerde vor allem unter Berufung auf Art. 3, 38 GG nicht schlechthin versagt. Grundrechte, die den politischen Parteien „wie jedermann" zustehen, können jedoch nur im Wege der Verfassungsbeschwerde geschützt werden.[25]

18 Eindeutig gehören nach der Rechtsprechung des BVerfG in den Bereich des Organstreits Beschwerden von Parteien, die sich auf die rechtliche **Gestaltung des Wahlverfahrens** beziehen.[26] Wenig eindeutig ist die Rechtsprechung des BVerfG hinsichtlich der Geltendmachung des Rechts auf Chancengleichheit der Parteien im übrigen Rechtsbereich. *BVerfGE* 6, 273 [276] = NJW 1957, 665 verweist (auf Grund eines Plenarbeschlusses) einen Streit über die Abzugsfähigkeit von Parteispenden in das Verfassungsbeschwerdeverfahren,[27] *BVerfGE* 11, 239 = NJW 1960, 1660 hingegen den Streit über die Teilnahme an der Verteilung unmittelbarer staatlicher Zuwendungen an Parteien in den Bereich des Organstreits.[28] Da die in Frage stehenden Zuwendungen offenbar den begünstigten Parteien ermöglichen sollen, der ihnen in Art. 21 GG zugewiesenen Aufgabe als Verfassungsorgan unabhängiger von sachfremden Finanzierungsquellen als bisher gerecht zu werden, könne eine Partei, die von solchen Zuwendungen ausgeschlossen ist, möglicherweise dadurch in ihrem Recht auf gleichberechtigte Teilnahme am Verfassungsleben beeinträchtigt werden. Mit ähnlichen Erwägungen könnte aber wohl auch die mittelbare Förderung durch die Abzugsfähigkeit von Parteispenden[29] und das Recht auf Zuteilung von Sendezeiten, das von *BVerfGE* 7, 99 = NJW 1957, 1513[30] in den Bereich der Verfassungsbeschwerde („gegen einen Verwaltungsakt einer öffentli-

---

BVerfG, Bd. 1, 2004, 587 (594 ff.); *Umbach*, in: UCD, Rn. 92 ff. zu §§ 63, 64.

[25] BVerfGE 84, 290 (299); DVBl. 2004; 1357.

[26] BVerfGE 4, 31 (35); 4, 375; 5, 77 (91); 6, 84 (88); 6, 99 (102); 6, 367 (375); 7, 99 (103); 13, 1 (9); 14, 121 (129); 20, 18, (22); 20, 119 (128); 20, 134 (140); 110, 403 (405); NJW 2005, 2682.

[27] So auch BVerfGE, DVBl. 2004, 157.

[28] So auch BVerfGE 20, 134 (142); s. a. BVerfG, DVBl. 2005, 50 – Drei-Länder-Quorum.

[29] BVerfGE 6, 273.

[30] So auch BVerfGE 13, 204; 14, 121.

Organstreitigkeiten § 64

chen Anstalt") verwiesen wird, in den Bereich des Organstreits einbezogen werden. Die vom BVerfG zur Zulässigkeit des Organstreits hinsichtlich politischer Parteien entwickelten Grundsätze gelten nach *BVerfGE* 4, 375 auch für Parteien, die auf Landesebene am Verfassungsleben teilnehmen. Nach *BVerfGE* 6, 367; 13, 1 (10); 20, 119 (131) kämpft auch eine auf Landesebene organisierte und tätige politische Partei, die geltend macht, die Gleichheit der Wettbewerbs-Chancen bei Gemeindewahlen sei durch die rechtliche Gestaltung des Wahlverfahrens verletzt, um ihr Recht auf Teilnahme am Verfassungsleben. Sie kann daher insoweit beim BVerfG einen Organstreit geltend machen.

Reine **Rathausparteien** allerdings sind keine politischen Parteien im Sinne von Art. 21 GG[30] ebenso wenig die **Heimatbünde,** die sich zur Betreibung der Volksbegehren nach Art. 29 II GG gebildet haben; sie seien keine notwendigen Institutionen des Verfassungslebens;[31] **Kirchen** sind im Organstreit nicht parteifähig, da sie nicht im „inneren Bereich" des Verfassungslebens stehen;[32] auch **Wählervereinigungen** nicht.[33] 19

§ 64 [Antragsbefugnis]

(1) Der Antrag ist nur zulässig, wenn der Antragsteller geltend macht, daß er oder das Organ, dem er angehört, durch eine Maßnahme oder Unterlassung des Antragsgegners in seinen ihm durch das Grundgesetz übertragenen Rechten und Pflichten verletzt oder unmittelbar gefährdet ist.

(2) Im Antrag ist die Bestimmung des Grundgesetzes zu bezeichnen, gegen die durch die beanstandete Maßnahme oder Unterlassung des Antragsgegners verstoßen wird.

(3) Der Antrag muß binnen sechs Monaten, nachdem die beanstandete Maßnahme oder Unterlassung dem Antragsteller bekannt geworden ist, gestellt werden.

(4) Soweit die Frist bei Inkrafttreten dieses Gesetzes verstrichen ist, kann der Antrag noch binnen drei Monaten nach Inkrafttreten gestellt werden.

I. Zu Abs. 1 (Zulässigkeit eines Antrags nach § 13 Nr. 5)

1. § 64 I regelt in Verbindung mit Art. 93 I Nr. 1 GG, § 13 Nr. 5 den Verfahrensgegenstand einer Organklage, das Antragsrecht von Or- 1

---

[30] BVerfGE 6, 367 (373) = NJW 1957, 985.
[31] BVerfGE 14, 54 (81).
[32] BVerfGE 1, 208 (227).
[33] S. BVerfGE 51, 222 (232); s. a. BVerfGE 74, 96 (101) = NJW 1987, 769.

§ 64 Teil III. Einzelne Verfahrensarten

ganen und Organteilen und das erforderliche Rechtsschutzbedürfnis (s. hierzu Rn. 9 ff. vor §§ 63 ff.

2 **2. Vorausgesetzt werden danach:**
a) Das Organstreitverfahren ist nur zulässig, wenn ein beide Teile umschließendes **Verfassungsrechtsverhältnis** besteht.[1]

3 Die Antragsbefugnis setzt die Parteifähigkeit voraus und verlangt, dass der Antragsteller entweder die Verletzung eigener Rechte geltend macht oder die Verletzung fremder Rechte in eigenem Namen (Prozessstandschaft, siehe o. Rn. 13 vor §§ 63 ff.).

4 **aa) Die Geltendmachung eigener Rechte.** Es kann sich nur um Rechte handeln, die dem Antragsteller durch das Grundgesetz organschaftlich verliehen oder Pflichten, die ihm auferlegt worden sind.

Eigene Rechte im Sinne der Antragsbefugnis stehen dem Bundestag dann zu, wenn sie ihm zur ausschließlich eigenen Wahrnehmung oder zur Mitwirkung übertragen worden sind oder ihre Beachtung erforderlich ist, um die Wahrnehmung seiner Kompetenzen und die Gültigkeit seiner Akte zu gewährleisten.[2] Solche Rechte kann auch die Fraktion haben, soweit sie zugleich geltend macht, sie werde in ihren ihr durch das GG übertragenen Rechten und Pflichten verletzt oder gefährdet.[3] Das ist z. B. nicht der Fall, wenn es sich um Rechte im Verhältnis zwischen Parlament und Regierung[4] oder einem Minister[5] handelt. Eigene Rechte stehen auch den politischen Parteien zu, vor allem das Recht auf Chancengleichheit.[6] Der einzelne Abgeordnete kann die Verletzung eigener Rechte im Sinne des § 64 I geltend machen, „wenn nicht von vornherein ausgeschlossen werden kann, dass der Abgeordnete Rechte des Antragstellers, die aus dem verfassungsrechtlichen Rechtsverhältnis zwischen den Beteiligten erwachsen, durch die beanstandete rechtserhebliche Maßnahme verletzt oder unmittelbar gefährdet hat".[7]

5 **bb) Die Geltendmachung fremder Rechte in eigenem Namen (Prozessstandschaft).** Auch sie setzt voraus, dass sich die gel-

---

[1] BVerfGE 15, 54 (72); 84, 290 (297) = NJW 1991, 2472; Rn. 10 vor § 63.
[2] BVerfGE 68, 1 (73).
[3] BVerfGE 90, 286 (339).
[4] BVerfGE 91, 246 (250 f.); 100, 266 (270).
[5] BVerfGE 90, 286 (338); 100, 266 (270).
[6] BVerfGE 73, 1 (29); 73, 40 (65).
[7] BVerfGE 94, 351 (362 f.); 99, 19 (28); 104, 310 (325), 108, 251 (270); NJW 2005, 2059: ein Terminierungsbeschluss des Ältestenrats im Bundestag reicht dafür nicht aus. Verneint auch für eine nicht im Bundestag vertretene politische Partei, soweit sie sich gegen die Auflösung des 15. Deutschen Bundestags gerichtet hat, BVerfG, NJW 2005, 2682. Einzelheiten sind umstritten, siehe dazu *Pietzker,* in: FS 50 Jahre BVerfG, Bd. 1, 2001, 587 (600 ff.); s. o. Rn. 16 zu § 63.

Organstreitigkeiten **§ 64**

tend gemachten Rechte oder Pflichten aus dem GG ergeben und dem Organ, als dessen Teil der Prozessstandschafter auftritt, zustehen. Bislang ist das nur für die (Bundestags-)Fraktionen anerkannt,[8] ebenso für „anerkannte Gruppen" nach § 10 IV GO-BT.[9] Dem einzelnen Abgeordneten hat das BVerfG bislang eine solche Prozessstandschaft nicht eingeräumt.[10] Eine passive Prozessstandschaft gibt es nicht.[11] Es gibt auch keine gewillkürte Prozessstandschaft, auf welcher Seite auch immer. Ob das betreffende Organ die angegriffene Maßnahme ebenfalls missbilligt oder überhaupt die Prozessführung durch den Prozessstandschafter billigt, ist unerheblich.[12]

cc) Passiv prozessführungsbefugt ist derjenige, dem gegenüber 6 zur Sache erkannt werden darf.[13] Das ist derjenige, von dem die Maßnahme oder Unterlassung (siehe unten Rn. 7 ff.) stammt, von der der Antragsteller geltend macht, sie verletze oder gefährde seine Rechte oder Pflichten, also derjenige, der die beanstandete Maßnahme oder Unterlassung veranlasst und rechtlich zu vertreten hat.[14]

c) Die Antragsbefugnis bezieht sich auf Maßnahmen und Unterlassungen. 7

aa) Maßnahme ist rechtserhebliches Verhalten des Antragsgegners 8 oder ein solches Verhalten, das sich zumindest zu einem die Rechtsstellung des Antragstellers beeinträchtigenden rechtserheblichen Verhalten verdichten kann.[15] Vorbereitende oder bloß vollziehende Handlungen scheiden als Gegenstand eines Organstreitverfahrens aus,[16] bloße Meinungsäußerungen im Allgemeinen auch.[17] Als Maßnahmen

---

[8] BVerfGE 90, 286 (336); 100, 266 (268 f.); 104, 151 (193); 108, 34 (42).
[9] BVerfGE 84, 304 (318); 96, 264 (276).
[10] BVerfGE 90, 286 (342 ff.); 94, 351 (365); 99, 19 (29). Das Schrifttum sieht das zum Teil kritisch, etwa unter dem Aspekt des parlamentarischen Minderheitenschutzes, vgl. *Schlaich/Korioth* Rn. 94, *Pietzker*, in: FS 50 Jahre BVerfG, Bd. 1, 2001, 587 (605 f.) – ein nach Auffassung von *Benda/Klein* Rn. 1022 nicht tragfähiges Argument. Dem BVerfG folgt – zurecht – *Bethge*, in: MSKB, Stand 2002, Rn. 89 zu § 64.
[11] *Pestalozza* § 7 II Rn. 36; *Bethge*, in: MSKB, Stand 2002, Rn. 93 zu § 64.
[12] BVerfGE 1, 351 (359); 45, 1 (29 f.) = NJW 1977, 1387.
[13] BVerfGE 68, 1 (74); 73, 40 (67); 106, 51 (57).
[14] BVerfGE 62, 1 (33); 67, 100 (126) = NJW 1984, 515; 73, 40 (67); 106, 51 (57).
[15] BVerfGE 3, 12 (17); 13, 123 (125); 57, 1 (5); 60, 374 (381); 97, 408 (414); 103, 81 (88).
[16] BVerfGE 68, 1 (74 f.); 97, 408 (414) – Beschlussentwurf für einen Ausschluss.
[17] *Bethge*, in: MSKB, Stand 2002, Rn. 28 zu § 64. Auch die Rüge eines Bundestagsabgeordneten durch den Bundestagspräsidenten führt zu keiner rechtserheblichen Handlung, BVerfGE 60, 374 (380 ff.) = NJW 1982, 2233.

§ 64 Teil III. Einzelne Verfahrensarten

kommen sowohl Organisationsakte,[18] Geschäftsordnungsregelungen[19] oder Exekutivakte[20] aller gesetzlichen Regelungen[21] in Betracht. Bei europäischen Rechtssätzen können entsprechend *BVerfGE* 92, 203 (227) nicht diese, wohl aber innerstaatliche Beteiligungs- oder Mitwirkungsrechte eine im Organstreit angreifbare Maßnahme sein.

9   **bb) Unterlassen** ist nur rechtserheblich, wenn eine verfassungsrechtliche Verpflichtung zur Vornahme der unterlassenen Maßnahme nicht ausgeschlossen werden kann.[22] Ob ein Unterlassen des Gesetzgebers Gegenstand eines Organstreitverfahrens sein kann, ist bisher offen geblieben,[23] sollte aber denselben Vorgaben wie das Unterlassen überhaupt, also dem Bestehen einer gesetzgeberischen Handlungspflicht, unterliegen.[24]

10 **d) Verletzung oder Gefährdung verfassungsmäßiger Rechte oder Pflichten durch die beantragte Maßnahme oder Unterlassung.**

11 **aa) Unter den Begriff der „Rechte und Pflichten".** Begriff der „Rechte und Pflichten" i. S. d. § 13 Nr. 5 fallen vor allem die „Zuständigkeiten" oder „Kompetenzen" der Staatsorgane, d. h. abstrakt bestimmte Anteile an der staatlichen Hoheitsgewalt, aber auch subjektive Rechtsdispositionen aus dem Bereich des Verfassungsrechts, die gewöhnlich nicht als „Kompetenz" bezeichnet werden, wie die Minderheitenrechte, die einem Teil eines Verfassungsorgans einen Anspruch auf ein bestimmtes Tun oder Dulden des Gesamtorgans gewähren (z. B. dem durch gemeinsamen Antrag konstituierten Teil des Bundestages das Recht auf Einberufung eines Untersuchungsausschusses.[25] Diese Rechte

---

[18] BVerfGE 1, 208; 6, 84 (88); 6, 99 (103); 20, 119; 20, 134; 24, 184 (194); 24, 300 (329); 73, 40 65); 80, 188 (209) = NJW 1990, 373; 85, 264 (267); 102, 224 (234); 103, 164 (169).
[19] BVerfGE 82, 322 (335) = NJW 1994, 3001; 92, 80 (87).
[20] BVerfGE 68, 1 (69); 88, 173 (180) = NJW 1993, 1370; 90, 286 – AWACS. Zur Auflösung des 15. Deutschen Bundestags durch den Bundespräsidenten s. BVerfG NJW 2005, 2669 (2670).
[21] Z. B. Bestimmungen des BWG, BVerfG, NJW 2005, 2682 (2683).
[22] BVerfGE 97, 408 (4149, 103, 81 (86); 104, 310 (324); 107, 286 (294).
[23] BVerfGE 92, 80 (87); 103, 164 (168); 107, 286 (294); 110, 403 (405).
[24] Anders *Bethge*, in: MSKB, Stand 2002, Rn. 38 zu § 64; weitergehend *Umbach*, in: UCD, Rn. 141 zu §§ 63, 64, der den Verstoß gegen eine Grundentscheidung des GG oder gegen verbindliche multilaterale Verpflichtungen genügen lassen will. Angesichts der Konkretisierungsbedürftigkeit des von *Umbach* als Beispiel erwähnten Sozialstaatsgebots und angesichts der fehlenden Kontrollmaßstäbe nicht nationalen Rechts, wenn eine EG-Vorgabe nicht umgesetzt wird, ist dieser Auffassung nicht zu folgen. Eher gegen die Zulässigkeit *Pietzker*, in: FS 50 Jahre BVerfG, Bd. 1, 2001, 587 (608), eher für die Zulässigkeit *Benda/Klein* Rn. 1025.
[25] Vgl. BVerfGE 2, 143 (163) = NJW 1953, 537.

Organstreitigkeiten § 64

sind als **selbstständige Rechte** zu unterscheiden vom Anteil einer Abstimmungsmehrheit oder -minderheit eines Verfassungsorgans, an dem durch die Abstimmung erst zu bildenden Willen des Gesamtorgans. Dieser verleiht als solcher den beiden nicht konstituierten Gruppen der Abstimmenden keine Rechte und kann daher nicht Gegenstand eines Verfassungsstreits sein.[26] Es muss sich aber stets um Rechte und Pflichten handeln, die aus dem GG selbst, nicht etwa nur aus der Geschäftsordnung hervorgehen. Dies ergibt sich daraus, dass nach § 13 Nr. 5 nur „über die Auslegung des GG", nicht einer Geschäftsordnung, gestritten werden kann und auch nach § 64 der Antragsteller geltend machen muss, dass er oder das Organ, dem er angehört, in den durch das GG übertragenen Rechten und Pflichten verletzt oder unmittelbar gefährdet sein muss. Wie *BVerfGE* 2, 143 (152) allerdings mit Recht ausführt, sind die „Rechte" der Verfassungsorgane oder der Teile von solchen nicht den subjektiven Privatrechten gleichzusetzen; das Verfahren ist auch bestimmt, das objektive Verfassungsrecht zu bewahren. Prozessrechtlich ist aber nach der Entscheidung der Vergleich mit dem Verfahren zur gerichtlichen Erledigung von Rechtsstreitigkeiten in anderen Rechtsbereichen durchaus zulässig und geboten.

bb) **„Verletzung"** der Rechte und Pflichten ist nicht notwendig ein Eingriff in die Substanz des Rechts, genügen wird vielmehr auch eine Beeinträchtigung der Ausübung des Rechts. Gleiches gilt für die „Gefährdung". Die **behauptete Verletzung** der Rechtsstellung kann auch in der Vergangenheit liegen und abgeschlossen sein, so dass sie in der Gegenwart keine Wirkung mehr erzeugt.[27] Die Rechte und Pflichten i. S. d. § 13 Nr. 5, § 64 können auf zweifache Weise verletzt sein: einmal vor allem dadurch, dass das beklagte Verfassungsorgan seinerseits zu Lasten des klagenden Verfassungsorgans seine Zuständigkeit überschritten hat, zum anderen dadurch, dass das beklagte Verfassungsorgan ohne Kompetenzüberschreitung höhere Normen, die Rechte eines „Beteiligten" sichern, in der inhaltlichen Gestaltung seiner Norm nicht beachtet.[28] Auf diesem letzteren Wege kann die Frage der Gültigkeit oder Ungültigkeit einer Norm aus inhaltlichen Gründen Gegenstand eines vor dem Verfassungsgericht auszutragenden Streits werden.[29] Insoweit scheint auch, zumal § 64 auch die unmittelbare **„Gefährdung"** von Rechten genügen lässt, die Möglichkeit einer präventiven Normenkontrolle durch das BVerfG gegeben, die *BVerfGE* 1, 396 für das abstrakte Normenkontrollverfahren für unzulässig

12

---

[26] BVerfGE 2, 143 (162).
[27] BVerfGE 10, 4 (11) = NJW 1959, 1723.
[28] BVerfGE 1, 208 (220).
[29] BVerfGE 1, 208 (220).

erklärt hat. Die Verfassungsmäßigkeit von Gesetzentwürfen, die nicht organschaftliche Rechte von Verfassungsorganen zum Gegenstand haben, kann hingegen auch im Organstreit niemals Hauptfrage sein, allenfalls kann sie in einem solchen Verfahren u. U. als Vorfrage auftreten und zu beantworten sein.[30] Für die Prüfung der Zulässigkeit genügt es, dass sich die Rechtsverletzung oder -gefährdung aus dem Sachvortrag als mögliche Rechtsfolge ergibt.[31]

13 e) Der Antragsteller muss die Antragsvoraussetzungen **„geltend machen".**[32] Das mit dem Antrag angegriffene gegenerische Verhalten muss objektiv vorliegen oder vorgelegen haben und es muss auch objektiv rechtserheblich sein. Auch das Verfassungsrechtsverhältnis muss objektiv bestehen. Ob die übrigen Voraussetzungen wirklich vorliegen, ist eine Frage der Begründetheit. Für das „Geltendmachen" dieser Umstände hat das BVerfG z.T. schlüssigen Vortrag („schlüssige Behauptung") verlangt.[33] Manchmal spricht das Gericht auch von der „möglichen" Verletzung oder Gefährdung von Rechten, die sich aus dem Sachvortrag des Antragstellers ergeben muss.[34] In der Sache wird, unbeschadet der jeweiligen Formulierung, das Dartun der „Möglichkeit" ausreichend aber auch notwendig sein.

II. Zu Abs. 2 (Inhalt des Antrags)

14 Notwendig ist die Benennung einer **bestimmten Rechtsvorschrift** des GG. Jedoch kann auch eine Verletzung von ungeschriebenen verfassungsrechtlichen Pflichten gerügt werden. In einem solchen Falle tritt an die Stelle der Bezeichnung eines Artikels des GG die Bezugnahme auf ungeschriebene verfassungsrechtliche Pflichten, deren Verletzung gerügt wird.[35] Im Übrigen gilt § 23 I als allgemeine Verfahrensvorschrift für das Organstreitverfahren. Das Wort „Antrag" bezieht die Antragsbegründung mit ein.[36]

Erforderlich ist deshalb insgesamt die **Bezeichnung** der Maßnahme oder Unterlassung, durch die sich der Antragsteller in seinen im Organstreitverfahren verfolgten Rechten verletzt oder unmittelbar ge-

---

[30] BVerfGE 2, 143 (177).
[31] BVerfGE 13, 123 (125); 21, 312 (319) = NJW 1967, 1956; 92, 203 (226).
[32] *Pestalozza* § 7 Rn. 35; *Benda/Klein* Rn. 1029 ff.; zu den Antragsvoraussetzungen gehört auch das Rechtsschutzinteresse (s. o. Rn. 16 vor §§ 63 ff.).
[33] BVerfGE 80, 188 (209) = NJW 1990, 373.
[34] BVerfGE 60, 374 (381); 70, 324 (350); 81, 310 (329); 90, 286 (336) („hinreichend deutlich dargelegt"); 92, 74 (79).
[35] Vgl. BVerfGE 6, 309 = NJW 1957, 705.
[36] BVerfGE 68, 1 (64) = NJW 1985, 603.

fährdet sieht.[37] Dazu gehört nicht der (zusätzliche) Vortrag, die fragliche Maßnahme oder Unterlassung sei rechtswidrig. Dies ist nicht Gegenstand des verfolgten Antragsziels, sondern ein nachrangiges Problem der Klaglastverteilung. Das BVerfG ist dabei an die Wortfassung der Anträge nicht gebunden.[38]

Die Vorschrift verlangt innerhalb der **Frist** des Abs. 3 eine über das Geltendmachen der Zulässigkeit des Antrags (s. o. Rn. 12) hinausgehende nähere Substantiierung der Begründung.[39] Es genügt allerdings, dass sich die Verletzung oder Gefährdung des Rechts aus dem Sachvortrag ergibt.[40]

III. Zu Abs. 3 (Ausschlussfrist)

1. Der 6-Monatsfrist, innerhalb derer der Antrag gestellt werden muss, liegt die Auffassung zugrunde, dass angreifbare Rechtsverletzungen im Interesse der Rechtsklarheit nach einer bestimmten Zeit außer Streit gestellt werden müssen.[41]

2. Der **Fristablauf** berechnet sich nach allgemeinen Grundsätzen (siehe Rn. 49 vor § 17).

a) Für den Fristbeginn ist bei einer Maßnahme der Zeitpunkt maßgebend, an dem sie eine aktuelle rechtliche Betroffenheit auslöst, z. B. bei Erlass einer Vorschrift,[42] unter Umständen aber auch später, wenn sie sich nämlich erst künftig in der Person des Antragstellers verwirklicht.[43]

b) Bei Unterlassen (des Gesetzgebers) wird die Frist spätestens dann in Lauf gesetzt, wenn sich der Gesetzgeber „erkennbar und eindeutig" weigert, in der Weise tätig zu werden, wie es der Antragsteller für erforderlich hält.[44] Das kann z. B. durch Verkündung eines Änderungs-

---

[37] BVerfGE 106, 51 (59).
[38] BVerfGE 1, 14 (39); 68, 1 (68); 106, 51 (60).
[39] BVerfGE 24, 252.
[40] BVerfGE 2, 143 (168); 13, 123 (135); 21, 312 (319) = NJW 1967, 1851.
[41] BVerfGE 80, 188 (210); 103, 164 (171); 110, 403 (405).
[42] BVerfGE 92, 80 (88); 104, 310 (323). Richtet sich der Organstreit gegen ein Gesetz, so beginnt die 6-Monatsfrist mit der Verkündung des Gesetzes, BVerfGE 24, 252 (258); 64, 301 (16) = NJW 1984, 165, NJW 2005, 2682 (2683 f.). Das gilt auch bei Wahlgesetzen.
[43] Das kann der Fall sein, wenn trotz gleichbleibendem Wortlaut eine Bedeutungsänderung auf Grund eines ÄndG eingetreten ist, bei den Träger einer subjektiven Rechtsposition „erstmals oder in gesteigertem Maße beschwert", BVergfGE 11, 382 (411).
[44] BVerfGE 4, 250 (269): 61, 312 (319); 71, 299 (303 ff.); 92, 80 (89); 103, 164 (171); 107, 286 (297); NVwZ 2003, 1372; NJW 2005, 2682 (2684).

§ 65 Teil III. Einzelne Verfahrensarten

gesetzes geschehen, das die geforderten Rechtsänderungen gerade nicht vornimmt.[45] Maßgebend ist insoweit immer, ob das Verhalten des Gesetzgebers als „allgemein bekannt" angesehen werden kann.[46] § 64 III gilt auch bei fortdauerndem Unterlassen.[47]

19 3. Die 6-Monatsfrist ist eine Ausschlussfrist.[48] Wiedereinsetzung in den vorigen Stand scheidet aus.[49]

20 4. Abs. 3 gestattet es nicht, nach Fristablauf den gegen die Maßnahmen des Gesetzgebers gerichteten Antrag auf Bestimmungen zu erstrecken, die mit dem ursprünglichen Antrag in keinem inneren Zusammenhang stehen;[50] **Antragsänderung:** ihr kann Abs. 3 entgegenstehen.[51]

21 5. Für den **Beitritt** nach § 65 I gilt die Sechs-Monats-Frist jedenfalls dann nicht, wenn die Beigetretenen sich dem fristgemäßen Antrag der Antragsteller anschließen und lediglich zusätzlich die Verletzung auch ihrer eigenen Rechte festgestellt haben wollen.[52]

V. Antragsrücknahme/-erledigung

22 1. Die Antragsrücknahme ist jederzeit zulässig; sie führt im Regelfall zur Verfahrensbeendigung. Das öffentliche Interesse kann einer Verfahrensbeendigung entgegenstehen.[53]

23 2. Nach übereinstimmenden Erledigungserklärungen von Antragsteller/Antragsgegner stellt das BVerfG das Verfahren ein.[54] Ob es kein legitimes öffentliches Fortsetzungsinteresse gibt hat das Gericht offen gelassen.[55]

§ 65 [Beitritt zum Verfahren]

(1) **Dem Antragsteller und dem Antragsgegner können in jeder Lage des Verfahrens andere in § 63 genannte Antragsberechtigte**

---

[45] BVerfGE 103, 164 (171).
[46] BVerfGE 103, 164 (171); 107, 286 (297); 110, 403 (407).
[47] BVerfGE 92, 80 (89); 103, 164 (170); 107, 286 (297); 110, 403 (405); NVwZ 2004, 1124; NJW 2005, 2682 (2684).
[48] BVerfGE 24, 252; 71, 299 (304); 80, 188 (210) = NJW 1990, 373; 110, 403 (405).
[49] BVerfGE 24, 252 (257 f.); 80, 188 (210); 92, 80 (87); 109, 1 (12).
[50] BVerfGE 24, 252 (257).
[51] BVerfGE 68, 1 (63 f.) = NJW 1985, 603.
[52] BVerfGE 92, 203 (229).
[53] BVerfGE 24, 299 (300).
[54] BVerfGE 83, 175 (181) = NJW 1991, 466.
[55] BVerfGE 83, 175 (181).

beitreten, wenn die Entscheidung auch für die Abgrenzung ihrer Zuständigkeiten von Bedeutung ist.

(2) **Das Bundesverfassungsgericht gibt von der Einleitung des Verfahrens dem Bundespräsidenten, dem Bundestag, dem Bundesrat und der Bundesregierung Kenntnis.**

I. Zu Abs. 1 (Beitritt)

1. Rechtsgrund der Vorschrift

Die Rechte und Pflichten der obersten Bundesorgane stehen vielfach in einem **gegenseitig funktionellen Zusammenhang;** Mehrung oder Minderung der Rechte eines Organs wirkt sich in der Regel auf den Umfang der Rechte anderer Organe aus. Da die ergehende Entscheidung alle Verfassungsorgane bindet (§ 31, s. o. Rn. 18), besteht ein rechtliches Bedürfnis dafür, auch anderen Verfassungsorganen die Beilegung an einem Organstreit unter bestimmten Voraussetzungen zu ermöglichen.[1]

Das prozessuale Institut der „Beiladung" Dritter zu einem Verfahren (vgl. z. B. §§ 65 ff. VwGO) ist dem BVerfGG unbekannt. An einem Organstreit können sich Dritte nach den insofern abschließenden Regelungen des BVerfGG nur durch Beitritt gem. § 65 beteiligen. Die Vorschriften der VwGO können nicht entsprechend herangezogen werden. Auch aus dem Grundsatz des rechtlichen Gehörs (Art. 103 I GG) lässt sich nicht herleiten, dass Dritte am Organstreit über die vom Gesetz vorgesehenen Möglichkeiten hinaus zu beteiligen sind.[2] Die Beitrittsmöglichkeit ist ein originäres verfassungsprozessuales Rechtsinstitut.[3]

2. Beitrittsberechtigte

Alle in § 63 genannten, nicht schon als Antragsteller oder Antragsgegner beteiligten obersten Bundesorgane. Als „mit eigenen Rechte ausgestattete Teile" dieser obersten Bundesorgane kommen nur **ständige Gliederungen** eines Verfassungsorgans in Frage.[4] Minderheiten, denen Rechte lediglich auf Grund der Geschäftsordnung zustehen, ohne dass sie „ständige" Gliederungen des Verfassungsorgans sind, können sonach nicht „beitreten", wohl aber einzelne Abgeordnete, sofern die sachlichen Voraussetzungen des Beitritts (vgl. Rn. 4) gegeben sind. Beitrittsberechtigt sind bei sonst gegebenen sachlichen Voraussetzungen auch politische Parteien.

---

[1] *Umbach,* in: UCD Rn. 5 zu § 65.
[2] BVerfGE 20, 18 (26) = NJW 1966, 875.
[3] *Umbach,* in: UCD Rn. 2 zu § 65.
[4] BVerfGE 2, 143.

3. Voraussetzungen des Beitritts

4   Andere Verfassungsorgane (oder Teile von ihnen) können nach dem Gesetz jedoch dem Verfahren nur beitreten, wenn „die Entscheidung auch für die **Abgrenzung ihrer Zuständigkeiten** von Bedeutung ist", d. h. wenn der funktionelle Zusammenhang der Organrechte (vgl. Rn. 3) auch im Einzelfall gegeben ist. Ob diese Voraussetzung vorliegt, unterliegt der Prüfung des Gerichts (Rn. 5) „Entscheidung" im Sinne dieser Vorschrift ist nicht nur der Tenor, sondern auch die ihn – voraussichtlich – tragenden Gründe.[5] Teile von Organen können in entsprechender Anwendung des Rechtsgedankens des § 64 I S. 1 auch beitreten, wenn die Entscheidung für die Abgrenzung der Zuständigkeiten des Organs von Bedeutung ist, dem sie angehören. Antragsberechtigte Organe oder Organteile, bei denen diese Voraussetzungen zutreffen, erhalten Rechte im Organstreitverfahren erst durch die formelle Erklärung des Beitritts (Rn. 5). Wollen sie im Rechtsstreit aus eigenem prozessualen Recht zu Wort kommen, so bleibt ihnen nur die Möglichkeit formellen Beitritts. Welchem Streitteil das andere Organ (oder der andere Organteil) beitritt, ist grundsätzlich seiner Entscheidung überlassen. Organteile, die eine Verletzung der Rechte des Organs geltend machen, dem sie angehören, werden allerdings nur auf dessen Seite in den Rechtsstreit eintreten können. Im Übrigen brauchen Organe und Organteile nicht auf derselben Seite zu stehen;[6] Das BVerfG hat es für zulässig erklärt, dass der Bundestag als Gegner einer klagenden Minderheit (Fraktion) auf Seiten der beklagten Bundesregierung dem Verfahren beitritt. Beitrittsberechtigte können immer nur dem Antragsteller oder Antragsgegner beitreten. Es können also nicht Dritte, unabhängig von der Gestaltung des Prozessstoffs durch die Hauptparteien im Prozess erscheinen, um ihre Auffassung über die streitigen Rechtsfragen darzulegen oder um einen Anspruch geltend zu machen, der von dem zwischen den Hauptparteien strittigen Streitgegenstand abweicht. Der Beitretende muss sich mit seinem Antrag auf die Seite eines der beiden Hauptbeteiligten stellen und das kann immer nur die Partei sein, für die die streitige Abgrenzung der Zuständigkeit bzw. die strittigen Rechte und Pflichten ebenso liegen wie für den Beitretenden.[7] Eine politische Partei kann daher auch nicht in einem Organstreit des Bundestages mit einer politischen Partei auf Seiten des Bundestages beitreten.[8]

---

[5] BVerfGE 6, 309 (326) = NJW 1957, 705.
[6] BVerfGE 1, 351 = NJW 1952, 969.
[7] BVerfGE 12, 308 (310).
[8] BVerfGE 20, 18 (23) = NJW 1966, 875. Für nicht im Bundestag vertretene politische Parteien ist für das der Rechtsprechung zugrundeliegende Gebot der

4. Form des Beitritts

Der Beitritt geschieht durch eine **schriftliche Erklärung** an das BVerfG. Kollegial verfasste Organe, also z.B. die Bundes- oder eine Landesregierung bedürfen zur Wirksamkeit des Beitritts eines entsprechenden Beschlusses.[9] Er kann in jeder Lage des Verfahrens erfolgen. Wird er in der mündlichen Verhandlung erklärt, so genügt die mündliche Erklärung. Die Beitrittserklärung unterliegt der Prüfung des Gerichts, das sie durch – selbstständige – Prozessentscheidung zurückweisen kann, wenn nach einer Auffassung Voraussetzungen für die Zulässigkeit des Beitritts fehlen.

5. Rechtswirkung

Der Beitritt gibt dem Beitretenden die vollen **Verfahrensrechte** des Antragstellers oder Antragsgegners. Der Beigetretene ist also zu allen Terminen zu laden, Schriftsätze der anderen Beteiligten sind ihm zuzustellen. Über seine Anträge im Verfahren hat das Gericht zu entscheiden. Obwohl der Beitritt zugunsten eines der beiden Verfahrensbeteiligten erklärt wird, hat der Beigetretene eine von ihm unabhängige selbstständige prozessuale Stellung. Die nach § 65 Beteiligten sind zwar befugt, selbstständige Anträge zu stellen und zwar auch dann, wenn hierdurch der Streitgegenstand erweitert wird, immer aber müssen solche Anträge mit dem Antrag des Antragstellers in einem inneren Zusammenhang stehen.[10]

II. Zu Abs. 2 (Benachrichtigung der obersten Verfassungsorgane)

Die Mitteilung der Einleitung des Verfahrens an die wichtigsten möglichen Beteiligten dient ihrer Entscheidung über einen etwaigen Beitritt zum Verfahren. Einfache Benachrichtigung genügt, doch ist zur Unterrichtung Abschrift des Antrags beizufügen.

§ 66 [Verbindung und Trennung von Verfahren]

Das Bundesverfassungsgericht kann anhängige Verfahren verbinden und verbundene trennen.

1. Es können nach § 66 **nur Verfahren nach § 13 Nr. 5** verbunden (oder getrennt) werden. Eine darüber hinausgreifende gesetzgeberische

---

Interessenidentität der Beitritt faktorisch ausgeschlossen, vgl. BVerfG, NJW 2005, 2685.

[9] *Umbach*, in: UCD Rn. 15 zu § 65 unter Hinweis auf BVerfGE 7, 282 (288 f.).
[10] BVerfGE 6, 309 = NJW 1957, 705.

§ 66a   Teil III. Einzelne Verfahrensarten

Absicht hätte nicht in einem Sonderabschnitt ihren Niederschlag finden können. Jedoch ist der § 66 zugrundeliegende Rechtsgedanke auch im übrigen Verfahrensrecht anwendbar.[1] Verbindung nach § 66 wird nur in Frage kommen, wenn es sich um Organstreitigkeiten über dieselbe Rechtsfrage handelt. Nicht notwendig ist, dass sich die Verfahren auf dieselbe konkrete Sache beziehen. Zu denken ist vor allem an Fälle, in denen gleichzeitig etwa der Bundespräsident, der Bundestag oder der Bundesrat gegen die Bundesregierung denselben Antrag stellen, weil sie dieselben Bedenken haben.

2   2. Die prozessualen Rechte von Organen, die einem verbundenen Verfahren beigetreten sind, können sich nur dann auf das gesamte Verfahren erstrecken, wenn der Beitritt entsprechend erweitert wurde. Über die verbundenen Streitsachen ist gleichzeitig zu verhandeln und zu entscheiden.

3   3. Getrennt werden können sowohl Verfahren, die verbunden anhängig wurden, als auch solche, die im Verlaufe des Verfahrens verbunden wurden. Verbindung und Trennung können in jeder Lage des Verfahrens vom Gericht auf Antrag und von Amts wegen beschlossen werden. Die verbundenen Anträge können auch getrennt (durch Teilurteil, vgl. § 25) beschieden werden.

4   4. Die Verfahrensbeteiligten haben keinen Rechtsanspruch auf Verbindung/Trennung. Die vom BVerfG insoweit getroffenen Entscheidungen sind nicht anfechtbar.[2]

5   5. Die Verfahrensverbindung lässt die jeweiligen Prozessrechtsverhältnisse unberührt.[3] Eine Rechtskrafterstreckung nur aufgrund der Verbindung findet nicht statt.[4]

§ 66 a [Verfahren nach dem Untersuchungsausschussgesetz]

In Verfahren nach § 13 Nr. 5 in Verbindung mit § 2 Abs. 3 des Untersuchungsausschussgesetzes sowie in Verfahren nach § 18 Abs. 3 des Untersuchungsausschussgesetzes, auch in Verbindung mit den §§ 19 und 23 Abs. 2 des Untersuchungsausschussgesetzes,

---

[1] Vgl. hierzu Rn. 30 vor § 17; siehe dazu BVerfGE 12, 205 (223); 51, 384 (385); st.Rspr. s. auch BVerfGE 108, 186 (187); *Bethge*, in: MSKB, Stand 2002, Rn. 6 zu § 66; *Umbach*, in: UCD, Rn. 7 zu § 66.
[2] *Bethge*, in: MSKB, Stand 2002, Rn. 12 zu § 66; *Umbach*, in: UCD, Rn. 6 zu § 66.
[3] *Bethge*, in: MSKB, Stand 2002, Rn. 14f. zu § 66; *Umbach*, in: UCD, Rn. 12 zu § 66.
[4] *Detterbeck*, Streitgegenstand und Entscheidungswirkungen im öffentlichen Recht, 1995, 319f.

Organstreitigkeiten § 66a

kann das Bundesverfassungsgericht ohne mündliche Verhandlung entscheiden.

1. § 66a beruht auf dem 6. ÄndG vom 22. 8. 2002 (BGBl. I 3386). 1

2. Das **UntersuchungsausschussG** (PUAG) vom 19. 6. 2001 2
(BGBl. I 1142)[1] regelt erstmals das Recht der Untersuchungsausschüsse des Deutschen Bundestags.[2] § 2 III PUAG befasst sich mit dem Recht qualifizierter Einsetzungsminderheiten, das BVerfG anrufen zu dürfen, wenn der Bundestag den Einsetzungsantrag für teilweise verfassungswidrig hält und der Untersuchungsausschuss deshalb mit beschränktem Untersuchungsauftrag eingesetzt wird.[3] § 18 III PUAG gibt dem Untersuchungsausschuss oder einem Viertel seiner Mitglieder das Recht, das BVerfG darüber entscheiden zu lassen, ob die Ablehnung eines Ersuchens auf Vorlage sächlicher Beweismittel (§ 18 I PUAG), die Einnahme eines Augenscheins (§ 19 PUAG) oder die Verweigerung einer Aussagegenehmigung durch die Bundesregierung (§ 23 II PUAG) rechtens ist.[4]

3. Im Verfahren nach § 13 Nr. 5 gilt, da nichts anderes bestimmt ist, 3
dass das BVerfG aufgrund **mündlicher Verhandlung** entscheidet, es sei denn, die Beteiligten verzichteten ausdrücklich darauf (§ 25 I). § 66a regelt für die in Bezug genommenen Verfahren etwas anderes: Nicht die Beteiligten, sondern das BVerfG entscheidet, ob eine mündliche Verhandlung stattfinden soll. Die Amtliche Begründung rechtfertigt diese Regelung wie folgt: „Diese Lösung ist in dreifacher Weise sachgerecht: Sie entzieht den Beteiligten die Möglichkeit, durch Nichtverzicht auf die mündliche Verhandlung das Verfahren in die Länge zu ziehen; sie dient damit auch der Entlastung des Gerichts und sie berücksichtigt, dass die obligatorische Durchführung einer mündlichen Verhandlung unter Umständen, etwa bei geheimhaltungsbedürftigem Material, nicht sinnvoll ist."[5]

4. Ob mündlich verhandelt wird oder nicht, darüber entscheidet das 4
BVerfG nach **Ermessen.**[6]

---

[1] Geändert durch Gesetz vom 5. 5. 2004 (BGBl. I 718, 833).
[2] Siehe dazu *Mager*, Der Staat, 2002, 597; *Pieper/Viethen*, Erl. zum PUAG in Deutsches Bundesrecht, Stand 2002; *Klein*, in: MDH, Stand 2002, Rn. 248 ff. zu Art. 44 GG.
[3] Siehe dazu *Pieper/Viethen*, Erl. zu § 2 PUAG, in: Deutsches Bundesrecht, Stand 2002.
[4] §§ 19, 23 II PUAG verweisen auf § 18 II–III erster Hs. (§ 19 auch noch auf § 18 IV PUAG) (Verpflichtung zur Rechts- und Amtshilfe).
[5] BT-Drs. 14/9220 zu Art. 1 Nr. 2. Der Entlastungsargument misst *Umbach*, in: UCD, Rn. 5 zu § 66a die ausschlaggebende Bedeutung bei.
[6] *Umbach*, in: UCD, Rn. 6 zu § 66a.

§ 67

Teil III. Einzelne Verfahrensarten

5 5. Eine **analoge Anwendung** des § 66 a auf vergleichbare Sachverhalte, etwa wenn entsprechende Streitigkeiten des Verteidigungsausschusses als Untersuchungsausschuss auftreten, scheidet angesichts des § 25 I aus.[7]

§ 67 [Entscheidung]

Das Bundesverfassungsgericht stellt in seiner Entscheidung fest, ob die beanstandete Maßnahme oder Unterlassung des Antragsgegners gegen eine Bestimmung des Grundgesetzes verstößt. Die Bestimmung ist zu bezeichnen. Das Bundesverfassungsgericht kann in der Entscheidungsformel zugleich eine für die Auslegung der Bestimmung des Grundgesetzes erhebliche Rechtsfrage entscheiden, von der die Feststellung gemäß Satz 1 abhängt.

I. Inhalt der Entscheidung

1   Die vom Gesetz vorgesehene **Tenorierung** weicht von Art. 93 I Nr. 1 GG (§ 13 Nr. 5) ab, wonach über die Auslegung des GG, also über eine abstrakte Rechtsfrage, allerdings in ihrem Bezug auf eine konkrete Streitsache, zu entscheiden ist, nicht über den Rechtsstreit selbst. Nach § 67 wird dagegen die beanstandete Maßnahme selbst an der Norm gemessen; die Auslegung der Norm erscheint daher nicht im Tenor, sondern nur in den Gründen. Das Urteil ergeht jedoch in Übereinstimmung mit der Praxis des Staatsgerichtshofs für das Deutsche Reich als Feststellungs- nicht als Leistungsurteil. Die Praxis des BVerfG hat die Rechtsgültigkeit des § 67 Satz 1 anerkannt.[1] Zur Nichtigerklärung eines Gesetzes ist das BVerfG im Rahmen eines Urteils nach § 67 nicht befugt.[2]

II. Bezeichnung der verletzten Vorschrift

2   Das BVerfG hat die nach seiner Entscheidung verletzte Vorschrift zu bezeichnen. Auch hierbei kann es sich um „hintergründige Konstitutionsprinzipien" handeln. Das BVerfG ist dabei nicht an die rechtliche Beurteilung des Antrags gebunden (s. Rn. 13 zu § 64).

---

[7] AA *Klein,* in: MDH, Stand 2002, Rn. 249 zu Art. 44 GG; einschränkend auch *(Dollinger)/Umbach,* in: UCD, Rn. 3 ff. zu § 66 a, Rn. 11 zu § 82 a.
[1] BVerfGE 1, 208; 1, 351; 2, 143 (150 ff.); 20, 119 (129); s. dazu ausf. (wohl zustimmend) *Umbach,* in: UCD, Rn. 4 ff. zu § 67.
[2] BVerfGE 20, 119 (129).

III. Entscheidung über Inzidentfragen im Tenor

Gemäß Satz 3 kann eine auf die einschlägige Vorschrift des Grundgesetzes bezüglich **Inzidentfrage** im Tenor mitentschieden werden. Auch insoweit bindet die Entscheidung gem. § 31 I die Verfassungsorgane des Bundes und der Länder, sowie alle Gerichte und Behörden.[3] Gesetzeskraft kommt ihr jedoch nicht zu. Von der Möglichkeit des § 67 S. 3 soll nur mit großer Vorsicht Gebrauch gemacht werden, nämlich nur in den Fällen, in denen eine „eindeutig überschaubare Rechtsfrage ein für allemal entschieden werden soll".[4] Vgl. auch die Ausführungen des Berichterstatters *Neumaier* in der 112. Sitzung des Bundestages:

„Man wollte durch diese Bestimmung dem BVerfG die Befugnis zu einer authentischen Auslegung von Bestimmungen des Grundgesetzes zuerkennen, hat dies aber bewusst in der Form einer Kannvorschrift getan. Damit ist gesagt, dass das BVerfG eine Auslegung nur insoweit geben kann, als sie für den zu behandelnden Fall von Bedeutung ist. Spielt also z.B. die Auslegung des Art. 59 GG, d.h. die Frage, ob internationale Abkommen der Ratifikation durch den Bundestag unterliegen, eine Rolle, dann hat das BVerfG ausschließlich die für diesen konkret vorliegenden Fall bedeutsame Rechtsfrage zu entscheiden. Von der Befugnis, eine über den Streitgegenstand hinausgehende Entscheidung zu fällen, darf nach der Auffassung des Rechtsausschusses nur mit großer Vorsicht Gebrauch gemacht werden, nämlich dann, wenn eine solche Entscheidung im inneren Zusammenhang mit der zu behandelnden Rechtsfrage steht. Eine derartige Entscheidung hat keine Gesetzeskraft; sie bindet zwar die Beteiligten, wird aber nicht im Gesetzesblatt veröffentlicht".

Die bisherige Praxis zeigt, dass das Gericht in der Tat von der Möglichkeit des § 67 S. 3 nur sehr zurückhaltend Gebrauch gemacht hat. Da die Entscheidung nach § 67 in das Ermessen des Gerichts gestellt ist, entscheidet das Gericht von Amts wegen und nicht auf Antrag der Parteien.[5] Ein hierauf gerichteter Antrag ist nicht als echter Antrag anzusehen; über diesen Antrag braucht daher nicht formell entschieden zu werden.[6] Das BVerfG kann zwar nach § 67 S. 3 in der Entscheidungsformel eine für die Auslegung der Bestimmung des GG erhebliche Rechtsfrage entscheiden. Es kann daraus aber nur die Feststellung darüber ableiten, ob die beanstandete Maßnahme oder Unterlassung gegen das GG verstößt. Es kann dabei aber nicht die Rechtsunwirk-

---

[3] Vgl. auch *Scheuner* DVBl. 1952, 613 (617).
[4] *Roemer* im Rechtsausschuss bei Beratung des § 67.
[5] BVerfGE 1, 144; 1, 372 (380) = NJW 1952, 970.
[6] BVerfGE 1, 144 = NJW 1952, 537.

samkeit der Maßnahme feststellen.[7] Es entscheidet hierbei ausschließlich im **innerstaatlichen Bereich** und kann daher nicht über die völkerrechtliche Gültigkeit eines Vertrages entscheiden.[8]

Siebenter Abschnitt. Verfahren in den Fällen des § 13 Nr. 7

Vorbemerkung vor §§ 68 ff.

Schrifttum: *Rupp,* Die Rolle der Länder beim Schutz der Grundrechte durch das Bundesverfassungsgericht, in: FS f. G. Müller, 1970, 341; *Leisner,* Der Bund-Länder-Streit vor dem Bundesverfassungsgericht, in: Bundesverfassungsgericht und Grundgesetz, Bd. I, 1976, 260; *Stern* II, 1980, 995 ff.; *Hesse,* Wandlungen der Bedeutung der Verfassungsgerichtsbarkeit für die bundesstaatliche Ordnung, in: FS f. Schneider, 1989, 723 ff.; *Selmer,* Bund-Länder-Streit, in: FS 50 Jahre BVerfG, Bd. 1, 2001, 563.

I. Entstehungsgeschichte des Art. 93 I Nr. 3 GG

1   Art. 15 **WRV** gewährte der Reichsregierung und den Landesregierungen das Recht, bei Meinungsverschiedenheiten aus Anlass einer Mängelrüge der Reichsregierung im Rahmen der sog. abhängigen Bundesaufsicht[1] die Entscheidung des Staatsgerichtshofs für das Deutsche Reich anzurufen. Die Vorschrift stellte sich als eine an sich überflüssige Spezialnorm gegenüber Art. 19 WRV dar, nach welcher der Staatsgerichtshof über Streitigkeiten „nicht privatrechtlicher Art" zwischen dem Reich und einem Lande zu entscheiden hatte.[2]

2   Der **HChE** übernahm die Generalklausel des Art. 19 WRV in Art. 98 Nr. 3 (öffentlich-rechtliche Streitigkeiten zwischen dem Bund und den Ländern) wobei jedoch auf Art. 44 Bezug genommen wurde. Art. 44 Nr. 3 aber sah eine Zuständigkeit des BVerfG vor, „bei Meinungsverschiedenheiten zwischen Bund und Ländern über gegenseitige Rechte und Pflichten von Bund und Ländern, insbesondere auch im Vollzug von Bundesrecht und Bundesaufsicht". Nach einer abweichenden Fassung durch den allgemeinen Redaktionsausschuss und den Rechtspflegeausschuss in der Sitzung vom 6. 12. 1948 wurde vom allgemeinen Redaktionsausschuss vor der 2. Lesung im Hauptausschuss

---

[7] BVerfGE 1, 351 (371); 24, 300 (351); 85, 264 (326) = NJW 1992, 2545.
[8] S. auch BVerfGE 6, 309 (323) = NJW 1957, 705.
[1] Vgl. *Triepel,* Die Reichsaufsicht, 1917.
[2] Vgl. *Anschütz,* Anm. 8 zu Art. 15 WRV.

die Fassung des Art. 44 Nr. 3 des HChE in Ziffer 2 mit redaktionellen Änderungen wieder aufgenommen und die Generalklausel des Art. 98 Nr. 3 als nunmehr subsidiäre Vorschrift („in anderen öffentlich-rechtlichen Streitigkeiten …") unter Nr. 6 eingereiht. Nr. 2 und 6 dieser letzten Fassung sind schließlich auch als Art. 93 I Nr. 3 und 4 GG Gesetz geworden.[3] Hieraus ergibt sich, dass Art. 15 WRV in erweiterter Fassung zum jetzigen Art. 93 I Nr. 2 GG, § 13 Nr. 7 wurde, während die Generalklausel des Art. 19 WRV mit entsprechend engerem sachlichen Geltungsbereich in Art. 93 I Nr. 4 GG (§ 13 Nr. 8) wiederkehrt.

II. Gegenstand des Verfahrens

1. Aus der Entstehungsgeschichte und der Wortfassung („insbesondere …") ergibt sich, dass nach den Absichten des Gesetzgebers Hauptgegenstand des Verfahrens nach Nr. 7 Streitigkeiten sind, die „bei der Ausführung von Bundesrecht durch die Länder und bei der Ausübung der Bundesaufsicht" entstehen. Bereits dieser hervorgehobene engere Bereich bedeutet eine Erweiterung gegenüber Art. 15 III 2 WRV, da er sich nicht nur auf Fälle der Mängelrüge, sondern auf die gesamte Ausführung von Bundesrecht durch die Länder bezieht.[4] Der sachliche Bereich ist vollends ausgeweitet durch die vorangehende allgemeine Klausel für Streitigkeiten „über Rechte und Pflichten des Bundes und der Länder". Es dürfte wenig Fälle von Bund-Länder-Streitigkeiten geben, die nicht unter diesen Begriff subsumiert werden könnten.

3

2. Im Einzelnen stellen sich die Voraussetzungen für einen Bund-Länder-Streit wie folgt dar:

4

a) Die Rechte und Pflichten des Bundes und der Länder müssen sich **aus dem Grundgesetz** ergeben. Art. 93 I Nr. 3 GG, der nur von „Meinungsverschiedenheiten über Rechte und Pflichten des Bundes und der Länder" spricht, verlangt dies zwar nicht ausdrücklich, doch führen der geschichtliche Zusammenhang (Art. 19 WRV), die angeführten Beispiele (Ausführung von Bundesrecht durch die Länder und Ausübung der Bundesaufsicht) sowie der systematische Zusammenhang mit Art. 93 I Nr 4 („andere öffentlich-rechtliche Streitigkeiten") und mit Art. 93 I Nr. 2 (besonderes Antragsrecht der Bundesregierung und der Landesregierungen im objektiven Verfahren der abstrakten Normenkontrolle) zu dem Schluss, dass Art. 93 I Nr. 3 das BVerfG

---

[3] Vgl. JöR, Bd. 1 (1951) 693 ff.
[4] Vgl. BVerfGE 6, 309 = NJW 1957, 705.

nur zur Entscheidung von verfassungsrechtlichen Streitigkeiten zwischen Bund und Ländern eingesetzt hat.[5] Gleiches ergibt sich aus dem in § 69 für entsprechend anwendbar erklärten § 64, der „die allgemeine Verfassungsnorm (des Art. 93 I Nr. 3 GG) in das besondere Verfahrensrecht umsetzt".[6] Dementsprechend weist auch § 50 I Nr. 1 VwGO dem BVerwG die Entscheidung „über öffentlichrechtliche Streitigkeiten nichtverfassungsrechtlicher Art zwischen dem Bund und den Ländern und zwischen verschiedenen Ländern" zu.[7]

5 **b)** Es genügt, wie im Organstreit (vgl. vor §§ 63ff. Rn. 12) nicht, dass Bund und Länder über die Interpretation einer Bestimmung des GG verschiedener Meinung sind, erforderlich ist vielmehr, dass der Antragsteller gegen den Antragsgegner **Ansprüche** erhebt, die sich aus einem beide Teile umfassenden materiellen verfassungsrechtlichen Verhältnis ergeben,[8] bezogen auf Maßnahmen und Unterlassungen, die eine verfassungsrechtliche Rechtsposition des Landes verletzen oder unmittelbar gefährden können.[9] Es handelt sich also im Gegensatz zu Streitigkeiten nach § 13 Nr. 6 um kontradiktorische Parteistreitigkeiten, in denen Bund und Länder als Träger subjektiver Rechte und Pflichten einander gegenübertreten.

Generelle Kriterien für den Begriff des **materiellen Verfassungsrechtsverhältnisses** sind bislang nicht entwickelt worden.[10] Nach Auffassung des BVerfG kommt es für die Bestimmung des Streits um die geltend gemachten Ansprüche auf den generellen Charakter des Rechtsverhältnisses an.[11] Daneben ist maßgeblich auf das verfassungsrechtliche Grundverhältnis abzustellen. Auf die Vorstellung des An-

---

[5] BVerfGE 13, 54 (72) = NJW 1961, 1453.
[6] BVerfGE 13, 54.
[7] Zu dieser Problematik vgl. *Ossenbühl*, Der Staat 28 (1969), 31 ff.; *Zimmermann* DVBl. 1992, 93 ff.; *Schlaich/Korioth* Rn. 101; *Selmer*, in: FS 50 Jahre BVerfG, Bd. 1, 2001, 563 (569); *Benda/Klein* Rn. 1068; BVerfGE 81, 310 = NJW 1990, 3007; 109, 158; s. a. Rn. 9 f. vor § 71 ff.
[8] Vgl. BVerfGE 13, 54 (72); s. auch BVerfGE 1, 14 (30); 3, 52 (55); 4, 115 (122); 6, 309 (323); 8, 122 (128): 11, 6 (13) = NJW 1960, 907; 13, 54 (72), 81, 310 (329); 92, 203 (226) 95, 250 (262); 104, 238 (245); 109, 1 (5).
[9] Zum Begriff der Maßnahme oder Unterlassen siehe Rn. 8 f. zu § 64; zum Begriff der Verletzung oder unmittelbaren Gefährdung siehe Rn. 12 zu § 64.
[10] BVerfGE 109, 1 (6). Zur Problematik des § 50 III VwGO siehe Rn. 9 f. vor §§ 71 ff.
[11] BVerfGE 42, 103 (113); 62,295 (313); 109, 1 (6). An einem solchen anspruchsbegründenden Rechtsverhältnis fehlt es bei der bloßen Berufung auf die Eigenständigkeit der Länder (Art. 20 I GG) und deren gliedstaatliche Aufgaben (Art. 30 GG), BVerfGE 95, 250 (262). Diese Beschränkung gilt auch für Art. 20a GG, siehe Rn. 10 vor § 71; siehe auch BVerfGE 104, 238 (246).

tragstellers von der Rechtsnatur des Streitverhältnisses kommt es dagegen nicht an.[12]

c) Folgende Fallkonstellationen und Rechtsanwendungsprobleme erscheinen bedeutsam.

aa) Bundes- und länderfreundliches Verhalten auf dem Gebiet von Gesetzgebung und Verwaltung. Hauptgegenstände des Verfahrens sind, wie die bisherige Entwicklung ergeben hat, die **behauptete Verletzung verfassungsrechtlicher Kompetenzen** auf den Gebieten der Gesetzgebung und Verwaltung[13] – wobei die „Gesetzgebungsstreitigkeiten" entsprechend der Bedeutung der Gesetzgebung im modernen Rechtsstaat eindeutig überwiegen[14] – und die Verletzung der – der föderativen Staatsordnung im GG immanenten – Pflicht des Bundes und der Länder zu gegenseitigem bundesfreundlichen Verhalten,[15] hier in ihrer besonderen Ausprägung der Pflicht der Länder zur Beachtung der den Bund bindenden internationalen Verträge.[16] Nach letzterer Entscheidung, in der über eine behauptete besondere gesetzgeberische Verpflichtung des Bundes aus Art. 29 GG zu entscheiden war, konstituiert oder begrenzt das Prinzip der Bundestreue Rechte und Pflichten innerhalb eines bestehenden Rechtsverhältnisses zwischen Bund und Ländern, begründet aber nicht selbstständig ein Rechtsverhältnis zwischen ihnen; die wechselseitigen rechtlichen Beziehungen, innerhalb deren Treue zu wahren ist, müssen bestehen oder durch Verhandlungen begründet werden. Nach *BVerfGE* 12, 205 = NJW 1961, 547 (Fernseh-Urteil) ist der Inhalt des Art. 5 GG und die darin enthaltene bundesverfassungsgerichtliche Garantie der Freiheit des Rundfunks von so fundamentaler Bedeutung für das gesamte öffentliche politische und verfassungsrechtliche Leben in den Ländern, dass diese vom Bund verlangen können, im Bereich des Rundfunkwesens die durch das Grundgesetz gewährleistete Freiheit unangetastet zu lassen. Eine Verallgemeinerung des darin enthaltenen Rechtsgedankens dahin, dass die Länder im Bund-Länder-Streit unter dem Gesichtspunkt „der Pflicht zu bundesfreundlichem Verhalten" die Verletzung von Grundrechten rügen könnten, darf daraus nicht abgeleitet werden und wäre auch nicht durch Rechtsprechung des BVerfG belegbar.[17] In der jüngsten Rechtsprechung geht das BVerfG mit den

---

[12] BVerfGE 42, 103 (110 f.); 62, 295 (313); 109, 1 (6).
[13] Vgl. BVerfGE 1, 14; 4, 115; 11, 6.
[14] Vgl. hierzu *Dagtoglou* DÖV 1971, 35 (40).
[15] Vgl. BVerfGE 6, 309 = NJW 1957, 705.
[16] S. ferner BVerfGE 8, 122; 13, 54 (74).
[17] Vgl. *Rupp,* FS f. G. Müller, 1970, 341 ff. (349 f.), *Zeidler* AöR 86 (1961), 361 (372 ff.).

Grundsätzen des bundes- und länderfreundlichen Verhaltens zurückhaltender um. Zwar werden die sich daraus ergebenden Pflichten nach wie vor zu beachten sein.[18] Gegen die Pflicht zur Bundestreue verstößt der Bund aber nicht schon dadurch, dass er von einer Kompetenz Gebrauch macht, sondern erst dann, wenn die Inanspruchnahme der Kompetenz missbräuchlich ist.[19] Der Grundsatz länderfreundlichen Verhaltens ist akzessorischer Natur.[20] Infolgedessen bedarf es der Feststellung einer den Länder zukommenden Rechtsposition, damit aus dem Grundsatz der Bundestreue überhaupt Folgen hergeleitet werden können.[21]

8   **bb) Europäische Rechtspositionen.** Die Wahrnehmung von Beteiligungs- und Mitwirkungsrechten des Bundes an Rechtsakten der EU (Art. 23 GG), insbesondere aber auch die Übertragung solcher Rechte auf die Länder (Art. 23 VI GG) kann zu kompetenzrechtlichen Streitigkeiten im Bund-Länder-Verhältnis führen.[22] Mögliche Gegenstände der Auseinandersetzung betreffen – eher rechtspolitisch – Vertretungs- und Finanzierungsfragen[23] und die Rechtsposition einzelner Bundesländer im Bundesrat.[24] Rechtlich geht es aber vor allem um die konkrete Gestaltung der Beteiligungs- und Mitwirkungsrechte des Bundes, wenn die Belange der Länder betroffen sind,[25] oder um den Bereich der Ingerenzbefugnisse des Bundes.[26] Grundsätzlich bestehen keine Zweifel, dass die Vorgaben des Art. 23 GG justitiabel sind.[27]

9   **cc) Finanzverfassung.** Ein Dauerproblem des Bund-Länder-Verhältnisses ist der Finanzausgleich zwischen Bund und Ländern. Das

---

[18] BVerfGE 104, 238 (247f.); 110, 33 (52).
[19] BVerfGE 104, 249 (249f.); 106, 1 (27); 110, 33 (52).
[20] BVerfGE 104, 238 (247f.); 110, 33 (52).
[21] BVerfGE 95, 250 (266); 103, 81 (88); 104, 238 (248); 110, 33 (52).
[22] BVerfGE 92, 203 (226f.). Zur Beachtung länderrelevanter Organisationsregelungen in der EU vgl. *Burgi*, in: Streinz, EUV/EGV 2003, Rn. 7 zu Art. 263 EGV. Die Zusammenarbeit von Bund- und Ländern in Angelegenheiten der EU regelt das Gesetz vom 12. 3. 1993 (BGBl. I 313); siehe auch *Winkelmann* DÖV 1996, 1.
[23] Vgl. dazu *Isensee*, in: FS 50 Jahre BVerfG, Bd. 2, 2001, 719 (757f.). Ungeklärt ist z. B. die Regressbefugnis des Bundes gegenüber den Ländern (aaO, S. 760ff.).
[24] *Kirchhof* DÖV 2004, 893.
[25] Vgl. etwa *Scholz* NVwZ 1993, 817; Pernice, DVBl. 1993, 909; *Morawitz/Kaiser*, Die Zusammenarbeit von Bund und Ländern bei Vorhaben der EU, 1994; *Isensee*, in: FS 50 Jahre BVerfG, Bd. 2, 2001, 719 (751ff.).
[26] *Isensee*, in: FS 50 Jahre BVerfG, Bd. 2, 2001, 719 (759f.).
[27] *Isensee*, in: FS 50 Jahre BVerfG, Bd. 2, 2001, 719 (766ff.).

BVerfG hat dafür strenge Vorgaben gemacht.[28] Bedeutsam bleibt auch die vom BVerfG geforderte Solidarverpflichtung des Bundes, bei extremer Haushaltsnotlage eines Landes ggf. Hilfe zu leisten.[29] Es geht insoweit um die Forderung nach Bundesergänzungszuweisungen (Art. 107 II 3 GG).[30] Auch das verfassungsrechtliche Grundverhältnis aus Art. 104a GG kann bei der Zuordnung von Finanzlasten eine Rolle spielen.[31]

dd) Föderalismusfragen. Sie spielen vor allem im Bereich der konkurrierenden Gesetzgebung eine Rolle. Das BVerfG hat der Gefahr, der Auszehrung der Gesetzgebungskompetenzen der Länder dadurch einen Riegel vorgeschoben, dass es den Begriff der Erforderlichkeit (für eine bundesgesetzliche Regelung im Sinne des Art. 72 II GG) auf konkrete Tatbestandsmerkmale zurückgeführt hat[32] und hinzugefügt hat, die Merkmale des Art. 72 II GG seien unbestimmte Rechtsbegriffe. Die gerichtliche Kontrolle ihrer Auslegung sei infolgedessen umfassend. Sie gehe über eine bloße Vertretbarkeitskontrolle hinaus.[33]

ee) Gleichbehandlung, föderale. Aus dem Gebot föderaler Gleichbehandlung kann kein Verfassungsrechtsverhältnis hergeleitet werden.[34]

ff) Grundrechte. Grundrechte vermögen einen Bund-Länder-Streit nicht zu begründen.[35] Die Länder sind nicht Träger von Grundrechten und können auch nicht Sachwalter der den einzelnen zustehenden Grundrechte sein.[36] Die Grundrechte begründen nicht selbständige Kompetenzen, sondern binden bei deren Wahrnehmung.[37] Ausnahmen von diesen Grundsätzen hält das BVerfG aber für denkbar.[38]

gg) Weisungsbefugnis.[39] In einem Bund-Länder-Streit hatte sich das BVerfG mit Voraussetzungen und Schranken einer Weisung nach

---

[28] BVerfGE 101, 158 – MaßstäbeG.
[29] BVerfGE 86, 148 (265).
[30] *Birk/Wernsmann* DÖV 2004, 868.
[31] BVerfGE 109, 1 (7).
[32] BVerfGE 106, 62 (143 ff.) – AltenpflegeG.
[33] BVerfGE 106, 62 (148 ff.) – AltenpflegeG. Siehe dazu auch BVerfG, DVBl. 2004, 1233 (1235) – Juniorprofessor.
[34] BVerfGE 95, 150 (165); siehe dazu *Bethge*, in: MSKB, Stand 1997, Rn. 157 zu § 169.
[35] Siehe dazu *Selmer*, in: FS 50 Jahre BVerfG, Bd. 1, 2001, 563 (575) m.w. Nw.
[36] BVerfGE 104, 238 (246).
[37] BVerfGE 81, 310 (334); 104, 238 (246).
[38] BVerfGE 104, 238 (246) unter Hinweis auf BVerfGE 12, 205 (259 ff.) – Rundfunkfreiheit.
[39] Siehe dazu ausf. *Benda/Klein* Rn. 1072.

Art. 85 III GG in Bezug auf atomrechtliche Genehmigungsverfahren zu befassen.[40] Bei der landeseigenen Ausführung eines Bundesgesetzes hat der Bund nur eine Rechtsaufsicht, die in einem eigenen Verfahren der **Mängelrüge** und **-beseitigung** eingebunden ist (Art. 84 III, IV GG). Bei Streitigkeiten aus Anlass einer Mängelrüge nach Art. 84 IV GG muss zuvor eine Entscheidung des Bundesrats nach Art. 84 IV 2 GG herbeigeführt werden, ob das Land ein Recht verletzt hat; einer Vorentscheidung bedarf es nicht für andere Streitigkeiten aus dem Vollzug von Bundesgesetzen (z.B. bei den Entscheidung von Beauftragten, bei Einzelweisungen). Der dem Bundesverfassungsrecht angehörende Satz von der Pflicht des Bundes und der Länder zu bundesfreundlichem Verhalten (siehe oben Rn. 7) kann nicht verwaltungsmäßig als eigene Angelegenheit der Länder im Sinne des Art. 84 IV GG ausgeführt, er kann vielmehr nur „beachtet" werden. Weisungsrechte können aber für besondere Fälle durch eigene bundesgesetzliche Regelungen begründet werden (Art. 84 V GG). Bei der Auftragsverwaltung, die Ausübung der Landesstaatsgewalt ist, hat der Bund starke Eingriffsmöglichkeiten. Seine Aufsicht erstreckt sich auf Gesetzmäßigkeit und Zweckmäßigkeit der Gesetzesausführung. Die Landesbehörden unterstehen den Weisungen der zuständigen obersten Bundesbehörden (Art. 85 II GG). Die Länder können durch eine Weisung des Bundes in ihrem Recht auf Wahrnehmung der eigenen Kompetenz verletzt sein, wenn gerade die Inanspruchnahme der Weisungsbefugnis gegen das GG verstößt. Dagegen kann ein Land nicht geltend machen, der Bund übe seine im Einklang mit dem GG in Anspruch genommene Weisungsbefugnis inhaltlich rechtswidrig aus.[41]

14 **hh) Widerspruchsfreiheit.** Das BVerfG hat in gefestigter Rechtsprechung gefordert, die gesetzlichen Regelungen des Bundes und der Länder müssten so aufeinander abgestimmt sein, dass sie sich gegenüber den Normadressaten nicht als Verstoß gegen das Gebot der Normklarheit oder das Verbot von Wertungswidersprüchen darstellten.[42] Damit soll verhindert werden, dass der Bund in den den Ländern vorbehaltenen Bereich der Verwaltung eindringt und so den Grundsatz des Art. 30 GG aushöhlt.[43] Deshalb schließt das GG auch die sogenannte Mischverwaltung, wenn sie nicht ausdrücklich zugelassen ist, aus.[44]

---

[40] BVerfGE 81, 310.
[41] BVerfGE 81, 310 (332 f.).
[42] BVerfGE 21, 73 (79); 78, 214 (226); 98, 83 (97); 98, 106 (118 f.); siehe dazu *Selmer,* in: FS 50 Jahre BVerfG, Bd. 1, 2001, 563 (572).
[43] BVerfGE 108, 169 (181 f.).
[44] BVerfGE 32, 145 (156); 39, 96 (120); 108, 169 (182).

§ 68 [Antragsteller und Antragsgegner]

**Antragsteller und Antragsgegner können nur sein:
für den Bund die Bundesregierung,
für ein Land die Landesregierung.**

1. **Beteiligte** (vgl. Rn. 5 vor §§ 68 ff.) 1

2. **Streitgegner** sind, da es sich um Rechte und Pflichten der Länder und des Bundes als solche handelt, der Bund und die Länder. Bundesregierung und Landesregierung treten[1] als ihre gesetzlichen Organe unter Ausschluss etwa sonst zuständiger Vertretungsorgane auf. Sie bedürfen eines Prozessvertreters nach § 22 I. Länder im Verhältnis zueinander können nie Streitgegner eines Verfahrens nach § 13 Nr. 7 sein; hierfür kommt nur § 13 Nr. 8 (§§ 71 ff.) in Frage.[2] 2

§ 69 [Verweisung auf Organstreitigkeiten]

Die Vorschriften der §§ 64 bis 67 gelten entsprechend.

I. Allgemeines

Bund-Länder-Streitigkeiten nach § 13 Nr. 7 sind **kontradiktorische** Streitsachen (eigentliche Verfassungsstreitsachen). Da gleiches, jedenfalls nach der Gestaltung des BVerfGG auch für Organstreitigkeiten innerhalb des Bundes nach § 13 Nr. 5 gilt, ist es möglich, die für letztere geltenden besonderen verfahrensrechtlichen Vorschriften auch für die Bund-Länder-Streitigkeiten mit der durch die Verschiedenheit des Streitgegenstandes und der Streitgegner gebotenen Bedeutung zu übernehmen. Nach der Begründung des Regierungsentwurfs soll die Verweisung klarstellen, unter welchen Voraussetzungen das BVerfG angerufen werden kann (§ 64 I, III), welchen Inhalt der Antrag haben muss (§ 64 II) und wie die Entscheidung zu lauten hat (§ 67). 1

II. Anwendbarkeit der einzelnen Vorschriften

1. Zu § 64

Abs. 1 ist insoweit nicht entsprechend anwendbar, als er den abweichenden Verfahrensgegenstand normiert, in dem der Wesensunterschied beider Verfahren liegt; der Verfahrensgegenstand ist vielmehr aus 2

---

[1] Auf Grund Kollegialbeschluss BVerfGE 6, 309 (323) = NJW 1957, 705.
[2] Vgl. BVerfGE 12, 308 (310).

§ 70 Teil III. Einzelne Verfahrensarten

§ 13 Nr. 7 (Art. 93 I Nr. 3 GG) zu entnehmen (vgl. Rn. 3 ff. vor §§ 68 ff.). Abs. 1 legt aber dem Kläger auf, eine Verletzung seiner Rechte im Sinne des § 13 Nr. 7 aus einem beide Teile umschließenden Rechtsverhältnis (s. o. Rn. 5 vor §§ 68 ff.) durch eine Maßnahme oder Unterlassung des Gegners darzutun. Es gelten daher auch hier die zum Begriff der „Maßnahme" (und Unterlassung) entwickelten Grundsätze. Abs. 2 und 3 sind entsprechend anwendbar (s. o. Rn. 5 vor §§ 68 ff.).

2. Zu § 65

3   „Entsprechende" („sinngemäße") Anwendung des Abs. 1 besagt, dass dem Antragsteller und Antragsgegner andere in § 68 genannte Antragsberechtigte beitreten können. Da der Bund seinerseits notwendigerweise Beteiligter eines Bund-Länder-Streits nach § 13 Nr. 7 ist (Antragsteller oder Antragsgegner), so besagt § 65 für den Bund-Länder-Streit nur, dass andere Länder dem Streit beitreten können, „wenn die Entscheidung auch für die Abgrenzung ihrer Zuständigkeit von Bedeutung ist". Nach *BVerfGE* 12, 308 können jedoch andere Länder in einem Bund-Länder-Streit nach § 13 Nr. 7 immer nur seitens des streitenden Landes beitreten, da im Bund-Länderverhältnis rechtlich (wenn auch möglicherweise nicht politisch) die Interessen der Länder gleich liegen und nicht im Rahmen eines Bund-Länder-Streits Meinungsverschiedenheiten zwischen verschiedenen Ländern über die Anwendung bundesstaatlicher Bestimmungen ausgefochten werden können.

3. Zu § 66

4   Entsprechend anwendbar. Die zu verbindenden Verfahren – nicht notwendigerweise zwischen dem Bund und dem gleichen Land – müssen sich auf die gleiche Rechtsfrage, nicht auch auf die konkrete Sache beziehen. Auch eine abstrakte Normenkontrollsache kann unter diesen sachlichen Voraussetzungen mit einem Bund-Länder-Streit verbunden werden.

4. Zu § 67

5   Entsprechend anwendbar; dies gilt auch für die Möglichkeit und für die Voraussetzungen und Wirkungen einer Entscheidung über Inzidentfragen im Tenor. Wegen des Tenors in Fällen des Art. 84 IV GG siehe Rn. 2 zu § 70.

§ 70 [Anfechtungsfrist]

Der Beschluß des Bundesrates nach Artikel 84 Abs. 4 Satz 1 des Grundgesetzes kann nur binnen eines Monats nach der Beschlußfassung angefochten werden.

1. Eine Besonderheit stellt das **Mängelrügeverfahren** nach Art. 84 IV 1 GG dar (s. Rn. 13 vor §§ 68 ff.). Es ist nur anwendbar unter den dort vorgesehenen Voraussetzungen, dh es werden Mängel, die die Bundesregierung bei der verwaltungsmäßigen Ausführung der Bundesgesetze in den Ländern festgestellt hat, nicht beseitigt (nicht in anderen Fällen der Bundesaufsicht, z. B. bei der Entsendung von Beauftragten, bei Einzelweisungen. Im Übrigen ist die unmittelbare Anrufung des BVerfG zulässig.[1] Der dem Bundesverfassungsrecht angehörende Satz von der Pflicht des Bundes und der Länder zu bundesfreundlichem Verhalten kann nach letzterer Entscheidung nicht verwaltungsmäßig als eigene Angelegenheit der Länder im Sinne des Art. 84 I GG ausgeführt, er kann nur „beachtet" werden; wegen einer behaupteten Verletzung kann daher das BVerfG nur unmittelbar angerufen werden (s. Rn. 13 vor §§ 68 ff.).

2. Für die **Tenorierung** enthält § 70 keine besondere Bestimmung, es dürften sich aber aus Art. 84 IV GG Abweichungen von der nach § 69 an sich gebotenen entsprechenden Anwendung des § 67 ergeben. Ergibt die Nachprüfung des Beschlusses des Bundesrats durch das BVerfG, dass der Beschluss in vollem Umfang bestätigt werden kann, so wird sich das BVerfG auf die Zurückweisung des Antrags beschränken können.[2] Erweist sich eine Änderung des Beschlusses, gleich in welchem Sinne, als notwendig, so wird das BVerfG die maßgebliche Feststellung über die Rechtsverletzung treffen müssen, soweit darin vom Beschluss des Bundesrats abgewichen wird. Eine „Zurückverweisung" an den Bundesrat zur nochmaligen Beschlussfassung ist ausgeschlossen.

3. Die Monatsfrist des § 70 ist eine Ausschlussfrist. Eine Wiedereinsetzung in den vorigen Stand gibt es nicht. Die Frist beginnt mit der Beschlussfassung des Bundesrats.[3]

Achter Abschnitt. Verfahren in den Fällen des § 13 Nr. 8

Vorbemerkung vor §§ 71 ff.

Schrifttum: *Scholtissek,* Zur Zuständigkeit des Bundesverfassungsgerichts im Bund-Länder-Streitverfahren, in: FS f. G. Müller, 1970, 451; *Leisner,* Der

---

[1] BVerfGE 6, 309 (329); 7, 367 (372); 8, 122 (130).
[2] Vgl. BVerfGE 102, 167.
[3] *Schorkopf,* in: UCD, Rn. 4 zu § 70.

Bund-Länder-Streit vor dem Bundesverfassungsgericht, in: FS 25 Jahre Bundesverfassungsgericht, Bd. 1, 1976, 260; *Zierlein,* Die Ersatzzuständigkeit des Bundesverfassungsgerichts im landesverfassungsrechtlichen Organstreitverfahren, AöR 118 (1993), 66 ff.; *Kaufmann,* Bewegung im Streit um die Bund-Länder-Verwaltungshaftung, NVwZ 2004, 438.

I. Entstehungsgeschichte

1 § 13 Nr. 8 entspricht der Generalklausel des Art. 19 WRV, ist jedoch im sachlichen Geltungsbereich hinsichtlich der Bund-Länder-Streitigkeiten dadurch vermindert, dass § 13 Nr. 7 wesentlich weiter gefasst ist als Art. 15 II 2 WRV und die Subsidiarität des § 13 Nr. 8 gegenüber Nr. 7 mit dem Wort „anderen" ausdrücklich ausgesprochen ist. Erweitert ist gegenüber Art. 19 WRV auch der Vorbehalt eines anderen Rechtswegs (Art. 19 sah nur die Zuständigkeit eines Gerichtshofs des Reiches, nicht wie § 13 Nr. 8 einen „anderen Rechtsweg" vor).

II. Arten von Streitigkeiten

2 1. § 13 Nr. 8 fasst **drei** verschiedene Arten von Streitigkeiten zusammen, nämlich:
– andere öffentlich-rechtliche Streitigkeiten zwischen Bund und Ländern,
– öffentlich-rechtliche Streitigkeiten zwischen verschiedenen Ländern,
– öffentlich-rechtliche Streitigkeiten innerhalb eines Landes.

Für alle drei Arten von Streitsachen verwenden das GG und das BVerfGG einheitlich den allgemeinen Begriff der **„öffentlich-rechtlichen Streitigkeiten"**. Es ist daher auch für alle drei Arten von gleichen allgemeinen Begriffsmerkmalen auszugehen. Der Begriff der „Streitigkeit" verlangt (wie bei § 13 Nr. 7) kontradiktorische Streitsachen, in denen sich Bund und Länder als Streitparteien gegenübertreten.[1] Es scheiden daher in allen Fällen aus Normenkontrollklagen als objektive Verfahren, in denen sich zwar meist der Sache nach, aber nicht formal zwei Streitteile als prozessuale Gegner gegenübertreten, unbeschadet der Möglichkeit einer inzidenten Normenkontrolle innerhalb kontradiktorischer, unter Nr. 8 fallender Streitigkeiten. Der Begriff der „öffentlich-rechtlichen Streitigkeiten" schließt alle privatrechtlichen Streitsachen aus, in denen sich Bund und Länder als Vermögensträger des bürgerlichen Rechts (Fiskus) gegenübertreten. Dem Wortlaut des Art. 93 I Nr. 4 GG, § 13 Nr. 8 nach bezieht sich auch das Wort

---

[1] Vgl. die gleichermaßen für Art. 93 I Nr. 3 GG wie für Nr. 4 geltenden Ausführungen des Gerichts, BVerfGE 13, 54; 20, 18 (24) = NJW 1966, 875).

„andere" öffentlich-rechtliche Streitigkeiten auf alle drei Arten von Streitigkeiten. Dem Sinn nach ist es jedoch, da es offensichtlich an Nr. 7 anknüpft, nur auf die Erste der drei Arten von Streitsachen, nämlich auf Streitigkeiten zwischen Bund und Ländern, zu beziehen.

2. Den drei Arten von Streitigkeiten ist gemeinsam, dass hierfür nur **subsidiär** die Zuständigkeit des BVerfG gegeben ist; diese Zuständigkeit kann durch „jeden anderen Rechtsweg" ausgeschlossen werden. Nach *BVerfGE* 1, 208 bezieht sich dieser Vorbehalt zwar auf die Zuständigkeit eines anderen Gerichts, und nicht auf die Zuständigkeiten eines anderen Verfahrens vor dem BVerfG, trotzdem muss ein Verfahren nach § 13 Nr. 8 sinngemäß auch dann entfallen, wenn eine andere Bestimmung die Zuständigkeit des BVerfG ohne Vorbehalt begründet. Eine solche Zuständigkeit sieht das BVerfGG in § 13 Nr. 10 vor. Im Übrigen kommt der Subsidiaritätsklausel für die einzelnen Verfahrensarten gesonderte Bedeutung zu.[2]   3

3. Für die Zuordnung zu einem der Bestandteile des Streitigkeiten-Katalogs (s. Rn. 2) kommt es nicht auf die vom Antragsteller behauptete Rechtsnatur eines wirklich zwischen ihm und dem Antragsgegner existierenden Rechtsverhältnisses und eines daraus entsprungenen Anspruchs, sondern auf die wirkliche Natur des vom Antragsteller geltend gemachten Anspruchs an.[3]   4

4. Geltend gemacht ist der Anspruch, der nach dem Antrag des Antragstellers so, wie er sich aus der beigegebenen Begründung ergibt, zum Gegenstand eines in Rechtskraft erwachsenden Ausspruchs des Gerichts werden soll.[4]   5

III. Andere öffentlich-rechtliche Streitigkeiten zwischen Bund und Ländern

1. Wegen des Begriffs der „öffentlich-rechtlichen Streitigkeiten" vgl. Rn. 2 ff. Das Wort **„andere"** verweist auf die vorausgehende Nr. 7 (Art. 93 I Nr. 3 GG) und schließt Streitigkeiten aus, die schon durch diese erfasst werden. Da Nr. 7 gegenüber Art. 19 WRV über die Fälle der Mängelrüge ganz allgemein auf Meinungsverschiedenheiten verfassungsrechtlicher Art über Rechte und Pflichten des Bundes und der Länder ausgeweitet ist verbleiben im verfassungsrechtlichen Raum zwischen Bund und Ländern kaum noch Streitigkeiten, die nicht   6

---

[2] S. dazu ausf. *Bethge,* in: USKB, Stand 1997 Rn. 31 ff. zu § 71. Zur „Doppelsubsidiarität" des § 71 s. *Umbach/Dollinger,* in: UCD, Rn. 5 zu § 71.
[3] BVerfGE 42, 103 (110) = NJW 1976, 1084.
[4] BVerfGE 42, 103 (111.

Vor § 71 Teil III. Einzelne Verfahrensarten

schon unter Nr. 7 fallen. Andere öffentlich-rechtliche Streitigkeiten als solche des Verfassungsrechts sind schon durch Wesen und Aufgabe der Verfassungsgerichtsbarkeit ausgeschlossen.[5] Dieser Ausschluss ist nunmehr auch ausdrücklich ausgesprochen durch die **Subsidiaritätsklausel** gegenüber jedem anderen Rechtsweg (s. o. Rn. 3).

7 2. Hierunter fallen:
8 **a)** Streitigkeiten öffentlich-rechtlicher Art, in denen ein Teil (Bund oder Land) dem anderen Teil wie ein privater Bürger in einem **Unterordnungsverhältnis** gegenübertritt. In diesen Fällen gelten die allgemeinen Zuständigkeitsnormen der VwGO.[6]

9 **b)** Streitigkeiten, in denen sich zwar Bund und Länder als gleichgeordnete Hoheitsträger gegenübertreten, die jedoch **nicht-verfassungsrechtlicher** Natur sind.

10 (1) In diesen Fällen ist nach § 50 VwGO das BVerfG im ersten und letzten Rechtszug zur Entscheidung zuständig. Mit dem nicht näher bestimmten Begriff der Streitigkeiten „nicht-verfassungsrechtlicher Art" verweist § 50 VwGO seinerseits auf das GG und das Verfassungsprozessrecht. § 50 III VwGO – wonach das BVerwG in Streitigkeiten, die es für verfassungsrechtlich hält, die „Sache dem BVerfG zur Entscheidung vorzulegen hat" – überlässt die Entscheidung über die Auslegung des Begriffs dementsprechend dem BVerfG. Das BVerfG hat zwar darauf hingewiesen, die Abgrenzung der Zuständigkeiten leide darunter, dass generelle Kriterien für die Bestimmung eines Bund und Länder einschließenden Verfassungsrechtsverhältnisses, und damit für die Bestimmung der Zuständigkeit des BVerfG nicht entwickelt worden sein.[7] Es hat aber trotz dieses Vorbehalts daran festgehalten, es komme auf den Charakter des zwischen Bund und Ländern zugrunde liegenden Rechtsverhältnisses an.[8] Für die Abgrenzung geht das BVerfG von der Funktion des § 50 VwGO aus, eine Beschleunigung des Verfahrens zu erreichen.[9] Auch bei der Auslegung des § 50 III VwGO müsse deshalb diejenige Auslegungsvariante bevorzugt werden, die zu größerer Verfahrensbeschleunigung führe.[10] Die Abgrenzungsschwierigkeiten zwischen einer Verweisung und einer verfassungsrechtlichen Streitigkeit zwischen Bund und Ländern darf der Antragsteller dadurch lösen, dass er zunächst das BVerwG anruft. Dem Antragsteller ist es

---

[5] BVerfGE 27, 240 (245); 31, 371 (377).
[6] Nicht etwa § 50 I Nr. 1 VwGO; s. dazu *Eyermann,* VwGO, 11. Aufl. 2000, § 50 Rn. 3); s. zur Funktion des § 50 I VwGO BVerfGE 109, 1 (6).
[7] BVerfGE 109, 1 (6); siehe dazu Rn. 5 vor §§ 68 ff.
[8] BVerfGE 109, 1 (6).
[9] BVerfGE 8, 174 (178); 109, 1 (8).
[10] BVerfGE 109, 1 (8 f.).

nicht zuzumuten, zunächst das BVerfG anzurufen. Die Wahl des richtigen Rechtswegs wird durch die Vorlagepflicht des § 50 III VwGO gelöst. Sie dient nicht nur dazu, das Entscheidungsmonopol des BVerfG in verfassungsrechtlichen Streitfällen sicherzustellen. Sie ist außerdem das rechtsstaatliche Korrektiv für die Unzulänglichkeiten des gerichtlichen Rechtsschutzes.[11] Die Anrufung des BVerwG nach § 50 VwGO ist zwar an keine Frist gebunden. Um die Möglichkeit einer Sachentscheidung durch das BVerfG offenzuhalten, hat das BVerfG dem Antragsteller auferlegt, auch im Verfahren vor dem BVerwG die 6-Monatsfrist des § 67 III einzuhalten.[12] Das gilt nur dann nicht, wenn eine Vorlage nach § 50 III VwGO nicht in Betracht kommt. Das BVerfG hat im Übrigen geklärt, dass es sich bei der Vorlage nach § 50 III VwGO nicht um eine Verweisung handelt.[13] Kommt das BVerfG in seiner das BVerwG bindenden Entscheidung zu dem Ergebnis, dass es sich um eine nicht-verfassungsrechtliche Streitigkeit handelt, so hat das BVerwG sein Verfahren fortzusetzen. Andernfalls ist das verwaltungsgerichtliche Verfahren durch gerichtliche Entscheidung zu beenden; die Klage ist unzulässig.

(2) Vergleichbar ist die Rechtslage bei einer Vorlage des BSG gemäß § 39 II 2 SGG. Geht das BVerfG aufgrund der Vorlage des BSG davon aus, dass es sich um eine Streitigkeit nicht verfassungsrechtlicher Art handelt, steht das mit bindender Wirkung[14] für das BSG fest. Das Verfahren wird vor dem BSG fortgeführt. Liegt eine verfassungsrechtliche Streitigkeit vor, entscheidet das BVerfG. Die Klage vor dem BSG ist unzulässig. Wenn sie nicht zurückgenommen wird, muss eine entsprechende Entscheidung getroffen werden.[15]

c) Aber auch die „**verfassungsrechtlichen Streitigkeiten**" zwischen Bund und Ländern fallen nicht schlechthin unter § 13 Nr. 8. Vielmehr nur „andere" öffentlich-rechtliche Streitigkeiten verfassungsrechtlicher Art. Auszuscheiden sind die Streitigkeiten aus § 13 Nr. 7 (vgl. oben Rn. 1, Rn. 3 vor §§ 68 ff.); Streitigkeiten aus Nr. 6, die nicht kontradiktorischer Art sind und bei denen sich nicht Bund und Länder als solche als Parteien gegenübertreten, scheiden an sich

11
12

---

[11] BVerfGE 109, 1 (90 f.).
[12] BVerfGE 109, 1 (10 ff.). Kritisch dazu *Kaufmann* NVwZ 2004, 438 (439).
[13] BVerfGE 109, 1 (8).
[14] In § 39 II 3 SGG wird ausdrücklich gesagt, dass das BVerfG mit bindender Wirkung entscheidet.
[15] Dass das BSG in diesem Fall nicht mehr tätig werden müsse (so *Meyer-Ladewig,* SGG, 8. Aufl. 2005, Rn. 4 zu § 39 SGG), ist angesichts des bei ihm anhängigen Rechtsstreits schon deshalb ausgeschlossen, weil § 39 II 2 SGG nur zu einer Vorlage, nicht zu einer Verweisung führt.

Vor § 71 Teil III. Einzelne Verfahrensarten

schon aus. Der Bereich der unter § 13 Nr. 8 fallenden, der Zuständigkeit des BVerfG unterliegenden Streitigkeiten wird somit nur noch ein sehr beschränkter sein können, soweit nicht überhaupt die Zuständigkeit des BVerwG des BSG die außerhalb § 13 Nr. 7 verbleibende Zuständigkeit für Bund-Länder-Streitigkeiten aufgezehrt hat. Das Schrifttum spricht deshalb von einer „ruhenden Kompetenz".[16]

IV. Öffentlich-rechtliche Streitigkeiten zwischen verschiedenen Ländern

13 Bezüglich der kontradiktorischen Natur der Streitigkeiten gilt das selbe wie in Rn. 2 ff. Es muss sich um einen konkreten Rechtsstreit handeln. Das BVerfG hat hierbei über die geltend gemachten Ansprüche zu entscheiden, nicht nur über die Vorfrage der Gesetzesauslegung. Von den „öffentlich-rechtlichen Streitigkeiten" (das Wort „andere" ist nur auf Bund-Länder-Streitigkeiten zu beziehen, die allein im Gegensatz zu Nr. 7 stehen) **scheiden** für die Zuständigkeit des BVerfG wiederum **aus**:

14 1. Streitigkeiten, in denen der eine Teil dem anderen in gleicher Weise wie der private Bürger in einem seiner Natur nach öffentlich rechtlichen Verhältnis gegenübersteht.

15 2. Streitigkeiten, in denen sich beide Teile zwar als Hoheitsträger gegenüberstehen, jedoch nicht in einem „verfassungsrechtlichen Rechtsverhältnis". Rechtsgrundlage hierfür kann nur das für alle geltenden Grundgesetz sein, nicht etwa eine Landesverfassung. Es kommen also nach Nr. 8 nur Streitigkeiten der Länder in Frage, die sich aus ihrer Zusammenfassung im Bund ergeben, die sie als Glieder des Bundes untereinander führen, auch diese nur, soweit es sich um ein verfassungsrechtliches Rechtsverhältnis handelt. Im Übrigen wird die Zuständigkeit durch § 50 I Nr. 1 VwGO § 39 SGG ausgeschlossen.[17]

16 In *BVerfGE* 3, 267 hat das BVerfG in Wiederaufnahme der Rechtsprechung des Staatsgerichtshofs für das Deutsche Reich seine Zuständigkeit auf Grund § 13 Nr. 8 auch bejaht, wenn ein untergegangenes Land Rechte geltend macht, die in unmittelbarem Zusammenhang mit seinem Untergang stehen; denn da ein anderer Rechtsweg nicht gege-

---

[16] *Pestalozza* § 9 Rn. 1; *Benda/Klein* Rn. 1129 heben die „appelativ-warnende Funktion" der Regelung hervor. Der Hinweis auf die historische Bedeutung des Länderorganstreits (§ 71 I Nr. 3), vgl. *Sachs,* Verfassungsprozessrecht, 2004, Rn. 338 und ihm folgend *Umbach/Dollinger,* in: UCD, Rn. 27 zu § 71 versagt für die Zukunft.
[17] S. o. Rn. 9 ff., ferner BVerfGE 3, 267; 4, 250 (267); 22, 221 (231).

ben sei, würde die Verneinung der Zuständigkeit des BVerfG für das untergegangene Land die Verweigerung jeden Rechtsschutzes bedeuten. Aus dem Zusammenhang des Art. 93 I Nr. 3 und 4 GG ergebe sich, dass das GG für alle öffentlich-rechtlichen Streitigkeiten aus dem förderalen Bereich wenigstens subsidiär den Rechtsweg an das BVerfG eröffnen wollte, soweit es sich nicht um verwaltungsgerichtliche Streitigkeiten handle. Der Streit über das Vorliegen eines bindenden Eingliederungsvertrages zwischen zwei Ländern und über dessen Inhalt könne deshalb nicht durch das Verfassungsrecht eines Vertragspartners nach dessen Landesrecht entschieden werden, auch wenn das Land infolge Eingliederung in das andere untergegangen sei. Das untergegangene Land müsse vielmehr insoweit als fortbestehend behandelt werden mit der Folge der Zuständigkeit des BVerfG nach § 13 Nr. 8. Ebenso *BVerfGE* 4, 250; danach können Selbstverwaltungskörperschaften, die die Bevölkerung des untergegangenen Landes in ihrer Gesamtheit repräsentieren, für das untergegangene Land Rechte aus dem Eingliederungsvertrag gegen das aufnehmende Land vor dem BVerfG geltend machen.[18]

Zum Zusammenhang mit Maßnahmen zur Neugliederung des Bundesgebiets vgl. *BVerfGE* 49, 10 [13 f.].

V. Öffentlich-rechtliche Streitigkeiten innerhalb eines Landes

1. Während der Wortlaut öffentlich-rechtliche Streitigkeiten aller Art zulassen würde, ergibt sich aus der Entstehungsgeschichte, dass nur eigentliche Verfassungsstreitigkeiten – also Streitigkeiten in der Sphäre des Verfassungsgerichts – hierher gehören. Art. 93 I Nr. 4 GG knüpft an Art. 19 WRV an, der von „Verfassungsstreitigkeiten" innerhalb eines Landes spricht. Der HChE enthält eine entsprechende Bestimmung nicht. Sie ist erst in der Fassung vom 6. 12. 1948 enthalten[19] und wurde genehmigt, nachdem klargestellt war, dass nur die **Ersatzzuständigkeit** des BVerfG hinter den Verfassungsgerichten der Länder begründet werden wollte.[20] Dass nicht nur Organstreitigkeiten, son-

17

---

[18] Vgl. ferner BVerfGE 22, 221 (231); danach sind unrter den vorstehenden Gesichtspunkten nur Gebietskörperschaften klageberechtigt, nicht auch Stiftungen (s. a. BVerfGE 34, 216 (226 ff.); 42, 345 (356).
[19] Vgl. JöR Bd. 1 (1951), 673.
[20] Vgl. auch die Ausführungen des Mitberichterstatters *Neumaier* bei den Verhandlungen in der 112. Plenarsitzung, Sitzungsbericht S. 4233 unter c; *Arndt* DVBl. 1951, 300; *Schäfer* JZ 1951, 201; *Scholtissek,* in: FS f. Müller, 1970, 461 ff.; s. auch BVerfGE 1, 208; 6, 308; 13, 54; 27, 240 (246) = NJW 1970, 278.

Vor § 71 Teil III. Einzelne Verfahrensarten

dern auch Normenkontrollsachen (auf Übereinstimmung von landesrechtlichen Normen mit der Landesverfassung) unter § 13 Nr. 8 fallen, setzt, da § 72 in Anlehnung an § 64 „Maßnahmen" oder „Unterlassungen" von solchen als Streitgegenstand fordert, allerdings voraus, dass die Normenkontrolle auch in einem kontradiktorischen Streit verlangt werden kann. Die Ausführungen von *BVerfGE* 1, 208 zur Ausdehnung der durch Landesgesetze begründeten Zuständigkeit des BVerfG auf Normenkontrollsachen gelten entsprechend.

18   2. Die Streitigkeiten können sich nur beziehen auf die **„Landesverfassung"**. Soweit es sich um Normenkontrollsachen handelt, kann daher in Verfahren nach Nr. 8 nur die Vereinbarkeit von Landesrecht mit der Landesverfassung nachgeprüft werden, nicht die Vereinbarkeit von Landesrecht mit dem GG. Gesetzgebende Körperschaften der Länder sind allerdings in solchen Verfahren nicht antragsberechtigt. Zur „Landesverfassung" rechnet jedoch *BVerfGE* 1, 208 offenbar auch Normen des GG, die unmittelbar in die Landesverfassungen hineinwirken, wie z.B. Art. 21 und 28 GG. Das Landesverfassungsgericht kann im Wege einer Inzidentprüfung wohl die Vereinbarkeit von Landesrecht mit dem GG feststellen, nicht aber die Unvereinbarkeit. Kommt ein Landesverfassungsgericht zu der Auffassung, dass eine für einen Rechtsstreit erhebliche landesrechtliche Vorschrift wegen Widerspruchs zu einer bundesrechtlichen Norm ungültig ist, so hat es das Verfahren auszusetzen und die Entscheidung des BVerfG einzuholen.

19   3. „Verfassungsstreitigkeiten" in dem hier verwendeten Sinne können nur **zwischen Verfassungsorganen** entstehen. Dem trägt § 71 I Nr. 3 Rechnung (vgl. dort Rn. 3). Bemerkenswert ist, dass der in Art. 93 I Nr. 1 GG, § 13 Nr. 5 enthaltene Begriff der „anderen Beteiligten" in § 71 I Nr. 3 (und § 73) nicht aufgenommen wurde *BVerfGE* 1, 208 hat die gleichen Grundsätze wie zu § 63 für anwendbar erklärt. Es führt aus, dass „für den Bereich der Verfassungsstreitigkeiten innerhalb eines Landes jedenfalls davon ausgegangen werden müsse, dass § 73 die Parteifähigkeit nicht stärker habe einengen wollen, als eine sinngemäße Interpretation des Art. 99 GG i.V.m. Art. 93 I Nr. 1 ergäbe" und erkennt davon ausgehend politischen Parteien die Parteifähigkeit zu.[21] Gebietskörperschaften sind in Verfassungsstreitigkeiten innerhalb eines Landes nicht parteifähig.[22] Ein Organstreit zwischen Verfassungsorganen eines Landes verliert seinen Charakter als Verfassungsstreitigkeit eines Landes nicht dadurch, dass der Antragsteller die

---

[21] Zustimmend *Scheuner* DVBl. 1952, 613; s. auch BVerfGE 6, 367 (372); 27, 10 (17).
[22] BVerfG 27, 240.

Verletzung von Normen des GG rügt und das Verfahren beim BVerfG anhängig macht.[23]

4. Länderverfassungen können den Begriff der „Verfassungsstreitigkeiten", wie er sich aus dem Bundesrecht ergibt, weder einschränken noch auslegen. Das BVerfG tritt also in Lücken ein, die sich aus einer zu engen Fassung des Begriffs der „Verfassungsstreitigkeiten" in einer Landesverfassung ergeben, während umgekehrt eine zu weitgehende Fassung des Begriffs im Landesrecht mit sonstigem Prozessrecht des Bundes kollidieren kann.

5. Die Zuständigkeit des BVerfG nach Nr. 8 für Verfassungsstreitigkeiten innerhalb der Länder ist gegenüber den Landesverfassungsgerichten (andere Gerichte scheiden schon begrifflich aus) nur eine **subsidiäre**.[24] Das BVerfG wird als zusätzliches Landesverfassungsgericht tätig.[25] Die Zuständigkeit des BVerfG auf Grund Nr. 8 kommt also vor allem in Frage, wenn in einer Landesverfassung weder eine generelle Verfassungsstreitklausel enthalten noch eine spezialgesetzliche Bestimmung für die – auf Antrag von Verfassungsorganen vorzunehmende – Prüfung von Landesrecht auf seine Vereinbarkeit mit der Landesverfassung getroffen ist. Die subsidiäre Zuständigkeit des BVerfG soll der Verwirklichung lückenlosen Rechtsschutzes dienen.[26] Die Zuständigkeit des BVerfG ist nicht nur dann gegeben, wenn das Landesrecht für Organstreitigkeiten überhaupt keine Zuständigkeit des Landesverfassungsgerichts vorsieht, sondern auch, soweit der Kreis der Antragsberechtigten nach Landesrecht enger ist, als nach der die Zuständigkeit des BVerfG umschreibenden und von diesem Gericht maßgeblich auszulegenden Vorschrift des Art. 93 I Nr. 4 GG. Hat also das Landesrecht den Kreis der für Verfassungsstreitigkeiten Aktivlegitimierten enger gezogen, so kann ein nach Landesrecht nicht Antragsberechtigter (z.B. eine politische Partei) das BVerfG anrufen, wenn er nach Bundesrecht als „Beteiligter" in einem Verfassungsstreit zu betrachten ist.[27]

6. Zulässig ist sowohl eine Aufspaltung der Zuständigkeit für Verfassungsstreitigkeiten innerhalb eines Landes zwischen dem Landesverfassungsgericht und dem BVerfG nach Nr. 8, wie auch zwischen der Zuständigkeit des BVerfG nach Nr. 8 und 10.

---

[23] BVerfGE 27, 10 (17); 66, 107 (114); 75, 34 (38 ff.) = NJW 1987, 2155.

[24] BVerfGE 99, 1 (17); 102, 245 (250); 109, 275 (278).

[25] BVerfGE 9, 43 (45); 102, 245 (251); 109, 275 (279). Es genügt, wenn dieser Rechtsweg vor der Verkündung der Entscheidung des BVerfG eröffnet wird, BVerfGE 102, 245 (252).

[26] BVerfGE 102, 224 (231); 104, 245 (250); siehe dazu *Bethge,* in: MSKB, Stand 1997, Rn. 15 zu § 71.

[27] BVerfGE 4, 375 = NJW 1956, 905); s. a. BVerfGE 102, 245 (250).

§ 71 Teil III. Einzelne Verfahrensarten

VI. Verfahren

23 Bezüglich des Verfahrens vgl. §§ 71 ff. Zuständig: Zweiter Senat (§ 14). Bemerkenswert ist für Normenkontrollsachen innerhalb eines Landes, dass hier eine Entscheidung mit Gesetzeskraft nach § 31 II nicht vorgesehen ist.

§ 71 [Antragsteller und Antragsgegner]

(1) **Antragsteller und Antragsgegner können nur sein**
1. **bei öffentlich-rechtlichen Streitigkeiten gemäß Artikel 93 Abs. 1 Nr. 4 des Grundgesetzes zwischen dem Bund und den Ländern: die Bundesregierung und die Landesregierungen;**
2. **bei öffentlich-rechtlichen Streitigkeiten gemäß Artikel 93 Abs. 1 Nr. 4 des Grundgesetzes zwischen den Ländern: die Landesregierungen;**
3. **bei öffentlich-rechtlichen Streitigkeiten gemäß Artikel 93 Abs. 1 Nr. 4 des Grundgesetzes innerhalb eines Landes: die obersten Organe des Landes und die in der Landesverfassung oder in der Geschäftsordnung eines obersten Organs des Landes mit eigenen Rechten ausgestatteten Teile dieser Organe, wenn sie durch den Streitgegenstand in ihren Rechten oder Zuständigkeiten unmittelbar berührt sind.**

(2) **Die Vorschrift des § 64 Abs. 3 gilt entsprechend.**

I. Zu Abs. 1 (Antragsteller und Antragsgegner)

1   1. Antragsgegner sind in Verfahren nach Nr. 1 Bund und Länder, in Verfahren nach Nr. 2 verschiedene, einander gegenüberstehende Länder; Bundes- und Landesregierungen treten nicht in eigener Sache auf, sondern **kraft gesetzlicher Vertretungsmacht,** als Organe des Bundes oder Landes. Andere Verfassungsorgane des Bundes oder Landes können sich nicht beteiligen, auch wenn der Rechtsstreit durch ihr Verhalten hervorgerufen ist oder wenn sie sonst am Ausgang des Streites interessiert sind.

2   Nach der *BVerfGE* 3, 267 = NJW 1954, 548 kann auch die frühere Regierung eines untergegangenen Landes Antragsteller und Antragsgegner sein, soweit sie Rechte für das untergegangene Land geltend macht, die in unmittelbarem Zusammenhang mit dem Untergang stehen. Zuständig ist nicht das Verfassungsgericht des Landes, in welches das andere Land eingegliedert wurde, sondern das BVerfG nach § 13

Nr. 8.[1] Nach dieser Entscheidung können Selbstverwaltungskörperschaften, die die Bevölkerung des untergegangenen Landes in ihrer Gesamtheit repräsentieren, für das untergegangene Land Rechte aus dem Eingliederungsvorgang gegen das aufnehmende Land vor dem BVerfG geltend machen. Der Staatsgerichtshof des Landes Hessen ist in einem Verfahren, das eine von ihm getroffene Entscheidung zum Gegenstand hat, kein möglicher Streitteil.[2]

2. Die subsidiäre Zuständigkeit des BVerfG nach Art. 93 I Nr. 4 GG dient dazu, einen lückenlosen gerichtlichen Rechtsschutz für alle verfassungsrechtlichen Streitigkeiten innerhalb der Länder zu gewährleisten. Dieser ist dann erreicht, wenn den am Verfassungsleben in einem Land Beteiligten gegen alle Verletzungen ihrer eigenen verfassungsmäßigen Rechte der Rechtsweg offen steht.[3] In Streitsachen nach Nr. 3 handelt es sich um eigentliche Verfassungsstreitigkeiten innerhalb eines Landes (s. vor §§ 71 ff. Rn. 15 ff.). Die beteiligten Organe treten im eigenen Namen auf. Sie müssen auch selbst aktiv oder passiv legitimiert sein und ein **eigenes Rechtsschutzbedürfnis** geltend machen. Dabei ist grundsätzlich davon auszugehen, dass das objektive Interesse an der Klärung einer Streitfrage des Landesverfassungsrechts durch das BVerfG nicht mehr besteht, wenn das subjektive Rechtsschutzinteresse (zum Begriff des Rechtsschutzinteresses siehe Rn. 23 ff. vor § 17) des Antragstellers (z. B. bei Ausscheiden eines Abgeordneten aus dem Landtag) fortgefallen ist. Ausnahmsweise kann etwas anderes gelten.[4] Nach der Rechtsprechung des BVerfG gilt die Vorschrift des § 64 I sinngemäß auch für Organstreitigkeiten über die Auslegung der Landesverfassung.[5] Der Antragsteller muss schlüssig behaupten, dass er und der Antragsgegner an einem verfassungsrechtlichen Rechtsverhältnis unmittelbar beteiligt sind und dass der Antragsgegner hieraus erwachsene eigene verfassungsmäßige Rechte und Zuständigkeiten des Antragstellers durch die beanstandete Maßnahme oder das Unterlassen verletzt oder unmittelbar gefährdet hat.[6] Der Antrag ist also nur dann zulässig, wenn geltend gemacht werden kann, dass das angeblich verletzte Recht ein eigenes des Antragstellers, ihm nicht etwa nur durch die Geschäftsordnung, sondern durch die Landesverfassung übertrage-

---

[1] S. auch BVerfGE 4, 250.
[2] BVerfGE 60, 175 (202 f.) = NJW 1982, 1579.
[3] BVerfGE 92, 130 (134); s. a. BVerfGE 93, 195 (202); 102, 224 (231).
[4] Beispiel: BVerfGE 102, 224 (232 f.) – Fraktionszulage.
[5] BVerfGE 1, 208 (229); 4, 144 (147).
[6] BVerfGE 88, 63 (67 f.); 91, 246 (249 f.); 92, 130 (133 f.); 93, 195 (203). Eine schlüssige Behauptung liegt vor, wenn die Rechtsverletzung nach dem Vortrag des Antragstellers möglich erscheint, BVerfGE 102, 204 (232).

§ 71 — Teil III. Einzelne Verfahrensarten

nes Recht sei.[7] Prozessführung durch einen Teil eines Organs in Fällen der Verletzung von Rechten dieses Organs als ganzem, wie in den Fällen des § 64 I ist in § 71 I Nr. 3 nicht vorgesehen. Es gibt also keine Prozessstandschaft.[8]

4   Welche Organe **„oberste Organe des Landes"** sind, ergibt sich nach Landesverfassungsrecht, und ist länderweise verschieden. Entsprechendes gilt für die Teile solcher Organe. Gebietskörperschaften sind in Verfahren nach Art. 93 I Nr. 4 GG nicht parteifähig.[9] Unmittelbar berührt heißt rechtlich, nicht nur tatsächlich unmittelbar berührt. Die Rechtsprechung des BVerfG zur Parteifähigkeit von politischen Parteien in Organstreitigkeiten,[10] wonach politische Parteien die Verletzung ihres verfassungsrechtlichen Status durch die rechtliche Gestaltung des Wahlverfahrens vor dem BVerfG im Wege des Organstreits geltend machen können, gilt auch für politische Parteien auf Landesebene, da Art. 21 GG auch in die Verfassungsordnung der Gliedstaaten hineinwirkt. Politische Parteien sind deshalb auch in Landesverfassungsstreitigkeiten, die vom BVerfG zu entscheiden sind, antragsberechtigt.[11] Dagegen kann ein einzelner Bürger, der einen Antrag auf ein Volksbegehren unterzeichnet hat, nicht Antragsteller sein.[12]

5   **3.** Es fehlen dem § 65 entsprechende Bestimmungen über die Möglichkeit eines **Beitritts** anderer Verfassungsorgane und über deren Unterrichtung. Dem darin liegenden Mangel sucht das BVerfG dadurch abzuhelfen, dass es Verfassungsorgane von sich aus zur Äußerung auffordert, deren Zuständigkeit durch die Entscheidung mit abgegrenzt wird.

II. Zu Abs. 2 (Ausschlussfrist)

6   § 64 III (Ausschlussfrist von 6 Monaten seit Bekanntwerden der beanstandeten Maßnahme oder Unterlassung) gilt für **alle** Arten von

---

[7] BVerfGE 60, 319 (324); 62, 194 (201); 70, 324 (350); 85, 353 (358); 88, 63 (68f.) = LKV 1993, 233; 93, 195 (202); 102, 224 (231). Prüfmaßstab im Landesorganstreit ist das Landesverfassungsrecht. Das GG verleiht keine weiteren Prüfkompetenzen, BVerfGE 102, 204 (234).
[8] S. dazu ausführlich BVerfGE 60, 319 (325 ff.) = NVwZ 1982, 430; s. dazu allgemein Rn. 43 vor § 17.
[9] BVerfGE 27, 240 = NJW 1970, 248.
[10] BVerfGE 4, 27 = NJW 1955, 17; vgl. Rn. 177 ff. vor § 63 ff.
[11] BVerfGE 4, 375 (378), 6, 367 (372); 14, 121 (129); 27, 10 (17); 66, 107 (115); 75, 34 (99) = NJW 1987, 2155 auch deren Landesbehörde, BVerfGE 66, 107 (115); 75, 34 (39).
[12] BVerfGE 60, 175 (199f.) = NJW 1982, 1579; s. dazu *Bethge*, in: MSKB, Stand 1987, Rn. 218 zu § 71; BVerfGE 42, 103 (118f.).

Streitfällen nach § 13 Nr. 8. Er beruht auf der in § 72 ausgesprochenen Vorschrift, dass stets eine Maßnahme oder deren Unterlassung Streitgegenstand sein muss; dies gilt auch für Normenkontrollsachen, die gleichfalls nur als kontradiktorische Streitigkeiten zulässig sind (vgl. Rn. 15 vor §§ 71 ff.). Das BVerfG hat die Frist auch dann als gewahrt angesehen, wenn ein Antrag nach § 13 Nr. 8 (Verfassungsstreit innerhalb eines Landes) innerhalb der 6-Monatsfrist beim Landesverfassungsgericht eingegangen ist, das seinerseits die Klage als (dort) unzulässig abgewiesen und dadurch erst die Zuständigkeit des BVerfG aus § 13 Nr. 8 eröffnet hat.[13] Das landes- und bundesverfassungsgerichtliche Verfahren sei in einem solchen Falle für die Berechnung der Frist als ein Verfahren zu erachten.

§ 72 [Entscheidung]

(1) **Das Bundesverfassungsgericht kann in seiner Entscheidung erkennen auf**
1. **die Zulässigkeit oder Unzulässigkeit einer Maßnahme,**
2. **die Verpflichtung des Antragsgegners, eine Maßnahme zu unterlassen, rückgängig zu machen, durchzuführen oder zu dulden,**
3. **die Verpflichtung, eine Leistung zu erbringen.**

(2) **In dem Verfahren nach § 71 Abs. 1 Nr. 3 stellt das Bundesverfassungsgericht fest, ob die beanstandete Maßnahme oder Unterlassung des Antragsgegners gegen eine Bestimmung der Landesverfassung verstößt. Die Vorschriften des § 67 Satz 2 und 3 gelten entsprechend.**

I. Zu Abs. 1 (Inhalt der Entscheidung bei Streitigkeiten nach 71 I, II).

Abs. 1 bezieht sich, wie sich auch aus Abs. 2 ergibt, **nur** auf die kontradiktorischen Streitigkeiten zwischen Bund und Ländern oder zwischen verschiedenen Ländern untereinander. Das Urteil ergeht insoweit, abweichend von § 67, je nach dem Antrag und dem Verfahrensgegenstand, nicht durchwegs, wenn auch überwiegend, als Feststellungs-, sondern uU als Leistungsurteil im Sinne des Ausspruchs einer Leistungsverpflichtung. Als rechtlichen Maßstab für die Beurtei- 1

---

[13] BVerfGE 4, 375 (379) = NJW 1956, 905.

lung der Zulässigkeit oder Unzulässigkeit einer Maßnahme nach Nr. 1 oder als Rechtsgrund für den Ausspruch einer Verpflichtung nach Nr. 2 und 3 lässt die Vorschrift an sich Gesetzes- oder Vertragsrecht jeder Art zu. Aus den zu § 13 Nr. 8 erörterten Gründen (s. o. vor §§ 71 ff. Rn. 13) können Maßstab und Rechtsgrund nur Normen verfassungsrechtlicher Art sein. Bei der Formulierung des Tenors ist das BVerfG nicht an den Wortlaut des Parteiantrags gebunden.

II. Zu Abs. 2 (Inhalt der Entscheidung bei Verfassungsstreitigkeiten innerhalb eines Landes)

2   **1.** In den Fällen des § 71 I Nr. 3 handelt es sich um Organstreitigkeiten und Normenkontrollsachen (siehe Rn. 2 vor §§ 71 ff.); auch im ersteren Falle scheiden nach verfassungsgerichtlicher Praxis Leistungsurteile aus. Die Tenorierung entspricht bei Organstreitigkeiten der Fassung des § 67 S. 1 (vgl. Rn. 3 zu § 67). Gemäß Satz 2 ist das BVerfG berechtigt, über eine Inzident-Frage im Tenor zu entscheiden (s. Rn. 3 zu § 67). An die Stelle des GG tritt hier die betreffende Landesverfassung.[1] Auch solche Entscheidungen haben bindende Wirkung nach § 31 I, jedoch keine Gesetzeskraft nach § 31 II.

3   **2.** Die Entscheidungen nach § 71 sind nach den allgemeinen Regeln des § 35 vollstreckbar,[2] weil das BVerfG einen weiten Vollstreckungsbegriff zugrundelegt (siehe Rn. 1 zu § 35), der es erlaubt, auch Leistungs- und Feststellungsentscheidungen zu vollstrecken. Auch wer dem nicht folgt, muss einräumen, dass es eine Verpflichtung des Adressaten der verfassungsgerichtlichen Entscheidung zur Befolgung der getroffenen Feststellungen geben muss.[3]

---

[1] Vgl. *Bethge,* in: MSKB, Stand 1997 Rn. 24 ff. zu § 72; s. o. Rn. 5.

[2] *Pestalozza* § 19 Rn. 8; *Bethge,* in: MSKB, Stand 2002, Rn. 6 zu § 35; *Benda/Klein* Rn. 1351; aA *Herzog,* Der Staat 4 (1965), 37 (42 ff.); *Umbach,* Parlamentsauflösung in Deutschland, 1989, 621 ff.

[3] Siehe dazu *Lücke* JZ 1983, 380 (381 f.); *Umbach/Dollinger,* in: UCD, Rn. 17 zu § 72.

Neunter Abschnitt. Verfahren in den Fällen des § 13 Nr. 10

Vorbemerkung vor §§ 73 ff.

I. Entstehungsgeschichte

In Art. 19 WRV war wohl eine subsidiäre Zuständigkeit des Staatsgerichtshofs für das Deutsche Reich für Verfassungsstreitigkeiten innerhalb eines Landes begründet, jedoch nicht die Möglichkeit gegeben, durch Landesgesetz den Gerichtshof des Reiches für zuständig zu erklären. Eine solche Möglichkeit sah erstmals der HChE in Art. 129 IV vor, entsprechend dem Wunsch namentlich einiger neugebildeter Länder, ein einheitliches Gericht letzter Instanz für Rechtsfragen des weitergeltenden Landesrechts aus den Jahren vor 1945 zu errichten. Dieser Gedanke wurde von einem Vorschlag des allgemeinen Redaktionsausschusses als Art. 129b übernommen. Zugleich sollte bestimmt werden, dass durch Landesgesetz Verfassungsstreitigkeiten innerhalb eines Landes dem BVerfG zugewiesen werden können, den Ländern sollte dadurch die Errichtung besonderer Verfassungsgerichtshöfe erspart werden. Dieser Vorschlag wurde in allen Lesungen angenommen. Von der Möglichkeit des Art. 99 GG hat nur Schleswig-Holstein Gebrauch gemacht.[1] Alle anderen deutschen Länder haben eigene Verfassungsgerichte. 1

II. Begriff der Verfassungsstreitigkeiten nach § 13 Nr. 10

1. In prozessualer Hinsicht

Der Begriff der „Verfassungsstreitigkeiten" im Sinne der Nr. 10 ist in gleichem Sinne auszulegen, wie er sonst im GG entweder ausdrücklich oder dem Sinne nach verwendet ist. Die Länder können dem BVerfG keine andere Verfassungsstreitigkeit zuweisen, als sie das GG und das BVerfGG kennen, der in Nr. 8, 3. Alternative verwendete Begriff hat auch hier Geltung. Er wird in BVerfGE 1, 208 (218);[2] ausdrücklich auf Organstreitigkeiten und abstrakte Normenkontrolle (Art. 93 I Nr. 2 GG) erstreckt und beschränkt. Das BVerfG leitet aus Art. 99 GG auch die Möglichkeit ab, durch Landesgesetz – hier Art. 44 2

---

[1] S dazu *Zierlein* AöR 118 (1993), 66 (73 f.).
[2] S. a. BVerfGE 38, 258 (267); 99, 57 (65).

Vor § 73 Teil III. Einzelne Verfahrensarten

früherer Art. 37) der Landessatzung von Schleswig-Holstein – dem BVerfG auch die konkrete Normenkontrolle auf Vereinbarkeit von Landesrecht mit der Landesverfassung zu übertragen.[3] Hierher gehören auch andere Verfahren der deutschen Verfassungsgerichtsbarkeit, wie Ministeranklage, Wahlprüfungsverfahren, oder die Verfassungsbeschwerden.[4]

2. In materieller Hinsicht

3   Sachlich muss es sich um die Beurteilung eines in der **Landesverfassung wurzelnden Rechts** handeln.[5] In Fällen der Normenkontrolle ist Landesrecht mit der Landesverfassung zu vergleichen. Dabei ist jedoch die Verfassung der Gliedstaaten nicht nur in der Landesverfassungsurkunde enthalten, es ist vielmehr das gesamte, in dem Land geltende Verfassungsrecht zugrunde zu legen. Dazu gehören die aus dem Gesamtinhalt der Verfassung abzuleitenden Grundsätze und Grundentscheidungen und die Verfassungsnormen des GG, die in die Landesverfassung hineinwirken. Gleiches gilt auch für die allgemeinen Regeln des Völkerrechts, die nach Art. 25 GG Bestandteile des Bundesrechts und damit (indirekt) des Landesrechts sind, und für überpositive Rechtsgrundsätze, wie den Gleichheitssatz, die notwendige Bestandteile aller verfassungsmäßigen Ordnung sind.[6]

III. Umfang und Form der Übertragung

4   Innerhalb des oben Rn. 2 f. abgegrenzten Begriffs der „Verfassungsstreitigkeiten" kann die Zuständigkeit zur Entscheidung von Landesverfassungsstreitigkeiten dem BVerfG **ganz oder teilweise** übertragen werden. Die Entscheidung darüber steht den Ländern frei. Der Umfang der Zuständigkeit des BVerfG bestimmt sich daher insoweit ausschließlich **nach Landesrecht**.[7] Die Länder können auf die Errichtung eines eigenen Landesverfassungsgerichts verzichten und an dessen Stelle gemäß Art. 99 das BVerfG betrauen. Es kann neben der Zuständigkeit des BVerfG ein Landesverfassungsgericht mit entsprechend eingeschränkter Kompetenz bestehen bleiben. Dem BVerfG braucht auch

---

[3] BVerfGE 7, 77, (82).
[4] S. dazu *Benda/Klein* Rn. 1187. Das Land Schleswig-Holstein hat Landesverfassungsbeschwerde – Befugnisse nicht nach Art. 99 GG übertragen, BVerfG(K) NJW 2000, 1104.
[5] BVerfGE 1, 208.
[6] BVerfGE 1, 208.
[7] BVerfGE 27, 240 (244) = NJW 1970, 278.

nicht die Entscheidung des Rechtsstreits als solche übertragen zu werden; es genügt, wenn in Anlehnung an Art. 93 I Nr. 1 GG, § 13 Nr. 5 das BVerfG als zuständig erklärt wird zur Entscheidung „über die Auslegung" der betreffenden Landesverfassung aus Anlass von Streitigkeiten zwischen Beteiligten (so Art. 44 Nr. 1 der Schl.-Holst. Landessatzung idF der Bekanntmachung v. 13. 6. 1990 (GVOBl. S. 391).[8] Das BVerfG ist auch in diesen Fällen, wie überhaupt nach 13 Nr. 5 befugt, über die den Anlass des Streits bildende Maßnahme des Antragsgegners zu urteilen.[9]

„Landesgesetz" im Sinne des § 13 Nr. 10 kann nur ein formelles Landesgesetz sein, es genügt jedoch ein einfaches Gesetz. – Siehe bisher Art. 44 der Landessatzung von Schleswig-Holstein.

IV. Verhältnis zur Zuständigkeit nach Nr. 8

Die Zuständigkeit nach § 13 Nr. 10 BVerfGG ist gegenüber derjenigen nach Nr. 8 eine **primäre,** die die Zuständigkeit nach Nr. 8 (Verfassungsstreitigkeiten innerhalb eines Landes) ausschließt.[10]

V. Verfahren

Soweit ein Land von der Ermächtigung des Art. 99 GG, § 13 Nr. 10 Gebrauch macht, hat das BVerfG die Stellung eines Landesverfassungsgerichts.[11] Formell aber handelt es sich gleichwohl um ein Verfahren vor dem BVerfG. Es finden daher die allgemeinen Vorschriften des Verfahrens vor dem BVerfG unmittelbar (nicht „entsprechend" wie § 75 irrtümlich bestimmt) Anwendung. Vgl. ferner §§ 73–75.

VI. Zuständigkeit

Die Zuständigkeit bestimmt sich gem § 14 III nach der sachlichen Zugehörigkeit der Streitsache zu den Gruppen des § 14 I, II, verteilt sich also auf den Ersten und Zweiten Senat. Im Regelfall ist der Zweite Senat zuständig.[12]

---

[8] Zuletzt geändert durch Gesetz v. 14. 2. 04 (GVOBl. S. 54). S. dazu *Schorkopf,* in: UCD, Rn. 9 f. vor §§ 73 ff.
[9] BVerfGE 1, 108.
[10] BVerfGE 1, 208.
[11] BVerfGE 106, 51 (55).
[12] *Schorkopf,* in: UCD, Rn. 28 vor §§ 73 ff.

§ 73 [Beteiligte]

(1) **An einer Verfassungsstreitigkeit innerhalb eines Landes können nur die obersten Organe dieses Landes und die in der Landesverfassung oder in der Geschäftsordnung eines obersten Organs des Landes mit eigenen Rechten ausgestatteten Teile dieser Organe beteiligt sein.**

(2) **Die Vorschrift des § 64 Abs. 3 gilt entsprechend, sofern das Landesrecht nichts anderes bestimmt.**

I. Zu Abs. 1

1   Zum Begriff der „Verfassungsstreitigkeiten" im Sinne des 13 Nr. 10 siehe Rn. 2 ff. vor §§ 73 f. Aus ihm folgt, dass die Streitigkeiten nur von bestimmten, am Verfassungsleben beteiligten Rechtsträgern ausgehen können.[1] Dementsprechend bestimmt § 73 dass nur die „obersten Organe dieses Landes und Teile hiervon mit eigenen Rechten beteiligt sein können". Wer „oberstes Organ" und antragsberechtigte Teil eines solchen ist, bestimmt sich **nach der Verfassung des Landes** (vgl. auch Rn. 6 f. zu § 63). Die obersten Organe treten im eigenen Namen auf.

2   Ob ein besonderes Rechtsschutzbedürfnis vorliegen muss, kann sich aus der die Zuständigkeit begründenden landesrechtlichen Norm ergeben. Im Zweifel werden die entsprechenden Grundsätze zu Organstreitigkeiten und abstrakten Normenkontrollsachen nach dem BVerfGG (§ 13 Nr. 5 und 6) anzuwenden sein. Vgl. insbesondere die Ausführungen des BVerfG über die Antragsberechtigung der politischen Parteien: „Soweit die Stellung der politischen Parteien als Faktoren des Verfassungslebens reicht, sind sie als „andere Beteiligte", die durch die Verfassung mit eigenen Rechten ausgestattet sind, parteifähig".[2] Das BVerfG geht hierbei davon aus, dass das Fehlen des Begriffs „andere Beteiligte" jedenfalls im § 73 nicht auf den Willen des Gesetzgebers schließen lässt, die Parteifähigkeit gegenüber den Organstreitigkeiten des § 13 Nr. 5 einzuschränken.

II. Zu Abs. 2

3   Abs. 2 wurde eingefügt durch die Novelle von 1956 (BGBl. I 662). § 73 II bezieht sich nicht auf Verfahren der abstrakten Normen-

---

[1] BVerfGE 1, 208; 27, 44 (50 f.).
[2] BVerfGE 1, 208.

Verfassungsstreitigkeiten innerhalb eines Landes § 74

kontrolle.[3] Der damit vorgeschriebene Rückgriff auf § 64 III (siehe dazu Rn. 14 ff. zu § 64) hat erhebliche praktische Bedeutung.[4] Hier spielt insbesondere die Klärung des Fristbeginns bei „Gesetzesverstoß als Maßnahme" eine ausschlaggebende Rolle.[5]

§ 74 [Entscheidung]

Bestimmt das Landesrecht nicht, welchen Inhalt und welche Wirkung die Entscheidung des Bundesverfassungsgerichts haben kann, so gilt § 72 Abs 2 entsprechend.

I. Subsidiäre Geltung des Bundesrechts

Während für den möglichen Inhalt des Antrags (innerhalb bestimmter Grenzen, siehe Rn. 2 ff. vor §§ 73 f.) ausschließlich das Landesrecht gilt, bestimmen sich Inhalt und Wirkung der Entscheidungen **primär nach Landesrecht,** subsidiär nach Bundesrecht (§ 72 II). Für das dazwischen liegende Verfahren gilt Bundesrecht (vgl. Anm. zu § 75). 1

II. Inhalt der Entscheidung

Die **Verweisung** auf § 72 II passt wiederum nur für eigentliche Verfassungsstreitigkeiten (Organstreitigkeiten). Sie besagt, dass lediglich feststellende Urteile ergehen können darüber, ob „die beanstandete Maßnahme oder Unterlassung des Antragsgegners gegen eine Bestimmung der Landesverfassung verstößt". Mittelbar unterwirft also § 74 auch die eigentlichen Verfassungsstreitigkeiten der im § 64 mit § 67 für Organstreitigkeiten des Bundes vorgeschriebenen Einschränkung des zulässigen Verfahrensgegenstandes. Auf bloße Auslegung der Landesverfassung ist das BVerfG nicht beschränkt.[1] Anwendbar ist ferner nach § 72 II 2 auch § 67 S. 3 mit der Möglichkeit der Aufnahme präjudizieller Inzidententscheidungen. Für sonstige Verfassungsstreitsachen – soweit sie überhaupt zulässig sind – (vgl. Rn. 2 f. vor §§ 73 ff.) ist der Inhalt in entsprechender Anwendung der für die entsprechende Verfahrensart geltenden Vorschriften zu fassen. 2

---

[3] BVerfGE 38, 258 (267 f.) = NJW 1975, 255.
[4] Beispiel:BVerfGE 103, 164 (168); 107, 286 (292).
[5] BVerfGE 13, 1 (10); 24, 252 (258); 64, 301 (316); 92, 80 (87); 103, 164 (169); siehe dazu o. Rn. 17 zu § 64.
[1] BVerfGE 1, 208.

III. Wirkung der Entscheidung

3   Nach § 74 bestimmt sich auch die Wirkung der Entscheidung aus § 72 II. Diese Vorschrift sagt indes unmittelbar nichts über die Wirkung aus. Sie kann daher nur bedeuten, dass die Entscheidung auf Grund der allgemeinen Vorschriften des BVerfGG wie eine Entscheidungen nach § 72 II wirkt. Sie hat also gemäß § 31 I **bindende** Kraft (jedoch nur für Organe, Gerichte und Behörden des Landes, da das BVerfG hier nur auf Grund landesrechtlicher Ermächtigung tätig wird).

§ 75 [Verfahren]

Für das Verfahren gelten die allgemeinen Vorschriften des II. Teiles dieses Gesetzes entsprechend.

1   § 75 ist mißverständlich. Da das BVerfG zwar kraft landesrechtlicher Zuweisung, im Übrigen aber als Bundesorgan ohne Änderung seines Rechtscharakters entscheidet, gelten die allgemeinen Verfahrensvorschriften mangels gegenteiliger Vorschrift, nicht nur entsprechend, sondern **unmittelbar.** Dass sie nur „entsprechend" gelten sollen, ist eine unklare Einschränkung. Da auch § 74 bereits Vorschriften des allgemeinen Verfahrensrechts enthält, sollte es heißen: „Für das Verfahren gelten im Übrigen die allgemeinen Vorschriften des II. Teiles dieses Gesetzes". Offenbar war es Absicht des Gesetzgebers, dem Gericht größere Freiheit in der Handhabung der verfahrensrechtlichen Vorschriften zu gewähren. Jedoch wäre es sinnvoll gewesen, auch zu bestimmen, wieweit die besonderen Verfahrensvorschriften für entsprechende Verfassungsstreitigkeiten innerhalb des Bundes subsidiär zum Landesrecht anzuwenden sind.

2   In Frage kommen (nach dem möglichen Gegenstand solcher Verfassungsstreitigkeiten) die Verfahrensvorschriften zu § 13 Nr. 5 und 6 (§§ 63–67 und §§ 76–79). Mangels einer solchen gesetzlichen Vorschrift nimmt das BVerfG für sich in Anspruch, je nach der Besonderheit der Einzelnen unter § 13 Nr. 10 fallenden Verfahren besondere Rechtsgrundsätze zu entwickeln und für verwandte Verfahren ausdrücklich gegebene Vorschriften entsprechend anzuwenden. Denn wenn dem Gericht eine Aufgabe übertragen sei, müsse es auch dafür ein Verfahren geben, und soweit dieses Verfahren nicht gesetzlich geregelt sei, müsse das Gericht diejenigen Rechtsgrundsätze finden, die für eine rechts- und ordnungsmäßige Prozessführung notwendig sind. Darüber hinaus dürfe das Gericht allerdings das Gesetz nicht durch

Verfahrensregeln ergänzen. Ausdrücklich hat das Gericht die entsprechende Anwendung der Fristvorschrift des § 64 III abgelehnt unter Hinweis auf den Charakter der Fristvorschriften als förmlicher Ordnungsvorschriften.[1] Das hat der Gesetzgeber durch § 73 II korrigiert.

Zehnter Abschnitt. Verfahren in den Fällen des § 13 Nr. 6 und 6a

Vorbemerkung vor §§ 76 ff.

Schrifttum: *Babel,* Probleme der abstrakten Normenkontrolle, 1965; *Söhn,* Die abstrakte Normenkontrolle, in: Bundesverfassungsgericht und Grundgesetz, Bd. I, 1976, 292; *Hölzer,* Präventive Normenkontrolle durch das Bundesverfassungsgericht, 1978; *von Mutius,* Die abstrakte Normenkontrolle vor dem Bundesverfassungsgericht, Jura 1987, 534; *Rein,* Das Normbestätigungsverfahren, 1990; *Lerche,* Antragsbefugnis bei der verfassungsgerichtlichen Normenkontrolle und politisches Kalkül, in: FS f. Jauch, 1990, 121; *Roth,* Die verfassungsgerichtliche Überprüfung verfassungskonformer Auslegung im Wege abstrakter Normenkontrolle, NVwZ 1998, 563; *Winkler,* Das Klarstellungsinteresse im bundesstaatlichen Normenkontrollverfahren nach Art. 93 I Nr. 2a GG, NVwZ 1999, 1291; *Müller-Terpitz,* Rechtsverordnungen auf dem Prüfstand des BVerfG, DVBl. 2000, 232; *v. Szczepanksi,* Die verfassungswidrige Einseitigkeit der Verfahrensbeteiligung im abstrakten Normenkontrollverfahren, JZ 2000, 486; *Heun,* Normenkontrolle, in: FS 50 Jahre BVerfG, Bd. 1, 2001, 615 (618 ff.); *Tillmanns,* Die Prüfung von Rechtsverordnungen des Bundes am Maßstab des einfachgesetzlichen Bundesrechts im Verfahren der abstrakten Normenkontrolle, DÖV 2001, 728.

Übersicht

	Rn.
I. Allgemeines	1
II. Geschichtliche Entwicklung	2
III. Wesen der Normenkontrolle im Allgemeinen	5
IV. Verhältnis zu anderen Verfahren	6
1. Keine Subsidiarität der abstrakten Normenkontrolle	6
2. Normenkontrollverfahren des Landesrechts	7
3. Verfassungsstreitigkeiten nach § 13 Nr. 5 und 7	8
4. Verfahren nach Art. 93 I Nr. 2a GG	11
V. Verfahrensgestaltung des abstrakten Normenkontrollverfahrens – Übersicht	12

---

[1] BVerfGE 4, 37.

Vor § 76 Teil III. Einzelne Verfahrensarten

I. Allgemeines

1   **1.** Art. 93 I Nr. 2 GG gewährt die sog. **abstrakte Normenkontrolle** auf Antrag der hierfür besonders ermächtigten Verfassungsorgane oder ihrer Teile (im Gegensatz zur „konkreten Normenkontrolle" des § 13 Nr. 11 – Art. 100 I GG – auf Anrufung durch einen Richter im Verlauf eines bestimmten Rechtsstreits).
   2. Zu Art. 93 I Nr. 2a GG s. u. Rn. 30 f.

II. Geschichtliche Entwicklung

2   **1.** Die WRV enthielt in Art. 13 die Möglichkeit einer abstrakten Normenkontrolle im Verhältnis von Landesrecht zum Reichsrecht; durch Gesetz vom 8. 4. 1920 (RGBl. I 510) wurde hierfür das Reichsgericht für zuständig erklärt. Die Möglichkeit der Nachprüfung von Reichsrecht auf Verfassungsmäßigkeit außerhalb gerichtlicher Verfahren war verschlossen, wenn sich auch der Staatsgerichtshof für das Deutsche Reich durch entsprechende Auslegung seiner Kompetenz die Befugnis zuerkannte, in das Landesverfassungsrecht einwirkendes Reichsverfassungsrecht auszulegen (siehe Einl. Rn. 7). Versuche, diesen Zustand zu überwinden[1] führten in der Weimarer Zeit zu keinem Erfolg.

3   **2.** Im HChE war die abstrakte Normenkontrolle für Bundesrecht als Unterfall der Verfassungsstreitigkeiten zwischen den am Gesetzgebungsverfahren beteiligten Faktoren (Art. 98 Nr. 5, jedoch nur nach der formellen Seite) und als Unterfall von Bund- und Länder-Streitigkeiten (Art. 14 Nr. 1) die abstrakte Normenkontrolle von Landesrecht vorgesehen. Schon in der Sitzung des Rechtspflegeausschusses des Parlamentarischen Rats vom 6. 2. 1948 wurde jedoch die abstrakte Normenkontrolle hinsichtlich Bundes- und Landesrecht auf Antrag der Bundes- oder Landesregierung als besondere Art. der Verfassungsstreitigkeiten in Aussicht genommen.[2] Auf Anregung der Abgeordneten *Dr. de Chapeaurouge* und *Dr. Strauß* wurde auch ⅓ des Bundestages das Antragsrecht zugestanden. Die im weiteren Verlauf der Verhandlungen noch strittige Frage, ob das oberste Bundesgericht oder das BVerfG zur

---

[1] Vgl. den auf dem 34. Juristentag vorgelegten Gesetzentwurf der Reichsregierung über die Prüfung der Verfassungsmäßigkeit von Vorschriften des Reichsrechts, Reichstagsdrucksache, 3. Wahlperiode 1924/26 Nr. 2855, abgedruckt in DJZ 1926 Sp. 837; s. auch Reichstagsdrucks. 4. Wahlperiode 1928 Nr. 382.
[2] Nr. 3 der Neufassung, vgl. JöR Bd. 1 (1951), 674.

Abstrakte Normenkontrolle **Vor § 76**

abstrakten Normenkontrolle zuständig sein soll, wurde zugunsten des letzteren entschieden.[3]

3. Das ÄndG zum GG vom 27. 10. 1994 (BGBl. I S. 3146) hat in Art. 93 I nach Nr. 2 folgende Nr. 2a eingefügt: 4

„2a. bei Meinungsverschiedenheiten, ob ein Gesetz den Voraussetzungen des Art. 72 Abs. 2 entspricht, auf Antrag des Bundesrates, einer Landesregierung oder der Volksvertretung eines Landes."

Damit ist ein weiterer Fall der Möglichkeit einer abstrakten Normenkontrolle in das GG eingefügt worden. Die Bedürfnisfrage in Art. 72 II GG ist damit justitiabler gemacht worden.

Wenn auch im Gesetzgebungsverfahren davon die Rede gewesen ist, es sei damit eine neue Verfahrensart geschaffen worden, so handelt es sich doch richtigerweise nur um eine Erweiterung der Gruppe der Antragsteller im Bereich des Art. 72 II GG.[4] Eine Ergänzung des § 13 hätte deshalb nur deklaratorischen Charakter, im übrigen sind die §§ 76 ff. auch ohne förmliche Ergänzung anwendbar gewesen. Zur Änderung des § 76 durch das ÄndG v. 16. 7. 1998 (BGBl. I S. 1823) s. Rn. zu § 76.

III. Wesen der Normenkontrolle im Allgemeinen

Die Normenkontrolle prüft generelle Rechtsnormen auf ihre Vereinbarkeit oder Unvereinbarkeit mit übergeordneten Normen. Sie befasst sich also nicht mit subjektiven Rechtsansprüchen, sondern ausschließlich mit **objektivem Recht** oder doch mit dem Schein des objektiven Rechts, falls sich dessen Ungültigkeit herausstellt.[5] Das Normenkontrollverfahren ist danach ein von subjektiven Berechtigungen unabhängiges objektives Verfahren zum Schutze der Verfassung, das der Prüfung von Rechtsnormen am Maßstab des GG dient.[6] Sein Gegenstand ist nicht ein „auf Rechtsetzung gerichteter Vorgang tatsächlicher Art", sondern das Verhältnis von Normen zueinander. Es kann daher grundsätzlich erst die bestehende Norm Gegenstand der Normenkontrolle sein.[7] Dem steht nicht entgegen, dass in einigen 5

---

[3] S. JöR Bd. 1 (1951), 675, 677.

[4] S. *Sannwald* NJW 1994, 3313 (3318 f.); ausf. *Rozek,* in: MSKB, Stand 2001 Rn. 76 zu § 76.

[5] BVerfGE 1, 396 = NJW 1952, 1209.

[6] BVerfGE 1, 396 (407); 2, 213 (217); 20, 56 (95); 20, 350 (351); 67, 26 (37); 83, 37 (49) = NJW 1991, 162.

[7] BVerfGE 1, 396, s. dazu *Holzer,* Präventive Normenkontrolle durch das Bundesverfassungsgericht, 1978, 93 ff., insb. 109 ff. *Rozek,* in: MSKB, § 76

Landesverfassungen (s. z. B. Art. 75 Bay. Verfassung, Art. 130 Verfassung Rheinland-Pfalz) schon Gesetzentwürfe und Gesetzesanträge der Entscheidung des Staatsgerichtshofs hinsichtlich ihrer Vereinbarkeit mit der Länderverfassung unterworfen werden können, insoweit handelt es sich begrifflich nicht eigentlich um Normenkontrolle, sondern um Verfassungsstreitigkeiten besonderer Art. Aufgabe der Normenkontrolle ist nicht etwa die authentische Interpretation einer Verfassungsnorm, d. h. die Ermittlung des in ihr enthaltenen gesetzgeberischen Willens. Bei der Normenkontrolle bedarf es dieser Interpretation zwar in der Regel; sie erscheint jedoch nicht im Tenor, sondern in den Gründen. UU kann auch außer Kraft getretenes Recht Gegenstand der Normenkontrolle sein.

Die Entscheidung im Normenkontrollverfahren ist ihrem Wesen nach stets deklaratorischer Natur, sie **stellt also nur fest,** was ist, und zwar rückwirkend auf den Erlass der Norm. Sie ist daher auch, trotz Gesetzeskraft der Erkenntnisse nach § 31 II nicht selbst Gesetzgebung, sondern gerichtliches Erkenntnisverfahren.[8] Die (abstrakte) Normenkontrolle erfüllt die drei Hauptfunktionen der Rechtsprechung: Streitentscheidung, Rechtsschutzgewährung, Rechtskontrolle.[9] Jedoch kommt die Normenkontrolle in diesen Auswirkungen der Gesetzgebung namentlich im Falle der Ausdeutung und Ausfüllung allgemeiner Begriffe des Verfassungsrechts sehr nahe.

IV. Verhältnis zu anderen Verfahren

1. Keine Subsidiarität des abstrakten Normenkontrollverfahrens

6   Die abstrakte Normenkontrolle führt zu einer originären Kompetenz des BVerfG. Es gibt infolgedessen keine Subsidiarität gegenüber anderen Verfahren. Das BVerfG hat nicht zu prüfen, ob es politische Alternativen zur abstrakten Normenkontrolle gegeben hätte oder ob ein anderes Verfahren (vorrangig) in Betracht gekommen wäre.[10] Das erklärt, warum in vielen Fällen der Organstreit, aber nicht Bund-

---

Rn. 16; *Stern,* in: BK, Art. 93 Rn. 262; *Klein* AöR 108, (1983), 561 (574); *Benda/Klein* Rn. 724 ff.; *Pestalozza* § 8 Rn. 8 (Ausnahme: Vertragsgesetze, BVerfGE 1, 396; 36, 1 (50), *Schlaich/Korioth* Rn. 129).

[8] *Renck* NJW 1980, 1024; *Bettermann* DVBl. 1982, 91; *Schlaich/Korioth* Rn. 119).

[9] *Bettermann* DVBl. 1982, 91 (92).

[10] *Rozek,* in: MSKB, Stand 2001, Rn. 6, 94 zu § 76; BVerfGE 8, 104 (110); 20, 56 (95).

Abstrakte Normenkontrolle

Länder-Streitigkeiten durch die abstrakte Normenkontrolle abgelöst worden sind.[11]

2. Zu Normenkontrollverfahren des Landesrechts

Einige Landesverfassungen sehen vor, dass die Landesregierungen eine Entscheidung des Landesverfassungsgerichts darüber herbeizuführen haben, ob ein Gesetz verfassungswidrig ist (vgl. etwa Art. 131 Hess. Verfassung, Art. 75 Nr. 3 NRW Verfassung, Art. 130 rh.-Pf. Verfassung). Die Befugnis der Landesregierungen, auf Grund dieser Vorschriften der Landesverfassungen eine Entscheidung des Landesverfassungsgerichts über die Vereinbarkeit von Landesrecht mit der Landesverfassung herbeizuführen, ist durch Art. 93 I Nr. 2 GG und § 76 unberührt geblieben. Dies gilt auch, wenn sie die Unvereinbarkeit von solchem Landesverfassungsrecht behaupten, das inhaltsgleich im GG geregelt ist.[12] Die Entscheidung des zuständigen Landesverfassungsgerichts über die Vereinbarkeit einer landesrechtlichen Vorschrift mit einer inhaltsgleichen Norm der Landesverfassung schließt andererseits die Entscheidung des BVerfG über die Vereinbarkeit mit dem GG **nicht** aus. Das BVerfG ist in seiner Auslegung des GG nicht an die Auslegung gebunden, die das Landesverfassungsgericht einer inhaltlich entsprechenden Bestimmung der Landesverfassung gegeben hat.[13]

3. Zu Verfassungsstreitigkeiten nach § 13 Nr. 5 und 7

a) Schon in BVerfGE 1, 14 hat das BVerfG erklärt, es könne in einem Verfahren sowohl nach § 13 Nr. 5, als nach § 13 Nr. 7 zuständig sein. Wenn der Antragsteller behauptet, durch das angegriffene Gesetz in seinem Recht oder in den Kompetenzen seiner Verfassungsorgane verletzt zu sein, handele es sich bei Streit über die Vereinbarkeit des Bundesgesetzes mit dem GG nicht nur um eine abstrakte Normenkontrolle, sondern auch um eine Meinungsverschiedenheit zwischen Bund und Land. In BVerfGE 1, 208 (219 ff.) und der folgenden Rechtsprechung hat das BVerfG an seiner Auffassung festgehalten, indem es ausführt:

„Der Antragsteller der abstrakten Normenkontrolle braucht selbst in seinen Rechten oder rechtlich geschützten Interessen durch die Gültigkeit oder Ungültigkeit der Norm nicht berührt zu sein (die abstrakte Normenkontrolle enthält also nicht alle Wesensmerkmale der Verfassungsstreitigkeiten und Nr. 5

---

[11] *Benda/Klein* Rn. 760.
[12] *Schäfer* JZ 1951, 199 (201).
[13] BVerfGE 9, 268 (278) = NJW 1979, 1171.

Vor § 76   Teil III. Einzelne Verfahrensarten

und 7 kann also nicht ein Sonderfall derselben sein). Durch die Schaffung einer Norm können aber auch ‚Rechte' eines am Verfassungsleben ‚Beteiligten' verletzt werden. Das ist einmal der Fall, wenn ein nicht zuständiger Normengeber eine Norm setzt und dadurch in den Zuständigkeitsbereich eines anderen Beteiligten eingreift ... In einem solchen Falle wird nicht der Inhalt einer Norm am Inhalt einer Norm höheren Ranges gemessen, sondern es wird die Zuständigkeit des Normgebers anhand der Vorschriften geprüft, die seine Zuständigkeit bestimmen. Aber auch dann, wenn der Normgeber höhere Normen, die Rechte eines ‚Beteiligten' sichern, in der inhaltsgleichen Gestaltung seiner Norm nicht beachtet, kann das zu einem echten Streit zwischen dem Normgeber und diesem Beteiligten führen. Wird ein solcher Streit vor ein Verfassungsgericht gebracht, so steht die Verletzung des Rechts des Antragstellers durch die Handlung des Antragsgegners (Erlass des Gesetzes) als solche im Vordergrund."

9   **b)** Die „Maßnahme", gegen die sich z.B. gemäß §§ 64, 69, 72 ein Antrag richten kann, kann sehr wohl auch eine vom Antragsgegner erlassene Norm sein. Auf diesem Wege kann auch die Frage der Gültigkeit oder Ungültigkeit einer Norm Gegenstand einer vor dem Verfassungsgericht auszutragenden Streitigkeit werden (dies entspricht auch der unter der WRV geltenden Rechtsauffassung, wonach in einem Verfahren nach Art. 19 und 15 III WRV der Staatsgerichtshof das Recht und die Pflicht hatte, die von einem Land in Frage gestellte Verfassungsmäßigkeit eines Reichsgesetzes nachzuprüfen.[14] Eine Abweichung von diesen Grundsätzen hätte in den Verhandlungen zum GG und BVerfGG klar zum Ausdruck kommen müssen. Die Wahl zwischen den möglichen Verfahrensarten ist bis zur Grenze des offenkundigen Missbrauchs dem Antragsteller überlassen.[15] Für die Beurteilung, welche Prozessart vom Antragsteller angestrebt wird, sind nicht allein die Anträge, sondern auch die zu ihrer Begründung vorgetragenen Umstände heranzuziehen.[16] Die Wahl der einen oder anderen Verfahrensart führt allerdings zu verschiedenen Tenorierungen. Nur im Verfahren nach Nr. 6 ist abstrakte Feststellung der Nichtigkeit einer Norm möglich; nur eine Entscheidung in diesem Verfahren erhält Gesetzeskraft (§ 31 II).

10   **c)** Da die Zuständigkeit für Organstreitigkeiten und Bund-Länder-Klagen nach § 13 Nr. 5, 7 und 8 stets, für abstrakte Normenkontrolle immer dann beim Zweiten Senat liegt, wenn nicht überwiegend die Vereinbarkeit einer Norm mit einem Grundrecht gerügt wird, dürfte die Zuständigkeit in der Regel für beide Verfahrensarten beim Zweiten Senat liegen. Ein Zuständigkeitskonflikt wäre nur dann noch

---

[14] Siehe *Anschütz* WRV 14. Aufl. 1933 Anm. 8 zu Art. 5, Anm. 4 zu Art. 19 WRV und StGH RGZ 122, 17 f., 32 f.).
[15] BVerfGE 2, 79 (94); 7, 305 (310) = NJW 1958, 585.
[16] BVerfGE 1, 14.

Abstrakte Normenkontrolle § 76

denkbar, wenn auch die Verletzung eines Grundrechts als Hauptgegenstand einer Normen- oder Bund-Länderklage in Frage käme. Für solche Fälle s. Rn. 10 zu § 14 V.

4. Verhältnis zum Verfahren gem. Art. 93 I Nr. 2 a GG

Das Verfahren nach Art. 93 I Nr. 2 a GG ist zwar eigenständig, aber konzeptionell nur eine Unterform der abstrakten Normenkontrolle. Insoweit werden die allgemeinen Regeln, wie sie für die abstrakte Normenkontrolle gelten hinsichtlich der möglichen Antragsteller und des Prüfungsmaßstabs verändert.[17]

11

V. Verfahrensgestaltung des abstrakten Normenkontrollverfahrens – Übersicht

Das abstrakte Normenkontrollverfahren ist verfahrensrechtlich wie folgt geordnet:

12

1. Rechtswegeröffnung zum BVerfG (vgl. § 76 Rn. 2)
2. Antragsberechtigung (§ 76 Rn. 3)
3. Statthaftigkeit des Antrags (Rn. 29 zu § 76)
4. Zu prüfende Norm/Prüfmaßstab (Rn. 13, 24 zu § 76)
   a) Art der Norm (Rn. 13 zu § 76)
   b) Entstehungszeitpunkt der Norm (Rn. 24 zu § 76)
   c) Änderung der Norm (Rn. 24 zu § 76)
   d) Prüfungsmaßstab (Rn. 25 zu § 76)
5. Sachlicher Umfang der Prüfung (Rn. 35 zu § 76)
6. Klarstellungsinteresse (§ 76 Rn. 36)
7. Form/Frist (§ 76 Rn. 36 a ff.)
8. Äußerungsberechtigung (§ 77)
9. Sonderregeln für das Verfahren nach Art. 93 I Nr. 2 a GG (§ 76 Rn. 39 ff.)
10. Zuständigkeiten (Rn. 45 zu § 76)
11. Entscheidung (§ 78)

§ 76 [Zulässigkeit des Antrags]

(1) **Der Antrag der Bundesregierung, einer Landesregierung oder eines Drittels der Mitglieder des Bundestages gemäß Artikel 93 Abs. 1 Nr. 2 des Grundgesetzes ist nur zulässig, wenn der Antragsteller Bundes- oder Landesrecht**

---

[17] *Rozek,* in: MSKB, Stand 2001, Rn. 73, 75 m.w.Nw. in Fn. 6; *Schlaich/Korioth* Rn. 125.

§ 76 — Teil III. Einzelne Verfahrensarten

1. wegen seiner förmlichen oder sachlichen Unvereinbarkeit mit dem Grundgesetz oder dem sonstigen Bundesrecht für nichtig hält oder
2. für gültig hält, nachdem ein Gericht, eine Verwaltungsbehörde oder ein Organ des Bundes oder eines Landes das Recht als unvereinbar mit dem Grundgesetz oder sonstigem Bundesrecht nicht angewendet hat.

(2) Der Antrag des Bundesrates, einer Landesregierung oder der Volksvertretung eines Landes gemäß Artikel 93 Abs. 1 Nr. 2a des Grundgesetzes ist nur zulässig, wenn der Antragsteller ein Bundesgesetz wegen Nichterfüllung der Voraussetzungen des Artikels 72 Abs. 2 des Grundgesetzes für nichtig hält; der Antrag kann auch darauf gestützt werden, dass der Antragsteller das Bundesgesetz wegen Nichterfüllung der Voraussetzungen des Artikels 75 Abs. 2 des Grundgesetzes für nichtig hält.

Übersicht

	Rn.
I. Allgemeines	1
II. Rechtswegeröffnung	2
III. Antragsberechtigung	3
1. Wesen der Antragsberechtigung	3
2. Modalitäten der Antragsberechtigung	4
IV. Prüfungsgegenstand	
1. Antragstellung	10
2. Zu prüfende Norm	13
a) Art der Norm	13
b) Entstehungszeitpunkt	21
c) Normänderungen	24
V. Prüfmaßstab	25
VI. Statthaftigkeit des Antrags	30
VII. Sachlicher Umfang der Prüfung	35
VIII. Klarstellungsinteresse	36
IX. Form- und Fristfragen	37
X. § 76 Abs. 2	39

I. Allgemeines

1 Siehe vor §§ 76 ff.

II. Rechtswegeröffnung zum BVerfG

Aus dem Vortrag des Antragstellers muss ersichtlich sein, dass er ein abstraktes Normenkontrollverfahren in Gang bringen will, dass also der Rechtsweg zum BVerfG überhaupt eröffnet werden kann.

III. Antragsberechtigung

1. Die Antragsberechtigung bezieht sich auf das prozessuale Recht, das Verfahren in Gang setzen zu können.[1] Mit der Klärung der Sachentscheidungsvoraussetzungen („Antragsbefugnis") hat das nichts zu tun. Das Verfahren kennt deshalb auch keinen Antragsgegner.

2. a. Antragsteller können nur sein:

aa) Die **Bundesregierung** als Kollegium von Bundeskanzler und Bundesministern (Art. 62). Dem Antrag muss deshalb ein Kabinettsbeschluss zugrunde liegen (§ 24 GO-BReg); daran ändert auch die Richtlinienkompetenz des Bundeskanzlers (Art. 65 S. 1 GG) nichts. Fehlt es an einem Kabinettsbeschluss, ist der Antrag unzulässig.

bb) die **Landesregierungen,** entsprechend ihren in den Landesverfassungen enthaltenen verfassungsrechtlichen Vorgaben. Das vorausgegangene Abstimmungsverhalten der Landesregierung im Bundesrat ist für die Antragsberechtigung unerheblich, weil das Normenkontrollverfahren der Überprüfung einer in Kraft getretenen Norm dient, nicht aber der Überprüfung von Entscheidungen im Normentstehungsverfahren.[2]

cc) ein Drittel der **Abgeordneten** des Bundestags. Die Mindestzahl errechnet sich aus der Gesamtzahl der stimmberechtigten Abgeordneten (zum Zeitpunkt der Antragstellung). Das Drittel ist nicht fraktionsgebunden, muss aber einheitlich auftreten und kann sich nur durch denselben Bevollmächtigten vertreten lassen.[3]

b) Die Aufzählung in Abs. 1 Satz 1 ist **abschließend.** Eine Ausdehnung des Kreises der Antragsteller – im Wege der Auslegung der Vorschrift – scheidet aus.[4] Weder der Bundespräsident noch politische Parteien oder Länderparlamente kommen deshalb als Antragsteller in Betracht.[5]

---

[1] *Benda/Klein* Rn. 709.
[2] BVerfGE 101, 158 (213).
[3] BVerfGE 68, 346 (350).
[4] BVerfGE 4, 157 (162); 211, 52 (53 f.); 68, 346 (349); siehe dazu ausf. *Rozek,* in: MSKB, Stand 2001, Rn. 8, 33, 42 f. zu § 76.
[5] Zur Einschränkung des Kreises der Antragsteller siehe auch *Benda/Klein* Rn. 713 ff.

9 c) Selbständige Antragsberechtigte können einen **gemeinsamen Antrag** stellen.[6] Anträge verschiedener Antragsberechtigter können zur gemeinsamen Entscheidung verbunden werden.[7]

IV. Gegenstand der Prüfung

1. Antragsstellung

10 Im Verfahren der abstrakten Normenkontrolle wird der Prüfungsgegenstand durch den Antrag bezeichnet, der im Hinblick auf die im Einzelnen vorgebrachten Beanstandungen auszulegen ist.[8] Der Antrag kann sich auf die ganze generelle Norm beziehen – wie in der Regel bei mangelnder Zuständigkeit für den Erlass der Norm oder bei Mängeln des Verfahrens – oder nur auf einzelne Bestimmungen daraus (wie in der Regel bei materiellrechtlichen Verstößen).

11 Für die Begründung des Antrags kann auf andere Anträge Bezug genommen werden.[9] Bedeutung und Funktion der Antragstellung erschöpfen sich darin, den Anstoß zur gerichtlichen Kontrolle durch das BVerfG gegeben zu haben.[10]

12 Ist das Verfahren durch den Antrag in Gang gebracht worden, so kommt es für den weiteren Verlauf nicht mehr auf die Anträge und Anregungen des Antragstellers an, sondern ausschließlich auf Gesichtspunkt des öffentlichen Interesses.[11] Nur unter dieser Maßgabe können Anträge zurückgenommen werden.[12] Das hängt damit zusammen, dass die zur Prüfung gestellten Rechtsnormen unabhängig vom Willen des Antragstellers zu prüfen sind,[13] es sich bei der abstrakten Normenkontrolle also um ein Verfahren mit ausschließlich objektiven Charakter handelt.[14] Das BVerfG folgert daraus, dass „die Zurücknahme eines zulässigen Antrags auf Durchführung eines Normenkontrollverfahrens nicht notwendigerweise zur Einstellung des Verfahrens führen müsste". Die Praxis des BVerfG geht dahin, das Verfahren einzustellen,

---

[6] BVerfGE 61, 149 (162).
[7] BVerfGE 72, 330 (332). Zur Zulässigkeit der Verbindung von Verfahren siehe allgemein Rn. 30 vor § 17.
[8] BVerfGE 86, 148 (210f.); 93, 37 (65); 97, 198 (213); 110, 33 (45).
[9] BVerfGE 92, 365 (392).
[10] BVerfGE 1, 208 (219); 68, 346 (351). Die Anträge sind auszulegen, BVerfGE 83, 89 (197); 86, 148 (211), st. Rspr.
[11] BVerfGE 1, 396 (414); 8, 183 (184); 68, 346 (351).
[12] BVerfGE 87, 151 (153).
[13] BVerfGE 37, 363 (397); 52, 63 (80); 101, 239 (257).
[14] BVerfGE 6, 104 (110); 83, 37 (49); 101, 158 (213); 101, 239 (257); 103, 111 (124); 106, 244 (250); 108, 169 (178); s. dazu Rn. 5 vor § 76.

wenn Gründe des öffentlichen Interesses für eine Fortführung des Verfahrens nicht gegeben sind.[15] Nach *BVerfGE* 1, 396 kann „der Offizialcharakter des Normenkontrollverfahrens nicht dazu führen, dass ein Verfahren auf einen zur Zeit der Entscheidungsreife noch nicht zulässigen Antrag bis zum Eintritt seiner Zulässigkeit anhängig gehalten wird, ohne dass zwingende Gründe des öffentlichen Interesses vorliegen". Das BVerfG hat vielmehr aufgrund der im Augenblick der Entscheidung ergehenden prozessualen Lage zu entscheiden.

2. Zu prüfende Norm

a) **Art der Norm.** Geprüft wird **Bundesrecht** (auf seine Vereinbarung mit dem GG) und **Landesrecht**[16](auf seine Vereinbarkeit mit dem GG oder sonstigem Bundesrecht). Übereinstimmung besteht, dass unter „Bundesrecht" im Sinne dieser Vorschrift jede generelle Rechtsnorm des Bundes zu verstehen ist, also auch unter dem Rang eines formellen Gesetzes stehende Normen (Rechtsverordnungen)[17] und Satzungen,[18] nicht jedoch Verwaltungsanordnungen, die keine eigentlichen Rechtsnormen enthalten.[19] 13

„Recht" im Sinne des § 13 Nr. 6 sind andererseits alle **formellen Gesetze** ohne Rücksicht darauf, ob sie Rechtsätze im Sinne des überkommenen Rechtsbegriffs enthalten oder nicht.[20] Das Gleiche muss nach der Rechtsprechung des BVerfG auch bei **Rechtsverordnungen** gelten. Auch bei ihnen genügt es für die Zulässigkeit des abstrakten Normenkontrollverfahrens, dass die Vorschrift sich ihrer äußeren Form nach als Rechtsverordnung darstellt, d. h. dass sie von der erlassenden Stelle als „Verordnung" bezeichnet wird, eine Ermächtigung zu ihrem Erlass angibt und in den für die Verkündung von Rechtsverordnungen bestimmten staatlichen Blättern bekanntgemacht worden ist. 14

Als formelle Gesetze unterliegen nach der Rechtsprechung des BVerfG vor allem **Vertragsgesetze** (Zustimmungsgesetz) nach Art. 59 II GG der abstrakten Normenkontrolle.[21] Danach macht allein 15

---

[15] BVerfGE 8, 183 (184); 25, 308 (309); 87, 15.
[16] BVerfGE 103, 111 (124).
[17] *Ossenbühl*, in: FS f. Huber, 1981, 283 ff.; BVerfGE 1, 117 (226); 101, 1 (30); 106, 1 (12). Dabei ist die Vereinbarkeit der Verordnung mit Bundesrecht vorab zu prüfen, BVerfGE 101, 1 (31); siehe auch BVerfGE 2, 307 (321); 8, 51 (61), siehe dazu *Tillmans* DÖV 2001, 728 (731).
[18] BVerfGE 10, 20, 54 = NJW 1959, 1531.
[19] BVerfGE 12, 180 (199).
[20] BVerfGE 1, 396 (410); 2, 307 (312) = NJW 1953, 1177.
[21] BVerfGE 1, 396 (410); 4, 157 (162); 6, 290 (294); 12, 281 (288); 36, 1; 52, 137 (199).

schon die Tatsache, dass Art. 59 II GG für Vertragsgesetze die „Form des Gesetzes" vorschreibt, diese Gesetze zum möglichen Gegenstand der Normenkontrolle. Auf den Inhalt des Gesetzes könnte es insofern ankommen, als sich aus ihm eine sachliche Begrenzung der Prüfung im Normenkontrollverfahren ergeben könnte. Da der materiell-rechtliche Gehalt eines solchen Gesetzes sich erst aus dem Vertrag ergibt, dem zugestimmt wird, hat das BVerfG zu prüfen, ob die gesetzgebenden Körperschaften einem Vertrag dieses Inhalts zustimmen durften. In jedem Fall können Vertragsgesetze im Verfahren der Normenkontrolle daraufhin geprüft werden, ob die Kompetenz der Gesetzgebungsorgane nach Art. 59 II GG bestanden hat und ob das Gesetz formell mit dem GG vereinbar ist.

16 Diese Grundsätze gelten auch für die **Verträge der EG/EU,**[22] **nicht dagegen für das sekundäre Gemeinschaftsrecht.**[23] Wegen der Wirkung eines die Verfassungswidrigkeit eines Ratifikationsgesetzes verneinenden Urteils vgl. Rn. 14 ff. zu § 78. Über die völkerrechtliche Gültigkeit eines Vertrages kann das BVerfG, dessen Zuständigkeit auf den innerstaatlichen Bereich beschränkt ist, nicht entscheiden. Das gilt jedoch nur für die Entscheidung im Tenor, inzidenter kann das BVerfG sehr wohl in die Lage kommen und ist dann auch berechtigt, völkerrechtliche Fragen, darunter auch die Gültigkeit eines völkerrechtlichen Vertrages zu beurteilen.[24] Ebenso wie Vertragsgesetze zu völkerrechtlichen Verträgen unterliegen auch „Vertragsgesetze" zu Staatsverträgen zwischen den Ländern der verfassungsrechtlichen Prüfung im Normenkontrollverfahren.[25]

17 Zur Nachprüfbarkeit von gesetzlichen Bestimmungen über die Entstehung einer Stiftung vgl. BVerfGE 10, 20 (35) = NJW 1959, 1531, über die Errichtung einer Bundesoberbehörde vgl. *BVerfGE* 14, 197 (209), zur Prüfung von schlichten Parlamentsbeschlüssen siehe *Schlaich/ Korioth*, Rn. 127; *Butzer* AöR 119 (1994), 61 (101).

18 Ob auch Normen **des GG selbst** auf ihre Vereinbarkeit mit dem GG geprüft werden können, hängt vor allem von der Beantwortung

---

[22] BVerfGE 52, 187 (199); *Sachs* NJW 1982, 465; *Streinz,* Bundesverfassungsgerichtlicher Grundrechtsschutz und europäisches Gemeinschaftsrecht, 1989, 154 ff.; *Schlaich/Korioth* Rn. 127; *Benda/Klein* Rn. 722; *Rozek,* in: MSKB, Stand 2001, Rn. 36 ff. zu § 76.
[23] *Streinz,* HStR Bd. VII, 1992, § 182 Rn. 71 ff.; *Benda/Klein* Rn. 722.
[24] BVerfGE 1, 351; 6, 309 = NJW 1997, 705; siehe auch *Kimminich* AöR, 93 (1968), 485 (489).
[25] BVerfGE 12, 205 (220) = NJW 1961, 547; zur Frage der Nachprüfbarkeit von Haushaltshaltsgesetzen und Haushaltstiteln siehe *Rupp* NJW 1966, 105; *Schlaich/Korioth* Rn. 127; BVerfGE 20, 56; 79, 311 (326) = NJW 1989, 2475.

Abstrakte Normenkontrolle **§ 76**

der Frage ab, ob es vorrangige Verfassungsnormen, sei es des geschriebenen Verfassungsrechts, sei es hintergründige Verfassungs-Prinzipien gibt, an denen andere Verfassungsnormen gemessen werden können.[26] Das BVerfG hat zu dieser Frage namentlich in *BVerfGE* 1, 14; 3, 225 = NJW 1954, 65 Stellung genommen. Es bejaht die Frage, jedoch nur mit tiefgreifenden Einschränkungen. Die Norm einer Verfassung kann danach nur dann nichtig sein, wenn sie grundlegende Gerechtigkeitspostulate, die zu den Grundentscheidungen der Verfassung selbst gehören, in schlechthin unerträglicher Weise missachtet.[27]

Ausländisches Recht unterliegt nicht der Normenkontrolle durch das BVerfG. Als solches, in Deutschland anwendbares Recht kommen in Frage: supranationales Recht, allgemeine Regeln des Völkerrechts im Sinne des Art. 25 GG. Insoweit gilt für die abstrakte Normenkontrolle Gleiches wie für die konkrete Normenkontrolle. 19

Nicht unterliegen der abstrakten (und konkreten) Normenkontrolle „**gesetzeskräftige**" **Entscheidungen des BVerfG** in Verfahren der abstrakten und konkreten Normenkontrolle oder auf Verfassungsbeschwerden, die gleichwohl Akte der Gerichtsbarkeit bleiben und nicht Gesetzgebung sind.[28] 20

b) Der Zeitpunkt der Entstehung der zu prüfenden Norm. Art. 93 GG und § 13 Nr. 6 bestimmen nichts über den Zeitpunkt, in dem zu prüfende Recht entstanden sein muss. 21

Unstreitig ist für die abstrakte Normenkontrolle die zu § 13 Nr. 11 (konkrete Normenkontrolle) zunächst umstrittene und vom BVerfG mit Beschränkung auf das nachkonstitutionelle Recht entschiedene Frage, ob sich die Prüfungszuständigkeit des BVerfG auch auf Rechtsnormen erstreckt, die **vor** Inkrafttreten des GG, bzw. (bei Landesgesetzen) des einschlägigen Bundesgesetzes ergangen sind. Die Frage ist hier, wo keine Konkurrenz mit dem richterlichen Prüfungsrecht auftritt und die Legislative daher nicht des Schutzes gegen eine übermäßige Ausdehnung dieses Rechts bedarf, zu bejahen.[29] Auch fortgeltendes Reichsrecht unterliegt der abstrakten Normenkontrolle.

---

[26] Bejahend vor allem die Rechtsprechung des BayVerfGH; siehe ferner *Bachof,* Verfassungswidrige Verfassungsnormen?, 1952; hiergegen *Apelt* NJW 1952, 1 mit Erwiderung von *Bachof* NJW 1952, 242 und Replik *Apelts* NJW 1952, 733. Vgl. auch BGH, NJW 1951, 405, *Scheuner* DÖV 1961, 201 und hierzu *Bachof* DÖV, 1961, 927.

[27] Zustimmend u. a. *Apelt* JZ, 1954, 1401; das Urteil reduziere die Möglichkeit verfassungswidriger Verfassungsnormen praktisch auf Null.

[28] Siehe auch *Geiger* DRiZ 1951, 172 (173).

[29] BVerfGE 2, 124 (131); 24, 174 (179) = NJW 1968, 2187; 103, 111 (124).

§ 76 Teil III. Einzelne Verfahrensarten

22 Die Frage, ob **noch nicht erlassene,** aber in Vorbereitung stehende Rechtsvorschriften der abstrakten Normenkontrolle unterliegen, hat das BVerfG verneint.[30] Danach setzt eine Normenkontrolle im Sinne des Art. 93 I 2 GG bestehendes Bundesrecht voraus (damit ist nicht materiell gültiges, sondern solches Recht gemeint, das mit dem formellen Anspruch auf Geltung auftritt). Hierzu gehört nach *BVerfGE 1*, 396 (410) ohne Zweifel das in Kraft befindliche Bundesrecht. Aber auch das verkündete, noch nicht in Kraft getretene Recht kann den Gegenstand eines Normenkontrollverfahrens bilden, weil die Tätigkeit aller am Rechtsetzungsverfahren Beteiligten beendet ist. Bundesrecht in Form eines Bundesgesetzes besteht also, wenn das Gesetzgebungsverfahren abgeschlossen ist, d. h. nach Verkündung des Gesetzes im Bundesgesetzblatt.[31]

23 Eine Besonderheit ist vom BVerfG jedoch für Vertragsgesetze zugelassen. Hier kann die Normenkontrolle schon vor der Verkündung vorgenommen werden. Die Kontrolle darf jedoch nicht einsetzen, bevor der für das Zustandekommen des Gesetzes entscheidende Vorgang, nämlich die Bekundung des Gesamtwillens der beiden gesetzgebenden Körperschaften eingetreten ist. Es muss also der Bundestag das Gesetz verabschiedet haben und die verfassungsmäßigen Rechte des Bundesrats gewahrt, das Gesetzgebungsverfahren (einschließlich eines etwaigen Verfahrens nach Art. 77 II–IV GG) in dem Sinne abgeschlossen sein, dass das Gesetz nur noch der Ausfertigung durch den Bundespräsidenten und der Verkündung bedarf.[32]

24 **c) Normänderungen.** Ändert sich der zur Prüfung gestellte Norminhalt im Verfahren, so wird die geänderte Norm nur dann Verfahrensgegenstand, wenn ihr Inhalt im Verhältnis zur Ausgangsnorm im Wesentlichen gleich bleibt.[33]

V. Maßstab der Prüfung

25 Maßstab der Prüfung ist nach Art. 93 I Nr. 2 GG und § 13 Nr. 6 für Bundesrecht „das Grundgesetz", für Landesrecht auch „sonstiges Bundesrecht".

a) Der Begriff „Grundgesetz" ist hier grundsätzlich im formellen Sinne zu verstehen. Aus dem Begriff ausgeschlossen ist also alles an-

---

[30] BVerfGE 1, 396. Zur Zustimmungsgesetze zu völkerrechtlichen Verträgen gilt das nicht, siehe Rn. 23.
[31] BVerfGE 1, 396 (410); 104, 23 (29).
[32] BVerfGE 1, 396.
[33] BVerfGE 6, 104 (110); 61, 291 (306); 65, 237 (243 f.); 110, 33 (44).

Abstrakte Normenkontrolle **§ 76**

derwärts normierte Recht, wenn es auch seinem Inhalt nach an sich Verfassungsrang hätte. Es wird Bestandteil des GG nur durch ausdrückliche Aufnahme in den Text des GG (Art. 79 I GG). Das GG ist jedoch nicht identisch mit der Summe der in ihm enthaltenen einzelnen Vorschriften. Dass ein hinter den einzelnen Vorschriften stehender und durch sie nur nach einzelnen Richtungen ausgeprägter Gesamtinhalt des GG, der insbesondere in wichtigen (elementaren) Grundsätzen seinen Ausdruck findet, vorhanden und bei der Auslegung einzelner Vorschriften zu beachten ist, ist mit Recht anerkannt worden.[34] Danach kann die einzelne Verfassungsbestimmung nicht gesondert betrachtet und allein aus sich selbst heraus ausgelegt werden. Aus dem Gesamtinhalt der Verfassung ergeben sich verfassungsrechtliche Grundsätze und Grundentscheidungen, denen die einzelnen Verfassungsbestimmungen untergeordnet sind. Diese sind deshalb so auszulegen, dass sie mit den elementaren Verfassungsgrundsätzen und Grundentscheidungen des Verfassungsgesetzgebers vereinbar sind.[35] Zu den elementaren Grundsätzen des GG rechnet das BVerfG[36] das Prinzip der Demokratie, das bundesstattliche Prinzip und das rechtsstaatliche Prinzip.

Das BVerfG hat sich damit, wie in der Begründung der Entscheidung weiter ausgeführt worden ist, der Auffassung des BayVerfGH angeschlossen.[37] Zum „Rechtsstaatsprinzip" als bindender allgemeiner Leitidee des GG rechnet die Rechtsprechung des BVerfG vor allem: die Gewährleistung der Rechtssicherheit,[38] die Idee der „materiellen Gerechtigkeit",[39] den Grundsatz der „Verhältnismäßigkeit"[40] den Grundsatz „nulla poena sine culpa",[41] den Grundsatz des fairen Verfahrens[42] und die Klarheit und Bestimmtheit von Rechtsvorschriften.[43] **26**

2. Von hier aus ergibt sich die weitere Frage, ob das BVerfG auch am Maßstab eines **überpositiven,** dem positiven Recht vorausliegenden **Rechts** prüfen kann, und zwar auch Normen des GG selbst. In der Anerkennung überpositiver Normen ist das Gericht schon in **27**

---

[34] BVerfGE 1, 14 = NJW 1951, 877.
[35] BVerfGE 1, 14; Leitsatz 4.
[36] BVerfGE 1, 14, Leitsatz 28.
[37] Entscheidungen des BayVerfGH vom 10. 6. 1949 – Vf. 52 – VII – 47 und vom 24. 4. 1050 – Vf. 42, 54, 80, 88 – VII – 48; 9, 118 – VII – 49).
[38] BVerfGE 2, 380; 15, 319; 49, 168 (181; 59, 104 (141); 62, 169 (183); 80, 103 (107).
[39] BVerfGE 7, 89, 92; 7, 94 (196); 20, 329 (331).
[40] BVerfGE 16, 194 (201); 61, 126 (134); 80, 109 (120).
[41] BVerfGE 20, 323 (331) = NJW 1967, 195; 57, 250 (275); 95, 96 (140).
[42] BVerfGE 57, 250 = NJW 1981, 17, 199; 63, 380 (390); 70, 297 (308).
[43] BVerfGE 57, 9 = NJW 1981, 1154; 93, 213 (238).

§ 76 Teil III. Einzelne Verfahrensarten

BVerfG 1, 14 weitgehend der hier in besonderes hervorgetretener Rechtsprechung des BayVerfGH gefolgt[44] (siehe auch o. Rn. 18).

28   **3.** Gesichert ist aber immer, dass der Prüfungsmaßstab auf eine **verfassungsrechtliche Kontrolle** beschränkt bleibt, also darauf, ob das zur Prüfung gestellte Recht formell und sachlich mit dem GG vereinbar ist.[45]

29   **4.** Soweit Landesrecht auf seine Vereinbarkeit mit Bundesrecht zu prüfen ist, können auch **Rechtsverordnungen des Bundes,** die – soweit sie gültig sind – landesrechtlichen Normen aller Art vorgehen, der Maßstab sein. Ob die in Frage kommende Rechtsverordnung des Bundes rechtsgültig ist, ist vom BVerfG notfalls sowohl hinsichtlich ihrer inhaltlichen Vereinbarkeit mit dem GG, wie hinsichtlich einer ausreichenden Ermächtigung als Vorfrage zu entscheiden.[46]

VI. Statthaftigkeit des Antrags

30   **1.** § 76 Nr. 1 und 2 gliedern die Fälle der „Meinungsverschiedenheiten und Zweifel" nach § 13 Nr. 6 in die beiden möglichen Fälle auf, dass der Antragsteller eine Norm mit einer höherrangigen Norm für unvereinbar und dass er sie für vereinbar hält. Im ersten Fall (Nr. 1) ist kein Rechtsschutzinteresse erforderlich. Immerhin ergibt sich aus Art. 93 I Nr. 2 GG und § 13 Nr. 6, dass „Meinungsverschiedenheiten oder Zweifel" vorliegen müssen. Jedoch genügt, dass die **Zweifel beim Antragsteller** aufgetreten sind. Der Schutz gegen übermäßigen Gebrauch der abstrakten Normenkontrolle liegt hier nur in der Beschränkung der Antragsberechtigung. Im letzteren Falle (Nr. 2) schei-

---

[44] Entscheidung des BayVerfGH vom 24. 4. 1950, GVBl. S. 97, VerfGHE n. F. 3, 28: „Es gibt Verfassungsgrundsätze, die so elementar und so sehr Ausdruck eines auf der Verfassung vorausliegenden Rechts sind, dass sie den Verfassungsgeber selbst binden und dass andere Verfassungsbestimmungen, denen dieser Rang nicht zukommt, wegen Verstoßes nichtig sein können". Vgl. auch die Entscheidung des BayVerfGH vom 10. 6. 1949, VerfGHE n. F. 2, 47, ferner die Entscheidung vom 29. 4. 1949 – Vf. 73, 75 und 84 – VII – 48. Abweichend der Hess. StGH in der Entscheidung vom 4. 8. 1950, AöR 77 (1951), 323, wonach überpositive Normen überhaupt nicht zu den Maßstäben der Normenkontrolle gehören. Im Schrifttum vgl. außer *Bachof,* Verfassungswidrige Verfassungsnormen? 1952 noch *Krüger* NJW 1950, 163; *Apelt* NJW 1952, 1, *Scheuner* DVBl. 1952, 613. Zurückhaltend BVerfGE 10, 59 (81) = NJW 1959, 1483.

[45] BVerfGE 101, 239 (257). Zu Ausnahmen bei der Prüfung von Verordnungsrecht siehe oben Rn. 13.

[46] Die an sich auf die nachzuprüfende Norm bezügliche Entscheidung, BVerfGE 2, 307 (321) = NJW 1953, 1177 muss insoweit auch für die den Maßstab bildende bundesrechtliche Norm gelten.

Abstrakte Normenkontrolle § 76

den der Natur der Sache nach „Zweifel" beim Antragsteller aus, es bleiben als Anlass des Verfahrens nur „Meinungsverschiedenheiten", die das Gesetz hinsichtlich des Trägers der Gegenmeinung und hinsichtlich der Art ihrer Äußerung eingeschränkt hat. Die weitverbreitete Auffassung, § 76 sei wegen der Wortlautabweichung von Art. 93 I Nr. 2 GG insoweit (teil)nichtig,[47] ist angesichts einer 50-jährigen Rechtsprechung des BVerfG zu § 76 (die diese Konsequenz gerade nicht gezogen hat)[48] zu formalistisch. § 76 kann immer verfassungskonform ausgelegt werden.[49] Zu praktisch dagegen *Lerche*[50] der dem Antragsteller wahrheitswidrigen Vortrag abverlangt, nämlich die Ersetzung des Zweifels durch die Gewissheit. Ein Verbrauch der Antragsberechtigung eines bestimmten Antragstellers im Normenkontrollverfahren über die allgemeine Rechtskraftwirkung hinaus, ist dem Verfassungsprozessrecht fremd. Einem Antragsteller kann nicht verwehrt werden, dieselben Rechtsfragen und seine Auffassung zu ihnen in einer anderen Sache erneut dem BVerfG vorzulegen.[51]

2. Die nach § 76 Nr. 2 geforderte **Bestätigung der Norm**[52] setzt voraus, dass die Norm von den dafür zuständigen Stellen wegen Unvereinbarkeit mit dem GG oder sonstigen Bundesrecht nicht angewendet, nicht vollzogen oder in sonstiger Weise missachtet wird[53] und ihre Geltung damit in einer Weise in Frage gestellt wird, die ihre praktische Wirksamkeit beeinträchtigt.[54]

Träger der **Gegenmeinung** können sein:

a) **Gerichte** (Gerichte aller Art, aber immer muss es sich um staatliche Gerichte handeln). Ein Gericht kann nach *BVerfGE* 18, 241 = *NJW* 1965, 343 nur dann als staatliches Gericht angesehen werden, wenn seine Bindung an den Staat auch in personeller Hinsicht hinreichend gewährleistet ist. Dazu gehört, dass der Staat bei der Berufung des Richters mindestens in der Form der Bestätigung mitwirkt. Dies gilt jedenfalls dann, wenn gegen die Entscheidungen dieses Gerichts ein allgemeines Gericht des Staates nicht angerufen werden kann.

31

32

---

[47] Siehe dazu die Nachweise bei *Schlaich/Korioth* Rn. 130.
[48] Siehe etwa BVerfGE 96, 133 (137); einschränkend dazu *M. Graßhof*, in: UCD, Rn. 23 zu § 76.
[49] *Benda/Klein* Rn. 730.
[50] Antragsbefugnis bei der verfassungsgerichtlichen Normenkontrolle und politisches Kalkül, in: FS f. Jauch, 1990, 121 f.
[51] BVerfGE 20, 56 (88) = NJW 1966, 1499.
[52] Von ihrer Gültigkeit ist in der Regel auszugehen, BVerfGE 2, 143 (158); 106, 244 (251).
[53] BVerfGE 12, 205 (221 f.); 106, 244 (251).
[54] BVerfGE 2, 143 (148); 106, 244 (251).

§ 76 Teil III. Einzelne Verfahrensarten

33 **b) Verwaltungsbehörden** von Körperschaften des öffentlichen Rechts innerhalb der Organisation des Staates. „Verwaltungsbehörden" in diesem Sinne sind namentlich auch die obersten Bundes- und Landesbehörden in ihrer verwaltenden Funktion, ferner Kommunalbehörden, nicht aber gerichtliche Behörden.

34 **c) Organe** des Bundes oder eines Landes: Gedacht ist an die Verfassungsorgane, also die gesetzgebenden Körperschaften (Bundestag, Bundesrat, Länderparlamente), Bundespräsident, Regierungen (Bundesregierung, Landesregierung), soweit letztere nicht schon unter den Begriff der „Verwaltungsbehörde" fallen.

Diese Stellen müssen die für gültig gehaltene Norm „als unvereinbar mit dem Grundgesetz oder sonstigem Bundesrecht" (also nicht etwa aus tatbestandsmäßigen Gründen) **nicht angewandt** haben (siehe dazu oben Rn. 31). Bei gerichtlichen Entscheidungen bedarf es hierbei einer aus den Gründen ersichtlichen Nichtanwendung in einer förmlichen Entscheidung. Rechtskraft der vorausgehenden gerichtlichen Entscheidung ist nicht erforderlich, es braucht also nicht etwa die Erschöpfung des Rechtswegs abgewartet zu werden. Hält ein Gericht ein nicht vorkonstitutionelles Gesetz für unvereinbar mit dem GG, so hat es gemäß Art. 100 I GG, §§ 13 Nr. 11, 80 die Entscheidung des BVerfG herbeizuführen, die gemäß § 31 I alle Verfassungsorgane, Gerichte und Behörden des Bundes und der Länder bindet und nach § 31 II Gesetzeskraft erlangt.

Hinsichtlich solchen Rechts kann es daher gegenüber Gerichten nicht mehr zur Anwendung des § 76 Nr. 2 kommen. Bei Verwaltungsbehörden wird auch ein bloßes Untätigwerden genügen, wenn es erkennbar damit begründet wird, dass die anzuwendende Norm für unvereinbar mit dem GG oder höherrangigem Bundesrecht gehalten wird. Nach *BVerfGE* 6, 104 (110) = NJW 1957, 379 ist nicht erforderlich, dass die von einem Gericht (Verfassungsorgan, Verwaltungsbehörde) nicht angewendete Norm formell identisch ist mit derjenigen, die in Wirklichkeit vom BVerfG festgestellt werden soll. Es genügt, wenn beide Normen im Wesentlichen den gleichen Inhalt haben. Auch in den Fällen der Nr. 2 ist ein eigenes Rechtsschutzinteresse nicht gefordert. Es ist nicht notwendig, dass der Antragsteller in seinen Rechten verletzt oder gefährdet wird. Es kann sich vielmehr auch um Normen handeln, die die Rechtsposition des Antragstellers nicht unmittelbar berühren. Gegenstand des Verfahrens nach § 76 I Nr. 2 kann auch eine verfehlte verfassungskonforme Auslegung der Norm durch ein Instanzgericht sein.[55]

---

[55] Siehe dazu *Rein,* Das Normbestätigungsverfahren, 1991, 142 f.; *Roth* NVwZ 1998, 563.

VII. Sachlicher Umfang der Prüfung

Zu prüfen ist die **„förmliche"** und **„sachliche" Vereinbarkeit** mit der übergeordneten Norm. Erstere Prüfung erstreckt sich außer auf die äußere Form einer Vorschrift auf die Prüfung einer Zuständigkeit zum Erlass und auf das hierbei angewandte Verfahren. Die „sachliche Vereinbarkeit" bedingt einen Vergleich mit der übergeordneten materiellen (bundesrechtlichen) Norm. Im GG kommt hierbei hauptsächlich, jedoch nicht ausschließlich, der Grundrechtsteil in Betracht. Sachlich vereinbar ist nicht etwa gleich „Übereinstimmung". Die nachgeprüfte untergeordnete Norm kann von der den Maßstab bildenden übergeordneten Norm abweichenden Inhalt haben. Dieser Inhalt darf nur dem Rechtsgehalt der übergeordneten Norm nicht widersprechen. Die Auslegung der zu prüfenden und der den Maßstab bildenden Norm ist nicht Endzweck, aber regelmäßig Bestandteil der Gründe. Das BVerfG hat die Gültigkeit eines ihm zur Prüfung unterbreiteten Gesetzes sowohl im Ganzen, wie hinsichtlich einzelner Bestimmungen unter allen rechtlichen Gesichtspunkten zu prüfen, auch soweit diese von den Beteiligten nicht geltend gemacht worden sind.[56] Es hat jedoch (nach derselben Entscheidung) nur die Rechtmäßigkeit einer Norm, nicht auch ihre Zweckmäßigkeit nachzuprüfen, die Freiheit des gesetzgeberischen „Ermessens" also zu achten. Die Frage, ob das GG dem Gesetzgeber „Ermessensfreiheit" (siehe Einl. Rn. 35) einräumt und wie weit sie reicht, ist eine vom BVerfG zu prüfende Rechtsfrage. Die bloße Möglichkeit verfassungswidriger Auslegung bewirkt nicht ihre Nichtigkeit, nur die ihrem Wesensgehalt nach verfassungswidrige Norm ist für nichtig zu erklären.[57]

35

VIII. Klarstellungsinteresse

Ein individuelles Rechtsschutzinteresse wird für das abstrakte Normenkontrollverfahren nicht gefordert,[58] wohl aber ein objektives Klarstellungsinteresse daran, ob die zur Prüfung gestellten Normen ungültig sind.[59] Das Klarstellungsinteresse wird nach der Rechtsprechung des BVerfG durch die bestehenden Meinungsverschiedenheiten oder die

36

---

[56] BVerfGE 1, 14 = NJW 1951, 877; 93, 37 (65), sowie Rn. 11 zu § 76.
[57] *Spanner* AöR 91 (1966), 503 (536).
[58] BVerfGE 2, 213 (217); 20, 350 (351); 52, 63 (80); 103, 111 (124); 108, 169 (178).
[59] BVerfGE 6, 104 (110); 96, 133 (137); 101, 30; 103, 111 (124).

geäußerten Zweifel indiziert.[60] Nach Auffassung des BVerfG ist es immer dann zugrundezulegen, wenn sich das Instanzgericht eine Überzeugung von der Unvereinbarkeit der Norm gebildet hat.[61] Insgesamt wird das Klarstellungsinteresse auch bei der Anwendung des § 76 I Nr. 2[62] auf den Anlass für den Antrag rückbezogen und ist damit nur noch die Kehrseite der Tatbestandsmerkmale „Meinungsverschiedenheit oder Zweifel". Eine gerechtfertigte Funktion hätte das Klarstellungsinteresse nur, wenn man sich völlig davon verabschiedete, dass die abstrakte Normenkontrolle zunächst einmal von einem verfahrenseinleitenden Antrag abhängt, also auf dem Handeln eines Antragstellers beruht. In diese Richtung zielt das BVerfG, wenn es das nachträgliche Verhalten des Antragstellers im Verfahren für unerheblich hält (siehe oben Rn. 11 zu § 76) und die Sach- und Rechtslage zum Zeitpunkt der gerichtlichen Entscheidung prüft. Dann mag das bis zu diesem Zeitpunkt bestehende Rechtsschutzinteresse entfallen sein, weil etwa, in einem Verfahren nach § 76 I Nr. 2 nunmehr die praktische Wirksamkeit einer Norm nicht mehr beeinträchtigt wird.[63] Damit fällt aber ein Tatbestandsmerkmal für die Anwendung des § 76 I Nr. 2 weg, und wenn man schon das Rechtsschutzinteresse als Voraussetzung belässt (siehe dazu kritisch Rn. 24 vor § 17), dann hätte es beim Begriff des individuellen Rechtsschutzinteresses verbleiben können: Es ist schließlich der Antragsteller, dem kein Interesse an der Klarstellung mehr zuerkannt werden kann. Das BVerfG wird insoweit durch den Verfahrenszweck irregeführt, weil es annimmt, der Begriff des subjektiven Rechtsschutzinteresses gehe über das objektive Rechtsschutzinteresse hinaus.[64] Eine solche Stufenfolge existiert jedoch nicht. Das Gericht sollte sich von dem völlig überflüssigen Begriff des objektiven Klarstellungsinteresses verabschieden, wie es sich zurecht (hier) vom Erfordernis des subjektiven Rechtsschutzinteresses verabschiedet hat.[65]

---

[60] BVerfGE 52, 63 (80); 103, 111 (124); 108, 169 (178).
[61] BVerfGE 106, 244 (250).
[62] BVerfGE 106, 244 (251).
[63] So war der Sachverhalt in BVerfGE 106, 244 (251), weil nunmehr feststand, dass das Hamb. OVG (um dessen Fehlbehandlung von Landesrecht es gegangen war) durch eine Entscheidung des Hamb. VerfG im Ergebnis „overruled" worden war. Sonst gilt, dass das objektive Klarstellungsinteresse fortbesteht, wenn von der früheren Rechtslage noch Rechtswirkungen ausgehen können, BVerfGE 79, 311 (326 f.); 88, 203 (234 ff.); 100, 249 (257); 110, 33 (45).
[64] BVerfGE 108, 169 (178).
[65] Der im Schrifttum vorherrschende Gedanke, die Probleme seien damit gelöst, dass das BVerfG mit dem Begriff des objektiven Klarstellungsinteresses „großzügig" umgehe, vgl. *Rozek,* in: MSKB, Stand 2001, Rn. 58 zu § 76;

IX. Form- und Fristfragen

1. Der Antrag auf Einleitung eines abstrakten Normenkontrollverfahrens ist zu begründen (§ 23) (siehe auch Rn. 11 zu § 76).   37

2. Antragsfristen gibt es nicht.[66] Das Antragsrecht kann auch verwirkt werden.   38

X. § 76 Abs. 2

1. Allgemeines   39

a) Mit der GG-Novelle vom 27. 10. 1994 (BGBl. I S. 3146) hatte der Bundesgesetzgeber im Wesentlichen die Beschlüsse der Gemeinsamen Verfassungskommission vom Bundestag und Bundesrat (BT-Drs. 12/6000) umgesetzt. Dazu gehört auch eine Änderung des Art. 72 II GG. Um den „Auszehrung der Länderkompetenzen" durch den Bund entgegenzuwirken,[67] wurde die bisherige „Bedürfnisklausel" durch eine **„Erforderlichkeitsklausel"** ersetzt.[68] Das hatte dann auch Auswirkungen auf die Anwendung des Art. 75 GG und des Art. 105 II GG. Da das BVerfG zur Bedürfnisklausel des Art. 72 II GG a. F. in ständiger Rechtsprechung[69] judiziert hatte, der Bundesgesetzgeber handle bei seiner Kompetenzinanspruchnahme nach pflichtgemäßem Ermessen und dieses sei deshalb grundsätzlich der Nachprüfung durch das Gericht entzogen, hat es der Bundesgesetzgeber nicht bei der Änderung des Art. 72 II GG belassen, sondern versucht, durch eine weitere GG-Änderung die Erforderlichkeitsklausel verfassungsprozessual authentisch zu interpretieren. In Art. 93 I GG wurde ein Abschnitt 2a eingefügt, der dem BVerfG die Entscheidung über Meinungsverschiedenheiten, ob ein Gesetz den Voraussetzungen des Art. 72 II GG entspricht auf Antrag des Bundesrats, einer Landesregierung oder der Volksvertretung eines Landes einräumt. Es erscheint sicher, dass der Begriff der Erforderlichkeit ein justitiabler Rechtsbegriff ist, auch, dass die Argumentations- und Begründungslast des Bundesgesetzgebers für

---

Benda/Klein Rn. 735; *Schlaich/Korioth* Rn. 130, überzeugt nicht. Recht gewinnt seine Funktion nicht aus der Art des Umgangs.

[66] BVerfGE 7, 305 (310); 38, 258 (268).

[67] BT-Drs. 12/6000 S. 33 und dazu *Sturm,* in: Sachs (Hrsg.), GG, Rn. 50 zu Art. 93 GG.

[68] Siehe dazu ausführlich *Sannwald* NJW 1004, 3313 (3316 f.); *Rybak/Hofmann* NVwZ 1995, 230 (231 ff.); *Chr. Neumeyer,* in: FS f. Kriele, 1997, 543 ff.

[69] Siehe BVerfGE 2, 213 (224).

§ 76 Teil III. Einzelne Verfahrensarten

die Inanspruchnahme einer Kompetenz gegenüber der Bedürfnisklausel in einem Umfang gegeben ist, der für die Annahme der Erforderlichkeit notwendig ist. Das BVerfG hat dem inzwischen Rechnung getragen, indem es einen von verfassungsgerichtlichen Kontrolle freien gesetzgeberischen Beurteilungsspielraum hinsichtlich der Voraussetzungen des Art. 72 II GG verneint hat, weil im Rahmen der Erforderlichkeitsklausel die drei möglichen Ziele zulässiger Bundesgesetzgebung definiert und die Konkretisierung dieser Ziele an den besonderen bundesstaatlichen Integrationsinteressen gewährleistet seien.[70]

40 b) Die Frage, die sich im Zusammenhang mit der Ergänzung des Art. 93 I GG gestellt hat, ist, ob damit ein neues, eigenständiges Kontrollverfahren für das BVerfG eingerichtet worden ist oder ob es sich um eine bloße Ausgestaltung der **abstrakten Normenkontrolle** für den besonderen Sachverhalt der Meinungsverschiedenheiten in Ansehung von Auslegung und Anwendung des Art. 72 II GG durch den Bundesgesetzgeber handelt. Der Sinn des Art. 93 I Nr. 2a GG erschöpft sich aber darin, dass bezüglich des Prüfmaßstabs des Art. 72 II GG die Antragsbefugnis gegenüber Art. 93 I Nr. 2 GG teils enger (keine Antragsbefugnis der Bundesregierung), teils weiter (etwa durch die Einbeziehung der Landesparlamente) gefasst wird. Die Antragsbefugnis der Landesregierung ist sowohl nach Nr. 2 als auch nach Nr. 2a gegeben. Die Landesregierung hat also eine Wahlmöglichkeit. Das spricht dafür, von einem abstrakten Normenkontrollverfahren mit besonderen Modalitäten (beschränkter Prüfungsmaßstab/geänderte Antragsbefugnis), nicht aber von einem eigenständigen Verfahren auszugehen.[71] Das ist im Übrigen auch die Auffassung der Amtlichen Begründung (BT-Drs. 13/7673, S. 6).

2. Änderungsgehalt

41 a) Die Änderung in Abs. 1 ist lediglich redaktioneller Natur.[72]

42 b) Die Änderungen aufgrund des § 13, wo der Sachverhalt des Art. 93 I Nr. 2a GG als Nr. 6a eingefügt worden ist, in § 76, soweit dort die sich aus Art. 93 I Nr. 2a GG ergebenen Antragsvoraussetzungen wiederholt werden, sind, wie die Ausführungen zu Rn. 41 zeigen,

---

[70] BVerfGE 106, 62 – AltenpflegeG; zu den Auswirkungen auf die Kompetenz des Bundes auf die Rahmengesetzgebung (Art. 75 I GG) siehe BVerfG, NJW 2004, 2803 – Juniorprofessor; siehe dazu *Knopp* ZBR 2005, 145.

[71] Siehe Rn. 30 ff. zu § 76; ebenso *Schlaich/Korioth* Rn. 125; *Benda/Klein* Rn. 748; aA M. *Graßhof,* in: UCD, Rn. 46 zu § 76.

[72] Das bestreitet *Pestalozza* JZ 1998, 1038 (1043) mit umfangreichen Ausführungen: Von einer bloß „redaktionellen Maßnahme" könne keine Rede sein, aaO, S. 1044.

nur deklaratorischer Natur. Ein Redaktionsversehen ist es allerdings, dass § 31 II 1 nicht entsprechend ergänzt worden ist.[73] § 31 II ist gleichwohl anwendbar.

c) Wirklich eigenständigen Charakter hat § 76 II aber insoweit, als dort eine Antragsbefugnis auch für den Fall eingeräumt wird, dass der Antragsteller das Bundesgesetz wegen Nichterfüllung der Voraussetzungen des Art. 75 II GG für nichtig hält. Davon steht nichts in Art. 93 I Nr. 2a GG, aber auch nichts in der Kompetenzbestimmung des § 13 Nr. 6a n. F. Der Gesetzgeber hat sich deshalb auf die allgemeine Bestimmung des Art. 93 II GG gestützt, wonach das BVerfG in den sonst durch Bundesgesetz zugewiesenen Fällen tätig wird. Als Grund ist der Gedanke der Prozessökonomie angegeben worden.[74] Das ist nicht unproblematisch, weil die Regelung der Antragsbefugnis nur im Rahmen einer erweiterten Kompetenzzuweisung zulässig ist, diese aber gerade fehlt, so dass es dann auch an einer Zuweisung im Sinne von Art. 93 II GG fehlt. Versteht man allerdings Art. 75 II GG nur als Verpflichtung für einen besonderen Rechtfertigungszwang bei der Anwendung des Art. 72 II GG,[75] so wäre mit der Zuweisung der Art. 72 II-Kompetenz auch die Art. 75 II-Kompetenz überwiesen. Der Anwendung des Art. 93 II GG steht unter dieser – allerdings nicht verlässlich gesicherten – Prämisse nichts im Wege.[76]

XI. Einstweilige Anordnung

Auch im abstrakten Normenkontrollverfahren ist der Erlass einer einstweiligen Anordnung zulässig.[77]

XII. Zuständigkeiten

Zuständig ist nach § 14 der Erste Senat, soweit überwiegend die Unvereinbarkeit einer Vorschrift mit Grundrechten oder Rechten aus Art. 33, 101, 103 und 104 GG geltend gemacht wird, im Übrigen der Zweite Senat. Der Beschluss des BVerfG vom 13. 10. 1959 gemäß § 14 IV der Novelle von 1959 (BGBl. I S. 673), dem der Beschluss

---

[73] *Rozek*, in: MSKB, Stand 2001, Rn. 74 zu § 76.
[74] BT-Drs. 13/7673 S. 12.
[75] So *Degenhart*, in: Sachs (Hrsg.), GG, Rn. 13 zu § 75 GG; siehe auch *Voßkuhle*, in: MKS, Bd. 3, 4. Aufl., Rn. 130 zu Art. 93 GG.
[76] Siehe dazu *Zuck* NJW 1998, 3028; *Rozek*, in: MSKB, Stand 2001, Rn. 75 zu § 76; sehr kritisch *Pestalozza* JZ 1998, 1039 (1041).
[77] BVerfGE 104, 51, st. Rspr.

§ 77 Teil III. Einzelne Verfahrensarten

vom 17. 12. 1970 (BGBl. I S. 14) insoweit folgt, hat die Zuständigkeit des Ersten Senats weiter eingeschränkt, indem er Normenkontrollverfahren bezüglich der Art. 19 IV, 33, 38, 101, 103 und 104 GG dem Zweiten Senat zugewiesen hat, soweit nicht Fragen der Verletzung der Art. 1–17 GG überwiegen. Weitere Verschiebungen ergeben sich aus dem Beschluss vom 15. 11. 1993 (BGBl. I S. 2492).

§ 77 [Äußerungsberechtigte]

Das Bundesverfassungsgericht gibt

1. in den Fällen des § 76 Abs. 1 dem Bundestag, dem Bundesrat, der Bundesregierung, bei Meinungsverschiedenheiten über die Gültigkeit von Bundesrecht auch den Landesregierungen und bei Meinungsverschiedenheit über die Gültigkeit einer landesrechtlichen Norm der Volksvertretung und der Regierung des Landes, in dem die Norm verkündet wurde,
2. in den Fällen des § 76 Abs. 2 dem Bundestag, dem Bundesrat, der Bundesregierung sowie den Volksvertretungen und Regierungen der Länder

binnen einer zu bestimmenden Frist Gelegenheit zur Äußerung.

I. Entstehungsgeschichte

1 § 77 gilt in der Fassung des ÄndG vom 16. 7. 1998 (BGBl. I S. 1823). Die Änderung ist lediglich redaktioneller Natur.

II. Anzuhörende Verfassungsorgane

2 Dem Bundestag, Bundesrat und der Bundesregierung ist **stets** Gelegenheit zur Äußerung zu geben, gleichgültig, ob es sich um die Vereinbarkeit von Bundes- oder Landesrecht mit einer bundesrechtlichen Norm handelt. Im ersteren Falle ist auch allen Landesregierungen, im letzterem Falle dem Landtag und der Regierung des Landes, in dem die Norm verkündet wurde, Gelegenheit zur Äußerung zu geben. Trifft das BVerfG keine Sachentscheidung, so ist es zur Anhörung nicht verpflichtet.[78]

---

[78] Vgl. BVerfGE 3, 261 (264) = NJW 1954, 505.

III. Prozessuale Stellung der zu hörenden Verfassungsorgane

Ausgehend von der Tatsache, dass es sich – rechtlich – nicht um ein kontradiktorisches Verfahren handelt, sieht § 77 nur ein einmaliges Anhören der genannten Verfassungsorgane innerhalb des Verfahrens, und zwar zum Antrag auf Normenkontrolle vor. Die Organe erhalten dadurch **nicht die Stellung von „Beteiligten"** am 4Verfahren, d. h. sie sind nicht über den gesamten sonstigen Prozessstoff (Stellungnahme der anderen Organe, Gegenäußerung) zu unterrichten, ihr Verzicht auf die mündliche Verhandlung ist weder erforderlich noch rechtserheblich; sie sind nicht zur Stellung prozessualer Anträge (z. B. Beweisanträge), abgesehen von einem Antrag auf Verlängerung der Frist zur Abgabe der eigenen Erklärung, befugt.[79] Die Entscheidung ist ihnen nicht zuzustellen. Sie werden auch dann nicht zu Beteiligten im Sinne des § 25 I, wenn sie zu dem Antrag Stellung genommen haben.[80] Das Verfahren der abstrakten Normenkontrolle unterscheidet sich darin vom Verfahren der konkreten Normenkontrolle, in welchem die in § 77 genannten Verfassungsorgane dem Verfahren „beitreten" können. Das BVerfG hat bisher praktisch die Vorschrift des § 82 II auch im abstrakten Normenkontrollverfahren dahin angewandt, dass es die genannten Verfassungsorgane über den gesamten Prozessstoff unterrichtet und ihnen Gelegenheit zur wiederholten Äußerung und Gegenäußerung, wie Beteiligten, namentlich auch in der mündlichen Verhandlung, gewährt. Die in § 77 genannten Verfassungsorgane sind zur Abgabe einer Erklärung nicht verpflichtet.

3

III. Keine Ausschlussfrist

Die Fristsetzung schließt nicht aus, dass das BVerfG kraft der Offizialmaxime auch später eingehende Äußerungen in der Entscheidung mit **berücksichtigt**.

4

IV. Andere Verfahrensarten

§ 77 gilt auch für das Verfahren der konkreten Normenkontrolle (§ 82 II), in Verfahren bei Meinungsverschiedenheiten über das Fortgelten von Recht als Bundesrecht (Art. 126 GG, § 13 Nr. 14), vgl. § 88, und wenn sich eine Verfassungsbeschwerde unmittelbar oder mittelbar gegen ein Gesetz richtet (§ 94 IV); s. a. § 41 GO.

5

---

[79] *Benda/Klein* Rn. 738.
[80] BVerfGE 2, 307 = NJW 1953, 1177.

§ 78 [Nichtigerklärung von Gesetzen]

Kommt das Bundesverfassungsgericht zu der Überzeugung, daß Bundesrecht mit dem Grundgesetz oder Landesrecht mit dem Grundgesetz oder dem sonstigen Bundesrecht unvereinbar ist, so erklärt es das Gesetz für nichtig. Sind weitere Bestimmungen des gleichen Gesetzes aus denselben Gründen mit dem Grundgesetz oder sonstigem Bundesrecht unvereinbar, so kann sie das Bundesverfassungsgericht gleichfalls für nichtig erklären.

Schrifttum: *Stettner,* Die Verpflichtung des Gesetzgebers zum erneuten Tätigwerden bei fehlerhafter Prognose, DVBl. 1982, 1123; *Sachs,* Tenorierung bei Normenkontrollentscheidungen des BVerfG, DÖV 1982, 23; *Heußner,* Folgen der Verfassungswidrigkeit eines Gesetzes ohne Nichtigerklärung, NJW 1982, 257; *J. Ipsen,* Nichtigerklärung oder „Verfassungswidrigerklärung", JZ 1983, 41; *Roßnagel,* Nachbesserungspflichten des Gesetzgebers im Atomrecht, JZ 1985, 714; *Steinberg,* Verfassungsgerichtliche Kontrolle der „Nachbesserungspflicht" des Gesetzgebers, Der Staat 26 (1987), 161; *Schneider,* Die Funktion der Normenkontrolle und das richterliche Prüfungsrecht im Rahmen der Rechtsfolgenbestimmung verfassungswidriger Gesetze, 1988; *Hein,* Die Unvereinbarerklärung verfassungswidriger Gesetze durch das Bundesverfassungsgericht, 1988; *Frenz,* Die Rechtsfolgenregelung und das Bundesverfassungsgericht bei verfassungswidrigen Gesetzen, DÖV 1993, 847; *Detterbeck,* Streitgegenstand und Entscheidungswirkungen im öffentlichen Recht, 1995; *Seer,* Die Unvereinbarkeitserklärung des Bundesverfassungsgerichts am Beispiel seiner Rechtsprechung zum Abgabenrecht, NJW 1996, 215; *Blüggel,* Unvereinbarerklärung statt Normkontinuität durch das Bundesverfassungsgericht, 1998; *Steiner,* Zum Entscheidungsausspruch und seinen Folgen bei der verfassungsgerichtlichen Normenkontrolle, in: FS f. *Leisner,* 1999, 569; *Roth,* Grundlagen und Grenzen von Übergangsanordnungen des Bundesverfassungsgerichts zur Bewältigung möglicher Folgeprobleme seiner Entscheidungen, AöR 124 (1999), 470; *Wassermann,* Das gleichheitswidrige Steuergesetz – Rechtsfolgen und Rechtsschutz, 2000; *Ebke/Fehrenbach,* Verfassungswidrige Steuernormen, Gewaltenteilungsgrundsatz und das Bundesverfassungsgericht: FS f. *Geiss,* 2000, 571; *Blüggel,* Die Unvereinbarerklärung verfassungswidriger Gesetze durch das Bundesverfassungsgericht, SGb 2002, 601; *M. Graßhof,* Die Vollstreckung von Normenkontrollentscheidungen des Bundesverfassungsgerichts, 2003; *Yang,* Die Appellentscheidungen des Bundesverfassungsgerichts, 2003.

I. Sachlicher Geltungsbereich

1   Die Vorschrift erwähnt für die Kontrolle des Bundesrechts nur die Fälle, in denen seine Vereinbarkeit mit dem GG, nicht mit sonstigem Bundesrecht geprüft wird und bestätigt damit die Richtigkeit der einschränkenden Auslegung zu § 76. § 78 gilt auch im konkreten Nor-

menkontrollverfahren (§ 82 I) § 78 S. 2 ist im Verfassungsbeschwerdeverfahren entsprechend anwendbar.[1]

II. Inhalt der Entscheidung im Falle der Unvereinbarkeit

1. a) Die Vorschrift trifft ferner nur Bestimmung für die Entscheidung in den Fällen, in denen das geprüfte Recht mit der höheren Norm für unvereinbar gehalten wird. Das BVerfG erklärt in diesem Falle (in Hinblick auf die Gesetzeskraft der Entscheidung) die gerügte Norm für nichtig.[2]

b) Nichtigkeit ist gleich Ungültigkeit **ex tunc** (d. h. vom Zeitpunkt des Erlasses der Norm, weil vorkonstitutionellem Recht vom Zeitpunkt des Inkrafttreten des GG;[3] bei einem nachkonstituinell gewordenen Gesetz von dem Zeitpunkt an, an dem es nachkonstitutionelles Recht geworden ist[4] uU aus Gründen allmählicher Rechtsentwicklung zu einem späteren Zeitpunkt.[5] Maßgeblich ist der Zeitpunkt des ersten Inkrafttretens.[6]

c) Das verfassungswidrige Gesetz ist **eo ipso nichtig**. Das BVerfG stellt das nur deklaratorisch fest.[7]

d) Erstreckt sich der Antrag nur auf **einzelne Teile eines Gesetzes**, so ergeht in der Regel auch nur Entscheidung über die Gültigkeit dieses Teils als Reduzierung des Wortlauts der Norm *(Teilnichtigkeitserklärung)*.[8] Dies kommt vor allem bei materiell-rechtlichen Verstößen in Frage, während Mängel der Zuständigkeit oder des Verfahrens meist das gesamte Gesetz (Rechtsverordnung) ergreift und daher notwendigerweise zu einer Entscheidung über die gesamte Vorschrift führen. Aber auch aus der Nichtigkeit einzelner Vorschriften aus materiellen Gründen folgt die Nichtigkeit des Gesetzes, „wenn sich aus dem objektiven Sinn des Gesetzes ergibt, dass die übrigen mit der Verfassung zu vereinbarenden Bestimmungen keine selbstständige Bedeutung haben, ferner dann, wenn die verfassungswidrige Vorschrift Teil einer Gesamtregelung ist, die ihren Sinn und ihre Rechtfertigung verlieren

---

[1] BVerfGE 18, 283 (300); 109, 279 (347); 110, 141 (174); s. u. Rn. 6.
[2] Grundsätzlich in der Fassung des Gesetzes, die den „Gegenstand des Verfahrens" bildet, s. dazu BVerfGE 92, 158 (186); 92, 91 (121).
[3] Vgl. BVerfGE 1, 14 (36); 7, 377 (387), 8, 51 (71) = NJW 1958, 1131.
[4] BVerfGE 14, 174 (179) = NJW 1962, 1339.
[5] Vgl. BVerfGE 21, 292 (305) = NJW 1967, 1459.
[6] BVerfGE 108, 1 (33); Die Nichtigerklärung wirkt für den gesamten Zeitraum, für den die Norm Gültigkeit beansprucht, BVerfGE 110, 94 (139 f.).
[7] Zur Problematik s. umfassend *Schlaich/Korioth* Rn. 379 ff.
[8] *Schaich/Korioth* Rn. 384.

§ 78

würde, wenn man einen ihrer Bestandteile herausnehmen würde, wenn also die nichtige Vorschrift mit den übrigen Bestimmungen so verflochten ist, dass sie eine untrennbare Einheit bilden, die nicht in ihre Bestandteile zerlegt werden kann".[9]

6   Es kommt auch eine **Teilnichtigkeit ohne Normtextreduzierung** in Betracht, sogenannte funktionelle Teilnichtigkeit: ohne Berührung des Wortlauts wird eine Norm für bestimmte Fallkonstellationen für nichtig erklärt.[10]

Hinsichtlich der gerügten Bestimmungen darf das BVerfG auch prüfen, ob diese Bestimmungen aus anderen, als den geltend gemachten Gründen mit der Verfassung (oder ranghöherem Bundesrecht) vereinbar sind.[11] Es kann sich aber auch der Fall ergeben, dass gleiche (materiell-rechtliche) Mängel, aber in anderen Bestimmungen der gleichen Rechtsvorschrift wiederkehren, ohne die Rechtsvorschrift als ganzes zu erfassen **(Erweiterung).** Diesen Fall will Satz 2 regeln, der das Prüfungs- und Entscheidungsrecht des Gerichts über die gestellten Anträge hinaus erweitert. Er stellt die erweiterte Prüfung und Entscheidung in das Ermessen des Gerichts, das von dieser Möglichkeit dann Gebrauch machen wird, wenn die erweiterte Feststellung zur Wahrung der Rechtsordnung geboten erscheint.[12] Das gilt auch im Verfassungsbeschwerdeverfahren.[13] § 78 S. 2 ist auch anwendbar, wenn eine gleich lautende **Nachfolgevorschrift** ergangen ist.[14] Satz 2 ermächtigt nicht, zu prüfen, ob weitere, nicht gerügte Bestimmungen der gleichen Rechtsvorschrift etwa aus anderen Gründen nichtig sind, als sie hinsichtlich der gerügten Bestimmungen geltend gemacht oder vom Gericht vom Amts wegen nachgeprüft wurden. Eines besonderen Antrags bedarf es zu einer Entscheidung nach Satz 2 nicht.

---

[9] BVerfGE 8, 274; 9, 305 (333); 10, 200 (220); 15, 1 (25); 65, 325 (358); 61, 149 (206); 72, 330 (421); 74, 33 (43); 82, 159 (189) = NJW 1991, 830); diese Grundsätze gelten entsprechend auch für Vertragsgesetze (BVerfGE 12, 205; 22, 134 (152) = NJW 1967, 1707; NJW 2004, 2803. Vgl. dazu *Knopp* ZBR 2005, 145 (147); allgemein *M. Graßhof*, in: UCD, Rn. 18 zu § 78.

[10] S. BVerfGE 8, 51 (52); 81, 228 (229) = NJW 1990, 1900; 107, 104 s. dazu *M. Graßhof*, Die Vollstreckung von Normenkontrollentscheidungen des Bundesverfassungsgerichts, 2003, 301; krit. dazu *Sachs* DVBl. 1979, 389 (391); *Stern*, BK, Art. 93 Rn. 305; *Schlaich/Korioth* Rn. 386.

[11] BVerfGE 1, 14 (41) = NJW 1951, 877.

[12] BVerfGE 4, 387 (398); 7, 320 (326); 29, 1 (10); 63, 181 (196) = NJW 1983, 1968.

[13] BVerfGE 78, 288 (300); 40, 296 (328 f.); 61, 319 (356) = NJW 1983, 271; 92, 53 (73).

[14] BVerfGE 28, 324 (363); 64, 291 (306); 65, 237 (243 f.) = NJW 1984, 365; 92, 53 (73).

Abstrakte Normenkontrolle § 78

2. a) Besondere Schwierigkeiten haben sich für die **Tenorierung** ergeben, wenn eine Norm **Art. 3 GG** verletzt. Eine auf den Gleichheitssatz gestützte Entscheidung des BVerfG muss[15] die Gestaltungsfreiheit des Gesetzgebers möglichst wahren.[16] Das ist bei Gesetzen, die unter Verstoß gegen Art. 3 GG eine bestimmte Personengruppe belasten, ohne weiteres möglich, indem das BVerfG die belastende Norm für nichtig erklärt und dadurch dem Gesetzgeber jede neue Gestaltungsmöglichkeit offenhält. Begünstigt jedoch der Gesetzgeber unter Verstoß gegen Art. 3 GG bestimmte Gruppen, so kann das BVerfG entweder die begünstigende Vorschrift für nichtig erklären oder feststellen, dass die Nichtberücksichtigung einzelner Gruppen verfassungswidrig ist. Eine Norm insoweit für verfassungswidrig zu erklären, als sie etwas nicht anordnet, wäre nicht möglich.[17] Das BVerfG wird die Begünstigung nicht auf die ausgeschlossenen Gruppen erstrecken, wenn nicht mit Sicherheit anzunehmen ist, dass der Gesetzgeber bei Beachtung des Art. 3 GG eine solche Regelung getroffen hätte.[18] Ähnliche Schwierigkeiten ergeben sich auch in anderen Fällen mangelhafter Erfüllung gesetzgeberischer Pflichten.[19]

b) In Fortentwicklung dieser Rechtsprechung hat das BVerfG die **Unvereinbarkeits-Tenorierung** entwickelt.[20] Sie besagt, dass die Nichtigkeitserklärung nicht die ausnahmslose Folge der Nichtigkeitserklärung einer Norm ist. Sie kann auch für bloß verfassungswidrig oder unvereinbar mit dem GG erklärt werden. Das ist dann geboten, wenn durch eine Nichtigerklärung ein Zustand geschaffen würde, der der verfassungsmäßigen Ordnung noch ferner stünde als die verfassungswidrige Regelung **(Fallgruppe 1);** s. auch unten Rn. 9. Eine bloße Unvereinbarkeitserklärung ist vor allem dann angezeigt, wenn der Gesetzgeber mehrere Möglichkeiten hat, den verfassungswidrigen Zustand zu beseitigen **(Fallgruppe 2):**[21] Auch Teil-Unvereinbarkeitser-

7

8

---

[15] Vgl. BVerfGE 8, 28 (37); 13, 248 (261); 14, 308 (311); 15, 46 (76); 17, 148 (152); 18, 288 (302); 22, 349 (360); 23, 1 (10); 24, 220 (224); 28, 227 (242); 29, 71 (83).
[16] BVerfGE 84, 168 (156 f.); 92, 158 (186); 107, 150 (185).
[17] BVerfGE 18, 288 (301); 22, 349 (360) = NJW 1968, 539.
[18] Vgl. BVerfGE 6, 273 (274); 22, 163 (164) = NJW 1967, 2003.
[19] Vgl. BVerfGE 8, 1 (19); 21, 329 = NJW 1967, 1851 zum Besoldungsrecht.
[20] S. dazu ausf. *Schlaich/Korioth* Rn. 394 ff. m. w. Nw. und dazu umfassend *Seunekamp*, Tenorierung von Entscheidungen über Verfassungsbeschwerden und Richtervorlagen, in: UCD, nach § 35 c Rn. 20; *M. Graßhof*, in: UCD, Rn. 59 ff. zu § 78.
[21] BVerfGE 28, 227 (242 f.); 61, 43 (68); 61, 319 (356); 73, 40 (101 f.); 78, 350 (363); 82, 60 (97) = NJW 1990, 2869; 87, 153 (177); 93, 121 (148); 93, 165 (178).

klärungen sind möglich,[22] wenn der verfassungswidrige Teil der Norm nicht klar abgrenzbar ist **(Fallgruppe 3):**[23] Für die Fallgruppe der Unvereinbarkeitserklärung gilt, dass sie in erster Linie dann in Betracht kommt, wenn der Gesetzgeber (wie regelmäßig bei Gehörsverstößen)[24] mehrere Möglichkeiten hat, die Verfassungswidrigkeit einer Norm zu beseitigen.[25]

9   c) Wird eine Norm mit dem GG für unvereinbar erklärt, hat das grundsätzlich zur **Folge,** dass sie in dem sich aus dem Tenor ergebenden Umfang von Gerichten und Verwaltungsbehörden nicht mehr angewendet werden darf.[26] Ausnahmsweise sind verfassungswidrige Vorschriften aber weiter anzuwenden, wenn die Besonderheit der für verfassungswidrig erklärten Norm es aus verfassungsrechtlichen Gründen, insbesondere aus solchen der Rechtssicherheit, notwendig macht, die verfassungswidrige Vorschrift als Regelung für die Übergangszeit fortbestehen zu lassen, damit in dieser Zeit nicht ein Zustand besteht, der von der verfassungsmäßigen Ordnung noch weiter entfernt ist als der bisherige.[27]

10   d) Soweit es **Ausgangsverfahren** gibt (§§ 80, 95) können diese (weiterhin) ausgesetzt werden,[28] bis der Gesetzgeber die verfassungswidrige Norm durch eine mit dem GG vereinbare Regelung ersetzt hat.[29] Es kann aber, auch bezüglich des Ausgangsverfahrens, bei der Anwendbarkeit der bisherigen Regelung bleiben.[30]

11   e) Zur Beseitigung des Mangels kann der Gesetzgeber grundsätzlich Fristen in Anspruch nehmen, wenn hierfür ein sachlicher Grund gege-

---

[22] BVerfGE 83, 130 (144); 85, 386 (401); 90, 60 (105) = NJW 1994, 1942.
[23] BVerfGE 90, 263 (276) = NJW 1994, 2575.
[24] BVerfGE 93, 386 (393); 99, 280 (298). Das hat dazu geführt, dass das aus § 78 sich ergebende Regel-Ausnahmeverhältnis umgekehrt worden ist. Beim Verstoß gegen den allgemeinen Gleichheitssatz ist die Unvereinbarkeitserklärung die Regel, BVerfGE 110, 94 (138).
[25] BVerfGE 105, 73 (133); 107, 150 (185). Das gilt auch, wenn die Verfassungswidrigkeit einer Norm nicht in deren Regelungsgehalt liegt, sondern im Unterlassen, z.B. einer Übergangsregelung für Altfälle, vgl. BVerfGE 107, 150 (185); siehe dazu auch *Schlaich/Korioth* Rn. 408 ff.
[26] BVerfGE 73, 40 (101); 87, 153 (177 f.); 92, 53 (73); 108, 82 (121).
[27] BVerfGE 37, 217 (261); 61, 319 (356); 92, 53 (73); 93, 121 (148); 109, 191, 110, 33 (46); s.a. oben Rn. 8; s. dazu ausf. *Schlaich/Korioth* Rn. 417 ff.
[28] S. dazu etwa BVerfGE 111, 160 (176). Zum Teil auch für Parallelfälle, BVerfGE 37, 217 (265); 52, 369 (370) = NJW 1980, 823, nicht dagegen für Parallelnormen.
[29] BVerfGE 28, 324 (362 f.); 87, 153 (177 f.); 90, 263 (277); 94, 241 (267); 99, 202 (216).
[30] BVerfGE 87, 234 (263); 90, 60 (105) = NJW 1994, 1942.

ben ist.[31] Ein solcher Grund liegt etwa vor, wenn sich der Gesetzgeber bei der **Neuregelung eines komplexen Sachverhalts** zunächst mit einer typisierenden Regelung begnügt hat, um diese nach hinreichender Sammlung von Erfahrungen zu verbessern, oder dann, wenn die tatsächlichen Verhältnisse sich im Rahmen einer langfristigen Entwicklung so verändert haben, dass eine einfache und schnell zu verwirklichende Anpassung nicht möglich ist[32] Es ist aber immer eine Sache des Einzelfalls, ob der Gesetzgeber „schnell"[33] oder „alsbald"[34] handeln muss oder ob ihm eine konkrete Frist (z. B. bis zum Ablauf der nächsten Legislaturperiode,[35] gesetzt wird. Fehlt es an jedem Hinweis (auf besondere Schwierigkeiten/eine bestimmte Zeitspanne) so wird man von der Dauer einer Legislaturperiode als angemessene **„Nachbesserungszeit"** ausgehen können. Nimmt der Gesetzgeber mehr Zeit für sich in Anspruch, so ergeben sich für die Betroffenen nur dann Rechtsansprüche aus einem Unterlassen des Gesetzgebers, wenn es sich um einen im Sinne des § 31 II eindeutig fixierten Zeitpunkts gehandelt hat. In welchem Umfang der Gesetzgeber selbst gebunden ist, hängt allein von § 31 ab.[36]

f) Der Gegenstand der Regelungspflicht des Gesetzgebers erfasst „zunächst alle noch nicht rechtskräftigen Entscheidungen, die auf den für verfassungswidrig erklärten Regelungen beruhen".[37]   12

3. Die Appellentscheidung

Das BVerfG kann auch feststellen, ein Gesetz sei **noch verfassungsgemäß**; das Gericht appelliert aber an den Gesetzgeber, einen verfassungsgemäßeren Zustand herzustellen.[38] Außerdem muss der Gesetzgeber auch das Auftreten verfassungswidriger Zustände verhindern. Insoweit wird ihm auferlegt, „die Auswirkungen der Vorschrift weiter (zu) beobachten und die Regelung ggf. nach (zu)bessern".[39]   13

---

[31] BVerfGE 66, 214 (225); 89, 15 (27) = NJW 1994, 122.
[32] BVerfGE 54, 11 (37); 89, 15 (27) = NJW 1994, 122.
[33] BVerfGE 89, 15 (27) = NJW 1994, 122.
[34] BVerfGE 90, 60 (105) = NJW 1994, 1942.
[35] BVerfGE 90, 263 (276 f.) = NJW 1994, 2575; 98, 365 (402); 99, 202 (216); 105, 73 (75); 106, 166 (167); 108, 82 (121); 110, 33 (76).
[36] Zu Normwiederholungsverboten vgl. *Gerber* DÖV 1989, 698 (704); *Detterbeck* AöR 116 (1991), 391 ff. und BVerfGE 77, 84 (103 ff.) = NJW 1988, 1195.
[37] BVerfGE 87, 153 (178).
[38] Vgl. *Rupp-von Brünneck*, in: FS f. G. Müller, 1970, 355 ff.; *Pestalozza*, in: Bundesverfassungsgericht und Grundgesetz, Bd. I, 1976, 519 ff.; *Badura*, in: FS f. Eichberger, 1982, 481 ff.; *Schulte* DVBl. 1988, 1200; *Schlaich/Korioth* Rn. 431 ff.; BVerfGE 16, 130 = NJW 1963, 1600; *Yang*, Die Appellentscheidungen des Bundesverfassungsgerichts, 2003. S. a. Rn. 35 zu § 95.
[39] BVerfGE 87, 348 (358) = NJW 1995, 1057.

III. Inhalt der Entscheidung bei vereinbaren Normen

14 1. Für den im Gesetz nicht näher geregelten Fall, dass das Gericht zur Feststellung gelangt, die gerügte Rechtsvorschrift sei mit der Vergleichsnorm vereinbar, hat BVerfGE 1, 14 = NJW 1951, 877 unter Hinweis auf die Gesetzeskraft der ergehenden Entscheidung folgende **Grundsätze** entwickelt:

„Ist das BVerfG zuständig, alle erkennbaren Nichtigkeitsgründe nachzuprüfen, so hat es die Gültigkeit positiv festzustellen; dies trifft für die verfassungsrechtliche Kontrolle von Bundesrecht zu. Bildet dagegen eine Vorschrift des Landesrechts den Gegenstand der Nachprüfung, dann kann sich ergeben, dass sie mit Bundesrecht vereinbar ist; gleichwohl könnte es aus Gründen des Landesrechts, zu deren Nachprüfung das BVerfG in der Regel nicht zuständig ist, nichtig sein: deshalb kann in solchen Fällen das BVerfG die Gültigkeit nicht feststellen: es muss sich beschränken, den Antrag zurückzuweisen."

Das BVerfG stellt in solchen Fällen fest, dass das angefochtene Gesetz mit dem Bundesrecht – oder der konkreten Rechtsnorm – vereinbar ist oder nicht hiergegen verstößt.[40]

15 2. Zu einer Vereinbarkeitserklärung kann es auch auf Grund einer **verfassungskonformen Auslegung** kommen.[41]

16 In der Rechtsprechung hat dieser Topos inzwischen folgenden Stand erreicht:[42]

„Die Gerichte sind gehalten, sich um eine verfassungskonforme Auslegung des einfachen Rechts zu bemühen, denn der Respekt vor der gesetzgebenden Gewalt gebietet es, im Rahmen des verfassungsrechtlich Zulässigen so viel wie möglich von dem aufrecht zu erhalten, was der Gesetzgeber gewollt hat, vgl. BVerfGE 86, 288 [320] = NJW 1992, 2947, m. w. Nw. Die verfassungskonforme Auslegung findet ihre Grenze aber dort, wo sie zu dem Wortlaut und dem klar erkennbaren Willen des Gesetzgebers in Widerspruch treten würde (vgl. BVerfGE 54, 277 [299 f.]; 71, 81 [105] = NJW 1986, 1093). Respekt vor dem demokratisch legitimierten Gesetzgeber verbietet es, im Wege der Auslegung einem nach Wortlaut und Sinn eindeutigen Gesetz einen entgegenstehenden Sinn zu verleihen oder den normativen Gehalt einer Vorschrift neu zu bestim-

---

[40] Vgl. BVerfGE 7, 29 (30); 8, 229; 10, 141 (142); 13, 356; 15, 67 (169); 18, 159 (160); s. dazu *Benda/Klein* Rn. 757; Zur Frage, ob entsprechendes nicht auch für Bundesrecht gilt, vgl. *Scheuner* DVBl. 1952, 616.

[41] *Zippelius,* Verfassungskonforme Auslegung von Gesetzen, in: Bundesverfassungsgericht und Grundgesetz, Bd. I, 1976, 108 ff.; Bettermann, Die verfassungskonforme Auslegung, 1986; *Voßkuhle* AöR 123 (2000), 177; *Schlaich/Korioth* Rn. 440 ff. Rn. 405 ff.

[42] Vgl. BVerfGE 90, 263 (276) = NJW 1994, 2575.

men. Eine solche Korrektur des Gesetzes würde auch dem Sinn des Art. 100 Abs. 1 GG zuwiderlaufen, der die Autorität des parlamentarischen Gesetzgebers im Verhältnis zur Rechtsprechung wahren soll (vgl. *BVerfGE* 63, 13 [121]; 86, 71 [77])".

IV. Gesetzeskraft der Entscheidung

Entscheidungen nach § 78 haben (abgesehen von den Fällen rein prozessualer Abweisung) Gesetzeskraft (§ 31 II). 17

§ 79 [Wirkungen der Entscheidung]

(1) Gegen ein rechtskräftiges Strafurteil, das auf einer mit dem Grundgesetz für unvereinbar oder nach § 78 für nichtig erklärten Norm oder auf der Auslegung einer Norm beruht, die vom Bundesverfassungsgericht für unvereinbar mit dem Grundgesetz erklärt worden ist, ist die Wiederaufnahme des Verfahrens nach den Vorschriften der Strafprozeßordnung zulässig.

(2) Im übrigen bleiben vorbehaltlich der Vorschrift des § 95 Abs. 2 oder einer besonderen gesetzlichen Regelung die nicht mehr anfechtbaren Entscheidungen, die auf einer gemäß § 78 für nichtig erklärten Norm beruhen, unberührt. Die Vollstreckung aus einer solchen Entscheidung ist unzulässig. Soweit die Zwangsvollstreckung nach den Vorschriften der Zivilprozeßordnung durchzuführen ist, gilt die Vorschrift des § 767 der Zivilprozeßordnung entsprechend. Ansprüche aus ungerechtfertigter Bereicherung sind ausgeschlossen.

Schrifttum: *Steiner,* Wirkungen der Entscheidungen des Bundesverfassungsgerichts auf rechtskräftige und unanfechtbare Entscheidungen, in: Bundesverfassungsgericht und Grundgesetz, Bd. I, 1976, S. 628; *Mönch,* Verfassungswidriges Gesetz und Normenkontrolle, 1977; *J. Ipsen,* Rechtsfolgen der Verfassungswidrigkeit von Norm und Einzelakt, 1980, 276; *Birk,* Die Rechtsfolge verfassungswidriger Ausgaben wirksamer Gesetze im Bereich der Finanzverfassung, BayVBl. 1981, 673; *Wasserburg,* § 79 Abs. 1 BVerfGG im Spannungsverhältnis zwischen Sicherheit und materieller Gerechtigkeit, StV 1982, 237; *Dingeldey,* Strafrechtliche Konsequenzen einer etwaigen Nichtigkeitserklärung des Parteienfinanzierungsgesetzes durch das Bundesverfassungsgericht, NStZ 1985, 337; *Trzaskalik,* Zu den Folgen, wenn das Bundesverfassungsgericht Gesetze für nichtig erklärt, DB 1991, 2255; *Zimmermann,* Wiederaufnahme von Bagatellverfahren nach dem Cannabis-Beschluß des BVerfG?, NJW 1995, 2471; *Steiner,* Zum Entscheidungsausspruch und seinen Folgen bei der verfassungsrechtlichen Normenkontrolle, in: FS f. Leisner, 1989, 569; *Dehn,* Liegt in der Rechtsprechung des Bundesverfassungsgerichts zum Verfolgungshindernis bzw. zur Strafmilderung in Fällen von geheimdienstlicher Agententätigkeit von Angehörigen des MfS der früheren DDR ein Wiederaufnahmegrund? NStZ 1997, 143; *Raab,* Zur analogen Anwendung des § 79 Abs. 2 S. 3 BVerfGG, 767 ZPO bei verfassungswidrig ausgelegten Normen, insbesondere bei Bürgschaften vermögensloser Familienangehöriger, 1999; S*pellbrink/Hellmich,* Zum Verhältnis von § 44 Abs. 1 SGB X zu § 79 Abs. 2 BVerfGG, SGb 2001, 605; *Wesser,* Sittenwidrige Baugeschäftsverträge – Unzulässigkeit der Zwangsvollstreckung gem. § 79 I BVerfG analog?, NJW 2004, 475; *Chantelau,* Zur Auslegung des § 79 II BVerfGG bei nach dem (nichtigen) 5. HRGÄndG befristeten Arbeitsverträgen mit wissenschaftlichen Angestellten, NVwZ 2004, 1444.

I. Allgemeines

1. **1.** Die nach § 78 festgestellte Nichtigkeit einer generellen Norm wirkt grundsätzlich **ex tunc,** d. h. es wird rückwirkend die Rechtsgrundlage aller auf der betreffenden Rechtsnorm beruhenden Rechtsverhältnisse zerstört, s. Rn. 5 zu § 78. Eine konsequente Regelung in diesem Sinne würde weithin mit dem Gebot des Vertrauensschutzes und der Wahrung der Rechtssicherheit in Konflikt geraten und hätte überaus schwierige Probleme aufgeworfen.

2. Das Gesetz hat sich für einen mittleren Weg entschieden, der zwar auch nicht allgemein befriedigen kann, aber offensichtlich doch vom Rechtsleben als best erreichbare Lösung akzeptiert wird.[1] Bestrebungen, anlässlich des 4. ÄndG vom 21. 12. 1970 (BGBl. I S. 1765) auch eine Änderung des § 79 vorzusehen, die dem Gericht die ausdrückliche Anerkennung einer befristeten Weitergeltung inhaltlich verfassungswidriger Verfassungsnormen gestattet hätte, haben sich nicht durchgesetzt.[2] Das Gesetz beschränkt sich allerdings auf eine Regelung für öffentlich-rechtliche Akte (straf- und zivilrechtliche Urteile und Verwaltungsakte), wofür vor allem ein gesetzgeberisches Bedürfnis bestand. Das BVerfG[3] hat entgegen Einwendungen im Schrifttum[4] die Rechtsgültigkeit der Regelung des § 79 unter dem Gesichtspunkt der Gleichwertigkeit des Grundsatzes der Rechtssicherheit und des Rechtsfriedens mit dem der Gerechtigkeit anerkannt.[5]

---

[1] S. auch Bericht des BMI im BT vom 15. 3. 1964, BT-Drs. IV/2126.

[2] Vgl. *Puppe* DVBl. 1970, 317 ff., *Pestalozza* AöR Bd. 96 (1971), 27 ff., *Dietlein* DVBl. 1971, 125 (126).

[3] BVerfGE 2, 380 (404); 7, 194 (195); 11, 263 (265); 20, 230 (235); 53, 115 (130).

[4] Vgl. *Kuntze* NJW 1957, 778.

[5] S. a. BVerfGE 32, 387 (390); 53, 115 (130); 97, 35 (48). Zustimmend *Benda/Klein* Rn. 1261; *Bethge,* in: MSKB, Stand 2001 Rn. 8 zu § 79; kritisch *Schlaich/Korioth* Rn. 393.

2. a) § 79 ist der **allgemeine Rechtsgrundsatz** zu entnehmen, dass eine Entscheidung des BVerfG, mit der eine Vorschrift für nichtig oder mit dem GG für unvereinbar erklärt wird, grundsätzlich keine Auswirkungen auf abgewickelte Rechtsbeziehungen haben soll[6] dass aber für die Zukunft die sich aus der Bedeutung solcher Akte ergebenden Folgen abgewendet werden sollen.[7]

b) Dieser allgemeine Grundsatz greift schon gar nicht, wenn die betroffenen Behörden- oder Gerichtsentscheidungen nach dem maßgeblichen Verfahrensrecht noch mit Rechtsmitteln oder Rechtsbehelfen angreifbar sind.

Der allgemeine Grundsatz ist durchbrochen, soweit es sich um rechtskräftige Strafurteile handelt (§ 79 I) und bei Vollstreckungsmaßnahmen nach der ZPO (§ 79 II 3).

II. Zu Abs. 1 (Wirkung auf Strafurteile)

1. Nach der ursprünglichen Fassung des Gesetzes war gegenüber rechtskräftigen Strafurteilen, die auf einer für nichtig erklärten Norm beruhen, Wiederaufnahme nach den Vorschriften der StPO zulässig.[8] Die Novelle vom 21. 12. 1970 (BGBl. I S. 1765) hat diese Vorschrift dahin erweitert, dass die **Wiederaufnahme des Verfahrens** auch zulässig ist gegenüber Strafurteilen, die auf einer mit dem GG für unvereinbar erklärten Norm (etwa aus Gründen des Art 3 GG) oder (möglichst mit entsprechender Feststellung des BVerfG im Tenor der Entscheidung, namentlich über Verfassungsbeschwerden) auf der Auslegung einer Norm beruhen, die vom BVerfG für unvereinbar mit dem GG erklärt worden ist. Die Rechtswirkung des Strafurteils wird also nicht unmittelbar aufgehoben, sie wird jedoch anfechtbar.[9] Abs. 1 normiert einen neuen Wiederaufnahmegrund, den es bisher im Strafprozess nicht gab.[10] § 79 gilt nur für **Strafurteile**, die auf einer für nichtig erklärten Norm des materiellen Strafrechts, nicht auch für Urteile, die auf nichtigen Normen des Gerichtsverfassungs- oder -verfahrensrechts beruhen.[11] Das in Abs. 2 S. 2 ausgesprochene Vollstre-

---

[6] S. u. Rn. 5 f.; BVerfGE 32, 387 (389 f.).

[7] BVerfGE 20, 230 (236); 97, 35 (48). Dazu gehört auch die Befugnis des Gesetzgebers, eine Neuregelung auf bestandskräftige Akte zu erstrecken, vgl. BVerfGE 100, 59 (104); 100, 138 (195). Verpflichtet ist der Gesetzgeber dazu nicht.

[8] Strittig, ob nur zugunsten des Angeklagten oder auch zu seinen Ungunsten, s. *Maurer* JZ 1963, 666.

[9] S. BVerfGE 15, 303 (308) = NJW 1963, 757.

[10] *Bethge*, in: MSKB, Stand 2001 Rn. 25 zu § 79.

[11] BVerfGE 11, 203; 12, 338 (341); im Ergebnis ebenso *Röhl* NJW 1960, 179

ckungsverbot kann sich nach seiner Stellung im Gesetz nur auf die in Abs. 2 S. 1 geregelten Entscheidungen, nicht aber auf die in Abs. 1 geregelten Strafurteile beziehen.[12]

6   **2.** § 79 I unterscheidet zwischen **drei Varianten**: der für unvereinbar mit dem GG erklärten Norm (siehe Rn. 8 ff. zu § 78), der nach § 78 für nichtig erklärten Norm (siehe Rn. 3 ff. zu § 78) und der vom BVerfG für grundgesetzwidrig erklärten Auslegung einer Strafrechtsnorm. Es handelt sich bei der dritten Variante um einen Anwendungsfall verfassungskonformer Auslegung (siehe Rn. 15 f. zu § 78).[13]

7   **3.** Das rechtskräftige Strafurteil muss auf der verfassungswidrigen Norm(auslegung) beruhen. Das setzt voraus, dass das Instanzgericht die fragliche Norm angewendet hat und dass das Urteil ohne die Anwendung dieser Norm anders ausgefallen wäre. Die Möglichkeit, dass das Urteil auf der verfassungswidrigen Norm(auslegung) beruht, reicht aus.[14]

III. Zu Abs. 2

8   **1.** Abs. 2 S. 1 ist der Grundsatz zu entnehmen, dass alle sonstigen staatlichen Hoheitsakte, die einfach-rechtlich nicht mehr angreifbar sind, die aber auf einer verfassungswidrigen Norm(auslegung) beruhen, rechts- oder bestandskräftig bleiben.[15] Abs. 2 S. 1 statuieren also eine allgemeine **Fortbestandsgarantie** bzw. ein Rückabwicklungsverbot. Deshalb sind auch Ansprüche aus ungerechtfertigter Bereicherung ausgeschlossen (Abs. 2 S. 4). Zwar spricht Abs. 2 S. 1 nur von Normen, die nach § 78 für nichtig erklärt worden sind. Die beiden in Abs. 1 enthaltenen Unvereinbarkeitsvarianten gelten aber auch für Abs. 2 S. 1.[16] Vom Grundsatz des Unberührtbleibens macht Abs. 2 S. 1 zwei Ausnahmen.

---

(180); *Kern* JZ 1960, 242 (246); *Kleinknecht* NJW 1952, 1190; *Knoll* JZ 1956, 358 (359); aA *Arndt* NJW 1961, 14; *Hoppner* NJW 1960, 513; *Zimmermann* NJW 1995, 2471 (2472 f.).

[12] BVerfGE 15, 303 (308); 15, 309 (312) = NJW 1963, 756; s. dazu *Benda/Klein* Rn. 1258.

[13] Zu den damit verbundenen Problemen vgl. *Bethge*, in: MSKB, Stand 2001, Rn. 34 zu § 49; ausführlich *Wesser* NJW 2001, 475 (478).

[14] *Kleinknecht/Meyer-Goßner*, StPO, 46. Aufl. 2005, Rn. 37 zu § 337 StPO.

[15] Das Gesetz spricht davon, die Entscheidungen blieben „unberührt" (siehe dazu *Bethge*, in: MSKB, Stand 2001, Rn. 54 zu § 79. Das muss man als Sammelbegriff für den Eintritt der formellen Rechts- oder Bestandskraft verstehen.

[16] *Bethge*, in: MSKB, Stand 2001, Rn. 45 zu § 79; BVerfGE 37, 217 (262 f.); 48, 327 = NJW 1978, 2289.

§ 79

a) Die eine Ausnahme betrifft § 95 II. Insoweit wird auf die Sonderregelung für ein erfolgreiches Verfassungsbeschwerdeverfahren verwiesen. Die Folgenregelung ist allerdings nicht unproblematisch, weil die Verfassungsbeschwerde keine aufschiebende Wirkung hat (vgl. Rn. 14 zu § 90) und deshalb den Vollzug der Ausgangsentscheidung nicht hindert; auch bleibt es in der Regel bei der Belastung des Beschwerdeführers mit den Kosten des Ausgangsverfahrens. Die Aufhebung der Ausgangsentscheidung löst diese Probleme nicht. Folgerichtig hat das BVerfG aber die schwierige Anpassung an die geänderte Rechtslage nur auf das noch anhängige Ausgangsverfahren bezogen,[17] es aber gelegentlich dem Gesetzgeber nicht nur überlassen, sondern aufgegeben, die Rechtslage rückwirkend zu ändern.[18]

9

b) Darüber hinaus ist es dem Gesetzgeber unbenommen, durch eine von § 79 II abweichende Sonderregelung die Folgenbewältigung eigenständig zu gestalten.[19]

10

2. In den verschiedenen einfach-rechtlichen Teilrechtordnungen ist folgendes zu beachten:

11

a) Verwaltungsrecht. aa) Bestandskräftige Verwaltungsakte können nach § 51 VwVfG aufgehoben oder geändert werden (u.a.), wenn sich die Rechtslage geändert hat. Eine Änderung der Rechtslage ergibt sich aber nicht aus der Tatsache, dass das BVerfG eine Rechtsnorm für nichtig erklärt hat.[20]

12

Die Behörde ist aber andererseits auch nicht gehindert, nach § 51 VwVfG zu verfahren. Verwaltungsakte mit Dauerwirkung müssen für die Zukunft angepasst werden.

13

---

[17] Z. B. BVerfGE 99, 216 (245 f.); 99, 268 (272 f.).

[18] BVerfGE 99, 216 (246).

[19] Dass die Sonderregelung jeweils darauf angelegt ist, von § 79 II freizuzeichnen, kann man nicht fordern. Auch für den einfachen Gesetzgeber gilt, dass der Sinn seiner Regelung nach herkömmlichen Methoden zu beurteilen ist. Der in der Entstehungsgeschichte zum Ausdruck kommende Wille ist nur ein Auslegungselement; aA *Steiner,* in: FS f. Leisner, 1999, 569 (580). Selbst wenn man auf die Entstehungsgeschichte zurückgreift, führt das im Übrigen zu einem Vorrang des § 44 SGB X, so zutreffend *Spellbrink/Hellmich,* SGb 2001, 605 (607 ff.).

[20] BVerwG, DVBl. 1991, 65; zustimmend *Bethge,* in: MSKB, Stand 2001, Rn. 49 zu § 79; *Pietzner,* in: Schoch/Schmitt-Aßmann/Pietzner, VwGO, Stand 2004, Rn. 54 zu § 183 VwGO. Die Rücknahme des Verwaltungsakts nach § 48 VwVfG bleibt, wenn auf die Nichtigkeit/Unvereinbarkeit der zugrunde liegenden Rechtsnorm vom BVerfG erkannt worden ist, zulässig, vgl. *Kopp/Ramsauer,* VwVfG, 8. Aufl 2003, Rn. 32 zu § 48 VwVfG. Einen Rechtsanspruch hat der Betroffene auch hier nicht, so zutreffend *Schlaich/Korioth* Rn. 392.

§ 79
Teil III. Einzelne Verfahrensarten

14   **bb)** Hat ein LVerfG auf die Verfassungswidrigkeit einer Norm erkannt, so gilt die § 79 II vergleichbare Regelung des § 183 VwGO. Auf Normenkontrollentscheidungen nach § 47 VwGO ist sie entsprechend anzuwenden.

15   **b) Sozialrecht. aa)** Für die Rücknahme eines rechtswidrigen, nicht begünstigten Verwaltungsaktes gibt es in § 44 SGB X eine Sonderregelung. Für welche Sachverhalte sie greift, ist im sozialrechtlichen Schrifttum umstritten.[21]

16   Für die Nichtigerklärung einer Norm durch das BVerfG soll § 44 SGB X vorgehen.[22] Diese Begrenzung überzeugt allerdings angesichts der einheitlichen Rechtsquelle von Nichtigkeit, bloßer Unvereinbarkeit und unvereinbarer verfassungskonformer Auslegung[23] nicht. Der Vorrang des § 44 SGB X erfasst alle vorgenannten Entscheidungsformen.

17   **bb)** Für sozialgerichtliche Urteile fehlt eine § 183 VwGO entsprechende Regelung.

18   **c) Steuerrecht.** § 157 FGO enthält eine ebenfalls auf § 79 II aufbauende, § 183 VwGO vergleichbare Vorschrift.[24]

19   **d) Zivilrecht.** Ungeklärt lässt das Gesetz die Frage der Rechtswirkung einer Entscheidung nach § 78 für den Rechtsverkehr nach bürgerlichem Recht. Zu denken ist vor allem an Fälle der freiwilligen Erfüllung von **Rechtspflichten bürgerlich-rechtlicher Art,** die sich aus einem später für nichtig erklärten Gesetz ergeben. Diese Frage könnte allerdings als gelöst gelten, wenn Satz 4, wonach Ansprüche aus ungerechtfertigter Bereicherung ausgeschlossen sind, nicht nur für die Fälle der vorausgehenden Sätze, dh für Urteile und Verwaltungsakte, sondern auch für den bürgerlichen Rechtsverkehr Geltung hätte. Dies wäre nach dem Wortlaut möglich, widerspräche aber wohl dem Zusammenhang der Vorschrift und würde die Bedenken gegen die gesetzliche Regelung unter dem Gesichtspunkt materieller Gerechtigkeit verstärken. Hält man gleichwohl die weite Auslegung für richtig, so wird stets derjenige, der im Vertrauen auf die Gültigkeit eines später für nichtig erklärten Gesetzes vorgeleistet hat, in einen nicht mehr heilbaren Rechtsnachteil versetzt, der vom Gesetz im Interesse der Rechtssicherheit und des Rechtsfriedens in

---

[21] *Spellbrink/Hellmich,* SGb 2001, 605; *Blüggel,* SGb 2003, 507; *v. Wulffen/Wiesner,* SGB X, 5. Aufl., 2005, Rn. 23 zu § 44 SGB X.
[22] BSGE 64, 62; dagegen *Steiner,* in: FS f. Leisner, 1999, 569 im Hinblick auf die mit § 79 II 1 beabsichtigte Entlastungsfunktion.
[23] *Bethge,* in: MSKB, Stand 2001, Rn. 45 zu § 79.
[24] Siehe dazu *Brandis,* in: Typke/Kruse AO/FGO, Stand 2003, Anm. zu § 157 FGO.

Kauf genommen wird. Hält man, ausgehend von einer engeren Auslegung des Satz 4 Bereicherungsansprüche in solchem Falle für zulässig, so wird man sie auch für einklagbar erklären müssen.[25] Eine ergänzende Regelung für den privaten Rechtsverkehr ist gefordert worden.[26]

Man wird demgegenüber grundsätzlich daran festzuhalten haben, dass § 79 II 1 die Rückabwicklung zivilrechtlicher Rechtsgeschäfte, die auf verfassungswidrigen Normen im Sinne des § 78 beruhen, ausscheidet.[27] Da das BVerfG § 79 II für entsprechend anwendbar erklärt hat,[28] führt das dazu, dass zivilrechtliche Rückabwicklungs- und Anpassungsregeln ausscheiden.[29] Das schließt es allerdings nicht aus, dass der Gesetzgeber für die Zukunft Regelungen trifft, die nicht an Erwägungen der Rechtssicherheit, sondern an denen der materiellen Gerechtigkeit orientiert sind.[30]

e) Arbeitsrecht. Ein Sonderfall privater Rechtsverhältnisse sind die Arbeitsrechtsverhältnisse. Die damit verbundenen Probleme spielen im Zusammenhang mit dem vom BVerfG für nichtig erklärten 5. HRG-ÄndG eine Rolle.[31] Das betrifft die rechtliche Beurteilung von im Zeitpunkt der Entscheidung schon eingetretener Beendigung befristeter Arbeitsverhältnisse ebenso wie den Sachverhalt noch nicht beendeter Verträge. Wendet man auch hier § 79 II entsprechend an, so kann in beiden Sachverhaltskonstellationen nicht mit der Verfassungswidrigkeit des 5. HRG-ÄndG argumentiert werden. 20

3. a) § 79 II 2 enthält – mit Ausnahme der rechtskräftigen Strafurteile (siehe oben Rn. 5) eine **Vollstreckungssperre**. Sie tritt mit der Wirksamkeit der verfassungsgerichtlichen Entscheidung ein. Ist zu diesem Zeitpunkt vollstreckt, bleibt es dabei. Die Vollstreckungssperre betrifft Verwaltungsakte und Gerichtsentscheidungen. Sie greift nicht ein, wenn das BVerfG auf einstweilige Weitergeltung der verfassungswidrigen Norm erkannt hat. Ob § 79 II 2 auf Fälle verfassungskonformer Auslegung anzuwenden ist, ist umstritten.[32] 21

---

[25] Vgl. hierzu *Geiger* DRiZ 1951, 172 (174).
[26] *Götz* NJW 1959, 809; hiergegen *Arndt* NJW 1959, 2145 (2147); s. ferner *Hoffmann* JZ 1961, 193; *Löwisch* JZ 1961, 731; s. dazu *Pestalozza* § 20 Rn. 80; s. dazu *M. Graßhof*, in: UCD, Rn. 42 zu § 79.
[27] *Bethge*, in: MSKB, Stand 2001, Rn. 79 zu § 79; *Benda/Klein* Rn. 1260.
[28] BVerfGE 32, 387 (389); 97, 35 (48); 98, 365 (402); 104, 51 (57).
[29] Siehe dazu auch *Wesser* NJW 2001, 475.
[30] BVerfGE 97, 35 (48); 98, 365 (402).
[31] BVerfG NJW 2004, 2803; siehe dazu *Chantelau* NVwZ 2004, 1444; *Knopp* ZBR 2005, 145.
[32] Siehe dazu die Nachweise bei *M. Graßhof*, in: UCD, Rn. 38 f. zu § 79.

22 b) § 79 II 3 gibt dem Schuldner, soweit nach der ZPO vollstreckt wird (vgl. § 167 VwGO, § 198 SGG) in entsprechender Anwendung des § 767 ZPO das Mittel der Vollstreckungsgegenklage. Mit ihr kann der Schuldner das Vollstreckungsverbot durchsetzen.

23 c) Der Ausschluss von Ansprüchen aus ungerechtfertigter Bereicherung in § 79 II 4 hat klarstellende Bedeutung (siehe oben Rn. 8, 19).[33]

Elfter Abschnitt. Verfahren in den Fällen des § 13 Nr. 11 und 11a

Vorbemerkung vor §§ 80 ff.

Schrifttum: *Bettermann,* Die konkrete Normenkontrolle und sonstige Gerichtsvorlagen, in: Bundesverfassungsgericht und Grundgesetz, Bd. I, 1976, S. 323; *Mönch,* Verfassungswidriges Gesetz und Normenkontrolle, 1977; *Pestalozza,* Die Richtervorlage im Eilverfahren, JuS 1978, 312; *Ulsamer,* Zulässigkeitsvoraussetzungen des konkreten Normenkontrollverfahrens in der Rechtsprechung des BVerfG, BayVBl. 1980, 519; *Gerantas,* Das konkrete Normenkontrollverfahren unter Berücksichtigung der Rechtsprechung des BVerfG, DVBl. 1981, 1089; *Erichsen,* Die konkrete Normenkontrolle: Art. 100 Abs. 1 GG, Jura 1982, 88; *W. Schmidt,* Die vorbeugende konkrete Normenkontrolle durch das BVerfG, NVwZ 1982, 181; *Roewer,* Vorbeugende Normenkontrolle durch das Bundesverfassungsgericht?, NVwZ 1983, 145; *Goerlich,* Vorlagepflicht und Eilverfahren, JZ 1983, 57; *Millgramm,* Mehrfachvorlagen und konkrete Normenkontrolle gem. Art. 100 Abs. 1 GG, Jura 1983, 354; *Geiger,* Das Verhältnis von BVerfG und vorlegendem Gericht im Falle der konkreten Normenkontrolle, EuGRZ 1984, 409; *Aretz,* Neues zur Richtervorlage nach Art. 100 Abs. 1 GG, JZ 1984, 918; *ders.,* Der unbeschiedene Fachrichter, NVwZ 1984, 472; *Sachs,* Die konkrete Normenkontrolle – nur ein Instrument zum Schutze subjektiver Rechte der Beteiligten? DVBl. 1985, 1106; *Chryssogonos,* Verfassungsgerichtsbarkeit und Gesetzgebung, 1987; *Hein,* Die Unvereinbarerklärung verfassungswidriger Gesetze durch das Bundesverfassungsgericht, 1988; *Zierlein,* Zur Prozeßverantwortung der Fachgerichte im Lichte der Verwerfungskompetenz des Bundesverfassungsgerichts nach Art. 100 Abs. 1 GG, in: FS f. Benda, 1995, 457; *Pietzker,* Richtervorlage im Eilverfahren?, in: J. Ispen (Hrsg.), Verfassungsrecht im Wandel, 1995, 623; *Zierle,* Zur Prozessverantwortung der Fachgerichte im Lichte der Verwerfungskompetenz des Bundesverfassungsgerichts nach Art. 100 Abs. 1 GG, in: FS f. Benda, 1995, 457; *Baumgarten,* Anforderungen an die Begründung von Richtervorlagen, 1996; *T. Schmitt,* Richtervorlagen im Eilverfahren?, 1997; *Wollweber,* Richtervorlagen in der Rechtsprechung des BVerfG, AöR 122 (1997), 610; *Wollweber,* Aktuelle As-

---

[33] Vgl. dazu im Einzelnen *Bethge,* in: MSKB, Stand 2001, Rn. 66 ff. zu § 79.

pekte der konkreten Normenkontrolle durch das BVerfG, DÖV 1999, 413; *Heun,* Normenkontrolle, in: FS 50 Jahre BVerfG, Bd. 1, 2001, 615 (621 ff.); *Sommer,* Bundesverwaltungsgericht und Bundesverfassungsgericht: Richtervorlagen und Verfassungsbeschwerden, in: FS 50 Jahre Bundesverwaltungsgericht, 2003, 19.

I. Allgemeines

Dass es verfassungswidriges Recht geben kann, beruht auf dem **Vorrang der Verfassung.**[1] Da von der weiteren Prämisse auszugehen ist, dass Normen, die gegen die Verfassung verstoßen, von Anfang an nichtig sind (siehe Rn. 4 zu § 78), stellt sich die Frage, wer diese Nichtigkeit verbindlich feststellt. Das kann durch das BVerfG auf Antrag der in § 76 genannten Antragsteller im Wege der abstrakten Normenkontrolle geschehen, also ohne das Vorhandensein eines Streitfalls. Es muss aber auch das Problem gelöst werden, was aus Anlass eines Streitfalls zu geschehen hat. Findet die Auseinandersetzung vor den Behörden statt und fehlt es noch an einer Entscheidung des BVerfG, wird damit die Normenkontrolle der Verwaltung angesprochen. Angesichts der Gesetzesbindung der Verwaltung (Art. 20 III GG) müsste es eigentlich neben dem Prüfungsrecht entweder ein Aussetzungs- oder ein Verwerfungsrecht der Verwaltung geben.[2] Welche Rechte und Pflichten der Verwaltung zustehen, ist bis heute nicht abschließend geklärt.[3] Sieht man einmal davon ab, dass die Verwaltung eigene Normsetzungsbefugnisse haben oder diese Befugnisse durch Vorlage im hierarchischen Verwaltungsaufbau aktivieren kann, so bleibt nur die „finale Vorlage" an die Regierung, und damit an eine nach Maßgabe des § 76 für die abstrakte Normenkontrolle antragsbefugte Antragstellerin. Da die Gesetze bis zu einer abweichenden Entscheidung eines dafür zuständigen Gerichts gültig sind, bleibt die Verwaltung gebunden.

Für die Gerichte sieht das GG zwar eine Prüfungsbefugnis des zuständigen Gerichts vor. Für nachkonstitutionelles und formelles Gesetzesrecht besteht aber eine Aussetzungsverpflichtung und dieser folgend die Verwerfungskompetenz des BVerfG (Art. 100 I GG).[4] Für vor-

1

---

[1] *Wand,* Der Staat 20 (1981), 485.
[2] Vgl. dazu meinen Methodenstreit mit *Bachof,* AöR 87 (1962), 1; *Zuck* DÖV 1962, 657, *Bachof* DÖV 1962, 659.
[3] Vgl. *Kopp* DVBl. 1983, 821; *Gerhardt,* in: Schoch/Schmitt-Aßmann/Pietzner, VwGO, Stand 1998, Rn. 7 ff. vor § 47 VwGO m. w. Nw.
[4] Man kann dem nicht auch noch eine vorläufige Nichtanwendungskompetenz des vorlegenden Richters zuordnen, wie *Heun,* in: FS 50 Jahre BVerfG,

konstitutionelles Recht und für Gesetze im materiellen Sinn entfällt die Aussetzungsfähigkeit. Die Verwerfungskompetenz verbleibt dem mit der Rechtssache befassten Gericht.

II. Entstehungsgeschichte

1. Die den Gerichten zustehende Prüfungskompetenz folgt aus Art. 20 II GG. Sie hat ihren Grund aber in der Anerkennung des **richterlichen Prüfungsrechts**. Die Aussetzungs- und Vorlagepflicht folgt aus Art. 100 I GG.

2. Im Kaiserreich war das richterliche Prüfungsrecht bei formellen Gesetzen noch verneint worden.[5] Das RG hat ein solches richterliches Prüfungsrecht jedoch bei Rechtsverordnungen bejaht.[6] Unter der Geltung der WRV war das richterliche Prüfungsrecht zunächst umstritten.[7] Art. 100 I GG hat sein Vorbild in Art. 137 HChE. Bei den Verhandlungen des Parlamentarischen Rats wurde die Regelung auf Veranlassung des Allgemeinen Redaktionsausschusses vom 6. 12. 1948 übernommen.[8]

III. Zweck der Regelung[9]

1. Art. 100 I GG soll verhindern, dass sich jedes einzelne Gericht über den Willen des Bundes- oder Landesgesetzgebers hinwegsetzt, indem es die insoweit in Kraft getretenen Gesetze nicht anwendet.[10] Es

---

Bd. 1, 2001, 615 (622); *Schlaich/Korioth* Rn. 35 unter Hinweis auf *Bettermann*, in: Bundesverfassungsgericht und Grundgesetz, Bd. I, 1976, 323 (326) annehmen. Die Nichtanwendung der vorgelegten Norm ist nur eine tatsächliche Folge der Vorlage wegen der damit verbundenen Verzögerung. Dies gilt aber für jeden Rechtsbehelf, der zur Folge hat, dass bis zur Klärung etwa einer Beweisfrage, die in Betracht kommende Norm im konkreten Rechtsanwendungsfall nicht angewendet wird.

[5] RGZ 9, 235.
[6] RGZ 24, 3; 43, 420.
[7] Siehe dazu *v. Hippel,* Handbuch des deutschen Staatsrechts, Bd. 2 (1932), 546 ff. Das galt aber nicht für den Bereich der Rechtsverordnungen, vgl. *Stier-Somlo*, Reich- und Landesstaatsrecht I, 679; RGZ 102, 164; 107, 379. Zu alledem siehe auch *Chryssogonos,* Verfassungsgerichtsbarkeit und Gesetzgebung, 1987, 36 ff.
[8] JöR, Bd. 1 (1951), 734 ff.
[9] Siehe dazu *Geiger* EuGRZ 1984, 410; *Schlaich/Korioth* Rn. 136.
[10] BVerfGE 1, 184 (197); 22, 373 (378); 42, 42 (49); 63, 131 (141); 86, 71 (77); 90, 263 (275).

Konkrete Normenkontrolle **Vor § 80**

geht also um die Wahrung der **Autorität** des parlamentarischen Gesetzgebers.[11] Das ist kein sonderlich überzeugender Gesichtspunkt, weil die Autorität des Gesetzgebers zum einen durch die Rechtsprechung der Instanzgerichte bei vorkonstitutionellem formellen Gesetzesrecht (siehe Rn. 22 f., 44 zu § 80) berührt wird, zum anderen aber auch durch die Rechtsprechung des BVerfG selbst (siehe Einl. Rn. 33 ff.).[12] Zutreffender erscheint es, die mit Art. 100 I GG verbundenen Kontrollen verbindlicher Gültigkeitsentscheidungen bei formellen Gesetzen, die unter der Geltung des GG ergangen sind, beim BVerfG anzusiedeln, um die mit möglicher Rechtszersplitterung verbundene Rechtsunsicherheit zu vermeiden.[13] Das konkrete Normenkontrollverfahren führt über das BVerfG deshalb auch zu einer Befriedungsfunktion.[14]

2. Man kann sich fragen, ob der Verordnungsgeber nicht auch Respekt verdient, und warum Parlamente aus der Zeit vor dem Inkrafttreten des GG weniger Autorität haben sollen. Schließlich haben formelle Gesetze identischen Rang. Gerade die vom BVerfG vorgenommene Unterscheidung zwischen vor- und nachkonstitutionellem Recht entwertet das Traditionsargument, das, weil Verordnungsrecht „immer schon" der Verwerfungsbefugnis des jeweiligen Gerichts unterlag, für die Verordnungsrechts-Ausnahme ins Feld geführt wird.[15] Das verfängt umso weniger, je mehr der parlamentarische Gesetzgeber seine Verantwortung „nach unten" delegiert, bis hin zur 5. Normklasse.[16] Für vorkonstitutionelles Recht greift das Traditionsargument ohnehin nicht. Dass der Ausweg über die abstrakte Normenkontrolle gewählt werden kann,[17] ist nur ein pragmatischer Hinweis. Dem könnte man hinzufügen, dass vorkonstitutionelles Recht immer mehr an Bedeutung verliert.[18] Im Ergebnis muss man sich damit abfinden, dass das

7

---

[11] BVerfGE 86, 71 (77); 90, 263 (275).
[12] Zurecht kritisch deshalb *Wollweber* DÖV 1999, 413; *Schlaich/Korioth* Rn. 138.
[13] BVerfGE 78, 20 (24).
[14] BVerfGE 17, 208 (210).
[15] *Benda/Klein* Rn. 770.
[16] Siehe dazu *Zuck,* in: Quaas/Zuck, Medizinrecht, 2005, § 8 Rn. 3.
[17] *Benda/Klein* Rn. 770. Auch der Hinweis, Art. 123 GG enthebe den Gesetzgeber von der Pflicht, alle vorkonstitutionellen Gesetze auf ihre Verfassungsgemäßheit zu prüfen (*W. Meyer,* in: v. Münch/Kunig, GG, 5. Aufl. 2003, Rn. 14 zu Art. 100 GG) schlägt nicht durch, weil es nicht um die Selbstkontrolle des Parlaments, sondern um die Gerichtskontrolle geht. Auch dem „alten" Gesetzgeber kommt Autorität zu.
[18] Das gilt unter unterschiedlichen Vorzeichen auch für das nachkonstitutionelle Recht, soweit es nur noch der Umsetzung von EG-Recht dient.

§ 80 Teil III. Einzelne Verfahrensarten

Richterrecht des BVerfG nicht nur die Lücken im BVerfGG schließt, sondern auch auf das GG zugreift.

IV. Praktische Bedeutung

1. Bis einschließlich 2004 hat es 1004 konkrete Normenkontrollverfahren gegeben;[19] anhängig waren zum 31. 12. 2004 beim Ersten Senat noch 40 Verfahren, bei einem Neuzugang im Jahr 2004 von zwölf Verfahren.[20] Nur ein oberstes Bundesgericht war an diesen Vorlagen beteiligt (BSG). Beim Zweiten Senat waren zum selben Zeitpunkt 26 Verfahren anhängig, bei einem Neuzugang im Jahr 2004 mit 13 Verfahren.[21] Von den obersten Bundesgerichten war der BFH mit einer Vorlage beteiligt.

2. Numerisch ist das Gewicht der konkreten Normenkontrollverfahren vergleichsweise gering. Das gilt auch für die Erfolgsquote. Die konkrete Normenkontrolle bestätigt damit das Vertrauen in die Gesetzgebung. Darin liegt eine wichtige demokratiestabilisierende Funktion. Zwar hat das BVerfG über die Verschärfung der Begründungspflichten (siehe u. Rn. 31 ff. zu § 80) den Instanzrichtern die Vorlage fast unmöglich gemacht. Für den Rechtsunterworfenen bleibt die konkrete Normenkontrolle aber ein unverzichtbares In-strument. Die Pflicht zur Erschöpfung des Rechtswegs führt nämlich häufig zu unzumutbaren Wartezeiten bis zur Möglichkeit der Einlegung der Verfassungsbeschwerde.[22] Der einzige Ausweg besteht dann darin, das Instanzgericht zu einer Vorlage an das BVerfG zu bewegen.[23]

§ 80 [Vorlage]

(1) **Sind die Voraussetzungen des Artikels 100 Abs. 1 des Grundgesetzes gegeben, so holen die Gerichte unmittelbar die Entscheidung des Bundesverfassungsgerichts ein.**

(2) **Die Begründung muß angeben, inwiefern von der Gültigkeit der Rechtsvorschrift die Entscheidung des Gerichts abhängig ist**

---

[19] Jahresstatistik BVerfG 2004, 24.
[20] Dazu neun aus dem AR übertragene.
[21] Sechs Verfahren aus dem AR.
[22] Das übersieht das BVerfG bei seiner strengen Rechtsprechung zum Subsidiaritätsgrundsatz bei der Verfassungsbeschwerde gegen Gesetze.
[23] Dass dieser Versuch in der Regel scheitert, liegt auch daran, dass für die Aufbereitung der Vorlage durch anwaltliche Vorarbeit die strengen Begründungsvorgaben weggenommen werden müssen.

Konkrete Normenkontrolle § 80

und mit welcher übergeordneten Rechtsnorm sie unvereinbar ist. Die Akten sind beizufügen.

(3) **Der Antrag des Gerichts ist unabhängig von der Rüge der Nichtigkeit der Rechtsvorschrift durch einen Prozeßbeteiligten.**

Übersicht

	Rn.
I. Rechtswegeröffnung	1
II. Vorlageberechtigung	2
1. Inhalt	2
2. Gericht	4
a) Begriff	4
b) Besetzung	6
3. Bei Gericht anhängiges Verfahren	7
a) Anhängiges Verfahren	7
b) Zur Sachentscheidung berufenes Gericht	9
III. Vorlagegegenstand	10
1. Geltendes Recht	11
2. Deutsches Recht	12
3. Europäisches Gemeinschaftsrecht	13
a) Zustimmungsgesetz	13
b) Primäres Gemeinschaftsrecht	14
c) Sekundäres Gemeinschaftsrecht	15
d) Folgerungen	16
4. Gesetzes im formellen Sinn	17
a) Formelle Gesetze	17
b) Rechtsverordnungen	18
c) Satzungen	19
d) Sonstige untergesetzliche Rechtsnormen	20
e) Nicht Akte rechtsprechender Gewalt	21
5. Nachkonstitutionelles Recht	22
6. Veränderungen des Vorlagegegenstandes	26
a) Änderungsbefugnis	27
b) Beschränkung	28
c) Erweiterung	29
d) Grenzen	30
IV. Begründungspflichten	31
1. Grundsätze/hinreichend deutlicher Vortrag	31
2. Sachverhalt	33
3. Einfaches Recht	34
4. Verfassungsrecht	35
5. Entscheidungserheblichkeit	36
6. Überzeugungsbildung	40
V. Prüfungsmaßstab	41
1. Verfassungsrecht	42
2. Bundesrecht	43

§ 80 Teil III. Einzelne Verfahrensarten

	Rn.
3. Zuständigkeit der Instanzgerichte	44
4. Landesrecht	45
VI. Form der Vorlage	46
1. Gesetzliche Vorgaben	47
2. Aussetzungs- und Vorlagebeschluss	48
3. Beschwerde	49
4. Zwischenverfahren	50
5. Erledigung	51
6. Befugnisse des Instanzgerichts	52

I. Rechtswegeröffnung

1 § 80 fordert, dass die Voraussetzungen des **Art. 100 I GG** gegeben sind. Vorausgesetzt wird danach, dass ein Gericht ein Gesetz, auf dessen Gültigkeit es bei der Entscheidung ankommt, für verfassungswidrig hält.[1] Ist das der Fall, muss das Gericht die Entscheidung des BVerfG einholen. Das gilt auch, wenn es sich um die Verletzung des GG durch Landesrecht oder um die Unvereinbarkeit eines Landesgesetzes mit einem Bundesgesetz handelt (Art. 100 I 2 GG). Wie das vorlegende Gericht zu verfahren hat, ergibt sich aus §§ 80 ff. und der diese Vorschriften konkretisierenden Rechtsprechung des BVerfG.

II. Vorlageberechtigung

2 **1.** Mit dem Begriff der **Vorlageberechtigung** wird nicht nur das Recht des Instanzgerichts beschrieben, sich die Überzeugung von der Verfassungswidrigkeit einer entscheidungserheblichen Rechtsnorm zu bilden, sondern auch eine doppelte Pflicht.

3 Die Ausübung des richterlichen Prüfungsrechts steht wegen der Gesetzesbindung des Art. 20 III GG nicht im Ermessen des rechtsanwendenden Gerichts. Und hat es sich eine Art. 100 I GG entsprechende Überzeugung gebildet, so *muss* es die Entscheidung des BVerfG einholen, also die Norm, von deren Verfassungswidrigkeit das Gericht überzeugt ist, dem BVerfG zur Entscheidung über deren Ungültigkeit vorlegen.

4 **2. Die Vorlagepflicht betrifft das Gericht.**
a) Der Begriff des „Gerichts" im Sinne des Art. 19 IV GG und in Art. 100 I GG ist nicht der selbe. Bei Art. 19 IV GG, der dem Rechtsschutz des Staatsbürgers dient, ist ein strengerer Maßstab anzulegen[2] als

---

[1] *Rinken,* in: AK-GG, 3. Aufl., Stand 2001, Rn. 2 ff. zu Art. 100 GG; *Clemens,* in: UC-GG, Bd. II, 2002, Rn. 29 ff. zu Art. 100 GG. *W. Meyer,* in: v. Münch/Kunig, GG, Bd. 3, 5. Aufl. 2003, Rn. 8 ff. zu Art. 100 GG; *Pieroth,* in: Jarass/Pieroth, GG, 7. Aufl. 2004, Rn. 5 ff. zu Art. 100 GG.
[2] S. hierzu BVerfGE 4, 331; 6, 55 (63); 30, 170 (171) = NJW 1971, 605.

Konkrete Normenkontrolle **§ 80**

in Art. 100 I GG. *BVerfGE* 6, 55 (63) = NJW 1957, 417 umschreibt den Begriff des Gerichts im Sinne des Art. 100 I als daher sehr weit und bezieht alle Spruchstellen ein, die sachlich unabhängig, in einem formell gültigen Gesetz mit den Aufgaben eines „Gerichts" betraut und als Gerichte bezeichnet sind. Doch braucht es sich nicht um Streitentscheidungen zu handeln, vielmehr entspricht es dem Wortlaut und Sinn des Art. 100 I GG, dass ein „Gericht" auch dann das BVerfG anrufen muss, wenn es irgendeine Entscheidung zu treffen hat, und es auf die Gültigkeit des **Gesetzes** ankommt, das das Gericht für verfassungswidrig hält.[3] Vorzulegen ist daher von den ordentlichen Gerichten auch im Verfahren der freiwilligen Gerichtsbarkeit[4] und im gerichtlichen Amtshilfeverfahren.[5] Truppendienstgerichte sind Gerichte im Sinne des Art. 100 I GG.[6] Von Körperschaften des öffentlichen Rechts getragene besondere Gerichte (Berufsgerichte) sind vorlageberechtigt und – verpflichtet, wenn ihre Bindung an den Staat auch in personeller Hinsicht hinreichend gewährleistet ist.[7]

Gericht im Sinne des Art. 100 I ist auch das Vollstreckungsgericht. 5 Dagegen handelt der Amtsrichter, dem nach § 451 III StPO die Strafvollstreckung übertragen wurde, nicht als Gericht, sondern als Organ der Justizverwaltung und ist daher nicht vorlageberechtigt.[8] Prozessleitende Entscheidungen und Verfügungen des Vorsitzenden einer Disziplinarkammer sind keine Entscheidungen im Sinne des Art. 100 I GG.[9] Kirchliche Gerichte und private Schiedsgerichte sind nicht vorlageberechtigt.[10] Nicht Gericht im Sinn des Art. 100 I GG ist der Wahlprüfungsausschuss des Bundestages, obwohl für sein Verfahren weitgehend Vorschriften der ZPO anzuwenden sind.[11] Auch Landesverfassungsgerichte müssen vorlegen.[12] Nicht vorlagebefugt ist der Rechtspfleger.[13]

---

[3] BVerfGE 7, 183 (186) = NJW 1958, 97.
[4] BVerfGE 4, 45 (48); 10, 59 (66); 14, 263 (273) = NJW 1962, 1667.
[5] BVerfGE 7, 185 (186).
[6] BVerfGE 21, 391 (398) = NJW 1967, 1654.
[7] BVerfGE 18, 241 = NJW 1965, 343.
[8] BVerfGE 20, 309 (311); (K) NJW 1994, 2750 (2751).
[9] BVerfGE 21, 148 (149).
[10] Vgl. *W. Meyer,* in: von Münch/Kunig, GG Bd. 3, 5. Aufl. 2003 Rn. 10 zu Art. 100 GG.
[11] *Friesenhahn,* Zur Zuständigkeitsabgrenzung zwischen Bundesverfassungsgerichtsbarkeit und Landesverfassungsgerichtsbarkeit, in: Bundesverfassungsgericht und Grundgesetz, Bd. I, 1976, 748; *v. Olshausen,* Landesverfassungsbeschwerde und Bundesrecht, 1980, 150 ff.; *Pestalozza* § 13 Rn. 3, 24; BVerfGE 69, 112 (117 f.) = NJW 1985, 647.
[12] S. auch § 81 a 2.
[13] BVerfGE 55, 370 (371 f.); 61, 75 (77); 101, 397 (405).

§ 80 Teil III. Einzelne Verfahrensarten

6   b) „Gericht" ist bei Kollegialgerichten nicht der Vorsitzende, sondern das **Gericht in seiner vollen Besetzung,** in der es auch das Urteil und die mit der Urteilsfindung zusammenhängenden Entscheidungen getroffen hätte.[14] Das gilt auch für Gerichte, an deren Entscheidungen Laienrichter mitwirken; es ist daher, jedenfalls nach Eröffnung der Hauptverhandlung, nicht der Vorsitzende des Schöffengerichts vorlageberechtigt.[15] Gericht ist auch bei den **obersten Gerichtshöfen des Bundes** ausschließlich der einzelne Senat, für dessen Entscheidung es auf die inzidente Klärung der verfassungsrechtlichen Frage ankommt. Wenn er die Verfassungsmäßigkeit verneinen will, muss er unmittelbar das BVerfG anrufen, er kann auch durch (einfaches) Gesetz nicht davon entbunden werden.[16] Wird der Große Senat jedoch nach § 137 GVG aus anderem Anlass angerufen und hat er für seine Entscheidung die Frage der Verfassungsmäßigkeit eines Gesetzes als Vorfrage zu prüfen, so hat auch er nach Art. 100 I GG an das BVerfG vorzulegen, wenn er das Gesetz für verfassungswidrig hält. Hält er das Gesetz für verfassungsmäßig, so wäre insoweit der ihm vorlegende Senat an die Entscheidung des Großen Senats nicht gebunden.[17] Ein **LSG** kann die Anrufung des BVerfG nur in seiner vollen Besetzung, einschließlich der Landessozialrichter beschließen.[18] Das ist dann anders, wenn es um die Gültigkeit von Kompetenznormen geht, die allein der Vorsitzende anzuwenden hat.[19] Für das **FinG** vgl. *BVerfGE* 29, 178, für das **VG** vgl. *BVerfGE* 34, 52, für den **VGH** (OVG) vgl. *BVerfGE* 26, 281, für das **ArbG** vgl. *BVerfGE* 44, 322 (335) und für das **LAG** vgl. *BVerfGE* 34, 257 (269).

Der Vorsitzende einer Kammer für Handelssachen darf allein vorlegen.[20] Der konsentierte **Einzelrichter** beim Senat eines FinG (§ 79a III, IV FGO) handelte ermessensmissbräuchlich, wenn er vorlegte.[21] Will er vorlegen, muss er eine Entscheidung des Senats herbeiführen.[22] Diese Grundsätze sind auf konsentierte Einzelrichter im Verwaltungsprozess (§ 87a VwGO) und im Sozialgerichtsprozess (§ 155 III, IV SGG) übertragbar. Nichts anderes kann im Übrigen gelten, wenn die

---

[14] BVerfGE 1, 8; 21, 148 (149); 16, 305; 34, 52 (57); 98, 145 (152); BVerfG(K) NVwZ 2005, 801.
[15] BVerfGE 19, 71 (72).
[16] BVerfGE 6, 222 = NJW 1957, 625.
[17] BVerfGE 6, 222 (239).
[18] BVerfGE 16, 305.
[19] BVerfGE 54, 159 (164) = NJW 1981, 912.
[20] BVerfGE 98, 145 (151 ff.).
[21] BVerfG(K), NJW 1999, 274.
[22] BVerfG(K), NJW 1999, 274 (275).

Erledigung der Sache dem Einzelrichter durch die Kammer übertragen worden ist (§ 6 VwGO). Die Vorlagenotwendigkeit deutet auf die grundsätzliche Bedeutung der Rechtssache oder auf rechtliche Schwierigkeiten. Der Einzelrichter muss, weil sich sein Ermessen in diesem Zusammenhang auf Null reduziert, die Sache an die Kammer zurückgeben (§ 6 III VwGO).[23] Diese Grundsätze gelten auch für den Einzelrichter nach §§ 348, 348a ZPO.

3. Bei Gericht anhängiges Verfahren

a) Voraussetzung ist stets ein beim anrufenden Gericht **anhängiges gerichtliches Verfahren,** gleichgültig, in welcher Instanz und in welchem Verfahrensabschnitt, grundsätzlich auch in Verfahren, die nur der Regelung eines einstweiligen Zustands dienen, im Strafprozess schon vor Eröffnung des Hauptverfahrens,[24] in dem die Verfassungsmäßigkeit (und daher Gültigkeit) in einer anzuwendenden Rechtsnorm Inzident-Frage ist. Diese Inzident-Frage muss vom BVerfG als Hauptfrage entschieden werden können;[25] hierbei braucht es sich nicht um die unmittelbar anzuwendende Rechtsnorm zu handeln. Art. 100 I GG ist vielmehr auch dann anzuwenden, wenn ein Gericht ein Gesetz für ungültig hält, von dessen Gültigkeit oder Ungültigkeit die Gültigkeit eines anderen Gesetzes abhängt, das seinerseits die unmittelbare Rechtsgrundlage des vom Gericht zu überprüfenden staatlichen Hoheitsaktes ist; denn auch auf die Gültigkeit des nur mittelbar anzuwendenden Gesetzes kommt es bei der Entscheidung an.[26] Darnach ist die Vorlage eines Gerichts, das eine landesrechtliche Vorschrift betrifft, deren Inhalt durch eine Bestimmung in einem Bundesrahmengesetz vorgeschrieben ist, nicht deshalb unzulässig, weil in diesem Verfahren nicht über die Gültigkeit oder Nichtigkeit der inhaltsgleichen bundesrechtlichen Vorschrift entschieden werden kann, deren Übernahme dem Landesgesetzgeber zur Pflicht gemacht ist.

7

Wenn ein Gericht den Enteignungscharakter eines Gesetzes bejaht, jedoch annimmt, dass die Entschädigungsregelung dem Art. 14 III 2 und 3 GG nicht entspricht, so ist es nach Art. 100 I GG zur Vorlage an das BVerfG verpflichtet; es ist nicht befugt, solche Gesetze als rechts-

8

---

[23] So auch *Kopp/Schenke,* VwGO, 14. Aufl. 2005, Rn. 21 zu § 6 VwGO. Für § 6 I, III FGO liegen die Verhältnisse vergleichbar (str. siehe dazu die Nachweise bei *Brandis,* in: Tipke/Kruse, AO/FGO, Stand 2004, Rn. 22 zu § 6 FGO).

[24] Vgl. BVerfGE 4, 352; 22, 39 (41).

[25] BVerfGE 6, 222 = NJW 1957, 625.

[26] BVerfGE 2, 341 (345); 20, 296 (303); vgl. auch BVerfGE 21, 329 = NJW 1967, 1851.

wirksam zu behandeln und durch richterliche Festsetzung einer zureichenden Entschädigung zu ergänzen.[27] Recht und Pflicht eines Gerichts zur Aussetzung und Vorlage nach Art. 100 I GG bestehen jedoch nur, soweit die eigene Rechtsauffassung des Gerichts nach den prozessualen Vorschriften im gegebenen Verfahrensabschnitt für die Entscheidung noch maßgebend ist.[28] Bejaht ein übergeordnetes Gericht in einem zurückweisenden Urteil die Verfassungsmäßigkeit eines Gesetzes, so ist damit für die mit dem Rechtsstreit bis dahin befassten Instanzen die Frage der Verfassungsmäßigkeit endgültig entschieden.

9   **b)** Das anrufende Gericht muss zur **Sachentscheidung** über den Rechtsstreit **berufen** sein.[29] Es genügt, dass der beschrittene Rechtsweg nach Ansicht des vorlegenden Gerichts zulässig ist.[30]

III. Vorlagegegenstand

10   Nachprüfbar sind nach Art. 100 I GG nur Gesetze iS einzelner Rechtsnormen.[31] Der Prüfungsgegenstand ist daher in verschiedener Hinsicht begrenzt. Dass ein Gesetz nach Vorlage durch das Instanzgericht an das BVerfG außer Kraft getreten ist, ändert den Prüfgegenstand nicht, solange es bei der Entscheidungserheblichkeit der fraglichen Norm für die Endscheidung des Instanzrechtsstreits bleibt.

1. Geltendes Recht

11   Nur eine in Geltung befindliche Rechtsnorm kann auf ihre Verfassungsmäßigkeit nach § 13 Nr. 11 geprüft werden. Ferner kann nur ein schon **verkündetes Gesetz** Gegenstand des Streits sein, weil für Richter und Rechtsunterworfene ein Gesetz erst durch Verkündung verbindlich wird.[32] Die für die abstrakte Normenkontrolle ausgeschlossene (s. dazu Rn. 22 zu § 76) präventive Normenkontrolle kann bei konkretem Normenkontrollverfahren noch weniger in Frage kommen. Ebensowenig kann ein absolutes Unterlassen des Gesetzgebers Gegenstand einer Normenkontrolle sein; denn in solchen Fällen fehlt es an der zu kontrollierenden Norm. In den Fällen sog. „relativer Unterlassung des Gesetzgebers", in denen eine Verletzung des Gleich-

---

[27] BVerfGE 4, 219 = NJW 1955, 1268.
[28] BVerfGE 2, 406; 6, 222 (242); 12, 67 (72); 22, 373 (379); 29, 34 (38).
[29] BVerfGE 1, 80 (81); 2, 380 (389); 16, 305; 19, 71 (72); 21, 148 (149).
[30] BVerfGE 2, 380 = NJW 1953, 1137.
[31] BVerfGE 55, 274 (327).
[32] Vgl. BayVerfGH nF 2, 61 und 2, 95.

heitssatzes (Art. 3 GG) gerügt wird, weil eine begünstigende gesetzliche Norm gewisse Personengruppen von der Begünstigung ausschließt, kann der einschränkende Teil der Norm an sich Gegenstand einer Normenkontrolle sein. Das BVerfG hat allerdings einen Normenkontrollantrag gegen den Teil der Norm, auf dem der Ausschluss der Gruppen von der Begünstigung beruht, nur für zulässig erklärt, wenn das Gericht mit Sicherheit annehmen kann, dass der Gesetzgeber bei Beachtung des Art. 3 GG die uneingeschränkte Fassung gewählt, also das Gesetz auf alle nach Art. 3 GG zu berücksichtigenden Gruppen unverändert erstreckt haben würde.[33]

2. Deutsches Recht

Nachprüfbar ist deutsches Recht, sowohl **Bundes- als auch Landesrecht**. Ist der Inhalt einer landesrechtlichen Norm durch Bundesrahmengesetz vorgeschrieben, so ist eine auf die landesrechtliche Norm bezügliche Vorlage nicht deshalb unzulässig, weil in diesem Verfahren nicht über die Gültigkeit oder Nichtigkeit der inhaltsgleichen bundesrechtlichen Norm entschieden werden kann.[34] Völkerrechtliches Vertragsrecht wird deutsches Recht und ist daher der Normenkontrolle unterworfen, sobald und soweit es in innerdeutsches Recht transformiert ist (Art. 59 GG). Gegenstand der Prüfung kann hierbei nicht der völkerrechtliche Vertrag als solcher, sondern nur das hierzu ergangene Zustimmungsgesetz sein.[35] Vertragsgesetze unterliegen der konkreten Normenkontrolle in gleichem Umfang wie bei der abstrakten Normenkontrolle.[36]

3. Europäisches Gemeinschaftsrecht

Besonderheiten gelten im Bereich des europäischen Gemeinschaftsrechts:

a) Dieses, für die Bundesrepublik verbindliche Recht kann vom Gericht im Rahmen des dazu ergangenen Zustimmungsgesetzes dem BVerfG vorgelegt werden; dieser deutsche Rechtsanwendungsbefehl unterliegt der Kontrolle durch das BVerfG.[37]

---

[33] BVerfGE 8, 28 (37). Die allgemeine Frage, ob gesetzgeberisches Unterlassen überhaupt eine Vorlage rechtfertigt, hat das BVerfG bisher offen gelassen, BVerfGE 65, 237 (245); BVerfG(K), NJW 1994, 2751; s. *Benda/Klein* Rn. 801 f. Zur Unterlassensproblematik s. Rn. 104 ff. zu § 90.
[34] BVerfGE 21, 329 (338) = NJW 1967, 1851.
[35] BVerfGE 29, 348 (358), 92, 365 (392).
[36] BVerfGE 12, 281 (288); 30, 272 (280); s. dazu Rn. 15 zu § 76.
[37] BVerfGE 52, 187; 63, 131 (140); 72, 66; 72, 200 = NJW 1987, 1749, 95, 39 (44).

14 **b) Primäres Gemeinschaftsrecht,** insbesondere die Befugnisnormen des EGV, ist grundsätzlich nicht vorlagefähig.[38] Zwar sagt das Gericht:

"Würden etwa europäische Einrichtungen oder Organe den Unionsvertrag in einer Weise handhaben, die von dem Vertrag, wie er dem deutschen Zustimmungsgesetz zugrunde liegt, nicht mehr gedeckt wäre, so wären die daraus hervorgehenden Rechtsakte im deutschen Hoheitsbereich nicht verbindlich. Die deutschen Staatsorgane wären aus verfassungsrechtlichen Gründen gehindert, die Rechtsakte in Deutschland anzuwenden. Dementsprechend prüft das BVerfG, ob Rechtsakte der europäischen Einrichtungen und Organe sich in den Grenzen der ihnen eingeräumten Hoheitsrechte halten oder aus ihnen ausbrechen" (s. a. *BVerfGE* 58, 1 [30 f.]; 75, 223 [235, 242] = NJW 1988, 1459; *Meesen* NJW 1994, 549 [552]).

Damit sagt das Gericht aber nur etwa über einen möglichen Prüfgegenstand, hier z. B. Befugnisnormen des EGV/sekundäres Gemeinschaftsrecht und dem Prüfungsmaßstab (er bleibt der EGV) aber nichts darüber, ob das auch ein möglicher Vorlagegegenstand sein kann. Für primäres Gemeinschaftsrecht, also die Rechtskontrolle von EGV-Befugnisnormen gilt vielmehr der Kooperationsgrundsatz:[39] das BVerfG greift erst ein, wenn der EuGH gegen den EGV verstößt. Das wäre z. B. der Fall, wenn die Auslegung von Befugnisnormen der EG durch Einrichtungen und Organe der Gemeinschaft zu einer Vertragserweiterung führen würde.[40] Für die Normallage gibt es infolgedessen keine Verwerfungskompetenzen des BVerfG. Es bleibt bei der Grundregel, dass der Widerspruch formellen deutschen Gesetzesrechts gegen Normen des EGV außerhalb von Zustimmungs- und Transformationsgesetzen, wenn nicht eine Vorlage nach Art. 234 EGV in Betracht kommt, allein vom Instanzgericht zu lösen ist. Nur dieses hat insoweit die Verwerfungskompetenz.[41]

15 **c) Sekundäres Gemeinschaftsrecht** betrifft im wesentlichen Verordnungen und Richtlinien:

---

[38] BVerfGE 89, 155 (188).
[39] BVerfGE 87, 155 (156); vgl. *Steinz,* Das „Kooperationsverhältnis" zwischen Bundesverfassungsgericht und Europäischem Gerichtshof nach dem Maastricht-Urteil, in: FS Heymanns-Verlag 1995, 663; *Arnold,* Das Kooperationsverhältnis zwischen EuGH und BVerfG in der Zukunft, in: Piazola, Das Bundesverfassungsgericht, 1995, 273; *Zuck,* Kooperation zwischen dem Bundesverfassungsgericht und dem Europäischen Gerichtshof, in: Guggenberger/Würtenberger (Hrsg.) Das Bundesverfassungsgericht im Widerstreit, 1998, 121; *Umbach,* EuGRZ 2000, 417; *Schwarze,* in: FS 50 Jahre BVerfG, Bd. 1, 2001, 233; *Schlaich/Korioth* Rn. 364.
[40] BVerfGE 89, 155 (156).
[41] BVerfGE 31, 145 (174 f.); 82, 159 (191) = NVwZ 1990, 53; *Jarass,* Grundfragen der innerstaatlichen Bedeutung von EG-Richtlinien, 1994, 100 f.

Konkrete Normenkontrolle § 80

EG-Verordnungsrecht gilt ohne Umsetzungsakt in der Bundesrepublik unmittelbar. Verstößt deutsches Recht gegen EG-Verordnungsrecht entscheidet das Instanzgericht selbst (und nicht das BVerfG), ob ein Verstoß vorliegt, ggf. unter vorheriger Vorlage nach Art. 234 EGV an den EuGH. Ist das Instanzgericht der Ansicht, das EG-Verordnungsrecht verstoße gegen den EGV, und kommt eine Vorlage an den EuGH nicht in Betracht, so muss das Instanzgericht nach der hier dargestellten Vorgabe dem EG-Verordnungsrecht/dem EuGH die Gefolgschaft verweigern. Da das BVerfG insoweit ein Anwendungsverbot ausgesprochen hat, ist auch hier eine Vorlage an das BVerfG ausgeschlossen.

Sieht man davon ab, dass **EG-Richtlinien** grundsätzlich der Umsetzung bedürfen, und insoweit das deutsche Transformationsgesetz, da deutsches Recht, vorlagefähig ist, gilt dort, wo – ausnahmsweise – EG-Richtlinienrecht direkt anwendbar wäre, nichts anderes, wie beim EG-Verordnungsrecht.

d) Geht man davon aus, dass die Entwicklung der Rechtsprechung des BVerfG seit Solange I,[42] Solange II,[43] Maastricht-Entscheidung[44] durch die Bananenmarktentscheidung[45] einen vorläufigen Endstand erreicht hat, so lässt sich festhalten: 16

Das BVerfG kann zwar prüfen, ob Rechtssätze der Europäischen Einrichtungen und Organe sich in den Grenzen der ihnen eingeräumten Hoheitsrechte halten oder aus ihnen ausbrechen[46] solange europäischer Grundrechtsschutz insbesondere durch den EuGH gewährleistet wird.[47] Deckungsgleicher Schutz wird nicht gefordert, sondern nur wirksamer.[48] Anders ist die Rechtslage nur dann zu beurteilen, wenn das vorlegende Gericht darlegt, dass die europäische Rechtsentwicklung einschließlich der EuGH-Rechtsprechung seit BVerfGE 73, 338 (378–381) unter den erforderlichen Grundrechtsstandard abgesunken ist. Das vorlegende Gericht muss deshalb im Einzelnen ausführen, warum der jeweils unabdingbar gebotene Grundrechtsschutz generell nicht gewährleistet ist. „Das erfordert eine Gegenüberstellung des Grundrechtsschutzes auf nationaler und auf Gemeinschaftsebene, in der Art und Weise, wie das BVerfG sie in BVerfGE 73, 339 (378–381) gewährleistet hat."[49]

---

[42] BVerfGE 37, 271.
[43] BVerfGE 73, 339.
[44] BVerfGE 89, 155.
[45] BVerfGE 102, 147.
[46] BVerfGE 58, 1 (30 f.); 75, 223 (235, 242); 89, 155 (188).
[47] BVerfGE 73, 339 (387); 102, 147 (163).
[48] BVerfGE 102, 147 (164).
[49] BVerfGE 102, 147 (164).

Die andere Frage ist, wie sich die Verlagerung der Verwerfungskompetenz auf die **Instanzgerichte auswirkt.** Jedes Instanzgericht wird außerhalb des Art. 234 EGV selbst entscheiden, wie das EG-Recht auszulegen und anzuwenden ist, auch in dem Bereich, in dem das BVerfG seine ruhende Kompetenz zu aktivieren bereit ist. Die Rechtsprechung des BVerfG bedarf deshalb, wenn sie für den Rechtsanwender praktisch handhabbar sein soll, in zwei Punkten der Konkretisierung.

Es muss offen bleiben, welche Auslegung und Anwendung von EGV-Befugnisnormen den Integrationsstatus der Gemeinschaftsrechtsordnung/Mitgliederrechtsordnungen so verändert, dass die ruhende Prüfkompetenz des BVerfG sich aktiviert. Die Folge wird wohl immer eine komplexe Verzahnung der Rechtsordnungen sein, als Ursache kommen u. a. Verstöße gegen Menschenrechte/europäische Grundrechte, Konstitutionsprinzipien der Verträge oder Kompetenzüberschreitungen in Betracht. Da der Verschränkungsgrad der Rechtsordnungen auf dem jeweiligen Stand der Verwirklichung des Integrationsprogramms der Gemeinschaft beruht, handelt es sich um einen dynamischen Vorgang, der zugleich auch ein politischer Vorgang ist. Erfordernisse einer bloßen Fehlerkontrolle reichen deshalb als kompetenzauslösendes Merkmal nicht aus. Das BVerfG kann vielmehr nur eingreifen, wenn, bezogen auf die durch die Verträge konstituierte Gemeinschaftsordnung, Grundrechtsanforderungen, wie von BVerfGE 102, 147 (164) beschrieben, verkürzt werden. Das Instanzgericht steht danach vor folgenden Fragen:

Es muss zunächst einmal klären, ob es überhaupt selbst über die Gültigkeit von Gemeinschaftsrecht entscheiden kann. Zumindest letztinstanzlich entscheidende Gerichte sind verpflichtet, die im Katalog nach Art. 234 EGV näher gekennzeichneten Fragen über die Auslegung oder die Gültigkeit von Gemeinschaftsrecht dem EuGH zur Entscheidung vorzulegen. Legt ein zur Vorlage verpflichtetes Gericht dem EuGH nicht vor, so wird – europarechtlich – damit die Pflicht zur Gemeinschaftstreue verletzt.[50] Nach deutschem Recht führt die (willkürlich) unterlassene Vorlage zu einem Verstoß gegen Art. 101 I 2 GG.[51] Das ist insoweit bedeutsam, als die Vorlage an den EuGH, soweit sie unzulässig ist, Vorrang vor der Anrufung des BVerfG (hier: im Wege der Vorlage) hat.[52] Anhaltspunkte für eine **Vorlagepflicht** kön-

---

[50] Zu den damit verbundenen Fragen siehe *Ehricke,* in: Streinz, EUV/EGV, 2003, Rn. 45 zu Art. 234 EGV.
[51] BVerfGE 73, 339; 75, 223; 82, 159.
[52] BVerfG(K), DVBl. 2001, 720 und dazu *Hoffmann-Riem,* EuGRZ 2002, 473 (477).

nen sich aus der Rechtsprechung des BVerfG zur willkürlich unterlassenen Vorlage an den EuGH ergeben. Es kommt danach darauf an, ob das Gericht die europarechtliche Dimension des Sachverhalts überhaupt verkannt hat, ob es bewusst abweichen will oder ob entsprechende EuGH-Rechtsprechung fehlt oder unvollständig ist und das Gericht sich einer vorzugswürdigen europarechtlichen Auslegung nicht anschließt.[53] Innerhalb der sich daraus ergebenden Vorlagepflichten entscheidet das Gericht selbst. Außerhalb der Vorlagepflicht (sie greift, wegen der Subsidiarität der Vorlage an das BVerfG, auch für das als solches nicht vorlagepflichtige Instanzgericht) ist ein Sachverhalt kaum denkbar, der nicht zu einer Vorlage an den EuGH, wohl aber zur Vorlage an das BVerfG berechtigt. Unabhängig von den extrem hohen Anforderungen an Vorlagen an das BVerfG im Bereich des Gemeinschaftsrechts[54] scheitert eine Vorlage nach Art. 100 I GG deshalb zunächst am Vorrang des Art. 234 EGV. Erst wenn der EuGH über die Vorlage entschieden hat, stellt sich die Frage noch einmal. Angesichts des erheblichen mittelbaren Einflusses, der von der EU-Grundrechtscharta auch auf die Rechtsprechung des EuGH ausgehen wird,[55] ist eine Unterschreitung des deutschen Grundrechtsstandards nicht zu erwarten.

4. Gesetze im formellen Sinn

Prüfungsgegenstand sind **Gesetze im formellen Sinn**.[56] Die im Schrifttum zunächst viel erörterte Frage der Auslegung des in Art. 100 I GG, § 13 Nr. 11 verwandten Gesetzesbegriffs[57] wurde durch die Entscheidung des BVerfG vom 20. 3. 1952[58] zugunsten des formellen Gesetzesbegriffs entschieden. Dieser Standpunkt wurde in der ganzen späteren Rechtsprechung festgehalten.[59] Auch Vorschriften des Landesrechts können dem BVerfG nur dann zur Entscheidung vorgelegt werden, wenn es sich um förmliche Gesetze handelt, die am Grundgesetz oder sonstigen Normen des Bundesrechts zu messen sind.[60] Ein formelles Gesetz kann nur von den im GG bezeichneten Gesetzgebungsorganen, niemals aber von einem Bundesminister auf

17

---

[53] BVerfGE 82, 159; BVerfG(K), NJW 2005, 737 (738).
[54] *Clemens,* in: UC-GG, Bd. II, 2002, Rn. 79 zu Art. 100 GG; *Schmid* NVwZ 2001, 249 (254); *Nicolaysen/Nowak* NJW 2001, 1233 (1235f.).
[55] *Pietsch* ZRP 2003, 1; *Zuck,* in: Quaas/Zuck, Medizinrecht, 2005, § 3 Rn. 26.
[56] BVerfGE 68, 319 (320); 71, 305 (337f.) = NJW 1986, 1483.
[57] S. u. a. *Ipsen* DV 1949, 489; *Schäfer* JZ 1951, 199.
[58] BVerfGE 1, 184.
[59] Vgl. z. B. BVerfGE 1, 202 (206); 1, 261 (262); 17, 208 (210); 19, 282 (288).
[60] BVerfGE 1, 283 (292); 7, 29 (35); 17, 208 (210); 56, 1 (11).

Grund einer gesetzlichen Ermächtigung erlassen werden. Der von einem Bundesminister auf Grund Ermächtigung in einem Gesetz bekanntgemachte Gesetzestext ist daher nicht selbst „formelles" Gesetz in diesem Sinn.[61]
Verordnungsvertretende Gesetze sind vorlegbar.[62]

18 **b) Rechtsverordnungen** unterliegen nicht der Vorlagepflicht nach Art. 100 I GG, auch wenn sie unmittelbar auf Grund Ermächtigung im GG oder als sog. „Zustimmungsverordnungen" ergehen.[63]

19 **c)** Satzungen sind nicht vorlegbar,[64] ebenso wenig satzungsvertretende Gesetze.[65]

20 **d)** Sonstige untergesetzliche Normen sind ebenfalls nicht vorlegbar. Das gilt insbesondere für die Normen der sogenannten 5. Normklasse im SGB V[66] und allgemein verbindliche Tarifverträge.[67]

21 **e)** Akte rechtsprechender Gewalt sind nicht überprüfbar, auch nicht die „ständige höchstrichterliche Rechtsprechung", auch dann nicht, wenn sie den Rechtsgedanken eines Gesetzes „weiterentwickeln".[68]

5. Verwerfungsmonopol des BVerfG für nachkonstitutionelle Gesetze

22 **a)** Auch die weitere, im Schrifttum eingehend erörterte Frage, ob sich die Prüfungszuständigkeit des BVerfG lediglich auf Bundesgesetze erstreckt, die **nach** Inkrafttreten des GG ergangen sind, nicht aber auf sog. vorkonstitutionelles Recht[69] ist von *BVerfGE* 2, 124 im einengenden Sinne, nämlich zugunsten der Beschränkung seiner Prüfungskompetenz auf das nachkonstitutionelle Recht entschieden worden. Das BVerfG sieht mit einem Teil des Schrifttums in der Kontrolle vorkonstitutionellen Rechts lediglich ein Problem der Kollision zwischen älterem und jüngerem Recht, wobei der höhere Rang des jüngeren Rechts ohne Bedeutung sei. Die Autorität des Gesetzgebers

---

[61] BVerfGE 18, 389 (391).
[62] *Clemens*, in: UC-GG, Bd. II 2002 Rn. 54 zu Art. 100 GG.
[63] BVerfGE 1, 184 (189 f.), 1, 261 (262); 8, 274 (322); 10, 55 (58); 17, 208 (210); 19, 282 (288); 31, 357 (362).
[64] BVerfGE 2, 341; 79, 245 (249).
[65] BVerfGE 70, 35 – Bebauungsplan in Gesetzesform; krit. dazu abwM *Steinberger*, BVerfGE 70, 35 (59); *Jutzi* NVwZ 2000, 1390; *Rinken*, in: AK-GG, Stand 2001, Rn. 10 zu Art. 100 GG.
[66] *Zuck*, in: Quaas/Zuck, Medizinrecht, 2005, § 8 Rn. 3; *G. Kirchhoff*, SGb 2005, 499.
[67] BVerfGE 44, 322 (338); 55, 7 (20 f.).
[68] BVerfGE 24, 170 (173).
[69] *Ipsen* DV 1949, 486; *Bachof* DVBl. 1951, 13 (110); *Hufnagel* DVBl. 1951, 277 (278); *Schäfer* DVBl. 1951, 320.

Konkrete Normenkontrolle § 80

könne hier auch durch eine verneinende Entscheidung nicht geschmälert werden, so dass[70] kein Bedürfnis für ihren Schutz durch Konzentration der Normenkontrolle bestehe. Diese Auffassung ist Grundlage der weiteren verfassungsgerichtlichen Rechtsprechung geblieben.[71]

b) Gegenstand der weiteren Rechtsprechung zu diesem Problemkreis war namentlich die **Abgrenzung** von vor- und nachkonstitutionellen Gesetzen in strittigen Fällen. Schwierigkeiten ergaben sich besonders dort, wo eine nachkonstitutionelle Änderung eines konstitutionellen Gesetzes ohne formellen neuen Gesetzesbeschluss Teile des früheren Gesetzes unverändert übernommen hat. Nach *BVerfGE* 6, 55 ist maßgebend, ob der nachkonstitutionelle Gesetzgeber die fraglichen, unveränderten Bestimmungen bei der Änderung des Gesetzes „mit in seinen Willen aufgenommen hat". Ob das der Fall sei, müsse jeweils ermittelt werden.[72] Diese Rechtsprechung hat im Schrifttum nicht allseitige Zustimmung gefunden.[73] Insbesondere wurde eingewandt, dass die Feststellung, ob der Gesetzgeber eine Vorschrift des Gesetzes „in seinen Willen aufgenommen habe", den Gerichten, namentlich den unteren Gerichten kaum möglich sei. Dem objektiven Gesetzesinhalt werde auf diese Weise ein schwer feststellbares subjektives Element beigefügt. In Beantwortung dieser Bedenken sah sich *BVerfGE* 11, 126 (131) = NJW 1960, 1563 zur näheren Umschreibung seiner Auffassung veranlasst. Danach ist der Wille des Gesetzgebers der im Gesetz objektivierte Wille. Eine vorkonstitutionelle Norm ist, wie das BVerfG erklärt, in den Willen des nachkonstitutionellen Gesetzgebers nur dann aufgenommen, wenn sich ein Bestätigungswille aus dem Inhalt des Gesetzes selbst oder – bei Gesetzesänderungen auch aus dem engeren sachlichen Zusammenhang zwischen unveränderten und geänderten Normen objektiv erschließen lässt.

Die Motive und Vorstellungen der Mitglieder der gesetzgebenden Körperschaften sind dabei nicht entscheidend, soweit sie nicht im Ge-

---

[70] Nach den von BVerfGE 1, 184 = NJW 1952, 497 zur Frage des Gesetzesbegriffs entwickelten Grundsätzen.

[71] BVerfGE 6, 55 (64); 10, 124 (127), 10, 129; 11, 126 (129 ff.); 16, 88; 18, 216 (219) usw.; hiergegen *Arndt* DJZ 1961, 289, der namentlich die verschiedene Behandlung dieser Frage im Normenkontroll- und Verfassungsbeschwerdeverfahren ablehnt.

[72] BVerfGE 7, 282 (290); 8, 210 (213 f.); 9, 39 (46); 10, 129; 10, 185; 18, 97 (104); 18, 216 (220); 23, 272 (274); 25, 25 (26); 29, 39 (42 f.); zuletzt 70, 126 (129 f.).

[73] Vgl. *Klein* DÖV 1957, 567; *Sievers* DRiZ 1959, 78; *Oswald* DVBl. 1958, 563; *Herholz* DÖV 1959, 371; *Lange* NJW 1962, 893; *Thomas* DVBl. 1959, 203; *Krüger* NJW 1953, 1737.

setz einen Ausdruck gefunden haben. *BVerfGE* 11, 126 (131) fährt fort:

„Es bedeutet darum noch keine Bestätigung, wenn der Gesetzgeber eine schon vor dem GG bestehende Norm nur hinnimmt und ihre Änderung oder Aufhebung vorerst unterlässt. Auch aus der Änderung einzelner Bestimmungen eines vorkonstitutionellen Gesetzes lässt sich nicht ohne weiteres entnehmen, dass der Gesetzgeber die übrigen Bestimmungen geprüft und bestätigt habe. Die Meinung, jede Änderung eines vorkonstitutionellen Gesetzes durch den Bundesgesetzgeber mache das ganze Gesetz zu einem nachkonstitutionellen, weil der Gesetzgeber damit bekunde, dass er den nicht abgeänderten Teil für grundgesetzmäßig halte, wird der Wirklichkeit nicht gerecht. Besonders bei umfangreichen Gesetzen kann nicht die irreale Unterstellung gemacht werden, der Gesetzgeber habe aus Anlass einzelner Änderungen jeweils die Verfassungsmäßigkeit des gesamten Gesetzes geprüft und bejaht. – Um eine vorkonstitutionelle Norm zu einer nachkonstitutionellen zu machen, muss der Gesetzgeber vielmehr seinen konkreten Bestätigungswillen im Gesetz zu erkennen geben. Das ist z. B. der Fall, wenn die alte Norm als Gesetz neu verkündet wird, wenn die neue (nachkonstitutionelle) Norm auf die alte Norm verweist oder wenn ein begrenztes und überschaubares Rechtsgebiet vom nachkonstitutionellen Gesetzgeber durchgreifend geändert wird und aus dem engeren sachlichen Zusammenhang der geänderten mit der alten Vorschrift offensichtlich ist, dass der nachkonstitutionelle Gesetzgeber die alte Vorschrift nicht ungeprüft übernommen haben kann."[74]

Nach *BVerfGE* 16, 64 (72) ist ein **Gesetz im ganzen** als nachkonstitutionell zu erachten, wenn die unverändert gebliebenen Vorschriften des ursprünglichen Gesetzes gegenüber den veränderten von untergeordneter Bedeutung, für sich genommen unvollziehbar sind und Sinn und Bedeutung nur aus ihrer Beziehung zu den neu gefassten Vorschriften erhalten.[75] Eine umfassende Umgestaltung und Veränderung der ursprünglichen Gesetzesvorschrift mit dem Ziel, die Anpassung an die in ihrem Umfeld bewirkten Rechtsveränderungen lassen sich nicht mehr als bloße redaktionelle oder rein technische Bereinigung von Unstimmigkeiten im Wortlaut deuten.[76]

24 **c)** Die Verlängerung der Geltungsdauer eines befristeten Gesetzes kommt dem Erlass eines neuen Gesetzes mit dem Inhalt des befristeten Gesetzes gleich. Das **Verlängerungsgesetz** braucht dabei die Vorschriften des Gesetzes nicht zu wiederholen; es kann sich darauf beschränken, die Verlängerung der Geltungsdauer anzuordnen. Dies kann auch noch geschehen, nachdem das Gesetz durch Ablauf der Frist außer Kraft getreten ist.[77]

---

[74] S. auch BVerfGE 16, 343 (346); 18, 216; 24, 20 (22) = NJW 1968, 1772.
[75] Vgl. auch BVerfGE 10, 185 (191).
[76] BVerfGE 60, 136 (153) = NJW 1982, 2859.
[77] BVerfGE 8, 274 (290).

Das BVerfG darf nicht schon angerufen werden, um eine Beweisaufnahme zu ersparen.[78] Ist zur Beurteilung der Verfassungsmäßigkeit einer Norm die vorhergehende **Klärung tatsächlicher Fragen** notwendig, so kann ein Gericht nicht vor Klärung dieser tatsächlichen Fragen vorlegen; denn die Aufgabe des BVerfG ist vor allem die Klärung verfassungsrechtlicher Fragen, nicht die Ermittlung von Tatsachen.[79]

d) Die Gesetze der **ehemaligen DDR,** die gemäß Art. 9 II Einigungsvertrag fortgelten, werden vom BVerfG zwar nicht als solche wie vorkonstitutionelles Recht behandelt. Das Gericht geht aber davon aus, durch die Aufnahme eines Gesetzes in Anlage II zum Einigungsvertrag habe der Gesetzgeber das Gesetz nicht derart in seinen Willen aufgenommen, dass es nachkonstitutionellem Recht gleichstünde. Der Gesetzgeber habe vielmehr dieses Recht lediglich „hingenommen", also von der Aufhebung abgesehen, ohne damit die Geltung zu bestätigen. Die nötige Rechtskontrolle könne deshalb nur durch die Instanzgerichte erfolgen.[80] Vorlegbar ist aber das Zustimmungsgesetz zum Einigungsvertrag.[81]

6. Veränderungen des Vorlagegegenstands

a) Vorlagen werden durch Gesetzes**änderungen** nicht zwangsläufig unzulässig. Es kommt darauf an, ob die Gesetzesänderung die Rechtslage rückwirkend ändert. Ist das der Fall, kann die Vorlage unzulässig werden. Ist das nicht der Fall, kommt es darauf an, ob die Altrechtslage den Betroffenen des Ausgangsrechtsstreits weiterhin beschwert, so dass auch die Entscheidungserheblichkeit (siehe dazu unten Rn. 36) unverändert bestehen bleibt.[82]

b) Die **Erweiterung** der Vorlagefrage und damit des Vorlagegegenstandes kommt in Betracht, wenn sich aus dem Gesamtzusammenhang ergibt, dass noch andere als die ausdrücklich angesprochenen Fragen entscheidungserheblich sein könnten.[83]

---

[78] BVerfGE 11, 330 (335) = NJW 1961, 115; *Benda/Klein* Rn. 831.
[79] BVerfGE 17, 135 (138), 18, 186 (192) = NJW 1965, 99.
[80] BVerfGE 97, 117 (124); *Wollweber* DÖV 1999, 418. Siehe dazu auch *Benda/Klein* Rn. 816; *Schlaich/Korioth* Rn. 137.
[81] BVerfGE 97, 117 (123). Zur Mitvorlegbarkeit des im Einigungsvertrag benannten DDR-Rechts führt das nicht, BVerfGE 97, 117 (122 f.).
[82] BVerfGE 106, 275 (296 f.) – Festbeträge für Arzneimittel. Im konkreten Fall verblieb den Klägern des Ausgangsverfahrens nach der Gesetzesänderung die Fortsetzungsfeststellungsklage.
[83] BVerfGE 18, 305 (308); 21, 391 (400); 28, 119 (137); 96, 345 (360). Siehe dazu auch *Benda/Klein* Rn. 862.

§ 80 Teil III. Einzelne Verfahrensarten

28 Eine Erstreckung auf andere Gegenstände ist außerdem geboten, wenn andernfalls eine sinnvolle Prüfung nicht möglich wäre.[84] Das kann dann zu einer umfassenderen Prüfung eines Normenkomplexes führen.[85]

29 c) Auf der anderen Seite ist die Prüfung durch das BVerfG unbeschadet des tatsächlichen Umfangs der Vorlage nur auf den entscheidungserheblichen Teil der Norm zu **beschränken**.[86]

30 d) Erweiterungen und Beschränkungen der Vorlage sind nur **eingeschränkt** zulässig. Das BVerfG darf weder den klaren Wortlaut des Vorlagebeschlusses außer Acht lassen[87] noch mit seiner Umdeutung dem Rechtsstandpunkt des vorlegenden Gerichts widersprechen.[88] In der Praxis werden mögliche Korrekturen dadurch vermieden, dass das BVerfG dem vorlegenden Gericht die Gelegenheit zur Nachbesserung einräumt.

IV. Begründungspflichten des vorlegenden Gerichts

1. Grundsätze

31 § 80 II schreibt Begründungspflichten vor. Das BVerfG hat sie bis an die Grenze der Unerfüllbarkeit verschärft. Als allgemeiner Grundsatz wird vorausgesetzt, dass eine Vorlage nach Art. 100 I GG nicht zulässig ist, wenn das vorlegende Gericht sowohl die Entscheidungserheblichkeit der Vorschrift als auch ihre Verfassungsmäßigkeit sorgfältig geprüft hat.[89]

32 Das Gericht hat hinreichend deutlich darzulegen, dass seine Entscheidung von der Gültigkeit der zur Prüfung gestellten Norm abhängt. Der Vorlagebeschluss muss sich mit der Rechtslage (zu der auch die Erwägungen des Gesetzgebers gehören) auseinandersetzen, die in Literatur und Rechtsprechung vertretenen Rechtsauffassungen berücksichtigen und auf unterschiedliche Auslegungsmöglichkeiten ein-

---

[84] BVerfGE 69, 272 (295); 78, 232 (242 f.); 96, 345 (360). Siehe dazu auch § 82 I i. V. m. § 78.

[85] BVerfGE 107, 59 (86). Es ist infolgedessen auch möglich, dass eine Neuregelung in die Prüfung einbezogen wird, BVerfGE 28, 324 (363); 61, 291 (306); 65, 231 (243 f.); 104, 373 (384).

[86] BVerfGE 18, 52 (58); 24, 220 (224 f.); 62, 354 (364); 69, 373 (377); 78, 104 (116); 80, 354 (357); 99, 280 (289); 105, 61 (73); 108, 186 (210); (siehe dazu *Benda/Klein* Rn. 861; BVerfGE 110, 94 (111).

[87] BVerfGE 2, 341 (346).

[88] BVerfGE 23, 146 (151).

[89] BVerfGE 86, 71 (76); 105, 48 (56). Siehe dazu auch *Zierlein*, in: FS f. Benda, 1995, 457 (466 f.).

gehen, soweit diese für die Entscheidungserheblichkeit von Bedeutung sein können.[90] Richten sich die Bedenken gegen eine Vorschrift, von deren Anwendung die Entscheidung nicht allein abhängt, müssen die weiteren mit ihr im Zusammenhang stehenden Bestimmungen in die rechtlichen Erwägungen einbezogen werden, soweit dies zum Verständnis der zur Prüfung gestellten Norm oder zur Darlegung ihrer Entscheidungserheblichkeit erforderlich ist.[91]

2. Sachverhalt

Das Gericht hat in den Gründen des Vorlagebeschlusses den Sachverhalt darzustellen, soweit er für die rechtliche Beurteilung wesentlich ist. Das Gericht darf sich dabei nicht mit summarischen Hinweisen begnügen. Es ist vielmehr unter Abwägung des Für und Wider eine exakte Tatsachendarstellung zu geben, die es dem BVerfG ermöglicht, in nachprüfbarer Weise zu erkennen, welchen Tatsachen und Erwägungen für das Gericht maßgeblich gewesen sind. Diese Ausführungen müssen aus sich heraus verständlich sein. Hinweise auf Darlegungen eines anderen Gerichts oder einer anderen Stelle in einem anderen Verfahren genügen nicht.[92]

33

3. Einfaches Recht

Nach der Klärung des Sachverhalts ist das vorlegende Gericht gehalten, sich mit der einfach-rechtlichen Rechtslage erschöpfend auseinanderzusetzen. Das setzt die Berücksichtigung der zu der entscheidungserheblichen Rechtsfrage in Rechtsprechung und Schrifttum vertretenen Auffassungen voraus.[93]

34

---

[90] BVerfGE 92, 277 (312); 97, 49 (60); 99, 300 (312f.); 105, 48 (56).

[91] BVerfGE 89, 329 (337); 105, 48 (56). Das Gericht hat diese strengen Vorgaben mit drei Erwägungen gerechtfertigt: die Erledigung des Rechtsstreits werde durch die Vorlage verzögert; die Autorität des parlamentarischen Gesetzgebers müsse geachtet werden; das BVerfG solle entlastet werden, BVerfGK 1 (2004), 11 (12).

[92] BVerfGE 17, 135 (138f.); 22, 175 (177); 37, 328 (333f.); 58, 153 (158); 74, 182 (192); 77, 314 (342f.); 83, 111 (116) = NJW 1991, 1877; zu einer Ausnahme vgl. BVerfGE 93, 121 (132).

[93] BVerfGE 92, 277 (312); 97, 49 (60); BVerfG(K) 1 (2004), 11 (12). Das verlangt ggf. die Befassung mit den Gesetzesmaterialien, BVerfGE 77, 259 (262); 88, 70 (74); BVerfG, EuGRZ 1994, 586 (599). Die Möglichkeit verfassungskonformer Auslegung ist zu prüfen. Unter Umständen sind weitere Normen in die Überlegungen mit einzubeziehen, wenn sie zu der fraglichen Norm in einem ergänzenden Verhältnis stehen, BVerfGE 80, 96 (111); 89, 329 (327) = NJW 1994, 509.

4. Verfassungsrecht

35 Ursprünglich ist das BVerfGE davon ausgegangen, es genüge, wenn sich aus dem Zusammenhang der Begründung und Hinweisen auf die Rechtsprechung des Gerichts ergebe, aufgrund welcher Verfassungsnormen das vorlegende Gericht die Unvereinbarkeit annehme.[94] Inzwischen fordert aber das Gericht nicht nur die ausdrückliche Benennung des verfassungsrechtlichen Prüfungsmaßstabs,[95] sondern auch eine Begründung, inwieweit die Verfassungsnormen verletzt sein könnten.[96] Das setzt auch für die in Anspruch genommene Verfassungsrechtsnorm eine eingehende, Rechtsprechung und Schrifttum einbeziehende Darlegung voraus.[97]

5. Entscheidungserheblichkeit

36 **a)** Entscheidungserheblich ist eine Norm nur dann, wenn das vorlegende Gericht **nachvollziehbar darlegt,** dass es bei Gültigkeit oder Ungültigkeit der zur Prüfung gestellten Norm jeweils zu unterschiedlichen Ergebnissen kommen müsse.[98]

37 Für diese Beurteilung kommt es nicht allein auf den möglichen Tenor, sondern auch auf den Inhalt und die Wirkung der Entscheidung an.[99]

38 **b)** Maßgebend ist für die Entscheidungserheblichkeit die Rechtsauffassung des **vorlegenden Gerichts,** es sei denn, dessen Auffassung sei offensichtlich unhaltbar oder nicht nachvollziehbar.[100] Unabhängig da-

---

[94] BVerfGE 13, 167 (169).
[95] BVerfGE 81, 275 (276 f.); 84, 160 (165).
[96] BVerfGE 99, 300 (314).
[97] BVerfGE 88, 198 (210); 89, 329 (336 f.); BVerfGK 1 (2004), 11 (12).
[98] BVerfGE 58, 300 (317 f.); 63, 1 (24); 68, 311 (316); 72, 51 (60); 80, 59 (65); 110, 94 (111). Zu beiden Fallkonstellationen vgl. BVerfGE 104, 74 (82); 106, 275 (296). Zur Entscheidungserheblichkeit von Ermächtigungsnormen siehe BVerfGE 31, 357 (362); 58, 137 (143 f.); 78, 179 (198); 107, 218 (232 f.).
[99] *Benda/Klein* Rn. 838; *Schlaich/Korioth* Rn. 149 ff. Inwieweit auf die Gründe zurückgegriffen werden darf, ist umstritten. Zurückhaltung ist geboten.
[100] BVerfGE 44, 297 (299); 79, 245 (249); 93, 386 (395); 94, 315 (323); 99, 300 (313); 101, 99 (112); 106, 275 (294); 108, 186 (208). Beispiel für offensichtliche Unhaltbarkeit: BVerfGE 78, 25. Zur Frage, in welchem Umfang das vorlegende Gericht an die Rechtskraft einer Entscheidung des BVerfG gebunden ist, s. BVerfG, NJW 2005, 2448. Die Bindungswirkung des § 31 I erfasst nur den Tenor (BVerfGE 33, 199 (203) = NJW 1772, 1701), die ihn tragenden Gründe, soweit diese Aussagen zur Auslegung des GG enthalten (BVerfGE 40, 88 (93 f.) = NJW 1775, 1355). Nur in diesem Rahmen wirken auch Übergangsregelungen und Rechtsfolgeentscheidungen (BVerfGE 6, 300 (303 f.) = NJW 1957, 785).

Konkrete Normenkontrolle **§ 80**

von sollen die verfassungsrechtlichen Vorfragen in vollem Umfang der Prüfung und der Entscheidung des BVerfG unterliegen.[101]

c) Die Entscheidungserheblichkeit lässt sich erst klären, wenn die Voraussetzungen für das vorlegende Gericht feststehen. Das setzt im Regelfall voraus, dass über die Sache **mündlich verhandelt** worden ist.[102] Die Entscheidungserheblichkeit muss sich aus der Vorlage selbst ohne Beiziehung von Akten ergeben.[103] Die Entscheidungserheblichkeit muss nicht nur im Zeitpunkt der Aussetzung des Verfahrens (der Vorlage zum BVerfG) gegeben sein, sondern auch im Zeitpunkt der Entscheidung des BVerfG noch fortbestehen.[104] 39

6. Überzeugungsbildung

Die gesamte Begründung des vorlegenden Gerichts muss von der Überzeugung getragen werden, dass die zur Prüfung gestellte Norm mit höherrangigem Recht unvereinbar ist.[105] Damit wird die Entscheidungserheblichkeit qualifiziert. Es genügt nicht, dass sie dargetan wird. Das bedeutet, dass bloße Zweifel an der Gültigkeit der Norm nicht ausreichen,[106] auch nicht „ernsthafte Zweifel" und schon gar nicht, nach der anderen Seite hin „Bedenken".[107] Das bedeutet für das vorlegende Gericht, dass in der Beratung zum Aussetzungsbeschluss Gewissheit (vorbehaltlich der Entscheidung des BVerfG) über die Unvereinbarkeit der entscheidungserheblichen Norm mit höherrangigem Recht bestehen muss. Der richterlichen Entscheidung wird also Eindeutigkeit als Grundlage abverlangt. Und diese Eindeutigkeit muss nach außen kundgetan, also zu Händen des BVerfG dokumentiert werden. 40

---

[101] BVerfGE 46, 268 (284); 48, 29 (38); 63, 1 (27); 69, 150 (159).
[102] BVerfGE 15, 211 (213); *Benda/Klein,* Rn. 843.
[103] BVerfGE 62, 233 (229); 69, 185 (187); BVerfGK 1 (2004), 11.
[104] BVerfGE 51, 161 (163); 108, 186 (209). Zu möglichen Veränderungen im Laufe des Verfahrens siehe auch Rn. 26 ff. Steht z. B. fest, dass ein Gesetz wegen entgegenstehenden Gemeinschaftsrechts nicht mehr angewendet werden kann, dann ist es wegen des Anwendungsvorrangs europäischen Gemeinschaftsrechts – nunmehr – nicht entscheidungserheblich, BVerfGE 85, 191 (203 ff.); 106, 275 (295).
[105] BVerfGE 35, 303 (306); 86, 52 (56 f.); 86, 71 (76 ff.); 97, 49 (60); 107, 218 (232).
[106] BVerfGE 22, 373 (378); 80, 54 (59); 86, 52 (57).
[107] Siehe dazu *Clemens,* in: UC-GG, Bd. II, 2002, Rn. 114 ff. zu Art. 100 GG.

V. Maßstab der Prüfung

41 Hinsichtlich des Maßstabs der Prüfung gelten die gleichen Grundsätze wie bei der abstrakten Normenkontrolle nach § 13 Nr. 6. Nachzuprüfen sind die Bundes- und Landesgesetze vom BVerfG auf ihre Vereinbarkeit mit dem GG, von den Verfassungsgerichten der Länder auf ihre Vereinbarkeit mit den Landesverfassungen. Landesgesetze sind vom BVerfG ferner nachzuprüfen auf ihre Übereinstimmung mit einem „Bundesgesetz".

42 1. „**Grundgesetz**" ist das GG, andere positive Normen nur, wenn sie gemäß Art. 79 GG Bestandteil des GG wurden, jedoch nicht nur die ausdrücklichen einzelnen Vorschriften des GG, sondern auch die sogen „hintergründigen Konstitutionsprinzipien". Das BVerfG hat in seiner Rechtsprechung ferner „**überpositive Normen**" als Prüfungsmaßstab für die Gültigkeit von Gesetzen anerkannt.[108] Sachlich gelten hierbei für die konkrete Normenkontrolle die gleichen Gesichtspunkte wie für die abstrakte Normenkontrolle, doch ist nicht unbestritten, ob die konkrete Normenkontrolle auf Vereinbarkeit einer Norm mit „überpositiven Normen" unter das Prüfungsmonopol des BVerfG fällt.[109] Das BVerfG nimmt dieses Monopol in *BVerfGE* 3, 225 für sich in Anspruch.[110]

Das Prüfungsmonopol des BVerfG ist jedenfalls zu bejahen, soweit „überpositive Normen" zugleich als hintergründige Konstitutionsprinzipien und damit als Teil des GG selbst begriffen werden können. Prüfungsmaßstab können vor allem auch die im GG enthaltenen Institutsgarantien inner- und außerhalb des Grundrechtsteils sein.[111]

43 2. Bei der Prüfung der Vereinbarkeit eines Landesgesetzes mit einem „**Bundesgesetz**" kann der Begriff des „Bundesgesetzes" nicht in formellem, sondern nur in **materiellem** Sinne gebraucht sein, da

---

[108] S. BVerfGE 1, 14 ff.; 3, 225 = NJW 1954, 65.

[109] Bejahend *Geiger*, Anlage zum BAnz. Nr. 18, 1951 und *Bachof*, Verfassungswidrige Verfassungsnormen, in: Recht und Staat, Bd. 163/164 (1951), 50; *Friesenhahn*, Die Verfassungsgerichtsbarkeit in der Bundesrepublik Deutschland, 1963, 68; verneinend *Scheuner* DVBl. 1952, 293; s. hierzu ferner *Bachof* DÖV 1951, 927 (928). S. dazu auch Rn. 18 zu § 76.

[110] In gleichem Sinne s. auch das Gutachten des *BGH* vom 6. 9. 1953 DVBl. 1954, 443 = JZ 1954, 152, ferner *Schäfer* NJW 1954, 1 mit der Begründung, dass das BVerfG im Urteil vom 24. 4. 1953, 2, 237 (253) = NJW 1953, 1017 nicht nur das gesamte materielle Verfassungsrecht, sondern auch jegliches überpositives Recht als zum materiellen Verfassungsrecht gehörend betrachtete.

[111] S. BVerfGE 6, 309 (355) zu Art. 7 GG; 6, 104 (111); 7, 358 (364); 9, 268 (277); 17, 172 (179) zu Art. 28 II; 8, 332 (343) zu Art. 33 V GG.

auch Rechtsverordnungen des Bundes den Landesgesetzen im Rang vorgehen. Es können also Landesgesetze auch auf Vereinbarkeit mit einer Rechtsverordnung des Bundes geprüft werden.[112] Allerdings besteht Vorlagepflicht nur, soweit Vereinbarkeit mit früher ergangenem Bundesrecht in Frage steht.[113] Reichsrecht, das als Bundesrecht fortgilt, wurde jedoch erst mit dem 7. 9. 1949 im Verfahren nach Art. 100 I GG Prüfungsmaßstab. Die Gerichte haben in eigener Zuständigkeit zu entscheiden, ob Landesrecht schon vor diesem Zeitpunkt mit solchem Reichsrecht in Widerspruch stand.[114] Die Frage, ob ein vorkonstitutionelles Gesetz nach Art. 124, 125 GG Bundesgesetz geworden ist, kann im Verfahren nach § 13 Nr. 11 als Vorfrage geprüft werden.[115] Völkerrechtliches Vertragsrecht wird über das Zustimmungsgesetz Prüfungsmaßstab für Landesgesetze.

3. Der – inzidenten – Prüfungszuständigkeit der Instanzgerichte verbleiben sonach: die Prüfung von vorkonstitutionellem Recht auf Vereinbarkeit mit dem GG, die Prüfung von Rechtsverordnungen des Bundes auf Vereinbarkeit mit dem GG oder mit Bundesgesetzen, die Prüfung von nachkonstitutionellen Landesgesetzen auf Vereinbarkeit mit später ergangenen Bundesgesetzen,[116] die Prüfung von Rechtsverordnungen der Länder auf Vereinbarkeit mit dem GG, mit sonstigem Bundesrecht und mit höherrangigem Landesrecht, soweit nicht (fortgeltendes) Landesrecht Abweichendes vorschreibt, die Prüfung von deutschem Recht auf Vereinbarkeit mit supranationalem Recht.

4. Nach Art. 100 I haben die Gerichte den Landesverfassungsgerichten vorzulegen, wenn sie ein **Landesgesetz** für unvereinbar mit der Landesverfassung halten. Nach BVerfGE 7, 77 (83) muss ein Vorlagebeschluss eines Gerichts, der sowohl auf die Verletzung einer grundgesetzlichen, als auch einer landesverfassungsrechtlichen Norm gestützt ist, vom BVerfG, wenn es auch zur konkreten Normenkontrolle an der in Betracht kommenden Landesverfassung berufen ist, dahin ausgelegt werden, dass das vorlegende Gericht in erster Linie die Entscheidung des BVerfG in seiner Eigenschaft als Landesverfassungsgericht anstrebt.

Die Zuständigkeit des BVerfG für Verfahren nach Art. 100 I GG ist unabhängig davon gegeben, ob neben seiner Zuständigkeit für inhaltsgleiche oder entsprechende Normen der Landesverfassung auch eine

---

[112] Vgl. BVerfGE 1, 284 (292); s. auch *Schäfer* NJW 1951, 1.
[113] BVerfGE 10, 124 = NJW 1959, 2108, vgl. hierzu Anm. *Zeidler* DÖV 1960, 23.
[114] BVerfGE 2, 136.
[115] BVerfGE 3, 368 (374) = NJW 1954, 873.
[116] BVerfGE 10, 124.

§ 80   Teil III. Einzelne Verfahrensarten

Prüfungszuständigkeit des Verfassungsgerichts eines Landes besteht.[117] Das BVerfG prüft nur auf Vereinbarkeit mit dem GG.[118] In seiner Entscheidung ist das BVerfG bei der Auslegung des GG nicht an die Auslegung der entsprechenden Bestimmung der Landesverfassung gebunden.[119]

VI. Form der Vorlage/Verfahren

47   1. § 80 I spricht davon, die Entscheidung des BVerfG sei einzuholen. Wie das geschieht, lässt das Gesetz offen. Auch über die **Form** der Begründung sind § 80 keine Vorgaben zu entnehmen. § 80 II 2 bestimmt lediglich, dass die Akten beizufügen sind (über das Verhältnis zur Vorlage siehe o. Rn. 39).

48   2. Sicher ist, dass das Instanzgericht bei Vorliegen der Voraussetzungen des Art. 100 I GG **von amtswegen** einen Aussetzungs- und Vorlagebeschluss zu fassen hat.[120] Trennt das vorlegende Gericht den Vorlagebeschluss und die für ihn maßgeblichen Gründe, ist das unschädlich. Beide Vorgänge sind als Einheit zu beurteilen.[121] Es genügt auch, wenn sich die Vorlage an das BVerfG ohne ausdrückliche Tenorierung aus den Gründen des Gerichtsbeschlusses entnehmen lässt.[122] Eindeutigkeit ist aber immer erforderlich. Wer den Beschluss zu unterschreiben hat, ergibt sich aus den allgemeinen Regeln der jeweiligen Prozessordnung für **Aussetzungsbeschlüsse**. Die Übersendung des Aussetzungs- und Vorlagebeschlusses an das BVerfG und die Übersendung der Akten ist vom Vorsitzenden des Spruchkörpers zu veranlassen. Aussetzungsgrund ist die – notwendige – Vorlage zum BVerfG.

---

[117] BVerfGE 2, 380 (388 f.); 17, 172 (180); 55, 207 (224 f.); 69, 174 (182 f.) = NJW 1985, 2522) oder ob diesen zuvor schon vorgelegt worden ist, BVerfGE 17, 172 (179 f.); 23, 353 (364 f.); 34, 52 (58) = NJW 1973, 451.
[118] BVerfGE 2, 380 (388), 7, 77 (82), 23, 353 (364) = NJW 1968, 1619.
[119] BVerfGE 9, 268 (278); 69, 174 (176 ff.).
[120] BVerfGE 34, 320 (324). Es bedarf also keines Antrags eines Verfahrensbeteiligten. Liegen entsprechende Anträge vor, sind sie nur als Anregung zu verstehen (§ 80 III). Die Notwendigkeit der Aussetzung wird nicht dadurch beseitigt, dass das BVerfG dem Gesetzgeber einen Handlungsauftrag erteilt hat, der, bei korrekter Befolgung, an die Stelle der vorgelegten eine auch für denselben Regelungsgegenstand gültige Norm setzen würde. Ist der Rechtsstreit entscheidungsreif und ist die Ungültigkeit der Norm entscheidungserheblich, dann muss das Instanzgericht, entsprechende Überzeugung vorausgesetzt, aussetzen.
[121] BVerfGE 9, 22 (27).
[122] BVerfGE 2, 266 (269).

Konkrete Normenkontrolle § 80

Eine Aussetzung, um den Ausgang eines anderen Normenkontrollverfahrens zu identischen zur verfassungsrechtlichen Prüfung gestellten Normen abzuwarten, ist unzulässig.[123] Auch Gründe der Prozessökonomie lassen die sich aus Art. 100 I GG ergebende Verpflichtung nicht entfallen.[124]

3. Eine **Beschwerde** gegen den Aussetzungs- und Vorlagebeschluss ist nicht zulässig.[125]   49

4. Mit dem Eingang des Vorlagebeschlusses beim BVerfG wird dort ein **Zwischenverfahren** über eine verfassungsrechtliche Frage anhängig, in dem das BVerfG nach den hierfür geltenden Vorschriften des BVerfGG als besondere, vom Prozessgericht unabhängige Instanz entscheidet.[126] Gleichwohl bleibt dieses Zwischenverfahren Teil des Ausgangsprozesses. Dies gilt namentlich auch hinsichtlich des Kostenrechts. Der im Ausgangsprozess festgesetzte Streitwert gilt auch ohne weiteres zugleich im Normenkontrollverfahren. Das BVerfG kann selbst den Gegenstandswert nach Maßgabe des § 37 II iVm § 14 I RVG festsetzen.[127] Ob den Beteiligten des Ausgangsverfahrens PKH bewilligt werden kann, ist in *BVerfGE* 10, 262 (263); 11, 330 (336); 31, 212 (218) offen gelassen worden. *BVerfGE* 79, 252 [253] = NJW 1989, 1723 hat – zu recht – entschieden, dass PKH dann zu bewilligen ist, wenn besondere Gründe eine Vertretung geboten erscheinen lassen oder zumindest von der Anhörung der Beteiligten des Ausgangsverfahrens in der mündlichen Verhandlung eine Förderung der Sachentscheidung zu erwarten ist (s. dazu Rn. 9 zu § 34 a).   50

---

[123] BVerfGE 34, 320 (323).

[124] BGH, NJW 1998, 1957 lässt die Aussetzung entsprechend § 148 ZPO wegen einer Verfassungsbeschwerde gegen Vorschriften des Stromeinspeisungsgesetzes (auf die es im Zivilrechtsstreit ankam) mit umfangreichen Erörterungen zur Zweckmäßigkeit dieses Vorgehens zu, vermeidet es aber, gegen BVerfGE 34, 320 zu entscheiden. Der BGH hat das Problem, – trotz wie er selbst sagt, ungewisser Dauer des Verfassungsbeschwerdeverfahrens – dadurch gelöst, dass er sich keine Überzeugung gebildet hat. Ohne Überzeugung bleibt es aber bei der Gültigkeit der Norm. Auf dieses Basis hätte entschieden werden müssen. Wenn der BGH aber sagen wollte, er verzichte auf den Vorgang der Überzeugungsbildung im Rahmen der Aussetzung (das ist wohl der ausschließliche Sinn dieser Entscheidung) verstößt er gegen seine Verpflichtung, das geltende Recht anzuwenden. Das ist hier nicht Art. 100 I GG, wohl aber die Pflicht des an Gesetz und Recht gebundenen Gerichts (Art. 20 III), die Rechtslage in angemessener Frist zu klären. Ein non-liquet gibt es nicht.

[125] *Benda/Klein* Rn. 872; *Pfeiffer* NJW 1994, 1996 (1997 mit Fn. 5).

[126] Dementsprechend ist in Normenkontrollverfahren auf Antrag eines Strafgerichts die Beiordnung eines Pflichtverteidigers nicht zulässig, BVerfGE 1, 108.

[127] BVerfGE 53, 332 (334) = NJW 1980, 1566; gegen BVerfGE 7, 87.

§ 81 Teil III. Einzelne Verfahrensarten

51 **5. Erledigt** sich der Prozess aus Gründen, die nicht mit der Vorlage über die Verfassungsrechtsfrage zusammenhängen (Prozessvergleich, Klagerücknahme, Einstellung eines Verfahrens z. B. wegen einer Amnestie), so wird die Vorlage an das BVerfG gegenstandslos; das BVerfG hat ein bei ihm anhängiges Verfahren in solchem Falle einzustellen.[128]

52 **6. Befugnisse des Instanzgerichts.** Das Gericht kann den Vorlagebeschluss von sich aus ändern.[129] Ob es den Beschluss aufheben kann, ist bestritten.[130] Es kann jedenfalls dann aufheben wenn der Beschluss auf Grund einer Prozesshandlung im Ausgangsverfahren oder auf Grund neuer Tatsachen oder weil das beanstandete Gesetz inzwischen aufgehoben wurde oder weil inzwischen das BVerfG in einem anderen Verfahren die strittige Norm für verfassungswidrig erklärt hat, gegenstandslos geworden ist.[131]

§ 81 [Entscheidung]

Das Bundesverfassungsgericht entscheidet nur über die Rechtsfrage.

I. Entscheidung

1   1. Kommt es zu einer Sachentscheidung, so entscheidet das BVerfG **nur über die Rechtsfrage,** d. h. über die Vereinbarkeit der den Gegenstand der Vorlage bildenden gesetzlichen Vorschrift mit dem GG. Die Entscheidung bindet nicht nur das Vorlagegericht für die Entscheidung im Ausgangsprozess, sondern gem. § 31 I die Verfassungsorgane des Bundes und der Länder und aller Gerichte und Behörden. Die Bindungswirkung erstreckt sich auch auf die tragenden Gründe (siehe oben Rn. 80 ff zu § 31). Sie hat zur Folge, dass ein Bundesgesetz desselben Inhalts grundsätzlich nicht noch einmal erlassen werden kann.[1] Damit ist allerdings kein absolutes Normwiederholungsverbot verbunden (siehe dazu unten Rn. 10). Sie hat gem. § 31 II Gesetzeskraft.

---

[128] Zur Frage strafprozessualer Zwangsmaßnahmen bei inzidenter Normenkontrolle, *Stratenwerth* JZ 1957, 299.
[129] BVerfGE 7, 267 (271); vgl. auch *Schlitzberger* NJW 1963, 1900 (1905).
[130] S. *Schlitzberger* NJW 1963, 1900 (1905); *Huber,* Die konkrete Normenkontrolle gemäß Art. 100 I GG in der gerichtlichen Praxis, Münchner Diss. 1954, 80 (83).
[131] Vgl. BVerfGE 14, 140 (142); 24, 63 (67).
[1] BVerfGE 1, 14 (37); 92, 91 (107).

Konkrete Normenkontrolle § 81

2. Ist eine **Vorlage unbegründet**, so ist im Hinblick auf § 31 nicht zu verwerfen, vielmehr muss ausgesprochen werden, dass die Vorschrift, die das vorlegende Gericht für verfassungswidrig hält, mit dem GG vereinbar ist.[2] Die Feststellung des BVerfG, dass eine Norm in dem zur Prüfung stehenden Umfang mit dem GG vereinbar ist, bezieht sich auf alle Bestimmungen des GG.[3] **Erledigt sich der Ausgangsprozess** ohne Entscheidung, so stellt das BVerfG die Unzulässigkeit der Vorlage fest[4] oder erklärt sie für „gegenstandslos".[5] Wird die zur Prüfung gestellte **Norm aufgehoben**, so bleibt das Normenkontrollverfahren dann zulässig (und ist dementsprechend sachlich zu entscheiden), wenn der durch die ursprüngliche Norm Begünstigte einen Anspruch darauf hätte, so gestellt zu werden, als wäre die aufgehobene Vorschrift noch in Kraft.[6]

II. Inhalt und Umfang der Rechtsfrage

1. Entschieden wird nicht über eine abstrakte Rechtsfrage, sondern über die für das vorliegende Verfahren maßgebliche Rechtsfrage.[7]

a) Die (sachliche) Prüfung des BVerfG umfasst, wie die abstrakte Normenkontrolle, die **„förmliche" und „sachliche" Vereinbarkeit** mit der übergeordneten Norm.[8] Vom BVerfG ist hierbei, was § 81 ausdrücklich hervorhebt, nur über Rechtsfragen zu entscheiden.[9] Die Frage, ob das GG dem Gesetzgeber Ermessensfreiheit einräumt und wie weit sie reicht, ist jedoch eine vom BVerfG nachzuprüfende Frage. Nachzuprüfen ist die Vereinbarkeit der Norm mit allen in Betracht kommenden Bestimmungen des GG; das vorlegende Gericht kann die Prüfung nicht auf die Frage der Vereinbarkeit mit einem bestimmten Artikel des GG beschränken.[10] Verstößt eine beanstandete gesetzliche Vorschrift nach der Feststellung des BVerfG gegen eine grundgesetzliche Norm so „erübrigt sich" für das BVerfG eine Prüfung, ob sie insoweit auch andere grundgesetzliche Vorschriften verletzt.[11]

---

[2] BVerfGE 9, 334 (336); 18, 302 (304); 53, 100 (106) = NJW 1980, 1618.
[3] BVerfGE 26, 44 (57) = NJW 1969, 1339.
[4] So BVerfGE 13, 165; s. auch BVerfGE 7, 59; 10, 1.
[5] So BVerfGE 14, 140.
[6] BVerfGE 16, 6 (15) = NJW 1963, 1491.
[7] BVerfGE 3, 187 (196) = NJW 1954, 28.
[8] Vgl. auch *Geiger* DRiZ 1951, 172 (174).
[9] BVerfGE 1, 14.
[10] BVerfGE 3, 187, 7, 244 (253); 26, 44 (56) = NJW 1969, 1339; 67, 1 (11); 93, 121 (133).
[11] BVerfGE 7, 321 (326), vgl. auch BVerfGE 6, 55 (82) = NJW 1957, 417.

6 **b)** Auf der anderen Seite muss das BVerfG den Inhalt der zur Nachprüfung gestellten Norm **selbständig ermitteln**. Das gilt auch für die Prüfung von Landesrecht am Maßstab des Bundesrechts.[12] Es ist eine besondere Aufgabe, die Einwirkung verfassungsrechtlicher Sätze auf die Auslegung einfachen Rechts zu berücksichtigen.[13] Dabei muss das BVerfG der Auslegung den Vorrang geben, bei der die Vorschrift mit dem GG vereinbar ist.[14] Von einer solchen Klärung kann das BVerfG absehen, wenn nicht einmal die ungünstigste Auslegung der fraglichen Norm zu einem Grundrechtsverstoß führen könnte.[15]

7 **Vorfragen** können das BVerfG natürlich noch über den eigentlichen Verfahrensgegenstand nach § 13 Nr. 11 hinausführen: so kann als Vorfrage geprüft werden, ob ein vorkonstitutionelles Gesetz nach Art. 124, 125 GG zu einem Bundesgesetz geworden ist,[16] ob ein völkerrechtlicher Vertrag gültig ist,[17] ob eine landesrechtliche Norm, deren Vereinbarkeit mit dem GG bezweifelt wird, nach Landesverfassungsrecht gültig ist. Das BVerfG muss (bei der materiellen Prüfung der vorgelegten verfassungsrechtlichen Frage) die tragenden Inzident-Fragen unabhängig von der Rechtsansicht des vorlegenden Gerichts prüfen.[18]

8 ### III. Erneute Vorlage

9 **1.** Die Entscheidung des BVerfG erwächst in Rechtskraft.[19] Diese bezieht sich aber nur auf den Zeitpunkt, in dem die Entscheidung ergeht. Sie erfasst also spätere Veränderungen nicht.[20] Eine erneute Vorlage derselben Rechtsfrage ist deshalb zulässig, wenn die Vorlage von der Begründung der früheren Entscheidung ausgeht und **neue Tatsachen** dartut, die geeignet sind, eine abweichende Entscheidung zu ermöglichen.[21] Neue Tatsachen können sich auch aus einer geänderten

---

[12] BVerfGE 80, 137 (155) = NJW 1989, 2525.
[13] BVerfGE 17, 155 (163 f.); 22, 28 (33); 50, 142 (153); 80, 244 (250); 98, 145 (154).
[14] BVerfGE 18, 70 (80); 50, 142 (153).
[15] BVerfGE 79, 29 (39).
[16] BVerfGE 3, 368 = NJW 1954, 873.
[17] BVerfGE 6, 309 = NJW 1954, 705.
[18] BVerfGE 2, 181 (193).
[19] BVerfGE 4, 31 (38); 5, 34 (37 f.); 20, 56 (86 ff.); 33, 199 (203).
[20] BVerfGE 33, 199 (203); 70, 242 (249); 109, 64 (84).
[21] BVerfGE 33, 194 (204); 39, 169 (181); 65, 178 (181); 70, 242 (249 f.); 78, 38 (48); 84, 348 (358); 87, 341 (346); 94, 315 (323); 105, 61 (70); 109, 64 (84).

Rechtslage ergeben. Diese kann auch aus einem Wandel der allgemeinen Rechtsauffassung folgen,[22] schon deshalb, weil alle GG-Normen wertungsabhängig sind und eine Änderung in der Beurteilung (z. B. zur Reichweite des Würdebegriffs in Art. 1 I GG oder zur Beurteilung des Art. 2 I GG als Verknüpfungsinstrument zu allgemeinen Rechtsgrundsätzen) notwendigerweise zu neuem Recht führt. Bewertungsabhängig sind im einfachen Recht also nicht nur die sogenannten wertausfüllungsbedürftigen Generalklauseln. Dagegen reicht der Hinweis, das BVerfG habe bei seiner Prüfung eine bestimmte Norm nicht erwähnt, nicht aus.[23]

2. Die erneute Vorlage kann sich nicht nur auf eine identische Norm beziehen, sondern auch auf eine andere Norm gleichen Inhalts. Die Nichtigerklärung einer Norm hindert nämlich den Gesetzgeber nicht daran, eine inhaltlich gleichlautende Norm zu erlassen.[24] Es besteht also **kein Normwiederholungsverbot** (s. dazu Rn. 35 zu § 31). Er darf dabei aber die Gründe, mit denen das BVerfG die ursprüngliche Norm für verfassungswidrig erklärt hat, nicht außer Acht lassen. Er muss infolgedessen besondere Gründe darlegen, die sich vor allem aus einer wesentlichen Änderung der für die verfassungsrechtliche Beurteilung maßgeblichen tatsächlichen oder rechtlichen Verhältnisse oder der ihr zugrunde liegenden Anschauungen ergeben können.[25] Fehlen solche Gründe, so muss sich das BVerfG mit einer erneuten Vorlage nicht befassen.[26]

IV. Einstweilige Anordnung

Da die Verfahrensbeteiligten des Ausgangsverfahrens im konkreten Normenkontrollverfahren weder antragsberechtigt (siehe Rn. 49 zu § 80) noch unmittelbar beteiligt sind (§ 82 III räumt ihnen nur den Status eines Äußerungsbeteiligten ein)[27] haben sie keinen durchsetzbaren Anspruch auf Erlass einer einstweiligen Anordnung.[28] Das schließt den Erlass einer einstweiligen Anordnung von amtswegen nicht aus (siehe Rn. 25 zu § 32).

---

[22] In der Rechtsprechung des BVerfG bislang offen gelassen.
[23] BVerfGE 26, 44 (56).
[24] BVerfGE 77, 84 (103 f.).
[25] BVerfGE 96, 260 (263); 102, 122 (141).
[26] BVerfGE 96, 260 (263); 102, 122 (141).
[27] BVerfGE 11, 339 (342); 41, 243 (245). Siehe dazu auch Rn. 3 zu § 82.
[28] BVerfGE 41, 243 (245).

§ 81 a [Unzulässigkeit eines Antrags]

Die Kammer kann durch einstimmigen Beschluß die Unzulässigkeit eines Antrags nach § 80 feststellen. Die Entscheidung bleibt dem Senat vorbehalten, wenn der Antrag von einem Landesverfassungsgericht oder von einem obersten Gerichtshof des Bundes gestellt wird.

I. Entstehung

1   § 81 a ist durch Art. 1 Nr. 18 des Fünften Gesetzes zur Änderung des Gesetzes über das Bundesverfassungsgericht v. 2. 8. 1993 (BGBl. I S. 1442) eingefügt worden.

II. Inhalt

2   1. Die Vorschrift dient der **Entlastung** des Gerichts. Der Anteil unzulässiger Vorlagen hat bis in die 90er Jahre durchschnittlich 50% betragen.[1] Bis zum 31. 12. 1992 hatte es insgesamt 2756 Vorlagen gegeben. Aufgrund der strengen Begründungsanforderungen durch die Rechtsprechung des BVerfG (s. o. Rn. 31 ff. zu § 80) liegt er inzwischen deutlich höher.[2] Zählt man mit der Jahresstatistik 2004 ab 1980, so sind es gerade 1004 Verfahren (s. Rn. 9 vor §§ 80 ff.). Verfassungsrechtliche Bedenken gegen § 81 a bestehen nicht.

2. Aus dem Entstehungszweck folgt, dass eine Anhörung nach § 82 entbehrlich ist.[3]

3   3. Abs. 2 ist nicht abschließend. Wenn es zu keinem einstimmigen Beschluss nach Satz 1 kommt, entscheidet der Senat.

Unabhängig davon ist die Kammer ohnehin nicht verpflichtet, selbst über die Unzulässigkeit der Vorlage zu entscheiden.[4]

Beschlüsse nach § 81 a müssen stets begründet werden (§ 30 I 2). § 93 d I 3 gilt nicht.

---

[1] Vgl. *Ulsamer*, in: MSKB, Stand 1993, § 81 Rn. 32; *Zierlein*, in: FS f. Benda, 1995, 457 (460 f.).

[2] Im Jahr 2004 sind im ersten Quartal ²⁄₃, und im zweiten fast die Hälfte aller Eingänge noch nicht einmal in den Rang eines BvL-Aktenzeichens gekommen.

[3] *Ulsamer*, in: MSKB, Stand 1993, § 81 a Rn. 4; sie ist aber auch nicht ausgeschlossen (§ 41 GO), so zutreffend *Dollinger*, in: UCD, Rn. 7 zu § 81 a.

[4] BVerfGE 105, 61 (66 f.); siehe dazu *Dollinger*, in: UCD, Rn. 6 zu § 81 a.

Die Kammerentscheidung steht einer prozessrechtlichen Senatsentscheidung gleich. Mit der Entscheidung der Kammer ist das Verfahren abgeschlossen. Rechtsmittel oder Gegenvorstellungen gibt es nicht.[5]

§ 82 [Beitritts- und Äußerungsberechtigte]

(1) **Die Vorschriften der §§ 77 bis 79 gelten entsprechend.**

(2) **Die in § 77 genannten Verfassungsorgane können in jeder Lage des Verfahrens beitreten.**

(3) **Das Bundesverfassungsgericht gibt auch den Beteiligten des Verfahrens vor dem Gericht, das den Antrag gestellt hat, Gelegenheit zur Äußerung; es lädt sie zur mündlichen Verhandlung und erteilt den anwesenden Prozeßbevollmächtigten das Wort.**

(4) **Das Bundesverfassungsgericht kann oberste Gerichtshöfe des Bundes oder oberste Landesgerichte um die Mitteilung ersuchen, wie und auf Grund welcher Erwägungen sie das Grundgesetz in der streitigen Frage bisher ausgelegt haben, ob und wie sie die in ihrer Gültigkeit streitige Rechtsvorschrift in ihrer Rechtsprechung angewandt haben und welche damit zusammenhängenden Rechtsfragen zur Entscheidung anstehen. Es kann sie ferner ersuchen, ihre Erwägungen zu einer für die Entscheidung erheblichen Rechtsfrage darzulegen. Das Bundesverfassungsgericht gibt den Äußerungsberechtigten Kenntnis von der Stellungnahme.**

I. Zu Abs. 1

Nach Abs. 1, der gegenüber der ursprünglichen Fassung durch das 3. ÄndG v. 3. 8. 1963 (BGBl. I S. 589) vervollständigt wurde, finden die Vorschriften der abstrakten Normenkontrolle hinsichtlich der Anhörung von Verfassungsorganen des Bundes und des beteiligten Landes, hinsichtlich des Inhalts der Entscheidung (§ 78) und hinsichtlich der Wirkung für zwischenzeitliche behördliche Akte (§ 79) entsprechende Anwendung (s. dazu dort). Unzulässig ist es,[1] das vorlegende Gericht als „Beteiligten" anzuhören oder einem seiner Mitglieder das Wort zu erteilen.[2] Die entsprechende Anwendung des § 78 S. 2 be- 1

---

[5] BVerfG(K) NJW 2000, 1554 und dazu *Dollinger,* in: UCD, Rn. 86 zu § 80, Rn. 10 zu § 81a.

[1] BVerfGE 3, 225 = NJW 1954, 65.

[2] Zustimmend *Schäfer* NJW 1952, 404 (412), aA *Greif* DRiZ 1952, 138 unter Berufung auf den vornehmlichen Zweck des Vorlageverfahrens das objektive Recht zu klären. *Schäfer* weist darauf hin, dass nach § 82 I i. V. m. § 77 bei

rechtigt das BVerfG, auch andere Vorschriften des anzuwendenden Gesetzes daraufhin zu prüfen, ob sie aus dem gleichen Rechtsgrund mit der Vergleichsnorm unvereinbar sind. Insoweit entfernt sich das BVerfG uU völlig vom Prozessstoff des Ausgangsprozesses, die Normenkontrolle erhält rein abstrakte Bedeutung und wird ganz zu einem Instrument zur Klärung des objektiven Rechts. Voraussetzung ist allerdings, dass die anderen Vorschriften aus **denselben Gründen** mit dem GG unvereinbar sind wie die den Gegenstand der Vorlage bildende Norm, also die die Entscheidung tragenden Gründe auch die Nichtigkeit der anderen Vorschrift zur Folge haben müssen.[3] Dagegen gibt es keine erweiterte Prüfungskompetenz aus **ähnlichen Gründen**.[4]

II. Zu Abs. 2

2   Abs. 2 gibt den Verfassungsorganen (nach Abs. 1 mit § 77) im konkreten Normenkontrollverfahren, abweichend von den Vorschriften über das abstrakte Normenkontrollverfahren, das Recht zum **Beitritt** zum Rechtsstreit. Die Verfassungsorgane erhalten dadurch die vollen Rechte (und Pflichten) von Beteiligten (siehe auch Rn. 3 zu § 77). Sie sind daher zur mündlichen Verhandlung zu laden. Mündliche Verhandlung ist notwendig, falls sie nicht darauf verzichten. Im Verfahren nach Art 100 I GG, §§ 80 ff. sind andererseits auch nur die Verfassungsorgane als Beteiligte zu erachten, die dem Verfahren nach § 82 II beigetreten sind. Die Äußerung eines Verfassungsorgans zu dem Antrag eines Gerichts nach § 13 Nr. 11 stellt für sich allein keinen Beitritt im Sinne des § 82 II dar.[5] Nach *BVerfGE* 7, 282 = NJW 1958, 540 setzt der Beitritt eines kollegialen Verfassungsorgans zu einem Verfahren vor dem BVerfG einen Beschluss des Kollegialorgans voraus.[6]

---

der Nachprüfung von landesrechtlichen Normen nicht sämtlichen Landesregierungen, sondern nur dem Landtag und der Regierung desjenigen Landes Gelegenheit zur Äußerung zu geben sei, in dem die Norm verkündet wurde. Die gelegentlich abweichende Praxis des BVerfG gab den angehörten sonstigen Landesregierungen nicht das Recht des Beitritts.

[3] BVerfG EuGRZ 1994, 616 (623).
[4] Vgl. *Graßhof,* abwM, EuGRZ 1994, 627 (628).
[5] Vgl. BVerfGE 2, 213 (217), 2, 233 (234); 2, 266 (272); 20, 350 (351).
[6] S. hierzu § 18 II der Gemeinsamen Geschäftsordnung der Bundesministerien hinsichtlich der Bundesregierung.

III. Zu Abs. 3

Wer Beteiligter des Verfahrens vor dem anrufenden Gericht ist, bestimmt sich nach den für dieses Verfahren geltenden Prozessvorschriften. Abs. 3 verleiht diesen Beteiligten ein Recht auf Abgabe einer **Äußerung**, vgl. Rn. 3 zu § 77.[7] Infolgedessen haben sie keinen Anspruch auf Anhörung zur Vorlagefrage im Ausgangsverfahren.[8]

Äußerungsberechtigt nach Abs. 3 sind nur die im Zeitpunkt des Aussetzungs- und Vorlagebeschlusses am Ausgangsverfahren schon Beteiligten.[9] Von diesem Grundsatz gibt es Ausnahmen.[10] Sie sollten auf den Sachverhalt der Rechtsnachfolge ausgedehnt werden. Die Ladung zur mündlichen Verhandlung ist zuzustellen, Erscheinen der Beteiligten in der mündlichen Verhandlung ist jedoch nicht erforderlich. In der mündlichen Verhandlung ist nicht den Beteiligten selbst, sondern nur deren Verfahrensbevollmächtigten das Wort zu erteilen, jedoch auch diesen nur, wenn sie die Voraussetzungen des § 22 I 1 (Anwälte oder Hochschullehrer des Rechts) erfüllen Zur PKH vgl. Rn. 47 zu § 80.[11] Die Beiordnung eines Pflichtverteidigers (falls das Ausgangsverfahren ein Strafprozess ist), ist ausgeschlossen.[12]

Da die nach § 82 III Äußerungsberechtigten nicht zu Beteiligten des konkreten Normenkontrollverfahrens werden, kommt auch eine Auslagenerstattung nach § 34a nicht in Betracht.[13]

IV. Zu Abs. 4

Abs. 4 wurde durch das 3. ÄndG vom 3. 8. 1963 (BGBl. I S. 589) eingefügt. Er trat an die Stelle der durch das 2. ÄndG eingefügten und durch das 3. ÄndG wieder gestrichenen Absätze 4–6 des § 80. Die Vorschrift verleiht dem BVerfG ein nach seinem pflichtgemäßen Ermessen ausübendes Recht auf **Anhörung** oberster Gerichtshöfe des Bundes und oberster Landesgerichte und legt den ersuchten Gerichten eine entsprechende Pflicht zur Äußerung auf. Das Ersuchen des BVerfG kann sich auf zwei sehr verschiedene Gegenstände beziehen,

---

[7] Vgl. auch BVerfGE 2, 213, wonach die Beteiligten des Ausgangsprozesses nicht „Beteiligte" am Verfahren des BVerfG werden, st. Rspr.
[8] BVerfGE 47, 146 (151) = NJW 1978, 1151.
[9] Weil das Normenkontrollverfahren ein beim BVerfG verselbstständigtes Verfahren ist, BVerfGE 49, 217 (218 f.) = NJW 1979, 209.
[10] BVerfGE 49, 217 (219).
[11] S. a. BVerfGE 92, 122 (123); 93, 179 (180).
[12] BVerfGE 1, 108 (109) = NJW 1952, 299.
[13] BVerfGE 36, 101.

§ 82a Teil III. Einzelne Verfahrensarten

auf Mitteilungen tatsächlicher Art und auf rechtsgutachtliche Äußerungen. Die Mitteilungen tatsächlicher Art können betreffen:
- die Auslegung, die das Gericht bisher dem GG in der strittigen Frage gegeben hat,
- die Anwendung der in ihrer Gültigkeit streitigen Rechtsvorschrift in der Rechtsprechung des befragten Gerichts und
- die zur Anwendung der streitigen Rechtsvorschrift beim Gericht anstehende Rechtsfrage.

6   Eine **rechtsgutachtliche Äußerung** kann vom BVerfG zu einer für die Entscheidung erheblichen Rechtsfrage erbeten werden. Das BVerfG ist also in seiner Entscheidung frei, ob es sich mit Ersuchen der vorstehenden Art und mit welchem Petitum es sich an einen obersten Gerichtshof des Bundes oder ein oberstes Landesgericht wendet. Das BVerfGG enthält auch keine ausdrückliche Bindung hinsichtlich des zu ersuchenden Gerichts. Diese Bindung dürfte sich aus der Sache – d. h. aus dem jeweils in Frage kommenden Rechts- und gerichtlichen Zuständigkeitsbereich ergeben. Bei Rechtsfragen allgemeiner Art ist es durchaus möglich, dass mehrere oberste Gerichtshöfe des Bundes zu befragen sind. Da es sich bei der Befragung oberster Landesgerichte stets um Fragen des Landesrechts handeln wird, kann in aller Regel nur das für das betreffende Land zuständige oberste Landesgericht Adressat der Anfrage sein. Bestehen in einem Land mehrere oberste Gerichte des Landes desselben Gerichtszweigs (obere Landesgerichte), so kann für die Mitteilung nach Abs. 4 S. 1 und 2 nur das dem vorlegenden Gericht im Instanzenzug übergeordnete Gericht in Frage kommen. Gericht im Sinne von § 82 IV 2 ist ein Senat des ersuchten Gerichts und zwar grundsätzlich der Senat der nach der Geschäftsverteilung im Falle der Einlegung eines Rechtsmittels zur Entscheidung über die Sache zuständig wäre.[14]

§ 82 a [Verfahren nach diesem Untersuchungsausschussgesetz]

(1) Die §§ 80 bis 82 gelten vorbehaltlich der Absätze 2 und 3 sinngemäß für die Überprüfung der Vereinbarkeit eines Beschlusses des Deutschen Bundestages zur Einsetzung eines Untersuchungsausschusses mit dem Grundgesetz auf Vorlage nach § 36 Abs. 2 des Untersuchungsausschussgesetzes.

(2) Äußerungsberechtigt sind der Bundestag und die qualifizierte Minderheit nach Artikel 44 Abs. 1 des Grundgesetzes, auf deren Antrag der Einsetzungsbeschluss beruht. Ferner kann das Bundes-

---

[14] BVerfGE 22, 299 (307).

Konkrete Normenkontrolle § 82a

verfassungsgericht der Bundesregierung, dem Bundesrat, Landesregierungen, der qualifizierten Minderheit nach § 18 Abs. 3 des Untersuchungsausschussgesetzes und Personen Gelegenheit zur Äußerung geben, soweit sie von dem Einsetzungsbeschluss berührt sind.

(3) **Das Bundesverfassungsgericht kann ohne mündliche Verhandlung entscheiden.**

I. Entstehungsgeschichte 1

1. Das Gesetz zur Regelung des Rechts der Untersuchungsausschüsse des Deutschen Bundestages (**Untersuchungsausschussgesetz**-PUAG) vom 19. 6. 2001 (BGBl. I S. 1142) i. d. F. des Kostenrechtsmodernisierungsgesetzes vom 5. 5. 2004 (BGBl. I S. 718, 833) ist zum 1. 9. 2001 in Kraft getreten. Das Gesetz, als Ausführungsgesetz zu Art. 44 GG zu verstehen,[1] konkretisiert die verfassungsrechtlichen Vorgaben für die Einsetzung und das Verfahren der Untersuchungsausschüsse des Deutschen Bundestages. In § 36 II PUAG ist den dort genannten Stellen die Pflicht auferlegt worden, unter bestimmten Voraussetzungen das Verfahren auszusetzen und die Entscheidung des BVerfG einzuholen. 2

2. Das Sechste Gesetz zur Änderung des GG vom 22. 8. 2002 (BGBl. I S. 3386) ergänzte daraufhin den Kompetenzkatalog des § 13 um die Nr. 11a, führte für Organstreitigkeiten eine PUAG-bezogene Sondervorschrift in § 66a ein und regelte das Verfahren nach § 13 Nr. 11a in dem neuen § 82a. Das 6. ÄndG ist gemäß Art. 2 am Tag nach der Verkündung in Kraft getreten, also am 30. 8. 2002, und damit noch vor Inkrafttreten des PUAG (siehe oben Rn. 2). Die Amtliche Begründung[2] weist darauf hin, dass § 36 II PUAG eine neue Zuständigkeit des BVerfG begründet. Sie ist in Art. 93 GG nicht enthalten, ist aber durch die Ermächtigung des Art. 93 II GG gedeckt. 3

II. Voraussetzungen (Abs. 1) 4

1. Die Anwendung des § 82a setzt voraus, dass ein **Beschluss** des Bundestags auf Einsetzung eines Untersuchungsausschusses nach § 1 II PUAG ergangen ist. Wird in diesem Zusammenhang der BGH (§ 36 II 1 PUAG) oder der Ermittlungsrichter/die Ermittlungsrichterin des 5

---

[1] *Pieper/Viethen,* Erl. 1 zu Einl. PUAG, in: Deutsches Bundesrecht I A 34, Stand 2002, 13.
[2] BT-Drs. 14/9220 S. 4.

§ 82a Teil III. Einzelne Verfahrensarten

BGH (§ 36 II 2 PUAG) mit Streitigkeiten befasst, die nicht Gegenstand eines vorrangigen anderen verfassungsgerichtlichen Verfahrens (insbesondere des Organstreitverfahrens) sind (vgl. § 36 I PUAG),[3] so werden beide mit der Streitigkeit befassten Stellen die Gültigkeit des Einsetzungsbeschlusses zu prüfen haben Halten Sie den Einsetzungsbeschluss für verfassungswidrig und ist dies für die Entscheidung über die von ihnen zu beurteilenden Streitigkeiten entscheidungserheblich, so müssen sie das Verfahren aussetzen und die Entscheidung des BVerfG einholen.

6   2. § 82a I verweist, abgesehen von den Sonderregelungen der Absätze 2 und 3 „sinngemäß" auf §§ 80 bis 82. Der Gesetzgeber hat sich damit für eine Zuordnung des Regelungsgegenstandes zur **konkreten Normenkontrolle** entschieden,[4] obwohl Prüfgegenstand nicht ein Gesetz im formellen Sinn ist, sondern ein einfacher Parlamentsbeschluss.

7   3. Die nur „sinngemäße" Anwendung der §§ 80 bis 82 führt zu keiner substantiellen Abkehr von den von der Rechtsprechung des BVerfG entwickelten Vorgaben, insbesondere hinsichtlich der **Begründungspflichten** (siehe Rn. 31 ff. zu § 80). Die vorlegenden Stellen müssen auch im Zusammenhang mit § 82a unverändert hinreichend deutlich machen, dass sie bei Gültigkeit/Ungültigkeit des Einsetzungsbeschlusses unterschiedlich entscheiden müssten, dass also die Beurteilung des Einsetzungsbeschlusses entscheidungserheblich ist, und dass sie an der Gültigkeit des Einsetzungsbeschlusses nicht nur zweifeln, sondern von seiner Ungültigkeit überzeugt sind. Die gutachterliche Befassung mit den Materialien für den Einsetzungsbeschluss, der durch Rechtsprechung und Schrifttum beschriebenen einfach-rechtlichen Rechtslage, der Auswirkung des Verfassungsrechts auf diese und die Erörterung der maßgeblichen Verfassungsrechtsnormen ist also für die Vorlage unverzichtbar.[5]

8   4. Anders als in den Regelungen über das konkrete Normenkontrollverfahren schreibt § 36 II PUAG die **Aussetzung des Verfahrens** ausdrücklich vor (siehe dazu Rn. 48 zu § 80). Das ergibt sich allerdings schon aus der Vorlagenotwendigkeit.

---

[3] Denkbar ist auch eine Subsidiarität dieser Streitigkeiten gegenüber der Verfassungsbeschwerde. Diese kann im Zusammenhang mit einem Untersuchungsausschussverfahren in Betracht kommen, vgl. *Klein,* in: MDH, Stand 2002, Rn. 251 zu Art. 44 GG.
[4] BT-Drs. 14/9220 S. 4.
[5] Wie hier *Dollinger/Umbach,* in: UCD, Rn. 7 zu § 82a. Es ist schwer vorstellbar, dass in einem Ermittlungsverfahren der entsprechende Begründungsaufwand je getrieben werden wird.

Konkrete Normenkontrolle § 82a

5. Aus § 36 II PUAG, der gegen Entscheidungen des Ermittlungs- 9
richters/der Ermittlungsrichterin die **Beschwerde** zulässt, darf man
nicht schließen, das gelte auch für eine Beschwerdebefugnis hinsichtlich des Aussetzungs- und Vorlagebeschlusses. Aus dem Wesen des Vorlagezwangs (bei Überzeugung von der Verfassungswidrigkeit) folgt auch
hier (siehe Rn. 47 zu § 80) der **Beschwerdeausschluss**.

6. Die Entscheidung des BVerfG wird wie im konkreten Normen- 10
kontrollverfahren getroffen. Das BVerfG **entscheidet** nur über die
Rechtsfrage (§ 82a I, § 81). Der Einsetzungsbeschluss ist entweder
nichtig oder mit dem GG vereinbar. Die Amtliche Begründung nimmt
an, auch der Ermittlungsrichter/die Ermittlungsrichterin sei ein „oberster Gerichtshof des Bundes", so dass gemäß § 81a nur eine Senatsentscheidung in Betracht komme.[6]

III. Äußerungsberechtigung (Abs. 2) 11

1. Der Gesetzgeber hat wegen des Gebots der Verfahrensstraffung[7] 12
der im Zusammenhang mit der Einsetzung eines Untersuchungsausschusses wegen der Aufgabenerledigung bis zum Ende der Legislaturperiode den Kreis der **Äußerungsberechtigten** enger gezogen als in
§ 77 Obligatorische Äußerungsberechtigte sind nur der Bundestag und
die qualifizierte Minderheit gemäß Art. 44 I GG, auf deren Antrag der
Einsetzungsbeschluss beruht. Angesichts der Beschränkung des Gegenstandes auf den Einsetzungsbeschluss erweist sich das gegenüber
§ 77, der als obligatorischer Äußerungsberechtigter auch den Bundesrat und die Bundesregierung vorsieht, als sachgerecht.

2. Daneben gibt es eine Gruppe **fakultativ Äußerungsberech-** 13
tigter. Ob ihnen Gelegenheit zur Äußerung eingeräumt wird, hängt
davon ab, ob sie „vom Einsetzungsbeschluss berührt sind"[8] (II 2) und
dass das BVerfG sein Ermessen entsprechend ausübt. Zu dieser Gruppe
gehören die Bundesregierung, der Bundesrat, Landesregierung, die
qualifizierte Minderheit nach § 18 II PUAG und sonstige Personen.

3. Die Äußerungsberechtigten haben das **Beitrittsrecht** nach 14
§ 82 II. Die Befugnisse des BVerfG nach § 82 IV bleiben unberührt.

---

[6] BT-Drs. 14/9220 S. 5; ebenso *Klein,* in: MDH, Stand 2002, Rn. 250 zu
Art. 44 GG; *Dollinger/Umbach,* in: UCD, Rn. 8 zu § 82a.
[7] Dahinter steht der durch das Prinzip der parlamentarischen Diskontinuität
gesteckte enge zeitliche Rahmen, siehe dazu *Umbach,* in: UC-GG, Bd. II, 2002,
Rn. 95 zu Art. 44 GG; *Dollinger/Umbach,* in: UCD, Rn. 9 zu § 82a.
[8] Das gilt für die gesamte Gruppe der fakultativen Äußerungsberechtigten,
zutreffend Amtliche Begründung, BT-Drs. 14/9220 5.

IV. Mündliche Verhandlung (Abs. 3)

15

16 1. Der Status des Äußerungsberechtigten ist grundsätzlich nicht anders als in § 77, erschöpft sich also in der Äußerung. Da die Äußerungsberechtigten auch durch eine Stellungnahme nicht zu Verfahrensbeteiligten werden (siehe Rn. 3 zu § 77), haben sie auch keine Rechte nach § 25 I. Für den Äußerungsberechtigten hätte es also der Regelung des Abs. 3, der es dem BVerfG erlaubt, ohne mündliche Verhandlung zu entscheiden, nicht bedurft. § 82 III passt auf diese Äußerungsberechtigen nicht. Die Vorschrift stellt das aber auf jeden Fall klar.[9]

17 2. Abs. 3 gilt aber generell. Selbst wenn also nur der in § 82a II genannte Äußerungsberechtigte dem Verfahren beitritt und damit auch die Rechtsposition nach § 25 I erlangt, kann das BVerfG über die Notwendigkeit einer mündlichen Verhandlung frei bestimmen.

Zwölfter Abschnitt. Verfahren in den Fällen des § 13 Nr. 12

Vorbemerkung zu §§ 83 f.

I. Entstehungsgeschichte

1 Eine dem Art. 100 II GG (§ 13 Nr. 12) entsprechende Vorschrift war im HChE noch nicht enthalten. Die Vorschrift geht auf eine dem Rechtspflegeausschuss am 6. 12. 1948 vorgelegte Fassung des Allgemeinen Redaktionsausschusses zurück. In den weiteren Verhandlungen war insbesondere streitig, ob das oberste Bundesgericht oder das BVerfG zuständig sein sollte. Der Hauptausschuss entschied sich endgültig in der 2. Lesung (am 10. 2. 1949) zugunsten des BVerfG.[1]

2 ### II. Verfahrenszwecke

3 a) §§ 83 f. setzen Art. 100 II GG verfassungsprozessual um. Art. 100 II GG ist die prozessuale Entsprechung zur Art. 25 GG. Danach sind

---

[9] Einschränkend zur Ermessensfreiheit *Dollinger/Umbach*, in: UCD, Rn. 11 zu § 82a.
[1] Vgl. JöR, Bd. 1 (1951) 738.

die allgemeinen Regeln des Völkerrechts Bestandteil des Bundesrechts. Sie gehen den Gesetzen vor und erzeugen Rechte und Pflichten unmittelbar für die Bewohner des Bundesgebiets. Da Art. 25 GG sich auf den jeweiligen Stand des Völkerrechts bezieht, es sich also um eine „offene Verweisungsnorm" handelt,[2] können Zweifelsfragen hinsichtlich des jeweiligen Standes des Völkerrechts auftauchen Deren Klärung soll die Vorlage an das BVerfG gemäß Art. 100 II GG dienen. Daraus resultieren mehrere Verfahrenszwecke. Zum einen kann der Stand des Völkerrechts bestimmt werden (**Normklärungszweck**). Zum anderen kann aufgrund der Bedeutung der Entscheidungsbefugnis beim BVerfG der Gefahr von Rechtsunsicherheit vorgebeugt[3] und die Einheitlichkeit des Völkerrechtsverständnisses verbessert werden (**Sicherungszweck**).[4] Die beiden vorgenannten Zwecke lassen sich im **Gewährleistungszweck** zusammenfassen. Der ausschlaggebende Zweck des Verifikationsverfahrens ist es, Verletzungen des Völkerrechts, die in der fehlerhaften Anwendung oder Nichtanwendung völkerrechtlicher Normen durch deutsche Gerichte liegen und eine völkerrechtliche Verantwortlichkeit Deutschlands begründen können, nach Möglichkeit zu verhindern und zu beseitigen.[5] Zu beachten ist jedoch beim Normklärungszweck, dass der Entscheidung des BVerfG keine konstitutive Bedeutung zukommt; das BVerfG schafft keine Völkerrechtsnormen, sondern klärt nur einen Zweifelsfall.[6] Beim Sicherungszweck darf nicht übersehen werden, dass das BVerfG kein Entscheidungsmonopol hat. Da es nur Zweifelsfälle klärt, können unterschiedliche Entscheidungen der Instanzgerichte in völkerrechtlichen Fragen nicht verlässlich verhindert werden.

b) Insgesamt wird das Verfahren nach Art. 100 II GG gemäß seinem Gegenstand als **Normverifikationsverfahren** bezeichnet.[7] Eine eigenständige Normqualifikation ist damit nicht verbunden.[8]

---

[2] *Tomuschat*, HStR VII (1992), § 172 Rn. 11.
[3] BVerfGE 23, 288 (317); 96, 68 (77), *Ruffert* JZ 2001, 633 (634).
[4] Siehe dazu *Schlaich/Korioth* Rn. 166; BVerfGE 46, 342 (360).
[5] BVerfGE 58, 1 (34); 59, 63 (89); 109, 13 (23); 109, 38 (49). Damit verbindet sich der Gedanke der Völkerrechtsoffenheit des GG, BVerfGE 96, 68 (77 f.); 109, 13 (23 f.); 109, 38 (49 ff.). Der Gedanke der Völkerrechtsfreundlichkeit entfaltet allerdings Wirkung nur im Rahmen des demokratischen und rechtsstaatlichen Systems des GG, BVerfG, NJW 2004, 3407 (3408) – Görgülü.
[6] *Hartwig*, in: UC-GG, Band II, 2002, Rn. 175 zu Art. 100 GG.
[7] BVerfGE 23, 288 (318); 109, 13 (23); 109, 38 (49); *Benda/Klein* Rn. 933; *Ruffert* JZ 2001, 633; *Schorkopf*, in: UCD, Rn. 4 zu §§ 83, 84; (634); aA *Meyer*, in: v. Münch/Kunig, Bd. 3, 5. Aufl. 2003, Rn. 29 zu Art. 100 GG.
[8] Differenzierend *Schlaich/Korioth* Rn. 170; offen gelassen bei *Hartwig*, in: UC-GG, Band II, 2002, Rn. 176 zu Art. 100 GG m.w. Nw. Zu den funktio-

III. Verfahrenskonkurrenzen

1. Verstößt ein Gesetz gegen eine nach Existenz, Inhalt und Allgemeinheit feststehende Regel des Völkerrechts, so verstößt es damit gegen Art. 25 S. 2 GG; dann kommt nur ein konkretes Normenkontrollverfahren nach Art. 100 I GG in Betracht.[9] Sind die Voraussetzungen des Art. 25 S. 1 GG zweifelhaft, muss die Vorlage nach Art. 100 II erfolgen.

2. Gesetze, mit denen gemäß Art. 59 II GG einem völkerrechtlichen Vertrag zugestimmt wird, unterfallen nicht Art. 100 II GG. Sie sind nach Art. 100 I GG kontrollierbar.[10]

3. Holt das Instanzgericht entgegen Art. 100 II GG die Entscheidung des BVerfG nicht ein, so kann darin ein Verstoß gegen Art. 101 I 2 GG i. V. m. Art. 100 II GG liegen, der mit der Verfassungsbeschwerde zu rügen ist.[11] Grundsätzlich liegt ein Verstoß gegen Art. 101 I 2 GG nur dann vor, wenn die fehlerhafte Auslegung und Anwendung einfachen Rechts schlechterdings unvertretbar ist und die Handhabung dieses Rechts deshalb außerhalb der Gesetzlichkeit steht.[12] Für Vorlagen nach Art. 100 II GG ergibt sich aufgrund der verschiedenen Zwecke des Verifikationsverfahrens (siehe oben Rn. 3) aber eine Verschärfung: Das Instanzgericht verstößt schon dann gegen Art. 101 I 2 GG, wenn hinsichtlich des Bestandes oder der Tragweite einer allgemeinen Regel des Völkerrechts objektiv ernstzunehmende Zweifel (siehe unten Rn. 13 ff. zu § 83) bestehen.[13] Für lediglich rechtsirrtümliche Verstöße gegen die Vorlagepflicht, die nicht Art. 101 I 2 GG verletzen, bleibt danach nur noch ein geringer Raum.[14] Da das BVerfG selbst der gesetzliche Richter ist, der den Betroffenen bei einem Verstoß gegen die Vorlagepflicht nach Art. 100 II GG entzogen wird, kann das BVerfG bei nur auf Art. 101 I 2 GG gestützten Rügen selbst feststellen, ob die Entscheidung bei einer ordnungsgemäßen Vor-

---

nal-rechtlichen Grenzen der Verfassungsgerichtsbarkeit im Normverifikationsverfahren siehe ausf. *Ruffert* JZ 2001, 633 (637 f.).

[9] *W. Meyer*, in: v. Münch/Kunig, Bd. 3, 5. Aufl. 2003, Rn. 21 zu Art. 100 GG, *Schlaich/Korioth* Rn. 169.

[10] Beispiel: BVerfGE 95, 39 (44). Zur Pflicht, völkerrechtliche Verträge, wie z. B. die EMRK innerstaatlich zu berücksichtigen, siehe BVerfG(K) NJW 2004, 3407 – Görgülü.

[11] BVerfGE 18, 441 (447 f.); 64, 1 (12); BVerfG(K) NJW 2001, 1848; BVerfGE 109, 13 (22 f.); 109, 38 (48 f.).

[12] BVerfGE 87, 282 (284 f.); 96, 68 (77); 109, 13 (23); 109, 38 (48).

[13] BVerfGE 109, 13 (23); 109, 38 (48).

[14] BVerfGE 64, 1 (21); 109, 13 (24); 109, 38 (50).

Feststellung von Völkerrecht § 83

lage anders ausgefallen wäre.[15] Im Ergebnis entwickelt das BVerfG mit dieser prozessökonomisch begründeten Rechtsprechung das geltende Prozessrecht weiter. Eine Kammer könnte zu diesem Ergebnis schon deshalb nicht kommen, weil sie nicht wissen kann, wie der Senat entscheiden wird. Und der Senat lässt vom Verfahrensgrundrecht des Art. 101 I 2 GG nichts weiter übrig, wenn er den Verfahrensverstoß billigt, weil die Sachentscheidung zu Lasten des Beschwerdeführers ausgefallen wäre. Damit verabschiedet sich das BVerfG einmal mehr von einem Verfahrensgrundrecht. Es billigt zugleich, und das ist die weitergehende Folgewirkung, willkürliches Verhalten der Instanzgerichte.[16]

IV. Bedeutung des Verifikationsverfahrens

Angesichts der wenigen Verfahren zu Art. 100 II GG ist die tatsächliche Bedeutung der Vorschrift gering.[17] Die Einwirkung europäischen Rechts ist wesentlich bedeutsamer. Die zunehmenden Folgen der Globalisierung lassen es aber erwarten, dass es auch vermehrten Klärungsbedarf im Rahmen des Art. 100 II GG geben wird. Die Verfahren nach Art. 100 II GG geben im Übrigen die Befassung des BVerfG mit völkerrechtlichen Fragen nur in einem eher zufälligen Ausschnitt wieder, weil völkerrechtliche Themen auch in anderen Verfahrensarten auftauchen, insbesondere im Verfassungsbeschwerdeverfahren.[18]

9

§ 83 [Entscheidung; Beitritts- und Äußerungsberechtigte]

(1) **Das Bundesverfassungsgericht stellt in den Fällen des Artikels 100 Abs. 2 des Grundgesetzes in seiner Entscheidung fest, ob die Regel des Völkerrechts Bestandteil des Bundesrechts ist und ob sie unmittelbar Rechte und Pflichten für den einzelnen erzeugt.**

---

[15] BVerfGE 64, 1 (21 f.); 96, 68 (86); 109, 13 (27); 109, 38 (53).

[16] Zurecht kritisch deshalb *Schorkopf,* in: UCD, Rn. 33 zu §§ 83, 84; *Clemens,* in: UC-GG, Band II, 2002, Rn. 210 zu Art. 100 GG; *Schlaich/Korioth* Rn. 175.

[17] Siehe dazu *Heun* AöR 122 (1997), 610 (626); *Schlaich/Korioth* Rn. 166. Im Jahr 2004 hat es zu Art. 100 II GG überhaupt keinen Neueingang gegeben. Aus den Vorjahren waren noch neun Verfahren anhängig, vgl. BVerfG, Jahresstatistik 2004, 41.

[18] Siehe dazu *Benda/Klein* Rn. 938.

(2) **Das Bundesverfassungsgericht hat vorher dem Bundestag, dem Bundesrat und der Bundesregierung Gelegenheit zur Äußerung binnen einer zu bestimmenden Frist zu geben. Sie können in jeder Lage des Verfahrens beitreten.**

Schrifttum: *Münch,* Das Verfahren des Bundesverfassungsgerichts nach Art. 100 II GG, JZ 1964, 163; *Wenig,* Die gesetzeskräftige Feststellung einer allgemeinen Regel des Völkerrechts durch das Bundesverfassungsgericht, 1971; *Geck,* Das Bundesverfassungsgericht und die allgemeinen Regeln des Völkerrechts, in: Bundesverfassungsgericht und Grundgesetz, Bd. II, 1976, 125; *Rühmann,* Verfassungsgerichtliche Normqualifikationsverfahren, 1982; *Hofmann,* Zur Bedeutung von Art. 25 GG für die Praxis deutscher Behörden und Gerichte, in: FS f. Zeidler, Bd. 2, 1987, 1885; *Worm,* Die Bindungswirkung von Normqualifikationsentscheidungen des Bundesverfassungsgerichts in völkerrechtlichen Fragen, in: FS f. Doehring, 1989, 1021; *Geiger,* Grundgesetz und Völkerrecht, 2. Aufl. 1994; *Ruffert,* Der Entscheidungsmaßstab im Normzertifikationsverfahren nach Art. 100 II GG, JZ 2001, 633; *E. Klein,* Die Völkerrechtsverantwortung des Bundesverfassungsgerichts – Bemerkungen zu Art. 100 Abs. 2 GG, in: FS f. Rudolf, 2001, 293.

Übersicht

	Rn.
I. Rechtswegerschöpfung	1
II. Vorlageberechtigung	2
1. Gericht	2
2. Rechtsstreit	3
III. Vorlagegegenstand	5
1. Verhältnis von Art. 100 II GG zu Art. 25 GG	5
2. Art. 25 S. 1 und S. 2 GG	6
a) Existenz und Völkerrechtsregel	8
b) Allgemeinheit der Völkerrechtsregel	9
aa) Begriff	9
bb) Allgemeinheit	10
c) Inhaltsbestimmung der Völkerrechtsregel	11
IV. Ernstliche Zweifel	12
1. Voraussetzung	13
2. Rolle der Verfahrensbeteiligten	14
3. Darlegung	15
V. Weitere Voraussetzungen	16
VI. Verfahrensbeteiligung (Abs. 2)	17

I. Rechtswegeröffnung

1 §§ 83 f. greifen, wenn der Rechtsweg auf der Grundlage des Art. 100 II GG zum BVerfG eröffnet ist. Zu beachten ist, dass Art. 100 II GG

Feststellung von Völkerrecht § 83

kein Rechtsprechungsmonopol des BVerfG zu Klärung völkerrechtlicher Fragen eröffnet.[1] Es gibt konkurrierende Möglichkeiten, das BVerfG mit der Klärung völkerrechtlicher Fragen zu befassen (siehe oben Rn. 5 ff. vor § 83). Unabhängig davon gibt es eine fortbestehende Prüf- und Entscheidungskompetenz der Instanzgerichte.[2]

II. Vorlageberechtigung

1. Art: 100 II GG räumt die Vorlageberechtigung nur dem Gericht ein. Der Gerichtsbegriff ist so zu verstehen wie in Art. 100 I GG (siehe Rn. 17 ff. zu § 80). 2

2. Art. 100 GG bezieht sich auf das Auftreten eines völkerrechtlichen Zweifelsfalls „in einem Rechtsstreit". Das weicht in der Formulierung von Art. 100 I GG ab, meint aber, wie dort, jede Art von gerichtlichen Verfahren.[3] Damit wird jede abstrakte, d. h. von einem konkreten Rechtsstreit losgelöste Klärung völkerrechtlicher Fragen im Rahmen des Art. 100 II GG ausgeschlossen.[4] 3

Der Stand des Gerichtsverfahrens ist unerheblich. Eine Vorlage kommt z. B. auch schon vor einem beabsichtigten Beweisbeschluss in Betracht.[5] 4

III. Vorlagegegenstand

1. Art. 100 II GG spricht nur von einer **„Regel des Völkerrechts"**, Art. 25 S. 1 GG dagegen von einer „allgemeinen Regel des Völkerrechts". Da aber Art. 100 II GG ausdrücklich auf Art. 25 GG Bezug nimmt, ist davon auszugehen, dass der verkürzte Sprachgebrauch in Art. 100 II GG nicht auf eine inhaltliche Abweichung von Art. 25 GG zielen soll.[6] 5

2. Vorlagefähig sind danach nicht völkerrechtliche Fragen schlechthin, sondern nur solche, die aus der Anknüpfung der Vorlage- 6

---

[1] *Benda/Klein* Rn. 937; s. a. Rn. 3 vor § 83.
[2] BVerfGE 94, 315 (328); s. a. Rn. 3 vor § 83.
[3] BVerfGE 64, 1 (13); 75, 1 (11); *Hartwig,* in: UC-GG, Bd. II, 2002, Rn. 180 zu Art. 100 GG.
[4] Das gilt auch innerhalb eines Rechtsstreits. Das Vorlageverfahren darf nicht dazu missbraucht werden, abstrakte Rechtsfragen zu klären oder dem vorlegenden Gericht zusätzliche rechtliche Gesichtspunkte für seine Begründung zu verschaffen, BVerfGE 100, 209 (211 ff.).
[5] BVerfGE 46, 342 (360).
[6] *Benda/Klein* Rn. 942.

§ 83   Teil III. Einzelne Verfahrensarten

berechtigung an Art. 25 GG resultieren.[7] Art. 25 GG bezieht sich in S. 1 auf allgemeine Regeln des Völkerrechts, in S. 2 auf die für die nationale Rechtsordnung sich ergebenden Folgen.

7   Vorlagepflichtig könnten deshalb nur Fragen sein, die sich auf beide Sätze des Art. 25 GG beziehen. Das BVerfG hat jedoch befürchtet, die daraus resultierende Einschränkung der Vorlagemöglichkeiten lasse zu wenig Raum für die Anwendung des Art. 100 II GG. Das Gericht hat es deshalb genügen lassen, wenn in der Vorlage nur eine der beiden Aspekte des Art. 25 GG angesprochen wird.[8] In der Sache kommt es darauf an, ob sich die in einem Rechtsstreit aufgetauchten Zweifel darauf beziehen, ob eine Völkerrechtsregel existent ist (a), ob sie allgemein ist (b) und welche Tragweite ihr zukommt (c).[9]

8   **a) Existenz der Völkerrechtsregel.** Art. 100 II GG, Art. 25 GG sprechen die Existenz einer Völkerrechtsregel nicht an. Die Frage nach der allgemeinen Geltung einer Völkerrechtsregel ließe sich auch von dem Problem abkoppeln, ob eine Völkerrechtsregel überhaupt gilt. Die Vorlage wäre dann auf Regeln beschränkt, für deren Gültigkeit kein Zweifel besteht, sondern nur bezüglich ihrer allgemeinen Geltung. Das BVerfG hat sich auf den Standpunkt gestellt, die Frage nach der allgemeinen Geltung sei so eng mit der Frage nach der Geltung überhaupt verknüpft, dass es zulässig sei, auch die Geltungsfrage als solche zum Gegenstand einer Vorlage zu machen.[10] Dazu gehört im Übrigen auch die Frage, ob es sich überhaupt um einen Völker*rechts*satz handelt.[11]

9   **b) Allgemeinheit der Völkerrechtsregel. aa)** Allgemeine Regeln des Völkerrechts sind in erster Linie **universell geltendes Völkergewohnheitsrecht,** ergänzt durch anerkannte allgemeine Rechtsgrundsätze.[12] Völkergewohnheitsrecht ist der Brauch, hinter dem die Überzeugung rechtlicher Verpflichtung steht.[13] Seine Entstehung ist an

---

[7] Siehe dazu unverändert grundlegend *Stern,* in: BK, Zweitbearbeitung 1967, Rn. 208 ff. zu Art. 100 GG.

[8] BVerfGE 15, 25 (33); 16, 27 (33); 46, 342 (362); 64, 1 (4); siehe dazu ausf. *Hartwig,* in: UC-GG, Bd. II, 2002, Rn. 187, zu Art. 100 GG.

[9] *Stern,* in: BK, Zweitbearbeitung 1967, Rn. 220 zu Art. 100 GG, *Benda/Klein* Rn. 943 ff.; *Hartwig,* in: UC-GG, Bd. II, Rn. 186 ff.; *Schlaich/Korioth* Rn. 176.

[10] BVerfGE 15, 25 (32).

[11] Zutreffend *Stern,* in: BK, Zweitbearbeitung 1967, Rn. 245 zu Art. 100 GG; *Benda/Klein* Rn. 944. Nicht zu den allgemeinen Völkerrechtssätzen gehört das Völkervertragsrecht, siehe dazu aber *Benda/Klein* Rn. 944.

[12] BVerfGE 15, 25 (32 ff.); 16, 27 (33); 33, 288 (317); 109, 13 (27); 109, 38 (53).

[13] BVerfGE 109, 13 (27); 109, 38 (53).

zwei Voraussetzungen geknüpft. Zum einen „an das zeitlich andauernde und möglichst einheitliche Verhalten unter weit gestreuter und repräsentativer Beteiligung von Staaten und anderen, rechtssetzungsbefugten Völkerrechtssubjekten".[14] Zum anderen an die dahinter stehende Auffassung „im Rahmen des völkerrechtlich Gebotenen und Erlaubten zu handeln".[15]

Das BVerfG ermittelt die allgemeinen Regeln im Sinne des Art. 25 GG, indem es die **einschlägige Staatspraxis** heranzieht.[16] Das bemisst sich nach dem Verhalten der für den völkerrechtlichen Verkehr nach internationalem oder nationalem Recht zuständigen Staatsorgane, in der Regel der Regierungen oder Staatsoberhäupter. Die Staatenpraxis kann sich daneben auch aus den Akten anderer Staatsorgane (z.B. von Gesetzgebern oder Gerichten) ergeben, „soweit ihr Verhalten unmittelbar völkerrechtlich erheblich ist".[17] Auch wenn richterliche Entscheidungen und völkerrechtliche Lehrmeinungen für die Ermittlung von Völkergewohnheitsrecht nur als Hilfsmittel heranzuziehen sind,[18] so verdienen doch Handlungen von Organen internationaler Organisationen und vor allem internationaler Gerichte besondere Aufmerksamkeit.[19]

bb) Ob eine Regel „allgemein" ist, hängt nicht von ihrem Inhalt ab, sondern vom **Grad ihrer Anerkennung,** also davon, ob sie „von der überwiegenden Mehrheit der Staaten – nicht notwendigerweise auch von der Bundesrepublik Deutschland – anerkannt wird".[20] Welcher Bedeutung insbesondere das Verhalten der Bundesrepublik in außenpolitischen Fragen bei der Klärung der Allgemeinheit einer Völkerrechtsregel zukommt, ist bislang nicht abschließend geklärt. Wenn auch kein Zweifel besteht, dass der Bundesregierung in außenpolitischen Fragen ein völkerrechtlicher Beurteilungs- und Entscheidungsspielraum zusteht (siehe Einl. Rn. 35), so verbindet sich damit noch keine Entscheidung über die Frage, ob die Allgemeinheit einer Völkerrechtsregel vom BVerfG gegen die Auffassung der Bundesregierung festgestellt werden kann oder nicht. Ganz gleich, ob es sich um eine seit langem feststehende allgemeine Regel handelt oder um eine solche, für die sich ein Wandel abzeichnet oder schon im Gange ist: Solange die Allgemeinheit der Völkerrechtsregel dadurch nicht berührt

---

[14] BVerfGE 109, 13 (27); 109, 38 (51).
[15] BVerfGE 66, 39 (64f.); 96, 68 (86f.); 109, 13 (27); 109, 38 (54).
[16] BVerfGE 94, 315 (352); 109, 13 (28); 109, 38 (54).
[17] BVerfGE 46, 342 (362f.); 109, 13 (28); 109, 38 (54).
[18] BVerfGE 96, 68 (87); 109, 13 (28); 109, 38 (54).
[19] BVerfGE 109, 13 (28); 109, 38 (54).
[20] BVerfGE 15, 23 (24).

wird, kann sie auch nicht durch die abweichende Auffassung der Bundesregierung berührt werden, es sei denn, die Bundesregierung handle als „persistent objector".[21] Das setzt jedoch voraus, dass ein Staat von Anfang an einer Regel „beharrliche Rechtsverweigerung" entgegensetzt.[22] Für jus cogens-Regeln scheidet allerdings dieser Vorbehalt aus.[23]

11 **c) Inhaltsbestimmung der Völkerrechtsregel.** Seit *BVerfGE* 15, 25 (31) steht fest, dass die Bedeutung des Art. 25 GG auch eine Vorlage über die Tragweite einer allgemeinen Völkerrechtsregel erforderlich macht.[24] In dem dieser Aussage zugrunde liegenden Fall war es um die Klärung der Frage gegangen, ob es von der Völkerrechtsregel „Gesandtschaftsgrundstücke sind exterritorial" Ausnahmen, z. B. bei Grundbuchberichtigungsklagen, gibt.[25] Der Begriff der Tragweite bezieht sich eher auf die Folgen einer Handlung oder einer Norm. Gemeint ist im Zusammenhang mit Art. 100 II GG jedoch die Bedeutung des Inhalts der allgemeinen Völkerrechtsregel.[26]

IV. Zweifel

12   1. Die Vorlage ist gemäß Art. 100 II GG nur zulässig, wenn das Gericht in einem Rechtsstreit bezüglich der vorlagefähigen Fragen Zweifel (siehe oben Rn. 5 ff.) hat.

13   Das BVerfG hat das in Art. 100 II GG verwendete Adjektiv „zweifelhaft" zum Erfordernis „ernstzunehmender Zweifel" kritisiert, also nicht jeden Zweifel genügen lassen. Ernstzunehmende Zweifel bestehen dann, wenn das Instanzgericht mit seiner Entscheidung von der Meinung eines Verfassungsgerichts, von den Entscheidungen hoher deutscher, ausländischer oder internationaler Gerichte oder von den Lehren anerkannter Autoren der Völkerrechtswissenschaft abweichen will.[27]

---

[21] Siehe dazu *Ruffert* JZ 2001, 633 (638); *Benda/Klein* Rn. 945; *Rojahn,* in: v. Münch/Kunig, GG, Bd. 2, 5. Aufl. 2001, Rn. 9 zu Art. 25 GG.
[22] BVerfGE 46, 342 (389).
[23] *Ruffert* JZ 2001, 633/639).
[24] Zustimmend *Stern,* in: BK, Zweitbearbeitung 1967, Rn. 247 zu Art. 100 GG.
[25] BVerfGE 15, 25 (32).
[26] Zutreffend *Benda/Klein* Rn. 947; siehe jetzt auch BVerfGE 109, 13 (22); 109, 38 (48).
[27] BVerfGE 23, 288 (319); 96, 68 (77); 109, 13 (23); 109, 38 (49). Ernsthafte Zweifel sind, unabhängig von diesen Voraussetzungen, im Übrigen schon dann gegeben, wenn das BVerfG in einer früheren Entscheidung die Geltung einer Völkerrechtsregel offen gelassen hat, BVerfGE 64, 1 (15 ff.).

Feststellung von Völkerrecht § 83

2. Es genügt, dass das Instanzgericht auf ernstzunehmende Zweifel stößt, insbesondere also dann, wenn sie von einem Verfahrensbeteiligten geäußert werden. Das Gericht muss also selbst keine Zweifel haben.[28] Damit unterscheidet sich das Verifikationsverfahren des Art. 100 II GG deutlich vom konkreten Normenkontrollverfahren, das für die Vorlage die erforderliche Überzeugung des Gerichts selbst fordert (Rn. 36 zu § 80). Damit ändert sich auch die Rolle der Verfahrensbeteiligten. Während sie im konkreten Normenkontrollverfahren eine Vorlage nur anregen können (Rn. 48 zu § 80), stützen sie im Verifikationsverfahren die Vorlage selbst. Der **Verfahrensbeteiligte** hat, wenn er ernsthafte Zweifel geltend macht, einen Rechtsanspruch auf Vorlage.[29] Nur das BVerfG hat die Befugnis, vorhandene Zweifel aufzuklären.[30] Geht das Gericht in willkürlicher Weise darüber hinweg, steht dem Beschwerdeführer die Verfassungsbeschwerde wegen Verstoß gegen Art. 100 I 2 GG zur Verfügung (Rn. 8 vor § 83).

3. Zur Darlegung des Zweifels durch das vorlegende Gericht siehe Rn. 2ff. zu § 84.

14

15

V. Weitere Voraussetzungen

Zur Erheblichkeit vgl. Rn. 7 zu § 84, zu den Darlegungspflichten des vorlegenden Gerichts vgl. Rn. 5ff. zu § 84, zum Vorlageverfahren siehe Rn. 2ff. zu § 84, zur Entscheidung und deren Wirkungen siehe Rn. 12ff., 19ff. zu § 84.

16

VI. Verfahrensbeteiligung (Abs. 2)

Das Verifikationsverfahren sieht als bloßes „objektives" Zwischenverfahren keine unmittelbare Verfahrensbeteiligung vor. Die Stellung eines Beteiligten können nur die in Abs. 2 genannten Verfassungsorgane erlangen und nur dadurch, dass sie dem Verfahren beitreten (§ 83 II 2).[31] Das betrifft den Bundestag, den Bundesrat und die Bundesregierung. Ihnen ist gemäß § 83 II 1 vom BVerfG „vorher", d. h. nach

17

---

[28] BVerfGE 15, 25 (30); 23, 288 (316ff.); 96, 68 (77); 109, 13 (23); 109, 38 (49).
[29] Siehe dazu *Schlaich/Korioth* Rn. 173f. Vorausgesetzt ist aber auch hier, dass die vom Verfahrensbeteiligten geäußerten Zweifel „ernsthaft" sind, vgl. *Benda/Klein* Rn. 955.
[30] BVerfGE 109, 13 (23); 109, 38 (49).
[31] BVerfGE 15, 25 (30).

§ 84 [Anwendbarkeit von Vorschriften]

Die Vorschriften der §§ 80 und 82 Abs. 3 gelten entsprechend.

I. Allgemeines

1 § 84 verweist auf die entsprechende Anwendung der §§ 80, 82 III und gibt damit einen rudimentären Hinweis auf Verfahrensvorschriften des konkreten Normenkontrollverfahrens. Sinn macht diese Verweisung erst, wenn man sie als Verweisung auf die von der Rechtsprechung des BVerfG zu § 80 entwickelten Grundsätze versteht: § 82 III bleibt im Gegensatz dazu aus sich heraus verständlich.

2 II. § 80 I

3 **1.** § 80 I normiert das Vorlageverfahren (vgl. Rn. 43 ff. zu § 80). Auch im Verifikationsverfahren entsteht durch das Vorhandensein ernsthafter Zweifel (siehe oben Rn. 13 ff. zu § 83) ein Verfahrenshindernis. Das Instanzgericht ist gezwungen, die Entscheidung des BVerfG einzuholen.[1]

4 **2.** Das geschieht durch Aussetzung des Instanzverfahrens[2] und einen Vorlagebeschluss unmittelbar (§ 80 I) zum BVerfG Mit dem Eingang des Vorlagebeschlusses beim BVerfG wird das Zwischenverfahren dort anhängig.

III. § 80 II

5 § 80 II statuiert umfangreiche Begründungspflichten (vgl. Rn. 31 ff. zu § 80). Sie gelten, wie das BVerfG wiederholt bestätigt hat, auch für das Verifikationsverfahren.

6 **1.** Das Instanzgericht muss die ernstzunehmenden Zweifel, ganz gleich, ob es seine eigenen oder solche sind, die im Verfahren aufgetaucht sind, hinreichend deutlich darlegen.[3]

---

[1] BVerfGE 46, 342 (362); 109, 13 (22); 109, 38 (48).
[2] BVerfGE 16, 276 (278); 75, 1.
[3] BVerfGE 46, 342 (358).

Feststellung von Völkerrecht **§ 84**

2. Auch im Verfahren nach Art. 100 II GG muss das vorlegende Gericht die Entscheidungserheblichkeit hinreichend deutlich dartun (siehe Rn. 36 ff. zu § 80). Zwar enthält Art. 100 II GG anders als Art. 100 I GG keinen Hinweis auf die Entscheidungserheblichkeit. Dieses Erfordernis ergibt sich aber aus Sinn und Zweck des Verifikationsverfahrens und fällt deshalb in den Rahmen der Bezugnahme des § 84 auf § 80.[4] Das Instanzgericht muss also begründen, inwiefern von der allgemeinen Regel des Völkerrechts seine Entscheidung anhängt.[5] Das setzt voraus, dass sich das vorlegende Gericht mit den in Rechtsprechung und Schrifttum entwickelten Rechtsansichten auseinandersetzt. Bloße Zweifel reichen dafür nicht aus.[6] Wie im konkreten Normenkontrollverfahren auch, muss das Gericht im Ergebnis ein ausführliches Rechtsgutachten abgeben. Gerade bei der Völkerrechtsproblematik werden dazu allenfalls oberste Bundesgerichte in der Lage sein.[7] Maßgebend für die Beurteilung der Entscheidungserheblichkeit ist die Rechtsauffassung des vorlegenden Gerichts, es sei denn, sie sei offensichtlich unhaltbar.[8] 7

IV. § 80 III

Da ernsthafte Zweifel eines Verfahrensbeteiligten ausreichen, um das Verfahren in Gang zu bringen (Rn. 14 f. zu § 83), ist § 80 III nur insoweit anwendbar, als er sich auf Zweifel bezieht, die nur beim Gericht aufgetaucht sind. 8

V. § 82 III

1. § 84 verweist auf § 82 III und ergänzt damit § 83 II (Rn. 18 zu § 83). Danach gibt es auch eine Äußerungsberechtigung für die Beteiligten des Ausgangsverfahrens, denen insoweit rechtliches Gehör eingeräumt wird. 9

2. Während sich die Äußerungsberechtigung in der Regel in der Äußerungsbefugnis erschöpft, geht § 82 III weiter: Die Äußerungsbe- 10

---

[4] BVerfGE 15, 25 (30); 94, 315 (328); 100, 209 (211); 109, 13 (23); 109, 38 (49).
[5] BVerfGE 100, 209 (211).
[6] BVerfGE 65, 308 (316); 100, 209 (212).
[7] Auch wenn es eines der ersten Verfahren dieser Art war: Der BGH hatte in dem von BVerfGE 15, 25 entschiedenen Fall noch nicht einmal eine mögliche Vorlagefrage formuliert, BVerfGE 15, 25 (31).
[8] BVerfGE 100, 209 (210); siehe auch Rn. 36 zu § 83.

teiligten werden zur mündlichen Verhandlung geladen.[9] Anwesende Verfahrensbevollmächtigte erhalten das Wort. Äußerungsberechtigte nach § 83 II 1 werden dagegen nicht geladen, wie § 83 II 2 zeigt: Wollen diese Rechte über die bloße Äußerungsbeteiligung hinaus annehmen, müssen sie dem Verfahren beitreten.

11 Aus der Verweisung auf § 82 III muss man schließen, dass die mündliche Verhandlung (wenn nicht ausdrücklich auf sie verzichtet worden ist) erzwungen ist. Zwar ist das Verifikationsverfahren „zunächst" ein Verfahren ohne Beteiligte. Wenn sich aber Beteiligte des Ausgangsverfahrens äußern, gilt § 25 I in Verbindung mit § 82 III.[10] Der Sachverhalt kann nicht anders behandelt werden als beim Beitritt der nach § 83 II Äußerungsberechtigten.

12 3. § 84 verweist auf § 82 III. Das muss man ernst nehmen. Die Anwendung des § 82 IV scheidet deshalb aus. Zweckmäßig ist diese Beschränkung nicht. Das hindert nichts daran, dass das abweichende Vorgehen in *BVerfGE* 75, 1 (9), wo u. a. dem BGH und dem Generalbundesanwalt **Gelegenheit zur Stellungnahme** gegeben worden ist, ohne Rechtsgrundlage ist. Wenn eine allgemeine Verfahrensförderungspflicht genügen soll,[11] kann man sich von allen Beteiligungsvorschriften des BVerfGG verabschieden und das BVerfG ernstlich zum Herrn des Verfahrens (siehe Rn. 2 vor § 17) machen.

VI. Entscheidung und Entscheidungswirkungen

13 **1. a)** § 84 verweist nicht auf § 81. Da auch § 83 zu dieser Frage schweigt, müssen Entscheidung und Entscheidungswirkung nach allgemeinen Grundsätzen bestimmt werden.

14 **b) Erledigt** sich das Ausgangsverfahren, so erledigt sich auch das Verifikationsverfahren. Es ist allerdings auch denkbar, dass Gründe des öffentlichen Interesses eine Entscheidung erfordern.

15 Die ernsthaften Zweifel bleiben ja bestehen, weil sie nicht die Beschwer der Betroffenen berühren, sondern die Beurteilung der Völkerrechtslage. Eine Entscheidung über diese kann geboten sein, auch wenn der Ausgangsstreit entfallen ist.[12]

16 **c)** Eine **Rücknahme** der Vorlage wird im Regelfall nicht in Betracht kommen, also dann, wenn ernsthafte Zweifel hinreichend deutlich dargelegt worden sind. Diese Zweifel kann man nicht mehr beseitigen. Man kann aber nicht sagen, dass eine Rücknahme der Vorlage

---

[9] BVerfGE 15, 25 (30).
[10] AA *Benda/Klein* Rn. 963 unter Hinweis auf BVerfGE 15, 25 (30).
[11] *Benda/Klein* Rn. 963.
[12] AA *Benda/Klein* Rn. 964.

Feststellung von Völkerrecht § 84

in jedem Fall ausgeschlossen ist.[13] So kann, insbesondere, wenn die Zweifel auf der Rechtsauffassung eines Verfahrensbeteiligten beruhen, es sich herausstellen, dass sie auf einem schwerwiegenden Irrtum über die Zweifelhaftigkeit der Völkerrechtslage beruht haben. Auch mag sich die Völkerrechtslage in entscheidungserheblicher Weise geändert haben.

d) Ist die **Vorlage unzulässig**, ist sie zu verwerfen.[14] Dass das BVerfG sie für unzulässig erklärt,[15] ist belanglos. Die Zulässigkeit dahingestellt sein zu lassen, ist eine evidenten Prozessgrundsätzen widersprechende Sitte.[16] 17

e) Entscheidet das BVerfG in der Sache, so **tenoriert** es: „Es besteht folgende allgemeine Regel des Völkerrechts ... Diese Regel ist Bestandteil des Bundesrechts".[17] Sonst heißt es: „Eine allgemeine Regel des Völkerrechts, nach der ..., ist nicht Bestandteil des Bundesrechts".[18] Wenn das die entscheidende Frage ist, muss auch zu Art. 100 II 2. Alternative GG tenoriert werden, d. h. dazu, ob die Völkerrechtsregel Rechte und Pflichten für den Einzelnen erzeugt. Das wird durch Art. 100 II GG erzwungen, und kann deshalb keine bloße Formalie sein.[19] 18

2. Entscheidungswirkungen

a) Die Entscheidung des BVerfG in der Sache erwächst in Rechtskraft. Sie ist für das Ausgangsverfahren bindend, ist nach § 31 I darüber hinaus bindend und hat nach § 31 II Gesetzeskraft. Die Feststellung der Geltung einer allgemeinen Völkerrechtsregel durch das BVerfG wirkt allerdings nicht konstitutiv, hat also keine rechtsgestaltende Wirkung. 19

Im Völkerrechtsraum würde dem BVerfG dafür die Kompetenz fehlen. Es bleibt deshalb bei der bloßen **Feststellungswirkung.** 20

b) Ist die Entscheidung des BVerfG falsch, so kollidiert der Geltungsanspruch des Art. 25 GG mit der Entscheidung des BVerfG. Auch hier hat aber die **Rechtssicherheit** Vorrang. Andernfalls stünde jede Entscheidung des BVerfG im Verifikationsverfahren unter dem 21

---

[13] AA *Benda/Klein* Rn. 964.
[14] *Benda/Klein* Rn. 965.
[15] BVerfGE 100, 209, st. Rspr.
[16] Vgl. etwa, für eine andere Verfahrensart, BVerfGE 110, 370 (383).
[17] *Benda/Klein* Rn. 978, *Schlaich/Korioth* Rn. 178.
[18] BVerfGE 92, 277 (278). Der Nachsatz ist nicht erzwungen, vgl. *Benda/Klein* Rn. 969.
[19] So aber *Benda/Klein* Rn. 970. Wie hier *Schorkopf*, in: UCD, Rn. 48 zu §§ 83, 84.

Vorbehalt der Nachprüfung durch die Instanzgerichte am Maßstab des Art. 25 GG. Unter den sinngemäß anzuwendenden Vorgaben, unter denen allgemein eine erneute Vorlage an das BVerfG zulässig ist (Rn. 8 ff. zu § 80) bleibt aber eine Korrekturmöglichkeit eröffnet.[20] Ändert sich dagegen die Rechtslage nachträglich, so kann ohnehin unter den unmittelbar anwendbaren Vorgaben eine erneute Vorlage erfolgen.[21]

Dreizehnter Abschnitt.
Verfahren in den Fällen des § 13 Nr. 13

Schrifttum: *Burmeister,* Vorlagen an das BVerfG nach Art. 100 III GG, in: Starck/Stern (Hrsg.), Landesverfassungsgerichtsbarkeit, TeilBd. 2, 1983, 399 ff.; *Dietlein,* Die Rezeption von Bundesgrundrechten durch Landesverfassungsrecht, AöR 120 (1995), 1; *Zierlein,* Prüfungs- und Entscheidungskompetenzen der Landesverfassungsgerichte bei Verfassungsbeschwerden gegen landesrechtliche Hoheitsakte, die auf Bundesrecht beruhen oder in einem bundesrechtlich geregelten Verfahren ergangen sind, AöR 120 (1995), 205; *Wittreck,* Das Bundesverfassungsgericht und die Kassationsbefugnis der Landesverfassungsgerichte, DÖV 1999, 634; *Tietge,* Die Stärkung der Verfassungsgerichtsbarkeit im föderalen System Deutschlands in der jüngsten Rechtsprechung des BVerfG, AöR 124 (1999), 282.

Vorbemerkung vor § 85

I. Entstehungsgeschichte

1   Art. 100 III Hs. 1 GG greift für ein Teilgebiet den Rechtsgedanken des Art. 129 I HChE wieder auf. Seine Fassung geht auf einen Vorschlag des Allgemeinen Redaktionsausschusses und auf Beratungen des Rechtspflegeausschusses vom 6. 12. 1948 zurück.[1] Durch Gesetz vom 18. 6. 1968 (BGBl. I S. 657) wurde der 2. Hs. gestrichen. § 85, der auf „Art. 100 III 1" verweist, ist redundant, weil Art. 100 III GG immer nur aus einem Satz bestanden hat.[2]

---

[20] Wie hier *Hartwig,* in: UC-GG, Bd. II, 2002, Rn. 207 zu Art. 100 GG.
[21] BVerfGE 39, 169 (181 ff.); *Hartwig,* in: UC-GG, Bd. II, 2002, Rn. 208 zu Art. 100 GG; *Benda/Klein* Rn. 973; *Schorkopf,* in: UCD, Rn. 56 zu §§ 83, 84.
[1] JöR Bd. 1 (1951), 757. Zur Textfassung siehe *Bethge,* in: MSKB, Stand 1995, Entstehungsgeschichte.
[2] Zur Entstehungsgeschichte des § 85 siehe ausf. *Rühmann,* in: UCD, Rn. 1 ff. zu § 85.

II. Verfahrenszweck

Die in Art. 100 III GG statuierte Vorlagepflicht des Landesverfassungsgerichts bei bestehenden Divergenzen („Divergenzvorlage") dient der **Rechtssicherheit und Rechtseinheit**.[3] Es geht dabei um die Einheitlichkeit der Auslegung des GG,[4] nicht nur im Verhältnis zwischen Landes- und Bundesverfassungsgerichtsbarkeit, sondern auch im Verhältnis der Landesverfassungsgerichte untereinander.[5] Gerade der letztgenannte Aspekt ist bedeutungsvoll, wenn man davon ausgeht, dass Art. 100 III GG voraussetzt, dass auch die Auslegung des GG Gegenstand der Rechtsprechung eines LVerfG sein kann, insbesondere bei Verfassungsstreitigkeiten innerhalb eines Landes.[6] Darüber hinaus ist Art. 100 III GG auch ein Instrument der Verfassungsfortbildung, weil die Pflicht zur Divergenzvorlage mit der damit verbundenen Kontrollmöglichkeit für Abweichungen der Petrifizierung des Rechts entgegenwirkt.[7] Dabei wird deutlich, dass es sich um ein Verfahren der **Norminterpretation,** nicht um ein solches der Normverifikation wie bei Art. 100 II GG oder um ein Verfahren der Normenkontrolle wie bei Art. 100 I GG handelt.[8]

2

III. Bedeutung der Divergenzvorlage

Es gibt bislang nur fünf Entscheidungen zu Art. 100 III GG,[9] so dass man die Verfahrensart der Divergenzvorlage für ein verfassungsprozessuales Randinstrument halten kann. Das gilt aber nicht für den dogmatischen Hintergrund. Im Rahmen des Art. 100 III GG entfaltet sich der Streit um das Verhältnis von Bundes- zu Landesgrundrechten und des Hineinwirkens des Bundesverfassungsrechts in die Landesverfassungen[10] sowie die Bedeutung des Art 100 III GG im Rahmen

3

---

[3] BVerfGE 96, 345 (360).
[4] BVerfGE 3, 261 (265).
[5] *Zierlein* AöR, 120 (195), 205 (237).
[6] BVerfGE 1, 208 (232); 60, 175 (206 f.); 69, 112 (117); 103, 332 (355).
[7] *Bethge,* in: MSKB, Stand 1995, Rn. 3 zu § 85; *Schlaich/Korioth* Rn. 188.
[8] Siehe dazu *Rühmann,* in: UCD, Rn. 75 ff. Zu § 85. Die Konkurrenz mit einem Verfahren nach Art. 100 I GG ist möglich, vgl. *Bethge,* in: MSKB, Stand 1995, Rn. 12 zu § 85; *Clemens,* in: UC-GG, Bd. II, 2002, Rn. 226 zu Art. 100 GG. Das Gericht kann zwischen beiden Verfahrensarten wählen, BVerfGE 36, 342 (356).
[9] BVerfGE 3, 261, 13, 265; 18, 407; 36, 342; 96, 345.
[10] Siehe dazu die Auseinandersetzung um BVerfGE 96, 345 (360) bei *Hain* JZ 1999, 620; *v. Zezschwitz* NJW 1999, 17; *Tiedemann* DÖV 1999, 200; *Wittreck*

der Bindungswirkung verfassungsgerichtlicher Entscheidungen nach Art. 31 I[11] (siehe zu beidem Rn. 19 zu § 85).

§ 85 [Verfahren, Entscheidung]

(1) **Ist die Entscheidung des Bundesverfassungsgerichts gemäß Artikel 100 Abs. 3 Satz 1 des Grundgesetzes einzuholen, so legt das Verfassungsgericht des Landes unter Darlegung seiner Rechtsauffassung die Akten vor.**

(2) **Das Bundesverfassungsgericht gibt dem Bundesrat, der Bundesregierung und, wenn es von einer Entscheidung des Verfassungsgerichts eines Landes abweichen will, diesem Gericht Gelegenheit zur Äußerung binnen einer zu bestimmenden Frist.**

(3) **Das Bundesverfassungsgericht entscheidet nur über die Rechtsfrage.**

I. Rechtswegeröffnung

1 Der Rechtsweg zum BVerfG ist eröffnet, wenn ein LVerfG bei der Auslegung des GG von einer Entscheidung des BVerfG oder eines anderen LVerfG abweichen will. Das LVerfG hat bei Vorliegen dieser Voraussetzungen die Entscheidung des BVerfG einzuholen, Art. 100 III GG, § 13 Nr. 13 (**„Divergenzvorlage"**).

II. Vorlageberechtigung

2 Vorlageberechtigt sind nur die **Landesverfassungsgerichte.** Das Land Schleswig-Holstein hat kein Verfassungsgericht. Die Zuweisungsmöglichkeit nach Art. 29 GG, von der das Land Schleswig-

---

DÖV 1999, 634; *Tietje* AöR 124 (1999), 282 und den voraufgegangenen Streit um die Honecker-Entscheidung des Berliner VerfG, NJW 1993, 513. Das Gericht hatte eine Vorlage nach Art. 100 III GG für entbehrlich gehalten, siehe dazu *Starck* JZ 1993, 231; *Wilke* NJW 1993, 887; *Berkemann* NVwZ 1993, 409; *Gebb* DÖV 1993, 470; *Meurer* JR 1993, 89; *Löwer* DVBl. 1993, 333; *Bartelsparger* Sächs. VBl. 1993, 73; *Pestalozza* NVwZ 1994, 340; *Sobota* DVBl. 1994, 793; *Kunig* NJW 1994, 687; *Paeffgen* NJ 1993, 152; *Wesel* KJ 1993, 198; *Lotz,* in: FS 50 Jahre BayVerfG 1997, 115.

[11] *Burmeister,* in: Starck/Stern, Landesverfassungsgerichtsbarkeit, Teilbd. 2, 1983, 399 (411 ff.); *Bethge,* in: MSKB, Stand 1995, Rn. 4 ff. zu § 85; *Benda/Klein* Rn. 1184; *Schlaich/Korioth* Rn. 183 f.

Holstein gemäß Art. 44 seiner Verfassung Gebrauch gemacht hat, erfasst die Divergenzvorlage nicht. Sie kann infolgedessen nur im Rahmen der Selbstbindung des BVerfG (siehe Rn. 29 zu § 31) auftauchen, ggf., wenn der Erste Senat betroffen ist, ist sie über die Anrufung des Plenums zu lösen (§ 14).

III. Vorlagevoraussetzungen

1. Es muss um die **Auslegung des GG** gehen. Es wird sich dabei um Vorfragen handeln.[1] In einem landesverfassungsgerichtlichen Normenkontrollverfahren kann die Vorfrage zur Hauptfrage werden.[2] Auslegung des GG ist nicht nur die unmittelbare Auslegung von Bestimmungen des GG, sondern auch deren Auslegung, soweit sie in das Landesverfassungsrecht hineinwirken.[3] Dazu gehören die allgemeinen verfassungsrechtlichen Grundsätze, wie die in Art. 20 III GG normierte Bindung des Gesetzgebers an die verfassungsmäßige Ordnung, das Primat des Völkerrechts vor dem innerstaatlichen Recht (Art. 25 GG), die Gleichheit vor dem Gesetz, Art. 21 GG, die Rundfunkfreiheit.[4] Dazu gehören alle inhaltsgleichen Grundrechte und grundrechtsgleichen Rechte, wie die Verfahrensgrundrechte des rechtlichen Gehörs, des fairen Verfahrens, des gesetzlichen Richters.[5]

Auslegung des GG ist auch die Auslegung der Bestandteile des GG in der Landesverfassung.

2. Es muss sich um die **Abweichung** einer Entscheidung des BVerfG oder des Verfassungsgerichts eines anderen Landes handeln (Art. 100 III GG).

a) **Entscheidungen des BVerfG** sind alle Entscheidungen mit Bindungswirkung nach § 31 I (siehe dazu Rn. 28 zu § 31).

b) **Entscheidungen des LVerfG** müssen die eines anderen LVerfG sein. Für die Abweichung von der eigenen Rechtsprechung bedarf es, wenn das keine Auslegung des GG betrifft, keiner Vorlage.

---

[1] BVerfGE 69, 112 (117 f.); 96, 345 (374 f.); 103, 332 (335).
[2] BVerfGE 69, 112 (117 f.); 103, 332 (355).
[3] BVerfGE 103, 332 (351 ff.).
[4] Nicht dagegen die kompetenzrechtlichen Vorschriften der Art. 70 ff. GG, BVerfGE 103, 322 (357 ff.). Das kollidiert mit der ständigen Rechtsprechung des BayVerfGH, wonach das Rechtsstaatsprinzip des GG dann verletzt wird, wenn eine Norm des Landesrechts offensichtlich die Kompetenznormen des GG in schwerwiegender Weise verletzt, siehe dazu die Nachweise bei BVerfGE 103, 332 (355).
[5] Allgemein: BVerfGE 96, 345 (364 ff.); zu den Verfahrensgrundrechten vgl. etwa VerfGH Rh.-Pf. DVBl. 2001, 292; Thür. VerfGH DVBl. 2001, 560 (561).

§ 85 Teil III. Einzelne Verfahrensarten

8 **3. Es muss sich um eine Abweichung handeln.**
9 **a)** Die Abweichung kann sich auf den **Tenor** und/oder die tragenden Gründe der Entscheidung beziehen. Das korrespondiert mit dem Umfang der Bindungswirkung (siehe Rn. 28 ff. zu § 31) und ergibt sich zwanglos aus der Anknüpfung an die „Auslegung des GG".[6]
10 **b)** Da die Abweichung sich auf die Auslegung des GG beziehen muss, ist sie, wenn es um die Rechtsprechung eines anderen VerfG geht, nur gegeben, wenn dessen Entscheidung seinerseits auf der Auslegung des GG beruht. Auch dafür sind Tenor und tragende Gründe heranzuziehen. **Obiter dicta** des anderen VerfG sind keine im Sinne des Art. 100 III GG abweichungsfähigen Vorgaben. Für die Abweichung genügt, dass „unvereinbares Bundesverfassungsrecht" (siehe oben Rn. 4) die Entscheidung des anderen LVerfG trägt.

IV. Entscheidungserheblichkeit

11 § 85 verweist nicht auf § 80. Angesichts der Unterschiede zwischen einem Normenkontrollverfahren und einem Norminterpretationsverfahren (siehe oben Rn. 2 vor § 85) lassen sich die strengen Begründungsanforderungen des § 80 II nicht auf das Verfahren nach § 85 übertragen. Da aber für das abweichungswillige Gericht eine Vorlagepflicht besteht (siehe unten Rn. 13 ff.), kann es sich bei der Divergenzvorlage nicht um ein bloßes Gutachtens-Verfahren handeln. Es droht in diesem Zusammenhang, was die Entscheidung des BVerfG angeht, die Durchbrechung der Bindungswirkung nach § 31 I. Es muss deshalb auch für die Divergenzvorlage gelten, dass ohne Abweichung anders entschieden werden müsste als mit Abweichung. Die Entscheidungserheblichkeit der Vorlage muss infolgedessen gegeben sein.[7] Das vorlegende Gericht muss das ebenso begründen wie die Abweichung, aber nicht in der für § 80 II geforderten strengen Weise.[8]

---

[6] *Schlaich/Korioth* Rn. 183; *Clemens,* in: UC-GG, Bd. II, 2002, Rn. 222 zu Art. 100 GG; *Benda/Klein* Rn. 1183.
[7] BVerfGE 18, 407 (413); 36, 342 (356); 96, 345 (360).
[8] AA *Benda/Klein* Rn. 1183. Dagegen gelten die Befugnisse für die Beschränkung und Erweiterung von Vorlagefragen, wie sie das BVerfG zu Art. 100 I GG entwickelt hat (siehe Rn. 27 ff. zu § 80) auch für die Divergenzvorlage (siehe unten Rn. 18): Auch das vorlegende Gericht selbst kann die Vorlage (über die unmittelbare Entscheidungserheblichkeit hinaus) erweitern, wenn das sachgerecht und prozessökonomisch ist, BVerfGE 96, 345 (366 f.). Der Begriff der Entscheidungserheblichkeit wird insoweit durchbrochen.

V. Verfahren

1. Sind die Voraussetzungen des Art. 100 III gegeben, **muss** das LVerfG vorlegen. Geschieht das in willkürlicher Weise nicht, verstößt das LVerfG gegen Art. 101 I 2 GG (siehe dazu Rn. 8 zu §§ 83f.).

2. Die Vorlage erfolgt durch einen **Vorlagebeschluss** unmittelbar gegenüber dem BVerfG. Die Akten sind dem BVerfG vorzulegen (§ 85 I). Zugleich wird das Ausgangsverfahren durch Beschluss ausgesetzt.

3. Das BVerfG gibt dem Bundesrat, der Bundesregierung und, wenn es von der Entscheidung des VerfG eines Landes abweichen will,[9] diesem Gericht **Gelegenheit zur Anhörung** binnen einer zu bestimmenden Frist (§ 85 II) Beitrittsrechte zum Verfahren haben die Äußerungsberechtigten nicht; sie werden also nicht unmittelbare Verfahrensbeteiligte. Ihre Befugnis beschränkt sich auf die Äußerungsberechtigung.[10]

Die Anhörung anderer Verfassungsorgane oder sonstiger Stellen (wie § 82 IV) ist nicht vorgesehen, und, wie die Spezialverweisung in § 84 zeigt, auch nicht gewollt. Das BVerfG weicht in ständiger Praxis von diesen Vorgaben ab und schafft sich damit unter Zweckmäßigkeitsgesichtspunkten sein eigenes Prozessrecht, indem es gleichwohl § 82 IV anwendet.[11]

4. § 85 trifft keine ausdrückliche besondere Bestimmung über die **mündliche Verhandlung** (§ 25 I). Was zu geschehen hat, ergibt sich aber aus dem Charakter des Verfahrens, das, anders als im Verfahren nach Art. 100 II GG (siehe dazu Rn. 9f. zu § 84) noch nicht einmal eine fakultative unmittelbare Verfahrensbeteiligung (über die Ausübung von Beitrittsrechten) kennt. Eine mündliche Verhandlung über die Divergenzvorlage ist deshalb ausgeschlossen.

VI. Entscheidung/Entscheidungswirkung

1. Entscheidung

Das BVerfG entscheidet nur über die Rechtsfrage (§ 85 III), d.h. über die Auslegung des GG. Damit wird keine ausnahmslose Bindung des BVerfG an die Vorlagefrage ausgesprochen.[12]

---

[9] Das erfasst nicht der Fall, dass das vorlegende LVerfG von der Entscheidung eines anderen LVerfG abweichen will, *Bethge,* in: MSKB, Stand 1995, Rn. 69 zu § 85.
[10] *Bethge,* in: MSKB, Stand 1995, Rn. 67 zu § 85.
[11] Vgl. etwa die Aufzählung der Äußerungsberechtigten in BVerfGE 96, 345 (354).
[12] BVerfGE 96, 345 (359f.).

18 Das BVerfG hält vielmehr **Veränderungen der Vorlagefrage** nach den zu Art. 100 I GG entwickelten Grundsätzen für zulässig, wenn ihm das sachgerecht erscheint (siehe Rn. 27 ff. zu § 80), in erster Linie aus Gründen der Prozessökonomie, nämlich um weitere Vorlagen zu vermeiden.[13] Die Ergänzungsbefugnis hinsichtlich der Vorlage steht sowohl dem vorlegenden Gericht (siehe oben Rn. 11) als auch dem BVerfG zu.[14]

19 2. Die Divergenzentscheidung erwächst nicht in Rechtskraft, weil es im Norminterpretationsverfahren keine unmittelbaren Verfahrensbeteiligten gibt. Der Entscheidung kommt lediglich **Bindungswirkung** nach § 31 I zu.[15] Für das vorlegende LVerfG ergibt sich das schon aus der innerprozessualen Bindungswirkung der Entscheidung (siehe oben Rn. 3 zu § 31). Das BVerfG trifft keine (Selbst)Bindung.[16]

Vierzehnter Abschnitt.
Verfahren in den Fällen des § 13 Nr. 14

Vorbemerkung vor §§ 86 ff.

I. Entstehungsgeschichte

1 Art. 140 HChE übertrug die Entscheidung, ob ein Gesetz oder eine Verordnung als Bundesrecht oder als Landesrecht fortgelte, dem Bundesjustizminister in einem vereinfachten Verfahren. Erst im Verlaufe der Verhandlungen wurde an Stelle des Justizministers das BVerfG gesetzt.[1]

---

[13] BVerfGE 96, 345 (360).
[14] BVerfGE 96, 345 (362).
[15] *Bethge,* in: MSKB, Stand 1995, Rn. 79 zu § 85; *Clemens,* in: UC-GG, Bd. II, 2002, Rn. 231 zu Art. 100 GG; *Schlaich/Korioth* Rn. 189; Rn. 28 ff. zu § 31.
[16] Siehe dazu ausf. *Bethge,* in: MSKB, Stand 1995, Rn. 84 ff. zu § 85; Rn. 29 zu § 31.
[1] JöR Bd. 1 (1951), 846.

II. Gegenstand des Verfahrens

1. Das Verfahren nach § 13 Nr. 14, Art. 126 GG bezweckt die Feststellung der Qualität einer **vor dem Inkrafttreten des GG** erlassenen Norm als Bundesrecht, nicht die Feststellung der Gültigkeit der Norm oder ihrer Vereinbarkeit mit dem GG.[2] Voraussetzung ist also, dass das vorlegende Gericht das Gesetz für gültig hält, dass aber der Charakter des Gesetzes als Bundesrecht zweifelhaft ist. Die Frage, ob ein Gesetz noch gilt, dessen Fortgeltung als Bundesrecht streitig ist, kann in einem Verfahren nach Art. 126 GG, § 86 II als Vorfrage mitentschieden werden.[3]

2. In Fällen des Art. 123 II GG prüft das BVerfG auch den völkerrechtlichen Vertrag als solchen und nicht nur das deutsche Zustimmungsgesetz darauf hin, ob er „nach den allgemeinen Rechtsgrundsätzen" gültig ist und fortgilt.[4] Beschränkt sich jedoch die Meinungsverschiedenheit schlechthin auf die Frage der Geltung eines Gesetzes, so kommt ein Verfahren nach Art. 126 GG, § 86 I nicht in Betracht.[5] Während Art. 126 GG und dementsprechend § 13 Nr. 14 von „Recht" spricht, spricht § 89 von „Gesetz" und scheint so die Prüfung auch für die abstrakte Kontrolle des § 86 I auf formelle Gesetze zu beschränken. Nach hM gilt gleichwohl und zwar auch für das Verfahren nach § 86 II[6] der **materielle Gesetzesbegriff**, so dass auch Normen der Kontrolle unterworfen werden können, die in Rechtsverordnungen enthalten sind. (S. dazu Rn. 5 zu § 86).

3. Gegenstand der **Prüfung** des BVerfG ist, ob hinsichtlich der fraglichen Norm die Tatbestände der Art. 124 oder 125 GG gegeben sind. Es ist also vor allem zu prüfen, ob:

a) es sich um **„deutsches" Recht** handelt. Hierher gehören früheres Reichs- und Landesrecht, nicht dagegen früheres DDR-Recht;[7]

b) die Rechtsvorschriften Gegenstände der **ausschließlichen** oder **konkurrierenden Gesetzgebung** des Bundes (Art. 73 und 74 GG), einschließlich der Rahmengesetzgebung (Art. 75 GG) betreffen;

c) bei der **konkurrierenden Gesetzgebung** die Voraussetzungen der Nr. 1 oder 2 des Art. 125 GG gegeben sind. Hierher gehört na-

---

[2] BVerfGE 1, 162 (164); 2, 341 (345); 3, 354 (356); 3, 368 (373); 4, 214 (216); 16, 82 (89); 16, 329 (331).
[3] BVerfGE 1, 162; 2, 341; 8, 186 (190); 16, 82 (89); 28, 119 (139) = NJW 1970, 1363.
[4] Vgl. *Kimminich* AöR 93 (1968), 485 (489).
[5] BVerfGE 4, 214 (216); 16, 82 (89) = NJW 1963, 1347.
[6] BVerfGE 28, 119 (132) = NJW 1970, 1363.
[7] Abw. *Rühmann*, in: UCD, § 85 Rn. 1 ff.

mentlich die Frage, ob für Nr. 1 „Inhaltsgleichheit" der Norm genügt und vorhanden ist oder gleiche Rechtsquelle gefordert werden muss. Die Frage, ob Art. 72 II GG auch für die Fälle des Art. 125 GG gilt, ist vom BVerfG verneint worden.[8]

Es liegt in der Natur der Dinge, dass im Laufe der Zeit die Bedeutung dieser Probleme und damit des Verfahrens nach § 13 Nr. 14 überhaupt abgenommen hat und weiter abnimmt. Die letzte Entscheidung des BVerfG zu dem ganzen Fragenkomplex stammt vom 30. 5. 1972.[9]

III. Verfahren

8   Das BVerfGG sieht in näherer Ausführung des Art. 126 GG **zwei Verfahrensarten** vor: die Prüfung durch das BVerfG in einem abstrakten, dem Verfahren nach Art. 93 I Nr. 2, § 13 Nr. 6 entsprechenden Verfahren auf Antrag von Verfassungsorganen des Bundes und der Länder (§ 86 I) und die Prüfung in einem Zwischenverfahren innerhalb eines Rechtsstreits auf Anrufung des Gerichts entsprechend dem Verfahren nach §§ 80 ff. (§ 86 II; konkrete Normenkontrolle). Hinsichtlich der ersteren Möglichkeit fordert das Gesetz als Voraussetzungen „Meinungsverschiedenheiten" (§ 86 I) und ein besonderes Rechtsschutzbedürfnis (§ 87). Für die konkrete Normenkontrolle gelten die Vorschriften der §§ 80 ff. sinngemäß (vgl. §§ 86–88).

IV. Inhalt der Entscheidung

9   Die Entscheidung nach § 13 Nr. 14 hat gemäß § 89 auszusprechen, ob „das Gesetz ganz oder teilweise in dem gesamten Bundesgebiet oder einem bestimmten Teil des Bundesgebiets als Bundesrecht fortgilt". Die Entscheidung kann sich also, entsprechend der materiellen Rechtslage, auf ein Gesetz als Ganzes oder einzelne Vorschriften, soweit sie gesonderte Beurteilung gestatten und erfordern, erstrecken.

10 Hält das BVerfG die Norm zwar mit dem GG oder sonstigem Bundesrecht für vereinbar, kommt es jedoch zu der Auffassung, dass sie nicht Bundesrecht geworden ist, so kann es nach § 13 Nr. 14 nicht aussprechen, dass die Norm als Landesrecht fortgilt. Abgesehen davon, dass diese Feststellung noch weiterer sachlicher Prüfung bedürfte, überschreitet sie die Zuständigkeit des BVerfG aus § 13 Nr. 14.

---

[8] BVerfGE 1, 283 mit der herrschenden Meinung *Ule* DV 1950, 1; *Dernedde* JZ 1949, 101).
[9] BVerfGE 33, 206.

§ 86 [Antragsberechtigte]

(1) **Antragsberechtigt sind der Bundestag, der Bundesrat, die Bundesregierung und die Landesregierungen.**

(2) **Wenn in einem gerichtlichen Verfahren streitig und erheblich ist, ob ein Gesetz als Bundesrecht fortgilt, so hat das Gericht in sinngemäßer Anwendung des § 80 die Entscheidung des Bundesverfassungsgerichts einzuholen.**

I. Allgemeines

Siehe Vorbem. vor §§ 86 ff. 1

II. Zu Abs. 1 (Anrufung durch Verfassungsorgane)

Abs 1 betrifft den Fall der **abstrakten Feststellung** auf Antrag von 2 Verfassungsorganen; er entspricht darin dem § 13 Nr. 6. Antragsberechtigt (parteifähig) sind nur die in Abs. 1 erwähnten Verfassungsorgane, namentlich nicht die Landtage der Länder. Ausgeschlossen vom Antragsrecht ist ferner das nach § 13 Nr 6 antragsberechtigte Drittel der Mitglieder des Bundestags. Gerichten steht ein unmittelbares Antragsrecht aus § 86 I nicht zu.[1] Außer der Parteifähigkeit verlangt § 87 I auch ein besonderes Rechtsschutzbedürfnis.

III. Zu Abs. 2 (Anrufung durch Gerichte)

Abs. 2 eröffnet außerdem den in Art. 126 GG nicht ausdrücklich ins 3 Auge gefassten Weg einer der Normenkontrolle des Art. 100 I GG, § 13 Nr. 11 entsprechenden Feststellung innerhalb eines konkreten Rechtsstreits. **Voraussetzungen** sind:

1. Ein **„gerichtliches Verfahren"**, d.h. ein Verfahren vor den or- 4 dentlichen Gerichten (Straf- und Zivilgerichten) oder vor Verwaltungsgerichten aller Art, nicht vor nichtstaatlichen Schiedsgerichten.

2. Der Ausdruck **„Gesetz"** in § 86 II umfasst nach *BVerfGE* 28, 5 119 (132) = NJW 1970, 1363 nicht nur das Gesetz im formellen Sinn, sondern auch Normen, die in Rechtsverordnungen enthalten sind. (S. dazu Rn. 3 Vor § 86).

3. Die Fortgeltung einer Rechtsnorm als Bundesrecht muss in dem 6 Verfahren „streitig" sein. Nach *BVerfGE* 4, 358 (369) = NJW 1956,

---

[1] BVerfGE 3, 354 (356); 3, 357 (358).

§ 86 Teil III. Einzelne Verfahrensarten

97 genügt es dazu nicht, dass die Frage zwischen den Parteien des Rechtsstreits streitig ist. Ebensowenig reicht ein Streit der wissenschaftlichen Meinungen – als formales Erfordernis – aus, mag auch an ihm zu erkennen sein, dass die Rechtsfrage ernstlich zweifelhaft ist oder die Tatsache, dass innerhalb des Gerichts verschiedene Meinungen vertreten werden. Erforderlich ist vielmehr, dass das erkennende Gericht als solches bei Abwägung aller für und wider sprechenden Gesichtspunkte die Frage für **ernstlich zweifelhaft** hält. In *BVerfGE* 9, 153 (157) hat das BVerfG dann allerdings offen gelassen, ob nicht „mit Rücksicht auf Rang und Bedeutung der Beteiligten" auch ein Streit der Parteien des Ausgangsverfahrens über die Fortgeltung der fraglichen Bestimmung des Bundesrechts genügen würde. Nach *BVerfGE* 28, 119 (137); 33, 206 (214) genügt jedenfalls, dass die Ansicht des vorlegenden Gerichts der eines Landesverfassungsorgans widerspricht.

7   **4.** Die Feststellung muss für den anhängigen Rechtsstreit erheblich sein. Keine Vorlage, wenn der Ausgang des Rechtsstreits nicht davon abhängt, ob die anzuwendende Norm Bundes- oder Landesrecht ist.[2] Kommt es darauf an, ob die Voraussetzungen des Art. 125 GG erfüllt sind, ohne Rücksicht darauf, ob das Gesetz noch gilt, so erfordert eine sinngemäße Interpretation des § 86 II, dass das Gericht auch die Frage nach der hypothetischen Zuordnung der strittigen Regel zu bundes- oder landesrechtlicher Rechtsordnung dem BVerfG zur Entscheidung vorlegen muss.[3] Das BVerfG hat auch hier bei der Prüfung der **Rechtserheblichkeit** von der Auffassung des vorlegenden Gerichts auszugehen, sofern sie nicht offensichtlich unhaltbar ist.[4] Sind nach Überzeugung des Gerichts die Voraussetzungen gegeben, so ist es nach der Fassung des § 86 II verpflichtet, nicht nur berechtigt, die Entscheidung des BVerfG einzuholen. Die Einleitung des Zwischenverfahrens ist vom Antrag einer Partei unabhängig. Bemerkenswert ist, dass § 86 II unzweifelhaft vorverfassungsrechtliches Recht der Normenkontrolle (hinsichtlich des Ranges der Norm) des BVerfG unterwirft.

8   **5.** Wegen des Charakters des Aussetzungsbeschlusses und der Rechte und Pflichten des weiterleitenden Gerichts, Inhalt und Form der Vorlage siehe Rn. 43 ff. zu § 80. Aus der Begründung des **Vorlagebeschlusses** muss hervorgehen, dass und inwiefern der Rechtscharakter der Norm bestritten und für den Prozess rechtserheblich ist.[5]

---

[2] BVerfGE 3, 368.
[3] BVerfGE 8, 186.
[4] BVerfGE 28, 119 (138) = NJW 1970, 1363.
[5] BVerfGE 28, 119 (137).

§ 87 [Zulässigkeit des Antrags]

(1) **Der Antrag des Bundesrates, der Bundesregierung oder einer Landesregierung ist nur zulässig, wenn von der Entscheidung die Zulässigkeit einer bereits vollzogenen oder unmittelbar bevorstehenden Maßnahme eines Bundesorgans, einer Bundesbehörde oder des Organs oder der Behörde eines Landes abhängig ist.**

(2) Aus der Begründung des Antrags muß sich das Vorliegen der in Absatz 1 bezeichneten Voraussetzung ergeben.

I. Zu Abs. 1 (Besonderes Rechtsschutzbedürfnis)

Abs. 1 fordert für die Fälle der abstrakten Feststellung, wie nach § 76, jedoch inhaltlich abweichend, ein besonderes Rechtsschutzbedürfnis. Fehlt es, so ist der Antrag zurückzuweisen. Die beabsichtigte Klärung abstrakter Streitfragen würde nicht ausreichen. Gleichgültig ist, von welcher der in § 87 genannten Stellen die den Anlass gebende „Maßnahme" ausgegangen ist; es genügt jede Landes- oder Kommunalbehörde. „**Maßnahme**" im Sinne dieser Vorschrift ist jeder hoheitliche Akt. Bereits vollzogene Maßnahmen können wohl nur dann ein Rechtsschutzbedürfnis begründen, wenn entweder Ersatzansprüche entstehen können oder die Maßnahme wieder aufgehoben werden kann. 1

II. Zu Abs. 2 (Begründung)

Formvorschrift, deren Verletzung zur (prozessualen) Abweisung führen kann, selbst wenn die Voraussetzungen tatsächlich vorliegen würden. Abs. 2 gilt nur für die Fälle des § 86 I. Für Vorlagen von Gerichten vgl. Rn. 3 ff. zu § 86 II. 2

§ 88 [Beitritts- und Äußerungsberechtigte]
Die Vorschrift des § 82 gilt entsprechend.

I. Die entsprechende Anwendung des § 82 (auf beide Fälle des § 86) besagt: Den in § 77 erwähnten Verfassungsorganen ist **Gelegenheit zur Äußerung** zu geben und zwar[1] dem Bundestag, dem Bundesrat, der Bundesregierung, allen Landesregierungen und (da mittelbar 1

---

[1] BVerfGE 4, 358.

auch Landesrecht berührt wird) auch dem Landtag des unmittelbar betroffenen Landes. Die Anwendung des § 78 S. 1 scheidet in Hinblick auf die hier unmittelbar anzuwendende Vorschrift des § 89 aus, jedoch ergibt sich aus der entsprechenden Anwendung des § 78 S. 2, dass das BVerfG seine Untersuchung über die Fortgeltung als Bundesrecht auch auf weitere, zum Vorlagebeschluss nicht unmittelbar betroffene Bestimmungen des gleichen Gesetzes ausdehnen kann.[2] § 79 ist seinem Inhalt nach nicht entsprechend anwendbar.

2 II. Die äußerungsberechtigten Verfassungsorgane können dem Verfahren (auch in den Fällen des § 86 I) **beitreten**. Im Verfahren auf Anrufen eines Gerichts ist auch den Parteien des Ausgangsprozesses Gelegenheit zur Äußerung zu geben (§ 82 III); sie sind zur etwaigen mündlichen Verhandlung zu laden.

§ 89 [Entscheidung]

Das Bundesverfassungsgericht spricht aus, ob das Gesetz ganz oder teilweise in dem gesamten Bundesgebiet oder einem bestimmten Teil des Bundesgebiets als Bundesrecht fortgilt.

Das BVerfG entscheidet nur über die **Rechtsfrage**. Nicht ist vom Gericht zu entscheiden, seit wann Recht als Bundesrecht fortgilt.[1] Die Entscheidung hat deklaratorischen Charakter, Gesetzeskraft gemäß § 31 II. Die Frage, ob eine Norm als Landesrecht fortgilt, ist vom BVerfG nicht ausdrücklich zu entscheiden.[2] Die Entscheidung ist nach § 31 II 4 im BGBl. zu veröffentlichen. (S. auch Rn. 9 vor § 86).

Fünfzehnter Abschnitt. Verfahren in den Fällen des § 13 Nr. 8a

§ 90 [Antragsberechtigung]

(1) **Jedermann kann mit der Behauptung, durch die öffentliche Gewalt in einem seiner Grundrechte oder in einem seiner in Artikel 20 Abs. 4, Artikel 33, 38, 101, 103 und 104 des Grundgesetzes enthaltenen Rechte verletzt zu sein, die Verfassungsbeschwerde zum Bundesverfassungsgericht erheben.**

---

[2] BVerfGE 8, 186 (195) = NJW 1959, 237.
[1] BVerfGE 4, 358.
[2] Siehe auch BVerfGE 1, 162.

§ 90

(2) **Ist gegen die Verletzung der Rechtsweg zulässig, so kann die Verfassungsbeschwerde erst nach Erschöpfung des Rechtswegs erhoben werden.** Das Bundesverfassungsgericht kann jedoch über eine vor Erschöpfung des Rechtswegs eingelegte Verfassungsbeschwerde sofort entscheiden, wenn sie von allgemeiner Bedeutung ist oder wenn dem Beschwerdeführer ein schwerer und unabwendbarer Nachteil entstünde, falls er zunächst auf den Rechtsweg verwiesen würde.

(3) **Das Recht, eine Verfassungsbeschwerde an das Landesverfassungsgericht nach dem Recht der Landesverfassung zu erheben, bleibt unberührt.**

Schrifttum: *Schumann,* Verfassungs- und Menschenrechtsbeschwerde gegen richterliche Entscheidungen, 1963; *Zuck,* Die Erledigung des Rechtsstreits im Verfassungsbeschwerdeverfahren, ZZP 78 (1965); 323, *Zacher,* Die Selektion der Verfassungsbeschwerden – Die Siebfunktion der Vorprüfung, des Erfordernisses der Rechtswegerschöpfung und des Kriteriums der unmittelbaren und gegenwärtigen Betroffenheit des Beschwerdeführers, in: Bundesverfassungsgericht und Grundgesetz Bd. I, 1976, 396; *Fröhlinger,* Die Erledigung der Verfassungsbeschwerde, 1982; *E. Klein,* Zur objektiven Funktion der Verfassungsbeschwerde, DÖV 1982, 797; *Kraus,* Der Umfang der Prüfung von Zivilurteilen durch das Bundesverfassungsgericht, 1987; *Gusy,* Die Verfassungsbeschwerde 1988; *R. Zuck,* Das Recht der Verfassungsbeschwerde; *v. d. Hövel,* Zulässigkeits- und Zulassungsprobleme der Verfassungsbeschwerde gegen Gesetze, 1990; *Bender,* Die Befugnisse des BVerfG zur Prüfung gerichtlicher Entscheidungen, 1991; *Warmke,* Die Subsidiarität der Verfassungsbeschwerde, 1993; *Posser,* Die Subsidiarität der Verfassungsbeschwerde, 1993; *Zuck,* Die Subsidiarität der Verfassungsbeschwerde, in: FS f. Redeker, 1993, 213; *Ax,* Prozessstandschaft im Verfassungsbeschwerdeverfahren, 1994; *Roth,* Die Überprüfung fachgerichtlicher Urteile durch das BVerfG und die Entscheidung über die Annahme der Verfassungsbeschwerden, in: AöR, 121 (1996), 544; *Rozek,* Abschied von der Verfassungsbeschwerde auf Raten, DVBl. 1997, 517; *Häberle,* Die Verfassungsbeschwerde im System der bundesdeutschen Verfassungsgerichtsbarkeit, JöR 45 (1997), 89; *Dörr,* Die Verfassungsbeschwerde in der Prozesspraxis, 2. Aufl. 1997; Bogs (Hrsg.), Urteilsverfassungsbeschwerde zum BVerfG, 1999; *v. Lindeiner,* Willkür im Rechtsstaat? Die Willkürkontrolle bei Verfassungsbeschwerden gegen gerichtliche Entscheidungen, 2000; *Düwel,* Kontrollbefugnisse des BVerfG bei Verfassungsbeschwerden gegen gerichtliche Entscheidungen, 2000; *Kleine-Cosack,* Verfassungsbeschwerden und Menschenrechtsbeschwerde, 2001; *Cornils,* Prozessstandschaft im Verfassungsbeschwerdeverfahren, AöR, 125 (2000), 45; *Gusy,* Die Verfassungsbeschwerde, in: FS 50 Jahre BVerfG Bd. 1, 2001, 641; *Uerpmann,* Annahme der Verfassungsbeschwerde zur Entscheidung, in: FS 50 Jahre BVerfG, Bd. 1, 2001, 673; *Badura,* Die Verfassungsbeschwerde gegen gerichtliche Entscheidungen wegen Verletzung von Verfahrensgrundrechten, in: FS f. Maurer, 2001, 43; *Hain,* Die Individualverfassungsbeschwerde nach Bundesrecht, 2002; *Spranger,* Die Verfassungsbeschwerde im Korsett des Prozessrechts, AöR 127 (2002), 28; *Sodan,* Der Grundsatz der Subsidiarität der Verfassungsbeschwerde, DÖV 2002, 925; *Lübbe-Wolff,* Substantiierung und Subsidiarität der Verfassungsbeschwerde, EuGRZ 2004, 669; *dies.,* Erfolgreiche Verfassungsbeschwerde, AnwBl. 2005, 509.

Übersicht

	Rn.
A. Geschichtliche Entwicklung	1
B. Entstehungsgeschichte der Verankerung im GG	5
C. Funktion und rechtlicher Charakter der Verfassungsbeschwerde	7
I. Funktion	
1. Individuelle Rechtsschutzfunktion	7
2. Wahrung des allgemeinen Verfassungsrechts	9
a) Objektive Bedeutung der Verfassungsbeschwerde	9
b) Verhältnis von subjektiver und objektiver Bedeutung	11
3. Diskursfunktion	12a
II. Rechtlicher Charakter der Verfassungsbeschwerde	13
1. Keine aufschiebende Wirkung	14
2. Subsidiaritätsgrundsatz	15
3. Heck'sche Formel	16
4. Anwendungsspielraum für das BVerfG	17
5. Bürger im Staat	18
6. Verfassungsbeschwerde als außerordentlicher Rechtsbehelf	19
III. Bedeutung der Verfassungsbeschwerde	20
1. Faktische Bedeutung	21
2. a) Rechtliche Bedeutung	22
b) Antragsbezogene Bedeutung	23
3. Abschaffung der Verfassungsbeschwerde?	24
D. Zu Absatz 1	
I. Rechtswegeröffnung	25
1. Grundrechtsrüge	26
2. Missbräuchliche Anrufung des BVerfG	27
II. Subjektive Antragsvoraussetzungen	28
1. Vorbemerkung	28
a) Inhalt	28
b) Entscheidung über die Zulässigkeit	31
2. Beschwerdefähigkeit	32
a) Natürliche Personen	33
aa) Mensch/Deutscher	33
bb) Ausländer/staatenlos/EU-Bürger	35
cc) Nasziturus	36
dd) Minderjährige	37
ee) Tote	38

	Rn.
b) Inländische juristische Personen	39
aa) Inländische juristischer Personen des Privatrechts	39
(1) Allgemeines	41
(2) Anwendbare Grundrechte	42
(3) Kasuistik, inländische juristische Personen des Privatrechts	43
(4) Teilrechtsfähige juristische Personen im Sinne des Art. 19 III GG	44
Politische Parteien	45
Parlamentsfraktionen	46
Wahlrechtsvereinigungen	47
Abgeordnete	48
Gemeinderäte	49
bb) Juristische Personen des öffentlichen Rechts	50
(1) Grundsätze	51
(2) Verfahrensgrundrechte	52
(3) Ausnahmen	53
(4) Wahl privater Rechtsformen	54
(5) Kritik	55
c) Ausländische juristische Personen	56
3. Verfahrensfähigkeit	57
a) Begriff	59
b) Fallgruppen	60
aa) Voll geschäftsfähige Personen	60
bb) Minderjährige	61
cc) Geschäftsunfähige	62
4. Beschwerdebefugnis	63
a) Begriff	63
b) Eigene Rechte	64a
c) Fremde Rechte	65
aa) Parteien kraft Amtes	66
bb) Prozessstandschaft kraft materiell-rechtlicher Ermächtigung	67
cc) Verbandsklage	68
dd) Gewillkürte Prozessstandschaft	69
ee) Ausschluss der Beschwerdebefugnis	70
(1) Amicus curiae	71
(2) Tod des Beschwerdeführers	72
III. Objektive Antragsvoraussetzungen	73
1. Grundrechtsrüge	74
a) Allgemeines	74
b) Grundrechte	76
aa) Benannte Grundrechte	76
bb) Art. 2 I GG	77
cc) Landesgrundrechte	78

	Rn.
c) Sonstige Rechte	79
d) EMRK	80
e) EU-Grundrechte-Charta	81
2. Geltendmachung	82
3. Verletzung	83
a) Verknüpfungsfunktion	83
b) Rechtsverletzung	84
c) Faktische Grundrechtsbeeinträchtigungen	86
d) Akte öffentlicher Gewalt	87
e) Verletzungshandlung	89
f) Spezifisches Verfassungsrecht	90
aa) Problemfelder	91
bb) Heck'sche Formel	92
cc) Einzelne Fallgruppen	97
dd) Kritik	98
ee) Zulässigkeits-/Begründetheitsprüfung	101 a
g) Verletzung durch Unterlassen	104
aa) Gegenstand des Unterlassens	105
bb) Unechtes Unterlassen	106
cc) Echtes Unterlassen	107
dd) Konkreter Handlungsauftrag an den Gesetzgeber	108
(1) Gänzliche Untätigkeit	109
(2) Schutzpflichten	110
ee) Gesetzgeberische Nachbesserungspflicht	111
ff) Ergebnis	112
4. Allgemeines Rechtsschutzinteresse	113
IV. Antragsgegenstand: Das Handeln der öffentlichen Gewalt	118
1. Allgemeines	118
a) Grundrechtsverletzung der öffentlichen Gewalt	118
b) Deutsche öffentliche Gewalt	119
c) Rechtsakte supranationaler Instanzen	122
d) Klärung von Rechtsfragen	123
2. Verfassungsbeschwerden gegen Gesetze	124
a) Gesetze im materiellen Sinn	124
b) Insbesondere Zustimmungsgesetze	126
c) Neubekanntmachung einer Norm	127
d) Beschwerdebefugnis	128
aa) Selbstbetroffenheit	129
bb) Gegenwärtigkeit	130
cc) Unmittelbarkeit	131
dd) Fristablauf	132
3. Verfassungsbeschwerde gegen Akte der vollziehenden Gewalt	133

	Rn.
a) Geringe Bedeutung	133
b) Ausübung hoheitlicher Befugnisse	135
c) Wahlmaßnahmen	136
d) Leistungsgewährende Verwaltung	137
e) Gnadenakte	138
f) Weisungen	139
g) Religionsgesellschaften	140
h) Irrelevanz der Bezeichnung	141
4. Verfassungsbeschwerden gegen gerichtliche Entscheidungen	142
a) Gerichtsentscheidungen	142
b) Verfassungsgerichtliche Entscheidungen	143
c) Zwischenentscheidungen	145
d) Strafverfahren	145 a
e) Kasuistik	145 b
f) Tenorierung	145 c
g) Unterlassen gerichtlicher Entscheidungen	145 d
E. Zu Absatz 2	146
I. Erschöpfung des Rechtswegs	146
1. Allgemeines	146
2. Rechtsweg	147
a) Begriff	147
b) Zum Rechtsweg gehörig	148
c) Zum Rechtsweg nicht gehörig	149
d) Prozessuale Überholung	150
3. Erschöpfung des Rechtswegs	151
a) Instanzenzug	151
b) Rügevoraussetzungen im instanzgerichtlichen Verfahren	152
c) Zumutbarkeit der Rechtswegerschöpfung	153
d) Fehlerhafte Rechtsmittelbelehrung	154
e) PKH	155
f) Nachträgliche Erschöpfung des Rechtswegs	156
II. Die Subsidiarität der Verfassungsbeschwerde	157
1. Allgemeines	157
2. Grundsätze der materiellen und formellen Subsidiarität	159
a) Gerichtliches Verfahren	160
(1) Tatsachenvortrag	161
(2) Rechtsvortrag	162
(3) Verfahrensrichtung	163
b) Maßnahmen außerhalb des Instanzenzugs	164
c) Eilverfahren	165
d) Verfassungsbeschwerden gegen Rechtsnormen	167
e) Zumutbarkeitsfragen	168

	Rn.
3. Rechtfertigung des Subsidiaritätsgrundsatzes	169
a) BVerfGE 107, 395 (414)	169
b) Art. 94 II 2 GG	171
c) Rechtsschutzinteresse	172
d) § 90 II	173
e) Lückenschließende Fortentwicklung	174
4. Anwendung des Subsidiaritätsgrundsatzes	175
III. Verfassungsbeschwerde ohne vorherige Erschöpfung des Rechtswegs	176
1. Ausnahmeregelung/Anwendungsbereich	177
a) Ausnahmeregelung	178
b) Anwendungsbereich	179
aa) Entsprechende Anwendung des § 90 II 2	180
bb) Beschreitbarkeit des Rechtswegs	181
2. Allgemeine Bedeutung	182
a) Grundsätzliche verfassungsrechtliche Frage	183
b) Klarheit über den Einzelfall hinaus	184
3. Schwerer und unabwendbarer Nachteil	185
F. Verhältnis zur Landesverfassungsbeschwerde (Abs. 3)	186
I. Regelungsgehalt	187
1. Getrennte Verfassungsräume von Bund und Ländern	188
2. Abweichendes Landesregelungen	189
II. Verfahrensgestaltung	190
1. Parallelität von Landes- und Bundesverfassungsbeschwerde	191
2. Unterschiedliche Verfahrensentwicklung	192
3. Bundesverfassungsbeschwerde gegen Verfassungsbeschwerdeentscheidungen eines LVerfG	193
III. Verhältnis zur Kommualverfassungsbeschwerde	194

Sachverzeichnis zum Recht der Verfassungsbeschwerde (§§ 90, 92–95)

Verweise zu den übrigen Paragraphen finden sich im Hauptsachverzeichnis

Abgeordnete **90**, 45, 48 ff.
Abschaffung **90**, 24
Abschriften **92**, 6
Aids-Fall **90**, 110
Akte der öffentlichen Gewalt **90**, 87 ff.

Aktenbeiziehung **92**, 22
Allgemeine Bedeutung **93 a**, 9
Allgemeine Handlungsfreiheit **90**, 77
Allgemeines Register vor **93**, 7
Amicus curiae **90**, 71

Verfassungsbeschwerde § 90

Amtshaftungsklage **90**, 149
Angabe des verletzten Rechts **92**, 8 f.
Anhörung des Gegners im Ausgangsprozess **94**, 9 ff.
Anhörung Dritter **94**, 1 ff.
Anhörungsrügen **90**, 148
Anhörungsrügengesetz **90**, 147
Annahmebeschluss vor **93 a**, 25
Annahmeverfahren **93 a**, 1 ff., 39, **93 b**, 4 ff.
– abschließender Katalog **93 a**, 5
– als Gerichtszugangsverfahren vor **93**, 5
– als Nachverfahren vor **93 a**, 6
– Beschwer **93 a**, 14
– Kammerbefugnisse **93 b**, 1 ff.
– Rechtsgrundlagen **93**, 1 ff.
– Verfahrensgang vor **93 a**, 13 ff.
– Wesen vor **93**, 4
– Würdigung vor **93 a**, 44 f.
– zwingende Regelung **93 a**, 3
Anordnungen der Staatsanwaltschaft **90**, 144
Anpassungszeiten **95**, 29
Antragsberechtigung **90**, 29 ff.
Antragsbezug **90**, 23
Antragsgegenstand **90**, 118 ff.
Antragstellung, Präzisierung **92**, 19 f.
Antragsvoraussetzungen, objektive **90**, 75 ff.
Anwendungssperre **95**, 28 f.
Appellentscheidung **95**, 35
AR-Verfahren vor **93**, 8 ff.
Auffangfunktion **90**, 12
Ausgestaltung des Verfahrens **90**, 12
Ausländer **90**, 35
ausländische juristische Personen **90**, 56 ff.
Ausschlussfrist **92**, 3
außerordentlicher Rechtsbehelf **90**, 19
Äußerungsberechtigte **94**, 3
Äußerungsberechtigung, Fristsetzung **94**, 6
autonome Satzungen **90**, 125

Bedeutung **90**, 20 ff.
Begründung **92**, 1 ff., **23**, 1 ff.

– Ergänzung **93**, 8
– Schriftform **92**, 4
– Telefax **92**, 5
Begründungspflicht **93**, 7
Begründungszweck **92**, 3
Behauptung der Rechtsverletzung **92**, 10 f.
Beitritt von Verfassungsorganen **94**, 12 ff.
Berichterstatter vor **93**, 15 f.
Beschwer im Annahmeverfahren **93 a**, 14
Beschwerdebefugnis **90**, 63 ff.
Beschwerdefähigkeit **90**, 32
besonderes Rechtsschutzmittel **90**, 19
Beteiligung **94**, 1 f.
Betroffenheitstrias **90**, 128
Bezugnahme auf andere Verfahren **92**, 23

Dienstaufsichtsbeschwerde **90**, 149
Diskursfunktion **90**, 12 a
Durchentscheiden **95**, 17
Durchsetzungsannahme **93 a**, 17 ff., **90**, 101
– Angezeigtsein **93 a**, 22 ff.
– Begründungspflichten **93 a**, 34
– besonders schwerer Nachteil **93 a**, 30
– Entscheidungserheblichkeit **93 a**, 20
– existentielle Betroffenheit **93 a**, 31
– Feststellung abschreckender Wirkung **93 a**, 26
– generelle Vernachlässigung **93 a**, 25
– grobe Verkennung der Rechtslage **93 a**, 28
– leichtfertiger Umgang mit Grundrechten **93 a**, 28
– Mengenkomponente **93 a**, 27
– objektive Belange **93 a**, 29
– Verhältnis zur Grundsatzannahme **93 a**, 35 ff.

Eingangsbestätigung vor **93**, 14
EMRK **90**, 80
Entlastungsfaktor **90**, 12
Entschädigungsansprüche **95**, 33

§ 90

Entscheidung 95, 1 ff.
- Aufhebung 95, 13 ff.
- Aufhebungsfunktion 95, 10
- Beseitigungsfunktion 95, 10
- bewirkender Teil 95, 6
- Durchentscheiden 95, 17
- feststellender Teil 95, 6
- Verfassungsbeschwerde gegen Gesetze 95, 19 ff.
- Wiederholungsverbot 95, 11
- Zurückverweisung 95, 16

Entscheidungen des BVerfG 90, 144
Entscheidungsgründe, Beschwer 90, 145 c
Entscheidungsvorschlag vor 93 a, 18
Entstehungsgeschichte 90, 5 f.
Erledigungsvorgänge 90, 117
Eröffnungsbeschluss im Strafverfahren 90, 145a
EU-Bürger 90, 35
Europäische Grundrechts-Charta 90, 81
Exekutivakte, Gnadenakte 90, 138
- leistungsgewährende Verwaltung 90, 137
- Religionsgesellschaften 90, 140
- Wahlverfahren 90, 136
- Weisungen 90, 139
Existentielle Betroffenheit 93 a, 31 ff.
faktische Grundrechtsbeeinträchtigung 90, 86
Fakultäten 90, 53
Feiertag, Fristberechnung 93, 4 f.
Feststellung der Verfassungswidrigkeit 95, 8, 22
formlose Mitteilung 93, 19
Fraktionen 90, 45 f.
Fristberechnung, Arbeitsgerichtsverfahren 93, 39
- bei Gegenvorstellungen 93, 44
- bei nicht rechtskräftigen Entscheidungen 93, 43
- Finanzgerichtsverfahren 93, 37 ff.
- Haftbefehl 93, 34
- Insolvenzverfahren 93, 30
- OWiG-Verfahren 93, 31 ff.
- Sozialgerichtsverfahren 93, 40
- Strafprozess 93, 31 ff.

Teil III. Einzelne Verfahrensarten

- Verfahrensarten 93, 26
- Verwaltungsgerichtsverfahren 93, 36
- Verwaltungsverfahren 93, 36
- Zivilprozess 93, 26 ff.
- Zwangsversteigerung 93, 26 ff.
- Zwangsvollstreckungsverfahren 93, 29
Fristlösungsfall 90, 110
Fristwahrung 93, 6
Funktionen 90, 7 ff.

Gegenstand 92, 12 ff.
Gegenwärtigkeit 90, 130
Geltendmachung 90, 82
Gemeinderat 90, 49
gemischtwirtschaftliche Unternehmen 90, 54
gerichtliche Entscheidung 92, 14
- Unterlassen 90, 145 d
Gerichtspforte 93, 6
geschäftsfähige Personen 90, 60
Geschäftsunfähige 90, 62
Geschichtliche Entwicklung 90, 1 ff.
Gesetze im materiellen Sinn 90, 125
Gestaltungsfreiheit des Gesetzgebers 95, 24
Gewährleistung der Verfassungsrechtsordnung 90, 12
Gleichheitssatz 90, 114
gleichheitswidriger Begünstigungsausschluss 95, 23
Große Senate 90, 144
Grundrechte 90, 76 ff.
Grundrechtsfähigkeit 90, 32
Grundrechtsrüge 90, 74 ff.
Grundsatzannahme 93 a, 6 ff.
- Verhältnis zur Durchsetzungsannahme 93 a, 35 ff.
grundsätzliche Bedeutung der Rechtssache 93 a, 7
grundsätzliche verfassungsrechtliche Fragen 90, 183

Haftbefehl 90, 116, 145 b
Handlungspflichten des Gesetzgebers 90, 108; 95, 32
Heck'sche Formel **Einl. 43;** 90, 16, 26, 92

Verfassungsbeschwerde § 90

- Entscheidungsebene 90, 99
- Fallgruppen 90, 97
- funktionelle Abgrenzung 90, 98 ff., 102
- Intensitätsargument 90, 100
- Jedermannebene 90, 99 f.
- Kritik 90, 98
- materielle Grundrechtskollisionen 90, 99
- Prüfungsstufen 90, 99
- revidierte 90, 92 ff.
- Verabschiedung 90, 101
- Verfahrensgrundrechte 90, 99
- Willkürverbot 90, 100

hinreichend deutlicher Vortrag 92, 24 f.
individuelle Rechtsschutzfunktion 90, 8
Insolvenzverwalter 90, 66
Jahresfrist 93, 54 ff.
- aufgehobene Normen 93, 64
- Aufnahme in den Willen des Gesetzgebers 93, 59
- Ermächtigungsnormen 93, 64
- Fristbeginn 93, 58 f.
- Gesetzesänderungen 93, 60 f.
- Gesetzeswirkungen außerhalb der Jahresfrist 93, 70 ff.
- Überleitungsrecht 93, 63
- Unterlassen 93, 66
- Verlängerungsgesetze 93, 62
- Vollzugsakte 93, 69
juristische Personen des öffentlichen Rechts 90, 50 ff.
- des Privatrechts 90, 40 ff.
- in privater Rechtsform 90, 54
- inländische 90, 39
- Teilrechtsfähigkeit 90, 44

Kalkar-Fall 90, 110
Kammerentscheidung, Stattgabe der Beschwerde 93 c, 1 ff.
Kammerkompetenz nach § 93 c 93 c, 5 f.
- Entscheidungsinhalte 93 c, 16
- Entscheidungsverfahren 93 c, 17 f.
- fehlende Entscheidung des BVerfG 93 c, 11 ff.

- Kompetenzen nach § 93 c im Verhältnis zu § 93 a II 93 c, 9
- offensichtliche Begründetheit der Verfassungsbeschwerde 93 c, 14
- Würdigung 93 c, 20

Kammerverfahren 93 d, 1 ff.
- Beschluss 93 d, 5
- einstweilige Anordnung 93 d, 13
- nach § 93 d 93 d, 6
- Nebenentscheidungen 93 d, 10 f.
- Unanfechtbarkeit 93 d, 9
- zeitliche Grenzen 93 d, 14 f.

keine aufschiebende Wirkung 90, 15
keine Rechtskraftdurchbrechung 90, 14
keine vorherige Erschöpfung des Rechtswegs (§ 90 II 2) 90, 176 ff.
Kirchen 90, 53
Kirchengerichte 90, 144
Klageerzwingungsverfahren 90, 149
Klarheit über den Einzelfall hinaus 90, 184
Klärungsbedürftigkeit einer Frage 93 a, 11 ff.
Komplementärfunktion 90, 11 f.
Konkursverwalter 90, 66
Korrekturfunktion 90, 11
Kostenentscheidungen 90, 145 b
Krankenkassen 90, 55

Landesgrundrechte 90, 78
Landesverfassungsbeschwerde 90, 149
legislatives Unrecht 90, 105
Liberalisierung der freien Berufe 90, 100

Medienbeteiligung 94, 17
Meinungsverschiedenheiten zwischen Staatsorganen 90, 18
Meinungsverschiedenheiten zwischen Trägern der mittelbaren Staatsverwaltung 90, 18
Merkblatt vor 93, 14
Minderjährige 90, 37, 61
Missbräuchlichkeit 90, 27
Monatsfrist, Beginn 93, 13 ff.
- Funktion 93, 2
- Unterbrechung 93, 22

mündliche Verhandlung **94**, 13
Nachbesserungspflichten **90**, 111
Nachlassverwalter **90**, 66
Nachschieben von Gründen **93**, 9 ff.
Nachtbriefkasten **93**, 6
Nasziturus **90**, 36
natürliche Personen **90**, 33 ff.
Nichtannahmebeschluss vor **93 a**, 19
– Bindungswirkung vor **93 a**, 32 ff.
– formelle Rechtskraft vor **93 a**, 27
– im Fall des § 93 c vor **93 a**, 23
– materielle Rechtskraft vor **93 a**, 30
– nach § 93 b vor **93 a**, 22
– Selbstbindung vor **93 a**, 36 ff.
– Wirksamkeit vor **93 a**, 26
Nichtigerklärung von Gesetzen **95**, 20
Nichtzulassungsbeschwerde **90**, 148
Normen, funktionale Teilnichtigkeit **95**, 21
Normenkontrollverfahren nach § 47 VwGO **90**, 148
notorische Erfolglosigkeit **90**, 22
objektive Durchsetzungsannahme **93 a**, 29
objektive Funktionen **90**, 9 ff.
öffentliche Gewalt **90**, 120
– deutsche **90**, 121
– EG **90**, 122
– Exekutive **90**, 133 ff.
– gerichtliche Entscheidungen **90**, 142 ff.
– Gesetzgebung **90**, 124 ff.
– Nato **90**, 122
– Rechtsakte supranationaler Organisationen **90**, 122
– UNO **90**, 122

Parallelverfahren **95**, 28
Parteien kraft Amtes **90**, 66
politische Parteien **90**, 45
primäre Verantwortung der Instanzgerichte **90**, 15
Prinzip der Verhältnismäßigkeit **90**, 95
private Gerichtsbarkeit **90**, 144
Prozessstandschaft **90**, 67
– gewillküre **90**, 69

prozessuale Überholung **90**, 150
rechtlicher Charakter **90**, 13
Rechtsbehelf des Bürgers gegen den Staat **90**, 18
Rechtsnormen **92**, 15
Rechtsordnungsgewährleistungsfunktion **90**, 12
Rechtssatzverfassungsbeschwerde **90**, 103
Rechtsschutzinteresse **90**, 113
Rechtsverletzung **90**, 85
Rechtsweg, Begriff **90**, 147
– Eilrechtsschutz **90**, 153
– PKH-Verfahren **90**, 155
– Rechtsmittelbelehrung **90**, 154
– unsichere Erfolgsaussichten **90**, 154
Rechtswegeröffnung **90**, 25 ff.
Rechtswegerschöpfung **90**, 146
– Instanzenzug **90**, 151
– nachträgliche **90**, 156
Rechtswegzugehörigkeit **90**, 148
Religionsgesellschaften **90**, 53
Rücknahme **90**, 11
Rundfunkanstalten **90**, 53

Schutzbereich der Norm **90**, 89
Schutzpflichten **90**, 110
schwerer und unabwendbarer Nachteil **90**, 185
Selbstbetroffenheit **90**, 129
Senatsannahmeverfahren vor **93a**, 40 ff.
Senatsentscheidung vor **93 a**, 20
sonstige Bekanntgabe **93**, 21
spezifisches Verfassungsrecht **90**, 90
Staatenlose **90**, 35
staatsbürgerliche Rechte **90**, 79
Stadtverordnete **90**, 49
Stellungnahmen von Äußerungsberechtigten **94**, 3
Strafhaft **90**, 116 a
subjektive Antragsvoraussetzungen **90**, 28 ff.
subjektive Durchsetzungsannahme **93 a**, 30
subjektive Rechtsschutzfunktion **90**, 12
Subsidiarität **90**, 157 ff.

Verfassungsbeschwerde § 90

- Änderungsverfahren 90, 164
- formelle 90, 159 ff.
- materielle 90, 159 ff.
- Nebenintervention 90, 164
- Nichtigkeitsklage 90, 164
- Nutzung der Verfahrensrechte 90, 163
- Nutzung von Korrekturmöglichkeiten 90, 164
- Rechtsnormen 90, 167
- Rechtsvortrag 90, 162
- Tatsachenvortrag 90, 161
- verfassungsrechtlicher Vortrag im Instanzverfahren 90, 162
- vorläufige Rechtsschutzverfahren 90, 165
- Vorweisung auf die Hauptsache 90, 166 a
- Zumutbarkeitsfragen 90, 168
- Zwischenentscheidungen 90, 166

Subsidiaritätsgrundsatz, Anwendung 90, 175
- Rechtfertigung 90, 169 ff.

Teilakte 90, 145 c
Telefax 92, 5; 93, 6
Tenor, Beschwer 90, 145 c
Testamentsvollstrecker 90, 66
Tod des Beschwerdeführers 90, 38, 72, 117 a

Übergangsfristen 95, 25
überlange Verfahrensdauer 90, 145 d
Übersehen eines Grundrechts 90, 93
Universitäten 90, 53
Unmittelbarkeit 90, 131
Unterlagen, Beifügung 92, 5
Unterlassen 90, 104 ff.; 92, 17; 93, 66
- des Gesetzgebers 95, 9, 26 ff.
- echtes 90, 107
- gänzliche Untätigkeit 90, 109
- gerichtliche Entscheidung 90, 145 d
- Schutzpflichten 90, 110
- unechtes 90, 106
Unterschrift 92, 7
Unvereinbarkeit 95, 22
Unvereinbarkeitserklärungen, Übergangsfristen 95, 25

unzulässige Gerichtsentscheidungen 93, 25
Unzulässigkeit, offensichtliche 93, 25

Verbandsklage 90, 68
Vereinbarkeitserklärungen 95, 36
Verfahrensfähigkeit 90, 59
Verfahrensgrundrechte 90, 99
Verfassungsorgane 94, 4
Verhältnis, von subjektiver und objektiver Funktion 90, 11
- zur Kommunalverfassungsbeschwerde 90, 194
- zur Landesverfassungsbeschwerde 90, 187 ff.
Verkennung der Bedeutung eines Grundrechts 90, 94
Verkündung der Entscheidung 93, 20
Verletzung 90, 83 ff.
- durch Unterlassen 90, 104 ff.
Verletzungshandlung 90, 89
Verwaltungsakt 90, 116 b
Verwaltungshandeln 92, 16
Vielzahl gleichgelagerter Fälle 93 a, 12

Wählervereinigungen 90, 47
Wahlrechte 90, 79
Wahrnehmung, eigener Rechte 90, 64 a
- fremder Rechte 90, 65
Waldschaden-Fall 90, 100
Weisungen 90, 139
Wiederaufnahme des Verfahrens 90, 149
Wiedereinsetzung in den vorigen Stand 90, 148; 93, 45 ff.
Willkürkontrolle 90, 96
Wissenschaftliche Mitarbeiter vor 93, 16

Zulassungsbeschwerden 90, 148
Zumutbarkeit der Erschöpfung des Rechtswegs 90, 153
Zurückverweisung 95, 16
Zustellung vor 93 a, 17
- von Amts wegen 93, 18
Zustimmungsgesetze 90, 126
Zwischenentscheidungen 90, 145

495

A. Geschichtliche Entwicklung

1   Die Anfänge der Verfassungsbeschwerde reichen bis auf den Beginn des 19. Jahrhunderts zurück.[1] Bedeutsam wurde innerhalb Deutschlands vor allem die **bayerische Rechtsentwicklung**. Nach § 21 Bayer. Verf. von 1818 konnte sich jeder Staatsbürger (und jede Gemeinde) wegen Verletzung konstitutioneller Rechte an eine der beiden Kammern wenden, die die Sache gemeinsam an den König bringen konnten. Die Verfassungsbeschwerde war nur zugelassen gegen Verwaltungsakte und nur soweit kein Rechtsweg gegeben war. Eine gerichtliche Instanz zur Nachprüfung bestand nicht. Hingegen gewährte die Verfassung von 1919 in § 93 jedem Staatsbürger und jeder juristischen Person mit dem Sitz in Bayern das Recht der Beschwerde an den Staatsgerichtshof, wenn sie glaubten, durch die Tätigkeit einer Verwaltungsbehörde in einem subjektiven öffentlichen oder privaten Recht unter Verletzung der Verfassung geschädigt zu sein. Ein wenig haben vor 1945 andere deutsche Länder, wie Baden, Sachsen und Württemberg zur Entwicklung der Verfassungsbeschwerde beigetragen. Wo in Landesverfassungen das Recht zur „Verfassungsbeschwerde" gewährt ist, ist es nicht immer deutlich vom Petitionsrecht geschieden.

2   Die Verfassung **des Norddeutschen Bundes** vom 17. 4. 1867 und die **des Deutschen Reiches** vom 16. 4. 1871 kannten weder ein Verfassungsgericht, noch die Verfassungsbeschwerde. Es gab nur das Petitionsrecht an den Reichstag, der die Petition an den Bundesrat oder Reichskanzler weiterleiten konnte. Auch gab Art. 77 dem Bundesrat das Recht, Beschwerden über verweigerte oder gehemmte Rechtspflege anzunehmen – waren sie begründet, so berechtigen sie den Bundesrat, die betreffende Landesregierung zur Gewährung der gerichtlichen Hilfe anzuhalten. Ebensowenig kannte die **WRV** eine Verfassungsbeschwerde, etwa an den Staatsgerichtshof für das Deutsche Reich. Die Staatsgerichtsbarkeit war Gerichtsbarkeit vornehmlich für die Austragung bundesstaatlicher Streitigkeiten.[2]

3   Hingegen brachte die Rechtsentwicklung in der **Schweiz** (abgesehen von Streitigkeiten zwischen den Kantonen) gerade eine reiche Entwicklung der Beschwerde des Bürgers an das Bundesgericht gegen Verletzung verfassungsmäßiger Rechte durch Verwaltungsakte mit

---

[1] *Boulanger*, Die geschichtlichen Grundlagen der heutigen Verfassungsbeschwerde, 1954, Diss. Heidelberg; *Zuck*, Vb Rn. 107 ff.; *Schmidt-Bleibtreu*, in: MSKB, Stand 2003, § 90 Rn. 1 ff.; *Simon*, in: Handbuch des Verfassungsrechts, 2. Aufl. 1994, § 34 Rn. 3 ff.; *Schlaich/Korioth* Rn. 197.

[2] S. dazu *Häberle* JöR 49 (1997), 89 (107).

Inzidentkontrolle der kantonalen Gesetzgebung. Ähnlich gewährte Art. 144 des österreichischen Bundesverfassungsgesetzes ein Beschwerderecht gegen Verwaltungsakte zum Verfassungsgerichtshof, wenn die Verletzung verfassungsgesetzlich gewährleisteter Rechte behauptet wird.[3]

Nach 1945 nahm Bayern in etwas abgewandelter Form die alte Rechtstradition wieder auf (vgl. Art. 120 S. 4 BayVerf). Die bayer. Rechtsentwicklung zur Verfassungsbeschwerde und zur Popularklage des Art. 98 S. 4 Bay. Verf. gegen Gesetze, die zu einer reichen Rechtsprechung des bayer. Verfassungsgerichtshofs führte, beeinflusste wesentlich die Rechtsentwicklung in der Bundesrepublik. Ihre Bedeutung ist mit Inkrafttreten des GG und der Aufnahme der Tätigkeit des BVerfG naturgemäß geringer geworden.

B. Entstehungsgeschichte der Verankerung im GG[4]

Das GG enthielt ursprünglich keine Vorschrift über die Zulassung einer Verfassungsbeschwerde – der Parlamentarische Rat lehnte sie ab –, jedoch eröffnete es in **Art. 93 II GG** die Möglichkeit zur Einführung dieses Rechtsinstituts im Wege der einfachen Gesetzgebung. Der Regierungsentwurf eines Gesetzes über das Bundesverfassungsgericht[5] sah sodann eine Zulassung einer umfassenden Verfassungsbeschwerde gegen Grundrechtsverletzungen durch gesetzgebende, vollziehende oder richterliche Gewalt vor. Ebenso enthielt der Entwurf der SPD[6] ein „Verfahren zur Verteidigung der Grundrechte", nach welchem jedermann geltend machen konnte, dass ein ihm vom GG gewährtes Recht verletzt sei. Der Bundesrat schlug hiergegen vor, lediglich eine Grundrechtsklage gegen generelle Rechtsnormen zu gewähren, und zwar (unter Ausschluss einer Popularklage) nur für den Fall, dass der Antragsteller durch die Rechtsnorm verletzt oder unmittelbar gefährdet sei. Die Klage sollte als zZ unzulässig abgewiesen werden können, wenn dem Antragsteller zugemutet werden könne, zuvor in einem anderen gerichtlichen Verfahren, insbesondere vor dem or-

---

[3] Zur außerdeutschen Entwicklung s. umfassend *Zierlein* EuGRZ 1991, 301 mit vielen Nw.; s.a. *Zuck,* Vb Rn. 134 ff.; *Schmidt-Bleibtreu,* in: MSKB, Stand 2003, Rn. 8 b sub. III.

[4] S. dazu ausf. *Boulanger,* Die geschichtlichen Grundlagen der heutigen Verfassungsbeschwerde, 1954; *Voßkuhle,* in: MKS Bd. 3, 2001, Rn. 164 f. zu Art. 93 GG; *Hain,* Die Individualverfassungsbeschwerde nach Bundesrecht, 2002, 17 ff.; *Schmidt-Bleibtreu* (Sonderdruck), in: MSKB, Stand 2003, Rn. 6 ff. zu § 90.

[5] BT-Drs. Nr. 788.

[6] BT-Drs. Nr. 328.

§ 90 Teil III. Einzelne Verfahrensarten

dentlichen Verwaltungsgericht eines Landes, geltend zu machen, dass die Rechtsnorm wegen Widerspruchs mit einem Grundrecht des Bundes oder dem entsprechenden Grundrecht eines Landes nichtig sei.[7] Die eingehenden Beratungen im Rechtsausschuss des Bundestages führten jedoch schließlich zur Zulassung einer sehr umfassenden Verfassungsbeschwerde gegen alle Arten von Hoheitsakten, die Rechte und Pflichten begründen, einschließlich der Gesetzgebung und Rechtsprechung, wobei allerdings der letzte Schritt, die Erweiterung zur unbeschränkten Popularklage gegen Gesetze, vermieden wurde.

6   Das 19. ÄndG zum GG vom 29. 1. 1969 (BGBl. I S. 9) brachte mit der Einführung der Nr. 4a in Art. 93 GG die seit langem geforderte verfassungsrechtliche Verankerung der Verfassungsbeschwerde mit dem ihr im BVerfGG gegebenen Rechtsgehalt (zuzüglich der Ausweitung auf Verletzungen des inzwischen in Kraft getretenen Art. 20 IV GG). Die 4. Novelle zum BVerfGG vom 21. 12. 1970 (BGBl. I S. 1765) trug dieser Ergänzung des GG mit Einfügung der Nr. 8a in § 13 und (um den Hinweis auf Art. 20 IV GG erweiterter) Neufassung des § 90 Rechnung.

C. Funktion und rechtlicher Charakter der Verfassungsbeschwerde

I. Die Funktion der Verfassungsbeschwerde lässt sich nach mehreren Richtungen hin auffächern

1. Individuelle Rechtsschutzfunktion

7   Die primäre Funktion der Verfassungsbeschwerde ist es, den Betroffenen die Durchsetzung ihrer Grundrechte zu gewährleisten. Die Verfassungsbeschwerde sichert also individuellen Rechtsschutz für die Durchsetzung der Behauptung des „Jedermann", in seinen in Art. 93 I Nr. 4a GG genannten Rechten verletzt zu sein.

8   Da diese Rechte Grundrechte (und grundrechtsgleiche Rechte), also subjektive öffentliche Rechte sind, dient die Verfassungsbeschwerde konzeptionell in erster Linie der – besonders ausgestalteten –[8] Ge-

---

[7] Vgl. hierzu *Wessel* DVBl. 1952, 16; s. auch *Wolff* JZ 1951, 12.
[8] *Gusy*, in: FS 50 Jahre BVerfG, Bd. 1, 2001, 641 (645); BVerfGE 94, 166 (213 f.). Die Plenumsentscheidung BVerfGE 107, 395 (404 f.) hält zwar unverändert daran fest, dass Art. 19 IV GG keinen Rechtsschutz gegen den Richter gewährt. Das schließt es aber nicht aus, das Gebot des effektiven Rechtsschutzes aus dem Rechtsstaatsprinzip zu begründen, so BVerfGE 107, 395 (407), für die Verfassungsbeschwerde, in der besonderen Ausprägung, die sie durch das

währleistung effektiven Rechtsschutzes des Einzelnen, wenn er eine Grundrechtsverletzung behauptet.[9] Diesen Ansatz anerkennt auch das BVerfG,[10] wenn das Gericht insbesondere hervorhebt, die subjektive Beschwer aus der behaupteten Verletzung eines der in Art. 93 I Nr. 4 a GG genannten Rechte, bestimme den Gegenstand des Verfassungsbeschwerdeverfahrens.[11]

2. Wahrung des objektiven Verfassungsrechts

a) Schon in BVerfGE 33, 247 (258) hat das BVerfG darauf hingewiesen, die Verfassungsbeschwerde habe die Funktion, das objektive Verfassungsrecht zu wahren und seiner Auslegung und Fortbildung zu dienen. Dies wird in der Rechtsprechung des Gerichts seither so ausgedrückt, das Verfassungsbeschwerdeverfahren erschöpfe sich nicht im individuellen Rechtsschutz, sondern es diene „daneben" der Wahrung des objektiven Verfassungsrechts.[12]

9

Man kann insoweit von einer doppelten Funktion der Verfassungsbeschwerde sprechen. Soweit die objektive Funktion nur aus den Folgen (z. B. für § 31) hergeleitet wird, ist das allerdings nicht aussagekräftig. Jede gerichtliche Sachentscheidung trifft eine Entscheidung zur objektiven Rechtslage. Dass eine selbständige Verfassungsgerichtsbarkeit geschaffen worden ist,[13] ist kein tragfähiges Argument. Es belegt die Bedeutung der Verfassungsgerichtsbarkeit, aber nicht die einer be-

10

BVerfGG und die Rechtsprechung des BVerfG erhalten hat. Dass das BVerfG eine Korrektur seiner bisherigen Rechtsprechung zu Art. 19 IV GG vermieden hat, obwohl sie auslegungstechnisch möglich gewesen wäre (*Kunig*, VVDStRL 61 (2002), 31 (72)) ist kritisiert worden, vgl. etwa *Voßkuhle* NJW 2003, 2193 (2196). Für die vorsichtige Lösung des BVerfG muss man aber Verständnis haben: Die Plenumsentscheidung hat Kompromisse nötig gemacht (deshalb ist BVerfGE 107, 375 auch so gezwungen); es ist im Übrigen sinnvoll, den Rechtsprechungswandel in einer grundlegenden Frage vorzubereiten. Dazu ist der flexibilitätssichernde Rückgriff auf den rechtsstaatlichen Justizgewährleistungsanspruch dienlich (zum Letzteren siehe *Kley* DVBl. 2003, 1160 (1161).

[9] *Zuck*, Vb, Rn. 61 ff.; *Gusy*, in: FS 50 Jahre BVerfG, Bd. 1, 2001, 641 (644); *Benda/Klein* Rn. 396.

[10] BVerGE 21, 362 (367); 39, 302 (312); 79, 203 (209).

[11] BVerfGE 96, 251 (257); siehe dazu auch BVerfGE 45, 63, 74 f.); dezidiert in diesem Sinn *Bethge*, in: MSKB, Stand 2005, Rn. 8 ff. zu § 90; siehe auch *Ruppert*, in: UCD, Rn. 13 zu § 90

[12] BVerfGE 79, 365 (367); 85, 109 (113); 96, 251 (257); 98, 163 (167); siehe dazu auch *E. Klein* DÖV 1982, 797; *Zuck*, Vb, Rn. 68 ff.; *Voßkuhle*, in: MKS, Bd. 3, 4. Aufl. 2001, Rn. 172 zu Art. 93 GG und ausf. *Gusy*, in: FS 50 Jahre BVerfG, Bd. 1, 2001, 641 (650 ff.); *Bethge*, in: MSKB, Stand 2005, Rn. 12 ff. zu § 90.

[13] Darauf stützt sich *Gusy*, in: FS 50 Jahre BVerfG, Band 1, 2001, 641 (653).

stimmten Verfahrensart, ganz abgesehen davon, dass die Wahrung der Grundrechte nach wie vor primär bei den Instanzgerichten liegt (siehe Einl. Rn. 42). Man kann sich auch nicht auf § 93a II a, die Annahme der Verfassungsbeschwerde zur Entscheidung, wenn ihr grundsätzliche verfassungsrechtliche Bedeutung zukommt, zurückziehen. Zum einen wäre die objektive Bedeutung der Verfassungsbeschwerde dann nur ein unter praktischen Gesichtspunkten im Jahr 1993 vom Gesetzgeber eingeführtes einfach-rechtliches Postulat. Zum anderen darf man nicht verkennen, dass § 93a II a in der Kammerrechtsprechung (unabhängig von der zuständigkeitsbeseitigenden Funktion des lit. a) überhaupt keine Rolle spielt, weil die Grundrechte im Wesentlichen „ausprozessiert" sind, und Grundrechtsfragen in der Regel deshalb keine grundsätzliche verfassungsrechtliche Bedeutung mehr haben können (siehe dazu Rn. 13 zu § 93a). Das ändert allerdings nichts daran, dass § 93a II a auf eine objektive Bedeutung der Verfassungsbeschwerde verweist. Das gilt auch für § 90 II 2, die Tenorierungsregelungen des § 95 und für § 31. Eine verlässliche Begründung für die objektive Bedeutung der Verfassungsbeschwerde lässt sich nur über den Rückgriff auf das Rechtsstaatsprinzip gewinnen: Die Verfassungsbeschwerde sichert die Einheit der Rechtsordnung und gewährleistet damit Rechtssicherheit und Gerechtigkeit (siehe oben Rn. 8).

11   **b)** Damit stellt sich die Frage nach dem Verhältnis von subjektiver und objektiver Funktion der Verfassungsbeschwerde. In der Praxis, insbesondere der Rechtsprechung des BVerfG wird das Bestreben deutlich, sich von Fall zu Fall vom subjektiven Rechtsschutzbegehren des Beschwerdeführers zu lösen. Als das BVerfG befürchtete, mit Anträgen auf Erlass einstweiliger Anordnungen von Asylbewerbern beim sogenannten Flughafenverfahren überhäuft zu werden, hat der Zweite Senat die Verfassungsbeschwerde kurzerhand zu einem sekundären Rechtsschutzmittel umfunktioniert. Nicht „unter allen Umständen" gewährleisteten einstweilige Anordnungen/Verfassungsbeschwerde effektiven Rechtsschutz.[14] Das Gericht hat zwar hinzugefügt, das beseitige den materiellen Grundrechtsschutz „in der Regel" nicht.[15] Das ändert aber nichts daran, dass der Zweite Senat die objektive Funktion der Verfassungsbeschwerde in den Vordergrund gestellt hat, wenn er den individuellen Rechtsschutz als einen über die objektive Funktion der Verfassungsbeschwerde hinausgehenden Schutz kennzeichnet.[16] Die objektive Funktion der Verfassungsbeschwerde dient der Rechtsprechung dazu, sich auch sonst von den subjektiven Rechtsschutzer-

---

[14] BVerfGE 94, 166 (212f.).
[15] BVerfGE 94, 166 (214).
[16] BVerfGE 94, 166 (214).

fordernissen freizuzeichnen. So lassen Senate und Kammern Fälle ohne Rücksicht auf das Verbot überlanger Verfahrensdauer[17] liegen, sei es weil sie auf Normenkontrollentscheidungen des anderen Senats warten,[18] sei es, weil sie abwarten wollen, wie sich die Verhältnisse in einem Berufszweig entwickeln, was der Gesetzgeber veranlasst[19] oder ob es europarechtliche Vorgaben geben wird.[20] Gelegentlich werden auch Verfassungsbeschwerden „gesammelt", um eine Rechtsproblematik einheitlich behandeln zu können.[21] Man muss auch sehen, dass sich die über die Antragsnotwendigkeit ergebende Individualisierung des Rechtsschutzes deutlich verobjektiviert: Bei rund 5000 Verfassungsbeschwerden im Jahr liegt dem BVerfG in der Regel alles vor, was im jeweiligen Zeitpunkt in der Bundesrepublik ernsthaft verfassungsrechtlich streitig ist. Die objektive Funktion der Verfassungsbeschwerde hat eigenständigen Charakter.[22] Diese äußert sich in der **Korrekturfunktion,** mit der die subjektive Funktion der Verfassungsbeschwerde eingeschränkt wird.[23] Daneben steht die **Komplementärfunktion,** mit der der Rechtsschutz im Verfassungsbeschwerdeverfahren über die individuelle Rechtsverletzung hinaus gewährleistet wird.[24]

Unter der objektiven Funktion der Verfassungsbeschwerde kann auch eine Rücknahme der Verfassungsbeschwerde ins Leere laufen.[25] Solche kasuistischen Korrekturen der subjektiven Funktion der Verfassungsbeschwerde beschreiben zwar die angebliche Verfahrensherrschaft des BVerfG (siehe dazu Rn. 2 vor § 17). Das reicht aber als Rechtfertigung nicht aus. Geht man davon aus, dass jedem Beschwerdeführer – von der Rechtssatzverfassungsbeschwerde abgesehen – ein weit aufgefächertes Instanzgerichtsverfahren zur Verfügung steht und weiter davon, dass er in diesem Rechtsschutzsystem alle Grundrechtsrügen mit Ausnahme derjenigen, die durch die jeweils letzte Instanz verursacht werden, erheben kann (und muss), so kann man dem Betroffenen nicht uneingeschränkten subjektiven Rechtsschutz zubilli-

---

[17] EGMR NJW 2005, 41; s. a. *Lansnicker/Schwirtzek* NJW 2001, 1969.
[18] BVerfG 1 BvR 24/04/BVerfG 2 BvF 2/03. Der Erste Senat ist „übereingekommen", das Ergebnis des Verfahrens des Zweiten Senats „abzuwarten", (BSSichG).
[19] Das sind klassische Fallkonstellationen im Steuer- und Gesundheitsrecht.
[20] BVerfG 2 BvR 2391/95. Der EuGH hat am 27. 2. 2003 – Rs C 389/00 entschieden, das BVerfG hat die Sache am 17. 3. 2005 mündlich verhandelt (Sonderabgabe).
[21] Das trifft etwa für das Glücksspielrecht zu.
[22] Vgl. dazu *Zuck,* Vb, Rn. 77 f.
[23] *Zuck,* Vb, Rn. 79.
[24] *Zuck,* Vb, Rn. 80.
[25] BVerfGE 106, 210 (213) – Rechtschreibreform.

§ 90   Teil III. Einzelne Verfahrensarten

gen. Subjektiver Rechtsschutz sollte zwar das Ziel des jeweils in Anspruch genommenen einfach-rechtlichen Rechtsschutzes sein. Im Hinblick auf Grundrechtsrügen begrenzt er sich aber, bezogen auf den Beschwerdeführer, auf besonders schwere Nachteile und existentielle Betroffenheit (siehe dazu Rn. 30 ff. zu § 93 a) **(subjektive Rechtsschutzfunktion)**. Hinzu kommen solche Grundrechtsverletzungen, bei denen diese grob missachtet werden (siehe dazu Rn. 25 ff. zu § 93 a) = Auswirkungen auf die Rechtsordnung **(Rechtsordnungsgewährleistungsfunktion)**, und solche Auswirkungen, die im Instanzenzug nicht haben vermieden werden können, z. B. eine Willkürentscheidung der letzten Instanz = **Auffangfunktion.**

Das berechtigt den Beschwerdeführer, eine subjektive Rechtsposition im Weg der Verfassungsbeschwerde vor das BVerfG zu bringen. Der Gegenstand der subjektiven Funktion der Verfassungsbeschwerde erweist sich deshalb als die Befugnis des Beschwerdeführers, den Rechtsfall einem weiteren Gericht, nämlich dem BVerfG, vorlegen zu können. Zusammenfassend lässt sich deshalb die subjektive Funktion der Verfassungsbeschwerde als **Entlastungsfaktor** beschreiben. Mehr gibt Art. 93 I Nr. 4a GG dem Beschwerdeführer wegen Art. 94 II GG nicht. Art. 94 II GG ermächtigt zwar zu gesetzlichen Regelungen, die die Verfassungsbeschwerde ausschließlich oder ganz überwiegend in ihrer Bedeutung als subjektives Rechtsschutzmittel festmacht. Der Gesetzgeber hat aber in §§ 90, 93 a, 95 anders entschieden und die Senats- und Kammerrechtsprechung hat diese Entscheidung richterrechtlich verstärkt: Die Handhabung des Rechts der Verfassungsbeschwerde im Annahme- und im Entscheidungsverfahren wird eindeutig von der objektiven Bedeutung der Verfassungsbeschwerde bestimmt. Das wird allein schon durch die Erfolglosigkeitsquote der Verfassungsbeschwerde mit 97,5% bestätigt: So kann kein subjektives Rechtsschutzmittel gestaltet sein. Belegt wird dies auch durch die Laufzeiten erfolgreicher Verfassungsbeschwerden. Nimmt man nur die Verfassungsbeschwerdeentscheidungen aus dem 110. Band aus dem Jahr 2004, so haben alle Verfahren drei bis fünf Jahre gedauert. Verfahrensrechtlich ermächtigt deshalb die objektive Funktion der Verfassungsbeschwerde zu einer den subjektiven Rechtsschutz beschränkenden **Ausgestaltung** des Verfahrens. Darüber hinaus dient diese Ausgestaltung der **Gewährleistung** der Verfassungsrechtsordnung. Subjektive und objektive Funktion der Verfassungsbeschwerde sind deshalb in ihrem Gewicht fallabhängig. Welcher Funktion größeres Gewichts beizumessen ist, hängt von der Verfahrenslage ab. Da die objektive Funktion die Verfahrensgestaltung maßgeblich beeinflusst, hat sie in vielen Fällen das praktisch größere Gewicht.

3. Diskursfunktion

Die Verfassungsbeschwerde hat darüber hinaus noch eine Diskursfunktion. Früher hat man das als Edukationsfunktion bezeichnet.[26] Erzieherische Hinweise sind nicht mehr zeitgemäß. Heute betont man den in der Entstehungsgeschichte angesprochenen Zweck.[27] Die aktive Teilnahme des Bürgers an der Verwirklichung der Demokratie zu fördern, indem man dem Bürger das Bewusstsein und die Möglichkeit gibt, dem Staat unmittelbar gegenübertreten zu können.[28] Man kann das BVerfG insoweit als „Bürgergericht" sehen,[29] mit dessen Anrufung der Einzelne seine Sicht des GG einbringt (häufig unvermittelt ohne Rechtsrat) und damit die Entwicklungs- und Veränderungsmöglichkeiten, die in den weiten Normen des GG angelegt sind, aktualisiert. Das ist, wenn man mit Rechtsprechung und Schrifttum ein besonderes Gewicht auf eine „living constitution" legt, dann und gerade, wenn die Rechtsprechung des BVerfG attackiert oder in die Verfassung etwas hineingelesen wird, um es anschließend als Inhalt einer Norm wieder herauszuholen, in seiner Bedeutung nicht zu unterschätzen. Die mit der Diskursfunktion verbundene Notwendigkeit, sich auf ein Verfahren von Widerspruch und Rechtfertigung einzulassen, aber auch die damit einhergehenden Konkretisierungen und Innovationen entwickeln unter dem Aspekt des Überlegungsgleichgewichts, das unterschiedliche Möglichkeiten gleichrangig zulässt, einen Diskurs, der mit der Schaffung der Verfassungsbeschwerde auch gewollt war. Er gewinnt heute noch durch die inzwischen erreichte Medienöffentlichkeit, die für diese Form der Auseinandersetzung eine erweiterte Plattform schafft.[30] Angesichts der grundsätzlichen Nichtöffentlichkeit der Entscheidungsfindung gerade im Verfassungsbeschwerdeverfahren und angesichts der aus Sicht des Bürgers vielfach kritisierten Einbindung des BVerfG in ein undurchsichtiges Geflecht von Abhängigkeiten ist gerade die Diskursfunktion der Verfassungsbeschwerde hoch einzuschätzen.

II. Rechtlicher Charakter der Verfassungsbeschwerde

Die besondere Ausgestaltung der auf den subjektiven Rechtsschutz bezogenen Verfassungsbeschwerde durch objektive Korrektur- und

---

[26] *Zweigert* JZ 1952, 321.
[27] *Geiger*, BVerfGG, 1952, 273 f.
[28] Siehe dazu *Gusy*, in: FS 50 Jahre BVerfG, Bd. 1, 2001, 641 (564 ff.).
[29] *Häberle* JöR 49 (1997), 89 (114); *Graf Vitzthum* JöR 53 (2005), 319 (329).
[30] Zu dem damit verbundenen Rückkoppelungseffekt siehe *Zuck*, Vb, Rn. 91.

Komplementärfunktionen (siehe oben Rn. 10) hat ihren Niederschlag in der Beschreibung des rechtlichen Charakters der Verfassungsbeschwerde gefunden.

14 1. Die Verfassungsbeschwerde setzt das Instanzverfahren nicht einfach fort. Sie greift vielmehr grundsätzlich erst von dessen Abschluss an.[31] Die Verfassungsbeschwerde beseitigt die Rechtskraft der angegriffenen Entscheidung nicht (ebenso wenig wie die Fortgeltung einer mit der Verfassungsbeschwerde angegriffenen Norm). Der Verfassungsbeschwerde kommt deshalb gegenüber Gerichtsentscheidungen keine aufschiebende Wirkung zu.[32]

15 2. Die verfassungsrechtliche Kontrolle liegt primär bei den Instanzgerichten.[33] Die Geltung des formellen und materiellen Subsidiaritätsgrundsatzes, die den Beschwerdeführer mit seinem Anliegen in großem Umfang auf die Instanzgerichte verweist,[34] beschränkt infolgedessen den Zugang zum BVerfG.

16 3. Die Prüfintensität bei Grundrechtsrügen ist durch die Heck'sche Formel eingeschränkt.[35]

17 4. § 90 II, § 93a geben dem BVerfG Spielraum bei der Auslegung und Anwendung der für die Annahme der Verfassungsbeschwerde zur Entscheidung maßgebenden Rechtsbegriffe.[36]

18 5. Die Verfassungsbeschwerde ist der Rechtsbehelf des Bürgers gegen den Staat. Sie ist infolgedessen kein Mittel zur Austragung von Meinungsverschiedenheiten zwischen Staatsorganen[37] oder Trägern der mittelbaren Staatsverwaltung (siehe unten Rn. 50ff.). In dem Maße, in dem die objektive Funktion der Verfassungsbeschwerde in Vordergrund tritt (siehe oben Rn. 10), wird allerdings die ausdrückliche Staatsgerichtetheit der Verfassungsbeschwerde fragwürdig. Die objektive Wahrung des Verfassungsrechts ist immer ein Problem der staatlichen Binnenstrukturen, das mit Hilfe der Normenkontrollverfahren nur unzureichend geklärt wird. Ob die Verfassungsbeschwerde

---

[31] BVerfGE 107, 395 (414) – Plenum.
[32] BVerfGE 93, 381 (385); 107, 395 (413) – Plenum.
[33] BVerfGE 49, 252 (258); 107, 395 (413) – Plenum, siehe auch Rn. 42 und o. Rn. 10 Einl.
[34] BVerfGE 107, 395 (414) – Plenum, siehe unten Rn. 157ff.
[35] BVerfGE 18, 85 (92f.); 107, 395 (414) – Plenum, siehe Rn. 92ff. Zur Geschichte der Heck'schen Formel siehe *Herzog*, in: FS f. Dürig, 1990, 433ff.
[36] BVerfGE 90, 22 (24ff.), 96, 245 (248ff.); 107, 395 (414f.) – Plenum; siehe dazu Rn. 16 zu § 93a.
[37] BVerfGE 15, 298 (302). Zum negatorischen Grundrechtsverständnis allgemein siehe *Hermes*, VVDStRL 61 (2002), 119 (133ff.).

nicht nur einen Rechtsbehelf gegen den Staat, sondern auch im Staat sein könnte, ist eine Frage, die sich um so dringender stellt, je mehr der Staat sein Regelungssystem noch unter das Verordnungsrecht verlagert, und insbesondere Träger der mittelbaren Staatsverwaltung (vor allem im sozialstaatlichen Gewährleistungssystem) mit Gesetzgebungsaufgaben betraut.

6. Zusammenfassend wird die Verfassungsbeschwerde deshalb als besonderes Rechtsschutzmittel zur prozessualen Durchsetzung der Grundrechte und der diesen gleichgestellten Rechte, mithin als ein außerordentlicher Rechtsbehelf gekennzeichnet[38] und damit als von anderer Qualität als die an die Instanzgerichte adressierten Rechtsbehelfe oder Rechtsmittel.[39] Die Kennzeichnung der Verfassungsbeschwerde als „außerordentlicher" Rechtsbehelf hat sich eingebürgert. Sie hat, bezogen auf die Rechtsbehelfe und Rechtsmittel im instanzgerichtlichen Verfahren wegen des damit gekennzeichneten besonderen Charakters auch eine gewisse Rechtfertigung. Es darf nur keine Verwechslung mit den außerordentlichen Rechtsbehelfen des Instanzrechts eintreten,[40] für die der extreme Ausnahmecharakter Wesensmerkmal ist. Das kann für die Verfassungsbeschwerde schon deshalb nicht gelten, weil sie ein gesetzlich zugelassener Rechtsbehelf ist und im Übrigen zum Rechtsweg im Sinne des Art. 35 EMRK gehört.[41]

III. Bedeutung der Verfassungsbeschwerde

1. Die faktische Bedeutung der Verfassungsbeschwerde ist mit rund 5000 Verfassungsbeschwerden im Jahr im Vergleich zu weit über einer Million einfach-rechtlicher Zivil-Rechtsstreitigkeiten absolut gesehen marginal. Das schließt es auch aus, dass sich eine spezialisierte Anwaltschaft entwickelt.

---

[38] BVerfGE 94, 166 (274); 96, 251 (257); 107, 395 (413) – Plenum.
[39] BVerfGE 107, 395 (413) – Plenum.
[40] Zu diesen siehe jüngst *Vollkommer,* NJW-Sonderheft, Bay. Oberstes Landgericht, 2005, 64; *Sangmeister,* in: FS f. Korn, 2005, 657; *Vollkommer,* in: FS f. Gerhardt, 2004, 1025 ff.; *Bloching-Kettinger* NJW 2005, 860; *Schenke* NVwZ 2005, 729; *ders.* JZ 2005, 116.
[41] *Meyer-Ladewig,* Hk-EMRK, 2003, Rn. 5 ff. zu Art. 35 EMRK. Die Vorschrift beruht auf der Annahme, dass die instanzrechtlichen Rechtsordnungen (wie in der Bundesrepublik mit der Verfassungsbeschwerde) einen wirksamen innerstaatlichen Rechtsbehelf vorsehen, EGMR NJW 2001, 56; NJW 2001, 2694. Hinsichtlich der Verpflichtung, den innerstaatlichen Rechtsweg zu erschöpfen, kommt es aber letzten Endes darauf an, was dem Beschwerdeführer zumutbar ist, vgl. EGMR NJW 2001, 2061.

§ 90 Teil III. Einzelne Verfahrensarten

21   Die bei rund 132 000 Rechtsanwälten auf den einzelnen entfallende Zahl ist dazu zu gering (vgl. Rn. 32 zu § 34 a). Bezogen auf *ein* Gericht mit zwei Senaten à acht Richtern ist dagegen die Belastung enorm. Sie kann nur mit Hilfe von derzeit 65 Wissenschaftlichen Mitarbeitern bewältigt werden (siehe Rn. 3 vor § 93 a).

22   **2. a)** An der rechtlichen Bedeutung ändert das nichts.[42] Auch wenn 97,5% aller Verfassungsbeschwerden erfolglos bleiben, und in rund 70% aller nicht zur Entscheidung angenommenen Verfassungsbeschwerden die Gründe für die Nichtannahme wegen des (nach § 93 d zulässigen) Fehlens einer Begründung nicht nachvollzogen werden können, führt gerade die Verfassungsbeschwerde zu einer ständigen Inhaltsbestimmung des GG, wenn man mitberücksichtigt, dass Kammerentscheidungen nach § 93 c in vielen Fällen den GG-Inhalt unabhängig von Senatsentscheidungen fortentwickeln (siehe Rn. 12 ff. zu § 93 c), und weiter, dass begründete Nichtannahmeentscheidungen nach §§ 93 a heute in der Regel keine bloßen, den Zugang zum BVerfG verweigernden Entscheidungen sind, sondern als Sachentscheidungen zur Unbegründetheit der Verfassungsbeschwerde zu lesen sind. Die Sachentscheidungsfunktion dieser Rechtsprechung wird inzwischen durch den vom BVerfG eröffneten Internetzugang[43] und die seit 2004 vorhandene „Amtliche Sammlung ausgewählter Kammerentscheidung" (BVerfGK) belegt. Die Verfassungsbeschwerde führt deshalb zu einer unaufhörlichen Anpassung des GG an die verfassungsrechtlichen Rahmenbedingungen (innerstaatliches Recht, supranationales Recht, Rechtsprechung, Schrifttum, Weiterentwicklung der Wissenschaft, Zeitgeist), die zwar GG-Korrekturen durch den Verfassungsgesetzgeber nicht ausschließen, aber völlig unabhängig davon das GG zu einer „Verfassung ewiger Jugend" machen.

23   **b)** Wichtig ist in diesem Zusammenhang auch die antragsbezogene Wirkung der Verfassungsbeschwerde. Schon die bloße Möglichkeit der Erhebung der Verfassungsbeschwerde hat rechtliche Bedeutung.[44]

24   **3.** Wer die Verfassungsbeschwerde abschaffen will, entmündigt den Bürger und hilft, die Verfassung zu verkrusten. Ich werde zurecht als jemand zitiert, der die Abschaffung gefordert hat.[45] Mir ging und

---

[42] Siehe dazu *Simon,* in: Handbuch des Verfassungsrechts, 1983, 1253 (1264), der darauf hinwiesen hat, dass gerade mit der Verfassungsbeschwerde die Wirkkraft der Grundrechte „herausprozessiert" worden ist. Siehe dazu ausf. *Zuck,* Vb, Rn. 83 f., 87.

[43] bundesverfassungsgericht.de

[44] *Zuck,* Vb, Rn. 89 f.

[45] Etwa von *Hain,* Die Individualverfassungsbeschwerde nach Bundesrecht, 2002, 134 unter Hinweis auf *Zuck,* Vb, Rn. 263 f., bezogen auf die Urteilsverfassungsbeschwerde.

geht es bei dieser Forderung aber um etwas anderes. Wenn man den Bürger zum Diskurs mit dem Staat und dem BVerfG auffordert (siehe oben Rn. 12), dann sollte man ihn nicht täuschen und er sollte sich selbst nicht täuschen: Die notorisch aussichtslose Verfassungsbeschwerde und die bei Erfolglosigkeit meist fehlende Begründung verhelfen dem Bürger nicht zu dem subjektiven Rechtsschutz, den er sich nach Art. 93 I Nr. 4a GG, § 90 I verspricht. Die von ihm verlangte hohe Qualität seiner Verfassungsbeschwerde[46] kann er in der Regel nicht selbst garantieren. Wenn er für seine Verfassungsbeschwerde keinen Sponsor findet, kann er den Begründungsaufwand auch nicht finanzieren. Den Begründungsaufwand kann im Übrigen nur derjenige erbringen, der die 111 Bände der Senatsrechtsprechung, die Kammerrechtsprechung und die Aufsätze des Berichterstatters kennt. Die Verfassungsbeschwerde macht – bezogen auf den Bürger – nur Sinn, wenn er bereit ist, ihren eingeschränkten subjektiven Rechtsschutzcharakter zu akzeptieren. Mir geht es infolgedessen nicht um die Abschaffung der Verfassungsbeschwerde, sondern um Offenheit bei der Beschreibung ihrer Gewährleistungsfunktionen. Akzeptiert man, dass sie in erheblichem Umfang dazu führt, den Bürger für die objektive Wahrung des Verfassungsrechts zu instrumentalisieren, so kann man sie weiter als essentielles Element des Rechtsstaates bezeichnen.[47]

D. Zu Abs. 1

I. Rechtswegeröffnung

1. Die Anrufung des BVerfG im Wege der Verfassungsbeschwerde 25 setzt voraus, dass eine Grundrechtsrüge erhoben wird. Der Beschwerdeführer muss behaupten, in einem seiner in Abs. 1 genannten Rechte verletzt zu sein. Ob die grundrechtsbezogene Verletzungshandlung den Zugang zum BVerfG wirklich eröffnet, hängt zum einen davon ab, ob der Beschwerdeführer der Heck'schen Formel (siehe unten dazu Rn. 92 ff.) Genüge getan hat, also bei der fälschlicherweise so ge-

---

[46] BVerfGE 79, 357 (364).
[47] *E. Klein,* Die Zukunft der Verfassungsbeschwerde, in: Piazolo, Das Bundesverfassungsgericht 1995, 217; *Faller,* Das Ringen um die Entlastung des Bundesverfassungsgerichts, in: FS f. Benda, 1995, 43 (65); *Gusy,* in: FS 50 Jahre BVerfG, Band 1, 2001, 641 (668 f.); nachdrücklich für die Beibehaltung der Verfassungsbeschwerde *Kunig,* VVDStRL 61 (2002), 31 (63 ff.); *Brunner* JöR 50 (2002), 191 (235); *Graf Vitzthum* JöR 53 (2005), 319 (342 f.), s. auch o. Rn. 12.

nannten Urteilsverfassungsbeschwerde den gerügten Verstoß zutreffend einer Grundrechtsverletzung und nicht einer bloßen Verletzung des einfachen Rechts zugeordnet hat.

26 Das ist ebenso eine Frage der Begründetheit der Verfassungsbeschwerde wie die Klärung der Frage, ob das in Anspruch genommene Grundrecht verletzt ist. Der Zugang zum BVerfG wird zusätzlich durch das Annahmeverfahren reguliert (siehe dazu Rn. 4 ff. vor § 93 a).

27 2. Ist die Einlegung der Verfassungsbeschwerde rechtsmissbräuchlich im Sinne des § 34 II, und das soll sie nach gefestigter Kammerrechtsprechung dann sein, wenn sie offensichtlich nicht geeignet ist, zur Fortentwicklung des Verfassungsrechts oder zur Abwehr einer individuellen grundrechtlichen Beschwer beizutragen"[48] (siehe dazu Rn. 3 ff. zu § 34), dann ist der Rechtsweg zum BVerfG ebenfalls nicht eröffnet. Es gibt aber keine Entscheidungskategorie „Verwerfung oder Ablehnung wegen Rechtsmissbrauch". Missbräuchlichkeit ist allein Bestandteil des Kostenrechts. Da die Verfassungsbeschwerde auch bei offensichtlicher Unbegründetheit missbräuchlich sein kann, ist die missbräuchliche Anrufung des BVerfGE keine Frage der Zulässigkeit des Rechtswegs.

II. Subjektive Antragsvoraussetzungen: Antragsberechtigung

1. Vorbemerkung

28 **a)** Im Begriff der Antragsberechtigung werden die Zulässigkeitsvoraussetzungen der Verfassungsbeschwerde zusammengefasst, die an den verfahrenseinleitenden Antrag in Bezug auf den Antragsteller geknüpft werden. Es sind dies die Beschwerdefähigkeit (siehe u. Rn. 32 ff.), die Verfahrensfähigkeit (siehe u. Rn. 59 ff.) und die Beschwerdebefugnis (siehe u. Rn. 63 ff.).

29 **b)** Diese Zulässigkeitsvoraussetzungen müssen, wenn die Verfassungsbeschwerde zur Entscheidung angenommen worden ist, geklärt werden. Im Annahmeverfahren kann die Kammer offen lassen, ob die Verfassungsbeschwerde zulässig ist, weil sie nicht über die Zulässigkeit oder Begründetheit der Verfassungsbeschwerde entscheidet, sondern über den Zugang zum Gericht (siehe Rn. 22 vor § 93 a).[49]

30 Ist der Zugang zum Gericht aber eröffnet, kann der Entscheidung über die Zulässigkeit nicht mit dem Argument ausgewichen werden, die Verfassungsbeschwerde sei auf jeden Fall unbegründet.

---

[48] BVerfG(K) EuGRZ 1998, 694.
[49] Z. B. BVerfG(K) NVwZ 2005, 323.

Verfassungsbeschwerde § 90

Bei einer Sachentscheidung über eine – möglicherweise – unzulässige Verfassungsbeschwerde wird nicht mehr der gesetzliche Richter im Sinne des Art. 101 I 2 GG tätig.[50] 31

2. Beschwerdefähigkeit

Die Verfassungsbeschwerde kann von „jedermann" erhoben werden (§ 90 I). „Jedermann" bezieht sich auf alle Personen, die Träger eines der in Abs. 1 genannten Rechte sein können.[51] Der Begriff der Beschwerdefähigkeit benennt danach die prozessuale Fähigkeit, Verfassungsbeschwerde erheben zu können. Beschwerdefähig ist, wer Träger eines als verletzt behaupteten Grundrechts oder grundrechtsgleichen Rechts sein kann (**Grundrechtsfähigkeit**). 32

a) Natürliche Personen. aa) Das GG unterscheidet: Grundrechtsfähigkeit, und damit Beschwerdefähigkeit im Sinne des § 90 kommt entweder allen Menschen zu oder nur Deutschen (z. B. Art. 8, 9, 11, 12, 16 I, II 1, 33 I, II, 38 I 1) zu. 33

Wer Deutscher ist, bestimmt Art. 116 GG. 34

bb) Grundrechtsschutz genießen auch **Ausländer** und Staatenlose.[52] **EU-Bürger** müssen hinsichtlich ihrer Grundrechtsfähigkeit soweit wie Deutsche behandelt werden, als damit ihre Diskriminierung vermieden wird. Auf welcher rechtlichen Grundlage die Gleichstellung erfolgt, ist noch nicht abschließend geklärt.[53] Dass der Rückgriff auf Art. 2 I GG nicht immer ausreicht, ist im Übrigen anerkannt.[54] Es spricht viel dafür, über den Anwendungsvorrang des EG-Rechts[55] die einzelnen Grundrechtsbestimmungen enthaltene Beschränkung auf „Deutsche" dann aufzuheben, wenn andernfalls eine Diskriminierung des EU-Bürgers entstünde.[56] 35

---

[50] *Kunig,* VVDStRL 61 (2002), 31, 68 f.

[51] BVerfGE 3, 383 (391); 6, 273 (277); 12, 6 (8).

[52] Nicht-Deutsche müssen bei speziellen Deutschen-Grundrechten, soweit möglich auf Art. 2 I GG zurückgreifen, vgl. BVerfGE 35, 382 (399); 78, 179 (196 f.); 104, 337 (346); siehe dazu *Bauer/Kahl* JZ 1995, 1083; *Rüfner,* in: FS 50 Jahre BVerfG, Bd. 2, 2002, 55 (71); *Bethge,* in: MSKB, Stand 2005, Rn. 131 zu § 90; *Sachs,* Verfassungsprozessrecht 2004, Rn. 474, der das aber zu Unrecht als Problem der Beschwerdebefugnis behandelt. Ein unmittelbarer Rückgriff auf Art. 12 I GG ist nicht möglich, siehe dazu BVerfGE 35, 382 (399) und *Benda/Klein* Rn. 428.

[53] Das Problem stellt sich noch einmal bei der Beschränkung der Grundrechtsfähigkeit auf „inländische" juristische Personen, siehe Rn. 39.

[54] Siehe dazu *Jarass,* in: Jarass/Pieroth, GG, 7. Aufl. 2004, Rn. 10 zu Art. 19 GG; aA allerdings *Schlaich/Korioth* Rn. 206.

[55] Siehe dazu etwa *Schroeder,* in: Streinz, EUV/EGV, 2003, Rn. 40 ff. zu Art. 249 EGV.

[56] Siehe dazu ausf. *Drathen,* Deutschen-Grundrechte im Lichte des Gemein-

§ 90

36 **cc)** Auch dem **Naszіturus** kommt Grundrechtsfähigkeit zu.[57] Das gilt im Hinblick auf Art. 1 I, 2 II, 14 I (Erbrecht) GG. Auf Grundrechtsfähigkeit im Zusammenhang mit der „werdenden Familie" (Art. 6 I GG) kann sich der Naszіturus nicht berufen.[58]

37 **dd) Minderjährige.**[59] Auch Minderjährige sind beschwerdefähig, soweit das in Anspruch genommene Grundrecht und grundrechtsgleiche Recht ihnen zusteht.[60] Davon zu trennen ist die Frage nach der Verfahrensfähigkeit des Minderjährigen.

38 **ee)** Mit dem **Tod** des Menschen endet seine Grundrechtsfähigkeit.[61] Die Folgen des Todes für das anhängige Verfahren sind kein Problem der Antragsberechtigung (siehe dazu Rn. 149 zu § 90).

39 **b) Inländische**[62] **juristische Personen. aa) Juristische Personen des Privatrechts** sind grundrechtsfähig, soweit Grundrechte ihrem Wesen nach auf sie anwendbar sind (Art. 19 III).

40 (1) Grundsätzlich kommt es darauf an, ob die vom jeweiligen Grundrecht geschützten Handlungen auch von der juristischen Person selbst ausgeübt werden könnten.[63] Es ist also wesentlich, ob der

---

schaftsrechts, 1994; *E. Klein,* in: FS f. Stern, 1997, 1301; *Störmer* AöR 123 (1998), 541; *Rüfner,* in: 50 Jahre BVerfG, Bd. 2, 2002, 55 (71).

[57] *Benda/Klein* Rn. 436 ff.; *Spranger* AöR, 127 (2002), 28 (31 ff.). Die Rechtsprechung des BVerfG hat diese Frage bislang ebenso offen gelassen (BVerfGE 39, 1 (41); 45, 376 (386); 88, 203) wie die Rechtsprechung des EGMR, vgl. Große Kammer, NJW 2005, 727 (LS. 2) und dazu *Groh/Lange-Bertalot* NJW 2005, 713.

[58] Zum Schutzbereich des Art. 6 I GG für die in Entstehung begriffene Familie siehe *Spranger* AöR, 127 (2002), 28 (32 f.).

[59] *Roth,* Die Grundrechte Minderjähriger im Spannungsfeld selbständiger Grundrechtsausübung, elterlichen Erziehungsrechts und staatlicher Grundrechtsbindung, 2003.

[60] *Benda/Klein* Rn. 460; *Spranger* AöR 127 (2002), 28 (31).

[61] *Benda/Klein* Rn. 433; *Spranger* AöR 127 (2002), 28 (33); *Jarass,* in: Jarass/Pieroth, GG, 7. Aufl. 2004, Rn. 11.

[62] Inländische juristische Personen des Privatrechts sind nach der Sitztheorie (BVerfGE 21, 207 (208 f.)) solche juristischen Personen, die ihren tatsächlichen Sitz im Inland haben. Auf den statuarischen Sitz kommt es nicht an. Ob mit der Überseering-Entscheidung des EuGH, EuZW 2002, 754 die Sitztheorie gefallen ist, kann im Rahmen des Art. 19 III auf sich beruhen. Man wird aber auch hier angesichts des Anwendungsvorrangs des EG-Rechts annehmen müssen, dass die juristischen Personen des Privatrechts mit Sitz im EG-Bereich den inländischen Gesellschaften für die Beschwerdefähigkeit gleichgestellt werden müssen, wenn anderfalls ihre Diskriminierung die Folge wäre.

[63] BVerfGE 21, 302 (369); 68, 193 (205 f.); 75, 192 (196). *Huber* spricht insoweit vom „schutzgesetzspezifischen Mehrwert", in: MKS Rn. 243 zu Art. 19 Abs. 3 GG.

Verfassungsbeschwerde **§ 90**

Grundrechtsschutz an Eigenschaften, Ausübungsformen oder Beziehungen anknüpft, die nur natürlichen Personen eigen sind.[64]

Maßgeblich ist also nicht der Zweck der juristischen Person, sondern die Eigenart des in Anspruch genommenen Grundrechts.[65] Das BVerfG geht dabei grundsätzlich von einer möglichen Grundrechtfähigkeit der (inländischen) juristischen Person aus. Bezogen auf den jeweiligen Einzelfall ist dann die Wesensprüfung vorzunehmen.[66]

(2) Die **Rechtsprechung** hat bislang die Anerkennung folgender Bestimmungen auf inländische juristische Personen des Privatrechts bejaht:[67] Art. 2 I GG,[68] Art. 3 I GG,[69] Art. 4 I GG,[70] Art. 5 I GG;[71] Art. 5 I GG,[72] Art. 7 IV GG,[73] Art. 8 GG,[74] Art. 9 I, III GG,[75] Art. 10 GG,[76] Art. 11 I GG,[77] Art. 12 I GG,[78] Art. 13 GG,[79] Art. 14 GG,[80] Art. 19 IV GG[81] und die grundrechtsgleichen Rechte aus Art. 100 I 2 GG,[82] Art. 103 I GG.[83]

41

42

---

[64] BVerfGE 95, 220 (242); 106, 28 (42). Die dahinter stehende sogenannte **Durchgriffstheorie** wird im Schrifttum zugunsten der Erfordernisse einer grundrechtstypischen Gefährdungslage gegenüber einem Hoheitsträger kritisiert, vgl. dazu etwa die Nachweise bei *Dreier*, in: ders. GG, 2. Aufl., Bd. I, 2004, Rn. 30 ff. zu Art. 19 III GG. Auch hinter diesem Streit steht – unausgesprochen – die Diskussion um die Bedeutung der objektiven Funktion der Verfassungsbeschwerde (siehe oben Rn. 10 f.). Misst man der objektiven Bedeutung der Verfassungsbeschwerde besonderes Gewicht zu, spricht das für die „**Gefährdungslagen-Theorie**".

[65] BVerfGE 95, 28 (35).

[66] St. Rspr. seit BVerfGE 21, 363 (368 f.); siehe auch BVerfGE 75, 192 (196).

[67] Vgl. die Übersicht bei *Leibholz/Rinck/Hesselberger*, GG, Stand 1990, Rn. 191 ff. zu Art. 19 GG.

[68] BVerfGE 10, 89 (99).

[69] BVerfGE 4, 7 (12); 78, 350 (354); 95, 267 (317).

[70] BVerfGE 19, 129 (132); 24, 236 (246 f.); 42, 312 (321 f.); 46, 73 (83); 70, 138 (160 f.); 90, 100 (118) – Religions- und Weltanschauungsfreiheit. Nicht die Gewissensfreiheit, BVerfG(K) NJW 1990, 241.

[71] BVerfGE 20, 162 (171); st. Rspr. vgl. BVerfGE 97, 298 (310).

[72] BVerfGE 30, 173 (191); 36, 321 (331).

[73] BVerwGE 40, 347 (349).

[74] BVerwG NVwZ 1999, 991.

[75] BVerfGE 13, 174 (175).

[76] BVerfGE 100, 313 (356).

[77] *Pernice*, in: Dreier, GG, Bd. I, 2. Aufl. 2004, Rn. 18 zu Art. 11 GG.

[78] BVerfGE 30, 292 (312), st. Rspr. vgl. BVerfGE 97, 228 (253).

[79] BVerfGE 42, 212 (219); 44, 353 (371); 76, 83 (88).

[80] BVerfGE 4, 7 (17); 53, 336 (345); 66, 116 (130).

[81] BVerfGE 35, 382 (401); 65, 76 (90); 67, 43 (58).

[82] BVerfGE 3, 363, st. Rspr.

[83] BVerfGE 12, 8, st. Rspr. vgl. BVerfG(K) NJW 1995, 2095.

§ 90 Teil III. Einzelne Verfahrensarten

43 (3) Anerkannt als grundrechtsfähig sind die AG,[84] die GmbH,[85] der e. V.,[86] der Stiftung bürgerlichen Rechts.[87] Man wird auch die PartG für beschwerdefähig halten müssen.

44 (4) Juristische Personen des Privatrechts sind auch solche, die **teilrechtsfähig** sind, also solche, denen die Rechtsprechung nicht umfassend, sondern beschränkt auf bestimmte Regelungsbereiche und Rechtsnormen Rechtsfähigkeit zuerkannt hat.[88] Dazu gehören die Gesamthandshandelsgesellschaften sowie Kapitalgesellschaften im Gründungsstadium.[89] Anerkannt als beschwerdefähig sind die OHG,[90] die KG,[91] der nicht eingetragene Verein[92] und die BGB-Gesellschaft.[93] Teile von teilrechtsfähigen juristischen Personen im Sinne des Art. 19 III GG sind nicht beschwerdefähig, es sei denn, sie sind so verselbständigt, dass sie wiederum als eigene teilrechtsfähige Vereinigung angesehen werden können, z.B. der Personalrat[94] oder der Betriebsrat.[95] Unselbständige Niederlassungen von Handelsgesellschaften sind dagegen nicht selbst beschwerdefähig.[96] Die Grundrechtsfähigkeit von verfassten Studentenschaften und Fachschaften ist bislang offen geblieben.[97]

45 (5) **Politische Parteien, Fraktionen, Abgeordnete.** Ob eine **politische Partei** (oder eine ihrer Untergliederungen) beschwerdefähig ist, hängt davon ab, ob sie am Verfassungsleben ihr Recht auf Teilhabe, d.h. die Verletzung ihres verfassungsrechtlichen Status geltend macht, oder ob es sich um die Verletzung von Rechtspositionen handelt, die von diesem Status unabhängig sind. Im ersten Fall wird die

---

[84] BVerfGE 50, 290 (319); 66, 116 (130).

[85] BVerfGE 3, 359 (363); 53, 366 (386).

[86] BVerfGE 97, 228 (253). Gewerkschaften sind in der Regel als eingetragene Vereine organisiert. Auf Art. 9 III GG können sie sich unmittelbar berufen.

[87] BVerfGE 97, 228 (353).

[88] Siehe dazu *Jarass*, in: Jarass/Pieroth, GG, 7. Aufl. 2004, Rn. 16 zu Art. 19 III GG; *Dreier*, in: ders. GG, Bd. I, 2. Aufl. 2004, Rn. 46 ff. zu Art. 19 III GG.

[89] Zur Fortsetzung eines Verfassungsbeschwerdeverfahrens nach Löschung einer OHG im Handelsregister vgl. BVerfGE 82, 126 (145) = NJW 1990, 2246.

[90] BVerfGE 10, 89 (99).

[91] BVerfGE 4, 7 (12); 20, 162 (171); 53, 1 (13); 97, 67 (76).

[92] BVerfGE 6, 273 (277); 24, 236 (243). Ist eine Gewerkschaft als nicht rechtsfähiger Verein organisiert, ist sie auf jeden Fall in Bezug auf Art. 19 III GG beschwerdefähig.

[93] BVerfG(K) JZ 2003, 43 mit krit. Anm. von *Stürner*.

[94] BVerfGE 51, 77 (87).

[95] *Ellenbeck*, Die Grundrechtsfähigkeit des Betriebsrats, 1996, 87 ff., 105 ff.; *Dreier*, in: ders. GG, Bd. I, 2. Aufl. 2004, Rn. 50 zu Art. 19 III GG.

[96] BVerfGE 2, 292 (293) = NJW 1953, 1060.

[97] BVerfGE 93, 85 (94).

Partei allein auf den Weg des Organstreits verwiesen.[98] Rechte, die sich aus dem besonderen in Art. 21 GG umschriebenen verfassungsrechtlichen Status der Partei ergeben sind angenommen worden etwa bei der Geltendmachung des Rechts auf Chancengleichheit der Parteien, bei Wettbewerb um die Erlangung von Spenden,[99] bei der Feststellung, ob und in welchem Umfang private Geldgeber auf andere Parteien durch Geldzuwendungen einzuwirken suchen[100] oder bei Verwaltungsmaßnahmen durch den Bundestagspräsidenten:[101] Im Übrigen muss es sich aber um eigene Rechte der Parteien handeln. Sie haben, soweit dies nicht der Fall ist, kein allgemeines Kontrollrecht darüber, ob das Verhalten eines Bundestags mit dem GG in Einklang steht.[102]

Die Verfassungsbeschwerde ist dagegen eröffnet worden, wo es um die steuerliche Ungleichbehandlung bei Spendenden ging[103] oder um die Gleichbehandlung bei der Zuteilung von Sendezeiten im Rundfunk/Fernsehen.[104]

(6) **Parlamentsfraktionen** sind notwendige Einrichtungen des Verfassungslebens.[105] Ihre Anerkennung folgt der der Parteien.[106] *BVerfGE* 70, 324 (351) hat dazu ausgeführt: „Fraktionen sind nicht nur dazu berechtigt, im Organstreit die Verletzung oder unmittelbare Gefährdung von Rechten des gesamten Parlaments geltend zu machen (vgl. *BVerfGE* 45, 1 [28f.]; 67, 100 [125]; 68, 1 [69] = NJW 1985, 603). Sie sind darüber hinaus zur Geltendmachung eigener Rechte befugt, wenn diese in der Verfassung verankert sind". Es ist hier wohl nur die Rede von dem im Organstreit als verletzt geltend zu machenden Recht. Es spricht aber viel dafür, dass man die Fraktion insoweit den politischen

---

[98] BVerfGE 4, 27 (30); 14, 121 (129); 20, 119 (128f.); 20, 134 (149), 24, 269 (263); 24, 300 (329); 43, 142 (149); 44, 125 (136f.); 60, 53 (61); 73, 1 (27); 73, 40 (75) = NJW 1986, 2487; 82, 322 (335) = NJW 1990, 3001; 84, 290 (298) = NJW 1991, 2472; 85, 264 (284); NJW 2005, 126 – Rechenschaftsbericht. Zur Umdeutung einer Verfassungsbeschwerde in eine Organklage vgl. BVerfGE 13, 54 (94) = NJW 1961, 1453. Krit. zur organschaftlichen Stellung der politischen Parteien in der Rechtsprechung des BVerfG, Stern I, 465 f.
[99] BVerfGE 52, 63 (89); 66, 107 (115); 73, 1 (29); 73, 49 (65).
[100] BVerfGE 24, 300 (333) = NJW 1969, 179.
[101] BVerfG NJW 2005, 126 – Rechenschaftsbericht.
[102] BVerfGE 73, 1 (29) = NJW 1986, 2492.
[103] BVerfGE 6, 273 ff. = NJW 1957, 665.
[104] BVerfGE 7, 99 (103); 13, 204 (205); 14, 121 (129); 27, 152 (158); 47, 198 (222); 67, 149 (151) = NJW 1984, 2201.
[105] BVerfGE 2, 143 (160); 20, 56, (104); 43, 142 (147); 70, 324 (350) = NJW 1986, 907).
[106] BVerfGE 10, 4 (14); 70, 324 (350).

Parteien gleichstellt, ihr also dort, wo der Bereich verlassen wird, der **nur** im Organstreit gerügt werden kann, das Recht der Verfassungsbeschwerde gibt.[107]

47 Auch **Wählervereinigungen** sind beschwerdefähig,[108] nicht dagegen die Initiatoren eines Volksbegehrens.[109]

48 Für den hier wegen des Sachzusammenhangs zu behandelnden **Abgeordneten** gilt:

> „Ein Abgeordneter des Bundestags oder eines Landtages kann nicht im Wege der Verfassungsbeschwerde um seine Abgeordnetenrechte mit einem Staatsorgan, etwa dem Parlament, streiten, für einen Bundestagsabgeordneten ist vielmehr der richtige Weg das Organstreitverfahren gem. Art. 93 I Nr. 1 GG vor dem BVerfG und für einen Landtagsabgeordneten das gleiche Verfahren vor einem Landesverfassungsgericht oder – subsidiär – gem. Art. 93 I Nr. 4 (dritter Fall) GG vor dem BVerfG (vgl. *BVerfGE* 32, 154 [162]; 43, 142 [148, 150]). Dies gilt auch dann, wenn der Abgeordnete als Verfassungsverstoß auch eine Grundrechtsverletzung, z. B. eine Verletzung des allgemeinen Gleichheitssatzes rügt (*BVerfGE* 43, 142 [148 f.])".[110]

Deshalb kann der Anspruch eines Abgeordneten nur im Wege des Organstreits verfolgt werden.[111]

Dagegen hat der ausgeschiedene Abgeordnete das Recht der Verfassungsbeschwerde,[112] ebenso der potentielle Abgeordnete, der damit einen Verstoß gegen den Grundsatz der Wahlgleichheit rügt[113] und so sein passives Wahlrecht durchsetzt.[114]

49 Ungeklärt ist die Frage, ob das auch für den **Gemeinderat/Stadtverordneten** gilt. Ihm steht, auch bei der Verletzung von Statusrechten, kein Organstreitverfahren zur Verfügung. Häufig wird allerdings Rechtsschutz im Kommunalverfassungsstreit möglich sein.[115] Das betrifft aber nur die einfach-rechtliche, nicht die verfassungsrechtliche Sicht. Folgte man der Ansicht, dass die Verfassungsbeschwerde kein Mittel zur Austragung von Meinungsverschiedenheiten zwischen

---

[107] Zur richtigen Verfahrensart bei der verfassungswidrigen Verweigerung des Fraktionsstatus vgl. BVerfGE 43, 142.
[108] BVerfGE 78, 350 (354).
[109] BVerfGE 96, 231 (239 ff.); siehe dazu *Brenner* BayVBl. 1999, 210.
[110] BVerfGE 64, 301 (312) = NJW 1984, 165.
[111] BVerfGE 4, 144 (149 ff.); 40, 296 (309 ff.); 64, 301 (313) = NJW 1984, 165). Scheidet jedoch die Organklage im konkreten Fall aus, ist der Weg zur Verfassungsbeschwerde eröffnet, vgl. etwa BVerfG NJW 2005, 2059.
[112] BVerfGE 32, 157 (162); 64, 301 (313) = NJW 1984, 165.
[113] BVerfGE 38, 326 (335); 40, 296 (309); 64, 301 (313) = NJW 1984, 165.
[114] BVerfGE 4, 27 (30); 63, 230; 64, 301 (313).
[115] Vgl. dazu umfassend *Schoch* JuS 1987, 783; *Preusche* NVwZ 1987, 854; s. dazu auch *Umbach,* in: UCD, Rn. 42 ff. zu §§ 63, 64.

Staatsorganen oder innerhalb von staatlichen Organen ist,[116] dann schiede die Verfassungsbeschwerde aus. Das ist unbefriedigend. Dies ist einer der Sachverhalte, bei denen zum Schutz des materiellen Verfassungsrechts und eingedenk des auch objektiven Zwecks der Verfassungsbeschwerde die Verfassungsbeschwerde zugelassen werden müsste.

bb) Inländische juristische Personen des öffentlichen Rechts.
Besondere Probleme ergeben sich bei **juristischen Personen des öffentlichen Rechts**.[117] Die Rechtsprechung des BVerfG ist eindeutig:

(1) „Die **materiellen Grundrechte** und der zu ihrer Verteidigung geschaffene Rechtsbehelf der Verfassungsbeschwerde sind auf juristische Personen des öffentlichen Rechts nach ständiger Rechtsprechung des BVerfG grundsätzlich **nicht** anwendbar. Jedenfalls gilt dies, soweit sie gesetzlich geregelte und denen zugewiesene öffentliche Aufgaben erfüllen."[118]

An diesen Vorgaben ist eine Landesversicherungsanstalt bei ihrem Vorgehen gegen eine zivilgerichtliche Entscheidung, die hier einen Ausgleichsantrag nach § 1542 RVO a. F. versagt, gescheitert.[119] Erfolglos blieben Allgemeine Ortskrankenkassen, die sich gegen ihre Auflösung wehrten,[120] Kassenzahnärztliche Vereinigungen[121] sowie Städte und Landkreise, die versucht hatten, mit der Verfassungsbeschwerde geltend zu machen, eine Enteignung i. S. d. Art. 14 III GG habe nicht vorgelegen.[122] Auch außerhalb der Wahrnehmung ihrer öffentlichen Aufgaben steht einer Gemeinde das Grundrecht aus Art. 14 I GG nicht zu; die Gemeinde befindet sich nicht in einer „grundrechtstypischen Gefahrenlage".[123] Auch Zahntechniker-Innungen nehmen gesetzlich

---

[116] BVerfGE 14, 298 (302); 43, 142 (148); 64, 301 (312) = NJW 1984, 165.

[117] S. dazu *Bettermann* NJW 1969, 1321; *Dreier*, in: FS f. Scupin, 1973, 81 ff.; *Ulsamer*, Zur Geltung der Grundrechte für juristische Personen des öffentlichen Rechts, in: FS f. Geiger, 1974, 99 ff.; *Kröger* JuS 1981, 26 ff.; *Broß* VerwArch 77 (1986), 68 ff.; *Seidl*, in: FS Zeidler, 1987, 1459. *Zuck*, Vb, Rn. 525; *Benda/Klein* Rn. 445 ff.; *Spranger* AöR 127 (2002), 28 (36 ff.); *Dreier*, in: ders. GG, Bd. I, 2. Aufl. 2004, Rn. 55 ff. zu Art. 19 III GG; *Schlaich/Korioth* Rn. 208.

[118] BVerfGE 21, 362 (369 ff.); 45, 63 (379 ff.); 45, 63 (78); 61, 82 (101) = NJW 1982, 2368; 68, 193 (205 ff.); 70, 1 (15); 75, 192 (196 f.); 107, 299 (309 f.); BVerfG(K) NZS 2005, 139 (140).

[119] BVerfGE 61, 362.

[120] BVerfGE 39, 302 oder gegen Belastungen durch den Risikostrukturausgleich, BVerfG(K) NZS 2005, 139.

[121] BVerfGE 62, 354 (369); 70, 1 (15 ff.).

[122] BVerfGE 45, 63 = NJW 1977, 1960.

[123] BVerfGE 61, 82 (105). Dunkel dagegen BVerfG(K) NVwZ 2005, 218. Die Entscheidung verneint die Geltung des Art. 3 I GG für Gemeinden, kop-

zugewiesene und geregelte öffentliche Aufgaben wahr; deshalb können sie sich nicht auf Grundrechte berufen.[124] Das Gleiche gilt für einen Zusammenschluss derartiger juristischer Personen, selbst wenn dieser privatrechtlich organisiert ist (hier: Innungsverband). Anders bei Innungen der Orthopädietechniker, soweit diese lediglich wirtschaftliche Interessen ihrer Mitglieder wahrnehmen.[125] Das BVerfG hat schließlich auch eine Verfassungsbeschwerde einer Kreissparkasse für unzulässig gehalten, mit der diese sich gegen die Höhe einer Gerichtsgebühr gewehrt hatte.[126] Auch der Versuch Technischer Überwachungsvereine, sich – gestützt auf Art. 14 I GG – gegen ihrer Meinung nach vom Verordnungsgeber zu niedrig festgesetzter Gebühren und Tarife zu wehren, ist zum Scheitern verurteilt gewesen.[127]

52 (2) Anders ist es, wenn sich juristische Personen des öffentlichen Rechts auf **Verfahrensgrundrechte**, z. B. aus Art. 101 I 2 GG oder Art. 103 I GG stützen: „Diese Verfassungsbestimmungen gehören formell nicht zu den Grundrechten..., sondern enthalten objektive Verfahrensgrundsätze, die für jedes gerichtliche Verfahren gelten und daher auch jedem zugute kommen müssen, der nach den Verfahrensnormen parteifähig ist oder von dem Verfahren unmittelbar betroffen wird".[128]

53 (3) Eine ganz **grundsätzliche Ausnahme** hat „das Bundesverfassungsgericht für solche Personen des öffentlichen Rechts oder ihre Teilgliederungen anerkannt, die von den ihnen durch die Rechtsordnung übertragenen Aufgaben her unmittelbar einem durch **bestimmte Grundrechte geschützten Lebensbereich** zugeordnet sind ...".[129]

---

pelt das Willkürverbot aus Art. 3 I GG ab, und billigt den Gemeinden den Rückgriff auf das Willkürverbot als Ausprägung des Rechtsstaatsprinzips auch im Verfassungsbeschwerdeverfahren zu, mit dem Zusatz, Grundschutzrechtsschutz bestehe nicht. Ohne Grundrechtsschutz gibt es aber kein Verfassungsbeschwerdeverfahren.

[124] BVerfGE 68, 193.
[125] BVerfGE 70, 1 (20 f.) = NJW 1986, 772.
[126] BVerfG DÖV 1987, 819. Das wird z. T. unterschiedlich beurteilt, s. dazu ausführlich *Stern*, in: BK, Zweitbearbeitung Stand 1982, Art. 93 Rn. 455; s. a. BVerfGE 75, 192 (197 ff.); BVerfG(K) NJW 1995, 582 f.
[127] BVerfG NJW 1987, 251 (252).
[128] BVerfGE 21, 362 (373); s. a. BVerfGE 6, 45 (49 f.); 13, 132 (139 f.); ausf. BVerfGE 61, 82 (104 f.) = NJW 1982, 2173). Ob sich eine juristische Person des öffentlichen Rechts auf Art. 19 IV GG berufen kann, hat BVerfGE 61, 82 (109) dahingestellt sein lassen, anders früher BVerfGE 39, 302 (312, 316) und dazu *Stern*, in: BK, Zweitbearbeitung Stand 1982, Art. 93 Rn. 447.
[129] BVerfGE 61, 82 (103 f.); 68, 193 (207); 75, 192 (196 f.); 107, 299 (310); BVerfG(K) NZS 2005, 139 (140). S. früher schon BVerfGE 21, 262 (373); 31, 314 (322); 39, 302 (313); 45, 63 (79).

Das ist bisher bejaht worden für **Rundfunkanstalten**[130] bezüglich der durch Art. 5 I GG geschützten Rundfunkfreiheit; eine Ausdehnung auf andere Grundrechte folgt daraus nicht,[131] **Universitäten** und **Fakultäten**.[132] Bejaht wurde die Grundrechtsfähigkeit auch für **Kirchen,** sowie andere mit dem Status einer Körperschaft des öffentlichen Rechts versehene Religionsgesellschaften. „Jedoch ist hier vor allem wesentlich, dass diese Rechtsgebilde sich grundsätzlich von den allgemeinen Körperschaften des öffentlichen Rechts unterscheiden, weil sie nicht vom Staat geschaffen sind, sondern im außerstaatlichen Bereich wurzeln und in ihrem Eigenbereich weder staatliche Aufgaben wahrnehmen noch staatliche Gewalt ausüben."[133] Für **Religionsgesellschaften,** d. h. einer Vereinigung, die sich die Pflege und Förderung eines religiösen Bekenntnisses und die Verkündung des Glaubens der Mitglieder zum Zweck gesetzt hat, ist die Beschwerdefähigkeit ebenfalls zu bejahen.[134] Anders jedoch, wenn die Religionsgesellschaft nicht als Träger von Individualrechten auftritt, sondern als einem Staatsorgan partiell gleichgestaltete öffentlich-rechtliche Körperschaft.[135] Verfassungsbeschwerde können auch Untergliederungen von Religionsgemeinschaften und ihre rechtlich selbstständigen Einrichtungen erheben, „und zwar auch juristische Personen, deren Zweck auf die Erfüllung caritativer Aufgaben in Verwirklichung einer Grundforderung des religiösen Bekenntnisses gerichtet ist.[136]

---

[130] BVerfGE 31, 314 (322), Umsatzsteuer; 59, 231 (254), Freier Rundfunkmitarbeiter; 74, 297 (317f.), SDR.

[131] BVerfGE 59, 231 (255) = NJW 1982, 1447; 78, 101 (102f.) – zu Art. 14 I GG – Der Rückgriff auf Art. 10 GG ist dagegen zulässig, BVerfG(K) NJW 2003, 1787 (1788). Zum Grundrechtsstatus der Landesmedienanstalten s. *Hepach,* Der Grundrechtsstatus der Landesmedienanstalten 1997; verneinend Sächs-VerfGH NJW 1997, 3015f.; anders ist die Rechtslage in Bayern, vgl. BayVerfGH NVwZ-RR 1994, 509; NVwZ-RR 1995, 671.

[132] BVerfGE 15, 256 (262) bezüglich des Grundrechts aus Art. 5 III GG. Offengeblieben ist, ob der Universität die Wissenschaftsfreiheit gemäß Art. 5 III 1 GG zusteht, vgl. BVerfGE 51, 369 (381). *Thieme,* Deutsches Hochschulrecht, 5. Aufl. 2004 Rn. 108, 149; 21, 362 (373f.); 31, 314 (322); 85, 360 (370); 93, 85 (93).

[133] BVerfGE 21, 362 (374) = NJW 1971, 748; s. auch BVerfGE 18, 385 (386f.); 19, 1 (5).

[134] BVerfGE 24, 236 (247); 30, 112 (119f.) = NJW 1967, 1411; 99, 100 (118); 102, 370 (381) – Zeugen Jehovas.

[135] BVerfGE 30, 112 (120). Zum ganzen s. auch *H. Weber,* Der Rechtsschutz der Kirchen und Religionsgemeinschaften durch die staatlichen Gerichte, in: Handbuch des Staatskirchenrechts der Bundesrepublik Deutschland, Bd. 1, 1975, 729 (749 ff.).

[136] BVerfGE 53, 366 (387f.); 57, 220 (240f.); 70, 138 (161) = NJW 1986, 367.

§ 90 Teil III. Einzelne Verfahrensarten

54 (4) Der grundsätzliche Ausschluss der Beschwerdefähigkeit juristischer Personen des öffentlichen Rechts ändert sich nicht, wenn diese in **privater Rechtsform** organisiert sind. Das gilt für die privatrechtlichen Hilfsgeschäfte der Verwaltung, in der diese nicht grundrechtsberechtigt, sondern grundrechtsverpflichtet bleibt ebenso wie für die erwerbswirtschaftliche Betätigung der öffentlichen Hand, wenn diese, insbesondere über die Beteiligung an Handelsgesellschaften, in das Privatrecht ausweicht.[137] Nichts anderes gilt schließlich auch, wenn die Wahrnehmung öffentlicher Aufgaben in privatrechtlicher Organisationsform erfolgt. Für gemischtwirtschaftliche Unternehmen, d. h. solche, an denen neben der öffentlichen Hand auch Privatpersonen beteiligt sind, kommt es auf die Mehrheitsverhältnisse an. Überwiegt der Einfluss der öffentlichen Hand, so fehlt die Beschwerdefähigkeit.[138]

55 (5) Das BVerfG hat sich festgelegt. Seine Praxis bei der Verfassungsbeschwerde juristischer Personen des öffentlichen Rechts ist deutlich **restriktiv**. Der letzte Versuch, die Rechtsprechung zu ändern, ist gescheitert. *Sodan/Gast* hatten erreichen wollen, dass den (als Körperschaften des öffentlichen Rechts organisierten) Krankenkassen jedenfalls dann die Beschwerdefähigkeit zuerkannt werden sollte, wenn es sich um einen vorrangig als mitgliedschaftsrechtlich zu beurteilenden Bereich ihrer Tätigkeit handelt, weil die Krankenkassen insoweit als Sachwalter eines Einzelnen bei der Wahrung seiner Grundrechte angesehen werden müssten.[139] Unabhängig von der Frage, ob das prozessstandschaftliche Argument der Sachwaltung der Krankenkassen zur Wahrung der Grundrechte ihrer Mitglieder überhaupt tragfähig ist, und ob es sich insoweit nicht eher um eine Argumentation auf der

---

[137] BVerfGE 45, 63 (80) – Stadtwerke Hameln AG. Einziger Aktionär der Stadtwerke war die Stadt Hameln. Die Rechtslage ändert sich nicht, wenn unterschiedliche Träger der öffentlichen Verwaltung an einer solchen Gesellschaft beteiligt sind.

[138] BVerfG(K) JZ 1990, 335 mit Anmerkung von *Kühne*. Hier ging es um die Hamburgische Electrizitätswerke AG, an der die Freie und Hansestadt Hamburg mit ca. 72% beteiligt war; die restlichen 28% verteilten sich auf 28 000 (private) Aktionäre. Siehe dazu *Schmidt-Aßmann*, BB, Beilage 34 zu Heft 27/1990, 1 ff.; *Zimmermann*, Der grundrechtliche Schutzanspruch juristischer Personen des öffentlichen Rechts, 1993; *Dreier*, in: ders. GG, 2. Aufl., Bd. I, 2004, Rn. 72 ff. zu Art. 19 III GG. *Dreier* stimmt der Kammerentscheidung „faute de mieux" zu, aaO, Rn. 77); ebenso *Roellecke*, in: Wolters (Hrsg.), Einwirkungen der Grundrechte auf das Zivilrecht, öffentliche Recht und Strafrecht, 1999, 137 (151). Kritisch zum Begründungsansatz *Huber*, in: MKS, Rn. 287 ff. zu Art. 19 Abs. 3 GG.

[139] *Sodan/Gast*, Umverteilung durch „Risikostrukturausgleich", 2002, 22 ff., bezogen auf einen Fall, in dem sich eine Betriebskrankenkasse gegen die mit dem Risikostrukturausgleich verbundenen Belastungen werten.

Ebene der Verfahrensfähigkeit handelt (siehe unten Rn. 57 ff.), ist der Grundsansatz − in seiner Betonung individualrechtlicher Funktionen bei den Aufgaben einer Krankenkasse − als solcher zweifelhaft.[140] Das BVerfG hat denn auch genau aus diesem Grund der Abschichtung privater und wettbewerbsrechtlicher Elemente aus dem Aufgabenbereich einer Krankenkasse eine Absage erteilt. Die Hauptaufgabe der Krankenkasse besteht nach wie vor darin, als Teil der mittelbaren Staatsverwaltung öffentlich-rechtlich geregelten Krankenversicherungsschutz für die Versicherten zu gewähren. Bei der Versagung der Beschwerdefähigkeit für Krankenkassen ist es deshalb geblieben.[141] Unbeschadet der Tatsache, dass sich auch in der Literatur keine einhellige Meinung herauszubilden vermocht hat,[142] wird die Position des Gerichts wohl zu recht kritisiert. Es macht wenig Sinn, gerade bei Art. 19 III GG den Grundrechtsbegriff als klassisches Abwehrrecht des Bürgers gegen den Staat festzuschreiben. Akzeptiert man das Wesen des Verfassungsprozessrechts als Effektuierungsinstrument für die materielle Verfassungsordnung, und erinnert man sich in diesem Zusammenhang der Tatsache, dass die Verfassungsbeschwerde auch und gerade objektiven Zwecken zu dienen bestimmt ist (s. dazu o. Rn. 10 f.), dann ist es jedenfalls nicht zwingend, dass das BVerfG seine vor allem im Verfahren der abstrakten Normenkontrolle deutlich werdende Schiedsrichterfunktion im internen Staatsbereich[143] bei der Verfassungsbeschwerde nicht wahrzunehmen bereit ist. Verlässt man den − nicht zwingenden − Ausgangspunkt historisierender Grundrechtsbetrachtung, und wendet man sich dem Gedanken der bestmöglichen Verwirklichung der objektiven Verfassungsordnung zu, so ließe sich durchaus ein verfassungsprozessuales Instrumentarium entwickeln, das gerade im Bereich der mittelbaren Staatsverwaltung in der Praxis deutlich spürbare Rechtschutzlücken zu schließen in der Lage wäre.

c) Ausländische juristische Personen. aa) Art. 19 III GG spricht davon, dass die Grundrechte „auch für inländische juristische Perso-

---

[140] Kritisch deshalb *Zuck,* in: Quaas/Zuck, Medizinrecht, 2005, § 2, Rn. 77.

[141] BVerfG(K), NZS 2005, 139 (141). Dass solche umfangreich begründeten Nicht-Annahmebeschlüsse im Rahmen des § 93 a ergehen, zeigt, dass § 93 a inzwischen als Pendant zu § 93 c für unbegründete Verfassungsbeschwerden angewendet wird. Die Kammern werden damit insgesamt (wenn es sich nicht um eine Frage von grundsätzlicher verfassungsrechtlicher Bedeutung handelt) zu Hütern der Senatsrechtsprechung. Was bei § 93 c − häufig − als Usurpation von Rechtsprechungsbefugnissen gedeutet worden ist (siehe dazu Rn. 7 zu § 93 c) wirkt sich hier als Rechtsprechungs-Petrifizierung aus.

[142] S. etwa *Spranger* AöR 127 (2002), 28 (36 ff.).

[143] S. dazu *H. P. Schneider,* in: FS f. Zeidler, 1987, 293.

nen" gelten. Es heißt dort nicht, dass sie „nur" für inländische juristische Personen gelten. Die Begründung für den Ausschluss ausländischer juristischer Personen mit dem „e contrario-Argument" ist infolgedessen nicht sehr gewichtig. Hätte man ausländische juristische Personen einbeziehen wollen, hätte man auf „inländisch" verzichten können.

57 Die Entstehungsgeschichte belegt, dass das gerade nicht gewollt war.[144] Der Ausschluss ausländischer juristischer Personen von der Grundrechtsfähigkeit und damit das Fehlen der Beschwerdefähigkeit erscheint dennoch gesichert,[145] abgesehen von den Verfahrensrechten der Art. 101 I 2 GG, 103 I GG, die nach gefestigter Rechtsprechung auch ausländischen juristischen Personen zustehen.[146]

58 bb) Der mit diesen Vorgaben verbundene Fundamentalausschluss relativiert sich erheblich, wenn man sich den juristischen Personen mit Sitz im **EG-Bereich** zuwendet. Das Diskriminierungsverbot des Art. 12 EGV erfordert wegen des Anwendungsvorrangs des EG-Rechts[147] insoweit die Zubilligung der Beschwerdefähigkeit für andernfalls diskriminierte ausländische juristische Personen.[148]

3. Verfahrensfähigkeit

59 a) Das BVerfG hat in früheren Entscheidungen von Prozessfähigkeit gesprochen,[149] hat aber in der Folge jede Festlegung vermieden.[150]

Hier wird der Begriff der Verfahrensfähigkeit verwendet.[151] Unter Verfahrensfähigkeit versteht man die Fähigkeit, die Verletzung der in

---

[144] JöR, Bd. 1 (1951), 182.

[145] Überzeugend dazu *Dreier*, in: ders. GG, Bd. I, 2. Aufl. 2004, Rn. 85 zu Art. 19 III GG; *Guckelberger* AöR, 129 (2004), 618. Das BVerfG hat sich auf dieser Linie festgelegt, BVerfGE 21, 207 (209); 34, 338 (340); 36, 310 (313).

[146] BVerfGE 12, 6 (8); 18, 441 (447); 21, 362 (373); 64, 1 (11).

[147] Siehe dazu *Drathen,* Deutschen-Grundrechte im Lichte des Gemeinschaftsrechts, 1994, 210 ff.; *Ehlers* JZ 1996, 776 (781); *Schoch*, VBlBW 2003, 297 (305); offengelassen (in Bezug auf die Variante europarechtskonformer Auslegung) von *Guckelberger* AöR 129 (2004), 618 (635).

[148] *Spranger* AöR 127 (2002), 28 (42 ff.); (siehe dazu auch o. Rn. 35) der zur Klarstellung, eine Änderung des Art. 19 III GG empfiehlt, tut sich nicht leicht. Die Streichung des Wortes „inländisch" geht zu weit. Eine europarechtkonforme Auslegung muss die Schutzfunktionen, die sich aus dem Anwendungsvorrang ergeben, im GG auflösen. Das erscheint noch als verfrüht; aA *Guckelberger* AöR 129 (2004), 618 (637).

[149] BVerfGE 1, 87 (88); 10, 302 (306); 19, 93 (100); 28, 243 (254) = NJW 1970, 1729.

[150] Vgl. etwa BVerfGE 51, 405 (407) = NJW 1979, 2510.

[151] *Spranger* AöR 127 (2002), 28 (46); *Benda/Klein* Rn. 459.

§ 90 genannten Rechte durch die öffentliche Gewalt rügen zu können, also im verfassungsprozessualen Sinne handlungsfähig zu sein.[152] Voraussetzung der Verfahrensfähigkeit ist die Beschwerdefähigkeit (s. o. Rn. 32 ff.).

b) Es lassen sich folgende Fallgruppen bilden: 60
aa) Voll **geschäftsfähige** Personen sind stets verfahrensfähig.[153]
bb) Minderjährige sind grundsätzlich nicht verfahrensfähig.[154] Die 61 Verfahrensfähigkeit von Minderjährigen muss aber von Fall zu Fall anhand des einschlägigen materiellen Rechts geprüft werden.[155] Entscheidend wird dabei sein, ob effektiver Grundrechtsschutz nur durch die Zuerkennung der Verfahrensfähigkeit gewährleistet kann.[156] Für den Bereich des FGG gelten die Vorschriften des BGB über die Geschäftsfähigkeit entsprechend, doch hat ein Kind, das das 14. Lebensjahr vollendet hat, ein selbstständiges Beschwerderecht. Das spricht dafür, ihm unter diesen Voraussetzungen auch die Verfahrensfähigkeit im Verfassungsbeschwerdeverfahren gegen Sorgerechtsentscheidungen zuzuerkennen.[157] Für das noch 14 jährige Kind[158] muss, damit es vor Schaden in seinem Persönlichkeitsrecht bei Sorgerechtsentscheidungen bewahrt wird, für den Fall der Interessenkollision zwischen ihm und dem Sorgeberechtigten ein Betreuer bestellt werden.[159]

cc) Geschäftsunfähige können nur insoweit Verfassungsbeschwer- 62 de einlegen, als sie sich gegen Maßnahmen auf Grund ihres besonderen Zustandes richtet, sofern dessen Vorliegen bestritten wird. Sonst kann nur der Betreuer für sie tätig werden. Liegt z. B. der Grund für die Bestellung eines Betreuers gerade in der querulatorischen Veranlagung eines Beschwerdeführers, so kann er auch keine Verfassungsbe-

---

[152] S. dazu auch *Schuler* JöR 19 (1970), 129 ff. (160); *Stern*, BK, Zweitbearbeitung Stand 1982, Art. 93 Rn. 468 m. w. Nw.; *Benda/Klein* Rn. 459.
[153] S. auch *Stern*, BK, Zweitbearbeitung Stand 1982, Art. 93, Rn. 486 ff.
[154] S. dazu *Kuhn*, Grundrechte und Minderjährigkeit, 1965; *Reuter* FamRZ 1969, 622; *Fenemann*, Die Innehabung und Wahrung von Grundrechten im Kindesalter, 1983; *Holm* NJW 1986, 3107; *Robbers* DVBl. 1987, 709 (713); *Roth*, Die Grundrechte Minderjähriger im Spannungsfeld selbständiger Grundrechtsausübung, elterlichen Erziehungsrechts und staatlicher Grundrechtsbindung, 2003. Zum Problem des minderjährigen Soldaten vgl. BVerfGE 28, 243 (254 f.); 28, 264 (274); 28, 282 (288) = NJW 1970, 1837.
[155] *Benda/Klein* Rn. 460.
[156] *Spranger* AöR 127 (2002), 28 (47).
[157] Offengelassen bei BVerfGE 72, 122 (133) = NJW 1986, 3129.
[158] Das BVerfG spricht vorsichtig von den Kindern, „die sich selbst nicht zu schützen vermögen", BVerfGE 72, 122 (135), legt sich also auf keine Altersgrenze fest.
[159] BVerfGE 72, 12 (135) (zu Altrecht).

schwerde erheben.[160] Geht es aber um die Bestellung des Betreuers selbst, so ist die Verfahrensfähigkeit zu bejahen.[161]

4. Beschwerdebefugnis

63 **a) Begriff.** Während die Beschwerdefähigkeit uns lehrt, ob eine Person oder Organisation Beschwerdeführer eines Verfassungsbeschwerdeverfahrens sein kann, und die Verfahrensfähigkeit, ob sie das Verfassungsbeschwerdeverfahren selbstständig führen darf, sagt uns die Beschwerdebefugnis, ob jemand als Beschwerdeführer **zur Durchführung** des Verfassungsbeschwerdeverfahrens befugt ist.

64 Beschwerdefähigkeit und Verfahrensfähigkeit sind rechtlich geregelte Eigenschaften einer Person; sie bestimmen sich nach deren persönlichen Fähigkeiten und Verhältnissen. Die Beschwerdebefugnis ist dagegen keine persönliche Eigenschaft einer Person. Sie gibt vielmehr darüber Auskunft, ob ein Beschwerdeführer zur Erhebung der Verfassungsbeschwerde gegen einen bestimmten Akt der öffentlichen Gewalt legitimiert ist. Das ist er grundsätzlich dann, wenn er geltend machen kann, durch eine staatliche Maßnahme oder Unterlassung überhaupt, selbst, gegenwärtig und unmittelbar in seinen Grundrechten betroffen zu sein.[162] Dieses Zulässigkeitserfordernis gilt für alle Akte der öffentlichen Gewalt.[163] Die Beschwerdebefugnis gehört zu den persönlichen Antragsvoraussetzungen, weil sie auf jeden Fall personabhängig ist. Beschwerdebefugt ist grundsätzlich zunächst jeder, der die Verletzung eigener Rechte geltend macht, aber auch derjenige, der – nicht als Vertreter – fremde Rechte in eigenem Namen geltend machen kann.

64a **b) Eigene Rechte.** Auch die Geltendmachung eigener Rechte kann, unabhängig von den Voraussetzungen der Betroffenheits-Trias Probleme aufwerfen. So wird immer vorauszusetzen sein, dass der Beschwerdeführer im Urteilsverfassungsbeschwerdeverfahren Partei des

---

[160] BVerfGE 1, 87 (89) = NJW 1972, 177 (zu Altrecht).
[161] BVerfGE 10, 302 (306) = NJW 1960, 811 (zu Altrecht).
[162] BVerfGE 97, 67 (76 f.); 97, 157 (164); 102, 97 (211); 106, 28 (35). Zur Betroffenheits-Trias siehe ausführlich Rn. 123 ff.
[163] Für Gerichtsentscheidungen vgl. BVerfGE 4, 96 (101); 15, 256 (262 f.); 50, 234 (238); 53, 30 (48); 78, 123 (125); für Verwaltungsmaßnahmen siehe BVerfGE 53, 30 (49 ff., 52 ff.); 56, 216 (234); 59, 63 (84 f.) = NJW 1982, 59, 63 (84 f.) = NJW 1982, 512. Eine Ausnahme gilt für Maßnahmen nach § 3 G 10, weil der Einzelne nicht wissen kann, ob er tatsächlich von solchen Maßnahmen betroffen ist, siehe dazu BVerfGE 67, 157 (109); 100, 313 (354); 109, 279 (306 f.) = NJW 2004, 999; NJW 2005, 2603 – Vorsorgende Telekommunikationsüberwachung gegen Straftaten.

Ausgangsverfahrens gewesen sein muss.[164] Auch die Kommanditisten einer beschwerdefähigen KG sind nicht beschwerdebefugt.[165] Beschwerdebefugt ist vom Eintritt des Erbfalls an auch der begünstigte Erbe (soweit es wie beim Erblasser um die Erbrechtsgarantie des Art. 14 I GG geht) und, wenn er das Verfahren fortsetzt, der Erbeserbe.[166]

c) Fremde Rechte. Während bei der Verletzung eigener Rechte 65 die Fragen sich um das Erfordernis des Geltendmachens, insbesondere im Rahmen der Betroffenheitstrias (s. u. Rn. 123 ff.) ranken, geht es bei den im eigenen Namen geltend gemachten fremden Rechten vor allem darum, in welchem Umfang dies überhaupt zulässig sein soll. Grundsätzlich hat sich das BVerfG auf den Standpunkt gestellt, die Prozessstandschaft sei im Verfassungsbeschwerdeverfahren unzulässig.[167]

Orientiert man sich an den in der allgemeinen Prozessrechtswissenschaft überkommenen Fragen, so ergibt sich:

aa) Die Beschwerdebefugnis rechtsfremder Personen wird bejaht 66 bei Vermögensverwaltern als **Parteien kraft Amtes** Insolvenzverwalter (Konkursverwalter nach Altrecht), Testamentsvollstrecker, Nachlassverwalter, Zwangsverwalter).

Das BVerfG hat sowohl für den Nachlassverwalter,[168] als auch für den Testamentsvollstrecker[169] den Konkursverwalter[170] und den Gesamtvollstreckungsverwalter[171] die Beschwerdebefugnis anerkannt. Das Gericht hat sich damit begnügt festzustellen, die Parteien kraft Amtes handelten aus eigenem Recht. Das ist richtig, verkürzt aber die Rechtslage: die Parteien kraft Amtes nehmen fremde Vermögensinteressen wahr. Es handelt sich infolgedessen um einen Fall gesetzmäßiger Prozessstandschaft.[172]

---

[164] BVerfGE 106, 28 (35).
[165] BVerfGE 102, 197 (211) – Spielbank Baden-Baden. Die Beeinträchtigung künftiger Gewinnausschüttungen betrifft nur durch Art. 14 I GG nicht geschützte Chancen.
[166] BVerfGE 99, 341 (349 f.). Zur Erbenproblematik siehe *Spranger* AöR 127 (2002), 28 (35) m. w. Nw.
[167] BVerfGE 2, 292 (294); 10, 134 (136); 11, 30 (35); 12, 139 (143); 13, 1 (9); 13, 54 (89); 19, 323 (329); 25, 256 (263); 31, 275 (289); 56, 296 (297) = NJW 1981, 1360, 77, 263 (268). Zustimmend *Klein* AöR 108 (1983), 561 (591); krit. *Stern*, BK, Zweitbearbeitung Stand 1982, Art. 93 Rn. 542; *Cornils* AöR 125 (2000), 45.
[168] BVerfGE 27, 326 (333) = NJW 1970, 1035.
[169] BVerfGE 21, 139 (143) = NJW 1967, 1123.
[170] BVerfGE 51, 405 (409); 65, 182 (190) = NJW 1984, 475.
[171] BVerfGE 95, 267 (299).
[172] So *Stern*, BK, Zweitbearbeitung Stand 1982, Art. 93 Rn. 593; s. dazu *Cornils* AöR 125 (2000), 45 (51 ff.); *Benda/Klein* Rn. 583.

67 **bb)** Auch im Falle der **Prozessstandschaft kraft materiell-rechtlicher Ermächtigung,** nämlich bei den nach § 2039 BGB allein anspruchsberechtigten Miterben hat das BVerfG die Verfassungsbeschwerde zugelassen.[173]

68 **cc)** Soweit die **Verbandsklage** zugelassen ist, macht der Verband kein Recht eines fremden Rechtsträgers geltend. Werden also insoweit Grundrechte verletzt, handelt es sich um „seine" Grundrechte.

69 **dd)** Für die **gewillkürte Prozessstandschaft**[174] gilt: In *BVerfGE* 31, 275 = NJW 1972, 145 war es um die Verfassungsbeschwerde u. a. der Gesellschaft zur Verwertung von Leistungsrechten mbH gegen die Vorschriften des UrhG gegangen. Das BVerfG hatte festgestellt, dass die Gesellschaft zwar formell Inhaberin der Rechte der ausübenden Künstler geworden war, dass diese aber (als bloße Treugeber) wirtschaftlich Inhaber der Rechte geblieben waren. Das BVerfG hat daraufhin erklärt, die Gesellschaft mache keine eigenen Rechte geltend, die Verfassungsbeschwerde sei unzulässig. Das ist unbefriedigend. Überall dort, wo das einfache Recht die Prozessstandschaft zulässt, und wo sie nicht (nur) gewährt wird, um diese Rechtsposition für ein Verfassungsbeschwerdeverfahren zu nutzen, muss auch die Verfassungsbeschwerde zulässig sein. Andernfalls könnte die Verletzung eigener Rechte von niemand gerügt werden: vom Prozessstandschaftler nicht, weil er nicht die Verletzung seiner Grundrechte geltend machen kann, vom Träger des Rechts nicht, weil er den Rechtsweg nicht erschöpft hat. Freilich stellt sich hier die interessante Frage, ob ihm die Erschöpfung des Rechtswegs zuzumuten ist, kann er doch mit keinem anderen Ergebnis rechnen, als der Prozessstandschaftler.[175] Zuzustimmen ist dagegen der umfangreichen Rechtsprechung des BVerfG zur gewillkürten Verbands- und Vereinszuständigkeit, wonach beide sich beim Beitritt von Mitgliedern das Recht haben einräumen lassen, auch die (Individual-)Interessen des Mitglieds wahrnehmen zu dürfen. Hier hat das BVerfG, weil es insoweit für die Übertragung der Beschwerdebefugnis keinen sachlichen Grund gibt, der ausreichen würde, § 90 („seine Grundrechte") einzuschränken, zu Recht die Beschwerdebefugnis verneint.[176] Immer ist also zu klären, welche materiellen Inte-

---

[173] BVerfGE 17, 86 [90 f.].

[174] S. dazu gründlich (und kritisch) *Ax,* Prozessstandschaft im Verfassungsbeschwerdeverfahren, 1994.

[175] BVerfGE 77, 263 (269) hat dagegen in einem Einzelfall (so zutreffend *Cornils* AöR 125 [2000], 45 [49]) die Verfassungsbeschwerde einer urheberrechtlichen Verwertungsgesellschaft anstelle der Urheber zugelassen.

[176] BVerfGE 2, 292 (294) = NJW 1953, 1060 – Landesverband Gaststätten- und Hotelgewerbe; BVerfGE 10, 134 (136) = NJW 1959, 2109 – Rechtsan-

Verfassungsbeschwerde § 90

ressen vom Prozessstandschafter – ganz gleich, ob gesetzlich oder gewillkürt – wahrgenommen werden.[177] Liegt schon einfach-rechtlich ein Wahrnehmungsausschluss vor, greift er auch auf die Beschwerdebefugnis durch.[178]

ee) Insgesamt ist es danach ausgeschlossen, eine angebliche Beschwer Dritter im Rahmen der Verfassungsbeschwerde geltend zu machen.[179]   70

(1) Anders als der „**amicus curiae brief**" des amerikanischen Verfassungsprozessrechts[180] gibt es deshalb grundsätzlich keine Drittbeteiligung am Verfassungsbeschwerdeverfahren.   71

(2) Eine Ausnahme ergibt sich beim **Tod** des Beschwerdeführers.[181] Der Tod des Beschwerdeführers wirkt sich unterschiedlich, je nach Art des angegriffenen Hoheitsaktes und des Standes des Verfassungsbeschwerdeverfahrens aus:[182]   72

Handelt es sich um die Geltendmachung **finanzieller Ansprüche**, so können die Erben das Verfahren fortführen.[183] U. U. ist sogar die Einleitung des Verfassungsbeschwerdeverfahrens durch den Erben möglich.[184] Auch ein Testamentsvollstrecker kann eine solche Verfassungsbeschwerde aufrecht erhalten.[185] Bei **höchstpersönlichen Rechten** ist das Verfahren im Regelfall mit dem Tod des Beschwerdeführers beendet. Das BVerfG spricht dann davon, dass das Verfahren durch den Tod des Beschwerdeführers sich „erledigt" hat.[186] Richtet

---

waltskammer; BVerfGE 11, 30 (35) = NJW 1960, 715 – Marburger Bund; BVerfGE 13, 1 (9) – Landesverband der Deutschen Partei; BVerfGE 13, 54 (89) = NJW 1961, 1453 – Heimatbund; BVerfGE 16, 147 (148) = NJW 1963, 1243 – Bundesverband für den gesamten Werkverkehr.

[177] So *Stern,* BK, Zweitbearbeitung Stand 1982, Art. 93 Rn. 545.

[178] BVerfGE 51, 405 (409) = NJW 1979, 2510 für den Gemeinschuldner, und dazu *Berkemann* JuS 1980, 871.

[179] BVerfGE 1, 91 (95); 2, 292 (294); 12, 132 (143).

[180] S. dazu *Millgram,* Seperate Opinion und Sondervotum in der Rechtsprechung des Supreme Court of the United States und das Bundesverfassungsgericht, 1985, 29 m. w. Nw.).

[181] S. dazu *Zuck* DÖV 1965, 836; *Ostler* NJW 1964, 38; *Spanner,* Die Beschwerdebefugnis bei der Verfassungsbeschwerde, in: Bundesverfassungsgericht und Grundgesetz, Bd. I, 1986, 374 (83 ff.); *Stern,* BK, Zweitbearbeitung Stand 1982, Art. 93 Rn. 548 ff.; *Spranger* AöR 127 (2002), 28 (34 f.); s. o. Rn. 38.

[182] BVerfGE 6, 389 (442) = NJW 1957, 865.

[183] BVerfGE 3, 162 (164); 6, 389 (442); 23, 288 (300); 26, 327 (332) = NJW 1969, 1659; 36, 102 (112); 69, 188 (201); 88, 366 (374) = NJW 1993, 2599; 93, 165 (170); 109, 279 (301); 111, 191 (211); NJW 2005, 2376 (2377).

[184] BVerfGE 17, 86 (90).

[185] BVerfGE 10, 229 (230) = NJW 1960, 571.

[186] BVerfGE 6, 389 (443) = NJW 1957, 865 (s. dazu Rn. 149).

sich die Verfassungsbeschwerde aber gegen ein **Strafurteil**, so kann das Verfahren fortgeführt werden, soweit der Rechtsgedanke des § 249 III ZPO heranzuziehen ist.[187]

Zum „Tod" von juristischen Personen und Personenvereinigungen s. u. Rn. 149.[188]

III. Objektive Antragsvoraussetzungen

73 Während der Begriff der „Antragsberechtigung" (siehe o. Rn. 28 ff.) personenbezogene Zulässigkeitsbedingungen der Verfassungsbeschwerde zusammenfasst, sammeln sich unter dem Begriff der „objektiven Antragsvoraussetzungen" diejenigen Zulässigkeitselemente, die, von den persönlichen Voraussetzungen der Antragsberechtigung unabhängig, von § 90 für die Zulässigkeit der Verfassungsbeschwerde vorgegeben werden. Es sind dies die Erfordernisse der Grundrechtsrüge (Rn. 74 ff.), der Geltendmachung (Rn. 82), der Voraussetzungen der Verletzungshandlung (siehe Rn. 83 ff.) und des allgemeinen Rechtsschutzinteresses (siehe Rn. 112 a ff.).

1. Grundrechtsrüge

74 **a) Allgemeines.** Es ist schon darauf hingewiesen worden, dass es die Grundrechtsrüge ist, die im Verfassungsbeschwerdeverfahren dem Beschwerdeführer den Zugang zum BVerfG eröffnet (siehe o. Rn. 25).

75 Mit der Verfassungsbeschwerde kann also nicht jede „Beschwer" durch einen Hoheitsakt geltend gemacht werden, sondern **nur** die Verletzung eines Grundrechts oder eines der in Art. 20 IV, 33, 38, 101, 103 und 104 GG enthaltenen, den Grundrechten insoweit gleichgestellten Rechte.[189] Das BVerfG ist dadurch allerdings seinerseits nicht gehindert, über eine nicht verfassungsrechtliche Vorfrage inzidenter zu entscheiden.[190]

76 **b) Grundrechte. aa)** „Grundrechte" (im Sinne des § 90) sind nur die in Abschnitt I des GG (Art. 1–17) gewährleisteten Rechte, allerdings auch, soweit sie nicht Freiheitsrechte im klassischen Sinne sind (Grundrechte im formellen Sinne).[191] Der Grundsatz der Gleichheit

---

[187] BVerfGE 6, 389 (443 f.).
[188] S. dazu auch *Benda/Klein* Rn. 583.
[189] BVerfGE 1, 7; 2, 121.
[190] BVerfGE 2, 105 = NJW 1953, 360.
[191] Auch Art. 19 IV GG gewährleistet ein Grundrecht, BVerfGE 101, 106 (123), soweit sein Schutzbereich überschritten wird flankiert durch den allgemeinen Justizgewährleistungsanspruch des Art. 20 GG, BVerfGE 107, 395 – Plenum. Der Justizgewährleistungsanspruch wird aktualisiert durch Art. 2

der Wahl ist ein Anwendungsfall des allgemeinen Gleichheitssatzes. Deshalb enthält jeder Verstoß gegen ihn zugleich eine Verletzung des in § 90 in Bezug genommenen Art. 3 I GG.[192] Eine Verfassungsbeschwerde kann nicht gestützt werden auf eine Verletzung des Art. 17a GG,[193] auf Art. 20 GG,[194] auf Art. 21 GG, nicht auf Art. 25 GG.[195] Ob Art. 1 I GG ein Grundrecht enthält, ist nicht eindeutig geklärt.[196]

Die Verfassungsbeschwerde kann ferner nicht gestützt werden auf Verletzung des Art. 34 GG.[197] oder auf die Verletzung des Art. 100 I GG.[198]

bb) Beschränkungen, wie sie sich etwa konkret im Zusammenhang mit den Deutschen-Grundrechten ergeben (siehe o. Rn. 34), aber auch im Zusammenhang mit Art. 25 GG, hat man sich mit einem Rückgriff auf **Art. 2 I GG** als dem Grundrecht der allgemeinen Handlungsfreiheit[199] relativiert.[200] Das steht im Zusammenhang mit einer Auffassung, die Art. 2 I GG den Charakter eines Auffanggrundrechts zubilligt. Verstöße gegen objektives Verfassungsrecht, wie z. B. bei der Behauptung fehlender Gesetzgebungskompetenz unter dem Rückgriff auf das Rechtsstaatsprinzip können über Art. 2 I gerügt werden, weil zur verfassungsmäßigen Ordnung im Sinne des Art. 2 I GG alle formellen und materiell verfassungsgemäßen Rechtsnormen gehören.[201] Art. 2 I GG gibt deshalb ein jeweils vom Beschwerdeführer zu konkretisierendes Grundrecht auf Einhaltung der Verfassung.[202] Gegen die damit verbundene fast unbeschränkte Kontrolle staatlichen Handelns ist immer wieder Kritik angemeldet worden. Sie zielt auf unterschiedlichen Wegen entweder auf eine Beschränkung des Schutzguts „Persönlichkeit" oder auf die Be-

77

I GG, s. u. Rn. 77; s. dazu ausf. *Bethge,* in: MSKB, Stand 2005 Rn. 261 ff. zu § 90.

[192] BVerfGE 1, 208 (242); 3, 383 (390 ff.); 6, 84 (91); 11, 266 (271) = NJW 1960, 1755.

[193] BVerfGE 44, 197 (205) = NJW 1977, 2205.

[194] BVerfGE 2, 336 (338); 6, 376 (385) = NJW 1957, 1025.

[195] BVerfGE 18, 441 (451), 23, 288 (300) = NJW 1968, 1667; auch nicht auf die Verletzung des Art. 20a GG, vgl. BVerwG, NVwZ 1998, 399, 98, 108.

[196] Bejahend, ohne nähere Begründung, BVerfGE 1, 332 (443); 12, 113 (123); 15, 283 (286), ebenso die Mehrheitsmeinung im Schrifttum, vgl. etwa *Herdegen,* in: MDH, Stand 2004, Rn. 26 zu Art. 1 I GG. Dagegen *Dreier,* in: ders. GG, Band I, 2. Aufl. 2004, Rn. 71 f. zu Art. 1 I GG und ausf. *Zuck,* in: Quaas/Zuck, Medizinrecht, 2005, Rn. 14 zu § 2.

[197] BVerfGE 2, 336 (338).

[198] BVerfGE 20, 52 (54) = NJW 1966, 1307.

[199] BVerfGE 6, 32 – *Elfes*.

[200] Siehe dazu BVerfGE 6, 32 (41); 65, 297 (303) = NJW 1984, 720.

[201] BVerfGE 6, 32 (37) – *Elfes*.

[202] *Kunig* Jura 1990, 523. Beschränkungen, wie etwa bei BVerfGE 99, 1 (8) zur Verbindung des Art. 2 I GG mit Art. 28 I GG sind selten.

schränkung in Bezug auf relevante Verhaltensweisen.[203] Es gibt jedoch genug Möglichkeiten, eine uferlose Ausdehnung der Verfassungsbeschwerde über den Hebel des Art. 2 I GG zu beschränken, sei es über die Konturierung des Eingriffsbegriffs,[204] sei es über § 90 II/den Subsidiaritätsgrundsatz oder über das Annahmeverfahren der §§ 93a ff. Art. 2 I GG darf nicht dazu benutzt werden, den Bürgern den richtigen Freiheitsgebrauch über die Beschränkung der allgemeinen Handlungsfreiheit vorzugeben.[205] Die Hebelfunktion des Art. 2 I GG muss deshalb unverändert für Grundrechtsrügen erhalten bleiben.[206]

78 **cc)** Der Schutz der **Landesgrundrechte** obliegt den Landesverfassungsgerichten.[207]

79 **c)** § 90 gibt die Grundrechtsrüge auch für die in Art. 20 IV GG, 33, 38, 101, 103 und 104 GG genannten Rechte. Vorausgesetzt werden muss aber immer, dass die dort genannten Rechte Individualrechte gewährleisten.

Art. 33 I GG gewährt den gleichen Genuss der staatsbürgerlichen Rechte für alle Deutschen in jedem Land, verleiht aber keinen Anspruch auch die Einräumung solcher Rechte.[208]

Art. 33 II GG gibt keinen Anspruch auf Übernahme in ein Beamtenverhältnis.[209]

Art. 33 III 1 GG gewährleistet als grundrechtsgleiches Recht den vom religiösen Bekenntnis unabhängigen Genuss staatsbürgerlicher Rechte.[210]

---

[203] Vgl. etwa BVerfGE 80, 164 – abwM *Grimm* („Reiten im Walde"); *Kahl,* Die Schutzergänzungsfunktion von Art. 2 I Grundgesetz: Zugleich ein Beitrag zur Lehre der Grundrechtskonkurrenzen, 2000.

[204] *Bethge,* VVDStRL 57 (1998), 7; *Hufen,* in: FS 50 Jahre BVerfG, Bd. 2, 2001, 105 (113 f.).

[205] *Schnapp* NJW 1998, 960; *Linder* NJW 1998, 1208, beide gegen *Duttge* NJW 1997, 3354.

[206] So im Ergebnis auch *Hufen,* in: FS 50 Jahre BVerfG, Bd. 2, 2001, 105 (123); *Di Fabio,* in: MDH, Stand 2001, Rn. 12 ff. zu Art. 2 I GG; *Bethge,* in: MSKB, Stand 2005, Rn. 58 zu § 90: außerordentlich abgewogen *Dreier,* in: ders. GG Bd. I, 2. Aufl. 2004, Rn. 27 ff., Rn. 44 ff. zu Art. 2 I GG.

[207] *Bethge,* in: MSKB, Stand 2005, Rn. 74 zu § 90.

[208] BVerfGE 13, 54 (91).

[209] BVerfGE 39, 334 (354). Zur Identifikation eines Lehrers mit einer bestimmten religiösen Auffassung siehe BVerfGE 108, 292 (299). Für Notarbewerber gilt Art. 33 II GG nicht unmittelbar, vgl. BVerfGE 73, 280 (295). Zu den durch Art. 33 II GG vorgegebenen Eignungsregeln siehe BVerfGE 92, 140 (151) (Arbeitnehmer im Polizeidienst); 96, 152 (164) – Lehrer; 96, 189 (201) – Hochschullehrer. Siehe im Übrigen BVerfG(K) DVBl. 2002, 163 ff.; BVerwG DVBl. 2005, 456 (457).

[210] BVerfGE 79, 69 (hier: Ausübung eines Kommunalmandats, das von der Leistung einer Eidesformel abhängig gemacht worden war).

Art. 33 IV GG enthält keine Rechte des Einzelnen.[211]

Art. 33 V GG gibt grundrechtsgleiche, im Wege der Verfassungsbeschwerde verfolgbare Ansprüche des Beamten,[212] z.B. auf amtsangemessenes Gehalt,[213] auf eine amtsangemessene Amtsbezeichnung,[214] auf einen besonderen Status,[215] auf Fürsorge,[216] nicht dagegen auf ein Recht am Amt im funktionellen Sinn.[217]

Art. 38 I, II GG gewährleisten den wahlberechtigten Deutschen das subjektive Recht, an der Wahl der Abgeordneten des Deutschen Bundestags teilzunehmen.[218] Diese Verbürgung erstreckt sich auf den grundlegenden demokratischen Gehalt dieses Rechts.[219] Die Geltung der fünf Wahlrechtsgrundsätze des Art. 38 GG kann im Wege der Verfassungsbeschwerde nur in Bezug auf politische Wahlen auf Bundesebene eingefordert werden.[220]

Die größte praktische Bedeutung kommt der Gewährleistung des gesetzlichen Richters durch Art. 101 I 2 GG[221] und dem Anspruch auf rechtliches Gehör[222] (Art. 103 I GG) zu.

Auch Art. 103 II GG enthält ein grundrechtsgleiches Recht.[223]

Art. 103 III GG hat das BVerfG sogar als Prozessgrundrecht bezeichnet.[224]

Der Einzelne kann sich schließlich auch auf Art. 104 GG beru-

---

[211] BVerfGE 6, 376 (385); siehe auch BVerfGE 35, 79 (147).
[212] BVerfGE 12, 81 (87); 43, 154 (167); 106, 225 (232); 107, 218 (236 f.).
[213] BVerfGE 8, 1.
[214] BVerfGE 38, 1 (12).
[215] BVerfGE 35, 79 (146).
[216] BVerfGE 43, 154 (167); 106, 225 (232); 107, 218.
[217] BVerfGE 47, 327 (411); 52, 303 (354); 56, 146 (162).
[218] BVerfGE 47, 253 (269); 89, 155 (171). Art. 38 I GG greift auch bei der Verletzung von Abgeordnetenrechten im Zusammenhang mit Art. 47 S. 2 GG, BVerfGE 108, 251 (266). Eine „Konkurrentenklage" gegen die Zulassung anderer Wahlbewerber wird durch Art. 38 GG nicht gewährleistet.
[219] BVerfGE 89, 155 (171 f.); 97, 350 (368 f.).
[220] BVerfGE 9, 1 (17).
[221] Zur Bedeutung des gesetzlichen Richters siehe BVerfGE 61, 82 (104). Siehe im Übrigen BVerfGE 17, 294; 21, 139; 95, 322. Das Recht steht nur den Prozessparteien oder einem Beteiligten in ähnlicher Rechtstellung zu, BVerfGE 18, 441 (447); 96, 231.
[222] Zur Bedeutung dieses grundrechtsgleichen Rechts siehe BVerfGE 81, 82. Art. 103 I GG wird als prozessuales „Urrecht" des Menschen verstanden, BVerfGE 55, 1 (6); 70, 180 (188); 107, 395 (408) – Plenum. Man kann die Gewährleistung des Anspruchs auf rechtliches Gehör als den Art. 1 I GG des Verfahrensrechts bezeichnen.
[223] BVerfGE 85, 69 (72 f.).
[224] BVerfGE 56, 22 (32).

§ 90 Teil III. Einzelne Verfahrensarten

fen, das gilt auch für die Benachrichtigungspflicht des Art. 104 IV GG.[225]

80 **d) Verletzung der EMRK.** Auch die Verletzung der **Europäischen Menschenrechtskonvention (EMRK)** kann mit der Verfassungsbeschwerde zum BVerfG nicht gerügt werden.[226] Zu den sonstigen Grundrechtsrügen gehört deshalb der Rückgriff auf die EMRK nicht. Auch der Beschwerdeführer kann aber seine Grundrechtsrüge mit Hinweisen auf die EMRK und die Rechtsprechung des EGMR ergänzen, und damit dem BVerfG eine Auslegungshilfe zur Verfügung stellen.[227]

Mit dem Begriff der „Auslegungshilfe" bleibt allerdings das Verhältnis von nationalem zu europäischem Recht in der Schwebe. Wenn das Konstrukt der Normhierarchie aufrechterhalten werden soll, kann nachrangiges Recht den Inhalt von höherrangigem Recht nicht bestimmen. Es ist offenkundig, dass die Hierarchie-Prämisse nicht uneingeschränkt stimmt, wie das Beispiel des Familienrechts bezüglich des Verständnisses von Art. 6 I GG zeigt. Der Hinweis auf mögliche Auslegungshilfen ist deshalb in erster Linie ein Hinweis auf ein ungelöstes Problem im Verhältnis von europäischem Recht und europäischer Rechtsprechung (hier: im Bereich der EMRK). Methodisch werfen diese Fragen jedoch keine unlösbaren Probleme auf: Es erscheint nicht ausgeschlossen, dem Begriff der Völkerrechtsfreundlichkeit im Bereich der EGMR-Menschenrechtsjudikatur eine Vorrangfunktion zuzuordnen, die es erlaubt, die der europäischen Gerichtsbarkeit innewohnende Integrationsaufgabe gerade im Bereich des Menschenrechtsschutzes zu validieren.[228]

81 **e) Europäische Grundrechte-Charta.** Die Europäische Grundrechte-Charta ist noch nicht in Kraft getreten.[229] Selbst wenn sie in Kraft tritt, gibt es keine auf sie gestützte Grundrechtsrüge zum BVerfG (siehe oben Rn. 50 Einl.).

---

[225] BVerfGE 15, 119 (122).
[226] BVerfGE 10, 271 (274); 34, 384 (395); 41, 88 (105 f.); 41, 126 (149); 64, 139 (157); 74, 102 (128) = NJW 1988, 45; 74, 358 (370); BVerfG(K)NVwZ 2004, 852; BVerfG NJW 2004, 3407; s. dazu *Grupp/Stelkens* DVBl. 2005, 133; *E. Klein* JZ 2004, 1176; *Meyer-Ladewig/Petzold* NJW 2005, 15; *Buschle* VBlBW 2005, 293.
[227] Vgl. *Bethge*, in: MSKB, Stand 2005, Rn. 66 ff. zu § 90 (siehe dazu Rn. 49 Einl.).
[228] In diesem Sinne auch *Buschle* VBlBW 2005, 293 (295 f.).
[229] Siehe dazu *Streinz*, in: ders. EUV/EGV 2003, Anm. zur EU-Grundrechte-Charta.

2. Geltendmachung

§ 90 I gibt dem Beschwerdeführer auf, die „Behauptung (zu) erheben", dass er durch die öffentliche Gewalt in einem seiner in Abs. 1 genannten Rechte verletzt worden sei.[230] Das Gericht selbst hat zu den damit angesprochenen Voraussetzungen bislang noch keine abschließende Klarheit geschaffen. So spricht das BVerfG teils von der (bloßen) Behauptung oder Darlegung, lässt danach also die Verbalbehauptung genügen.[231] *BVerfGE* 56, 192 (203) = NJW 1981, 1360 fordert dagegen eine „ausreichend substantiierte Behauptung"; teils wird aber auch eine „schlüssige Darlegung" verlangt.[232] Meist steht dagegen die „Möglichkeit der Verletzung" im Vordergrund.[233] Es gibt aber auch, unter Hinweis auf § 92, die Vorgabe, der Beschwerdeführer müsse „hinreichend deutlich vortragen".[234] Davon ist auszugehen, wenn, den Sachvortrag des Beschwerdeführers als richtig unterstellt, die gerügte Verletzung nicht „schlechterdings ausgeschlossen" erscheint.[235] Neuerdings gibt es auch die Kombination „hinreichend substantiiert".[236]

Die wechselnde, und im Einzelnen oft undeutliche Rechtsprechung des BVerfG lässt sich kaum auf einen strikten Nenner, wie etwa im Verwaltungsprozess bringen. Der in der jüngeren Rechtsprechung vermehrt auftretende Hinweis auf §§ 23, 92,[237] Vorschriften, die fragen, in welchen Rechten sich der Beschwerdeführer „verletzt fühlt", macht deutlich, dass die Verletzungsbehauptung im Verfassungsbeschwerdeverfahren eigenen Gesetzen folgt: weder genügen bloße Behauptungen, noch muss sich der Beschwerdeführer einer Schlüssigkeitsprüfung unterwerfen.

Die im Zusammenhang mit der Verfassungsbeschwerde gegen Rechtsnormen und bei der behaupteten Verletzung von Art. 103 I GG

---

[230] Siehe dazu *Henschel,* in: FS f. Simon, 1987, 95.
[231] S. dazu *Henschel,* in: FS f. Simon, 1987, 95.
[232] BVerfGE 15, 256 (261); 18, 1; 26, 116 (134); 38, 139 (146); 43, 154 (165); 49, 1 (8); 59, 216 (225); 70, 138 (161) = NJW 1986, 367; ebenso *Spanner,* Die Beschwerdebefugnis bei der Verfassungsbeschwerde, in: Bundesverfassungsgericht und Grundgesetz, Bd. I, 1976, 374 (375).
[233] Vgl. BVerfGE 3, 39 (40 f.); 6, 376 (385); 17, 252 (258); 20, 323 (329 f.); 34, 384 (394); 35, 79 (107 f.); 40, 141 (156); 42, 312 (322 f.); 52, 303 (327); 53, 30 (58 f.); 55, 327 (383); 56, 87 (94); 56, 146 (160); 56, 175 (181); 59, 63 (81); 74, 358 (369) = NJW 1987, 2427; so auch *Erichsen* VerwArch 87 (1976), 187 (188 ff.).
[234] BVerfGE 59, 89 (101); 60, 1 (5); 64, 1 (12); 67, 90 (94); 68, 176 (184) = NJW 1985, 423.
[235] BVerfGE 70, 35 (50) = NJW 1985, 2315.
[236] BVerfGE 92, 26 (38); 92, 158 (175).
[237] BVerfGE 99, 84 (87); 102, 254 (296); 103, 142 (150).

gestellten Anforderungen zeigen, dass das BVerfG aber auch die theoretische Möglichkeit nicht genügen lässt. Gelegentliche – unglückliche – Formulierungen, wonach es ausreichen soll, wenn eine Verletzung nach dem Vortrag des Beschwerdeführers nicht schlechthin ausgeschlossen ist, können nicht darüber hinwegtäuschen, dass das BVerfG in der Zulässigkeitsebene eine **Plausibilitätskontrolle** vornimmt, ob die Verfassungsbeschwerde, den Vortrag des Beschwerdeführers als richtig unterstellt, erfolgreich sein könnte. Dabei muss man sehen, dass der Vorbehalt, den Vortrag des Beschwerdeführers als richtig zu unterstellen, nicht die gleiche Bedeutung hat wie im einfachen Recht, weil Beweisaufnahmen vor dem BVerfG selten sind, und im Allgemeinen der Vortrag des Beschwerdeführers nur mit dem Akteninhalt oder den Gesetzesmaterialien verglichen wird. Auch zwingen die besonderen Voraussetzungen der Verletzung spezifischen Verfassungsrechts und des besonderen Betroffenseins den Beschwerdeführer zu umfangreichem Vortrag, der meist in die Begründetheit seiner Verfassungsbeschwerde hineinreicht. Schließlich muss man nach der herrschenden faktischen Betrachtungsweise, wonach das Verfassungsprozessrecht – auch – ein Instrument zur Entlastung des BVerfG ist, sehen, dass nur eine „im Lichte der Begründetheit der Verfassungsbeschwerde" vorgenommene Zulässigkeitsprüfung diesem Ziel gerecht wird. Wenn deshalb in *BVerfGE* 74, 358 (369) formuliert worden ist, der Beschwerdeführer müsse die Möglichkeit einer Verletzung seiner Grundrechte hinreichend dargetan haben (§ 92), so hat das BVerfG damit die drei Elemente seiner jüngeren Rechtsprechung „Möglichkeit" / „hinreichende Deutlichkeit" /„§§ 23, 92" zutreffend verschmolzen. Das Schwergewicht dieser Formel liegt nicht in einer dem Verwaltungsprozessrecht angenäherten Möglichkeitstheorie, sondern in der Kontrolle, ob für die Verfassungsbeschwerde eine plausible Begründung vorgelegt ist, s. dazu auch Rn. 10 f. zu § 92.

3. Verletzung

83 **a) Verknüpfungsfunktion.** Die Verletzungshandlung – durch Tun oder Unterlassen – verknüpft zwei Bereiche des § 90: das geschützte Recht, also das Grundrecht oder grundrechtsähnliche Recht und den Träger der Verletzungshandlung, die öffentliche Gewalt. Will man also wissen, ob das, was die öffentliche Gewalt tut (oder nicht tut), als ein „Verletzen" zu klassifizieren ist, so muss man zuvor das Grundrecht und die öffentliche Gewalt näher bestimmen.

84 **b) Rechtsverletzung.** „Rechtsverletzung" i. S. d. § 90 bedeutete, dass der konkrete Rückgriff auf die aus dem Recht herzuleitenden Berechtigungen durch die öffentliche Gewalt beschränkt wird. Damit

hört die Rechtsverletzung auf, eine Kategorie im Rahmen von Differenzbetrachtungen zu sein, so, als könne man das abstrakt-ungeschmälerte Vollrecht mit dem konkret durch die öffentliche Gewalt beschränkten Recht vergleichen, um so die Verletzung festzustellen. Es muss vielmehr bei jedem Grundrecht auf die in ihm enthaltenen Regeln und Prinzipien abgehoben werden, außerdem auf den Schutzbereich der Norm.

Ohne – zumindest teilweise – Bewertung des Objekts der Verletzungshandlung lässt sich über das „Verletzen" nichts aussagen. Damit ist zugleich gesagt, dass es kein grundrechtsrelevantes Tun oder Unterlassen gibt, das per se zur Verletzung bestimmt oder geeignet ist. 85

c) Auch **faktische Grundrechtsbeeinträchtigungen,** eine Fallgruppe, in der diffuse Verletzungsvorgänge zusammengefasst werden, kommen als Verletzungshandlungen in Betracht.[238] 86

d) **Akte der öffentlichen Gewalt.** Auch für die Akte der öffentlichen Gewalt gilt, dass sie bestimmte Bedingungen erfüllen müssen, die ebenfalls wieder nur zum Teil formal bestimmt werden können. 87

aa) Es ist zunächst erforderlich, dass die Verletzungshandlung der Rechtsnatur des Verletzungsobjekts kongruent ist, also selbst Rechtswirkungen äußert.[239] Das wird besonders dort deutlich, wo die Einhaltung dieser Bedingungen nicht so offenkundig ist wie bei Normen und gerichtlichen Entscheidungen, nämlich bei Verwaltungsmaßnahmen. Deshalb ist dem BVerfG zuzustimmen, wenn es bei angreifbaren Maßnahmen danach unterscheidet, ob sie „eine materielle Entscheidung enthalten ... und ihnen unmittelbare Auswirkung zukommt".[240] 88

bb) Die Verletzungshandlung muss eine bestimmte Qualität haben; nur wenn sie den Grundrechtsträger „selbst, gegenwärtig und unmittelbar" verletzt, kann er sich mit der Verfassungsbeschwerde wehren (s. Rn. 123 ff.). Ob diese Qualität gegeben ist, hängt erneut von den beiden Bezugspunkten ab. Was gehört zum Schutzbereich der Grundrechtsnorm, so ist auf der einen Seite zu fragen. Dann: ist die öffentliche Gewalt „nach Struktur und Inhalt geeignet", in das Grundrecht des Beschwerdeführers einzugreifen?[241]

e) **Verletzungshandlung.** Können danach beide Bezugspunkte des Verletzens nach Struktur und Inhalt unterschiedlich sein und unterschiedlich gewichtet werden, so kann das nicht ohne Einfluss auf die Verletzungshandlung selbst bleiben. Dort, wo dem Grundrecht eine staatliche Schutzpflicht zugeordnet wird, hat das BVerfG schon die 89

---

[238] *Albers* DVBl. 1996, 233; *Schlaich/Korioth* Rn. 228.
[239] Ausführlich *Pestalozza* Rn. 12 § 34.
[240] BVerfGE 16, 89 [93]; 2, 139 [141 f.]; 2, 237 [242 f.]; 33, 18 [20]; st. Rspr.
[241] BVerfGE 64, 301 (319).

mögliche Verletzung genügen lassen.[242] Der Grundrechtsschutz zielt dann auf die Eindämmung der Gefahr von Grundrechtsverletzungen durch entsprechende gesetzliche Regelungen. „Ob, wann und mit welchem Inhalt eine solche Ausgestaltung von Verfassungswegen geboten ist, hängt von der Art, der Nähe und dem Ausmaß möglicher Gefahren, der Art und dem Rang des verfassungsrechtlich geschützten Rechtsguts sowie von den schon vorhandenen Regelungen ab".[243] Das BVerfG hat tatsächliche und mögliche Verletzungen im Begriff der Grundrechtsbeeinträchtigung zusammengefasst.[244] Es erscheint freilich wenig sachdienlich, unterschiedliche Verletzungsformen in einem Sammelbegriff zusammenzufassen, der unterschiedliche Voraussetzungen bloß verdeckt.

In *BVerfGE* 51, 324 war die Frage zu entscheiden gewesen, ob die durch eine Hauptverhandlung dem Angeklagten drohenden Gesundheitsgefahren schon vom Schutzbereich des Art. 2 II 1 GG erfasst würden. Das BVerfG war der Meinung, die verfassungsrechtliche Schutzwürdigkeit der Rechte des Angeklagten könne nicht schon mit dem Hinweis abgesprochen werden, die Fortsetzung des Strafverfahrens bewirkte allenfalls eine Gefährdung seiner Grundrechte. Eine Grundrechtsverletzung im weiteren Sinne liege jedenfalls vor, wenn ernsthaft zu befürchten sei, dass der Beschuldigte bei Durchführung der Hauptverhandlung sein Leben einbüßen oder schwerwiegende Schäden an seiner Gesundheit nehmen würde.[245]

Im Zusammenhang mit der Verfassungsbeschwerde wegen der Vollstreckung eines Räumungstitels gegen einen schwerkranken Mieter hat das BVerfG bemerkt: „Dabei ist zu bedenken, dass eine Gefährdung von Grundrechten, deren erhebliche Beeinträchtigung durch den staatlichen Eingriff ernsthaft zu besorgen ist, in besonderen Fällen einer Grundrechtsverletzung gleichzuachten sein kann".[246] In *BVerfGE* 56, 54 = NJW 1981, 1655 hatte es das Gericht genügen lassen, dass durch Fluglärm „eine nicht unerhebliche Gefährdung des durch Art. 2 II GG geschützten Rechtsguts zu befürchten" sei. In *BVerfGE* 66, 39 = NJW 1984, wo es um die Aufstellung von Pershing II-Raketen in der Bundesrepublik gegangen war hat das BVerfG dagegen kapituliert: „Bei der maßgeblichen Quelle dieser Gefährdung handelt es sich um Entscheidungen eines fremden souveränen Staats im Zusammenhang weltpolitischer Gesamtlagen und sich wandelnder politischer und mi-

---

[242] BVerfGE 49, 89 (142); 56, 54 (78) = NJW 1981, 1655.
[243] BVerfGE 49, 89 (142); 56, 54 (78).
[244] BVerfGE 56, 54 (69).
[245] BVerfGE 51, 324 (346 f.); s. a. BVerfGE 66, 39 (48) = NJW 1984, 601.
[246] BVerfGE 52, 214 (220 f.).

litärischer Verhältnisse. Über sie lassen sich unter den gegebenen Umständen gerichtlich nachprüfbare Erkenntnisse im voraus nicht gewinnen".[247] Versucht man die Kasuistik der möglichen Verletzung von Grundrechten auf allgemeine Grundsätze zurückzuführen, geht man also über das – insoweit mit Recht vorsichtige – BVerfG hinaus, so stehen für den **Schutzbereich der Norm** zwei Faktoren im Vordergrund: die Intensität des personalen Bezugs des Grundrechts (Leib und Leben sind besonders gewichtige Rechtsgüter) und die Irrevisibilät der Verletzung, wenn sich die Möglichkeit in Realität verwandelt, z.B. Verlust des Lebens oder dauerhafte Gesundheitsschädigung. Im Bereich der Verletzungshandlung wird man die Plausibilität der befürchteten Verletzung, also die Nachvollziehbarkeit der Gefärdung in den Vordergrund stellen müssen. Grundrechtsgefährdungen sind deshalb Grundrechtsverletzungen gleichzustellen, wenn die Bedeutung des geschützten Rechtsguts eine Ausdehnung des Grundrechtsschutzes gebietet und eine Grundrechtsverletzung zu den ernsthaft in Betracht zu ziehenden Möglichkeiten gehört. Bei weniger gewichtigen Rechtsgütern als sie Leib und Leben darstellen, wird man, wenn dies überhaupt erforderlich ist, um den Grundrechtsschutz auszudehnen, erst eine drohende Verletzung der Verletzung gleichsetzen dürfen, also eine schärfere Form der Gefährdung zu fordern haben.

f) Spezifisches Verfassungsrecht. War vorstehend von der Ausdehnung des Begriffs der Verletzungshandlung die Rede, so geht es jetzt um eine **Einschränkung:** bei der verfassungsgerichtlichen Kontrolle gerichtlicher Entscheidungen durch eine Verfassungsbeschwerde fordert das BVerfG als Voraussetzung, dass „spezifisches Verfassungsrecht" verletzt wird.[248]

90

---

[247] BVerfGE 66, 39 (59).
[248] BVerfGE 18, 85 (92 f.). Aus dem umfangreichen Schrifttum zu diesem Komplex vgl. *Schumann,* Verfassungs- und Menschenrechtsbeschwerde gegen richterliche Entscheidungen, 1963; *Seufert* NJW 1969, 1369; *Burmeister* DVBl. 1969, 605; *Steinwedel* „Spezifisches Verfassungsrecht" und „Einfaches Recht", 1976; *Papier,* „Spezifisches Verfassungsrecht" und „Einfaches Recht" als Argumentationsformel des BVerfG, in: Bundesverfassungsgericht und Grundgesetz, Bd. I, 1976, 432; *Ossenbühl,* in: FS f. Ipsen, 1977, 129; *Schuppert* AöR 103 (1968), 43; *Wank* JuS 1980, 2103; *Schlaich* VVDStRL 39, (1981), 99 (120 ff.); *Gündisch* NJW 1981, 1813; *Waldner* ZZP 98 (1985), 200; *Lincke* EuGRZ 1986, 60; *Mauder,* Der Anspruch auf rechtliches Gehör, seine Stellung im System der Grundrechte und seine Auswirkungen auf die Abgrenzungsproblematik zwischen Verfassungs- und Fachgerichtsbarkeit, 1986; *Schenke,* Verfassungsgerichtsbarkeit und Fachgerichtsbarkeit, 1987, 27 ff.; *Stern,* in: FS f. Ule, 1987, 337; *F. Krauß,* Der Umfang der Prüfung von Zivilurteilen durch das Bundesverfassungsgericht, 1987; *Ossenbühl,* in: FS f. Ipsen, 1977, 137; *Zuck,* Vb, Rn. 471 ff.; *Her-*

§ 90 — Teil III. Einzelne Verfahrensarten

91   **aa)** Damit sind – vorab – drei **Probleme** verbunden. Beschränkt man die Maßgeblichkeit der Verletzungshandlung auf die Verletzung spezifischen Verfassungsrechts, so muss man zuerst nach dem Inhalt dieser Beschränkung fragen. Es ist offenkundig, dass der Hinweis auf „spezifisches Verfassungsrecht" nicht besondere Normen der Verfassung meint (weil man nicht annehmen kann, das „spezifische Verfassungsrecht" könne, da bloß wiederholend, sich nicht auf die § 90 I genannten Rechte beziehen). Es muss sich also um das spezifische Merkmal der Verletzung handeln, das es dem Beschwerdeführer ermöglicht, das BVerfG anzurufen. Das Adjektiv „spezifisch" stellt also erst die Frage, die es zu beantworten gilt. Insoweit kann man von einer Leerformel sprechen.[249] Als Kurzformel für das Problem ist sie uneingeschränkt verwendbar. Einhellig hat sich inzwischen die Auffassung durchgesetzt, die Besonderheit des Verletzungsvorgangs sei ein Problem des Verhältnisses von BVerfG zur Instanzgerichtsbarkeit. Das verkürzt jedoch die Fragestellung. *Hermes* hat unter der Thematik „Verfassungsgerichtsbarkeit und Fachgerichtsbarkeit", also dem Thema der Tagung der Vereinigung der Deutschen Staatsrechtslehrer im Jahr 2004, den Schwerpunkt seiner Ausführungen auf das Verhältnis des BVerfG zum Gesetzgeber gelegt, die Kompetenzkonflikte zwischen BVerfG und Instanzgerichten als sekundär eingestuft und gefordert, die Gesetzgebung wieder in die ihr zukommenden Funktionen einzusetzen.[250] Die Frage ist zurecht gestellt, weil im Verhältnis vom BVerfG zum Gesetzgeber eine Antwort erforderlich ist, wo der unüberprüfbare Gestaltungsspielraum des Gesetzgebers anfängt und wo er endet (siehe Rn. 35 ff. Einl.). Es erscheint hilfreich, auf die damit verbundene Erweiterung der Thematik aufmerksam zu machen, weil sie den Blick auf die Rolle der Verfassungsgerichtsbarkeit öffnet[251] In diesem erweiterten Zusammenhang wird schließlich die Frage diskutierbar, wo eigentlich das Erfordernis des spezifischen Verfassungsrechts seinen Ort hat: bei der Zulässigkeit der Verfassungsbeschwerde oder bei der Begründetheit.[252] Man kann sich auf den Standpunkt stellen, wenn spe-

---

zog, in: FS f. Dürig, 1990, 431 ff.; *Roth* AöR, 121 (1996), 545 ff.; *Berkemann* DVBl. 1996, 1032; *Starck* JZ 1996, 1039; *Robbers* NJW 1998, 936; *H.-J. Koch,* in: FS f. Jean d'Heur 1999, 136; *Gusy,* in: FS 50 Jahre BVerfG, Bd. 1, 2001, 641 (663 ff.); *Jestaedt* DVBl. 2001, 1310; *Alexy* VVDStRL 61 (2002), 7; *Heun* VVDStRL 61 (2002), 80; *Hermes* VVDStRL 61 (2002), 151; *Kenntner* NJW 2005, 785; *ders.* DÖV 2005, 269.

[249] *Zuck,* Vb, Rn. 473.
[250] *Hermes* VVDStRL 61 (2002), 115 (153 LS 19).
[251] Zurecht verweist deshalb *Schlaich/Korioth* Rn. 285 auf die Bedeutung der damit verbundenen funktionellen Abgrenzung.
[252] Siehe dazu *Benda/Klein* Rn. 653 f.

zifisches Verfassungsrecht nicht verletzt sei, sei das BVerfG nicht der gesetzliche Richter, also ein unzuständiges Gericht. Damit wird die Verletzung spezifischen Verfassungsrechts zu einer Zulässigkeitsfrage. Dem kann man entgegenhalten, dass die Verletzung spezifischen Verfassungsrechts nur nach einer Sachprüfung der berührten Grundrechte festgestellt werden kann, so dass es sich, weil sich das auf die Konkretisierung des Prüfungsmaßstabs bezieht, um ein Problem der Begründetheit der Verfassungsbeschwerde handeln müsse. Diese Frage kann jedoch erst beantwortet werden, wenn näher geklärt ist, was mit spezifischem Verfassungsrecht gemeint ist (siehe u. Rn. 99).

bb) Ausgangspunkt für die inhaltliche Bestimmung des Spezifischen ist die **Heck'sche Formel**.[253] Danach kommt es darauf an, ob die angegriffene Entscheidung bei Auslegung und Anwendung des einfachen Rechts auf einer grundsätzlich unrichtigen Auffassung von Bedeutung und Tragweite des in Anspruch genommenen Grundrechts beruht,[254] im Ergebnis zu einer unverhältnismäßigen Beschränkung der grundrechtlichen Freiheit führt oder willkürlich ist.[255]   92

(1) Die „grundsätzlich unrichtige Auffassung" des Instanzgerichts kann darauf beruhen, dass ein **Grundrecht übersehen** worden ist, so z.B., wenn ein Gericht bei der Prüfung einer Vorlage an den EuGH (Art. 234 EGV) Art. 101 I 2 GG vollständig übergeht, oder wenn bei der Auslegung einer Satzung übersehen wird, dass Art. 9 III GG eine Rolle spielen könnte.   93

(2) „Grundsätzlich unrichtig" ist die Auffassung des Instanzgerichts aber auch, wenn es zwar das Grundrecht in seine Entscheidungsgründe einbezieht, dessen **Bedeutung** aber **verkennt**.[256] Das ist der häufigste Fall der Anwendung der revidierten Heck'schen Formel. Für die Beurteilung der grundsätzlichen Unrichtigkeit hat sich eine Art „Schweretheorie" herausgebildet.[257]   94

---

[253] Zu ihr vgl. *Herzog*, in: FS f. Dürig, 1990, 431 ff. und o. Rn. 41 f. Einl.

[254] Fast immer unter Bezugnahme auf BVerfGE 18, 85 (92 f.).

[255] BVerfGE 108, 282 (294); BVerfG(K) NJW 2004, 3765, st. Rspr. seit BVerfGE 18, 85 (93). Gegenüber der Fassung in BVerfGE 18, 85 (93) hat allerdings die aktuell verwendete Formel erhebliche Veränderungen erfahren. Der Grundrechtsverstoß von „einigem Gewicht" taucht nicht mehr auf. Das Prinzip der Verhältnismäßigkeit ist ebenso hinzugekommen wie das Willkürverbot. In der Folge wird deshalb von der revidierten Heck'schen Formel gesprochen.

[256] Beispiel: BVerfG(K) NJW 2005, 965.

[257] Ich sehe im Intensitätskriterium keine Abkehr von der Forderung nach einem besonderen Gewicht der Verletzung (Formulierung aus BVerfGE 18, 85 (93)), sondern dessen Konkretisierung; aA *Schlaich/Korioth* Rn. 307. Soweit das Intensitäts-Erfordernis zu einem „gleitenden Maßstab" führt (*Böckenförde*, Der

Diese Rechtsprechung hat das Gericht in der Folge für die Auslegung und Anwendung zivilrechtlicher Vorschriften im Sinne einer Stufentheorie verfeinert. Danach sollen die Grenzen der Eingriffsbefugnisse in erster Linie von der Intensität der geltend gemachten Grundrechtsbeeinträchtigung abhängen: „Die Schwelle eines Verstoßes gegen objektives Verfassungsrecht, den das BVerfG zu korrigieren hat, ist erreicht, wenn die Entscheidung der Zivilgerichte Auslegungsfehler erkennen lässt, die auf der Bedeutung eines Grundrechts, insbesondere vom Umfang seines Schutzbereichs beruhen, und auch in ihrer materiellen Bedeutung für den konkreten Rechtsfall von einigem Gewicht sind".[258] Man kann dies als erste Prüfungsstufe bezeichnen. „Je nachhaltiger ferner eine zivilgerichtliche Entscheidung grundrechtsgeschützte Voraussetzungen freiheitlicher Existenz und Betätigung verkürzt, desto eingehender muss die verfassungsrechtliche Prüfung sein, ob eine solche Verkürzung verfassungsrechtlich gerechtfertigt ist".[259] In diesem Rahmen kann es zunächst zu einer zweiten Prüfungsstufe kommen, bei der die instanzgerichtliche Entscheidung auf „einzelne Auslegungsfehler" hin geprüft wird.[260] Bei stärkster Eingriffsintensität, in der dritten Stufe also, hält sich das Gericht für befugt, die von den Zivilgerichten vorgenommene Wertung durch seine eigene zu ersetzen.[261]

95 (3) Die ausdrückliche Erwähnung des **Prinzips der Verhältnismäßigkeit** gibt den konkreten Grundrechtsbezug auf. Die Kriterien des Prinzips der Verhältnismäßigkeit sind zwar gesichert. Das Handeln der öffentlichen Gewalt muss danach in Bezug auf das vorgegebene Ziel geeignet und erforderlich sein; es muss die Grenzen der Angemessenheit und Zumutbarkeit wahren.[262] Das Netz der Verhältnismäßigkeit liegt aber über der gesamten Rechtsordnung und macht sie infolgedessen virtuell für das BVerfG prüfbar. Das weckt, zusammen mit einer sich verändernden Grundrechtstheorie, die sich am Gewährleistungsgehalt der Grundrechte zu orientieren sucht,[263] über die Anknüpfung am Teilinhalt der Erforderlichkeit zunehmend die Neigung

---

Staat, 29 (1990), 9) ist das lediglich die Folge des unterschiedlichen Gewichts der Eingriffe.
[258] BVerfGE 42, 113 (149); 66, 116 (131); 68, 226 (230) = NJW 1985, 787.
[259] BVerGE 54, 208 (215); 66, 116 (131).
[260] BVerfGE 42, 143 (149); 51, 129 (136); 51, 208 (216 f.).
[261] BVerfGE 42, 142 (149) = NJW 1976, 1677. S. dazu jetzt BVerfG(K) NJW 2005, 2383 (2384).
[262] BVerfGE 30, 292; 90, 145; 103, 1 (10); 106, 181 (191 f.). Zum Eignungsbegriff siehe jetzt BVerfGE 96, 10 (23); BVerfG(K) NJW 2005, 737.
[263] *Böckenförde,* Der Staat 42 (2003), 165; *Kahl* Der Staat 43 (2004), 167; *Hoffmann-Riem* Der Staat 43 (2004), 203; *Vollkommer* JZ 2005, 261.

§ 90

des BVerfG, sich mit den Tatsachengrundlagen der Entscheidung des Instanzgerichts zu beschäftigen.[264]

(4) Besonders hervorgehoben ist die **Willkürkontrolle**.[265] Die für seine Anwendung auf Urteilssprüche maßgebliche Formel nimmt Willkür dann an, wenn der Richterspruch „unter keinem denkbaren Aspekt rechtlich vertretbar ist".[266] Es muss also ein solcher Aspekt nicht nur fehlen; er darf noch nicht einmal denkbar sein.

cc) Für **Einzelfallgruppen** ist die revidierte Heck'sche Formel noch weiter verfeinert worden. Das gilt etwa für Art. 16a GG[267] und Art. 5 I GG.[268] In beiden Fällen überprüft das BVerfG den Sachverhalt und die einfach-rechtliche Würdigung. Ist Art. 103 I GG verletzt, so nimmt das BVerfG bei Auslegung und Anwendung der das rechtliche Gehör beschränkenden Form- und Fristvorschriften durch das Instanzgericht eine strengere verfassungsgerichtliche Kontrolle als sonst bei einfachem Recht vor.[269] Bei einander widerstreitenden Grundrechten, also insbesondere im Privatrechtsverkehr, prüft das BVerfG nur, ob das Instanzgericht den Grundrechtseinfluss „ausreichend beachtet" hat.[270]

dd) Alle diese **Kriterien** sind je einzeln und je insgesamt **kritisiert** worden.[271] Die Kriterien seien nicht verfassungsrechtlicher Art, sondern gehörten dem einfachen Recht an. Sie lösten sich überhaupt von den Grundrechten. Sie seien zu unbestimmt (so wisse man z.B. nicht, was „grundsätzlich" meine), um nachvollziehbar angewendet werden zu können. Sie führten zu einer uneinheitlichen Kammerrechtsprechung. Dass sechs Kammern (mit insgesamt 65 Wissenschaftlichen Mitarbeitern, die durchschnittlich nach drei Jahren ausscheiden) und zwei Senate unterschiedlich judizieren, liegt an der Vielfalt der Entschei-

96

97

98

---

[264] Zutreffend *Kenntner* NJW 2005, 785 (786 f.); ausf. *ders.* DÖV 2005, 269. Allgemein dazu *Bryelle*, in: FS 50 Jahre BVerfG, Bd. 1, 2004, 533; *Bethge,* in: MSKB, Stand 2005, Rn. 321 ff. § 90.

[265] Ob das Willkürverbot wirklich aus Art. 3 I GG herausgelesen werden kann, ist zweifelhaft, vgl. *Zuck* JZ 1986, 921 (923 ff.). Eine Abkoppelung von Art. 3 I GG hat jetzt auch BVerfG(K), NVwZ 2005, 82 vorgenommen.

[266] BVerfGE 87, 273 (278 ff.), st. Rspr. vgl. etwa BVerfG(K) NJW 2005, 409.

[267] BVerfGE 76, 143 (161 f.).

[268] BVerfGE 83, 130 (145), st. Rspr.

[269] BVerfG(K) NJW 2004, 3551; siehe dazu *Schlaich/Korioth* Rn. 308, 323. Das führt dazu, dass die Entscheidung des Instanzgerichts nicht nur aufzuheben ist, wenn sie willkürlich ist, sondern schon dann, wenn die dort vertretene Rechtsauffassung „offenkundig unrichtig" ist.

[270] BVerfGE 101, 361 (388); BVerfG(K) NJW-RR 2004, 1710 f. Siehe dazu *Schlaich/Korioth* Rn. 291.

[271] Siehe dazu den „Katalog" der Kritiker bei *Schlaich/Korioth* Rn. 310 ff.; deutlich auch *Kenntner* NJW 2005, 785 (786 ff.); ausf. *ders.* DÖV 2005, 269.

dungsträger, die „das Bundesverfassungsgericht" sind. Dass die weiten Grundrechtsbestimmungen unterschiedliche Deutungen zulassen, liegt im Wesen von Verfassungsrechtsnormen. Dass insbesondere Kammern sich ein hohes Maß an Flexibilität bewahren wollen und ihre Entscheidungen deshalb nicht aufgrund der revidierten Heck'schen Formel, sondern hinter dieser versteckt treffen, ist das Wesen von Rechtsprechung überhaupt. Dass schließlich Wörter wie „grundsätzlich", „verhältnismäßig" und „willkürlich" unterschiedliche Auslegungen zulassen, ist insbesondere für die Prognosenotwendigkeit der Verfahrensbeteiligten ein Mangel, aber ein üblicher Mangel. Das Wort „angemessen" im Zivilrecht oder Arbeitsrecht ist nicht stringenter. Bei aller – dogmatisch auch notwendigen, weil auf größere Klärung zielenden – Kritik darf aber nicht übersehen werden, dass die Rechtsanwendungspraxis mit der revidierten Heck'schen Formel nicht schlechter fährt, als der BGH-Anwalt, der progostizieren soll, was der BGH mit einer Nichtzulassungsbeschwerde oder einer Revision machen wird.

Nun beschränkt sich diese Kritik allerdings nicht auf die Offenheit der Heck'schen Formel, sondern rügt, dass mit ihr den Instanzgerichten der ihnen zustehende Entscheidungsfreiraum genommen werde.[272] Das zeigt erneut, dass es im Kern um die Notwendigkeit der funktionellen Abgrenzung von Verfassungs- und Instanzgerichtsbarkeit geht. Gegen eine Abgrenzung am Maßstab der funktionalen Zuordnung von Verfassungs- und Instanzgerichtsbarkeit lässt sich nicht einwenden, dies sei ein untauglicher Versuch, weil beide Gerichtsbarkeiten Recht sprächen und weil beide gehalten seien, das GG und insbesondere die Grundrechte zum Maßstab ihrer Entscheidungen zu machen. So gesehen bewirkt die funktionale Abgrenzung in der Tat nichts. Die Abgrenzung findet aber nicht auf dieser Ebene statt, sondern anhand der jeweiligen Rechtsprechungsbesonderheiten. Die Instanzgerichtsbarkeit wendet einfaches Recht an und ist dabei an dessen verfassungsrechtliche Seite gebunden. Die Verfassungsgerichtsbarkeit wendet Verfassungsrecht an und ist dabei an dessen einfach-rechtliche Voraussetzungen ebenso gebunden (vorausgesetzt, das einfache Recht sei verfassungsrechtlich lege artis angewendet worden). Es handelt sich deshalb um nichts anderes als um die unterschiedliche Gewichtung zweier Seiten *einer* Rechtsanwendung. Dass es sich um Rechtsanwendung handelt, erklärt die Unmöglichkeit, mehr als pragmatische Anwendungsformeln zu finden. Nicht Resignation ist deren Ursache, sondern es ist das Resultat der jeweiligen Struktur der Rechtsanwendung. Diese ist notwendigerweise fall- und maßstabsbezogen. Wenn

---

[272] So nachdrücklich jetzt *Kenntner* NJW 2005, 785; ausf. *ders.* DÖV 2005, 269.

Verfassungsbeschwerde **§ 90**

man, wie hier (siehe unten Rn. 101), die Offenkundigkeit des Grundrechtsverstoßes (Evidenzargument) sein Gewicht (Intensitätsargument) und die vernunftswidrige Rechtsanwendung (Willkürargument) als Abgrenzungsmerkmals verwendet, so kann man von einem formalen Ansatz vom Grad der Betroffenheit des Beschwerdeführers (intensive personenbezogene Beeinträchtigung) und von einem rechtlichen Kriterium (krasse Fehlanwendung des Rechts) ausgehen, also von inhaltlichen Betrachtungsweisen.

(1) Es erscheint fraglich, ob die bisherige Diskussion um die richtige funktionelle Zuordnung von Verfassungs- und Instanzgerichtsbarkeit das Thema schon ausgeschöpft hat. Es ist augenfällig, dass sie bislang ausschließlich auf der **„Entscheidungsebene"** des BVerfG geführt worden ist. Dabei gerät jedoch aus dem Blick, dass sich das Thema der richtigen funktionelle Abgrenzung in ähnlicher Form schon viel früher und weit gewichtiger aufdrängt, nämlich bei der Beantwortung der Frage, ob das BVerfG überhaupt angerufen werden kann, also auf der **„Jedermannebene"**. Gegenstand der Beurteilung, ob § 90 überhaupt anwendbar ist, ist ausschließlich einfaches Recht, denn begrifflich kann der Rechtsanwender sich mit nichts anderem beschäftigen als mit der Entscheidung eines Instanzgerichts. Ausgangspunkt ist keine Grundrechtsauslegung oder -anwendung, sondern es sind die Folgewirkungen der Entscheidung des Instanzgerichts: Der Unterlegene kritisiert allein deren Inhalt als Fehlentscheidung. Hätte er damit recht, verstieße das Instanzgericht auf jeden Fall gegen seine Gesetzesbindung aus Art. 20 III GG und, weil der Verlierer in der Regel seine (angeblich übergangene) Rechtsposition für unangreifbar hält, auch gegen die „Rechts"-Bindung des Art. 20 III GG, verstanden als Gerechtigkeitsgarantie.[273] Von diesem Ansatz her ist jede falsche Entscheidung auch eine verfassungswidrige Entscheidung. Dieser Grundansatz erklärt, warum sich so gut wie alle Verfassungsbeschwerden, die auf die Verletzung von materiellen Grundrechten gestützt werden, im Kern darauf zurückführen lassen, dass der Verstoß „krass" ist (Willkür) und/oder, dass der Verstoß den Betroffe-

99

---

[273] Zu den damit verbundenen inhaltlichen Schwierigkeiten siehe *Robbers*, Gerechtigkeit als Rechtsprinzip, 1980; *Brugger* JZ 89, 1; *Zippelius*, Recht und Gerechtigkeit in der offenen Gesellschaft, 1994, *Jansen*, Die Struktur der Gerechtigkeit, 1998; *Kim*, Gerechtigkeit und Verfassung, 2004, 30 ff. Formal ist dieser Rückgriff ohnehin nicht selbstverständlich, weil auch die mit der rechtskräftigen Entscheidung verbundene Rechtssicherheit ein rechtsstaatsrelevanter Faktor ist. Außerdem ist zu beachten, dass unter Zugrundelegung von Gerechtigkeitssphären (vgl. *Walzer*, Sphären der Gerechtigkeit, 1992) ein Verstoß gegen Gerechtigkeitsgrundsätze im einfachen Recht nicht automatisch ein Verstoß gegen verfassungsrechtliche Gerechtigkeitsgrundsätze ist, vgl. *Kim*, Gerechtigkeit und Verfassung, 2004, 47 ff.

nen schwer trifft (Intensität). In einem zweiten Schritt stellt sich der potentielle Beschwerdeführer der Umsetzungsfrage. Wie ist zu begründen, dass das Ergebnis der Gerichtsentscheidung nicht hingenommen werden kann? Der Kern aller Auseinandersetzungen mit den Entscheidungsgründen eines Instanzgerichts liegt in der Behauptung, das Gericht habe die Argumente des Unterlegenen überhaupt nicht zur Kenntnis genommen oder aber, es habe die Bedeutung dieser Argumente falsch verstanden. Das wiederum macht deutlich, warum die meisten Verfassungsbeschwerden mit der Gehörsrüge aus Art. 103 I GG gekoppelt sind.[274] Zusammengefasst sind das allesamt Einwände, die primär im einfachen Recht angesiedelt sind. Im Ergebnis will der Unterlegene eine weitere Kontrollinstanz, letzten Endes so lange, bis er sich durchgesetzt hat.[275] Die **erste Prüfungsstufe** in der Jedermannebene bezieht sich infolgedessen auf die Klärung der Frage, ob der Fall, gäbe es eine Allzuständigkeit des BVerfG, im Blick auf das einfache Recht am Maßstab eines Rechts im Sinne des § 90 I entschieden werden könnte. Ist das zu verneinen, kann das BVerfG nicht zuständig sein, weil es an der Möglichkeit einer Grundrechtsrüge fehlt. Das betrifft sicherlich wenigstens 90% aller instanzgerichtlichen Entscheidungen. Ist diese Frage dagegen zu bejahen, kommt also eine Grundrechtsanwendung in Betracht, so muss in der **zweiten Prüfungsstufe** geklärt werden, ob die (verfehlte) Grundrechtsanwendung durch das Instanzgericht sich zu einer Grundrechtsrüge im Sinne des § 90 I verändern lässt. Nicht jede Grundrechtsbindung des einfachen Rechts führt zu einer Grundrechtsrüge. Diese Prüfung findet keineswegs anhand einer Einheitsformel statt. Sie muss sich vielmehr an den Inhalt der Grundrechtsgewährleistung des in Betracht kommenden Rechts im Sinne des § 90 I orientieren. Bei **Verfahrensgrundrechten** spielen weder die Intensität des Eingriffs noch das Prinzip der Verhältnismäßigkeit eine Rolle. Die funktionelle Abgrenzung der Gerichtsbarkeiten bei Gehörsverletzungen muss bedenken, dass rechtliches Gehör primär durch einfaches Recht gewährleistet wird.[276] Art. 103 I GG wird infolgedessen erst verletzt, wenn der Gehörsverstoß offenkundig ist[277] oder wenn man die Handhabung des einfachen Rechts als willkürlich einstufen kann.[278] Die Verletzung des

---

[274] Wegen der Unzulänglichkeit der an den iudex a quo adressierten Anhörungsrüge, wird sich daran nichts ändern, vgl. *Zuck* NJW 2005, 1226; *ders.* NVwZ 2005, 739.

[275] Damit nimmt die Bedeutung der Menschenrechtsbeschwerde weiter zu.

[276] BVerfGE 89, 28 (35); BVerfG(K) NJW 2004, 3552.

[277] *Lerche*, in: FS Heldrich, 2005, 1283 (1287 ff.).

[278] Art. 103 I GG ist ein gesondert geregelter Fall des Willkürverbots, siehe dazu *Zuck* NVwZ 2005, 739 (740).

Verfassungsbeschwerde § 90

Anspruchs auf den gesetzlichen Richter hängt dagegen ausschließlich von der Willkürkontrolle bei Auslegung und Anwendung der den gesetzlichen Richter gewährleistenden Vorschriften durch das Instanzgericht ab.

Bei **materiellen Grundrechtskollisionen** ist die zweite Prüfungsstufe unterteilt: Zunächst ist zu klären, ob die gerichtliche Entscheidung auf einer verfassungsgemäßen Norm beruht;[279] insoweit kommt es auf die revidierte Heck'sche Formel schon per se nicht an. Wird das bejaht, setzt die Befassung mit der Entscheidung selbst/den Entscheidungsgründen ein: Das kann nicht davon abhängen, ob die Auffassung des Richters grundsätzlich unrichtig ist. Das trifft auf jede falsche Entscheidung zu. Man kann auch nicht nach der Bedeutung des Grundrechts fragen, denn Grundrechte sind immer bedeutsam. Was man aber immer fragen kann, ist, ob die Entscheidung unvertretbar falsch ist (es also ausgeschlossen ist, dass man so oder auch anders hätte entscheiden können)[280] und ob die unvertretbare Fehlerhaftigkeit ihre Ursache im Nicht- oder Fehlgebrauch von Grundrechten hat. Es ist offenkundig, dass die Entscheidung, ob nur eine oder verschiedenartige Entscheidungen hätten getroffen werden können, häufig nicht einfach zu treffen ist, schon deshalb nicht, weil das dieselbe Kenntnis von Sachverhalt und einfachem Recht voraussetzt, wie sie das Instanzgericht gehabt hat, diese Kenntnisse aber in der Jedermannebene nicht immer zur Verfügung stehen.[281] An dieser Stelle, d.h. bei den „offenen" Fehlern, greift das Intensitätsargument. Es ist zu prüfen, ob der Unterlegene durch die ihm ungünstige Entscheidung wirklich intensiv beschwert wird. Ist das nicht der Fall, gehen Zweifel zu seinen Lasten. In der Jedermannebene kann diese Prüfdichte nicht ohne Einbeziehung des § 93a erfolgen (siehe Rn. 6ff. zu § 93a). Dort gibt es zwar den Zulassungsgrund der grundsätzlichen Bedeutung der Sache. Da diese aber schon verneint wird, wenn die maßgeblichen Grundrechtsfragen entschieden sind (siehe dazu Rn. 10 zu § 93a), das aber in der 50jährigen Rechtsprechung des BVerfG für nahezu alle Grundrechtsfragen zu-

---

[279] *Schlaich/Korioth* Rn. 289.

[280] Und das ist wiederum der Regelfall der überhaupt in die zweite Prüfungsstufe gelangenden 10%. Das erklärt die notorische Erfolglosigkeit der Verfassungsbeschwerde.

[281] Sie fehlt erst recht in der Entscheidungsebene des BVerfG, insbesondere bei den Kammern, schon deshalb, weil sie in der Regel die Instanzakten nicht haben und weil die jeweilige Spezialisierung des Berichterstatters nicht einfachrechtlich begründet ist (von der Spezialisierung der Wissenschaftlichen Mitarbeiter ganz zu schweigen), siehe dazu mit Recht kritisch *Kenntner* NJW 2005, 785; ausf. *ders.* DÖV 2005, 269.

§ 90 Teil III. Einzelne Verfahrensarten

trifft, bestätigt sich die fehlende Relevanz der Grundrechtsbedeutung. Auf der subjektiven Seite hat sich dagegen das Merkmal der „existentiellen Bedeutung" des Eingriffs für den Beschwerdeführer herausgebildet.[282] Das stärkt den Hinweis auf das Intensitätsargument.

100 (2) Fasst man diese Überlegungen zusammen, so zeigt sich, dass in der Jedermannebene der Zugang zum BVerfG, und damit die funktionale Abgrenzung von Verfassungs- und Instanzgerichtsbarkeit nicht von der revidierten Heck'schen Formel bestimmt wird, sondern von der Frage, wie man das Gestaltungsermessen des Gesetzgebers beurteilt, ob, bei Verfahrensgrundrechten ein offenkundiger/willkürlicher Verstoß gegen die grundrechtlichen Gewährleistungen vorliegt, und bei materiellen Grundrechtsverstößen, ob das Instanzgericht eine vertretbare Fallentscheidung aufgrund von Nicht- oder Fehlanwendung von Grundrechten (jeweils bezogen auf deren konkreten Gewährleistungsgehalt) getroffen hat. Die Fallentscheidung muss Gewicht haben. Das hat sie, wenn sie – objektiv – zu einer krassen Rechtsverletzung führt (**Willkürverbot**). In Zweifelsfällen, und sie können vor allem im Zusammenhang mit der Anwendung des Prinzips der Verhältnismäßigkeit auftreten, ist die Schwere des Eingriffs ein maßgebliches Indiz (**Intensitätsargument**). Man darf anmerken, dass auch in der Entscheidungsebene, also beim BVerfG, nicht wirklich anhand der revidierten Heck'schen Formel subsumiert wird, sondern dass geprüft wird, ob der Beschwerdeführer durch die Entscheidung des Instanzgerichts gewichtig beeinträchtigt wird, weiter, ob das auf ersichtlichem Grundrechts-Nicht- oder Fehlgebrauch beruht, und, ob man die Entscheidung des Instanzgerichts unter diesen Vorgaben stehen lassen kann oder nicht. Es spricht viel dafür, dass die Hinweise auf die revidierte Heck'sche Formel eher der übliche Hinweis darauf sind, dass sich das Gericht überhaupt mit der funktionellen Abgrenzung zur Instanzgerichtsbarkeit befasst hat. Das lässt sich auch auf der Entscheidungsebene – beispielhaft – an einer Fallgruppe belegen, bei der es in besonders großem Umfang um den Zugriff auf die Instanzrechtsprechung gegangen ist, nämlich bei der von *Renate Jaeger* auf Verfassungsebene durchgesetzten Liberalisierung der Freien Berufe.[283] Die Anpassung der traditionsbewussten Freien Berufe an die Moderne hat in besonderem Maß die Frage des Verhältnisses von einfachem Recht (z. B. BRAO) zum Verfassungsrecht (Art. 12 I GG) aufgeworfen, weil liebgewonnene Besitzstände beseitigt werden mussten. Hinzu kommt, dass die Qualität berufsgerichtlicher Entscheidungen nicht immer mit dem Rang der

---

[282] BVerfGE 90, 22 (25); siehe dazu Rn. 30 ff. zu § 93 a.
[283] *Kirchberg*, BRAK-Mitt. 2005, 2; siehe dazu auch *Jaeger* MedR 2003, 263.

Verfassungsbeschwerde § 90

Entscheidungen ordentlicher Gerichte Schritt gehalten hat,[284] so dass auch die einfach-rechtliche Fehlerquote signifikant höher gewesen ist als sonst.

(3) Es schält sich dabei folgendes Vorgehen heraus. Die Kammer 101 klärt, ob die Annahmevoraussetzungen des § 93a gegeben sind. Sie greift dabei auf die „Durchsetzungsannahme" zurück (siehe Rn. 17 ff. zu § 93a). Sodann merkt sie an, unter stets gleichbleibender Wiedergabe der revidierten Heck'schen Formel, sie dürfe nur eingreifen, wenn die Formelvoraussetzungen vorlägen. So liege es aber im konkreten Fall. Das Instanzgericht habe Art. 12 I GG nicht hinreichend beachtet.[285] Konnte man an der Kammerrechtsprechung noch zweifeln, weil sie die revidierte Heck'sche Formel im Rahmen der Annahmevoraussetzungen geprüft hat, sich also nicht ausdrücklich mit Zulässigkeits- oder Begründetheitsfragen befassen musste, so sprechen doch der Hinweis auf den Prüfungsmaßstab, die Anbindung an die Notwendigkeit, ein Grundrecht durchsetzen zu müssen, und der textliche Zusammenhang mit der Begründung für den Grundrechtsverstoß dafür, dass das BVerfG eine Zuordnung der revidierten Heck'schen Formel zur Begründetheit der Verfassungsbeschwerde vornimmt. Das wird durch die Senatsrechtsprechung bestätigt, die die Heck'sche Formel innerhalb der Begründetheitserwägungen einführt.

Sieht man auf die Verwendung der revidierten Heck'schen Formel, kann man an ihrer Notwendigkeit zweifeln. Dass ihre Voraussetzungen erfüllt sind, wird mit dem Satz „So liegt es hier" belegt. Mehr als eine Behauptung dafür, dass das Instanzgericht vom BVerfG korrigiert werden darf, ist das nicht. Und betrachtet man die Freiberuflerrechtsprechung insgesamt, so zeigt sich, dass es durchweg um – sieht man von den Beschwerdeführern selbst ab – sachlich bedeutungsarme Fragen der Berufsausübung von Freiberuflern gegangen ist. Anders als bei der Berufsausübung im Rahmen des Sozialversicherungsrechts, wo es inzwischen kaum noch möglich ist, Grundrechte eines Leistungserbringers durchzusetzen,[286] ist im Binnenbereich der Freiberufler eigentlich

---

[284] *Kleine-Cosack* AnwBl. 1999, 565.

[285] BVerfG(K) NJW 2000, 2734 – Zahnarztwerbung; NJW 2003, 3470 – Zahnarztwerbung; NJW 2005, 1036 – GOZ-Gebührenvereinbarung; NJW 2001 2788 – Arztwerbung auf Briefbögen; NJW 2002, 3071 – Tierarztwerbung; NJW 2000, 3135 – Sponsoring durch Rechtsanwälte; BRAK-Mitt. 2004, 229 – Rechtsanwalt als Spezialist; NJW 2002, 1190 – Tätigkeit als Inkassounternehmer; NJW 2002, 3531 – Tätigkeit als Erbensucher. So auch der Erste Senat NJW 2004, 3765 – Anwaltswerbung auf Straßenbahnen. Der Zweite Senat, BVerfGE 110, 226 (270) – Geldwäsche durch Rechtsanwälte.

[286] Vgl. dazu ausführlich *Zuck,* in: Quaas/*Zuck,* Medizinrecht, 2005, Rn. 91 ff. zu § 2.

kein Fall der freiheitsverbürgenden Kontrolle durch das BVerfG entgangen. Steuerungsfunktion hat die revidierte Heck'sche Formel nicht bewiesen. Es spricht deshalb alles dafür, sich von der revidierten **Heck'schen Formel** zu **verabschieden**. Sie gibt den tatsächlichen funktionellen Abgrenzungsvorgang nicht mehr wieder und das unter drei Aspekten. Zum einen legt sie die wirklichen Abgrenzungskriterien nicht offen. Diese orientieren sich im Kern an der Intensität des Eingriffs, d. h. an der Bedeutung der (Fehl)Entscheidung des Instanzgerichts für den Beschwerdeführer, und am Grad der Fehlerhaftigkeit (Willkürverbot).[287] Zum anderen erweckt die Einheitsformel den falschen Eindruck, als ob sie auf alle Grundrechtsregelungen gleichermaßen anwendbar sei. Tatsächlich kommt es aber für die funktionale Abgrenzung auf den Gewährleistungsgehalt des in Anspruch genommenen Rechts nach § 90 I an. Und schließlich macht die revidierte Heck'sche Formel nicht verlässlich deutlich, dass es zunächst einmal um den Zugang zum BVerfG überhaupt, und nicht um die Begründetheit der Verfassungsbeschwerde geht. Unter Zugangsgesichtspunkten ist die Verfassungsbeschwerde entgegen dem ersten Eindruck aus § 90 I erheblich beschränkt. Jede falsche Entscheidung des Instanzgerichts kann man zwar als verfassungswidrig einstufen. Aber nicht jede verfassungswidrige Entscheidung berechtigt zur Verfassungsbeschwerde.

101 a ee) Bleibt man bei der revidierten Heck'schen Formel, so wird eine Entscheidung über die Frage nötig, ob die Verletzung spezifischen Verfassungsrechts auf eine Zulässigkeitsvoraussetzung deutet oder die Begründetheit der Verfassungsbeschwerde betrifft (siehe oben Rn. 91, 101).

102 (1) Bleibt man bei der Annahme, dass – im Rahmen einer **funktionellen Abgrenzung** – das BVerfG nicht zuständig ist, soweit die Entscheidung über die Sach- und Rechtslage abschließend von den Instanzgerichten getroffen wird, so handelt es sich um die Zulässigkeit der Verfassungsbeschwerde. Der Beschwerdeführer muss infolgedessen behaupten, dass die ihn betreffende Rechtsverletzung den Rang eines vom BVerfG kontrollierbaren Grundrechtsverstoßes hat. Das kann nicht im Wege der Abschichtung des Verfassungsrechts vom einfachen Recht geschehen.[288] Angesichts der Konstitutionalisierung des einfa-

---

[287] „Krass", wie BVerfG(K) NJW 2004, 154 (155) formuliert. Dass die einzelfallbezogene funktionelle Abgrenzung genau aus diesem Grund misslingen kann, davor ist auch das BVerfG nicht gefeit. Man fragt sich vergeblich, warum die fehlerhafte Anwendung des § 22 WEG („Nachteilsbegriff") durch die Instanzgerichte ein Eingreifen des BVerfG wegen Verstoß gegen Art. 14 I GG erforderlich gemacht hat, BVerfG(K) NJW-RR 2005, 454.

[288] Das fordert *Kenntner* NJW 2005, 785 (788 f.); *ders.* DÖV 2005, 269.

chen Rechts hat dieses untrennbar eine verfassungsrechtliche Seite. Dass Grundrechte verletzt sein können, setzt deshalb die darlegende Akzentuierung des konkreten Grundrechtsbezugs voraus. Das ist anhand der Begründung der Verfassungsbeschwerde zu prüfen (und kann nicht vom BVerfG unter dem Aspekt seiner Befugnis, einen ihm vorgelegten Verfassungsbeschwerdefall unter allen denkbaren verfassungsrechtlichen Gesichtspunkten zu prüfen (siehe Rn. 11 zu § 92) ersetzt werden. Erst wenn ein solcher Verfassungsbeschwerdevortrag vorliegt, kann es darauf ankommen, ob die Grundrechtsrüge zurecht erhoben worden ist. Das ist auch nicht wirklich eine Frage des Prüfungsmaßstabs, denn das BVerfG hat im Verfassungsbeschwerdeverfahren keinen anderen Prüfmaßstab als die in § 90 I genannten Rechte.

(2) Für **Rechtssatzverfassungsbeschwerden** gilt im Ergebnis 103 nichts anderes. Zwar ist hier nicht die revidierte Heck'sche Formel heranzuziehen. Auch hier muss aber der Beschwerdeführer die Verletzungshandlung so belegen, dass ein Grundrechtsverstoß möglich ist. Das scheidet aus, wenn die Grundrechtsrüge nur mit Erwägungen begründet wird, die auf eine zweckmäßigere oder sachlich bessere gesetzgeberische Lösung zielen. Solche Rügen sind schon gar nicht zulässig, weil in ihnen keine Grundrechtsrüge enthalten ist. In diesem Bereich kann das BVerfG den Gesetzgeber nicht kontrollieren (siehe Rn. 35 ff. Einl.).

g) Verletzung durch Unterlassen. Die Verletzungsform kann sich 104 als Tun oder Unterlasen darstellen. Während die Verletzungshandlung alle Akte der öffentlichen Gewalt umfasst, wie sie in der Vielfalt ihrer Erscheinungsformen im Bereich der rechtsetzenden, rechtsprechenden und vollziehenden Gewalt beschrieben worden sind, stellt die Verletzung durch Unterlassen ein Sonderthema dar (s. dazu auch Rn. 39 Einl.).[289]

---

[289] S. dazu *Lechner* NJW 1955, 1819; *Seiwert* DÖV 1963, 41; *Schumann* AöR 88 (1963), 331; *R. Schneider* AöR 89 (1964), 24; *Lerche* AöR 90 (1965), 341; *Denninger* JZ 1966, 768; *Wienholtz*, Normative Verfassung und Gesetzgebung, 1968, S. 40; *Rupp-v. Brünneck*, Darf das Bundesverfassungsgericht an den Gesetzgeber appelieren?, in: FS f. G. Müller, 1970, 355; *Meder* DVBl. 1971, 848; *Jülicher*, Die Verfassungsbeschwerde gegen Urteile bei gesetzgeberischem Unterlassen, 1972; *Pestalozza*, „Noch verfassungsmäßige" und „bloß verfassungswidrige" Rechtslagen, in: Bundesverfassungsgericht und Grundgesetz, Bd. I, 1976, 519; *Mönch*, Verfassungswidriges Gesetz und Normenkontrolle 1977, 61 ff., 89 ff.; *Gusy*, Parlamentarischer Gesetzgeber und Bundesverfassungsgericht, 1985, 148; *Ebsen*, Das Bundesverfassungsgericht als Element gesellschaftlicher Selbstregulierung, 1985, 95; *Berkemann* EuGRZ 1985, 137; *Zuck*, Vb, Rn. 227 f.; *Dörr*, Die Verfassungsbeschwerde in der Prozesspraxis, 2. Aufl. 1997, Rn. 85 ff.; *Benda/Klein* Rn. 495 ff.; *Schlaich/Korioth* Rn. 229.

105 **aa)** Es sind zunächst einige Sachverhalte zu sondern. Vom Unterlassen einer (an sich gebotenen) Maßnahme der öffentlichen Gewalt kann man sowohl im Bereich der Rechtsprechung[290] als auch bei der Verwaltung,[291] vor allem aber beim Gesetzgeber sprechen. Letzteres stellt den eigentlichen Problembereich dar. Befasst man sich mit dem Unterlassen des Gesetzgebers, so sind erneut einige Präzisierungen vorzunehmen. So kann man fehlerhaftes Handeln des Gesetzgebers immer als Unterlassen richtigen Handelns kennzeichnen. Deshalb wird die damit angesprochene Thematik der Haftung für **legislatives Unrecht**,[292] häufig in die Nähe des gesetzgeberischen Unterlassens gerückt.[293]

106 **bb)** Im Zusammenhang mit der Unterscheidung zwischen Tun und Unterlassen bei der Zulässigkeitsprüfung der Verfassungsbeschwerde ist das jedoch nicht nur eine überflüssige, sondern eine die ohnehin (gegen die gesetzwidrige Maßnahme) gegebene Rechtsschutzmöglichkeiten verkennende, und deshalb unrichtige Betrachtungsweise. Das damit angesprochene **unechte Unterlassen** spielt seine Hauptrolle dort, wo der Gesetzgeber eine Personengruppe von einer begünstigenden Regelung dadurch ausnimmt, dass er sie unerwähnt lässt und damit benachteiligt.[294] Auch hier stellt sich das dem Gesetzgeber vorgeworfene „Unterlassen" nur als ein Reflex der im Übrigen getroffenen Entscheidung dar.[295]

107 **cc) Echtes Unterlassen** des Gesetzgebers führt nur dann zu einer im Sinne des § 90 I erheblichen Verletzungshandlung, wenn der Beschwerdeführer sich auf einen ausdrücklichen Auftrag des GG berufen kann, der Inhalt und Umfang der Gesetzgebungspflicht im Wesentlichen umgrenzt.[296]

---

[290] Beispiel: BVerfGE 10, 302; s. dazu u. Rn. 145 d, 145 e.
[291] Beispiele: BVerfGE 2, 287 (290); 6, 257 (263 ff.), 10 (303, 306); 16, 119 (121); 69, 161 (167) = NJW 1985, 2019.
[292] S. dazu *Dagtoglou,* Ersatzpflicht des Staates bei legislativem Unrecht, 1963; *Oldiges* Der Staat 15 (1976), 83; *Scheuing,* in: FS f. Bachof, 1984, 343 ff.; *v. Arnim,* Die Haftung der Bundesrepublik Deutschland für das Invesititionshilfegesetz, 1986; *Nüßgens/Boujong,* Eigentum, Sozialbindung, Entschädigung, 1987, Rn. 446 und BGH BayVBl. 1987, 542).
[293] S. dazu *Holtzer,* Präventive Normenkontrolle durch das Bundesverfassungsgericht, 1978, 18 f.
[294] BVerfGE 18, 257 (273); 23, 1 (11); 25, 236 (252); 52, 369 (379); 57, 335 (346); 62, 256 (288) = NJW 1983, 617.
[295] S. dazu *Berkemann* EuGRZ 1985, 137 (140).
[296] BVerfGE 11, 255 (261 f.) = NJW 1960, 1756.

Dieser ausdrückliche Auftrag an den Gesetzgeber[297] ist ein kaum nachvollziehbarer Rückgriff auf das bloße Wortlautargument;[298] es muss genügen, wenn die Handlungspflicht für den Gesetzgeber unmissverständlich zum Ausdruck kommt.[299] Was damit gemeint ist, wird durch den Zusatz verdeutlicht, es müssten dadurch „der Inhalt und Umfang der Gesetzgebungspflicht im wesentlichen bestimmt" sein.[300] Unter diesen Vorgaben sind ausdrückliche Verfassungsaufträge bejaht worden bei Art. 6 V GG.[301] und Art. 12a II 3 GG.[302] Da alle diese Aufträge erfüllt sind (s. dazu Rn. 39 Einl.), ist der „ausdrückliche Verfassungsauftrag" als Voraussetzung für eine Verfassungsbeschwerde wegen gesetzgeberischen Unterlassens heute, wenn er nicht auf einem Hinweis des BVerfG beruht, eine rechtshistorische Vorgabe.

dd) Konkrete Handlungspflicht des Gesetzgebers. Es überrascht deshalb nicht, dass die aktuelle Diskussion von dem Versuch beherrscht wird, die Handlungsfähigkeit des Gesetzgebers dadurch auszudehnen, dass „unmissverständliche Vorgaben" im Wege der Auslegung gewonnen werden.[303] So bleibt es zwar vordergründig dabei, dass weder Art. 2 I, Art. 3 I, noch Art. 14 III 2 oder Art. 15 II GG solche Handlungsaufträge enthalten (s. dazu auch Einl. Rn. 39). Das BVerfG hat sich dennoch mit dem Vorwurf beschäftigt, der Gesetzgeber habe es unterlassen, solchen Handlungs- und Schutzpflichten nachzukommen, die erst im Wege der Verfassungsinterpretation aus den in den Grundrechten verkörperten Grundentscheidungen herleitbar sind.[304] Das BVerfG akzeptiert eine solche erweiterte Kontrolle gesetzgeberischen Unterlassens nur unter engen Voraussetzungen:

(1) **Gänzliche Untätigkeit:** „Zu den Voraussetzungen einer zeitlich unbefristeten Verfassungsbeschwerde dieser Art wird im Allgemeinen zumindest gehören, dass der Gesetzgeber trotz bestehenden Handlungs- und Schutzpflichten gänzlich untätig geblieben ist. Ist der Gesetzgeber hingegen tätig geworden, enthält das Gesetz eine – sei es

---

[297] BVerfGE 6, 257 (264); 8, 1 (9); 11, 255 (62f.); 12, 139 (142); 23, 242 (249); 56, 54 (70) = NJW 1981, 1655.
[298] Krit. auch *Lerche* AöR 90 (1965), 340 (350f.).
[299] S. auch *Stern*, BK, Zweitbearbeitung Stand 1982, Art. 93 Rn. 637; *Langer* NVwZ 1987, 195 (199) spricht von einem „Evidenz-Vorbehalt".
[300] BVerfGE 56, 54 (70) = NJW 1981, 1655 m.w. Nw.
[301] BVerfGE 8, 210 (217); 25, 167 (174, 184ff.); 44, 1 (22) = NJW 1977, 1677; wird heute gegen Art. 6 V verstoßen, so betrifft das immer den handelnden Gesetzgeber, vgl. BVerfGE 74, 33 (38) = NJW 1987, 1007.
[302] *Stern*, BK, Stand 1982, Art. 93 Rn. 637.
[303] s. dazu *Dörr*, Die Verfassungsbeschwerde in der Prozesspraxis 2. Aufl. 1997 Rn. 93.
[304] BVerfGE 56, 54 (71) = NJW 1981, 1655.

auch ablehnende – Regelung, dann hat er eine Entscheidung nicht
‚unterlassen'.³⁰⁵ Es bleibt also dabei, dass es sich um echtes Unterlassen
handeln muss. Nur die Voraussetzungen sind gegenüber der ausdrücklichen Auftragsbindung erweitert. Wer diese Regelung als unzureichend ansieht, ist letzten Endes auf die Verfassungsbeschwerde wegen
der getroffenen, nicht der unterlassenen Regelung verwiesen.³⁰⁶

110 (2) **Schutzpflichten:** Das BVerfG hat im Zuge einer umfangreichen
Rechtsprechung die These entwickelt, Art. 2 II 1 GG enthalte auch eine
Gebotsnorm. Der Staat sei verpflichtet, sich schützend und fördernd um
die Erhaltung von Leben zu mühen, d. h. vor allem, es auch vor rechtswidrigen Eingriffen von Seiten anderer zu bewahren. Dabei sei die
Schutzpflicht umso gewichtiger, „je höher der Rang des in Frage stehenden Rechtsguts innerhalb der Wertordnung des Grundgesetzes anzusehen ist."³⁰⁷ Auf dieser Basis hat das BVerfG den Gesetzgeber im **Fris-
tenlösungsfall** für verpflichtet gehalten, äußerstenfalls das Mittel des
Strafrechts einzusetzen.³⁰⁸ In *BVerfGE* 46, 160 = NJW 1977, 2255 hatte
der Antragsteller begehrt, der Bundesregierung aufzuerlegen, der Forderung der Entführer des **Dr. Schleyer** auf Freilassung und Gewährung
freier Ausreise aus der Bundesrepublik Deutschland von namentlich von
den Entführern benannten Häftlingen als unabdingbare Voraussetzung
zur Abwendung gegenwärtiger drohender Gefahr für das Leben dieses
Antragstellers stattgegeben. Das BVerfG hat die Schutzpflicht des Staates
bejaht, die Handlungsmodalitäten aber dem Staat überlassen.

Im **Kalkar**-Fall³⁰⁹ hatten die Beschwerdeführer hilfsweise ein Unterlassen des Gesetzgebers gerügt. Sie machten geltend, Art. 2 II 1 GG
sei verletzt, weil der Gesetzgeber einer Aufstellung der neuen Waffen
nicht zugestimmt habe. In das Recht auf Leben und körperliche Un-
versehrtheit dürfte kraft Art. 2 II 3 GG nur auf Grund eines – nach
Anhörung aller Betroffenen erlassenen – Gesetzes eingegriffen werden.
Das Fehlen eines Stationierungsgesetzes verstoße zudem gegen die
Wesentlichkeitstheorie. Im **Waldschaden**-Fall war gerügt worden, die
Behörden hätten wirksame Maßnahmen gegen solche Anlagen unter-

---

³⁰⁵ Vgl. BVerfGE 13, 284 (287); 23, 229 (238); 29, 268 (273).

³⁰⁶ BVerfGE 56, 54 (71).

³⁰⁷ BVerfGE 39, 1 (42) = NJW 1975, 573; *Hermes,* Das Grundrecht auf
Schutz von Leben und Gesundheit, Schutzpflicht und Schutzanspruch aus Art. 2
II 1 GG, 1987 *Pietzker,* in: FS f. Dürig, 1990, 345; *Dietlein,* die Lehre von den
grundrechtlichen Schutzpflichten, 1992; *Unruh,* Zur Dogmatik der grundrechtlichen Schutzpflichten, 1996; *Möstl* DÖV 1998, 1029; *Badura,* in: HGR I
(2004) Rn. 20 ff.; 24 zu § 20.

³⁰⁸ BVerfGE 39, 1.

³⁰⁹ BVerfGE 49, 89 (143) = NJW 1979, 359, s. a. BVerfGE 53, 30 (57 f.) =
NJW 1980, 759.

lassen, die Schwefeldioxid-Stickstoffoxide, Schwermetalle und Feinstäube in gesundheits- und umweltgefährdendem Ausmaß emitierten. Das BVerfG hat die Verfassungsbeschwerde nicht zur Entscheidung angenommen, weil die Materie zu komplex und deshalb primär in der Verantwortung des Gesetzgebers liege.[310]

Ein weiteres Glied dieser Kette ist die **Aids**-Entscheidung. Hier war die Einleitung von Gesetzgebungsmaßnahmen zur Aidsbekämpfung gefordert worden. Auch diese Verfassungsbeschwerde wurde jedoch nicht zur Entscheidung angenommen. Das Gericht hat zwar eine staatliche Schutzpflicht bejaht, aber die beiden Prämissen – gänzliche Untätigkeit/evident unzureichende Maßnahmen – verneint.[311]

Fasst man diese Rechtsprechung zusammen,[312] so zeigt sich, dass ihre praktischen Konsequenzen gering sind. Nur im Fristenlösungs-Fall (und da ging es nicht um echtes Unterlassen) war die Verfassungsbeschwerde erfolgreich. Dennoch wird man den Ertrag der Kasuistik von Schutzpflichten, die zu unbestimmt sind, um ihnen subjektive Rechte des Bürgers korrespondieren zu lassen, nicht gering einschätzen dürfen. Sieht man einmal vom Apellcharakter der Erwähnung solcher Schutzpflichten ab, so ist damit doch tendenziell das Tor zur Staatskontrolle geöffnet. Handelt der Staat überhaupt nicht, obwohl er es könnte, so wird er sich verpflichten lassen müssen, innerhalb angemessener Zeit überhaupt zu handeln. Hat er gehandelt, unterliegt er der Kontrolle am Maßstab des Grundgesetzes. Insgesamt weist die Annahme von Handlungs- und Schutzpflichten im Wege der Verfassungsinterpretation deshalb auf ein **dreistufiges Verfahren:**
- Feststellung echten Unterlassens;
- Annahme von Schutzpflichten durch Auslegung;
- Begründung konkreter Handlungspflichten aus dem Schutzauftrag.

ee) Gesetzgeberische Nachbesserungspflicht. Das BVerfG hat in diesem Zusammenhang[313] als weitere Alternative für die Annahme einer konkreten Handlungspflicht die Nachbesserungspflicht gestellt: „... nach Ablauf dieser Frist und außerhalb der Anfechtung konkreter Vollziehungsakte kann eine Verfassungsbeschwerde wegen Unterlassung allenfalls noch unter dem besonderen, in neueren Entscheidungen herausgearbeiteten und noch zu erörternden Gesichtspunkten in Betracht gezogen werden, der Gesetzgeber habe durch seine Untätigkeit

111

---

[310] BVerfG(K) BayVBl. 1984, 13 (15). Zur Diskussion vgl. etwa *Langer* NVwZ 1987, 195; s. dazu auch BVerfGE 96, 56 (64).
[311] BVerfG(K) EuGRZ 1987, 353 (354).
[312] S. a. BVerfGE 77, 381 (405) – atomares Zwischenlager Gorleben; 79, 174 (202) – Verkehrslärm.
[313] S. dazu *Badura*, in: FS f. Eichenberger, 1982, 481 ff.

eine verfassungsrechtliche Pflicht zur Nachbesserung eine ursprünglich als verfassungskonform angesehene Regelung verletzt".[314]

Diese Nachbesserungspflicht beruht darauf, dass der Gesetzgeber „ungewissen Auswirkungen eines Gesetzes dadurch Rechnung tragen (muss), dass der die ihm zugänglichen Erkenntnisquellen ausschöpft, um die Auswirkungen so zuverlässig wie möglich abschätzen zu können (*BVerfGE* 50, 290 [334] = NJW 1979, 699; bei einer sich später zeigenden Fehlprognose ist er zur Korrektur verpflichtet, vgl. *BVerfGE* a.a.O. 335). Der Gesetzgeber kann auf Grund veränderter Umstände zur Nachbesserung einer ursprünglich verfassungsgemäßen Regelung gehalten sein (vgl. *BVerfGE* 56, 54 [78f.], m.w. Nw.)".[315] Diese Pflicht soll dann eintreten, wenn in entscheidungserheblicher Weise eine Diskrepanz zwischen faktischer Entwicklung und gesetzgeberischer Erwartungshaltung entsteht.

Immer muss dem Gesetzgeber ein angemessener Zeitraum bleiben, um Erfahrungen zu sammeln, Klarheit zu gewinnen und die ggf. notwendigen Abhilfemöglichkeiten vorzubereiten.[316] Dabei müssen die Schwierigkeiten berücksichtigt werden, die sich aus komplexen und dynamischen Sachverhalten ergeben,[317] insbesondere, wenn gesicherte (wissenschaftliche) Erkenntnisse fehlen.[318]

Die Berufung auf unterlassene Nachbesserungspflichten des Gesetzgebers gehört jedoch nicht in den Zusammenhang der Unterlassensthematik. Vielmehr bietet sich ein Drei-Schritte-Programm an:[319]
– Hat eine wesentliche Veränderung der Grundlagen des Gesetzes stattgefunden?
– Hat der Gesetzgeber seiner Prüfpflicht genügt?
– War der Gesetzgeber zur Verbesserung verpflichtet?

Nachgebessert werden kann nur ein Werk, das überhaupt – wie immer – erbracht worden ist. Die verfassungsgerichtliche Kontrolle der Nachbesserungspflicht des Gesetzgebers kann deshalb immer nur im Rahmen der verfassungsgerichtlichen Prüfung des angeblich nachbesserungsbedürftigen Gesetzes vorgenommen werden. Mit anderen Worten: insoweit geht es um das positive Tun des Gesetzgebers, nicht um sein Unterlassen. Ob gegen die Nachbesserungspflicht verstoßen worden ist, ist eine Frage der Begründetheit der Verfassungsbeschwerde.

---

[314] BVerfGE 56, 54 (71f.).
[315] BVerfGE 65, 1 (55f.) = NJW 1975, 874; 100, 59 (109); 103, 242 (267); 110, 141 (158).
[316] BVerfGE 83, 1 (13); 101, 331 (351).
[317] BVerfGE 54, 11 (37ff.); 86, 369 (379ff.); 105, 73 (132).
[318] BVerfG(K) NJW 2002, 1638 (1639); BVerfGE 110, 141 (158).
[319] S. dazu *Steinberg* Der Staat 26 (1987), 161 (177).

Verfassungsbeschwerde § 90

ff) Ergebnis. Im Ergebnis weist deshalb die ganze Diskussion zum gesetzgeberischen Unterlassen auf kein wirkliches verfassungsprozessuales Problem. Soweit der Gesetzgeber Handlungs-, Schutz- und Nachbesserungspflichten verletzt, unterlässt er zwar gesetzgeberisches Handeln. Dieses Handeln manifestiert sich aber im Regelfall an unvollkommenen positiven Tun; der Hinweis darauf dient der Begründung der Verfassungsbeschwerde, berührt also allein materielles Verfassungsrecht. Soweit in diesem Bereich staatliches Handeln überhaupt fehlt, wird zwar eine zur einer Handlungspflicht führende Konkretisierung dieser Pflicht nicht theoretisch ausgeschlossen,[320] es lässt sich aber nicht verlässlich angeben, unter welchen Bedingungen die gesetzgeberischen Möglichkeiten zur Notwendigkeit erstarken.

112

4. Das allgemeine Rechtsschutzinteresse

a) Voraussetzung der Zulässigkeit einer Verfassungsbeschwerde, die in jeder Lage des Verfahrens gegeben sein muss,[321] ist ein ihr zugrundeliegendes Rechtsschutzinteresse. Es ergibt sich in der Regel unmittelbar aus dem der Verfassungsbeschwerde zugrunde liegenden Rechtsgrund. Nach der Rechtsprechung des BVerfG[322] besteht ein Rechtsschutzbedürfnis für eine Verfassungsbeschwerde nur dann, wenn der Beschwerdeführer durch den von ihm angefochtenen Akt der öffentlichen Gewalt **unmittelbar rechtlich** – und nicht nur faktisch – **betroffen** und damit beschwert ist. Für eine Verfassungsbeschwerde gegen eine, den Beschwerdeführer nicht berücksichtigende, begünstigende Regelung besteht ein Rechtsschutzbedürfnis, wenn eine Entscheidung des BVerfG möglich ist, in der die Verfassungswidrigkeit der bestehenden gesetzlichen Regelung festgestellt wird.[323]

113

b) Wird mit einer Verfassungsbeschwerde geltend gemacht, dass eine belastende Norm den **Gleichheitssatz** verletzt, weil sie nicht auf andere, gleiche Verhältnisse ausgedehnt worden sei, so fehlt das Rechtsschutzinteresse dann nicht, wenn die Möglichkeit besteht, dass die Gleichheit verfassungsrechtlich eindeutig durch Nichtigkeit der belastenden Regelung herbeizuführen wäre.[324]

114

---

[320] So wird sich BVerfGE 56, 54 (71) deuten lassen.

[321] BVerfGE 2, 44 (78); insbes. im Zeitpunkt der Entscheidung, BVerfGE 21, 139 (145); 30, 54 (58); 56, 99 (106); 106, 210 (214).

[322] BVerfGE 1, 97 (101 f.); 4, 96 (101); 8, 222 (225); 9, 92; 11, 336; 15, 256 (262 f.); 15, 283 (286); 19, 150 (157); 21, 139 (143); 26, 289 (294); 31, 58 (67).

[323] BVerfGE 22, 349 (359 ff.); s. auch BVerfGE 84, 1 (4 f.) = NVwZ 1991, 560.

[324] BVerfGE 9, 338 (342) = NJW 1959, 1579. S. dazu Rn. 9, 23 zu § 95.

114a c) Das Rechtsschutzinteresse an einer Entscheidung des BVerfG lässt sich grundsätzlich nicht damit rechtfertigen, dass sie Voraussetzung einer **Billigkeitsentscheidung** sei, auf deren Erlass dem einzelnen kein Rechtsanspruch zusteht.[325]

114b d) Nach *BVerfGE* 24, 289 = NJW 1969, 267 kann eine für die Erhebung der Verfassungsbeschwerde ausreichende Beschwer auch für am **Ausgangsverfahren** nicht Beteiligte vorliegen. Das gelte außer für solche Fälle, in denen die Grundrechtsverletzung gerade im Inhalt oder in der Art der Formulierung der angefochtenen Entscheidung liegt,[326] dann, wenn durch die angefochtene Entscheidung eine rechtliche Position eines am Verfahren nicht Beteiligten unmittelbar verändert werde.[327] Wird durch staatlichen Akt einer der Verlobten an der beabsichtigten Eheschließung gehindert, so trifft der hierin liegende Eingriff beide Verlobte.[328]

115 e) Es genügt nach der Rechtsprechung des BVerfG, wenn die Entscheidung selbst nur eine **Gefährdung** herbeigeführt hat, während die Veränderung erst durch ihren Vollzug eintritt. Für den Fall einer bloßen Gefährdung sei maßgebend, ob eine künftige Rechtsverletzung nicht auf andere Weise als durch die bereits erhobene Verfassungsbeschwerde zu beseitigen wäre; andernfalls wäre die in der Gefährdung liegende Benachteiligung nicht schwerwiegend genug, um sie als gegenwärtige Rechtsbeschwer anzuerkennen. Ist der Wert, der für den Beschwerdeführer auf dem Spiele steht, so gering, dass ein sonst gegebenes Rechtsmittel ausgeschlossen ist, weil für Bagatell-Sachen der Instanzenzug nicht zur Verfügung gestellt wird, so ist im Allgemeinen auch eine Inanspruchnahme des BVerfG nicht angemessen.[329]

116 f) Die gegen einen **Haftbefehl** gerichtete Verfassungsbeschwerde wird gegenstandslos, wenn der Beschwerdeführer wegen der im Haftbefehl bezeichneten Tat rechtskräftig verurteilt wird. Das gilt jedoch nicht, wenn die Verletzung prozessualer Grundrechte gerügt wird.[330] Nach *BVerfGE* 25, 44 (53) entfällt das Rechtsschutzbedürfnis nicht gegenüber einem Strafurteil durch Gewährung von Straffreiheit (durch

---

[325] BVerfGE 14, 25.
[326] BVerfGE 15, 283 (286).
[327] BVerfGE 4, 96 (101); 15, 256 (262) = NJW 1963, 899.
[328] BVerfGE 31, 58 (67) = NJW 1971, 1509).
[329] BVerfGE 9, 120; 19, 148 (149).
[330] BVerfGE 9, 160). Zur Aufhebung des Haftbefehls s. BVerfGE 53, 152 (157 f.) = NJW 1980, 1448 oder nach abgeschlossener Durchsuchung BVerfGE 20, 162 (173); 77, 1 (38) = NJW 1980, 1529. Zum Verteidigerausschluss BVerfGE 15, 226 (330); 43, 88 f.; 48, 300 (315); 52, 42 (51 f.) = NJW 1980, 33.

Straffreiheitsgesetz). Die Bewilligung von Straffreiheit ist nicht einem Freispruch gleichzuachten. In B*VerfGE* 21, 378 (383) ist das Rechtsschutzbedürfnis ferner anerkannt gegenüber Strafurteilen auch nach Verbüßung der Strafe,[331] oder nach Entlassung aus einer Anstalt.[332]

g) Im Zusammenhang mit der Verhängung von **Strafhaft** hat das BVerfG die besondere Bedeutung des grundgesetzlichen Freiheitsschutzes betont. Dessen Bedeutung werde verkannt, wenn die Zulässigkeit des Eingriffs nur deshalb nicht mehr geklärt werden könne, weil der Beschwerdeführer inzwischen seine Freiheit wiedererlangt habe. Dabei ist es gleichgültig, ob der Eingriff bei Einlegung der Verfassungsbeschwerde noch andauert und erst später geendet hat oder ob er schon bei Erhebung der Verfassungsbeschwerde entfallen war.[333] Das führt aber nicht zum automatischen Fortbestehen des Rechtsschutzinteresses. So reicht die nicht näher konkretisierte Möglichkeit künftiger Strafhaft dafür nicht aus.[334] 116a

h) Auch nach Aufhebung des angefochtenen beschwerenden **Verwaltungsakts** kann noch ein rechtliches Interesse an der Feststellung der Grundrechtswidrigkeit des Verwaltungsakts bestehen, falls der Verwaltungsakt nicht gerade wegen der Grundrechtswidrigkeit aufgehoben wurde.[335] 116b

i) Für **Erledigungsvorgänge** gilt generell, dass das Rechtsschutzinteresse fortdauert, wenn sonst die Klärung einer verfassungsrechtlichen Frage von großer Bedeutung unterbleiben müsste und der Grundrechtsverstoß besonders schwer wiegt[336] oder wenn die gegenstandslos gewordene Maßnahme den Beschwerdeführer weiter beeinträchtigt.[337] Diese Grundsätze gelten gleichermaßen, wenn die mit der Verfassungsbeschwerde angegriffene Gesetzesnorm gegenstandslos geworden ist[338] oder wenn ein vom Beschwerdeführer für verfassungswidrig gehaltenes Gesetz aufgehoben worden ist.[339] Dagegen fehlt das 117

---

[331] S. auch BVerfGE 9, 89 (93); 20, 162 (173); 21, 378 (383).

[332] BVerfGE 10, 302 (308); 86, 288 (309) = NJW 1992, 2947.

[333] BVerfGE 9, 89 (93f.); 10, 302 (308); 53, 152 (157f.); 58, 208 (219); 83, 24 (29f.); 104, 220 (231); 105, 239 (246).

[334] BVerfGE 98, 169 (197).

[335] BVerfGE 11, 336 (338).

[336] St. Rspr. vgl. BVerfGE 91, 125 (133); 96, 288 (300); 97, 298 (308); 99, 129 (138); 100, 104 (125); 108, 251 (268).

[337] BVerfGE 33, 247 (257f.); 91, 125 (133); 99, 129 (138); 101, 106 (121); 110, 177 (188).

[338] BVerfGE 96, 163 (171): Rechtsschutzinteresse verneint.

[339] BVerfGE 100, 271 (281); siehe auch BVerfGE 108, 370 (383): Rechtsschutzinteresse bejaht. Vgl. schließlich noch BVerfGE 109, 64 (84) zur erneuten Anrufung des BVerfG bei geänderter Rechtslage.

Rechtsschutzinteresse, wenn wegen der Veränderung der einfachrechtlichen Situation – trotz Erfolgs im Verfassungsbeschwerdeverfahren – der Beschwerdeführer einfach-rechtlich nichts mehr erreichen kann.[340] Insoweit hilft es dem Beschwerdeführer auch nicht weiter, dass das Rechtsschutzinteresse grundsätzlich erhalten bleibt, wenn sich der mit der Verfassungsbeschwerde gerügte Eingriff auf einen Zeitraum bezieht, in dem nach regelmäßigem Geschäftsgang eine Entscheidung des BVerfG kaum erlangt werden kann.[341]

117 a Ein Erledigungsvorgang ist auch der **Tod des Beschwerdeführers**.[342] Der Tod des Beschwerdeführers wirkt sich unterschiedlich, je nach Art des angegriffenen Hoheitsaktes und des Standes des Verfassungsbeschwerdeverfahrens aus.[343] Bei höchstpersönlichen Rechten ist das Verfahren im Regelfall mit dem Tod des Beschwerdeführers beendet. Das BVerfG spricht dann davon, dass sich das Verfahren durch den Tod des Beschwerdeführers erledigt hat.[344] Der Tod von juristischen Personen[345] und Personenvereinigungen (vgl. § 11 II Nr. 1 InsO),[346] d. h. die Eröffnung des Insolvenzverfahren (§ 27 InsO) ist abweichend zu bestimmen, weil der Insolvenzverwalter befugt ist, das Verfahren fortzuführen.[347] Will man dagegen im Einzelfall eine Betroffenheit der Schuldnerin bejahen,[348] wird es sich wohl immer um vermögenswerte Rechte handeln. Zu beachten ist, dass nach § 117 InsO die von der Schuldnerin einem Rechtsanwalt erteilte Vollmacht im Regelfall (vgl. § 117 I, II InsO) erlischt, soweit sie Bezug zur Insolvenzmasse hat.[349] Die Regelung ist zwingend (§ 119 InsO). Die Eröffnung des Insolvenzverfahrens (§ 27 InsO) unterbricht auch das Verfassungsbeschwer-

---

[340] BVerfGE 110, 304 (320) – Zurückzunehmende Stellenbesetzung nach Konkurrentenklage.

[341] BVerfGE 81, 138 (140 f.); 107, 299 (311).

[342] Siehe dazu *Zuck* DÖV 1965, 836; *Ostler* NJW 1964, 38; *Spanner*, in: Bundesverfassungsgericht und Grundgesetz, Bd. I, 1986, 374 (383 ff.); *Stern*, BK, Zweitbearbeitung, Stand 1982, Rn. 548 ff. zu Art. 93 GG.

[343] BVerfGE 6, 389 (442) = NJW 1957, 865 (siehe dazu oben Rn. 72).

[344] BVerfGE 3, 162 (164); 6, 389 (442); 23, 288 (300); 26, 327 (332) = NJW 1969, 1659; 36, 102 (112); 69, 188 (201); 93, 165 (170); 109, 279 (304) (siehe dazu oben Rn. 72)

[345] Siehe dazu § 11 I Insolvenzordnung und dazu und dazu *Kind*, in: Braun, Insolvenzordnung, 2. Aufl. 2004, Rn. 7 zu § 11 InsO. Nicht dagegen juristische Personen des öffentlichen Rechts, vgl. § 12 InsO.

[346] Auch die GbR.

[347] Siehe dazu die Nachweise bei *Ruppert*, in: UCD, Rn. 85 zu § 90 und oben Rn. 72.

[348] Vgl. *Benda/Klein* Rn. 587.

[349] *Kroth*, in: Braun, InsO, 2. Aufl. 2004, Rn. 2 zu § 117 InsO.

deverfahren (entsprechend § 240 ZPO). Der Insolvenzverwalter kann das Verfahren aufnehmen (§ 85 InsO).

j) Gegenüber einer rechtskräftigen **Verurteilung auf Zahlung** wird das Rechtsschutzinteresse nicht durch Leistung aufgehoben.[350] 117 b

k) Nach *BVerfGE* 24, 289 = NJW 1969, 267 ist die gegen das Urteil eines Landesverfassungsgerichts von einem am Verfahren nicht Beteiligten erhobene Verfassungsbeschwerde schon dann unzulässig, wenn eine spätere tatsächliche Verletzung seiner Grundrechte in zumutbarer Weise im Rechtsweg beseitigt werden kann. In *BVerfGE* 30, 112 (119) = NJW 1971, 748 verneint das BVerfG einen unmittelbaren Eingriff durch die abstrakte Entscheidung eines Landesverfassungsgerichts darüber, welcher Inhalt und welche Tragweite einer bestimmten Norm zukommen. Versucht man einen gemeinsamen Nenner für die reiche Kasuistik zu finden, so liegt er in der Bedeutung des verletzten Rechts, der Fortdauer von gewichtigen Nachteilen finanzieller oder ideeller Art und in einer möglichen Wiederholungsgefahr.[351] 117 c

IV. Antragsgegenstand: das Handeln der öffentlichen Gewalt

1. Allgemeines

a) Die Verfassungsbeschwerde ist zugelassen **gegen Grundrechtsverletzungen der öffentlichen Gewalt,** also nach dem durch keine Begriffsbegrenzung eingeschränkten Gesetzeswortlaut, und nach der Intention des Gesetzgebers gegenüber allen Arten der Äußerung dieser Gewalt in Gesetzgebung, Verwaltung und Rechtsprechung, gleichgültig ob durch Organe oder Behörden des Bundes, der Länder oder anderer öffentlicher Körperschaften des öffentlichen Rechts.[352] 118

b) Nur Akte **deutscher** öffentlicher Gewalt und auch insoweit nur öffentlicher Gewalt, die der Gesetzgebung der Bundesrepublik unterliegt, können der Verfassungsbeschwerde unterworfen werden.[353] Nicht anfechtbar sind daher Akte ausländischer öffentlicher Gewalt.[354] Ob deutsche öffentliche Gewalt vorliegt oder nicht, hängt von einer funktionalen Betrachtungsweise ab: es ist immer zu prüfen, ob die deut- 119

---

[350] BVerfGE 18, 380 (383) = NJW 1965, 597.
[351] BVerfGE 91, 125 (133); 103, 44 (58).
[352] *Zuck,* Vb Rn. 390 ff. Grundlegend *Bethge,* in: MSKB, Stand 2005 Rn. 176 ff., 326 ff. zu § 90.
[353] Vgl. BVerfGE 1, 10; 6, 15 (18); 18; 385 (387); 29, 91; 22, 293 (294); 58, 1 (27); 66, 39 (56).
[354] BVerfGE 1, 10; s. auch *Redlberger* NJW 1953, 361.

sche öffentliche Gewalt eigenverantwortlich handeln kann. Das gilt auch für eine etwaige Folgenverantwortung.[355]

120 Zur deutschen öffentlichen Gewalt gehören deshalb die Zustimmungsgesetze zu völkerrechtlichen Verträgen,[356] der Schutz deutscher Staatsangehöriger und ihrer Interessen gegenüber fremden Staaten,[357] deutsche Maßnahmen bei der Völkerrechtshilfe zugunsten ausländischer Gerichte,[358] die durch das Haager Zustellungsübereinkommen (HZÜ) ermöglichte Zustellung von ausländischen Urteilen durch den Präsidenten eines OLG, weil die Zustellung nach Art. 13 I ZHÜ abgelehnt werden kann, wenn der ersuchte Staat sie für geeignet hält, seine Hoheitsrechte oder seine Sicherheit zu gefährden.[359]

121 Die Zustellung einer im Ausland erhobenen Klage, die ein offensichtlich gegen deutsche Grundsätze des GG verstoßendes Ziel verfolgt, wird ebenfalls von der öffentlichen Gewalt beurteilt.[360]

122 c) Dass Rechtsakte supranationaler Organisationen auf Deutsche und die Bundesrepublik Deutschland einwirken, führt aber nicht dazu, dass sie damit zu Akten der deutschen öffentlichen Gewalt werden. Folgen und Ursachen muss man trennen. Erst hinsichtlich der Wirkungen stellt sich die Frage, inwieweit die Rechtskontrolle durch das BVerfG reicht (siehe oben Rn. 50 Einl.).[361]

Als unzulässig sind deshalb Verfassungsbeschwerden gegen Hoheitsakte supranationaler Instanzen (vor allem der **EG**) angesehen worden, auch wenn diese unmittelbare Rechtswirkungen im Bereich der Bundesrepublik geäußert haben. Das BVerfG versteht darunter Akte einer besonderen, durch völkerrechtlichen Vertrag geschaffenen, von der Staatsgewalt der Mitgliedsstaaten geschiedenen Gewalt einer zwischenstaatlichen Einrichtung i. S. d. Art. 24 GG.[362] Entscheidend ist, dass dadurch eine originäre supranationale Hoheitsgewalt entsteht, deren wesentliches Charakteristikum die Zurücknahme eines vor dem tat-

---

[355] BVerfGE 66, 39 (60) = NJW 1984, 601; *Zuck,* Vb Rn. 421.
[356] BVerfGE 70, 170 (209 f.); 89, 155 (171); BVerfG NJW 2005, 2059. Lesungen und Beschlussfassungen zu einem Zustimmungsgesetz genügen nicht.
[357] BVerfGE 6, 290 (299); 40, 141 (177 f.); 41, 126 (182); 55, 349 (364 f.). Siehe dazu *E. Klein* DÖV 1977, 704; *ders.,* in: Ress/Stein (Hrsg.), Der diplomatische Schutz im Völker- und Europarecht, 1996, 125; *Benda/Klein* Rn. 471.
[358] *Bethge,* in: MSKB, Stand 2005, Rn. 330 zu § 90.
[359] BVerfGE 108, 238 (247).
[360] Eine punitive damage-Klage verfolgt kein in diesem Sinne verfassungswidriges Ziel, BVerfGE 91, 335 (343).
[361] Unrichtig deshalb BVerfG(K) NJW 2001, 2705.
[362] BVerfGE 58, 1 (27) = NJW 1982, 507.

sächlich gegebenen oder rechtlich möglichen ausschließlichen Herrschaftsrechts zugunsten fremder Hoheitsgewalt ist.[363] Dies kann, wie häufig, dadurch geschehen, dass einer zwischenstaatlichen Einrichtung der unmittelbare Durchgriff auf den Einzelnen gestattet wird. Es genügt aber auch schon der Verzicht auf eigene Rechte zugunsten eines supranationalen Dritten.[364] Das BVerfG hat deshalb eine unmittelbar gegen eine Verordnung der „Europäischen Wirtschaftsgemeinschaft" gerichtete Verfassungsbeschwerde für unzulässig gehalten.[365] Die von EURO-CONTROL, dem europäischen Luftverkehrssicherungsdienst, ausgeübte eigene Gewalt ist nicht deutsche öffentliche Gewalt.[366] Auch die NATO ist eine zwischenstaatliche Einrichtung i. S. d. v. Art. 24 I GG,[367] ebenso die WEU[368] und die UNO.[369]

d) Verfassungsbeschwerden, in denen lediglich die allgemeine Klärung einer Rechtsfrage und damit eine gutachtliche Äußerung, nicht aber eine Entscheidung im eigentlichen Sinne begehrt wird, betreffen keine Akte öffentlicher Gewalt, sind also unzulässig.[370]

123

2. Gesetzgebung[371]

a) Angreifbar sind, da das BVerfGG keine gegenteilige Einschränkung enthält, alle **Gesetze im materiellen Sinne**, d. h. also Rechtsnormen mit Wirkung für und gegen Dritte, gleichgültig, ob Bundes- oder Landesgesetze, einfaches Gesetzesrecht oder Normen des Bundesverfassungsrechts[372] oder des Landesverfassungsrechts,[373] ob formelle Gesetze oder Rechtsverordnungen.[374] Ob die Wahl der Gesetzesform durch den Inhalt geboten ist, ist gleichgültig.[375] Ein bloßer Gesetzesent-

124

---

[363] BVerfGE 37, 271 (280); 59, 63 (90); 68, 1 (90) = NJW 1985, 603; 73, 339 (374 f.).
[364] BVerfGE 68, 1 (91 ff.).
[365] BVerfGE 22, 293 (259 ff.); 37, 271 (283, 285 f.); 58, 1 (27).
[366] BVerfGE 58, 1; s. auch *Gramlich* JZ 1982, 149 und BVerfGE 59, 63 (86 f.) = NJW 1982, 512.
[367] BVerfGE 68, 1 (93); 90, 286 (349 ff.).
[368] BVerfGE 90, 286 (353).
[369] BVerfGE 90, 286 (353 ff.).
[370] Vgl. BVerfGE 2, 139 (141); 3, 162 (172); 29, 304 (309); 37, 57 (61) = NJW 1974, 893.
[371] Siehe hierzu umfassend *van den Hövel,* Zulässigkeits- und Zulassungsprobleme der Verfassungsbeschwerde gegen Gesetze, 1990.
[372] BVerfGE 109, 279 (305).
[373] BVerfGE 41, 65 (76 f.); siehe dazu *Zuck,* Vb, Rn. 443.
[374] BVerfGE 62, 117 (119); 107, 186 (196).
[375] BVerfGE 12, 354 (361); 70, 35 (49); 73, 40 (67) = NJW 1986, 2487).

wurf reicht dagegen nicht aus.[376] Das Gesetzgebungsverfahren muss also abgeschlossen sein.[377]

125 Mit der Verfassungsbeschwerde anfechtbar sind auch **autonome Satzungen** öffentlichrechtlicher Körperschaften.[378] Nicht anfechtbar sind Verwaltungsvorschriften, da sie keine nach außen wirkenden Normen enthalten.[379] Mit einer Verfassungsbeschwerde gegen ein Gesetz kann eine Verfassungsbeschwerde gegen eine Verordnung zur Durchführung dieses Gesetzes verbunden werden, wenn diese Verordnung das Ausmaß und den Umfang der angeblichen Grundrechtsverletzung im Einzelnen klarstellt und den Beschwerdeführer unmittelbar betrifft.[380] Verfassungsbeschwerden gegen Gesetze, die durch Urteil des BVerfG für gültig erklärt worden sind, sind unzulässig.[381]

126 b) Auch **Zustimmungsgesetze** zu völkerrechtlichen Verträgen können mit der Verfassungsbeschwerde angegriffen werden.[382] Das gilt auch für Zustimmungsgesetzte zu Verträgen, die im Ausland zu vollziehen sind. Die verfassungsrechtliche Prüfung eines Vertragsgesetzes wird auch dadurch nicht ausgeschlossen, dass der Vertrag inzwischen völkerrechtlich wirksam geworden ist.[383]

127 c) Die bloße Neubekanntmachung einer Norm ist kein Akt der Gesetzgebung und kann daher nicht selbstständig mit der Verfassungsbeschwerde angefochten werden.[384] Die Aufhebung eines Gesetzes erledigt nicht Verfassungsbeschwerden gegen (behauptete) noch nachwirkende Grundrechtsverletzungen während der Geltung des Gesetzes.[385] Die Verfassungsbeschwerde gegen ein Gesetz wird nicht dadurch ausgeschlossen, dass der Beschwerdeführer erfolglos den Rechts-

---

[376] BVerfGE 1, 396 (406 f.); 68, 143 (150) = NJW 1985, 1073).

[377] BVerfGE 65, 325 (326).

[378] BVerfGE 1, 91; zu Bebauungsplänen vgl. BVerfGE 70, 35 (52 f.); 79, 174 (187 ff.) = NJW 1989, 1271.

[379] BVerfGE 1, 82; 2, 238 (242); 12; 370; 18, 1 (13); 41, 88 (105) = NJW 1976, 952. Mangels Außenwirkung ist auch das Haushaltsgesetz in der Regel nicht anfechtbar, s. dazu *Bethge*, in: MSKB, Stand 2005 Rn. 210 zu § 90; *Zuck*, Vb Rn. 437.

[380] BVerfGE 3, 162 (171) = NJW 1954, 27, s. auch BVerfGE 3, 288 (299) = NJW 1954, 465).

[381] BVerfGE 1, 89 (90).

[382] BVerfGE 6, 291; 16, 220 (226); 24, 33 (53); 45, 83 (96); 57, 9 (23) = NJW 1981, 1154). Zum Zustimmungsgesetz zum Unionsvertrag vgl. BVerfGE 89, 155 (171); BVerfG(K) EuGRZ, 1995, 566 (567); BVerfG NJW 2005, 2059, *Zuck*, Vb Rn. 439.

[383] Vgl. *Spanner* DÖV 1966, 375.

[384] BVerfGE 17, 364 (368); 43, 108 (115) = NJW 1977, 241.

[385] BVerfGE 2, 237 (242); 3, 58 (75); 3, 162; 3, 288 (299); 23, 208 (223).

weg zur Gewährung von PKH beschritten hat, denn durch die Zurückweisung eines PKH-Gesuchs wird der materiell-rechtliche Rechtsanspruch nicht berührt, in dessen Entzug durch das Gesetz der Beschwerdeführer das Grundrecht verletzt sieht.[386]

Auch nach § 31 II gesetzeskräftige Entscheidungen des BVerfG sind keine Akte der gesetzgebenden Gewalt.[387]

d) Eine ausschlaggebende Rolle spielt bei Verfassungsbeschwerde gegen Gesetze das Erfordernis der Beschwerdebefugnis (siehe dazu o. Rn. 63 ff.). Der Beschwerdeführer muss durch die von ihm mit der Verfassungsbeschwerde angegriffene Norm selbst, gegenwärtig und unmittelbar betroffen sein (sogenannte Betroffenheitstrias).[388] Es spricht viel dafür, das Element der Beschwerdebefugnis für den Gegenstand eines besonderen Rechtsschutzinteresses zu halten.[389] Geht man aber davon aus, dass das allgemeine Rechtsschutzinteresse im Wesentlichen nur Auffangfunktion hat (siehe o. Rn. 24 vor § 17), ist mit der Zuordnung der Beschwerdebefugnis zu einem besonderen Rechtsschutzinteresse nichts gewonnen.

aa) Selbstbetroffenheit. Mit diesem Erfordernis soll die Verfassungsbeschwerde von einer Popularklage abgegrenzt werden.[390] Das ist der Fall, wenn der Betroffene Adressat der Norm ist.[391] Eine Selbstbetroffenheit ist aber auch dann gegeben, wenn die Norm zwar an Dritte gerichtet ist, aber eine wesentliche Folgebeziehung zwischen der Grundrechtsposition des Beschwerdeführers und der Maßnahme besteht.[392] Es muss sich daraus eine *rechtliche* Betroffenheit ergeben. Die faktische Beeinträchtigung im Sinne einer Reflexwirkung reicht nicht aus.[393]

bb) Gegenwärtigkeit. Das richterrechtliche entwickelte Erfordernis, das auf die aktuelle gegenüber der virtuellen Betroffenheit zielt,

128

129

130

---

[386] BVerfGE 3, 162 (171) (zu Altrecht).

[387] BVerfGE 19, 89 (90); siehe dazu *Zuck,* Vb, Rn. 442.

[388] St. Rspr. seit BVerfGE 1, 97 (101 f.) – Witwe Schneeweiß; siehe dazu BVerfGE 90, 128 (135 f.); 102, 197 (206); *Zuck,* Vb, Rn. 566 ff.; *Ruppert,* in: UCD, Rn. 70 ff. zu § 90; *Bethge,* in: MSKB, Stand 2005, Rn. 342 ff. zu § 90.

[389] *Zuck,* Vb, Rn. 565 und die Vorauflage Rn. 114 ff. zu § 90.

[390] BVerGE 40, 141 (156); 43, 291 (385); 50, 290 (319); 58, 81 (104); 59, 1 (17 f.); 60, 360 (370); 65, 1 (36); *Zuck,* Vb, Rn. 566.

[391] BVerfGE 102, 197 (206 f.); 108, 370 (384); 110, 141 (151).

[392] BVerfGE 108, 370 (384); siehe dazu *Zuck,* Vb, Rn. 568 ff. für den Sachverhalt der Nicht-Begründung (Rn. 568 ff.) und der Drittbetroffenheit (Rn. 573); zu dieser s. a. *Koch,* Der Grundrechtsschutz des Drittbetroffenen, 2000. Zu den unterschiedlichen Modalitäten bei Gesetzen siehe *Bethge,* in: MSKB, Stand 2005, Rn. 357 ff. zu § 90.

[393] BVerfGE 13, 230 (232 f.); 78, 350 (354); 108, 370 (384).

dient ebenfalls der Abwehr der Popularklage.[394] Ob der Beschwerdeführer durch eine Norm gegenwärtig betroffen ist, hängt von einer Klärung der von der Norm ausgehenden Wirkungen ab,[395] ist also keine einfache, sondern eine immer nur von Fall zu Fall klärbare Frage.[396] Das vom BVerfG aufgestellte Erfordernis, es müsse „klar abzusehen" sein, dass und wie der Beschwerdeführer von der angegriffenen Norm betroffen sein wird,[397] ist deshalb nicht leicht zu erfüllen.[398] Dabei hat das BVerfG den Ausschluss bloßer virtuell Betroffener noch weiter dahingehend konkretisiert, dass Gegenwärtigkeit auch gegeben ist, wenn das Gesetz den Normadressaten mit Blick auf seine künftig eintretenden Wirkungen zu später nicht mehr korrigierbaren Entscheidungen zwingt.[399] Verfassungsbeschwerde gegen ein Wahlgesetz kann auch ein Bürger erheben, der sich augenblicklich noch nicht als Wahlkandidat bewirbt.[400] Auch ein Gesetz, das keinen Eingriffscharakter hat, sondern nur Voraussetzungen verschärft, unter denen ein Vorteil gewährt wird, trifft den Normadressaten gegenwärtig.[401]

131   cc) **Unmittelbarkeit.** Das Erfordernis der unmittelbaren Betroffenheit ist gegeben, wenn die angegriffene Bestimmung ohne weiteren vermittelnden Akt in den Rechtskreis des Beschwerdeführers einwirkt.[402] Das ist auch anzunehmen, wenn die Norm den Adressaten schon zu konkreten Vollzugsakten zwingt und in diesem Zusammen-

---

[394] BVerfGE 1, 97 (102); 60, 360 (370). Siehe dazu *H. Klein,* in: FS f. Zeidler, 1987, 1325.
[395] *Zuck,* Vb, Rn. 591.
[396] *Zuck,* Vb, Rn. 591.
[397] BVerfGE 102, 197 (207); 110, 141 (152). Das wirft bei einem verkündeten, aber noch nicht in Kraft getretenen Gesetz besondere Fragen auf, siehe dazu BVerfGE 38, 326 (335 f.); 48, 64 (80); 108, 370 (385).
[398] Im Sonderfall geheimer Abhörmaßnahmen reicht es für die Möglichkeit der eigenen und gegenwärtigen Betroffenheit aus, wenn der Beschwerdeführer darlegt, dass er mit einiger Wahrscheinlichkeit durch die auf den abgegriffenen Rechtsnormen beruhenden Maßnahmen in seinen Grundrechten berührt wird, BVerfGE 67, 157 (169 f.); 100, 313 (354); 109, 279 (307 f.) = NJW 2004, 999, NJW 2005, 2603. Zur Verwaltung der bei der Überwachung erlangten Daten s. BVerfG(K) NJW 2005, 2766 und dazu *Fezer* NStZ 2003, 625.
[399] BVerfGE 43, 291 (387); 60, 316 (372); 75, 78 (95); 102, 197 (207); 106, 225 (230); st. Rspr.
[400] BVerfGE 13, 1 (11); s. auch BVerfGE 38, 326 (335 f.); 47, 253 (271); 48, 64 (80) = NJW 1978, 2385.
[401] BVerfGE 29, 283 (295).
[402] BVerfGE 1, 97 (101 ff.); st. Rspr. vgl. BVerfGE 16, 147 (158 f.); 68, 287 (300); 97, 157 (164); 102, 197 (207). Siehe dazu ausführlich die Fallgruppen bei *Zuck,* Vb, Rn. 576 ff.

hang nicht mehr revidierbare Dispositionen erforderlich macht.[403] Setzt das Gesetz zu seiner Durchführung rechtsnotwenig oder auch nur nach der tatsächlichen staatlichen Praxis einen besonderen, vom Willen der vollziehenden Stelle beeinflussten Vollzugsakt voraus, muss der Beschwerdeführer grundsätzlich[404] zunächst diesen Akt angreifen und den gegen ihn eröffneten Rechtsweg erschöpfen, bevor er Verfassungsbeschwerde erhebt.[405]

dd) Eine innerhalb der **Frist des § 93 II** unmittelbar gegen ein Gesetz erhobene Verfassungsbeschwerde ist unzulässig, wenn der Beschwerdeführer erst nach Ablauf der Frist selbst und unmittelbar durch das Gesetz betroffen wird.[406] Entsprechendes gilt für Rechtsverordnungen[407] und für autonome Satzungen.[408]

132

3. Verfassungsbeschwerden gegen Akte der vollziehenden Gewalt

a) Der Verfassungsbeschwerde gegen Akte der vollziehenden Gewalt kommt nur **geringe Bedeutung** zu,[409] weil im Regelfall der Rechtsweg durch Anrufung der Gerichte erschöpft sein muss, und darauf nur ausnahmsweise im Rahme des § 90 II verzichtet werden kann.[410] Wo ein Verwaltungsprozess der Verfassungsbeschwerde vorgeschaltet ist, bleibt er allerdings mittelbar in der Regel Gegenstand der Verfassungsbeschwerde, soweit nicht etwa das Gericht der Klage in vollem Umfang stattgegeben, in seiner Entscheidung aber eine neue Beschwer geschaffen hat, die ihrerseits erst Anlass zur Verfassungsbeschwerde gegeben hat.

133

Wird ein Verwaltungsakt gerichtlich bestätigt, so geht allerdings die verfassungsgerichtliche Prüfung von der bestätigenden Entscheidung

134

---

[403] St. Rspr. BVerfGE, 68, 287 (300); 70, 35 (53); 72, 39 (44); 90, 128 (136); 106, 225 (230).

[404] Ausnahme: § 90 II, vgl. z. B. BVerfGE 108, 370 (386).

[405] BVerfGE 1, 97 (102 f.); st. Rspr. vgl. BVerfGE 109, 279 (306). Anders wenn es gar keinen Rechtsweg gibt, BVerfGE 67, 157 (170); 109, 279 (306).

[406] BVerfGE 23, 153 (164); 29, 83 (78); 30, 112 (126); 33, 18 (22); 109, 279 (304 f.); siehe dazu kritisch *Zuck,* Vb, Rn. 388; *Gusy,* in: FS 50 Jahre BVerfG, Band 1, 2001, 641 (658 f.).

[407] BVerfGE 29, 83 (93).

[408] BVerfGE 12, 319 (312) = NJW 1961, 1195 (siehe dazu auch Rn. 54 ff. zu § 93).

[409] Siehe dazu *Zuck,* Vb, Rn. 458 ff.; *Benda/Klein* Rn. 515 ff.; *Bethge,* in: MSKB, Stand 2005, Rn. 184 ff. zu § 90.

[410] Weitere Ausnahme: Die Anordnung von Abhörmaßnahmen nach § 3 G10; siehe dazu o. Fn. 163.

aus.[411] Der Beschwerdeführer kann seinerseits die Verfassungsbeschwerde auf die bestätigende Entscheidung beschränken.[412] Auch informelles Verwaltungshandeln, wie etwa die Veröffentlichung einer Kellereien benennenden Liste über Weine, in denen Diethylenglykol enthalten ist, durch das Bundesministerium für Jugend, Familie und Gesundheit[413] oder Äußerungen der Bundesregierung über Sekten[414] ist der vollziehenden Gewalt zuzuordnen.

135 **b)** Der Exekutivakt muss von einer zur Erfüllung öffentlicher Aufgaben mit hoheitlicher Befugnissen ausgestatteten Stelle, also von einer durch den Staat eingerichteten oder zugelassenen Verwaltungsbehörde ohne Rücksicht auf ihre Rangstufe oder Besetzung, sowie auf die Besonderheit ihrer Organisation erlassen worden sein. Die Behörde kann auch bei **juristischen Personen des öffentlichen Rechts** errichtet sein (Gebiets- oder Personalkörperschaften, wie Gemeinden, Gemeindeverbände – oder bei Anstalten oder Stiftungen des öffentlichen Rechts, auch öffentlich-rechtlichen Berufsverbänden, wie Anwaltskammern.[415]

136 **c)** Entscheidungen und Maßnahmen, die sich unmittelbar auf das **Wahlverfahren** beziehen, können nur mit den in den Wahlvorschriften vorgesehenen Rechtsbehelfen im Wahlprüfungsverfahren angefochten werden.[416] Es ist nicht nur die Anfechtung von Einzelmaßnahmen, die vor der Wahlhandlung getroffen worden sind, mit Verfassungsbeschwerde unzulässig, sondern – angesichts der besonderen Entwicklung, die das Wahlprüfungsverfahren genommen hat – auch die Beanstandung der Wahlhandlung als solcher, sowie der Entscheidungen eines Wahlorgans nach der Wahl.[417] *Wuttke* verneint mit der Rechtsprechung des BVerfG die Zulässigkeit der Verfassungsbeschwerde gegen Wahlprüfungsentscheidungen bei Wahlen zum Bundestag und zu den Landtagen, bejaht die Zulässigkeit der Verfassungsbeschwerde jedoch wegen der andersartigen Rechtsnatur der kommunalen Vertretungskörperschaften gegenüber Wahlprüfungsverfahren bei kommunalen Wahlen.

---

[411] BVerfGE 21, 102 (104).
[412] BVerfGE 4, 52 (56); 19, 377 (393).
[413] BVerfGE 105, 252; siehe dazu *Zuck*, in: FS f. Sendler, 1991, 155 (165).
[414] BVerfGE 105, 279; siehe dazu *Sachs*, in: FS f. Selmer, 2004, 209. Die Entscheidung belegt zugleich die Relevanz von Regierungshandeln.
[415] *Zweigert* JZ 1952, 321.
[416] BVerfGE 3, 39 ff.; 11, 329; 14, 154; 16, 128 (130); 29, 18; BVerfG(K), B. v. 13. 9. 05 – 2 BvQ 31/05, vorläufiges Wahlergebnis, bundesverfassungsgericht.de. Zu einer Ausnahme s. BVerfG 82, 322 (325, 336); 353 (369).
[417] *Wuttke* AöR 96 (1971), 506 ff.

Verfassungsbeschwerde § 90

d) Wesentlich ist, dass die handelnde Behörde dem Dritten hoheitlich, also im Überordnungs- und nicht im Gleichordnungsverhältnis gegenübertritt. Hierunter fällt jedoch nicht nur die Ausübung von Zwangsgewalt (Eingriffsverwaltung), sondern auch die Tätigkeit auf dem Gebiet der **leistungsgewährenden Verwaltung.** Aus dem Grundsatz des umfassenden Grundrechtsschutzes gibt es für die Verfassungsbeschwerde keine „justizfreien Verwaltungsakte" und keine Einschränkungen unter dem Gesichtspunkt sogenannter „besonderer Gewaltverhältnisse". Auch Verwaltungsakte im Rahmen sehr weiter Ermessensfreiheit sind daher nicht grundsätzlich von der Verfassungsbeschwerde ausgeschlossen.[418]   137

e) Zur besonderen Frage der **Gnadenakte** vgl. *BVerfGE* 25, 352; nach der die mit Stimmengleichheit ergangene Entscheidung tragenden Meinung gilt Art. 19 IV GG für ablehnende Gnadenentscheidungen nicht.[419] Der Widerruf eines Gnadenerweises unterliegt hingegen der gerichtlichen Kontrolle nach Art. 19 IV GG und kann dementsprechend mit Verfassungsbeschwerde angefochten werden.[420]   138

f) Nicht anfechtbar sind **Weisungen** der im Instanzenzug vorgesetzten Behörde an die nachgeordneten Behörden und sonstige interne Vorgänge zwischen Behörden,[421] Fiskalakte, bei denen der Staat oder die öffentlich-rechtliche Körperschaft wie eine Privatperson und nicht kraft Hoheitsgewalt tätig wird, oder unverbindliche Meinungsäußerungen einer Behörde,[422] Bescheide einer Verwaltungsbehörde, die keine materielle Entscheidung enthalten, sondern nur auf den richtigen Verwaltungsweg verweisen,[423] die Auslegung eines Gesetzes durch Staatsbehörden;[424] Anträge der **Staatsanwaltschaft** sind interne Vorgänge des Ermittlungsverfahrens, die erst dann zu einer Grundrechtsverletzung führen können, wenn ihnen der Richter stattgibt.[425]   139

g) Religionsgesellschaften, die als öffentlich-rechtliche Körperschaften organisiert sind, sind nicht in die Staatsorganisation eingebunden und nehmen keine Staatsaufgaben wahr. Insoweit unterscheiden sie sich grundlegend von den Körperschaften des öffentlichen Rechts   140

---

[418] *Bethge,* in: MSKB, Stand 2005, Rn. 204 zu § 90.
[419] *Seuffert,* in: FS f. G. Müller, 1970, 491 ff.; *Trautmann* MDR 1971, 173 ff.; *Bethge,* in: MSKB, Stand 2005, Rn. 205 zu § 90.
[420] BVerfGE 30, 108 (110) = NJW 1971, 795.
[421] BVerfGE 7, 61.
[422] BVerfGE 2, 237 (244) = NJW 1953, 1017.
[423] BVerfGE 16, 89 (93); 29, 304 (309).
[424] BVerfGE 2, 139 (141); 18, 1 (14) = NJW 1964, 1315.
[425] BVerfGE 20, 162 (172) = NJW 1966, 1603.

im verwaltungs- und staatsorganisationsrechtlichen Verständnis.[426] Exekutivakte im Sinne des § 90 sind nur denkbar, wenn diese Religionsgesellschaften vom Staat verliehene Funktionen ausüben, wie z.B. im Krankenhaus- oder Friedhofssektor.[427] Die Klassifizierung des Handelns der öffentlichen Gewalt darf allerdings nicht zu dem Irrtum verleiten, damit werde eine abschließende Aussage über mögliche Grundrechtsbindungen getroffen. Wie das Beispiel des Verwaltungsprivatrechts/des fiskalischen Handelns des Staates zeigt, können Grundrechte auch bei privatrechtlichem Handeln und in originären Privatrechtsverfahren (Beispiele: Bank und Bürge, Gewerkschaft und Genosse, Vater und Familie) verletzt werden. Auch wer nicht der öffentlichen Gewalt zuzurechnen ist, kann Grundrechte verletzen. In den Fokus des § 90 geraten solche Grundrechtsverletzungen allerdings erst, wenn sie durch die klassischen Träger der öffentlichen Gewalt verfestigt werden.

141 h) Auf die Art des Verwaltungshandelns, namentlich auf die – nicht durchwegs einheitliche – Bezeichnung desselben und auf die Form kommt es im Übrigen nicht an. Auch ein auf einen tatsächlichen Erfolg gerichtetes Handeln einer Behörde kann ein mit Verfassungsbeschwerde anfechtbarer Verwaltungsakt sein.

4. Verfassungsbeschwerde gegen gerichtliche Entscheidungen[428]

142 a) Grundsätzlich ist die Verfassungsbeschwerde gegen Entscheidungen **aller staatlichen Gerichte** gegeben, auch der früheren Gemeindegerichte[429] und Berufsgerichte.[430] Entscheidungen von **Landesverfassungsgerichten** sind insoweit anfechtbar, als sie in Individualrechte natürlicher oder grundrechtsfähiger juristischer Personen eingreifen.[431]

---

[426] BVerfGE 18, 385 (386); 19, 1 (5); 40, 415 (428); 42, 312 (332); 66, 1 (19f.); 102, 370 (388).

[427] BVerfGE 19, 206 (215f.).

[428] Siehe dazu *Kraus,* Der Umfang der Prüfung von Zivilurteilen durch das BVerfG, 1987; *Zuck,* Vb, Rn. 446ff.; *Miebach,* Zur Willkür- und Abwägungskontrolle des Bundesverfassungsgerichts bei der Verfassungsbeschwerde gegen Gerichtsurteile, 1990; *Bender,* Die Befugnis des Bundesverfassungsgerichts zur Prüfung gerichtlicher Entscheidungen, 1991; *Roth* AöR, 121 (1996), 554; *Bogs* (Hrsg.), Urteilsverfassungsbeschwerde zum Bundesverfassungsgericht, 1999; *Benda/Klein* Rn. 507ff.; *Gusy,* in: FS 50 Jahre BVerfG, Bd. 1, 2001, 641 (662ff.); *Bethge,* MSKB, Stand 2005, Rn. 233ff. zu § 90; *Düwel,* Kontrollbefugnisse des Bundesverfassungsgerichts bei Verfassungsbeschwerden gegen gerichtliche Entscheidungen, 2000.

[429] BVerfGE 10, 200 (212) = NJW 1960, 187.

[430] Beispiel: BVerfGE 103, 1 – AGH.

[431] BVerfGE 6, 445 (447); 13, 132 (140); 30, 112 (119ff.); 92, 312 (323); 60, 175 (207ff.); 69, 112 (115f.) = NJW 1985, 647; 96, 231 (243); 97, 298 (308f.).

Verfassungsbeschwerde **§ 90**

b) Nicht anfechtbar sind **Entscheidungen des BVerfG** selbst,[432] 143 auch nicht Beschlüsse im Verfahren nach § 93a.[433] Es bleibt ggf. nur die Gegenvorstellung.[434] Die Entscheidungen eines jeden Senats des BVerfG sind für den anderen Senat unüberprüfbar. Das gilt auch bei der Rüge von Verfahrensverstößen.[435] Wegen der Beschränkung auf die deutsche öffentliche Gewalt sind Gerichtsentscheidungen anderer Staaten oder Entscheidungen des EGMR/EuGH nicht anfechtbar.

Nicht anfechtbar sind Entscheidungen **Großer Senate** der Obers- 144 ten Bundesgerichte oder der Vereinigten Großen Senate, weil sie nur über die Rechtsfrage entscheiden (vgl. § 138 I 1 GVG), also für die Verfahrensbeteiligten zunächst keine unmittelbaren Wirkungen entfalten.[436] Die Verfassungsbeschwerde ist erst gegen die abschließende Entscheidung des vorlegenden Senats möglich.

Nicht anfechtbar sind Entscheidungen von **Kirchengerichten,** weil sie keine Akte der staatlichen öffentlichen Gewalt darstellen.[437] Das gilt nicht nur, soweit sich die Entscheidung des Kirchengerichts im innerkirchlichen Bereich hält,[438] z.B. bei Amtszuchtverfahren,[439] bei der Nachprüfung von kirchlichem Versorgungsrecht[440] oder der Versetzung in den Wartestand.[441]

Nicht anfechtbar sind Akte privater Gerichtsbarkeit, also z.B. Schiedsgerichte, Vereins- und Verbandsgerichte oder Parteischiedsgerichte.[442]

Nicht anfechtbar sind Anordnungen der Staatsanwaltschaft. Diese ist zwar Organ der Rechtspflege (Nr. 1 S. 2 RiStBV, übt aber keine Rechtsprechung aus.[443]

c) Nach *BVerfGE* 1, 9; 9, 261 [265] = NJW 1959, 1315 waren 145 nicht beschwerdefähige gerichtliche Entscheidungen, die der Urteils-

---

[432] Vgl. BVerfGE 1, 89; 7, 17 (18) = NJW 1957, 1185.
[433] BVerfGE 18, 440; 19, 88 (90) = NJW 1965, 1707.
[434] BVerfGE 69, 233 (242); 72, 84 (88).
[435] BVerfGE 7, 17; 58, 1 (23); 101, 106 (120).
[436] BVerfGE 31, 55 (56); 38, 386 (397).
[437] BVerfGE 18, 385 (387).
[438] Siehe dazu die Übersicht bei *Zuck,* Vb, Rn. 425 f.
[439] BVerfG(K) NJW 1980, 1041 mit kritischer Anmerkung von *Weber* NJW 1980, 1042.
[440] BVerfG(K) NJW 1983, 2569.
[441] BVerfGE 111, 1 = NJW 2004, 3099 mit abwM *Lübbe-Wolff* auch im Hinblick auf eine veränderte Beurteilung der Überprüfbarkeit innerkirchlicher Angelegenheiten; siehe dazu auch BVerfG(K) NJW 1999, 349.
[442] Zu diesen vgl. *Ipsen* NVwZ 2005, 361 (364).
[443] BVerfGE 103, 142 (156); 107, 395 (406).

fällung vorausgehen, auch mit der Verfassungsbeschwerde nicht anfechtbar. Dieser Grundsatz ist jedoch schon in *BVerfGE* 1, 322 (325) und übereinstimmend mit ihr in der späteren Rechtsprechung[444] aufgegeben worden. Das BVerfG lässt danach selbstständige Anfechtung eines **Zwischenentscheidung** zu, wenn ein dringendes schutzwürdiges Interesse daran besteht, dass über die Verfassungsmäßigkeit des Bescheides sofort und nicht erst in Verbindung mit der Endentscheidung erkannt wird. Danach kann die Frage, ob ein das Verfahren nicht abschließender Zwischenbescheid selbstständig anfechtbar ist, nicht für alle Beschwerdematerien einheitlich beantwortet werden. Ihre Beantwortung hängt von der Abwägung der privaten und öffentlichen Interessen und von Gesichtspunkten der Prozess- und Arbeitsökonomie ab. Insbesondere ist zu berücksichtigen, ob ein solcher Bescheid für den Betroffenen bereits einen bleibenden Rechtsnachteil nach sich zieht, der nicht mehr oder nicht mehr vollständig behoben werden könnte. Die Verfassungsbeschwerde wird daher stets gegen solche Zwischenbescheide zugelassen, durch die ein besonderes Zwischenverfahren abgeschlossen wird, dessen Mängel bei der Entscheidung nicht mehr korrigiert werden können.[445] Eine selbstständige Anfechtbarkeit wird vor allem dann zu bejahen sein, wenn der Zwischenbescheid gleichzeitig eine materielle Rechtsfrage zum Gegenstand hat, von deren Bejahung oder Verneinung das weitere Schicksal des Verfahrens abhängt.[446]

145 a **d)** Der Eröffnungsbeschluss im **Strafverfahren** ist gemäß §§ 210, 304 StPO nicht selbstständig anfechtbar und daher[447] auch mit der Verfassungsbeschwerde grundsätzlich nicht selbstständig angreifbar. Dies gilt jedenfalls dann, wenn der angebliche Verfassungsverstoß im Ausgangsverfahren zum Gegenstand der verfassungsgerichtlichen Nachprüfung gemacht werden kann.[448] Ein Eröffnungsbeschluss, der über einen Antrag auf Voruntersuchung entscheidet, ist jedoch von „reinen" unanfechtbaren Eröffnungsbeschlüssen zu unterscheiden;[449]

---

[444] BVerfGE 5, 13; 7, 109; 8, 253 (255); 9, 261 (265); 13, 174 (176); 14, 8 (10); 17, 262 (264).

[445] BVerfGE 6, 12 (14); 8, 253 (254); 14, 8 (10); 17; 262 (264); 24, 56 (61); 25, 336 (344); 53, 109 (113); 58, 1 (23); 89, 28 (34) = NJW 1993, 1229; 101, 106 (120).

[446] BVerfGE 1, 322 = NJW 1952, 777; 101, 106 (120 ff.), BVerfG(K) NVwZ 2005, 681 (682) – Offenbarung von Homosexualität (Asylverfahren). Die Zuordnung ist im Einzelfall schwierig; vgl. BVerfGE 58, 1 (23) und dazu ausführlich *Zuck,* Vb Rn. 447 ff. und u. Rn. 145 b.

[447] BVerfGE 1, 9 = NJW 1952, 60.

[448] BVerfGE 25, 336 (344) = NJW 1969, 1104; BVerfG(K) NJW 1995, 316.

[449] BVerfGE 25, 336 (343) = NJW 1969, 1104.

denn die Ablehnung der Eröffnung einer Voruntersuchung ist mit sofortiger Beschwerde angreifbar, es entsteht ein selbstständiges Zwischenverfahren. Selbstständig anfechtbar sind Entscheidungen, die in dem nach § 210 StPO eingeleiteten selbstständigen Rechtsmittelverfahren ergangen sind und dieses abschließen.[450] Gegen einen Strafbefehl ist die Verfassungsbeschwerde nach einem zulässigen Einspruch gegen diesen nicht (mehr) zulässig.[451]

e) Aus der Kasuistik. Zulässig ist die Verfassungsbeschwerde gegen Verweisungsbeschlüsse nach § 15 StPO,[452] gegen Entscheidungen im Revisionsverfahren auf Zurückverweisung nach § 354 II 2 StPO,[453] gegen den Beschluss auf Gewährung der Wiedereinsetzung nach § 46 II StPO,[454] gegen Haftbefehle, uU auch nach ihrer Aufhebung.[455] Die gegen den Haftbefehl gerichtete Verfassungsbeschwerde wird gegenstandslos, wenn der Beschwerdeführer wegen der im Haftbefehl bezeichneten Tat rechtskräftig verurteilt wird; dies gilt nicht, wenn die Verletzung prozessualer Grundsätze gerügt wird. Selbstständig anfechtbar sind auch der Beschluss nach § 142 StPO über die Auswahl des Pflichtverteidigers,[456] die Entscheidung eines OLG, die einem Klageerzwingungsantrag stattgegeben hat,[457] Entscheidungen im Rahmen des Strafvollzugs,[458] Entscheidungen in einem Nachverfahren zu einem Strafverfahren,[459] gegen die Versagung der Verfahrenseinstellung,[460] gegen die Verweigerung der Akteneinsicht.[461] Verfassungsbeschwerde gegen Entscheidungen über die Ablehnung eines Richters sind jedenfalls dann zulässig, wenn etwaige Verfassungsverstöße nicht mehr mit der Anfechtung der Endentscheidung gerügt werden können.[462]

145 b

Die Verfassungsbeschwerde ist ferner gegeben gegen die Entscheidung über die Kosten eines Rechtsstreits nach Erledigung der Haupt-

---

[450] BVerfGE 7, 109 (110); 9, 303 (304); 11, 29 (30); 14, 54 (55); 17, 197 (198).
[451] BVerfG EuGRZ 1995, 443 (449).
[452] BVerfGE 12, 113 (124).
[453] BVerfGE 20, 336 (342) = NJW 1967, 99.
[454] BVerfGE 14, 8 (10).
[455] BVerfGE 9, 89 (93) = NJW 1959, 427. S. dazu umfassend *Bleckmann* NJW 1995, 2192.
[456] BVerfGE 9, 36 = NJW 1959, 571.
[457] BVerfGE 17, 356 (360); 42, 172 (175 f.) = NJW 1976, 1629.
[458] BVerfGE 15, 288 = NJW 1963, 755.
[459] Kostenfestsetzung, BVerfGE 7, 95 (97) = NJW 1957, 1395.
[460] BVerfGE 89, 119 (128) = NJW 1994, 39.
[461] BVerfGE 62, 338 (342) = NJW 1983, 1046.
[462] BVerfGE 21, 139 (143); s. auch BVerfGE 24, 56 (60 f.) = NJW 1968, 1621.

sache,[463] gegen die Entscheidung eines Landgerichts über den Antrag auf Wiedereinsetzung gegen die Versäumung der Berufungsfrist gemäß § 519 ZPO,[464] gegen Beschlüsse im Zwangsvollstreckungsverfahren,[465] gegen Entscheidungen im einstweiligen Verfügungsverfahren,[466] gegen Endurteile im Arrestverfahren gemäß § 925 I ZPO[467] und gegen Entscheidungen im Rahmen des § 80 V VwGO,[468] nach § 123 VwGO[469] und nach § 86 b SGG.

145 c f) Die mit Verfassungsbeschwerde gerügte Beschwer muss **im Tenor der Entscheidung** liegen. Eine Verfassungsbeschwerde gegen eine gerichtliche Entscheidung kann nicht darauf gestützt werden, dass das Gericht lediglich in den Gründen seiner Entscheidung eine Rechtsauffassung vertreten hat, die für grundrechtswidrig gehalten wird.[470] Nach *BVerfGE* 6, 7 (9) = NJW 1956, 1833 kann jedoch ein Strafurteil, das „mangels Beweises" freispricht, mit Verfassungsbeschwerde (wegen Verletzung der Grundrechte aus Art. 1 und 2 GG) angefochten werden.[471] Die Beschränkung der Verfassungsbeschwerde auf die **isolierte Überprüfung** der Verurteilung hinsichtlich einzelner Tätigkeitsakte einer Rechtshandlung ist zulässig.[472] Zwar würde sich, wie das BVerfG ausführt, bei Erfolg der Verfassungsbeschwerde anders als bei Wegfall eines in Tateinheit stehenden Delikts im Schuldspruch nichts ändern, weil der Beschwerdeführer mit weiteren Handlungen dieselben Strafvorschriften verletzt hat. Schon das staatliche Unwerturteil, mit dem der einzelne Akt vom Strafgericht als strafbar bezeichnet wird, begründe jedoch eine Beschwer, die einen Angriff mit der Verfassungsbeschwerde zulasse.

145 d g) Die Verfassungsbeschwerde ist auch gegen das Unterlassen einer gerichtlichen Entscheidung zulässig,[473] soweit dem nicht durch eine Untätigkeitsbeschwerde abgeholfen werden kann.[474] Hauptanwen-

---

[463] BVerfGE 6, 12 (14); 7, 109 (110); 8; 253 (255); 17, 265 (268); 60, 305 (308); 74, 78 (79) = NJW 1987, 2569).
[464] BVerfGE 8, 253 (255); 62, 320 (322).
[465] BVerfGE 16, 239.
[466] BVerfGE 42, 163 (167) = NJW 1976, 1680; s. dazu Rn. 165.
[467] BVerfGE 19, 73 (74); 24, 278 (281); 42, 163 (167).
[468] BVerfGE 39, 276 (291); 47, 46 (64); 51, 130 (138); 59, 63 (82). S. dazu ausf. Rn. 165.
[469] BVerfGE 35, 382 (397); 39, 276 (291); 42, 103 (107); 43, 34; 69, 257 (267) = NJW 1985, 2921. S. dazu ausf. Rn. 165.
[470] BVerfGE 8, 222; s. dazu auch *Benda/Klein* Rn. 511.
[471] S. auch *Arndt* NJW 1965, 807 (809); BVerfGE 28, 151 (160).
[472] BVerfGE 12, 296 (302); 25, 69 (75); 25, 79 (85) = NJW 1969, 737.
[473] BVerfGE 10, 302 (306); siehe dazu *Bethge*, in: MSKB, Stand 2005, Rn. 246 zu § 90.
[474] BVerfG(K) NJW 2003, 2672; siehe dazu *Schlette,* Der Anspruch auf ge-

dungsfall ist die überlange Verfahrensdauer. Art. 20 III GG in Verbindung mit Art. 2 I GG gewährleistet den Verfahrensbeteiligten eines Zivilrechtsstreits wirkungsvollen gerichtlichen Rechtsschutz. Dazu gehört, dass der Rechtsstreit in angemessener Zeit entschieden wird.[475] Ist das nicht der Fall, so ist auch das Unterlassen der Entscheidung öffentliche Gewalt im Sinne des § 90.[476] Relevantes Unterlassen kommt z. B. auch in Betracht, wenn ein Gericht durch Unterlassen einer Vorlage nach Art. 100 II GG den Betroffenen den gesetzlichen Richter entzieht.[477] Das gilt für unterlassene Vorlagen nach Art. 100 I GG genauso.[478] Dass das Unterlassen im Bereich der Rechtsprechung ebenfalls öffentliche Gewalt im Sinne des § 90 darstellen kann, beantwortet allerdings noch nicht die Frage, ob ein solches Unterlassen auch mit der Verfassungsbeschwerde gerügt werden kann. Wenn ein Rechtsprechungsakt unterbleibt, muss geklärt werden, welche Bedeutung das für die Pflicht, den Rechtsweg zu erschöpfen, hat,[479] ob dem Subsidiaritätsgrundsatz genüge getan worden ist[480] oder ob die Voraussetzungen des § 90 II erfüllt sind.[481]

E. Zu Abs. 2

I. Erschöpfung des Rechtswegs[482]

1. Allgemeines

Die Pflicht zur Erschöpfung des Rechtswegs soll sowohl den Zuständigkeits- und Aufgabenbereich der übrigen Gerichte und damit die Ordnung der Rechtspflege wahren, als auch das BVerfG vor über- 146

---

richtliche Entscheidung in angemessener Frist, 1999; *Redeker* NJW 2003, 488; *E. Schneider* MDR 2005, 430. Ablehnend für die Verwaltungsgerichtsbarkeit BVerwG NVwZ 2003, 867.

[475] Außerhalb des Zivilrechts stützt sich das BVerfG auf Art. 19 IV GG, vgl. BVerfG(K) NJW 2001, 216; zustimmend *Kirchhof,* in: FS f. Döhring, 1989, 439 (451).

[476] Siehe dazu BVerfG(K), EuGRZ 2000, 491 (26 Jahre, Zivilprozess); NJW 2001, 213 (15 Jahre); NJW 2001, 216 (Finanzrechtsstreit, 9 Jahre); NJW 2004, 3320 (Zivilrechtsstreit 3 Jahre). Aus dem Schrifttum vgl. *Redeker* NJW 2000, 2796; *Bien/Guillaumont* EuGRZ 2004, 451 (455 f.).

[477] BVerfGE 109, 13 (22) m. w. Nw. (siehe o. Rn. 8 vor § 83, Rn. 15 zu § 83).

[478] BVerfGE 66, 313 (319 f.); s. Rn. 16 vor § 80.

[479] Siehe unten Rn. 146 ff.

[480] Siehe unten Rn. 157 ff.

[481] Siehe unten Rn. 176 ff.

[482] S. dazu ausf. *Zuck,* Vb Rn. 615 ff.; *Henschel,* in: FS f. Faller, 1984, 164.

flüssiger Inanspruchnahme durch Verfassungsbeschwerden schützen.[483] Die Verfassungsbeschwerde soll nicht umgekehrt durch Herbeiführung einer Entscheidung über die Verfassungswidrigkeit eines Akts der öffentlichen Gewalt für den nach Lage der Sache gegebenen Rechtsweg erst die Grundlage liefern.[484] Die Verfassungsbeschwerde soll danach ein letzter, nur auf den Schutz der Grundrechte beschränkter Rechtsbehelf sein, der grundsätzlich nur dann gegeben ist, wenn alle sonstigen Möglichkeiten zu richterlicher Nachprüfung erschöpft sind.

Die Auslegung des § 90 II durch das BVerfG wird dabei in erster Linie durch das Ziel bestimmt, die Eigenständigkeit der Instanzgerichte zu sichern und deren Verantwortung (gerade auch für die Wahrung der Grundrechte) zu stärken.[485]

2. Rechtsweg

147 a) Rechtsweg i. S. d. Abs. 2 ist jede **gesetzlich normierte Möglichkeit der Anrufung eines Gerichts**.[486]

Maßgebend für die konkrete Bestimmung des Rechtswegs ist die jeweilige **Prozessordnung**.[487] Zum Rechtsweg gehören auch richterrechtlich zugelassene Rechtsbehelfe, wie die außerordentliche Beschwerde, die Untätigkeitsbeschwerde und die Gegenvorstellung, soweit sich diese Rechtsbehelfe nicht auf Gehörsrügen beziehen. Insoweit greift das **AnhörungsrügenG** vom 9. 12. 2004 (BGBl. I S. 3220). Ist das AnhörungsrügenG unanwendbar, bleibt es beim bisherigen Rechtszustand.[488] Zwar hat die Plenumsentscheidung BVerfGE 107, 395 sich auf den Standpunkt gestellt, die richterrechtlich geschaffene Möglichkeit, Rechtsschutzmöglichkeiten zu beseitigen, genüge dem Gebot der Rechtsmittelklarheit nicht.[489] Die Entscheidung betrifft jedoch unmittelbar nur die Gehörsrüge. Da das AnhörungsrügenG sich

---

[483] BVerfGE 1, 97 (103); 4; 193 (198); 5, 9 (10); 8, 222 (225 f.); 10, 274 (281); 16, 124 (127) = NJW 1963, 1491.

[484] BVerfGE 2, 287.

[485] So überzeugend *Bethge,* in: MSKB, Stand 2005, Rn. 377 zu § 90; siehe dazu auch BVerfGE 110, 395 (414 f.).

[486] BVerfGE 67, 157 (170) = NJW 1985, 121.

[487] BVerfGE 110, 226 (245).

[488] Vgl. zur Untätigkeitsbeschwerde *E. Schneider* MDR 2005, 430; BVerfG(K) NVwZ 2003, 858; zur außerordentlichen Beschwerde und zur Gegenvorstellung *Blochning/Kettinger* NJW 2005, 860; *Vollkommer,* in: NJW-Sonderheft, BayObLG, 2005, 64; *Schenke* NVwZ 2005, 729. Aus der Rechtsprechung siehe BHF NVwZ 2005, 240; BVerwG NVwZ 2005, 232; VGH Bad.-Württ. NJW 2005, 920.

[489] BVerfGE 107, 395 (416 f.).

Verfassungsbeschwerde § 90

ebenfalls nur mit der Gehörsrüge befasst, bleibt die Rechtsschutzlücke für alle diese Sachverhalte bestehen.[490] Sie kann insoweit nur, wie bisher, richterrechtlich geschlossen werden.[491]

b) Zum Rechtsweg gehören auch 148
- die Beschwerden wegen Nichtzulassung der Revision (§ 544 ZPO, § 72a ArbGG, § 116 FGO, § 133 VwGO, § 160a SGG),[492]
- die Beschwerde auf Zulassung der Berufung (§ 124a IV VwGO),[493]
- das verwaltungsgerichtliche Normenkontrollverfahren nach § 47 VwGO,[494]
- der Antrag auf Wiedereinsetzung in den vorigen Stand,[495]
- der Antrag nach § 77 IRG in Verbindung mit § 33a StPO zur Gewährung rechtlichen Gehörs im Auslieferungsverfahren,[496]
- bezogen auf die Rüge nach Art. 103 I GG, die Anhörungsrüge gegen die einfach-rechtlich nicht mehr anfechtbare instanzgerichtliche Entscheidung nach dem Anhörungsrügengesetz vom 9. 12. 2004 (BGBl. I S. 3220) (§ 321a ZPO, § 33a, § 356a StPO, § 55 IV JGG, § 29a FGG, § 81 III GBO, § 89 III SchiffsregisterO, § 78a ArbGG, § 152a VwGO, § 178a SGG, § 133a FGO, § 69a GKG, § 157a, d KostenO, § 4a Justizvergütungs- und -entschädigungsG, § 12a RVG, § 121a WehrdiszplO; § 71a UWG).[497]

---

[490] Wie weit sie reicht, ist unklar, vgl. BVerfG(K) B. v. 25. 4. 05 – 1 BvR 644/05 – Queen Mary II, bundesverfassungsgericht.de und dazu kritisch *Zuck* NVwZ 2005, 739 (741 f.).

[491] AA *Bethge*, in: MSKB, Stand 2005, Rn. 368 f. zu § 90.

[492] St. Rspr. s. BVerfGE 91, 93 (105); 103, 172 (182); BVerfG(K) NJW 2004, 3029. Die Nichtzulassungsbeschwerde selbst kann mit materiellen Grundrechtsrügen nicht angefochten werden, BVerfGE 103, 172 (182). Die Begründungspflicht für die Nichtzulassungsbeschwerde darf nicht auf Bereiche erstreckt werden, die zur Sachprüfung gehören, BVerfG(K) AP, § 72a ArbGG, 1979 – Divergenz Nr. 31 (Bl. 111).

[493] BVerfGE 107, 257 (268); 110, 77 (83). Die Anforderungen an die Begründung des Antrags auf Zulassung der Berufung dürfen nicht überspannt werden, BVerfGE 77, 275 (284); BVerfG(K) DVBl. 2001, 894 (895); NVwZ 2004, 90; BVerfGE 77, 83.

[494] BVerfGE 70, 35 (35 f.); ausf. dazu *Bethge*, in: MSKB, Stand 2005, Rn. 391 ff.

[495] BVerfGE 42, 252 (255) = NJW 1976, 1839; 93, 99 (105). Die Anforderungen an die Wiedereinsetzung in den vorigen Stand dürfen von den Instanzgerichten nicht überspannt werden, BVerfGE 40, 88 (91); 67, 208 (212 f.); 84, 366 (369 f.) = NJW 1992, 105; BVerfG(K) NJW 1995, 2545 (2546); NJW 1996, 306; NJW 2002, 3692 (3693); NJW 2004, 2583 (2584).

[496] BVerfG(K) NJW 2003, 3338.

[497] Siehe dazu *Treber* NJW 2005, 97; *E. Schneider* ZAP Nr. 2 (2005), 97; *Gu-*

§ 90 III. Einzelne Verfahrensarten

Zu beachten ist, dass diese Aufstellung schon deshalb nicht abschließend ist, weil der Rechtsweg auch über den Subsidiaritätsgrundsatz eröffnet sein kann (siehe unten Rn. 163).

149 c) Zum Rechtsweg gehören insbesondere nicht die
- Landesverfassungsbeschwerde (vgl. § 90 II)
- Amtshaftungsklage[498]
- Dienstaufsichtsbeschwerde[499]
- Wiederaufnahme des Verfahrens[500]
- Klagerzwingungsverfahren.[501]

150 d) Einen Wechsel in der Auffassung des BVerfG hat es in den Fällen der **prozessualen Überholung** gegeben, die Sachverhalte also betreffend, bei denen insbesondere strafrechtliche Durchsuchungs- und Beschlagnahmemaßnahmen durchgeführt worden sind, bevor eine Sachentscheidung des Instanzgerichts erlangt werden konnte. Die Instanzgerichte hatten das Begehren für eine nachträgliche Sachentscheidung für unzulässig gehalten. Das BVerfG hatte das gebilligt.[502] Das Gericht hat diese Rechtsprechung inzwischen aufgegeben. Auch in Fällen prozessualer Überholung ist der Instanzrechtweg eröffnet.[503] Der Rechtsweg ist nicht erschöpft, wenn die Sache durch ein Revisionsgericht an eine Vorinstanz zurückverwiesen wird. Die Bindungswirkung des Revisionsurteils ändert daran nichts.[504]

---

ckelberger NvWZ 2005, 11 (VwGO); *Piekenbrock* AnwBl. 2005, 125; *Rensen* MDR 2005, 181; *Schoenfeld* DB 2005, 850 (FGO); *Benhoff* ZAP 8 (2005), Fach 22 S. 409 (StPO); *Gravenhorst* NZA 2005, 24 (ArbGG); *Zuck* NJW 2005, 1226; *ders.* NVwZ 2005, 739. Da die Gehörsrüge nur Art. 103 I GG betrifft, ist für alle anderen Grundrechtsrügen der Rechtsweg nach der Endentscheidung des Instanzgerichts (also vor der Entscheidung über die Anhörungsrüge) erschöpft. S. dazu aber jetzt BVerfG(K) B. v. 25. 4. 05 – 1 BvR 644/05 – Queen Mary II, bundesverfassungsgericht.de und dazu krit *Zuck* NVwZ 2005, 739 (741 f.).

[498] BVerfGE 20, 162 (173).
[499] BVerfGE 15, 214 (218); BVerfG(K) NJW 2004, 2891.
[500] BVerfGE 22, 42 (47); 110, 339 (342).
[501] Das Klagerzwingungsverfahren ist aber häufig Gegenstand von Verfassungsbeschwerdeverfahren, und zwar aufgrund der instanzgerichtlichen Kontrolle des Klagerzwingungsantrags, vgl. etwa BVerfG(K) NJW 2000 1027; NJW 2004, 1585.
[502] BVerfGE 49, 329.
[503] BVerfGE 96, 27 (41); 107, 299 (309), siehe dazu *Bethge*, in: MSKB, Stand 2005, Rn. 370 zu § 90.
[504] BVerfGE 8, 222 (224 f.); 78, 58 (67 f.) = NJW 1988, 2594; BVerfG(K) NJW 2000, 3198; NJW 2001, 216 (217). Das gilt auch, wenn nach Aufhebung einer Entscheidung durch ein Obergericht die untere Instanz erneut über die Sache entscheiden muss. In strafgerichtlichen Verfahren ist bei der Zurückverweisung, wenn die Unterinstanz nur noch über das Strafmaß zu entscheiden

3. Erschöpfung des Rechtswegs

a) Der Rechtsweg ist erschöpft, wenn der Beschwerdeführer den **151** **ganzen Instanzenzug,** der Gesetz oder Richterrecht vorgesehen ist, durchlaufen hat. Es müssen alle vom Gesetz vorgesehenen Rechtsbehelfe ausgeschöpft sein, um die Beseitigung des Hoheitsakts zu erreichen, dessen Grundrechtswidrigkeit geltend gemacht wird.[505] Dieser Grundsatz gilt auch dann,[506] wenn ein Beschwerdeführer die Verfassungswidrigkeit eines Verwaltungsakts in der Nichtigkeit des angewendeten Gesetzes sieht und das Gericht nach Art. 100 I GG die Unvereinbarkeit dieses Gesetzes mit dem GG nicht selbst aussprechen kann. Im Einzelfall könnte dies allerdings für das BVerfG mit ein Grund sein, den Beschwerdeführer nicht auf den Rechtsweg zu verweisen. Haben mehrere Beschwerdeführer gegen denselben Hoheitsakt Verfassungsbeschwerde eingelegt, so ist die Frage der Erschöpfung des Rechtswegs für jede Beschwerde gesondert zu prüfen.[507]

b) Nach früherer Rechtsprechung des BVerfG war es nicht erfor- **152** derlich, dass der Beschwerdeführer bei den von ihm angegriffenen Rechtsmitteln und Rechtsbehelfen alle denkbaren rechtlichen Gesichtspunkte geltend gemacht hat, und schon gar nicht notwendigerweise in der ersten Instanz.[508] Jedenfalls für Verfahrensmängel gilt, dass der Rechtsweg nicht erschöpft ist, wenn ein solcher (schon vorliegender) Mangel von den Instanzgerichten nicht geprüft werden konnte, weil er nicht oder nicht sachgerecht vorgetragen worden ist.[509] Da sich die Verfassungsbeschwerde auf Grundrechtsrügen bezieht, werden **Mängel im einfach-rechtlichen Sachvortrag** die Erschöpfung des Rechtswegs nicht hindern. Bezieht man allerdings den Subsidiaritätsgrundsatz mit ein (siehe unten Rn. 162), so bleibt das Risiko unzulänglichen einfach-rechtlichen Vortrags für den Beschwerdeführer erheblich.[510] Handelt es sich um Rügen, die in der Sache im späteren

---

hat, die Verfassungsbeschwerde dagegen zulässig, BVerfGE 75, 369 (375); 82, 236 (258) = NJW 1991, 91.

[505] BVerfGE 1, 12.
[506] BVerfGE 8, 222 (226) = NJW 1959, 29.
[507] BVerfGE 17, 99 (102).
[508] BVerfGE 9, 223 (225) = NJW 1959, 871.
[509] BVerfGE 16, 124 (127) = NJW 1963, 1491.
[510] BVerfGE 110, 77 (83 f.) prüft (zugunsten des Beschwerdeführers) minutiös, ob dieser im Berufungszulassungsverfahren nach § 124a VwGO zu § 124 II Nr. 1 VwGO ordnungsgemäß vorgetragen hat. Legt man den Maßstab für die funktionelle Abgrenzung von Verfassungs- und Instanzgerichtsbarkeit zugrunde (siehe oben Rn. 90 ff.), so zeigt sich, das der Subsidiaritätsgrundsatz zu einer

Verfassungsbeschwerdeverfahren Gegenstand von Grundrechtsrügen sein können, wird der Beschwerdeführer wegen des materiellen Subsidiaritätsgrundsatzes (siehe u. Rn. 159 ff., 162) schon im Instanzverfahren gründlich und umfassend vortragen müssen.[511]

153 c) Die Erschöpfung des Rechtswegs muss **zumutbar** sein. Sie ist nicht zumutbar wenn im Hinblick auf eine gefestigte jüngere und einheitliche höchstrichterliche Rechtsprechung auch im konkreten Einzelfall kein von dieser Rechtsprechung abweichendes Erkenntnis zu erwarten ist.[512] Die Erschöpfung des Rechtswegs ist ferner unzumutbar, wenn das Rechtsmittel nach der Rechtsprechung des Rechtsmittelgerichts als unzulässig oder aussichtslos angesehen wird.[513]

Die Erschöpfung des Rechtswegs ist schließlich unzumutbar, wenn der Beschwerdeführer gezwungen wäre, gegen Vorschriften des OWiG oder StGB zu verstoßen.[514] Zum zumutbaren Rechtsweg kann auch **Eilrechtsschutz** gehören.[515]

154 d) Der Beschwerdeführer darf sich auf eine irrige, ausführlich begründete **Rechtsmittelbelehrung** verlassen; der Rechtsirrtum eines Gerichts (in der Beschwerdebelehrung) darf im Rahmen der Zulässigkeitsprüfung gemäß § 90 II 1 nicht zu Lasten des Rechtssuchenden gehen.[516]

Schwierigkeiten ergeben sich insbesondere, wenn der Beschwerdeführer die **Erfolgsaussichten** seines Rechtsmittels für **ungewiss** hält oder wenn die Zulässigkeit eines Rechtsmittels umstritten ist. Die Rechtsprechung des BVerfG ist nicht einfach zu handhaben. Das Gericht betont einerseits, dass eine „berechtigte Ungewissheit über die Zulässigkeit eines Rechtsbehelfs" nicht zu Lasten des Rechtssuchenden gehen und dabei nicht zur Unzulässigkeit einer Verfassungsbeschwerde wegen Nichterschöpfung des Rechtswegs führen

---

umfangreichen Verlagerung der Kontrollbefugnisse des BVerfG in das einfache Recht führt. Zur möglichen Verschiebung der Gewichte durch BVerfG NJW 2005, 1413 – OEG siehe unten Rn. 162.

[511] S. aber BVerfG NJW 2005, 1413 und dazu u. Rn. 162

[512] BVerfGE 9, 3 (7) = NJW 1959, 91; 69, 188 (202); 78, 155 (160); 99, 202 (211).

[513] BVerfGE 20, 271 (275); s. auch BVerfGE 16, 1 (3); 28, 1 (6) = NJW 1970, 651; 96, 44 (49); 102, 197 (208). Das BVerfG verlangt „offensichtliche Unzulässigkeit", BVerfG(K) NJW 2004, 1371; 2004, 3029.

[514] BVerfGE 81, 70 (82 f.); 97, 157 (165); 98, 26, 265 (296).

[515] BVerfGE 95, 163 (171).

[516] BVerfGE 19, 253 (256) = NJW 1966, 150; s. auch BVerfGE 4, 193 (198). Sind die Formerfordernisse für den Rechtsuchenden undurchdringlich, muss die Rechtsordnung für eine dieses Defizit ausgleichende Rechtsmittelbelehrung sorgen, BVerfGE 93, 99 (108); 107, 395 (416 f.) – Plenum.

Verfassungsbeschwerde § 90

dürfe.[517] Die Zulässigkeit eines Rechtsbehelfs könne so zweifelhaft sein, dass seine Erhebung dem Beschwerdeführer nicht zugemutet werden könne.[518] Die Frage, wann eine Ungewissheit berechtigt ist, wird man so zu beantworten haben, dass immer dann, wenn überhaupt ein Gericht die Zulässigkeit des Rechtsbehelfs bejaht oder wenn es, bei Fehlen von Gerichtsentscheidungen, entsprechende Stellungnahmen im Schrifttum gibt, der Weg zum Instanzgericht gewählt werden muss.[519]

e) Wer im **PKH-Verfahren** gegen einen die PKH versagenden Beschluss den Beschwerdeweg des § 127 ZPO beschritten hat, hat den Rechtsweg erschöpft. Dies wird jedenfalls dann gelten, wenn das PKH-Gesuch wegen Aussichtslosigkeit der Rechtsverfolgung abgelehnt wird, im Übrigen aber die Voraussetzungen für die Gewährung von PKH gegeben wären. Nach *BVerfGE* 22, 349 rechtfertigt die Versagung von PKH wegen Aussichtslosigkeit der Rechtsverfolgung dann keine Ausnahme von dem Gebot des § 90 II 1, wenn der betroffenen Partei trotzdem die Erschöpfung des Rechtswegs tatsächlich möglich und zumutbar ist. Diese Voraussetzungen sind für das Revisionsverfahren beim BSG gegeben, wenn die arme Partei durch eine Behörde vertreten ist.[520] 155

f) Die frühere Rechtsprechung des BVerfG ist noch davon ausgegangen, dass der **Rechtsweg** auch **nachträglich**, d. h. nach Erhebung der Verfassungsbeschwerde erschöpft werden könne.[521] BVerfGE 94, 166 (214) hat das jedoch „regelmäßig" nicht mehr für zulässig gehalten, lässt also Ausnahmen zu.[522] Ausnahmen werden in erster Linie 156

---

[517] BVerfGE 5, 17 (20); 91, 83 (106); 107, 299 (309).

[518] BVerfGE 107, 299 (309).

[519] BVerfGE 68, 376 (381).

[520] Auch im PKH-Verfahren dürfen die Anforderungen an die Erfolgsaussichten der beabsichtigten Rechtsverfolgung oder -verteidigung nicht überspannt werden, vgl. BVerfGE 9, 124 (130 f.); 10, 264 (270); 22, 83 (87); 51, 295 (302); 63, 380 (394); 67, 245 (248); 71, 122 (133) = NJW 1987, 1619; 78, 104 (117 f.); 81, 317 (357); BVerfG(K) NJW 2005, 409; BVerfGK 1 (2004), 22 (24); 1 (2004), 111 (114); BVerfG(K) NJW 2000, 1936 (1937). Das ist insbesondere der Fall, wenn eine entscheidungserhebliche Rechtsfrage streitig und höchstrichterlich noch nicht entschieden ist, BVerfGK 2 (2004), 275 (278). Eine Beweisantizipation ist zwar zulässig (BVerfG, NJW 1997, 2745 (2746)). Kommt jedoch eine Beweisaufnahme ernsthaft in Betracht und liegen keine konkreten und nachvollziehbaren Anhaltspunkte dafür vor, dass die Beweisaufnahme mit großer Wahrscheinlichkeit zum Nachteil des Beschwerdeführers ausgehen werde, so darf dieser PKH nicht wegen fehlender Erfolgsaussichten versagt werden, BVerfG(K) NJW-RR 2002, 1069; BVerfG 1 (2004), 111 (115 f.).

[521] BVerfGE 2, 105 (109); 54, 53 (66) = NJW 1980, 2797.

[522] *Bethge* macht das zu einem Grundsatz ohne Ausnahme, MSKB, Stand 2005, Rn. 396 zu § 90.

II. Die Subsidiarität der Verfassungsbeschwerde

1. Allgemeines

157 Das BVerfG hat im Wege richterlicher Rechtsfortbildung (siehe u. Rn. 174) § 90 II um den Grundsatz der Subsidiarität der Verfassungsbeschwerde erweitert.[523] Man kann den verfassungsrechtlichen Subsidiaritätsgrundsatz zunächst so formulieren, dass jeder Beschwerdeführer gehalten ist, vor Anrufung des BVerfG die sonst zuständigen Stellen – in der Regel Behörden und Gerichte – mit seinem Anliegen zu befassen.[524] Damit soll sichergestellt werden, dass dem BVerfG auch die Beurteilung der Sach- und Rechtslage durch ein für die jeweilige Materie zuständiges Gericht unterbreitet werden kann. Das soll dazu führen, dass dem BVerfG eingehend geprüftes Tatsachenmaterial und die Fallanschauung sowie die Rechtsauffassung des sachnäheren Instanzgerichts vermittelt werden.[525]

158 Dahinter steht eine doppelte Erwägung.[526] Zum einen bezieht sich der Subsidiaritätsgrundsatz auf den Beschwerdeführer. Er soll das ihm Mögliche tun, um eine Grundrechtsverletzung oder -gefährdung im

---

[523] Zum Begriff der Subsidiarität in der katholischen Soziallehre vgl. *Zuck,* Subsidiaritätsprinzip und Grundgesetz, 1968; *Isensee,* Subsidiaritätsprinzip und Verfassungsrecht, 1968; *Sodan* DÖV 2002, 925f.; *Blickle/Hüglin/Wyduckel* (Hrsg.), Subsidiarität als rechtliches und politisches Ordnungsprinzip in Kirche, Staat und Gesellschaft, 2002. Entgegen *Klein,* in: FS f. Zeidler, Bd. 2, 1987, 1305 gibt es zwischen der allgemeinen Subsidiarität und der Subsidiarität der Verfassungsbeschwerde keine Verbindung; siehe dazu *Vollkommer,* in: FS f. W. Gerhardt, 2004, 1023 (1030); *ders.,* in: FS f. Link, 2003, 1003 (1006). Der Ansicht, die primäre Zuweisung der Grundrechtskontrolle an die Instanzgerichte, also „nach unten", entspreche dem Subsidiaritätsprinzip, kann nicht gefolgt werden. Weder führt das zu einer Rangordnung (siehe dazu *Zuck,* Subsidiaritätsprinzip und Grundgesetz 1968, 10f.) noch wird damit die Voraussetzung des allgemeinen Subsidiaritätsprinzips erfüllt, dass die „untere" Gemeinschaft zur Lösung der aufgeworfenen Fragen besser geeignet ist. Auch das Subsidiaritätsprinzip des Art. 5 II EGV betrifft eine andere Thematik, siehe dazu *Callies,* Subsidiaritäts- und Solidaritätsprinzip in der EU, 2. Aufl. 1999; *Zuleeg,* in: FS f. Schockweiler, 1999, 635.

[524] BVerfG(K) NJW 2003, 58 f., st. Rspr.

[525] BVerfGE 79, 1 (20); 86, 382 (386 f.); BVerfG(K) NVwZ 2001, 796; NJW 2003, 58, st. Rspr.

[526] BVerfGE 107, 395 (414) – Plenum; siehe dazu früher schon *Zuck,* in: FS f. Redeker, 1993, 213 (221 f.).

Verfassungsbeschwerde § 90

instanzgerichtlichen Verfahren zu verhindern oder zu beseitigen. Der Subsidiaritätsgrundsatz bezieht sich aber auch auf die primäre Pflicht der Instanzgerichte, die Grundrechte zu wahren (siehe Rn. Einl. Rn. 42; s.o. Rn. 15) und akzentuiert damit das Verhältnis von Instanzgerichten zur Verfassungsgerichtsbarkeit.

2. Grundsatz der materiellen und formellen Subsidiarität

Für den Regelfall wird das in der in § 90 II kodifizierten Pflicht zur Rechtswegerschöpfung zum Ausdruck gebracht (siehe oben Rn. 146 ff.). Der Grundsatz der Subsidiarität meint aber mehr und etwas anderes. Er besagt, „dass ein Beschwerdeführer über die Erschöpfung des Rechtswegs hinaus die ihm zur Verfügung stehenden Möglichkeiten ergreift, um eine Korrektur der geltend gemachten Verfassungsverletzung zu erwirken oder eine Grundrechtsverletzung zu vermeiden"[527] (= Grundsatz der **formellen,** d.h. verfahrensbezogenen **Subsidiarität**). 159

Etwas anderes ist die Obliegenheit des Beschwerdeführers zur Erschöpfung der prozessualen Möglichkeiten **innerhalb** des Rechtswegs (siehe u. Rn. 160).[528] Ein Mehr wird vom Beschwerdeführer aber verlangt, wenn er über die Erschöpfung des Rechtswegs hinaus, also **außerhalb** des Rechtswegs i.e.S. verpflichtet ist, andere Wege einzuschlagen, um die Verfassungsbeschwerde zum BVerfG entbehrlich zu machen.[529] Was das im Einzelnen bedeutet, lässt sich am besten darstellen, wenn man die für diese Rechtsprechung wichtigsten Fallgruppen zugrundelegt.

---

[527] BVerfGE 78, 58 (68); 92, 245 (256); BVerfGE(K) NJW 1995, 1885 (1886); BVerfGE 93, 165 (171); 95, 193 (208); 96, 27 (43); 104, 65 (70); BVerfG(K), NJW 2003, 418; NJW 2004, 1650; BVerfGK 2 (2004), 16 f.; BVerfG(K) GewArch 2005, 16; BVerfGE NJW 2005, 2363. Das Gericht betont allerdings zurecht, dass die in einem weiteren instanzrechtlichen Verfahren gegebenen Möglichkeiten mit einer gewissen Verlässlichkeit zu einer solchen Korrektur beitragen können. Aus dem Schrifttum vgl. zum derzeitigen Stand des Subsidiaritätsgrundsatzes *Sodan* DÖV 2002, 925 f.

[528] BVerfGE 81, 22 (27 f.); 84, 203 (208) = NJW 1991, 2694. Man kann das als **Grundsatz der materiellen Subsidiarität** bezeichnen (so auch in der Terminologie BVerfGE 110, 177 [189]), weil sich alle diese Erfordernisse auf Vorgänge innerhalb des einfachen Verfahrensgangs beziehen; siehe dazu auch *Sperlich,* in: UCD, Rn. 145 zu § 90. Die ganze Fallgruppe der materiellen Subsidiarität kann man unter das Stichwort „Rechtswegserschließung" bringen, siehe dazu überzeugend *Vollkommer,* in: FS f. Link, 2003, 1003 (1005) unter Bezugnahme auf *Gaul,* in: FS f. E. Schumann, 2001, 89 (109).

[529] Z.B. Gegenvorstellungen zu erheben, vgl. BVerfGE 63, 77 (79); 69, 233 (240 ff.); 73, 322 (326 f.) = NJW 1987, 1319; BVerfG(K) NJW 1995, 2544.

§ 90 III. Einzelne Verfahrensarten

160 **a)** Für das **gerichtliche Verfahren** bedeutet der Subsidiaritätsgrundsatz zunächst, dass der Beschwerdeführer seine prozessualen Möglichkeiten *innerhalb* des Verfahrens nutzt.[530] Das wird besonders deutlich bei der Gehörsrüge aus Art. 103 I GG. Wer weder gegen eine ihm das Wort abschneidende Entscheidung des Vorsitzenden der Kammer eines LAG die Entscheidung des Gerichts anruft noch eine Erklärungsfrist beantragt, kann sich nicht mehr auf Art. 103 I GG berufen.[531] Das gilt für unterlassene Beweisanträge ebenso wie für die Anregung, das Verfahren nach Schluss der mündlichen Verhandlung wieder zu eröffnen. Und so hat das BVerfG gegenüber der auf Art. 19 IV GG gestützten Rüge eines Beschwerdeführers wegen der (Fall)Behandlung seiner Nichtzulassungsbeschwerde durch den BFH gefordert, der Beschwerdeführer habe den BFH innerhalb der Monatsfrist des § 115 III 1 FGO darauf hinweisen müssen, dass er ohne Kenntnis der vollständigen Entscheidung des BFH, aus der sich die Divergenz ergebe, seine Beschwerde nicht in der erforderlichen Weise habe begründen können.[532] Auf dieser Linie liegt es auch, dass sich ein Beschwerdeführer nicht auf die Versagung von PKH für ein Verfahren auf Zulassung der Berufung nach § 124a VwGO berufen kann, wenn er die Zulassungsgründe „nicht hinreichend dargelegt" hat.[533]

Systematisiert man diese Beispielsfälle, so lassen sich drei Fallgruppen bilden:

161 (1) Zum einen muss ein Beschwerdeführer den erforderlichen **Tatsachen**vortrag halten.[534] So verlangt das BVerfG von einem Beschwerdeführer, der wegen eines Parkverstoßes mit einem Bußgeldbescheid belegt worden ist und der mit der auf Art. 103 I 2 GG gestützten Verfassungsbeschwerde gerügt hatte, er sei zum Tatzeitpunkt nicht Halter des Pkw gewesen, dass er das Amtsgericht auf seine fehlende Haltereigenschaft habe hinweisen müssen.[535]

162 (2) Daneben wird aber unter der Geltung des Subsidiaritätsgrundsatzes vom Beschwerdeführer verlangt, einfach-rechtlich zur Rechtslage vorzutragen[536] **(Rechtsvortrag).** An die Qualität dieses Rechtsvortrags stellt das Gericht besondere Anforderungen: „Dem Beschwerde-

---

[530] S. dazu umfassend, mit einer vollständigen Übersicht über die Kammerrechtsprechung *Lübbe-Wolff* EuGRZ 2004, 669; *dies.* AnwBl. 2005, 509.

[531] BVerfGE 5, 9 (10).

[532] BVerfGE 81, 22 (27 f.); siehe auch BVerfGE 84, 203 (208).

[533] BVerfG(K) NVwZ 2001, 796 (797); zur Notwendigkeit, Formvorschriften zu beachten, siehe auch BVerfGE 54, 53 (65).

[534] Siehe dazu *Zuck,* in: FS f. Redeker, 1993, 212 (217).

[535] BVerfG(K) NJW 1992, 1952 (1953).

[536] BVerfGE 80, 137 (151).

führer obliegt es ... bereits im fachgerichtlichen Verfahren seine Angriffe gegen den beanstandeten Hoheitsakt so deutlich vorzutragen, dass ihre Prüfung in diesem Verfahren gewährleistet ist. Dazu gehört, dass er sich auch mit der Begründung auseinandersetzt, auf die sich die angegriffene Maßnahme stützt. Das gilt unabhängig davon, ob das fachgerichtliche Verfahren der Parteimaxime oder dem Amtsermittlungsgrundsatz unterliegt".[537] Während die Obliegenheit einfachrechtlich lege artis vorzutragen und sich mit einfach-rechtlichem Vorbringen auseinanderzusetzen auf sicherem Grund ruht, weil es nicht nachvollziehbar wäre, wenn sich das BVerfG mit Grundrechtsrügen nur deshalb beschäftigen müsste, weil der Beschwerdeführer einfachrechtlich nicht alles Erforderliche getan hat,[538] ist die rechtliche Beurteilung schwieriger, soweit es um die Notwendigkeit geht, im Instanzverfahren materielle Grundrechtsrügen zu erheben. Immer wieder ist das BVerfG unter dem Aspekt der Subsidiarität der Verfassungsbeschwerde gefordert, der Beschwerdeführer müsse auch materielle Grundrechtsargumente bei der Beurteilung der einfacheren rechtlichen Rechtslage schon vor den Instanzgerichten einbringen.[539] Abschließend war die Frage allerdings nicht geklärt, ob der Beschwerdeführer wirklich verpflichtet ist, seine verfassungsrechtlichen Einwände schon vor den Instanzgerichten zu erheben.[540] Diese Rechtsprechung hat nämlich erhebliche Kritik hervorgerufen.[541] Sie läuft im Kern auf die Anwendung des Satzes „iura novit curia" hinaus, d.h. darauf, der Beschwerdeführer könne sich auf Tatsachenvortrag beschränken.[542] Diese Argumentation wird jedoch der Aufgabenverteilung zwischen Instanz- und Verfassungsgerichtsbarkeit (siehe oben Rn. 90 ff.) nicht gerecht.[543]

---

[537] BVerfGE 79, 174 (190).
[538] Das ist der klassische Ausgangsfall für die Gehörsrüge nach Art. 103 I GG.
[539] BVerfGE 68, 334 (335).
[540] BVerfGE 68, 334 (335); 68, 384 (388 f.); 80, 137 (151); 84, 203 (208).
[541] BVerfGE 68, 334 (335); 68, 384 (388 f.); 82, 6 (11); 89, 203 (208); BVerfG(K) NJW 1992, 1747; BVerfGK 2 (2004), 1617 und dazu *Bender* AöR 112 (1987), 1169 ff.; *ders.* NJW 1988, 808 f.; *Seegmüller* DVBl. 1999, 738 (745); *Vollkommer*, in: FS Link, 2003, 1003; *Sperlich*, in: UCD, Rn. 147 zu § 90; *Bethge*, in: MSKB, Stand 2005, Rn. 149 ff. zu § 90.
[542] Siehe dazu *Bender* NJW 1988, 808 f.; *Warmke*, Die Subsidiarität der Verfassungsbeschwerde, 1993, 115 ff.; *Schlaich/Korioth* Rn. 249.
[543] Es kann offen bleiben, welche inhaltliche Bedeutung und vor allem welchen Rang „iura novit curia" hat. Den Grundsatz unterstellt, ist er vielfältig durchbrochen (Verfahrensrügen i.w.S., ausländisches Recht, Gewohnheitsrecht, Satzungsrecht); mit den anwaltlichen Sorgfaltspflichten ist er unvereinbar. Man denke an die Anstoßfunktion von Rechtsvortrag für Vorlageverfahren. Im Revisionsverfahren und in den Rechtsmittelzulassungs-/Nichtzulassungsverfah-

§ 90 III. Einzelne Verfahrensarten

Da es vorrangig Sache der Instanzgerichte ist, auch gegen Verfassungsverstöße Rechtsschutz zu gewähren,[544] muss das Instanzgericht in die Lage versetzt werden, diese Aufgabe erfüllen zu können. Die – vom BVerfG nun einmal so statuierte – Aufgabenverteilung führt deshalb zu einer doppelten Verantwortung des Instanzgerichts, unabhängig von den ihm vorgegebenen unterschiedlichen prozessualen Maximen. Zunächst einmal sind schon die Tatbestände einfach-rechtlicher Normen und Grundrechtsnormen verschieden. Das Instanzgericht kann und wird im Regelfall verfassungsrechtliche Fragen nicht prüfen, solange ihm nicht ein Sachverhalt vorgetragen wird, der verfassungsnormrelevant ist. Damit kann sich der Beschwerdeführer aber nicht begnügen: Er muss die verfassungsrechtliche Bedeutung des Sachverhalts darstellen und sich dabei, wie das BVerfG für die Erhebung jeglicher Grundrechtsrügen fordert, „hinreichend deutlich" (siehe dazu Rn. 10, 19ff. zu § 92) vortragen, d.h. im Rahmen einer ordnungsgemäßen Darstellung und Analyse der verfassungsrechtlichen Rechtslage. Insoweit genügt es auch im Revisionsverfahren nicht, was sonst genügt, nämlich die bloße Bezeichnung der (Grundrechts) Norm.[545] Es reicht also z.B. im zivilprozessualen Revisionsverfahren nicht aus, die Rüge des § 286 ZPO auszuführen und danach Art. 103 I GG zu „nennen". § 286 ZPO und Art. 103 I GG sind unterschiedliche Normen. Ob das *BVerfG* diese Diskussion mit seiner Entscheidung vom 9. 11. 2004 – 1 BvR 684/98[546] beendet hat, bleibt abzuwarten. Der Sachverhalt der Entscheidung war dadurch gekennzeichnet, dass der Beschwerdeführer (als Partner einer nichtehelichen Lebensgemeinschaft) die Gewährung

---

ren ist es der Rechtsvortrag des Verfahrensführers, der das Verfahren bestimmt. Mit anderen Worten: Die unterschiedliche Ausgestaltung von iura novit curia zeigt, dass damit keine verbindliche Sperre für die Notwendigkeit von Rechtsvortrag verbunden ist. Jede Klage in Verwaltungs-, Sozial- und Finanzgerichtsprozess muss den geltend gemachten Anspruch wenigstens möglich erscheinen lassen. Ohne Rechtsvortrag geht das nicht. Das zeigt auch die Rechtsprechung des BVerfG selbst, wenn sie strenge Anforderungen an die rechtliche Begründung von Verfassungsbeschwerden im Rahmen der §§ 23, 92 verlangt. Iura novit curia mag die abschließende (weil an Art. 20 III GG gebundene) rechtliche Entscheidungshoheit der Gerichte umschreiben. Mit den Erfordernissen für die Verfahrensbeteiligten, dafür die erforderlichen Voraussetzungen zu schaffen, hat das nichts zu tun.

[544] BVerfGE 86, 15 (26f.); 104, 65 (70ff.); BVerfG(K) NJW 2001, 216 (217); BVerfGE 107, 395 (414), st. Rspr. Siehe dazu auch *Vollkommer*, in: FS f. W. Gerhardt, 2004, 1023 (1031ff.).
[545] AA *Warmke*, Die Subsidiarität der Verfassungsbeschwerde, 1993, 121ff.
[546] BVerfG NJW 2005, 1413 – OEG; s. dazu *Zuck* NVwZ 2005, 739 (741f.); *O'Sullivan* DVBl. 2005, 880; *Linke* NJW 2005, 2190.

einer Hinterbliebenenrente nach § 1 VIII I Opferentschädigungsgesetz (OEG), hilfsweise im Wege des Härteausgleichs nach § 89 I BVG beantragt hatte. Zur Frage, ob das OEG verfassungsgemäß war, hatte er sich im Instanzverfahren nicht geäußert. Das BVerfG, das das OLG insoweit für mit Art. 3 I i. V. m. Art. 6 I GG unvereinbar gehalten hat, hat den Beschwerdeführer nicht an der fehlenden Rüge der Verfassungswidrigkeit des OEG scheitern lassen. Um die Pflicht zur Erschöpfung des Rechtswegs gehe es insoweit nicht; der Beschwerdeführer müsse nicht darlegen (und belegen), dass er entsprechende verfassungsrechtliche Rügen im Instanzverfahren vorgetragen habe. „Der Beschwerdeführer kann sich im fachgerichtlichen Ausgangsverfahren regelmä-ßig damit begnügen, auf eine ihm günstige Auslegung und Anwendung des einfachen Rechts hinzuweisen, ohne dass ihm daraus prozessuale Nachteile im Verfahren der Verfassungsbeschwerde erwachsen".[547] Es sei Sache des Instanzgerichts, die Verfassungsmäßigkeit eines Gesetzes zu prüfen. Dazu genüge es, den Sachverhalt so darzulegen, dass eine verfassungsrechtliche Prüfung möglich sei. Soweit steht die Entscheidung des BVerfG im Einklang mit dem Instanzprozessrecht, das grundsätzlich nur Tatsachenvortrag verlangt.[548] Diesen Grundsatz schränkt das BVerfG durch eine Reihe von Ausnahmen ein. So bleibt der Verfahrensbeteiligte an Vorgaben des einfachen Verfahrensrechts gebunden, die ihn zu Rechtsausführungen verpflichten. Das ist nicht nur im Bereich des Revisionsrechts oder des Rechtsmittelzulassungs- oder Nichtzulassungsbeschwerdeverfahrens erforderlich, sondern auch sonst bei der Geltendmachung von Verfah-

---

[547] BVerfG, NJW 2005, 1413 (1414). Es ist nicht zu erkennen, was der Inhalt des instanzgerichtlichen Vortrags mit der verfahrensrechtlichen Pflicht, den Rechtsweg zu erschöpfen, zu tun hat. Das BVerfG verweist denn auch einige Zeilen danach (zurecht, was die Argumentationslinie angeht) auf den materiellen Subsidiaritätsgrundsatz.

[548] Für den **Zivilprozess** vgl. § 253 II Nr. 2 ZPO. Der dort genannte „Grund des erhobenen Anspruchs" ist der vom Kläger darzulegende Sachverhalt. Die rechtliche Qualifizierung gehört dazu nicht, *Greger*, in: Zöller, ZPO, 25. Aufl. 2005, Rn. 12 zu § 253. Im **Verwaltungsprozess** begrenzen §§ 82, 86 VwGO die prozessualen Pflichten des Klägers auf den Vortrag der zur Begründung dienenden Tatsachen. Das Recht kennt dagegen der Richter, *Dawin*, in: Schoch/Schmidt-Aßmann/Pietzner, VwGO, Stand 2000, Rn. 29 zu § 86 VwGO. Vergleichbares gilt entsprechend § 92 SGG für den **Sozialgerichtsprozess,** siehe dazu *Meyer-Ladewig*, SGG, 8. Aufl. 2005, Rn. 3 zu § 103 SGG. Auch für den **Finanzgerichtsprozess** gilt nichts anderes, vgl. §§ 65, 76 FGO. Rechtsausführungen sind danach nicht vorgeschrieben, siehe *Tipke,* in: Tipke/Kruse, Abgabenordnung/Finanzgerichtsordnung, Stand 2001, Rn. 30 zu § 65 FGO.

rensrechten im Rahmen der Fehlerverhinderungspflicht des Rechtsanwalts.[549] Hinzu kommt, dass die Verletzung von Verfahrensgrundrechten durch die Gerichte, insbesondere bei Art. 101 I 2 GG und Art. 103 I GG von den Verfahrensbeteiligten unter Ausnützung aller Mittel im Instanzverfahren verhindert oder beseitigt werden müssen.[550] Bedenkt man, dass die Rüge, Art. 103 I GG sei verletzt worden, epidemische Ausmaße hat und weiter, dass grundsätzlich nur letztinstanzliche Entscheidungen angreifbar sind, also Revisions- und Zulassungs-/Nichtzulassungsbeschwerde-Entscheidungen erhebliche praktische Bedeutung haben, so reduziert sich die vom *BVerfG* aufgestellte allgemeine Regel erheblich.

Der eigentliche Streit betrifft aber vorrangig die Frage, ob ein Beschwerdeführer gehalten ist, verfassungsrechtliche Argumente in den Instanzrechtszug einzubringen. Das BVerfG hat das zwar verneint, um der Konstitutionalisierung der einfachen Rechtsordnung vorzubeugen. Auch hier gibt es aber Ausnahmen:[551] Bei verständiger Einschätzung der Rechtslage und der jeweiligen verfahrensrechtlichen Situation kann ein Begehren nur Erfolg haben, wenn verfassungsrechtliche Erwägungen in das instanzgerichtliche Verfahren eingeführt werden. Das soll nach Auffassung des BVerfG der Fall sein, wenn
– der Ausgang des Verfahrens von der Verfassungswidrigkeit einer Vorschrift abhängt;
– eine bestimmte Normauslegung angestrebt wird, die ohne verfassungsrechtliche Erwägungen nicht begründbar ist;
– nach instanzgerichtlichem Verfahrensrecht ein Rechtsmittel oder dessen Zulassung auf die Verletzung von Verfassungsrecht gestützt werden soll.

Mit diesen Einschränkungen läuft die Freistellung vom Verfassungsrechtsvortrag vor den Instanzgerichten weitgehend leer. Bezüglich der einfach-rechtlichen Rechtsverletzung ist schon darauf hingewiesen worden, dass der Angriffsgegenstand der Urteilsverfassungsbeschwerde in aller Regel Entscheidungen voraussetzt, die ohne Rechtsvortrag gar nicht getroffen werden können. Das lässt sich leicht belegen: Wie will z. B. ein Kläger eine Feststellungs- oder eine vorbeugende Unterlassungsklage ohne Rechtsvortrag begründen oder wie – im Verwaltungs-, Sozial-, Finanzgerichtsprozess – eine Verpflichtungsklage? Und was immer in §§ 253 ZPO, 82 VwGO, 103 SGG, 65 FGO an bloßem

---

[549] *Vollkommer/Heinemann*, Anwaltshaftungsrecht, 2. Aufl. 2003, Rn. 294 ff., 529 ff. Einschränkend aber BVerfG(K) NJW 2002, 2937 (2938), wonach Rechtskenntnis und -anwendung „vornehmlich" Aufgabe des Gerichts sind.
[550] BVerfG NJW 2005, 1413 (1414).
[551] BVerfG NJW 2005, 1413 (1414 f.).

Verfassungsbeschwerde § 90

Tatsachenbezug vorgegeben wird: Ist das Verhältnis zwischen Gericht und Rechtsanwalt wirklich zutreffend beschrieben, wenn der eine das Recht kennen soll und der andere lediglich die dafür erforderlichen Tatsachen beibringen muss, wobei man, um das Gericht das Recht auch wirklich finden zu lassen, die richtigen Tatsachen beibringen, also das Recht selbst kennen muss, ganz abgesehen davon, dass der Rechtsanwalt nach dem maßgeblichen Haftungsrecht seinen Mandanten in einem Umfang vor der Erhebung einer Klage beraten muss, die der richterlichen Rechts-Findung zumindest gleichkommt. Vernünftige Rechtsfindung setzt die Verwendung dieser Rechtskenntnisse gegenüber dem Gericht voraus, um wirklich effektiven Rechtsschutz zu gewährleisten. Und wenn man die drei Ausnahmebereiche für verfassungsrechtlichen Vortrag hinzunimmt, so wird in verfassungsbeschwerderelevanten Instanzverfahren immer verfassungsrechtlicher Vortrag geboten sein.[552] Das ist die Konsequenz der Tatsache, dass das Instanzgericht primär die Grundrechte zu wahren hat. Dieser Kritik ist leicht entgegenzuhalten, sie verwechsle die gesetzlichen Minimalpflichten mit Zweckmäßigkeitserwägungen. So soll diese Argumentation aber nicht verstanden werden: Das richtige Verständnis des Verhältnisses von Gericht und Verfahrensbeteiligten darf nicht in eine Zweiteilung über Herrschaftswissen (mit dem ein Anspruch überhaupt erst in der Sache beschrieben werden kann) und der zweckdienlichen Materialbeschaffung aufgespalten werden. Die verfassungskonforme Auslegung der einschlägigen prozessualen Vorschriften gebietet, auch bezogen auf das Verfassungsbeschwerdeverfahren und gedeckt durch den materiellen Subsidiaritätsgrundsatz, anders als man das aus BVerfG, NJW 2005, 1413 herauslesen mag, grundsätzlich den erforderlichen (verfassungsrechtlichen) Vortrag des Beschwerdeführers schon im Instanzverfahren. Der Einwand, der Beschwerdeführer führe vor dem Instanzgericht keinen Verfassungsprozess, und könne zunächst auch gar nicht wissen, dass er einmal Verfassungsbeschwerde erheben wolle, genügt, wenn man von einer Beschwer durch die letztinstanzliche Entscheidung absieht, nicht. Es ist zwar richtig, dass der „normale" Instanzprozess kein Verfassungsprozess ist, und weil das so ist, sind die meisten Urteilsverfassungsbeschwerden, die den Verfassungsverstoß nachträglich konstruieren, nicht nur aussichtslos, sondern auch über-

---

[552] Dass das anzuwendende Recht vom Instanzgericht auch ohne Grundrechtsrüge geprüft werden muss, ist im Regelfall schon dann zutreffend (und deshalb ist BVerfG NJW 2005, 1413 im Ergebnis zuzustimmen), weil das geltende Recht die Vermutung der Richtigkeit für sich hat. Ausnahmsweise wird das anders sein, wenn die Verfassungsmäßigkeit des Gesetzes schon in Rechtsprechung und/oder Schrifttum bezweifelt worden ist.

§ 90   III. Einzelne Verfahrensarten

flüssig. Das ändert aber nichts daran, dass verfassungsrechtliche Sachrügen von Anfang an geboten sein können und deshalb auch erkennbar gemacht werden müssen, wenn das Instanzgericht seine ihm vom *BVerfG* zugewiesene „vorrangige" Aufgabe, verfassungsrechtlichen Rechtsschutz zu gewähren, wirklich wahrnehmen soll.

163 (3) Und schließlich muss der Beschwerdeführer seine **Verfahrensrechte** innerhalb des Verfahrens nutzen, also die ihm zur Verfügung gestellten Äußerungsrechte wahrnehmen.[553] Immer setzt das BVerfG voraus, dass der Beschwerdeführer im instanzgerichtlichen Verfahren Mängel in ordnungsgemäßer Form rügt.[554] Das führt dann dazu, dass die Verfassungsbeschwerde unzulässig ist, wenn ein an sich gegebenes Rechtsmittel aus prozessualen Gründen erfolglos bleibt.[555]

164 b) Zu den den Beschwerdeführer insoweit treffenden prozessualen Lasten gehört die auf ihn bezogene Obliegenheit, *außerhalb* der Verfahrensordnung seine **Korrekturmöglichkeiten** zu nutzen.[556] Dazu gehören die Gegenvorstellung,[557] die Wiedereinsetzung in vorigen Stand,[558] das Änderungsverfahren nach § 69 III FGO[559] oder nach

---

[553] Dazu gehört z. B. für die Erhebung der Aufklärungsrüge im strafprozessualen Revisionsverfahren, BVerfGE 110, 1 (12).

[554] BVerfGE 107, 257 (267); BVerfGK 2 (2004), 16 (17).

[555] BVerfGK 1 (2004), 222 – hier: unzulässige Nichtzulassungsbeschwerde.

[556] BVerfGE 63, 77 (78). Das kann auch die Einleitung von Behördenverfahren betreffen. Diese Erfordernisse lassen sich insgesamt unter dem Begriff der **formellen Subsidiarität** zusammenfassen, weil sie Verfahrenspflichten außerhalb des anhängigen Verfahrens betreffen.

[557] BVerfGE 63, 77 (79); 73, 322 (326 f.); BVerfG(K) NJW 1995, 3248; NJW 2000, 274; NJW 2002, 3387. Gegenvorstellungen gegen eine unanfechtbare gerichtliche Entscheidung sind danach geboten, „um eine Korrektur der geltend gemachten Verletzung ... zu erwirken, sofern die Möglichkeit der Selbstkorrektur nicht von vornherein verschlossen ist." Von einer solchen Möglichkeit, muss ein Beschwerdeführer selbst dann Gebrauch machen, wenn die Statthaftigkeit im Einzelfall zweifelhaft ist, BVerfGE 91, 93 (107); BVerfG(K) NJW 2002, 3387. Zurecht macht allerdings *Gusy*, in: FS 50 Jahre BVerfG, Bd. 1, 2001, Seite 641 (661) darauf aufmerksam, dass dem Beschwerdeführer damit im Einzelfall unzumutbare Risiken aufgebürdet werden können. Versäumt er den ihm zugedachten Rechtsbehelf, ist die Verfassungsbeschwerde unzulässig. War der Rechtsbehelf verlässlich unstatthaft, ist die Verfassungsbeschwerde ebenfalls unzulässig. Das verträgt sich nicht mit der Tatsache, dass die Verfassungsbeschwerde nach wie vor ein Jedermann-Rechtsbehelf ist. Siehe dazu auch *Sodan* DÖV 2002, 925 (929 f.). Soweit die Gegenvorstellung auf Art. 103 I GG gestützt werden soll, ist sie unzulässig, weil durch die Anhörungsrüge verdrängt. Außerhalb der Gehörsrüge bleibt sie zulässig (siehe dazu o. Rn. 148).

[558] BVerfGE 77, 275 (282).

[559] BVerfGE 49, 325 (327 f.).

Verfassungsbeschwerde **§ 90**

§ 80 VI VwGO a. F.,[560] weiter die Nichtigkeitsklage nach § 579 I Nr. 4 ZPO,[561] die Nebenintervention,[562] die Anrufung der G10-Kommission,[563] die Anfechtungsklage nach §§ 243 ff. AktG oder das Spruchverfahren nach § 327 f I 2 in Verbindung mit § 306 AktG,[564] schließlich auch noch die Erhebung einer Feststellungsklage anstelle einer nicht eröffneten Normenkontrolle nach § 47 VwGO.[565] Die Mitteilung der Strafvollstreckungskammer, ein Rechtsbehelf werde wegen darin enthaltenen Beleidigungen nicht bearbeitet, muss als „Entscheidung" mit der Rechtsbeschwerde angefochten werden.[566] Das alles gibt ein buntes Bild, macht es aber dem Beschwerdeführer nicht leicht. Er kann, bei aller Verfahrensphantasie, nur schwer den sichersten Weg für die Zulässigkeit seiner Verfassungsbeschwerde finden, vor allem, wenn man berücksichtigt, dass ihm auch zweifelhafte Rechtsbehelfe zugemutet werden. Insoweit bleibt in der Regel auch offen, was es bedeutet, wenn das BVerfG dem Beschwerdeführer auf das mit der gerügten Beeinträchtigung unmittelbar zusammenhängende „sachnächste Verfahren" verweist.[567]

c) aa) Eine besondere Fallgruppe bilden Verfassungsbeschwerden 165 gegen gerichtliche Entscheidungen im **vorläufigen Rechtsschutzverfahren**, z. B. nach §§ 80, 123 VwGO, § 86 a SGG oder nach §§ 925, 940 ZPO.[568] Während BVerfGE 79, 275 (278) noch formuliert hatte, es könne „nicht ohne weiteres" die Erschöpfung des Rechtswegs in der Hauptsache verlangt werden,[569] fordert die jüngere Kammerrechtsprechung inzwischen regelmäßig die Erschöpfung des Rechtswegs in der Hauptsache.[570] Die Regel greift, wenn im Hauptsacheverfahren nach der Art des gerügten Grundrechtsverstoßes die Ge-

---

[560] BVerfGE 70, 180 (187).
[561] BVerfG(K) NJW 1992, 496; siehe auch BVerfG(K) NJW 1992, 1030 und dazu *Sodan* DÖV, 2002, 925 (929).
[562] BVerfG(K) NJW 1998, 2663; *Lachwitz* NJW 1998, 881; *Wassermann* NJW 1998, 730.
[563] Bei einer Verfassungsbeschwerde wegen einer Maßnahme nach § 5 G10.
[564] BVerfG(K) NJW 2003, 58.
[565] BVerfG(K) NJW 1999, 2031; kritisch dazu *Bethge*, in: MSKB, Stand 2005, Rn. 407 zu § 90.
[566] BVerfG(K) NJW 2001, 3615.
[567] BVerfGE 59, 63 (83); 84, 203 (208).
[568] *Striezel*, Die Zulässigkeit von Verfassungsbeschwerden gegen gerichtliche Eilentscheidungen, 1993.
[569] Siehe auch BVerfGE 86, 15 (22).
[570] BVerfGE 104, 65 (70 f.); BVerfG(K) NJW 2000, 2416; NJW 2001, 1482 f.; NJW 2001, 216 (217); NJW 2003, 418 – Dosenpfand; NJW 2003, 1305 – Sektenbroschüre; NJW 2004, 768 – Werbung; NVwZ 2005, 438 – Sportwetten; GewArch 2005, 16 – Dosenpfand II.

§ 90   III. Einzelne Verfahrensarten

legenheit besteht, der verfassungsrechtlichen Beschwer abzuhelfen.[571] Das ist anzunehmen, wenn mit der Verfassungsbeschwerde Grundrechtsverletzungen gerügt werden, die sich auf die Hauptsache beziehen.[572] Das Hauptsacheverfahren kann auch eigenständiger Natur sein, wie z. B. die Erhebung einer Fortsetzungsfeststellungsklage analog § 113 I 4 VwGO.[573] Dass das Hauptsachegericht nicht rechtzeitig entscheidet, hilft dem Beschwerdeführer nicht.[574]

166   **bb)** Besondere Probleme werfen **Zwischenentscheidungen** auf. Nicht immer hindert der Subsidiaritätsgrundsatz ihre Anfechtung mit einer Verfassungsbeschwerde.[575]

166 a   **cc)** Zur Zumutbarkeit der Verweisung auf die Hauptsache siehe unten Rn. 168.

167   **d)** Ein besonders wichtiger Anwendungsbereich des Subsidiaritätsgrundsatzes liegt in der **Verfassungsbeschwerde gegen Rechtsnormen.**[576] Die immer weiter verschärfte Rechsprechung des BVerfG hat inzwischen fast zum Ausschluss der Verfassungsbeschwerden unmittelbar gegen Gesetze und Verordnungen geführt.[577] Das Schwergewicht dieses Komplexes liegt in der Erkenntnis der globalen Natur der anderweiten Rechtsschutzmöglichkeiten. Das betrifft zum einen die Tatsache, dass die Anrufung von Instanzgerichten nur eine Möglichkeit der Abhilfe darstellt. Da es aber einfach-rechtlich, von § 47

---

[571] BVerfGE 104, 65 (70 ff.). Zur Begrenzung der damit für den Beschwerdeführer verbunden Obliegenheiten durch Zumutbarkeitskriterien s. u. Rn. 168.

[572] BVerfGE 104, 65 (70 ff.). Anders, wenn der Grundrechtsverstoß gerade Gegenstand des Eilrechtsschutzes ist, s. dazu z. B. BVerfG(K) NVwZ 2005, 681 – Studienplatzvergabe.

[573] BVerfG(K) NVwZ 2001, 796 (797).

[574] BVerfG(K) NVwZ 2001, 796; NJW 2003, 418 – Dosenpfand. Ggf. muss der Beschwerdeführer die Hauptsacheentscheidung, gestützt auf Art. 19 IV GG (wegen überlanger Verfahrensdauer) angreifen.

[575] BVerfGE 101, 106 (120) – Beschluss nach § 99 II 1 VwGO; BVerfGE 104, 65 (70 ff.). S dazu auch BVerfG(K) NVwZ 2005, 681 – Beweisbeschluss im Asylverfahren, vgl. weiter oben Rn. 145.

[576] BVerfGE 84, 90 (116); 86, 382 (388 f.) und dazu mit Recht kritisch *Rinken*, in: FS f. Stein, 2002, 411 (420); BVerfGE 90, 128 (136 f.); 97, 157 (165 f.); 102, 197 (207); BVerfG(K) FamRZ 2000, 217; NVwZ-RR 2001, 73; NJW 2002, 428.

[577] *Rinken*, in: FS f. Stein, 2002, 411 (420 f.); zum Thema siehe auch *Gerontas* DÖV 1982, 443; *Schenke* NJW 1984, 1457; *Klein*, in: FS f. Zeidler, Bd. 2, 1987, 1325 ff.; *Detterbeck* DÖV 1990, 558; *van den Hövel*, Zulässigkeits- und Zulassungsprobleme der Verfassungsbeschwerde gegen Gesetze, 1990; BVerfG(K) NVwZ 2004, 977 – Verfütterungsverbot; NVwZ-RR 2005, 217 (218). Zu Unrecht hält die Kammer die Beschwerdebefugnis (siehe oben Rn. 63 ff.) für einen Unterfall des Subsidiaritätsgrundsatzes.

Verfassungsbeschwerde § 90

VwGO abgesehen, keinen prinzipalen Rechtsschutz gegen Rechtsnormen gibt, wird der Beschwerdeführer zunächst auf alle Möglichkeiten instanzgerichtlicher Inzidentkontrolle verwiesen.[578] Dazu gehört neben dem Versuch, eine Vorlage nach Art. 100 I GG zu erreichen, auch die Möglichkeit eines Vorabentscheidungsverfahrens nach Art. 234 EGV in Gang zu bringen.[579] Die ohnehin bestehende Pflicht, ggf. Eilrechtsschutz zu beantragen, wird durch die Notwendigkeit eines Vorlageverfahrens nicht gehindert.[580] Auch eine Feststellungsklage kommt in Betracht, um Rechtsansprüche des Beschwerdeführers durchzusetzen.[581] Der Beschwerdeführer muss aber auch alle sonst im Gesetz angelegten Möglichkeiten nutzen, etwa die Beantragung einer Ausnahmegenehmigung. Das gilt insbesondere dann, wenn die Instanzgerichte einen Entscheidungsspielraum haben, dessen Nutzung für die Beurteilung der verfassungsrechtlichen Lage von Gewicht ist.[582] Nirgends wird deshalb so deutlich wie bei der Verfassungsbeschwerde gegen Rechtsnormen, dass Subsidiarität keineswegs begrifflich an prozessualen Alternativen festgemacht ist, sondern allein von der Effektivität (welcher Maßnahme auch immer) des eingeschlagenen Wegs zur Beseitigung oder Vermeidung von Grundrechtsverletzungen abhängt. Ob und in welchem Umfang es grundrechtsverträgliche Entscheidungsvarianten gibt, ist naheliegender Weise dem Beschwerdeführer und den Instanzgerichten überlassen. Der Reichtum der juristischen Basis kann so genutzt werden. Es ist deshalb auf der anderen Seite folgerichtig, dass das Gewicht und die Bedeutung der Instanzgerichte in diesem Zusammenhang besonders betont werden, und zwar ohne Rücksicht darauf, ob die Instanzgerichte Auslegungs- und Entscheidungsspielraum haben oder nicht.[583]

e) Zumutbarkeitsfragen.[584] Die Verweisung auf die zahlreichen 168
Entscheidungsmöglichkeiten scheidet allerdings dann aus, wenn
– die Durchführung des Verfahrens von vornherein aussichtslos erscheinen muss;[585]

---

[578] BVerfGE 74, 69 (74 f.); 90, 128 (137); 97, 157 (165); 102, 197 (207).
[579] BVerfG(K) NVwZ 2004, 977 (979). Das gilt auch für Anstöße zu einem Verfahren nach Art. 100 II GG, BVerfG(K) NJW 2004, 1650.
[580] BVerfGE 86, 382 (389); BVerfG(K) NVwZ 2004, 977 (979).
[581] BVerfG(K) NVwZ 2004, 977 (979); siehe auch o. Rn. 164 (im Zusammenhang mit § 47 VwGO).
[582] BVerfGE 71, 25 (34 f.); 97, 157 (165); BVerfG(K) NVwZ 2004, 977 (978).
[583] BVerfGE 79, 1 (20); BVerfG(K) NVwZ 2004, 977.
[584] Siehe dazu auch *Bethge,* in: MSKB, Stand 2005, Rn. 414 ff. zu § 90.
[585] BVerfGE 70, 180 (186). Zum Problem des zweifelhaften Rechtsbehelfs siehe oben Rn. 154; siehe auch BVerfG(K) NJW 2002, 3388; NVwZ 2004, 977 (979).

§ 90   III. Einzelne Verfahrensarten

– oder wenn die Entscheidung von keiner weiteren tatsächlichen und rechtlichen Klärung abhängt und diejenigen Voraussetzungen gegeben sind, unter denen das BVerfG gemäß § 90 II 2 BVerfGG[586] sofort entscheiden kann;[587]
– die verfahrensrechtlichen Möglichkeiten vom Beschwerdeführer nicht zeitgerecht genutzt werden können;[588]
– der Beschwerdeführer zu beanstandungswürdigem Verhalten gezwungen würde;[589]
– wenn die im Hauptsacheverfahren zu entscheidenden Rechtsfragen identisch sind mit den Rechtsfragen des vorläufigen Rechtsschutzverfahrens.[590]
– wenn die Beschreibung des Rechtswegs von den Beschwerdeführern angesichts ihrer konkreten Lebenssituation nicht verlangt werden kann.[591]

Unzumutbar ist die Verweisung des Beschwerdeführers auf den Rechtsweg bei einer Rechtssatzverfassungsbeschwerde, wenn der Beschwerdeführer durch die angegriffene Regelung zu Dispositionen gezwungen wird, die später nicht mehr korrigiert werden können.[592] In Eilrechts-Verfahren ist das nicht der Fall, wenn die Grundrechtsverletzung gerade gegenüber der Eilrechts-Entscheidung gel-

---

[586] Siehe unten Rn. 147 ff.
[587] BVerfGE 79, 275 (279); 86, 16 (22 f.); 93, 1 (12); BVerfGE 104, 65 (70 ff.); 108, 370 (386); BVerfG(K) NJW 2003, 418.
[588] BVerfGE 78, 350 (355). Das BVerfG geht jedoch mit diesen Kriterien zu großzügig um, so, wenn es beim Kammerbeschluss gegen die zweite BImSchV (Beschluss vom 5. 3. 1992 – 1 BvR 1337/91) und gegen pflanzenschutzrechtliche Vorschriften des Landes Baden-Württemberg (Kammerbeschluss vom 11. 3. 1992 – 2 BvR 1693/91) die Beschwerdeführer deshalb auf den Rechtsweg verwiesen hat, weil die gesetzlichen Bestimmungen Ausnahmetatbestände vorsähen, die möglicherweise zugunsten der Beschwerdeführer hätten wirken können. Dass diese Verfahren viele Jahre gedauert hätten, wird vom BVerfG nicht hinreichend berücksichtigt, siehe dazu *Zuck*, in: FS f. Redeker, 1993, 212 (221). Siehe dazu auch BVerfG(K) NVwZ 2005, 438, wo die Kammer die Verweisung auf den Rechtsweg für geboten gehalten hat, weil Behörden und Gerichte die Sache zögerlich behandelt hatten.
[589] So wird dem Beschwerdeführer nicht zugemutet, gegen eine beanstandete Norm zu verstoßen, um dann in einem Straf- oder OWiG-Verfahren verfassungsrechtliche Einwände erheben zu können, vgl. dazu etwa BVerfGE 97, 157 (165); 98, 265 (296); BVerfG(K) NVwZ 2004, 977 (978 f.), st. Rspr.
[590] BVerfGE 42, 143 (167 f.); *Bethge*, in: MSKB, Stand 2005 § 909 rn. 416.
[591] BVerfG NVwZ 2005, 797 – Spätaussiedler.
[592] BVerfGE 46, 246 (256); 81, 70 (82 f.); BVerfG(K) NVwZ-RR 2005, 217 (218).

tend gemacht wird, also z.B. bei Rügen aus Art. 19 IV GG, Art. 101 I 2 GG.[593]

Die vom BVerfG entwickelten Anforderungen lassen sich auf den Nenner bringen, Unzumutbares werde vom Beschwerdeführer nicht verlangt, aber das ihm Zumutbare müsse er tun. Das Zumutbarkeitskorrektiv stellt also nicht nur frei, es fordert auch.[594]

3. Rechtfertigung des Subsidiaritätsgrundsatzes

a) Das BVerfG hat auf die Begründung des Subsidiaritätsgrundsatzes 169 nicht viel Mühe verwendet[595] Die Erwägungen sind schwankend und eher beiläufig.[596] Geht man von BVerfGE 107, 395 (414) – Plenum als letzten Stand aus, soll der Subsidiaritätsgrundsatz in § 90 II verankert sein, „unter Nutzung der Ermächtigung des Art. 94 II GG". Wirklich eindeutig ist allerdings die Erwähnung des Art. 94 II GG durch das BVerfG nicht. Soll damit nur gesagt werden, dass § 90 II durch Art. 94 II GG gedeckt ist, so wäre eine Rechtfertigung für den Subsidiaritätsgrundsatz damit nicht verbunden, wenn er sich unmittelbar aus § 90 II ergäbe.

Das ist jedoch nicht der Fall (siehe o. Rn. 158). Ist es aber der rich- 170 terrechtlich fortentwickelte § 90 II, so müsste Art. 94 II GG eine Ermächtigung zur richterlichen Rechtsfortbildung enthalten.

b) Das BVerfG hat dazu klargestellt, dass Art. 94 II 2 GG nicht 171 selbst die Rechtsgrundlage für den Subsidiaritätsgrundsatz ist. Die Vorschrift ermächtigt, aber regelt nicht.[597]

c) Auch der allgemeine Begriff des Rechtsschutzinteresses (siehe 172 Rn. 23 ff. vor § 17) taugt als Rechtfertigung für den Subsidiaritätsgrundsatz nicht,[598] weil die Funktion des Rechtsschutzinteresses mit der des Subsidiaritätsgrundsatzes nicht vergleichbar ist.

---

[593] BVerfGE 79, 275 (278 f.); BVerfG(K) NJW 2003, 1305. Für Rügen aus Art. 103 I GG gilt jetzt das AnhörungsrügenG (siehe o. Rn.148). S. im Übrigen ausf. BVerfG(K) NVwZ 2005, 927 (928); NVwZ 2005, 1053 (1054) – Hassprediger.

[594] So auch *Löwer*, Zuständigkeiten und Verfahren des Bundesverfassungsgerichts, in: HStR, Bd. II, 1987, 737 ff.

[595] Es ist noch nicht einmal sicher, wann die Subsidiaritätsrechtsprechung beginnt: Mit BVerfGE 1, 323 (334), BVerfGE 5, 9 (10) oder BVerfGE 8, 222 (225 ff.), siehe dazu *Zuck*, in: FS f. Redeker, 1993, 213 f.

[596] Siehe dazu die Nachweise bei *Sperlich*, in: UCD, Rn. 168 zu § 90.

[597] *Zuck*, Vb, Rn. 42; *Pestalozza* § 12 I, Rn. 12; *Warmke*, Die Subsidiarität der Verfassungsbeschwerde, 1993, 76; *Zuck*, in: FS f. Redeker, 1993, 213 (222); *Benda/Klein* Rn. 534; *Sodan* DÖV 2002, 925 (927); *Spranger* AöR 127 (2002), 28 (60); *Schlaich/Korioth* Rn. 245; *Sperlich*, in: UCD, Rn. 128 zu § 90.

[598] *Zuck*, Vb, Rn. 45; *van den Hövel*, Zulässigkeits- und Zulassungsprobleme

§ 90 — III. Einzelne Verfahrensarten

173 **d)** § 90 II kann auch nicht unmittelbar als Rechtsgrundlage dienen. Das scheitert an den gegenüber der Pflicht zur Rechtswegserschöpfung abweichenden Funktionen des Subsidiaritätsgrundsatzes (siehe o. Rn. 158): Die den Beschwerdeführer treffenden Obliegenheiten innerhalb des Instanzenzugs (siehe o. Rn. 166 ff.) liegen dessen Erschöpfung voraus. Die außerhalb des Instanzverfahrens vom Beschwerdeführer zu nutzenden Verfahrensmöglichkeiten (siehe o. Rn. 164 ff.) sind *nach* der Rechtswegserschöpfung angesiedelt. Hinzu kommt, dass die mit dem Subsidiaritätsgrundsatz verbundene Abgrenzung der Funktionen zwischen Instanz- und Verfassungsgerichtsbarkeit nicht Gegenstand, sondern, im Verständnis des BVerfG, Voraussetzung des § 90 II sind.

174 **e)** Im Vollzug der Funktionenabgrenzung liegt der rechtfertigende Grund[599] für die zu diesem Zweck mit dem Mittel des Subsidiaritätsgrundsatzes erfolgte richterrechtliche Lückenschließung.[600] Das BVerfG hat den Pflichtbegriff des § 90 II ebenso erweitert wie den Begriff des Rechtswegs. Von keiner dieser beiden Fortentwicklungen kann man sagen, dass sie in § 90 II angelegt sind. Es ist nicht überraschend, dass die Bezugnahme auf § 90 II in der Rechtsprechung des BVerfG zur Rechtfertigung des Subsidiaritätsgrundsatzes schwankt. Es ist nämlich gar nicht eindeutig, welches Ergebnis mit der Lückenschließung verbunden ist. Man könnte sich auf den Standpunkt stellen, der Subsidiaritätsgrundsatz habe § 90 II selbst fortentwickelt. Das führt dazu, dass § 90 II unmittelbar anwendbar ist, mit dem Inhalt, den die Vorschrift durch die Subsidiaritätsrechtsprechung des BVerfG enthalten hat.[601] Der Hinweis auf den Subsidiaritätsgrundsatz hätte dann nur noch die Funktion, an den durch Richterrecht geänderten Inhalt des § 90 II zu erinnern. Folgt man BVerfGE 107, 395 (414), läge es näher, den Subsidiaritätsgrundsatz als eine Ergänzung der nunmehr richterrechtlich fortentwickelten Kompetenznorm zu § 90 II zu verstehen.[602]

---

der Verfassungsbeschwerde gegen Gesetze, 1990, 131 f.; *Warmke,* Die Subsidiarität der Verfassungsbeschwerde, 1993, 80 f.; *Zuck,* in: FS f. Redeker, 1993, 213 (222).

[599] *Sodan* DÖV 2002, 925 (927). Unberechtigt deshalb die Einwände von *Spranger* AöR 127 (2002), 28 (60 ff.), sowie die Kritik von *Posser,* Die Subsidiarität der Verfassungsbeschwerde, 1993, 301 ff. (387 ff.).

[600] *Zuck,* in: FS f. Redeker, 1993, 213 f.; zustimmend *Sperlich,* in UCD, Rn. 128 zu § 90.

[601] Zwar erwähnt BVerfGE 110, 226 (245) den Subsidiaritätsgrundsatz noch, beruft sich aber für die Pflicht, den Rechtsweg zu erschöpfen und den Subsidiaritätsgrundsatz unmittelbar auf § 90 II.

[602] In diesem Sinne auch *Benda/Klein* Rn. 534.

4. Anwendung des Subsidiaritätsgrundsatzes

Man wird dabei nicht übersehen dürfen, dass der Subsidiaritätsgrundsatz ein Sammelbegriff ist, in dem unterschiedliche Steuerungsmöglichkeiten angelegt sind (siehe o. Rn. 158). Was das BVerfG an Entscheidungsflexibilität gewinnt, verliert der Beschwerdeführer im Prognosebereich. Es ist aber eine wichtige Aufgabe des Prozessrechts, den Verfahrensbeteiligten sachgerechte Entscheidungen zu ermöglichen. Insbesondere bei der Verfassungsbeschwerde gegen Rechtsnormen ist inzwischen eine Voraussage nicht mehr möglich. Es ist deshalb unverzichtbar, den Subsidiaritätsgrundsatz in nachvollziehbare, d. h. begriffskonsistente Elemente aufzuschlüsseln, damit die Verfahrensbeteiligten beurteilen können, was der für sie maßgebliche verfassungsprozessuale Rahmen ist.[603]

III. Verfassungsbeschwerden ohne vorherige Erschöpfung des Rechtswegs (§ 90 II 2)

1. Ausnahmeregelung und Anwendungsbereich

a) Ausnahmeregelung. § 90 II 2 ist eine Ausnahmeregelung. Dass Ausnahmevorschriften enger auszulegen sind, ist eine methodische Mär. Es gelten die allgemeinen Auslegungsgrundsätze. Man kann deshalb nicht von vornherein sagen, dass die Ausnahmetatbestände eng zu begrenzen sind.[604]

Zu beachten ist allerdings, dass § 90 II 2 eine „Kann-Vorschrift" ist. Das führt zwar nicht dazu, dass das BVerfG über die Tatbestands-Modalitäten des § 90 II 2 nach Ermessen bestimmen darf,[605] wohl aber dazu, dass mit dem Vorliegen einer der beiden Ausnahmetatbestände noch keine Entscheidung über die Anwendbarkeit des § 90 II 2 verbunden ist.

Damit ist vielmehr nur *ein* Abwägungsmerkmal für oder gegen eine sofortige Sachentscheidung des BVerfG verbunden.[606]

b) Anwendungsbereich. aa) § 90 II 2 eröffnet die Möglichkeit, unter den von der Vorschrift gegebenen Voraussetzungen Verfassungsbeschwerde schon vor Erschöpfung des Rechtswegs zu erheben. Damit knüpft die Vorschrift an § 90 II 1 an.

---

[603] Nachdrücklich in diesem Sinn *Benda/Klein* Rn. 544.
[604] So aber BVerfGE 22, 349 (355); 78, 376 (380); 70, 180 (186) = NJW 1986, 371.
[605] Missverständlich *Bethge,* in: MSKB, Stand 2005, Rn. 397 zu § 90.
[606] BVerfGE 71, 305 (349); 76, 248 (251); 77, 381 (408); 78, 290 (305); 86, 15 (26) = NJW 1992, 1676; siehe auch BVerfGE 8, 222 (226 f.) und jetzt BVerfG(K) NJW 2005, 1642 – Hartz IV.

§ 90 — III. Einzelne Verfahrensarten

180 Das BVerfG wendet § 90 II 2 im Geltungsbereich des Subsidiaritätsgrundsatzes entsprechend an. Auf den Subsidiaritätsgrundsatz kann ein Beschwerdeführer nicht verwiesen werden, wenn die Voraussetzungen des § 90 II 2 gegeben sind. Das spielt vor allem bei der Verfassungsbeschwerde gegen Gesetze eine Rolle.[607]

181 **bb)** Vorausgesetzt wird nur, dass der Rechtsweg entweder bei Einlegung der Verfassungsbeschwerde schon beschritten ist oder noch beschritten werden kann.[608] Auch hier gilt, dass die Beschreitung des Rechtswegs zumutbar sein muss (siehe o. Rn. 168).

2. Allgemeine Bedeutung

182 Die Erschöpfung des Rechtswegs ist nach Abs. 2 S. 2 entbehrlich, wenn die **Verfassungsbeschwerde von allgemeiner Bedeutung** ist.

183 **a)** Das ist zum einen der Fall, wenn sie **grundsätzliche verfassungsrechtliche Fragen** aufwirft.[609] Das ist nicht der Fall, wenn die verfassungsrechtliche Frage schon geklärt ist,[610] In dieser Fallvariante wird man hinsichtlich der Grundsätzlichkeit jedoch auf die Rechtsprechung zu § 93a zurückgreifen können,[611] also darauf, ob die Verfassungsbeschwerde eine verfassungsrechtliche Frage aufwirft, die sich nicht ohne weiteres aus dem GG beantworten lässt und noch nicht durch die verfassungsgerichtliche Rechtsprechung geklärt oder durch veränderte Verhältnisse erneut klärungsbedürftig geworden ist.[612]

184 **b)** Zum anderen ist die allgemeine Bedeutung gegeben, „wenn die zu erwartende Entscheidung **über den Einzelfall hinaus** Klarheit über die Rechtslage ihn einer Vielzahl gleichgelagerter Fälle" schafft.[613]

3. Schwerer und unabwendbarer Nachteil

185 **a)** Da die Verfassungsbeschwerde nach § 93a II b nicht zur Entscheidung angenommen wird, wenn ein „besonders schwerer Nachteil" für den Beschwerdeführer angenommen werden kann, sind Anwendungsfälle für den Verzicht auf das Erfordernis der Erschöpfung des Rechtswegs in § 90 II 2 wenn dem Beschwerdeführer ein

---

[607] BVerfGE 84, 90 (116 ff.); 90, 128 (137); 91, 294 (306); 93, 319 (338); 94,12 (32); 108, 370 (386).
[608] BVerfGE 11, 244; 22, 349 (354); 56, 54 (68 f.).
[609] BVerfGE 19, 268 (273); 108, 370 (386).
[610] BVerfGE 19, 288 (289).
[611] Vgl. *Pestalozza* DWiR 1992, 426 (429).
[612] BVerfGE 90, 22 (24 f.); s. dazu Fn. 6 ff. zu § 93a.
[613] BVerfGE 19, 268 (273); 19, 288 (289); 25, 236 (246); 27, 88 (98); 62, 338 (342); 68, 176 (185); 85, 167 (172); 104, 54 (74); 108, 370 (386).

schwerer und unabwendbarer Nachteil entstünde „nicht mehr vorstellbar"; das Attribut des „Unabwendbaren" ist nur eine Tautologie zu „schwer".[614]

b)[615] Der Nachteilsbegriff definiert sich individuell, d. h. beschwerdeführerbezogen. Er verändert sich deshalb anhand der konkreten Umstände des Einzelfalls.[616] – Maßgeblich dafür sind u. a. die Schwere des Eingriffs oder seine Unwiderruflichkeit.[617]

186

F. Zu Abs. 3 (Verhältnis zur Landesverfassungsbeschwerde)[618]

I. Regelungsgehalt

1. § 90 III zieht die Konsequenz aus den getrennten Verfassungsräumen von Bund und Ländern.[619] Landesverfassungsbeschwerde und Bundesverfassungsbeschwerde sind **eigenständige Rechtsbehelfe.** Deshalb bleibt das Recht des Beschwerdeführers, Landesverfassungsbeschwerde dort, wo sie die Landesverfassung vorsieht,[620] einzulegen „unberührt".

187

Die Landesverfassungsbeschwerde ist infolgedessen nicht subsidiär zur Bundesverfassungsbeschwerde.[621] Der Rechtsweg zum Lan-

188

---

[614] Vgl. *Pestalozza* DWiR 1992, 426 (429); krit. zum Tautologieargument *Sperlich*, in: UCD, Rn. 158 zu § 90.

[615] Zum Altrecht vgl. die Nachweise bei *Zuck*, Vb, Rn. 637 ff.; auch nach Altrecht war die Anwendung des II 2 in seiner subjektiven Variante nur „gerechtfertigt, wenn die damit verbundene zeitliche Bevorzugung des Beschwerdeführers gegenüber den übrigen Verfahren offensichtlich geboten" war. BVerfGE 8, 38 (40).

[616] BVerfGE 9, 120 (121).

[617] Beispiel: Anordnung von stationären Unterbringungsmaßnahmen zur Feststellung der Erektionsfähigkeit, BVerfG(K) NJW 2004, 3697.

[618] Vgl. etwa *Dietlein* AöR 120 (1995), 1; *Zierlein* AöR 120 (1995), 205; *Dreier,* Grundrechtsschutz durch Landesverfassungsgerichte, 2000; *Menzel,* Landesverfassungsrecht, 2002; *K. Schneider* ZZP 2002, 247 f.; *P. Macke* (Hrsg.), Verfassung und Verfassungsgerichtsbarkeit auf Landesebene, 1998; *v. Coelln,* Anwendung von Bundesrecht nach Maßgabe der Landesgrundrechte?, 2001; *Gärditz* AöR 129 (2004), 584.

[619] BVerfGE 3, 178 (189); 36, 342 (357); 60, 175 (209); 99, 1 (11); 103, 332 (352 ff.); 107, 1 (10); siehe dazu Rn. 45 ff. Einl.

[620] Bayern, Brandenburg, Berlin, Hessen, Mecklenburg-Vorpommern, Rheinland-Pfalz, Saarland, Sachsen, Sachsen-Anhalt, Thüringen.

[621] *Zuck,* Vb, Rn. 222; *Schlaich-Korioth* Rn. 357.

desverfassungsgericht gehört also nicht zum Rechtsweg nach § 90 II.[622]

189 2. Die Frage nach dem Verhältnis der beiden Beschwerdemöglichkeiten stellt sich nicht, wenn ein Land kein Landesverfassungsgericht hat, wie das in Schleswig-Holstein der Fall ist.[623] Es ist auch zulässig, dass das Landesverfassungsgericht die Landesverfassungsbeschwerde ausschließt, wenn der Beschwerdeführer Verfassungsbeschwerde zum BVerfG erhoben hat.[624] Bestehen jedoch beide Rechtsschutzmöglichkeiten nebeneinander, hat der Beschwerdeführer hat dann ein **Wahlrecht**.[625] Er wird zu prüfen haben, welches Verfahren schneller, verfahrensmäßig einfacher und mutmaßlich erfolgreicher sein wird; im Allgemeinen spricht viel für die Landesverfassungsbeschwerde.[626]

II. Verfahrensgestaltung

190 1. Landesverfassungsbeschwerde und Bundesverfassungsbeschwerde können **parallel** geführt werden. Der Einwand der Rechtshängigkeit kann in keinem der Verfahren erhoben werden. Die Verdoppelung des Grundrechtsschutzes ist die Konsequenz aus den getrennten Verfassungsräumen und der unterschiedlichen Prüfmaßstäbe.[627] Den Gedanken, der Schutz werde gesteigert, wird man, nachdem auch die Instanzgerichte Grundrechtsschutz zu gewährleisten haben, für nicht tragfähig halten.[628]

191 Eine Aussetzung des Verfassungsbeschwerdeverfahrens beim BVerfG ist aus diesen Gründen ausgeschlossen.[629]

192 2. Ist der Beschwerdeführer mit der Landesverfassungsbeschwerde erfolgreich, so entfällt in der Regel das **Rechtsschutzinteresse** für die Bundesverfassungsbeschwerde, weil dieses auch noch im Zeitpunkt der Entscheidung gegeben sein muss (siehe oben Rn. 145). Es wird deshalb nicht darauf ankommen, dass die Prüfmaßstäbe in beiden Verfah-

---

[622] *Ruppert*, in: UCD, Rn. 168 zu § 90; *Bethge*, in: MSKB, Stand 2005, Rn. 427 zu § 90.
[623] Siehe dazu Rn. 4 vor § 43. Eine Verfassungsbeschwerde-Möglichkeit gegenüber dem BVerfG besteht insoweit nicht.
[624] BVerfG(K) NJW 1996, 1464; *Bethge*, in: MSKB, Stand 2005, Rn. 430 zu § 90.
[625] *Benda/Klein* Rn. 45.
[626] *Gärditz* AöR 129 (2004), 584 (599).
[627] BVerfGE 96, 345 (369).
[628] Siehe dazu BVerfGE 36, 342 (368 f.); 96, 345 (368).
[629] *Zuck*, Vb, Rn. 227; aA *Ruppert*, in: UCD, Rn. 172 zu § 90.

Verfassungsbeschwerde **§ 91**

ren (ggf.) unterschiedlich sind, weil mit dem Erfolg der Landesverfassungsbeschwerde der Beschwerdegegenstand entfallen ist. Das wird nur dann anders sein, wenn ein öffentliches Interesse an der Fortführung und der Entscheidung des Bundesverfassungsbeschwerdeverfahrens besteht. Der umgekehrte Fall, also das Vorliegen einer vorgängigen Entscheidung über die Bundesverfassungsbeschwerde ist genauso zu beurteilen: Ggf. entfällt das Rechtsschutzinteresse für die Landesverfassungsbeschwerde.[630]

3. Verletzt ein Landesverfassungsgericht in dem bei ihm anhängigen Verfassungsbeschwerdeverfahren bundesrechtliche Verfahrensgrundrechte oder materielle Grundrechte, so ist gegen eine solche Entscheidung als Akt der öffentlichen Gewalt der **Rechtsweg zum BVerfG** eröffnet.[631] Das gilt jedoch nicht, wenn ein Landesverfassungsgericht eine Wahlprüfungsentscheidung (auch im Rahmen eines Landesverfassungsbeschwerdeverfahrens) getroffen hat.[632] **193**

III. Verhältnis zur Kommunalverfassungsbeschwerde

§ 90 III betrifft die Kommunalverfassungsbeschwerde nicht (vgl. dazu § 91 S. 2). **194**

§ 91 (Kommunalverfassungsbeschwerde)

Gemeinden und Gemeindeverbände können die Verfassungsbeschwerde mit der Behauptung erheben, daß ein Gesetz des Bundes oder des Landes die Vorschrift des Artikels 28 des Grundgesetzes verletzt. Die Verfassungsbeschwerde zum Bundesverfassungsgericht ist ausgeschlossen, soweit eine Beschwerde wegen Verletzung des Rechtes auf Selbstverwaltung nach dem Rechte des Landes beim Landesverfassungsgericht erhoben werden kann.

---

[630] ThürVerfGH NVwZ 2004, 609 (610); *Gärditz* AöR 129 (2004), 584 (599).
[631] BVerfGE 69, 112 (120); 85, 148 (157); 96, 231 (242); 97, 298 (305f., 310ff.); *Benda/Klein* Rn. 58; *Bethge,* in: MSKB, Stand 2005, Rn. 434 zu § 90.
[632] BVerfGE 99, 1 (18f.): Das BVerfG äußert sich zur Landesverfassungsbeschwerde im Rahmen eines obiter dictums. Wenn die Bundesverfassungsbeschwerde gegenüber von Verfassungsbeschwerdeentscheidungen von Landesverfassungsgerichten bei Verletzung von Bundesgrundrechten eingeräumt wird, ist die Entscheidung nicht folgerichtig. Man wird BVerfGE 99, 1 (18f.) aber auch nicht als Abschied von der bisherigen Rechtsprechung deuten können.

§ 91 Teil III. Einzelne Verfahrensarten

Übersicht

	Rn.
I. Rechtsgültigkeit des § 91	1
II. Rechtscharakter	2
III. Beschwerdefähigkeit	3
1. Mögliche Antragsteller	3
a) Gemeinden	4
b) Gemeindeverbände	6
aa) Allgemeines	6
bb) Kasuistik	7
2. Stadtstaaten	9
IV. Beschwerdebefugnis	10
V. Beschwerdegegenstand	12
1. a) Rechtsnorm	12
b) Gewohnheitsrecht	14
c) Unterlassen	15
2. Verwaltungshandeln/Gerichtsentscheidungen	16
VI. Grundgesetzrüge	17
1. Grundgesetzrüge und Prüfmaßstab	17
2. Art. 28 II GG	20
a) Grundsatz	21
b) Gesetzesvorbehalt	22
aa) Kernbereich	23
bb) Außerhalb des Kernbereichs	24
cc) Grenzen gesetzgeberischen Handelns	25
dd) Gemeindehoheiten	26
ee) Fallgruppen	27
3. Außerhalb des Art. 28 II GG	28
a) Art. 106 GG	29
b) Art. 33 II GG	30
c) Art. 120 GG	31
d) Art. 70 GG	32
e) Art. 20 I – Bundesstaatsprinzip	33
f) Prinzip der Verhältnismäßigkeit/Willkürverbot	34
g) Demokratieprinzip	35
VII. Subsidiaritätsgrundsatz (§ 91 S. 2)	36
1. Allgemeines	36
2. Landesverfassungsrechtliche Rechtsschutzmöglichkeiten	39
VIII. Sonstige Zulässigkeitsvoraussetzungen	54
1. Allgemeines	54
2. Allgemeines Rechtsschutzinteresse	55
3. § 90 II 1	57
4. §§ 23, 92	58
5. § 93 a	59
6. § 93 III	60

Verfassungsbeschwerde § 91

	Rn.
IX. Entscheidungen und Entscheidungswirkungen	61
1. Anwendung des § 95	63
2. Einstweilige Anordnung	64
3. Missbrauchsgebühr	64

I. Rechtsgültigkeit des § 91

Die Rechtsgültigkeit des § 91 wurde im Schrifttum bestritten[1] – vom *BVerfG*[2] gleich unter der Voraussetzung bejaht, dass in Art. 28 II GG kein Grundrecht, sondern nur eine institutionelle Garantie zu sehen sei. Die Ergänzung des GG durch das 19. ÄndG vom 29. 1. 1969 (BGBl. I S. 97) (Einfügung des Art. 93 I Nr. 4b) hat die Bedenken gegen die Verfassungsmäßigkeit endgültig ausgeräumt.[3]

1

II. Rechtscharakter

Der in den Verhandlungen lange umstrittene Rechtsbehelf des § 91 wird vom Gesetz wie der Rechtsbehelf des § 90 „Verfassungsbeschwerde" genannt. Es handelt sich jedoch in verschiedener Hinsicht (Antragsberechtigung, Gegenstand, Rechtsgrund, Subsidiarität gegenüber landesrechtlichen Rechtsbehelfen) um ein **Rechtsinstitut eigener Art**. Verbreitet wird davon gesprochen, die kommunale Verfassungsbeschwerde sei ein Verfahren der prinzipalen Normenkontrolle mit gegenständlich beschränktem Antragsrecht.[4] Überzeugend ist das schon deshalb nicht, weil die im Instanzverfahren getroffene Entscheidung für ein Normenkontrollverfahren nach Art. 100 I GG nur zu einer Anstoßfunktion führt und ein abstraktes Normenkontrollverfahren ohnehin nicht in Gang gebracht werden kann, anders als es sich für die Gemeinde darstellt, die im Rahmen des § 91 ein eigenes Antragsrecht hat. Auch bestehen keine Zweifel daran, dass die Verfahrensvorschriften für das Verfassungsbeschwerdeverfahren (mit wenigen Modifikationen,

2

---

[1] *Kollmann* DÖV 1951, 145 und *Schäfer* DÖV 1951, 572 (hiergegen *Grafe* DÖV 1951, 74).

[2] BVerfGE 1, 167 = NJW 1952, 577; 79, 127 (143); 83, 37 (52 f.); *Schmidt-Aßmann*, in: FS 50 Jahre BVerfG, Bd. 2, 2004, 803 (807 f.); *Rennert*, in: UC-GG, Rn. 76 zu Art. 28 II GG m.w. Nw.; *Bethge*, in: MSKB, Stand 2004 Rn. 2 ff. zu § 91.

[3] *Bethge*, in: MSKB, Stand 2004, Rn. 1 zu § 91.

[4] *Stern*, in: BK, Zweitbearbeitung, 1967, Rn. 275 zu Art. 93 GG; *Schlaich/Korioth* Rn. 192; *Bethge*, in: MSKB, Stand 2004, Rn. 102 zu § 91. Siehe dazu auch *Sachs* BayVBl 1982, 37.

siehe u. Rn. 54 ff.) im Verfahren über die kommunale Verfassungsbeschwerde anzuwenden sind, und nicht die Verfahrensvorschriften für Normenkontrollverfahren. Dass man die kommunale Verfassungsbeschwerde zur prinzipalen Normenkontrolle machen müsse, weil sie ihrer strukturellen Natur nach auf die Rechtskontrolle von Gesetzen gerichtet sei, ist auch kein wirklich tragfähiges Argument; diesen Einwand müsste man dann auch für die Rechtssatzverfassungsbeschwerde nach § 90 gelten lassen.[5] Es ist deshalb daran festzuhalten, dass die kommunale Verfassungsbeschwerde ein Verfassungsbeschwerdeverfahren eigener Art ist, das auf das Recht der Verfassungsbeschwerde verweist, deren Natur aber nicht annimmt, sondern gegenstandsbezogen modifiziert werden muss.[6]

III. Beschwerdefähigkeit

3   **1. Antragsteller** des Verfahrens nach § 91 kann nach Satz 1 nur eine Gemeinde oder ein Gemeindeverband aufgrund eines vorhandenen Beschlusses des dafür zuständigen Gremiums sein.

4   a) Unter „**Gemeinde**" wird man sämtliche rechtlich selbstständigen und mit Verwaltungsautonomie ausgestatteten, auf eine örtliche Gemeinschaft bezogenen Gebietskörperschaften der untersten Verwaltungsebene zu verstehen haben.[7]

5   Die in unterschiedlicher Form zugelassenen gemeindlichen Untergliederungen, wie z.B. Stadtbezirke, Ortschaften[8] (Orts-)bezirke, Gemeindebezirke, Ortsteile, sind keine Gemeinden im Sinne von § 91.[9]

---

[5] Siehe dazu auch *Benda/Klein* Rn. 689,

[6] *Zuck* Vb, Rn. 247, 1077; ähnlich *Benda/Klein* Rn. 691 und im Ergebnis auch *Magen*, in: UCD, Rn. 13 zu § 91, wenn dort hervorgehoben wird, die kommunale Verfassungsbeschwerde diene der Geltendmachung bestimmter subjektiver verfassungsmäßiger Rechte (auch wenn diese nicht als Grundrechte ausgestaltet sind). Zu den subjektiv-rechtlichen Implikationen des Art. 28 II GG siehe umfassend *Bethge*, in: MSKB, Stand 2004, Rn. 14 ff. zu § 91.

[7] *Rennert*, in: UC-GG, Bd. I, 2002, Rn. 94 zu Art. 28 II GG; *Pieroth*, in: Jarass/Pieroth, GG, 7. Aufl. 2004, Rn. 17 zu Art. 28 GG. Das BVerfG hatte bisher keine Veranlassung, den Begriff „Gemeinde" zu definieren, vgl. *Schmidt-Aßmann*, in: FS 50 Jahre BVerfG, Bd. 2, 2001, 803 (816). BVerfGE 107, 1 (12) enthält eine allgemeine Inhaltsbestimmung, wonach der Gemeindebegriff eine „mit wirklicher Verantwortlichkeit ausgestattete Einrichtung der Selbstverwaltung durch die den Bürgern eine wirksame Teilnahme an den Angelegenheiten des Gemeinwesens ermöglicht wird", bezeichnet, siehe auch BVerfGE 79, 127 (150); 91, 228 (238).

[8] BVerfG(K) EuGRZ 1990, 450.

[9] BVerfGE 83, 60 („Bezirk").

Verfassungsbeschwerde **§ 91**

Eigengesellschaften, Eigenbetriebe, gemeinwirtschaftliche Unternehmen[10] und Träger der ermittelbaren Staatsverwaltung (z.B. Sparkassen) sind ebenfalls keine „Gemeinden".

b) aa) Nach Auffassung des BVerfG hat der (Sammel)Begriff des **Gemeindeverbands** keinen genau bestimmten, feststehenden Inhalt. Seine konkrete Bedeutung muss deshalb aus dem jeweiligen Regelungszusammenhang erschlossen werden.[11] Eingeschränkt verallgemeinerbar ist zumindest die Aussage des BVerfG, Gemeindeverbände seien „die zur Erfüllung von Selbstverwaltungsaufgaben gebildeten Gebietskörperschaften und deren nach Umfang und Gewicht der von ihnen wahrzunehmenden Selbstverwaltungsaufgaben vergleichbare kommunale Zusammenschlüsse".[12] Gefordert wird insoweit immer ein kommunaler Bezug.[13] 6

bb) Klassische Gemeindeverbände sind die Kreise. Dagegen scheiden kommunale Zweckverbände,[14] Wasserverbände,[15] Landschaftsverbände[16] und Verwaltungsgemeinschaften[17] aus.[18] 7

3. Aufgelöste Gebietskörperschaften gelten im Rahmen des Rechtsstreits über die Zulässigkeit der Auflösung als fortbestehend.[19] 8

2. Stadtstaaten

a) Der kommunale Status eines Stadtstaates wird durch seine Staatsqualität verdrängt. Dadurch entsteht keine Rechtsschutzlücke, weil Normenkontrollanträge nach Art. 93 I Nr. 2, Nr. 2a GG gestellt werden können. 9

b) Berlin und die Freie und Hansestadt Hamburg[20] können deshalb nicht nach § 91 vorgehen. Für das Land Bremen ist die Kommunalver- 9a

---

[10] Offen gelassen im BVerfGE 110, 370 (382 f.).
[11] BVerfGE 52, 95 (110 f.).
[12] BVerfGE 52, 95 (111).
[13] *Rennert*, in: UC-GG, Bd. I, 2002, Rn. 151 zu Art. 28 GG.
[14] *Pestalozza* § 12 III, Rn. 57; *Bethge*, in: MSKB, Stand 2004, Rn. 28 zu § 91; *Magen*, in: UCD, Rn. 16 zu § 91.
[15] BVerfG(K) DÖV 2003, 678.
[16] Mangels kommunalen Bezugs, str., vgl. die Nachweise bei *Bethge*, in: MSKB, Stand 2004, Rn. 28 zu § 91.
[17] Die Mitgliedsgemeinden von Verwaltungsgemeinschaften bleiben eigenständige Gebietskörperschaften, BVerfGE 107, 1 (17). Zum Problem der rheinland-pfälzischen Verbandsgemeinde und der niedersächsischen Samtgemeinde siehe *Bethge*, in: MSKB, Stand 2004, Rn. 29 zu § 91.
[18] Zu weiteren Gemeindeverbands-Konstellationen vgl. *Zuck*, Vb, Rn. 1106 ff. m. w. Nw.
[19] BVerfGE 3, 267 (279); siehe dazu aber auch BVerfG(K) NVwZ-RR 1999, 353.

fassungsbeschwerde ausgeschlossen. Die Städte Bremen und Bremerhaven sind dagegen aufgrund der besonderen Verhältnisse des Bremer Stadtstaats[21] beschwerdefähig.[22]

IV. Beschwerdebefugnis

10   1. Die Gemeinde muss darüber hinaus die Voraussetzungen der Betroffenheitstrias belegen, also, dass sie durch das Gesetz selbst, gegenwärtig und unmittelbar betroffen ist.[23] Für das Erfordernis der Selbstbetroffenheit ist zu beachten, dass es um ein eigenes Recht der Gemeinde gehen muss. Die Gemeinde ist nicht Sachwalter der Grundrechte der Gemeindebürger. Jede Form der Prozessstandschaft scheidet aus. Dass der Beschwerdeführer gegenwärtig betroffen sein muss, entspricht den vergleichbaren Vorgaben zur Verfassungsbeschwerde nach § 90.[24] Für das Unmittelbarkeitserfordernis hat das BVerfG dagegen eine von den Vorgaben des § 90 (Rn. 126 zu § 90) abweichende Praxis erarbeitet. Das Gericht geht davon aus, die Gemeinde könne nicht verpflichtet werden, etwaige Vollzugsakte zu bekämpfen[25] oder überhaupt erst herauszufordern.[26] Das scheitere an dem Umstand, dass die Gemeinde gegen eine Gerichtsentscheidung nicht nach § 91 vorgehen könne, als juristische Person des öffentlichen Rechts aber auch nicht im Rahmen des § 90 (Rn. 50 ff. zu § 90).

11   Soweit sich das BVerfG insoweit auf den Subsidiaritätsgrundsatz bezogen hat, ist das nicht tragfähig:[27] Der Subsidiaritätsgrundsatz und die Beschwerdebefugnis sind zu trennen. Auch das Ergebnis überzeugt nicht, wenn man davon ausgeht, dass die Instanzgerichte an Art. 20 III GG gebunden sind und damit auch an das objektive Verfassungsrecht. Dass die Selbstverwaltungskörperschaften keine Grundrechtsträger sind, gilt völlig unabhängig von Art. 28 II GG. Folgt man der Rechtsprechung des BVerfG, so gilt das Unmittelbarkeitserfordernis aber auf jeden Fall insoweit, als der Beschwerdeführer im § 91-Verfassungsbeschwerdeverfahren die ggf. nötige Konkretisierung des Gesetzesvoll-

---

[20] *Stern*, in: BK, Zweitbearbeitung, Stand 1982, Rn. 783 zu Art. 93 GG; *Zuck*, Vb, Rn. 1100; *Benda/Klein* Rn. 692.
[21] BVerfGE 6, 268 (290 f.).
[22] *Stern*, in: BK, Zweitbearbeitung, Stand 1982, Rn. 784 zu Art. 93 GG; *Zuck*, Vb, Rn. 1103; *Benda/Klein* Rn. 692.
[23] BVerfGE 107, 1 (8); 110, 370 (380), st. Rspr.
[24] Rn. 125 zu § 90.
[25] BVerfGE 71, 25 (35 f.); 76, 107 (172 f.).
[26] BVerfGE 31, 314 (323); 110, 370 (382).
[27] Zurecht kritisch deshalb *Magen*, in: UCD, Rn. 23 zu § 91.

zugs durch einen Rechtsweg abwarten muss.[28] Fristablauf nach § 93 III (Rn. 54 ff. zu § 93) bezüglich des Gesetzes hindert die kommunale Verfassungsbeschwerde gegen eine Rechtsverordnung nicht.[29] § 90 II kann die Durchführung eines Normenkontrollverfahrens nach § 47 VwGO erforderlich machen; auch dann beginnt die Jahresfrist des § 93 III erst mit dessen Abschluss zu laufen.[30]

V. Beschwerdegegenstand

1. a) Beschwerdegegenstand der kommunalen Verfassungsbeschwerde sind alle vom Staat erlassenen **Rechtsnormen**, die Außenwirkungen gegenüber der Gemeinde entfalten.[31] Das sind nicht nur Parlamentsgesetze, ganz gleich, ob es sich um Bundes- oder um Landesrecht handelt,[32] sondern auch Rechtsverordnungen.[33] Damit keine Rechtsschutzlücke entsteht, gilt das auch für alle anderen Formen untergesetzlicher Regelungen, z. B. für kommunale Raumordnungsprogramme.[34]

Eigene Satzungen der Gemeinde scheiden als Beschwerdegegenstand aus; das gilt nicht für sonstige Satzungen.[35]

b) Ob **Gewohnheitsrecht** als Gesetz im Sinne des § 91 angesehen werden kann, hat das BVerfG bislang offen gelassen.[36]

c) Das **Unterlassen** des Gesetzgebers ist kein Gesetz im Sinne des § 91.[37]

---

[28] BVerfGE 26, 228 (236); 56, 298 (309); 71, 25 (34); 76, 107 (114); 107, 1 (8).

[29] BVerfGE 110, 370 (382).

[30] BVerfGE 107, 1 (8). Vergleichbares gilt, wenn die Gemeinde auf Veranlassung des BVerfG eine Beschwerde beim Landesverfassungsgericht erhebt, BVerfGE 79, 127 (142); 107, 1 (8); siehe dazu *Bethge,* in: MSKB, Stand 2004, Rn. 47 ff.

[31] BVerfGE 76, 107 (114).

[32] BVerfGE 25, 124 (128).

[33] BVerfGE 26, 228 (236); 56, 298, 309; 71, 25 (34); 76, 107 (114); 107, 1 (8).

[34] BVerfGE 76, 109 (114); siehe dazu *Bethge,* in: MSKB, Stand 2004, Rn. 34 zu § 91.

[35] *Stern,* in: BK, Zweitbearbeitung, Stand 1982, Rn. 3 zu Art. 93 GG; *Magen,* in: UCD, Rn. 29 zu § 91; ausweichend *Bethge,* in: MSKB, Stand 2004, Rn. 35 zu § 91.

[36] BVerfG(VpA) DÖV 1987, 342 (343).

[37] Siehe dazu ausführlich *Bethge,* in: MSKB, Stand 2004, Rn. 40 zu § 91; aA *Ehlers,* DVBl. 2000, 1520; *Magen,* in: UCD, Rn. 30 zu § 91 mit beachtlichen Argumenten; offen gelassen von BVerfG(K) NVwZ 2001, 67.

§ 91 Teil III. Einzelne Verfahrensarten

16 **2. Verwaltungshandeln** scheidet als Beschwerdegegenstand ebenso aus wie **Gerichtsentscheidungen,** auch wenn das Gericht eine Rechtsnorm in einer Art. 28 II GG tangierenden Weise auslegt.[38]

VI. Grundrechtsrüge

17 **1.** Die hier zu erörternde Thematik wird im gesamten Verfassungsprozessschrifttum unter der Überschrift „Prüfungsmaßstab" behandelt. Das wird der Sache aber nicht gerecht. Der Prüfungsmaßstab betrifft ausschließlich die Rechtsmaßstäbe, die anzuwenden sind, wenn die Begründetheit der Verfassungsbeschwerde zu prüfen ist.

18 Im Rahmen des § 91 S. 1 geht es jedoch um eine reine Zulässigkeitsfrage: Der Beschwerdeführer muss zunächst einen Sachverhalt dartun, aus dem sich ergibt, dass Art. 28 II GG verletzt sein kann.[39] Er muss also nicht nur eine entsprechende Behauptung aufstellen (§ 91 S. 1), sondern er muss dies auch hinreichend deutlich begründen (§§ 23, 92).

19 Analog zur Grundrechtsrüge des § 90 I wird hier für § 91 S. 1 von der **Grundgesetz-Rüge** gesprochen.

20 **2.** Nach dem Wortlaut des Satzes 1 kann sich der Beschwerdeführer nur auf eine **Verletzung des Art. 28 GG** berufen. Art. 93 I Nr. 4b GG stellt klar, dass damit nur Art. 28 II GG gemeint ist. Der Rechtsgehalt des Art. 28 II GG kann hier nur skizziert werden[40] und das auch nur im Hinblick auf die Rechtsprechung des BVerfG.[41] Danach ist von folgenden Grundsätzen auszugehen:

---

[38] BVerfG(K) NVwZ-RR 1999, 417.
[39] BVerfGE 76, 108 (112); 78, 331 (340); 107, 1 (8); 110, 370 (383); BVerfG(K) NVwZ 1987, 123; NVwZ-RR 1999, 417.
[40] *Dreier,* in: ders. GG, Bd. II, 1998, Rn. 79 ff. zu Art. 28 GG; *Püttner,* in: HStR, Bd. IV, 2. Aufl. 1999, § 107; *Tettinger,* in: MKS, 4. Aufl. 2000, Rn. 128 ff. zu Art. 28 GG; *Rennert,* in: UC-GG Bd. II, 2002, Rn. 60 ff. zu Art. 28 GG; *Löwer,* in: v. Münch/Kunig, GG, Bd. 2, 5. Aufl. 2001, Rn. 33 zu Art. 28 GG; *Schmidt-Aßmann,* in: FS 50 Jahre BVerfG, Bd. 2, 2001, 803 ff.; *Nierhaus,* in: Sachs, GG, 3. Aufl. 2003, Rn. 29 ff. zu Art. 28 GG; *Pieroth,* in: Jarass/Pieroth, GG, 7. Aufl. 2004, Rn. 10 ff. zu Art. 28 GG; *Faller,* in: AK-GG, Stand 2002, Rn. 16 ff. zu Art. 28 GG.
[41] Die Rechtsprechung von „Rastede" (BVerfGE 79, 127) zu „Ausländerwahlrecht" (BVerfGE 83, 37) ist hier nicht darzustellen, siehe dazu etwa *Schmidt-Aßmann,* in: FS 50 Jahre BVerfG, Bd. 2, 2001, 803 (805 ff.). Zugrundegelegt wird BVerfGE 107, 1 („Verwaltungsgemeinschaft"). Zur Rechtsprechung des BVerfG insgesamt siehe die umfassende Übersicht bei *Knemeyer/Weber* VerwArch 92 (2001), 317.

a) Art. 28 II GG sichert der Gemeinde einen grundsätzlich alle Angelegenheiten der örtlichen Gemeinschaft **umfassenden Aufgabenbereich** sowie die Befugnis zu eigenverantwortlicher Führung der Geschäfte in diesem Bereich.[42]

b) Die Grundelemente des Art. 28 II GG unterliegen dem **Gesetzesvorbehalt** des Art. 28 II 1, 3 GG.[43] Daraus ergeben sich unterschiedliche Anforderungen an die Verfassungsmäßigkeit staatlicher Regelungen.

aa) Der **Kernbereich** des Art. 28 II 1 GG zieht dem Gesetzgeber eine Grenze.[44] Die „identitätsbestimmenden Merkmale gemeindlicher Selbstverwaltung" dürfen weder faktisch noch rechtlich beseitigt werden.[45] Das sichert der Freiheit vor staatlicher Reglementierung hinsichtlich der Art und Weise der Aufgabenerledigung der Gemeinde.[46]

bb) Auch **außerhalb des Kernbereichs** herrscht ein verfassungsrechtliches Aufgabenverteilungsprinzip zugunsten der Gemeinde, das der zuständigkeitsverteilende Gesetzgeber zu berücksichtigen hat.[47]

cc) Inhaltliche gesetzliche Vorgaben hinsichtlich der Befugnis zur eigenverantwortlichen Führung der Geschäfte müssen durch Gründe des Gemeinwohls gerechtfertigt sein.[48] Dem Gesetzgeber steht dabei ein weiter Gestaltungs- und Beurteilungsspielraum[49] zu. Aus dem generellen Charakter des Gesetzes folgt, dass nicht jede spezifische Gemeindesituation berücksichtigt werden muss.[50]

dd) Zu den wichtigsten **Gemeindehoheiten**[51] zählen die
– Organisationshoheit,[52]
– Personalhoheit,[53]

---

[42] BVerfGE 21, 147 (128 f.); 23, 353 (365); 26, 228 (237 f.); 50, 195 (201); 56, 298 (312); 59, 216 (226); 79, 127 (143); 83, 363 (382); 91, 228 (236); 107, 1 (11).
[43] BVerfGE 22, 180 (204 ff.); 23, 353 (365 f.); 50, 195 (201); 79, 127 (146); 107, 1 (12).
[44] BVerfGE 1, 167 (175); 22, 180 (205); 26, 172 (180); 79, 127 (146); 101, 1 (12).
[45] BVerfGE 17, 172 (182); 23, 353 (366); 59, 216 (226); 76, 107 (118); 83, 363 (381); 107, 1 (12).
[46] BVerfGE 83, 363 (382); 107, 1 (12 f.).
[47] BVerfGE 79, 127 (152 ff.); 83, 363 (382); 107, 1 (13).
[48] BVerfGE 107, 1 (14).
[49] BVerfGE 79, 127 (153); 83, 363 (382); 107, 1 (14).
[50] BVerfGE 79, 127 (154); 83, 363 (382 f.); 91, 228 (241); 107, 1 (14).
[51] Siehe dazu *Schmidt-Aßmann*, in: FS 50 Jahre BVerfG, Bd. 2, 2001, 803 (821 f.). Die Gemeindehoheiten haben allerdings nur indiziellen Charakter, vgl. *Tettinger*, in: MKS, Rn. 192 zu Art. 28 GG.
[52] BVerfGE 91, 228 (236).
[53] BVerfGE 17, 172 = NJW 1964, 491.

§ 91 Teil III. Einzelne Verfahrensarten

- Planungshoheit[54] und
- Finanzhoheit.[55]

27 **ee)** Insgesamt ist davon auszugehen, dass Art. 28 II GG grundsätzlich in vier **Fallgruppen** Bedeutung erlangt.[56]
- Aufgabenwahrnehmung,
- Vorgaben zu Art und Weise der Aufgabenerfüllung,
- Übertragung zusätzlicher Aufgaben und
- Bestands- und Gebietsänderungen[57]

28 **3.** Das BVerfG hat jedoch die Erhebung der **Grundrechtsrüge** über Art. 28 II GG hinaus **ausgedehnt:**

> „Im Rahmen einer Kommunalverfassungsbeschwerde können andere Verfassungsnormen als Art. 28 II GG . . . . insoweit als Prüfungsmaßstab herangezogen werden, als sie ihrem Inhalt nach das verfassungsrechtliche Bild der Selbstverwaltung mitzubestimmen geeignet sind.[58] Ob dies der Fall ist, bedarf jeweils der Prüfung anhand der konkreten in Frage stehenden Verfassungsnorm."[59]

29 **a) Art. 106 GG.** „Die Frage, ob Art. 106 V GG als Prüfungsmaßstab im Rahmen der kommunalen Verfassungsbeschwerde heranzuziehen ist, kann nicht einheitlich für den gesamten Inhalt der Vorschrift beantwortet werden. Art. 106 V GG regelt die Finanzausstattung der Gemeinden, auf deren Stärkung er zielt. Diese Verfassungsnorm stellt dabei insoweit eine Konkretisierung des Art. 28 II GG dar, als die in ihr vorgesehene, aber nicht näher bezifferte kommunale Steuerbeteiligung in ihrer Ausgestaltung nicht zu einer Unterschreitung des durch Art. 28 II GG garantierten Gesamtumfangs der gemeindlichen Finanzausstattung führen darf."[60] Hinsichtlich der Modalitäten der Steuerbeteiligung ist für die Prüfung des Art. 106 V GG im kommunalen Verfassungsbeschwerdeverfahren kein Raum.[61]

---

[54] BVerfGE 76, 107 (118 f.) und dazu *Oebbeke,* in: FS f. Hoppe, 2000, 239; *Kment,* Rechtsschutz im Hinblick auf Raumordnungsverfahren 2002, *ders.* DÖV 2003, 349; *ders.* DVBl. 2004, 214.
[55] BVerfGE 26, 228 (244); 71, 25 (36); 83, 363 (386).
[56] *Tettinger,* in: MKS, Rn. 231 zu Art. 28 GG.
[57] Sie verstoßen grundsätzlich nicht gegen Art. 28 II GG. Sie sind allerdings nur aus Gründen des öffentlichen Wohls und nach Anhörung der betroffenen Gebietskörperschaften zulässig, BVerfGE 86, 90 (107) = NVwZ 1993, 262.
[58] BVerfGE 1, 167 (181); 56, 298 (310); 71, 25 (37).
[59] BVerfGE 71, 25 (37). Vorausgesetzt wird aber immer, dass ein Eingriff in den Schutzbereich der Selbstverwaltungsgarantie vorliegt, BVerfG(K) NVwZ 1995, 376; NVwZ 1999, 522; NVwZ 2001, 318.
[60] BVerfGE 71, 25 (37 f.).
[61] BVerfGE 71, 25 (37 f.).

§ 91

b) Art. 33 II GG. „Zu der Rüge schließlich, die §§ 11–18 G 131 verletzten den Art. 33 II GG (gleicher Zugang zu öffentlichen Ämtern), ist die Beschwerdeführerin nach § 91 . . . . nicht befugt; denn Art. 33 II GG gibt nur dem Einzelnen ein Recht gegen den Staat, berührt aber das Selbstverwaltungsrecht der Gemeinden nicht."[62]

c) Art. 120 GG. „Zu fragen wäre nur, ob der Bund die ihm nach Art. 120 GG aufgebürdeten Kriegsfolgelasten durch diesen Ausgleichsbetrag nicht in unzulässiger Weise auf Dienstherren außerhalb der Bundesverwaltung abwälzt. Art. 120 GG ist in der Tat eine Norm, deren Verletzung die Gemeinde, wie erörtert, hier rügen kann."[63]

d) Art. 70 GG. Eine auf Art. 70 GG gestützte Rüge ist unzulässig. „Nach Art. 70 ff. GG gehören, wie insbesondere die Vorschrift des Art. 75 Nr. 1 GG erkennen lässt, Gemeindeangelegenheiten grundsätzlich zur Gesetzgebungsbefugnis der Länder (vgl. BVerfGE 1, 167 [176]); 26, 172 (181). Eingriffe des Bundesgesetzgebers in das kommunale Selbstverwaltungsrecht sind hiernach von Verfassungs wegen grundsätzlich ausgeschossen, soweit nicht die Verfassung besondere Kompetenznormen bereithält, deren Ausnutzung den Bund zu einer Einschränkung der Gemeindeselbstverwaltung befähigt (vgl. BVerfGE 1, 167 [176])."[64]

e) Art. 20 I GG – Bundesstaatsprinzip. „Auch der Rüge der Beschwerdeführerinnen, die Regelung des § 4 FlugLG verstoße gegen das Bundesstaatsprinzip (Art. 20 I GG), indem sie den Bund zu einem unmittelbaren Durchgriff auf die betroffenen Gemeinden ermächtige, ist im Verfahren nach § 91 . . . . nachzugehen."[65]

f) Prinzip der Verhältnismäßigkeit/Willkürverbot. „Der Bedeutung des Art. 28 II Satz 1 GG im Verfassungsganzen würde es jedenfalls nicht gerecht, die Reichweite der verfassungsrechtlichen Garantie im Einzelfall jeder beliebigen Willensentscheidung des Gesetzgebers zu überlassen. Wie das Bundesverfassungsgericht in seinem Beschluss vom 24. Juni 1969 (BVerfGE 26, 228 ff.) bereits entschieden hat, sind die betroffenen Gemeinden derartigen Willensentscheidungen, die ihnen im Vergleich zu anderen Gemeinden ein Sonderopfer auferlegen, nicht schutzlos ausgeliefert. Vielmehr muss der Gesetzgeber dabei den aus Art. 28 II GG folgenden Beschränkungen für staatlichen Eingriffe unter dem Gesichtspunkt der Verhältnismäßigkeit Rechnung tragen (BVerfGE 26, 228 (241) und das aus dem Rechtsstaatsprinzip abzuleitende Willkürverbot im Verhältnis zwischen Hoheitsträgern be-

---

[62] BVerfGE 1, 167 (184); 91, 228 (245).
[63] BVerfGE 1, 164 (183).
[64] BVerfGE 56, 298 (310).
[65] BVerfGE 56, 298 (311).

achten, das im Rahmen der Verfahren über eine Verfassungsbeschwerde nach § 91 . . . . als Prüfungsmaßstab für die Beurteilung von Eingriffen in die Selbstverwaltung heranzuziehen ist (vgl. BVerfGE 1, 167 [181]; 26, 228 [244]). Diese Bindung trifft den Bund bei Eingriffen in die Selbstverwaltung einzelner Gemeinden ebenso wie die Länder. Sie erlaubt eine Einschränkung der Planungshoheit einzelner Gemeinden nur, wenn und soweit sich bei der Güterabwägung ergibt, dass schutzwürdige überörtliche Interessen diese Einschränkung erfordern."[66]

35 g) „Das **Demokratieprinzip** prägt das Bild der Selbstverwaltung wie sie der Gewährleistung des Art. 28 II GG zugrunde liegt."[67]

VII. Subsidiaritätsgrundsatz (§ 91 S. 2)

1. Allgemeines

36 § 91 S. 2 sperrt für kommunale Verfassungsbeschwerden den Zugang zum BVerfG, wenn entsprechende landesverfassungsrechtliche Rechtsschutzmöglichkeiten bestehen. Da solche Rechtsschutzmöglichkeiten in der Regel gegeben sind (siehe u. Rn. 39), hat § 91 nur geringe Bedeutung erlangt. Das ist jedoch nicht als Hinweis auf ein Defizit zu verstehen. Es ist vielmehr die gewollte Folge der funktionalen Abgrenzung zwischen Bundes- und Landesverfassungsgerichtsbarkeit.

37 Dies ist die ausschlaggebende Begründung, nicht aber der Hinweis auf die getrennten Verfassungsräume zwischen Bund und Ländern. Unter den Vorgaben des Art. 28 I GG findet vielmehr eine folgerichtige Verzahnung statt, die das besondere Verhältnis zwischen Bundes- und Landesverfassungsgerichtsbarkeit beschreibt.

38 Damit wird zugleich die besondere Funktion des Subsidiaritätsgrundsatzes des § 91 S. 2 gekennzeichnet. Sie bezieht sich weder auf die ordnungspolitischen Vorgaben des allgemeinen Subsidiaritätsprinzips, das sich kaum für Art. 28 II GG in Anspruch nehmen lässt,[68] und schon gar nicht in der Form eines Rechtssatzes. Sie kann auch nicht mit den europarechtlichen Grundsätzen der Subsidiarität in Zusammenhang gebracht werden, die nicht auf Gliederung, sondern auf Wahrung von Autonomie zielen. Sie stehen auch nicht im Zusam-

---

[66] BVerfGE 56, 298 (313 f.).

[67] BVerfGE 91, 228 (244); siehe auch BVerfGE 47, 253 (257 ff.). In BVerfGE 86, 90 (106) hat das Gericht offen gelassen, ob das auch für den im Demokratieprinzip wurzelnden Parlamentsvorbehalt gilt, sowie für den Bestimmtheitsgrundsatz des Rechtsstaatsprinzips.

[68] *Zuck,* Subsidiaritätsprinzip und Grundgesetz, 1968, 91 ff.

Verfassungsbeschwerde **§ 91**

menhang mit dem richterrechtlich entwickelten Subsidiaritätsprinzip bei der Verfassungsbeschwerde des § 90. Sie vollziehen vielmehr den in Art. 28 II GG inhaltlich zum Ausdruck gekommenen Gedanken der Eigenverantwortlichkeit der Gemeinde mit den Mitteln prozessualen Schutzes: § 91 S. 2 hat zu einem flächendeckenden Ausbau des Selbstverwaltungsprinzips im Bereich der Länder und dem ihm korrespondierenden Ausbau der Landesverfassungsgerichtsbarkeit geführt.

Landesverfassungsrechtlicher Rechtsschutz bemisst sich im Übrigen nicht nach Art. 28 II GG, sondern nach den Selbstverwaltungsgarantien der Landesverfassungen.[69] Die sich daraus möglicherweise ergebenden unterschiedlichen Gewährleistungen führen nicht auf den § 91 – Rechtsweg.[70] Immer muss aber das Landesverfassungsgericht angerufen werden können und immer muss es sich beim Verfahren vor dem Landesverfassungsgericht um „gleichwertigen Rechtsschutz" handeln.[71] Ist ein Normenkontrollverfahren nach § 47 VwGO möglich, muss die Gemeinde diesen Weg beschreiben.[72] Unklarheiten über Art und Umfang der landesverfassungsrechtlichen Rechtsschutzmöglichkeiten gehen zu Lasten der Gemeinde. Nach dem allgemeinen Subsidiaritätsgrundsatz (Rn. 157 ff. zu § 90) muss der Beschwerdeführer nicht offenkundig ausgeschlossene kommunale verfassungsrechtliche Schutzmöglichkeiten bei den Landesverfassungsgerichten nutzen.[73]

2. Für die **landesverfassungsrechtlichen Rechtsschutzmöglichkeiten** gilt[74] 39

a) Baden-Württemberg. Normenkontrolle auf Antrag von Gemeinden oder Gemeindeverbänden beim Staatsgerichtshof, Art. 76 Verfassung BW, §§ 8 I Nr. 8, 54 StaatsgerichtshofG BW. 40

b) Bayern. Popularklage zum Bay. Verfassungsgerichtshof, Art. 98 S. 4 BayVerf, Art. 2 Nr. 7, 55 VfGHG i. V. m. Art. 11 BayVerf. 41

c) Brandenburg. Verfassungsbeschwerde der Gemeinden und Gemeindeverbänden zum Landesverfassungsgericht, Art. 100 BrandVerf, §§ 12 Nr. 5, 51 VerfGG Brand. 42

d) Bremen. Allgemeines Antragsrecht zur Normenkontrolle beim StGH, §§ 10 Nr. 21, 24 StaatsgerhG Bremen. 43

---

[69] Zu den unterschiedlichen Prüfmaßstäben siehe *Bethge,* in: MSKB, Stand 2004, Rn. 80 ff. zu § 91.
[70] BVerfGE 107, 1 (9); ausf. *Bethge,* in: MSKB, Stand 2004, Rn. 71 zu § 91.
[71] BVerfGE 107, 1 (8); *Magen,* in: UCD, Rn. 34 ff. zu § 91.
[72] BVerfGE 76, 107 (114 f.); 107, 1 (8). Die Jahresfrist des § 93 III beginnt erst mit dem Abschluss des Verfahrens nach § 47 VwGO zu laufen, BVerfGE 76, 107 (115 f.); 107, 1 (8).
[73] Ausf. *Bethge,* in: MSKB, Stand 2004, Rn. 72 zu § 91.
[74] *Magen,* in: UCD, Rn. 42 zu § 91.

§ 91 Teil III. Einzelne Verfahrensarten

44 **e) Hessen.** Grundrechtsklage der Gemeinden und Gemeindeverbände zum Hessischen Staatsgerichtshof, Art. 131 I, III HessVerf, §§ 15 Nr. 5, 46, 43 ff. StGHG.

45 **f) Mecklenburg-Vorpommern.** Verfassungsbeschwerde der Gemeinden, Kreise und Landschaftsverbände zum Landesverfassungsgericht, Art. 53 Nr. 8 Meck-PomVerf, §§ 11 I Nr. 10, 51 ff. LVerfGG.

46 **g) Niedersachsen.** Kommunale Verfassungsbeschwerde der Gemeinden und Gemeindeverbände zum Niedersächsischen Staatsgerichtshof, Art. 54 Nr. 5 NiedersVerf, §§ 8 Nr. 10, 36 StaatsgerichtshofG Niedersachsen.

47 **h) Nordrhein-Westfalen.** Verfassungsbeschwerden der Gemeinden und Gemeindeverbände zum Verfassungsgerichtshof, Art. 75 Nr. 4 NRWVerf, §§ 12 Nr. 8, 52 VerfassungsgerichtshofG NRW.

48 **i) Rheinland-Pfalz.** Antragsrecht öffentlich-rechtlicher Körperschaften hinsichtlich der Geltendmachung der Verfassungswidrigkeit von Gesetzen wegen der Verletzung eigener Rechte zum Verfassungsgerichtshof, Art. 130 I 2, 135 I Nr. 1 Rhld-PfalzVerf, §§ 2 Nr. 1 a, 23 ff. VerfassungsgerichtshofG, Rheinland-Pfalz.

49 **j) Saarland.** Verfassungsbeschwerde der Gemeinden und Gemeindeverbände zum Verfassungsgerichtshof, Art. 97 Nr. 4, 123 SaarlVerf, §§ 9 Nr. 13, 55 ff. VerfGHG.

50 **k) Sachsen.** Kommunale Verfassungsbeschwerde der kommunalen Träger der Selbstverwaltung zum Verfassungsgerichtshof, Art. 81 I Nr. 5, 90 SächsVerf, §§ 7 Nr. 8, 36 SächsVerfGHG.

51 **l) Sachsen-Anhalt.** Kommunale Verfassungsbeschwerde der Kommunen und Gemeindeverbände zum Landesverfassungsgericht, Art. 75 Nr. 7 SachsAnhVerf, §§ 2 Nr. 8, 51 LVerfGG.

52 **m) Thüringen.** Verfassungsbeschwerde der Gemeinden und Gemeindeverbände zum Verfassungsgerichtshof, Art. 80 I Nr. 2 ThürVerf.; §§ 11 Nr. 2, 31 ff. ThürVerfGHG.

53 **n) Andere Länder.** Demgegenüber finden sich in Schleswig-Holstein, in Berlin und Hamburg keine entsprechenden Regelungen.

VIII. Sonstige Zulässigkeitsvoraussetzungen

1. Allgemeines

54 § 91 ist dem 15. Abschnitt, d. h. den §§ 90 bis 95 zugeordnet. Man kann daraus den Willen des Gesetzgebers entnehmen, dass die allgemeinen Verfahrensvorschriften des 15. Abschnitts grundsätzlich, d. h. soweit sich nicht aus dem Wesen der kommunalen Verfassungsbeschwerde etwas anderes ergibt, auf diese anzuwenden sind.

2. Allgemeines Rechtsschutzinteresse

Auch für die kommunale Verfassungsbeschwerde gilt, dass das allgemeine Rechtsschutzinteresse gegeben sein muss.[75] **55**

3. Gebot der Rechtswegerschöpfung (§ 90 II 1)

Das Gebot der Rechtswegerschöpfung gilt auch im Verfahren nach § 91. Vor allem bei untergesetzlichen Normen kommt das Verfahren nach § 47 VwGO in Betracht.[76] **56**

Da nach hM der Gemeinde nicht zugemutet werden kann, gegen Vollzugsakte vorzugehen (siehe o. Rn. 11), gibt es für die Anwendung des richterrechtlich entwickelten Subsidiaritätsgrundsatzes (Rn. 157 ff. zu § 90) keinen Raum. **57**

4. Begründung (§§ 23, 92)

Die kommunale Verfassungsbeschwerde muss entsprechend §§ 23, 92 begründet werden.[77] **58**

5. Annahmeverfahren (§ 93 a)

Die kommunale Verfassungsbeschwerde bedarf der Annahme zur Entscheidung.[78] **59**

6. Frist (§ 93 III)

Die für Rechtssatzverfassungsbeschwerden vorgeschriebene Jahresfrist gilt auch für die kommunale Verfassungsbeschwerde.[79] Bedarf ein formelles Gesetz der Konkretisierung durch eine Rechtsverordnung oder anderes untergesetzliches Recht, beginnt die Jahresfrist erst mit dem Inkrafttreten dieser Vorschriften.[80] Ist ein Normenkontrollverfahren nach § 47 VwGO gegeben, muss der Beschwerdeführer zunächst diesen Rechtsweg beschreiten.[81] Nach Abschluss des Normenkontrollverfahrens beginnt die Jahresfrist des § 93 III. **60**

---

[75] BVerfGE 86, 90 (106 f.); *Bethge*, in: MSKB, Stand 2004, Rn. 55 zu § 91; s. dazu Rn. 112 a ff. zu § 90.

[76] BVerfGE 76, 107 (114 f.). Anders bei förmlichen Gesetzen, BVerfGE 76, 107 (115).

[77] BVerfGE 71, 25 (34); 76, 107 (112).

[78] BVerfG(K) NVwZ-RR 1999, 353; NVwZ 1999, 520; NVwZ 2001, 317; NVwZ 2002, 72.

[79] BVerfGE 76, 107 (115); 107, 1 (8); 110, 370 (382).

[80] BVerfGE 64, 87 (96 f.); 64, 323 (350); 110, 370 (382).

[81] Das BVerfG hat, weil § 47 VwGO damals noch keine Frist vorgab, dafür gefordert, dass das innerhalb eines Jahres (entsprechend § 93 III) zu geschehen

IX. Entscheidungen und Entscheidungswirkung

61 1. Das BVerfG entscheidet über die kommunale Verfassungsbeschwerde nach Maßgabe des § 95 I. Da es sich bei der Entscheidung in der Sache um eine Normenkontrollentscheidung handelt, gilt § 31 II 2. Die Sachentscheidung erwächst in **Gesetzeskraft**.[82]

62 2. Auch im Verfahren nach § 91 ist der Antrag auf Erlass einer **einstweiligen Anordnung** zulässig.[83]

63 3. Im Verfahren nach § 91 kann eine **Missbrauchsgebühr** nach § 34 verhängt werden.[84]

§ 91 a [weggefallen]

§ 92 [Begründung der Verfassungsbeschwerde]

In der Begründung der Beschwerde, sind das Recht, das verletzt sein soll, und die Handlung oder Unterlassung des Organs oder der Behörde, durch die der Beschwerdeführer sich verletzt fühlt, zu bezeichnen.

I. Allgemeines

1 1. § 92 kann nur im **Zusammenhang mit § 23 I 2** gelesen werden. Die allgemeinen Begründungspflichten für alle prozesseinleiten-

---

habe, BVerfGE 76, 107 (115 f.). Nachdem eine 2-Jahresfrist (ab Bekanntmachung) für die Antragstellung durch das 6. VwGO-ÄndG eingeführt worden ist, kann diese Rechtsprechung nicht mehr aufrechterhalten werden, vgl. *Kopp/ Schenke,* VwGO, 14. Aufl. 2005, Rn. 84 zu § 47 VwGO, *Magen,* in: UCD, Rn. 48 zu § 91, es sei denn, auch das BVerfG würde (mit *Kopp/Schenke,* VwGO, 14. Aufl. 2005, Rn. 84) die 2-Jahresfrist für (teil)nichtig halten.

[82] Zu den damit, je nach Entscheidungsinhalt, verbundenen unterschiedlichen Folgen, siehe *Bethge,* in: MSKB, Stand 2004, Rn. 95 ff. zu § 91.

[83] BVerfGE 82, 310; 91, 70.

[84] BVerfG(K) NVwZ 2004, 1349. Der Zensurcharakter der Missbrauchsgebühr (Rn. 10 zu § 34) wird in dieser Entscheidung besonders deutlich, zumal die Kammer die Gemeinde berät, sie könne ggf. bei ihrem Anwalt Regress nehmen. Schon vom ganzen Ton der Entscheidung her: Hatte die Kammer, die (auch wenn ein wissenschaftlicher Mitarbeiter die Entscheidung aufbereitet hat) immerhin „das Bundesverfassungsgericht" ist, das nötig? Unzureichende Verfassungsbeschwerden sind der Preis (ob mit oder ohne Rechtsanwalt), den das BVerfG für die Bürgerbezogenheit der „Jedermann-Verfassungsbeschwerde" zahlen muss.

den Anträge werden für das Verfassungsbeschwerdeverfahren spezifiziert. § 92 verdrängt also § 23 I 2 nicht, sondern ergänzt die Vorschrift.[1] Man kann infolgedessen sagen, §§ 23, 92 enthielten Mindestanforderinisse der Begründung.[2] Die Gesamtheit der Erfordernisse ergeben sich im Übrigen weder aus § 23 I 2 noch aus § 92 (zum zeitlichen Rahmen vgl. § 93 I 1) sondern erst aus der Rechtsprechung.[3]

2. Auch die Abgrenzung zu der im Rahmen des § 90 I geforderten **Darlegung** (Rn. 83 ff. zu § 90) ist nicht einfach. § 90 bestimmt die Erfordernisse, die der Vortrag des Beschwerdeführers erfüllen muss, um die Zulässigkeitsschwelle zu überwinden, während §§ 23, 92 regeln, auf welche Art und Weise der Beschwerdeführer dieser Darlegungslast genügen muss.

3. Zweck der §§ 23 I, 92 (§ 93 I 1) ist es, dem Gericht eine zuverlässige Grundlage für die weitere Behandlung der Verfassungsbeschwerde zu schaffen.[4] Dies gilt insbesondere auch im Hinblick auf das Annahmeverfahren.

II. Schriftform

1. Die Begründung muss **schriftlich** erfolgen (Rn. 3 zu § 23). Grundsätzlich bedeutet das die eigenhändige **Unterschrift** des Beschwerdeführers oder seines Vertreters nach § 22 I. Das Gericht hat sich aber die Möglichkeit offengehalten, im Einzelfall großzügiger zu verfahren, in dem es vom Erfordernis der Schriftlichkeit nur verlangt „dass aus dem Schriftstück der Inhalt der Erklärung, die abgegeben werden soll, und die Person, von der sie ausgeht, hinreichend zuverlässig entnommen werden kann".[5] So hat es das Gericht genügen lassen, dass das Begleitschreiben eines Untersuchungshäftling, das mit den Worten begann: „In der Anlage erhebe ich Verfassungsbeschwerde wegen Verletzung der Art. ... GG", vom Beschwerdeführer unterschrieben war, nicht dagegen die Anlage.[6] Gescheitert ist dagegen eine Verfassungsbeschwerde, die nur „i. A." unterschrieben war.[7] Von Drit-

---

[1] BVerfGE 24, 252 (258); *Henschel,* in: FS f. Simon, 1987, 95 (96 ff.); *Magen,* in: UCD, Rn. 4 zu § 92.
[2] BVerfGE 99, 84 (86).
[3] *Benda/Klein* sprechen von zusätzlicher prozessualer Mitwirkung des Beschwerdeführers, aaO Rn. 617.
[4] BVerfGE 15, 288 (292) = NJW 1963, 755.
[5] BVerfGE 15, 288 (291) = NJW 1963, 755.
[6] BVerfGE 15, 288 = NJW 1963, 755.
[7] BVerfGE 16, 190 = NJW 1963, 1867.

§ 92 Teil III. Einzelne Verfahrensarten

ten unterschriebene Verfassungsbeschwerden können jedoch mit dem Mittel der Beistandsfiktion (§ 22 I) „gerettet" werden.[8]

5 **2.** Die Schriftform wird auch durch **Telefax**[9] gewahrt. Das gilt auch für die Einreichung mittels Telefax. Zu beachten ist jedoch, dass zur Begründung innerhalb der Frist (im Original oder in Kopie) auch die Vorlage aller **Unterlagen**[10] gehört.

6 **a)** Die **Zahl der Abschriften** ist kein Problem. Es ist kein zwingendes Erfordernis für die Zahl der Abschriften bei Einreichung einer Verfassungsbeschwerde gegeben, auch wenn die Einreichung in dreifacher Fassung üblich ist. Braucht das Gericht für eine Zustellung eine bestimmte Anzahl von Abschriften, teilt es dies ohnehin dem Beschwerdeführer mit.

7 **b)** Die Originalverfassungsbeschwerde muss unterschrieben sein. Im Telefaxverkehr genügt die gefaxte oder gescannte Unterschrift (s. Rn. 3 zu § 23).[11]

III. Angabe des verletzten Rechts

8 **1.** Die Verfassungsbeschwerde geht an das „Bundesverfassungsgericht in Karlsruhe". Die Angabe des zuständigen Senats oder des möglichen Berichterstatters ist überflüssig.

Die Verfassungsbeschwerde ist in deutscher Sprache abzufassen, § 17 i. V. m. § 184 GVG.

9 **2.** Gerügt werden kann nur die Verletzung der in §§ 90, 91 genannten Rechte.

10 **a)** §§ 90, 91 verlangen die **Behauptung der Rechtsverletzung.** Das darf man nicht wörtlich nehmen.[12] *BVerfGE* 56, 192 (203) = NJW 1981, 1360 hat eine „ausreichend substantiierte Behauptung" gefordert, *BVerfGE* 70, 138 (161) = NJW 1986, 367 dagegen eine „schlüssige Darlegung."[13] Es genügen jedoch weder bloße Behauptungen noch ist eine Schlüssigkeitsprüfung vorzunehmen.[14] Der Be-

---

[8] BVerfG(K) NJW 1994, 1272.
[9] BVerfG(K) NJW-RR 195, 441 (442); NJW 1996, 2587. S. dazu ausf. Rn. 3 zu § 23. Das BVerfG verfügt über einen e-mail-Anschluss. Er ist aber für die Einreichung von Verfassungsbeschwerden nicht zugänglich.
[10] BVerfGE 24, 252 (258 f.); 28, 104 (111); 32, 365 (368); 47, 182 (187); 67, 213 (222); 78, 320 (327); 80, 257 (263).
[11] Zur Notwendigkeit der Wiedergabe einer eigenhändigen Unterschrift auf einem Computerfax vgl. BGH NJW 2005, 2086.
[12] So aber BVerfGE 67, 248 (256); *Brox,* in: FS f. Klein, 1977, 49 (55).
[13] Vgl. auch BVerfGE 74, 358 (369) = NJW 1987, 2427.
[14] Vgl. *Zuck,* Vb, Rn. 559 ff.

schwerdeführer muss vielmehr seine Begründung „hinreichend deutlich vortragen".[15] Das setzt voraus, dass sich der Beschwerdeführer mit dem als verfassungswidrig angegriffenen Rechtsakt auseinandersetzt und seine Beanstandungen binnen der Beschwerdefrist im Einzelnen darlegt.[16] Allgemeine Urteilsschelte genügt nicht.[17] Außerdem muss der maßgebliche Sachverhalt vorgetragen werden.[18]

Insgesamt muss das BVerfG in die Lage versetzt werden, sich eine zuverlässige Grundlage für die weitere Behandlung des Verfassungsbeschwerdeverfahrens zu verschaffen.

b) Dazu muss das in §§ 90, 91 gewährleistete Recht nicht ausdrücklich benannt werden, wenn nur hinreichend deutlich wird, was gemeint ist.[19] Zweckmäßiger ist nicht nur die Benennung (z. B. Art. 12 I GG), sondern auch die genaue Benennung, denn viele Grundrechtsartikel enthalten mehrer Grundrechte. — 10a

c) Nach verbreiteter Praxis genügt dem Gericht **eine** hinreichend deutlich vorgetragene Rüge im Rahmen des § 90, um die Verfassungsbeschwerde auch anhand eines der anderen in § 90 I gewährleisteten Rechte zu prüfen.[20] — 11

Das ist zu billigen. Das rechtfertigt sich aus dem Zweck der § 23 I 2, § 92, § 93 I 1 (s. o. Rn. 3). Die bloße Behauptung erlaubt keine zuverlässige Beschäftigung mit den Zielen einer Verfassungsbeschwerde und eine wie immer geartete Schlüssigkeitsprämisse orientiert sich zu sehr an den klassischen Kategorien der Zulässigkeit und Begründetheit; sie wird damit den Erfordernissen des Annahmeverfahrens nicht gerecht.

IV. Gegenstand der Verfassungsbeschwerde

1. Die **Handlung oder Unterlassung** des Organs oder der Behörde, durch die der Beschwerdeführer sich verletzt fühlt, sind zu bezeichnen. Der damit bestimmte Begründungs-Gegenstand hat nichts mit dem Verfahrensgegenstand i. S. d. „Streit"-Gegenstandes zu tun. — 12

---

[15] BVerfGE 78, 320 (329) = NJW 1983, 2289; s. dazu auch § 90 Rn. 51 ff.
[16] BVerfGE 76, 107 (112); 82, 43 (49); 86, 122 (127) = NJW 1992, 2409; dazu gehört auch die Darlegung der Grundrechtsverletzung, BVerfGE 99, 84 (87). Beispiel: BVerfGE 103, 142 (150).
[17] BVerfGE 87, 273 (278) = NJW 1993, 996.
[18] BVerfGE 84, 366 (369) = NJW 1992, 105; s. dazu auch Rn. 161 zu § 90.
[19] Z. B.: „Berufsfreiheit"; vgl. BVerfGE 84, 366 (369); 85, 214 (217) = NJW 1992, 1220; 92, 158 (175); BVerfG(K) NJW 1995, 2279; s. dazu *Magen*, in: UCD, Rn. 10 zu § 92.
[20] Beispiel: BVerfGE 79, 174 (201); 89, 69 (76) = NJW 1993, 2365; 99, 100 (119); 102, 370 (384).

§ 92 Teil III. Einzelne Verfahrensarten

13 **a)** Dies erzwingt zunächst einmal die genaue Angabe des angegriffenen **Hoheitsakts** (gerichtliche Entscheidung, Gesetz, Verwaltungshandeln).

14 **aa)** Die **gerichtliche Entscheidung** muss mit Datum und Aktenzeichen verlässlich gekennzeichnet sein. Kommt es auf den Verkündungstermin an, ist dieser anzugeben, sonst außerdem noch das Datum der Zustellung/Bekanntgabe/Kenntnisnahme. Werden nur Teile einer gerichtlichen Entscheidung angegriffen, muss der Beschwerdeführer das hinreichend deutlich vortragen.

15 **bb)** Werden **Rechtsnormen** angegriffen, so genügt im Allgemeinen die Angabe des Gesetzes mit Datum und Inkrafttreten. Dazuhin muss aber präzisiert werden, welche Einzelnorm (Artikel/Paragraph) angegriffen wird, ggf., welche Teile der Norm (Absatz/Satz/Halbsatz) unter Umständen – bei sog. funktioneller Teilnichtigkeit einer Norm (s. Rn. 21 zu § 95) welche Auslegung eines Normtextes.

16 **cc)** Angegriffenes **Verwaltungshandeln** (meist in Form eines Verwaltungsakts) muss wie eine Gerichtsentscheidung (s. o. Rn. 14) näher gekennzeichnet werden.

17 **b)** Geht es um ein **Unterlassen,** muss genau beschrieben werden, worin dieses Unterlassen besteht.

18 **2.** Handlungen und Unterlassungen müssen Organen oder Behörden **zugeordnet** werden. Es muss also gesagt werden, welches Gericht, welches Normsetzungsorgan oder welche Behörde gehandelt oder etwas unterlassen hat.

19 **3. a)** Eine Präzisierung durch **Antragstellung** ist im Rahmen der §§ 23, 92 im Verfassungsbeschwerdeverfahren nicht vorgeschrieben, und im Regelfall auch entbehrlich, wenn der Beschwerdeführer in der Sache hinreichend deutlich vorgetragen hat, wodurch er sich verletzt fühlt.

20 Der Verzicht auf konkrete Antragstellung enthebt den Beschwerdeführer aber nicht seiner Verpflichtung, hinreichend deutlich vorzutragen, **inwieweit** er sich beschwert fühlt. Insbesondere bei gegenständlich eingeschränkte Grundrechtsrügen, und dies vor allem, wenn sich die Verfassungsbeschwerde gegen Rechtsnormen richtet, kann die Antragstellung („... insoweit für nichtig zu erklären, als ...") zur Präzisierung der Begründung beitragen. Ungenau gestellte Anträge sind auszulegen.[21]

21 **b)** Hinreichend deutlich vorgetragen ist der Gegenstand der Verfassungsbeschwerde nur, wenn dieser belegt ist. Das Handeln der Verwaltung und der Gerichte muss in der Verfassungsbeschwerde **dokumentiert** sein. Dies geschieht durch die Vorlage der Bescheide (o. ä.)

---

[21] BVerfGE 32, 157 (163) = NJW 1972, 285.

Verfassungsbeschwerde § 92

und Gerichtsentscheidungen im Original, beglaubigter Abschriften oder in Kopie innerhalb der Frist des § 93 I 1.[22] Wegen der Verkündungspflichten für Rechtsnormen genügt bei einer Rechtssatzverfassungsbeschwerde der (eindeutige) Hinweis auf das Verkündungsorgan, es sei denn, dieses ist nicht allgemein zugänglich.

c) Das Gericht kann im Annahmeverfahren **Akten beziehen** (Arg. 22 § 42 GO), tut dies aber im Allgemeinen nicht. Auch der sonstige entscheidungserhebliche Vortrag ist deshalb soweit erforderlich und möglich durch Anlagen zu belegen. Im Übrigen muss der Beschwerdeführer die erforderlichen Beweismittel angeben.

d) Die **Bezugnahme** auf die Verfassungsbeschwerde eines anderen 23 Beschwerdeführers reicht für die Begründung nicht aus.[23] Dagegen ist es zulässig, auf im selben Verfahren eingereichte Schriftstücke Bezug zu nehmen.[24] Die pauschale Bezugnahme auf Anlagen reicht nicht aus.[25] Insbesondere genügt es nicht, dass der Beschwerdeführer lediglich seine Handakten beifügt. Soll auf in einem anderen (Gerichts-)Verfahren vorgetragene Ausführungen Bezug genommen werden, ist das nur zulässig, wenn die entsprechenden Schriftstücke als Anlage beigefügt sind.[26]

V. Zusätzliche Erfordernisse

1. Über die Angabe des verletzten Rechts und des Gegenstandes der 24 Verfassungsbeschwerde hinaus muss der Beschwerdeführer wegen § 23 auch sonst hinreichend deutlich vortragen, was zur Prüfung der Zulässigkeit und Begründetheit der Verfassungsbeschwerde erforderlich ist. Das gilt auch für die Rechtssatzverfassungsbeschwerde.[27] Der Beschwerdeführer ist dagegen im Regelfall rechtlich nicht gehalten, die Annahmevoraussetzungen der §§ 93a ff. darzutun, weil diese der Prüfung der Zulässigkeit und Begründetheit der Verfassungsbeschwerde vorausliegen (s. Grundz §§ 93a ff. Rn. 4 ff.). Die ordnungsgemäße Begründung der Verfassungsbeschwerde muss dafür ausreichen, auch die

---

[22] Das gilt auch, wenn zur Begründung auf vorangegangene Entscheidungen Bezug genommen wird, BVerfG(K) NJW 2005, 2140. Zur Vorlage einer Entscheidung nur im Tenor vgl. BVerfGK 3 (2005), 207 (208). Zur Bezugnahme allgemein s. u. Rn. 23. BVerfG EuGRZ 1995, 443 (449).
[23] BVerfGE 8, 141 (143).
[24] BVerfGE 32, 365 (368); 67, 213 (222) = NJW 1985, 261.
[25] BVerfGE 80, 257 (263); 83, 216 (228) = NVwZ 1991, 768.
[26] BVerfGE 78, 320 (327) = NJW 1988, 2289; s. a. BVerfGE 80, 257 (263) = NJW 1989, 2614.
[27] BVerfGE 83, 162 = NJW 1991, 349.

Annahmevoraussetzungen zu klären. Das gilt jedoch nicht, wenn der Beschwerdeführer die Verfassungsbeschwerde zur Entscheidung wegen eines besonders schweren Nachteils/existentieller Betroffenheit angenommen wissen will (§ 93a Rn. 24ff.). Die Auswirkungen des angegriffenen hoheitlichen Handelns muss der Beschwerdeführer selbst darstellen. Unabhängig davon empfiehlt es sich aber auch die Annahmevoraussetzungen in **allen** Fällen „hinreichend deutlich" zu machen.[28]

25 2. Zu hinreichend deutlichem Vortrag kann es auch gehören, die einfach-rechtliche Rechtslage, insbesondere, wenn diese unklar, ungewöhnlich oder kompliziert ist, darzustellen.[29]

§ 93 [Einlegungsfrist]

(1) **Die Verfassungsbeschwerde ist binnen eines Monats zu erheben und zu begründen. Die Frist beginnt mit der Zustellung oder formlosen Mitteilung der in vollständiger Form abgefaßten Entscheidung, wenn diese nach den maßgebenden verfahrensrechtlichen Vorschriften von Amts wegen vorzunehmen ist. In anderen Fällen beginnt die Frist mit der Verkündung der Entscheidung, oder, wenn diese nicht zu verkünden ist, mit ihrer sonstigen Bekanntgabe an den Beschwerdeführer; wird dabei dem Beschwerdeführer eine Abschrift der Entscheidung in vollständiger Form nicht erteilt, so wird die Frist des Satzes 1 dadurch unterbrochen, daß der Beschwerdeführer schriftlich oder zu Protokoll der Geschäftsstelle die Erteilung einer in vollständiger Form abgefaßten Entscheidung beantragt. Die Unterbrechung dauert fort, bis die Entscheidung in vollständiger Form dem Beschwerdeführer von dem Gericht erteilt oder von Amts wegen oder von einem an dem Verfahren Beteiligten zugestellt wird.**

(2) **War der Beschwerdeführer ohne Verschulden verhindert, diese Frist einzuhalten, ist ihm auf Antrag Wiedereinsetzung in den vorigen Stand zu gewähren. Der Antrag ist binnen zwei Wochen nach Wegfall des Hindernisses zu stellen. Die Tatsachen zur Begründung des Antrags sind bei der Antragstellung oder im Verfahren über den Antrag glaubhaft zu machen. Innerhalb der Antragsfrist ist die versäumte Rechtshandlung nachzuholen; ist dies geschehen, kann die Wiedereinsetzung auch ohne Antrag gewährt werden. Nach einem Jahr seit dem Ende der versäumten Frist ist der Antrag unzulässig. Das Verschulden des Bevollmächtigten steht dem Verschulden eines Beschwerdeführers gleich.**

---

[28] S. dazu auch *Magen*, in: UCD, Rn. 20f. zu § 92.
[29] BVerfGE 79, 11 (18); s. dazu auch Rn. 162 zu § 90.

Verfassungsbeschwerde **§ 93**

(3) Richtet sich die Verfassungsbeschwerde gegen ein Gesetz oder gegen einen sonstigen Hoheitsakt, gegen den ein Rechtsweg nicht offensteht, so kann die Verfassungsbeschwerde nur binnen eines Jahres seit dem Inkrafttreten des Gesetzes oder dem Erlaß des Hoheitsaktes erhoben werden.

(4) Ist ein Gesetz vor dem 1. April 1951 in Kraft getreten, so kann die Verfassungsbeschwerde bis zum 1. April 1952 erhoben werden.

Übersicht

	Rn.
I. Entstehungsgeschichte	1
II. Funktion	2
III. Zu § 93 I	3
1. Verwaltungs- und Gerichtsentscheidungen	3
2. Begründungspflicht	7
3. Beginn der Monatsfrist	13
4. Wichtigste Verfahrensarten	26
a) Zivilprozess/Zwangsversteigerung/Insolvenzverfahren	26
b) Strafprozess/OWiG-Verfahren	31
c) Verwaltungsgerichtsverfahren	36
d) Finanzgerichtsverfahren	37
e) Arbeitsgerichtsverfahren	39
f) Sozialgerichtsverfahren	40
g) Andere Verfahrensarten	41
5. Fristbeginn bei besonderen Verfahrenskonstellationen	43
IV. Zu § 93 II (Wiedereinsetzung in den vorigen Stand)	45
V. Jahresfrist nach § 93 III	54
VI. § 93 IV	75

I. Entstehungsgeschichte

§ 93 I 1, II beruhen auf dem 5. ÄndG vom 2. 8. 1993 (BGBl. I **1** S. 1442).

II. Funktion

Die Funktion der Monatsfrist liegt zum einen darin, dass sich der **2** von einer gerichtlichen (behördlichen) Entscheidung Betroffene um des Rechtsfriedens willen alsbald darüber schlüssig wird, ob er von dem Rechtsbehelf der Verfassungsbeschwerde Gebrauch machen will; es soll verhindert werden, dass die Verfassungsbeschwerde erst in einem Zeitpunkt erhoben wird, in dem verständigerweise niemand mehr damit zu rechnen braucht, dass der Betroffene noch Interesse an einer Feststellung der behaupteten Grundrechtsverletzung hat. Zum anderen will der Gesetzgeber ausschließen, dass die Beschwerdefrist zu laufen beginnt, bevor der Beschwerdeführer von der Entscheidung in einer Weise Kenntnis nehmen konnte, die es ihm ermöglicht, sich von der Wahrung oder Beeinträchtigung seiner in Art. 93 I Nr. 4a GG bezeichneten verfassungsmäßigen Rechte zu überzeugen.[1]

III. Zu Abs. 1

1. Verwaltungs- und Gerichtsentscheidungen

3   Abs. 1 S. 1 bezieht sich auf Verwaltungs- und Gerichtsentscheidungen (arg. Abs. 3), wegen der Pflicht zur Rechtswegerschöpfung (§ 90 II) in erster Linie auf Gerichtsentscheidungen. Die **Monatsfrist** ist eine Ausschlussfrist.[2] Abs. 2 ermöglicht aber die Wiedereinsetzung in den vorigen Stand. Die Frist bemisst sich nach § 222 ZPO i. V. m. §§ 187 ff. BGB. Fällt also das Ende der Monatsfrist auf einen Samstag, allgemeinen Feiertag oder Sonntag, so endet die Frist mit Ablauf des nachfolgenden Werktags (§ 222 II ZPO).[3] Zur Fristberechnung vgl. vor § 17 Rn. 45 ff.

4   Maßgebend ist bei einem allgemeinen **Feiertag,** ob der betreffende Tag an dem Ort, an dem das Rechtsmittel einzulegen ist, gesetzlicher Feiertag ist.[4] Danach kommt es für die Verfassungsbeschwerde nur darauf an, welche Feiertage in Baden-Württemberg gesetzlich anerkannt sind. Hätte das BVerfG in den neuen deutschen Ländern einen detachierten Senat, wäre ebenfalls die Rechtslage in Baden-Württemberg maßgebend.[5]

5   Danach ist der 3. Oktober ein Feiertag (Art. 2 EV) außerdem gibt es in Baden-Württemberg folgende gesetzliche Feiertage (Feiertagsgesetz

---

[1] BVerfGE 28, 88 (93). Hat der Beschwerdeführer keine Kenntnis von der ihn belastenden Entscheidung, z. B. bei Abhörmaßnahmen, so kann sich die Kenntnisnahme nur auf das zu diesen Maßnahmen ermächtigende Gesetz beziehen. Der Beschwerdeführer kann dann das Gericht anrufen, wenn er darlegt, dass „er mit einiger Wahrscheinlichkeit durch Maßnahmen, die auf der angegriffenen Rechtsnorm beruhen" in seinen Grundrechten berührt wird, BVerfGE 67, 157 (170); 100, 313 (354).
[2] BVerfGE 4, 309 (313 f.) = NJW 1955, 1713.
[3] BVerfGE 17, 67 (75).
[4] BAG NJW 1989, 1181.
[5] BAG NJW 1959, 2279.

Verfassungsbeschwerde **§ 93**

i. d. F. d. Neubekanntmachung vom 8. 5. 1995, GBl. S. 450): Neujahr, Erscheinungsfest (6. 1.), Karfreitag, Ostermontag, 1. Mai, Christi Himmelfahrt, Pfingstmontag, Fronleichnam, Allerheiligen (1. 11.), Erster Weihnachtsfeiertag, Zweiter Weihnachtsfeiertag. Obwohl die Arbeit an manchen dieser Tage vielerorts ruht, sind weder der 24. 12.[6] noch Silvester[7] und auch nicht Rosenmontag[8] „allgemeine Feiertage" i. S. d. § 222 II ZPO.

Zur **Fristwahrung** muss die Verfassungsbeschwerde spätestens am letzten Tag der Frist bis 24.00 Uhr beim BVerfG eingegangen sein. Es ist ein Nachtbriefkasten beim Gericht eingerichtet; die Pforte, die zur Entgegennahme von Schriftstücken befugt ist (und auch den Eingang bestätigt), ist auch in der Nacht durchweg besetzt. Eine amtliche Empfangsbestätigung ist nicht geboten,[9] Probleme gibt es bei direkter Zustellung an Feiertagen. Die Pforte ist nicht besetzt. Wenn die Anlagen zu umfangreich sind, sperrt sich auch der Nachtbriefkasten. Hier ist man auf das Entgegenkommen des Grenzschutzes angewiesen. 6

Bei Telefaxübermittlung ist zu beachten, dass die Verfassungsbeschwerde vor Fristablauf vor 24.00 Uhr vollständig in den Empfangsbereich des BVerfG gekommen sein muss (s. Rn. 5 zu § 92).

2. Begründungspflicht

Abs. 1 S. 1 verlangt ausdrücklich, dass die Verfassungsbeschwerde **innerhalb der Monatsfrist zu begründen** ist. Der Zweck der Begründungspflicht (vgl. Rn. 4 zu § 92) fordert es, dass die Begründung einschließlich aller für diese erforderlichen Anlagen innerhalb der Frist dem Gericht vorliegt. 7

a) Das BVerfG hat es zugelassen, eine hinreichend begründete Verfassungsbeschwerde nachträglich in tatsächlicher und rechtlicher Hinsicht zu **ergänzen**. Das darf jedoch nicht dazu führen, dass nach Fristablauf ein neuer Sachverhalt zum Gegenstand der Verfassungsbeschwerde gemacht wird.[10] Gleiches gilt für die Einführung eines neuen einfach-rechtlichen Gesichtspunkts.[11] Die danach mögliche Ergänzung der Verfassungsbeschwerde (um mehr kann es sich bei einer im Annahmeverfahren zu beurteilenden Verfassungsbeschwerde nicht han- 8

---

[6] OVG Hamburg NJW 1993, 194.
[7] VGH Bad.-Württ. NJW 1987, 1353.
[8] Noch nicht einmal in Köln BPatG GRUR 1978, 711.
[9] BVerfGE 52, 206.
[10] BVerfGE 84, 212 (223) = NJW 1991, 2549, st. Rspr.
[11] BVerfGE 81, 208 (215) = NJW 1990, 2189.

deln) ist vom Nachschieben von Gründen, d. h. von selbstständigem oder neuem Vortrag zu trennen.[12]

9 **b)** Das eigentliche **Nachschieben von Gründen** ist nur eingeschränkt unter folgenden Voraussetzungen möglich:

aa) Kammer/Senat stellen dem Beschwerdeführer Fragen. Der Beschwerdeführer kann sie unbeschränkt beantworten. Es hängt von der Natur der Fragen ab, ob die Antwort zu einer unzulässigen oder zulässigen Ergänzung oder zum Nachschieben von Gründen führt.

10 **bb)** Äußerungsbeteiligte äußern sich. Das BVerfG gibt dem Beschwerdeführer Gelegenheit zur Erwiderung (Stellungnahme). Die vorstehenden Ausführungen gelten sinngemäß.

11 **cc)** Es ergibt sich nach Fristablauf eine neue Sach- und Rechtslage ohne die Möglichkeit für den Beschwerdeführer, erneut Verfassungsbeschwerde zu erheben (z.B.: der Beschwerdeführer stirbt. Die Hauptsache erledigt sich. Eine noch ausstehende gerichtliche Entscheidung ergeht. Bislang im Verfahren erhobene Beweise müssen neuerer Erkenntnis weichen. Die Tatsachenlage, z.B. Auswirkungen einer Maßnahme auf einen Berufsstand ändert sich). Vorfragen dieser Art machen selbstständigen und neuen Vortrag nötig (und möglich). Insoweit gibt es ein uneingeschränktes Nachschieben von Gründen.

12 **dd)** Eine „hinreichend begründete" Verfassungsbeschwerde wird auf eine neue Grundrechtsrüge gestützt. Wenn es nämlich möglich ist, die Entscheidung über eine Verfassungsbeschwerde auf andere als vom Beschwerdeführer vorgetragene Rechtsvorschriften zu stützen (vgl. Rn. 11 zu § 92) dann muss der Beschwerdeführer neue verfassungsrechtliche Maßstäbe (soweit sie ihm im Rahmen des § 90 I Schutz verleihen) auch – außerhalb der Monatsfrist – vortragen können.

3. Beginn der Monatsfrist

13 Der **Beginn der Monatsfrist** ist für einen als bürgernah konzipierten Rechtsbehelf wie die Verfassungsbeschwerde nicht immer ganz einfach festzustellen.

14 **a)** Zur technischen Berechnung der Monatsfrist s. o. Rn. 4.

15 **b)** Das System stellt sich so dar:

aa) Im **Regelfall** kommt es auf die Zustellung oder formlose Mitteilung der in vollständiger Form abgefassten Entscheidung an, wenn diese nach den maßgeblichen verfahrensrechtlichen Vorschriften von Amts wegen vorzunehmen ist (Abs. 1 S. 2).[13]

---

[12] Vgl. BVerfGE 81, 208 (214) = NJW 1990, 2189; s. dazu *Magen*, in: UCD, Rn. 59 ff. zu § 92.

[13] S. dazu *Gusy*, Die Verfassungsbeschwerde 1988, Rn. 201 ff.; *Zuck*, Vb Rn. 685 ff.

Verfassungsbeschwerde § 93

(1) Die „maßgebenden verfahrensrechtlichen Vorschriften" sind die **Verfahrensvorschriften des Ausgangsverfahrens.**[14]   16

(2) Zustellung (und formlose Mitteilung) beziehen sich auf die in vollständiger Form abgefasste Entscheidung. Was zu einer **vollständigen Entscheidung** gehört, bemisst sich nach dem einschlägigen Verfahrensrecht.   17

(3) Das Verfahrensrecht bestimmt auch, wann die **Zustellung** von Amts wegen vorzunehmen ist. Nur dann, wenn auch die „formlose Mitteilung" der in vollständiger Form abgefassten Entscheidung von Amts wegen zugelassen ist, kann auf die Zustellung im Amtsbetrieb verzichtet werden.   18

(4) Die **„formlose Mitteilung"** setzt ein Gerichts-(Behörden-)Handeln voraus, das vom Empfänger als offizielle (wenn auch formlose) Mitteilung verstanden werden kann (Beispiel: Vermittlung der in vollständiger Form abgefassten Entscheidung durch Telefax).   19

bb) Fehlt es an den Voraussetzungen von Abs. 1 S. 2 beginnt die Frist mit der **Verkündung** der Entscheidung; sie ist bei Gerichtsverhandlungen grundsätzlich öffentlich (§ 173 GVG). Was sonst zur Verkündung gehört, bemisst sich nach dem einschlägigen Verfahrensrecht.   20

cc) Ist die Entscheidung nicht zu verkünden, kommt es auf die **„sonstige Bekanntgabe"** an den Beschwerdeführer an. Noch mehr als bei der „formlosen Mitteilung" ist hier der objektive Bekanntgabewille der Behörde/des Gerichts wesentlich. Beispiele: Entscheidungen nach § 33a StPO oder Entscheidungen über Gegenvorstellungen.   21

dd) Erhält der Beschwerdeführer in den Fällen des Abs. 1 S. 3 keine Abschrift der Entscheidung in vollständiger Form, so kann er die laufende **Monatsfrist** dadurch **unterbrechen,** dass er schriftlich oder zu Protokoll der Geschäftsstelle des Gerichts/der Behörde die Erteilung einer in vollständiger Form abgefassten Entscheidung beantragt. Der Antrag muss innerhalb der Monatsfrist des Abs. 1 S. 1 gestellt werden und sich auf die konkrete Entscheidung beziehen.[15] Er wirkt nur für den Antragsteller.[16] Die Wirkung der Unterbrechung ergibt sich aus § 249 ZPO. Der Fristlauf hört auf; nach Zugang der in vollständiger Form abgefassten Entscheidung beginnt die volle Monatsfrist des § 93 I 1 von neuem zu laufen.   22

c) Für einen nicht Verfahrensbeteiligten beginnt die Monatsfrist erst mit **Kenntnis** der in vollständiger Form abgefassten Entscheidung.[17]   23

---

[14] BVerfGE 9, 109 (114) = NJW 1959, 572.
[15] BVerfGE 9, 109 (118) = NJW 1959, 572.
[16] BVerfGE 24, 236 (241) = NJW 1969, 31.
[17] BVerfGE 75, 201 (214) = NJW 1988, 125. Bei Minderjährigen kommt es auf die Kenntnis des Vertreters, ggf. des Ergänzungspflegers an. Dritte müssen sich aber, soweit möglich und zumutbar, um den Vorgang kümmern.

24 **d)** Richtet sich die Verfassungsbeschwerde gegen ein Unterlassen der Exekutive[18] oder eines Gerichts Beispiel: überlange Verfahrensdauer), so ist sie **unbefristet zulässig,** solange die Unterlassung andauert.[19] Sobald die Beendigung des Unterlassens zur Kenntnis des Beschwerdeführers gelangt ist, beginnt die Monatsfrist.[20]

25 **e) Unzulässige** (Gerichts-)**Entscheidungen** werfen hinsichtlich des Fristbeginns besondere Probleme auf. Auch unzulässige Rechtsmittel (Rechtsbehelfe) setzen die Monatsfrist in Lauf, es sei denn, die Unzulässigkeit ist offensichtlich.[21]

Offensichtlich unzulässig ist ein Rechtsmittel dann, wenn der Rechtsmittelführer nach dem Stand der Rechtsprechung und Lehre bei Einlegung des Rechtsmittels über die Unzulässigkeit nicht im Ungewissen gewesen sein könnte.[22] Eine berechtigte Ungewissheit über die Unzulässigkeit eines Rechtsmittels/Rechtsbehelfs ist danach unschädlich.[23] Prognostische Unsicherheiten (vor allem bei Nichtzulassungsbeschwerden/Zulassungsbeschwerden, außerordentlichen Rechtsbehelfen aller Art) gehen im Ergebnis zu Lasten des Beschwerdeführers. Es empfiehlt sich deshalb, in solchen Fällen sowohl das Rechtsmittel/den Rechtsbehelf, als auch die Verfassungsbeschwerde einzulegen, das BVerfG entsprechend zu verständigen, und anzuregen, die Verfassungsbeschwerde bis zu einer Entscheidung über das Rechtsmittel/den Rechtsbehelf im AR (s. dazu Grundz §§ 93a ff. Rn. 9) zu „parken". War das Rechtsmittel/der Rechtsbehelf nicht offensichtlich unzulässig, beginnt mit der Zustellung/Mitteilung/Bekanntgabe der Entscheidung die Monatsfrist. War das Rechtsmittel/der Rechtsbehelf offensichtlich unzulässig, kann die Verfassungsbeschwerde nach entsprechender Mitteilung an das BVerfG weiter verfolgt werden. Wenn die vorsorgliche Verfassungsbeschwerde[24] ihrerseits den Verfassungsbeschwerdevoraussetzungen genügt und das BVerfG das Rechtsmittel/den Rechtsbehelf nicht schon aus eigener Beurteilung für offensichtlich unzulässig hält, wird das hier dargestellte Verfahren vom BVerfG gebilligt. Es bedarf auf jeden Fall ausdrücklicher Abstimmung mit dem zuständigen Präsidialrat.

---

[18] Beispiel: BVerfGE 77, 170 (214) = NJW 1988, 1651.

[19] BVerfGE 6, 257 (266); 10, 302 (308); 16, 119 (121); 77, 170 (214 ff.) = NJW 1988, 1651.

[20] BVerfGE 58, 218.

[21] BVerfGE 5, 17 (20) = NJW 1956, 985; 108, 82 (98).

[22] BVerfGE 28, 1 (6) = NJW 1970, 651; 48, 341 (344); 49, 252 (255); 107, 299 (308).

[23] BVerfGE 5, 17 (19 f.); 6, 1 (2 f.); 63, 80 (85) = NJW 1983, 2017.

[24] BVerfGE 48, 341 (346) = NJW 1978, 1912.

Auf dessen bürgernahes Verständnis kann der Beschwerdeführer vertrauen.

4. Wichtigste Verfahrensarten

Für die wichtigen Verfahrensarten gilt für den Beginn der Frist Folgendes: 26
a) Zivilprozess/Zwangsversteigerung/Insolvenzverfahren.
aa) Zivilprozess. (1) **Urteile im Zivilprozess** sind in vollständiger Form (die Vollständigkeit kann unterschiedlich bestimmt sein, vgl. z.B. §§ 313a, 313b I ZPO) von Amts wegen zuzustellen, § 317 ZPO. Die Rechtsprechung des BVerfG zu § 317 ZPO a.F. ist überholt.[25] Es gilt § 93 I 2.

(2) **Beschlüsse auf Grund mündlicher Verhandlung** sind zu verkünden, § 329 I i.V.m. § 310, § 311 IV ZPO. Es gilt § 93 I 3. 27

(3) **Verfügungen** auf Grund mündlicher Verhandlungen sind nach § 329 II ZPO zu behandeln.[26] 27a

(4) **Beschlüsse und Verfügungen** ohne mündliche Verhandlungen werden den Parteien von Amts wegen **formlos** mitgeteilt, § 329 II ZPO (und dann gilt § 93 I 2), es sei denn, die **Zustellung** hat von Amts wegen zu erfolgen, § 329 III ZPO (dann gilt ebenfalls § 93 I 2). Da Tatbestand und Entscheidungsgründe nicht vorgeschrieben sind[27] ist der Beschluss schon mit seinem Tenor „vollständig abgefasst". Von Amts wegen ist der Kostenfestsetzungsbeschluss zuzustellen, vgl. § 104 I 3 und IV ZPO, ebenso der Vollstreckungsbefehl (§ 699 ZPO). Dagegen werden im Parteibetrieb zugestellt: Pfändungs- und Überweisungsbeschluss (§§ 829, 835, 847 ff. ZPO) sowie der Arrestbefehl und die einstweilige Verfügung, §§ 922 II, 936 ZPO (dann gilt § 93 I 3). 28

bb) Zwangsvollstreckungsverfahren. Die Zustelllungen im Zwangsvollstreckungsverfahren erfolgen von Amts wegen, § 3 ZVG. Es gibt aber Ausnahmen.[28] 29

cc) Insolvenzverfahren. Im Insolvenzverfahren sind alle Entscheidungen den Beteiligten von Amts wegen zuzustellen, § 8 I InsO. Da die öffentliche Bekanntmachung zum Nachweis der Zustellung genügt, auch wenn die InsO eine besondere Zustellung vorschreibt, ist auch insoweit § 93 I 2 anzuwenden. Die früheste Ingangsetzung der 30

---

[25] BVerfGE 50, 92 f.
[26] Zum Begriff vgl. *Vollkommer,* in: Zöller/Vollkommer, ZPO, 25. Aufl. 2005, Rn. 1 zu § 329 ZPO.
[27] Zu Ausnahmefällen vgl. BVerfG(K) NJW 1987, 1619 (1620).
[28] *Stöber,* ZVG, 17. Aufl. 2002, Rn. 1 zu § 3 ZVG.

Frist ist maßgeblich. Zum Nachweis der Zustellung genügt, auch wenn die InsO eine besondere Zustellung vorschreibt, § 9 III InsO.[29]

31 **b) Strafprozess/OWiG-Verfahren. aa) Strafprozess.** (1) Entscheidungen, die **in Anwesenheit** der von ihnen betroffenen Personen ergehen, sind zu verkünden (§ 35 StPO). Also gilt § 93 I 3.

32 (2) Urteile, die in **Abwesenheit** des Angeklagten ergehen sind ihm nach § 35 II StPO persönlich zuzustellen. Das gilt sinngemäß auch für Revisionsurteile, die in Abwesenheit des Angeklagten ergehen.[30] Sie sind dem Angeklagten persönlich mitzuteilen. Auf den Zeitpunkt der Zustellung an den Verteidiger kommt es insoweit nicht an. Also gilt § 93 I 2.

33 (3) Hat der Angeklagte einen **Verteidiger,** so wird die Monatsfrist schon mit der formlosen Mitteilung der Entscheidung an diesen (unabhängig von der späteren formellen Zustellung an den Angeklagten selbst) in Lauf gesetzt.[31] Bei mehrfacher Verteidigung genügt die förmliche Zustellung des Urteils an einen der Verteidiger.[32]

34 (4) **Haftbefehle** werden dem Beschuldigten, falls er bei seinem Erlass anwesend ist, mit der Verkündung durch den Richter bekannt gemacht. Andernfalls erfolgt die Zustellung des Haftbefehls, § 114a i. V. m. § 35 StPO.

35 **bb)** Für **OWi-Gerichtsverfahren** gelten die vorstehenden Grundsätze sinngemäß (§ 46 I OWiG).

36 **c) Verwaltungsverfahren.** Urteile der Verwaltungsgerichte sind vom Amts wegen zuzustellen, § 116 VwGO.[33] Es gilt § 93 I 2. Zu Gerichtsbeschlüssen vgl. § 56 VwGO, zum **Verwaltungsverfahren** *Schmidt-Bleibtreu,* in: MSKB Stand 1993, § 93 Rn. 24.

37 **d) Finanzgerichtsverfahren. aa) Urteile** der Finanzgerichte sind vom Amts wegen in vollständiger Form zuzustellen, § 104 I 2, II, III § 121 FGO. Die Monatsfrist beginnt mit der Zustellung (§ 93 I 2). Zur Zustellung selbst s. § 53 II FGO, § 4 VwZG (Zustellungsfiktionen!).

38 **bb)** Werden finanzgerichtliche **Beschlüsse** verkündet, gilt § 93 I 3. Nicht verkündete Anordnungen und Beschlüsse der Finanzgerichte werden, wenn sie eine Frist nach der FGO in Lauf setzen, von Amts

---

[29] *Kießner,* in: Braun, InsO, 2. Aufl. 2004 Rn. 24 zu § 9 InsO (str.).
[30] BVerfGE 12, 113 (123) = NJW 1961, 819.
[31] BVerfGE(K) NJW 1991, 2623. Zu Zustellung an den gewählten Verteidiger siehe § 145a StPO. Der Angeklagte wird von der Zustellung an den Verteidiger unterrichtet, § 145a III 1 StPO. Zugleich erhält er eine formlose Abschrift der Entscheidung.
[32] BVerfG(K) NJW 2001, 2532.
[33] Das gilt auch für Gerichtsbescheide gem. § 84 I VwGO.

wegen in vollständiger Form zugestellt oder formlos mitgeteilt (§§ 53 I FGO, 155 FGO i. V. m. § 329 II 1 ZPO). Es gilt § 93 I 2.

cc) Verwaltungsakte in Steuersachen (s. § 318 AO) werden von Amts wegen zugestellt, § 155 FGO i. V. m. § 122 AO.

e) Arbeitsgerichtsverfahren. aa) Urteile werden von Amtswegen zugestellt, §§ 50 I, 64 II, III, 72 III, IV ArbGG i. V. m. § 317 ZPO (Folge: § 93 I 2).

bb) Zu anderen Entscheidungen vgl. *Schmidt-Bleibtreu,* in: MSKB, Stand 1993, § 93 Rn. 26.

f) Sozialgerichtsverfahren. Alle Entscheidungen sind von Amts wegen in vollständiger Form zuzustellen, §§ 133, 135, 146, 142 SGG (Folge: § 93 I 2).

g) Andere Verfahrensarten. Zum Fristbeginn in anderen Verfahrensarten (FGG, Justizverwaltungssachen, Landwirtschaftssachen, Grundstücksverkehrsgesetz, Baulandsachen, Patentsachen, Disziplinar- und Wehrgerichtsbarkeit, Verfahren nach dem BEG) vgl. *Schmidt-Bleibtreu,* in: MSKB, Stand 1993, § 93 Rn. 28 ff.

Es ist darauf hinzuweisen, dass es nur in Ausnahmefällen auf Einzelheiten der Bekanntgabe der Ausgangsentscheidung (förmlich oder formlos, von Amts wegen oder im Parteibetrieb, vollständig oder nicht) ankommt, weil in der Regel (vgl. § 90 II) die (rechts- oder bestandskräftige) Endentscheidung Anknüpfungspunkt für das Verfassungsbeschwerdeverfahren ist. Insoweit bleiben die Bekanntgabeerfordernisse der Ausgangsentscheidung in allen Fällen der verfahrensrechtliche Ansatz für die Erfüllung der Pflicht des Beschwerdeführers, den Rechtsweg zu erschöpfen/dem Grundsatz der Subsidiarität der Verfassungsbeschwerde Rechnung zu tragen (s. § 90 Rn. 146 ff., Rn. 157 ff.).[34]

5. Fristbeginn bei besonderen Verfahrenskonstellationen

a) Der Lauf der Monatsfrist beginnt auch bei **nicht rechtskräftigen Entscheidungen.** Das spielt eine Rolle für alle die Fälle, in denen nach Maßgabe des § 90 II die Erschöpfung des Rechtswegs nicht geboten ist.[35]

b) Wenn eine **Gegenvorstellung** wegen der Subsidiarität der Verfassungsbeschwerde geboten ist (s. § 90 Rn. 164), muss diese innerhalb der Monatsfrist nach Absatz 1 S. 1 erhoben werden. Die Monatsfrist

---

[34] Zur weiterreichenden Frage der Zulässigkeit/Notwendigkeit bei einer Verfassungsbeschwerde, die mehrere Entscheidungen in derselben Sache betrifft s. ausf. *Stelkens* DVBl. 2004, 403.
[35] BVerfGE 27, 253 (269) = NJW 1970, 799.

läuft dann ab der Entscheidung über die Gegenvorstellung.[36] Wer vorher schon Verfassungsbeschwerde erhoben hat, muss uU die Entscheidung über die Gegenvorstellung in seine Verfassungsbeschwerde miteinbeziehen.[37]

IV. Zu Abs. 2 (Wiedereinsetzung in den vorigen Stand)

45 **1.** Die Ermöglichung der Wiedereinsetzung in den vorigen Stand im Verfassungsbeschwerdeverfahren ist lange gefordert worden.[38] Das BVerfG hatte sie verweigert;[39] erst das 5. ÄndG vom 2. 8. 1993 (BGBl. I S. 1442), (s. o. Rn. 3), hat die sachgemäße und damals schon überfällige Regelung gebracht,[40] wenn auch **nur** für das Verfassungsbeschwerdeverfahren gegen **gerichtliche** oder **behördliche** Entscheidungen, wie aus der systematischen Stellung und der Entstehungsgeschichte geschlossen wird. Überzeugend ist die Beschränkung nicht. Es gehört zum Wesen einer jeden Frist, dass sie bis zu ihrem Ende ausgenutzt werden kann. Auch der Beschwerdeführer einer Rechtssatzverfassungsbeschwerde kann kurz vor Ablauf der Frist unverschuldet verhindert sein, die Frist einzuhalten. Die Wiedereinsetzung in den vorigen Stand ist aber kein Instrument zur Durchsetzung nachträglicher Verfahrensrügen.[41]

46 **2.** Abs. 2 entspricht, als Ausfluss aus Art. 19 IV GG (Art. 2 I i. V. m. dem Rechtsstaatsprinzip, Art. 103 I GG) allgemeinen verfassungsrechtlichen Grundsätzen.[42] Für die Auslegung kann deshalb auf die Rechtsprechung der Instanzgerichte zu den für ihre Verfahrensordnung maßgeblichen Wiedereinsetzungsregelungen zurückgegriffen werden.

47 **a) Fristversäumnis.** Der Beschwerdeführer muss glaubhaft machen (§ 294 ZPO), dass ein Fristversäumnis vorliegt. Er muss also vortragen, ob er die Verfassungsbeschwerde abgeschickt hat (und auf welchem Weg) oder ob schon die Absendung unterblieben ist.

48 **b) Verhinderung.** Dazu gehört die Feststellung, dass die abgesandte Verfassungsbeschwerde das BVerfG nicht erreicht hat (wobei es für den Zugang ausreicht, dass die Verfassungsbeschwerde in den Herr-

---

[36] Vgl. BVerfG(K) NJW 1995, 2544; NJW 1995, 3248.
[37] BVerfGE 93, 99 (105).
[38] *Zuck* MDR 1985, 803; *Henschel*, in: FS f. Zeidler, 1987, 1391; *Zuck*, Vb, Rn. 287 ff.
[39] BVerfGE 9, 109 (115 f.) = NJW 1959, 572.
[40] *Pestalozza* DWiR 1992, 426 (432).
[41] BVerfG(K) NJW 1996, 512.
[42] BVerfGE 88, 118 (123 ff.) = NJW 1993, 1635.

schaftsbereich des Gerichts gelangt ist)[43] oder aus welchen Gründen der Beschwerdeführer verhindert war, die Verfassungsbeschwerde abzusenden.

Ein Hinderungsgrund ist das vor Ablauf der Monatsfrist gestellte PKH-Gesuch, wenn der Beschwerdeführer vernünftigerweise nicht mit Ablehnung rechnen musste. Große praktische Bedeutung hat diese Fallgruppe nicht, weil der Beschwerdeführer angesichts der geringen Erfolgsquote von Verfassungsbeschwerden (rd. 2,5%) fast immer mit der Ablehnung seines PKH-Gesuchs rechnen muss.

c) Ohne Verschulden. Verschulden liegt vor, wenn der Beschwerdeführer diejenige Sorgfalt außer Acht lässt, die für einen gewissenhaften und seine Rechte und Pflichten sachgemäß wahrnehmenden Prozessführenden im Hinblick auf die Fristwahrung geboten ist und ihm nach den gesamten Umständen des konkreten Falls zuzumuten war.[44] Das Verschulden seines Anwalts wird dem Beschwerdeführer zugerechnet, vgl. § 93 II 6[45] (auch wenn es ihm im Ausgangsverfahren nicht zugerechnet wurde, wie etwa im Rahmen des § 44 StPO).[46] Die Beweislast dafür, dass kein Verschulden vorliegt, trägt der Beschwerdeführer.

49

Beschwerdeführer berufen sich häufig darauf, sie seien von ihren Prozessbevollmächtigten nicht auf die Möglichkeit der Verfassungsbeschwerde und die in Gang gesetzte Monatsfrist des § 93 I hingewiesen worden. Ob eine solche Rechtsmittelbelehrungsfrist besteht, ist nicht eindeutig geklärt. Gelegentlich wird der Verzicht auf eine entsprechende **Belehrung** damit gerechtfertigt, dass die Verfassungsbeschwerde ein außerordentlicher Rechtsbehelf ist. Das ist aber nicht ausschlaggebend. Die besondere Struktur der Verfassungsbeschwerde ändert nichts daran, dass sie der einzige Rechtsbehelf ist, mit dem (in der Regel) nach Abschluss des Instanzverfahrens eine Grundrechtsrüge erhoben werden kann. Die Verfassungsbeschwerde ist außerdem notwendige Durchgangsstation für die Menschenrechtsbeschwerde zum

---

[43] BVerfGE 41, 323 (327); 52, 203 (209); 69, 381 (385 f.).

[44] *Kopp/Schenke* VwGO, 14. Aufl. 2005, § 60 VwGO Rn. 9 m.w. Nw.; zur Berücksichtigung eines Mitverschuldens des Gerichts vgl. BVerfGE 110, 339 (342).

[45] Das gilt für andere Hilfspersonen, deren sich der Beschwerdeführer bedient, z. B. für Dolmetscher. Übersetzt ein Dolmetscher eine mündliche Rechtsmittelbelehrung im Strafprozess nicht oder nicht richtig, muss sich der Beschwerdeführer diesen Fehler zurechnen lassen. Unzureichende Sprachkenntnisse bewahren den Ausländer nicht von seinen allgemeinen Sorgfaltspflichten, BVerfGE 86, 280 (285); BVerfG(K) NVwZ 1992, 262; siehe dazu auch *Heusch/Sennekamp,* in: UCD, Rn. 60 zu § 93.

[46] S. dazu BVerfG(K) NJW 1994, 1857.

EGMR. Der Instanzanwalt ist im Übrigen nach ständiger Rechtsprechung des BGH „zur allgemeinen, umfassenden und möglichst erschöpfenden Beratung des Auftraggebers" verpflichtet.[47] Dazu gehört auch eine Beratung über mögliche Rechtsbehelfe. Das setzt voraus, dass für eine Verfassungsbeschwerde ein Anhaltspunkt besteht. Bei weit mehr als einer Million zivilrechtlicher Instanzverfahren im Jahr und rund 5000 Verfassungsbeschwerden in derselben Zeit, wird das selten genug der Fall sein; das gilt auch für die Anhörungsrüge nach dem AnhörungsrügenG vom 9. 12. 2004 (BGBl. I 3220).[48] Keine Belehrungspflicht wird im Allgemeinen dann bestehen, wenn das Anwaltsmandat beschränkt ist, wie etwa bei Nichtzulassungsbeschwerden und Revisionen zum BGH in Zivilsachen. Es ist dann Sache des Instanzanwalts, den Mandanten über die Möglichkeit einer Verfassungsbeschwerde (oder Anhörungsrüge) zu belehren.[49] Bei der **Anhörungsrüge,** die das anhängige Verfahren fortführt, trifft die Belehrungspflicht wohl auch den BGH-Anwalt.[50]

Auch für die **Wiedereinsetzung in den vorigen Stand** im Verfassungsbeschwerdeverfahren gilt, dass bei Anwendung und Auslegung der maßgeblichen Vorschrift, soweit hiervon der „erste Zugang" zum Gericht abhängt, die Anforderungen nicht überspannt werden dürfen, was der Betroffene veranlasst hat (das BVerfG ist kein Rechtsmittelgericht!) und vortragen muss, um Wiedereinsetzung in den vorigen Stand zu erhalten.[51]

Der Beschwerdeführer darf die Monatsfrist bis zum letzten Tag ausnutzen.[52] Verzögerungen wegen der Briefbeförderung oder der Briefzustellung durch die **Deutsche Bundespost** dürfen dem Beschwerdeführer nicht als Verschulden angerechnet werden, wobei es keinen Unterschied macht, ob es sich um den ersten Zugang zum Gericht oder um den Zugang zu einem weiteren von der Prozessordnung vorgesehenen Instanz handelt. Für die Beförderung von Briefen hat die Deutsche Bundespost das gesetzliche Monopol. Der Bürger kann grundsätzlich darauf vertrauen, dass die von der Post nach ihren orga-

---

[47] BGH, Vers 1969, 932 (933); siehe dazu etwa *Vollkommer/Heinemann*, Anwaltshaftungsrecht, 2. Aufl. 2003, Rn. 240 ff.

[48] Siehe dazu *Zuck* NJW 2005, 1226; m. w. Nw. und Rn. 148 zu § 90; *Zuck* NVwZ 2005, 739.

[49] Üblicherweise belehren aber die BGH-Anwälte, wenn eine Grundrechtsrüge in Betracht kommt, auch über die Möglichkeit der Verfassungsbeschwerde, allerdings nicht immer über den Lauf der Monatsfrist.

[50] *Zuck* NJW 2005, 1226 (1229).

[51] BVerfGE 40, 88 (91); 41, 323 (326 f.); 44, 302 (305); 52, 203 (207); 54, 80 (84); 67, 208 (212 f.); 69, 381 (385); 110, 339 (342).

[52] BVerfGE 51, 352 (355); 62, 334 (337) = NJW 1983, 1479.

Verfassungsbeschwerde **§ 93**

nisatorischen und betrieblichen Vorkehrungen für den Normalfall festgelegten Postlaufzeiten auch eingehalten werden.[53]

„Die Annahme, dass es auch zu Abweichungen von den üblichen Postlaufzeiten kommen kann, lag dabei der Rechtsprechung des BVerfG regelmäßig zugrunde; gleichwohl wurden im Hinblick auf eine solche nicht auszuschließende Möglichkeit keine besonderen Vorkehrungen bei Einlieferung am vorletzten Tag der Frist gefordert. Namentlich wurde auch keine besondere zusätzliche Erkundigungspflicht hinsichtlich des rechtzeitigen Eingangs aufgestellt. An dieser Auffassung hat das BVerfG auch unter Berücksichtigung von Übermittlungsmöglichkeiten per Eilboten, Telegramm oder Telefax festgehalten."[54]

Bei besonderen Umständen (z. B. entlegenem Ort) muss sich der Beschwerdeführer über die üblichen Laufzeiten vergewissern. Im Ausland ist besondere Sorgfalt geboten. Erkennbaren Behinderungen, z. B. durch Arbeitskampfmaßnahmen im Post- und/oder Verkehrsbereich muss der Beschwerdeführer Rechnung tragen. **Achtung:** eingeschriebene Briefe können wegen der besonderen Zustellungsbedingungen zur Verlängerung der üblichen Beförderungszeiten führen.

d) Antragsfrist. (1) Die **Zwei-Wochen-Frist** beginnt mit dem Wegfall des Hindernisses. d. h. mit dem Zeitpunkt, in dem dem Beschwerdeführer die Fristversäumung bekannt ist oder bekannt sein musste, wenn er die erforderliche Sorgfalt bei der Prüfung angewendet bzw. angewendet hätte, und er frühestens in der Lage ist, die Verfassungsbeschwerde beim BVerfG einzureichen. 50

Die dazu erforderlichen Tatsachen muss der Beschwerdeführer **glaubhaft machen** (§ 294 ZPO). Innerhalb der Zwei-Wochen-Frist ist die begründete Verfassungsbeschwerde einzureichen. Ist das geschehen, kann Wiedereinsetzung in den vorigen Stand auch ohne Antrag gewährt werden (§ 93 II 4 2. Hs.). Es ist für die einzelnen Verfahrensordnungen umstritten, ob den Gerichten damit ein Ermessen eingeräumt worden ist oder ob sie, wenn die Voraussetzungen vorliegen, Wiedereinsetzung in den vorigen Stand gewähren müssen.[55] Sieht man einmal davon ab, dass – trotz des auf die Nachholung der versäumten Rechtshandlung bezogenen Wortlauts – der Beschwerdeführer auch die Wiedereinsetzungstatsachen glaubhaft machen muss (denn sonst hätte das Gericht keine Entscheidungsgrundlage) so muss das Gericht Wiedereinsetzung in den vorigen Stand gewähren.

---

[53] BVerfG(K) NJW 1994, 1854.
[54] BVerfG(K) NJW 1994, 1854 (1855); NJW 1992, 1952.
[55] Vgl. *Kopp/Schenke,* VwGO, 14. Aufl. 2005, § 60 VwGO Rn. 24 VwGO m. w. Nw.

§ 93

51 (2) Auf **Sonderfälle** nimmt das Gericht keine Rücksicht: Wer zum Beginn der Monatsfrist handlungsunfähig erkrankt ist und drei Tage vor Fristablauf wieder handlungsfähig wird, hat nur noch 3 Tage.[56] Wer die ganze Monatsfrist versäumt, hat für die Nachholung nur 2 Wochen.
Die in beiden Fällen gegebenen Nachteile müssen hingenommen werden: es ist Sache des Gesetzgebers gewesen, das allgemeine Interesse an Rechtssicherheit und Verfahrensbeschleunigung gegen und mit den subjektiven Interessen des Rechtsuchenden an einem möglichst uneingeschränkten Rechtsschutz abzuwägen.[57]

52 (3) Das rechtfertigt auch die **Ausschlussfrist** des § 93 II 5: nach einem Jahr seit der versäumten Frist ist der Antrag unzulässig.

53 3. Die **praktische Bedeutung** des Abs. 2 ist gering, weil der Beschwerdeführer gehalten ist, versäumte Rechtshandlungen nachzuholen, also die Verfassungsbeschwerde einzulegen und zu begründen. Das führt zur Prüfung der Annahmevoraussetzungen des § 93a und macht deshalb in der Regel die Prüfung des § 93 II entbehrlich.[58]

V. Jahresfrist nach § 93 III

54 1. Die Fristenregelung ist **eng auszulegen**.[59]

55 2. Die Regelung gilt auch im Rahmen des § 91. Zur Verpflichtung zur **Rechtswegerschöpfung** und den damit verbundenen Fristläufen s. BVerfGE 76, 107 (114 ff.); 79, 127 (142) = NVwZ 1989, 347.

56 3. „**Gesetz**" meint nicht nur das Gesetz im formellen Sinn, sondern auch Normen unterhalb des Ranges und der Wirkung eines formellen Gesetzes.[60]
„**Sonstige Hoheitsakte**" sind nur solche Akte, die nicht als „Entscheidungen" i. S. v. § 93 I anzusehen sind.[61] Für die Anwendung des Abs. 3 bleiben dann nur nicht justitiable Akte. Fehlt es aber an konkreten Rechtswirkungen, sind die sonstigen Zulässigkeitsvoraussetzungen für eine Verfassungsbeschwerde nicht gegeben. Bis heute gibt es deshalb keinen Anwendungsfall „sonstiger Hoheitsakte" im Rahmen des § 93 III.

---

[56] In den einfach-rechtlichen Verfahrensordnungen ist das umstritten, vgl. *Kopp/Schenke*, VwGO, 14. Aufl. 2005 Rn. 26 zu § 60 VwGO.
[57] BVerfGE 88, 118 (124) = NJW 1993, 1635.
[58] Ebenso *Heusch/Sennekamp*, in: UCD, Rn. 75 zu § 93.
[59] BVerfGE 24, 252 (257); BVerfG(K) 1 (2004); 306 (307).
[60] BVerfGE 13, 148 (153).
[61] BVerfGE 28, 88 (92).

Verfassungsbeschwerde § 93

4. Die Jahresfrist ist eine Ausschlussfrist.[62] Wiedereinsetzung in den vorigen Stand gibt es nicht, s. o. Rn. 45 auch keine Fristunterbrechung. 57

5. Die Frist beginnt mit dem Inkrafttreten des Gesetzes, s. dazu Art. 82 II GG, bei rückwirkendem Inkrafttreten erst mit der Verkündung;[63] bei „sonstigen Hoheitsakten" ist deren Bekanntgabe maßgebend. 58

a) Handeln des Gesetzgebers. (1) Gesetzesänderungen setzen die Jahresfrist nur für die geänderten, nicht für die unverändert gebliebenen (und vom Gesetzgeber in seinen Willen aufgenommenen) Vorschriften in Lauf.[64] Das gilt auch für Verordnungen.[65] 59

(2) Auch eine im **Wortlaut** unveränderte Norm ändert sich, wenn ihr Anwendungsbereich durch Präzisierung eines Legalbegriffs eindeutiger als bisher begrenzt und der Vorschrift damit ein neuer Inhalt gegeben wird,[66] wenn der Anwendungsbereich einer Vorschrift erweitert wird[67] und bei Eintritt neuer belastender Wirkungen.[68] In all diesen Fällen hatte sich der unveränderte Wortlaut einer Norm durch eine Normänderung im Übrigen ergeben. Dasselbe muss gelten, wenn durch höchstrichterliche Rechtsprechung ein eindeutiger Inhaltswandel für eine Norm erfolgt. 60

(3) Redaktionelle **Änderungen** setzen keine Frist in Lauf,[69] ebenso wenig Änderungen, die den Beschwerdeführer nicht berühren,[70] die bloße Neubekanntmachung[71] oder der nur deklaratorische Charakter eines Gesetzes.[72] 61

(4) **Verlängerungsgesetze** können die Jahresfrist neu in Gang setzen.[73] 62

(5) Auch bei **Überleitungsrecht** beginnen neue Fristen zu laufen.[74] 63

---

[62] BVerfGE 4, 309 (313 f.); 16, 1 (3).
[63] BVerfGE 62, 374 (382); 64, 367 (376). Zur Fristberechnung s. ausf. BVerfGE 102, 254 (295 f.).
[64] BVerfGE 80, 137 (149) = NJW 1989, 2525; BVerfG(K) 1 (2004), 306 (307).
[65] BVerfGE 17, 364 (369) = NJW 1964, 1363.
[66] BVerfGE 74, 69 (73) = NVwZ 1987, 573.
[67] BVerfGE 45, 104 (119) = NJW 1978, 33.
[68] BVerfGE 11, 255 (259) = NJW 1960, 1756.
[69] BVerfGE 56, 363 (368) = NJW 1981, 1201.
[70] BVerfGE 23, 229 (237).
[71] BVerfGE 17, 364 = NJW 1964, 1363.
[72] BVerfGE 61, 210 (233).
[73] *Schmidt-Bleibtreu*, in: MSKB, Stand 1993, § 93 Rn. 51.
[74] BVerfGE 64, 87 (96); 64, 223 (350).

§ 93

64 (6) **Ermächtigungsnormen** können nach Ablauf der für sie geltenden Jahresfrist dann angegriffen werden, wenn die Beschwer erst in der auf dieser Grundlage ergangenen Verordnung enthalten und dafür die Jahresfrist eingehalten ist.[75]

65 (7) **Aufgehobene Normen** können innerhalb der Jahresfrist angegriffen werden, wenn sie noch Rechtswirkungen entfalten.

66 **b) Unterlassen.** § 93 regelt die Befristung für eine Verfassungsbeschwerde gegen ein Unterlassen (des Gesetzgebers) nicht.[76] Die Verfassungsbeschwerde ist zulässig, **solange** die Unterlassung fortdauert.[77] Steht die Beendigung des Unterlassens fest, beginnt die Jahresfrist zu laufen.[78]

67 **aa)** Enthält ein Gesetz eine ablehnende Regelung von Ansprüchen, dann hat der Gesetzgeber nicht im Sinne von § 93 unterlassen, über diese Ansprüche zu entscheiden.[79] Verfassungswidrige Regelungen können also nicht in das Unterlassen verfassungsgemäßer Regelungen umgedeutet werden (s. dazu auch Rn. 105 zu § 90).

68 **bb)** Zur Zulässigkeit von Verfassungsbeschwerden gegen ein Unterlassen des Gesetzgebers s. § 90 Rn. 104 ff.

69 **c)** Lässt der Beschwerdeführer die Jahresfrist verstreichen, so hindert ihn das nicht, gegen etwaige **Vollzugsakte** vorzugehen und eine Verfassungsbeschwerde mit der Verfassungswidrigkeit der dem Vollzugsakt zugrunde liegenden Norm zu begründen.[80]

70 **d)** Ein besonderes Problem stellen Gesetze dar, die ihre **Wirkungen**, was die Person des Beschwerdeführers angeht, auf einen Zeitpunkt **außerhalb der Jahresfrist** verlegen.

71 **aa)** Folgt man der Rechtsprechung des BVerfG, so hat die Fristbindung Vorrang. Die Verfassungsbeschwerde gegen ein Gesetz soll danach wegen der Tragweite eines solchen Angriffs aus Gründen der Rechtssicherheit an eine eng auszulegende Frist, nämlich die des § 93 II gebunden sein.[81] Das BVerfG hat hinzugefügt: „Mit dem Sinn dieser

---

[75] BVerfGE 34, 165 (178 f.); 68, 319 (325) = NJW 1985, 2185.
[76] BVerfGE 77, 170 (208 ff.) = NJW 1988, 1651.
[77] BVerfGE 77, 170 (214 f.) = NJW 1988, 1651.
[78] BVerfGE 58, 208 (218) = NJW 1982, 691.
[79] BVerfGE 13, 284 (287 f.); 15, 126 (132); 23, 242 (249) = NJW 1968, 1715.
[80] BVerfGE 70, 297 (306) = NJW 1986, 767: „Wer die Rechtsauffassung vertritt, dass eine Norm verfassungswidrig und deshalb ungültig ist, darf abwarten, ob diese Norm – auch wenn sie einen unmittelbaren und gegenwärtigen Eingriff in seine Grundrechte enthält – von den Verwaltungsbehörden und Gerichten als gültig behandelt und ihm gegenüber angewendet werden wird".
[81] BVerfGE 11, 255 (269); 18, 1 (9); 23, 153 (164) = NJW 1968, 1371; 30, 112 (126); 64, 323 (359); BVerfG(K) NJW 1997, 650; NVwZ-RR 2002, 322.

§ 93

Regelung wäre es jedenfalls nicht vereinbar, eine erst nach Ablauf der Frist geschaffene oder eingetretene ‚Beschwer' als ausreichende Grundlage für eine Verfassungsbeschwerde anzusehen, weil der Beschwerdeführer geltend macht, das angegriffene Gesetz sei von vornherein verfassungswidrig gewesen." *Gusy*,[82] erkennt die aus dieser Kollision folgende Rechtsschutzlücke. Er schließt sie über die Möglichkeit der mittelbaren Rechtssatzbeschwerde. Scheidet diese aber aus, bleibt die Lücke bestehen. Auf diese Art und Weise kann das Problem infolgedessen nicht gelöst werden.

bb) Hier wird ein abweichender Standpunkt vertreten. Die – zu treffende – Vorrangentscheidung zugunsten der Pflicht zur Fristwahrung bei Verfassungsbeschwerden gegen Gesetze muss zu Ende gedacht werden. Steht der Eintritt der Beschwer außerhalb der Frist datumsmäßig fest, ist also der Eintritt der Beschwer nicht nur virtuell im Sinne von *BVerfGE* 1, 97 = NJW 1952, 297, dann muss der Grundsatz, dass jede Verfassungsbeschwerde zum Zeitpunkt der Befassung des BVerfG den allgemeinen Rechtsschutzvoraussetzungen genügen muss, durchbrochen werden. Der **Grund für diese Ausnahme** liegt in der Tatsache, dass andernfalls die strikte Anwendung des § 93 III zu einer mit der Garantie des § 93 I Nr. 4a GG unvereinbaren Rechtsschutzlücke führte. *Schenke*[83] greift dagegen auch auf Art. 19 IV GG zurück; daran kann man zweifeln.[84] Der Gesetzgeber wäre geradezu aufgerufen, Gesetzessysteme zu entwickeln, deren Folgen außerhalb der Jahresfrist liegen (wobei es immer Bereiche geben wird, bei denen die mittelbare Rechtssatzbeschwerde nicht greift). Die **Möglichkeit** von einem allgemeinen verfassungsprozessualen Grundsatz (so wie hier dem Erfordernis des Rechtsschutzbedürfnisses)[85] abzusehen, ergibt sich daraus, dass alle verfassungsprozessualen Voraussetzungen im Lichte der Funktion dieser Verfahrensordnung auszulegen sind.[86] Verfassungsprozessrecht dient aber der Durchsetzung des Verfassungsrechts.[87] Die Austragung dieser erzwungenen Kollision auf dem Rücken potentieller Beschwerdeführer würde jeden verfassungsrechtlichen Schutz entfallen lassen.

72

Zustimmend (wenn auch Ausnahmen zulassend) *Heusch/Sennekamp*, in: UCD, Rn. 86 zu § 93.

[82] Die Verfassungsbeschwerde, 1988 Rn. 210.

[83] Rechtsschutz bei normativem Unrecht, 1979, 314. Ebenso *Gusy*, Die Verfassungsbeschwerde, 1988, Rn. 210 und *van den Hövel*, Zulässigkeits- und Zulassungsprobleme der Verfassungsbeschwerde gegen Gesetze, 1990, 49 f.

[84] *Heusch/Sennekamp*, in: UCD, Rn. 86 zu § 93.

[85] BVerfGE 81, 138 (140) = NJW 1990, 1033.

[86] BVerfGE 70, 35 (51) = NJW 1985, 2315.

[87] *Benda/Klein* Rn. 36.

73 **cc)** Das BVerfG hat bislang diesen Standpunkt nicht geteilt. In der schon erwähnten Entscheidung *BVerfGE* 23, 153 (164) = NJW 1968, 1371 hatte eine Bank unverzinsliche Schatzanweisungen in Reichsmark, für die sie Ausgleichsansprüche geltend machte, erst zu einem Zeitpunkt erworben, als die Jahresfrist für die Verfassungsbeschwerde gegen das Gesetz, gegen das sie sich wandte, abgelaufen war. Selbstverständlich lässt sich für diesen Sachverhalt sagen, die Beschwerdeführerin habe ihre Beschwer selbst geschaffen. Das trifft aber dann nicht zu, wenn die Beschwer ohne Zutun der Beschwerdeführer entsteht. Nun spricht das BVerfG an derselben Stelle allerdings auch von einer eingetretenen Beschwer. Es spricht viel dafür, dass damit nachträgliche Vollzugsakte gemeint sind, durch die ein Beschwerdeführer erstmalig beschwert wird. Ausdrücklich gesagt wird das allerdings nicht. Auf jeden Fall handelt es sich um ein obiter dictum, denn *BVerfGE* 23, 153 = NJW 1968, 1371 hatte es nicht mit einer nachträglich „eingetretenen" Beschwer zu tun. In dieser weiten Fassung hat die These unter Bezugnahme auf *BVerfGE* 23, 153 = NJW 1968, 1371 dann Eingang bei *Leibholz/Rupprecht,* BVerfGG 1968, Rn. 25 zu § 93 gefunden. Und weil die Folgen dort klarer ausgedrückt sind, zitiert *BVerfGE* 64, 323 (359) = NJW 1984, 912 in einem weiteren obiter dictum nicht *BVerfGE* 23, 153, sondern, als Schrifttumszitat selten genug, die Leibholz/Rupprecht-Fundstelle. Den so „gesicherten" Bestand gibt *Schmidt-Bleibtreu,* in: MSKB Stand 1993, § 93 Rn. 46 als herrschende Meinung zur Rechtslage wider.

74 Die Überzeugungskraft solcherart fortgeschriebenen Richterrechts ist gering. Das BVerfG sollte seine restriktive Haltung zur „nachträglichen Beschwer" überprüfen.

VI. § 93 IV

75 § 93 IV hat keine praktische Bedeutung mehr.

Grundzüge vor §§ 93 a ff.
(Wesen und Zweck des Annahmeverfahrens sowie seine Rechtsgrundlagen)

Schrifttum: *Klein,* Konzentration durch Entlastung, NJW 1993, 2073; *Mahrenholz,* Kammerbeschlüsse – Nichtannahmegebühren, in: FS f. Zeidler, Bd. 2, 1987, S. 1361; *Pestalozza,* Änderung des Bundesverfassungsgerichtsgesetzes, DWiR 1992, 426; *Graf Vitzthum,* Das Vorprüfungsverfahren für Verfassungsbeschwerden, in: FS f. Bachof, 1984, S. 294; *Zacher,* Die Selektion

Verfassungsbeschwerde **Vor § 93a**

der Verfassungsbeschwerden ..., in: Bundesverfassungsgericht und Grundgesetz, Bd. 1, 1976, S. 396; *Zuck,* NJW 1993, 2641; *Benda,* Kammermusik, NJW 1995, 429; *Sendler,* Kammermusik II, NJW 1995, 3291; *Kau,* Zur grundgesetzlichen Zulässigkeit einer Annahme nach Ermessen bei der Verfassungsbeschwerde, ZRP 1999, 319; *Wieland,* in: Bogs (Hrsg.) Urteilsverfassungsbeschwerde zum Bundesverfassungsgericht, 1999, 47; *Stephan,* Stattgebende Kammerentscheidungen, AöR 125 (2000), 476, 614; *Uerpmann,* Die Annahme der Verfassungsbeschwerde zur Entscheidung, in: FS 50 Jahre BVerfG, Bd. 1, 2001, 673; *Jaeger,* Erfahrungen mit Entlastungsmaßnahmen zur Sicherung der Arbeitsfähigkeit des Bundesverfassungsgerichts, EuGRZ 2003, 149; *Graf Vitzthum,* Annahme nach Ermessen bei Verfassungsbeschwerden? JöR 53 (2005), 319.

Übersicht

	Rn.
I. Rechtsgrundlagen des Annahmeverfahrens	1
II. Wesen des Annahmeverfahrens	4
1. Vergleichbare Annahmeverfahren	4
2. Gerichtszugangsverfahren	5
3. Annahmeverfahren als Nachverfahren	6
III. Das Annahmeverfahren im Verfahrenssystem	7
1. Verfassungsbeschwerde unterhalb der Mindestvoraussetzungen (AR-Verfahren)	7
2. Übergang ins Verfassungsbeschwerdeverfahren	10
3. Übergang in Sachentscheidungsverfahren	11
IV. Verfahrensgang des Annahmeverfahrens (§ 93 a)	13
1. Vorbemerkung	13
2 a) Merkblatt	14
b) Feststellung des Berichterstatters	15
c) Prüfung durch den Berichterstatter	
aa) Wissenschaftliche Mitarbeiter	16
bb Zustellung	17
d) Entscheidungsvorschlag	18
e) Erfordernis der Einstimmigkeit	19
f) Annahmeentscheidung durch den Senat	20
3. Begründungspflichten	21
V. Die Entscheidung im Verfahren nach § 93 c	22
1 a) Nichtannahmebeschluss nach § 93 b	22
b) Nichtannahmebeschluss nach § 93 c	23
2. Allgemeines Annahmeverfahren	25
3. Wirksamwerden	26
4. Wirkungen	
a) Formelle Rechtskraft	27
b) Materielle Rechtskraft	30
c) Bindungswirkung	32
d) Selbstbindung	36
VI. Das Senatsannahmeverfahren	40

Vor § 93a Teil III. Einzelne Verfahrensarten

Rn.

VII. Würdigung des Annahmeverfahrens
  1. Schwächen 44
  2. Notwendigkeit 46

I. Rechtsgrundlagen des Annahmeverfahrens

1   Art. 93 I Nr. 4a GG garantiert seit 1969 die Verfassungsbeschwerde von Verfassungs wegen. Das heißt: jedermann kann eine Grundrechtsrüge zum BVerfG erheben. Das BVerfGG sah denn auch ursprünglich nur eine eingeschränkte Selektierungsmöglichkeit in § 24 und nur durch den zuständigen Senat selbst vor. Von Anfang an[1] hatte man jedoch die Gefahr einer Überlastung des Gerichts befürchtet.

2   Weiterreichende Änderungen brachte erst das Erste ÄndG v. 21. 7. 1956 (BGBl. I S. 662) mit der Einführung des Vorprüfungsverfahrens (§ 91a).[2] § 91a war von Anfang an umstritten. Die von *Kniestedt* unter der damals in anderem Zusammenhang gängigen Devise „Weil Du arm bist, musst Du früher sterben!" angefachte Diskussion um § 91a und sein Verhältnis zu § 24 ist noch heute lesenswert.[3]

3   Das BVerfG hatte das zu seiner Entlastung geschaffene Vorprüfungsverfahren stets gebilligt.[4] Die vielfache Umgestaltung des Vorprüfungsverfahrens[5] wurde schließlich durch die 19. GG-Novelle durch eine Ergänzung von Art. 94 II mit folgenden Satz 2 abgeschlossen: „Es (gemeint ist: das BVerfGG) kann für Verfassungsbeschwerden die vorherige Erschöpfung des Rechtswegs zur Voraussetzung machen und ein besonderes Annahmeverfahren vorsehen". Es mag offen bleiben, ob die Schaffung dieser Ermächtigungsgrundlage zwingend geboten war oder ob sich ein Annahmeverfahren allein auf das Gebot des effektiven Rechtsschutzes (Art. 19 IV GG) hätte stützen lassen. Mag auch die Ausgestaltung des Verfahrens und seine Handhabung im Einzelnen unter vielen Aspekten kritikwürdig bleiben (siehe dazu u. Rn. 44), so lässt sich doch angesichts der lang anhaltenden Belastung des BVerfG mit aussichtslosen Verfassungsbeschwerden die Notwendigkeit des Annahmeverfahrens nicht leugnen, wenn man die Funktionsfähigkeit des BVerfG sichern will (s. dazu u. Rn. 46f.). Das gilt

---

[1] Vgl. *Geiger*, BVerfGG 1952, § 24 Anm. 1.
[2] Siehe dazu *von Heyde*, in: FS f. Kutscher, 1981, 229 (233 ff.).
[3] *Kniestedt* NJW 1959, 2052; *Röhl* NJW 1959, 2053; *Kniestedt* NJW 1960, 853; *ders.* NJW 1961, 60; *Röhl* NJW 1961, 61.
[4] BVerfGE 18, 440 (441); 19, 88 (92) = NJW 1965, 1707.
[5] Siehe dazu *Graßhof*, in: MSKB, Stand 2001, Rn. 2 ff. zu § 93a; *Gehle*, in: UCD, Rn. 2 ff. zu §§ 93a ff.

umso mehr, als das Verfahren nach § 93a inzwischen zu einer Art Pendant zum Verfahren nach § 93c entwickelt worden ist: Die Kammern entscheiden in den dafür geeigneten Fällen und in häufig umfangreichen Beschlüssen, dass die Verfassungsbeschwerde unbegründet ist (und deshalb nicht zur Entscheidung angenommen wird). Auch wenn der Widerspruch zwischen § 90 I, der jedermann das Recht der Verfassungsbeschwerde einräumt, und § 93a, der (bei einer Erfolgsquote von 2,5%) grundsätzlich jedermann eben dieses Recht versagt, von der herrschenden Meinung zu leicht beiseite geschoben wird: Ich gebe die Auffassung der Vorauflage (Grundz vor §§ 93a ff.) das Annahmeverfahren sei verfassungswidrig,

II. Wesen des Annahmeverfahrens

1. Annahmeverfahren gibt es auch sonst, so das certiorari-Verfahren,[6] oder das Annahmeverfahren nach Art. 28 EMRK.[7] Nur das certiorari-Verfahren ist aber wirklich ein Annahmeverfahren, Art. 28 EMRK ist dagegen ein Vorprüfungsverfahren. Von einem Annahmeverfahren lässt sich nur sprechen, wenn außerhalb einer Prüfung der Verfahrensvoraussetzungen/der Begründetheit des Rechtsbehelfs entschieden wird, ob sich das angerufene Gericht überhaupt mit dem Rechtsschutzbegehren des Antragstellers befassen darf. Bei einem Vorprüfungsverfahren werden dagegen Zulässigkeits- und/oder Begründetheitsfragen des Rechtsbehelfs zum Gegenstand der Entscheidung gemacht. Der Zweck des Vorprüfungsverfahrens ist die mit ihm verbundene Möglichkeit der Ablehnung einer Befassung des Rechtsschutzbegehrens überhaupt.

2. Das Annahmeverfahren ist also ein **Gerichts-Zugangsverfahren sui generis,** das den Zugang zum Gericht innerhalb des gegebenen Rechtswegs Unabhängigkeit von der Zulässigkeit und/oder Begründetheit des Rechtsbehelfs von einer Entscheidung des angerufenen Gerichts selbst abhängig macht.[8] Das Annahmeverfahren ist deshalb kein Sachentscheidungsverfahren. Anders als das certiorari-Verfahren ist das Annahmeverfahren der §§ 93a ff. gesetzesakzessorisch. Die §§ 93a ff. bestimmen, welche Voraussetzungen für die Annahme der Verfassungs-

---

[6] *Zuck,* Vb, Rn. 266ff.; *Benda/Klein* Rn. 382; *Graßhof,* in: MSKB, § 93a Rn. 16f.; *Gehle,* in: UCD, Rn. 26ff vor §§ 93a ff.; *Graf Vitzthum* JöR 53 (2005), 319.

[7] *Graßhof,* in: MSKB, § 93a Rn. 15; *Peukert,* in: Meyer-Ladewig, HK-EMRK, 2003, Einl. Rn. 18, Rn. 2 zu Art. 28 EMRK.

[8] *Schlaich/Korioth* Rn. 268.

Vor § 93a Teil III. Einzelne Verfahrensarten

beschwerde zur Entscheidung erfüllt sein müssen. Das Annahmeverfahren ist deshalb ein **Vorschaltverfahren**. Vom Vorschaltverfahren eines Antrags auf PKH (§ 114 ZPO) unterscheidet es sich, weil das PKH-Verfahren ebenfalls ein Vorprüfungsverfahren (Prüfung der Erfolgsaussichten der beantragten Rechtsverfolgung/Rechtsverteidigung) ist.

6   **3.** Ist das Annahmeverfahren dem Rechtschutzbegehren der Verfassungsbeschwerde auch rechtstheoretisch vorgeschaltet, so bleibt es in der praktischen Anwendung doch ein **Nachverfahren:** der Beschwerdeführer muss die Zulässigkeit und Begründetheit eines Antrags erst einmal darstellen, und die Kammer muss sich mit dem Sach- und Rechtsvortrag erst einmal beschäftigen, bevor in das Annahmeverfahren eingetreten werden kann.

III. Das Annahmeverfahren im Verfahrenssystem

7   **1. a)** Das Annahmeverfahren setzt voraus, dass überhaupt ein als Verfassungsbeschwerde bezeichenbares Begehren dem BVerfG vorgelegt wird. Fehlt es daran, oder ist die Verfassungsbeschwerde unzulässig oder unter Berücksichtigung der Rechtsprechung des BVerfG offensichtlich aussichtslos (vgl. §§ 60 ff. GO, dort auch zu weiteren Ablehnungsvarianten) so erhält die Verfassungsbeschwerde kein Verfassungsbeschwerde-Aktenzeichen, sondern wird nach Prüfung durch den zuständigen Präsidialrat (§ 62 GO) in das **„Allgemeine Register" (AR)** eingetragen. Der Beschwerdeführer erhält ein Belehrungsschreiben, das ihm empfiehlt, sein Begehren nicht weiter zu verfolgen. Der Beschwerdeführer kann dem widersprechen, und eine richterliche Entscheidung begehren.

8   **b)** Die Zulässigkeit des **AR-Verfahrens**[9] ist wegen der Vorprüfung durch Nicht-Richter umstritten gewesen.[10] Es bleibt, gerade weil die Verfassungsbeschwerde eine Bürgerbeschwerde ist (und der Bürger seine Rechte nur unvollkommen kennt und zu wahren versteht) in seinen (fehlenden) rechtlichen Voraussetzungen und unkalkulierbaren rechtlichen Auswirkungen rechtlich bedenklich.

9   **c)** Das ist als Aufforderung an den Gesetzgeber zu verstehen gewesen, hinreichende gesetzliche Grundlagen zu schaffen. Bedenken gegen das AR-Verfahren bestehen jedoch nicht, weil es zu keiner Rechtsverkürzung führt.[11] Das AR-Verfahren als solches ist notwendig, gut

---

[9] Dazu ausf. *Langrock,* in: UCD, Nach §§ 90–93 Rn. 1 ff.
[10] Vgl. dazu die Kontroverse zwischen *Schlink* NJW 1984, 89 und *Wand* NJW 1984, 950.
[11] HM, vgl. *Benda/Klein* Rn. 163. Krit. nach wie vor *Schlaich/Korioth* Rn. 261. Die AR-Belehrung leistet häufig mehr als der Nichtannahmebeschluss

Verfassungsbeschwerde **Vor § 93a**

geführt und bewährt. In der Praxis ist es unverzichtbar, insbesondere dann, wenn der Beschwerdeführer „auf Verdacht" Verfassungsbeschwerde einlegen muss, weil er zunächst einmal nicht weiß, ob sein einfach-rechtliches Rechtsmittel (z.B. die Nichtzulassungsbeschwerde) noch zum Rechtsweg gehört oder nicht. Der Unzulässigkeit der Verfassungsbeschwerde kann er dadurch ausweichen, dass er die Verfassungsbeschwerde in das AR verweisen lässt (Park-Funktion), so aber auch bei ungeklärter Zuständigkeit des einen oder anderen Senats.

2. Besteht der Beschwerdeführer auf einer richterlichen Entscheidung oder kommt es von vornherein zu einem Verfassungsbeschwerde-Aktenzeichen, ist zwingend das Annahmeverfahren vorgeschrieben. Die §§ 93a ff. erweisen sich insoweit auch als **Verteilungsregeln** für die Zuständigkeit der einzelnen Spruchkörper (Kammern/Senate). Gerichtsverfassungsrechtlich sind die Spruchkörper in § 2 (Senate) und § 15a (Kammern) geregelt. 10

3. a) Wird die Verfassungsbeschwerde **zur Entscheidung angenommen,** wird in das Verfassungsbeschwerdeverfahren i. e. S. eingetreten, d. h. nunmehr eine Entscheidung zur Zulässigkeit/Begründetheit der Verfassungsbeschwerde getroffen. Auch insoweit enthalten §§ 93a ff. **Spruchkörper-Zuständigkeitsregeln.** § 93c erweist sich insoweit als ein Fremdkörper. Die Vorschrift regelt die Zulässigkeit für eine Entscheidung in der Sache selbst; sie hätte, so wie die Sachkompetenz der Kammer in § 81a dem Normenkontrollverfahren zugeordnet worden ist, dem Verfassungsbeschwerdeverfahren zugeordnet werden müssen und nicht mit dem Annahmeverfahren vermengt werden dürfen. Im Übrigen ändert auch das Annahmeverfahren für eine stattgebende Entscheidung nach § 93c seinen Charakter. Soweit nämlich 11

(siehe dazu Langrock, in: UCD, Nach §§ 90–93 Rn. 9f.). Es ist freilich nicht zu verkennen, dass der Beschwerdeführer selbst das AR- und das BvR-Az. nicht unterscheiden kann. Er weiß auch nicht, was ein Präsidialrat ist. Der Beschwerdeführer meint nicht selten, es habe das BVerfG mit der AR-Belehrung eine Entscheidung angekündigt, verbunden mit dem Zusatz, die Verfassungsbeschwerde sei angenommen, müsse aber noch nachgebessert werden. Das erweist sich allerdings deshalb als unbedenklich, weil bei einer Erfolgsquote von 2,5% im Verfassungsbeschwerdeverfahren Fehler im AR-Verfahren kaum ins Gewicht fallen. Im Übrigen bringen die erfahrenen Präsidialräte sicher mehr Know-how mit als es die Wissenschaftlichen Mitarbeiter während ihrer dreijährigen Tätigkeit erwerben können.
Das AR-Verfahren hat, mit der Aufnahme von rund 5000 Verfassungsbeschwerden p. a., erhebliche praktische Bedeutung, vgl. *Graßhof*, in: MSKB, Stand 2001, Rn. 8 zu § 93b; *Langrock*, in: UCD, Nach §§ 90–93 Rn. 8. S. dazu auch die statistischen Hinweise bei *Lübbe-Wolff* Anwbl. 2005, 509 (510).

die Voraussetzungen des § 93c geprüft werden müssen handelt es sich in der Sache um ein Vorprüfungsverfahren; bei einer Annahme zur Entscheidung nach § 93c sogar um ein Prüfverfahren, denn hier fallen Annahme und Stattgabe zusammen (s. auch § 93b Rn. 4ff.). Die Vorschrift beruht nicht auf Art. 94 II 2, sondern auf Art. 94 II 1 GG; sie regelt nicht das Annahmeverfahren, sondern, so wie § 14 die Zuständigkeit der Senate behandelt, die Zuständigkeit der Kammern.

12   b) Dem Annahmeverfahren nachgeschaltet, also Sachentscheidung, ist auch eine **Entscheidung nach § 24**. Das Verfahren nach § 24 ist im Übrigen wegen der weiteren Ausdifferenzierung des Annahmeverfahrens für das Recht der Verfassungsbeschwerde praktisch bedeutungslos geworden.

IV. Der Verfahrensgang des Annahmeverfahrens (des Verfahrens nach §§ 93 a ff.)

13   1. Die wechselvolle Geschichte des Annahmeverfahrens, und die mit ihm verbundenen politischen Implikationen haben zu einem Korrektiv- und Ergänzungsmechanismus geführt, der die einzelnen Regelungen des Annahmeverfahrens eher zufällig auf verschiedene Vorschriften verteilt, unterschiedliche Zwecke vermengt und zudem einen stark rudimentären Charakter aufweist. Wer sich mit einzelnen Vorschriften der §§ 93a ff. befasst, erhält kaum eine nachvollziehbares Bild über die Bedeutung der jeweiligen Teilregelung. Es ist deshalb geboten, den Verfahrensgang im Zusammenhang darzustellen.[12]

14   2. a) Hat das Rechtsschutzbegehren des Beschwerdeführers ein Verfassungsbeschwerde-Aktenzeichen erhalten, wird dies dem Beschwerdeführer mitgeteilt. Außerdem erhält der Beschwerdeführer das „**Merkblatt** über die Verfassungsbeschwerde zum BVerfG", zusammen mit der **Eingangsbestätigung**.[13] Auf vier Seiten werden dort u.a. Form und Inhalt der Verfassungsbeschwerde, Zulässigkeitsvoraussetzungen, Vertretung, Annahmeverfahren, Gerichtskosten und das AR dargestellt. Der Sinn des Merkblatts, das im Regelfall erst nach Ablauf der Monatsfrist des § 93 zugeht, erschließt sich dem Leser auch nach sorgfältiger Lektüre nicht. (Die Funktion des Merkblatts ist denn auch eine ganz andere; es soll die fehlende Begründung nach § 93d ersetzen.)

---

[12] S. dazu *Graßhof,* in: MSKB, Stand 2001 Rn. 7ff. zu § 93b; *Sperlich,* in: UCD, Rn. 8ff. zu § 93b.
[13] Text des *Merkblatts,* in: UCD S. 1388.

Verfassungsbeschwerde **Vor § 93a**

b) Nach § 20 Abs. 2 S. 1 GO stellt der Senatsvorsitzende auf Grund 15
der Geschäftsverteilung nach § 15 a Abs. 2 (s. Rn. 6 ff. zu § 15 a) den
Berichterstatter fest.

c) aa) Der Berichterstatter prüft die Annahmevoraussetzungen unter 16
Mitwirkung seiner **wissenschaftlichen Mitarbeiter**.[14] „Rechtsgrundlage" für die Tätigkeit Wissenschaftlicher Mitarbeiter ist § 13 I
GO. Zum 1. 4. 2005 waren 65 Wissenschaftliche Mitarbeiter am
BVerfG tätig. Durchschnittlich entfallen auf jedes Referat im Ersten
Senat vier Mitarbeiter. Die Bundesverfassungsrichter suchen sich ihre
Mitarbeiter selbst aus. Sie werden entweder zum BVerfG abgeordnet
oder erhalten Zeitverträge. Im Regelfall sind sie drei Jahre am BVerfG
tätig. Meist handelt es sich um hochqualifizierten juristischen Nachwuchs (Frauenquote 40%). Wissenschaftliche Mitarbeiter sind nicht nur
im Annahmeverfahren tätig. In diesem liegt allerdings ihr Hauptarbeitsgebiet. Wie sie tätig werden (auch nach außen) entscheidet „ihr"
Richter. An der Notwendigkeit und der Effizienz der Wissenschaftlichen Mitarbeiter besteht kein Zweifel. Das alles ändert aber nichts
daran, dass sie ohne Rechtsgrundlage tätig sind.[15] Eine solche Rechtsgrundlage ist aber erforderlich, weil die rechtsprechende Gewalt den
Richtern anvertraut ist (Art. 92 GG) und die Wissenschaftlichen Mitarbeiter richterliche Tätigkeit ausüben. Es ist zwar durchaus richtig, dass
der Löwenanteil unzureichender Verfassungsbeschwerden „von wem
auch immer" behandelt werden könnte, dass der zuständige Richter die
Verantwortung behält (was als Argument dafür benutzt wird, die Wissenschaftlichen Mitarbeiter übten keine richterliche Tätigkeit aus) und
dass schließlich das Rechtsgespräch zwischen Richter und Wissenschaftlichem Mitarbeiter fruchtbar sein kann.[16] Die Ausübung rechtsprechender Gewalt hängt aber nicht davon ab, ob der Fall einfach zu
entscheiden ist oder nicht. Was die Verantwortung des Richters angeht, so hat bisher niemand auch nur den Versuch unternommen, meine Rechnung zu widerlegen, die es verlässlich ausschließt, dass richterliche Verantwortung in vollem Umfang wahrgenommen werden
kann.[17] Auch nur *ein* Fall ohne vollständige Kontrolle des Berichter-

---

[14] *Gehle*, in: UCD, Rn. 19 ff. vor §§ 93 a ff., Rn. 5 zu § 93 a; *Graßhof*, in: MSKB, Stand 2004 Rn. 9 ff. zu § 93 b.
[15] *Zuck* NJW 1996, 1556.
[16] Das betont *Graßhof*, in: MSKB, Stand 2001, Rn. 11 zu § 93 b.
[17] *Zuck*, NJW 1996, 1656. Die Zahlen bestätigen c. g. s. *Graßhof*, in: MSKB, Stand 2001 Rn. 11 zu § 93 b, damals noch für drei Wissenschaftliche Mitarbeiter/Referat. Bei vier Wissenschaftlichen Mitarbeitern wird die Kontrolle noch schwieriger. Ohnehin verselbstständigt sich das System. Wissenschaftliche Mitarbeiter werden immer wieder nach außen, mit eigener Unterschrift, tätig.

Vor § 93a Teil III. Einzelne Verfahrensarten

statters ist angesichts des Art. 92 GG ein Fall zuviel. Und es besteht natürlich kein Zweifel, dass die Umsetzung dieser Kontrollpflichten das System zusammenbrechen ließe. Wer sich so dem Druck praktischer Notwendigkeiten beugt, kann auf die Rechtsordnung getrost verzichten. Auch die Sinnhaftigkeit des Rechtsgesprächs ist kein Argument, weil es allein ergebnisorientiert ist. Das BVerfGG sieht nun einmal das Rechtsgespräch zwischen den Richtern vor, nicht aber, dass das, was nützlich ist, damit auch schon gerechtfertigt werden kann. Im Regelfall wird nur auf Grund des Sach- und Rechtsvortrags des Beschwerdeführers über die Annahme entschieden. Der Berichterstatter kann jedoch Stellungnahmen von Äußerungsberechtigten und Dritten einholen oder Akten beiziehen. Eine Entscheidung über die Annahme der Verfassungsbeschwerde zur Entscheidung ist damit in der Regel nicht verbunden.

17 **bb)** Kommt eine Entscheidung nach § 93 c in Betracht, veranlasst der Berichterstatter die unverzügliche **Zustellung** (§ 23 II) an die Äußerungsberechtigten des § 94 II, III (§ 93 c II) und fordert den Beschwerdeführer auf, die erforderliche Zahl an Abschriften seiner Verfassungsbeschwerde/sonstiger Schriftsätze und Anlagen zu diesem Zweck zur Verfügung zu stellen (§ 23 III).

18 **d)** Nach Abschluss der Entscheidungsvorbereitungen legt der Berichterstatter einen mit einem (im Allgemeinen vom wissenschaftlichen Mitarbeiter vorbereiteten) Votum versehenen **Entscheidungsvorschlag** vor. Die Kammer entscheidet ohne mündliche Verhandlung (§ 93 d I 1), in der Regel im Umlaufverfahren (s. dazu Rn. 3 zu § 30). Die Zuständigkeit der Kammer erstreckt sich auch auf die Nebenentscheidungen, § 93 d II.

19 **e)** Der Nichtannahme-Beschluss, der § 93 c Annahme-Beschluss, die Entscheidung nach § 93 c und die von der Kammer zu treffenden Nebenentscheidungen ergehen **einstimmig** (§ 93 d III 1). Die Einstimmigkeit muss sich, was bei Entscheidungen nach § 93 c offenkundig ist, nicht auch auf die Begründung beziehen. Nichtannahme-Beschlüsse können dann aber nicht anders behandelt werden, denn § 93 d I 3 enthält keinen Verzicht auf eine Begründung, sondern nur den Verzicht auf deren Mitteilung an den Beschwerdeführer. Für die Vorlage an den Senat genügt infolgedessen e i n e Richterstimme. Auch dann, wenn die Einstimmigkeit allein am Votum des Berichterstatters scheitert, muss dieser zunächst die Kammer mit der Verfassungsbeschwerde befassen.

20 **f)** Lehnt die Kammer die Annahme nicht ab und trifft sie auch keine Entscheidung nach § 93 c, macht der Berichterstatter das aktenkundig. Die Sache geht an den **Senat,** der nunmehr über die Annahme entscheidet. An die Rechtsauffassung, die zu seiner Befassung mit der Verfassungsbeschwerde geführt hat, ist er nicht gebunden.

Verfassungsbeschwerde **Vor § 93a**

3. Zu den Begründungspflichten des Beschwerdeführers für das 21
Vorliegen der Annahmevoraussetzungen vgl. § 92 Rn. 24.

V. Die Entscheidungen im Annahmeverfahren

1. a) Der Inhalt des **Nichtannahme-Beschlusses nach** § 93b 22
beschränkt sich vom Wesen des Annahmeverfahrens und der beschränkten Kompetenz der Kammer her auf eine Entscheidung über die Nichtbefassung des BVerfG mit dem Rechtsschutzbegehren des Beschwerdeführers. Selbst wenn in der einem Nicht-Annahmebeschluss beigefügten Begründung (sie wird im Allgemeinen erfolgen, wenn die Verfassungsbeschwerde tatsächliche oder rechtliche Bedeutung hat oder ein entsprechendes Interesse der Öffentlichkeit erkennbar ist) eine Vorprüfung von Fragen der Zulässigkeit/Begründetheit der Verfassungsbeschwerde stattgefunden hat, kann sich diese immer nur auf das Vorliegen der Annahmevoraussetzungen des § 93a beziehen. Gegenstand der Annahmeentscheidung können Zulässigkeits-/Begründetheitsfragen schon begrifflich nicht sein. Obwohl Nichtannahme-Beschlüsse immer wieder als negative Sachentscheidungen abgefasst sind (also als ein in §§ 93a ff. nicht vorgesehenes Pendant zu § 93c), deshalb zur Veröffentlichung in der Fachpresse reizen und im Schrifttum und Rechtsprechung dann auch als Sachentscheidungen behandelt werden (faktisch nicht zu Unrecht, denn sie geben nach Art eines obiter dictums durchaus eine rechtliche Tendenz wieder) ändert das an der rechtlichen Beurteilung nichts: Nichtannahme-Beschlüsse gehen rechtlich jeder sachlichen Befassung mit der Verfassungsbeschwerde voraus.[18]

b) aa) Nichtannahme-Beschlüsse „im Falle des § 93c" (s. 23
§ 93b Rn. 8) haben zwar, anders als die allgemeinen Nichtannahme-Beschlüsse, auch ein Vorprüfungsverfahren zum Gegenstand, soweit sie die Voraussetzungen des § 93c untersuchen müssen, bleiben aber vom Entscheidungsinhalt her Entscheidungen im Annahmeverfahren.

bb) Zwar spricht § 93b „im Falle des § 93c" (siehe § 93b Rn. 8) 24
von der Annahme der Verfassungsbeschwerde zur Entscheidung. Zu einem gesonderten Annahmebeschluss führt das allerdings nicht. Annahme- und Stattgabeentscheidung fallen hier zusammen.

2. Im Allgemeinen **Annahmeverfahren** kann es ebenfalls keinen 25
Annahmebeschluss geben. Eine positive Annahmeentscheidung kann nur der Senat treffen, s. u. Rn. 40 ff.

---

[18] *Schlaich/Korioth* Rn. 268.

26 3. Der Nichtannahme-Beschluss wird mit dem Zugang beim Beschwerdeführer wirksam:[19] Der Zugang erfolgt durch die (im Allgemeinen) formlose Bekanntgabe nach § 30 III. Das Verfahren beschränkt sich deshalb in der Mehrzahl aller Fälle auf den Beschwerdeführer. Presseverlautbarungen folgen § 30 GO. Sie sind bei Nichtannahme-Beschlüssen selten.

27 **4. a) Wirkungen eines Kammerbeschlusses. aa)** Der Nichtannahme-Beschluss ist nach § 93d I 2 unanfechtbar. Nichtannahme-Beschlüsse erwachsen deshalb in **formeller Rechtskraft**. Da die Kammern im Rahmen ihrer Zuständigkeit aber „das BVerfG" darstellen, ebenso wie die Senate,[20] gehören ihre Entscheidungen nicht zur öffentlichen Gewalt im Sinne von § 90 I. Die Verfassungsbeschwerde gegen einen Nichtannahme-Beschluss scheidet deshalb aus;[21] es gibt auch keine Gegenvorstellung (an den Senat) und keine „Besetzungsrüge".[22]

28 **bb)** Versteht man den Begriff der formellen Rechtskraft richtig nicht nur als bloße Unanfechtbarkeit der Entscheidung, sondern als eine Entscheidung, die nicht mehr mit Rechtsmitteln i. e. S. angefochten werden kann (siehe § 31 Rn. 34), so lässt die Möglichkeit der Menschenrechtsbeschwerde gem. Art. 25 EMRK die formelle Rechtskraft unberührt. Zum Eintritt der formellen Rechtskraft bei den Nebenentscheidungen vgl. Rn. zu §§ 15a, 18, 19, 22, 32, 34, 34a.

29 **cc)** Entscheidungen nach § 93c stehen Senatsentscheidungen gleich (§ 93c I 2) und folgen deshalb den allgemeinen Regeln.

30 **b) Materielle Rechtskraft. aa)** Nichtannahmeentscheidungen gehen der Entscheidung in der Sache voraus (s. o. Rn. 4 ff.). Versteht man den Begriff der materiellen Rechtskraft herkömmlich als Maßgeblichkeit des Entscheidungsinhalts für die Verfahrensbeteiligten (s. § 31 Rn. 11 ff.) und bezieht man diese Maßgeblichkeit allein auf die Sachentscheidung so scheidet die Annahme materieller Rechtskraft für Nichtannahme-Beschlüsse aus.[23] Große praktische Bedeutung hat das

---

[19] *Pestalozza* § 20 Rn. 48.
[20] BVerfGE 19, 88 (90) = NJW 1965, 1707; s. Rn. 3 zu § 15a.
[21] BVerfGE 19, 88 (90 f.) = NJW 1965, 1707.
[22] BVerfG(K) NJW 1990, 39; aA zur Gegenvorstellung *Graßhof,* in: MSKB, Stand 2001, Rn. 19 zu § 93b. In der Regel werden Gegenvorstellungen auf die Verletzung des Art. 103 I GG gestützt. Gehörsrügen sind aufgrund des AnhörungsrügenG vom 9. 12. 2004 (BGBl. I 3220) seit 1. 1. 2005 beim Instanzgericht anzubringen. Für das BVerfG ist – folgerichtig – die Gehörsrüge nicht vorgesehen. Eine auf Art. 103 I GG gestützte Gegenvorstellung scheitert dann aber am Verbot gewohnheitsrechtlich entwickelter Rechtsbehelfe, BVerfGE 107, 395 (414) – Plenum.
[23] *Seide* DÖV 1969, 674 (675); *Rupprecht* JZ 1970, 207 (211); *Zuck* NJW 1975, 907 (908); *Graßhof,* in: MSKB, Stand 2001 Rn. 17 zu § 93b; aA *Sachs,*

Problem nicht, weil der Nichtannahme-Beschluss über Urteilsverfassungsbeschwerden so gut wie nie vor Ablauf der Monatsfrist des § 93 ergehen wird, und – trotz der Jahresfrist- auch über die ohnehin seltene zulässige Rechtssatzverfassungsbeschwerde nur selten vor Fristablauf über die Annahme entschieden wird. Die Frage der Wiederholung der Verfassungsbeschwerde stellt sich infolgedessen wegen Zeitablaufs kaum. Am Fristablauf scheitert auch die Abänderbarkeit/Aufhebbarkeit eines Nichtannahmebeschlusses in einem Folgeverfassungsbeschwerdeverfahren, ganz abgesehen davon, dass es sich dabei auch um ein prozessuales Gestaltungsmittel handelte, für das der erste Nichtannahme-Beschluss „nicht maßgeblich" ist, weil sich nunmehr auch die Zugangsfrage neu stellt.

bb) Entscheidungen nach §§ 24, 93c sind dagegen der materiellen Rechtskraft fähig. Zu den Konsequenzen materieller Rechtskraft s. Rn. 11 ff. zu § 31. **31**

c) Bindungswirkung. aa) Unter Bindungswirkung versteht man die Erstreckung der Maßgeblichkeit der Entscheidung **über die Verfahrensbeteiligten hinaus** auf die in § 31 I genannten Stellen (s. § 31 Rn. 18 ff.). Die Bindungswirkung geht zwar weiter als die materielle Rechtskraft und ist deshalb auch an deren Voraussetzungen im Einzelnen nicht gebunden. Materiell-rechtskräftig muss die Entscheidung aber sein. Es muss sich infolgedessen um eine Sachentscheidung handeln. **32**

bb) Für Nichtannahme-Beschlüsse gibt es deshalb keine Bindungswirkung,[24] auch nicht bezogen auf das konkrete Verfassungsbeschwerdeverfahren, weil die Kammer, was immer in ihrer Entscheidung, wenn sie begründet worden ist, gesagt wird, begrifflich nichts zur Sache selbst ausgesagt haben kann (s. o. Rn. 4 ff., 22). **33**

cc) Hat die Kammer keine Entscheidung getroffen, fehlt es schon an einer Entscheidung, und damit an einer Bindungsvoraussetzung. **34**

dd) Beschlüsse nach § 93c folgen den Regeln für Senatsentscheidungen. **35**

d) Selbstbindung. aa) Auch der Begriff der Selbstbindung ist der Sachentscheidungskompetenz (hier verstanden als eine von der Zugangsfrage abgehobene Kompetenz zur Entscheidung prozessualer und materiell-rechtlicher Fragen) zugeordnet, s. Rn. 20 zu § 31. **36**

bb) So verstanden kann es keine Selbstbindung bei Nichtannahme-Beschlüssen, wohl aber bei § 93 c-Entscheidungen geben. **37**

Die Bindung des BVerfG an seine Entscheidungen, 1977, 392 ff.; *Pestalozza* § 20 Rn. 67.

[24] *Graßhof*, in: MSKB, Stand 2001, Rn. 17 zu § 93b. So schon für Altrecht BVerfGE 23, 191 (207) = NJW 1968, 982.

38 cc) Im Schrifttum wird dennoch überwiegend eine Abänderungsbefugnis der Kammern[25] verneint. Dazu ist zu bemerken:
(1) Die Frage der Selbstbindung kann sich in der Tat unabhängig von der Sachentscheidungskompetenz dann stellen, wenn es um den Faktor der mit einer Entscheidung des BVerfG verbundenen Rechtssicherheit für die Verfahrensbeteiligten und die Stellen nach § 31 I geht. Der Begriff der Selbstbindung muss also um die Rechtssicherheitskomponente erweitert werden.

39 (2) Das Verfassungsbeschwerdeverfahren ist ein antragsabhängiges Verfahren. Auch für das Annahmeverfahren gibt es deshalb keinen antragsunabhängigen Zugriff der Kammern auf einen Nichtannahmebeschluss. Gegenüber einem Nichtannahmebeschluss gibt es allenfalls (s. o. Rn. 27) die Möglichkeit der Gegenvorstellung. Sonst stellt sich die Frage der Selbstbindung nur in einem neuen Verfassungsbeschwerdeverfahren.

39 a (3) Bei gleichgebliebenen Umständen hat die Rechtssicherheit Vorrang. Bei geänderten Umständen **kann** das zum Zurücktreten der Selbstbindung führen.

VI. Das Senatsannahmeverfahren

40 Der **Senat** ist zuständig, wenn die Kammer die Annahme weder abgelehnt noch eine Entscheidung nach § 93 c getroffen hat.[26]

41 Über die Annahme entscheidet der Senat ohne mündliche Verhandlung (§ 93 d I 1). Solange der Senat nicht über die Annahme entschieden hat, bleibt die Kammer für alle Nebenentscheidungen zuständig (§ 93 d II 1), es sei denn, es gehe um eine einstweilige Anordnung mit der die Anwendung eines Gesetzes ganz oder teilweise ausgesetzt werden soll. Will der Senat das verneinen, muss er eine ausdrückliche Entscheidung über die Annahme treffen. Nichtannahme-Entscheidungen des Senats sind selten.[27] Annahmeentscheidungen, denen drei Richter zustimmen müssen (§ 93 d III 2) müssen nicht ausdrücklich getroffen werden; sie sind dann inzidenter der Sachentscheidung des Senats zu entnehmen. Da die Sachentscheidung keine Entscheidung in einem Vorprüfungsverfahren zur Sache ist, sondern das Vorliegen der

---

[25] So vor allem *Seide* DÖV 1969, 674 f.; *Graßhof*, in: MSKB, Stand 2001, Rn. 19 zu § 93 b.
[26] Zu den senatsinternen Vorbereitungen für das Annahmeverfahren vgl. *Graßhof*, in: MSKB, § 93 b Rn. 21.
[27] Beispiel: BVerfGE 90, 22. S. dazu *Graßhof*, in: MSKB, Stand 2001, Rn. 22 f. zu § 93 b.

Voraussetzungen des Zugangs zum Gericht betrifft (s. o. Rn. 4 ff., 22), ist diese Vermengung wenig glücklich, schon deshalb, weil der Beschwerdeführer nicht weiß, ob das Verfahren noch bei der Kammer oder schon beim Senat ist.[28]

Der Senat hat die (ungeschriebene) Nebenentscheidungskompetenz 42 erst, wenn er über die Annahme entschieden hat. Will er nach Abgabe durch die Kammer, aber vor Entscheidung über die Annahme eine Nebenentscheidung treffen, muss er sich – von der Ausnahme in § 93 d II – abgesehen, mit der Kammer wegen § 93 d II 1 verständigen.

Eine positive Annahmeentscheidung ist zu begründen (arg. aus 43 § 93 d I 3), die Nichtannahmeentscheidung nicht; wenn es aber schon zu einer Senatsentscheidung kommt, wird doch praktisch eine Begründung meist „angezeigt" sein.

Annahmeentscheidungen sind nach § 30 III zuzustellen. Für das Wirksamwerden und ihre Wirkungen gelten die Ausführungen zum Annahmeverfahren sinngemäß (s. o. Rn. 26, 27 f.).

VII. Würdigung des Annahmeverfahrens

1. Die **Schwächen** des Annahmeverfahrens sind offenkundig. Sie 44 liegen zunächst darin, dass das Annahmeverfahren
– den Umfang des Zugangs von Verfassungsbeschwerden nicht verändert, eine einmal eingereichte Verfassungsbeschwerde muss immer sorgfältig behandelt werden;
– in großem Umfang auf die Mitarbeit von Beamten (AR-Verfahren) und wissenschaftlicher Mitarbeiter angewiesen ist;
– wegen des möglichen Begründungsverzichts (§ 93 d I 3) zu einem Ansehensverlust des Gerichts führt, von dem nicht sicher ist, dass er durch den Entlastungseffekt gerechtfertigt wird;
– angesichts der rechtlichen Selbständigkeit von sechs entscheidungsbefugten Kammern mit vergleichbar geringer Kontinuität der Wissenschaftlichen Mitarbeiter (durchschnittlich drei Jahre) die sonst in der Rechtsprechung vorauszusetzende Konstanz-Linie nicht erreicht wird.[29]

Das größte Gewicht hat allerdings insoweit die Tatsache, dass 45 Art. 93 I Nr. 4a GG die Verfassungsbeschwerde in ihrer herkömmli-

---

[28] Die Hintergründe erläutert instruktiv *Graßhof*, in: MSKB, Stand 2001, Rn. 24 zu § 93 b.
[29] *Uerpmann*, in: FS 50 Jahre BVerfG, Bd. 1, 2001, 673 (693).

chen Ausgestaltung als ein jedermann zustehendes Recht, also als ein Instrument (unabhängig vom inzwischen eingetretenen Funktionswandel) primär der Durchsetzung und Verteidigung subjektiver Rechte gewährleistet hat, das Annahmeverfahren in seiner jetzigen Ausgestaltung aber die Gefahr mit sich bringt, das Rechtschutzbegehren des in seinen Grundrechten Betroffenen nur noch auf den Anlass für ein objektives Verfassungs-Beanstandungsverfahren zu reduzieren. Das ist eine fast notwendige Folge des Umstandes, dass die überwiegenden gerichtlichen und gesetzlichen Bemühungen im Bereich der Verfassungsbeschwerde nicht darauf gerichtet sind, das Jedermann-Recht wirklich effektiv zu gestalten, d. h. die damit verbundene Belastung möglich zu machen, sondern im Gegenteil, die Entlastung des Gerichts (durch das Annahmeverfahren) und der Richter (durch Präsidialräte und wissenschaftliche Mitarbeiter) zu betreiben. Es ist schon verwunderlich, dass das BVerfG von Anfang an bis heute[30] um seine Entlastung kämpft, gelegentlich verbunden mit dem Zusatz, es dürfe von seinen „eigentlichen Aufgaben" nicht ferngehalten werden, während das GG und das BVerfGG als eigentliche Aufgabe des Gerichts die Behandlung von Verfassungsbeschwerden (einschließlich der damit verbundenen Belastung) sehen. Dass ein Gericht nur angerufen werden darf, wenn das verlässlich Erfolg verspricht, gehört nicht zum Wesen der Rechtsprechung. Und wenn man ein Bürgerrecht ohne Professionsbehalt verspricht, muss man dieses Versprechen auch einlösen. Das gilt umso mehr als zu den hehren Zielen der Verfassungsbeschwerde auch die Einbindung des Bürgers in das staatliche Herrschaftssystem gehört (Rn. 18 zu § 90). Was stört, ist nicht die Beschränkung auf die Leistungsmöglichkeiten eines Verfassungsgerichts, sondern die damit verbundene „doppelte Rechtsmoral".

46   2. Notgedrungen muss man die Auffassung der Mehrheit teilen, dass das Annahmeverfahren ebenso **notwendig** ist, wie das Allgemeine Register (und die Präsidialräte) und die Bewältigung der Arbeitslast durch wissenschaftliche Mitarbeiter.[31] Es reicht aber nicht aus, ebenfalls mit der Mehrheit, mit „rechtsstaatlichem Unbehagen" zu reagieren, und nicht mit mehr, weil die Verhältnisse nun einmal so sind. Was Not tut, ist eine Besinnung auf die Grundlagen. So muss man sich über die objektive und subjektive Funktion der Verfassungsbeschwerde (siehe § 90 Rn. 7 ff.) schlüssig werden. Der Gehalt der Grundrechte ist inzwischen weitgehend ausprozessiert; neue Rechtsfragen werden sol-

---

[30] Vgl. *Uerpmann,* in: FS 50 Jahre BVerfG, Bd. 1, 2001, 673 (676 f.).
[31] *Uerpmann,* in: FS 50 Jahre BVerfG, Bd. 1, 2001, 673 (692).

che grundsätzlicher verfassungsrechtlicher Bedeutung sein. Für die subjektive Beschwer muss die nach dem Subsidiaritätsgrundsatz ohnehin gegebene primäre Verantwortung der Fachgerichtsbarkeit ausreichen, es sei denn, es handle sich wirklich um einen Fall existenzieller Bedeutung oder krassen Grundrechtsfehlgebrauchs. Ändert man insoweit die Zulässigkeitsvoraussetzungen der Verfassungsbeschwerde, braucht man kein Annahmeverfahren. Da aber diese Fallgruppen in der verfassungsrechtlichen Verfassungsbeschwerdepraxis ohnehin Annahmesachverhalte betreffen, lässt sich die Verfassungsbeschwerde damit auf ein vernünftiges Maß begrenzen.

Auf jeden Fall bleibt ein rechtsstaatliches Defizit, wenn auf eine 47 Entscheidungsbegründung aus Gründen verzichtet wird, auf die der Beschwerdeführer keinen Einfluss hat (§ 93 d s. dazu dort Rn. 7). Außerdem bedarf der Einsatz wissenschaftlicher Mitarbeiter einer gesetzlichen Grundlage (s. o. Rn. 16).

§ 93 a [Annahme zur Entscheidung]

(1) **Die Verfassungsbeschwerde bedarf der Annahme zur Entscheidung.**

(2) **Sie ist zur Entscheidung anzunehmen,**
a) **soweit ihr grundsätzliche verfassungsrechtliche Bedeutung zukommt,**
b) **wenn es zur Durchsetzung der in § 90 Abs. 1 genannten Rechte angezeigt ist; dies kann auch der Fall sein, wenn dem Beschwerdeführer durch die Versagung der Entscheidung zur Sache ein besonders schwerer Nachteil entsteht.**

Übersicht

	Rn.
I. Allgemeines	1
II. Entstehungsgeschichte	2
III. Zu Abs. 1	3
1. Zwingende Regelung	3
2. Beschiedene Entscheidungsvorgänge	4
IV. Zu Abs. 2	5
1. Abschließender Katalog	5
2. Grundsatzannahme	6
3. Durchsetzungsannahme	17
4. Begründungspflichten	34
5. Verhältnis von lit. a) zu lit. b)	35
6. Annahmeverfahren	39

§ 93a

I. Allgemeines

1   Zu Wesen und Zweck des Annahmeverfahrens und seinen Rechtsgrundlagen s. Grundz vor §§ 93a ff. Rn. 4 ff.

II. Entstehungsgeschichte

2   Die jetzige Gesetzesfassung beruht auf dem 5. ÄndG zum BVerfGG vom 2. 8. 1993 (BGBl. I 1442).

III. Zu Abs. 1

1. Zwingende Regelung

3   Abs. 1 setzt zwingend („Bedarf") vor eine Entscheidung über die Verfassungsbeschwerde selbst deren **Annahme zur Entscheidung** voraus. Wer für die Entscheidung über die Annahme zuständig ist, das ergibt sich aus § 93b. Es steht damit fest, dass der Entscheidung über die Verfassungsbeschwerde ein Zugangsvorausverfahren vorausgeht, das, weil es eben gerade nicht die Entscheidung über die Verfassungsbeschwerde betrifft, weder den allgemeinen Verfahrensregeln des *BVerfG* oder – lückenschließend – anderen Verfahrensordnungen folgt, sondern soweit sich aus §§ 15a, 93a ff. keine zwingenden Vorgaben ergeben, vom Gericht selbst bestimmt wird. Das ist in Titel 3 der GO (§§ 39 ff.) geschehen.

2. Verschiedene Entscheidungsvorgänge

4   Die Annahme zur „Entscheidung" betrifft mittelbar die Entscheidung über die Zulässigkeit und/oder Begründetheit der Verfassungsbeschwerde, aber auch das dazu erforderliche Entscheidungsverfahren (s. Rn. 5 vor § 93a). Erst auf Grund der Annahme kann in dieses Verfahren eingetreten werden. Soweit deshalb Nicht-Annahme-Entscheidungen sich im Rahmen der Prüfung der Annahmevoraussetzungen nach Abs. 2 mit der Zulässigkeit und/oder Begründetheit der Verfassungsbeschwerde beschäftigen, handelt es sich nicht um Aussagen zur Entscheidung über die Verfassungsbeschwerde sondern allein um Aussagen über die Annahme zur Entscheidung. Was sich in der Sache überschneidet, betrifft formal zwei streng geschiedene Entscheidungsvorgänge. Daraus folgt auch, dass das Annahmeverfahren nichts mit

dem Problem zu tun hat, ob die Verfassungsbeschwerde zulässig oder begründet ist.[1]

IV. Zu Abs. 2

1. Abschließender Katalog

Abs. 2 enthält einen **abschließenden Katalog** der Annahmegründe. Was nach lit. a oder lit. b nicht annahmefähig ist, darf nicht zur Entscheidung angenommen werden. Das ist eine zwingende Regelung („ist"), aber das betrifft nur die Rechtsfolgen, wenn die Voraussetzungen der lit. a) oder lit. b) gegeben sind. Insoweit hat der Beschwerdeführer einen Rechtsanspruch auf Annahme. Würde das BVerfG trotz Bejahung der Voraussetzungen der lit. a) oder lit. b) die Annahme einer Verfassungsbeschwerde zur Entscheidung verweigern, gäbe es allenfalls die Möglichkeit von Gegenvorstellungen (s. dazu Rn. 27, 39 Grundz vor §§ 93 a ff.).

2. Grundsatzannahme

Die Verfassungsbeschwerde ist immer zur Entscheidung anzunehmen, „soweit ihr grundsätzliche verfassungsrechtliche Bedeutung zukommt", lit. a (= **Grundsatz-Annahme**).

a) Die „**grundsätzliche Bedeutung** der Rechtssache" ist ein einfach-rechtlich geläufiger Begriff (vgl. § 543 II Nr. 1 ZPO, § 132 II Nr. 2 VwGO, § 160 II Nr. 1 SGG, § 115 II Nr. 1 FGO). Er wird dort funktionell auf die Aufgaben eines Revisionsgerichts bezogen. Die einschlägige Rechtsprechung ist deshalb nicht ungeprüft übertragbar. Die grundsätzliche Bedeutung der Verfassungsbeschwerde hängt vielmehr von der Aufgabenstellung des BVerfG, der Funktion der Verfassungsbeschwerde und dem Sinn des Annahmeverfahrens ab. Infolgedessen stehen die objektive Bedeutung der Verfassungsbeschwerde, die Entlastungsfunktionen des Annahmeverfahrens und die Aufgabe des BVerfG in „seinem" Rechtskreis oberster Hüter des Rechts zu sein und dieses verbindlich auszulegen, im Vordergrund.[2]

b) Die grundsätzliche Bedeutung muss **verfassungsrechtlicher Natur** sein.[3] Es reicht infolgedessen nicht aus, wenn die Verfassungsbeschwerde nur einfach-rechtliche oder tatsächliche Fragen grundsätz-

---

[1] *Zuck* NJW 1993, 2641 (2643); *Schlaich/Korioth* Rn. 268; s. dazu Grundz vor §§ 93 a ff. Rn. 4 ff., 22.
[2] BVerfGE 69, 112 (117) = NVwZ 1985, 647.
[3] BVerfGE 90, 22 (24); 96, 245 (248).

§ 93a Teil III. Einzelne Verfahrensarten

licher Bedeutung aufwirft. Dem Verfassungsrecht ist auch das seiner Verwirklichung dienende Verfassungsprozessrecht zuzuordnen.[4] Entbehrlich ist der Hinweis auf das Verfassungsrecht im Übrigen nicht,[5] wenn man sich vor Augen hält, in welchem Umfang sich das BVerfG z.B. als Miet- oder Ehrenschutzgericht versteht, und dabei ausdrücklich einfaches Recht unter einfach-rechtlichen Maßstäben würdigt.[6]

9 **c)** Für die Auslegung der Voraussetzung der „grundsätzlichen verfassungsrechtlichen Bedeutung der Verfassungsbeschwerde" kann die ältere Rechtsprechung zu dem in § 90 II 2 verwendeten Begriff der **„allgemeinen Bedeutung"** (vorsichtig) herangezogen werden,[7] weil das Gericht diese bejaht hat, wenn die Verfassungsbeschwerde „grundsätzliche verfassungsrechtliche Fragen aufwirft".[8] Die Kritik an dieser Auffassung[9] ist nicht überzeugend. Es ist zwar offenkundig, dass § 93 II a und § 90 II 1 in verschiedenartige verfahrensrechtliche Zusammenhänge eingebunden sind. Es ist aber nicht vorstellbar, dass das BVerfG in der Zulässigkeitsprüfung die allgemeine Bedeutung bei der Anwendung der Ausnahmevorschrift des § 90 II 1 bejaht, um sie dann bei den Annahmevoraussetzungen zu verneinen.

10 **d)** Es lässt sich danach die grundsätzliche verfassungsrechtliche Bedeutung einer Verfassungsbeschwerde annehmen, wenn die von der Verfassungsbeschwerde aufgeworfene Frage klärungsbedürftig und verfassungsgerichtlich (durch das BVerfG) noch nicht geklärt ist oder aufgrund veränderter Verhältnisse erneut klärungsbedürftig geworden ist und an der Klärung ein über den Einzelfall hinausgehendes Interesse besteht.[10]

11 **aa) Klärungsbedürftig** ist eine Frage dann, wenn ihre Beantwortung ernsthaften Zweifeln unterliegt, also über Umfang und Bedeutung einer Verfassungsrechtsnorm oder des Verhältnisses mehrerer Bestimmungen zueinander ernst zu nehmende Unklarheiten bestehen. Anhaltspunkte dafür können sich aus entsprechenden Kontroversen im Schrifttum oder der Rechtsprechung ergeben,[11] in erster Linie anhand des GG und der Rechtsprechung des BVerfG.

---

[4] *Graßhof,* in: MSKB, Stand 2001, Rn. 9 zu § 93a; krit. *Gehle,* in: UCD, Rn. 14 zu § 93a.
[5] So aber *Pestalozza* DWiR 1992, 426 (429).
[6] Vgl. z.B. BVerfGE 86, 122 (129) = NJW 1992, 2409.
[7] *Pestalozza* DWiR 1992, 426 (429); *Schlaich/Korioth* Rn. 263.
[8] BVerfGE 68, 176 (185) = NJW 1985, 423.
[9] *Gehle,* in: UCD, Rn. 13 zu § 93a.
[10] BVerfGE 90, 22 (24f.); 96, 245 (248).
[11] BVerfGE 90, 22 (24f.); 96, 245 (248).

§ 93a

Klärungsbedürftig ist eine Frage auch bei veränderten Verhältnissen.[12] In Betracht kommt eine Änderung der Gesetzeslage,[13] dann aber auch eine signifikante, dauerhafte Änderung gesellschaftlicher, wissenschaftlicher Auffassungen oder der maßgeblichen instanzgerichtlichen Rechtsprechung (siehe auch Rn. 17 zu § 31).

Dass die Verhältnisse sich in bedeutsamer Weise auf Dauer geändert haben müssen, um für das Erfordernis der Klärungsbedürftigkeit relevant zu werden, unterscheidet sich von bloßer Rechtsunklarheit,[14] die zu vage und zu gewichtlos ist, um eine Klärung nötig zu machen.[15]

bb) Die Rechtsprechung zu § 90 II 2 hatte als zusätzliches Erfordernis für die Annahme allgemeiner Bedeutung verlangt, dass „die zu erwartende Entscheidung über den Einzelfall hinaus Klarheit über die Rechtslage in einer **Vielzahl gleichgelagerter Fälle**" schafft.[16] An diese Rechtsprechung knüpft *BVerfGE* 90, 22 (24 f.) an, wenn ein über den Einzelfall hinausgehendes Interesse etwa dann angenommen wird, wenn die Klärung „für eine nicht unerhebliche Vielzahl von Streitigkeiten bedeutsam ist oder ein Problem von einigem Gewicht betrifft, das in künftigen Fällen erneut Bedeutung erlangen kann."[17]

cc) Zweifel ergeben sich vor allem in der Fallgruppe „**geklärte Rechtsfrage/veränderter Sachverhalt**". Es lässt sich nach den Erfahrungen mit Abs. 2 lit. a) feststellen, dass der Hinweis, eine verfassungsrechtliche Frage sei entschieden, dann leicht zu führen ist, wenn sich das Gericht nur auf Umfang, Bedeutung und Verflechtung einer Verfassungsnorm zurückzieht. In mehr als 50 Jahren Rechtsprechung sind fast alle Normen der Verfassung vom BVerfG schon ausgelegt und angewendet worden. Das wird belegt durch die Tatsache, dass in der Kammerrechtsprechung zu § 93a das Vorliegen der Voraussetzungen des Abs. 2a (zur Begründung der eigenen Zuständigkeit) regelmäßig verneint wird, weil das BVerfG Auslegung und Anwendung des als verletzt gerügten Grundrechts schon geklärt habe (anders die Voraufla-

12

13

---

[12] BVerfGE 90, 22 (24 f.); 96, 245 (248).

[13] AA *Gehle,* in: UCD, Rn. 21 zu § 93a, der diese Veränderung der „Zweifels-Gruppe" zuordnen will. Das ist aber nicht zwingend so, weil die Folgerungen aus einer Gesetzesänderung eindeutig sein können.

[14] *Graßhof,* in: MSKB, Stand 2001, Rn. 40 zu § 93a.

[15] So auch *Gehle,* in: UCD, Rn. 22 zu § 93a.

[16] BVerfGE 68, 176 (185) = NJW 1985, 423.

[17] Man wird allerdings nicht davon ausgehen können, dass die große Zahl von Betroffenen für sich allein schon zu einer klärungsbedürftigen Frage führt, denn die schiere Zahl schafft noch keine verfassungsrechtliche Frage. Das Mengenargument erweist sich deshalb als bloßer Unterstützungsfaktor. S. dazu *Gehle,* in: UCD, Rn. 24 f. zu § 93a.

§ 93a   Teil III. Einzelne Verfahrensarten

ge Rn. 14 zu § 93a). Diese Argumentation genügt nur, wenn auch der zu behandelnde tatsächliche oder normative Sachverhalt der bisherigen Beurteilung zugrunde gelegen hat oder die Abänderungen nicht ins Gewicht fallen. Ein neuer Sachverhalt kann dagegen auch eine neue Fragen von grundsätzlicher verfassungsrechtlicher Bedeutung aufwerfen, wenn es nur darum geht, ob die entschiedene Frage auch die Antwort auf diesen Sachverhalt bereit hält.

14 e) Der Beschwerdeführer muss in der Sache **beschwert** sein; das bloße Vorliegen einer Frage von grundsätzlicher verfassungsrechtlicher Bedeutung genügt nicht. Insoweit muss bei der Prüfung der Annahmevoraussetzungen schon absehbar sein, dass sich das BVerfG bei seiner Entscheidung über die Verfassungsbeschwerde mit der Grundsatzfrage befassen muss. Kommt es auf sie hingegen nicht entscheidungserheblich an, ist eine Annahme nicht geboten.[18]

15 f) In diesem Zusammenhang ist zu beachten, dass die Verfassungsbeschwerde zur Entscheidung anzunehmen ist, „soweit" sie eine Frage von grundsätzlicher verfassungsrechtlicher Bedeutung aufwirft. Damit wird auch eine Teil-Annahme zugelassen.[19] So könnte eine Verfassungsbeschwerde, die mehrere selbstständige Normen eines Gesetzes angreift, oder mehrere Gerichtsentscheidungen, nur wegen bestimmter Normen/Entscheidungen zur Entscheidung angenommen werden. Dagegen scheidet die Möglichkeit aus, bei einem Angriffsgegenstand die Verfassungsbeschwerde nur wegen einer Frage grundsätzlicher verfassungsrechtlicher Bedeutung anzunehmen, wegen anderer nicht grundsätzlicher Fragen aber die Nichtannahme zu beschließen.

16 g) Bei der Entscheidung über die Frage, ob „von der Entscheidung die Klärung einer verfassungsrechtlichen Frage zu erwarten ist", oder, genau so, ob der Verfassungsbeschwerde „grundsätzliche verfassungsrechtliche Bedeutung zukommt", gibt es theoretisch nur eine richtige Antwort. Praktisch lässt sich aber nicht leugnen, dass die Weite der vom Gesetzgeber gewählten Begriffe dem Gericht einen weiten Beurteilungsspielraum lässt, also auch so gewollt war. Es ist gesicherte Erkenntnis, dass die obersten Bundesgerichte vergleichbare Regelungen dazu nutzen, nicht nur die Arbeitsbelastung zu steuern, sondern auch das zu erwartende Ergebnis = die Sachentscheidung in ihrer Erwägung über die Annahmeentscheidung einbeziehen.[20]

---

[18] BVerfG 90, 22 (24f.).
[19] Beispiel: NJW 1994, 123; zustimmend *Gehle,* in: UCD, Rn. 27 zu § 93a; aA *Schlaich/Korioth* Rn. 263, der „soweit" als „wenn" liest.
[20] S. dazu *Gehle,* in: UCD, Rn. 9f. zu § 93a.

Verfassungsbeschwerde § 93a

3. Durchsetzungsannahme

Abs. 2 lit. b) sieht als Grund für die Annahme der Verfassungsbe- 17
schwerde zur Entscheidung vor, dass dies „zur Durchsetzung der in
§ 90 I genannten Rechte angezeigt ist" (= **Durchsetzungs-Annahme**).

**a) Anknüpfungspunkt der Durchsetzungs-Annahme sind die in 18
§ 90 I genannten Rechte,** siehe dazu Rn. 74 ff. zu § 90. § 90 I unterscheidet zwischen Grundrechten und einzeln aufgeführten „Rechten". Lit. b) meint sowohl die „Grundrechte" als auch die „Rechte".

b) Lit. b) spricht von der „Durchsetzung von Rechten" und knüpft 19
damit an das **Rechtsschutzbegehren** des Beschwerdeführers
(„Durchsetzung") sowie an den **Gegenstand** seiner verfassungsrechtlichen Rügen („Rechte") an. Damit sind sowohl die subjektive wie die
objektive Bedeutung der Verfassungsbeschwerde angesprochen (s. o.
Rn. 7, Rn. 7 ff. zu § 90). Der Gegensatz zu lit. a), wo Anknüpfungspunkt die Verfassungsbeschwerde ist, und die besondere Hervorhebung
subjektiver Momente im zweiten Satz Teile von lit. b) belegen, dass
auch hier für die Annahmeentscheidung objektive Gesichtspunkte im
Vordergrund stehen.

c) Um die „Durchsetzung" soll es gehen. Es muss sich also grund- 20
sätzlich um Sachverhalte handeln, bei denen die in § 90 I genannten
Rechte nicht durchgesetzt werden konnten, sei es, weil die zuständige
Stelle die Rechte übersehen, sei es, weil sie sie falsch ausgelegt und angewendet hat. Die „Durchsetzung" kann nur eine Rolle spielen, wenn
sie **entscheidungserheblich** ist (s. o. Rn. 14), und wenn der Beschwerdeführer die ihm obliegenden Pflichten, den Verstoß zu vermeiden, erfüllt hat (s. Rn. 157 ff. zu § 90).

Wesentlich ist deshalb der Bezug zum möglichen **Erfolg** der Verfassungsbeschwerde,[21] und dem entspricht auch die Kammerpraxis. In
der Regel lautet die Begründung, die Verfassungsbeschwerde werde
nicht zur Entscheidung angenommen, weil sie unbegründet sei. Das
führt dann dazu, dass die Voraussetzungen der Durchsetzungsannahme
in diesen Fällen gar nicht mehr geprüft werden, sondern im Ergebnis
über die Verfassungsbeschwerde in der Sache entschieden wird.[22] Die
Nichtannahme nach § 93a II b hat sich inzwischen zu einem negativen
Pendant zu § 93c entwickelt (Rn. 3 vor §§ 93 a ff.).

---

[21] Zutreffend *Gehle,* in: UCD, Rn. 31 zu § 93 a; siehe auch BVerfGE 93, 381
(385).

[22] Manchmal auch − trotz Nichtannahme − im Wege einer „verkappten
Stattgabe", siehe dazu *Uerpmann,* in: FS 50 Jahre BVerfG, Bd. 1, 2001, 673
(687 f.).

21 **d) aa)** Auch bei lit. b) ist die **Rechtsfolge zwingend** (s. o. Rn. 3, 5): die Verfassungsbeschwerde muss zur Entscheidung angenommen werden, wenn die Voraussetzungen für die Annahme vorliegen. In gegenüber lit. a (s. Rn. 14) erheblich verstärktem Maße ist dem Gericht aber über den Begriff des „Angezeigtseins" ein Entscheidungsspielraum eingeräumt worden. Dies war die Absicht des Gesetzgebers[23] und so wird die Regelung im Schrifttum verstanden.[24] Die Funktion dieser Regelung ist es, die Nichtannahme einer Verfassungsbeschwerde zur Entscheidung für das Gericht zu erleichtern. Das ist bis zur Grenze eines faktisch freien Annahmerechts, d. h. bis zur Grenze der Gewährleistung des Art. 93 I Nr. 4a GG eine zulässige Funktion. Gerade angesichts der Verfassungsbeschwerdegarantien muss zwischen weitem Entscheidungsspielraum des Gerichts und effektivem Verfassungsbeschwerderechtsschutz des Bürgers ein gesicherter Standort für den Begriff des Angezeigtseins gefunden werden. Dabei muss bedacht werden, dass es nicht nur um die Arbeitsfähigkeit des Gerichts, sondern auch um die Prognostizierbarkeit der Annahmevoraussetzungen einer Verfassungsbeschwerde geht.

22 **bb)** „Angezeigt" ist mehr als „berücksichtigen" und weniger als „erforderlich". Für die praktische Anwendung von lit. b) hilft das kaum weiter.[25] Es ist deshalb zu begrüßen, wenn die Senate Leitlinien entwickeln, damit lit. b) wenigstens über richterrechtliche Konkretisierungen handhabbar gemacht wird.

23 Die Amtliche Begründung[26] hatte Fallgruppen gebildet:
– Grundrechtswidrige Praxis der Fachgerichte;
– Extreme richterliche Nachlässigkeit/unverständliches richterliches Verhalten;
– Fehlende Erfahrung der Gerichte im Umgang mit den Grundrechten und grundrechtsgleichen Gewährleistungen.

24 Das *BVerfG* hat diese Grundgedanken aufgegriffen aber eigenständig konkretisiert.[27] Danach ist die Annahme der Verfassungsbeschwerde angezeigt, wenn die geltend gemachte Verletzung von Grundrechten oder grundrechtsgleichen Rechten besonderes Gewicht hat. Besonders gewichtig ist eine Grundrechtsverletzung, die auf eine generelle Ver-

---

[23] BT-Drs. 12/3628 S. 13, BT-Drs. 12/4842 S. 12.
[24] *Klein* NJW 1993, 2073 (2074); *Zuck* NJW 1993, 2641 (2643); *Graßhof*, in: MSKB, Stand 2001, Rn. 60 f. zu § 93 a; *Schlaich/Korioth* Rn. 264; *Gehle*, in: UCD, Rn. 34 ff. zu § 93 a. Zu einer Annahme nach Ermessen „darf das nicht führen", s. dazu grundlegend *Graf Vitzthum* JöR 53 (2005), 319, insbes. S. 339 f.
[25] S. dazu *Pestalozza* DWiR 1992, 426 (430); *Zuck* NJW 1993, 2641.
[26] BR-Drs. 12/3628 S. 14.
[27] BVerfGE 90, 22 (25 f.); 96, 245 (248).

nachlässigung von Grundrechten hindeutet oder wegen ihrer Wirkung geeignet ist, von der Ausübung von Grundrechten abzuhalten. Eine geltend gemachte Verletzung hat ferner dann besonderes Gewicht, wenn sie auf einer groben Verkennung der durch ein Grundrecht gewährleisteten Schutzes oder einem geradezu leichtfertigen Umgang mit grundrechtlich geschützten Positionen beruht oder rechtsstaatliche Grundsätze krass verletzt.

(1) **Generelle Vernachlässigung** liegt immer vor[28] 25
– wenn ein Gericht in ständiger Rechtsprechung Normen verfassungswidrig anwendet;
– die Begründung der angegriffenen Entscheidung auf künftige Missachtung von Grundrechten deutet;
– die rechtswidrige Rechtsprechung eines Gerichts schon bei einem anderen Gericht Schule gemacht hat.

Generelle Vernachlässigung liegt nicht vor, wenn es sich um lediglich einzelfallbezogene Fehler handelt.[29]

(2) Die Feststellung **abschreckender Wirkung** setzt schwierige 26 Prognosen voraus, weil es auf die Auswirkung einer Entscheidung auf den „Jedermann" des § 90 I ankommt. Rechtsprechung zu diesem Kriterium gibt es bislang nicht.[30]

(3) **Mengenkomponente.** Auch hier gilt, wie bei lit a. (siehe oben 27 Rn. 13), dass die Zahl der Betroffenen in der Regel nur ein zusätzliches Indiz für das Gewicht einer Grundrechtsverletzung ist. Der von *Graßhof* erörterte Sachverhalt einer viele Personen betreffenden Grundrechtsrüge zum Beihilferecht mit geringen individuellen Auswirkungen[31] macht aber deutlich, dass die Zahl der Betroffenen jedenfalls dann eigenständige Bedeutung haben kann, wenn man sich primär an der objektiven Bedeutung der Verfassungsbeschwerde (Rn. 9 ff. zu § 90) orientiert. In diesem Zusammenhang darf nicht übersehen werden, dass in der Art. 12 I GG-Rechtsprechung ein Grundrechtsverstoß erst dann angenommen wird, wenn die gesetzliche Regelung eine Berufsgruppe im Ganzen betrifft,[32] wobei dann Art. 12 I GG zu einer Art Gruppengrundrecht mutiert.[33]

---

[28] *Graßhof*, in: MSKB, Stand 2001, Rn. 65 zu § 93 a.
[29] BVerfG(K) NJW 1997, 1693 f.; NJW 1999, 1176; NJW-RR 1999, 137; NJW-RR 2002, 786; siehe dazu aber unten Rn. 28.
[30] *Graßhof*, in: MSKB, Stand 2001, Rn. 67 zu § 93 a; *Gehle*, in: UCD, Rn. 41 f. zu § 93 a.
[31] *Graßhof*, in: MSKB, Stand 2001, Rn. 69 zu § 93 a unter Hinweis auf BVerfG(K) NVwZ-RR 1999, 453.
[32] BVerfGE 30, 292 (316), st. Rspr.
[33] *Zuck*, in: Quaas/Zuck, Medizinrecht 2005, § 2, Rn. 23.

§ 93a

Teil III. Einzelne Verfahrensarten

28 **(4) Grobe Verkennung.** Sie liegt vor, wenn das Instanzgericht nahe liegende grundrechtsrelevante Erwägungen nicht anstellt oder sie in willkürlicher Weise (also in keiner denkbaren) fehlbehandelt.[34] Einfache Versehen,[35] organisatorische Fehler im Gerichtsbetrieb,[36] und unzureichende Abwägungen[37] stellen keine *grobe* Verkennung der Grundrechtslage dar. Der **leichtfertige Umgang** mit Grundrechten und die **krasse Verkennung rechtsstaatlicher Grundsätze** werfen besondere Aspekte der „groben Verkennung" auf. Für beide Voraussetzungen kann deshalb auf die allgemeinen Erwägungen zurückgegriffen werden.

29 (5) Würdigt man diese Vorgaben, so bestätigt sich, dass es insoweit in erster Linie um **objektive Belange** geht. Subjektive Belange setzen „existentielle Betroffenheit" oder einen besonders schweren Nachteil für den Beschwerdeführer voraus (s. u. Rn. 31). voraus. Davon ist auszugehen angesichts des Gegenstands der angegriffenen Entscheidung oder wegen der aus ihr folgenden Belastung. Werden die der Verfassungsbeschwerde in erster Linie zugrundeliegenden subjektiven Belange (s. Rn. 8 zu § 90) in dieser Form reduziert, so wird die Verfassungsbeschwerde in ihrer Funktion verändert: von einem außerordentlichen Rechtsbehelf des Bürgers zur Durchsetzung seiner Rechte entwickelt sie sich zu einem objektiven Beanstandungsverfahren, für das der Bürger nur noch Anlass ist. Bei dieser Beurteilung darf man nicht außer Acht lassen, dass auch lit. a an objektiven Kriterien orientiert ist, im Übrigen aber nur in einer geringen Zahl von Fällen anwendbar sein wird. Der Bürger ist deshalb auf die Anwendung von lit. b) angewiesen (= **objektive Durchsetzungsannahme).**

30 **cc)** (1) Lit. b) greift als einen Anwendungsfall der Durchsetzung der in § 90 I genannten Rechte die subjektive Funktion der Verfassungsbeschwerde auf, wenn es dort heißt, die Annahme der Verfassungsbeschwerde könne auch angezeigt sein, „wenn dem Beschwerdeführer durch Versagung der Entscheidung zur Sache ein **besonders schwerer Nachteil** entsteht" (= **subjektive Durchsetzungs-Annahme).** Das Gesetz hatte bisher in § 93c von einem „schweren und unabwendbaren Nachteil" gesprochen. Es war anerkannt, dass diese Regelung der Entlastung des Gerichts von Verfassungsbeschwerden mit geringem sachlichen Gehalt dienen sollte. Verbindliche Regeln, wann das der Fall sei, hat das Gericht nicht entwickelt, sondern auf eine Einzelfallprüfung verwiesen. Als Hinweis tauchten in der Rechtsprechung

---

[34] Siehe dazu *Benda/Klein* Rn. 659 ff.
[35] BVerfG(K) NJW 1999, 3480; NJW-RR 1999, 137.
[36] BVerfG(K) NJW 1999, 1176 (1177).
[37] BVerfG(K) NJW 2000, 2413 (2416).

die Bagatellegrenzen der Fachgerichtsbarkeit, die Intensität der Persönlichkeitsverletzung und der Gerechtigkeitsgehalt der angegriffenen Entscheidung auf.[38] Diese Hinweise sind jedoch nie konsequent umgesetzt worden; der schwere und unabwendbare Nachteil hat ein Schattendasein geführt. Durch die zusätzliche Verschärfung mit dem Wort „besonders" sollte deshalb erreicht werden, dass der Stellenwert der subjektiven Beschwer weiter erhöht wird und der Entlastungseffekt damit gesteigert werden kann.

Mit dem Hinweis auf den besonders schweren Nachteil wird zunächst der Anwendungsbereich des lit. b) erweitert. Während die Durchsetzungskomponente primär auf richterliches Fehlverhalten bei der Auslegung und Anwendung von Grundrechten und grundrechtsgleichen Rechten zielt, wird über die Nachteilskomponente der Beschwerdeführer in die Betrachtung einbezogen. Die Beurteilung der Ursachen (= richterliche Entscheidung) lässt die Annahme der Verfassungsbeschwerde noch nicht angezeigt erscheinen. Dazu kommt es erst über die Beurteilung der Folgen (= besonders schwerer Nachteil) beim Beschwerdeführer. Es liegt auf der Hand, dass ein besonders schwerer Nachteil für den Beschwerdeführer nur selten nachzuweisen sein wird. Im Bereich der Persönlichkeitsrechte würde man nicht die Rufschädigung, sondern die Rufvernichtung voraussetzen müssen. Genau so schwierig ist die Beurteilung beim wirtschaftlichen Nachteil. Da der besonders schwere Nachteil nicht für alle gleich sein kann (€ 10 000,– haben für den Sozialhilfeempfänger einen anderen Stellenwert als für den Großkonzern), wird es keine allgemeinen Grenzen geben können. Das führt zur Pflicht des Beschwerdeführers, seine Einkommens- und Vermögensverhältnisse offenzulegen, um darstellen zu können, warum der ihm auferlegte wirtschaftliche Nachteil besonders schwer ist. Besonders schwere Nachteile muss es aber auch außerhalb der Vernichtung oder Gefährdung der wirtschaftlichen Existenz geben (und deshalb ist für diesen Bereich die Formel von der existentiellen Betroffenheit nicht hilfreich).

(2) Die **„existentielle Betroffenheit"** ist vielmehr eine eigenständige Voraussetzung, für die man auf bestimmte Fallkonstellationen aus der Rechtsprechung des Gerichts zurückgreifen kann.[39]

Bei **strafrechtlichen Verurteilungen** kommt es auf den Schuldspruch, nicht auf die konkrete Sanktion an.[40]

---

[38] *Zuck,* Vb Rn. 783 ff.
[39] *Gehle,* in: UCD, Rn. 51 ff. zu § 93a.
[40] BVerfGE 96, 245 (249 f.). Die Rüge im berufsgerichtlichen Verfahren gilt nicht als existentielle Betroffenheit, BVerfGE 77, 125 (129); BVerfG(K) NJW 1993, 3129.

In **Asylsachen** führt drohende politische Verfolgung ebenso zu existentieller Betroffenheit wie die Versagung des Status als Asylberechtigter trotz Abschiebungsschutz,[41] nicht dagegen die Verweisung auf zumutbare inländische Fluchtalternativen.[42]

In **Räumungssachen** kann es um Leben und Gesundheit des Beschwerdeführers, und damit um einen Fall existentieller Betroffenheit gehen.[43]

32 (3) Zweifel ergeben sich aus der Wortwahl, wonach selbst bei einem besonders schweren Nachteil die Annahme der Verfassungsbeschwerde lediglich angezeigt sein **„kann"**. Nun gibt aber schon das „Angezeigtsein" einen richterlichen Beurteilungsspielraum. Darüberhinaus soll der Nachsatz der lit. b nur einen besonderen Anwendungsfall hervorheben. Es machte deshalb wenig Sinn das Wort „kann" als zusätzliche Ermessensermächtigung zu deuten. Der Nachsatz ist deshalb im Sinne von „möglich" zu verstehen. Unter den Anwendungsbereichen der Durchsetzungskomponenten kann sich auch die Nachteilskomponente befinden. Wenn also ein besonders schwerer Nachteil im Rahmen der allgemeinen Vorgaben des lit. b) zu bejahen ist, muss die Verfassungsbeschwerde zur Entscheidung angenommen werden.

33 (4) Auch für die Durchsetzungsannahme ist ein Teilannahme möglich (siehe oben Rn. 15).

4. Begründungspflichten (siehe auch Rn. 24 zu § 92)

34 Unbeschadet der Frage, was der Beschwerdeführer vortragen *muss* (Die Beurteilung der Annahmevoraussetzungen liegt außerhalb der Begründungszwänge der §§ 23, 92),[44] *sollte* jeder Beschwerdeführer ausführlich zu den Annahmevoraussetzungen vortragen. Sein Interesse, Zugang zum Verfassungsbeschwerdeverfahren in der Sache zu erhalten, muss – über formelhafte Behauptungen hinaus – deutlich gemacht werden, sonst wären alle – unter Umständen umfangreichen Mühen – für die Begründung der Verfassungsbeschwerde umsonst. Da das BVerfG die Annahmevoraussetzungen nur klären kann, nachdem es die Verfassungsbeschwerde gelesen hat, gehört die Darstellung der Annahmevoraussetzungen an das Ende einer jeden Verfassungsbeschwerde.

---

[41] BVerfG(K) DVBl. 2003, 1260.
[42] BVerfG(K) InfAuslR 1999, 260.
[43] BVerfG(K) NJW 1994, 1719.
[44] Das kann nicht für die Erfordernisse des besonders schweren Nachteils/der existenziellen Betroffenheit gelten, weil die Voraussetzungen beschwerdeführerbezogen sind und sich nicht zwangsläufig aus der Begründung der erhobenen Grundrechtsrügen ergeben. Zur notwendigen Differenzierung siehe *Gehle,* in: UCD, Rn. 57 ff. zu § 93 a.

5. Verhältnis von lit. a) zu lit. b)

a) Lit. a) und lit. b) stehen nicht beziehungslos nebeneinander. Wird die Verfassungsbeschwerde nicht zur Entscheidung angenommen, sind alle Annahmegründe vom Gericht zu prüfen. Keiner der Gründe muss erörtert werden (§ 93 d I 3). Wird die Verfassungsbeschwerde zur Entscheidung angenommen, so kommt es auf die Entscheidungszuständigkeit nach § 93 b an. Da § 93 c die Kammerkompetenz vom Vorliegen der Voraussetzungen des lit. b) abhängig macht, im Fall des Vorliegens der Voraussetzungen des lit. a) aber der Senat zuständig wäre, kann die Senatszuständigkeit nicht dadurch unterlaufen werden, dass die Kammer das Vorliegen der Voraussetzungen des lit. a) gar nicht prüft oder offen lässt. Lit. a) muss vielmehr geprüft werden. Vom Ergebnis hängen die Anwendbarkeit des § 93 c oder die Senatszuständigkeit ab. 35

b) Will oder kann die Kammer nicht nach § 93 c entscheiden, genügt das Vorliegen einer der beiden Voraussetzungen für die Annahme. Eine Kumulation der Annahmegründe ist überflüssig. 36

c) Im Übrigen enthalten lit. a) und b) eine abschließende Regelung. Fehlen die Annahmevoraussetzungen nach lit. a) und b), so muss die Kammer einen Nichtannahmebeschluss fassen. 37

d) Kommt die Sache zur Annahme an den Senat, so ist auch er an lit. a) und b) gebunden. Die Vorschrift ist nicht so zu lesen, als ob sie lediglich die zwingenden Annahmegründe regelte und es daneben noch ein freies (faktisches) Annahmerecht gebe.[45] Das Problem ist allerdings eher dogmatischer Natur. Das Merkmal des „Angezeigtsein" erlaubt genug Freiraum, um alle entscheidungswürdigen Fälle zu erfassen. 38

6. Annahmeverfahren

Zum Annahmeverfahren s. Rn. 13 ff. Grundz vor §§ 93 a ff. 39

§ 93 b [Befugnisse der Kammer]

Die Kammer kann die Annahme der Verfassungsbeschwerde ablehnen oder die Verfassungsbeschwerde im Falle des § 93 c zur Entscheidung annehmen. Im übrigen entscheidet der Senat über die Annahme.

---

[45] So aber *Pestalozza* DWiR 1992, 426 (430).

I. Allgemeines

1 Zu Wesen und Zweck des Annahmeverfahrens und zu seinen Rechtsgrundlagen siehe Grundz vor §§ 93a ff.

II. Entstehungsgeschichte

2 Die Gesetzesfassung beruht auf dem 5. ÄndG zum BVerfGG vom 2. 8. 1993 (BGBl. I S. 1442).

III. Gehalt

3 Die Vorschrift ist als **Zuständigkeitsnorm** ausgestaltet. Sie regelt, wann im Rahmen des Annahmeverfahrens die Kammer tätig wird, und wann der Senat. Insoweit handelt es sich um die Ausgestaltung der Zuständigkeitsverteilung auf verschiedene Spruchkörper. Der gerichtsverfassungsrechtliche Status der Kammer ergibt sich aus § 15a, der des Senats aus § 2 (s. dazu Grundz vor §§ 93a ff. Rn. 10). Er ist durch Art. 101 I 2 GG abgesichert.[1] Im Ergebnis führt § 93b zu einem Vorrang der Kammerzuständigkeit.[2]

IV. Annahmeverfahren

4 **1.** § 93b ordnet darüber hinaus Ausschnitte des Annahmeverfahrens, nämlich die das Verfahren abschließenden Entscheidungen. Hinsichtlich des Verfahrens selbst ist auf § 93d sowie § 39 GO zu verweisen, hinsichtlich der Entscheidungsvoraussetzungen auf § 93a. Für die Entscheidung nach § 93c gelten die Besonderheiten dieser Regelung.

5 **2.** Die Kammer hat **zwei** Entscheidungsbefugnisse: sie kann die Annahme der Verfassungsbeschwerde ablehnen oder die Verfassungsbeschwerde – im Fall des § 93c – zur Entscheidung annehmen.

6 **a)** Dass die Kammer **ablehnen kann** wirft die Frage auf, ob damit auf ein Entscheidungsermessen[3] verwiesen wird. Der Wortlaut erlaubt beide Deutungen. Die Entlastungsfunktion des Kammerverfahrens

---

[1] *Graßhof,* in: MSKB, Stand 2001, Rn. 5f. zu § 93b.
[2] *Sperlich,* in: UCD, Rn. 4 zu § 93b.
[3] So für verschiedene Formen des Vorläuferrechts *Zacher,* in: FS 25 Jahre BVerfG, 1976, 396 (421); *Clemens/Umbach,* in: UC, Rn. 9 zu § 93b a. F.

spricht wie die Ablehnungsfunktion gegen jedes Entscheidungsermessen.[4]

b) Die Ablehnungsentscheidung schließt das Annahmeverfahren ab, siehe dazu § 93 d und Grundz vor §§ 93 a ff. Rn. 19.

c) Zur **Annahmentscheidung** s. § 93 c Rn. 8 ff.[5] Die Frage, ob es „im Falle des § 93 c" eine positive Annahmeentscheidung der Kammer gibt, die der Stattgabeentscheidung nach § 93 c vorausgeht, ist nach dem Wortlaut nicht eindeutig zu entscheiden. Nach der Entstehungsgeschichte war das nicht gewollt. Ließe man die Prüfung der Stattgabevoraussetzungen mit der Annahmeentscheidung zusammenfallen, so machte das bei der Verneinung der Voraussetzungen des § 93 c noch Sinn: dann bliebe die Alternative eines Nichtannahmebeschlusses der Kammer oder einer (wie immer gearteten) Annahmeentscheidung des Senats. Bejaht allerdings die Kammer die Voraussetzungen des § 93 c, dann verlöre eine isolierte Annahmeentscheidung jede Bedeutung: wer die Entscheidung der maßgebenden verfassungsrechtlichen Frage und die offensichtliche Begründetheit geprüft hat, und diese beiden Voraussetzungen machen den „Fall des § 93 c" aus, hat in Wahrheit ein Vorprüfungsverfahren durchgeführt, das ihm angesichts der Eindeutigkeit der Kriterien keine abweichende Entscheidung zur Stattgabe mehr erlaubt. Annahme und Stattgabe fallen dann zusammen. Das führt im Ergebnis dazu, dass es keinen isolierten Annahmebeschluss der Kammer geben kann.

3. Die „im Übrigen" nach Satz 2 verbleibende Senatszuständigkeit[6] ergibt sich aus den nach § 93 c, 93 d beschränkten Entscheidungsmöglichkeiten, also nicht aus § 93 b selbst.

a) Fehlt es an der von § 93 d III vorgeschriebenen Einstimmigkeit der Kammerentscheidung, kann eine Ablehnungsentscheidung nicht getroffen werden (s. dazu § 93 d). Der Senat ist nunmehr zuständig.

b) Fehlt es an einer der Voraussetzungen des § 93 c, so entscheidet der Senat über die Annahme.

§ 93 c [Stattgabe der Beschwerde durch die Kammer]

(1) **Liegen die Voraussetzungen des § 93 a Abs. 2 Buchstabe b vor und ist die für die Beurteilung der Verfassungsbeschwerde maßgebliche verfassungsrechtliche Frage durch das Bundesverfas-**

---

[4] *Graßhof,* in: MSKB, Stand 2001 Rn. 1 zu § 93 b; *Sperlich,* in: UCD, Rn. 16 zu § 193 b.

[5] *Sperlich,* in: UCD, Rn. 23 ff. zu § 93 b.

[6] S. dazu *Sperlich,* in: UCD, Rn. 30 ff. zu § 93 b; *Graßhof,* in: MSKB, Stand 2001 Rz. 21 ff. zu § 93 b; *Schlaich/Korioth* Rn. 267.

§ 93c

Teil III. Einzelne Verfahrensarten

sungsgericht bereits entschieden, kann die Kammer der Verfassungsbeschwerde stattgeben, wenn sie offensichtlich begründet ist. Der Beschluß steht einer Entscheidung des Senats gleich. Eine Entscheidung, die mit der Wirkung des § 31 Abs. 2 ausspricht, daß ein Gesetz mit dem Grundgesetz oder sonstigem Bundesrecht unvereinbar oder nichtig ist, bleibt dem Senat vorbehalten.

(2) **Auf das Verfahren finden § 94 Abs. 2 und 3 und § 95 Abs. 1 und 2 Anwendung.**

I. Allgemeines

1 § 93c ist **kein** Bestandteil des Annahmeverfahrens (s. u. Rn. 4, 12). Zum Wesen und Zweck des Annahmeverfahrens und zu seinen Rechtsgrundlagen s. Grundz vor §§ 93a ff. Rn. 4 ff.

II. Entstehungsgeschichte

2 Die Gesetzesfassung beruht auf dem 5. ÄndG zum BVerfGG vom 2. 8. 1993 (BGBl. I 1442).

III. Gehalt

3 § 93c I enthält, entsprechend § 93b S. 1 eine **Zuständigkeitsverteilungsregel** für verschiedene Spruchkörper; die Vorschrift regelt, wann die Kammer zur Entscheidung befugt ist, und wann der Senat. Zugleich werden die für die Verteilung maßgeblichen Voraussetzungen benannt. Der gerichtsverfassungsrechtliche Status der Kammer ergibt sich aus § 15a, der des Senats aus § 2. Kerngehalt des § 93c I ist jedoch die Einräumung der Sachentscheidungskompetenz für die Kammer (s.a. § 93b Rn. 3).[1]

IV. Sachentscheidungskompetenz

4 **1.** Gemäß Abs. 1 S. 1 wird der Kammer eine **Sachentscheidungskompetenz** eingeräumt; sie kann der Verfassungsbeschwerde stattgeben. Insoweit geht die Befugnis der Kammer über den Rahmen eines

---

[1] Siehe dazu *Uerpmann*, in: FS 50 Jahre BVerfG, Bd. 1, 2001, 673 (680 ff.); *Graßhof*, in: MSKB, Stand 2001, Rn. 3 zu § 93c; siehe auch *Hermes*, Senate und Kammern, in: FS 50 Jahre BVerfG, Bd. 1, 2001, 725; *Schlaich/Korioth* Rn. 266, 269 ff.; *Schemmer*, in: UCD, Rn. 3 ff. zu § 93c.

Annahmeverfahrens hinaus. § 93 c wird deshalb bezüglich der Sachentscheidungskompetenz der Kammer nicht von Art. 94 II 2 GG gedeckt, wohl aber durch Art. 94 II 1 GG (s. a. Grundz vor §§ 93 a ff. Rn. 11).

2. a) Die **Kammerkompetenz** betrifft, wie sich aus dem Verhältnis zu Abs. 1 S. 3 ergibt, Exekutivakte, gerichtliche Entscheidungen und Entscheidungen über Rechtsnormen, die nicht von Satz 3 erfasst werden, vgl. unten Rn. 15.

b) Formal steht eine stattgebende Kammerentscheidung einer **entsprechenden Senatsentscheidung** gleich. Das gilt für Rechtskraft, Bindung[2] und Selbstbindung (§ 31) ebenso wie für die Entscheidung (§ 95 I, II) und Nebenentscheidungen (§ 34 a). Nur die Gesetzeskraft entfällt.[3] Auch inhaltlich bleibt die stattgebende Kammerrechtsprechung Rechtsprechung des BVerfG. Die Bindung der Kammern an die Rechtsprechung des Senats (s. u. Rn. 12 ff.) ist nur eine besondere Form der Bindung an Recht und Gesetz, der jedes Gericht unterliegt. Die Annahme einer „abgeleiteten, in diesem Sinne unselbstständigen Rechtsprechung"[4] ist deshalb verfehlt.

c) Die Kammer **kann** der Verfassungsbeschwerde stattgeben; sie hat aber insoweit kein Entscheidungsermessen.[5] Insbesondere bei ernst zu nehmender Kritik in Rechtsprechung und Schrifttum an einer Senatsrechtsprechung (Beispiel: Kritik an der Ehrenschutzrechtsprechung des Ersten Senats), aber auch bei einem wichtigen Wandel der einer Entscheidung zugrunde liegenden gesellschaftlichen Leitvorstellungen kann es aber geboten sein, dem Senat Gelegenheit zur Entscheidung zu geben, um der „sektoralen Versteinerung der Verfassungsinterpretation" vorzubeugen.[6]

3. Die Kammerkompetenz ist von **folgenden Voraussetzungen** abhängig:[7]

a) Die Voraussetzungen des § 93 a II b müssen gegeben sein.

b) Das **Verhältnis zu § 93 a II a)** (s. o. § 93 a Rn. 6 ff.) bestimmt sich wie folgt: Der Umstand, dass § 93 c nur auf § 93 a II b) verweist, belegt, dass die stattgebende Entscheidung über eine Verfassungsbe-

---

[2] *Rixen* NVwZ 2000, 1364 (1365 ff.).
[3] *Sachs*, NVwZ 2003, 442; *Graßhof*, in: MSKB, Stand 2001 Rn. 34; *Schemmer*, in: UCD, Rn. 17.
[4] So *Mahrenholz*, FS f. Zeidler, Bd. 2, 1987, 1362 (1364).
[5] Anders die Vorauflage. S. jetzt Rn. 6 zu § 93 b; *Schemmer*, in: UCD, Rn. 11 f. zu § 93 c.
[6] Vgl. *Mahrenholz*, FS f. Zeidler, Bd. 2, 1987, 1362 (1367).
[7] S. die Übersicht über die Kammerrechtsprechung zu § 93 c bei *Höfling/ Rixen* AöR 125 (2000), 428, 613.

schwerde, für die die Voraussetzungen von lit. b) gegeben sind, zugleich aber die Voraussetzungen von lit. a) (grundsätzliche verfassungsrechtliche Bedeutung) allein dem Senat vorbehalten ist. Hat er noch nicht entschieden, fehlt es ohnehin an der Kammerkompetenz. Hat der Senat schon entschieden, stellt sich die Frage nicht mehr, weil es an einer grundsätzlichen verfassungsrechtlichen Frage fehlt, wenn das BVerfG sie schon entschieden hat (s. § 93a Rn. 6ff.).

10   c) Die für die Verfassungsbeschwerde maßgebliche verfassungsrechtliche Frage muss durch das BVerfG **schon entschieden** sein. Auszugehen ist allein vom (verfassungs)rechtlichen Obersatz; es ist dagegen unerheblich, ob der der Entscheidung zugrunde liegende Sachverhalt schon einmal Gegenstand einer Entscheidung des BVerfG war. Eine neue oder besondere Sachverhaltskonstellation kann aber ein Indiz dafür sein, dass es sich, trotz gefestigter Rechtsprechung zum rechtlichen Obersatz um eine noch nicht entschiedene verfassungsrechtliche Frage handeln (s. dazu Rn. 11 zu § 93a).

11   d) Zu klären ist sodann, auf welche verfassungsrechtliche Frage es für die Entscheidung ankommt. Wenn man darüber streiten kann, und der Streit vom BVerfG **noch nicht entschieden** ist, fehlt es an der Kammerkompetenz. Hängt die Entscheidung von der Beurteilung mehrerer verfassungsrechtlicher Frage ab, müssen alle bereits entschieden sein, es sei denn, den zusätzlich erhobenen Grundrechtsrügen komme „keine eigenständige Bedeutung zu".[8]

12   aa) Wann ist nun die verfassungsrechtliche Frage „schon entschieden"?

(1) Die Antwort ist einfach, wenn der zu bildende rechtliche Obersatz nicht weiter spezifiziert zu werden braucht. Das ist für das Willkürverbot anzunehmen.[9] Verfassungsbeschwerden in Willkürfällen kann deshalb in der Regel von den Kammern stattgegeben werden.[10]

13   (2) Die Prüfung erweist sich als schwieriger, wenn der gebildete Obersatz in der Rechtsprechung des BVerfG (auf unterschiedliche Fallgruppen bezogen) spezifiziert worden ist, was z.B. bei Art. 103 I GG der Fall ist. Dann müssen auch die Spezifikationen schon entschieden sein.[11] Es ist aber auch denkbar, dass der verfassungsrechtliche Obersatz in sich gegliedert ist.[12] Je allgemeiner die verfassungsrecht-

---

[8] BVerfGE 90, 22.
[9] *Mahrenholz,* FS f. Zeidler, Bd. 2, 1987, 1362 (1366).
[10] Vgl. etwa BVerfG(K) NJW 1993, 1699; *Schemmer,* in: UCD, Rn. 7 zu § 93c.
[11] Beispiel: BVerfG(K) NJW 1994, 1275.
[12] Beispiel: BVerfG(K) NJW 1994, 1273 und BVerfGE 35, 202 (226ff.) – Lebach; siehe dazu ausf. *Mahrenholz,* FS f. Zeidler, Bd. 2, 1987, 1362 (1365).

liche Vorgabe gehalten ist, umso vorsichtiger ist mit der Annahme umzugehen, die maßgebliche verfassungsrechtliche Frage sei schon entschieden.

e) Die Verfassungsbeschwerde muss **offensichtlich begründet** sein. Dieses Kriterium spezifiziert die Prüfanforderungen daran, ob die maßgebliche verfassungsrechtliche Frage schon entschieden ist. „Offensichtlich" ist eine Verfassungsbeschwerde dann begründet, wenn die Vorentscheidung der maßgeblichen Rechtsfrage eindeutig ist. Darüber hinaus hat das Merkmal der „Offensichtlichkeit" (etwa im Gegensatz zur „schlichten" Begründetheit) keine praktische Bedeutung.[13]

14

V. Sondercharakter

Satz 3 bestätigt durch die Aufrechterhaltung der Senatskompetenz den Sondercharakter der Regelung in Satz 1. Der Verfassungsbeschwerdesachverhalt bleibt danach der Kammerkompetenz entzogen, soweit es um die Entscheidung über ein Gesetz geht. Gesetz meint jede Rechtsnorm, die Gegenstand eines Verfassungsbeschwerdeverfahrens sein kann. Das ist umstritten.[14] Das wird durch die Praxis belegt, vgl. die Entscheidungsformel BVerfGE 53, 1 = NJW 1980, 929 und die überwiegende Kammerrechtsprechung.[15]

15

VI. Entscheidungsinhalte[16]

Geht man vom Wortlaut des § 31 II 2 aus, so gibt es **drei** Entscheidungsinhalte: Vereinbarkeit, Unvereinbarkeit und Nichtigkeit. Zur ersten Alternative kann es nicht kommen, weil die Prämisse der Kammerkompetenz die Absicht ist, der Verfassungsbeschwerde stattzugeben. Da aber § 93c II auf § 95 III, der die Vereinbarkeitsfeststellung nicht kennt, gerade nicht Bezug nimmt, bleibt es bei § 31 II 2: die Vereinbarkeitsfeststellung obliegt ausschließlich dem Senat.[17] Vom Sinn des Satzes 3 her, Rechtsnormentscheidungen wegen deren Bedeutung dem Senat zu überlassen, müssen auch alle zu § 95 entwi-

16

---

[13] Im Ergebnis ebenso *Schemmer,* in: UCD, Rn. 10 zu § 93c.
[14] Für die Beschränkung auf Gesetze im formellen Sinne *Schemmer,* in: UCD, Rn. 19 zu § 93c; dagegen *Graßhof,* in: MSKB, Stand 2001, Rn. 21 ff., 27 zu § 93c.
[15] S. die Nw. bei *Schemmer,* in: UCD, Rn. 19 zu § 93c.
[16] Vgl. *Graßhof,* in: MSKB, Stand 2001, Rn. 43 ff. zu § 93c; *Schemmer,* in: UCD, Rn. 27 ff. zu § 93c.
[17] S. dazu ausf. *Graßhof,* in: MSKB, Stand 2001, Rn. 22 zu § 93c.

ckelten Entscheidungsvarianten, soweit sie Rechtsnormen betreffen, dem Senat vorbehalten bleiben. Das betrifft auch Vereinbarkeitsfeststellungen, die auf verfassungskonformer Auslegung beruhen. Das betrifft aber nur mögliche Feststellungen nach § 31 II, denn andernfalls gäbe es überhaupt keine Kammerkompetenz, weil sich alle entscheidungserheblichen Rechtsnormen nur anwenden lassen, nachdem ihre Vereinbarkeit mit dem GG geprüft (und bejaht) worden ist. Das gilt auch für die Verwendung der Auslegungsmethode der verfassungskonformen Auslegung.

VII. Absatz 2

17 1. Abs. 2 regelt – mit dem Mittel der Verweisung – das **Entscheidungsverfahren der Kammer**.[18] Das ist erforderlich, weil sich die Verfahrensvorschriften für die Entscheidung im Verfassungsbeschwerdeverfahren auf die Zuständigkeit der Senate beziehen, und die Kammerkompetenz des § 93 d nicht dem Annahmeverfahren zuzuordnen ist (s. o. Rn. 1, 4).

18 2. Während die gesetzlichen Regeln des Annahmeverfahrens keine Vorschrift über die Anhörung bestimmter Personen enthalten (s. aber § 41 I GO) schreibt Abs. 2 vor, den in § 94 II, III genannten Personen **„Gelegenheit zur Äußerung"** zu geben.

19 3. Hinsichtlich der stattgebenden Entscheidung verweist Abs. 2 auf § 95 I, II.

4. Weitere Besonderheiten ergeben sich aus § 93 d.

VIII. Würdigung

20 Der Kammerrechtsprechung zu § 93 c wird von Fall zu Fall oder auch allgemein immer wieder vorgehalten, sie gehe mit der Voraussetzung, die maßgeblichen verfassungsrechtlichen Fragen müssten durch das BVerfG schon entschieden sein, zu großzügig um, ja, sie missachteten diese Voraussetzung geradezu,[19] so, wenn die Kammer formu-

---

[18] S. dazu *Graßhof*, in: MSKB, Stand 2001, Rn. 37 zu § 93 c; *Schemmer*, in: UCD, Rn. 27 ff. zu § 93 c.
[19] *Marenholz*, in: FS f. Zeidler, Bd. 2, 1987, 1361; *Leisner* BB 1995, 525; *Sendler* NJW 1995, 3292; *Benda* NJW 1995, 429; *Klein*, in: FS f. Stern, 1997, 1135; *Hermes*, in: FS 50 Jahre BVerfG, Bd. 1, 2001, 726 (731 ff.); *Schlaich/Korioth* Rn. 266; siehe dazu sehr abgewogen, aber Bedenken nicht verschweigend *Höfling/Rixen* AöR 125 (2000), 631 (637 f.); *Graßhof*, in: MSKB, Stand 2001, Rn. 8 ff. zu § 93 c.

§ 93c

lierten, die Rechtslage sei „bereits geklärt"[20] oder „hinreichend geklärt",[21] wenn ausgeführt wird, die verfassungsrechtlichen Fragen ließen sich „anhand" der Rechtsprechung beantworten[22] oder sie seien „bereits beantwortet".[23] In einer Reihe von Kammerentscheidungen werden die Voraussetzungen zu § 93c zwar erwähnt, aber nicht erörtert.[24] Manchmal belassen es die Kammern auch bei der bloße Behauptung, die Voraussetzungen des § 93c seien gegeben.[25] Die von § 93c nicht gedeckten Formulierungen, die am Erfordernis einer „Entscheidung" vorbeigehen (was natürlich eine Subsumtion erforderlich machte), deuten darauf hin, dass die Kammern nicht nur eine Konkretisierung, sondern auch eine Weiterentwicklungsbefugnis in Anspruch nehmen. Das führt zu einer „weiterentwickelnden Weiterentwicklung", wenn sich die Kammern bezüglich der bereits erfolgten Klärung ihrerseits auf § 93c-Entscheidungen berufen.[26] Beschränkt man sich, wie es die Kammerrechtsprechung durchweg tut, auf die Senatsentscheidung zu einem in Anspruch genommenen Grundrecht, so wird es an den Voraussetzungen des § 93c nie fehlen. Man kann davon ausgehen, dass die Rechtsprechung des BVerfG den Gehalt aller Grundrechte geklärt hat. Es bleibt dann (abgesehen von der „offensichtlichen Begründetheit") nur noch die Erörterung der grundsätzlichen verfassungsrechtlichen Bedeutung im Sinne des § 93a II a, die zu einer Senatsentscheidung führen würde, ein Thema, das die Kammern, wenn überhaupt, nur in Behauptungsform behandeln.

So darf man aber § 93c nicht verstehen. Dort ist nicht von der Entscheidung zu einem Rechtssatz, sondern von der Entscheidung über eine Rechtsfrage die Rede. Würde die Kammer gezwungen sein, die von ihr entschiedene Rechtsfrage in der Form auszuformulieren, wie das die Instanzrechtsprechung bei Nichtzulassungsbeschwerden verlangt, wäre rasch deutlich, wie wenig Rücksicht die Kammern auf

---

[20] BVerfG(K) 1 (2004), 173 (175); 1 (2004), 298 (302); 2 (2004), 89 (93); 2 (2004), 102 (104).
[21] NJW 1999, 3186 und dazu *Graßhof*, in: MSKB, Stand 2001, Rn. 9 zu § 93c; BVerfG(K) 2, 120 (126).
[22] EuGRZ 1998, 540 und dazu *Höfling/Rixen* AöR 125 (2000), 631 (637).
[23] BVerfGK 2 (2004), 185 (188); 2, 275 (277); 2, 279 (280); 2, 337 (339).
[24] BVerfGK 1 (2004), 1 (3); 1, 107 (108); 1, 194 (195); 1, 201 (204); 1, 211 (213); 2 (2004), 36 (39); 2, 140 (142); 2, 202 (204); 2, 207 (209); 2, 318 (323). Am weitesten geht die „Mahnmann-Entscheidung", BVerfGK 2 (2004), 231 (234), die § 93a, § 93c noch nicht einmal erwähnt. Hier sieht sich die Kammer schon ganz in der Rolle des Senats.
[25] BVerfGK 1 (2004), 72 (77); 1, 145 (148); 1, 269 (278); 1, 289 (290); 1, 331 (333); 2 (2004), 70 (72); 2, 239 (246).
[26] Siehe dazu *Höfling/Rixen* AöR 125 (2000), 631 (638).

dieses Tatbestandsmerkmal nehmen. Vorausgesetzt wäre nämlich nicht nur die Darstellung des verfassungsrechtlichen Obersatzes, sondern auch (in einem Fragesatz) die Bedeutung der Auswirkungen des Obersatzes auf einen bestimmten (entscheidungserheblichen) Sachverhalt. Würde man die „verfassungsrechtliche Frage" in diesem engen Sinn verstehen, erhöhte sich nicht nur der Arbeitsaufwand der Kammer zur Klärung der Annahmevoraussetzungen des § 93 c; zugleich reduzierte sich der Anwendungsbereich der Vorschrift erheblich.

Aus der Sicht der Praxis[27] entspricht diese Entwicklung aber den **Rechtsschutznotwendigkeiten.** Schon der Umfang der § 93 c-Entscheidungen[28] im Verhältnis zu den wenigen erfolgreichen Verfassungsbeschwerden[29] in den Senaten pro Jahr, zeigt,[30] dass die weite Auslegung des § 93 c eher zum Erfolg einer Verfassungsbeschwerde führt. Diese Bewertung zielt nicht darauf, die Kammer gehe mit dem Verfassungsrecht leichtfertig um, sondern soll nur belegen, dass sie sich wegen des Fehlens der grundsätzlichen verfassungsrechtlichen Bedeutung ihrer Entscheidungen mit dieser weiten Auslegung leichter tut. Eine zweite Überlegung ist für den Beschwerdeführer von vergleichbarem Gewicht. Senatsentscheidungen müssen das Nadelöhr der internen Strukturierung der Entscheidungs-Reihenfolge passieren. Ausvotierte „Entscheidungen" des Berichterstatters liegen oft lange, bis sich der Senat mit der Sache befassen kann. Auch ist die Entscheidungsfindung unter acht Richtern nicht immer einfach. Das alles umgeht die § 93 c-Entscheidung. Hier kann man im Gegensatz zu der sonst üblichen Verfahrensdauer von drei bis fünf Jahren mit einer Entscheidung häufig innerhalb eines Jahres rechnen.[31] Die praktische Handhabung des § 93 c durch die Kammern sichert deshalb, zumindest in gewissem Umfang, effektiven Rechtsschutz beim BVerfG.

---

[27] *Graßhof,* in: MSKB, Stand 2001, Rn. 10 ff. zu § 93 c weist zurecht auf die unterschiedlichen Sichtweisen hin.

[28] Nimmt man, als Beispiel, BVerfGK 1 (2004) und 2 (2004) (1/2003–2/2004), so gibt es 42 stattgebende Kammerentscheidungen.

[29] BVerfGE 110 weist von 1/2004–4/2004 vier erfolgreiche und fünf erfolglose Verfassungsbeschwerden aus.

[30] Die Zeiträume von BVerfGK 1 (2004) und 2 (2004) und BVerfGE 110 decken sich nicht. Die zahlenmäßigen Unterschiede werden aber auch so offenkundig.

[31] Immer gilt das auch nicht. Die § 93 c-Entscheidungen zu Art. 5 I GG (BVerfGK 2 (2004), 231; 2 (2004), 325) haben sechs Jahre Kammerlaufzeit hinter sich.

§ 93 d [Verfahren vor der Kammer]

(1) Die Entscheidung nach § 93 b und § 93 c ergeht ohne mündliche Verhandlung. Sie ist unanfechtbar. Die Ablehnung der Annahme der Verfassungsbeschwerde bedarf keiner Begründung.

(2) Solange und soweit der Senat nicht über die Annahme der Verfassungsbeschwerde entschieden hat, kann die Kammer alle das Verfassungsbeschwerdeverfahren betreffenden Entscheidungen erlassen. Eine einstweilige Anordnung, mit der die Anwendung eines Gesetzes ganz oder teilweise ausgesetzt wird, kann nur der Senat treffen; § 32 Abs. 7 bleibt unberührt. Der Senat entscheidet auch in den Fällen des § 32 Abs. 3.

(3) Die Entscheidungen der Kammer ergehen durch einstimmigen Beschluß. Die Annahme durch den Senat ist beschlossen, wenn mindestens drei Richter ihr zustimmen.

I. Allgemeines

Zu Wesen und Zweck des Annahmeverfahrens und zu seinen Rechtsgrundlagen s. Grundz vor §§ 93 a ff. Rn. 4 ff. 1

II. Entstehungsgeschichte

Die Gesetzesfassung beruht auf dem 5. ÄndG zum BVerfGG vom 2. 8. 1993 (BGBl. I 1442). 2

III. Inhalt

§ 93 d fasst einige Verfahrensvorschriften zusammen, stellt aber insoweit, schon im Verhältnis zu §§ 39 ff. GO, aber auch bezogen auf die gesetzliche Gesamtregelung nur eine lückenhafte Behandlung der Materie dar. Hinzu kommt, dass Verfahrensvorschriften für das Annahmeverfahren mit solchen für das Sachentscheidungsverfahren vermengt sind. Gesetzestechnisch ist § 93 d verunglückt. 3

IV. Absatz 1

1. Gemeinsam gilt gem. Abs. 1 S. 1 für das Annahme- und das Stattgabeverfahren, abweichend von der gesetzlichen Mündlichkeitsregel des § 25 und abweichend von der als Ausnahme gehandhabten 4

§ 93d   Teil III. Einzelne Verfahrensarten

Vorschrift des § 94 V, dass es sich um ein **schriftliches Verfahren** handelt. Das ist nicht mit dem schriftlichen Verfahren der Prozessordnungen des einfachen Rechts (etwa § 128 II ZPO) zu verwechseln. Schriftlichkeit i. S. d. § 93 d I 1 meint in der Regel den Antragsschriftsatz. Da das Verfassungsbeschwerdeverfahren keinen Gegner kennt gibt es keinen Schriftsatzwechsel, wegen der Begründungsfrist des § 93 I 1 grundsätzlich (s. dazu Rn. 8 ff. zu § 93) auch keine nachgereichten Schriftsätze. Stellungnahmen von Äußerungsberechtigten werden dem Beschwerdeführer im Allgemeinen nur „zur Kenntnis" überlassen. Weitere schriftliche Stellungnahmen des Beschwerdeführers müssen deshalb einen besonderen Grund haben.

5   **2.** Gemeinsam ist für beide Verfahrensarten die Form der Entscheidung als **Beschluss.** Dieser setzt Einstimmigkeit voraus (Abs. 3 S. 1). Für den Senat vgl. Abs. 3 S. 2. Ein Annahmebeschluss im rechtstechnischen Sinn ist nicht erforderlich.

6   **3. a)** Die **Ablehnung** der Annahme der Verfassungsbeschwerde (§ 93 b) bedarf **keiner Begründung** (Abs. 1 S. 3). Dies soll der Entlastung des Gerichts dienen.[1] Abs. 1 S. 3 schließt es jedoch nicht aus, die Ablehnung zu begründen. In der Praxis finden sich drei Varianten:
– die Beschränkung auf die Ablehnung der Annahme;
– die Ablehnung der Annahme unter formelhaftem Hinweis auf das Fehlen der Annahmevoraussetzungen des § 93 a und die Freistellung von einer Begründungspflicht durch § 93 d I 3.
– Um beide Varianten nicht zu karg geraten zu lassen, übersendet die Geschäftsstelle des zuständigen Senats bei Einlegung der Verfassungsbeschwerde ein Merkblatt, in dem §§ 93 a, d dargestellt werden (vgl. Grundz vor §§ 93 a ff. Rn. 14);
– die Ablehnung der Annahme mit (zum Teil ausführlicher Begründung.[2]

7   Man kann den Entlastungseffekt bezweifeln, denn ein gründliches Votum liegt für jede Nicht-Annahme-Entscheidung vor.[3] Immerhin wird durch den Begründungsverzicht die Auswahl einiger tragender Sätze, und damit die Einigung der Kammermitglieder über die Begründung sowie Schreibarbeit erspart. Der durchaus anzunehmenden Entlastung des Gerichts steht eine Reihe von Einwänden gegenüber. Die Möglichkeit der Verfassungsbeschwerde ist nach Art. 93 I Nr. 4a GG nicht geschaffen worden, damit das dafür zuständige Gericht entlastet, sondern damit es von jedermann in Anspruch genommen wer-

---

[1] BT-Drs. 12/3628 S. 14.
[2] S. dazu *Schemmer*, in: UCD, Rn. 6 zu § 93 d.
[3] *Graßhof*, in: MSKB, Stand 2001, Rn. 11 zu § 93 b, Rn. 9 zu § 93 d.

den kann.[4] Wer nur entscheidet, seine Entscheidung aber noch nicht einmal durch eine Kurzbegründung rechtfertigt, erweckt vor allem beim Bürger selbst den Eindruck willkürlicher Machtausübung.[5] Die formelle Betrachtungsweise zum Begründungsverzicht bei letztinstanzlichen Entscheidungen[6] schließt die Augen vor der Rechtswirklichkeit: die Anrufung des BVerfG gehört zur Pflicht der Rechtswegerschöpfung bei Menschenrechtsbeschwerden nach der EMRK.

Wie beurteilt sich der in § 93d I 2 zugelassene Begründungsverzicht verfassungsrechtlich? Dass Akzeptanz und Vertrauen in eine gerichtliche Entscheidung bei einem Begründungsverzicht leiden, ist noch kein verfassungsrechtliches Argument. Auch der Streit um die Entlastungsfunktion des § 93d I 2[7] betrifft eine Zweckmäßigkeitsfrage. Ob es ein tragfähiges verfassungsrechtliches Argument gibt, hängt davon ab, ob es einen grundgesetzlichen Begründungszwang für gerichtliche Entscheidungen gibt. *Kischel* hat aus einer Zusammenschau von Rechtsstaatsprinzip, Demokratiegebot, Art. 19 IV GG und dem Grundsatz des fairen Verfahrens eine allgemeine verfassungsrechtliche Begründungspflicht hergeleitet[8] und das auch für letztinstanzliche Entscheidungen angenommen.[9] Weder das Rechtsstaatsprinzip noch das Demokratiegebot taugen in ihrer Allgemeinheit zur Klärung dieser Frage. Zum Rückgriff auf Art. 19 IV GG und den Grundsatz des fairen Verfahrens lässt sich einwenden, dass das Verfahren mit der letztinstanzlichen Entscheidung abgeschlossen ist. Man könnte hinzufügen, dass Nichtannahmebeschlüsse gar keine Sachentscheidung darstellen und deshalb verfahrensrechtlich so ausgestaltet sind, wie der Gesetzgeber es für richtig hält.[10] Zwar ist kein Zweifel, dass der Bürger, der als Antwort auf seine Verfassungsbeschwerde ein leeres Blatt Papier erhält,[11] zu einem bloßen Objekt des Verfahrens wird. Für einen Verstoß gegen den Grundsatz des fairen Verfahrens reicht das Argument aber nicht aus, wenn man sich auf den Standpunkt stellt, das Verfahren sei damit abgeschlossen: Ob der Beschwerdeführer dafür die Gründe kennt oder nicht kennt, ändert daran nichts. Im Hinblick auf die

---

[4] *Zuck* NJW 1993, 2641.
[5] *Kroitzsch* NJW 1994, 1032; *Zuck* NJW 1996, 1656; *E. Schneider* ZIP 1996, 487.
[6] S. dazu umfassend *Kischel,* Die Begründung, 2003, 180 ff.
[7] Bejahend *Graßhof* in: MSKB, Stand 2001, Rn. 9 zu § 93d; eher vereinend *Kischel,* Die Begründung, 2003, 212 f.
[8] *Kischel,* Die Begründung 2003, 175.
[9] *Kischel,* Die Begründung 2003, 399.
[10] In diesem Sinn *Graßhof,* in: MSKB, Stand 2001, Rn. 8 zu § 93d.
[11] *Zuck* NJW 1996, 1656.

§ 93d   Teil III. Einzelne Verfahrensarten

Menschenrechtsbeschwerde versagt auch der Rückgriff auf Art. 19 IV GG, wenn man dabei bleibt, dass es – vom außerordentlichen Rechtsschutz zunächst abgesehen – keinen Rechtsschutz gegen den Richter gibt. Wegen der Zuordnung der Menschenrechtsbeschwerde zum europäischen Rechtsschutz scheitert auch der Rückgriff auf den allgemeinen Justizgewährleistungsanspruch. Nach deutschem Recht bliebe ein in § 93d liegender Verfahrensverstoß ohne jede Folge, weil Kammerentscheidungen nicht angreifbar sind und weil die Beschwer nur in der (fehlenden) Begründung liegt, damit aber eine Verfassungsbeschwerde nicht begründet werden kann. Im Ergebnis kann man deshalb nicht davon ausgehen, dass § 93d I 2 verfassungswidrig ist.[12]

Das ändert nichts daran, dass die begründungslose Nichtannahmeentscheidung die Anrufung des EGMR behindert, mag die Verfassungsbeschwerde noch so sehr als außerordentlicher Rechtsbehelf (außerhalb eines Rechtswegs) gekennzeichnet sein. Sie bleibt nun einmal innerstaatlich ein regulärer Rechtsbehelf bei Grundrechtsverletzungen durch die Instanzgerichte und sie bleibt Zulässigkeitsvoraussetzung für die Menschenrechtsbeschwerde (Art. 35 I EMRK). Die fehlende Begründung nach § 93d I 2 beschränkt den Zugang zum EGMR in unzumutbarer Weise. Damit wird Art. 6 I EMRK in den Fällen verletzt, bei denen der Entscheidung des BVerfG ein zivil- oder strafrechtliches Verfahren zugrunde gelegen hat.[13]

8   **b)** Kammerentscheidungen nach § 93c unterliegen der allgemeinen **Begründungspflicht** des § 30.

9   **4.** Die **Unanfechtbarkeit** von Entscheidungen im Stattgabeverfahren des § 93c I 1 oder im Senatsverfahren nach § 93c I 2 folgt allgemeinen Regeln.

V. Absatz 2

10   Abs. 2 regelt die Kammerkompetenzen für alle **Nebenentscheidungen,** in der Sache, zeitlich, und im Verhältnis zur Senatskompetenz.

1. Allgemeines

11   **a)** Der Sache nach betrifft die Kammerkompetenz folgende Nebenentscheidungsbereiche:

---

[12] Anders die Vorauflage, Rn. 7 zu § 93d; *Kischel,* Die Begründung 2003, 209.

[13] Dass Art. 6 I EMRK insoweit überhaupt anwendbar ist, siehe dazu EGMR NJW 2001, 211.

- Besetzung der Kammer;[14]
- Festsetzung des Gegenstandswerts (§ 37 II RVG);
- Anordnung der Auslagenerstattung (§ 34 a);
- Auferlegung einer Missbrauchsgebühr (§ 34 II);
- Anträge auf PKH;
- Zulassung eines Beistands nach § 22 I 3;
- Erlass einer einstweiligen Anordnung (§ 32) nach Maßgabe von § 93 d II S. 2 und 3.[15]

b) Im Übrigen besteht die Sachkompetenz der Kammer zu Nebenentscheidungen nur, soweit der Senat nicht über die Annahme entschieden hat, vgl. zur Teilbarkeit von Annahmeentscheidungen § 93 a Rn. 17.

2. Insbesondere: Einstweilige Anordnung

a) Eine einstweilige Anordnung, mit der die Anwendung eines Gesetzes ganz oder teilweise ausgesetzt werden soll, kann nur der **Senat** treffen (Abs. 2 S. 2). Die Notbesetzungskompetenz des § 32 VII bleibt unberührt.

b) Der Senat behält auch die Widerspruchskompetenz des § 32 III, vgl. § 93 d II 3.[16]

3. Zeitliche Grenzen

Zeitlich besteht die Nebenentscheidungskompetenz der Kammer, solange der Senat nicht über die Annahme entschieden hat (Abs. 2 S. 1). Da der Senat im Allgemeinen erst mit der Sachentscheidung selbst über die Annahme entscheidet, meist nur indirekt, bleibt die Kammerkompetenz auch nach Abgabe der Sache an den Senat uneingeschränkt erhalten.

Für den Beschwerdeführer ändert sich nichts, weil er bis zum Nichtannahmebeschluss der Kammer nicht weiß, welche Entscheidung überhaupt getroffen wird und von wem. Ohnehin wendet er sich immer an das BVerfG oder an den Berichterstatter, der ja ganz gleich, wo die Zuständigkeit liegt, identisch bleibt.

Wollte der Senat die Kammerzuständigkeit i. S. d. Abs. 2 S. 1 verlässlich ausschalten, müsste er eine gesonderte Annahmeentscheidung treffen. In der Praxis geschieht dies nicht. Da die Kammer auch inso-

---

[14] S. dazu BVerfG(K) NJW 1990, 39; *Fromme,* in: FS f. Geiger, 1989, 747 ff.; *Heüveldop* NJW 1990, 28; *Schlaich/Korioth* Rn. 271; siehe auch § 15 a.
[15] Vgl. etwa BVerfG(K) NJW 1994, 40; *Schemmer,* in: UCD, Rn. 16 ff. zu § 93 d.
[16] Siehe z. B. BVerfG(K) NJW 1994, 39.

weit ein Entscheidungsermessen hat („kann") wird sie nach Abgabe der Sache an den Senat nichts mehr entscheiden. Faktisch reduziert sich deshalb die Nebenentscheidungskompetenz der Kammer auf die Zeit bis zu einer Entscheidung nach § 93 b S. 1.

§ 94 [Anhörung Dritter]

(1) **Das Bundesverfassungsgericht gibt dem Verfassungsorgan des Bundes oder des Landes, dessen Handlung oder Unterlassung in der Verfassungsbeschwerde beanstandet wird, Gelegenheit, sich binnen einer zu bestimmenden Frist zu äußern.**

(2) **Ging die Handlung oder Unterlassung von einem Minister oder einer Behörde des Bundes oder des Landes aus, so ist dem zuständigen Minister Gelegenheit zur Äußerung zu geben.**

(3) **Richtet sich die Verfassungsbeschwerde gegen eine gerichtliche Entscheidung, so gibt das Bundesverfassungsgericht auch dem durch die Entscheidung Begünstigten Gelegenheit zur Äußerung.**

(4) **Richtet sich die Verfassungsbeschwerde unmittelbar oder mittelbar gegen ein Gesetz, so ist § 77 entsprechend anzuwenden.**

(5) **Die in den Absätzen 1, 2 und 4 genannten Verfassungsorgane können dem Verfahren beitreten. Das Bundesverfassungsgericht kann von mündlicher Verhandlung absehen, wenn von ihr keine weitere Förderung des Verfahrens zu erwarten ist und die zur Äußerung berechtigten Verfassungsorgane, die dem Verfahren beigetreten sind, auf mündliche Verhandlung verzichten.**

I. Allgemeines

1   1. Förmlich „**beteiligt**" im Verfassungsbeschwerdeverfahren ist nur der Beschwerdeführer selbst, auch nicht, da keine weitere „Instanz" im Rechtssinn eröffnet wird, der Gegner des Ausgangsverfahrens. Einen Antragsgegner gibt es nicht.[1] Das Verfassungsbeschwerdeverfahren unterscheidet sich dadurch etwa vom Anfechtungsverfahren des Verwaltungsprozesses, in dem die öffentlich-rechtliche Körperschaft, deren Behörde den angegriffenen Verwaltungsakt erlassen hat oder diese selbst, als Klagegegner erscheint (§ 78 VwGO). Das Gesetz schreibt deshalb durch besondere Rechtsvorschrift, teils im Interesse der Rechts-

---

[1] BVerfGE 7, 99 (106); *Schmidt-Bleibtreu,* in: MSKB, Stand 1999, Rn. 7 zu § 94; *Goetze,* in: UCD, Rn. 3 zu § 94.

findung, teils unter Gesichtspunkten des rechtlichen Gehörs, die **Anhörung sachlich beteiligter Stellen und Personen** vor. Die Anhörung gibt nicht die vollen Rechte eines Prozessbeteiligten. Sie berechtigt also nicht dazu, Anträge zu stellen oder – vorbehaltlich Abs. 5 – auf mündliche Verhandlung zu verzichten. Diese Rechte gibt Verfassungsorganen jedoch der nach Abs. 5 mögliche Beitritt.

2. a) Nach § 93c II gelten § 94 II, III auch für das **Kammerverfahren** des § 93c.

b) Nach § 41 I GO kann der Berichterstatter im Kammerverfahren nach § 93b **Stellungnahmen** der in § 94 genannten Äußerungsberechtigten oder Dritter einholen. Das erscheint dann geboten, wenn ohne solche Äußerungen eine Kammerentscheidung über die Annahme der Verfassungsbeschwerde nicht getroffen werden kann. Werden in diesem Zusammenhang Stellungnahmen eingeholt, so ist es ein Gebot des rechtlichen Gehörs, dem Beschwerdeführer Gelegenheit zur Äußerung zu geben. Das entspricht auch der Kammerpraxis. Der Kreis der Anzuhörenden wird durch § 22 IV GO erweitert: Danach können auch Stellungnahmen von obersten Bundes- und Landesgerichten eingeholt werden. Die Entscheidung über den Umfang der Anhörungsbeteiligten steht im Ermessen des Senatsvorsitzenden/Berichterstatters. Bei einer Vielzahl von Anhörungsbeteiligten wird von „großer Zustellung", bei einer geringen Zahl von einer „kleinen Zustellung" gesprochen.[2] Die Unterscheidung hat praktische Bedeutung, weil der Beschwerdeführer die für die Zustellung erforderliche Zahl von Abschriften zur Verfassungsbeschwerde, unter Umständen einschließlich ihrer Anlagen, dem BVerfG zur Verfügung stellen muss.

II. Zu Abs. 1 (Verfassungsbeschwerden gegen Maßnahmen von Verfassungsorganen)

1. Verfassungsorgane des Bundes sind der Bundestag, der Bundesrat, der Bundespräsident, die Bundesregierung, der Ausschuss nach Art. 45 GG, der gemeinsame Ausschuss nach Art. 53a GG, Verfassungsorgane der Länder die Landtage (einschließlich der entsprechenden Körperschaften der Stadtstaaten) und die Landesregierungen, in Bayern auch der Senat. Die Handlung oder Unterlassung eines Verfassungsorgans wird in der Verfassungsbeschwerde immer dann beanstandet, wenn die Verfassungsbeschwerde dem BVerfG Gelegenheit gibt, über die Verfassungsmäßigkeit des Verhaltens von Verfassungsorganen zu entscheiden.

---

[2] *Goetze,* in: UCD, Rn. 10 zu § 94.

§ 94   Teil III. Einzelne Verfahrensarten

5   2. **Der Anwendungsbereich des Abs. 1** für Verfassungsbeschwerden nach § 90 wäre sehr begrenzt, wenn Abs. 2 in der Praxis des BVerfG als eine den Abs. 1 ausschließende Sondernorm behandelt würde. Das BVerfG gibt aber stets der Bundesregierung auch dann Gelegenheit zur Äußerung, wenn nach Abs. 2 ein Bundesminister zu hören ist. Sind mehrere Verfassungsorgane an der angegriffenen Handlung der Unterlassung beteiligt, so ist allen Gelegenheit zur Äußerung zu geben.

6   3. Die **Fristsetzung** schließt nicht aus, dass das BVerfG eine verspätete Äußerung noch berücksichtigt. Die Vorschriften der § 296 ZPO, § 87b III VwGO passen für die Abgabe von Äußerungen nicht. Da aber die Äußerungen auch dazu dienen, die objektive Funktion der Verfassungsbeschwerde, das Verfassungsrecht zu wahren und fortzuentwickeln und eine Sachentscheidung im Rahmen des § 31 ggf. weitreichende Wirkungen hat, muss das BVerfG die Möglichkeit haben, verspätete Äußerungen zu berücksichtigen.[3] Der Rang des *BVerfG* sollte – bei meist sehr geräumig gesetzten Fristen – im Übrigen jede Fristüberschreitung ausschließen.

III. Zu Abs. 2 (Verfassungsbeschwerden gegen Maßnahmen von Ministern und Behörden)

7   1. Da die Verfassungsbeschwerde in der Regel nur nach Erschöpfung des Rechtswegs erhoben werden kann (§ 90 II), ist unmittelbarer Gegenstand der Beschwerde fast immer eine gerichtliche Entscheidung. Abs. 2 stellt jedoch wohl sowohl auf die zuletzt ergangene gerichtliche Entscheidung, wie auf den einer verwaltungsgerichtlichen Entscheidung zugrunde liegenden beschwerenden Verwaltungsakt ab. „Zuständiger Minister" ist, sofern nicht ohnehin die oberste Bundesbehörde selbst angegriffen wird, der Minister, der die Sachaufsicht führt, also stets entweder ein Minister des Bundes oder eines Landes. Die Anhörung des zuständigen Ministers nach Abs. 2 schließt nach der Praxis des BVerfG die Anhörung der Bundes- oder Landesregierung nach Abs. 1 nicht aus. „Behörden" im Sinne des Abs. 2 sind auch Gerichte. Bei gerichtlichen Entscheidungen, denen kein Verwaltungsakt vorausging (Zivilsachen), ist der Justizminister zuständige Behörde im Sinne des Abs. 2.

8   2. Hinsichtlich einer Fristbestimmung für die Abgabe der Äußerung gilt sinngemäß Abs. 1.

---

[3] Im Ergebnis wie hier *Goetze,* in: UCD, Rn. 5 zu § 94; weitergehend *Schmidt-Bleibtreu,* in: MSKB, Stand 1999, Rn. 8 zu § 94, der von einem Zwang zur Berücksichtigung verspäteten Vorbringens ausgeht.

Verfassungsbeschwerde § 94

IV. Zu Abs. 3 (Anhörung des Gegners im Ausgangsprozess)

1. Da die Verfassungsbeschwerde immerhin ähnlich einem letztinstanzlichen Urteil zur Aufhebung einer ergangenen gerichtlichen Entscheidung unter verfassungsrechtlichen Gesichtspunkten führen kann, ist es ein Gebot des verfassungsrechtlichen Grundsatzes des rechtlichen Gehörs, dass auch der – begünstigte – Gegner des Ausgangsprozesses gehört wird.

2. Wegen der Äußerungsfrist vgl. Abs. 1.

3. Zur Bewilligung von PKH vgl. *BVerfGE* 92, 122 (125).

Der Äußerungsbeteiligte kann keine Erstattung seiner Auslagen verlangen.[4] Das hat mit seiner beschränkten Verfahrensstellung zu tun; der Äußerungsbeteiligte erlangt nicht die Stellung eines unmittelbar Beteiligten.[5] Seine Beteiligung erschöpft sich in der ihm eingeräumten Äußerungsbefugnis.[6]

V. Zu Abs. 4 (Verfassungsbeschwerden gegen Gesetze)

Der durch die Novelle von 1963 (BGBl. I S. 589) eingefügte Abs. 4 schreibt für Verfassungsbeschwerden gegen „Gesetze" die Anwendung der Vorschriften der abstrakten Normenkontrolle vor. Wie bei der abstrakten Normenkontrolle ist der Gesetzesbegriff im materiellen Sinne zu verstehen, so dass er Rechtsverordnungen mitumfasst. Die Vorschrift gilt auch für die mittelbare Rechtsverfassungsbeschwerde.[7]

VI. Zu Abs. 5 (Beitritt von Verfassungsorganen; mündliche Verhandlung)

1. Abs. 5 wurde durch die Novelle vom 21. 12. 1970 (BGBl. I S. 1765) neu gefasst. Die Neufassung klärt im Anschluss an die Rechtsprechung des BVerfG.[8] bisherige Zweifel hinsichtlich der Rechte der am Verfassungsbeschwerdeverfahren beteiligten Verfassungsorgane, indem sie den in Abs. 2 und 4 genannten Verfassungsorganen das Recht zu förmlichen Beitritt und damit Zugang zu den vollen Rechten einer Prozess-Partei gewährt. Der Beitritt muss ausdrücklich erklärt werden.

---

[4] BVerfGE 99, 46 (48).
[5] BVerfGE 1, 433 (438); 31, 87 (91 f.); 55, 132 (133).
[6] *Goetze,* in: UCD, Rn. 17 zu § 94.
[7] *Goetze,* in: UCD, Rn. 17 zu § 94.
[8] BVerfGE 24, 33.

§ 94 Teil III. Einzelne Verfahrensarten

13 2. **a)** Abs. 5 S. 2 stellt – abweichend von der Regel des § 25 – die Abhaltung einer **mündlichen Verhandlung** in das Ermessen des Gerichts, sofern folgende zwei Voraussetzungen erfüllt sind:
- wenn nach Auffassung des Gerichts keine weitere Förderung des Verfahrens mehr zu erwarten ist,
- wenn äußerungsberechtigte Verfassungsorgane, die dem Verfahren beigetreten sind, auf mündliche Verhandlung verzichten.

Äußerungsberechtigten Verfassungsorganen, die nicht förmlich beigetreten sind, steht also ein gleiches Recht nicht zu.

14 **b)** Die mündliche Verhandlung ist im Verfassungsbeschwerdeverfahren eine **seltene Ausnahme**. Das ist in der Vergangenheit unter Transparenz- und Akzeptanzgesichtspunkten vielfach beklagt worden[9] Es ist jedoch einzuräumen, dass es bei der normalen Bürger-Verfassungsbeschwerde in der Regel keine berechtigte Erwartung gibt, das Verfahren werde durch eine mündliche Verhandlung gefördert.[10] In „großen" Verfassungsbeschwerdeverfahren, insbesondere in solchen mit Öffentlichkeitsbezug, kann das wegen des Gesprächs mit Auskunftspersonen, Zeugen und Sachverständigen anders sein, gelegentlich auch, wegen der erheblichen Sachkunde der meist beteiligten Ordinarien des öffentlichen Rechts, zu einem ertragreichen Rechtsgespräch führen. Für den in forensischen Kategorien denkenden Rechtsanwalt ist dagegen wenig Raum.

15 **c)** Das ändert nichts daran, dass das Gericht die mündliche Verhandlung, wenn sie schon stattfindet, „mündlicher" gestalten könnte. Üblicherweise verschickt das Gericht kurz vor der Verhandlung seine zeitlichen und strukturellen Vorstellungen über den Verhandlungsablauf an die Verfahrensbeteiligten (vgl. § 24 II GO). Diesen wird auch gesagt, wofür sich der Senat in der mündlichen Verhandlung interessiert.

16 In der – meist eine halbe Stunde vor Sitzungsbeginn (meist 10.00 Uhr) – stattfindenden Vorbesprechung des Senatsvorsitzenden und des Berichterstatters mit den Verfahrensbeteiligten wird die schriftliche Vorplanung konkretisiert, ergänzt und gelegentlich geändert.

Das ist hilfreich und angesichts der meist großen Zahl der Verfahrensbeteiligten auch erforderlich. Es führt aber zu einer starken Verkrustung des Verfahrensablaufs, zu einer Art Verfahrensinszenierung, die den Verfahrensbeteiligten nur noch Rollen zuweist und damit fik-

---

[9] Vgl. die Nachweise bei *Zuck*, Vb Rn. 278.
[10] Eine gewisse Förderung wäre wohl immer zu erwarten, siehe dazu *Benda/Klein* Rn. 418 f. So ist denn auch eher die mit der Durchführung einer mündlichen Verhandlung verbundene Arbeitsbelastung das Hauptargument für den Verzicht.

tive Mündlichkeit zur Folge hat. Die Beteiligten spielen diese Rollen nach den Berufsbildern, denen sie sich verpflichtet fühlen und die sie prägen, und – leider – meist auch nach einem Manuskript. Wenn es möglich wäre, den damit verbundenen „Vorlesungsstil" durch eine Öffnung zu einem Rechtsgespräch mit unmittelbarem Gedankenaustausch (oder „Schlagabtausch"), auch unter Beteiligung der Richterbank (nicht nur von Vorsitzendem und Berichterstatter) fortzuentwickeln, wäre für die wirkliche Mündlichkeit der Verhandlung viel gewonnen.

3. Zur Beteiligung der **Medien** an der mündlichen Verhandlung s. Rn. zu § 17a. 17

§ 95 [Entscheidung]

(1) **Wird der Verfassungsbeschwerde stattgegeben, so ist in der Entscheidung festzustellen, welche Vorschrift des Grundgesetzes und durch welche Handlung oder Unterlassung sie verletzt wurde. Das Bundesverfassungsgericht kann zugleich aussprechen, daß auch jede Wiederholung der beanstandeten Maßnahme das Grundgesetz verletzt.**

(2) **Wird der Verfassungsbeschwerde gegen eine Entscheidung stattgegeben, so hebt das Bundesverfassungsgericht die Entscheidung auf, in den Fällen des § 90 Abs. 2 Satz 1 verweist es die Sache an ein zuständiges Gericht zurück.**

(3) **Wird der Verfassungsbeschwerde gegen ein Gesetz stattgegeben, so ist das Gesetz für nichtig zu erklären. Das gleiche gilt, wenn der Verfassungsbeschwerde gem. Abs. 2 stattgegeben wird, weil die aufgehobene Entscheidung auf einem verfassungswidrigen Gesetz beruht. Die Vorschrift des § 79 gilt entsprechend.**

Übersicht

	Rn.
I. Allgemeines	
1. a) Zulässiges Angriffsziel	1
b) Funktionen der Verfassungsbeschwerde	2
c) Verfahrensgegenstand	4
d) Verhältnis von Absatz 1 zu Absätzen 2 und 3	6
2. Kammerverfahren	7
II. Feststellung der Verfassungswidrigkeit	8
1. a) stattgebende Entscheidungen	8
b) Unterlassen	9
c) Beseitigungsverpflichtung	10

§ 95 Teil III. Einzelne Verfahrensarten

	Rn.
2. Wiederholung	11
3. Verhältnis von Absatz 1 und Absatz 2	12
III. Zu Absatz 2	13
1. Aufhebung	13
a) Rechtsfolgen	13
b) Aufhebung	14
c) Rechtsschutzkette	15
2. Zurückverweisung	16
3. Durchentscheiden	17
IV. Zu Absatz 3	19
1. Allgemeines	19
2. Zu Satz 1	20
a) aa) Nichtigerklärung	20
bb) Funktionelle Teilnichtigkeit	21
b) Feststellung der Verfassungswidrigkeit	22
aa) Gleichheitswidriger Begünstigungsausschluss	23
bb) Eingriff in die Gestaltungsfreiheit des Gesetzgebers	24
cc) Unvereinbarkeitserklärungen	25
dd) Gesetzgeberisches Unterlassen	26
c) Rechtsfolgen der Unvereinbarkeitserklärungen	28
aa) Anwendungssperre	28
bb) Rückwirkende Anwendung	30
cc) Verpflichtung des Gesetzgebers	31
d) Appellentscheidungen	35
e) Vereinbarkeitsentscheidung	36
3. Zu Satz 2	37
4. Zu Satz 3	38
V. Würdigung	41

I. Allgemeines

1. a) § 95 trifft zwar nur Bestimmungen über den Inhalt der Entscheidung bei stattgebenden Urteilen. Damit wird aber zugleich das **zulässige Angriffsziel** einer Verfassungsbeschwerde gekennzeichnet.[1]

b) § 95 gibt zunächst Anhaltspunkte für die Funktionen der Verfassungsbeschwerde, zusammen mit anderen Vorschriften wie §§ 90, 92 und 93a, aber auch § 31. Da das BVerfGG nur eine allgemeine Verfassungsbeschwerde kennt (die Kommunalverfassungsbeschwerde des § 91 ist eine besondere Verfassungsbeschwerde, vgl. Rn. 2 zu § 91)

---

[1] BVerfGE 14, 192 (193) = NJW 1962, 1387; 54, 53 (66); 89, 381 (393 f.). Die Verfassungsbeschwerde kann nur auf die Nichtigerklärung eines Gesetzes über die Aufhebung einer gerichtlichen Entscheidung zielen.

können die Funktionen der Verfassungsbeschwerde auch nur einheitlich beschrieben werden; es spielt infolgedessen keine Rolle, ob es sich um eine Urteils- oder eine Rechtssatzverfassungsbeschwerde handelt.[2]

Die in Abs. 2 vorgeschriebene Aufhebung/Rückverweisung beseitigt zunächst die individuelle Beschwer oder eröffnet ggf. die Möglichkeit ihrer dauerhaften Beseitigung. Das Gleiche gilt für die nach Abs. 3 zu treffenden Entscheidungen. Insoweit erweist sich die Verfassungsbeschwerde als Durchsetzungs- und Schutzinstrument für individuelle Rechte; die Verfassungsbeschwerde hat also eine subjektive Funktion (zu den unterschiedlichen Funktionen s. Rn. 7 ff. zu § 90).

Die Feststellungsbefugnisse des Abs. 1 und die endgültige Beseitigung einer Rechtsnorm durch Nichtigerklärung verändern dagegen die objektive Rechtslage. Insoweit hat die Verfassungsbeschwerde objektive Funktionen. Einen Vorrang der einen oder anderen Funktion kann man § 95 nicht entnehmen (s. dazu auch Rn. 11 zu § 90).

3

c) § 95 enthält auch Aussagen über den **Verfahrensgegenstand** (im Sinne eines „Streit"-Gegenstandes der Verfassungsbeschwerde.[3]

4

Verfahrensgegenstand ist danach das (prozessuale) Begehren des Beschwerdeführers auf Überprüfung eines erlassenen oder unterlassenen Hoheitsaktes im Hinblick auf als verletzt behauptete (in § 90 I genannte) Rechte (zu diesen s. Rn. 74 ff. zu § 90). Der Begriff des Verfahrensgegenstandes ist also zweigliedrig:[4] er umfasst nicht nur ein bestimmtes Handeln oder Unterlassen der öffentlichen Gewalt, sondern auch eine darauf bezogene Rechtsbehauptung.

5

d) Die stattgebenden Entscheidungen sind ebenfalls zweigleisig. Neben einen **feststellenden Teil** (Verletzung eines Rechts im Sinne des § 90, § 95 I) tritt eine Folgenentscheidung **(bewirkender Teil)** (§ 95 II, III). Abs. 2 und 3 treten deshalb ergänzend zu Abs. 1 hinzu.[5]

6

2. § 93 c II macht § 95 I, II auch für **Kammerbeschlüsse** nach § 93 c I anwendbar nicht dagegen § 95 III.

7

---

[2] AA *Stark,* in: UCD, Rn. 5 zu § 95.

[3] Siehe dazu *Eckl,* Der Streitgegenstand im Verfassungsprozess, Diss. München, 1956; *Detterbeck* AöR 116 (1991), 391 (406 ff.); *ders.,* Streitgegenstand und Entscheidungswirkungen im öffentlichen Recht, 1995; *Stark,* in: UCD, § 95 Rn. 5.

[4] So zutreffend *Stark,* in: UCD, Rn. 5 zu § 95.

[5] *Schmidt-Bleibtreu,* in: MSKB, Stand 2002, Rn. 9 zu § 95, *Stark,* in: UCD, Rn. 9 zu § 95.

II. Zu Abs. 1 (Feststellung der Verfassungswidrigkeit)

8 **1. a)** Abs. 1 schreibt für **stattgebende** Gerichtsentscheidungen gegen Hoheitsakte aller Art (oder Unterlassungen) die ausdrückliche Feststellung der Verfassungswidrigkeit unter Angabe der verletzten Vorschrift vor. § 79 I macht ggf. auch eine Feststellung im Tenor notwendig, dass eine beanstandete Auslegung einer Norm verfassungswidrig ist. Damit gelangt – abweichend etwa vom Verwaltungsprozess, vgl. § 113 VwGO – eine sonst in den Gründen einer Entscheidung enthaltene Feststellung in den Tenor. Mit dieser Vorschrift trägt das Gesetz der Funktion der Verfassungsbeschwerde im objektiven Sinne Rechnung: Die Entscheidungen sollen der Klärung und Deutung des objektiven Verfassungsrechts dienen; s. dazu Rn. 10 zu § 90.

9 **b)** Eine selbstständige Bedeutung hat die Feststellung nach Abs. 1 bei Verfassungsbeschwerden gegen **Unterlassungen** des Gesetzgebers (zu diesem vgl. § 90 Rn. 104 ff.); da der Gesetzgeber vom BVerfG, anlässlich seines gesetzgeberischen Ermessensbereichs, nicht positiv zu einem bestimmten Verhalten verpflichtet werden oder gar das BVerfG an seiner Stelle in Ersatzvornahme handeln kann, können stattgebende Urteile bei Verfassungsbeschwerden gegen Unterlassungen des Gesetzgebers nur einen Ausspruch nach Abs. 1 über die Verfassungswidrigkeit der Unterlassung enthalten. Dies hat vor allem Bedeutung für Verfassungsbeschwerden wegen Verletzung des Art. 3 GG.[6] Nach *BVerfGE* 25, 167 (184) = NJW 1969, 597 kann das BVerfG bei nicht eingehaltenen Gesetzgebungsaufträgen des GG erst dann eine Verfassungsverletzung feststellen, wenn die Untätigkeit des Gesetzgebers so lange angedauert hat, dass sie auch unter Beachtung seiner grundsätzlichen Dispositionsfreiheit und unter Würdigung aller die Verzögerung rechtfertigenden Umstände nicht mehr erträglich erscheint. Die Beschränkung der Entscheidung des BVerfG auf die Feststellung einer Grundgesetzverletzung ist aber die Ausnahme, die nur dann greift, wenn ein zur Aufhebung geeigneter Akt überhaupt nicht oder nicht mehr vorliegt, wenn die angegriffene Entscheidung eine den Beschwerdeführer belastende Wirkung nicht mehr entfaltet oder die festgestellte Grundrechtsverletzung den sachlichen Inhalt der Entscheidung nicht berührt.

10 **c)** Grundsätzlich muss das BVerfG nach dem Sinn des § 95 den ein Grundrecht des Beschwerdeführers verletzenden Akt der öffentlichen

---

[6] Vgl. hierzu BVerfGE; 8, 1; 8, 28 (37); 13, 248 (261); 14, 308 (311); 15, 46 (76); 17, 148 (152); 18, 288 (302); 22, 349; 23, 1 (10); 25, 101 (111); 25, 236 (252); 29, 57 (70); s. auch § 90 Rn. 114 und § 95 Rn. 23 ff.; § 78 Rn. 7 und u. Rn. 39.

Gewalt beseitigen (subjektive Funktion der Verfassungsbeschwerde, s. a. Rn. 7 zu § 90).[7]

Der Ausspruch nach Abs. 1 findet seine Ergänzung durch die Aufhebung des angefochtenen Verwaltungsaktes (Abs. 2) oder die Nichtigkeitserklärung des angefochtenen oder des dem angefochtenen Verwaltungsakt zugrunde liegenden Gesetzes (Abs. 3). Liegt die Verfassungswidrigkeit schon in dem einen Verwaltungsakt oder einer gerichtlichen Entscheidung zugrunde liegenden Gesetz, so hat sich die Feststellung nach Abs. 1 auch auf das Gesetz zu erstrecken. Die Feststellung der Verfassungswidrigkeit ist auch auf nicht mit angefochtene, aber mit der angefochtenen Bestimmung in untrennbarem Zusammenhang stehende Entscheidungen, die gegen die gleiche Verfassungsnorm verstoßen, auszudehnen.[8] Auch eine Ausdehnung auf andere Rechtsnormen als des mit der Verfassungsbeschwerde angegriffenen Gesetzes ist entsprechen § 78 Satz 2 möglich.[9]

2. Die Funktion der Verfassungsbeschwerde im objektiven Rechtsleben findet eine weitere Betonung im Satz 2, wodurch dem BVerfG gestattet ist, im Tenor auszusprechen, dass auch jede **Wiederholung** der beanstandeten Maßnahme gegen das GG verstößt. Eine Beschränkung auf die Person des Beschwerdeführers ist im Satz 2 nicht enthalten, man darf daher davon ausgehen, dass die „beanstandete Maßnahme" ihrer Art nach, gleichgültig gegen welche Person und durch welche (etwa örtlich zuständige) Behörde, gemeint ist.[10] Die Bedeutung der Feststellung liegt darin, dass über die Wirkung des höchstrichterlichen Präjudizes hinaus nach § 31 alle Verfassungsorgane und Behörden durch diesen Ausspruch des BVerfG gebunden werden.[11] Da die „beanstandete Maßnahme" nicht immer rechtstypisch eindeutig erfassbar ist und den jeweiligen Umständen möglicherweise entscheidende Bedeutung zukommen kann, erscheint weiterhin vorsichtige Handhabung der Befugnis ratsam, deren Notwendigkeit angesichts der weitreichenden präjudiziellen Wirkung verfassungsgerichtlicher Entscheidungen ohnehin zweifelhaft ist.

3. Wichtig ist es, § 95 I von § 95 II systematisch zu trennen: Abs. 1 regelt das Ergebnis des Verfassungsbeschwerdeverfahrens, Abs. 2 die

---

[7] BVerfGE 6, 386 (388 f.); 10, 302 (330); 38, 32 (34 f.); 42, 212 (222); 44, 353 (383); 50, 234 (243); 53, 152, (263); BVerfG NJW 1994, 1053 (1054).
[8] BVerfGE 17, 224 (226 f.).
[9] BVerfGE 6, 273 (282); 17, 38 (62); 18, 288 (300); 19, 206 (225 f.); 40, 296 (328 f.); 45, 104 (09, 139); 61, 319 (356); 92, 53 (73); 99, 202 (216).
[10] BVerfGE 7, 99 (100) = NJW 1957, 1513. Wie hier *Schmidt-Bleibtreu*, in: MSKB, Stand 1999, Rn. 20 zu § 95; zweifelnd *Stark*, in: UCD, Rn. 37 f. zu § 95.
[11] So auch *Stark*, in: UCD, Rn. 39 zu § 95.

vom BVerfG zu ziehenden Konsequenzen für das Ausgangsverfahren.[12] Das spielt insbesondere eine Rolle bei Angriffen gegen mehrere Entscheidungen und bei unterschiedlichen Angriffen.[13]

III. Zu Abs. 2 (Aufhebung von Entscheidungen und Zurückverweisung)

1. Aufhebung

13 a) § 95 II regelt abschließend die **Rechtsfolgen** einer verfassungsgerichtlichen Entscheidung, mit der einer Verfassungsbeschwerde gegen ein gerichtliches Erkenntnis oder einer Verwaltungsentscheidung stattgegeben wird.[14] Ausnahmen sieht die Vorschrift nicht vor; sie gilt unabhängig davon, ob die Entscheidung, deren Verfassungswidrigkeit festgestellt wird, gestaltende Wirkung entfaltet. Das BVerfG hat sich allerdings nicht gehindert gesehen, die Rechtsfolgen seiner Entscheidung im Einzelfall einzuschränken, wenn hierfür zwingende Gründe bestehen.[15]

In BVerfGE 89, 381 (382) hat das Gericht in einem Fall, der die Adoption Volljähriger betraf, tenoriert: „Die Beschlüsse des Amtsgerichts... verletzen Art. 103 Absatz 1 des Grundgesetzes. Ihre Rechtskraft wird insoweit aufgehoben, als sie einer erneuten Prüfung und Entscheidung entgegensteht. Die Sachen werden zur Entscheidung darüber, ob der Ausspruch der Adoptionen aufrecht zu halten oder aufzuheben ist, an das Amtsgericht zurückverwiesen."

In BVerfGE 91, 125 (139) – Honecker, beschränkt das BVerfG seine Entscheidung auf die Feststellung der Verfassungswidrigkeit gerichtlicher Anordnungen „weil durch die Beendigung des Strafverfahrens gegen fünf der sechs Angeklagten ungewiss geworden ist, ob noch ein praktisches Bedürfnis für die Beseitigung der Anordnung besteht".

Gegen die Sinnhaftigkeit dieser Rechtsprechung ist nichts einzuwenden, wohl aber gegen den Verzicht auf die Gesetzesbindung an eine eindeutig formulierte Vorschrift. Das BVerfGG ist sicher lückenhaft. Aber dort, wo es etwas regelt, bindet es auch das BVerfG (Art. 20 III GG).

14 b) Abs. 2 verlangt bei Entscheidungen (Verwaltungsakten und gerichtlichen Entscheidungen) außer der Feststellung der Rechtswidrigkeit noch die **„Aufhebung"** der ergangenen Entscheidung als jeden-

---

[12] *Stark,* in: UCD, Rn. 9 zu § 95.
[13] *Stark,* in: UCD, Rn. 18 zu § 95.
[14] BVerfGE 6, 386 (388); 42, 212 (222); 44, 353 (383); 50, 234 (243).
[15] S. dazu z. T. kritisch *Schlaich/Korioth* Rn. 376.

falls formell bestehender Akt. Das BVerfG muss hierbei prüfen, ob der Hoheitsakt auf der Grundrechtsverletzung „beruht", es braucht nicht nachzuprüfen, ob sich der Hoheitsakt etwa unter anderen rechtlichen Gesichtspunkten rechtfertigen lässt. Ein ausdrücklicher Antrag des Beschwerdeführers auf Aufhebung der angefochtenen Entscheidung ist nicht erforderlich.[16] Aufzuheben sind sämtliche den Gegenstand der Verfassungsbeschwerde betreffenden Hoheitsakte, die das Grundrecht des Beschwerdeführers verletzt haben.[17] § 95 II legt vor allem die Erwägung zugrunde, dass das BVerfG mit seiner Entscheidung nicht einen Zustand herbeiführen darf, der mit der Verfassung noch weniger vergleichbar wäre, als der im konkreten Fall beanstandete.

c) Geht es um Entscheidungen in einer Rechtsschutzkette,[18] also um den Regelfall, so müssen nicht immer alle Entscheidungen aufgehoben werden; es kommt vielmehr darauf an, in welche Instanz zurückverwiesen werden soll.[19] Entscheidungen können auch nur teilweise aufgehoben werden.[20]

2. Zurückverweisung

In den Fällen des § 90 II 1 (bei vorheriger Erschöpfung des Rechtswegs) **verweist** das Gericht die Sache zur neuen Entscheidung an „ein zuständiges Gericht" **zurück**, d. h. an ein sachlich zuständiges Gericht.[21] Dies braucht nicht das Gericht zu sein, von dem die Entscheidung stammt (z. B. wenn irrtümlich die Zuständigkeit der ordentlichen Gerichte, statt der Verwaltungsgerichte angenommen wurde). Darin liegt auch die Freiheit, von den Vorschriften über die örtliche Zuständigkeit abzuweichen.[22] Durch die Verweisung darf dem Beschwerdeführer kein ihm nach den Prozessordnungen zustehendes Rechtsmittel genommen werden.[23] U. U. kann auch bei den Verfassungsbeschwerden gegen Revisionsentscheidungen an ein Gericht mit Sachentscheidungsbefugnis zu verweisen sein, wenn nämlich die Grundrechtsverletzung auf die Tatsacheninstanz zurückgeht.[24] In den Fällen des § 90 II 2 wird nicht zurückverwiesen. Das Verfahren wird automatisch wieder bei dem Gericht anhängig, dessen Entscheidung aufgehoben

---

[16] BVerfGE 7, 111 (114).
[17] BVerfGE 6, 386 (388); 84, 1 (3).
[18] *Stelkens* DVBl. 2004, 403; s. a. Rn. 42 zu § 93.
[19] *Stark*, in: UCD, Rn. 46 zu § 95.
[20] BVerfGE 97, 391; 101, 331 (332 ff., 360).
[21] S. dazu ausf. *Stark*, in: UCD, Rn. 48 ff. zu § 95.
[22] BVerfGE 4, 441 (424); 12, 113 (132); 20, 336; 107, 104.
[23] BVerfGE 80, 1 (34); str. s. dazu *Stark*, in: UCD, Rn. 53 ff. zu § 95.
[24] *Zweigert* JZ 1952, 327.

ist.[25] Über die Beseitigung der Beschwer hinaus kann das BVerfG in einer stattgebenden Entscheidung dem Träger der öffentlichen Gewalt nicht ein bestimmtes Verhalten aufgeben.[26] Es kann auch keine Schadensersatzansprüche oder Ansprüche auf ungerechtfertigte Bereicherung zuerkennen. Das BVerfG ist also – hierin einem Revisionsgericht ähnlich – auf eines kassatorische Funktion beschränkt.[27]

3. Durchentscheiden

17   Das BVerfG kann im Einzelfall davon absehen, die Sache zur erneuten Entscheidung an eines der im Ausgangsverfahren zuständigen Gerichte zurückzuverweisen, wenn kein Spielraum mehr für die Gerichte des Ausgangsverfahrens besteht.[28]

18   Auch bei einer Durchentscheidung bleibt eine Zurückverweisung wegen der Kostenentscheidung im Ausgangsverfahren möglich und regelmäßig geboten.[29]

IV. Zu Abs. 3 (Entscheidung über Verfassungsbeschwerden gegen Gesetze)

1. Allgemeines

19   1. Abs. 3 enthält, wie Abs. 2, eine **abschließende Regelung**.[30]

2. Zu Satz 1

20   a) aa) Die **Nichtigerklärung** eines Gesetzes wirkt ex tunc,[31] sie hat wie sonstige Entscheidungen der Normenkontrolle jedenfalls auf Grund ausdrücklicher Vorschriften in § 31 Abs. 2, die der vorausgegangenen Rechtsprechung des BVerfG folgte,[32] Gesetzeskraft (vgl.

---

[25] *Zweigert* JZ 1952, 327; *Stark,* in: UCD, Rn. 66 zu § 95.
[26] BVerfGE 7, 101.
[27] *Redlberger* NJW 1953, 361 (363).
[28] BVerfGE 35, 202 (244 f.); 42, 133 (143); 79, 69 (79) = NJW 1989, 827. Zu weiteren Fallvarianten vgl. ausführlich *Stark,* in: UCD, § 95 Rn. 67 ff.
[29] BVerfGE 84, 1 (3 ff.); 87, 287 (289 f.); 104, 357 (370), st. Rspr. Zu den dazu richterrechtlich entwickelten Entscheidungsvarianten vgl. *Pestalozza* § 20 Rn. 8 ff. und – grundlegend – *Schlaich/Korioth* Rn. 378 ff.; *Benda/Klein* Rn. 1244 ff.
[30] BVerfGE 89, 381 (394).
[31] Zur Problematik vgl. *Moench,* Verfassungswidriges Gesetz und Normenkontrolle, 1977, 114 ff.; *Benda/Klein* Rn. 1245 ff.; *Schlaich/Korioth* Rn. 379 ff.; m. w. Nw.
[32] BVerfGE 3, 19 (34) = NJW 1953, 1341.

Verfassungsbeschwerde **§ 95**

hierzu Rn. 36 ff. zu § 31). „Gesetz" im Sinne dieser Vorschrift ist nicht notwendig das ganze, eine förmliche Einheit bildende Gesetz, dem die angegriffene Vorschrift angehört; handelt es sich um aussonderbare Teile eines Gesetzes und ist nur deren Unvereinbarkeit mit dem GG geltend gemacht, so ist grundsätzlich nur deren Nichtigkeit festzustellen (Teilnichtigkeit). „Gesetz" im Sinne des Abs. 3 sind auch Rechtsverordnungen.[33]

bb) Daneben gibt es die **funktionale** Teilnichtigkeit von Normen, d. h. die Nichtigkeit von Normen für bestimmte Fallgruppen bei unverändertem Wortlaut.[34] 21

b) In ständiger Rechtsprechung hat das BVerfG allerdings die – weitere – Möglichkeit geschaffen, sich im Rechtsfolgenanspruch auf die **Feststellung der Verfassungswidrigkeit**[35] zu beschränken, wenn die Nichtigerklärung die Gestaltungsfreiheit des Gesetzgebers einschränken oder zu schwer erträglichen Folgen führen würde.[36] Die Unvereinbarkeit hat das BVerfG für folgende Fallgruppen entwickelt: 22

aa) Gleichheitswidriger Begünstigungsausschluss (s. dazu auch o. Rn. 9; § 90 Rn. 114; § 78 Rn. 7 und u. Rn. 39). Wird durch eine gesetzliche Regelung die Gruppe B von einer die Gruppe A begünstigenden Regelung unter Verstoß gegen den Gleichheitssatz ausgeschlossen, so muss dennoch eine Nichtigerklärung des gleichheitswidrigen Gesetzes unterbleiben, da der Verstoß regelmäßig auf verschiedene verfassungsrechtlich zulässige Art und Weise behoben werden 23

---

[33] BVerfGE 28, 119 (133) = NJW 1970, 1363.
[34] Vgl. etwa BVerfGE 62, 117 (119); 99, 88 (99 f.); s. dazu auch § 78 Rn. 5 f.; § 92 Rn. 20; *Sachs* DVBl. 1979, 391; *Stern*, in: BK, Art. 93 Rn. 305 und – sehr kritisch („Katastrophe") – *Schlaich/Korioth* Rn. 386 f.
[35] Unvereinbarkeit der angegriffenen Norm zur Terminologie vgl. *Pestalozza* § 20 Rn. 9; *Schlaich/Korioth* Rn. 394 ff., 398; *Benda/Klein* Rn. 1267 ff; s. dazu § 78 Rn. 8 und u. Rn. 39.
[36] BVerfGE 37, 217 (260 f.); 61, 319 (356); 83, 130 (154); 93, 165 (178 f.); 100, 1 (53 f.); 101, 312 (330); 105, 73 (134); *Hein*, Die Unvereinbarerklärung verfassungswidriger Gesetze durch das Bundesverfassungsgericht, 1988; *Pestalozza* § 20 Rn. 8 ff.; *Schlaich/Korioth* Rn. 394 ff.; *Benda/Klein* Rn. 1267 ff.; *Blüggel*, Unvereinbarkeitserklärung statt Normkassation durch das Bundesverfassungsgericht, 1998; *Yang*, Die Appellentscheidungen des Bundesverfassungsgerichts, 2002, 118 ff., alle mit umfangreichen Nachweisen. Die Unvereinbarkeitserklärung kommt vor allem in Betracht, „wenn die sofortige Ungültigkeit der zu beanstandenden Norm den Schutz überragender Güter des Gemeinwohls die Grundlage entziehen würde und eine Abwägung mit den betroffenen Grundrechten ergibt, dass der Eingriff für eine Übergangszeit hinzunehmen ist", BVerfGE 33, 1 (13); 33, 303 (347 f.); 40, 276 (283); 41, 251 (266 f.); 51, 268 (290 ff.); 109, 190 (236).

kann. Denkbar sind drei Möglichkeiten: zunächst kann die benachteiligte Gruppe B in die begünstigende Regelung einbezogen werden, zum zweiten ist es denkbar, die Begünstigung ganz abzuschaffen, d. h. auch die Gruppe A nicht mehr zu begünstigen und zum dritten ist es möglich, den Kreis der Begünstigten unabhängig von den Gruppen A und B gänzlich neu zu definieren. Welche dieser Möglichkeiten im konkreten Fall gewählt wird, ist grundsätzlich der Gestaltungsfreiheit des Gesetzgebers überlassen.[37]

24 **bb) Unzulässiger Eingriff in die Gestaltungsfreiheit des Gesetzgebers.** Den Aspekt der Gestaltungsfreiheit des Gesetzgebers hat das BVerfG aus seiner Rechtsprechung zu Art. 3 I GG herausgelöst und – zur Rechtfertigung einer Unvereinbarerklärung auf andere Sachverhalte übertragen.[38]

25 **cc) Unvereinbarerklärungen mit dem Ziel, Übergangsfristen zubilligen zu können.** Werden Normen mit dem GG für unvereinbar erklärt, hat dies grundsätzlich zur Folge, dass sie in dem sich aus dem Tenor ergebenden Umfang von Gerichten und Verwaltungsbehörden nicht mehr angewendet werden dürfen.[39] In diesem Fall ist es geboten, für die Zeit bis zu einer gesetzlichen Neuregelung eine Übergangsregelung zu treffen. Dadurch wird verhindert, dass ein rechtliches Vakuum entsteht und bei den betroffenen Steuerpflichtigen wie bei den Behörden Unsicherheit über die Rechtslage herrscht.[40]

In diesem Zusammenhang wird die Unterscheidung von Nichtigkeit und Unvereinbarkeit eines Gesetzes mit dem GG besonders deutlich. Im Gegensatz zur Nichtigkeitserklärung lässt die Unvereinbarkeitserklärung den Bestand des Gesetzes unberührt. Bei Unvereinbarkeit stellt sich in erster Linie die Rechtsfolgenfrage: Wie lange ist das Gesetz noch anwendbar?

26 **dd) Gesetzgeberisches Unterlassen.** S. dazu o. Rn. 9 und § 90 Rn. 104 ff.

---

[37] BVerfGE 33, 349; siehe dazu kritisch *Maurer,* in: FS f. Weber, 1974, 345 (354); *J. Ipsen* JZ 1983, 41; *Schlaich/Korioth* Rn 401 f.; s. nunmehr BVerfGE 104, 74 (91); 107, 133 (148).
[38] BVerfGE 57, 361 (388); 58, 137 (151); 62, 374 (391); 87, 153 (180 f.); krit. dazu *Schlaich/Korioth* Rn. 404.
[39] BVerfGE 32, 189 (221); 34, 9 (44); 37, 217 (262 f.); 41, 399 (426); 46, 97 (113); 57, 361 (388); 61, 319 (356 f.); 89, 15 (26 f.); 98, 365 (402); 99, 202 (216): *Schlaich/Korioth* Rn. 405 ff.
[40] BVerfGE 37, 217 (261); 73, 40 (101 f.). Siehe auch BVerfGE 73, 280 (297); 85, 386 (402); 87, 153 (155, 181). Das BVerfG betont diesen Aspekt, wenn es hervorhebt, die Unvereinbarkeitserklärung sei insbesondere dann angebracht, wenn dem Gesetzgeber mehrere Möglichkeiten zur Verfügung stehen, den GG-Verstoß zu beseitigen, BVerfGE 104, 74 (91); 108, 64 (95); 109, 256 (273).

(1) Eine weitere Unvereinbarkeits-Fallgruppe betrifft das gesetzgeberische Unterlassen.[41] Da es keine Norm gibt, fehlt es an einem Gegenstand der Nichtigerklärung.

(2) Beruht ein Urteil auf einer verfassungswidrigen Unterlassung des Gesetzgebers, so muss die Verletzung des GG durch Unterlassung des Gesetzgebers im Urteil des BVerfG festgestellt werden. Das angefochtene Urteil selbst muss aufgehoben und die Sache an das Gericht zurückverwiesen werden, weil die Gefahr besteht, dass dem Beschwerdeführer die Rechtskraft des klagabweisenden Urteils auch dann entgegengehalten wird, wenn der Gesetzgeber die sich aus der Feststellung der Grundrechtsverletzung durch das BVerfG ergebende verfassungsrechtliche Pflicht erfüllt und das Gesetz mit rückwirkender Kraft ergänzt hat. Das Gericht kann seine Neuentscheidung erst nach der Ergänzung des Gesetzes treffen.[42]

c) Die Rechtsfolgen der Unvereinbarerklärung sind unterschiedlich.

aa) In den Fällen, die Anlass für das Verfassungsbeschwerdeverfahren gegeben haben **(Anlassfälle)** führt die Unvereinbarerklärung zu einer **Anwendungssperre**: die diskriminierende Bestimmung darf bis zur Neuregelung von staatlichen Stellen nicht mehr angewendet werden. Der Gesetzgeber ist verpflichtet, die Rechtslage unverzüglich mit dem Grundgesetz in Einklang zu bringen (s. o. Rn. 25). Gerichte müssen anhängige Verfahren, bei denen die Entscheidung von der verfassungswidrigen Norm abhängt (also auch **Parallelverfahren**) aussetzen, bis eine Neuregelung in Kraft tritt.[43] Ein solcher Schwebezustand kann seinerseits verfassungswidrig werden, wenn er zu lange dauert. Eine Aussetzung von Gerichtsverfahren wegen einer verfassungswidrigen Rechtslage kann deswegen nur für begrenzte Zeit hingenommen werden. Beseitigt der Gesetzgeber den Verfassungsverstoß nicht in angemessener Frist, dann müssen die Gerichte, wollen sie nicht selbst verfassungswidrig handeln, die bei ihnen anhängigen Verfahren fortführen und verfassungskonform entscheiden.[44]

---

[41] Z. B.: BVerfGE 44, 249 (251) = NJW 1977, 1869; *Schlaich/Korioth* Rn. 408 ff.

[42] BVerfGE 15, 4.

[43] BVerfGE 37, 217 (260 f.); 82, 126 (155) = NJW 1990, 2246; 84, 168 (187); 109, 256 (273 f.); *Pestalozza,* „Noch verfassungswidrige" und „bloß verfassungswidrige" Rechtslagen, in: Bundesverfassungsgericht und Grundgesetz, Bd. I, 1976, 519 (56); *Heußner* NJW 1982, 257; Beispiel: BVerfGE 52, 369 (379) und *BAG,* AP zu § 1 HATGNB Nr. 29; siehe dazu *Fenn* SAE 82, 290 f.; *Schlaich/Korioth* Rn. 414 ff.

[44] BVerfGE 82, 126 (155), abw. BVerfGE 87, 234 (263) = NZS 1993, 72.

§ 95   Teil III. Einzelne Verfahrensarten

29   Das Gericht hat das hinsichtlich der Verfassungswidrigkeit des § 622 II BGB nach Ablauf von rd. 10 ½ Jahren angenommen. Allgemeine Regeln dafür, was unter dem Gesichtspunkt effektiven Rechtsschutzes[45] an Wartezeiten hinzunehmen ist, gibt es nicht. Allerdings präzisiert das BVerfG in vielen Fällen seine Erwartungen an den Gesetzgeber. Das kann das Ende der laufenden Legislaturperiode sein[46] oder auch, was inzwischen meist geschieht, eine ausdrücklich gesetzte Frist.[47]

Die Anwendungssperre/die Aussetzungsverpflichtung betrifft dagegen nicht Parallelnormen; das BVerfG kann aber seine Entscheidung ausdrücklich auch auf solche Normen erstrecken.

30   **bb)** Zur interimistischen Anwendung verfassungswidriger Normen im Ausnahmefall s. o. Rn. 22 ff. Die unterschiedliche Behandlung von Unvereinbarerklärungen (mit und ohne Anwendungssperre) lässt es geboten erscheinen, dass das Gericht stets eine Folgenentscheidung trifft.[48]

31   **cc)** Ob mit oder ohne Anwendungssperre: im Gegensatz zur Nichtigerklärung lässt die Unvereinbarerklärung den Bestand der verfassungswidrigen Norm unberührt. Das BVerfG spricht lediglich die **Verpflichtung** aus, den verfassungswidrigen Zustand zu beseitigen.

32   (1) Der **Gesetzgeber** muss unverzüglich tätig werden. Das Gericht kann ihm dafür eine Frist setzen (s. o. Rn. 29). Handelt der Gesetzgeber nicht innerhalb einer angemessenen Frist, so gibt es – mangels GG-Auftrags – keine Verfassungsbeschwerde an das BVerfG wegen Unterlassen des Gesetzgebers. Die Betroffenen können, wenn die prozessualen Voraussetzungen vorliegen, wegen des selben Sachverhalts erneut Verfassungsbeschwerde erheben: wenn es den Instanzgerichten erlaubt ist, bei unvertretbarer Untätigkeit des Gesetzgebers selbst zu

---

[45] BVerfGE 74, 228 (234).
[46] BVerfGE 15, 337 (352); 36, 146 (172). Bei schwierigen Sachverhalten hat das BVerfG auch acht Jahre (Übergang von der Allphasen- zur Mehrwertsteuer bei der Umsatzbesteuerung) akzeptiert, BVerfGE 21, 12 (42) oder sogar zwölf Jahre (Angleichung der Vorschriften über die steuerliche Behandlung von Renten und Ruhegehältern), BVerfGE 86, 370 (380 f.); s. a. Rn. 111 zu § 90.
[47] BVerfGE 72, 330 – Finanzausgleich; 98, 365 (402) – Versorgungszusagen; 99, 202 (216) – § 128a AFG; 99, 216 (244) – Kinderbetreuungskosten; 101, 54 (105) – § 23 SchuldRAnG; 101, 106 (132) – § 99 VwGO; 107, 395 (418) (Plenum) – Anhörungsrügeng; 109, 54 (95) – § 14 I 1 MuSchG; 109, 190 (191) – Straftäterunterbringung; 109, 256 (273) – Ehename; s. a. Rn. 111 zu § 90.
[48] So *Schlaich/Korioth* Rn. 429.

entscheiden, (s. o. Rn. 28 f.) muss das erst recht das BVerfG tun können. Es wird – zumindest für eine Übergangszeit[49] – die Unvereinbarerklärung mit einer verfassungskonformen Lösung kombinieren können. Der Gesetzgeber ist in einem solchen Fall nicht gehindert, eine eigene (verfassungskonforme) Lösung zu finden.

(2) **Entschädigungsansprüche** gibt es ebenfalls nicht.[50] Eine Verfassungsbeschwerde gegen die Entscheidung des BGH ist nicht zur Entscheidung angenommen worden.

(3) Ob der Gesetzgeber im Rahmen von Reparaturgesetzen auf Grund von Unvereinbarkeitserklärungen an das Inkrafttreten der beanstandeten Norm oder an das Wirksamwerden der Entscheidung des BVerfG gebunden ist, hängt eng mit der Bedeutung der Unvereinbarkeitsentscheidung zusammen: bestätigt sie nur, was von Normentstehung an schon so war, oder stellt sie die Unvereinbarkeit konstitutiv fest? Maßgebend ist immer die Entscheidung des BVerfG selbst, weil sich Unvereinbarkeitsgründe auch erst in der Zeit zwischen Normentstehung und Entscheidung über die Verfassungsbeschwerde ergeben haben können. Die Entscheidung selbst kann also festlegen, von welchem **Zeitpunkt** an die Unvereinbarkeit festgestellt sein soll.[51] Schweigt die Entscheidung, kommt es auf deren Wirksamkeit an.[52] Der Gesetzgeber ist im Regelfall, sieht man einmal vom Beschwerdeführer des Ausgangsverfahrens und sonstigen rechtshängigen Verfahren ab, nicht gehalten, hinter den Zeitpunkt der Wirksamkeit der Entscheidung zurückzugehen.

---

[49] BVerfGE 87, 234 (263).

[50] BGH JZ 1987, 1024 mit zustimmender Anmerkung von *Ossenbühl:* „Der entschiedene Fall endet also juristisch logisch und gut begründet, aber in der Sache tragisch. Die Verpächter können nur auf das Parlament hoffen. Und wo bleibt der Eigentumsschutz, wenn sich das Parlament nicht für sie interessiert"? (aaO, S. 1028).

[51] Das geschieht häufig, vgl. etwa BVerfGE 98, 365 (402): „Bei der Neuregelung kann der Gesetzgeber die Folgen der Unvereinbarkeit für die Vergangenheit eingrenzen, um Haushaltsbelastungen und einen unangemessenen Verwaltungsaufwand zu vermeiden. Maßstäbe dafür ergeben sich aus § 79 II BVerfGG, der auf privatrechtliche Rechtsverhältnisse sinngemäß anzuwenden ist. Nachzahlungsansprüche können daher – abgesehen von anhängigen Verfahren – ausgeschlossen werden, wohingegen eine Neuberechnung der Versorgungsrenten für die Zukunft allenfalls unter engen Voraussetzungen versagt werden kann (vgl. BVerfGE 97, 35 [48]"; siehe auch BVerfGE 99, 216 (245); 101, 54 (105) und dazu *Schlaich/Korioth* Rn. 427 f.

[52] So im Ergebnis *v. d. Heyde,* in: FS f. Faller, 1984, 53 (61); siehe aber auch BVerfGE 61, 319 (357) = NJW 1983, 271; 87, 153 (178).

35 d) Zwischen Nichtigkeit/Unvereinbarkeit und Vereinbarkeit eines Gesetzes mit dem GG liegt das „noch verfassungsgemäße" Gesetz, und damit der Gegenstand der **Appellentscheidung**.[53] Die Appellentscheidung ist ein Sonderfall der Vereinbarkeitserklärung (zu dieser siehe Rn. 36).[54] Der Appell richtet sich an den Gesetzgeber, mit dem Auftrag tätig zu werden, um einen uneingeschränkt verfassungsgemäßen Zustand herzustellen oder eine für die Zukunft drohende Verfassungswidrigkeit zu vermeiden.[55] Sinn der Appellentscheidung ist es deshalb, dem Gesetzgeber, insbesondere bei schwierigen und komplexen Sachverhalten einen Anpassungszeitraum zu gewähren.[56] Der Gesetzgeber darf sich zunächst mit einer grob typisierenden Regelung begnügen, um diese aufgrund inzwischen vorhandener Erfahrungen später zu differenzieren.[57] Das gilt insbesondere bei Reformen mit hohem Regelungsaufwand.[58] Eine weitere bedeutsame Fallgruppe resultiert aus der Notwendigkeit, sich änderne Verhältnisse zu berücksichtigen,[59] etwa im Besteuerungsrecht,[60] im Wahlrecht[61] oder im Sozialversicherungsrecht.[62] Appellentscheidungen gewinnen ihren Charakter durch die in ihnen enthaltenen Hinweise an den Gesetzgeber. Diese können von allgemeinen Nachesserungspflichten[63] bis hin zu detaillierten Gesetzge-

---

[53] *Pestalozza,* in: FS 25 Jahre BVerfG, Bd. I, 1976, 519; *Gerontas* DVBl. 1982, 486 ff.; *Badura,* in: FS f. Eichenberger, 1982, 481; *Bethge,* in: MSKB, Stand 2001, Rn. 250 ff. zu § 31; *Heun,* in: FS 50 Jahre BVerfG, Bd. 1, 2001, 615 (637); *Benda/Klein* Rn. 1279 ff.; *Yang,* Die Appellentscheidungen des Bundesverfassungsgerichts, 2003; *Schlaich/Korioth* Rn. 431 ff.; s. dazu auch Rn. 13 zu § 78 und u. Rn. 39.

[54] *Bethge,* in: MSKB, Stand 2001, Rn. 251 zu § 31; *Schlaich/Korioth* Rn. 372, 431.

[55] *Yang,* Die Appellentscheidungen des Bundesverfassungsgerichts, 2003, 118 f.

[56] BVerfGE 54, 173 (202); 56, 54 (81); 85, 80 (91).

[57] BVerfGE 54, 11 (37); 80, 1 (26); 85, 80 (91) – Zuständigkeiten in Unerhaltssachen bei ehelichen und nichtehelichen Kindern; s. a. Rn. 36 f. Einl.

[58] BVerfGE 87, 1 (41) – Kindererziehungszeiten.

[59] *Yang,* Die Appellentscheidungen des Bundesverfassungsgerichts, 2003, 183 ff. m. w. Nw.

[60] BVerfGE 23, 242; 54, 11.

[61] BVerfGE 16, 130 – Wahlkreiseinteilung.

[62] BVerfGE 17, 1 – Witwenrente I; 39, 169 – Witwenrente II.

[63] BVerfGE 53, 257 (312 f.); 55, 274 (308); 73, 118 (121); 80, 1 (31 ff.); 92, 245 (296); 101, 158 (238). Siehe dazu auch *Steinberg,* Der Staat 26 (1987), 161; *C. Mayer,* Die Nachbesserungspflicht des Gesetzgebers, 1996, 47 ff., 153 ff.; Rn. 36 f. Einl.

Verfassungsbeschwerde **§ 95**

bungsaufträgen[64] reichen. Bei Letzteren ist sicherlich mehr Zurückhaltung geboten.[65]

e) § 95 kennt **keine Vereinbarkeitsentscheidungen** (anders im Normenkontrollverfahren).[66] Die Fallgruppen des „noch verfassungsgemäßen Gesetzes", des Nachbesserungsvorbehalts und der Appellentscheidung sind hier, ebenso wie das Instrument der verfassungskonformen Auslegung nur Elemente der Begründung. 36

3. Zu Satz 2

Nach Satz 2 ist die Nichtigkeit eines Gesetzes auch auszusprechen, wenn dieses nicht unmittelbar angegriffen wird, sondern dem angegriffenen Hoheitsakt zugrunde liegt und dessen Rechtsmangel auf dem Gesetz beruht. Auch darin kommt zum Ausdruck, dass die Verfassungsbeschwerde eine über den subjektiven Rechtsschutz hinausgehende Funktionen der objektiven Rechtsordnung erfüllt (s. Rn. 10 f. zu § 90). Hinsichtlich des Gesetzesbegriffs vgl. o. Rn. 1. Nach *BVerfGE* 18, 288 (300) kann das BVerfG in entsprechender Anwendung der §§ 78 Satz 2, 82 I auch im Verfahren der Verfassungsbeschwerde prüfen und entscheiden, ob noch weitere Regelungen des Gesetzes „aus denselben Gründen" wie die angegriffene Regelung dem Grundgesetz widersprechen. Die Einzelentscheidung selbst ist nach § 95 II aufzuheben.[67] 37

4. Zu Satz 3

Die **entsprechende Anwendung des § 79** (d. h. hinsichtlich der Wirkung zwischenzeitlicher behördlicher Akte) kann sich in den Fällen des Abs. 3 S. 2 (wenn die Nichtigkeit eines Hoheitsaktes auf einem verfassungswidrigen Gesetz beruht) nicht auf den konkreten mit der Verfassungsbeschwerde angefochtenen Akt beziehen. Insoweit gilt der Ausspruch des Gerichts nach Abs. 1 und 2, betroffen sind vielmehr sonstige zwischenzeitliche Hoheitsakte auf Grund des für nichtig/unvereinbar[68] erklärten Gesetzes.[69] 38

---

[64] Z. B. BVerfGE 39, 169; 65, 1 (59 ff.); 93, 121 (165) − Vermögenssteuer; 11, 160 (176); 111, 289 (306). Siehe zu dieser Thematik auch *Bethge,* in: MSKB, Stand 2001, Rn. 182 zu § 31.
[65] *Yang,* Appellentscheidungen des Bundesverfassungsgerichts, 2003, 288 ff.; *Schlaich/Korioth* Rn. 439; siehe auch abwM *Böckenförde,* BVerfGE 93, 121 (149 ff.), 151).
[66] S. *Schlaich/Korioth* Rn. 372 und Rn. 14 ff. zu § 78.
[67] *Stark,* in: UCD, Rn. 101 f. zu § 95.
[68] *Stark,* in: UCD, Rn. 106 zu § 95.
[69] Zur Problematik insgesamt vgl. BVerfGE 53, 115 (139) und *Steiner,* Wirkungen der Entscheidungen des BVerfG auf rechtskräftige und unanfechtbare

39 Eine **entsprechende Anwendung des § 78** ist vom Gesetz in § 95 nicht vorgeschrieben. Das Gericht hält sie für zulässig.[70] Also sind auch die für § 78 S. 2 geltenden Grundsätze entsprechend anwendbar. Jedenfalls werden weitere Bestimmungen des zugrunde liegenden Gesetzes nur hinsichtlich der selben Rechtsgründe nachgeprüft werden können, wie die unmittelbaren Bestimmungen. Es gilt also auch hinsichtlich ihrer die Beschränkung auf Grundrechtsverletzungen. Nach *BVerfGE* 6, 272 (282) ist das BVerfG sogar befugt, die Verfassungswidrigkeit einer nicht angegriffenen Norm im Verfahren der Verfassungsbeschwerde festzustellen, wenn diese der angegriffenen Norm zu Grunde liegt und die Verfassungswidrigkeit evident ist.[71]

40 Die Nichtigkeit einer Vorschrift kann auch in Bezug auf andere Personen als der der Ausgangsverfahrens ausgesprochen werden.[72]

V. Würdigung

41 Die Entscheidungsvarianten wie sie sich der Rechtsprechung des BVerfG entnehmen lassen, sind unübersichtlich, uneinheitlich, und in ihrer Fallbezogenheit unsystematisch.[73] Angesichts der erheblichen Bedeutung des Entscheidungsausspruchs für die Verfahrensbeteiligten (die den Fall nach der Entscheidung des BVerfG „rückabwickeln" müssen), bei der Rechtssatzverfassungsbeschwerde außerdem aber auch noch für den Gesetzgeber, verdient die Forderung nach einer umfassenden gesetzlichen Regelung der Entscheidungsmöglichkeiten[74] Beifall.

§ 95 a [weggefallen]

§ 96 [weggefallen]

Sechzehnter Abschnitt

§ 97 [weggefallen]

Entscheidungen, in: Bundesverfassungsgericht und Grundgesetz, Bd. I, 1976, 628; *J. Ipsen,* Rechtsfolgen der Verfassungswidrigkeit von Norm und Einzelakt, 1980, 276 ff.; *Trzaskalik* DB 1991, 2255; *Pestalozza* § 20 Rn. 73 ff.

[70] BVerfGE 18, 288 (300); 40, 296 (328 f.); 61, 319 (356) = NJW 1983, 271.
[71] BVerfGE 19, 206 (225 f.) = NJW 1966, 147.
[72] BVerfGE 17, 38 (62).
[73] S. dazu *W. Schmidt,* in: FS f. Söllner, 1990, 505. Das wird auch durch die Übersicht von *Sennekamp,* Tenorierung von Entscheidungen über Verfassungsbeschwerden und Richtervorlagen, in: UCD, S. 688 ff. bestätigt.
[74] *Schlaich/Korioth* Rn. 454.

IV. Teil. Schlußvorschriften

Einl. zu §§ 98 ff.

I. Allgemeines

Die Schlussvorschriften regeln **dienst- und versorgungsrechtliche** 1
Fragen der Bundesverfassungsrichter. Die versorgungsrechtlichen Bestimmungen sind durch die Novelle vom 21. 12. 1970 (BGBl. I S. 1765) neu gestaltet worden und haben auch in diesem Rechtsbereich unter Beseitigung der früheren unterschiedlichen Regelung für die Zeit- und Berufsrichter einheitliches Recht für alle Richter am BVerfG gebracht. Abschließend geregelt ist im Gesetz allerdings nur die Frage, ob ein Bundesverfassungsrichter oder seine Hinterbliebenen dem Grunde nach versorgungsberechtigt sind, während hinsichtlich der Höhe der Versorgungsansprüche § 103 ergänzend auf die Vorschriften des Richtergesetzes (und damit mittelbar auch des Beamtenrechts) verweist.

II. Amtsgehaltgesetz

Die Besoldung der Bundesverfassungsrichter ist geregelt im Gesetz 2
über das Amtsgehalt der Mitglieder des Bundesverfassungsgerichts vom 28. 2. 1964 (BGBl. I S. 133), zuletzt geändert durch das Besoldungsstrukturgesetz v. 21. 6. 2002 (BGBl. I S. 2138).[1]

III. Richter-Amtsrecht

Richter-Amtsrecht ist in Teil IV aber auch noch in §§ 7–11, 14 3
Abs. 2, 19 GO enthalten. Eine **zusammenfassende Darstellung** des Amtsrechts der Bundesverfassungsrichter findet sich bei *Schmidt-Bleibtreu,* in: MSKB, Stand 1987, Vorbem. zu §§ 98–105; *Heyde,* in: UCD Vor §§ 98 ff.

---

[1] S. dazu §§ 1–1 d Amtsgehaltgesetz.

§ 98 [Versetzung in den Ruhestand]

(1) Ein Richter des Bundesverfassungsgerichts tritt mit Ablauf der Amtszeit (§ 4 Abs. 1, 3 und 4) in den Ruhestand.

(2) Ein Richter des Bundesverfassungsgerichts ist bei dauernder Dienstunfähigkeit in den Ruhestand zu versetzen.

(3) Ein Richter des Bundesverfassungsgerichts ist auf Antrag ohne Nachweis der Dienstunfähigkeit in den Ruhestand zu versetzen, wenn er sein Amt als Richter des Bundesverfassungsgerichts wenigstens sechs Jahre bekleidet hat und wenn er

1. das 65. Lebensjahr vollendet hat oder
2. Schwerbehinderter im Sinne des § 1 des Schwerbehindertengesetzes ist und das 60. Lebensjahr vollendet hat.

(4) In den Fällen des Absatzes 3 gilt § 4 Abs. 4 sinngemäß.

(5) Ein Richter im Ruhestand erhält Ruhegehalt. Das Ruhegehalt wird auf der Grundlage der Bezüge berechnet, die dem Richter nach dem Gesetz über das Amtsgehalt der Mitglieder des Bundesverfassungsgerichts zuletzt zugestanden haben. Entsprechendes gilt für die Hinterbliebenenversorgung.

(6) § 70 des Beamtenversorgungsgesetzes gilt entsprechend.

I. Grundsatz

1   Das Versorgungsrecht ist für die Bundesverfassungsrichter einheitlich geregelt worden.

II. Einzelregelungen

2   **1.** Nach Abs. 1 tritt der Richter mit Ablauf der 12-jährigen Amtszeit in den **Ruhestand** (§ 4 I), es sei denn, der Richter vollendet schon vorher das 68. Lebensjahr (§ 4 III) oder er führt die Amtsgeschäfte bis zur Ernennung des Nachfolgers fort (§ 4 IV). Da § 4 IV von der Fortführung der Amtsgeschäfte „nach Ablauf der Amtszeit" spricht, kann § 98 I, der trotz der Verweisung auf § 4 IV ungenau formuliert ist, nicht wörtlich verstanden werden: trotz Ablauf der regulären Amtszeit ist auch die Fortführung der Geschäfte eine Tätigkeit innerhalb der Amtszeit.

3   **2.** Bei **dauernder Dienstunfähigkeit** ist der Richter in den Ruhestand zu versetzen. Zum Begriff der dauerhaften Dienstunfähigkeit

vgl. §§ 69, 46 DRiG i. V. m. § 42 I BBG; zum Verfahren vgl. § 43 I BBG i. V. m. § 3 II 3 BBG, § 9 GO.

3. Abs. 3 der die Versetzung des Richters in den Ruhestand ohne Nachweis der Dienstunfähigkeit regelt, hat bisher in der Praxis noch keine Rolle gespielt. Auch bei Anwendung dieser Vorschrift ist § 4 IV zu beachten (Abs. 4).

4. Der in den Ruhestand getretene Richter erhält **Ruhegehalt** (Abs. 5).[1]

5. § 70 BeamtVG enthält bezüglich der Versorgung eine Anpassungsverpflichtung (Abs. 6).

§ 99 [weggefallen]

§ 99 wurde aufgehoben durch die Novelle v. 21. 12. 1970 (BGBl. I S. 1765).

§ 100 [Übergangsgeld]

(1) **Endet das Amt eines Richters des Bundesverfassungsgerichts nach § 12, so erhält er, wenn er sein Amt wenigstens zwei Jahre bekleidet hat, für die Dauer eines Jahres ein Übergangsgeld in Höhe seiner Bezüge nach Maßgabe des Gesetzes über das Amtsgehalt der Mitglieder des Bundesverfassungsgerichts. Dies gilt nicht für den Fall des Eintritts in den Ruhestand nach § 98.**

(2) **Die Hinterbliebenen eines früheren Richters des Bundesverfassungsgerichts, der zur Zeit seines Todes Übergangsgeld bezog, erhalten Sterbegeld sowie für den Rest der Bezugsdauer des Übergangsgeldes Witwen- und Waisengeld; Sterbegeld, Witwen- und Waisengeld werden aus dem Übergangsgeld berechnet.**

I. Zu Abs. 1

Abs. 1 in der Fassung der Novelle vom 21. 12. 1970 (BGBl. I S. 1765) beschränkt, da nunmehr alle Richter nach § 98 mit Ende ihrer Amtszeit Anspruch auf Versorgungsbezüge haben, den Anspruch auf **Übergangsgeld** auf die Fälle des § 12 (freiwilliges früheres Ausscheiden eines Richters). Das Übergangsgeld wird für die Dauer eines Jahres gewährt (Abs. 1 S. 1).

---

[1] S. dazu *Schmidt-Bleibtreu,* in: MSKB, Stand 2001, § 98 Rn. 9; *Heyde,* in: UCD, Rn. 12 zu § 98.

§ 101

Teil IV. Schlußvorschriften

II. Zu Abs. 2

2   Abs. 2 regelt die **Hinterbliebenen-Versorgung** von Richtern, die während der Zeit des Bezugs von Übergangsgeld verstorben sind nach Maßgabe der §§ 69, 64 DRiG, §§ 17 ff. BeamtVG.

§ 101 [Ausscheiden aus dem bisherigen Amt]

(1) Ein zum Richter des Bundesverfassungsgerichts gewählter Beamter oder Richter scheidet vorbehaltlich der Vorschrift des § 70 des Deutschen Richtergesetzes mit der Ernennung aus seinem bisherigen Amt aus. Für die Dauer des Amtes als Richter des Bundesverfassungsgerichts ruhen die in dem Dienstverhältnis als Beamter oder Richter begründeten Rechte und Pflichten. Bei unfallverletzten Beamten oder Richtern bleibt der Anspruch auf das Heilverfahren unberührt.

(2) Endet das Amt als Richter des Bundesverfassungsgerichts, so tritt der Beamte oder Richter, wenn ihm kein anderes Amt übertragen wird, aus seinem Dienstverhältnis als Beamter oder Richter in den Ruhestand und erhält das Ruhegehalt, das er in seinem früheren Amt unter Hinzurechnung der Dienstzeit als Richter des Bundesverfassungsgerichts erhalten hätte. Soweit es sich um Beamte oder Richter handelt, die nicht Bundesbeamte oder Bundesrichter sind, erstattet der Bund dem Dienstherrn das Ruhegehalt sowie die Hinterbliebenenbezüge.

(3) Die Absätze 1 und 2 gelten nicht für beamtete Lehrer des Rechts an einer deutschen Hochschule. Für die Dauer ihres Amtes als Richter am Bundesverfassungsgericht ruhen grundsätzlich ihre Pflichten aus dem Dienstverhältnis als Hochschullehrer. Von den Dienstbezügen aus dem Dienstverhältnis als Hochschullehrer werden zwei Drittel auf die ihnen als Richter des Bundesverfassungsgerichts zustehenden Bezüge angerechnet. Der Bund erstattet dem Dienstherrn des Hochschullehrers die durch seine Vertretung erwachsenden tatsächlichen Ausgaben bis zur Höhe der angerechneten Beträge.

I. Allgemeines

1   § 101 trifft Regelungen zum Beamten- und Richterstatus sowie zum Versorgungsrecht der zu Bundesverfassungsrichtern ernannten Beamten und Richter. Da nunmehr alle Richter am BVerfG Versor-

Ausscheiden aus dem bisherigen Amt § 101

gungsansprüche nach § 98 haben, kommt gemäß § 102 I den versorgungsrechtlichen Ansprüchen aus dem früheren Beamten- oder Richterverhältnis praktische Bedeutung nur noch hinsichtlich der nach § 12 oder § 105 I Nr. 2 vorzeitig ausgeschiedenen Bundesverfassungsrichter zu. Abs. 3 bringt Sondervorschriften für Hochschullehrer.

II. Zu Abs. 1 (Beamtenrechtliche Stellung während der Amtsdauer als Verfassungsrichter)

Durch die Ernennung zum Bundesverfassungsrichter scheidet der 2
Richter aus seinem bisherigen Amte aus, jedoch erlöschen damit die aus dem bisherigen Dienstverhältnis begründeten Rechte und Pflichten nicht. Sie ruhen vielmehr nur, d. h. sie können nicht ausgenützt werden. Damit wird ein beamtenrechtlicher Status eigener Art begründet. Indes leben die Rechte und Pflichten aus dem früheren Dienstverhältnis nach dem Ausscheiden als Bundesverfassungsrichter nicht ohne weiteres wieder mit dem vollen früheren Inhalt auf (s. Abs. 2). Vom Ruhen ausgenommen sind Ansprüche aus Heilverfahren nach Dienstunfällen.

III. Zu Abs. 2

1. Nach Beendigung des Dienstverhältnisses als Richter des BVerfG 3
tritt der Beamte oder Richter vorbehaltlich § 70 DRiG in den Ruhestand (als Beamter oder Richter). Er erhält, gleichgültig, aus welchen Gründen er aus seinem Amte als Bundesverfassungsrichter ausgeschieden ist, Ruhegehalt auf Grund seines früheren Dienstverhältnisses als Beamter oder Richter unter Hinzurechnung der Dienstzeit als Richter des BVerfG. Entsprechendes gilt für die Hinterbliebenenbezüge, wie sich aus Satz 2 ergibt. Hat der ausscheidende Richter auch Anspruch auf Ruhegehalt nach § 98 oder auf Übergangsgeld nach § 100, so ruht der Anspruch auf Ruhegehalt aus dem früheren Beamten- oder Richterverhältnis bis zur Höhe der Bezüge (§ 102). Da sich das Ruhegehalt aus § 98 auf der Grundlage der Bezüge als Bundesverfassungsrichter unter Einrechnung der Gesamtdienstzeit im öffentlichen Dienst errechnet, wird es das Ruhegehalt aus § 101 II in der Regel übersteigen.

2. Schuldner des Ruhegehaltes und der Hinterbliebenenbezüge (aus 4
§ 101 II) ist der frühere Dienstherr. Gemäß Satz 2 erstattet jedoch der Bund einem anderen Dienstherrn das Ruhegehalt und die Hinterbliebenenbezüge. Bedeutsam ist, dass dem ausscheidenden Bundesverfassungsrichter kein Anspruch auf Wiederverwendung im aktiven Dienst

§ 102   Teil IV. Schlußvorschriften

eingeräumt ist; er ist allerdings auch nicht zur Annahme eines Amtes verpflichtet.

IV. Zu Abs. 3

5   1. Abs. 3 zieht die Folgerung aus § 3 IV, wonach die Tätigkeit als Richter des BVerfG der Tätigkeit als Hochschullehrer vorgeht (indem er vorschreibt, dass „grundsätzlich die Pflichten aus dem Dienstverhältnis als Hochschullehrer ruhen"). Dem Bundesverfassungsrichter bleibt es (mit Zustimmung seiner Hochschule) unbenommen, Lehrtätigkeit noch soweit auszuüben, als ihm dazu neben der vollen Erfüllung der Pflichten eines Bundesverfassungsrichters Möglichkeit verbleibt.

6   2. Satz 2 schließt eine volle Doppelbesoldung als Bundesverfassungsrichter und Hochschullehrer aus, wie sie früher gewährt wurde und vielfache Kritik fand. Immerhin bleibt dem am Bundesverfassungsgericht tätigen Hochschullehrer $1/3$ seiner Dienstbezüge aus dem Dienstverhältnis als Hochschullehrer.

7   3. Satz 3 garantiert dem Dienstherrn des Hochschullehrers die Erstattung der anfallenden Vertretungskosten bis zur Höhe der angerechneten Beträge.

§ 102 [Verhältnis mehrerer Bezüge]

(1) **Steht einem früheren Richter des Bundesverfassungsgerichts ein Anspruch auf Ruhegehalt nach § 101 zu, so ruht dieser Anspruch für den Zeitraum, für den ihm Ruhegehalt oder Übergangsgeld nach § 98 oder § 100 zu zahlen ist, bis zur Höhe des Betrages dieser Bezüge.**

(2) **Wird ein früherer Richter des Bundesverfassungsgerichts, der Übergangsgeld nach § 100 bezieht, im öffentlichen Dienst wiederverwendet, so wird das Einkommen aus dieser Verwendung auf das Übergangsgeld angerechnet.**

(3) **Bezieht ein früherer Richter des Bundesverfassungsgerichts Dienstbezüge, Emeritenbezüge oder Ruhegehalt aus einem vor oder während seiner Amtszeit als Bundesverfassungsrichter begründeten Dienstverhältnis als Hochschullehrer, so ruhen neben den Dienstbezügen das Ruhegeld oder das Übergangsgeld aus dem Richteramt insoweit, als sie zusammen das um den nach § 101 Abs. 3 Satz 3 anrechnungsfreien Betrag erhöhte Amtsgehalt übersteigen; neben den Emeritenbezügen oder dem Ruhegehalt aus dem Dienstverhältnis als Hochschullehrer werden das Ruhegehalt**

Verhältnis mehrerer Bezüge § 102

oder das Übergangsgeld aus dem Richteramt bis zur Erreichung des Ruhegehalts gewährt, das sich unter Zugrundelegung der gesamten ruhegehaltfähigen Dienstzeit und des Amtsgehalts zuzüglich des anrechnungsfreien Betrages nach § 101 Abs. 3 Satz 3 ergibt.

(4) **Die Absätze 1 bis 3 gelten entsprechend für die Hinterbliebenen. § 54 Abs. 3 und Abs. 4 Satz 2 des Beamtenversorgungsgesetzes gilt sinngemäß.**

I. Zu Abs. 1

Abs. 1 regelt das Verhältnis von Ruhegehaltsansprüchen aus § 98 und auf Übergangsgeld aus § 100 zum Ruhegehalt aus § 101. Das letztere ruht bis zur Höhe des Betrages der Bezüge nach §§ 98 und 100 (vgl. auch Rn. 3 zu § 101).

II. Zu Abs. 2 (Wiederverwendung im öffentlichen Dienst)

Bei der Wiederverwendung (auf welche kein Rechtsanspruch besteht, vgl. Rn. 4 zu § 101) ist das Einkommen aus dem neuen Dienstverhältnis auf das Übergangsgeld anzurechnen. Kommt es dem Übergangsgeld gleich oder übersteigt es das Übergangsgeld, so entfällt der Anspruch auf Übergangsgeld völlig.

III. Zu Abs. 3

Der durch die Novelle vom 21. 12. 1970 (BGBl. I S. 1765) eingefügte Abs. 3 bringt Sonderrecht für die früheren Bundesverfassungsrichter, die Dienstbezüge oder Versorgungsbezüge aus einem vor oder während der Amtszeit als Bundesverfassungsrichter begründeten Dienstverhältnis als Hochschullehrer beziehen. Er gewährt den Hochschullehrern eine im Ergebnis dem § 101 III 3 entsprechende Sonderregelung ihrer Versorgungsbezüge aus der doppelten Tätigkeit als Bundesverfassungsrichter und Hochschullehrer.

IV. Zu Abs. 4

1. Entsprechende Anwendung der Absätze 1 bis 3 will besagen, dass die Bezüge, die sich aus dem früheren Dienstverhältnis (Abs. 1) oder aus einer Wiederverwendung nach Abs. 2 oder nach Abs. 3 errechnen, gegen Hinterbliebenenbezüge aus §§ 98 und 100 aufgerechnet werden.

§ 103

Teil IV. Schlußvorschriften

5   2. S. 2 ist durch das 7. Besoldungserhöhungsgesetz v. 20. 3. 1979 (BGBl. I S. 3057) eingefügt worden.[1]

§ 103 [Anwendbarkeit der Vorschriften für Bundesrichter]

Soweit in den §§ 98 bis 102 nichts anderes bestimmt ist, finden auf die Richter des Bundesverfassungsgerichts die für Bundesrichter geltenden vorsorgungsrechtlichen Vorschriften Anwendung; Zeiten einer Tätigkeit, die für die Wahrnehmung des Amts des Richters des Bundesverfassungsgerichts dienlich ist, sind Zeiten im Sinne des § 11 Abs. 1 Nr. 3 des Beamtenversorgungsgesetzes. Die versorgungsrechtlichen Entscheidungen trifft der Präsident des Bundesverfassungsgerichts.

I. Satz 1

1   § 103 schreibt die subsidiäre Geltung des richter- und beamtenrechtlichen Versorgungsrechts hinsichtlich der Berechnung der Versorgungsbezüge vor. Eine nur auf Bundesverfassungsrichter anwendbare Sondernorm enthält Satz 1 Halbs. 2. Unter „dienstlichen Zeiten" sind in erster Linie (§ 3 II) Zeiten juristischer Tätigkeit zu verstehen.[1*]

II. Satz 2

2   Der neu eingefügte Satz 2 unterstreicht die Selbstständigkeit und Unabhängigkeit des BVerfG. Die Zuständigkeit des Präsidenten für die zu treffenden versorgungsrechtlichen Entscheidungen wird damit gesetzlich geregelt. Sie würde sich sonst nur aus §§ 9, 14 II GO ergeben. Der Präsident ist an die Allgemeinen Verwaltungsvorschriften des Bundesministeriums des Inneren nach § 7 BeamtVG gebunden, vgl. die VwV zum BeamtVG vom 1. 6. 1981, BeamtVGVwV vom 3. 11. 1980, GMBl. S. 742. § 107 BeamtVG sieht aufgrund Art. 1 Nr. 56, Art. 20 I VersÄndG 2001 vom 20. 12. 2001 (BGBl. I 3926) nunmehr die Zuständigkeit der Bundesregierung für den Erlass entsprechender

---

[1] Siehe dazu BVerfGE 46, 97 und *Schmidt-Bleibteu*, in: MSKB, Stand 1964, § 102 Rn. 5.

[1*] *Heyde*, in: UCD, Rn. 4 zu § 103 will auch politische Tätigkeiten mit einbeziehen (nicht aber sonstige berufliche Tätigkeiten), und er fordert außerdem, dass die Tätigkeit hauptberuflich oder in wesentlichem Umfang ausgeübt worden sein muss. Bleibt man beim Gesetzestext, kann grundsätzlich jede Tätigkeit dienlich gewesen sein, und das auch unabhängig von ihrem Umfang.

Verwaltungsvorschriften vor.[2] Der Wegfall der Ermächtigungsgrundlage ändert an der Fortgeltung der BeamtVGVwG nichts.

§ 104 [Rechtsanwälte und Notare als Richter am Bundesverfassungsgericht]

(1) **Wird ein Rechtsanwalt zum Richter am Bundesverfassungsgericht ernannt, so ruhen seine Rechte aus der Zulassung für die Dauer seines Amtes.**

(2) **Wird ein Notar zum Richter am Bundesverfassungsgericht ernannt, so gilt § 101 Abs. 1 Satz 2 entsprechend.**

I. Zu Abs. 1 (Rechte aus einer Anwaltschaft).

Das Ruhen der Rechte aus der Anwaltschaft ergibt sich notwendig aus § 3 IV, § 4 IV 1. Der Rechtsanwalt kann seine Kanzlei unter Hinweis auf das Ruhen der Rechte aus der Zulassung gem. § 104, aufrechterhalten,[1] aber er darf, wegen § 47 BRAO im Regelfall selbst während seiner Zeit als Richter und als Rechtsanwalt tätig werden.[2]

II. Zu Ab. 2 (Rechte aus dem Amt eines Notars)

Auch die Rechte und Pflichten eines Notars ruhen (vgl. § 101 I 2). Nach § 50 I Nr. 4 BNotO ist der Notar seines Amtes zu entheben, wenn er ein besoldetes Amt (also z.B. ein Richteramt) übernimmt, es sei denn, es liege dafür eine Genehmigung der Landesjustizverwaltung gemäß § 8 I 2 BNotG vor. § 104 II ist jedoch als lex specialis gegenüber § 8 I 1, 2 BNotO anzusehen. Für die Dauer des Ruhens des Amtes wird die Bestellung eines Vertreters in Betracht kommen (§ 39 I BNotG). Für die Ausnahme von § 39 I 2 BNotO (Begrenzung auf ein Jahr) gibt es angesichts des § 4 I einen zwingenden Grund. Der Fall des Anwaltsnotars, der zwei Berufe (Rechtsanwalt und Notar) ausübt,[3] folgt den gleichen Regeln, wie sie für den Nur-Notar gelten.

1

2

---

[2] Das beruht auf BVerfGE 100, 249.

[1] *Heyde* spricht irrig von einer Fortführung. (Das ergibt sich für Richter Jentsch auch nicht aus BVerfGE 102, 192 (196).

[2] *Henssler/Schlaich*, in: Henssler/Prütting, BRAO, 2. Aufl. 2004 Rn. 12 f. zu § 47 BRAO.

[3] *Zuck*, in: FS f. Schippel, 1986, 817 (831 ff.); *Schmitz-Valckberg*, in: Eiylmann/Vaasen, BNotO BeurKG, 2. Aufl. 2004, Rn. 5 ff. zu § 3 BNotO.

§ 105

Teil IV. Schlußvorschriften

§ 105 [Versetzung in den Ruhestand; Entlassung]

(1) Das Bundesverfassungsgericht kann den Bundespräsidenten ermächtigen,

1. wegen dauernder Dienstunfähigkeit einen Richter des Bundesverfassungsgerichts in den Ruhestand zu versetzen;
2. einen Richter des Bundesverfassungsgerichts zu entlassen, wenn er wegen einer entehrenden Handlung oder zu einer Freiheitsstrafe von mehr als sechs Monaten rechtskräftig verurteilt worden ist oder wenn er sich einer so groben Pflichtverletzung schuldig gemacht hat, daß sein Verbleiben im Amt ausgeschlossen ist.

(2) Über die Einleitung des Verfahrens nach Absatz 1 entscheidet das Plenum des Bundesverfassungsgerichts.

(3) Die allgemeinen Verfahrensvorschriften sowie die Vorschriften des § 54 Abs. 1 und § 55 Abs. 1, 2, 4 bis 6 gelten entsprechend.

(4) Die Ermächtigung nach Absatz 1 bedarf der Zustimmung von zwei Dritteln der Mitglieder des Gerichts.

(5) Nach Einleitung des Verfahrens gemäß Absatz 2 kann das Plenum des Bundesverfassungsgerichts den Richter vorläufig seines Amtes entheben. Das gleiche gilt, wenn gegen den Richter wegen einer Straftat das Hauptverfahren eröffnet worden ist. Die vorläufige Enthebung vom Amt bedarf der Zustimmung von zwei Dritteln der Mitglieder des Gerichts.

(6) Mit der Entlassung nach Absatz 1 Nr. 2 verliert der Richter alle Ansprüche aus seinem Amt.

I. Allgemeines

1 1. § 105 regelt **abschließend** das Recht der vorzeitigen Beendigung des Amts eines Richters am BVerfG gegen den Willen des Richters, durch Versetzung in den Ruhestand (Abs. 1 Nr. 1) oder durch Entlassung (Nr. 2). In beiden Fällen ist das Zusammenwirken zweier oberster Bundesorgane notwendig: des Bundespräsidenten und des BVerfG. Die rechtlich entscheidende Verfügung mit Außenwirkung, d. h. mit Wirkung gegen den betroffenen Bundesverfassungsrichter, trifft der Bundespräsident. Seine Zuständigkeit, die keine Delegation zulässt, entspricht derjenigen zur Ernennung (§ 10) und trägt wie dort dem hohen Rang des Amtes Rechnung. Der Bundespräsident bedarf aber der Ermächtigung des Plenums, das insoweit eine dienstaufsichtliche und disziplinarrechtliche Funktion über seine Mitglieder

ausübt. Spricht das BVerfG keine Ermächtigung aus, so kann der Bundespräsident nicht tätig werden; erteilt es die Ermächtigung, so ist der Bundespräsident zur Entscheidung aus pflichtgemäßem Ermessen befugt und verpflichtet. Er wird nur aus wichtigen Gründen von der Ermächtigung nicht Gebrauch machen können.

2. Siehe im Übrigen §§ 50–55 GO. 2

II. Zu Abs. 1

1. Nr. 1 gibt die Möglichkeit, einen **dauernd dienstunfähigen** 3 **Richter** (gegen dessen Willen) in den Ruhestand zu versetzen (vgl. § 98 II Nr. 1). Der Begriff der „dauernden Dienstunfähigkeit" ist in gleichem Sinne anzuwenden wie im Beamtenrecht (vgl. § 47 I BBG; s. a. Rn. 3 zu § 98). Dienstunfähigkeit ist danach gegeben, wenn der Richter infolge eines körperlichen Gebrechens oder wegen Schwäche seiner körperlichen oder geistigen Kräfte zur Erfüllung seiner Dienstpflicht dauernd unfähig geworden ist.

2. Nr. 2 enthält das **Disziplinarrecht** gegenüber Bundesverfas- 4 sungsrichtern. Es sieht im Hinblick auf die besondere Stellung der Bundesverfassungsrichter nur die Möglichkeit der Entlassung aus dem Amt, nicht geringere Disziplinarmaßnahmen vor.

Die **Entlassung** setzt voraus: 5

a) Rechtskräftige strafrechtliche Verurteilung wegen einer entehrenden Handlung, gleichgültig, zu welcher Strafe. Der Begriff der „entehrenden Handlung" bedürfte, falls sich solche Fälle ereignen sollten, noch der näheren Bestimmung durch das BVerfG.[1]

b) Der Bundesverfassungsrichter ist zu einer Freiheitsstrafe von mehr als 6 Monaten rechtskräftig verurteilt worden, gleichgültig wegen welcher strafbaren Handlung. Auch bei Verurteilung zu schwersten Freiheitsstrafen bedürfte es jedoch noch des Verfahrens nach § 105.

c) Der Bundesverfassungsrichter hat sich einer so schweren Pflicht- 6 verletzung schuldig gemacht, dass sein Verbleiben im Amt ausgeschlossen ist. Die Pflichtverletzung kann innerhalb des Amts oder außerhalb desselben- jedoch nie ohne einen Bezug auf die Amtspflichten – begangen sein (zB: durch Verletzung der Verschwiegenheitspflicht).

d) Die Folgen der Entlassung nach Nr. 2 sind in jedem Falle Verlust aller Ansprüche (s. Abs. 6).

---

[1] Zweifelnd *Schmidt-Bleibtreu*, in: MSKB, Stand 1995, Rn. 5 zu § 105.

III. Zu Abs. 2

7   Der Präsident des BVerfG hat das **Plenum** einzuberufen, wenn er, nach pflichtgemäßer Prüfung, einen Beschluss nach Abs. 1 für veranlasst hält. Der Richter, über den Beschluss zu fassen ist, kann nach dem Rechtssatz, dass niemand in eigener Sache Richter sein kann, an der Beratung und Beschlussfassung des Plenums nicht teilnehmen (vgl. § 15 II 3). Das Plenum ist beschlussfähig, wenn von jedem Senat zwei Drittel seiner Mitglieder anwesend sind (§ 16 II). Zur Einleitung des Verfahrens ist – abweichend von der Erteilung der Ermächtigung an den Bundespräsidenten (Abs. 4) – einfache Mehrheit erforderlich.

IV. Zu Abs. 3 (Verfahren)

7a   **1.** Es findet – auch in den Fällen des Abs. 1 Nr. 1 – ein **förmliches Verfahren** vor dem BVerfG statt, auf welches die allgemeinen Vorschriften der §§ 17–35, die Vorschriften über Verfahren der Präsidentenanklage sowie die §§ 50 ff. GO entsprechend anzuwenden sind. Nach § 54 I kann das BVerfG zur Vorbereitung der mündlichen Verhandlung eine Voruntersuchung anordnen. Es muss sie anordnen, wenn der betroffene Richter sie beantragt. Nach § 55 I entscheidet das BVerfG auf Grund mündlicher Verhandlung, die, entgegen der allgemeinen Regel des § 25 I, auch nicht durch Verzicht ausgeschlossen werden kann. Gemäß § 17 mit §§ 169 ff. GVG ist die mündliche Verhandlung grundsätzlich öffentlich. § 54 GO regelt das – in zulässiger Weise – anders. Der betroffene Richter ist zu laden (§ 55 II). Er erhält Gelegenheit, sich zum Gegenstand der Verhandlung zu äußern (§ 55 IV) und erhält nach Beweiserhebung das letzte Wort (§ 55 V, VI).

8   **2.** Zur **Einstellung des Verfahrens** s. § 55 GO.

V. Zu Abs. 4 (erforderliche Mehrheit)

9   Die erforderliche $^2/_3$-Mehrheit für Erteilung der Ermächtigung entspricht der in quasi-strafrechtlichen Verfahren für nachteilige Entscheidungen erforderlichen Mehrheit (§ 15 II 2).

VI. Zu Abs. 5 (vorläufige Amtsenthebung)

10   Abs. 5 gestattet dem Plenum in eigener Kompetenz (d. h. ohne Beteiligung des Bundespräsidenten) den Richter unter zwei verschiedenen Voraussetzungen **vorläufig** seines Amtes zu entheben:

Inkrafttreten **§ 106**

1. Allgemein in allen Fällen des § 105 I nach Einleitung des Verfahrens (d.h. dem Eröffnungsbeschluss des Gerichts nach Abs. 2). Nähere Voraussetzungen hierfür sind nicht vorgeschrieben. Es müssen Gründe vorliegen, die eine sofortige Suspendierung vom Amt im öffentlichen Interesse notwendig machen. 11

2. Schon vor Einleitung des Verfahrens, wenn gegen den Richter wegen eines Verbrechens oder Vergehens das strafrechtliche Hauptverfahren eröffnet worden ist. 12

Die Vorschriften des § 32 finden auf diese besondere Form der einstweiligen Anordnung keine Anwendung. Mit der Verkündung der Entscheidung des Gerichts verliert der Richter, vorbehaltlich der endgültigen Entscheidung nach Abs. 1 und 5 die Fähigkeit, das Amt eines Bundesverfassungsrichters auszuüben.

VII. Zu Abs. 6 (Rechtsfolgen der Entlassung)

Mit dem Verlust des Amts eines Bundesverfassungsrichters als solchem sind in diesem Falle verbunden: Verlust des Anspruchs auf Ruhegehalt (§ 99) oder Übergangsgeld (§ 100). Ist der Bundesverfassungsrichter Beamter oder Richter, so bedarf es für den Verlust seiner Rechte aus diesem Verhältnis (§§ 101 II, 102, 103) oder für andere disziplinarrechtliche Maßnahmen auf Grund des allgemeinen Richter- und Beamtendisziplinarrechts der besonderen hierfür geltenden Voraussetzungen. Das zuständige Disziplinargericht ist hierbei an die Entscheidung des BVerfG nicht gebunden. 13

§ 106 [Inkrafttreten]

I. Streichung

Der alte § 106 (Berlin-Klausel) ist durch Art. 1 Nr. 23 des 5. ÄndG v. 2. 8. 1993 (BGBl. I S. 1442) gestrichen worden. 1

II. Änderungen

1. Das 5. ÄndG hat § 107 a. F. in § 106 umnumeriert. In der Fassung der Neubekanntmachung v. 11. 8. 1993 (BGBl. I S. 1473) lautet der Text nur noch „(Inkrafttreten)". 2

2. § 107 a. F. hatte gelautet: „Dieses Gesetz tritt am Tage nach seiner Verkündung in Kraft". Die Verkündung ist am 16. 4. 1951 in BGBl. I 3

S. 243 erfolgt. Das BVerfGG ist infolgedessen am 17. 4. 1951 in Kraft getreten.

4   **3.** Das BVerfGG i. d. F. d. 5. ÄndG ist nach dessen Art. 10 seit 11. 8. 1993 in Kraft. Nach Art. 8 des 5. ÄndG gelten die Änderungen auch für die bei Inkrafttreten der Änderung anhängigen Verfahren.

§ 107 [weggefallen]

Anhang

I. Geschäftsordnung des Bundesverfassungsgerichts

Vom 15. Dezember 1986
(BGBl. I S. 2529), in der Fassung der Bekanntmachung
vom 7. 1. 2002 (BGBl. I S. 1171)

Inhaltsübersicht

Teil A.	**Vorschriften zur Organisation und Verwaltung des Bundesverfassungsgerichts**	§§ 1–19
Teil B.	**Verfahrensergänzende Vorschriften**	§§ 20–70
Titel 1:	Zum Verfahren im Allgemeinen	§§ 20–37
Titel 2:	Zum Verfahren im Vertretungsfalle gemäß §§ 15 Abs. 2 Satz 2, 19 Abs. 4 BVerfGG	§ 38
Titel 3:	Zum Verfahren in den Kammern gemäß § 81 a und den §§ 93 b bis 93 d BVerfGG	§§ 39–42
Titel 4:	Zum Verfahren im Ausschuss gemäß Abs. 5 BVerfGG	§§ 43–47
Titel 5:	Zum Verfahren im Plenum gemäß § 26 BVerfGG	§§ 48, 49
Titel 6:	Zum Verfahren im Plenum gemäß § 105 BVerfGG	§§ 50–55
Titel 7:	Zum Verfahren bei Abgabe eines Sondervotums gemäß § 30 Abs. 2 BVerfG	§ 56
Titel 8:	Zum Verfahren im Plenum gemäß § 7 a BVerfGG	§§ 57–59
Titel 9:	Über das Allgemeine Register (AR) des Bundesverfassungsgerichts	§§ 60–62
Titel 10:	Schlussvorschriften	§§ 63–70

Teil A

Vorschriften zur Organisation und Verwaltung des Bundesverfassungsgerichts

§ 1. (1) Plenum und Präsident arbeiten zur Erfüllung der Aufgaben des Gerichts zusammen.

(2) Das Plenum berät und beschließt über die Aufstellung des Haushaltsplanes des Gerichts, über alle die Richter, ihren Status und ihre Arbeitsbedingungen unmittelbar betreffenden Fragen sowie erforder-

lichenfalls über allgemeine Grundsätze für die Verwaltung des Gerichts.

(3) Der Präsident nimmt die ihm nach den Gesetzen zustehenden Befugnisse wahr und führt die Beschlüsse des Plenums in dessen Auftrag aus. Er leitet die Verwaltung des Gerichts; Fragen von grundsätzlicher Bedeutung wird er mit dem Plenum beraten.

§ 2. (1) Das Plenum wird vom Präsidenten nach Bedarf, mindestens jedoch einmal im Frühjahr und im Herbst einberufen.

(2) Der Präsident beruft das Plenum unverzüglich ein, wenn es der Vizepräsident, ein Ausschuss oder mindestens drei Richter unter Angabe des Beratungsgegenstandes beantragen.

(3) Zwischen Einladung und Sitzung sollen wenigstens vier Tage liegen.

(4) Das Plenum ist beschlussfähig, wenn zwei Drittel der Richter anwesend sind.

(5) Der Einladung sind die Tagesordnung und, soweit nötig, die zur Beratung erforderlichen Unterlagen beizufügen.

(6) Der Präsident setzt jeden von einem Richter spätestens am dritten Tag vor der Sitzung angemeldeten Beratungsgegenstand auf die Tagesordnung. Das Plenum kann, wenn niemand widerspricht, weitere Beratungsgegenstände auf die Tagesordnung setzen. Ein Beratungsgegenstand, den der Präsident, der Vizepräsident, ein Ausschuss oder mindestens drei Richter eingebracht haben, darf von der Tagesordnung nicht abgesetzt werden. Im Übrigen beschließt das Plenum zu Beginn seiner Sitzung über die Tagesordnung.

(7) Der Präsident leitet die Sitzung. Über ihren Verlauf wird ein Protokoll geführt, das jedem Richter alsbald zugeht.

§ 3. (1) Das Plenum bildet folgende ständige Ausschüsse:
a) einen Geschäftsordnungsausschuss,
b) einen Protokollausschuss,
c) einen Haushalts- und Personalausschuss,
d) einen Bibliotheksausschuss.
Nach Bedarf können weitere Ausschüsse gebildet werden.

(2) Den ständigen Ausschüssen gehören zwei Richter aus jedem Senat an, den Ausschüssen nach Absatz 1 Buchstaben a bis c außerdem der Präsident und der Vizepräsident.

(3) Das Plenum bestellt für zwei Geschäftsjahre die Mitglieder der Ausschüsse und ihre Stellvertreter. Bei Verhinderung eines bestellten

Mitgliedes und seines Stellvertreters tritt an deren Stelle der dienstälteste anwesende Richter des jeweiligen Senats hinzu.

(4) Der Präsident führt den Vorsitz in den Ausschüssen, denen er angehört. Die übrigen Ausschüsse wählen den Vorsitzenden aus ihrer Mitte.

(5) Jedes Mitglied des Ausschusses kann dessen Einberufung unter Angabe des Beratungsgegenstandes beantragen. Der Vorsitzende hat den Ausschuss einzuberufen.

(6) Der Ausschuss ist beschlussfähig, wenn mehr als die Hälfte seiner Mitglieder anwesend ist.

(7) Die ständigen Ausschüsse erledigen ihre Angelegenheiten an Stelle des Plenums, soweit nicht das Plenum im Einzelfall die Entscheidung an sich zieht oder der Ausschuss die Entscheidung des Plenums für erforderlich hält. Das Plenum kann einen Ausschuss für die Behandlung einer Angelegenheit an seine Beschlüsse binden. Es kann einem ständigen Ausschuss eine Angelegenheit zur Vorbereitung der Beratung und Beschlussfassung im Plenum zuweisen.

(8) Die Vorsitzenden berichten mindestens einmal im Jahr dem Plenum über die Arbeit der Ausschüsse.

§ 4. Innerhalb des Gerichts wird der Präsident vom Vizepräsidenten und bei dessen Verhinderung von dem dienstältesten, bei gleichem Dienstalter von dem lebensälteren anwesenden Richter vertreten.

§ 5. (1) Der Präsident vertritt das Gericht nach außen. Ist er verhindert, vertritt ihn der Vizepräsident und bei dessen Verhinderung der dienstälteste, bei gleichem Dienstalter der lebensälteste anwesende Richter.

(2) Die Darlegung von Auffassungen des Gerichts und die Wahrnehmung seiner Interessen gegenüber dem Bundespräsidenten, dem Bundestag, dem Bundesrat, der Bundesregierung sowie deren Ausschüssen obliegt dem Präsidenten im Benehmen mit dem Vizepräsidenten. Sie können von anderen Richtern vertreten oder unterstützt werden.

§ 6. Der Präsident übt das Hausrecht aus.

§ 7. (1) Die Richter werden über alle wichtigen, das Gericht oder die Richter berührenden Vorgänge unterrichtet.

(2) Bei Einladungen an das Gericht entscheidet der Protokollausschuss, wer sie wahrnimmt, sofern es nicht nach der Art der Einladung

angemessen ist, dass der Präsident ihr allein folgt. Bei Einladungen an das Gericht oder an den Präsidenten kann dieser nur von einem Richter vertreten werden.

(3) Für Besuche beim Gericht gilt Entsprechendes.

§ 8. Das Dienstalter der Richter bestimmt sich vom Tage der ersten Vereidigung als Bundesverfassungsrichter an. Bei gleichem Dienstalter entscheidet das Lebensalter.

§ 9. Soweit in Gesetzen, die auf die Richter entsprechend anzuwenden sind, dem Vorgesetzten, dem Dienstvorgesetzten oder dem Leiter der Behörde Verwaltungsentscheidungen zugewiesen sind, trifft sie der Präsident.

§ 10. (1) Dienstreisen von Richtern sind dem Präsidenten anzuzeigen, der durch Gegenzeichnung kenntlich macht, dass gegen die Behandlung der Reise als Dienstreise keine Einwendungen bestehen. Unbeschadet der Regelung in Satz 1 gilt die Teilnahme von Richtern an Fachtagungen im Inland als Dienstreise.

(2) Dienstreisen von wissenschaftlichen Mitarbeitern genehmigt der Präsident.

§ 11. (1) Die Richter zeigen rechtzeitig vorher dem Präsidenten und dem Vorsitzenden ihres Senats an, für welche Zeit sie ihren Urlaub nehmen. Sie hinterlassen ihre Anschrift beim Präsidialrat.

(2) In derselben Weise zeigen sie Krankheit oder Ortsabwesenheit von längerer Dauer als einer Woche an.

§ 12. (1) Jedem Senat wird ein Beamter mit der Befähigung zum Richteramt als Präsidialrat zugeteilt.

(2) Der Präsident unterstützt insbesondere den Vorsitzenden des Senats bei der Erledigung der Senatsgeschäfte.

(3) Er ist in Senatsangelegenheiten ausschließlich an die Weisungen des Vorsitzenden gebunden.

§ 13. (1) Die wissenschaftlichen Mitarbeiter unterstützen die Richter, denen sie zugewiesen sind, bei deren dienstlicher Tätigkeit. Sie sind dabei an die Weisungen des Richters gebunden.

(2) Jeder Richter ist berechtigt, seinen wissenschaftlichen Mitarbeiter selbst auszuwählen. Gegen seine Willen kann ihm ein Mitarbeiter nicht zugewiesen werden.

(3) Die dienstliche Beurteilung des wissenschaftlichen Mitarbeiters obliegt dem Richter. Der Präsident kann eine eigene Beurteilung beifügen.

§ 14. (1) Die Verteilung der Verwaltungsgeschäfte regelt der Präsident. Er kann bestimmte Geschäfte dem leitenden Verwaltungsbeamten (Direktor beim Bundesverfassungsgericht) allgemein zur selbstständigen Erledigung übertragen.

(2) Die die Richter betreffenden Verwaltungsentscheidungen, die nicht einfache Geschäfte der laufenden Verwaltung sind, trifft der Präsident selbst.

§ 15. (1) Der leitende Verwaltungsbeamte handelt stets im Auftrag des Präsidenten. Er wird vom Präsidialrat eines Senats vertreten.

(2) Vorbereitende Gespräche oder Verhandlungen, die Beamte der Verwaltung mit Vertretern der gesetzgeberischen Körperschaften oder Ministerien führen, haben sich im Rahmen der vorher im Plenum oder in einem seiner Ausschüsse festgelegten Richtlinien zu halten oder sind, soweit solche nicht bestehen, nach Weisung des Präsidenten zu führen.

§ 16. Der Posteinlauf wird dem Präsidenten und dem Vizepräsidenten vorgelegt, soweit diese nichts anderes bestimmen.

§ 17. (1) Verlautbarungen des Gerichts sind von der Pressestelle zu verbreiten. Sie sind schriftlich festzuhalten. Aus den Unterlagen muss hervorgehen, wer die Verlautbarung veranlasst hat und wer für ihre Formulierung verantwortlich ist. Dies gilt auch für Darstellungen im Internet, soweit hierfür nicht die Dokumentationsstelle gemäß § 33 zuständig ist.

(2) Informationen an die Presse aus dem Bereich eines Senates bedürfen grundsätzlich der Zustimmung des Vorsitzenden.

§ 18. Bei der Bibliothek des Gerichts wird ein Archiv eingerichtet, in dem alle das Gericht berührende Materialien gesammelt werden.

§ 19. Soweit sich aus der Stellung des Gerichts als eines obersten kollegialen Verfassungsorgans, dem Bundesverfassungsgerichtsgesetz und dem Gesetz über das Amtsgehalt der Mitglieder des Bundesverfassungsgerichts, aus dieser Geschäftsordnung oder den vom Gericht erlassenen besonderen Verwaltungsvorschriften nichts anderes ergibt, gelten die allgemeinen Verwaltungsvorschriften für die obersten Bundesbehörden.

Teil B

Verfahrensergänzende Vorschriften

Titel 1. Zum Verfahren im Allgemeinen

§ 20. (1) Der Senat beschließt vor Beginn eines Geschäftsjahres mit Wirkung vom Beginn dieses Geschäftsjahres an, nach welchen Grundsätzen die verfahrenseinleitenden Anträge auf die Richter einschließlich des Vorsitzenden als Berichterstatter zu verteilen sind. Von diesen Grundsätzen kann während des Geschäftsjahres nur abgewichen werden, wenn dies wegen Überlastung oder längerer Verhinderung eines Richters nötig wird.

(2) Der Vorsitzende stellt den Berichterstatter gemäß Absatz 1 fest. Er kann wegen der besonderen Bedeutung der Sache im Einvernehmen mit dem Senat einen Mitberichterstatter bestimmen.

§ 21. (1) Die Senate bestimmen, an welchen Wochentagen sie regelmäßig zur Beratung zusammentreten. Außerordentliche Sitzungen bedürfen eines Senatsbeschlusses; in Eilfällen kann der Vorsitzende eine außerordentliche Sitzung einberufen.

(2) Der Vorsitzende setzt im Benehmen mit dem Senat die Tagesordnung fest. Sie soll den Richtern mindestens zehn Tage vorher zugehen.

§ 22. (1) Entscheidungen nach § 24 und § 81a BVerfGG können ohne Zustellung des Antrags getroffen werden. Ebenso bedarf es keiner Zustellung, wenn die Annahme der Verfassungsbeschwerde abgelehnt wird (§§ 93a, 93b BVerfGG).

(2) Die Zustellung durch den Vorsitzenden (§ 23 Abs. 2 BVerfGG) erfolgt auf Vorschlag des Berichterstatters.

(3) Die weitere Förderung des Verfahrens, insbesondere durch sachleitende Verfügungen, obliegt dem Berichterstatter, soweit veranlasst im Benehmen mit dem Vorsitzenden.

(4) Ersuchen an oberste Gerichtshöfe des Bundes oder oberste Landesgerichte (§ 82 Abs. 4 BVerfGG) werden vom Vorsitzenden des Senats auf Vorschlag des Berichterstatters oder des Senats verfügt. Entsprechende Ersuchen können in anderen Fällen als in denen der konkreten Normenkontrolle (§ 13 Nr. 11 BVerfGG) verfügt werden.

(5) Auf Vorschlag des Berichterstatters oder auf Beschluss des Senats ersucht der Vorsitzende Persönlichkeiten, die auf einem Gebiet über besondere Kenntnisse verfügen, sich zu einer für die Entscheidung erheblichen Frage gutachtlich zu äußern.

(6) Alle das Verfahren betreffenden Maßnahmen werden aktenkundig gemacht.

§ 23. (1) In jeder Sache, die vom Senat zu entscheiden ist, legt der Berichterstatter ein schriftliches Votum vor. Spätestens gleichzeitig gehen den Mitgliedern des Senats die Handakten zu, die alle verfahrens- und entscheidungserheblichen Schriftstücke enthalten. In einfachen Fällen kann an Stelle eines Votums ein begründeter Entscheidungsentwurf vorgelegt werden.

(2) Zwischen der Verteilung des Votums und der Beratung oder der mündlichen Verhandlung sollen mindestens zehn Tage liegen.

§ 24. (1) Der Senat beschließt, ob eine mündliche Verhandlung stattfindet. Er kann zu § 17a BVerfGG ergänzende Regelungen für die mündliche Verhandlung und die Urteilsverkündung erlassen.

(2) Der mündlichen Verhandlung liegt in der Regel eine vom Senat gebilligte Gliederung des Verhandlungsablaufes zu Grunde, die den Verfahrensbeteiligten rechtzeitig vor der mündlichen Verhandlung zugeht.

(3) Die Tonbandaufnahme, in der die mündliche Verhandlung festgehalten wird (§ 25a Satz 2 BVerfGG), steht nur den Richtern und den Verfahrensbeteiligten zum Abhören im Gericht zur Verfügung. Überspielungen und private Übertragungen sind unzulässig.

(4) Wenn und soweit Abschriften für den Gebrauch des Gerichts angefertigt werden, können die Verfahrensbeteiligten davon Abrucke erhalten.

(5) Zur Veröffentlichung oder Auswertung in einer wissenschaftlichen Publikation oder einer Verfahrensdokumentation können Abschriften von Äußerungen freigegeben werden, wenn dies auf Grund einer Abwägung des öffentlichen Interesses an der Publikation mit den Belangen der Verfahrensbeteiligten und der Autoren der Äußerungen gerechtfertigt ist. Sind in den Abschriften personenbezogene Daten enthalten, finden die Vorschriften des Bundesdatenschutzgesetzes für die Übermittlung zu Forschungszwecken Anwendung (§ 15 Abs. 1 in Verbindung mit § 14 Abs. 2 Nr. 9, § 16 Abs. 1 Nr. 2, § 40 Abs. 4 des Bundesdatenschutzgesetzes).

(6) Ehe Einsicht in eine in der Abschrift enthaltene Äußerung gewährt wird, erhält der Autor Gelegenheit, zur Richtigkeit der Ab-

schrift Stellung zu nehmen; er kann auch stilistische Korrekturen anregen, die den Sinn nicht verändern. Die Entscheidung trifft der Vorsitzende. Soweit er den Einwendungen nicht entspricht, sind diese zu den Akten zu nehmen. Von der Anhörung des Autors kann abgesehen werden, wenn sie einen unverhältnismäßigen Aufwand erfordern würde.

(7) Auf die Absätze 4 bis 6 und auf § 25 a BVerfGG ist zu Beginn der mündlichen Verhandlung hinzuweisen.

§ 25. Bei den Beratungen dürfen nur die mitwirkenden Richter anwesend sein.

§ 26. (1) Jeder Richter, der an der Entscheidung mitgewirkt hat, kann bis zu deren Verkündung oder bis zu deren Ausfertigung zum Zwecke der Zustellung die Fortsetzung der Beratung verlangen, wenn er seine Stimmabgabe ändern will; er kann die Fortsetzung der Beratung beantragen, wenn er bisher nicht erörterte Gesichtspunkte vortragen möchte oder wenn ihm ein Sondervotum dazu Anlass gibt.

(2) Entscheidungen, die nicht auf Grund einer mündlichen Verhandlung ergangen sind, erhalten das Datum des Tages, an dem sie endgültig beschlossen worden sind.

§ 27. Über den Gang der Beratung entscheidet der Senat. Wirft die Sache mehrere Rechtsfragen auf, so wird über sie in der Regel nacheinander abgestimmt, bevor über den Tenor entschieden wird.

§ 28. (1) Die Richter, die an einer Entscheidung mitgewirkt haben, sind im Rubrum mit ihrem Namen in der Reihenfolge ihres Dienstalters nach dem Vorsitzenden aufzuführen.

(2) Ist ein Richter, der an der Entscheidung mitgewirkt hat, an der Unterschrift verhindert, so beurkundet dies der Vorsitzende.

§ 29. Entscheidungen, die im Bundesgesetzblatt zu veröffentlichen sind, übersendet der Präsidialrat des Senats dem Bundesjustizministerium. Ist die Entscheidung drei Monate nach der Verkündung oder Zustellung noch nicht im Bundesgesetzblatt veröffentlicht, so unterrichtet er den Vorsitzenden und den Berichterstatter.

§ 30. Soweit die Entscheidung dem Verfahrensbevollmächtigten eines Verfassungsorgans bekannt gegeben wird, ist sie gleichzeitig dem Verfassungsorgan unmittelbar zu übersenden.

§ 31. (1) Die Entscheidung des Plenums gemäß § 16 Abs. 1 BVerfGG und der Senate werden in einer vom Gericht autorisierten Sammlung der Entscheidungen des Bundesverfassungsgerichts veröffentlicht, die von den Richtern in eigener Verantwortung herausgegeben wird.

(2) Das Plenum oder der Senat können die Veröffentlichung einer Entscheidung in der Sammlung ausschließen. Dieser Beschluss ist aktenkundig zu machen.

(3) Wenn ein Beschluss der Kammer nach § 81a, § 93b oder § 93c BVerfGG im Einzelfall von besonderem Interesse ist, kann der Senat auf ihren Vorschlag die Veröffentlichung in der Sammlung veranlassen.

(4) Die Namen der Richter, die an der Entscheidung beteiligt sind, werden in der Sammlung mit abgedruckt.

(5) Die Namen von Personen, Personenvereinigungen und Orten werden beim Abdruck grundsätzlich mit den Anfangsbuchstaben abgekürzt.

(6) Soweit aus der Veröffentlichung der vom Gericht autorisierten Sammlung der Entscheidungen des Bundesverfassungsgerichts Überschüsse zur Verfügung stehen, sind diese für die Aufgaben eines richterlichen Berufsverbandes der Mitglieder des Bundesverfassungsgerichts oder für gemeinnützige Zwecke zu verwenden.

§ 32. (1) Presseverlautbarungen über ergangene Entscheidungen bedürfen der Billigung des Berichterstatters und des Vorsitzenden und dürfen erst hinausgegeben werden, wenn anzunehmen ist, dass die Entscheidung den Prozessbeteiligten zugegangen ist.

(2) Entsprechendes gilt für Beschlüsse der Kammern.

§ 33. Beim Bundesverfassungsgericht besteht eine Dokumentationsstelle. Sie erfasst und dokumentiert verfassungsgerichtliche Entscheidungen und wesentliche sonstige Materialien. Die Richter wirken bei der Auswahl und Auswertung von Dokumenten mit. Die Dokumente werden in einer gerichtsübergreifenden, allgemein zugänglichen Datenbank gespeichert. Die Dokumentationsstelle ist auch für die Archivierung sowie für das Bereitstellen von Entscheidungen des Bundesverfassungsgerichts im Internet zuständig.

§ 34. Voten, Entscheidungsentwürfe, Änderungs- und Formulierungsvorschläge sowie Notizen des Berichterstatters sind nicht Bestandteil der Verfahrensakten. Sie sind in besonderem Umschlag zusammen mit den Akten aufzubewahren; sie unterliegen nicht der Akteneinsicht.

§ 35. (1) Über die Akteneinsicht entscheidet der Vorsitzende des Senats im Benehmen mit dem Berichterstatter.

(2) Nach Abschluss des Verfahrens kann Beteiligten (§ 20 BVerfGG) entsprechend § 35 b Abs. 1 Satz 1 und 2 BVerfGG Akteneinsicht gewährt werden.

(3) Die Vorschriften des Bundesdatenschutzgesetzes über die Übermittlung personenbezogener Daten finden Anwendung.

§ 35 a. Entscheidungen des Bundesverfassungsgerichts sind vor der Übermittlung an Behörden, Gerichte oder private Dritte zu anonymisieren. Das Nähere regelt eine Anweisung der Präsidentin des Bundesverfassungsgerichts.

§ 36. (1) Die Verfahrensakten des Gerichts zu Senatsentscheidungen samt Voten können – frühestens nach 10 Jahren – nach Maßgabe einer Vereinbarung an das Bundesarchiv abgegeben werden; die Vereinbarung bedarf der Zustimmung des Plenums. Die Akten dürfen frühestens nach 30 Jahren seit der Entscheidung verwertet werden.

(2) Die Vernichtung von Akten ist frühestens nach zwanzig Jahren zulässig. Von der Vernichtung ausgeschlossen sind in jedem Falle prozesseinleitende Anträge, Urschriften der Entscheidungen des Gerichts sowie vollständige Verfahrensakten einschließlich der Voten, wenn der Senat ihre Vernichtung wegen ihrer rechtsgeschichtlichen Bedeutung ausgeschlossen hat.

§ 37. *[aufgehoben]*

Titel 2. Zum Verfahren im Vertretungsfalle gemäß §§ 15 Abs. 2 Satz 2, 19 Abs. 4 BVerfGG

§ 38. (1) In den Fällen der §§ 15 Abs. 2 Satz 2 und 19 Abs. 4 Satz 1 BVerfGG ordnet der Vorsitzende des Senats, in dem der Vertretungsfall eingetreten ist, das Losverfahren an.

(2) Der Vorsitzende des anderen Senats führt das Losverfahren durch. Er unterrichtet die Richter seines Senats von dem Lostermin und zieht den Präsidialrat als Urkundsbeamten zu. Über das Losverfahren ist eine Niederschrift anzufertigen, die zu den Akten des Verfahrens gebracht wird. Das Ergebnis des Losverfahrens ist allen Richtern mitzuteilen.

(3) Für die Anordnung und Durchführung des Losverfahrens gilt § 15 Abs. 1 Satz 2 BVerfGG entsprechend.

Titel 3. Zum Verfahren in den Kammern
gemäß § 81 a und den §§ 93 b bis 93 d BVerfGG

§ 39. In den Kammern führen, soweit sie ihnen angehören, der Präsident und der Vizepräsident, im Übrigen der jeweils dienstälteste, bei gleichem Dienstalter der lebensälteste anwesende Richter den Vorsitz.

§ 40. (1) Im Rahmen ihrer Befugnisse entscheiden die Kammern – in der Regel auf Grund eines schriftlichen Votums – in den Verfahren, die einem ihrer Mitglieder als Berichterstatter zugeteilt sind. Gehört ein Richter mehreren Kammern an, regelt der Senat in dem Beschluss nach § 15a Abs. 2 BVerfGG, wie sich die Zuständigkeit für die ihm zugeteilten Verfahren auf die Kammern verteilt.

(2) Kommt ein einstimmiger Beschluss der Kammer nicht zustande, entscheidet auch in den Fällen des § 93d Abs. 2 BVerfGG der Senat.

(3) Lehnt die Kammer die Annahme einer Verfassungsbeschwerde ab, werden die in dieser Sache gestellten Anträge auf Erlass einer einstweiligen Anordnung gegenstandslos.

§ 41. Der Berichterstatter kann bereits vor der Entscheidung der Kammer, ob ein Normenkontrollantrag unzulässig ist oder ein Verfassungsbeschwerde nicht angenommen wirt (§ 81a, § 93b BVerfGG), Stellungnahmen der Äußerungsberechtigten (§ 82 in Verbindung mit § 77 BVerfGG, § 94 BVerfGG) oder Dritter einholen und sich mit Ersuchen an die in § 82 Abs. 4 BVerfGG genannten Gerichte wenden.

§ 42. Sind in einem Verfassungsbeschwerdeverfahren, das mit einem Nicht-Annahme-Beschluss geendet hat, Akten des Gerichts, gegen dessen Entscheidung sich die Verfassungsbeschwerde gerichtet hat, beigezogen worden, so ist diesem Gericht bei der Rückgabe der Akten eine Abschrift des Beschlusses zu übersenden. Das Gleiche gilt, wenn ein Verfassungsorgan oder eine Behörde um eine Äußerung zur Verfassungsbeschwerde ersucht worden war oder wenn sich die Verfassungsbeschwerde gegen eine Entscheidung eines obersten Bundesgerichts gerichtet hat.

Titel 4. Zum Verfahren im Ausschuss
gemäß § 14 Abs. 5 BVerfGG

§ 43. In den nach § 14 Abs. 5 BVerfGG zu bildenden Ausschuss wählt jeder Senat für die Dauer eines Geschäftsjahres zwei Richter und zwei Stellvertreter. Der Präsident wird im Vorsitz vom Vizepräsidenten vertreten, bei dessen Verhinderung vom dienstältesten, bei gleichem Dienstalter von dem lebensältesten Mitglied des Ausschusses.

§ 44. (1) Die Präsidialräte unterrichten die Vorsitzenden beider Senate von allen verfahrenseinleitenden Anträgen. Dabei haben sie auf Zweifel, die die Senatszuständigkeit betreffen, hinzuweisen. Der Vorsitzende führt gegebenenfalls eine Erörterung in seinem Senat herbei.

(2) Eine Sache kann kurzerhand an den anderen Senat abgegeben werden, wenn die Vorsitzenden und Berichtersatter beider Senate darüber einig sind.

(3) Jeder Richter kann die Einberufung des Ausschusses beantragen. Der Ausschuss wird unverzüglich – in der Regel mit einer Ladungsfrist von vierzehn Tagen – einberufen.

(4) Das Verfahren nach Absatz 3 ist ausgeschlossen, wenn der Senat die Beratung in der Sache begonnen hat.

§ 45. Der Präsident bestellt aus den Mitgliedern des Ausschusses je einen Berichterstatter aus jedem Senat. Die Berichterstatter können gemeinsam oder getrennt vor der Sitzung ein schriftliches Votum zur Zuständigkeitsfrage abgeben.

§ 46. Die Beschlüsse des Ausschusses werden vom Vorsitzenden in einem Aktenvermerk festgehalten. Sie werden nicht begründet. Sie werden allen Richtern mitgeteilt und zu den Akten des Verfahrens gebracht.

§ 47. Der Senat, dessen Zuständigkeit durch einen Beschluss des Ausschusses begründet worden ist, weist in seiner Entscheidung auf den Beschluss hin.

Titel 5. Zum Verfahren im Plenum gemäß § 16 BVerfGG

§ 48. (1) Der Senat, der in einer Rechtsfrage von der in einer Entscheidung des anderen Senats oder des Plenums enthaltenen Rechtsauffassung abweichen will, ruft das Plenum durch Senatsbeschluss an.

(2) Die Anrufung des Plenums entfällt, wenn der Senat, von dessen Entscheidung abgewichen werden will, auf Anfrage erklärt, dass er an seiner Rechtsauffassung nicht festhalte.

§ 49. (1) Zur Vorbereitung der Entscheidung des Plenums benennt der Vorsitzende jedes Senats eine Berichterstatter. Jeder Berichterstatter legt spätestens zehn Tage vor der Plenarsitzung ein Votum vor.

(2) Der Beschluss des Plenums ist zu begründen. Er ist ebenso wie Entscheidungen der Senate zu behandeln.

Titel 6. Zum Verfahren im Plenum gemäß § 105 BVerfGG

§ 50. (1) Der Antrag auf Einleitung des Verfahrens gemäß § 105 Abs. 1 BVerfGG kann gestellt werden von mindestens sechs Mitgliedern des Gerichts, im Falle des § 105 Abs. 1 Nr. 1 BVerfGG auch vom Präsidenten und vom Vizepräsidenten gemeinsam.

(2) Der Antrag samt Begründung wird allen Mitgliedern des Gerichts in vertraulicher Form gegen Empfangsbestätigung mitgeteilt.

§ 51. Dem Richter, gegen den sich der Antrag richtet, ist Gelegenheit zu geben, sich zum Antrag schriftlich und mündlich vor dem Plenum zu äußern.

§ 52. Der Beschluss auf Einleitung des Verfahrens bedarf der Zustimmung von mindestens acht Richtern. Das Plenum berät und beschließt in Abwesenheit des Betroffenen. Der Beschluss wird nicht begründet; er wird von den mitwirkenden Richtern unterschrieben und anschließend dem Betroffenen eröffnet.

§ 53. Nach Einleitung des Verfahrens bestellt das Plenum einen Untersuchungsführer aus seiner Mitte. Er hört den Betroffenen und führt die erforderlichen Ermittlungen durch; zu Beweiserhebungen hat er den Betroffenen zu laden. Über das Ergebnis der Untersuchung berichtet er dem Plenum schriftlich und in der mündlichen Verhandlung; sein Bericht schließt mit einem Vorschlag für die Entscheidung. An der Beratung und Beschlussfassung nimmt er nicht teil.

§ 54. Die mündliche Verhandlung findet unter Ausschluss der Öffentlichkeit statt. Auf Antrag des Betroffenen kann die Öffentlichkeit zugelassen werden.

§ 55. (1) Das Verfahren auf einen Antrag nach § 105 Abs. 1 BVerfGG ist einzustellen, wenn der Richter, gegen den sich der Antrag richtet, gemäß § 12 BVerfGG aus dem Amt entlassen ist oder wenn er wegen Ablaufs seiner Amtszeit oder auf Antrag (§ 98 Abs. 1, Abs. 2 Nr. 2 BVerfGG) in den Ruhestand tritt.

(2) Das Verfahren ist auch einzustellen, wenn der Antrag vor einem Beschluss nach § 105 Abs. 4 BVerfGG zurückgenommen wird, es sei denn, dass das Plenum beschließt, es einzuleiten oder fortzusetzen.

Titel 7. Zum Verfahren bei Abgabe eines Sondervotums gemäß § 30 Abs. 2 BVerfGG

§ 56. (1) Das Sondervotum, in dem ein Richter seine in der Beratung vertretene abweichende Meinung zu der Entscheidung oder deren Begründung niederlegt, muss binnen drei Wochen nach Fertigstellung der Entscheidung dem Vorsitzenden des Senats vorliegen. Der Senat kann diese Frist verlängern.

(2) Wer beabsichtigt, ein Sondervotum abzugeben, hat dies dem Senat mitzuteilen, sobald es der Stand der Beratungen ermöglicht.

(3) Wird das Sondervotum zu einem Urteil abgegeben, so gibt der Vorsitzende dies bei der Verkündung bekannt. Im Anschluss daran kann der Richter den wesentlichen Inhalt seines Sondervotums mitteilen.

(4) Das Sondervotum wird zusammen mit der Entscheidung bekannt gemacht.

(5) Das Sondervotum ist in der Sammlung der Entscheidungen des Bundesverfassungsgerichts im Anschluss an die Entscheidung mit dem Namen des Richters zu veröffentlichen.

(6) Für Sondervoten zu Entscheidungen des Plenums gelten die vorstehenden Bestimmungen entsprechen.

Titel 8. Zum Verfahren im Plenum gemäß § 7a BVerfGG

§ 57. Jeder Richter kann Vorschläge für die Entschließung des Plenums gemäß § 7a BVerfGG machen. Sie sind spätestens eine Woche vor der Sitzung des Plenums einzureichen und zu begründen; dabei ist mitzuteilen, ob der Vorgeschlagene mit seiner Normierung im Plenum einverstanden ist. Von der Einhaltung der Vorschlagsfrist kann im Einvernehmen aller anwesenden Richter abgesehen werden.

§ 58. (1) Über die Wahlvorschläge wird nach Abschluss der Aussprache geheim abgestimmt. Die Beschlussfähigkeit richtet sich nach § 7a Abs. 2 Satz 3 in Verbindung mit § 16 Abs. 2 BVerfGG.

(2) Im ersten Wahlgang wird unter Verwendung von Stimmzetteln abgestimmt, auf denen die Vorschläge in alphabetischer Folge auf-

geführt sind. Jeder Richter hat soviel Stimmen, wie Vorschläge zu machen sind. Gewählt ist, wer mindestens die Mehrheit der abgegebenen Stimmen erhalten hat, und zwar in der Reihenfolge, die sich aus der Stimmenzahl ergibt.

(3) Bleibt der erste Wahlgang ganz oder teilweise erfolglos, so werden die Kandidaten einzeln in gesonderten Wahlgängen mit Stimmzetteln gewählt, auf die der Wahlberechtigte nur einen Namen setzt. Der Wahlakt wird solange wiederholt, bis ein Kandidat die Mehrheit der abgegebenen Stimmen erhalten hat; bei jeder Wiederholung scheidet der Kandidat aus, der im vorangegangenen Wahlgang die wenigsten Stimmen erhalten hat.

§ 59. (1) Führt die Wahl nach § 58 nicht zu einer genügenden Zahl von Vorschlägen, so werden die weiteren Vorschläge in einer neuen Wahl ermittelt. Diese soll in der zweiten Kalenderwoche nach Abschluss des früheren Wahltermins stattfinden. Dazu können neue Kandidaten benannt oder bisher benannte Kandidaten erneut vorgeschlagen werden; die Frist des § 57 Satz 2 verkürzt sich auf drei Tage. Das Plenum kann beschließen, dass in der neuen Wahl nur nach Maßgabe des § 58 Abs. 3 abgestimmt wird.

(2) Werden im Fall des Absatzes 1 Satz 1 noch in der Sitzung Kandidaten für die neue Wahl vorgeschlagen, so kann mit den Stimmen aller anwesenden Richter beschlossen werden, dass die neue Wahl sofort durchgeführt wird. Werden lediglich Kandidaten vorgeschlagen, die bereits früher benannt worden waren, so kann der Beschluss mit einer Mehrheit von zwei Dritteln der anwesenden Richter gefasst werden.

Titel 9. Über das Allgemeine Register (AR) des Bundesverfassungsgerichts

§ 60. (1) Eingaben an das Bundesverfassungsgericht, die weder eine Verwaltungsangelegenheit des Gerichts betreffen noch nach den Vorschriften des Gesetzes über das Bundesverfassungsgericht statthaft sind, werden in den Allgemeinen Register (AR) erfasst und als Justizverwaltungsangelegenheit bearbeitet. Hierzu rechnen insbesondere:
a) Anfragen zur Rechtsprechung des Bundesverfassungsgerichts sowie zu anhängigen oder abgeschlossenen Verfahren;
b) Eingaben, mit denen der Absender weder einen bestimmten Antrag verfolgt noch ein Anliegen geltend macht, für das ein Zuständigkeit des Bundesverfassungsgerichts besteht.

Anh   Geschäftsordnung

(2) Im Allgemeinen Register können auch Verfassungsbeschwerden registriert werden,
a) bei denen eine Annahme zur Entscheidung (§ 93a BVerfGG) nicht in Betracht kommt, weil sie offensichtlich unzulässig sind oder unter Berücksichtigung der Rechtsprechung des Bundesverfassungsgerichts offensichtlich keinen Erfolg haben können oder
b) bei denen sich die Senatszugehörigkeit nicht alsbald klären lässt.

§ 61. (1) Die Entscheidung darüber, ob ein Vorgang in das Allgemeine Register einzutragen ist, trifft der Präsident oder der Vizepräsident. Der Präsident kann die Entscheidungsbefugnis allgemein auf die Präsidialräte übertragen.

(2) Ein gemäß § 60 Abs. 2 Buchstabe a im Allgemeinen Register eingetragener Vorgang ist in das Verfahrensregister zu übertragen, wenn der Einsender nach Unterrichtung über die Rechtslage eine richterliche Entscheidung begehrt.

(3) Soll ein Vorgang aus dem Allgemeinen Register in das Verfahrensregister übertragen werden, so ist er dem Präsidialrat des für zuständig erachteten Senats zuzuleiten. Hat im Falle des § 60 Abs. 2 Buchstabe b der gemäß § 14 Abs. 5 BVerfGG berufene Ausschuss über die Senatszuständigkeit entschieden, veranlasst der Präsidialrat des für zuständig erklärten Senats die Eintragung in das Verfahrensregister.

§ 62. Für das Allgemeine Register ist ein Präsidialrat verantwortlich. Er wird durch den anderen Präsidialrat vertreten.

Titel 10. Schlußvorschriften

§ 63. Mitglieder des Gerichts im Sinne dieser Geschäftsordnung sind auch Richter, die nach Ablauf ihrer Amtszeit ihre Amtsgeschäfte fortführen (§ 4 Abs. 4 BVerfGG).

§ 64. Die Richter tragen in der mündlichen Verhandlung eine Robe mit Barett.

§ 65. Das Geschäftsjahr des Bundesverfassungsgerichts ist das Kalenderjahr.

§ 66. (1) Die Arbeit des Bundesverfassungsgerichts wird statistisch erfasst.

(2) Die Geschäftslast des Gerichts wird monatlich in einer Statistik und am Ende des Geschäftsjahres in einer Gesamtstatistik dargestellt.

§ 67. Unbeschadet des § 19 ist das Gerichtsgebäude während einer mündlichen Verhandlung und einer Urteilsverkündung sowie auf besondere Anordnung des Präsidenten zu beflaggen.

§ 68. (1) Der Antrag auf Änderung der Geschäftsordnung kann von jedem Richter gestellt werden. Der Antrag ist schriftlich zu stellen. Er muss die formulierte Textänderung und eine Begründung enthalten.

(2) Zwischen Antrag und Beschlussfassung im Plenum soll mindestens eine Frist von einem Monat liegen.

(3) Im Verteidigungsfall (Artikel 115a Abs. 1, 115g GG) kann die Geschäftsordnung mit der Mehrheit der anwesenden Richter geändert werden, wenn dies zur Erhaltung der Arbeitsfähigkeit des Gerichts erforderlich ist.

§ 69. Die Geschäftsordnung ist im Bundesgesetzblatt zu veröffentlichen.

§ 70. Diese Geschäftsordnung tritt am 1. Januar 1987 in Kraft; gleichzeitig wird die Geschäftsordnung des Bundesverfassungsgerichts vom 2. September 1975 (BGBl. I S. 2515; 1976 I S. 507), zuletzt geändert durch Beschluss des Plenums vom 1. Juli 1986 (BGBl. I S. 1031), aufgehoben.

Sachverzeichnis

Die fett gedruckten Zahlen bezeichnen die Artikel, die mageren die Randnummern. Mit „Einl", „Grundz" und „vor" wird auf Einleitung, Grundzüge und Vorbemerkungen verwiesen.

Abstrakte Normenkontrolle vor 76, 1 ff.
- Antrag **76**, 1 ff.
- Antragsberechtigung **76**, 3 ff.
- Antragsfristen **76**, 38
- Antragstellung **76**, 12
- anzuhörende Verfassungsorgane **77**, 2 f.
- ausländisches Recht **76**, 19
- Ausschlussfristen **77**, 4
- Äußerungsberechtigung **77**, 1 ff.
- Begründungspflicht **76**, 11, 37
- Bestätigung der Norm **76**, 31
- Beteiligtenstellung **77**, 3
- EG-Vertragsrecht **76**, 16
- eigenständiger Charakter von § 76 II **76**, 44
- einstweilige Anordnung **76**, 44 a
- Entscheidungen des BVerfG **76**, 20
- Entscheidungswirkungen **79**, 1 ff.
- Erforderlichkeitsklausel **76**, 40 a ff.
- Feststellungscharakter **vor 76**, 5
- Geltung der Norm **76**, 21
- geschichtliche Entwicklung **vor 76**, 2 ff.
- Klarstellungsinteresse **76**, 36
- Klärung des objektiven Rechts **vor 76**, 5
- Konkurrenzen **vor 76**, 6 ff.
- Meinungsverschiedenheiten **76**, 30
- Meinungsverschiedenheiten **76**, 32 ff.
- noch nicht erlassene Normen **76**, 22
- Normänderungen **76**, 24
- prüfbare Normen **76**, 13 ff.
- Prüfungsmaßstab **76**, 25 ff.
- Prüfungsumfang **76**, 35
- Rechtsverordnungen des Bundes als Prüfungsmaßstab **76**, 28
- Rechtswegeröffnung **76**, 2
- sekundäres Gemeinschaftsrecht **76**, 16
- Statthaftigkeit des Antrags **76**, 29 ff.
- Verfahrensgestaltung **vor 76**, 12
- Vertragsgesetze **76**, 23
- Wesen der Normenkontrolle **vor 76**, 5
- Zuständigkeiten **76**, 45 f.
- Zweifel beim Antragsteller **76**, 30

Akteneinsicht 35 b, 1 ff.
Akteneinsicht außerhalb des Verfahrens vor § 35, 1 ff.
- Grundsätze **35 b**, 1 ff.
- Nutzung personenbezogener Daten **35 c**
- personenbezogene Daten **35 a**, 1 ff.

Akteneinsicht im Verfahren 20, 1 ff.
- Beteiligte **20**, 8
- Einsichtsrecht **20**, 7
- Entscheidung **20**, 9
- Parallelverfahren **20**, 3
- Personengruppen, Beauftragter **21**, 1 ff.
- protokollierte Aussagen **20**, 4 ff.
- Verfahrensakten **20**, 2

Aktivlegitimation 24, 18
Akzessorietät 32, 8
A-limine-Abweisung 24, 1 ff.
- Aktivlegitimation **24**, 18
- Beschlussform **24**, 2
- besondere Prozessvoraussetzungen **24**, 15
- deutsche Gerichtsbarkeit **24**, 6

731

Sachverzeichnis

magere Zahlen = Randnummern

- Entscheidungsfreiheit des Gerichts **24**, 8
- Formvorschriften **24**, 3
- Fristen **24**, 4
- materiell-rechtliche Gründe **24**, 16
- offensichtlich unbegründeter Antrag **24**, 17
- Prozessfähigkeit des Antragstellers **24**, 9
- Rechtsschutzbedürfnis **24**, 14
- Sachentscheidungsvoraussetzungen **24**, 5
- Schriftlichkeit **24**, 19
- unzulässiger Antrag **24**, 2
- Verfahren **24**, 19
- Voraussetzungen **24**, 2 ff.
- Wirkung der Entscheidung **24**, 20
- Zuständigkeit des BVerfG **24**, 7

Amicus curiae 27 a, 2
Amtsgehaltgesetz Einl. 98, 2
Amtshilfe 27, 2 ff.
- ersuchte Stelle **27**, 5

Andere Bund-Länder-Streitigkeiten vor 71, 1 ff.
- Abgrenzung zu § 50 VwGO **vor 71**, 10
- Antragsgegner **71**, 1 ff.
- Antragsteller **71**, 1 ff.
- Arten **vor 71**, 2 ff.
- Ausschlussfrist **71**, 6
- Beitritt **71**, 5
- Entscheidung **72**, 1 ff.
- Landesverfassung **vor 71**, 18 ff.
- nicht verfassungsrechtliche Streitigkeiten **vor 71**, 9 ff.
- oberste Organe des Landes **71**, 4
- Rechtsschutzbedürfnis **71**, 3
- Streitigkeiten innerhalb eines Landes **vor 71**, 17 ff.
- Streitigkeiten zwischen verschiedenen Ländern **vor 71**, 13 ff.
- Unterordnungsverhältnis **vor 71**, 8
- Verfahren **vor 71**, 23
- verfassungsrechtliche Streitigkeiten **vor 71**, 12
- Vorlage des BSG gemäß § 39 II 2 SGG **vor 71**, 11
- zwischen Bund und Ländern **vor 71**, 6

Änderungsverbot 31, 4
Anhörung 34 a, 69
Antragsabhängigkeit 23, 1 ff.
- Abschriften **23**, 17
- Adressat **23**, 6
- Änderung **23**, 19
- Begründung **23**, 9 ff.
- bestimmtes Begehren **23**, 8
- deutsche Sprache **23**, 5
- Eingang **23**, 7
- E-mail **23**, 3
- Erklärungsfrist **23**, 16
- Form **23**, 3 ff.
- Formmängel **23**, 13
- Hilfsanträge **23**, 14
- notweniger Inhalt **23**, 8 ff.
- prozesseinleitender Antrag **23**, 1
- Rechtsausführungen **23**, 11
- Rücknahme **23**, 18
- Schriftlichkeit **23**, 3
- Tatsachenausführungen **23**, 10
- Telefaxübermittlung **23**, 3
- Zustellung **23**, 15

Antragsabhängigkeit vor 17, 9
- eigentliche Verfassungsstreitigkeiten **vor 17**, 13
- Klagrücknahme **vor 17**, 9 ff.
- Normenkontrollverfahren **vor 17**, 14
- Präsidentenanklage **vor 17**, 11
- Quasi-strafrechtliche Verfahren **vor 17**, 12
- Richteranklage **vor 17**, 11
- Verfassungsbeschwerde **vor 17**, 18

Antragsänderung vor 17, 20 f.; **23**, 19
- Antragsgegner **vor 17**, 41
- Antragsteller **vor 17**, 40
- Aussetzung des Verfahrens **vor 17**, 32
- Beitritt von Verfassungsorganen oder andere Länder **vor 17**, 42
- Bindung an Parteianträge **vor 17**, 22
- Einstellung des Verfahrens **vor 17**, 36

fette Zahlen = Artikel **Sachverzeichnis**

- Erledigung der Hauptsache **vor 17**, 25 ff.
- Insolvenzverfahren **vor 17**, 35
- öffentliches Interesse **vor 17**, 23
- Prüfpflichten **vor 17**, 21
- Rechtsschutzbedürfnis, siehe Rechtsschutzinteresse
- Rechtsschutzinteresse **vor 17**, 23 f.
- Ruhen des Verfahrens **vor 17**, 31
- Unterbrechung des Verfahrens **vor 17**, 33
- Verbindung von Verfahren **vor 17**, 29
- Verfahrensbeteiligte **vor 17**, 37 ff.

Antragsrücknahme 23, 18
Anwaltszwang, beschränkter **22**, 1
- Ausnahmen **22**, 4 ff.
- Prozesskostenhilfe **22**, 3

Appellentscheidungen 78, 13; **95**, 35
Augenscheinseinnahme 26, 8
Auslagenerstattung 34 a, 1 ff.
- Anhörung **34 a**, 69
- Anordnung **34 a**, 1
- Aufwendungen des Beschwerdeführers für einen Prozessbevollmächtigten **34 a**, 40 ff.
  - Ablichtungen **34 a**, 40
  - Abschriften **34 a**, 40
  - des Rechtsanwalts für sich selbst **34 a**, 48
  - für mehrere Verfahrensbevollmächtigte **34 a**, 47
  - Post- und Telekommunikationsdienstleistungen **34 a**, 45
  - Reisekosten **34 a**, 46
- Aufwendungen des Beschwerdeführers selbst **34 a**, 22
  - Ablichtungen **34 a**, 23
  - Abschriften **34 a**, 23
  - Beistand **34 a**, 36
  - Bestellung von Verfahrensbevollmächtigten **34 a**, 35
  - deutsche Rechtsanwälte **34 a**, 38
  - Dolmetscherkosten **34 a**, 33
  - EU-Anwälte **34 a**, 39
  - Gutachterkosten **34 a**, 32
  - Hochschullehrer **34 a**, 37
- Informationsreise **34 a**, 27
- Nachweis **34 a**, 30
- Notwendigkeit **34 a**, 26
- Post- und Telekommunikationsdienstleistungen **34 a**, 24
- Reisekosten **34 a**, 25
- Reisen zum Verhandlungstermin **34 a**, 28
- Reisen zum Verkündungstermin **34 a**, 29
- Übernachtungen **34 a**, 28
- Übersetzerkosten **34 a**, 33
- Verdienstausfall **34 a**, 31
- Begriff **34 a**, 2
- Beiziehung von Akten **34 a**, 70
- Beiziehung von Urkunden **34 a**, 70
- Beratungshilfe
- Beschwerde **34 a**, 60
- Beweisaufnahme **34 a**, 68
- Beweisgebühr **34 a**, 67
- Erörterungsgebühr **34 a**, 66
- Erstattungsberechtigung **34 a**, 73 a
- Erstattungsgrundlagen **34 a**, 19 ff.
- Erstattungspflicht **34 a**, 73
- fakultative Auslagenerstattung **34 a**, 74
- Gebührenhöhe **34 a**, 45 ff.
- Gegenstandswert **34 a**, 49 ff.
  - billiges Ermessen **34 a**, 57 f.
  - objektive Seite **34 a**, 51 ff.
  - Schicksal der Verfassungsbeschwerde **34 a**, 55
  - schriftlicher Antrag **34 a**, 58
  - subjektive Seite **34 a**, 50
  - Umfang und Schwierigkeit **34 a**, 56 ff.
- Gegenstand **34 a**, 22 ff.
- Gerichtskostenfreiheit **34 a**, 59
- Grundsatz des Selbstbehalts **34 a**, 74
- Grundsätze **34 a**, 16
- Kosten des Ausgangsverfahrens **34 a**, 73
- mehrere Auftraggeber **34 a**, 61
- Mehrheit von Verfassungsbeschwerdeführern **34 a**, 61
- Mehrwertsteuer **34 a**, 72
- Nachliquidation **34 a**, 72 a

Sachverzeichnis

magere Zahlen = Randnummern

- notwendige Auslagen **34 a**, 14
- Prozessgebühr **34 a**, 62
- Prozesskostenhilfe **34 a**, 3 ff.
- restriktive Praxis **34 a**, 61
- Terminsgebühr **34 a**, 64
- Träger **34 a**, 16
- vereinbarte Gebühren **34 a**, 71
- Verfahren **34 a**, 18
- Verfahrensgebühr **34 a**, 62
- Verhandlungsgebühr **34 a**, 64
- Verkehrsanwaltsgebühr **34 a**, 63
- Voraussetzungen **34 a**, 15
- Zuziehung eines Verteidigers **34 a**, 17

Auslegungsänderungen 31, 17
Ausschließung eines Richters
- Auslegungsmaßstab **18**, 4
- Ausschließungsgründe **18**, 5
- Beteiligung **18**, 5
- dieselbe Sache **18**, 6
- Gesetzgebungsverfahren **18**, 10 f.
- Nichtbeteiligte **18**, 9
- Verfahren **18**, 13
- wissenschaftliche Äußerung **18**, 12

Aussetzung des Verfahrens 33, 1 ff.
- Ausnahmen **34**, 2
- Beweiswirkung **33**, 3
- Erleichterung der Beweisaufnahme **33**, 5
- Feststellungswirkung **33**, 2
- Kosten **34**, 1 ff.
- Kostenfreiheit **34**, 1
- Missbrauchsgebühr **34**, 3 ff.
- Tatbestandswirkung **33**, 2

Beauftragter Richter 26, 13
Begriff 32, 16
Beistand 22, 7
Beitritt von Verfassungsorganen vor 17, 42
Beratung, Begriff **15**, 10 f.
Berichterstatter, Begriff **15 a**, 9
Beschlussfähigkeit, Begriff **15**, 4
Beteiligter 25, 3
Beweisanträge 26, 6
Beweisaufnahme 34 a, 69
Beweiserhebung 26, 1 ff.

- Augenscheinseinnahme **26**, 8
- Auswahl der Beweismittel **26**, 7
- Beweisanträge **26**, 6
- offenkundige Tatsachen **26**, 10
- Parteivernehmung **26**, 9
- Urkundenbeweis **26**, 14

Beweislast 26, 5
Beweiswürdigung, freie **30**, 5
Bindungsfolgen 31, 33 ff.
- Normwiederholungsverbote **31**, 35
- Parallelnormen **31**, 34

Bindungswirkung
- faktische **31**, 24
- innerprozessuale Bindungswirkung **31**, 18
- Normwiederholungsverbot **31**, 35
- Parallelnormen **31**, 34
- Selbstbindung **31**, 20

Bundespräsident, Ernennung von Bundesverfassungsrichtern **10**, 1
Bundesrecht, Fortgeltung
- Antragsberechtigter **86**, 1 f.
- Antragsvoraussetzungen **86**, 3 ff.
  - gerichtliches Verfahren **86**, 4
  - Gesetzesbegriff **86**, 5
- Äußerungsrechte **88**, 1
- Begründungsvorgaben **87**, 2
- Beitrittsrechte **88**, 2
- besonderes Rechtsschutzbedürfnis **87**, 1
- Entscheidung **89**
- ernstliche Zweifel **86**, 6
- Inhalt der Entscheidung **vor 86**, 9 f.
- Prüfungsgegenstand **86**, 4 ff.
  - ausschließliche Gesetzgebung **vor 86**, 6
  - deutsches Recht **86**, 5
  - konkurrierende Gesetzgebung **vor 86**, 7
- Rechtserheblichkeit **86**, 7
- Verfahren **vor 86**, 8
- Verfahrensgegenstand **86**, 2 ff
- Vorlagebeschluss **86**, 8

Bundestagsabgeordnete
- Antragsbefugnis im abstrakten Normenkontrollverfahren **76**, 9
- als Antragsteller im Organstreitverfahren **63**, 11, 16

fette Zahlen = Artikel

Sachverzeichnis

Bundesverfassungsgericht
- als Gericht **1**, 1
- als Verfassungsorgan **1**, 4 ff.
- als Verfassungsorgan **3**, 1
- Anteil der Berufsrichter **2**, 6 f.
- Besetzung **Einl. 24**
- Etat **1**, 6
- Funktionen **Einl. 28 ff.**
- Herr des Verfahrens **Einl. 32**
- Herr des Verfahrens **vor 17**, 2
- Instanzgerichte **Einl. 41**
- judicial self restraint **Einl. 31**
- Kammern **Einl. 23**
- Kontrollmaßstäbe **Einl. 43**
- organisatorische Selbständigkeit **1**, 5
- Organtreue **1**, 7
- parlamentarischer Gesetzgeber **Einl. 33**
- Plenarentscheidung **2**, 3
- political-question-doctrine **Einl. 30**
- Satzungsautonomie **1**, 11
- Selbständiges Gericht **Einl. 23**
- Selbständigkeit **1**, 8
- Senate **2**, 2
- Senate **Einl. 23**
- Sitz **1**, 10
- Stellung und Organisation **Einl. 22 ff.**
- Übertragung weiterer Zuständigkeiten **13**, 23 f.
- Unabhängigkeit **1**, 9
- und EGMR **Einl. 49**
- und EuGH **Einl. 50**
- und europäische Gerichte **Einl. 48 ff.**
- und Gerichtsbarkeit **Einl. 40 ff.**
- Verfahrensautonomie **vor 17**, 2
- Verfassungsorgan **Einl. 22**
- Wahl der Berufsrichter **2**, 8 f.
- Zusammensetzung **2**, 1
- Zuständigkeiten **Einl. 18 ff.**; **13**, 1 ff.

Bundesverfassungsrichter
- Altersgrenze **4**, 4
- Amtszeit **4**, 1 ff.
- andere Beteuerungsformeln **11**, 6
- Auswahl **Einl. 25**
- Beendigung des Dienstverhältnisses **101**, 3
- Befähigung zum Richteramt **3**, 6 f.
- Bereitschaftserklärung **3**, 5
- Berufsrichteranteil **2**, 6 f.
- Berufsrichterwahl **2**, 8
- Besoldungsrecht **3**, 1
- Bestellung **Einl. 26**
- dauernde Dienstunfähigkeit **105**, 3
- dauernde Dienstunfähigkeit **98**, 3
- Disziplinarrecht **105**, 4
- Eidesformel **11**, 4
- Eidespflicht **11**, 3
- Einberufung des Plenums **105**, 7
- Einstellung des Entlassungsverfahrens **105**, 8
- Einstellung des Verfahrens über die Versetzung in den Ruhestand **105**, 8
- Entlassung **105**, 5 ff.
- Entlassung **105**, 2
- Entlassung, Rechtsfolgen **105**, 13
- Entlassung, Verfahren **105**, 7 a
- Ernennung **10**, 1
- Ernennung **3**, 2
- Fortführung der Amtsgeschäfte **4**, 5
- Hinterbliebenenbezüge **101**, 3
- Hinterbliebenenversorgung **100**, 2
- Hochschullehrer **101**, 5 ff.
- Hochschullehrer **3**, 9
- Inkompatibilität **3**, 8
- Lebensalter **3**, 3
- Nebentätigkeit **3**, 9
- Notare **104**, 2
- Recht auf jederzeitige Entlassung **12**, 1 f
- Rechtsanwälte **104**, 1
- Rechtsstellung **Einl. 27**
- Ruhegehalt **98**, 4
- Ruhegehalt, Verhältnis zu anderen Bezügen **102**, 1
- Ruhestand **98**, 2
- Schuldner der Hinterbliebenenbezüge **101**, 4

735

Sachverzeichnis

magere Zahlen = Randnummern

- Schuldner des Ruhegehalts **101**, 4
- Status **3**, 1
- Übergangsgeld **100**, 1
- Vereidigung **11**, 2
- Versetzung in den Ruhestand **105**, 1
- Versetzung in den Ruhestand, Verfahren **105**, 7 a
- vorläufige Amtsenthebung **105**, 10 ff.
- Vorschlagsliste **3**, 3
- Wählbarkeit zum Bundestag **3**, 4
- Wahlorgane **5**, 1
- Wiederverwendung im öffentlichen Dienst **102**, 2
- Wiederwahl **4**, 3
- Zuständigkeit des Präsidenten **103**, 2

Bund-Länderstreitigkeit vor 68, 1 ff.
- Anfechtungsfristen **70**, 1 f.
- Antragsteller **68**, 1 f.
- bundesfreundliches Verhalten **vor 68**, 7
- europäische Rechtspositionen **vor 68**, 8
- Finanzverfassung **vor 68**, 9
- föderale Gleichbehandlung **vor 68**, 11
- Föderalismusfragen **vor 68**, 10
- Gegenstand des Verfahrens **vor 68**, 3
- Grundrechte **vor 68**, 12
- kontradiktorisches Verfahren **69**, 1
- länderfreundliches Verhalten **vor 68**, 7
- Mängelbeseitigung **vor 68**, 13
- Mängelrüge **vor 68**, 13
- Mängelrügeverfahren **70**, 1
- materielles Verfassungsrechtsverhältnis **vor 68**, 5
- Mischverwaltung **vor 68**, 14
- Tenorierung **70**, 2
- Verletzung verfassungsrechtlicher Kompetenzen **vor 68**, 7
- Verweisung auf Organstreitigkeiten **69**, 1 ff.
- Weisungsbefugnis **vor 68**, 13
- Widerspruchsfreiheit **vor 68**, 14

BVerfGG, Inkrafttreten **Einl. 14**
- Novellen **Einl. 15 ff.**

Dienstrecht Einl. zu §§ 98 ff., 1
Dispositionsmaxime vor 17, 8

EGMR Einl. 49
Einstweilige Anordnung 32, 1 ff.
- Akzessorietät **32**, 8 ff.
- andere Verfahrensarten **32**, 12
- anhängige Hauptsache **32**, 43
- Auslagenerstattung **32**, 57
- Bedeutung der Anträge **32**, 44
- Erfolgsprognose **32**, 43
- Kammerzuständigkeit **32**, 56
- Öffentliches Recht **32**, 53
- Rechtsanwendungspraxis **32**, 41 ff.
- Rechtshängigkeit der Hauptsache **32**, 18
- Risiken **32**, 42
- Strafrecht **32**, 50
- Verfassungsbeschwerde **32**, 11
- Zivilrecht **32**, 49
- Zurückhaltung **32**, 46 f.

Einstweiliger Rechtsschutz, Grundmodelle 32, 1 ff.
- summarisches Verfahren **32**, 1

EMRK Einl. 49
Entlassung von Bundesverfassungsrichtern 12, 1 ff.
- Form der Entlassung **12**, 2
- Freiwilligkeit **12**, 1
- Wirkung der Entlassung **12**, 2

Entscheidung 30, 1 ff.
- Abfassung **30**, 6
- Bedeutung **31**, 28
- Bekanntgabe **30**, 12 ff.
- Beratungsteilnahme **23**, 3
- Bindungsgegenstand **31**, 30
- Bindungswirkung **31**, 18
- Datenbank **30**, 17
- Dokumentationsstelle **30**, 17
- Entscheidungsfindung **30**, 2 ff.
- Entscheidungsgründe **30**, 9
- Entscheidungsgrundlage **30**, 4
- Entscheidungszwang **30**, 1

fette Zahlen = Artikel
Sachverzeichnis

- erweiterte Feststellungswirkung **31**, 27
- Form **30**, 7
- geheime Beratung **30**, 3
- Gestaltungswirkung **31**, 25
- innerprozessuale Bindung **31**, 3
- Kammerentscheidung **30**, 16
- Plenumsentscheidung **30**, 16
- Selbstbindung **31**, 20, 29
- Senatsentscheidung **30**, 16
- Tatbestandswirkung **31**, 26
- telefonische Beratung **30**, 3
- Tenor **30**, 7
- Unterzeichnung **30**, 9
- Verbindlichkeit **31**, 1 ff.
- Veröffentlichung im BGBl. **30**, 15
- Zustellung **30**, 12 ff.

Entscheidungen im Verfahren nach § 32 31, 13
- Entscheidungsgründe **31**, 16
- konkrete Normenkontrollverfahren **31**, 14
- neue Tatsachen **31**, 17
- Tenor **31**, 16, 30
- Wirkung inter partes **31**, 15
- Zeitpunkt **31**, 17

Entscheidungsgründe 31, 30 ff.
- tragende Gründe **31**, 30 ff.

Entscheidungswirkungen 79, 1 ff.
- allgemeine Wirkung **79**, 1 ff.
- allgemeiner Rechtsgrundsatz **79**, 3 f.
- Ansprüche aus ungerechtfertigter Bereicherung **79**, 23
- Arbeitsrecht **79**, 20
- Ausnahmen **79**, 9
- Fortbestandsgarantie **79**, 8
- Sozialrecht **79**, 15 ff.
- Steuerrecht **79**, 18
- Strafurteile **79**, 5 ff.
- Verwaltungsrecht **79**, 12 ff.
- Vollstreckungsgegenklage **79**, 22
- Vollstreckungssperre **79**, 21
- Zivilrecht **79**, 19 ff.

Erfindergeheimnisse 17, 6
Erneute Vorlage im Normenkontrollverfahren 31, 17

Erprobungsgesetze Einl. 37
Ersuchter Richter 26, 13

Familiensachen 17
Form der Entscheidung 25, 14
Formelle Rechtskraft 31, 8
Fraktion als Antragsteller in Organstreitverfahren 63, 12
Fristen vor 17, 44
- Beginn **vor 17**, 47
- Berechnung **vor 17**, 48
- Ende **vor 17**, 49
- Handlungsfristen **vor 17**, 50

Geänderte Lebensumstände 31, 17
Gerichtsberichterstatter 17, 4
Geschäftsgeheimnisse 17, 6
Geschäftsverteilung, senatsintern **15 a**, 9
Gesetzesänderungen 31, 17
Gesetzeskräftige Entscheidungen 31, 36 ff.
- Erstreckung **31**, 37
- Veröffentlichung **31**, 39
- Wirkung **31**, 38

Gesetzgeber
- Anpassungszeiten **Einl.** 37
- Erprobungsgesetze **Einl.** 37
- Gestaltungsfreiraum **Einl.** 35
- Nachbesserungspflichten **Einl.** 39
- Pauschalierung **Einl.** 38
- Prognoseentscheidungen **Einl.** 36
- Schutzpflichten **Einl.** 39
- Typisierung **Einl.** 38
- und BVerfG **Einl.** 33 ff.
- Unterlassensproblematik **Einl.** 39

Grundrechte, verwirkbare **vor 36**, 3
Grundrechtsmissbrauch vor 36, 2

Inkrafttreten des Gesetzes 106, 1 ff.
Instanzgerichte
- Eigenständigkeit **Einl.** 42
- Entscheidung **Einl.** 44

Interimistische Befriedungsfunktion 32, 6

Judicial self restraint Einl. 31

Sachverzeichnis

magere Zahlen = Randnummern

Kammern
- als Spruchkörper **15**, 3
- Berufung **15**, 4
- Geschäftsverteilungspläne **15 a**
- Wissenschaftliche Mitarbeiter **15 a**, 5
- Zahl der Kammern **15 a**, 7
- Zusammensetzung **15 a**, 8

Klageänderung vor 17, 16
- Hilfsanträge **vor 17**, 18
- objektive Vergleichsfähigkeit **vor 17**, 19
- subjektive Vergleichsfähigkeit **vor 17**, 19
- Vergleich **vor 17**, 19

Kommunalverfassungsbeschwerde
- Annahmeverfahren **91**, 59
- Antragsteller **91**, 4
- Aufgabenerfüllung **91**, 27
- Aufgabenwahrnehmung **91**, 27
- aufgelöste Gebietskörperschaften **91**, 8
- Begründungspflichten **91**, 58
- Beschwerdebefugnis **91**, 10 f.
- Beschwerdefähigkeit **91**, 3 ff.
- Beschwerdegegenstand **91**, 12 ff.
- Bestandsänderungen **91**, 27
- einstweilige Anordnung **91**, 63
- Entscheidungen **91**, 61 ff.
- Finanzhoheit **91**, 26
- Fristen **91**, 60
- Gebietsänderungen **91**, 27
- Gemeindebegriff **91**, 5
- Gemeindehoheiten **91**, 26
- Gemeindeverband **91**, 6 f.
- Gerichtsentscheidung **91**, 17
- Gesetzeskraft **91**, 62
- Gesetzesvorbehalt **91**, 22
- Gestaltungsspielraum des Gesetzgebers **91**, 25
- Gewohnheitsrecht **91**, 15
- Grundrechtsrüge **91**, 18 ff.
- Grundrechtsrüge, Ausdehnung **91**, 28 ff.
- Kernbereich des Art. 28 **91**, 23 f.
- landesverfassungsrechtliche Rechtsschutzmöglichkeiten **91**, 39 ff.
- landesverfassungsrechtlicher Rechtsschutz **91**, 38
- Missbrauchsgebühr **91**, 64
- Normenkontrollverfahren nach § 47 VwGO **91**, 38
- Organisationshoheit **91**, 26
- Personalhoheit **91**, 26
- Planungshoheit **91**, 26
- Prinzip der Verhältnismäßigkeit **91**, 35
- Prüfungsmaßstab **91**, 19
- Rechtsgültigkeit des § 91 **91**, 1
- Rechtsnatur **91**, 2
- Rechtsnormen **91**, 14
- Rechtsschutzinteresse **91**, 56
- Rechtswegerschöpfung **91**, 57
- Stadtstaaten **91**, 9
- Subsidiaritätsgrundsatz **91**, 36 ff.
- umfassender Aufgabenbereich **91**, 21
- Unterlassen des Gesetzgebers **91**, 16
- Verletzung des Art. 28 GG **91**, 20 ff.
- Verwaltungshandeln **91**, 17
- Willkürverbot **91**, 35
- zusätzliche Aufgaben **91**, 27

Konkrete Normenkontrolle
- Abgrenzung von vor- und nachkonstituionellem Recht **80**, 23
- Akte rechtsprechender Gewalt **80**, 21
- Änderung des Vorlagebeschlusses **80**, 52
- anhängiges gerichtliches Verfahren **80**, 7 ff.
- Anhörung oberster Gerichtshöfe **82**, 5
- ArbG **80**, 6
- Aufhebung der Norm **81**, 3
- Aufnahme in den Willen des Gesetzgebers **80**, 23
- Äußerungsberechtigte **82**, 1 ff.
- Aussetzungsbeschluss **80**, 48
- Aussetzungsverpflichtung **vor 80**, 1
- Autorität des Gesetzgebers **vor 80**, 6
- Befriedungsfunktion **vor 80**, 6

fette Zahlen = Artikel

Sachverzeichnis

- Befugnis der Instanzgerichte **80**, 52
- Begründungspflichten des vorlegenden Gerichts **80**, 31 ff.
  - einfaches Recht **80**, 34
  - Grundsätze **80**, 32
  - Sachverhalt **80**, 33
  - Verfassungsrecht **80**, 35
- Beitrittsberechtigte **82**, 1 ff.
- Beschränkung der Vorlagefrage **80**, 29
- Beschwerde gegen den Aussetzungs- und Vorlagebeschluss **80**, 49
- Bundesrecht **80**, 12
- deutsches Recht **80**, 12
- EG-Richtlinien **80**, 16
- EG-Verordnungsrecht **80**, 15
- Einigungsvertrag, Zustimmungsgesetz **80**, 25
- Einsetzung eines Untersuchungsausschusses durch Beschluss des Deutschen Bundestags **82 a**, 1 ff.
- einstweilige Anordnung **81**, 11
- Einzelrichter, konsentierter **80**, 6
- übertragender Entscheidungsbefugnis **80**, 6
- nach §§ 348, 348 a ZPO **80**, 6
- Entscheidung **81**, 1
- Entscheidungserheblichkeit **80**, 36 ff.
  - Maßgeblichkeit der Rechtsauffassung des vorlegenden Gerichts **80**, 38
  - nachvollziehbarer Darlegung **80**, 37
  - Voraussetzung der mündlichen Verhandlung **80**, 38
- Erledigung des Ausgangsrechtsstreits **81**, 2
- Erledigung des Ausgleichsrechtsstreits **80**, 51
- erneute Vorlage **81**, 8 ff.
- Erweiterung der Vorlagefrage **80**, 28
- europäisches Gemeinschaftsrecht **80**, 13
- FinG **80**, 6
- Form der Vorlage **80**, 46
- formelles Gesetzesrecht **vor 80**, 6

- förmliche Vereinbarkeit **81**, 5
- geltendes Recht **80**, 11
- Gericht **80**, 4 ff.
- Gericht **80**, 6 ff.
- Gesetze der ehemaligen DDR **80**, 25
- Gesetze im formellen Sinn **80**, 17
- Gesetze im materiellen Sinn vor **80**, 1
- Gesetzesänderungen **80**, 27
- Inhalt der Rechtsfrage **81**, 3
- Kammer für Handelssachen, Vorsitzender **80**, 6
- Kammerzuständigkeit **81 a**, 1 ff.
- kirchliche Gerichte **80**, 5
- Klärung tatsächlicher Fragen **80**, 24
- LAG **80**, 6
- Landesrecht **80**, 12
- Landesverfassungsgerichte **80**, 5
- LSG **80**, 6
- Mitwirkung von Laienrichtern **80**, 6
- nachkonstitutionelle Gesetze, Verwerfungsmonopol des BVerfG **80**, 22
- neue Tatsachen **81**, 9
- Normen der 5. Normklasse **80**, 20
- Normwiederholungsverbot **81**, 10
- OVG **80**, 6
- praktische Bedeutung **vor 80**, 8 ff.
- primäres Gemeinschaftsrecht **80**, 14
- private Schiedsgerichte **80**, 5
- Prüfungsmaßstab **80**, 41
  - Grundgesetz **80**, 42
  - Landesgesetz **80**, 45
  - überpositive Norm **80**, 42
- Prüfungszuständigkeit der Instanzgerichte **80**, 44
- rechtsgutachtliche Äußerung **82**, 6
- Rechtspfleger **80**, 5
- Rechtsverordnungen **80**, 19
- Rechtswegeröffnung **80**, 1
- Sachentscheidung **80**, 9
- sachliche Vereinbarkeit **81**, 5
- satzungsvertretende Gesetze **80**, 19
- sekundäres Gemeinschaftsrechts **80**, 15
- selbständige Ermittlung **81**, 6

Sachverzeichnis

magere Zahlen = Randnummern

- Solange-Rechtsprechung **80**, 16 ff.
- Strafvollstreckung durch den Amtsrichter **80**, 5
- Tarifverträge **80**, 20
- Überzeugungsbildung **80**, 40
- Umfang der Rechtsfrage **81**, 3
- unbegründete Vorlage **81**, 2
- untergesetzliche Normen **80**, 20
- Unterlassen des Gesetzgebers **80**, 11
- Unzulässigkeit eines Antrags **81 a**, 1 ff.
- Verlängerungsgesetz **80**, 24
- verordnungsvertretende Gesetze **80**, 17
- Verwerfungskompetenz **vor 80**, 1
- VG **80**, 6
- VGH **80**, 6
- völkerrechtliches Vertragsrecht **80**, 12
- Vollstreckungsgericht **80**, 5
- Vorfragen **81**, 7
- vorkonstitutionelles Recht **vor 80**, 1, 6
- Vorlage von Amts wegen **80**, 48
- Vorlageberechtigung **80**, 2 ff.
- Vorlagegegenstand **80**, 10 ff.
- Vorlagepflicht zum EuGH **80**, 16
- Vorlagepflicht **80**, 4
- Vorlageverfahren **80**, 46 ff.
- Vorsitzender des Schöffengerichts **80**, 6
- Vorsitzender einer Disziplinarkammer **80**, 5
- Wahlprüfungsausschuss des Bundestags **80**, 5
- Zwischenverfahren **80**, 50

Kooperationsverhältnis EuGH/ BVerfG Einl. 50

Landesverfassungsbeschwerde
- Verhältnis zur Bundesverfassungsbeschwerde **Einl. 47**

Landesverfassungsgerichte Einl. 45 ff.
- Anhörung **85**, 15
- Bindungswirkung **85**, 19
- Divergenzvorlage **vor 85**, 1 ff.

- Entscheidung **85**, 18
- Entscheidungserheblichkeit **85**, 11
- Entscheidungswirkungen **85**, 19
- Honnecker-Entscheidung **vor 85**, 3
- mündliche Verhandlung **85**, 16
- Veränderung der Vorlagefrage **85**, 18
- Verfahren **85**, 12 ff.
- Vorlageberechtigung **85**, 2
- Vorlagebeschluss **85**, 14
- Vorlagevoraussetzungen **85**, 3 ff.

Legitimationswirkung 32, 6
Lückenschließung im Verfassungsprozessrecht vor 17, 3

Materielle Rechtskraft 31, 11
Missbrauchsgebühr 34, 3 ff.
- Einziehung **34 a**, 13 f.
- Höhe **34**, 7
- Auferlegung auf den Verfahrensbevollmächtigten **34**, 8 ff.
- objektiver Missbrauch **34**, 6
- Voraussetzungen **34**, 6

Mündliche Verhandlung 25, 1 ff.
- Ablauf **25**, 13
- Ablauf **25**, 5 ff.
- Ausnahmen **25**, 2
- Beteiligter **25**, 3
- Beweiserhebung **25**, 11
- Ermessensentscheidung **25**, 4
- Niederschrift **25**, 12
- Prozessleitung **25**, 7 ff.
- Terminsbekanntgabe **25**, 6
- Wiederholung **25**, 13

Nachbesserung des Gesetzgebers, Einl. 36; 78, 11; **95**, 35
Nichtigerklärung von Gesetzen 78, 1 ff.
- Appellentscheidungen **78**, 13
- Ausgangsverfahren **78**, 10
- Entscheidungsinhalt **78**, 2 ff.
- Geltungsbereich **78**, 1
- Gesetzeskraft **78**, 17
- Mangelbeseitigung durch den Gesetzgeber **78**, 11
- Nachbesserungszeit **78**, 11
- Nachfolgevorschriften **78**, 6

fette Zahlen = Artikel **Sachverzeichnis**

- Teilnichtigkeit **78**, 5 f.
- Tenorierung **78**, 7
- Unvereinbarkeitsentscheidung **78**, 8 ff.
- vereinbare Normen **78**, 14
- verfassungskonforme Auslegung **78**, 15 f.

Normenkontrolle der Verwaltung vor 80, 1

Offenkundige Tatsachen 26, 10 ff.
- allgemeinkundige Tatsachen **26**, 10
- gerichtskundige Tatsachen **26**, 11

Öffentlichkeit, Ausschluss 17, 6

Organstreitigkeiten 32, 18; **vor 63 ff.**
- Antragsänderung **64**, 20; **65**; 1 ff.
- Antragsbefugnis **vor 63**, 14, **64**, 1 ff.
- Antragsgegenstand **vor 63**, 15
- Antragsinhalt **64**, 13
- Antragsrücknahme **64**, 22
- Antragsteller **63**, 1 ff.
- Ausschlussfrist **64**, 15 ff., 19
- Bedeutung **vor 63**, 7 ff.
- Beitritt **vor 63**, 18; **64**, 21
  - Berechtigung **65**, 3
  - Form **65**, 5
  - Voraussetzungen **65**, 4
  - Wirkungen **65**, 6
- Benachrichtigung der obersten Verfassungsorgane **65**, 7
- Entscheidung **67**, 1 ff.
- Entscheidung **vor 63**, 19
- Erledigungserklärung **64**, 23
- Formerfordernisse **vor 63**, 17
- Fristen **vor 63**, 17
- Fristenlauf **64**, 16 ff.
- Geltendmachung eigener Rechte **64**, 4
- Geltendmachung **64**, 13
- Inzidentfragen **67**, 3
- kontradiktorisches Verfahren **vor 63**, 10
- Maßnahmebegriff **64**, 8
- mündliche Verhandlung **66 a**, 1 ff.
- Parteifähigkeit **vor 63**, 13
- Prozessstandschaft **64**, 5

- Rechte und Pflichten **64**, 11
- Rechtsgefährdung **64**, 12
- Rechtsschutzinteresse **vor 63**, 16
- Rechtsverletzung **64**, 12
- Rechtswegeröffnung **vor 63**, 12
- Trennung von Verfahren **66**, 1 ff.
- Unterlassen **64**, 9
- Untersuchungsausschuss **66 a**, 1 ff.
- Verbindung von Verfahren **66**, 1 ff.
- Verfahrensgegenstand **vor 63**, 3 f.
- verfassungsrechtliches Rechtsverhältnis **vor 63**, 10
- Verfassungsrechtsverhältnis **64**, 2
- vorläufiger Rechtsschutz **vor 63**, 20

Partei, verfassungswidrige **vor 43**, 2 ff.
- Anhängerverhalten **vor 43**, 4
- Bestandsgefährdung **vor 43**, 6
- Freiheitliche demokratische Grundordnung **vor 43**, 5; **vor 36 ff.**, 2; **vor 58 ff.**, 7
- Parteiziele **vor 43**, 3
- Zielgerichtetes Handeln **vor 43**, 7

Parteiverbot vor 43 ff., 1 ff.
- Antragsberechtigung **43**, 1 ff.
- Antragsfrist **43**, 6
- Antragsgegner **43**, 5
- Antragswiederholung **47**, 2
- Auflösung **46**, 4
- Bedeutung **vor 43**, 15
- Beschlagnahme **47**, 1
- Bundesorgane **43**, 1 f
- Durchsuchung **47**, 1
- Einziehung des Parteivermögens **46**, 7
- Entscheidung **46**, 1 ff.-
- Entscheidungsmonopol des BVerfG **vor 43**, 9
- Entscheidungsvollzug **46**, 9 f.
- Feststellung der Verfassungswidrigkeit **46**, 1 f.
- Landesrecht **vor 43**, 14
- Landesregierungen **43**, 4
- Mandatsverlust **46**, 8
- Parteibegriff **vor 43 ff.**, 1
- Parteienprivileg **vor 43**, 9
- Parteiorganisation **46**, 3
- Strafrechtliche Sicherung **46**, 13

Sachverzeichnis

magere Zahlen = Randnummern

- Verbot von Ersatzorganisationen **46**, 5 f.
- Verfahren **vor 43**, 8
- Verfassungswidrigkeit **vor 43**, 2 ff.
- Vertretung der politischen Partei **44**, 1 ff.
- Vorverfahren **45**, 1 f.

Parteiverbotsverfahren 32, 18
- Abwägungsmodell **32**, 22
- Abwehr schwerer Nachteile **32**, 22
- Antragsabhängigkeit **32**, 25
- außenpolitische Auswirkungen **32**, 19
- Auswahl der Maßnahmen **32**, 28
- befristete Dauer **32**, 38
- Beschlussunfähigkeit des Senats **32**, 40
- besondere Dringlichkeit **32**, 37
- besonders strenger Maßstab **32**, 19
- bindende aufschiebende Wirkung **32**, 36
- Doppelhypothese **32**, 22
- erfolgloser Antrag **32**, 29
- Erlass scheidet aus **32**, 20
- fakultative mündliche Verhandlung **32**, 32
- Folgenabwägung **32**, 22
- Gemeinwohl **32**, 23
- Inhalt **32**, 27
- offensichtliche Begründetheit **32**, 21
- offensichtliche Unbegründetheit der Hauptsache **32**, 21
- rechtliches Gehör **32**, 33
- Rechtsanwendungspraxis **32**, 41 ff.
- Rechtsschutzinteresse **32**, 26
- Rechtswirkung **32**, 31
- strenger Maßstab **32**, 19
- unzulässige Hauptsache **32**, 21
- Verfahrensfragen **32**, 24
- völkerrechtliche Auswirkungen **32**, 19
- Vollzug **32**, 31
- Vorläufige Regelung **32**, 27
- Vorwegnahme der Hauptsache **32**, 20

- Widerspruch **32**, 34
- Widerspruchsfrist **32**, 35
- Wiederholung **32**, 39

Parteivernehmung 26, 9

Personenbezogene Daten,
  Akteneinsicht **35 a**, 1 ff.
- Aktenbegriff **35 a**, 3
- Nutzung § **35 c**

Plenarentscheidung 2, 3

Plenum, Kompetenz zur Zuständigkeitsverteilung **14**, 6

Plenumsentscheidungen/Plenarentscheidungen 16, 1
- Abstimmung **16**, 11
- ausdrückliche Anrufung **16**, 6
- Begriff der Abweichung **16**, 4 f.
- Beschlussfähigkeit **16**, 10 f.
- Einheitlichkeit der Rechtsprechung **16**, 3
- Folgen der Nichtbeachtung **16**, 9
- Verfahren **16**, 7
- Wirkung der Entscheidung **16**, 7

Political-question-doctrine Einl. 30

Politische Parteien als Antragsteller im Organstreitverfahren 63, 17 ff.

Präsident des BVerfG
- Funktionen **9**, 3

Präsident, Vorsitz im Senat **15**, 2

Präsidentenanklage vor 49, 1 ff.
- Anklageschrift **49**, 1 ff.
- Auflösung des Bundestags **51**, 4
- Ausscheiden des Bundespräsidenten **43**, 3
- Ausspruch des Amtsverlustes **56**, 3
- Durchführung des Verfahrens **51**, 1 f.
- einstweilige Anordnung **53**, 1 f.
- Frist für Anklageerhebung **50**
- Gegenstand **vor 49**, 2
- mündliche Verhandlung **55**, 1 ff.
- Rücktritt **51**, 3
- Urteil **56**, 1 ff.
- Urteilsausfertigung **57**
- Verfahren **vor 49**, 3
- Voruntersuchung **54**, 1 f.
- Wesen **vor 49**, 1

fette Zahlen = Artikel

Sachverzeichnis

- Widerspruchsrecht **52**, 3
- Wiederaufnahme des Verfahrens **56**, 4
- Ziel des Verfahrens **vor 49**, 4
- Zurücknahme der Anklage **52**, 2

Prognoseentscheidungen des Gesetzgebers Einl. 36

Protokoll 25 a, 1

Prozessfähigkeit
- gesetzliche Vertretung **24**, 10
- Parteifähigkeit **24**, 13
- Verhandlungsfähigkeit **24**, 11

Prozesshandlung, Versäumung **vor 17**, 51
- Adressat **vor 17**, 58
- Anberaumung **vor 17**, 54
- Art und Weise **vor 17**, 60
- Ausführung **vor 17**, 59
- Begriff **vor 17**, 53, 56
- Beschränkungen **17**, 3
- Ermessensentscheidung **17**, 3
- Gerichtsberichterstattung **17**, 4 ff.
- Heilung **vor 17**, 52
- konkretes Normenkontrollverfahren **vor 17**, 62
- mündliche Verhandlung **17**, 2
- Notwendigkeit **vor 17**, 57
- Öffentlichkeit **17**, 2
- Prozesskostenhilfe **vor 17**, 62
- Termine **vor 17**, 53 ff.
- Urteilsverkündung **17**, 2
- Verfassungsbeschwerdeverfahren **vor 17**, 62
- Wirksamkeit **vor 17**, 61
- Zustellungen **vor 17**, 55 ff.

Prozesskostenhilfe vor 17, 62
- Beschluss **34**, 11
- Gerichtskostenfreiheit **34**, 12
- konkretes Normenkontrollverfahren **34 a**, 9
- strenge Voraussetzungen **34**, 10
- Verfassungsbeschwerdeverfahren **34 a**, 5 ff.

Prozessstandschaft vor 17, 43

Prozessvertretung 22, 1 ff
- Anwaltszwang, beschränkter **22**, 1
- Beistand **22**, 7.
- Prozesskostenhilfe **22**, 3

Rechtshilfe 27, 2 ff.
Rechtskraft, formelle **31**, 8 ff.
- materielle **31**, 11 ff.
Rechtsnorm-Verfassungsbeschwerde 32, 18
Rechtsprechung, Begriff **1**, 1
Rechtsschutzbedürfnis 24, 14
Rechtsschutzinteresse 32, 26
Regelungsanordnung 32, 2
- Funktionen **32**, 4 ff.

Richterablehnung
- Ablehnung des Urkundsbeamten **19**, 15
- Ablehnungsberechtigung **19**, 6
- Ablehnungsgesuch **19**, 9
- Ablehnungsgrund **19**, 4
- Ablehnungskasuistik **19**, 5
- Besorgnis der Befangenheit **19**, 4
- einzelner Richter **19**, 3
- Selbstablehnung **19**, 7
- Selbstablehnung, Kasuistik **19**, 8
- Verfahren **19**, 11 a ff.
- Vertreterbestellung **19**, 13
- Wirkung **19**, 14

Richteramtsrecht Einl. zu §§ 98 ff., 3

Richteranklage vor 58 ff., 1 ff.
- Antrag **58**, 1
- Ausschlussfrist **58**, 7
- betroffene Personen **vor 58**, 3
- Disziplinarverfahren **58**, 6
- Entstehungsgeschichte **vor 58**, 1
- Landesrichter **vor 58**, 9 ff.
- materielle Voraussetzungen **vor 58**, 5 ff.
- prozessuale Voraussetzungen **vor 58**, 4
- Verfahren **vor 58**, 2 ff.
- Vertreter der Richteranklage **58**, 8
- Voruntersuchung **58**, 5
- Wesen **vor 58**, 2

Richteranklage 59 ff.
- Unterrichtung der obersten Bundesorgane **59**, 4
- Aussetzung eines Disziplinarverfahrens **60**, 1 ff.
- Entlassung **59**, 1 f.
- Urteil **59**, 1 ff.

Sachverzeichnis

magere Zahlen = Randnummern

- Verfahren gegen Landesrichter **62**, 1 ff.
- Versetzung in den Ruhestand **59**, 1, 3
- Versetzung in ein anderes Amt **59**, 1, 3
- Wiederaufnahme des Verfahrens **61**, 1 ff.
- Wirkung der Verurteilung **60**, 3

Richterliches Prüfungsrecht vor 80, 3 f.

Sachkundige Personen, Stellungnahme 27 a, 1 ff.
- Dritter **27 a**, 2, 3

Sachverständige 28, 1 ff.
- strafprozessuale Vorschriften **28**, 4 f.
- zivilprozessuale Vorschriften **28**, 8

Schutz der Privatsphäre 17, 6
Selbstbindung 31, 20
Senate des BVerfG
- Abgrenzung von Zuständigkeiten **14**, 5
- Ausschussentscheidung **14**, 9 f.
- Berichterstatter **15 a**, 9
- Beschlussfähigkeit **15**, 4
- Erster Senat, Zuständigkeit **14**, 3
- Plenumsbefugnis **14**, 6
- Plenumsbeschluss **14**, 1
- Überweisung von Verfahren **14**, 2
- Vertretung **15**, 3
- Vorsitz **15**, 2
- Zuständigkeiten **14**, 1 ff.
- Zweiter Senat **14**, 4

Senate des BVerfG, Zusammensetzung 2, 4 f.

Senatsentscheidung
- Beschlussfähigkeit **15**, 4
- Beratung **15**, 10
- Hinzutretender Richter **15**, 9
- Losverfahren **15**, 8
- Mehrheit **15**, 12
- qualifizierte Mehrheit **15**, 13
- Quorum **15**, 4, 6 f.
- relative Mehrheit **15**, 12
- Sondervorschriften **15**, 14
- Stimmengleichheit **15**, 16
- Stufenabstimmung **15**, 15
- Umlaufverfahren **15**, 5

Sicherungsfunktion 32, 5
Sitzung, Begriff **17**, 8
- Abstimmung **17**, 13
- Akkreditierung **17**, 5
- Ausschließung eines Richters **18**, 1 ff.
- Beratung **17**, 13
- Foto- und Fernsehaufnahmen **17**, 5
- Gerichtsberichterstattung **17 a**, 1 ff.
- Gerichtssprache **17**, 12
- mündliche Verhandlung **17**, 4
- Richterablehnung **18**, 2
- Urteilsverkündung **17**, 4

Sitzungspolizei 18, 8 ff.
Solange-Rechtsprechung Einl. 50
Sondervotum 30, 11
Steuergeheimnisse 17, 6
Streitfall 32, 7
Summarisches Verfahren 32, 14

Teilentscheidungen 25, 15
Termine vor 17, 55
Tonbandaufnahmen 25, 1

Umlaufverfahren 15, 5
Unterbringungssachen 17, 6
Unterlassen des Gesetzgebers Einl. 39
Untersuchungsausschuss, verfassungsgerichtliche Kontrolle der Einsetzung **82 a**, 1 ff.
Untersuchungsausschussgesetz 82 a, 2
Untersuchungsgrundsatz vor 17, 6; **26**, 1
- Beweislast **26**, 5
- Feststellungen des Instanzgerichts **26**, 4
- Mitwirkungspflichten **26**, 3

Urkunde 26, 14
- Schutz der Staatssicherheit **26**, 16
- Vorlegungspflicht **26**, 15

Urkundsbeamter, Ablehnung **19**, 15

fette Zahlen = Artikel

Sachverzeichnis

Urteilsverfassungsbeschwerde 32, 18

Verfahrensarten, Wahlrecht für Antragsteller **13**, 5
Verfahrensbeihilfe vor 17, 37
Verfassungsbeschwerde, *siehe dazu Sonder-Sachverzeichnis vor Rn. 1 zu § 90*
Verfassungsgerichtsbarkeit
- außerhalb Deutschlands **Einl. 8 ff.**
- Begriff **Einl. 1**; **13**, 2
- Entstehung **Einl. 11**
- Frankreich **Einl. 10**
- Geschichte **Einl. 6 ff.**
- Großbritannien **Einl. 10**
- HChE **Einl. 12**
- Italien **Einl. 10**
- Österreich **Einl. 9**
- Osteuropa **Einl. 10**
- Portugal **Einl. 10**
- Schweiz **Einl. 9**
- Spanien **Einl. 10**
- USA **Einl. 9**
- Weimarer Zeit **Einl. 7**
Verfassungsorgan 3, 1
Verfassungsprozessrecht
- Antragsabhängigkeit **vor 17,** 9
- Dispositionsgrundsatz **vor 17,** 8
- Eigenart **vor 17,** 3
- Lückenschließung **vor 17,** 3
- Untersuchungsgrundsatz **vor 17,** 7
- Verfahrensgrundrechte **vor 17,** 6
- Verfahrensmaximen **vor 17,** 5
Verfassungsstreitigkeiten innerhalb eines Landes vor 73, 1 ff.
- Begriff **73,** 1; **vor 73,** 2 f.
- Beteiligte **73,** 1 ff.
- Entscheidung **74,** 1 ff.
- Konkurrenzen **vor 73,** 6
- Verfahren **75,** 1 f.
- Verfahren **vor 73,** 7
- Zuständigkeiten **vor 73,** 8
- Zuständigkeitsübertragung **vor 73,** 4
Verhandlungsfähigkeit 24, 11
Verkündung 30, 10 ff.
Versorgungsrecht Einl. 98, 1

Verweisungsbindung 21, 23
Verwirkung,
- Aberkennung des Wahlrechts **39,** 8
- Antragsberechtigte **vor 36,** ff.
- Antragsrücknahme **36,** 6
- Antragswiederholung **41,** 1 ff.
- Aufhebung **40,** 1 ff.
- Auflösung juristischer Personen **39,** 8
- Ausmaß **39,** 2 ff.
- Ausspruch **vor 36,** 6
- Begriff **vor 36,** 1
- Beschlagnahme **38,** 1
- Durchsuchung **38,** 1
- Entscheidung **39,** 1 ff.
- Gegenstand **vor 36,** 3
- Landesrecht **vor 36,** 7
- Missbrauch **vor 36,** 2
- neue rechtliche Gesichtspunkte **41,** 5
- neue Tatsachen **41,** 3
- Rechtswirkungen **39,** 6 f.
- Verfahren **vor 36,** 5
- Vorprüfungsentscheidung **37,** 1 ff.
- Voruntersuchung **38,** 3
- Vorverfahren **37,** 1 ff.
- Zuständigkeit **vor 36,** 8
Vizepräsident
- Funktionen **9,** 3
- Stellvertretung im Senat **15,** 3
Völkerrecht, Feststellung **vor 83,** 1 ff.
- Darlegungspflichten **83,** 16
- Entscheidung **83,** 16
  - Erledigung des Ausgangsverfahrens **84,** 15
  - Rücknahme der Vorlage **84,** 16
  - Unzulässigkeit der Vorlage **84,** 17
  - Tenorierung **84,** 18
- Entscheidungswirkungen **83,** 16
- Erheblichkeit **83,** 16
- Feststellungswirkung **84,** 20
- Garantie des gesetzlichen Richters **vor 83,** 8
- Gewährleistungszweck **vor 83,** 3
- Kontrolle im Verfassungsbeschwerdeverfahren **vor 83,** 9

Sachverzeichnis

magere Zahlen = Randnummern

- Normklärungszweck **vor 83**, 3
- Normverifikationsverfahren **vor 83**, 4
- Rechtswegeröffnung **83**, 1
- Regel des Völkerrechts **83**, 6
- Sicherungszweck **vor 83**, 3
- Verfahrensbeteiligung **83**, 17
- Verfahrenskonkurrenzen **vor 83**, 5 ff.
- Verfahrenszwecke **vor 83**, 2 ff.
- Verweisung auf Vorschriften des konkreten Normenkontrollverfahrens **84**, 1 ff.
- Völkerrechtsregel, Existenz **83**, 8
  - Allgemeinheit **83**, 9
  - universell geltendes Völkergewohnheitsrecht **83**, 7
  - einschlägige Staatspraxis **83**, 9
  - Grad der Anerkennung **83**, 10
  - Inhaltsbestimmung **83**, 11
- Vorlageberechtigung **83**, 2 ff.
- Vorlagefähigkeit **83**, 7
- Vorlagegegenstand **83**, 3 ff.
- Vorlagepflicht **83**, 7
- Vorlageverfahren **83**, 16
- Zweifel, ernsthafte **83**, 12 ff.

Vollmacht 22, 8 ff.; **24**, 11
- ausdrücklicher Verfahrensbezug **22**, 9
- Ende **22**, 12
- Mitteilungen des Gerichts **22**, 13
- Nachreichung **22**, 10
- Prozesshandlung **22**, 8
- Prüfung von Amts wegen **22**, 11
- Schriftform **22**, 8

Vollstreckung 35, 1 ff.
- Art und Weise **35**, 16
- Einschaltung von Behörden **35**, 15
- Fallgruppen **35**, 10 ff.
- Folgenbewältigung **35**, 14
- Herr der Vollstreckung **35**, 2 ff.
- Prinzip der Verhältnismäßigkeit **35**, 6 ff.
- Rechtsmittel **35**, 18
- Träger **35**, 15

Voraussetzungen der einstweiligen Anordnung 32, 17 ff.

Vorlage von Akten und Urkunden 27, 6
- Kosten **27**, 7

Vorlagebindung 21, 23

Vorläufigkeit der einstweiligen Anordnung 32, 16

Vorrang der Verfassung vor 80, 1

Wahl
- Berufsrichter **5**, 2
- Durchführung der Wahl der Mitglieder des Wahlausschusses **6**, 3 ff.
- Endgültigkeit der Wahlentscheidung **6**, 2
- erforderliche Stimmenzahl **7**, 8
- gemeinsame Vorschriften **8**, 5
- indirekte Wahl **5**, 2
- Liste für Bundesrichter **8**, 3
- Listen für andere Personen **8**, 4
- mittelbare Wahl **5**, 2
- Nachwahl **5**, 5
- Netzabsprachen **7 a**, 3
- periodische Wahlen **5**, 3
- Präsidentenwahl **9**, 1 ff.
- Verfahren **9**, 5
- Vizepräsidentenwahl **9**, 1 ff.
- Vorschlagslisten **8**, 2
- vorzeitiges Ausscheiden **5**, 4
- Wahlen und Verschwiegenheitspflicht **6**, 7
- Wahlverfahren im Bundesrat **7**
- Wahlverfahren im Bundestag **6**, 1
- Wahlverfahren in besonderen Fällen **7 a**, 1 ff.

Wahlprüfung vor 48, 1 ff.
- Antragsberechtigung **48**, 5 ff.
- Begriff **vor 48**, 3 ff.
- Einfluss auf Mandatserteilung **vor 48**, 7
- einstweilige Anordnung **48**, 15
- Erledigung **vor 48**, 8
- Europäisches Parlament **vor 48**, 12
- Formvorschriften **48**, 16
- Gegenstand **vor 48**, 4
- materielles Wahlprüfungsrecht **vor 48**, 5
- mündliche Verhandlung **48**, 17

fette Zahlen = Artikel

Sachverzeichnis

- objektives Wahlrecht **vor 48**, 6
- Verfahren **48**, 13
  - vor dem BVerfG **vor 48**, 10
  - vor dem Wahlprüfungsausschuss **vor 48**, 9
- Verfassungsbeschwerde **vor 48**, 8, **48**, 14
- Zuständigkeit **vor 48**,11

Wiederaufnahme des Verfahrens 31, 10

Wissenschaftliche Mitarbeiter 15 a, 5; **vor 93**, 16

Zeugen 28, 1 ff.
- Benachrichtigung **29**, 3
- Beweistermin **28**, 9; **29**, 1 ff.
- Genehmigung von Zeugenaussagen **28**, 10
- Information **29**, 4
- Parteiöffentlichkeit **29**, 2
- strafprozessuale Vorschriften **28**, 2 ff.
- Teilnahme **29**, 5
- Teilnahmeverzicht **29**, 6
- zivilprozessuale Vorschriften **28**, 6 f., **29**, 1 ff.

Zwischenentscheidung 25, 14, 16